ジャン・マビヨン

ヨーロッパ中世古文書学

宮松浩憲 訳

九州大学出版会

A Monsieur Jean-Claude DARCHEN

Mathématicien au Campus de Beaulieu

Rennes I

凡　　例

― 本書は Jean Mabillon, *De re diplomatica*, 2ème édition, Paris, 1709［1ère édition, 1681］の邦訳である。原題は『古文書学』としかないが，わが国の古文書学との混同を避けるためにも，表題のように変更した。
― 挿入句に関しては，訳者によるものは［　］，著者によるものは（　）と例外的に―　―によって大きく区別した。
― 訳者によって作成された参考文献・史料目録は巻末に置き，［　］の中に通し番号を付し，本文に割り込ませた。但し，訳者によって補足された参考文献は通し番号の後に＊の印を付して区別した。従って，本文中の作品のあとに付された［　］の最初に来るのが通し番号で，それに続いて古典書では巻，章，節，項，行の順になっていて，それ以外では頁数または文書番号が来ている。
― 訳註は，一部の長文を除いて，すべて本文の中に［　］を付して割り込ませた。
― 本文中の地名と人名は，原則として，カタカナ表記とした。
― 地名と人名のカタカナ表記は，原則として，古代ローマに関してはラテン語読み，中世前期に関してとローマ教皇はフランス語読み，それ以降は各国語読みに従った。
― 特に重要と思われる地名と人名の後に［　］を付して，短い説明を加えた。数字はその人の没年であるが，それが正確である場合もそうでない場合も，統一された簡略な表現を使用した。
― 引用文内の引用文に関しては，混同を避けるために，〈　〉を使用した。
― 原著では写本や手稿文書の模写に関して実物大が厳守されているが，本書では，諸般の事情から，半分以下に縮小されている。

本書では古文書の古さ，材質，書体，文体に関すること，印章，花押，下署，日付事項に関すること，古事学，歴史学，法学に関することがすべて解説，例証されている。

それらにフランク諸王の古い宮廷に関する論考，60の図版にまとめられた古書体の様々な模写見本，200通を超す文書の新しい選集が付け加えられている。

司祭にしてサン=ブノワ会の修道士で，サン=モール会に所属するジャン・マビヨン師の著作と研究

作者自身によって見直され，修正，加筆された第2版

献呈辞

　　　財務長官，国王建築物の最高責任者，王室財産の判事，セニュレ侯爵，ソゥ男爵であられ，親密な顧問と特任代議士にとっては最高権者であられる，殊のほか高名なお方，ジャン・バティスト・コルベール閣下へ

　閣下。私たちの小著『古文書学』はあなたの庇護をしきりに求めております。一方におけるあなたの文学と芸術への熱意と愛着，他方におけるこの本のもつ論証の斬新さによって，私たちはこの本があなたにとって不本意なものでないことを願っております。

　古い時代はかくも多くの指導者，かくも多くの芸術と学問によって，それに関して我々に何も欠けるものはないと思われるほどに，我々を既に教え導いてきました。また，人々が先人の功績を知らしめ，光り輝かせようと努める時代として，今の時代以上に恵まれた時代はあり得ないように思われます。確かに，大昔から過去に関する一つの学問が我々に残されてきましたが，我々の祖先によって軽視されてきたとはいえ，それからいかに多くの光輝と栄光を享受してきたかは驚異に値します。しかし，最も内部の奥まった所に閉じこめられたものと考えられてきた古文書に関する知識はこの分野において最低の地位を占めるものではありません。誰も手を伸ばさなかったからこそ，暗闇の中から現われ出ることが出来なかったに過ぎません。閣下。この職業は確かに古くからありましたが，殆どすべての人々，つまり司法関係者，歴史家，知識人やそうでない人々もそれを探求するほど，今ではありふれたものとなっています。しかし，各人がそれぞれの理解力と好みに応じて組み立てたものを除いて，それは準則を欠いたまま，規律を欠いたままの未開の状態にとどまってきました。ここから大きな混乱が生じているのであります。真正の記録に関して誤った判断がしばしば下され，偽文書に関する根拠のない推論があちこちで試みられてきました。精々，似非批評家たちの衒学的偏見に染まらない心を持った公正な人，そしてむしろ博識な人たちを除いて，崇高なる王文書に対する敬意は殆どなく，それらの権威も殆ど認められなくなっています。良識ある人であれば誰もがこのような悪弊が取り除かれるべきである，そしてこの混乱を避けるためには何よりも選別が不可欠であることを十分に理解していたでしょう。その混乱が排除されれば，古い史料に本来の信用と権威とが容易に取り戻されるでありましょう。救済策が既に講じられています。しかし，それは絶望的な傷にいつも処方される，悪いものと共に良いものまでもが取り除かれるという極端な処置以外の何ものでもありません。

　実を申しますと，私は文学界のこのような惨状を黙認することが出来ませんでした。私はぐずぐずすることなく古記録，特にこの災いが迫ってきているガリアのそれに援助の手を差し伸べることを決意しました。とは言うものの，ことの困難さ，嫉妬，危険な出来事，そして特にこの論証を私以上に幸運かつ首尾よくやり遂げることが出来る，私たちの同時代のこの上ない大家たちへの配慮が私にこの企てを思い止まらせてきました。しかし，彼らは必要であって，見せびらかしから遠く隔たったこの仕事に関して，才能の喜びを全く期待していなかった，またはその考察が必要としている種類の史料が欠けているとの理由で，この仕事から手を引いていました。その上，幸福の探求は称賛に値し，見た目の美しさよりも有益さが時には優先されるべきだと考える

私にとって，文学のこの無人の分野を手本として解明しようとするためには，この危険に満ちた戦場に降り立つことが必要でした。この考えに古い時代の多種多様な史料が今もなお手厚く保存されている，特に私たちが所属する修道院の文書庫から大いなる支援がもたらされました。それ故，私はこれらの所蔵庫から古文書学に些かの光明をもたらし，聖なるローマ教皇への畏敬を回復し，そして特にわが国王の文書に与えられて然るべき権威を復帰の権利として要求することが最良の方法だと考えました。そしてもし私が目指す目的に向かって，とにかく何かをするならば，国王の威厳と想い出は私たちの図書館によって増し，教会全体に利益をもたらすと同様，私たちに帰属する修道院の文書庫によってもそれは探し出され，保存されることは自明のことであります。確かに，幸運に恵まれるならば，私たちが私たちの史料を保存する限り，わが国王の記念物が私たちの間で存続することはあり得るでしょう。しかし，国王の敬虔さの不滅の想い出と共にでなければ，受けた寵愛の想い出が私たちの間で永続することはないでしょう。

　それ故，閣下。私がこのように申し上げますのも，わが国王の名声，王国の威光，そして特に偉大なシャルルマーニュ[カロリング朝王，814]の不滅の栄光以外に，あなたの心を占めるものは何もないことを知っているからであります。あなたのすべての努力はここに集中しています。あなたのすべての注意と思考はここに向かっています。あなたの子供たちのためのかくも緻密で信仰に満ちた教育制度も然り。フランス史の編纂，共和国の便宜と有益のための巨大な図書館の建設といった偉大な事業の実現も然り。そして最後に，王国の光輝と飾りとしてのすべての芸術と学問への愛と探究も然り。最高の王にとってフランス以上にふさわしい王国はないこと，最も広大な王国にとってフランス国王以上にふさわしい国王はいないことは万人の認めるところであります。

　閣下。このような考えが昼夜を分かたずあなたの脳裏に去来するいま，私たちはこの書物があなたによって認められると確信しております。その中にはフランク諸王の古い記録が抜き出されて解説され，その真正さが立証されています。またその中では諸王の敬虔な行為がきらきらと輝き，肖像が描き出されています。旅程，滞在地，更には統治の日付が詳細に解説されています。これらすべてが諸王の歴史を詳らかにするためにいかに貢献しているかについて国民の中の一人として，特にあなたに理解して頂きたいのです。それ故，私たちは私たちの恣意から作られたものではなくて，時代によって変わる，文書の様々な形式から導き出された幾つかの準則を提示しています。次に，真正文書を偽文書から区別することに熱心であることが奨励されています。しかし，これに関して，私は指導者の役割を担うつもりは毫もありません。周知の如く，文学の世界にあって我々はすべて自由であります。準則や規則を提示することは誰にでも自由に出来ますが，それを強制することは出来ません。しかし，それらが真実と正しい判断によって支えられているならば，他のものに勝ることでしょう。もしそうでなければ，博識者たちや正しく判断できる者たちによって，当然のこと，非難されるでありましょう。私が提示したものが真実の道から逸れていて，同様の運命が私に降りかかるようなことが起きたとしても，私は進んでそれに服すでしょう。つまり，私は公平，正義，真実をいつでも守ろうとされるあなたの愛顧と権威が私の犯した誤りから私を守ってくれるよう希望したりは致しません。

　しかし，閣下。非力さの自覚から，私があなたの評価，そしてこの作品の成功に関して大きな不安や疑問を抱いていることは確かですが，臆病で葛藤する心を慰めてくれるものがないわけで

はありません。何故ならば，閣下。他のことはお気に召さなくとも，少なくとも作者の努力はあなたに気に入ってもらえるでしょう。論証もお気に召して頂けるでしょう。そして古い書体の模写された見本も気に入ってもらえるでしょう。フランス国王シャルル9世[1574]はかつてご自分の意思でこの考えを高く評価しておられました。最後に，フランス史を飾るためにずっと以前からあなたが望まれていたような，非常に多くの古文書の選集もお気に召して頂けることでしょう。更に，これらすべてがなかったとしても，あなたはその叙述があなた一人を満足させるでしょう，わが国王の古い宮廷に関する考察をとにかく称賛することでしょう。当然，あなたは国王建築物の最高責任者であられるので，「昔の光輝の中に古いものを含ませ，同じく古いものから新しいものを作り出す」[74, 7, 5]と言った，この上なく広範な役職の仕事を実行していくことでしょう。偉大なルイ敬虔王[カロリング朝王，840]のある宮殿において，同王がそれまでの君主を凌駕するほどにそれ以前の人々の卓越と威光が曇ってしまうことがあり得るでしょう。これらのことは残された遺産によって見事に立証されています。そして最初に見ただけで，その人が住んでいた城館が証明しているような君主であったことが確信されるのであります。

　しかし，これらの宮廷の考察があなたを呼び求めるのは別のことです。かつて，これらの中にあってキエルジ，セルヴェ，ベシユ，モマクなど，非常に多くはとても有名でした。しかし今日では，それらの場所は博識者の間でも明らかでないほど曖昧なものになっています。私たちはそれぞれの位置をあるべき所に戻しましたが，それはその存在のために，地名の頭を「尊厳な」の文字で飾っていたその場所への尊敬のためであります。加えて，閣下。あなたは時代のこのように動揺した諸相のもとに諸王の記録が今日まで伝来するのは立派な行為，つまり神と教会，人民，そして特に知識人への善行による以外の何ものでもないことを間違いなくご理解するでありましょう。それらが銅や大理石で出来ていれば，どこであろうと，永遠に残るでしょう。それ故，あなたが国王の命令と自由のもとに博識者たちを国庫から引き出された豊かな贈物で元気づけ刺激するとき，あなたは最高の国王の不滅の名声のことを最優先に考えておられる。学問が諸君主によって愛護されなければ，歴史は沈黙し，冷たく凍ることは間違いありません。閣下。もし少なくとも（何故ならば，閣下に懇願することが私に許されているのは一つに限られていますので），あなたが文学と文学者たちを手本として尊崇している私たちの会派を将来においても支援し続けて下さるなら，私は自分自身が非常に恵まれ，非常に幸福であったと判断するでありましょう。勿論，この会派の中には尊厳者である偉大なシャルルマーニュとルイ敬虔王がその組織を国王の寛大さによって大きくし，その信仰心によってより汚れなく生きる状態へと絶えず引き戻してくれたこの修道院も含まれます。これら二人の国王は国家の利益と装飾としてよく組織された宗教より勝るものはない，諸王にとってよく訓育された者以上に忠誠な臣下は存在しないとの考えを心に抱いていました。私たちも全員でこの二つのことに全力を尽くして邁進いたします。もし最高の国王の恩寵が私たちの所まで溢れ出るならば，私たちはその中で大いに前進したことをやっと実感することでしょう。閣下。私たちはこのことをあなたの役職に期待し，私たちに対するあなたの功績を記念して，私たちは心からこの本を私たちの崇敬の印としてあなたに永遠に献呈いたします。

　　　　　　　　　　　　　　あなたに対して最も従順で献身的なサン＝ブノワ会
　　　　　　　　　　　　　　の修道士，兄弟ジャン・マビヨン。

この版に付された兄弟テオドール・リュイナールの序文

　『古文書学』のこの新版が最終に向かって順調に進んでいたそのとき，全く思いもしていなかったことに，この上なく博学で敬虔な人であったジャン・マビヨンの突然の死が襲い，やがて再び日の目を見ようとしていたかくも勝れた作品を，中断した状態で残してしまった。確かに私は，孤児が味わう痛手の如く，この悲しい不幸によって絶望し打ちのめされることはなかったと言えば，それは嘘になるであろう。しかし，いと信仰深き人に関する永遠の至福についての喜ばしい，そして殆ど確信に近い考えがすべての悲嘆を取り除いてくれたと同時に，彼はこの重要な作品に長い時間をかけて入念に手をいれ推敲を重ねた結果，死に至る病に襲われる以前に，それを完全に改訂し終えていたとの考えが私を少なからず慰めてくれた。事実，無限の洞察力の持ち主がその細心さからこの作品の中で修正され交換され追加されるべきが至当だと判断したのであれば，彼によって首尾よくそれが修正され交換され追加されたことであろう。このようにして，この新版は作られたのである。そして本書の『補遺』[238]が4年前に出版されているので，それと合冊されるならば，真に完成されたものが世に出ることになる。

　そして古文書のこの上なく明敏な探究者が初版が刊行された1681年以降，教会の古い歴史を解き明かし，共和国の文学を庇護するために始められたいろいろな旅行から，古文書学に少なからざる解明がもたらされ得るほどの大きな収穫を収集したとするならば，誰もはすぐにその新版が再度の，そして最終の校正で洗練され加筆され修正が加えられたものになると理解するであろう。そしてそれがどの程度まで本当であるかは，専門家であれば二つの版を比較することによって判断することが出来よう。しかし，我々はマビヨン師自身がそれがよりよいものであるため，彼がその時完成されたものとして持っていた作品のこの新しい版に関して，『補遺』[238]の序文で「その上，私がこの作品全体の初版を全く手を加えることなく残したと考える人は誰もいないであろう。それどころか，私はその中で多くの箇所で新しい証拠を加え確かめたりした。更に，私が真正文書と偽文書に関する準則を探求するために使用した原文書の権威は不動のままであるが，自身の意見や友人の助言によって訂正したり修正したりした箇所も少なくない」と述べているのを聞いている。そして，初版においていかなる誤りが忍び込んだかを隠さなかったこと，純真な羞恥心から，古文書学を例解するために手許に持っていた，新しく発見された誤りで熱心な読者を騙したくなかったことをこの『補遺』の中で自ら表明したあと，「もし過去のものよりもよいものが見いだせないとしたならば，研究において努力は不要のものとなるであろう」ことから，「世の中が平穏になり，第2版を手にしてもらえたならば，この新しい版は私がこの作品の初版からどれほど前進していたかを証明してくれるでしょう」と結論している。

　この上なく慎み深い人はこう語っているのであるが，それと言うのも，彼は少なくとも平和が到来せず，書物を外国に運び出すことが出来ない限り，著書の新版が出版されると信じることが出来なかったからである。しかし，初版本が完全に売り切れてしまっていたのである。ヨーロッ

パ各地の知識人たちは新版を切望していた。オランダに住む非常に優秀な印刷職人たちがこの本の再版について考えるところまで事態は進んでいた。そしてフランス文学界の庇護者であり父に近い存在であった，非常に高名な修道院長ジャン・ポール・ビニョン［翰林院会員，1743］がこの分野における監督者の立場からそれを阻止しなかったならば，彼らは再版を実行していたであろう。同院長はフランス人の間におけるこの書の新版への称賛が外国人の性急さによって損なわれるのは適切でないと判断した。即ち，この出版が著者の目が届かないところで行なわれた場合，他の多くの書物で起きているように，誤りや正確さを欠くものが発生するのではと恐れた。彼はこの新版の刊行に自ら当るため，マビヨンの代理人となった。そして新しい特権やその他の恩典を付与してあらゆる遅延を排し，この新版の刊行をパリで開始するよう出版社に催促した。そしてその印刷は我々のシャルル・ロビュステル書店によって開始されたのみならず，4年前に出版されていた本書の『補遺』の後を受けて，この上なく困難な時代の中で，この年やっと新版が首尾よく上梓されるに至ったのである。

　更に，この作品の全体の枠組みの中に『補遺』そのものを具合よく調和して挿入し，それと一つに合体したものを作ることを熱望する人々がいた。しかし，これに対しては，初版を購入していた人々の便宜が考慮されねばならなかった。もし彼らが新版を手にしない場合，分量が半分ほど少ない本で十分であろうし，またもし合冊された完全なものを望むならば，新しい版を購入しなければならなくなるであろうから。従って，すべての人々にとって等しい便宜から，両方の版に足りる冊数の『補遺』を出版することが協議された。第2版を購入する者にとって好ましいことであると同時に，初版を購入していた者にとっても不愉快であってはならないからである。確かに，新版において一部が追加され交換され修正されている。しかし，旧版の本体に関する限り，人々が言っている如く，新版から殆ど何も削除されていないのである。とにかく，『補遺』を比較してもらえば，この新版の購入を思い止まることは簡単なように思われる。

　博識な読者諸君。以上の如く，あなた方は今，最も勝れた人が最高の版として推薦することが出来ると考えた，そしてもし私が間違っていないとするならば，隅々まで完成されたものと読者が判断するであろう『古文書学』の新版を手にしているのである。彼自身は学識と同程度に中庸において勝れていたので，すべてにおいて関与し指揮したと主張するようなことはしなかった。その代わり，彼は真実を常に提供していると言える人は誰もいないが，その真実を誠実に探究した本書において諸事の例証に少なからぬ力を注いだことを告白するだけで十分と考えていた。つまり，彼の言葉を借りるならば，「全部が確かで疑い得ないものであるが，疑わしいものも一部ある」。そして「確かで確実と思えることに関しては自信をもって言ったが，疑わしくて真実らしいものに関しては自信がなかった」と彼は付言している。そして，臆病さと羞恥心から，第1王朝に属するフランク諸王の統治年を確定し表示するときと，それらとキリスト教徒の間で普及していた西暦とを比較するとき，疑わしくて真実らしいものを使用したと告白している。勿論，彼らの時代の文書においては，統治している王の治世年しか現われてこない。そして，これらの君主が王国の統治を何年何月何日から開始したのかに関して碩学たちの間で最も多くの対立が起きている如く，彼らの統治年を一般的な受肉の年に基づく計算方法に直すことはこれまた非常に至難の業である。マビヨン師は統治年を書くに際して不確かなことを確かなことと提示しないために，注意と入念さを常に怠らなかった。加えて，師は他の人が非常に確かなことと提示している場合，

それを進んで取り入れる用意のある人であった。その上，このような考えだからこそ，自身で公言している如く，師はこの上なく博学な，そしてこのような年代に関する問題を解く仕事に従事している人であるならば，その論証に関する経験をこの上なく積んだ人による優れた著作の出現を期待していたのである。そして，もしそれがいつの日にか刊行されるならば，我々はそれがこのような曖昧さを取り除くのに大いに役立つであろうことを願っている。

　他方，マビヨン師自身が可能な限りの入念さで『古文書学』の本を校正していたとき，私はその中で自分勝手にあるものを取り換えたり，また事前に読者に知らせずに何かを付け加えたりすることを敢えて行なおうとはしなかった。とは言うものの，一，二度だけ私自身によってそれが行なわれている。それは特に私がその原本を偶然に入手したシャルル禿頭王[カロリング朝王, 877]のある文書に関してで，マビヨン師は実に誤りに満ちたその写ししか見ていなかったのである。それ以外に，大家はこの版の至るところで二つのこと，即ち著名なジョージ・ヒックス[本書13頁参照]の北ヨーロッパの言語と書体に関する優れた著書について特に論じられている新しい序論と数通の古い文書を含んだ新しい付録を書くことを約束していた。しかし，死に襲われて，両方とも実現することが出来なかった。それ故，最高の父であり最も愛すべき師の約束を何とか成就するために，私は自分の力の限りにおいてこの二つを完成させようと努めた。従って，この新版の序文は我々が期待していた彼による序論の代わりを果たすであろう。付録はこの作品の末尾に置かれている。そこでは彼が用意していた数通の古い文書以外に，彼の死後に私の手許に届いたかなりの数の文書を付け加えることにした。更に，この付録に含まれているあれやこれやに関して，非常に多くのことがそれぞれの箇所で述べられている。

　ところで，『古文書学』の本がその中に何を含んでいるのか，またどのような考えからそれが出版されたのかについて詳細に論じることは余分なことかもしれないが，前者に関しては本書の冒頭に配された諸章とその中に含まれる諸節の項目から十分に理解されよう。後者に関しても，マビヨン師自身が本書1巻1章で詳しく，更に我々も本書の[編者]序文で引用している彼の所論の中でさらに詳しく説明している。加えて，この[著者]序文で彼は歴史学と法律学に関して素人かまたは無学の人は別として，取るに足らないとは誰も言わないであろう古文書学の効用と素晴らしさについて多くを述べている。もし誰かが既に多くの人々によって取り扱われているこのテーマに関して，もっと多くのことを望むのであれば，有名なライプニッツの，1693年にハノーヴァで出版された『諸民族の権利に関する文書集成』と題する書物の序論を読むことをお薦めする。その中で彼は仔細かつ学術的に古い私文書や国王文書，そしてその他の公的文書を単に文学的なものとしてのみならず公共の安寧にも役立つもの，そして特に法律に関する非常に豊富かつ不滅の証人であり，歴史の最も確実な基礎であるからして必要であることをより多くの人々に示している。「国家について論じる者は，実際に，彼らが考察する諸例をその記録の中に発見する。彼らはそこにおいて統治の技法を楽しみをもって認識し，また喜びをもって称賛し，国民の権利と公共の利益に適合する保証と形式を確認する」と彼は言う。彼は史料が参照されなければ，歴史への信頼が実際にどれほど低下するかを，歴史家自身が無数の方法で誤りの中に落ちてしまい，そして古い私的，公的文書の助けなしにはその誤りは殆ど避けることが出来ないまでにその他の人々までをも道連れにしている事実から証明している。つまり，歴史家のある者は余りにも信じやすく，またある者は余りにも無頓着であるため，彼らは多くのことを知らないか，または知ってい

ても，それらを余り入念に考察しない。ある者は部外者に対する嫌悪と身内の者への愛から，民族的偏見において他の者に勝っている。同様に，個人的な憎悪，他の作家に対する嫉妬やそれに類するものが一部の歴史家を捕えて放さない。または，何らかの理由で，ある人の恩恵に与ろうとの期待感から，表現方法において真実を隠してしまう者もいる。こうして，風刺家たちはこのような過誤を大げさに言い，追従家たちはそれを弱めようとするのみならず，それらを美徳と称賛に変えてしまうこともときどき起きている。結局，多くの人々は善意のもとに騙され，そして自らも騙しているのである。何故ならば，それらの誤りはすべては公的文書と古文書によってのみ修正され保証されるのであるから。事実，もしそれらの文書が真正で信頼できるものであれば，真実をそのまま，包み隠さず公にするであろうから。この問題に関して発生するであろう多くのことを述べたあと，碩学は正当にも「私が全体的にまとめるとすれば，文書は政治学，歴史学，その他の学問に役立つが，就中(彼が最後に一層詳細に探究している)国民の諸権利を理解するのに役立つ」と結んでいる。

　古文書は歴史を修正するためにこれほど大きな権威を持っているのであるが，家族や国王の権利を確立するためにも同様の権威を持っていることは，次の一つの有名な例からも明示することが出来る。つまり，スチュアート王朝のイングランドおよびスコットランドにおける王家の真にして正当な起源が確立されている真正文書がそれである。その起源が非常に明白で確実であったため，ヘクタ・ボイース[スコットランドの作家，1536]の無知のペンやブキャナン[スコットランドの作家，1652]の毒に満ちたペンでさえもその権威にいかなる疑問も加えられなかったほどである。更に，この二人の意見に無思慮に従ったその他の人々はスコットランド王，ロバート[2世]・ステュアート[1390]の文書が完全に否定していた，王家の非正統性に関する記述を大胆にも撒き散らしていたのである。我々はこの文書およびその他の文書を，それらの文書の真正性に関する大家たちの公的証言を付して本書『補遺』の最後に刊行し，この問題に関してより詳細に論じているので，読者諸賢はそれを参照してもらいたい。碩学たちの一致した公然たる同意でもその心配から私を解放してくれないとしても，これ以外にも，古文書がいかに有益でいかに必要であるかが容易に是認され得るような，非常に沢山の事例が存在する。もし今誰かが歴史，特に修道院やその他の教会組織，都市や地方，更には家族の歴史を書き始めようとするならば，そしてもし自分が信用されることを望むならば，本の末尾に古い文書と真正な文書を掲載し，それらの史料に「証拠」と言う適切な言葉が付される必要があるとの習慣が生まれたのもこのためである。もしそれらがなければ，本の中で叙述されていることの信頼が揺らぐことは明らかである。

　以上のことから，古文書に関して入念かつ正確に書くことがいかに有益で殆ど必須であるかは明らかである。そして実際に，我々の時代及びそれよりも前において国家の利益のために多くのことが発見され達成されているとき，かくも重要な，そして殆ど唯一と思われることが完全に等閑に付され，一部では見捨てられた観さえあるように思われる。それとは，勿論，本物で真正の文書と記録が偽の誤りを含んだ疑わしいものから完全に区別される幾つかの確かな準則が確立されることがその使命のすべてであらねばならない，古文書学の研究のことである。この作品の新しい側面は，鋭敏な知性と天性の洞察力以外に，更に長い慣習によってこの学問に時間を費やし服従してきた並々ならぬ学識を持ったある人がそれを自分の権利として要求しているように思えることである。但し，マビヨン師がそのような人物であったことを否定する人がいるかも知れな

いが。つまり，この職務を最初に引き受けたことが天命によって彼に用意されていたように思われた。とにかく，彼は無限に近いあらゆる種類の古史料と古写本を各地の文書館や図書館において，非常に長い年月を費やして閲覧してきた。そして彼はこれらの記録の長年にわたる利用とこの学問における殆ど確実なまでの経験によって発言力を増していき，更に，主としてこの学問において非常に長い経験を有する友人からの助言を得て，『古文書学』の著書の中でこの種の論証を事例や説明でもって開始したのである。その初版は既に 27 年前に刊行されていて，その成功に関しては知らぬ者は誰もいない。その本が作者の願いと彼に対する読者諸賢の期待に応えたことは評判だけをとっても十分に立証され，更に同書の初版の非常に好調な売れ行きがそれを証明している。それらは既に完売され，新版が教養人たちによって熱狂的に求められ，更にこれ以上ないほど困難な時代に各地において書店が競い合ってこの本を入手しようとしてきた。

　真実，マビヨン師が我々のみならず，ヨーロッパのすべての研究者たちをして同じ主題に取り組み，例証するよう仕向け指導したように思われること以上に，この書の効用を推奨しているものは他にない。つまり，それ自身困難なことを例証することよりも，新しい言い回しによって曖昧にしようとしている者たちを除き，単にフランスのみならずスペイン，ドイツ，イタリア，イギリスにおける博学な人々はマビヨン師に続いて，古文書学を解説することに力を注いでいる。その証拠に，非常に有名な学者たちによって至るところで出版されているこの主題に関する書籍がそれである。就中，ドイツにおいては，我々がすぐ上で言及した如く，有名なゴットフリート・ヴィルヘルム・ライプニッツによる『諸民族の権利に関する文書集成』が 1693 年に刊行されている。それより前に，スペインにおいてサン=ブノワ会の修道士で，学識と古文書に秀でたホセ・ペレスの 1688 年にサラマンカで出版された「教会史，政治史，文書学に関係する非常に多くのことが丹念に論じられている」『論文集』[283a] が公にされていた。わが会のベルナール・ド・モンフォーコン氏 [1741] がマビヨン師の例に刺激されて刊行したと公言しているギリシア古書体学の本 [262a] は脇に置くことにしよう。しかし，ローマの哲学大学校の雄弁な国家教授でもあった，非常に有名な修道院長ジュスト・フォンタニーニがマビヨン師の書物をいかに熱心に研究したか，また『古文書学』の書物のイタリアにおける支援をいかに熱心に引き受けてくれたかについて知らぬ者は誰もいない。彼はこの書物から多大のものを得たことを単に声だけでなく，書物によってもしばしば証言している。そして彼は非常に高貴な修道院長ドミニコ・パッシオネイに勧められ，ローマ教皇クレマン 11 世の支援を受けて，このテーマに関する著書をローマで出版し，1705年には『古文書学の弁護』[142a] を上梓している。最後にこの同じ年，まるで世界の反対側で，有名なジョージ・ヒックス氏によって大きな 2 巻本として刊行された『北欧古語辞典』がオックスフォードのシェルドニアン・シアターから出版されている。その中で彼はマビヨン師と彼の『古文書学』をしばしば称賛し，このテーマについて書きたい者はこれを真似るよう提唱している。そして彼は古い証書や文書から何も有益なもの，確かなものを発掘することは出来ないと書いている人々を激しく非難し，最後に，イングランド国民の中でこのテーマに最初に取り組もうと考えていた者として，「古文書から関係する記述を収集し，フランク諸王の宮廷，王領地に関する非常に野心的でかつこの上なく有り難い書物を著したジャン・マビヨンの例に倣って，イングランドの諸王と諸司教の古い文書から彼らの宮殿，領地に関する論文を書くことを排除しなかった」と述べ，そこから多くを得たと告白している。

その上，私は古文書学においてマビヨン師と少しでも意見を異にすると思われる人が大家たちの中にいることを否定しない。そればかりか，上掲のヒックス氏自身，諸事実を解明するに際してのマビヨン師の膨大な苦労と洞察力，更に『古文書学』の著書の中にちりばめられた博識の粋を多くの言葉で称賛しているが，だからと言って，決して離れることのないまでに同師に盲従することはしていない。つまり，マビヨン師によって確立された本物から偽物を判別する準則は活用されると同様，誤用されやすいものであること，従って，言っていることが正しく理解されないと，その準則に従えば，この上なく偽物の文書でさえも容易に弁護されてしまう恐れのあるもののように思われると，彼は一度ならず断言している。さて，マビヨン師が提示した準則に関するヒックス氏の見解（これから我々がそれがどれほど真実であるかを考察することになっている）がどのようなものであれ，それから次の一つのことが導き出される。それはすべての碩学が盲従的な衝動によってマビヨン師の見解に賛同したのではなかったこと，つまり，神託に対するが如く，反論する自由を持たずに彼の判断に賛同したのではなかったと言うことである。そしてそのことは誰も考えたりしないことであるし，この上なく控え目であったため，確実と判断した僅少のもののみを確かなものとして提示したマビヨン師自身にとってはなおさらのことであった。他方，明白かつ明瞭とは思われなかったものも十分に多くあった。そこで彼は，もし誰かが彼のものよりも確かなものを提示すれば，自分の意見を変えることを何度も約束することを提案していたのである。

　師によって模写見本の中に収録された文書に関しては，彼自身が単に最高の探究と信じられないような細心さでその他無数のものから選び出したのみならず，それを刊行する前に，この町［パリ］に住むすべての博識者たちに検閲し入念に調査してもらうべく意見を交換し，このようにして彼らによって吟味され承認を受けたあとで，彼はこれらの準則を書き上げたのである。もしそれらを正しくかつ誠実に遵守するならば，文書の判別において誤りを犯すことはまず以てあり得ないであろう。実際，ヒックス氏は以上の事実を否定していない。彼はこれらの準則を確かで疑いのないものと見做したので，時に応じて使用したことをはっきりと公言している。我々は彼自身が序論 36 頁で古文書学に関して，マビヨン師の著書から抜き出された多くの引用のあとで，「要するに，マビヨン師が古文書を読むに際して遵守されるべきものとして提起した準則に関して，それらが正しい方法で解説されていることを確認し，すべてを歓迎する。我々の古文書（私はそれらのかなりの部分を疑わしいとして拒否してきたが）を検査するに際して，それらを遵守することに神経を使った」と結んでいるのを私は聞いている。しかしこの碩学はその箇所で『古文書学』3 巻 6 章を引用していない。と言うのも，マビヨン師はこの章で，それまでの考察から導き出された古文書学に関するこれらの準則を終章と結論という形にまとめて提供し，読者諸賢に役立つとの考えから，自身の註釈を付して例証しているのである。これに加えて，同ヒックス氏は特に，『アングリア修道院史』［115］の序論の中で文書が古ければ古いほどその信頼は小さくなると大胆にも発言しているマーシャム［イギリスの年代学者，1685］を激しく非難している。そして彼はこの誤り（彼はマーシャムの見解をこう呼んでいる）が，ビード［イギリスの神学者・歴史家，735］の書簡に依拠したマビヨン師（ここで，読者を師の言葉に引き戻している）によって見事に論破されていることを教えている。結局，ヒックス氏はアングロ・サクソン人の文書に関して彼が述べたことに一層の信頼を得るために，自著が単にマドックス［イギリスの古事学者，1727］の諸規定［217］のみならず，

ジャン・マビヨンの『古文書学』の本(若干の点で一致していないが,多くの点で確かに意見を同じくしていると彼が告白している)とも比較されることを自ら希望しているのである。彼がマビヨン師の著書から抜き出して称賛しているその他多くについては,私はそれを割愛する。それはマビヨン師と意見を異にしていると,彼が証言している問題へ向かうためである。

そしてヒックス氏はマビヨン師の準則すべてを,既に述べた如く,確かに受け入れ賛同しているのである。しかもこれらの準則は「正しい方法で解説された」ものであった。何故ならば,マビヨン師は自身によって刊行されたものが悪意をもって迎えられることがないことをどんなに熱望していたことか。そして彼は親しい会話と学問的な論考とにおいて常にそれを心がけていたのである。「私は私によって述べられたことすべてを[読者諸賢が]誠実に公正な秤でもって,誰も傷つけることなく気持ち良く受け入れるよう,すべてが強く求められたものであることを望む」と彼は言っている。従って,ヒックス氏は彼とマビヨン師との間に存在する見解の相違を書いているのであろうか。少なくとも言えることは,マビヨン師は自身によって提起された準則を正しく説明していないのか,またはヒックス氏はマビヨン師によって十分説明されている準則を少ししか理解していなかったのかのどちらかである。それ故に,両者における過誤が問われねばならない。そしてそのために,マビヨン師の準則の各々を非常に厳しい物差しで審査しているヒックス氏の見解を追試することは,この試みと無関係であるとは思わない。

I 「第1に,私は古文書を適正に考察することを望む研究者にとって,大いなる思慮と節度が必要であることを認める。古いことを探究する人に対しては,恰も博識者に対すると同じことが大胆に求められるべきではない」とこの大家は言っている。これが,ヒックス氏がマビヨン師の著書から引用した最初の準則である。これには正しい批判がなされていないが,彼は「マビヨン師の書3巻2章で起きている如く,思慮,節度,公正の口実のもとに,当然,断罪されるべき偽りの,または改竄された文書が放免されることがないように,最大の注意でもってそれが回避されねばならない。そこで最も強力な証拠であるにも拘らず,[パリ在,]サン=ドニ修道院の不輸不入特権に関する王ダゴベール1世[メロヴィング朝王,639]の文書のドゥブレ[サン=ブノワ会修道士,1640]の書物[102]における写しを恰も真で正しい公正さと節度を口実に,いろいろな不確かな証拠でもって弁護している」との註を付することがふさわしいと判断した。これを読んで,ドゥブレによって刊行されたサン=ドニ修道院に付与された王ダゴベール1世の特権文書のために,マビヨン師が恰も自分の宗教と祖国のための戦いの如く戦っているとか,また彼によってこの文書が真正で,全く手が加えられていない文書の見本として提供されたとか,それによって彼の準則を不確かな例の中で無力にしてしまったと思う人はいないであろう。そうではなくて,マビヨン師はこの特権文書に関してそのようなことは全く言っていないし,それに『古文書学』の書全体を通じて,それがすべての過誤から完全に免れているとも言っていない。更に,非常に不思議なことには,ヒックス氏によって引用されているその箇所において,マビヨン師はこの特権文書に関して「本物」と公言するつもりはないとはっきりと明言しているのである。彼にとっては,その文書と別の写しとを比較して下したある作家の判断が公正ではないことを立証するだけで十分であった。マビヨン師自身の言葉を引用するならば,「私は核心に触れていないし,これら二つの文書に関して判断を下す考えも持っていなかった。そうではなくて,ただ私は鑑定の形式と基本を探究しているだけである」となる。次に,鑑定家の論証を非常に詳細に考察したあと,再び自分は問

題の核心に迫ろうとは決してしていない，そうではなくて，新しい作家が文書の鑑定において使用すべきであると間違って強調してきた誤った準則を検討しようとしているのであると言明している。従って，王ダゴベール1世の文書の写しが本物であれ偽物であれ，そのことはこのマビヨン師の準則に権威を付加する，あるいはそれから権威を奪い取ることと余り関係がない。それ故，彼はこの史料が検査されるべきだと決して思っていなかったのであるから，それを検査するに際して，この準則を誤用したと言われるのは不当である。第2の準則の提示においても，ヒックス氏は成功していないことを見ることにしよう。

II 「ある物件が長い所有によって保証されている場合，市民法と教会法が命じている如く，それを有する人に常に有利に判決されてはならない」。ヒックス氏はこの準則を否認してはいず，特に「公法の裁判官は公法のみを裁く」に倣って，それを解釈するよう警告しているのであるが，勿論，私はそれを否定するつもりはない。それどころか，それが正しい理性に一致しているが故に，この準則が公法裁判官や善良で思慮深い人によって特に受け入れられるべきであることを誰が拒否することが出来ようか。何故ならば，いかなる種類の係争においても不利な方はどんなに平和な所有者であることを望んでも，起こされた係争のためにたちまち権利を剥奪された者として，所有から追い出されるのはどうしてなのか。もしこれが不当であったとするならば，相手から不正であるとか公正でないとかで打ち負かされない限り，現に所有する者が所有し続けることが本当に正しいのである。私はそれが司法上と文学上の争いの間で異なっていることを知っている。法廷において一定の年限を越えると，裁判官への控訴は何も残らないのに対して，文書の本物と偽物を見分ける技術において偽物を撃退するための年限は予め決められていないし，真実に対する時効も同様である。このことは古文書学の著作の中で一度ならず言明されているので，この準則の適用における間違った解釈を恐れる必要はない。そうでないと，この大家[マビヨン]は修道士の財産が掠奪者から保護されるために，彼らによって不正な欺瞞を持つことなく偽造されたと自らが言っている文書の多くを無益に集めたことになってしまう。実際のところ，マビヨン師は贋作であることの事実そのものによってすべての文書を断罪し，またすべての人々によってもそのように断罪されるべきであると考えていた。また，ドゥブレの書に収められたサン=ドニ修道院の不輸不入の権利に関する王ダゴベール1世の特権文書について再度筆を執ることは，ヒックス氏にとって気の進むことではない。何故ならば，すぐ上で述べられている如く，マビヨン師はそれが本物であるか偽物であるか，またすべての過誤から免れているか否かをどこにも問うてはいないので。

III 第3の準則は「書体のみ，またはただ一つの特徴からではなくて，すべての側面から古文書に関して発言がなされねばならない」となっている。これに対して，ヒックス氏は「この作者の例に倣って，文書は非常に多くの特徴を持っていると言わないようにしよう。何故ならば，我々は文書は唯一の特徴しか有していないと考えているので」と言う。確かに唯一の特徴からではなくて，すべての側面から古文書に関して発言されねばならないとはっきりと規定しているのであれば，この準則自体はそれへの用心を特に教示していることになる。従って，ヒックス氏と共に，もし彼の言葉を信用するならば，その権利を守ってやりたいと思うマビヨン師が過誤の一つを弁護し，その他を黙過したとされるインガルフ[クロウランド修道院長，1109]の書[203]に収められた文書を持ち出してみても仕方がないことである。何故ならば，同師はそこにおいてこれらの文書

に関して何も発言していないので。他方，マビヨン師がこれらの文書に関して別の箇所，つまり『古文書学』1巻8章において指摘していることはこの準則と何の関係も有していない。と言うのも，上記の箇所では，マビヨン師は生半可な教養しか持たない者たちによって大胆にも古い文書に加筆され，改竄されたものがあちこちで確認されることについて論じ，その例としてインガルフによって引用された文書を提示したのである。そこにおいて「黒衣の修道士たち」《monachi nigeri》への言及が登場するのであるが，マビヨン師はその文句がインガルフ自身によってではなくて（彼の時代にその表現はまだ使用されていなかった），後世の別の修道士によって付加されたものであることを教えている。そこではそれらの文書が本物であるか偽物であるかは問題になっていなかった。従って，そこでは論証に属することに関して議論するだけで十分であったが故に，その時この大家がこれらの文書をより厳しい判断基準に従って鑑定していなかったとしても驚くべきことではない。

　IV　第4の準則は「あれやこれやの過誤が重大なものでない場合，それは合法的な原本であることを妨げてはならない」となっている。ヒックス氏はそれらの本質的な過誤に関する意見が専門家の間で一致していない限り，この準則は確実なものとは見做されないと考えているが，それはもっともなことである。氏は「優秀な学者（彼はマビヨン師をそう理解しているのであるが）であれ，また他のいかなる人であれ，〈黒衣の修道士たち〉という盾と飾りをそれだけで王文書であることが否定されてしまうほどに本質的な欠陥または致命的な過誤と定義して説明を行なったとした場合，それは古文書とそれらの信用について議論するに際して，その定義によって自らも規定されてしまうことを承知の上でのことであってほしい」と言う。このようにヒックス氏は言っているのであるが，換言するならば，恰もマビヨン師は偽文書が本物と区別される幾つかの確実な註釈を『古文書学』の書物のどこにも提示していなかったことになる。しかし，この著書の全体を通じて至るところで，そして特に王文書を承認したり拒絶したりすることに関して，それは彼によって非常に丹念に示され，非常に頻繁に議論されている。しかし，このことを根拠なしに言っていると見做されないために，私はそれらの過誤が見いだされる手稿文書が，マビヨン師の判断に従えば，恰も偽物で捏造されたものとして拒絶されねばならないほどに本質的なとされる過誤の幾つかを喜んで提示することにする。それらは我々の国王の第1王朝の文書において見いだされる文書の冒頭に置かれた神への呼び掛け，日付事項での会計年度と受肉の年，本文における《feuai》の語である。同様に，12世紀以前における吊下印章，フィリップ尊厳王［カペ朝王，1223］以前の吊下印章における百合の図案，文書交付の後に生きていて，本文の中に表記されている，または下署欄に本人によって書き記された人名，同じく，文書交付時のずっと以前に死んでいた人々の名前，全く辻褄の合わない内容，そして熱心な読者諸賢であればマビヨン師の著書を繙く過程で自ら容易に理解する類似のものなどがそれに該当する。

　これに対して，ヒックス氏は「サン＝ロメ＝ムーティエ修道院［パリの南西］のための諸司教による特権文書は王ティエリ1世［メロヴィング朝王，534］の治世に作成されたと言われているが，［マビヨン師は］それがシルペリック1世［ヌストリ王，584］の治世に作成されたと公言している。しかしそれは，この審判者自身にとって，特権文書が無効になるような文書の重大な欠陥ではなくて，それほど多くの経験を積んでいなかった誤りを犯しがちな写字生の過失に過ぎない」と述べている。碩学はマビヨン師に向かってこのように言っているのであるが，それは恰も同師が王シルペリッ

ク1世の治世に下付されたが，王ティエリ1世の名前を採用したサン=ロメ=ムーティエ修道院の特権文書を，それが非常に重大な誤りを犯しているにも拘らず，合法的な文書であると公言しているかの如くである。しかし，自身では読んでいなかった，または言葉による非礼を許してもらえるならば，少なくともその意味を理解しなかったほど不注意に読んだであろうマビヨン師の発言を攻撃し始めることが，ヒックス氏ともあろう博識で綿密な学者になぜ起きたのか私には分からない。勿論，私はヒックス氏が深い学識をもつと同時に誠実な人であることを毫も疑っていない。否むしろ，ヒックス氏がこれに関して誤りを犯しているのであれば，私はマビヨン師と一緒に彼への反論を企てる用意をしていたので，事実をありのままに公開することにする。マビヨン師は『古文書学』の書の中でも，以前彼によって刊行されたサン=ロメ=ムーティエ修道院の特権文書を何度も引用している。その文書は，それにふさわしい彼の註釈が十分に明らかにしている如く，シャルル禿頭王の治世，西暦843年に交付されている。更に，その中で諸司教またはこの文書を作成した書記は当該修道院が王ティエリ1世が統治していたときに建立されたと言っている。しかし，マビヨン師はこの特権文書が下付されたときすでに老齢に達していたある作者によって編まれた聖ロメ伝に依拠して，王シルペリック1世の治世に建立されたとする方がより正しいと考えている。以上のことから，同文書の註釈においてもまたこの特権文書の作成時に統治していた国王の表記においても，ヒックス氏が不注意に書いているような誤りは全くそこになかったことは明らかである。それ故，この文書の作成者が特別に，彼自身の時代よりもほぼ200年前に起きていたそれらについて知らなかったとすることはこの人の誤りであり，または最初にサン=ロメ=ムーティエ修道院が建立されたとき，ティエリ1世が国王であったと考えることも，聖ロメ伝に依拠した場合，ありそうでないことは明らかであることから，この人の誤りである。しかし，文書や昔の作者において頻繁に出会う，これらの過誤に容赦が与えられるべきであると考えない人がいるであろうか。私はそれが確かに誤りであることを認めるが，それは文書作成者の誤りではない。従って，その文書の権威を些かも損うことがあってはならない。そうでなければ，ローマ教会に対してなされたコンスタンティヌス帝[ローマ皇帝，337]の寄進[8世紀後半から9世紀前半に作成された文書で述べられている，同帝による，ライ病治癒の感謝としての，四大聖地と帝国の西半分における支配権のローマ教皇への譲与を指す。]やその他の類似の不確かなこと，更には偽りの作り事が引用されている教皇，皇帝，またはその他の君主の文書のすべてが偽文書として排斥されねばならなくなる。ヒックス氏もその他の学者もここまでは言わないであろう。

V 「歴史書や碑文の証言は，それらの権威が勝っているとの理由から，合法的文書より優先されてはならない」。ヒックス氏はこの準則に異議を唱えてはいないが，特に，歴史書と碑文は「常に」文書を害して持ち出されてよいものではないとの文句がその作者によって付加されているためであろう。批判者によって歴史書や碑文が文書を損う形で頻繁に引用されるのが慣例化しているが，勿論，この主張は確かなことである。そのような場合が起きる度ごとに，これらの文書がより入念に調べられるべきであること，しかし，誤りが存在しない限りにおいて，決してそれらが追放されるべきではないことが教訓として与えられている。

更に，あることを確かなことと判断しても，それが後からより入念に調べられ，偽物であると気づくことがどんなに博識の人にも起こり得ることを付言しておこう。従って，主としてアングロ・サクソン史に関して並ぶ者がいないほどに博学であることを誰も否定しないであろうヒック

ス氏はその作者によって付加された言葉《sempecta》[「老修道士」の意]を理由に，インガルフの書で刊行されているサーシテル[クロウランド修道院長, 975]の規約が改竄されていると判定している。彼は「アングロ・サクソン人には知られていなかったこの言葉は，建立された修道院の戒律や記録の中に征服以前において登場してこないことから，サーシテルと同時代人であったエドガ[アングリア王, 975]とダンスタン[カンタベリ大司教, 988]が作者であった作品には当然のこと登場してこない」と述べている。しかし，この言葉はダンスタンによって改訂された『聖ブノワ戒律』の中に見いだされるし，次の世紀の彼の後継者である聖アンセルム[カンタベリ大司教, 1109]がその戒律を引用しているのである。

　VI　最後の準則は「特に謄本や写しにおいて受肉，会計年度，古語，そして類似の言葉の追加記入は，文書[原本]の真正性を損うものではない」となっている。ヒックス氏がこの準則をいかに激しく攻撃しているかは驚きに値する。彼はこの詐欺で誤魔化し，これこそが古文書学においてすべてのものを破滅させるために考え出され生み出されたものと言って憚らない。しかし，同氏には悪いが，もし正しく理解されるのであれば，この準則はそれほど嫌悪すべき名称には値しない。実際，マビヨン師はそれが正しく理解されることを望んでいたのであり，そのことは簡単に立証される。よろしい，我々はヒックス氏がいかなる理由でそれを「詐欺で誤魔化し」と決めつけているのか見てみることにする。彼は三つの理由を挙げている。「第1は，」マビヨン師が「受肉の追記」などに関して言っていること。「第2は，特に写しに関して言っていること。これらの写しによって最も偽りの，改竄された寄進文書さえもが権利を主張し得る道が敷かれることになる。勿論，原本の中にも受肉の年が寄進者の時代……と一致していないものもあるが。つまり，そのようなことが起きた場合，マビヨン師に従って，その文書は未熟な写字生が受肉の年を付け加えただけの誤りを含む写しであると言うことによって，安易に無罪放免されるであろう。そしてその準則が誤魔化しであると思われる第3の理由はこれらの追加記入に関して，それらが別々にかそれとも一まとめとして理解されねばならないのか否かが明白でないこと。……」と言う。そしてヒックス氏は「マビヨン師の書は，権威マビヨン師または彼の学問をもってしても簡単に排除され得ないことから，欠陥のある文書でもこのように重大な罪を犯そうとの意図が働いていたとは考えられないとの姿勢で書かれたものである」と結論する。以上がヒックス氏によって反駁された点である。それらは一見する限りでは非常に厳しいものであるが，マビヨン師の準則に対していかなる障害も残っていないが故に，簡単に取り除かれるものでもある。そして事実，最初の二つに関して，この碩学は次の点で誤っている。つまり，ある人が原本として提示した古い文書を別の方法によって偽文書の判定から免れさすことが出来ない場合，主張を変えて，それは原本ではなくて，写しと見做されねばならないと答えることがあり得ると判断していることである。私がすぐ上で指摘した如く，ヒックス氏は「そのようなことが起きた場合，マビヨン師に従って，誤りを含む写しであると言うことによって，無罪放免されるであろう」と言っている。しかし，この碩学はマビヨン師を曲解している。他の人はいざ知らず，不動の信念と誠実な心の持ち主であるマビヨン師はこのような主張を変えて，恰も思いのままに原本が写しに変えられ得るとは決して言っていないし書いてもいない。それ故，それが何であれ，古い文書を調査しようとする者は眼前に置かれている文書が原本と見做されねばならないのか，または原本から文書集または綴じられていない用紙に転写された単なる写しに過ぎないのかを何よりも最初に調べなければならな

い。そして判断において一度決められたならば，それに関して意見を変えることは出来ない。何故ならば，原本は原本として考査されねばならないし，どんな場合でも写しに合致し得ない固有の条件を有しているので。このように，写しには原本と調和しない多くのことが許されているのである。これに関して人を騙すことは，ある確かな記述とそうでないものが区別されるとき，誰にとっても容易なことではない。もしこの準則が完全に争うことの出来ないものであるならば，そして事実そうであるのであるが，ヒックス氏の最初の二つの理由は完全に崩れ，マビヨン師の準則は決して損われることはない。

　原本にそれらの真正さが無疵で完全な状態のまま何か追加が施されることはあり得ないのかと問われるならば，私はあり得ることを殆ど否定しない。もし文書の本文以外において追加が行なわれているならば，そして最初の作成者によって書かれたことを後世に付加されたことから区別することは経験のある者にとっては難しいことではないので，原本に何か悪いことが殆ど付加され得ないことは明らかである。それ故，原本自身の真正さに関して，追加部分が排除されるかまたは明らかにされることで十分に判断を下すことが出来るのである。

　こうして，ヒックス氏による第3の反論を否定することが我々に残された課題となる。ここでヒックス氏はマビヨン師の第6の準則を，それがすべての追加部分に一律に通用するのではなくて，追加部分に関して個々に理解される必要があると言って，偽りであると決めつけているのである。よろしい。彼がどのような方法でそれが偽りであることを証明しようとしたかをお見せしよう。彼は「特に，古文書の欠陥を表わすものとして，誰もが望むと同数の数まで増やすことの出来る類似の別の文言を考えてみるならば」と言う。従って，ヒックス氏のこの解釈によれば，マビヨン師によって受け入れられた第6の準則は，たとえ「追加事項……は，一言でいえば，文書にいかなる欠陥が認められようと，その真正性を損うものであってはならない」ということになる。これがマビヨンの真意と彼の言葉の意味からいかに離れたものであるかを彼によって書き加えられた「その他類似の文言」という言葉，そして準則を確立するために適切に付加された諸例が完全に証明している。

　つまり，「文言」から始めるならば，マビヨン師の言葉は「文書，特にその写しにおける受肉，会計年度，古語，その他類似の付加部分」となっている。読者がどのようにこの文言をねじ曲げようと，文書の欠陥の内容及び量を明示するためにそれを応用することは，実際に私が思っている如く，決して出来ないであろう。そして確かに驚くべきは，マビヨン師のすべての準則を，もし適切に説明されるのであれば，賛同すると少し上で告白しているこの碩学がそれを恰も偽りで欺瞞として否認しているといった不当な説明をそれに与えていることである。

　しかし，よろしい。この文言が曖昧であった，そして，正しいことではあり得ないのであるが，それが過誤と称するものへと拡大解釈されるとしよう。今度もまた，準則の解説の中でマビヨン師自身によってビードやその他の作家から引き出された諸例がこの見解を排除している。これらのことから，この準則で示されている追加部分は一つまたは精々いくつかの言葉，即ちある人の名前や文字の説明のために使用された，または受肉の年を表示するために付加された言葉，または原本の中で表記された字句が十分はっきりと明示していない類似の文言以外には適用され得ないものであることは明らかである。

　今やマビヨン師が文書に含まれるすべての欠陥を弁護することからいかに遠ざかっていたかは，

ヒックス氏が第4に挙げていた準則5によって容易に証明することが出来よう。確かに，そこにおいて文書の「欠陥」のあるものは，そのうちの一つがある文書において確認されるならば，その文書はそのことのみによってすべての権威を喪失するほど非常に重大であると言われている。その他の欠陥はある文書で「一つか二つ」起きてはいるが，「合法的原本を損うことはあり得ない」そのようなもので，従って，非常に軽微な欠陥でなくてはならない。マビヨン師は少し後で，それらを比較的「軽微な」誤りと呼んでいる。しかし，この準則が一度受け入れられたならば，ヒックス氏が苦しんだと主張しているその重大な懸念，つまり，彼が自らの判断でその名称のもとにあらゆる欠陥が理解されると解釈する「すべての追加部分」は古文書において一度であれ別々にであれ見いだされたとしても，マビヨン師の判断に従えば，それらはそれらの真正性を些かも損うものではないことになるので。実際，文書はマビヨン師自身によって提示された準則に従った場合，ただ一つであっても重大な欠陥であれば，偽物と見做されねばならないのに対して，真正文書においては，一，二の重大でない，つまり軽微な欠陥でも殆ど許容され得ないとなると，マビヨン師の見解に従って，古い記録におけるすべての文書学上の欠陥が，一度であれ別々にであれ，それらの真正性を損うことなくもたらされ得るのかどうかと問うことは無益なことになってしまうであろう。

　しかし，ヒックス氏はマビヨン師が「言葉として」提示しているものから実体を奪い取っていると言う。そして「言葉として」と言われるために，マビヨン師の著書は，欠陥のある文書でも権威マビヨン師または彼の学問をもってしても簡単に排除され得ないことから，このように重大な罪を犯そうとの意図が働いていたとは考えられないとの姿勢で書かれたものである。このことを何とか立証しようとして，この碩学は文書のあらゆる欠陥を弁護するためにマビヨン師が十二分に提供していると判断する方法のすべてに検討を加える。その結果，彼は次のように言う。もし書体に問題がある場合，書体のみから判断すべきでないとマビヨン師は言う。もし歴史書や碑文が文書と一致していない場合，同師は歴史書や碑文に誤りが忍び込んだと答えるであろう。もし使用されていない言葉や言い回し，または文書が交付されたときに生きていなかった人の名前と出会った場合，それは写しにそのようなことを持ち込んだであろう書き手の不注意または軽率さから発生したと言うであろう。もしその当時の習慣に反して，受肉やその他の年号の中に誤って表示された年が見いだされた場合，生半可な知識を持つ者によって説明のために加えられたものであると主張するであろう。結局，その他のどのような欠陥が摘出されても，原本にはなかったものを写しにおいて大胆にもしばしば付け加えようとした書き手の所為にされてしまう。そしてそのため，古事信奉者としてのマビヨン師によって弁護されない文書は存在しなくなってしまうであろうと。

　これらの中傷の如きものを満足させる前に，幾つかのことが提示されねばならない。第1に，マビヨン師によって提示された準則が有害でないのみならず，我々がヒックス氏の見解として既に繰り返し言ってきている如く，もっと正しい言い方をするならば，それらが非常に有益であることが明白であること。その証拠に，同ヒックス氏はアングロ・サクソン文書の真正性を探究するに際して，それらの準則を自身で利用したことを告白し，そして同じ研究に取り組もうとしているその他の人々にも同じことをするように奨励してもいる。第2に，古い文書はそれらの真正性が安全に宣言されるために，単にあれやこれやの準則のみならず，複数の準則，更には，もし事

態が要求するならば，すべての準則と比較対照されねばならないこと。第3に，原本としての文書と通常写しと呼ばれている，前者から転写されたそれらの謄本との間には大きな相違点が存在すること。確かに，前者は遥かに大きな権威を持っているため，より厳しい鑑識のもとで検査されねばならない。これらを前提にして，ヒックス氏の反論に答えねばならない。

　そしてまず書体の特徴に関して，彼は「ある文書がそれが作成されたとされる時期に書かれなかったことが書体から明らかな場合でも，古い文書に関しては書体のみから判定が下されるべきではないとマビヨン師は主張している。何故ならば，それぞれの地域において，それぞれの世紀に一つのみの書体しかなかったわけではないので」と述べている。ヒックス氏はこれを真実または確かなこととしてよりも信念のもとに，しかも「書かれたと言われている時期に書かれたのでないことが明らかな」文書がどんな方法であれ無罪放免され得るなどマビヨン師が一言も言っていない箇所で述べているのである。勿論，このような解釈はマビヨン師にもまたその他の健全な心を持つ誰にも思いつかなかったことであろう。確かに，マビヨン師は，ヒックス氏が引用している如く，文書の真正性に関して，書体のみから判断すべきではないと言っている。しかし同師は，ヒックス氏がその時のみならず常に黙過しているあること，つまりその他の特徴からも考察されねばならないこと，そして古文書に関しては，すべての特徴から考察を加えた後でない限り，決して公言してはならないとの文句を付け加えているのである。

　勿論，ヒックス氏自身も別の箇所，つまり彼がこの準則を少し前で考察したとき，単に書体から，またはその他の特徴の一つから物事が判定されるべきではないことを弁護している。それ故，彼がマビヨン師を批判したことは驚きである。それまでは，彼は文書の真実を探究するために同師の存在が必要であったと公言していたのである。それ故，場合によって意見を変えているのであろうか。更にまた，なぜヒックス氏はマビヨン師の準則の前半のみを引用し，後半を隠してしまったのであろうか。実際，私はマビヨン師の準則を擁護し，同時に誰も非難しないという態度をとったつもりであるが，その決意に対してヒックス氏の心がどのように反応するだろうかと詮索する気は毫もない。しかし，文書の書体を考察するに際して，マビヨン師によって提起された準則を誠実に，そして偏見を持たずに検討しようと思った者であれば，それが確実で安全であることを否定しないであろう。そして実際，文書の書体が明らかに誤りを含んでいるとしよう。まずそれが王文書として認めがたいほど大きな欠陥である場合がある。次に，書体の真正性に関して異論を唱える理由はどこにもないほどに，同時代の全く疑いないその他の文書と一致している場合がある。最後に，博学で，更にこれらのことに明らかに精通している人にとって，その真正性に関して安全に公言することが困難であるほどに書体が微妙に違っている場合がある。最初の書体または別の書体に関して，いかなる困難も両方の状態から発生し得ないとき，準則は問題にならない。他方，もし書体が曖昧な場合，その文書を擁護するためには，ヒックス氏がマビヨン師を曲解している如く，「書体のみから物事が論じられるべきではない」と答えるだけでは十分でない。そうではなくて，文書のその他の特徴も詳細に検討されねばならない。そしてその古さに関しては，準則が定めている如く，すべてが揃っていない場合，宣言されるべきではない。それは，マビヨン師が別の箇所で巧みに指摘している如く，古い文書の真実と信頼は個々に取り出された指標や特徴からではなくて，それらすべての全体的な総合からなっているからである。出来事の寄せ集めがいかに器用な偽造者によって捏造されようとも，経験のある鋭敏な古事研究家が

その中に偽造の証拠が入りこんでいることをすぐに嗅ぎ付けることが出来ないようなものはあり得ない。以上から，文書の書体に関する準則が，それが最高の博識者によってさえも，生きている限りにおいて攻撃され得なかった如く，マビヨン師によっていかに確実にそして慎重に設定されているかが明らかとなる。

　同じことは，次のことに関しても言われねばならない。つまり，ヒックス氏は「もし歴史書や碑文の証言が交付された文書の時期または場所と一致しない場合，いかにそれらが真正で同時代のものであったとしても，それらの権威は優先されるべきではない。それは軽微でない誤りが作者に入り込むことが時としてあるからである」と言う。もしマビヨン師によって準則の提示の中で使用され，彼自身も少し上で指摘した言葉《semper》[「常に」の意]についてここで見過ごすことがなかったならば，ヒックス氏はこの困難を簡単に解決したであろうに。何故ならば，「もし歴史書……，それらの権威は常に優先されるとは限らない，……」と解釈されねばならないので。そしてこれが全くの真実であることは，ヒックス氏が告白し引用している如く，確かである。それ故，ヒックス氏は少し前でこの準則を真実として受け入れ，その後も，マビヨン師によって使用されたこの準則をいかなる権威，いかなる理由によっても排斥してはいないのである。他方，それ以外においては重要と見做されている文書と同時代の歴史書や疑わしくない確かな碑文が対立することが稀でなくなっているとき，もし事実にとって何が必要であるかと問われるならば，ヒックス氏がマビヨン師を曲解している如く，歴史書や碑文の権威を古文書よりも優先させないように注意せよと読者諸賢は答えるであろう。また，即座に古文書の真正性に関して，物事がまだ知られないうちに判断することがないように用心せよと読者諸賢は答えるであろう。しかし，マビヨン師は決してそのようなことを教えていない。そうではなくて，彼のすべての準則は主としていかなる文書も，よい文言であれ悪い文言であれ入念に考察され精査されない限り，受け入れられることも拒絶されることもあってはならないことを目的としていた。それ故，その場合，同じ時代のその他の歴史書や，もし存在するならば，古い記録が参照されねばならないのである。更に，文書のその他の特徴が入念に吟味されねばならない。最後に，マビヨン師の言葉そのものについて我々が既に指摘した如く，すべてのことが適切かつ慎重に考量されない限り，これに関してはいかなる判断も下すべきではない。それ自体において合法的である文書が大胆かつ不注意に性格づけされることによって，偽文書または改竄文書として排除されてはならない。これを目指しているのがマビヨン師の準則で，この大家はその準則を定める必要性を様々な例を使って証明したのである。それらの中から一つ，そして特に代表的なものを引用しても，誰にも不快感を与えないと我々は信じる。大ルイ[敬虔王]の国王戴冠の日付が公示され，そのことに関して貨幣が製造され，いろいろな記録が発布されていたにも拘らず，どういう理由かは分からないが，式は延期された。そうであるのに，国王塗油式の日に数通の文書が交付され，そしてそれらには貨幣と数通の記録が採用した日とは別の日付が記載されているのである。これはどうして起こったのであろうか。それらの確実な記録との間の不一致が確認された方の文書が排斥されるのだろうか。それは実際のところ許されないことである。何故ならば，それらの文書は真実で間違いがなく，それ故，受け入れられねばならないのである。従って，この一つの例を取っても，この準則がマビヨン師によって正しくかつ慎重に提示されたことを認めないわけにはいかないのである。歴史書や碑文がいかに同時代の本物であろうと，それらが文書を傷つけるためにいつも引用されてはな

らないのである。

　ヒックス氏によって反論されたその他のことは，主として謄本，つまり文書の写しに関するものであり，それ故，我々が既に明示した如く，原本に対する反論は殆どないことになる。それらはマビヨン師の書と準則に依拠して，最大の欠陥をもつものであれ，すべての文書を恰も安全のうちに置かれ得ることを証明しようと願っている学者には余り役には立たない。事実，我々が既に述べた如く，写しは公文書の原本自体の如き権威を有していないとしても，それらがまず考査されない限り，完全に排除されるべきでないことは明らかである。つまり，写しが公正なものであるならば，全幅の信頼に値するものである。そして欠陥を持っている場合，それが重大でなければ，ある程度の権威が備わっていることになる。それ故，このように私文書の真正の写しを偽物から，または疑わしいものを確かなものから区別することが出来る幾つかの準則を設定することはやり甲斐のあることであったことは明らかである。

　もしマビヨン師自身によってこれらの記録が主として収められている文書集の形態と状態に関して，特に本書3巻5章において十分に明らかにされていなかったとしたならば，ここは，確かに，それに関して詳細に議論する場所になったであろう。それ故，ここでは本書の諸巻に収められた，または多様な集成，歴史書で刊行されている文書の写しが大きく三つの種類に分類され得ることを指摘するだけで十分であろう。第1として，実際にこれらの中には，特にそれらが何世紀かあとに書かれたりしている場合でも，誰も信頼を拒むことが殆ど出来ないほど真正で確かな文書と一致しているものが含まれていることが少なくない。それも当然のことである。何故ならば，聖書に関しては何も言わないとしても，写しの手稿集成の中でしか伝来していない諸教父やその他の作家たちの著作，法律と諸王の勅令に誰も異議を唱えることなく，信頼が寄せられているのであるから。更に，私文書に関しても，同じことがなぜ言えないのであろうか。原本にはないただそれだけの理由で，なぜ私文書は排除されるのだろうか。国王文書とその他の文書に関して，確かに，両方とも様式は同一であり，両者の写しの状況も同じである。古い作家たちの仕事は国家にとって確かに有益であるならば，更に私文書も公的かつ私的福利にとって特に重要であるとの事実を誰も否定しないであろう。これに対して，我々は第2の分類に完全な偽物，つまり形式が守られておらず重大な誤りが散在し，誰もが受け入れようとはしない文書の写しを配置する。しかし，これら写しの二つの形態の他に，両者の中間に第3の形態が存在する。これに属するのがよい文書の不確かでない特徴を示してはいるが，その権威が大いに弱められている幾つかの欠点を持つかなりの数の写しである。その上，原本では許されないこのような誤りが，文書の本質を損うことなく，ときどき写しの中に忍び込み得たであろうことから，マビヨン師はこのような文書におけるよい文言と悪い文言に関して非常に綿密かつ注意深く探究する必要があると考えた。それは単に歴史的事件を明らかにするためのみならず，対立を解決するために最大限に利用することが出来るこれらの記録が準則がないために，無益なものとなってしまわないためにであった。特にこれと関連するのが第7の準則で，この最も優れた人が書記，写字生，または文書収集者によって悪意からではなくて，無意識のうちに行なわれ得た受肉の年，会計年度，古語，その他同類のものの追加記入に関して教えてくれていることである。

　しかし，ヒックス氏またはその他の人はマビヨン師を告発するための機会が与えられたと不当にも判断し，彼がよい文書の見本として文書を掲載したのは，どんなに欠陥のある文書でもマビ

ヨン師の準則を最高に理解した古事愛好者によって，更に見本の名のもとに救済され得ると考えたからだと言う。古事愛好家は誰もが読みたがる古文書に関する著作を読み漁っている。価値あるものとそうでないものとを区別する術を正しく知っていた碩学たちにとっても，この種の文書は殆ど無益なものとは言い切れないとマビヨン師が書いているのを彼は見いだすであろう。更に，このような文書の欠陥自体すべての言い訳を許さない類のものではないことを知るであろう。これらの追加記入または軽微な変更は，筆写係または文書整理係によって，彼らが考えていた如く，読む人のより大きな便宜または後世の人々の知見のために悪意なく，真実を損うことなく，導入され得たのである。しかし，真実を愛する人はその文書がいかなる瑕疵もないこと，そして最も証明されたものの写しとして提供され得るなどと，はっきりとであれそれとなくであれ言ったことも書いたこともない。もし誰かがそうしたのであれば，その人は何と素朴で純真なことか。このことは，ヒックス氏自身も引用しているのであるが，この種の文書の例として掲げたソワソン司教座教会の財産の列挙に関してマビヨン師が述べていることからも明らかである。そこにはこの列挙の「内容と体系は古い時代に合わない特徴を一つも醸しておらず，9世紀の香りと一致している。但し，日付事項と一部の下署は誤りを含んでいるが」との言葉が添えられている。更にその後で，「同文書の本文は最高に重要で，一部に瑕疵が含まれてはいるが，すべての碩学の判定によっても真正とされている」とある。つまり，このようにマビヨン師はそれらの欠陥を最小限に否認するため，あれやこれやの記録において称賛すべきことを受け入れている。そして彼は，公正で殆ど疑う余地のない記録から転写されたことに疑いを持っていないとしても，それらを完全に純粋で真正な文書の写しと公言しているのではないし，ましてや原本とすることなどあり得ない。それ故，それらの権威は真実(それが暗闇の中に隠れている時でも)を愛する人々においても，何らかの重要性を持っていると判断されねばならない。そして確かに，マビヨン師のみならずシルモン，デュシェーヌ，サンマルタン，ウゲッリ，ル・ミル，ル・コワント，ラップ，バリューズ，そして今日までこれらのことに精通してきたすべての人々は機会が与えられたとき，これらの記念物を利用してきたのである。しかし，彼らは歴史的出来事を叙述するに際して，または学問的論争に際して，そこから論拠を引き出すことはなかったし，その他の論争を解決するに際しても，しばしば立証したり引用することに疑問を持ってきたのである。

　このことから，マビヨン師はよいものと悪いものを含むすべての文書を，選択したり区別したりすることなく擁護するような人ではなかったことは全く明らかである。それ故，彼によって確立された準則は最悪の文書の欠陥のすべてが弁護されることを目指したものであると言われることは不当なことである。それとは反対に，この非常に博識な人はそれらの文書を比較検討することに並々ならぬ力を注いだ。そうすることによって，古いものを研究する者がそれらの準則に助けられて，古い記録において何がよくて公正なのか，また何が悪くて誤っているのかを理解することが出来るようになるからである。それ故，すべてのことが注意深く慎重に考察され熟考され，それらの本物または偽物に関して，人間として確かな判断を下すことが出来るのである。そして全く同様に，国家の公正な文書が偽りの文書から区別されること，そして偽物が断罪されることが重要となる。マビヨン師が偽物，そして要するに欠陥を含むものを拒絶することに劣らず，不正な検査から公正な記録を救うことに少なからず骨折っていたとしても，それは全く驚くべきことではない。他方，この準則の批判者であり，殆ど敵対者と言えるヒックス氏が公正かつ適正と

告白しているこれらの準則を多くの人々が悪用することがあり得るとの理由から，同師が責められるべきであるとするか否かは他の人々が判断することである。いかなる人も，悪しき人間がその作品を破滅へ向かわせることが出来ないほど神聖にして不可侵の存在ではないとしても，これらの探究に既に熟達し経験を重ねた人々の中で，古い記録を検査するに際して，誠実さと公正な秤によってこれらの準則をそれらに付された解説と共に遵守しようとする人は，本物と偽物を判別するに際して，誤りを犯すことがなくなるのみならず，別な人(更に，その人が狡猾で細心の偽作者であっても)によって簡単に誤りの中に突き落とされることもなくなると私は断言して憚らない。

　確かに，いかなる権利によってかは知らないが，敬虔な人が古文書に関する著作を彼が属する修道会の文書，しかも欠陥のある文書を偽物の罪から解放するという気持ちを特別にもって書き上げたかの如き，疑惑の影がマビヨン師の中に入り込み得るであろう。しかし，碩学によって不注意にもよい文書の見本として提示されたかなりの数の文書の偽造を暴くために，著書の執筆を始めたのが本当であるならば，準則の反対者も告白している如く，両者とも結局同一の見解に収斂していったであろうことが明らかとなる。更に，ヒックス氏はこの度マビヨン師によって見いだされたこれらの準則を確かに承認しているのである。彼は本来マビヨン師のものではない，そして間違って彼に帰せられた結論を攻撃したのである。これに対して，私は諸準則とマビヨン師自身から聴取したそれらに関する本物の説明を，私の能力の限りにおいて，弁護するよう努力した。もしそれが上手に首尾よく行なわれていなくても，それはそれ自身に責任があるのではなくて，私の非力さによるものである。我々が彼に別のよりよい人生を期待しなかったとしても，彼の人生は不滅に値するものであったであろう。そしてもし彼自身が，彼が準備していた如く，これに関する自分の考えを公開していたならば，ヒックス氏によって提示されたすべての障害に明解に答えたであろう。その結果，諸準則の基本点と彼の見解を一致させ，結論での相違によって彼と対立することはなかったであろう。そしてこうして，結局，ヒックス氏も，師の味方であると公言しているパーペンブレック[本書52頁参照]の例に倣って，マビヨン師に接近することによって，三人の傑出した人物の古文書に関する意見は首尾よく一つとなって調和することになったであろう。

著者の序文

　この仕事を企てるに当たって，二つのことが私を駆り立てた。それらは新しさと結びついた論証の有益性と弁護の必要性とである。読者は私が第1巻の冒頭で示す本書執筆の動機によって，その必要性を納得するであろう。全体を6巻に分けた。最初の3巻で，この問題の中心をなす総論を述べている。第4巻ではフランク諸王の宮廷が論じられている。それに関する叙述は特に王文書に依拠し，それらの文書を例示することにも十分な配慮が施されている。これに続く2巻で我々はそれまでの巻における論述の証明のために，銅版に刻まれた模写見本と種々の史料を提供している。「弁論家は，理論と実践が一つに統合されてはじめて，努力にふさわしい報酬を得る」[301, 12, 16]のである。これらの見本と史料はそれぞれの箇所で十分過ぎるほど論じられており，それらを読者の目に簡潔に示すことで足りるであろう。つまり，我々がそれらをより詳細に論じたならば，同じことを繰り返して言わなければならなくなったであろうから。

　始めた仕事を出来るだけ早く最後までやり遂げようとの気構えであるが，最も大切なことは勤勉さであると私は考える。そしてそのために，各地の教会や修道院の文書庫を探索し，我々の同僚と友人に助言を求めることに決めた。そして敵対者たちの主たる攻撃が特にサン＝ドニ修道院の文書庫に向けられていたので，私は私の修友，ミシェル・ジェルマン[1694]と共に同文書庫にあるすべての文書箱を丹念に調べ上げた。彼が私のために示した注意深さと勤勉さは決して弛むことはなかった。更に，苦労と勤勉さが求められるこの共同作業に我々の修友，クロード・エティエノが加わった。彼はロワール河以南のガリアにある非常に多くの文書庫を疲れを知らない熱心さで探査した。更にこれらに加えて，我々は別の地方，即ち，シャンパーニュ[パリの東]，ロレーヌ[東フランス]，それらの周辺地方へも足を延ばした。そしてこれらの地方の文書庫を綿密に調査した。加えて，我々に何も隠したり見せなかったりしなかったサン＝ヴァンヌ修道院駐在のサン＝ブノワ派修道会の修道士たちの支援を受けた。更に，我々のテーマに関する出版された著作と個々の文書の批判を含んでいた書物，加えて，文書集成を含んでいた書物を丹念に調べた。しかし，我々は我々の仕事を過度に吹聴し過ぎると思われたくないために，それらを列挙することを差し控える。そうしなくとも，個々の名前と言葉はそれぞれの箇所で記されるであろうから。

　しかし，私は最高の称賛に値するアントワーヌ・ヴィオン・デルヴァルからの長く記憶されるべき好意について語らないではいられない。同氏はフランスにあるすべての教会から可能な限りの文書集や文書を取り寄せ，それらを大量にして惜しみなく我々の許へ送ってくれた。そのため，すべての教養人にとっては掛け替えのないパトロンであったと同様に，氏は我々にとっては一つの公立文書館のような存在であった。

　ところで，私は勤勉さに中庸を加えることが大切であると考えた。何故ならば，宗教と政治においては諸科学においてと同様，すべての定義が危険を伴うものであること，まだ完全には明らかにされていない学問分野において特にそうであると考えるからである。その上，このテーマに

関する認識が確実かつ明らかでない者は不注意な発言によって容易に誤りへと陥ってしまう。それ故，自分自身が考察したことを確証するさい，私はゆっくりと慎重にことを運ぶことにしたし，否定する際も，一層控えめで良心的であるように努めた。

　このことに関してのみ中庸を守ったのでないことは明らかで，私は論述や反論の方法そのものにおいても真実とキリスト教の信仰者にふさわしいように，平静かつ平穏であることを心がけた。従って，理由がない限り，私は真実とされるものに反論することはなかったであろう。そして，誰かが傷つくような言葉を思い浮かべることがないこと，それが特に私の眼前に提示されたことである。実際，私は有力な主張を力を込めてよりも穏やかに述べるほうが望ましいと判断した。何故ならば，有力な主張が話されている間に，もし誰かを傷つけたとしたならば，当然のこと，それらは健全なものではないと見做されるであろうから。ともかく，この問題に関しては，無気力で無関心な態度が真実の妨げとならないように，特にキリスト教の思慮深さが要求される。愛に関して寛大になり過ぎてはならない。これらの戒めから私が外れるようなことがあっても，寛大な読者諸賢は許して下さるようお願いする。意思と願望に逆らって，それは起こったと理解して頂きたいのである。

　激怒した敵対者からかつて提示された反論や批判を論駁する場合，誤った反駁に走ったり，真実を否定して誤魔化したりしないため，私は中庸を堅持するよう努力した。また，明白な罪をかばうことは別の罪を犯すことである。そして全く見当違いの嘲笑や非難にいちいち反駁を加えようとすることは，読者諸賢の閑暇を悪用することになる。要するに，以前であれば全く問題にならなかったことが，弁護の無用な心配によって重大かつ有害なものになることが頻繁に起きている。しかしもし，ときどき非難を加えているが，それを徹底して行なってはいないと私を正しく評価する人がいるならば，その人は傷を治すよりも傷をつけるほうが簡単であると同様に，非難するよりも弁護するほうが困難であることを心の中で考えているからである。

　私が今上に掲げたそれらの状況について，熱心な読者諸賢がそれを読んで賛同してもらうことを繰り返しお願いし切望する。読者は我々の仕事やそれぞれの史料に関して，自分の意見を述べないうちに全体が部分を規定してしまうことがないように細心であらねばならない。正しく理解されていない，または誤って歪曲された言葉から奸計や欺瞞を生じさせてはならない。そうではなくて，私が第3巻の終わりで読者諸賢に要求しているあの準則に従って，誠実さと衡平さをもって全体と個別を比較して考察しなければならない。更に，単に勤勉さと公正さのみならず，成熟した判断力が必要となってくる。上掲の作家は「味や香りについて教えることが出来ないと同様に，判断を指導することも不可能である」[301, 6, 6] と言っている。

　私は文章にそれほど気を使ってこなかったが，そうかと言って，それを全く無視してきたわけでもない。不適切な言葉が私の口から出ないために，(そうでなければ，意味がより明白になるため) 言葉の有益な回りくどい表現を求めることは許されることである。何故ならば，私のやり方または立場は若者の優美さを追求することを許さない。また，見た目の美しさよりも正しい配列と共に明瞭明快な簡潔さが要求される，万人が認める高度の論証はそのような方法に耐えることはない。

　その上，次のことを指摘しておくのが適切であろう。この古文書学の研究における我々の主たる関心は古さ，特にわが国の諸王の輝かしい歴史に関する古さにあったことである。そしてフラ

ンスの第1王朝と第2王朝の記念碑に関して我々が考察することができたすべてのことを，手本として詳細に叙述することに努めた。しかし第3王朝に関しては，話は聖ルイ王[カペ朝王，1270]までしか達していない。我々が彼の治世で立ち止まってしまった如く，彼の治世の後に作成された文書においてそうであったような，物事の新しい外観はもう一つ別の書物による論述が必要であることを納得させている。つまり，他のものは割愛するとして，王文書における花押の使用，王国の四大役人の下署が彼の時代から廃れてしまう。そしてそれまでのものとは全く異なる，新しい書式が普及した。そのため，我々の仕事の量が既に大きくなり過ぎていたので，我々はその部分に手を付けないことにし，別な人に自由に論じてもらうべく残しておくことにした。

以上が大体，この序文で前以て話さねばならなかったことである。但し，書き残したことがあるとすれば，諸々の好意，特に古い書体の見本によって我々の研究を膨らませ，装飾を施すことに骨折って下さった著名な人たちの想い出が私の心を打ち続けていることである。そのような人々の中で第1に思い出されるのが，権威と徳の両方において並ぶ者のない枢機卿カサナータ[ヴァティカーノ図書館員，1686]である。彼は自発的に史料や見本を送ってくれたのみならず，私が彼に代わってすべての学者により多くを希望し求めることが出来るように親切に促してくれたのである。パリ上院における税務訴訟の最高検事，アシル・アルレが我々に示してくれた好意もそれに劣るものではない。彼が所有する文書庫に保管されていた大変尊い古い時代の貴重な史料が我々に利用できるようにと彼の好意によって開封された。しかし，当然第1地位を占めていたのが，最高のキリスト教徒である国王の図書館であった。そこから非常に古い写本の聖書が同図書館の非常に誉れ高い館長ピエール・カルカヴィの許可を得て，我々の許に運ばれてきた。しかしいかに我々が有名なエティエンヌ・バリューズに負っていたかは，ただ単に彼が責任者であったコルベール図書館の非常に豊かな蔵書から転写された見本のみならず，別のことを調べている彼が我々のテーマに関することを見つけると，喜んで何度も私に伝えてくれた数々の意見がはっきりと証明してくれている。いと清澄なトスカーナ公爵が所有する図書館の館長，非常に博識のアントニオ・マリアベッキが最後になったが，その重要さは以上の人々に劣るものではない。彼はメディチ家付属のあの非常に豊かな蔵書を誇る図書館から私にとって貴重な書物，就中，『ユスティニアヌス法典』のフィレンツェ写本を希有の親切と好意の印として貸してくれた。

これらすべての援助にピエール・アモン[フランスの能書家，1569]の模写見本が加わった。その仕事は既に完成されていて，私はルイ・ビランからそれを受け取った。このアモンはフランス王シャルル9世[1574]の書記兼侍従で，あらゆる種類の書体の複製見本を公にすることを考えついた人であった。同じことを，少し前にローマにおいて，教皇ポル3世[1549]の時代にジョヴァンニ・バッティスタ・パラティーノが試みたことであり，そしてヴェネツィアにおいても同じ頃別の人(その人の名前は今思い出すことができない)が試みているが，それらの書体はより新しい史料の手本が示しているものと殆ど異ならない。しかしアモンは古い史料を更に収集するように求められると，フォントブロにある国王図書館から書物を借用すること，そしサン゠ドニ修道院とサン゠ジェルマン修道院の史料を閲覧する許可を国王から書簡によって獲得した。彼は一部に関しては非常に手際よく見本を作ったが，その残りに関しては，1566年とその翌年に行なっている。それらの一部を我々は本書に転写している。就中，フォントブロにある国王の至聖所に保管されているエジプト・パピルスに記された，通常「十全保証」《plenaria securitas》と呼ばれている文

書の見本がそれである。彼はそのうちの数行をペンで筆写し，そしてそれをガイウス・ジュリウス・カエサルの偽の遺言書の名称のもとに彼の書物の中に他の史料と共に掲載している。いよいよ我々の書物の出版が間近に迫ったとき，ウィーンの皇帝図書館の好意によってペーター・ランベックの書の第8巻 [221] が運ばれてきた。その中で彼はその書体は自分には解読できないことを率直に認め，樹皮紙に記されたこの重要な文書を正確に書き写すことを試みている。確かに，我々の友人である知識人の皆さんにとって，いわんや我々にとっても，熱心な読者諸賢のために判読の最も困難な箇所に註釈を加え，その史料を一語一語再び印刷するよう指示することは，非常に有益なことと思われる。

　最高の博識家である，デュ・カンジュ [『中世ラテン語辞典』の著者，1688] 殿。私はあなたを称賛しないで，あなたの前を素通りするようなことはしません。あなたはこの我々の徹夜仕事をご自分の仕事のように，助言と激励によって前進させ，ぐずぐずする私にたびたび活力を注ぎ込もうとされました。確かに，あなたの手許には羊皮紙に書かれた，山のような写本はありませんでした。しかしあなたはずっと奥に隠された博識の記録を頭の中に詰め込んでおり，それらを厭うことなく蓄積したあと，今惜しむことなく分け与えてくれています。すべての人に公開され，あらゆることを扱った，あなたのこの上なく浩瀚な著書が何よりもその証拠です。私はその本からいかに多くのことを学んだことでしょう。あなたの所説に異論を唱えるなどおこがましくて私には出来ないほどです。しかし，予定していたよりも冗長になりそうなので，この辺で序文を終わることにする。

目　次

凡　例 1
献呈辞 5
この版に付された兄弟テオドール・リュイナールの序文 9
著者の序文 27

第1巻　古文書の古さ，材質，書体

第1章 51
　第1節　本書の効用 / 第2節　執筆の動機 / 第3節　本書の目的 / 第4節　避けねばならない両極端

第2章 55
　第1節　文書の多様な名称と種類。教会文書，王文書，そして「鄙文書」または私文書 / 第2節　教会文書──懇願文書，授与文書── / 第3節　王文書──命令文書，指令文書，法廷文書，往還文書，資財明細文書，所領安堵文書── / 第4節　教会人の間における同種の文書 / 第5節　雑多な私文書。アンバギナリス文書，控え，双葉文書，盛式および私的な略式文書 / 第6節　インストルメントゥム，テスタメントゥム，リッテラ，エピストラ，キログラフム，シングラファ / 第7節　双葉文書，歯型割印文書，割印文書 / 第8節　資料室，記録 / 第9節　文書集，貢租帳，謄本 / 第10節　修道院長と女子修道院長のテスタメントゥム

第3章 66
　第1節　教会，修道院に宛てた王文書やその他の文書の古さについて / 第2節　パーペンブレックによる反論 / 第3節　パーペンブレックの見解が反駁される(その一) / 第4節　同(その二) / 第5節　同(その三) / 第6節　同(その四) / 第7節　グレゴワール大教皇によって修道院に下付された特権文書 / 第8節　更に，グレゴワール大教皇によって女子修道院に下付された特権文書 / 第9節　トゥールの史料が擁護される / 第10節　アングロ・サクソン人の間における諸例 / 第11節　以上の文書では霊的な免属が問題になっている / 第12節　ギリシア人の間における諸例

第4章 75
　第1節　王文書の古さは5世紀から証明される / 第2節　特に，クローヴィス大王以後のフランク人の間において / 第3節　これに関する，トゥール司教グレゴワールの誤って非難された沈黙 / 第4節　更に，アングル人の間における同様の慣行 / 第5節　同じく，ヒスパニア人の諸王の間における慣行 / 第6節　同じく，イタリア人の諸王の間における慣行

第 5 章 81

第 1 節　マルキュルフとその他に基づいて実証された私文書の古さ / 第 2 節　6, 7 世紀の戒律から / 第 3 節　寄進は文書を伴わずに行なわれたのか。そしてそれはいつのことか / 第 4 節　ゲルマン人の間における様式とは / 第 5 節　同じく，イタリア人の間における様式とは

第 6 章 85

第 1 節　殆どすべての偽文書が真正文書と混同されている / 第 2 節　初期の偽文書作成者に関するパーペンブレックの見解 / 第 3 節　彼の見解が論駁される / 第 4 節　11 世紀の修道士たちの篤い信仰心が擁護される / 第 5 節　反論が試みられる / 第 6 節　その汚辱からいかなる階層の者も免れていなかった

第 7 章 92

第 1 節　古文書の多様な運命 / 第 2 節　原本劣化の三つの要因。第 1 は自然損傷。それらの復元 / 第 3 節　二つの方法で復元された文書 / 第 4 節　この文書の復元は誰を通して行なわれたのか / 第 5 節　原本と同時代に作成された謄本 / 第 6 節　原本劣化の第 2 の原因としての紛失。それによる全財産・権利を安堵した文書 / 第 7 節　これに関して，アレマン人の間ではどのように決められていたのか / 第 8 節　原本劣化の第 3 の要因としての不正な詐欺 / 第 9 節　同じく，謄本偽造の三つの原因 / 第 10 節　これらについて判断すべきこと

第 8 章 99

第 1 節　古人が書くために使用したいろいろな道具 / 第 2 節　羊皮紙を獣皮紙から識別する方法。2 葉の羊皮紙からなる特権文書 / 第 3 節　魚の皮に記された文書 / 第 4 節　樹皮に書かれたと言われている文書に関するパーペンブレックの見解 / 第 5 節　エジプト・パピルスと樹皮紙とを区別する基準 / 第 6 節　これらの使用は，パーペンブレックの見解に反して，キリスト生誕以降も非常に永く続いた / 第 7 節　そのことは『聖オジャン伝』から立証される / 第 8 節　同じことは，トゥール司教グレゴワールの書からも立証される / 第 9 節　ヴナン・フォルチュナの書からの証明 / 第 10 節　『聖アマン伝』，フリスゴッド，尊者ピエールによる証明 / 第 11 節　プト図書館とナルボンヌにおいてエジプト・パピルスに記されて今日まで伝来する書物に関して / 第 12 節　種々の用紙に関して / 第 13 節　更に，司教座教会とその他の教会施設の文書に関して / 第 14 節　11 世紀におけるこの種の文書の使用 / 第 15 節　鉛版に刻まれた文字 / 第 16 節　同じく，我々が常用している木綿で作られた文書

第 9 章 113

第 1 節　非常に大型の文書 / 第 2 節　羊皮紙で出来た大型の文書 / 第 3 節　エジプト・パピルスで出来た非常に大型の文書 / 第 4 節　書簡としてのその使用。ペリグリヌスに宛てた聖アウグスティヌスの書簡によって説明される / 第 5 節　なぜ古人の書簡には裏書きがなされていなかったのか。それらは開封されていたのか，それとも封印されていたのか

第 10 章 117

第 1 節　文書の作成に用いられた多種類の筆記具 / 第 2 節　黒インク / 第 3 節　赤または朱インク / 第 4 節　ビザンツ皇帝はどれを頻繁に使用していたのか / 第 5 節　フランク人は何を使用していたのか

第 6 節　金色または銀色のインク / 第 7 節　文書も上記のインクで書かれていたのか

第 11 章 122

第 1 節　いろいろな種類の古書体 / 第 2 節　適切な分類 / 第 3 節　ガリア人の古書体 / 第 4 節　ローマ書体の二つの普及した形態。純粋なものと半ゴディックなもの / 第 5 節　第 3 の書体として小文字が使用されている / 第 6 節　ティロ式速記文字 / 第 7 節　ルーン文字 / 第 8 節　ロンバルディーア書体 / 第 9 節　フランコ・ガリアまたはメロヴィング書体 / 第 10 節　カロリング書体 / 第 11 節　文書と写本の両方で同じ書体が使用されていたのか / 第 12 節　第 1 王朝下のフランク人が王文書で使用していた幾つかの書体 / 第 13 節　カロリング王朝とカペ王朝下で使用された書体 / 第 14 節　同じく、写本で用いられた書体 / 第 15 節　句読点は使用されていたのか。それはいつからか / 第 16 節　ゲルマン人とアングロ・サクソン人の書体 / 第 17 節　ローマ教皇文書 / 第 18 節　ティロ式速記は文書でも使用されていたのか / 第 19 節　文字《i》と《y》における点，音節，そして語と語の間 / 第 20 節　古人の間で用いられていた句読点の打ち方

第 2 巻　古文書の文体，下署，印章，日付事項

第 1 章 137

第 1 節　少なくない人々によって誤って訂正されている，文書における野蛮な文体 / 第 2 節　三つの要因。その一，時代の野蛮さと書き手の無知 / 第 3 節　その二，共通の慣習または書式 / 第 4 節　その三，書き手の好み / 第 5 節　別の時代における別の使用 / 第 6 節　第 4 の要因は綴字法から発生する / 第 7 節　しかし，我々の言葉と異なるものすべてが誤字であったとは限らない / 第 8 節　誤った綴り方に関する幾つかの例 / 第 9 節　その他の様々な原因 / 第 10 節　訂正されたものとして / 第 11 節　誤った綴り方は文体と関係する / 第 12 節　文書で証明されている訂正と加筆 / 第 13 節　ガリア語による文書の起源

第 2 章 148

第 1 節　文書の文体を構成するもの / 第 2 節　ローマ教皇文書は神への呼び掛けがなくて，頭書から始まる / 第 3 節　ローマ教皇は自分の名前を先に置いたのか後に置いたのか。それはいつからか / 第 4 節　いかなる役職名を使用したのか / 第 5 節　いつから「神の下僕の下僕」の文句が彼らの間で第 1 位を占めるようになったのか / 第 6 節　ローマ教皇以外の者も同じ称号を使用していたのか / 第 7 節　ローマ教皇はフランク諸王にいかなる敬称を当てていたのか / 第 8 節　司教はいかなる称号を使用していたのか / 第 9 節　同様に表示された教皇，諸侯，国王，そして修道院長 / 第 10 節　いつから司教たちは自らを「使徒の座の恩寵により」と言うようになったのか / 第 11 節　ローマ教皇に書簡を書くさい，どのような称号が使用されていたのか / 第 12 節　司教が書簡を書く場合，どのような称号が使用されていたのか / 第 13 節　首座司教は司教に付与されていなかった大司教の称号をいつ獲得したのか / 第 14 節　更に，修道院長や国王に付与された「首位者」の名称。修道院長が「先頭者」，「先導者」と呼ばれている / 第 15 節　司教が「兄弟」の名称のもとに修道士によって同士と呼ばれている / 第 16 節　司教によって助祭が「助祭仲間」と呼ばれている / 第 17 節　司教宗教会議の文書は日付事項から始まる / 第 18 節　司教の私的な書簡も同様である / 第 19 節　『ローマ教皇書式集』に基づくガルニエの見解 / 第 20 節　勅書と答書におけるローマ教皇の挨拶文言

第 3 章 161

第 1 節　第 1 フランク王朝の諸王の書式に関するパーペンブレックの見解 / 第 2 節　彼の見解が反駁される（その一）/ 第 3 節　同（その二）/ 第 4 節　なぜフランク諸王などは「気高き」と言われているのか / 第 5 節　いつから「いとキリスト者の」が使用されるのか / 第 6 節　カロリング文書の冒頭書式。ペパンに「神の恩寵による王」の文言が付加される / 第 7 節　王としてのシャルルマーニュの文書の書出し / 第 8 節　皇帝としてのシャルルマーニュの文書の書出し / 第 9 節　なぜ「パトリキウス」と呼ばれているのか / 第 10 節　シャルルマーニュの文書における書式に関する考察 / 第 11 節　シャルルマーニュの勅令における多様な書式 / 第 12 節　通常《K》ではなくて、《C》で始まる名前 / 第 13 節　ルイ敬虔王の書式 / 第 14 節　シャルル禿頭王の書式 / 第 15 節　ルイ吃王の書式 / 第 16 節　カロマンの書式 / 第 17 節　シャルル単純王の書式 / 第 18 節　ルイ海外王の書式 / 第 19 節　ロテールの書式 / 第 20 節　ユグ・カペの書式 / 第 21 節　ロベール[2 世]の書式 / 第 22 節　アンリ[1 世]の書式 / 第 23 節　フィリップ 1 世の書式 / 第 24 節　ルイ[6 世]肥満王の書式 / 第 25 節　ルイ[7 世]若王の書式 / 第 26 節　フィリップ[2 世]尊厳王の書式 / 第 27 節　ルイ 8 世の書式 / 第 28 節　聖王ルイ[9 世]の書式 / 第 29 節　王妃の書式

第 4 章 184

第 1 節　皇帝の書出し形式。国王に代わる皇帝の名称 / 第 2 節　皇帝に代わる国王の名称 / 第 3 節　ロテール[1 世]帝の書式。かれによって「ロテールの王国」と言われているのか / 第 4 節　ルイ 2 世帝の書式 / 第 5 節　シャルル肥満帝の書式 / 第 6 節　その他の皇帝の書式 / 第 7 節　その他の諸王。アキテーヌ王ペパン / 第 8 節　ルードヴィヒ・ドイツ王 / 第 9 節　バイエルン王カロマン / 第 10 節　プロヴァンス王シャルル / 第 11 節　同じく、ボゾンとルイ / 第 12 節　イタリアの諸王 / 第 13 節　シチリアの諸王 / 第 14 節　アングリアの諸王 / 第 15 節　そして，ヒスパニアの諸王

第 5 章 195

第 1 節　書き手の才能によって異なる，私的文書の書出し書式 / 第 2 節　フランク人の間において / 第 3 節　アレマン人の間において / 第 4 節　ゲルマン人の間において / 第 5 節　イタリア人の間において / 第 6 節　個々の教会組織において殆ど共通した書式

第 6 章 199

第 1 節　第一人称における単数形に代わる複数形 / 第 2 節　複数形の使用はパーペンブレックの見解と異なって，メロヴィング諸王によって始められた / 第 3 節　更に，私人によって使用された単数形に代わる複数形 / 第 4 節　古い文書における自身の称賛 / 第 5 節　王，王妃，そして彼らの子供たちの敬称 / 第 6 節　教皇，大司教，その他に付与された「威厳」という称号 / 第 7 節　教皇，司教の仲間同士での呼称，敬称 / 第 8 節　フランク諸王の賛辞について

第 7 章 206

第 1 節　王文書以外の文書に現われる特殊な言葉 / 第 2 節　家系名についてとその起源 / 第 3 節　11 世紀のフランス人の間に普及していた言葉 / 第 4 節　添え名の中で人々に受け入れられたもの / 第 5 節　司教，在俗聖職者，修道士，女性の間でそれは非常に少なかった / 第 6 節　家族名はいつから子孫に

よって継承され始めたのか / 第7節　名前は洗礼を受けて付けられたのか，それらの名前は聖者と同じものであったのか / 第8節　名前は統一された様式で書かれていない / 第9節　都市や地名の綴りは一定していなかった / 第10節　正確な数値に代わる，端数を切り捨てた概数 / 第11節　第1王朝下のフランク人が私的文書で使用した財産の列記

第8章 215

第1節　文書の呪咀は発せられるべきか / 第2節　文書に通常添えられた4種類の罰 / 第3節　王文書または皇帝文書における身体罰または金銭罰 / 第4節　より頻繁に呪咀が登場する教会文書における身体罰または金銭罰 / 第5節　ギリシア人の間における呪咀 / 第6節　ラテン人の間における公会議決定と法典にみる同様の書式(その一) / 第7節　同(その二) / 第8節　修道院長アレードの遺言書における同様の例 / 第9節　ラドゴンドとル=マン司教ベルトランの遺言書における同様の例 / 第10節　王妃テウデリンダの遺言書における同様の例 / 第11節　その他における同様の例(その一) / 第12節　同(その二) / 第13節　更に，ローマ宗教会議での呪咀 / 第14節　高貴な婦人，クロティルドの呪咀 / 第15節　司教聖ボニファーティウスと大司教聖アルヌールの呪咀 / 第16節　教皇ザシャリの呪咀 / 第17節　ラヴェンナ司教ジョヴァンニの呪咀 / 第18節　メロヴィング王朝とカロリング王朝下のフランク諸王は呪咀を使用することが稀であった(その一) / 第19節　同(その二) / 第20節　更に，カロリング王朝の諸皇帝もそうであったのか / 第21節　カペ諸王 / 第22節　アングリアの諸王は呪咀を使用していた / 第23節　同じく，ヒスパニアの諸王も呪咀を使用していた / 第24節　ゲルマニアの諸王は稀にしか呪咀を使用していなかった

第9章 228

第1節　オータンの特権文書に含まれる呪咀について考察する / 第2節　それらに関する学者たちの対立する見解(その一) / 第3節　同(その二) / 第4節　中間的な見解 / 第5節　廃位の呪咀を挿入することで，グレゴワール大教皇にとっていかなる利益がもたらされうるのか(その一) / 第6節　同(その二) / 第7節　同(その三) / 第8節　この呪咀が導入された理由 / 第9節　これに関して，同グレゴワール大教皇にはどのような考えがあったのか

第10章 233

第1節　フランク人における王文書の下署と印章を表現する書式。メロヴィング時代 / 第2節　カロリング時代(その一) / 第3節　同(その二) / 第4節　カペ王朝において / 第5節　この書式の多様性 / 第6節　いつから皇帝は「シギルム」の名称を使用したのか / 第7節　メロヴィング諸王はどのようにして下署していたのか / 第8節　カロリング諸王はどのようにして下署していたのか / 第9節　カペ諸王はどのように下署していたのか / 第10節　誰が最初に花押を使用したのか / 第11節　貨幣に関して / 第12節　花押の多様な形態 / 第13節　そこでのギリシア語は何を表わしているのか / 第14節　ローマ教皇の中で誰が最初に花押を使用したのか

第11章 242

第1節　王文書における文書局員の下署 / 第2節　王文書における伝旨官の下署 / 第3節　フランク人の諸王のもとでの大勢の伝旨官 / 第4節　文書官の役目 / 第5節　書記の役目 / 第6節　礼拝堂付き主任司祭の役目 / 第7節　第1王朝下の文書官はいかなる様式で下署していたのか / 第8節　第2王

朝において文書官はいかなる様式で下署していたのか / 第9節　シャルル禿頭王以降 / 第10節　いつから大文書官は「礼拝堂付き主任司祭」と呼ばれるようになったのか / 第11節　第3王朝下における下署の形式 / 第12節　皇帝における下署の形式 / 第13節　大文書官はときどき「大司教」と呼ばれている / 第14節　コンリンクの見解と異なって，大勢の宮廷伯，王文書の確認者が存在していた

第12章 251

第1節　フランク王国の文書官一覧 / 第2節　第1王朝においては復元は困難である / 第3節　第2王朝。ペパン1世の治世 / 第4節　シャルルマーニュの治世 / 第5節　ルイ敬虔王の治世 / 第6節　シャルル禿頭王の治世 / 第7節　ルイ吃王の治世 / 第8節　ルイとカルロマンの治世 / 第9節　シャルル肥満王の治世 / 第10節　ウード，シャルル単純王，ラウールの治世 / 第11節　ルイ海外王とロテールの治世 / 第12節　ユグとロベール[2世]の治世 / 第13節　アンリ1世の治世から4名の宮廷役人が下署し始める / 第14節　フィリップ1世治下における彼らの名簿 / 第15節　ルイ[6世]肥満王の治世 / 第16節　ルイ[7世]若王の治世 / 第17節　フィリップ[2世]尊厳王の治世 / 第18節　ルイ8世の治世 / 第19節　聖王ルイ[9世]の治世 / 第20節　続く諸王の治世で下署することが廃れる

第13章 261

第1節　公証人の古さ / 第2節　司教と参事会の書記 / 第3節　修道院長と修道士会の書記 / 第4節　アングル人の間では公証人は存在していなかった / 第5節　ローマ教皇庁の書記と文書官 / 第6節　大貴族たちの書記と文書官

第14章 266

第1節　印章の二重の意味とその使用 / 第2節　権威の象徴である指輪型の印章 / 第3節　これらの使用はかつて誰に認められていたのか / 第4節　指輪の多様な材質 / 第5節　フランク諸王は統治の開始からそれらを使用していた / 第6節　指輪型印章の後に，本来の印章が現われる。その形態は多様で，多彩な人々によって所持されていた / 第7節　ローマ教皇の印章。最初は鉛で出来ていたが，蠟で作られたものもある（その一） / 第8節　同（その二） / 第9節　同（その三） / 第10節　印章には何が刻まれていたのか / 第11節　漁夫が刻まれた指輪はいつから使用されていたのか / 第12節　教皇の黄金の印章 / 第13節　なぜパウロはペテロの右に彫られているのか / 第14節　教皇の印章はどのようにして偽造され得たのか

第15章 275

第1節　司教の印章 / 第2節　司教の印章は参事会のそれと異なっていた / 第3節　修道院長の印章 / 第4節　女子修道院長の印章 / 第5節　女子修道院長の印章は修道女会のそれと異なっていた / 第6節　修道院の特殊な印章

第16章 280

第1節　フランク諸王の印章。その有益な歴史 / 第2節　メロヴィング諸王は指輪を使用していた / 第3節　印章における第1王朝と第2王朝の相違 / 第4節　メロヴィング諸王は髭を生やしていたのか。一部においては史料によって確認されている / 第5節　それを否定する幾つかの論拠 / 第6節　両方の意見の調整 / 第7節　カロリング諸王に関してはどう判断すべきか / 第8節　国王の肖像を欠く

印章の存在。第 1 王朝と第 2 王朝におけるその形態の多様さ / 第 9 節　左側に押された少数の印章 / 第 10 節　カペ諸王の印章 / 第 11 節　諸王の息子，そして王国の役人に与えられた印章 / 第 12 節　吊下式の王印はいつから使用されたか / 第 13 節　印章の吊下部分 / 第 14 節　蠟の色は雑多であった / 第 15 節　いろいろな材質の印章 / 第 16 節　金，銀の印章 / 第 17 節　鉛の印章，帝妃の金の印章，「再度打たれた」印章とはどのようなものであったのか。ヒスパニア人の間での鉛の印章の使用と公的文書におけるカスティーリャ語の使用 / 第 18 節　王妃の印章

第 17 章 294

第 1 節　ルイ敬虔王の印章に彫られた，宝石で飾られた王冠に関するコンリンクの見解 / 第 2 節　一部は月桂樹，残りは宝石で出来ていたことが証明される / 第 3 節　印章における王笏，王杖，正義の手 / 第 4 節　王妃の印章。王権の象徴としての百合の花

第 18 章 297

第 1 節　アングル人の間におけるサイン，または公証人の代わりとしての印章 / 第 2 節　フランク人の間における高位高官の印章 / 第 3 節　印章の所有はすべての人に認められていたのか。それはいつからか / 第 4 節　副印章の起源 / 第 5 節　貴族の印章には何が彫られていたのか / 第 6 節　副印章には何が彫られていたのか / 第 7 節　騎士とその子孫の印章 / 第 8 節　副印章の銘文 / 第 9 節　貴族の女性の印章 / 第 10 節　自分の印章のない場合の他人の印章 / 第 11 節　コミューヌまたは都市の印章 / 第 12 節　歯型割印文書の印章。これがときどきサインの代わりになった。その後，これが押されるようになった / 第 13 節　かつて印章を紛失した場合，どのようにされていたのか

第 19 章 305

第 1 節　印章に関する終章。押捺と吊り下げはいつから始まったのか / 第 2 節　印章の大半は右側に押され，左側に押されることは非常に少なかった / 第 3 節　副印章の使用 / 第 4 節　一般に丸い印章が押され，卵形の印章が吊り下げられた / 第 5 節　印章の多彩な色 / 第 6 節　吊り下げるための用具 / 第 7 節　逆向きの印章 / 第 8 節　吊下印章の序列 / 第 9 節　紛失または大胆な偽造によって取り換えられた別の印章

第 20 章 309

第 1 節　証人の下署。いかに古いものであったのか / 第 2 節　ローマ教皇の勅書において / 第 3 節　司教の宗教会議文書において / 第 4 節　出席していない者，更には後世の者が下署している文書 / 第 5 節　文書からの若干の例 / 第 6 節　宗教会議文書からの例 / 第 7 節　宗教会議文書からのその他の例(その一) / 第 8 節　同(その二) / 第 9 節　同(その三) / 第 10 節　同(その四) / 第 11 節　王文書における例 / 第 12 節　私文書，更には教皇文書において

第 21 章 317

第 1 節　メロヴィング王朝下の王文書における証人と下署者について / 第 2 節　カロリング王朝下の王文書における証人と下署者について / 第 3 節　カペ王朝下における王文書の証人と下署者について / 第 4 節　諸侯の文書にもときどき下署がされている / 第 5 節　諸王自身によって使用されたものとしての自署。それらの偽造を防止するための何らかの対策 / 第 6 節　アングル人の間での国王文書

における証人 / 第7節 「朕自身が証人として」の書式 / 第8節 リチャード1世治下での下署の様式 / 第9節 ヒスパニア人の間での王文書における証人 / 第10節 私文書における証人（その一）/ 第11節 同（その二）/ 第12節 寄進や譲渡におけるその他の証人 / 第13節 下署者の順序 / 第14節 下署における書記の様式

第22章 326

第1節 他者の手になる下署とその四つの理由 / 第2節 第1［の理由］として / 第3節 更に，これは教会人をも含んでいた / 第4節 第2の理由としての，目の疾患 / 第5節 第3の理由としての，役職上の特権から / 第6節 第4の理由としての，慣習 / 第7節 第1，第2王朝下の下署における国王のサイン / 第8節 文書官の下署 / 第9節 公会議録において諸王は違った方法で下署している / 第10節 司教の下署の様式 / 第11節 ローマ教皇の場合 / 第12節 司教の下署に関して注意を喚起すべき幾つかの点 / 第13節 私人の下署 / 第14節 サインをしない者はその文書に触るのが慣習であった / 第15節 下署していなくて，名前があがっている証人 / 第16節 聖職者と修道士の証人がそれぞれの利益のために採用されていた / 第17節 下署の幾つかの書式 / 第18節 アングル人の間における下署の様式 / 第19節 ゲルマン人の間における下署の様式 / 第20節 ギリシア人の間における下署の様式 / 第21節 主イエス・キリストの身血による下署 / 第22節 イスラーム教徒の下署 / 第23節 神の手による下署

第23章 339

第1節 日付事項について考察される / 第2節 ローマ人の間で1年はいつから始まっていたのか / 第3節 ピサ人の特殊な計算方法 / 第4節 第1王朝下のフランク人は3月から1年を始めていたのか / 第5節 第2王朝下のフランク人はすべて主の生誕から1年を始めていたのか / 第6節 第3王朝において1年は復活祭から始まっていた / 第7節 この計算法はいつから1月に戻されたのか / 第8節 なぜフランク人の間では1年の開始が復活祭から計算されていたのか / 第9節 更に，その頃1月1日が年の始めと見做されていた / 第10節 ゲルマン人，リエージュ人，トリーア人の計算法 / 第11節 アングル人は1年を主の生誕から始めていた / 第12節 ギリシア人の間における暦の算出法 / 第13節 古いフランク人の間での周期。ドニ周期はいつから彼らに受け入れられたのか / 第14節 ヒスパニア人の年号 / 第15節 上記の年号に代わる受肉と生誕の年号 / 第16節 更に，受難からの年号 / 第17節 ときどき簡略化されている年数字

第24章 350

第1節 日付事項に関するその他のことが解説される / 第2節 ローマ人，アングル人，そして第1王朝下のガリア人の間で使用されていた会計年度 / 第3節 三つの会計年度 / 第4節 歳末月齢，太陰月，補正日 / 第5節 文書に採用されたもの。大歳末月齢と小歳末月齢とは何か

第25章 355

第1節 ローマ教皇文書における執政官在職，会計年度，帝位による日付表記 / 第2節 2種類の教皇文書とそれに関して考察されるべきもの / 第3節 P.C.表記，つまり「執政官就任後の年」はいつから使用されたのか / 第4節 教皇文書での受肉の年に関するパーペンブレックの見解（その一）/ 第5節 同（その二）/ 第6節 これに関して，教皇ウジェーヌ4世の勅書が解説される / 第7節 ローマ

教皇の中で誰が最初にいかなる状況でキリストの年[西暦]を使用したのか / 第8節　古い教皇は西暦の開始を1月から始めているのか。3種類の教皇の答書が問題となる / 第9節　若干の教皇文書で確認されるピサ式の日付表記 / 第10節　イタリアにおける司教文書の日付表記 / 第11節　ガリアにおける司教文書の日付表記 / 第12節　それらに関して受容されたもの

第26章 367

第1節　フランク諸王の日付表記 / 第2節　パーペンブレックの見解では，いつ受肉の年がガリアに入ってきたことになっているのか / 第3節　シャルル・マルテル治下の国王空位期においてか / 第4節　第2，第3王朝において受肉の年が表示されたのか。それはいつのことか / 第5節　国王文書における会計年度の使用はシャルルマーニュの時代から / 第6節　第1王朝下における国王在位年による日付表記 / 第7節　より後の時代におけるこれらの混同 / 第8節　第2王朝下における日付表記 / 第9節　メロヴィング諸王との相違 / 第10節　王ペパンの日付表記。彼を王位に就けるための教皇ザシャリの決定（その一）/ 第11節　同（その二）/ 第12節　王シャルルマーニュの日付表記 / 第13節　ルイ敬虔王 / 第14節　父との共同統治の時代と父の死後におけるロテール[1世]の日付表記 / 第15節　ロテール[1世]の治世 / 第16節　同じく，シャルル禿頭王に関して / 第17節　ルイ吃王と彼の息子，ルイとカルロマン / 第18節　シャルル[カール]肥満王 / 第19節　王ウード / 第20節　シャルル単純王 / 第21節　同じく，ラウールの治世において / 第22節　そして，シャルル単純王の死後 / 第23節　ルイ海外王の時代。彼の墓碑銘が引用される / 第24節　ロテールの治世 / 第25節　カペ諸王の多様な日付表記 / 第26節　ユグの日付表記 / 第27節　ロベール[2世]の日付表記 / 第28節　アンリ[1世]の治世 / 第29節　フィリップ1世の治世 / 第30節　ルイ[6世]肥満王の治世 / 第31節　ルイ[7世]若王（彼の治世に王文書における会計年度の使用が廃止される）と聖王ルイ[9世]に至るまでの諸王の日付表記 / 第32節　王文書の「仲介者」

第27章 392

第1節　諸皇帝の日付表記 / 第2節　ルイ2世 / 第3節　彼の後継者たち / 第4節　アキテーヌ王ペパン / 第5節　ルードヴィヒ・ドイツ王 / 第6節　王ロテール[2世] / 第7節　イタリアの諸王 / 第8節　アングリアの諸王 / 第9節　ヒスパニアの諸王 / 第10節　「公開で」の語はいつから日付事項の中に加えられたのか / 第11節　不完全ではあるが有効な文書原本 / 第12節　「神の名において幸いであれ」と「アアヘンで」の文言に関して

第28章 401

第1節　イタリア人とゲルマニア人の間での私文書における日付表記 / 第2節　同じく，アレマン人の間での私文書における日付表記 / 第3節　同じく，フランク人の間での私文書における日付表記 / 第4節　年と日を持たない文書 / 第5節　「月の始めから」と「月の終わりから」，または「月の中にあって」，「月に入って」と「月の残りに」が意味すること / 第6節　「イントラ・カレンダス」とは何を指しているのか / 第7節　特殊な日付表記 / 第8節　『ソキシランジュ修道院文書集』における「余は置く」と「諸聖人と霊的天使に従属しない」とは何を意味しているのか / 第9節　寄進行為のずっと後に作成された文書 / 第10節　ローマ数字とアラビア数字による数表記 / 第11節　文書ではローマ数字の方がよく使用されていた / 第12節　数字の《I》は何を指していたのか / 第13節　若干のことに関して避けねばならない混同 / 第14節　ヒスパニア人の間における数表記の特徴 / 第15節　ゴルダ

ストの書におけるギリシア風の表記

第3巻　反対者たちの見解が論駁される。略式文書と文書集の権威が考察される

第1章 411

第1節　本章で考察されるテーマの順序 / 第2節　パーペンブレックによって提供された，王ダゴベールがザンクト＝マクシミーン修道院に宛てたとされる文書が考察される / 第3節　同じく，それに対する別の反論 / 第4節　更に，パーペンブレックが提示したシャルルマーニュの文書に関する見解 / 第5節　パーペンブレックが提示した王ロテール[2世]の文書に関する見解 / 第6節　文書に関する若干の準則が考察される。最初は，貨幣を製造する権限に関して / 第7節　更に，第1に，伯制度の起源に関して / 第8節　第2として，「朕の部屋」または「朕のクリア」といった表現の使用に関して / 第9節　第3として，「朕の君主たち」の使用に関して / 第10節　第4として，誤った日付表記に関して / 第11節　第5として，文書の正しい叙述と誤った叙述に関して

第2章 419

第1節　パーペンブレックの古文書に関する見解 / 第2節　彼の見解が反駁される（その一）/ 第3節　同（その二）/ 第4節　彼によって攻撃されたサン＝ドニ修道院の文書 / 第5節　彼の所説が論破される / 第6節　同様に，ある最近の作家の見解が反駁される

第3章 425

第1節　ヘルマン・コンリンクが修道士に加えた不正な検討 / 第2節　ガブリル・ノデ版から抜き出された史料 / 第3節　それに関するノデの激怒 / 第4節　彼によって修道士に投げつけられた20項目からなる疑問の検討（その一）/ 第5節　同（その二）/ 第6節　サン＝メダール修道院とサン＝ヴァレリ修道院の特権文書に関して / 第7節　モンテ＝カッシノ修道院の偽文書に関して / 第8節　ラ＝クロワ＝サン＝ルフロワ修道院の修道士に関して / 第9節　リジウ司教アルヌールの書簡に関して / 第10節　教皇イノサン3世の命令文書に関して / 第11節　そして，ピエール・ド・ブロワの書簡に関して / 第12節　同じく，幾つかの個別の事実について（その一）/ 第13節　同（その二）/ 第14節　イシドール・メルカトールの集成に関して / 第15節　今度は，イルドワンに関して / 第16節　そして，シジュベールに関して / 第17節　サン＝ジャン＝ダンジェリ修道院に関して / 第18節　偽文書作成者に対する罰 / 第19節　真実に反する異議は認められない

第4章 435

第1節　2種類の略式文書。ここでは私的な略式文書について述べる / 第2節　それらの三つの目的。第1は，公的文書に代わるものとして / 第3節　第2は，大いなる備忘と担保のために / 第4節　第3は，再び，司法理由のために / 第5節　略式文書の効力について / 第6節　それぞれの訴えのためにかつて求められた在俗聖職者と修道士の証言 / 第7節　更に，ヒスパニア人の間において

第5章 440

第1節　以上のことから，文書集に権威が付与される / 第2節　文書集よりも古い貢租帳 / 第3節　文書集の三つの種類 / 第4節　その一，歴史書的文書集。その例としてシティユ[修道院]のそれ / 第5

節　カサウリア修道院のそれ / 第6節　その二，公正文書集 / 第7節　その三，歴史書的でも公正でもない文書集 / 第8節　歴史書的文書集の権威とは / 第9節　同じく，公正文書集の権威とは / 第10節　歴史書的でも公正でもない文書集の権威とは / 第11節　反論が否定される / 第12節　偽文書を真正文書の間に含ませている文書集に関してはどのように考えるべきか / 第13節　時効の効力 / 第14節　修道院の文書類は公的文書か否か

第6章 450

全巻の最終章と若干の必要な指摘を伴った結論

第4巻　国王文書が作成されたフランク諸王の宮廷と王領地

これらの宮廷は163を数え，それらは分類されてアルファベット順に並べられて説明が加えられている［本訳書ではこの巻は割愛されている］。

第5巻　古書体の模写見本が掲載され，解説が付される

第1部　多様なアルファベットで書かれた古写本及び碑文の見本

図版 I　古写本及び碑文の見本 454

第1例　第1期のローマ書体 / 1　『農地法』の断片 / 2　ローマ法の断片 / 3　ガイウス・ジュリウス・カエサルの，義父ルキウス・ピソによって9月13日に邸内で読み上げられた遺言書

図版 II　いろいろなアルファベット 458

1　ガリア・アルファベット / 2　カロリングまたはフランク書体 / 3　ゴティック書体 / 4　ルーン書体 / 5　パウリヌス書簡に使用されたギリシア・ラテン書体

図版 III　フランコ・ガリアまたはメロヴィング書体 462

1　トゥール司教グレゴワールの書から取ったイオリア書体 / 2　ゲンナディウス書体（コルビ写本142番）

図版 IV　サクソン書体 466

1　コルビ写本267番から / 2　別のコルビ写本660番から

図版 V　ロンバルディーア書体 470

1　コルビ写本598番から / 2　『歴史三部作』507番から / 3　ヴァティカーノ写本4939番から / 4　ギシアヌス写本1521番から / 5　ロレンツォ・デ・メディチ家所蔵のタキトゥスの写本

図版 VI　第2期のローマ書体 474

1　ヴァティカーノ図書館所蔵のヴィルギリウスの写本から / 2　王立図書館所蔵のプルデンティウスの写本から / 3　ヴァティカーノ図書館所蔵のテレンティウスの写本から / 4　ヴィルギリウスの写本から / 5　ロレンツォ・デ・メディチ家所蔵のオロシウスの写本から / 6　ヴァティカーノ図書館所蔵の

ヒラリウスの写本から / 7　プト図書館所蔵の樹皮紙に書かれたアウグスティヌスの写本から

図版 VII　6世紀の書体 482

1　聖ジェルマンの詩編集から / 2　コルビ所蔵写本26番の教会法集成から / 3　フィレンツェ所蔵の『ユスティニアヌス法典』の写本から

図版 VIII　7世紀の書体 488

1　ランの聖サラベルジュの詩編集の写本から / 2　ボーヴェ所蔵のヨハネの手紙のアウグスティヌスによる註解から / 3　コルビ所蔵の戒律に関する写本(630番)から

図版 IX　8世紀の書体 492

1　コルビ所蔵の暦(264番)から / 2　コルビ所蔵のアンブロワーズによるルカ書註解(写本122番)から / 3　サン=ジェルマン=デ=プレ修道院所蔵のちびのドニの書(写本423番)から / 4　グレゴワールの書簡に関するパオロ・ディアコノ写本(169番)から / 5　コルビ所蔵の教会法令集(写本424番)から

図版 X　9世紀の書体 498

1　ランス所蔵の写本から / 2　ランス所蔵の別の写本から / 3　コルビ所蔵の典礼書(写本592番)から / 4　コルビ所蔵のラバンの写本から / 5　コルビ所蔵の別の写本(写本2番)から

図版 XI　9世紀後半の書体 502

1　コルベール図書館所蔵の聖書(写本1番)から / 2　コルベール図書館所蔵の別の写本(1339番)から / 3　有名な全権代理,アルレの図書館に所蔵された典礼書から / 4　コルビ所蔵の写本(203番)から

図版 XII　10世紀の書体 506

1　ランス所蔵の写本から / 2　コルビ所蔵のラトルドの典礼書(写本587番)から / 3　トゥ=コルビ所蔵の写本(537番)から

図版 XIII　11世紀の書体 510

1　サン=ジェルマン=デ=プレ修道院所蔵の写本(547番)から / 2　国王の写本から / 3　ベック修道院所蔵(今は,サン=ジェルマン=デ=プレ修道院に所蔵されている)の写本から / 4　サン=ジェルマン=デ=プレ修道院所蔵の写本(607番)から / 5　マルムーティエ修道院所蔵の手稿史料から / 6　マルムーティエ修道院所蔵の手稿史料から

図版 XIV　12, 13世紀の書体 516

1　コルビ修道院所蔵のフロルス写本(488・489番)から / 2　『カサウリア修道院文書集』から / 3　サン=ジェルマン=デ=プレ修道院所蔵の写本(66番)から / 4　サン=ヴィクトール修道院所蔵の写本(Aa番)から

図版 XV　14, 15世紀の書体 520

1　サン=ジェルマン=デ=プレ修道院所蔵の写本(283番)から / 2　サン=ジェルマン=デ=プレ修道院所

蔵の別の写本(37番)から/3　サン=ジェルマン=デ=プレ修道院所蔵の別の写本(20番)から/4　テヴノ所蔵の写本から/5　グランモン修道院所蔵(の写本)から/6　サン=ジェルマン=デ=プレ修道院所蔵の写本(302番)から/7　アントワーヌ・フォワ所蔵の写本から/8　トマス・ア・ケンピスの自筆写本から/9　カーヴァ=デ=ティレンニ修道院所蔵[の写本]から/10　わがサン=ジェルマン=デ=プレ修道院所蔵の写本から/11　サン=ジェルマン=デ=プレ修道院所蔵の写本(531番)から

第2部　王文書の見本

図版 XVI 526
1　王ダゴベール1世の書体

図版 XVII 530
1　クローヴィス2世の書体

図版 XVIII 534
1　クローヴィス2世の書体/2　クロテール[3世]の書体

図版 XIX 538
1　王妃クロティルドの書体/2　王ティエリ3世の書体

図版 XX 542
1　クローヴィス2世の息子，ティエリ[3世]の書体/2　ヴァンドミールの文書/3　クローヴィス3世の書体

図版 XXI 546
1　王シルドベール3世の書体/2　シャルトル司教アギラドスの書体

図版 XXII 552
1　王シルドベール3世の書体/2　シルペリック2世の書体/3　シルペリック3世の書体

図版 XXIII 556
1　王ペパンの書体/2　カルロマンの書体/3　シャルルマーニュの書体

図版 XXIV 560
1　王シャルルマーニュの書体/2　シャルルマーニュの妹，ジゼールの書体

図版 XXV 564
1　シャルルマーニュ帝の書体

図版 XXVI 566
    1　ルイ敬虔王の書体 / 2　同上

図版 XXVII 572
    1　シャルルマーニュ治下，コーヌ修道院の法廷文書 / 2　ルイ敬虔王治下の別の法廷文書 / 3　シャルル禿頭王治下の別の法廷文書 / 4　ルイ敬虔王治下の別の法廷文書 / 5　同王治下の別の法廷文書

図版 XXVIII 576
    1　ルイ敬虔王の書体 / 2　ルイ敬虔王とロテールの書体

図版 XXIX 580
    1　アキテーヌ王ペパンの書体 / 2　ルードヴィヒ・ドイツ王の書体

図版 XXX 582
    1　皇帝ロテール1世の書体 / 2　王ロテール[2世]の書体

図版 XXXI 586
    1　シャルル禿頭王の書体 / 2　シャルル禿頭帝の書体

図版 XXXII 594
    1　シャルル禿頭帝の書体

図版 XXXIII 596
    1　ルイ吃王の書体 / 2　シャルル単純王の書体

図版 XXXIV 602
    1　王ウードの書体 / 2　同上

図版 XXXV 604
    1　王ズウェンティボルの書体

図版 XXXVI 606
    1　王ラウールの書体 / 2　ルイ海外王の書体

図版 XXXVII 610
    1　フランク人の王，ロテールの書体 / 2　同上

図版 XXXVIII 612
    1　王ユグの書体 / 2　王ロベール[2世]の書体

図版 XXXIX 614

   1　王ロベール[2世]の書体 / 2　王アンリ[1世]の書体

図版 XL 618

   1　フィリップ1世の書体

図版 XLI 620

   1　ルイ6世の書体

図版 XLII 622

   1　ルイ7世[若王]の書体

図版 XLIII 626

   1　フィリップ[2世]尊厳王の書体 / 2　同王の別の書体 / 3　ルイ8世の書体

図版 XLIV 630

   1　ルイ9世，つまり聖王ルイの書体 / 2　同上

図版 XLV 634

   1　ヒスパニア王アルフォンソ9[7が正しい]世の書体

第3部　教会文書の見本

図版 XLVI 638

   1　教皇ジャン5世の書体 / 2　教皇セルジュ1世の書体

図版 XLVII 641

   1　教皇ブノワ3世の書体

図版 XLVIII 644

   1　教皇ニコラ1世の書体

図版 XLIX 646

   1　教皇ニコラ1世の書体

図版 L 648

   1　教皇ジャン13世の書体 / 2　教皇レオン9世の書体

図版 LI 652
 1 教皇パスカル2世の書体 / 2 ラヴェンナ大司教レオーネの書体

図版 LII 656
 1 修道院長フルラドの遺言書

図版 LIII 658
 1 教会会議文書 / 2 別の教会会議文書 / 3 更に，別の宗教会議文書

図版 LIV 664
 1 ピートル宗教会議文書

図版 LV 666
 1 ソワソン宗教会議文書

図版 LVI 670
 1 ティロ式速記法

図版 LVII 673
 1 ピートル宗教会議文書

図版 LVIII 676
 1 ラヴェンナ文書

第6巻

 これまでの巻の叙述を証明するための王文書およびその他の文書を集めている。これらの文書は時代順に並べられ，必要な場合には，短い註記が付されている［本訳書ではこの巻は割愛されている］。

四つの補説

 I ローマ教皇の答書と，偽文書についての幾つかの準則に関する若干の考察 683
 II 不在の，そして後世の司教たちの下署に関して。パリ司教が問題となる 689
 III サン=ドニ修道院及び同修道院に従属する修道院の院長に関して 692
 IV 呪咀，印章，公証人，添え名，「結び目を作る人」，所有権譲渡の形式に関する種々の考察
  705

第2版に当たっての新しい追加

 I 古書体の見本
 II 王シルペリックによって考案された文字
 III ヴァッロンブローサ修道院所蔵の古写本から抜き出された句読法
 IV 読みにくい印章の検討
 V 殆ど使用されなかった印章に関する考察
 VI ロリスと同地の宮廷に関して
 VII 幾つかの文書
 VIII 幾つかの文書
 IX アボンの遺言書に記された土地の解説　　［本訳書では以上の追加は割愛されている］

参考文献・史料 709
訳者あとがき 717
ジャン・マビヨンの主要著作 723
索　　引 725
 人名索引 725
 地名索引 742
 事項索引 751

ヨーロッパ中世古文書学

第 1 巻

古文書の古さ，材質，書体

第 1 章

第 1 節　本書の効用

　古文書学の新しい手法から始めることにする。そして，ここでは古文書の書式と信憑性とが問題になる。もし古文書が本物で混じり気がないならば，それだけでそれらに文句のない信頼が寄せられるべきであると誰もが考える。そして，これらの史料よりも信頼できる他の証拠によって確かめられたり確証されたりすることが出来ない，なされた行為の状況と日付事項に関しては特にそうである。確かに，この様式の真正さを証明する文書自体に関しても，その中の一部は偽作，その疑いのあるもの，後世に書き加えられたものとして伝承されていると言われている。そしてそれらを判別する仕事に従事している最中でも，疑いないとの確信を時として奪い取られることがある。しかし，もしかくも長い年月を越えて，様々な民族の手を介して我々の手許に伝来するこのように大量の本物または真正の文書の中でいかなる偽造，不正も発見されないということであれば，それは本当に不思議なことである。しかし，この不正がどれほど広まっていたのか，そしてもしそうであれば，いかなる方法でそれ自体にそのようなことが起こり得たのかが探究されねばならない。文学作品の中にあってより大きな信憑性を要求する権利をもつこの分野が，根拠のない異議と考査によって不当に侵害されてはならない。

　この手法の効用と必要性がいかに大きいものであるかを知らない者は誰もいない。単に教会や世俗の歴史のみならず，特に諸個人と教会の財産の大部分がこの種の史料に依拠している。そのため，本書の叙述は古事と公共の学問にとって非常に重要である。誰かが合法的文書から非合法的文書を，確かで真正の文書から不確かで偽りの文書を区別する確実で詳細な条件と準則を教えてくれるならば，それは国家から大きな恵みを得るであろう。事実，その主張が権威のあるものとして扱われるためには，まず平凡でない博識，次に古文書や古記録の大いなる活用が要求され，更にそれらに最高の節制と公平が加わる。これらの条件が一つでも欠ける人がこの仕事を引き受

けたならば，その人は偽りの準則を本当のそれと見做すか，軽率で性急な考査に陥ってしまうことを恐れなければならない。

第2節　執筆の動機

　500年前に『口述筆記論』［原書6巻，文書207］という表題の小さな本を著したある匿名の作家を除くならば，過去にこのような考えを思いついた者は誰もいなかったと思われる。その本の中で作者は，教皇と国王の書簡や文書を書くに当たっての非常に簡単な準則を提示している。例えば，本書6巻で引用されているメッスの写本に関する準則がそれである。キリスト教世界は世紀ごとに碩学たちの数を増やし続けてきたにも拘らず，これほど多くの碩学たちの中に，提起された問題のもつ困難さと他のことへの関心，更にはそれを証明することが誰にでも出来るとは考えられなかったこと，または嫉妬を回避するためといった理由から，この題材を公正かつ適切な註釈を付して論じた人を一人として見いだすことが出来ない。確かに，多くの人々は個々の文書が問題になっている，雑多な準則をばらばらに提示している。就中，レオーネ・アッラチは古代エトルリア［イタリア，トスカーナ地方］の断片史料に加えた考察，そしてヘルマン・コンリンクはリンダウ修道院［南ドイツ］に発給したルイ王文書の考査の中でそれを行なっている。しかし，今日に至るまでダニエル・ファン・パーペンブレック［1714］より前に，特別な関心をもってこの問題に取り組んだ者は誰もいない。彼はイエズス会に所属し，『聖者記録集(イ)』［5］の出版によってその名を知らしめたのであるが，1675年同集成の4月の第2巻の序論の中で，この問題が解決されるべきであることをはっきりとした自覚のもとに認識した。そしてそうであるからこそ，この学者は彼らの聖者伝と同量の文書類を利用したのであろう。私は他の誰がこの厳しい仕事に彼以上に首尾よく対応できたかを知らない。しかし，彼はただ一つ欠けていたことを自身で告白している［276, 40］。即ち，私文書から公文書へ関心を移そうとする者にとって，大量の公文書を手に入れることは決して容易でなかったであろう。それは公文書が他の史料よりも厳重に保管されているからである。最初に，（彼が偽物と考えている）エーレン［トリーア近郊の修道院・宮廷所在地］文書を他の文書と比較する場合，彼の手許にはトリーア［ドイツ西部の都市］のザンクト＝ゼルファーティウス教会に交付された皇帝ハインリヒ4世［1105］の特権文書以外の真正文書はなかったことになる。他方，彼の仲間である［アレクサンダー・］ヴィルトハイム［オランダの考古学者，1674］が原本から転写された5，6通の古文書の見本を彼に提供していた。しかし文書庫を調査することも，更には（彼はこれを隠してはいないのであるが）非常に重要な文書を閲覧することも彼には許されなかったのである。少なくともこの企ての中で，それが絶対に必要であったことを否定できるものは誰もいない。

第3節　本書の目的

　しかし，私は恰もこの論述に必要な史料が手許に保存されて準備されていると考えているなどと豪語するつもりはない。それでも，私と私の仲間，ミシェル・ジェルマン師とが古文書の非常に多くの写しを閲覧し，同じく多くの文書庫も十分注意して調査したことを，それが事実であるが故に自慢の気持ちを全く持たずに，敢えて断言することが出来る。それ故，この調査において，

パーペンブレックによって提示された準則と殆ど合致しないことが少なくないことを認識したので，私はこの序論を捧げている古事に関心をもつ人々にそれを率直に教示することが出来れば，それは骨折り甲斐のあることと判断した。自分がこの学問のすべてに習熟しているとは思っていない。そうではなくて，この学問の主要な要素を未熟な素描の形で提示しているに過ぎない。そしていつの日かこの論述は，私はそうではないとしても，より博学な人々により詳細に考察する機会と題材を提供することであろう。何故ならば，どの学問においても，完成への道のりは最初の試みによって達成されるのではなくて，一歩一歩進められるものであるから。そしてどの学問であれ，その完全な教えを教授できるのは最も習熟した人にのみ許されることである。何故ならば，「学問にまとめようとする主題について既に習得していても，その者が学問としてまだまとめられていない個別の事象から学問を作り上げて行くに必要な特別の知識を獲得しない限り，いかなるものも学問にまでは高められることはない」［86, 186］とあるので。更に，私はこの小さな仕事をこのような人よりも自由な気持ちで引き受けた。何故ならば，私は（その人が書いた物から我々が理解する如く）真実で誠実な，そしてこの上なく愛すべき人間を相手にすることになるので。その人が確かな理由で受け入れたことを教えるためにも，またもし誤ったものがあればそれを修正するためにも，比較されることが説得的であると私は考える。その上，この論述が軽く読まれたとしても，その効用は公的な史料において十二分に発揮され得る。更に，事実が公然と語っているとしても，それは何よりも，我々の考察が偽造者たちの欺きに対して防御を固めるためのみならず，真正の書簡や文書にいかなる敬意も払わず，何でも偽作の名のもとに解釈し，限りない嘲笑の中にそれらを巻き込むことを常とする少なくない似非鑑定家に対して自己主張するために，私人，公人，そして教会に十分な援護を提供することを証明している。

第4節　避けねばならない両極端

　二つの両極端の悪が発生するとき，それらの一方は，何でもそうであるが，特に非常に古い王文書を真正な原本に手が加えられたとの理由で，偽文書として排除するそれである。他の一つは，真偽の区別を設けずにすべてを承認し，証明を他人に委ねようとするそれである。我々は中間の道を進まねばならないのであるが，我々が合法的文書の真実を適切に擁護し，非合法的文書の偽作を確かで信じるに足る根拠に基づいて糾弾することを実践するのも，公正のためである。それ故，偽作に賛同することは恥辱である。それに劣らず，古文書や王文書と聞いただけで侮辱するような対極にある悪によって包囲されないように注意しなければならない。我々は，プラトンが言っているような「言論嫌い」《μισόλογοι》［290］，または心の中に入り込み得るものの中で殆どそれ以上に不正なものはあり得ない，そういった固有で特殊な嫌悪感をもって人間を追い回す人たちの如き，言葉の嫌悪者であってはならない。これからの研究に従事することを志す者にとっても，真実と市民社会に心を適合させると同様に，これらの先入観から免れていることが必要となる。何故ならば，真実はいかなる誤りによって取り囲まれようとも，その価値を減少させることはないし，また我々はその人たちがいかに不誠実で有害であるかを知ったならば，それらすべての人々が信頼と愛を受けるに値しないと見做さねばならないからである。どちらにおいても誤りを避け，不誠実を遠ざけねばならない。これがこの書物において，どんな場合でも我々に課さ

れたことである。

第 2 章

第 1 節　文書の多様な名称と種類。教会文書，王文書，そして「鄙文書」または私文書

　古文書の考察に入る前に，本章ではそれらの多様な種類が取り扱われるが，それはその後で考察される問題により明白かつ容易に話を接続させるためである。

　文書の多様な書式を最初に収集した修道士マルキュルフ[サン゠ドニ修道士，7 世紀末]はそれらを王文書と「鄙文書」（パゲンシス）とに分類した。前者は国王，後者は私人と関係する。彼はこの二つを同数の巻にまとめている。

　我々はこれらに，イエズス会に所属する非常に博学な神学者ジャン・ガルニエ[1681]によって最近出版された『ローマ教皇書式集』[151]がそのように表現している「教会文書」を加えることにするが，それはその種類に関して古文書の完全な分類法を採用せんがためである。以下，これらに関して簡単に述べておくことが有益であろう。

第 2 節　教会文書──懇願文書，授与文書──

　教会文書には次のものが含まれる。文書に吊り下げられた《bulla》[「印章」の意]からその名称を取って[ブラと呼ばれる]教皇勅書。司教が教会や修道院のために単独または複数で作成した司教文書。最後に，特に懇願文書（プレカリア）または授与文書（プラエスタリア）がその中核をなしていると考えられる個々の教会または修道院の文書。名前が広く知られたジャック・シルモンは「年貢租を条件に保有するために教会の財産を手に入れる場合，それは懇願文書と授与文書を介して彼らに譲渡されるのが習慣であった。授与文書を交付していたのが教会の長で，彼は貸与される物件を譲渡し，いかなる権利でそれを譲渡したかを公表した。これに対して，申し出に基づいて物件を受け取る者が懇願文書を作成した。それによってその者は貢租とその他の課せられた条件を全うすることを公言した」[325]と述べている。しかし，プレカリアとプラエスタリアの両語はかつてはよく混同されたことを，碩学エティエンヌ・バリューズ[1718]がプリュム修道院長レジノン[915]の著作に付した註 [33, 574]の中で見事に立証している。ゴルダストも同じことを指摘している [161, 2, 84, 2]。懇願文書への言及はマルキュルフの『書式集』2 巻や同書に付加された書式集で行なわれている。更に，最も古いアレマン族[ゲルマンの一部族，南西ドイツ・スイスに居住]の法典もそれに言及しているが，そこでは物件を懇願文書を介して受け取った者はそれを「恩貸地として」《in beneficium》受け取ったとなっている。懇願文書は概して教会にとって有害であったが，教皇パスカル 2 世[1118]はシャルトル[パリ南西の都市]司教座教会におけるその利用を支持し，それに関して司教イーヴが同教皇に感謝を表明している [375, 272]。

第3節　王文書——命令文書，指令文書，法廷文書，往還文書，資財明細文書，所領安堵文書——

王文書は命令文書，指令文書，法廷文書，往還文書，資財明細文書，所領安堵文書の諸文書に分類することが出来る。命令文書(プラエケプトゥム)——これは今日の勅許状に相当する——は将来のこと，指令文書(インディクルム)は現在のことのために作成されていた。従って，『マルキュルフ書式集』[246]において「ある人を祝福するために，司教に宛てた国王の指令文書」とある。しかし，前述のバリューズがトゥール司教グレゴワール[594]の『歴史十巻』5巻45章で王シルペリック[1世]が「聖なる三位一体を別々のペルソナに分けないで，単に神と称すべきであるという指令文書」[34, 17]を作成したとなっていることに依拠して証明している如く，指令文書が勅令と見做されることがときどき起きている。頻繁に開催されていた有力者の法廷または集会で解決された係争に関する判決文が含まれていた法廷文書(プラキタ)も王文書と呼ばれていた。伯や国王按察使の法廷文書も存在した。往還文書(トラクトリアまたはトラクタトリア)は君主によって按察使や召喚者に付与された文書で，それによって彼らは国家の乗物，建物，食糧を利用することが出来た。これに関しては，『マルキュルフ書式集』1巻2章をビニョンの註[53]と共に参照せよ。更に，アエリウス・スパルティアヌス[歴史家，3世紀]の作品に付されたカゾボン[カルヴァン派文人，1614]の註と，シドワーヌ・アポリネール[クレルモン司教，480]の書に付された，国家役人の巡回路に関するシルモンの註[322]も参照せよ。ボッビオ修道院[北イタリア]の修道士ジョナは『聖コロンバン伝』の最後や『修道院長聖ベルチュルフ伝』3節でこれを「公的支援」と呼んでいる。資財明細文書(デスクリプティオ)は王の名において作成された荘園，教会用具，書籍，古文書に関する明細表である。例えば，アリユルフ[1143]作『サン＝リキエ修道院年代記』所収の，サン＝リキエ修道院に帰属する荘園の資財明細文書[182, 3, 3]，刊行されているソワソン在，ノートル＝ダム修道院に宛てたシャルル禿頭王の文書[81, 429]がそれである。更に，所領安堵文書(パンカルタ)と呼ばれるのは国王が教会または修道院の財産すべてを，特に証書を紛失した後で，安堵した文書のことである。この名称をシャルル禿頭王はサン＝ロメ＝ムーティエ修道院[パリの南西]に宛てた文書と本書で刊行されているオーセル[パリ南方の都市]在，サン＝ジェルマン修道院に宛てた文書[4, 4, 2, 252]で使用している。更に，「カルタリア」または「カルトラリア」と言われている文書集もパンカルタと呼ばれている。トゥール[西フランスの都市]のサン＝マルタン修道院のそれが俗に『黒パンカルタ』と呼ばれているのもこの意味においてである。別のところで「パントカルタ」とギリシア語で呼ばれている文書集を見たことを私は覚えている。我々の言語が今日でも使っている「パンカルト」[「二つ折の書類綴じ」の意]の語源はここから派生しているのである。国王に謁見する者に発給されていた謁見文書(アウディエンタリス)は殆ど廃れてしまった[246, 1, 28]。奴隷身分からの解放のためのドニエ文書(ドニエ貨を投げることからそう呼ばれていた)も同様であった[246, 1, 22]。

第4節　教会人の間における同種の文書

しかし，教会文書の一部も同じ名称で呼ばれている如く，このような王文書は国王に固有のものではなかった。例えば，有名なテレプテまたはテレンシシ[北アフリカの都市]の公会議で読み上

げられた[教皇]シリキウス[399]の往還文書がそうである。また，自らがヌミディア[チュニジア・アルジェリア]公会議に招待した聖アウグスティヌス[430]の書簡 59 で，首座に位すると公言しているヴィクトリヌスの往還文書がそうである。更に，多くの司教またはその他の者たちの法廷文書がペラールの『ブルゴーニュ史料集』[282, 60, 67 etc.]やバリューズの『新版勅令集付録』[37, 131]やその他の至るところで見いだされる。同じく，『書簡集』7 巻書簡 13，会計年度の 1 年と記されているグレゴワール大教皇[604]の命令文書，『カロリング諸王宛教皇書簡集』[88]所収の[教皇]ポール[1 世]の書簡 12，更にはパヴィーア[北イタリアの都市]司教の名のもとにエンノディオ[教父, 521]によって作成された命令文書などの司教たちのそれがある。最後に，司教による資財明細文書が作成されていた。就中，アルノによるザルツブルク司教座教会の所領明細表が有名である。更に，それは修道院長によっても作成され，ラヴェンナ司教マリニアーノに宛てられたグレゴワール大教皇の書簡[171, 7, 18, 1]から明らかな如く，それが他の修道院長に宛てられることも起きていた。更にまた，司教およびその他の有力者の文書が開封文書（パテンス）と言われていた。特にトゥールネ[南ベルギーの都市]司教エティエンヌはルンデン[デンマークの都市]大司教に宛てた書簡の中でこの名称を使用していて，そこで前者は後者に，預けていた物件を返却するために，「開封して印章が下げられた文書」《litteras patentes et pendentes》を要求している[133a, 157]。

第 5 節　雑多な私文書。アンバギナリス文書，控え，双葉文書，盛式および私的な略式文書

購入，売却，贈与，交換，奴隷解放などに関する私人の様々な文書または証書はマルキュルフの『書式集』2 巻及びその付録と同様に，バリューズによって『新版勅令集』[36]に付加されている書式の中に見いだされる。これらの書式の中で，マルキュルフのそれには双葉文書（パリクラ）——《paricla》または《paricula》と綴られる——が収められているが，それは両当事者のために 2 葉の羊皮紙に同一文章が記された二つの文書の同一の見本である。これら双葉文書を継承したのが 1 葉の羊皮紙に書かれた歯型割印文書で，それはアルファベットまたは数個の大文字が配されている真ん中あたりで切り離され，二つの部分が両契約者または両係争者の間で分けられた。これに関する多くの見本が 500 年前に現われている。有名なエティエンヌ・バリューズの書[40, 3, 168]の中にアンバギバリス文書《Charta ambagibalis》の語を見いだす。ル=マン司教座教会の古写本はこれに代わってアンバギナリス《ambaginalis》文書を採用しているが，この文書が相手側を「困らせていた」《ambages》ことからそのように呼ばれたと私は考える。更に，『拾遺集』5 巻[2, 5, 376]の中に収められているような「譲渡控え」《Breves investiturae》があった。盛式で真正の略式文書，つまりマルキュルフの書にあるような裁判で獲得された農民保有地，解放された非自由人に関する判決文書があった。ゴルダストの書[161, 2, 76 sq.]に収められた文書 90 には証人に関する略式文書がある。その他，特に 11 世紀から使用された私的な略式文書がある。それらに関する個々の論述が別の箇所[4, 4-1, 761]で我々によって行なわれているが，更に本書 3 巻において再論されるであろう。しかし，いま少し触れた中で，より長い論述を必要とする若干のことに関しては，この巻で解説がなされるであろう。

第6節　インストルメントゥム，テスタメントゥム，リッテラ，エピストラ，キログラフム，
シングラファ

　そして，考察すべきものとして最初に来るのがインストルメントゥム《instrumentum》，テスタメントゥム《testamentum》，リッテラ《littera》，エピストラ《epistola》，キログラフム《chirographum》，シングラファ《syngrapha》が古人の間で何を意味していたかということである。ある法学者は「インストルメントゥムの名称のもとに，主張を補強するためのすべての手段が含まれるべきである。従って，人間と同様に証言もインストルメントゥムと見做される」[363, 2, D. Testamenta]と言う。しかし，この名称によってあらゆる公的な記録が雑然と理解されている。更に，ソメーズ[フランスの文献学者，1653]が明らかにしていることでもあるが [317, 427]，この名称はときどき私的な書類にも適用されている。テスタメントゥムは遺言者の最後の意思を記すためにしばしば使用されているが，同時に，多くの人々が指摘している如く，あらゆる形態の贈与行為と解釈されることも少なくない。それに関して，アンブロシオ・デ・モラーレス[スペインの修史官，1591]は王ウェレムンドの文書に付した註で，「その時代とそれに続く長い時代において王または諸侯が贈与を行なったとき，それをテスタメントゥムと呼ぶことが盛式であった。恰もこの名称によってその贈与がより大きな権利によって強められるかの如く」と言って，この語の適用を国王と諸侯に限定している。そして更に，私人の贈与文書の中でも，ここにその例を溢れるほど示せるぐらい頻繁にこの名称と出会う。そこではリッテラ・テスティメンタリス，エピストラ・テスティメンタリス[いずれも「テスタメントゥム文書」の意]と言われている。サン=ティエリ修道院文書集によると，ランス[北フランスの都市]大司教ルノはヘリムンドス荘園の祭壇[「教会」の意]を譲渡するさい，「加えて，この余の贈与が有効かつ不可侵で維持されるために，その贈与をリッテラ・テスティメンタリスによって強め，余の印章を押すよう命じた」と言って，この言葉を使用している。大司教マナセ2世も同じ言葉をサン=レミ修道院に宛てたサン=トマ教会に関する文書の中で使用している。いやそればかりか，尊厳者ハインリヒ3世[1056]治下に開催されたパヴィーア公会議[220, 9, 950]は教会の教令をテスタメントゥムと呼んでいる。同公会議の議決8章には「しかし，我々は悪意を持った人々に対して，この神の教会のテスティメントゥムが尊厳者ハインリヒ3世の勅令の法によって強められることを望む」とある。更に，エピストラ・ドナティオヌム《epistola donationum》[「贈与文書」の意]の表現も広く使用されていた。マルキュルフの『書式集』の註解[53, 314]における非常に聡明なビニョンの，「この本とローマ法の書式においてエピストラ[一般には「書簡」の意]を介して取引をすること以上に頻繁に取り上げられている主題はないので，そのためこの本に収められている書式のすべてが目上の者には〈聖なる主人へ〉，目下の者には〈最愛の息子たちへ〉，〈最愛の孫たちへ〉の如く，書簡の形式で作成されている。これがローマ諸皇帝のもとで受け入れられていたことは真実のようであり，物事が多くの曖昧さの中で遂行されることによって，格式ばった言葉の使用が徐々に後退していったのである」[53, 314]との言葉が傾聴に値する。それから少し間をおいて，彼は「エピストラは，祖父が早死にした娘から生まれた孫を相続させるために使う文書でもある」[Ibid., 315]とも言っている。このことから，ロワール河以北の人々はそうはっきりとは区別していなかったのに対して，ローマ法を使用していたロワール河以南の人々はエピストラとテスタメントゥムを区別していたことになる。リモージュ[南フラ

ンスの都市]のテオデトルドまたはテオディラはサン=ドニ修道院に宛てた文書の中で，「そしてテスタメントゥムの文書によって，上に挙げた荘園をサン=ドニ修道院へ寄進した。しかし，この地方の慣習に従えば，エピストラを通して譲渡したと言われている」[111, 654]とある。今，私はガリア人とフランキア人の雑多な法律の中に，この異なった使用法を探し求めているところである。同様に，リッテラの語が私文書の代わりにあちこちで使われているのが確認されるが，古人の間でも同語は公文書と同様に私文書とも解されていることが少なくなかった[317, 427]。加えて，キログラフムとシングラファとが混同されている。厳密には，キログラフムは私文書，シングラファは公文書を指していた [Ibid., 391, 427 sq.]。しかしキログラフムはローマ人が「カウティオ」《cautio》[「安全」の意]または「セクリタス」《securitas》[「保証」の意]の名称で呼んでいるシングラファの意味にもときどき用いられている [Ibid., 604]。更に，インガルフの書 [203, 486, 489, 491, 501, 512v/105] ではすべての命令文書がこの名称で呼ばれている。後に続く世紀，即ち12, 13, 14世紀においてキログラフムは少し別の意味を帯びる。つまりそれは，一部の人が「インデンタ」と呼んでいる歯型割印文書を指すために用いられるようになる。

第7節　双葉文書，歯型割印文書，割印文書

　歯型割印文書(インデンタ)の起源は双葉文書(パリクラ)——《paricula》または《paricla》——から発している。双葉文書は同一の文章が記された2葉からなる，つまり種々の関係者に付与されていた，まったく同じ内容の文書である[原書6巻，ヴァンデミールの文書を参照]。ビニョンの書に収められた二人の修道院長の間で成立した交換に関する文書14には「従って，この日以後，両者とも交換または取替えによって相手から受け取ったものを保持し所有するために，同一の文章が記された2通の双葉文書が両者の間で作成され強められることを我々は要求した」とある。従って，シャルルマーニュ帝がローマ教会にスポレート公領[中部イタリア]を寄進したとき，「まず，彼はそれを聖ペテロの祭壇の上に置き，次に祭壇の下にある殉教者の墓の中に入れた。続いて，この寄進の同一の写しを作成するよう同エテリウスに命じ，それを教会内の聖ペテロの遺骸の上に置いた。そしてこの寄進に関するもう1葉の写しを彼は自分と一緒に持ち帰った」[22]と書記エテリウスによって記されている。ヒスパニア人に宛てたルイ敬虔王の命令文書[35, 1, 552/40, 3, 169]もこれと関係している。そこには，「朕は前記のヒスパニア人が住んでいることが知られているすべての司教座都市において，この取決めに関する3通の資財明細文書が保管されることを望む。1通はその都市の司教が持つ。もう1通は伯が持つ。残る1通はその地で改宗するヒスパニア人が持つ。そしてその写しが朕の宮廷の文書庫に保管されるべきと考える。よくあることであるが，もし彼ら自身や伯または他の誰かが彼らに対して訴えを起こした場合，それを閲覧することによって係争が解決されるためである」[35, 1, 572]とある。同ヒスパニア人のための第2の取決めに関して，同ルイ王は同一内容の7通の命令文書を作成し，それらの写しを別の箇所では「公立の文書庫」と呼んでいる宮廷の文書庫に保管するよう命じている [35, 1, 562]。フロラン[フランスの法学者, 1650]はテスタメントゥムに関して，一つのテスタメントゥムを数通作成させることが出来るが，それはもし遺言者が航海に出るようなことがあった場合，それが必要となることがときどき起こるから [142, 24. D. Qui Testamenta]と書いている。従って，トゥール司教ペルペチュは自分

で2通を作成し，その1通をダルマース，他の1通をデドランの許で保管させている。上掲のルイ敬虔王がサン＝ドニ修道院に修道士制を復活させた文書［38, 2, 558, 559］を参照せよ。

　この双葉文書の使用は歯型割印文書が普及し始める頃まで盛んであった。人々が双葉文書は簡単に偽造されることに気付き，また公正な写しを持参しても，その写しが公的文書庫に保管されていない小さな係争に関して容易に判断を下すことが出来ないことから，結局，1葉の羊皮紙に同一の文書の二つの見本が記されることになった。二つの本文の間に幾つかの大文字が記されて，そこから二つに切り離された(ここから「分離文書」《charta divisa》が由来)。または，彼らは両方の写しの［切り離し部分に］歯型状［デンタ］のジグザグ線を引いていたので，そこからインデンタの名称が派生している［105, Chirographum, Indentura］。事実，これは，私が上述した如く，偽造を防ぐために作られた。何故ならば，契約や証書に関する争いが発生した場合，両方の羊皮紙が保管されていた。そしてもしそのように二つに分けられた文書が互いに合致したりしなかったりすることによって，それらの本物，偽物が明らかになったからである。他方，このような文書が「キログラフム」とあちこちで言われていた。それ故，わがフランスの文書庫に非常に多く残されている如く，殆どの場合，二つの写しの二つに切り離される空白部分に大文字で「キログラフム」《CYROGRAPHUM》と書かれていた。こうして，ヴェルダン地方［北東フランス］にあるサン＝ミイエル修道院の真正文書に基づいて，コンデ＝アン＝バロワ領の俗権代行に関する取決めが「更新され二重に書かれた。それはキログラフムと記された箇所で二つに切り離され，一つは修道院，他の一つは俗権代行者によって保管される。もし両者が対立することが起きるならば，正義の規範としてこれらの文書に戻るべし。それに反する者が現われれば，その者が罰せられるためである」。しかし，一部ではアルファベットの文字を記すこともあった(そのため，バリューズが編纂した『ナルボンヌ公会議録』［39, 89］で引用されている如く，それらは時々「アルファベットで二つに分けられた文書」，「アルファベットで二つに分けられた二対の文書として」と言われている)。ある文書では「アヴェ・マリア」《AVE MARIA》，またある文書ではその人の好みによって別の言葉が使われていた。従って，歯型割印文書は単に二つに分けられたのみならず，三つ，更には(スペルマンの書に収められているアングリア王ヘンリ7世［1507］のウェストミンスタ国王礼拝堂に関する文書の如き)七つに分割され，加えて，関係者や契約者の数に応じて，11にまで分けられたものもある。また，ランス在，サン＝レミ修道院の文書庫にあるオリアンテン修道院長ゴティエの割印文書，1185年のモンセ＝ラベイ修道院長ジェラールのそれの如く，両面に記されて二つに切り離されたものも存在する。更に，これらの割印文書には，博識のデュ・カンジュが正当に指摘している如く，印章が押されていた。そして契約者の一方で保管される割印文書には他方の印章のみが押され，またその逆が行なわれていた。

　スペルマンはこの種の文書の起源について，それは1216年に統治を開始したアングリア王ヘンリ3世の治世以前には発見されないと書いている。しかし，既に9世紀にアングル人の間で使用されていたことがインガルフの書(203, 504v. 刊行文書では975年とあるが，875年が正しい)から確認される。そこにおいて修道院長ターキタルの食料調達係イジェルリックは彼の死後，同修道院の資産と宝石に関して，クロウランド修道院に「歯型割印文書によって」《per indenturam》返答するよう指示している。ガリア人の間においては，筆者は11世紀以前の割印文書を発見していない。この種のものとしては，1061年にトゥル［東フランスの都市］在，サン＝テーヴル修道院にバ

ンヴィル=オ=ミロワール領を寄進しているオルディエルドという名のある婦人の文書や，本書 5 巻見本 42 に掲載されている，1097 年にメッス在，サン=タルヌール修道院に交付された伯アルヌールの文書，1106 年にコンピエーニュ修道院に発給された，ヴネットの教会に関するボーヴェ司教ジョフロワの文書がある。読者諸賢は本書に掲載された見本の中に王ルイ 7 世の割印文書を見いだすであろう。ジョフロワ・ヴィジュワ[フランスの年代記作家，1184]はその 1 通がサン=マルシアル修道院，他の 1 通がゴスラン・ド・ピエール・ビュフィエールによって保管されている，王ルイ 6 世の時代に「作成され，アルファベットで切り離された協定の文書」[216, 2, 303]に言及している。更に，キログラフムまたはインデンタと呼ばれるこの種の文書はいろいろな表現によって作成されている。その証拠として，アングリアのある伯アルガの文書がある。彼はランス在，サン=レミ修道院に，そこで埋葬されている彼の息子のために文書を作成して，ラプレイアを寄進しているが，そこにはサン=レミ修道院の小文書集にある如く，証書は「二つの文書に分けられ，アングル語で書かれたその 1 通を伯アルガが保管し，ラテン語で書かれた他の 1 通を恭しくサン=レミ修道院に送り届けた」とある。この出来事は王妃イーディスと共にこの寄進を承認し下署しているエドワード証聖王の治世，1060 年に起きている。私は 1344 年に作成された常設市場に関する割印文書をコルビ修道院で発見したが，これよりも後のガリアでこの種の文書を発見することは出来なかった。以上が，割印文書及び様々な種類の文書に関してである。

第 8 節　資料室，記録

　以上の文書のすべてが教会または修道院の資料室《archiva》に保管されていた。聖女ラドゴンド[王クロテールの妃，587]は彼女の遺言書の中で「教会の総合資料室」《Archiva universalis Ecclesia》，[ボッビオ]修道院長ジョナはレオーム修道院長聖ジャンの生涯に関する書物の中で「修道院の資料室」《archiva Monasterii》に言及している。修道士ジスルマールは修道院長聖ドロテの事績録 2 章でゲスタ・ププリカ《Gesta publica》[「公的記録」の意]，ローマ教会の文書庫《scrinia》，グレゴワール大教皇は「国王《regalia》の文書庫」[171, 11, 8]に言及している。勿論，公的記録は至るところ[269, 14]で「ゲスタ・ププリカ」と呼ばれてはいる。何故ならば，それらは公人であった官吏の前で作成されていたからである。他方，トゥール司教グレゴワールは『歴史十巻』10 巻 19 章で《tomos chartarum》，《regesta》，《scrinia》という言葉を使っている。このため，聖アウグスティヌスは書簡 43（旧番号 162）において，「我々は古い文書，公的な資料《archiva》，法律や教会関係の記録《gesta》を問題にしているのではない。……」と言っている。従って，ローマ教会には教皇の勅令，就中，アナスタージオ[教皇庁図書館員，878]の証言によれば，教皇シリス[399]が諸教会の資料室に保管されるよう命じた異端に対するそれが保管されていた資料室が存在していた。聖ヒエロニムスは『ルフィヌスに対する書 2 巻』の中で，ローマ教会の文書庫に言及している。彼は「私によって書かれた書簡を疑うのであれば，どうしてあなたはローマ教会の文書庫でそれを調べないのか」と言っている。カルタゴ公会議[95, 86]において，「ヌミディアの記録と文書は第一の座，首座，つまりコンスタンティノープルに保管される」[2, 6, 5]ことが命じられている。カルタゴでの別の宗教会議では「巻物に書かれた諸文書」《volumen chartarum》と呼ばれている。従って，国王や君主の王立または公立の文書庫が存在していたのみならず，諸教会と諸修道院の

資料室も存在していた。第1では，どちらかというと，儀式ばった公的文書が保管されていたのに対して，第2，第3では教会または修道院に関係する文書が保管されていた。他方，私的な記録は個々人で保管されていた。何時から公証人のもとに保管されるようになったかについては，後で議論されるであろう。しかし，これらの資料室に入るのは組織の内部の者にとっても決して容易ではなかった。これに関して，アリユルフ[サン＝リキエ修道士，1142]はサン＝リキエ修道院の修道士たちに向かって，同修道院の文書庫を利用して彼らのために歴史書を編纂したのであるが，その歴史書は「私が思うに，長い間あなた方に隠されてきた，そしてあなた方自身のそれ[歴史書]を保持しないために，奥まった所に設置された文書庫が鍵で封じ込めている」ものであった。しかし，一部の教会においては，資料室は記録や文書を作成するために自由に使用されていた。そのため，私は「司教座教会の資料室の中で」発給された2通の文書，一つはランス大司教マナセがサン＝レミ修道院に宛てたもの，一つはレノが聖ティエリに宛てたものを読んだことがある。

第9節　文書集，貢租帳，謄本

　他方，原本の代わりを果たす二つの書物が見つかっているので，文書庫から原本を頻繁に運びだす必要はなかったであろう。一つは（「カルトゥアリウム」または「カルタリウム」と呼ばれている）文書集で，その中には王文書やその他の文書がすべて規則正しく記録されていた。それらが巻き物に転写されることもあった。例えば，非常に高名でその地の教会の参事会員でもあった修道院長ド・カン[フランスの収集家，1723]が我々に見せてくれたアルビ[南フランスの都市]司教座教会の巻き物がそれである。他の一つは「ポリプティクス」と呼ばれる貢租帳である。それは教会または修道院の荘園と年貢租をかいつまんで明らかにしている。この種類のものとして最も古いものに，サン＝ジェルマン＝デ＝プレ修道院長イルミノンの貢租帳がある。『新版勅令集付録』[37]にあるサン＝モール＝デ＝フォセ修道院の貢租帳，その他特に有名なものとして，非常に高名なランス大司教モリス・ル・テリエ[1710]の図書庫からサン＝レミ修道院へ移されているサン＝レミ修道院のものがある。『テオドシウス法典』がポリプティクスに触れていて，その名称によって公的記録を指している。ポリプティクスは，10世紀以前にその作成を見いだすことのない「カルタケウス」または「カルトラリウス」と呼ばれる文書集よりも古いように思われる。

　10世紀の終わり，サン＝ベルタン修道院の修道士フォルカンが彼の修道院の文書類を一つに編纂し，年代記の形式に従ってそれぞれの時代を特徴づけるために，様々な叙述で装飾を施した。我々は本書の最終巻でその叙述のかなりの部分をフォルカンの重要な文書と共に引用している。彼の集成は81章から成り，それらに寄進に関する11章が付け加えられている。フォルカンによる短い序文がすべてに先立って置かれているのであるが，その中から「我々は非常に大量の文書の束を1冊の本の形式にまとめ上げた。もし修道院の荘園を調べたくなったならば，これに当たればよい。可能な限りにおいて，主の生誕の年またはその時の王の治世の配列のもとに正しく対応させているので，番号と名称をそこで素早く見いだすことが出来よう」との言葉をここに引用するのが適切であろう。修道士シモン[1148]がこの集成を修道院長ランベールの時代に完成させている。更に，フォルカンは主の生誕の年を，それが欠けていた場合，文章自体の中に挿入するのではなくて，前置きするよう配慮して古い記録を取り扱っており，改竄が加えられたとは思われ

ない。これらは数名の人々によって悪意のかけらもなく，読者のためのみを思って行なわれたが，彼らにとってよい結果をもたらさなかった。一部の人々が改竄を加えたとして，彼らを非難してきたからである。しかし，私の判断ではあるが，そういう批判は少し厳し過ぎると思われる。もし欠陥の理由が他にない場合，恐らく理由なく加えられたと思われる日付事項を捉えて，古文書が躊躇することなく排除されてはならない。更に，専門家たちがいかに多くの支援を歴史事象にもたらしているかを知っている文書集がこのように軽微な誤りによって取り除かれてはならない。確かに，文書集の中には欠陥のあるものが非常に多く存在する。しかし，そうかといって，（十分に知られていない非常に多くのものを割愛するとして），わが国の碩学たちによって徐々に活用されるようになってきているカサウリア修道院[中部イタリア]やブリウード修道院[南フランス]の文書集の如く，最高級の評価を持つものが非常に少ないということではない。従って，編集者の正確さと真正さを確かめ検査し探究することは，勤勉で熱心な読者諸賢であれば当然のことである。もしどこかにはっきりと誤りを犯したことを突き止めた場合，編集者は信用をなくすことになる。明白な誤りが現われないならば，編集者は一方的に信用を失うことはない。何故ならば，それは公正と誠実を要求するからである。写し(特に様々な人の手を介して我々の手許に伝来している場合)から殆どなくなることがない数字に関するちょっとした誤りは，読者を必要以上に細心かつ不安にさせるものではない。しかし，もしそれらにおいて時代に関する歴史的真実と相容れない場合，もしその当時受け入れられていた書式の使用が残念にも見いだされない場合，もしその時代に使用されていなかった称号，位階，それに類するその他の用語がそれらの中に登場する場合，それらは考査されてしかるべき問題である。私は年代についての話をしているのである。つまり文書が作成された時よりもずっと前に起きたことに関して何か誤りが入り込んだ場合，我々が別の箇所で長々と解説している如く，その偽作について即座に断罪されるべきではない。過去，しかも遠く隔たった過去に関して，誤りを犯したとしても，それは人間的でありまたよく起きることでもある。

　原本を写した謄本の方が文書集よりも古い。それに関して，例えば，トゥル司教フロタール[850]に宛てた修道院長ウィカールの書簡（「フロタール文書」12番に当たる）は「我々は閣下の前にこれらの物件に関する寄進文書の写しを提出します。それと一緒に皇帝陛下の文書の写しも同様に」と述べている。しかし，これらの事例に関しては，後の本巻7章で取り上げられるであろう。

第10節　修道院長と女子修道院長のテスタメントゥム

　本章を終える前に，かつて使用されていた修道院長または女子修道院長のテスタメントゥムについて幾つか記しておくことが有益であろう。これまで人々は，私が既に述べた如く，この名称のもとにあらゆる種類の古い契約書を理解してきた。従って，リブアリア法典[ゲルマン部族法典の一つ。7, 8世紀成立]は「売買のテスタメントゥム」と呼んでいる [308, 59, 1]。しかし，読者がこの名称をいかなる意味に解釈しようと，修道院長や女子修道院長，更には高位聖職者がアターヌ修道院長イルイエ，フラヴィニ修道院長ウィドラド，サン=ドニ修道院長フルラド，フォントネル修道院長アンセギーズ，更には王妃から修道女になったラドゴンド，ファルムーティエ女子修道

院長ファル，プファルツェル女子修道院長アデラの例が示す如く，どのような権利でこのテスタメントゥムを作成することが許されていたかを知れば驚くであろう。もしこのような人々にもかつては許されていたと言うならば，単に皇帝の法律のみならず，修道士に財産の所有を禁じている『聖ブノワ戒律』やその他の戒律が禁止している如く，修道院に入った者には遺言書を再び作成する権利は残されていないと主張するグレゴワール大教皇の章句が想起される。更に，修道院長に関しても，グレゴワールの証言から，同様に理解されるべきであろう。何故ならば，グレゴワールが修道院長プロブに遺言書の作成を許可したのは，彼の配慮によって急に修道院の統治に就かされ，そして修道士にさせられてしまったためである。

　しかし，このことに関して，画一的で同じ原則がどこでも遵守されていたのではなかった。ある人にとっては由々しきことと思われていることでも，ある地域またはある時代においては許されていたように思われる。『教師の戒律』[305]の中でその作者は修道院長の遺言が修道生活と対立するとは思っていなかった。何故ならば，彼は89章で「死に際して修道院長は兄弟たちによって作成された贈与目録を彼の遺言書に挿入する」ことを定めているとき，恰もそれが承認されたこととして認識しているので。この行為の弁明として『テオドシウス法典』の章句[90, 5, 3 et nota]が加えられるが，ここからは一般修道士にも遺言作成の同様の権利が認められていたと解釈される。従って，修道院長は遺言を作成するか，少なくとも金銭からなる寄進を遺贈していた。またそれが荘園であれば，修道院に入る前にそれらを寄進していた。そしてその後で，その寄進を盛式の文書によって確認していた。[フォントネル修道院長]アンセギーズのテスタメントゥムは前者に属し，彼は死んだ自分のための祈禱を設定してもらうために，ガリアの修道院と教会に金銭からなる寄進を遺贈していた。後者に属するのが聖女ラドゴンドのテスタメントゥムである。彼女は修道誓願と同時に，彼女が所有していたものすべてを敬虔な寄進または施しに委ねている。しかし，人生の最終局面においてガリアの司教たちに宛てられた書簡は，これらの寄進が許されるものであることを欲していた。私はその事実を『古史料選集』2巻[235]の中で広く知られている[アターヌ]修道院長聖イルイエのテスタメントゥムの中に見いだした。私が聖女ラドゴンドによる全財産の放棄について述べたことは，下記の言葉の中にはっきりと表明されている。「使徒の生活様式を守り，修道院に安置されているアナニアとサフィラを恐れ，いかなる自分の財産も持たないため，私と姉妹たちは所有していると思われる地上の富に関して文書を作成し，それらを彼女（即ち，女子修道院長）に引き渡した」と。しかし，死の少し前に遺言書を作成し，その中で彼女は司教たちにすべての神聖なものを通して，自分および彼女の姉妹たちによってなされた寄進にいかなる侵害も加えないよう懇願している。読者がこのテスタメントゥムによって確認することは，聖女ラドゴンドは自分の財産に関して，所有者を初めて決めたのではなくて，既に作成されていた決まりを確認したに過ぎないことである。グレゴワール大教皇は書簡11巻5でこの文章に明快な証言を与えている。その中で同教皇は修道士デオダに対して，修道士になる前に言葉によって行なわれた寄進を文書に記し強めることを許可している。しかし別の箇所では何人かの修道士，修道院長が司教の許可を得ずにテスタメントゥムを作成している。それらの例に『聖オレリアン戒律』の47章を加えることが出来よう。その中では「年少である者が，両親が生きているうちに修道院に入り，そのとき文書を作成するよう求められるか，分別のつく年齢にある者が両親の財産を自分の所有として持つようになったとき」と述べられている。

しかし，この時代にこのようなテスタメントゥムを悪用した修道院長と女子修道院長がいなかったわけではない。その一人として，「女子修道院長の位に就いたあと，テスタメントアゥムを作成させ，何人かの人に財産を残した」，サン=ガヴィーノ・サン=ルッソリオ女子修道院長シリカがいる。シリカの後に修道院の統治を引き継いだガヴィニアがこのテスタメントゥムをグレゴワール大教皇 [604] のもとに持参すると，同大教皇は当該修道院の監督が委ねられていたカリアリ [イタリア，サルデーニャ州の都市] 司教ジェンナイオに手紙でこのことを知らせ [175, 7, 7, Ind. 2]，上記の女子修道院長シリカは「死の日まで修道女の服を着るのを望まず，その代わり同地の司祭たち《presbyterae》が着用していた服装を守った」と告発している。このいと聖なる教皇はこの両者を激しく糾弾している。ここで，共和国の文学に精通した人と思われる，他でもないアントワーヌ・ヴィオン・デルヴァルが私に知らせてきた，非常に古い史料の中に含まれている同教皇の書簡の断片を考察することはこのテーマから逸れることにはならないであろう。そこには「司祭たちの」《presbyterae》ではなくて「市民たちの」《plebeiae》とあり，私が判断する限りでは，後者の読みが取られるべきであろう。つまり，正しく訳すならば，シリカはその土地の女性が着用していたような市民の衣装を身に付けていたことになる。更に，グレゴワール大教皇のこの定義に関して，同グレゴワールはこの問題の審議に顧問たちとローマの有識者たちを招き，シリカがある病院のためにテスタメントゥムを作成したにも拘らず，それが無効にされ，財産が修道院に返還されるとの決定を下したこと，そしてその理由は「改宗するために修道院に入った者たちは以後，いかなる遺言も許可されない。そして法律の明白な定義によって定められている如く，彼らの財産は所属する修道院の権利のもとに置かれる」とのことであったことを付記することが有益であろう。しかし，グレゴワール大教皇の時代において，シチリアの副助祭ピエトロに宛てた同教皇の書簡が証明している如く，一般の修道士たちも修道院長の真似をしていた。そこには「臨終の床にあったある修道士ジョヴァンニは弁護者ファウスティーノを 6 ウンキアの相続人として残した。残されたものを確実に彼に渡しなさい。しかし，今後このようなことをしないように彼にお願いしなさい」[171, 1, 42] とある。勿論，このことはそのテスタメントゥムが無効にされた女子修道院長シリカの場合と簡単に両立させることは出来ない。特に，シリカによって遺産の一部が病院に引き渡されているのに対して，ここではジョヴァンニから弁護者ファウスティーノの手に渡っているに過ぎないので。しかし多分，グレゴワールはこの措置を認めたであろう。何故ならば，弁護者ファウスティーノは修道院に向けられた援助のためにこの特権を獲得したのであるから。これに続く世紀，特に 10 世紀から 14 世紀にかけて民法では禁止されていたが，遺言書を作成する権利が復活した。論述が少し本論から逸れてしまったので，本題に戻ることにする。

第 3 章

第 1 節　教会，修道院に宛てた王文書やその他の文書の古さについて

　古文書に関する準則を述べるに際して，それらの古さから始めることにする [192, 32, 10]。それは，文書が比較的新しい時代に属することが明らかな場合，その時代よりも前の文書は即座に偽文書と見做されねばならないことになるからである。もし我々がそれらの古さに関して疑う余地のない保証を持っているならば(実際に，そうであるのであるが)，必然的に事態は全く逆になる。キリスト教徒の間で圧政者たちの横暴が猛威を振るっていたとき，ラクタンティウスの迫害の書 [40, 2, 43] の中にあるリキニウス帝 [268] の勅令が示す如く，一部の地域においてキリスト教徒はある物を個人の権利に属するものとしてではなくて，彼らの組織，つまり教会の権利に属するものと考えていた。不動産に関してもそのように考えられていたことを，この動乱の中で開催されたアンキラ[トルコの都市]公会議の議決 34 条が証明している。そこには「教会に帰属するものに関して，司教が不在中に司祭が売却した場合，それが何であれ，その契約は破棄され，教会の権利に戻されるべし」と定められている。このことは，作成された契約書に関しても同様であったと理解される。しかし，教会の役職者たちは，至るところで，信者の貢納と出費で養われていた。その後平和が回復すると，彼らは教会援助の名目で所領や荘園を受け取った。イオアンネス・クリソステムス[コンスタンティノープル総大主教，聖者，407]は『マタイの福音書』に関する説教 86 の中で，何世紀にもわたって行なわれたこの悪徳と非人道に満ちた行為を非難している。他方，世界の殆どがローマ法によって統治されていたとき，すべての人々の所有が公的な文書に記され強められることを命じているその法律に教会がまだ従っていたと我々は考える。リブアリア法典がそのことを証明している。

　これに関する明白な例をナズィアンゾス[トルコ中部の都市]のグレゴリオス[コンスタンティノープル総大主教，390]が彼自身の遺言書の中で提供してくれているが，その中で彼が司教アンフィロキオスから行なったカノタラ荘園の購入は「彼の教会の文書に」《$ἐν\ τοῖς\ χαρτίοις\ ἡμῶν$》記されていると述べている。聖アウグスティヌスはグレゴリオスに対して，聖職者の共同生活に関する説教 2 (これは旧版では，聖職者の風紀に関する書物 2 [2, 6, 12] と表示)の中でこれを推薦しているのであるが，それは「更に，修道院が建立されているその土地は私の息子で，誉れの高かった亡きエレウシニウスによって司祭バルナバに贈与されたものである。彼は司祭に叙任される以前，その地に修道院を建立したのである。しかし，その土地が彼の名のもとに贈与されていたため，彼はそれが修道院の名のもとに所有されるよう文書を作り換えた」との文句で終わっている。こうして，司祭バルナバはその地をエレウシニウスからの贈与として受け取り，このことが文書に書き記されたが，その後この文書は修道院の名のもとに書き換えられたのである。グロリウスやその他の人に宛てた書簡 [29, 43] においても同様で，「我々は古い文書，公的な資料，法律や教会関係の記録を問題にしているのではない」とある。これらに，ヴィニエによる同アウグスティヌスの著書の補遺 [359] に収められた説教 36 の章句が付け加えられよう。5 世紀末に開かれたローマ

公会議 [97, 16, quaest. 1, 57] で司教は「文書の保管者」であるよりも教会の防衛者であらねばならないことを示した教皇シンマックの宣言文も同様である。そして 506 年のアグド[南フランスの都市]公会議は議決 26 条で，その教会の所有が確認されている文書を隠したり，敵対者に渡したりする教会の聖職者に対して，加えた損害の弁償と組織からの追放を定め，そして不敬にも裏切り者に唆されて教会に不利になる文書を受け取った者にも同じ罰を科している。更に，修道院においても同じ文書が使用されていたことを，アウグスティヌスが上掲の説教の中で我々に伝えているのであるが，そこで彼は修道院の名のもとに文書が作成されていたことに触れている。グレゴワール大教皇もこれに加わる。彼は司教デジレに宛てた書簡 [171, 7, 17, Ind. 1] の中でカオール[南フランスの都市]司教座教会の「文書」《charta》に言及し，修道院長ジャンに宛てた書簡 [*Ibid.*, 2, 3, Ind. 11] の中で修道院に関して論じるさい，ある訴えの審査のために「真正の文書と文書の写し」《authenticam chartulam et exemplaria charutarum》を要求している。更にそこでは，「カルタリウス」，つまり文書保管係のエティエンヌを引合いに出している。その他，ラヴェンナ大司教マリニアーノに宛てた書簡 [*Ibid.*, 7, 18, Ind. 1] でクラッセ修道院[ラヴェンナの南]の文書に何度も言及している。更に別の書簡 [*Ibid.*, 8, 39] では，ナポリの修道士たちが修道院長アデオダに同修道院のすべての文書を引き渡したことが語られている。

第 2 節　パーペンブレックによる反論

すべてがこのようであるとき，パーペンブレックが彼の『古文書序説』[276, 125] の中で，時代が古くなればそれだけその信用が低くなるこの種の文書は注意して鑑定されねばならないこと，かつてアングロ・サクソン人の間で贈与は証書を伴わずに行なわれるのが慣習で，そのためビードの書からは彼の時代に荘園を譲渡したり特権を付与したりする場合，証書が使用された事実を確認することが出来ないと主張するジョン・マーシャムを支持したことは驚くべきことである。この該博な人はそれが想像以上に広範囲で見られた慣習であると付言する。つまり，フランク人の間でもこれらに際して，証書が使用されたことをトゥール司教グレゴワールの書からも確認することが出来ない。そして，実際，フランク王国の全域において，ダゴベール 1 世 [638] の治世以前に関して，この種の真にして正なる文書は発見されていない。但し，彼の治世，そしてそれ以後の第 2 王朝に至るまでの間に関して，原本または原本からの忠実な写しと言える文書は非常に少ししか残されていないのであるが [*Ibid.*, 127] と。また，修道院が司教の裁治権から免れ，即座にローマ教皇庁の保護下に迎え入れられたローマ教皇の特許状に関しても，同様にして省察されねばならない。従って，教皇アデオダ [618] がトゥール在，サン=マルタン修道院に宛てた特許文書，他の教皇がサン=ドニ修道院に宛てた文書，更にはメロヴィング諸王の時代に発給されたその他のすべての文書に関しても，古さを誇示すればするほど，寄せられる信用が少なくなるという事実が厳しく踏襲されねばならない。更に，それ以前の時代に関しても，ローマ教皇にこのような特権文書を要求することは，7 世紀及びそれ以前において慣習化していなかったし，グレゴワール大教皇の厖大な書簡集からもその事実を知ることが出来ない [*Ibid.*, 105] と述べている。

第3節　パーペンブレックの見解が反駁される(その一)

しかし，私は7世紀，更にはその前の世紀にローマ教皇によって特権文書が修道院または教会に発給されたという事実を強調したい。続いて，ある時はビードの，ある時はその他の著作から，この時代にアングロ・サクソン人の間で荘園を譲渡するさい，文書が使用された事実を確認する。最後に，ガリア人の間でも，キリスト教徒になった最初のフランク人の王クローヴィス[511]から彼の子孫に至るまで，修道院のために文書を作成しなかったフランク人の王は殆ど一人もいなかったことを確認する。初期の諸王に関しては，トゥール司教グレゴワールの書によって確認することにする。

第1の問題に関して，修道院へ発給された特権文書は修道院[の創設]よりもほんの少しだけ新しい。勿論，初期においては比較的狭い範囲で満足していたが，時が経つにつれてその要求範囲は拡大されていった。あるものは司教の俗権と巡回権から，またあるものは司教の(俗に言うところの)霊的監督から修道士たちを切り離した。これらの免属は「修道士の静穏と司教の圧政を理由に」承諾されたことをカンタベリ司教リチャードが粗野な言葉ではあるが，ピエール・ブロワ[ロンドン副司教，1198]に宛てた書簡69で述べている。それより古いものとしては，455年に開かれたアルル宗教会議で確認されたレラーンス修道院[南フランス]に対する特権文書がある。その特権文書では「同修道院の聖職者たちはふさわしい従順さをもって司教による叙任に服する。他方，同修道院の世俗の集団は自らが選出したその修道院長の唯一にして自由な叙任権と裁治権に帰属する。司教は同修道院に対していかなるものも要求せざるべし」と定められている。

第4節　パーペンブレックの見解が反駁される(その二)

それから70年後，つまり525年に司教ボニファースの主宰のもと，カルタゴで宗教会議が開かれた。そこで，属州ビザケナ[北チュニジア]に建立された修道院の院長ペトルスはレラーンス修道院のみならずアフリカにあるその他の修道院など，多くの例を引き合いに出し，彼の修道院が同地の司教の裁治権から免れていること，そしてカルタゴ首座司教のみに従属していること，それらは管区司教への従属から解放され，第1司教座または首座司教座，またはその他の司教に帰属していることを強く主張した [2, 6, 2 sq.]。535年の別のカルタゴ宗教会議 [*Ibid.*, 16] においても，更に，ルスパエ修道院[北アフリカ]のような別の修道院に関して同じことが定められている。それに関しては，「もし誰かが聖職者を叙任してもらいたい，または修道院内の礼拝堂を祝別してもらいたいと思ったとき，修道院の所在がその管区内にある司教が修道士の自由を損うことなく，この叙任以外に関して彼らに何も要求することなく，自らがこの職務を全うするという公会議の方針を遵守する限り，修道院は十全の自由を享受することが出来る」とある。ここで私が言っているのは聖フュルジャンス[527]が彼の「教会から遠くない」，非常に高貴でキリスト教の信仰に非常に篤いポストゥミアヌスが所有する荘園に建立したルスパエ修道院についてである [5, 1, 40]。このいと聖なる[ルスパエ]司教はこの修道院を頻繁に訪れていた。「しかし，彼は彼の訪問によって修道院長フェリックスの権限が制限されることがないようにと，修道士に命令を出す権限すべてを進んで院長に認めた」。彼は「当該修道院においていかなるものも自分のものとして要求しな

いことを文書によって強めた」。「修道士の間で生活する」のは力でなくて愛によるものである。それ故, 彼は「純真な神の下僕たちがこの後で損害を被らないために, この文書の中で対立の防止を彼の後継者たちに提起した」[Ibid., 64, 65]。これは非常に重要な論拠である。

6世紀及びそれに続く世紀に修道院に発給された, 最初はもちろん司教によって, そして時を経てローマ教皇によって確認された少なくない特権文書が証言している如く, この慣習はガリアやイタリアのその他の修道院にも普及していた。何故ならば, その頃このような特権文書を享受していた修道院のすべてがローマ教皇庁に従属させられていたのではなかったから。これらの修道院は所属する管区の司教の権限から解放され, それぞれの院長によって監督されていたのである。もし修道院長が修道院行政で重大な過ちを犯したならば, その頃毎年開かれていた首座司教管区または直属司教管区の宗教会議の査問や処罰に服しており, ずっと後の時代を除いて, ローマ教皇から文書を貰うことはしなかった。他方, 修道院長が修道士たちの過ちを自分の力で処理することが出来ない場合, 周辺にいる修道院長に協力を依頼して集まってもらっていた。このことは多くの記録[原書6巻, 478頁, シャルトル司教アジラールの文書を参照]が証明していることで, 特に535年に開かれたカルタゴ宗教会議は「望まないことではあるが, もし何かの争い(勿論, 修道院長の選出に関してであるが, その他のことに関しても同様である)が発生した場合, それはその他の修道院長の話合いまたは裁判によって終決されるべし」[2, 6, 16]と定めている。しかし, このような修道院の中には単に管区司教からのみならず, ローマ教皇からもこの特権文書を取得したものが少なくなかった。我々はこれに関するローマ教皇の真正な文書, またはこれらの文書に関する疑う余地のない証拠を持っている。

更に, このような不輸不入権を確認するに際して, ときどき国王の権威が加わっていた。従って, パリ司教聖ジェルマン[576]は郊外にあるサント=クロワ修道院に宛てた「不輸不入の特権文書」を「自分の手で」作成したと, 9世紀の修道士ジスルマールによって言及されているのであるが, そのとき同聖者は「国王ロテールの権威と」彼の教会の「献堂式に参列した司教, 貴族の保証によって強められるよう求めた」と, 同上修道士が修道院長聖ドロッテの伝記[4, 1, 256]の中で述べている。因に, 作者はこの本の中で自分の修道院長の名前をギリシア語で表記している。

第5節　パーペンブレックの見解が反駁される(その三)

我々はこの論証における重要な例を皇帝ルードヴィヒ2世が854年にペンネ司教管区[中部イタリア]に建立し, 司教の支配から解放させることを望んだカサウリアまたはペスカーラ修道院に関して持っている。続いて, 951年ペンネ司教ジョヴァンニがカサウリア修道院の修道士に対して彼らの特権に異議を唱えている。修道院長エルデリーコはイタリア王アルデベルトの許に避難した。司教を呼び文書を提出するよう命じたが, それをしなかったので, 王は勅令を出して「いかなる司教も同修道院からいかなる賦課租または税を徴収せざるべし。そして前記皇帝が彼の命令文書でそうあることを承認した状態において自由であり続けるよう命じる」[82, 1, 403/2, 5]と指示している。次に, 1049年修道院長ドメニコは教皇レオン9世にこの特権文書の確認を願い出ているが, それに関してこの修道院の編年記作家は「前任者たちが持つことが出来なかったか, あまり重要とは考えなかった特権文書をローマ教皇に求めたのはペスカーラの初代修道院長であっ

た」[82, 2, 453] と述べている。この事実において重要な点は，イタリアにおいてこの時までカサウリア修道院の特権がローマ教皇の権威に保証されないで有効であったことである。ファルファ修道院[中部イタリア]の特権も同様であった。

第6節　パーペンブレックの見解が反駁される（その四）

　そして我々がイタリアを対象としているので，ボッビオ修道院[北イタリア]から論証を始めると，不輸不入権に関する文書は既に7世紀からローマ教皇によって同修道院に下付されている。教皇テオドール1世[649]が同修道院に下付した特権文書はここでは取り上げないが，この問題に関してはボッビオ修道院の修道士ジョヴァンニによる同修道院の院長であった聖ベルトルフォの伝記での叙述が，修道院の不輸不入権に関してこのベルトルフォがトルトナ司教からいやがらせを受け，ロンバルディーア王アリオワルドの法廷に召喚された事実を明らかにしている。しかし同王はアリウス派であったが，聖職者の訴えを審議するのは自分の権限に属さないと決定した。そこで，同修道院長は国王の援助を得て教皇ホノリウス1世[638]の許に赴いた。同教皇はベルトルフォの訴えを審議し，彼に「望み通りの贈物を手渡した。つまり，司教はいかなる権利においてもこの修道院の主人として君臨することのないように，使徒の座の特権文書を付与した」のである。この特権文書の意味がそのようなものであったことは，10世紀初頭に編まれた聖コロンバン奇蹟譚[4, 2, 50]からも明らかで，その第23章においてこの修道院の特権に関することで，懲戒を口実に修道院内で権力を行使する権限はいかなる司教にもなく，あるのはその頭，使徒の座であることなどが縷々語られている。更に，この特権文書は「司教たち，特に近くに位置していたと思われるトルトナとピアツェンツァの聖なる教会の司教に対して，いかなる者も前記の修道院またはそれに帰属するものを聖なる使徒の座から引き離して自分の管区に従属させようとすることに反対する。その逆に，使徒の認可に従って解放された状態，つまり聖なる使徒の座以外のいかなるものにも従属しない」とある。ホノリウス1世，テオドール1世，マルタン1世，セルジュ1世，グレゴワール[2世]，ザシャリ[752]及びその他の教皇の特権文書にも，前記の匿名の作者が証言している如く，あれやこれやの叙述が含まれていた。そして特に彼の時代にこの真正文書が王ウーゴの前で読み上げられ，その真正性が確認され再承認されているとき，この作者の証言以上に重みのあるものを提出することは出来ないであろう。

第7節　グレゴワール大教皇によって修道院に下付された特権文書

　しかし，聖グレゴワール大教皇の書簡の中に同様の例を読むことが出来ないのではとの疑問が出されるであろう。更に進んで，類似の例さえも見つけられないのではとの疑問も出されるであろう。しかし，教皇ヴィジル[555]が王シルドベール[1世]の要請を受けて，同王が建立したアルルの修道院に付与し，グレゴワール大教皇によって引用され確認された特権文書[171, 7, 116, Ind. 2]は類似のものではなかったと言うのであろうか。司教カストリオとその後継者たちに「即ち，亡くなった修道院長の代わりに，修道士会の全会一致で適任者として選んだ人を叙任しなければならないとする権限を残して」，グレゴワール大教皇自身がリミニ[北イタリア]のサン＝トマーゾ修

道院長ルミノーソに下付した特権文書 [*Ibid.*, 4, 21] は全く別のものだったと言うのであろうか。そして同じく，司教カストリオに宛てた別の書簡 [*Ibid.*, 43] で彼はカストリオとその後継者たち，それ故，リミニ「司教座教会は自己の権限にのみ満足すべきである」，つまり選出された修道院長を叙任するという権限にのみ，そして「当該修道院を以後いかなる理由によっても世俗や教会の裁判権に服することはない」と定めている。他方，博学な枢機卿アントニオ・カラファ [ヴァティカーノ図書館員, 1538] はこれらの書簡の意味は我々が意図してきたものと一致しているとの判断を下している。そして彼はグレゴワール大教皇の書簡の自らが正しく配置した索引に従って，律修修道士の項目で，「特権文書は，修道院長の叙任を除けば，彼らを司教の裁治権から完全に免れさせている」と説明している。そして，我々がすぐ前に掲げた2通の書簡を註にあげている。同大教皇が何れも王妃ブリュヌオ [フランク王シジュベール1世の妃, 613] によって創建された，オータン [中部フランスの都市] 郊外にあるサン=マルタン修道院や神の婢女修道院 [サン=ジャン=ル=グラン修道院]，または同地の [サン=タンドーシュ] 施療院に発給した特権文書も同種のものである [*Ibid.*, 11, 10 sq.]。

　グレゴワール大教皇の意図に全くそぐわない復讐の女神たちの呪咀と破門を含んでいることから，この種の特権文書は偽文書であるとあなたは言う。しかし，もし偽文書であったとしたならば，グレゴワール著作集の最新版（これはまだ出版されずに，すべて手書本としてローマで保管されている）の編者であるピエール・ド・グサンヴィル [1683] が証言している如く，なぜその中に司祭にして修道院長セナトールに宛てられた1通が見いだされるのであろうか。実際，その名はランス在，サン=レミ修道院の非常に古い，即ち，少なくとも800年から記載されている文書集成の中に見いだされる。そしてフロドアールは，これと同じようにして交付されたものとして，同グレゴワールがオータンの施療院のために修道院長セナトールに付与したもう1通別の特権文書に触れている [146, 3, 27]。同大教皇がルポに宛てた書簡に関しては，700年頃に作成されたオータンの修道士聖ユグの伝記の中や，私が『古史料選集』2巻 [235] で出版したフルーリ修道院長アボン [1004] の教令集 [12, 17] の中で言及されている。

　上記の書簡に付された呪咀について提起されていることは以上であるが，これらの書簡が偽物であると見做されねばならないとの意見がどれほどの価値を持つかについて，後（本書2巻9章）で省察されねばならない。しかし，これらの呪咀がグレゴワールの意図と無関係であると見做しなさい。但し，書簡の本文の残りの部分は確かにグレゴワールの特徴を十分臭わせているが。従って，何がこの書簡が真にして正であると言うことを妨げているのか。そこに加えられた呪咀のためなのか。しかし，それらはすべての集成，更にはフロドアールが参照した集成にも見いだされるではないか。兎に角，この3通の書簡が偽作であるとしても，王妃ブリュヌオの要請を受けて，グレゴワール大教皇がこれら三つの教会組織に発給した事実は教皇自身がこれら3通の特権文書をはっきりと想起させている書簡集11巻書簡8に相当する，グレゴワールの別の真正で疑う余地のない書簡から明らかである。そしてそれは間違いなく，彼の書簡の「多分，これらの修道院の院長によってこの規定が朕の時代において廃止されないために，彼らに対してあることが禁止されていたのが知られていることから，この決まりが公的登記簿に記入されるべきである。……」との言葉から引き出すことが出来る如く，刊行されたものと異なるものではない。しかし，上掲の特権文書に「同施療院および修道院において今後院長または司祭として叙任される者は誰も事実を隠して司教職に就こうとすべきではなく，また同施療院および修道院の財産を不正な支出によっ

て濫費してはならない」と定められている。上掲の書簡においてグレゴワールはこの禁止の規定を指していたように思われる。従って，この書簡はこれらの特権文書の内容と一致しているのである。

第8節　更に，グレゴワール大教皇によって女子修道院に下付された特権文書

女子修道院は，先行する例を持つことなく，グレゴワール大教皇を介して司教の権限から免除されたと考える人がいるだろうかとあなたは問うであろう。しかし，トゥール司教グレゴワールが証言している [167, 9, 40] 如く，聖女ラドゴンドの例が存在している。更に，アルル司教セゼール [543] の例がある。彼の『戒律約説』[67, XIV] の中にそうある如く，彼は「ローマ市のいと聖なる教皇の文書を介して」，自らが建立したアルルの修道院の修道士たちを司教への従属から免れさそうとした。グレゴワール大教皇以後もこの種の特権文書は2通ある。その1通は教皇ジャン4世 [642] が王クローヴィス [2世] の要請に応えて，聖母マリアと聖コロンバンの修道士に付与した文書で，私が最も古いトゥ[フランスの国王図書館員，1617]写本集成から抜き出したもの [4, 4, 747] であるが，その集成ではこの文書は特権文書の形で収められている。他の1通は教皇アデオダ [676] がトゥール在，サン=マルタン修道院のために発給したもので，シルモンの『ガリア公会議録』1巻 [326] に完全なままで伝来する。

第9節　トゥールの史料が擁護される

パーペンブレックはこの特権文書の末尾が切れたものをバロニウス[イタリアの枢機卿・歴史家，1607]の著書で参照している。そして彼は「信仰深い修道院長」《religiosus Abbas》が繰り返し言及されていることを理由に，この断片を根拠に特権文書の新しい捏造を発見したと勘違いしたようである。彼はこの書き方は修道院の財産が俗人院長を介して甚大な損失を被ることになる，その後の時代の慣習に属するものであると信じている [276, 127]。しかし，いと博学な人には失礼であるが，「いと信仰深い修道院長」の表現だけではこの特権文書の真正性を弱めるには不十分である。多分，それによって在俗司祭から区別されるためと思われるが，教皇によって「信仰深い司祭と修道院長」として「いと信仰深い」の言葉が修道院長と一緒にではなくて，司祭という語に付されているとするならば，確かに教皇グレゴワール2世 [731] のある書簡 [4, 2, part. 2, 34] は「信仰深い司祭」ボニファース某に宛てられている。更に，もし修道院長の語と関係しているのであれば，それは十分な敬意をもって，つまり俗人院長と対置させるためではなくて，ちょうどウィアマス[北部イングランド]修道院長ビスコップがビードによってその伝記の第1巻の冒頭 [Ibid., 2, 1002] で「信仰深いキリストの下僕」と呼ばれている如く，院長が信仰篤く，聖務に献身的であることを意味するために添えられている。他方，我々によって本書で刊行されたノヴァレーゼ修道院[イタリア，トリノ地方]に宛てた文書でシャルルマーニュがギスララーノとアガベルトを「信仰深い修道士」と呼んでいる事実が特にこれとの関係で重要になる。そして教皇ヴィクトール3世 [1087] が『聖ブノワ奇蹟譚』3巻の冒頭で，「信仰深い修道士たち」に言及している。それ故，この言葉は俗人と対置されてはいず（一体誰が在俗修道士などと言うであろうか），「敬虔で信仰深い」修道

士を指していたのである。教皇によってサン=マルタン修道院長にその言葉が使用されているのもこの意味においてである。この問題を手短に要約するならば，教皇アデオダのその特権文書はただ単に彼の世紀の風格を漂わせているのみならず，私が最近非常に古いトゥ写本集成に依拠して刊行したトゥール司教イーヴの書簡 [4, part. 1, 745]（この写本によると，それらの書簡は 800 年前に特権文書の形をとって作成されていた）からも権威を持っている。それらは我々がサン=マルタン修道院の文書庫から抜き出してきた写しと完全に一致する。これらの書簡で，いま我々が論述している教皇アデオダの特権文書が引用されているのである。

第 10 節　アングロ・サクソン人の間における諸例

　メロヴィング諸王がガリアのその他の修道院に発給した上記以外の，10 世紀の匿名の作者が修道院長聖デイコルの伝記の中で言及しているリュール修道院のそれのような，特権文書はここでは割愛する。更に，司教聖ボニファーティウスが教皇ザシャリに依頼したフルダ修道院のそれも省略する。アングロ・サクソン人へと移ると，そこでは「ベネディクト」のあだ名を持つビスコップが特権に関する書簡を「王エグフリッドの認可，同意，願望，催促のもとに，尊敬すべき教皇アガト [536] のところに持参したのであるが，それは彼が建立した修道院が外部からのあらゆる侵害から永遠に保護されて自由であるためであった」とある。同じ頃，ウィルフリッドがリポン修道院に代わって，同様の特権文書をローマ教皇アガトに請願している [*Ibid.*, 4, part. 1, 705, 711]。

第 11 節　以上の文書では霊的な免属が問題になっている

　ある人はこれらの特権文書では司教の霊的権限からの免除ではなくて，俗権からの免除が付与されていると言う。そういった意見があることを聞いておくことにする。というのも，ここではローマ教皇によって俗事と同様，霊的な権限に属するものも含めて，修道士に付与された特権文書の古さについて論じることが私の役割であるので。従って，多分，司教の霊的な権限からの解放が世俗権の免除に，恰もその根本から生まれた（これに関しては別な箇所で，もし事情が許すならば，神のご加護を得て我々は考察するであろう）如く続いたと主張することが出来るのではなかろうか。ボスケの書 [204, 1, 39, Regest. 13] の中で教皇イノサン 3 世が説いている如く，ギリシア人の間では実際に「皇帝直属の修道院は大司教または司教の支配に従属していなかった」のである。その上，教皇ホノリウス[1 世]によってボッビオ修道院に付与された，「いかなる司教も，いかなる権利に基づこうとも，上述の修道院に支配権を導入しようとしてはならない」とある特権文書もこれと関連している。そして明らかに，「上記の修道院長を同修道院の資産と共に彼に従属させる」とのトルトナ司教の判断もそれと関連している。それ故，彼は単に物的財産のみならず，人的資産，そして修道院長をも自分に服従させることを心の中で狙っていたのである。これに関して，司教から意見を求められたアリオヴァルドは「都市から遠くに位置する修道院がそのように司教の支配下に統治されねばならないのか否かを証明する」よう進言した。従って，司教はこの訴えを教皇ホノリウス[1 世]の許に提出して負けてしまった。それ故，同教皇はトルトナ司教の権利から単にボッビオ修道院の物的財産のみならず，司教が自分に服従させようと試みた修道院

長自身も免除した。更に，教皇ヴィジル［555］がアルルの修道院に下付した特権文書（この他に，教皇グレゴワール［1世］が王妃ブリュヌオのために作成した数通の特権文書もこれに加えねばならない）も単に国王の権威のみならず教皇のそれをも求めており，これと同様のものであった。ところで，司教の世俗権力からの免属は王シルドベール［1世］に帰属しており，彼は特権文書のために教皇ヴィジルを訪問することなどしなかった。但し，彼がアルルの修道院を司教の裁治権から免属しようと欲したとき，つまりアルルの修道院のためにその免属をローマ教皇に要請したときは別である。何故ならば，彼は第5オルレアン公会議［94, 5, 15］に出席した教父たちから，リヨン司教の権限がその財産及び所領に入ってきてもらいたくなかったリヨンの施療院のための免属を獲得しているので。しかしこれに関しては，アルルの女子修道院に関する聖セゼールの戒律［67, XIV］は明白で，その中で同聖者はいかなる時，いかなる事情であれ，院長がこの町の司教への従属を認めようとするならば，神の力を得て，威厳と尊敬をもってこれに抵抗し，どのような理由によってもそうなることを許さないこと，その代わりに「ローマ市のいと聖なる教皇の文書」に従って，すべてにおいて自衛するよう努めることを修道女たちに誓約させている。

第12節　ギリシア人の間における諸例

　613年にこの世を去った聖テオドール・ド・シセの生涯を記した修道士ゲオルギオスの優れた著作［5, 49, 72］がこの問題を見事に解説してくれている。同聖者の弟子であるゲオルギオスは「その頃，敬虔な皇帝マウリキウスと至福の総大主教キリアクス及び諸侯は彼らへの祝福を行なってもらうべく書簡を送り，コンスタンティノープルにキリストの聖なる下僕［ローマ教皇を指す］を呼び寄せた。そのため同下僕はこの地に赴くと，彼はいと聖なる総大主教キリアクスと皇帝，そして元老院に挨拶を送り，彼らを祝福し，彼らの許に留まった。ところで，皇帝と尊厳なる総大主教とすべての側近たちは大いなる熱意と敬意をもって彼を歓待した。そして彼の修道院に不輸不入の特権が与えられ，他のいかなる司教にも従属しないこと，その代わり，神が予見し，殉教者聖ゲオルギオスが支援し，そこに共住して聖なる務めを実践していた人々に対する好意から，ローマ市のいと聖にして王の如く偉大なる使徒の教会にのみ従属することが承認された」と述べている。もし東方の修道院において総大主教に従属することが少し前から定着していたとするならば，何故にまだ西方においてそれがローマの原初総大主教には認められていなかったのであろうか。しかし，フォティオス［コンスタンティノープル総大主教，9世紀］のシスマ［教会分裂］以前においては，コンスタンティノープルにある幾つかの修道院がローマ司教自身に従属していたことは事実である。そのことは教皇ジャン8世［882］がマケドニア皇帝バシレオスに宛てた書簡［209, 251］からも理解される。その中で同教皇は皇帝に対して，特に「あなたの王都に創建された，ローマの聖なる教会が自分の権利としてかつて保有していた聖セルジュの修道院を神の思召しと使徒の長への誉れから，我々の長に返還した」ことに感謝の意を表している。東方人自身がローマ教皇に恐れを抱いていたのであるが，同じことがこの時代以前の西方においても起こり得たことを否定する人がいるであろうか。しかし，メロヴィング時代に司教によって付与された特権文書に関してはこれで十分である。それ以外の特権文書に関しては，この博学な人もそれを疑ってはいないのであるから，ここで論じることを差し控えることにする。

第 4 章

第 1 節　王文書の古さは 5 世紀から証明される

　私が上で約束した後半部，つまり王文書の予想以上の古さが論証されるためには，王文書の多様な形式，即ち自身の時代で承認されていたそれらを第 1 巻で提供してくれている修道士マルキュルフをひとり取り上げるだけで十分であろう。マルキュルフは 7 世紀に活躍していた人物である。従って，次に問題になるのが，彼の時代以前にフランク人の間で使用されていた王文書である。それに関しては，クローヴィス 1 世 [511] から彼の子孫全員に至るまでのキリスト教徒の王の中で，我々が明確で疑う余地のない文書を持っていない者がいるのかについて殆ど十分に把握していないほど多くの，そして明々白々な例を引いて論証することが出来る。
　しかし，これについて論じ始める前に，既に 5 世紀にジュラ地方 [東フランス] にあるサン＝リュピサン修道院の修道士に宛てたブルグンド王シルペリックの文書を見落とすことが出来ない。それに関してはトゥール司教グレゴワールが諸教父伝の第 1 章で「王は今まで王領地からこれらすべてを受領しているとのことであるが，毎年 300 ミュイの小麦粉と同量の葡萄酒，修道士の衣服を購入するための金貨百枚を受け取るよう，彼らに命令文書を下付した」と述べている。これ以上に明快なものがあろうか。これこそ王の「命令」，即ち王の文書によって強められた寄進である。しかも，その言及と沈黙がこれまで我々を強く規定してきたトゥール司教グレゴワールの証言から引き出されているのである。実際，我々はこれから先，もっと多くの証言をこの作家から引き出すことになるであろう。その間，我々はフランク諸王に戻ることにする。

第 2 節　特に，クローヴィス大王以後のフランク人の間において

　クローヴィス大王から始めると，修道士ベルトールがオルレアン司教ジョナースに献呈した修道院長聖メスマンの伝記の中で証言している如く，サン＝メスマン＝ド＝ミシ修道院 [オルレアン近郊] に宛てられた命令文書が彼によって作成されている。その伝記 [4, 1, 593] の中で院長ウジップはクローヴィスから二つの荘園を受け取ったことが言及されているが，それは「国王の寄進に関する記憶が永続するために，国王と聖メスマンの名のもとに文書に書き記された……」となっている。我々は『拾遺集』5 巻 [2] からこのクローヴィスの文書を本書に転記するが，それは良心的にそれを考察しようとする者であれば，すべての点において真正であると認めるであろうものである。
　修道院長ジョナはレオーム修道院 [中部フランス] に発給されたフランク諸王の命令文書を，同修道院の創建者で院長であった聖ジャンの奇蹟譚の中で，今から 1000 年前に「前記の諸王によって下賜された恩貸地を上述の修道院の公的文書庫に今日まで保管されている命令文書を通して再び確かめてみようとする者は，それらがフランク諸王と高貴な人々の大いなる名誉と尊敬によって強められていることに異論を唱えないであろう」との言葉を使って引用している。ピエール・ロ

ヴェリウス[不詳]の後，ペラールはクローヴィス大王の命令文書を，その原本(彼はそう信じていた)から転写して，同修道院に宛てたクロテール1世の文書と共に刊行している。クローヴィス大王の文書を偽作と見做す人は少なくない。それをここで議論する必要はない。差し当たっては，我々の目的からすると，クローヴィス大王の息子たちが生きていた時代に死んだ修道院長ジャンにフランク諸王によって，今から1000年前に修道院長ジョナが自分の目で見た命令文書が付与されたという事実だけで十分であろう。

以上の文書に，次の諸文書を付け加えることが出来よう。その一つはクローヴィス大王の息子で，オストラジ王であったティエリ[1世][534]の文書で，9世紀にバルテルスがより古い作者に依拠して修道院長聖フリドランの伝記の第1巻[5, Martii 1, 438]において引用している如く，聖フリドランが同王からゼッキンゲン島[南西ドイツ]を彼および彼の子孫が永遠に所有すべく，「同王の手を押しつけて確認された文書を通して」受領したとある。他の一つは王シルドベール[1世][558]の文書で，聖マルクールにナントゥイユの土地を寄進するために，「同王は書記を呼び，この聖者が求めてきたその所領に関する」王の文書が「作成されるよう命じた」。そしてこの後，10世紀以前に活躍した古い作家[4, 1, 130, 133]が伝えるところによると，同王は「神の人が要求していたこれらすべての所領寄進に関する文書が作成されるよう命じた。そして王妃ヴェルトロゴッタが同席し，彼のその他すべての高官たちが陪席する中で彼の権威の指輪でそれに押印した」とある。サン=カレ修道院[西フランス]に宛てた王シルドベール[1世]のもう一つ別の命令文書がラップの『古文書雑録』[40, 3, 127]に収められているが，それは800年前にル=マン司教アルドリックの事績録の中で引用されているものである。

クロテール[1世]は彼の兄シルドベール[1世]よりも長生きした。彼は司教聖メダールの遺骸をソワソン[パリ北東の都市]に運んだとき，王領地クルイの半分を寄進したうえ，「書記を呼んで，自分の指輪で押印されることになる文書を作成するように命じ，土中に埋められた聖者の遺骸をそこから運び出させた」。しかし，事がそのように運ばなかったので，「書記を再び呼び寄せ，盛式に寄進を行なわせ，王領地を誤りなく記載させ，そして自分の指輪で押印された文書を永遠に所有すべく聖者に引き渡した」[2, 8, 404]とある。古い作家はこれらをシャルル禿頭王[877]の治世に書き記したのである。

これらにフロドアールの証言が加わる。彼の歴史書の中で，ランス大司教マピニウス[6世紀中葉]の「またこの時代，王妃スアヴェゴッタはランス司教座教会にテスタメントゥムを通して，ヴェルジ荘園の3分の1を譲渡したことが確認される。同司教はこの3分の1の用益権を教会に関する権利を除き，プレカリア契約に基づいて，同王妃の娘テオディシルドに譲渡していた」[146, 2, 1]との言葉に出会う。そして更に，「即ち，王妃テオディシルドは同荘園を随分経った後で，彼女のテスタメントゥムの権威を通して，ランス司教ジルの時代に教会へ返還した」と続いている。

王妃スアヴェゴッタは，人々が言うには，クローヴィス大王の息子で，オストラジ王ティエリの妻であった。テオディシルドの娘と共に，テスタメントゥムまたはインストルメントゥムを作成させて，この所領をランス司教座教会に譲渡したとき，これらの寄進が一つ一つ文書に記されていたことがここから明らかとなる。更に，ル=マン司教アルドリックの事績録[40, 3, 127]はシルドベール1世，シルペリック1世，クロテール2世に関しても同様のことを証言している。そこにおいて，これらの王の命令文書がルイ敬虔王の面前で公開されたことが同時代の作者によっ

て記録されている。更に，パーペンブレックがこれらの作家たちの証言に反論を加えることは，彼らが偽文書が広く普及し始めた年代と信じている11世紀よりもずっと以前に生きていたことから，不可能なことである。

第3節　これに関する，トゥール司教グレゴワールの誤って非難された沈黙

　碩学はトゥール司教グレゴワールの沈黙を持ち出し，これに依拠して，彼はフランク人の間において所領の所有権を移転したり特権を譲渡したりするさい，文書が使用されたことを一貫して否定している。これに対して，私は作者グレゴワールに依拠して，そうではなかったことを一貫して主張したい。そしてそれは早急に立証されねばならない。確かにグレゴワールは彼の歴史書の中でシルペリック[1世]は「教会の中で作成されたテスタメントゥムの非常に多く，そして彼の父の命令文書をも破棄した」[167, 6, 46]ことを伝えているが，それらは彼の父クロテール[1世]が教会に対して行なった寄進を確認した，そしてそれらが有効であると命じた王文書のことである。同じ作者において，私は司祭アナスターズが「栄光に満ちた想い出の王妃クロチルドの文書を通して」[Ibid., 8, 12]ある物件を所有していたこと，そして国王から命令文書を受け取ることによってその確認を手に入れたことを見いだした。私人の寄進に関しては，私が後で本書6巻45章に引用する同グレゴワールの有名な文言がある。それへ進む前に，諸王の文書に関する同グレゴワールによる別の文言が我々の考えに役立つ。それはガリアの司教たちに付与された聖女ラドゴンドの書簡で，その中でいと敬虔な王妃自身のみならず，彼女の姉妹たちが「彼女たちが所有していると思われた地上の富について文書を作成し，彼女の修道院に寄進したこと」[Ibid., 9, 42]が証言されている。それのみならず，「彼女はいと秀でたる諸王，シャリベール，ゴントラン，シルペリック[1世]，シジュベールの誓約を介在させ，彼ら自身による下署によって彼女が行なった寄進を確認させることができた文書」を持ち出している。この事実から，上記の諸王が自らの下署によって強めた王文書がこの寄進に関して発給されていたことがはっきりと理解される。これらに，ペラールによって刊行されているディジョン在，サン＝テティエンヌ修道院に発給されたクロテール2世の文書[282, 6]を追加しよう。これら一連の文書の最後に来るのがリヨン司教レイドラドで，彼は「同修道院に宛てられた，これまでのフランク諸王の勅令がバルバラ島で作成されるよう」，即ち，新しく作成された文書によって，シャルルマーニュの統治と治世以前のフランク諸王によって同修道院の修道士たちに発給された王文書を更新するよう命じている。以上の証拠に，ブルグンド王シルペリックが修道院長リュピサンに300ミュイの小麦粉と同量の葡萄酒を遺贈している命令文書[169, 1]を追加しておこう。

　以上によって，私はクローヴィス1世[511]からダゴベール[1世][639]に至るまでの殆どすべての王の文書を提示したことになる。ダゴベールから彼の子孫に関しては，これ以上の調査が行なわれるべきとは考えない。確かに，碩学はダゴベール王以降の諸王の文書の活用が有効であったことを否定はしていない[276, 125]。しかし，（彼自身も思っている如く），ダゴベール王の治世と彼以後，第2王朝の諸王に至るまで，原本と呼ばれうるもの，または原本から忠実に転写されたと見做される文書がいかに少ないかについては，この先で論じられるであろう。

第4節　更に，アングル人の間における同様の慣行

　他方，この慣行は単にガリア人の間に限ったことではなく，それはアングロ・サクソン人の間でも存在していた。少なくとも7世紀以降，この民族は文書なしに寄進を行なうような習慣を持っていなかった。これに対して，パーペンブレックによって引用されたマーシャムはビードの沈黙を根拠に，これに対する反論を考えているようである。私は他のいかなるものにも勝るビード自身の証言に基づいてこの意見を否定する。それに関する証言はエクバート[ケント王, 673]に宛てた書簡の中にあり，不輸不入権を口実に修道士と称し，修道院を建設した偽りの修道士たち，否それよりも俗人に関するもので，そこには「しかし，もっと重大な罪を犯している者たちが他にいる。彼らは俗人であるとはいえ，規律ある生活や修練の習慣に従わず，それへの関心もなく，諸王に金銭を与え，修道院を建立するとの口実のもとに，より自由に色情に耽るための所領を購入している。その上，彼らは王の法令によってこれらを世襲権のもとに置こうとした。これらの特権の文書を恰も神に本当に喜ばれているものの如く，司教，修道院長，世俗権力の下署によって確認させることに成功している」と書かれている。彼ら似非修道士たちは，自分たちの財産に関して同様の文書に頼っていた他の修道士たちのより古くからの共通した慣習から，この種の王令または司教の特権文書を切望したことは間違いない。確かに，殉教者にしてマインツ司教であったボニファーティウス[754]は書簡19の中で，「修道院や教会の特権の多くを奪い取ったとして」，マーシア人の王エゼルウォルドを非難している。そして書かれた特権文書から，付け加えられている次の文章の如く，「アングル人の王国における教会の特権文書」はグレゴワール[大教皇]の弟子たちによる彼の改宗から「マーシア人の王ケオルレドスとデイリ人とベルニキイ人の王オスレッドの時代に至るまで不可侵で無疵であり続けた」と解するのが適切であろう。その一つが694年のビカンセルド公会議で発布された王ウィトレッドの文書である。同王はこの文書によって，それ以前に主に譲渡された，そしてキリストの十字架，即ち十字の印によって確認され捧げられたがために，それを奪い取ることは誰にも許されていないことを承認したのである。しかし，この文書が争う余地のないものとして保持され，カンタベリ在，セント＝セイヴィア教会において，アングリアにあるすべての教会の手本と防衛のために利用されると定めている王ウィトレッドのこの後に続く言葉から，この文書がその他の文書の手本になったと考える人がいれば，その人は明らかに間違っている。何故ならば，これらの言葉によって，担保としてこの特権文書の写しが司教座教会に保管され，そこでアングリアにある教会がそれらのために作成されたこの特権文書を閲覧できることのみを意図しているからである。我々はルイ敬虔王によって同じ理由で作成された文書を上[本巻2章7節参照]で提示している。

　王ウィトレッド以前における王文書の同様の利用を，660年に召集されたランダフ[南ウェールズの都市]公会議が提供している。その中で王モウリクスは四つの荘園をランダフ教会に寄進している。正式の公的文書に付されるのが常であった如く，この寄進の聖・俗界の証人がこの公会議文書の中に記されている。ギドネオルトがこの会議を主宰したことが同公会議の別の文書で述べられている。ヨハン・ボラントがランダフ司教聖テイロの伝記の註解[5, Feb. 2, 307]の中でアーサ[シャーボーン司教・年代記作家, 909]の著作から引用していることは，同教会は同司教の時代にブリタニアの諸王と諸侯によって「公正な人々を証人として」寄進された権威，特権，教会，所領で

もって大きくなったということである。その上，彼は上記の諸王によって聖テイロ及び彼の後継者たちに付与され，使徒の権威によって強められた特権文書に言及している。これらすべては，このようなことにおける文書の使用をはっきりと証明している。一体誰がそれを否定しようとするのであろうか。ここにランダフのゴドウィンが登場する [160, 622]。彼は，彼自身が言っていることであるが，6世紀司教ルナパエイウスによってなされた同教会の寄進の言葉そのものを引用する。もしそれがウェールズにあるランダフ地方における慣習であったのであるならば，この島のその他の教会にもそれがあったことを疑う余地はなかろう。

第5節　同じく，ヒスパニア人の諸王の間における慣行

私はヒスパニアの西ゴート諸王を見落としはしない。その中で王レオビヒルド [586] は「アリウス派であったが，修道院長ヌンクトの願いを聞き入れて主に身を捧げるために，同修道院長に対してある特別な王領地に関する文書を書き，院長が彼の兄弟たちと一緒にそこから食料や衣服を調達するよう指示した」と，パオロ・ディアコノ [メリダのパオロの誤り，672] がメリダ [西スペインの都市] の諸聖人の伝記 [281, 3] の中で引用している。これは6世紀末の出来事であるが，従って，この時からこの種の王文書がヒスパニア諸王の間で慣習化していったことになる。

第6節　同じく，イタリア人の諸王の間における慣行

ここでイタリア諸王を持ち出す理由は何か。それは彼らの中で，パオロ・ワルネフリド [ディアコノとも呼ばれる，799] の書 [280, 6, 28] から引用するならば，「ロンバルディーア王アリペルトは昔ローマ教皇庁の権利に属していたが，長い間ロンバルディーア人によって横領されていた世襲財産のコティアン＝アルプス [西アルプスの一部] に関する寄進文書を作り直し，そして金文字で記されたこの寄進文書をローマに発送した」とあるからである。より古いイタリア王，例えばアギルルフォ，アディヴァルドの文書とその他の王の文書の写しがモンテ＝カッスィノ修道院の『教皇文書集成』1巻，また同じくウゲッリの『神聖イタリア』[347] の中に収められている。王妃テオドリンドの文書の断片はバロニウスの著作 [43, ann. 616] の中にある。しかし，これらすべての文書よりも王アルボイノの文書が重要で，同王は「いと寛大であった」とある如く，「その教会のすべての財産を要求する」トレヴィーゾ司教フェリーチェにそれらを譲渡し，このすぐ前 [280, 2, 12] で引用されたパオロが言っている如く，要求されたものを「自分の国王文書によって」，572年に確認したのである。

かくも多くの証言と事例は，もし誤っていないとするならば，王文書の利用が単にフランク人とアングル人の間のみならず，ヒスパニア人とイタリア人の間においても，その後の時代に劣らず盛んであったことを見事に証明している。ギリシア人に関しても，テオドシウス2世の母，エウドキシアが息子の洗礼式でガザ [パレスティナの都市] 司教ポルフィリウスに「聖なる教会とキリスト教徒が特権を享受するために」交付されるよう命じている1通の文書 [5, Feb. 3, 653, 654] がすべてを代表しているであろう。即ち，同母は嘆願するポルフィリウスの文書を受け取ると財務官を呼んで，「この文書を受け取るがよい。そしてその中に含まれていることに従って，神聖な返

答を文字に委ねるがよい」と命じた。そしてすぐに神聖な勅書が作成され下署が施された。ここで私は，ペルシア王カバディスの別の文書を思い出す。シリア人イアコヴの徳に動かされて，そのペルシア戦争で捕虜になった人々を解放したのみならず，プロコピオス[ビザンツの歴史家，6世紀]の証言 [294, 1] によると，イアコヴに「保証と保護の代わりに文書を手渡した」とある。しかし，この時代以前において修道院長アモナタスは州長官が俗人に対してと同様に修道士たちに人頭税を要求したとき，皇帝によって押捺された文書を獲得していた。そして，我々が非常に博学なジャン・バティスト・コトリエのギリシア語の記念物 [102, 402] から学んだところによれば，彼はアレクサンドリアに向かい，「それを役人によって下署してもらおう」としたようである。

第 5 章

第 1 節　マルキュルフとその他に基づいて実証された私文書の古さ

　私人の寄進文書に関する考察がまだ残っている。リブアリア族などの古い法典は除外するとして,「私文書の書式」について論じているマルキュルフの第 2 巻 [246] が, 同じ時期にそれらが盛式に受領されていたことを最初に証明している。続いて, ガリアの非常に多くの地域において, そして特にロワール河以南で使用されていたローマ法典或いは『テオドシウス法典』に収められた規定, 更には今日まで伝来しているこの時期の多様な事例が立証している。この明白な事例がトゥール司教ペルペチュ [491] の遺言書 [2, 5, 105] の中にある。もしニッサのグレゴリオス [東方教会の教父, 395] の同様の遺言書を除くならば, 古さに関して, これ以上に明快な史料は他には殆ど存在しないであろう。アンクマール, フロドアールなどによって語られているランス司教レミ [533] の同様の遺言書や, 更に,『古史料選集』2 巻 [235, 2, 48] の中で刊行されているトゥール司教グレゴワールによって引用されたサン＝ティリエ修道院長イリエ [591] のそれがこれに対応している。続いて, 下署と印章によって強められた聖モンブル [690] の遺言書が, 同じくグレゴワールによって『殉教者の栄光』[170, 1, 31] の中で引用されている。同じ作者の別の出典がこれに加わる。その中から私は二つのより重要なものを選んだ。そのうちの一つは『歴史十巻』6 巻 45 章 [167] にあり, そこでは王シルペリック [1 世] が西ゴート王レカレド [601] と婚約した自分の娘アンゴンドをヒスパニアに送り出そうとし, 王妃となる娘に付き従うために,「王領地から大勢の召使」を駆り集めたことが言及されている。グレゴワールが言うには,「他方, 出発することを力で強いられ, 生まれのよい多くの人々は遺言書を作成した。そして自分の財産を教会に譲渡し, 王の娘をヒスパニアに送り届けたならば, 既に埋葬された人間として, その遺言書がすぐに開示されるよう頼んだ」とある。同グレゴワールは別の出典をこれに続く章の中で提供している。そこではシルペリック [1 世] が「教会で作成された遺言書と彼の父の命令文書」を破り捨てたことが語られている。私は 567 年のリヨン公会議の, 教会人の「遺言書または寄進文書, そしてあらゆる文書が十全の安定のもとに存続すること」を決めている議決 2 条を見落としはしない。そして, 615 年のパリ公会議の議決 10 条がそのままの形でそれを承認しているのである。

　その当時は確かに使用されていた遺言書しかここでは問題にされていないとある人は恐らく言うであろう。つまり, まだ有効ではなかった生者間で作成された私的寄進文書が問題にされていないと。しかし, 両方とも目的は同じであることは別である。何故ならば, 修道士マルキュルフは同時代, つまり 7 世紀以前に受領された後者のジャンルに属する多様な文書や書式を収録しているので。私が後で引用することになる文書や事例はこの種の寄進文書の存在を明白に証明している。グレゴワールは他の証言の中でも殆ど疑う余地がないほどに, これらの文書を遺言書の名のもとに理解していた。彼に続いてアゴバール [リヨン大司教, 840] が喜捨に関する書 15 章で,「単に教会の財産のみならず, 教会そのものがその財産と共に売却されている」と不満を述べている。更に続けて, 彼は「私が特に言おうとしていることに関して, 彼らの曾祖父や高祖父が教会を建

立し，それらに寄進を行ない，そして作成され強められた遺言書によって，教会およびその長を除いていかなる者も相続人にならないことを表明した。……」と述べている。遺言書については，これで終わりにする。次に，遺言書ではなくて，生者間で交わした文書としてはリヨン[南フランスの都市]の高貴な婦人シアグリアの寄進に関する「リベルス」，つまり文書がある。背教者ジュリアヌス帝[363]の時代，この女性がリヨン地方に住む修道士にして隠修士，聖ドミティアンにある葡萄畑を寄進したことがゴノンの『西欧教父の伝記』2巻[163, 216]で語られている。即ち，「書記と証人たちが呼ばれ」，リベルスが直ちに作成された。そこには「ラティヌスとシアグリアが神の素晴らしい下僕たち，ドミティアンと彼の隠修士仲間へ。加えて，あなたは神の勝れた下僕であるので，我々はあなたにガリアの有名な町リヨン地方のベレ城のそばにある我々の財産，即ちラ＝デゼルトと呼ばれる荘園の上手にある葡萄畑を所有権そのものにおいて譲渡する。……」と記されていた。このように，最も古い作家は明らかに完全な文書を眼前に持っていたのである。このことから，4世紀のガリアの教会においては，文書を伴った寄進が行なわれていたと理解することが出来よう。

第2節　6, 7世紀の戒律から

更に，6世紀から修道院で作成されるのを常としていた寄進文書がこのことを明快に証明している。これらの証拠の最初に，『聖ブノワ戒律』58章がくる。そこでは，新来修道士を受け入れることに関して，聖者は「もし彼が何か財産を持っているならば，まずそれを貧者に分け与えるか，寄進文書を盛式に作成して修道院に委ねるべし」と言っている。そして次の章では，神に捧げられた貴族の子弟に関して，もし彼らの両親が施しとして何かを提供しようと欲するならば，「修道院に寄進しようとする財産の中から，もし望むならば，用益権を留保して寄進するよう」命じている。そこにおいては「盛式の寄進文書」《donatio sollemnis》の表現のもとに，間違いなく，公的な証書で真正の文書が理解されている。アルル司教聖オレリアン[550]の『戒律』もこのことをはっきりと立証しており，その第47条には「他方，その者が幼少であるか，両親が健在の時に修道院に入れられた者に関して。彼らがそれなりの年齢に達した場合，または両親の財産を所有するようになった場合，文書が作成されねばならない」と記されている。読者諸賢もお分かりのように，聖オレリアンと同時代人であった聖ブノワが言及している盛式の寄進に際して，文書が要求されているのである。更に，このことを『教師の戒律』がはっきりと確認している。そこにおいて，修道志願者の誓願書を書いている者が「この言葉のあと，もしその者が財産をもって修道院に入ったならば，神または修道院のために作成された，彼の財産の明細書または寄進文書が寄進者の手で祭壇の上に置かれる。……」[328, 89]と言っている。ここにおいて，《Brevis》[「明細書」の意]の表現のもとに，行なわれた寄進に関する盛式の文書が意味されている。同じ章の後に続く文言を引用すると，「他方，兄弟たちによって作成された寄進の明細書から，修道院長は彼の死に際して，出費のうちから修道院の使用のために当てていたものを彼の遺言書に書き入れた。……」となっている。最後に，この教師は別の箇所[Ibid., 17]で修道院財産に関する種々の文書を調査し，「雑多な綴じ本，羊皮紙，修道院の文書が詰まった箱」の存在を明らかにしている。一部の人々においてはこの箱《arca》がその後資料庫《archivus》にその名称を与えたことになって

いるが，他の人々は，より正当に，ギリシア語の《ἀρχεῖον》[「元老院の建物」の意]からその語を引き出している。同様の寄進に関する文書を修道院の古い年代記が提供してくれている。それらは修道院の非常に多くの草創期の文書を完全な状態，または部分的に提供してくれている。更に，聖女ラドゴンドが同様のことを証言している。彼女はしばしば引用された彼女の遺言書の中で自分の名前と同時に，ポワティエ[西フランスの都市]のサント＝クロワ修道院の彼女の姉妹[修道女]の名前で書かれた寄進に関する文書を想起させている。私はこの種の史料として，ヴィエンヌ[南フランスの都市]在，サン＝タンドレ＝ル＝バ修道院の創建に関するアンセムンディスと彼の妻アンスルクバナの文書を見落とすことが出来ない。その建立は彼らの娘で，エウゲニアとあだ名されるレミラのために，「王ロテールの統治の9年に」完了した。しかし，ロテールではなくてクローヴィス1世と見做すべきであることは，ヴィエンヌの文書集から明らかである。その中で司教ベルナールに付与されたルイ敬虔帝の文書が言及されている。それによって，同修道院はヴィエンヌ司教座教会に対して，前王たち，即ちティエリとゴントランの命令文書が当該修道院をこの教会に譲渡したことを確認している。このことから，同女子修道院がゴントラン時代以前から存在していたこと，そしてクロテール大王[561]の時代にまでその起源を遡ることが結論として必然的に引き出される。アンセムンディスの文書は本書の最終巻[本訳書では割愛]，463頁に掲載されている。

第3節　寄進は文書を伴わずに行なわれたのか。そしてそれはいつのことか

　しかし，私はこれに続く時代において文書を伴わない寄進と，それに相当する法的行為がしばらくの間行なわれ続けたことを否定はしない。特に，なされた寄進を盛式の法行為が保証していた時代ではそうであったであろう。グレゴワール大教皇がこの種の論拠を我々に提供してくれている。彼は，修道士になる前に言葉で行なった寄進行為が文書に書き記されることを許可するようにと修道士アデオダに請われて，それに同意する。そしてその書出しは「同寄進（即ち，言葉で行なわれたそれ）はまた，特に華美と共にこの世俗を捨て，神への奉仕に一身を捧げることを選んだ人々によって奉納されるという限りにおいて法的に有効であり得るが」[171, 11, 5]となっている。この種の例は特に11世紀から多くなる。この時から修道士を志願する人々は書類なくして，修道院に所領を頻繁に寄進しているからである。しかし，後世の人々への配慮から，その頃行為の内容と証人を記した私的な文書が考案された。これらの文書に関しては，既に別の箇所で論じているし，この後でもそれに当てられた箇所[*Ibid*., 3, 4]で論じられるであろう。確かに，アングロ・サクソン人の間では「まず，多くの所領が書類や文書を伴わず，主の剣，兜，角，杯を介してはいたが，ただ言葉だけで譲渡されていた。非常に多くの保有地に関しては拍車，入浴用の垢落とし，弓を介して，また同様の頻繁さで矢を介しても譲渡されていた。しかし，これは彼の統治の初期（つまり，5世紀）のことであったが，それ以後もこの様式は不変であった」と，インガルフがクロウランド史[203]の中で証言している。そしてそれは特に，書物によると，修道院が再建された時期よりも後においてである。この様式はデーン人の間で長く続いたが，彼らの間では教皇イノサン3世[1216]の時代においても[204, 1, 418/17, 1, 4, 2]，「スコタティオ」《scottatio》を介して寄進をするのが習わしであった。その形式は次のようであった。「この形式に基づく寄進で人々は，一般に〈スコタティオ〉と呼ばれているその形式に従って，見ている人と聞いている

人を証人として，教会の長の手に握られるか，祭壇の上に置かれた藁の切れ端を介して小さな土地を受け取った」。このスコタティオは貢納または税を意味するゲルマン語〈スコト〉から派生している。同じくフランク人の間においても，ある時期，アルル司教ラジャンバールがアルル[南フランスの都市]のサン=セゼール教会の創建と献堂式に関する彼の手稿書簡 [136, 10, 289] の中で証言している如く，書類なくして非常に多くの寄進が教会に対して行なわれていた。

第 4 節　ゲルマン人の間における様式とは

確かに，事実はそうであったが，至るところで盛式文書の使用が普及しており，上述した如く，この種の寄進において非常に多くの人々によって文書が利用されていた。クローヴィス大王の息子，王ティエリ[1世][534]によって最初に採用されたことが明らかな『アレマン部族法典』[225, cap. 1 et 2] において確かにそうである。それは自分の財産を教会に譲渡するか，恩貸地として教会から一部を受け取るかするとき，それを「文書を介して」するよう命じている。そして『リブアリア部族法典』において，非自由人の譲渡に関して同じことが定められている。これに関しては，ゲルマニアの参事会教会と修道院に関するヴァディアンの書 2 巻 [161, 77 sq.] を参照せよ。

第 5 節　同じく，イタリア人の間における様式とは

イタリア人に関して特に有名で古いのが，レオン大教皇治下，いと著名な人アウグストス 4 世とプロビアヌスが執政官のとき，即ち 471 年に建立されたコルヌティア教会[ローマの東]の寄進文書で，我々は本書 6 巻においてこの文書に論及するであろう。同じ頃，コンスタンティノープルにおいてもベルゲ[トルコの都市]の住民で貴族のエウフェミアが修道院の建立のための用地を譲渡し，「その寄進が文書に記載されたこと」[337, 8, Novemb. 3] が確認される。最後に，ユスティヌス[1世][527]が皇帝のとき，ヒルデヴァラ某はいと著名な人，マキシムスの執政官であったおり，ある教会に少なからぬ土地を譲渡した。ブリソンはそれに関する文書の断片 [61, 6, 622, 623] とそれから少しあと，ユスティニアヌス[565]が皇帝で，バシリウスの執政官後の 23 年に作成された十全保証文書 [Ibid., 646, 647] を引用している。

以上，ローマ教皇のいろいろな特権文書，王文書，寄進に関する私的文書を列挙してきたが，少なくともこれらの文書の証言は疑いのないものである。私が判断する限りにおいて，それは 6 世紀からのそれらの使用が至るところで有効であったことを，後世においていかなる人もこのことに関して疑念を持ち得ないほど明白に論証している。残された点に関しては，それ以前の諸王やその他の人々の時代に帰せられる，そして我々がこの仕事の最後に従属させる模写された原本が，それに関する紛れもない根拠を提供することであろう。

第 6 章

第 1 節　殆どすべての偽文書が真正文書と混同されている

　真正文書の古さが立証されたあとをうけ，真正文書の作成年に比較的近い偽文書の起源について論じなければならない。確かに，世の中が平穏になるとすぐに，圧政者の侵害から解放されて，一息つくことが教会に許された。やがて世界のあちこちで，神のために神殿が建立され，そして神殿にそこで仕える人々を養うために必要な量の莫大な財貨が奉納された。このために寄進文書が作成され，その後人々は盗難から所有を守るためにそれらを利用した。同じことは，修道院においてもその創建の時から起きている。それらにおいて世俗財産が増加すると同時に，アウグスティヌスを筆頭にその発言がこれまで引用されている人々が証言している如く，所有に関する文書が後世の人々の安心と所有している者たちの砦として作成された。

　更に，古人の本や書いたもの，国家の貨幣，またその他においても，あちこちで偽造が行なわれている。それは王文書でも起きている。そのあるものは捏造され，またあるものは改竄され，更に多くは大胆な欺瞞によって作成されている。教会が誕生するとき以上に神聖な時はない。しかし，特に偽文書，改竄文書を真正文書から厳しく区別した教皇ジェラーズ 1 世 [496] の調査が教えている如く，この時代は偽文書というかくも大きな怪物を生み出した。この怪物は使徒やその他の有名な人々の名を騙ってそれらに成りすましたのである。そのカタログに偽作やその疑いのあるその他多くの書物を付け加えることができよう。例えば，コリント司教エピクテトスに宛てた聖アタナーズの書簡は，その頃アレクサンドリアのある教会でその書簡の完全な写しが多数発見されたことからも，（アレクサンドリアの聖キュロスが語っている言葉 [106, 120] に従えば，）「真実の敵によって歪曲された」ものであった。アナスタシウス・シナイタ [アンティオキア総大主教・聖者，7 世紀後半] の証言 [23, 93, 199] によれば，その他の教父たちの書物においても同様の改竄がセヴェルス [アンティオキア総大主教・キリスト単性格論者，538] 一派によって企てられていた。教皇ニコラ 1 世とジャン 8 世の書簡における同様の歪曲は，バロニウスの書 [43, an. 862, 879] におけるニケタに関するそれの如く，ニコラの名前で自らも偽文書を捏造したフォトイウスやその他の人々によって非難されている。しかし，パウリヌス [ノラ司教・聖者，431] が聖アンブロワーズ伝の中で引用している如く，「軍司令官の偽文書を作成するのを見破られた」伯スティリコに仕える奴隷の仕業の方が，どちらかと言うと，我々のやり方と関連している。しかし，少なくない箇所で偽造や欠陥が明らかになっていることを理由に，我々はすべての神聖な書物，教父たちの真正な作品，すべての貨幣を排除することはしない。ましてや，真正文書を部分的歪曲を理由に排除することはよくないことである。

第 2 節　初期の偽文書作成者に関するパーペンブレックの見解

　いつから文学の世界に偽文書の恥辱が忍び込んだのか。そして作者はどのような人々であった

のか。ここで前もってそれについて論じておくのが適切であろう。それは教会全体の平和を至るところでシスマと内紛が攪乱し，風紀の退廃が蔓延した，西暦に従えば，11世紀及びそれ以降の時代に普及した [276, 103] と，パーペンブレックは考える。そして彼はこの恥ずべき行為を，特に修道士に帰した。彼が言うところによれば，彼らは至るところで世俗権力によって彼らの不輸不入権と財産が侵害されているのをみて，自分たちの財産を守るために偽造することを重大な罪であるとは思わなかった。それはいかなる人の不利にもならず，ただ公正を維持することにつながると考えられた。しかしその後，悪い習慣の自由気儘さは，更に在俗聖職者にも広がっていったと彼は付言する [Ibid., 104]。

第3節　彼の見解が論駁される

　しかし，この非常に該博な人には申し訳ないことではあるが，真実の捏造というこの自由気儘さはその時代よりもずっと前から蔓延していたのである。従って，それは真正文書とほぼ同時代にまで遡る。勿論，古い法律は偽造者に様々な罰を定めることによって，それを封じ込めている。例えば，クローヴィス大王の息子，王ティエリ[1世]によって制定された『リブアリア部族法典』がまず挙げられるが，それは偽りの遺言書の作成者である文書局員に対して，右手の親指の切断を命じている [308, 59, 8]。更に，それは何の証拠もなくて王の遺言書を偽造と宣言した者に対しても，人命金支払の罰を科している [Ibid., 60, 6]。独裁者で執政官のルキウス・コルネリウス・スラ[前46]によってずっと大昔に発布されたコルネリウス法は，法務官（プラエトール）の名を借りて偽文書を作成したり，偽りの勅令を発布した者はその首が要求される [233, 2, 55, 33] と定めているのもほぼこれと同じ方法である。9世紀にロテール[1世]帝は文書偽造者に対して，同様にその手を切断するよう命じ，その文書の開示者には財産の喪失と罰金の支払いを科している。勿論，ローマの慣習においても同様であった。即ち，スエトニウス[皇帝伝記作家，140]のクラウディウス帝伝 [336, in Claud. 15] の中で，ある者が「偽造者の手が切断されるべきである」と叫んでいる。しかし，それから少し後に，偽造者の集団が徐々に大きくなっていったとき，オットー大帝 [973] は（古い慣習が言っていることであるが），反対者によって偽文書と言われてきた文書が神聖な福音書に守られて，真正文書であることが立証されることのみならず，偽文書と言ってきた者がその訴えを決闘で証明することも禁じている [233, 2, 55, 34]。そしてこれらの法律から明らかなことは，11世紀よりもずっと以前から偽の王文書，捏造され改竄された文書が広く出回っていたことである。そしてその時代以前の古い作家たちの書物の中で確認される多種多彩な偽文書の写しが，それを如実に証明している。

　つまり，コンスタンティヌス大帝の名で発布されて広く知れ渡った偽文書（バロニウスまでもがそうと認めているのであるが [43, an. 324]）に関しては何も言わないとし，またトゥール司教グレゴワールの書 [167, 9, 19] におけるランス司教ジルの有名な行為を顧慮しないとしても，ベネヴェント公アリギソの治世，つまり8世紀後半において書記ゴデフリド某は「多くの偽文書を作成したために」，財産没収の罰が科せられている [347, 8, 579]。それに続く世紀にランス司教座聖堂の助祭ラガンフロワは853年の第2ソワソン公会議において，同公会議の議決6条に見える如く，王の名のもとに偽の命令文書を作成した廉でシャルル禿頭王によって有罪の判決を受けている。他

にも同様の行為が同公会議の議決5条で言及されている。同じ頃，イタリア人の間でもこの悪しき慣習が蔓延していた。そのためパヴィーア公会議は流布していた偽文書を無効にして，同じ年に合法的な文書が作成されるよう命じている。第5条には「一部の人々によって偽文書と称されている文書に関して，我々は，もし書記が生きているならば，その書記とそれが真正で適法であるとする証人とが，そして証人が死んでいるならば12名の宣誓者と共に，それを真正で適法であるとすることを定める」とある。これらの文書の中に非常に軽い罰に処せられたであろう軽度の捏造が持ち込まれることは当然の成り行きであろう。更に，教皇ニコラ1世[867]の書簡62が証言している如く，この悪弊からガリアが免れることはなかった。その中で，同教皇はル=マン司教が不安に陥れていたサン=カレ修道院の修道士たちを，彼らに提示された偽文書を口実に司教の裁治権から引き離したのであるが，特に強調しているのは「我々は司教がそのようにしようとしていたのを聞いて知っていたのであるが，司教は乱暴にまたは狡猾に何か悪いこと，または混乱を修道士たちの間に生じさせてはならない。修道院を所有の権利において彼の町に従属させようと躍起になって書き物のようなものを見せているが，それらは全くの偽物であることは確かである」と言うことである。同教皇ニコラ[1世]の治世に，アナスタージオの証言によれば，ラヴェンナ大司教ジョヴァンニは「ラヴェンナの歴代大司教によって文書室の中で作られることを常としていた保証文書と割印文書を彼の前任者フェリーチェの例に倣って偽造し，そして数通の蛮族の文書，更に数通の偽文書を作成した」とのことである。

　このように，我々は不当にもこの悪しき技術の起源と開始が帰せられている修道士をそれらの作成者としない偽文書の存在を，11世紀よりもずっと前から確認することが出来る。そして更に，この悪弊の起源が，シスマによって引き起こされた非常に多くの規律の破綻から，11世紀にあったと主張する見解も正しくない。11世紀における以上に修道士の間での信仰心が高まった時代を他に見いだすことが殆ど出来ないからである。事実，11世紀の初め，修道院を12以上もよりよい状態に戻したディジョンの非常に敬虔な修道院長ギヨームが名声を博していた。この修道院長と同時代の人で，彼の仕事の協力者であったヴェルダン[東フランスの都市]の修道院長リシャールは属州第1ベルギカ[トリアを州都とする地域]において，修道院規律の往年の輝きを仲間や同志と共に再建させた。そして同じ頃，非常に神聖な修道院長オディロとユグが厳格な風紀のもとにクリュニ修道院を管掌していた。彼らの時代にクリュニ修道院の宗教がいかに繁栄したかは驚異に値する。なぜ私はベック修道院のエルリュアン，シャルトルーズ会のブルノ，ヴァッロンブローサ会のジョヴァンニ・ガルベルト，カマルドリ会のロミュアル，グランモン会のエティエンヌといった修道士たちの指導者を想起させるのか。それは彼らの結社からすべての聖なる，そして敬虔な人々が生まれ出たからであり，この上なく神聖な修道士たちにとって恵まれた世紀は他に殆どなかった，そして避けねばならない淫蕩と無関係であった世紀は他に殆どないと読者諸賢が冷静に主張できるためである。

　ローマの聖パウロ教会に閉じ込められた，取るに足りないギリシア人の修道士アンドレアスの行為[171, 9, 69]を修道士の間に見いだそうとする者がいるかもしれない。この修道士は彼のところに保管されていたテッサロニカ司教エウセビオスからテオドールに宛てて出された書簡に手を加え，そしてグレゴワール大教皇に帰せられる説教を付け加えたのである。しかしこの行為と同様に，トゥール司教グレゴワールが目撃証人として想起させている如く[167, 5, 18]，パリ宗教会

議の司教たちを前にして「新しい 4 枚綴りの写本が付け加えられた教会法の本」が提出された，ルーアン司教プレテクスタの裁判で見られた行為も，我々がここで問題にしている論述と関連している。また，ダマスクスのイオアンネスの名前で作成された書簡を捏造するよう命じたレオ・イコノマキスの行為 [362, 12] も同様である。それ故，偽文書の自由放任が蔓延した，11 世紀以前に属すこれら四つまたは五つの事例のすべてのうちで修道士に帰せられるものは殆どないことになる。

第 4 節　11 世紀の修道士たちの篤い信仰心が擁護される

　更に，11 世紀の人々の目は，偽文書を本物として何回も押しつけたり認めさせたりして罪に問われないほど，目やにでひどく見えなくなっていたわけではない。勿論，その当時，少なからぬ数の偽造者(何故ならば，各時代はそれぞれの厄介者を生み出さないであろうか)によって偽物が作られたとしても，作成者たちの欺瞞の殆どは即座に見抜かれるものである。そのことを，まず最初に，教皇グレゴワール 7 世 [1085] へのドル[西フランスの都市]司教の従属をめぐるトゥール大司教の訴えのために開催されたサント公会議が証明している。そこでドル司教座教会は自己の弁護手段として，ローマ教皇庁の特権文書を何も持参せず，教皇アドリアンの名において作成された文書数通のみを提出したのである。それらの文書は，教皇イノサン 3 世の話 [204, 2, 79] によると，「ドル司教座教会の聖職者 P. が誰かから聞き，それを誰にも口外せず，ローマ教会の摘要簿の中に自分で見いだしたと嘘をついた」もので，「そして同司教はパリウム[肩被，司教徽権の一つ]の贈呈が言及されている箇所で捏造が行なわれたことを認めた」のである。同じ頃，同教皇グレゴワール[7 世]は明白な指摘を受けて，トルトナ[北イタリアの都市]在，サンタ＝マリア修道士の，教皇アレクザンドルの名を冠した，そして彼らに下付された特権文書が真正でないことに気付いた [172, 1, 33]。そのため，より十分な信用が加わるまで，彼はその文書の確認を遅らせたとのことである。

　確かに，これらの例は 11 世紀に属するもので，この時代に偽造者が存在していなくはなかったことを明らかにしている。しかし，一部はその時代よりずっと以前から存在していたことは，証言から明らかである。とにかく，いかなる理由から侮辱する意図なくして，上に挙げた諸例が，それらで述べられていることとは異なって，修道士から在俗聖職者へと波及していったと言えるのか私には分からない。古い史料の証言がないのに，その恥ずべき行為がどの修道院においても見られたと断言できるのであろうか。このように厳しい非難は常に性急な考察の疑いを免れないことは明らかである。実際，11 世紀においても，在俗聖職者の間にいたことが明白である如く，修道士の間にも偽造者がいたであろう。なぜ悪しき慣習のこの汚名は修道士から在俗聖職者へと移っていったのであろうか。もしこの詐欺を他の人々の間に持ち込むとの考えがあったのであれば，多分，上記の諸例から判断して，その反対が考えられるのではなかろうか。しかし，その栄光を自分のものとして守りたい在俗聖職者に，私がこの汚名を刻印することはあってはならないことである。従って，このような誹謗はキリスト教徒の慣習とは全く相容れないものとして消えてしまうものである。世界の至るところにおいてすべての善は悪と交じり合っている如く，偽造者はどこにでも存在したであろう。更に，11 世紀において，バロニウスが正当にも非難している修道士

の如く，私は在俗聖職者の間で起きていたことが修道士の間でも起きていたことを否定しない。私はその責任をどちらにも負わせる。私はどちらも火審と水審で裁かれるべきだと思う。私は悪い意図の存在をどちらにおいても認める。教皇レオン 9 世 [1054] は文書を盗み出し，それに使徒の印章を押し，自分の司教座教会にそれをもって来て手渡してもらうべく，教皇庁の文書局員を金銭で誘惑しようと企んだジルベルト某に，神慮に従って，なんと重い罰を下したことか [357, 3, Mirac. S. Benedi, 2]。教皇イノサン 3 世は偽造者をいつも牢屋に入れていたようでもある [204, 4, 10]。

第 5 節　反論が試みられる

　ところで，サン=ヴァレリ=シュル=ソンムの修道士によってアミアン[北フランスの都市]司教聖ジョフロワの伝記に挿入された特権文書に関して広められていることは，真正の歴史よりも寓話の類に属する。何故ならば，それはサン=ヴァレリ=シュル=ソンムの修道士がランス公会議に出席し，特権文書を皆の前に提出するよう命じられたとき，ジョフロワが彼の司教肩被でその新しい書体を軽く払い清めたとされる，即席に偽造された偽の写しを提出したといった類のものであるので。これらの修道士たちが粗忽で愚鈍であったことは当然である。彼らは自分たちの不輸不入権を長い間，何度となく切望していたのであるが，訴えの最終決着が近づくころになって，やっと特権文書を偽造することを考え始めたのであろう。またはわが同僚のカトルメールが主張し [300]，マルロも否定していない [250, 2, 46/3, nota] ように，司教マナセ 2 世の時に開かれたとされるこのランス公会議が作り話でなかったか否かが検討されねばならない。何故ならば，この出来事は我々が持っているアミアン司教聖ジョフロワに関するその他の伝記では全く言及されていないし，それに教皇アレクザンドル 3 世はサン=ヴァレリ=シュル=ソンム修道院の特権文書を少し経ってから確認しているので。もし作成された特権文書の偽造を知っていたならば，もちろん，彼は彼らを処罰したであろう。

　私にとってもっと重大と考えられるのが，カンタベリ司教リチャードの名で教皇アレクザンドル 3 世に宛てられた書簡 68 の中に見られる，ブロワのピエールによる告発である。その中でまず，彼は不輸不入権についてソールズベリ司教と議論していたマームスベリの修道士の文書が糸と印章に手を加えた跡が見いだされ，ローマ教会の様式を一つも感じさせないことを理由に，偽物と断定する。それだけではない。彼は「殆どすべての修道院の免属文書において偽造が横行している如く，偽造者の捏造の悪意が司教たちを侮辱するまでに武装した。そのため協定を結んだり検査をしたりするさい，裁判官が最も厳しい監督官として介入しなければならなくなった」と不満を露わにしている。しかし，彼自身や他の人々のために，ここあそこしばしば手を加えた，全く柔軟な才能を持ち合わせていたその書簡の作者に関してどのようことがあったかは知らないが，そのカンタベリ司教は修道士に対して憤慨していた。何故ならば，都市の郊外にあるセント=オーガスチン修道院をローマ教皇が司教の権利から切り離すために，彼らはこの件に関する係争をこの書簡にしたためて，教皇アレクザンドル[3 世]の許に提出したからであり，更にマームスベリ修道院長は同首座司教の法廷から離れて，ローマ教皇庁に提訴したからである。そのため，私は提出された書簡に対する証人や証拠のないままでの敵対者による中傷が一般的に，そして限度なく認められていたのか否かを公平を探求する者が審議することを望む。また私は，彼らにこの

告発がトゥールネ司教エティエンヌに対して同市民によって投げかけられたものと同種のものであるか否かを検討するよう求める。即ち，ある問題で同司教は自分の主張を擁護すべく数通の国王文書を彼らに対して提出したのである [262, 245]。彼らは「それらは王の勅書とは見做されていないし，王の印章も押されていないと言って，王文書を偽文書として告発した」。それでは，それらを国王から受け取ったエティエンヌは犯罪者なのか [*Ibid.*, 243]。しかし，我々は彼がこのような偽造とは無関係であったことを，彼がランス大司教ギヨームに宛てた別の書簡から理解することができる。彼は「我々はあなたの教書に関して，数名の偽造者たちを暴力ではなくて疑惑に基づく巧妙な方法で白状させることに成功しましたが，その際，変造された印章の上下の鋳型を参事会室で我々に渡してくれた……その内の一人に出来る限りの無罪を約束しました。更に，その男は文書を綴じたものを我々に返してくれましたが，その中にはローマ教皇の名で作成された書簡がたくさん含まれていました」[*Ibid.*, 214] と言っている。そしてこの不信実な男は「偽文書を売りつけていたある司祭の仲間で，不正な金銭の一部をその度ごとに受け取っていた」のである。

第6節　その汚辱からいかなる階層の者も免れていなかった

これらのすべてと，ローマ教皇ユルバン3世 [1187] がフランス王フィリップ2世の印章を偽造した一部の聖職者について書いていること [107, 5, 20, 3]，そして『ギヨーム・ド・ナンジ年代記』の継続作者が1331年の出来事としてドミケッラ某について語っていること [2, 11, 751] とが一致する。確かに，この年ドミケッラ某が逮捕されている。彼女はブルゴーニュ公と対立するロベール・ダトルバルのために偽りの書簡を作成し，自ら偽造を行なったことを「認め，王の前で印章の作り方と付け方を公開した」。この罪で彼女は火刑に処せられた。同種の他の事例を挙げることも出来る。同様の破廉恥行為によって死罪に処せられた有名なアルフォンソ・コカレッリの例，ヴェネツィア人（彼らについてアッラチがエトルリア人の記念物への註釈 [17, 77] の中で述べている）の間におけるある小児科医の例，そして3番目はフランソワ・ド・ロジエール [トゥル副司教, 1607] で，アンリ3世 [1589] 治下，パリの議会が偽文書作成者として，当然のこと，彼に死刑の判決を下した。しかし，特にベリが言及している [50, 68] 如く，同王は生来の気の弱さや非常にやさしい皇太后の願いに負けて，最も大胆な偽造者に対しても罪及び生命を寛大に扱ったのである。これらに次のものも付け加えておこう。それはロッコ・ピッロによって想起されているあるギリシア人司教で，彼はメッシーナ [シチリアの都市] の住民の支持を得るために，メッシーナ人に宛てられた聖母マリアの書簡のヘブライ語で書かれた原本を発見しようとの望みを抱かせた。羊皮紙に記載し，それを煉瓦の下のある場所に隠したとき，ある一部の信仰深い人々がついにその偽造を見破ったのである [288, 1, 247]。

これらすべてから，偽文書の罪を最初で唯一の犯人として修道士に帰している人たちの検査がいかに正しくないかということが理解される。偽造というこの汚辱がすべての階層に蔓延していたとするならば，本当に古い時代の，純粋で手が加えられていない文書を我々が修道士から受け取っていると同数のものを受け取れるその他の階層の人々は存在しないことになるであろう。歴史書に関しても，修道院の文書庫から取り出されない限り，古い証書や文書に含まれている箇所は脆くて不毛で殆ど無価値に等しくなる。実際のところ，このような保存されるべき史料の最大

の世話が修道士に委ねられることになった。もし公正な王文書に何かの変更が加えられたならば，それはその他の部分と共に我々の許まで伝来することになったであろう。しかし，偽文書を真正文書と共に捨ててしまった非常に不注意な人々の間では，そのようにはならなかったであろう。更に，その罪は多くの人々によって，間違って，在俗聖職者と修道士にのみ帰せられている。以上のことから，その犯罪の中には公証人，書記，世俗の小児科医，更には女性も含まれていたことが明らかとなった。これらにマシュー・パリス［イングランドの歴史家，1259］が王オファ［マーシア王，796］の偽の文書と印章に関して，オファ伝［253, 5］の中で述べていることを付け加えておこう。

第7章

第1節　古文書の多様な運命

　国王文書や公的文書の運命と状況は，古写本のそれと同様に多彩である。時間はものを食い尽くしてしまうが，それに劣らず人間の無頓着と身勝手さもものを食い尽くしてきた。特にミレーヴ(司教)オプタトスは「我々は欠乏が関与していると同様の頻度で，怠慢が働いているのを見る。つまり，合法的文書が記されている羊皮紙や書物が全幅の信頼のもとに無疵の状態で保存されねばならない。それは幾人かの怠慢な人々が罰せられないためでもある」[271, 7, circ. med.]と言う。更に続けて，彼は「ある人は波に委ね，またある人はものを齧る獣に与えている。ある者は雨水で腐らせてしまい，またある者は死の恐怖に怯えて，他の人間に渡している」とも言っている。アンクマールはランス司教座教会の証書や書物の紛失に関する別の理由，即ち，偽司教ミロンの闖入がもたらした窮乏を挙げ[194, pref.]，「彼の不幸な時代に，ランス司教座教会の高価な品物がすべて奪い取られてしまった。それのみならず，教会と聖職者の建物も破壊され，司教から財産が切り離された。残っていた少数の聖職者はやっとのことで彼に食料を要求した。彼らが商売で得たドニエ貨を証書や書物のページの間にときどき挟んでいた」[4, 4–2, 169]と伝えている。しかし，我々が上掲の論述において堅持している如く，王文書や古い史料に関しては，特に上述の理由にその契機と原因を負っている捏造と偽造による歪曲にまさる邪悪な汚辱はない。財産を記した証書の紛失によって，財産が危険に晒されているのを見たとき，人々は正しい所有の文書を作り直すことを思いつく。彼らは他人の財産を狙っている人々の欺瞞をこのようにして排除するのである。しかし，文書のあるものは最初のものか真正なもの，または俗に言うオリジナルであったり，またあるものは最初のものまたはオリジナルな文書からの転写であったりする。こうして，捏造に関するあれやこれやの原因が両方の中に入り込んだことは確実である。

第2節　原本劣化の三つの要因。第1は自然損傷。それらの復元

　私はオリジナル文書は次の三つの理由から偽造されたと考える。第1は破れてしまった，文面が消えてしまったとかの，古い原本の自然損傷によるものである。一部の人々の無意識あるいは意識的な単純さや大胆さによって，それらを真似して別の文書が作成される。権利を誰よりも愛し，それに執着する者はローマ教皇，司教，王，裁判官によって真正な写しとして承認されるか，それらを手本に別の文書が作成されるか，世間で「ヴィディムス[「我々は見た」の意のラテン語]文書」と呼ばれていた第2の文書に挿入されることを要求した。両方のやり方，つまり私的権威と公的権威によって復元された方法をシャルルマーニュはノヴァレーゼ修道院に宛てた貴族アボンの遺言書を公認した文書の中で示している。それによると，同シャルル[マーニュ]は修道院長フロダンに代わって「信仰篤い修道士，即ちジスランとアグベール」を，その遺言書を彼らの目によって再度確かめるために派遣した。「しかし，同遺言書を確かめるために，必要に迫られて，伯

の法廷や方々のパグス[「地方」,「管区」の意]に彼らを頻繁に派遣したことから，その一部が捏造されていることが発見された。そして，その遺言書を彼らの権限で復元することが出来なかったので，彼らはいと高処の朕に朕の命令を受けてその復元がもう一度行なわれるよう要請してきた。しかし，朕は彼らの窮状と朕が払う報酬の増加とを考慮して，朕の誠実な書記によって宮廷でそれの復元を行なうよう命じた」と続く。これらから，ある者は個人的に，またある者は国王の権威のもとに特権文書の復元を行なっていたことが分かる。この時代において，多分それは罪に問われなかったのであろう(これがこの時代のもつ素朴さであったが)。同様に，特に11世紀においても，それが行なわれていた。つまり，ある者が修道院に寄進を行なうとき，いかなる公的な文書を伴うことなく，後世の人々の資料と保証のために，その法行為の経緯を述べた私的な確認文書が修道士によって作成されていたのである(この後，それについては本書3巻4章で論じるであろう)。従って，この方法においては，古い文書が偽造の罪を受けることなく，私人によって復元されていたようである。しかし，この復元は権威による保証が弱かったため，一部の人々はそれを諸侯や裁判官の許に持参するほうがより十分で安全であると考えていた。

第3節　二つの方法で復元された文書

　しかし，このような復元は，すぐ上で述べた如く，二つの方法で作られるのが常であった。つまり一方において，前の文書の言及や確認が行なわれている新しい文書が作成されていた。また他方では，最初の文書が，これこれの特権文書を「自ら見た」とか「自ら閲覧した」とかの証明を諸侯または裁判官から得て，後世の文書の中にそっくり挿入されていた。そしてこの復元文書は，このため，今日でも「ヴィディムス文書」と呼ばれ続けている。この方法は最初のそれよりも新しく，シャルルマーニュの時代以前に遡らせることが出来ない。何故ならば，同大帝はノヴァレーゼ修道院に宛てた上掲の王文書の中で文書の復元を仄めかしているので。即ち，彼によって復元が指示され，彼の書記によって作成された遺言書の経緯について述べながら，彼は「何故ならば，先任の諸王の慣習に従って，これを作成するよう命じたのではない。そうではなくて，窮状と報酬の増加の観点から，転写するよう命じたのである」と言っている。もしそれが「先任諸王の慣習に従って」なされたのでないならば，これはその後，第3王朝に入って導入された，新しい慣行だったことになる。即ち，12世紀とそれに続く世紀に，この種の文書は頻出し始めるのであるが，読者諸賢はこのようにして作成された文書の非常に少量しか，12世紀以前に見いだすことはないのである。その上，その間それぞれの世紀に実に多様な書式が普及していたし，ときどき1通の同一文書に二つまたはそれ以上の承認が見いだされることも稀ではない。この種の文書の中に王ルイ7世 [1180] によって検査され，更に聖ルイ王 [1270] が両世紀における，この承認に見られる多様な慣習を明らかにしている次のような形式において承認した，ブリウード在，サン=ジュリアン教会への特権文書 [2, 10, 649] がある。そこには「神の恩寵によるフランク人の王ルイはこの書簡を閲覧するすべての人々に挨拶を送る。朕は次のことを知らしめる。朕の曾祖父で広く知れ渡った想い出のルイ王の書簡を，朕は次のような言葉で始まっているのを見た。〈聖にして不可分の三位一体の御名において，アーメン。朕，神の恩寵によるフランク人の王にしてアキテーヌ公ルイ。これは大司教である尊敬すべきフロテールの治世に聖ジュリアンの寛大さのた

めに，栄光に満ちたシャルルが発給した命令文書である。もし神の下僕たちの懇請に……〉」とある。これらの文書で承認されているシャルル禿頭王の文書の冒頭に来る文章がこの後に続いている。有名なアントワーヌ・ヴィオン・デルヴァル氏が我々のために筆写してくれたその原本から明らかな如く，最初にフィリップ4世美男王［1314］，続いて1381年にラ=シェーズ=ディュの教会判事によって承認されているアンリ1世［1060］の文書による承認もこれと同様のものである。更に，前者の承認形式の方がより古く，我々の王朝の第1と第2，更には第3の初期においてより広く使用されていた。その事例がすぐ上で我々が述べたノヴァレーゼ修道院の文書と共に，本書の最終巻に掲載されている。その間，我々はシチリア王ルッジェーロが西暦1145年に「彼の王国の教会とその他の臣下のすべてのシギラ［「文書」の意］がこのように復元され」，「我々の王国の広大さのもとで確認されるために，それが公開されるよう」［288, 4, 91］命じているのを確認する。

第4節　この文書の復元は誰を通して行なわれたのか

それは，合法的特権文書を復元する権限を有していた人々に帰属している。王とその裁判官以外には，ローマ教皇，司教，それらの教会判事，そして公証人にそれは帰属していた。事実，我々が本書の最終巻に収録した少なくない量の例が示す如く，ローマ教皇が彼らの前任者たちによって同意された特権文書を承認している。更に，諸王，諸皇帝の文書も，彼らの文書にそのまま挿入して復元していることも少なくない。これに属すのがトゥールネ司教エティエンヌがローマ教皇庁の高官に宛てたある書簡［262, 229］で，「他方，私は我々の特権文書（それに関する，ランス大司教の印章が押捺されたその答書を副助祭B.殿が所持しているのであるが）をあなたまたは同B.を介して，もし宜しければ，復元して頂きたく，面倒なことを承知でお願い致します」とある。同様に，教皇マランは司教フクベルトの要請に応えて，ティヴォリ教会の古さのために損傷した集成と摘要簿を復元している［288, 5, 1537］。同じく，教皇アレクザンドル3世は皇帝フリドリヒ1世がサン=レミ修道院に宛てたメールゼーン荘園［マーストリヒトの近郊］の領主権に関する文書を確認し，1152年に出された彼の文書の中にそのまま挿入している［226, 2, 364］。これに加えて，ランス大司教ギヨームがほぼ同じ頃，彼の前任者アンリがサン=レミ修道院に宛てた書簡を同じように承認している。更に，修道院長もときどきこの復元を行なっている。就中，ブラ=ラベイ修道院長ベルナールはヌヴェール女伯の書簡を見たことを彼の印章を押して証言し，それらすべてを1269年の文書に引用している［191］。1348年にはランスの教会判事がランス在，サン=ティエリ修道院に宛てた王ロテールの文書を見たことを証言し，全文を再録している。我々が上で考察を加えた，ラ=シェーズ=ディュの教会判事の例もそうである。殆どすべての人々が出会う，それ以外のものについては省略することにする。14世紀においてこの承認は公証人や教皇庁の書記を介して頻繁に行なわれ，それらは通常トランスムタ［「受理された」の意］文書またはトランスクリプタ［「転写された」の意］文書と呼ばれている。それらの中に私はチュニスのアボヤフラム・サカリアとマリョルカ王サンチョの間で作成され，強められた休戦・平和・友好に関する文書を見いだす。それは1312年，公証人のベルナルド・デ・プルクロ・ヴィキノによってアラビア語から翻訳されたもので，そこには二人の人物が証人として下署しているが，一人は聖職者，他の一人は俗人である。アラゴン王ハイメの別の転写文書の中で，マリョルカ司教ポンスィオが1281年に公証人で翻

訳家のペドロ・メルセリアと一緒に下署している。更に，これらの承認文書において，公証人によって原本には存在しなかった誤りがときどき持ち込まれている。それは古書体をよく知らない書記の無学から，または怠慢や目の疲れから起きているようで，例えば，その後継者によって言及されているランス大司教アンリの文書で見いだされる誤りがそれである。つまり，アンリの原本を見ると，「言葉の受肉の年，1167 年に盛大に行なわれた」とあるほか，トリーア伯ハインリヒとサン゠レミ修道院長ピエールの間の文書でも同じことがその年に行なわれたとなっている。これに対して，ギヨームはランス大司教の上掲の文書を転写している真正文書の中で，それをすべて「言葉の受肉の年，1167《millesimo centesimo sexagesimo sexto》年に盛大に行なわれた」と数字を言葉で書き換えている。私人に仕える写字生によってなされた写しの中に日付，会計年度，その他の表記の修正が潜入したとしてもそう驚くには当たらない。

第 5 節　原本と同時代に作成された謄本

　この復元の方法に（上掲のものとは特に区別されねばならないのであるが），古い文書の謄本，または人々が言うところのコピーがある。それらはそのオリジナル文書と同時期に作成されたため，オリジナル文書と区別するのが容易でない。最初の文書に係わった人々が原本そのものが「各地域の伯法廷に」（既に上でシャルルマーニュが言及している如く）頻繁に持ち込まれるならば，その原本自体はそう長くはもたないだろうと悟ると，彼らは彼らの書記や文書係を使ってオリジナル文書を，殆ど同時に作られたものの如く，そっくり真似たその謄本を作成することを考えついた。特にそれが行なわれたのは，原本における同一人の手による下署が十字の印を唯一の手段として識別された場合である。何故ならば，その場合，書記にとって字体にそれとそっくりの形を付与することがより容易であったから。我々は文書庫を調査するさい，よほど注意して見比べないと，これらの謄本が原本とまったく見分けがつかないことを何度も経験した。例えば，サン゠ドニ修道院の文書庫に殆ど同一の非常に古い謄本と一緒に保管されている修道院長フルラドの遺言書の原本がそうである。但し，熱心で入念な探究者であれば，原本とその謄本を見分けることは出来るが。

　しかし，こう言ったのには特別な理由がある。これに関する見事な例証を，修道院長ウィカールがトゥル司教フロタールに宛てた書簡 [147, 12] の中に見る。彼は文書数通を何人かの私人やルイ帝から入手した。彼は「我々はこれらの物件に関する寄進文書の謄本を，我々の修道院のために，市場税に関して作成した皇帝陛下の文書の写しと共に，いと高処のあなたの前に提出する。更に，同じく不輸不入権に関する文書の謄本も［提出する］」と言っている。このような謄本は古い時代の人々の間では，特に遺言書に関して利用されていた。確かに，アウグストス帝の遺言書は「二つの冊子に」［336 in Octavio, 101］記載されたと，スエトニウスは伝えている。そしてティベリウス帝は「2 年前に 2 通の遺言書を作成した。1 通は自分のため，1 通は相手を定めていないが，同じ内容のものである」［Ibid., in Tiber.76］と。キリスト教徒の間では，トゥール司教ペルペチュの遺言書 [2, 5, 108] の中でそれに出会う。王ダゴベール 1 世は彼の遺言書を 4 通の写しに記載されたものとして作成されるよう命じ，1 通はリヨン，2 通はパリ，3 通はメッスに保管されるよう手配したと，エモワン［フルーリ修道院長，『フランク史』の作者，1008］は伝えている [9, 4, 30]。フロラン

の発言 [142, D. Qui test. facere possunt] もこれと関連し，そこには「誰でも1通の遺言書を数通の謄本に記載することが出来る。何故ならば，それがときどき必要となるので」とある。更に，その他の種類の文書に関しては，どうであったのか。私はブリソン[フランスの司法官・文人，1591]の書 [61, 557] に収められた書式を付け加える。彼の指摘は，これらの原本の筆写において後世の人々を煙にまくなど考えもしなかったであろう，我々の祖先の善意を擁護するためには少なからず意味を持っている。私が実際にサン=ドニ修道院の文書庫で，ドゥブレによって刊行されているフランス王フィリップ1世 [1108] の文書の謄本2通 [111, 837] を発見している如く，読者諸賢もいつの日かこのような文書の非常に早い時期の謄本を発見するかもしれない。しかし，それらは本巻2章で論じられている割印文書である。以上が第1の理由，つまり偽造された文書に契機と素材を提供した，古い文書の復元に関してである。

第6節　原本劣化の第2の原因としての紛失。それによる全財産・権利を安堵した文書

オリジナル文書を偽造すべき第2の理由は，戦争，火災，その他の原因による古い文書の喪失を補充するためであった。しかし，より正しく振る舞った人々は，諸侯や司教によって特権文書と証書を再交付してもらうように努力した。その際，その中で教会または修道院のすべての財産が全般にわたって確認されているか，すべての財産及び権利が正確に列記されている特権文書が求められた。866年修道院長ベルナールが彼のソレーム修道院[西フランス]のために「ノルマン人の残虐行為が荒れ狂い，火災によって古い文書が焼失してしまったので」，ソワソン公会議に出席した高位聖職者からこの種の特権文書を獲得している。他方，このような特権文書の復元を国王に懇願した者たちは，まずその地域の住民か彼らの領民によって，発生した火災，それに続く喪失に関する証言，または「アペニス」《Apennis》と呼ばれていた「経緯の文書」を手に入れ，そしてそれを国王に提出していた。国王は焼失した文書に関する話を聞き，損害を受けた人々のすべての財産を自分の勅令によって強めた。我々は両方の文書の書式を，マルキュルフの書 [246, 1, 33, 34, formul. 46] や『古法集成』104条とそれに続く諸条において見ることが出来る。後者の例に関しては，特に『ベーズ修道院年代記』の中に見ることが出来る。ブルゴーニュ公スィシェルムが宮廷の高位高官に宛てた文書で，ベーズ修道院の証書が悪い人々によって強奪された事実を証言している。そのため修道院長ワルダレンはクローヴィス2世の息子，王クロテール[3世]からすべての財産が同修道院のものとして認められている命令文書を獲得している。我々はこれに関する有名な例として，サン=ロメ=ムーティエ修道院に宛てた王シャルル禿頭王の文書 [4, 4-2, 252] を持っている。同修道院長フロドワンは修道院の財産に関する証書が焼失したり紛失したり，更には強奪されたりしたことを嘆いた。そして彼は王シャルルから，同修道院のすべての財産が記され確認されている全資産安堵文書を手に入れた。もしよければ，いと博識なバリューズによる付録 [39, 171] に収められている，ナルボンヌ公会議録に付されたオルレアン司教座教会宛のカルロマンの例などを参照せよ。

第 7 節　これに関して，アレマン人の間ではどのように決められていたのか

　文書が火災またはその他の理由で紛失した場合，少なくない人々は別の途をとっていた。つまり，『アレマン部族法典』はその第 2 章で「もし誰かが教会に寄進された物件に関する文書を作成し，その者が作成した文書を焼失するか紛失したならば，その時その者はその教会で相続人を前にして 5 名の証人（自身は 6 番目となる）を伴って，彼の父は文書を作成しなかった，そして同聖所に寄進しなかったことを誓うように言うべし。そしてもしこのことを行なえば，その者はそれらの物件を所有することができる」と命じている。ここでは公正な証書によって所有が強められていなかったと解釈すべきであろう。その後，何の罰を受けることなく誓約されるようになると，この慣習は『ロンバルディーア部族法典』から取り除かれることになる。

第 8 節　原本劣化の第 3 の要因としての不正な詐欺

　最後に，第 3 の要因が一部の人々を偽文書の作成へと向かわせ，彼らのある者は魅惑的な偽造と不正に身を任せ，権力と金銭を獲得した。勿論，この種の人々は上掲の二つの場合よりも国家にとって遥かに有害であった。上掲の場合は正義でなくて，せいぜい真実と誠実を称賛しているだけのことであるが，この場合は，破滅的なペストの如く，あらゆる不敬な行為によって殆どすべての不正への道を踏み固めていった。従って，この種の犯罪においては，当然のこと，前章で引用された法律と事例が証明している如く，ある時は財産の没収，ある時は親指，更には右手の切断，またある時は火刑によって処断されている。

第 9 節　同じく，謄本偽造の三つの原因

　原本から転写された謄本に関して，更にそれらの改竄が以下の原因から発生したと考えられる。第 1 は謄本から若干の文字を省いたり，誤って変えたりしている写字生の不注意と軽率，または読み手や口述者の落度，書記または写字生の無学による場合。第 2 は同じく，謄本の言葉を理解できず，ある言葉を別の言葉に置き換えたり，誤った古語を付け加えている生半可な知識を持った写字生の無謀さによる場合。その結果，転写された文書の中に殆ど無限の誤りが発生することになる。

　これら 2 種類の例が，シャルル禿頭王がソワソンのノートル＝ダム修道院の財産列記のために発給した，非常に重要な文書の中で確認される。その中で写字生の過ちによって日付が書き換えられていると同時に，彼らの無謀さによって「修道院長アデラール」と読めるその下署リストに「コルビの」の字が加えられている。そのアデラールはサン＝ヴァースト修道院長またはトゥール在，サン＝マルタン修道院長ではありえても，ずっと以前に他界していることから，コルビ修道院長ではあり得ない。同じく第 1 の誤りに属するのがドゥブレまたは彼の写字生が，シャルルマーニュがサン＝ドニの修道士のために彼の統治の 14 と 8 年の 9 月 16 日に発給した文書の中で犯した間違いである。刊行された文書には「第 14 年」の代わりに「第 22 年」と間違って記載されている。原本を読んでその誤りに気付き，それを訂正しておいた。第 2 の誤りに属しているのがインガルフ

の手になるクロウランド史に収められている 2 通の文書である。そこには「黒衣の修道士」の表現があるが，その中の「黒衣の」の語は明らかに同インガルフによってではなくて（多分，この表現は彼の時代にはまだ受け入れられていなかったと思われるから），後世のある修道士によって付け加えられたものと，私は判断する。

　続いて，文書改竄の第 3 の理由は受肉の年を付け加えたり，ある時は会計年度や歳末月齢と符合させたりして，後世の人々に気に入ってもらおうとの意図から発生していた。キリスト教が登場して最初の数世紀，ガリア人の間での暦の算出は文書においては国王の統治年から始める習わしであった。従って，作成された文書がキリストの年の何年に作成されたのかを後世の人々は容易に理解しなかったであろう。そのことが，幾人かの写字生にフランク人の第 1 王朝と第 2 王朝の王文書や同時代のその他の人々の文書において，受肉の年などを加えるようにさせた。そのことは，エルゴ［フランスの伝記作家，1045］の書にある修道院長レオデボのフルーリ修道院に宛てた遺言書や教皇ジャン 8 世の真正文書で言及されているオータン司教聖レジェ［678］の遺言書，王カルロマンのザルツブルク首座司教座教会に宛てられた 2 通の文書［185, 3, 61］（そこでは「アーメン」のあと，即ち文書の末尾の後に，決して悪意からではなくて，受肉の年が追記されている）の中で起きている。更に，このような追加記入の機会は，特に文書集の使用によって提供されている。そこにおいて教会や修道院の資料が年代順に配列されている。そのため，その順番を明確に示すために，より古い文書にも受肉の年が付加されているのである。しかし，これらの文書集の熟練した編者は昔の文書に何かを加えることを宗教的細心さと見做し，自らが文書の順番をそれらの時代，つまり受肉の年や会計年度を表示する短い註記に結びつけたとしても，それは十分に有効なことであると考えていたのである。修道士フォルカンは 10 世紀末に，自らが順番に配列して編集した『サン=ベルタン文書集』の中で，この考えを確かに持っていた。

第 10 節　これらについて判断すべきこと

　これらの小さな改竄に関して，特に，たとえ教会または修道院が証書を持たずに所有しているか，また証書を持っていてもうまく行かずに，それが虚偽に偽造される場合であれ，それらの不動産が国家役人の侵害から免れていることをその新しい勅令［234, de jure graecolat. 157］によって承認したマヌエリス・コムネノス［東ローマ皇帝，1180］の公正さがある一定の力を持つに違いない。しかし，これに関しては，特に，教皇イノサン 3 世［1216］がファルファ修道院に宛てた書簡が傾聴に値する。そこで修道士たちはサビナ司教とのサン=ヴィト教会をめぐる係争で，「代訴人が使っていたその文書の謄本に「サビナの」《Sabinense》の語が偽造の罪において加えられていた」，司教テオドススの交換文書に異議を唱えた。そこで同教皇は「その文書の謄本を偽造した者は極端な行為に走ってしまったと言えるかもしれない。しかし，人間が犯した罪が教会の犠牲のもとに氾濫してはならない。そして単に判決の前のみならずその後においても，偽文書の口実で出された判決は 20 年以内であればいつでも取り消されることから，偽造に関する異議の申し立ては可能である。真実が明らかとなったいま，我々はそれによってあなたたちの修道院に損害が発生することを望まない」［205, 321］との判決を下した。勿論，本書 3 巻 6 章で詳述しているように，重要でない事柄での軽微な誤りによって謄本の価値が妨げられることがあってはならない。

第 8 章

第 1 節　古人が書くために使用したいろいろな道具

　王文書やその他の史料の古さ，そして偽文書の起源に関することが解明されたいま，真正文書を偽物から区別するその他の基準に戻らねばならない。従って，文書の古さからそれらの材質に進むことにする。書かれたものと書くための道具の素材は何であったのかが，1300 年前から問題になるであろう。1300 年前からと言ったのは，その頃から特に教会の財産に関する古記録の古さが，既述の如く，明らかにされているからである。しかし，驚くべきことは，かつて昔の人々が文字を記していた素材がいかに多種多様であったかということである [61, 7, 652]。それらの中には岩石，煉瓦，木や花から作られた紙，同じく木の本，つまり樹皮の内側の層，木の薄板，蠟燭やシトロンの板，象皮の本または象牙の板，鉛の板，亜麻布，エジプト産のパピルス，そして獣皮紙と我々が常用している紙がある。これら以外に，我々が後で明らかにする如く，ケドレヌス [修道士，11 世紀] とプリチェッリは魚の皮や海魚の腸に文字が書かれていたと主張している。イオアンネス・モスクス [ギリシアの聖者伝作家，620] によると，「亀の甲羅に」自分自身と仲間の遭難を記した者もいた [210, 12]。そして騎士たちは，ある時は自身の遺言書を戦闘の準備をしている間に，「地面に」記した。これに関しては，コンスタンティヌス帝が遠征に明け暮れる騎士のために作成した法律 [89, 6, 21, 25] が有名である。彼はこれらの騎士に対して，「もし望み，出来るならば，いかなる手段でも遺言できる」ことを認めている。そして更に，「戦いの最中に生きる望みを捨てたそのとき，もし刀の鞘や楯に自分の血で赤く染まった字で記したり，または地面に剣で刻んだりしたならば，そのような意志は当然のこと永遠であり続けねばならない」と続いている。このような遺言書は，ブリソン [61, 7, 652] によれば，「戦場で作成された遺言書」と呼ばれていた。

　これらすべての素材から五つだけを取り出して，考察を加えることが出来る。それらは動植物の皮で出来た料紙《charta》，木及びエジプト産のパピルスで出来た料紙，鉛の料紙，そして今日我々が使用している紙の五つである。即ち，かつては「カルタ」《charta》と言えば，博学な人々が既に指摘してきた如く，製本したり字を書き込んだりするのに適したものすべてがその中に含まれていた。更にその名称は，その素材であるカルタ [「料紙」の意] からカルタ [「文書」の意] と呼ばれている [ギリシア語起源の]「ディプロマタ」へと繋がっている。

第 2 節　羊皮紙を獣皮紙から識別する方法。2 葉の羊皮紙からなる特権文書

　羊皮紙（デレカンピウスと，プリニウスに関する註釈 [181] の中でギランディーニ [ドイツ出身・イタリアの大学教授，1589]，そしてパンキローリ [イタリアの法律家，1599] がそれぞれ正しく指摘している如く，これはパピルス紙またはエジプト紙よりも前に発明されていた）に関しては，いかなる論争も起こり得ない。今日まで伝存する非常に多くの王文書とその他の文書は羊皮紙に書き記

されている。昔の人々はそれをギリシア語でディプテラ《διφθέρα》[「鞣した革」の意]，[ラテン語で]ペルガメヌム《pergamenum》と呼んでいたが，後者は王プトレマイオス[エジプト王，前283]によってペルガモン[トルコの都市]でそれが発見されたと，ヴァロ[ローマの教養人，前27]やプリニウス[ローマの博物家，79]と共に信じられていたからである。しかしギランディーニは，我々がイオニア人がプトレマイオスよりもずっと昔から獣皮紙を料紙として使用していたことの証拠と考えるヘロドトスの叙述に依拠して，このヴァロの見解を否定している [181, memb. 6]。しかし，ペルガモンの名称は羊皮紙にまとわり付いて離れない。修道士タットはマインツ司教オトカー(オトケルスまたはオトカリウス)に宛てた書簡(ボニファーティウス書簡集114番)の中で，「一つは聖務日課書，一つはグレゴワールのミサ典書を書くために良質のペルガモンを送って下さい」と書いている。タット自身 [849] はライヘナウ[南ドイツ]の修道士で，彼の書簡はザンクト＝ガレン修道院[スイス]に保管されていて，それは我々の聖者伝集成 [4] の4世紀の最初の付録の中に収められている。しかしアッラチはエトルスキ史料の該博な考察63章の中で，羊皮紙とその他の獣皮紙を区別することを説いている。羊皮紙は羊の皮から毛を擦り取るか，石灰かその他熱を加えて取り去ったもの。肉を覆っている内側から非常に薄い紙へと削られる。これに対して，獣皮紙は動物から剥がされ，毛穴のあるほうが石臼でつぶされ，毛だけが引き抜かれ，毛を取られた部分に文字を刻む。以上が，イタリア，ゲルマニア，ギリシアの図書館で獣皮紙でできた巻き物を実際に見たと証言している，アッラチの言葉である。そしてペトラルカもときどき獣皮の上着に文字を書いている。ウルピアヌス[古代ローマの法学者, 228]は羊皮紙とその他の獣皮紙が異なることを確認し，「リーベル」《liber》の名称の中に「紙材がパピルス紙であれ羊皮紙であれ，すべての集成が含まれる。しかし少なくない人々が作っている如く，紙材がしなの木や菩提樹，またはその他のいかなる獣皮紙であっても，同じ名称で呼ばれるべきであろう。もし冊子本の中に羊皮紙かパピルス紙，更には象牙その他の素材，または蠟板でできたものがあったとしても，……」[363, 52, de legat. 3]と主張している。ここでは著者は明らかに羊皮紙とその他の獣皮紙を区別している。しかし，たとえあったとしても，文書を書くために獣皮紙を使うことは稀であった。

　羊皮紙に記された文書に関して，更に二つのことが指摘されねばならない。第1は1通の，そして同一の文書が縫い合わされた2枚の羊皮紙に記されているのがときどき確認されることである。例えば，教皇ジャン13世 [972] がランス在，サン＝レミ修道院に宛てた勅書がそれで，大して長くはないが，2枚の羊皮紙に記されている。真ん中で羊皮の留め具で一つに合わされている。これ以外の例は非常に少ないが，しかし文書の下の部分または裏側に別の文書を記した，裏書きされた証書が数通見いだされる。それ故，殆どすべての用紙は十分な余裕を持っていたので，もしものことがあっても，文章のすべてを収めることができたのである。従って，これに関しては次章で論じるのであるが，一部の文書は広げられた状態か巻かれた状態の長い紙に書きつづられることがある。更に，一般には，2葉に書き記された遺言書がこれらから排除されねばならないであろう。ソメーズが指摘している如く [317, 460 sq.]，昔の人々はそれらの最初に来るものを「より上の，そして最上の蠟板」，2番目に来るものを「より下の，2番目の，最も新しい，最も下の，底の蠟板」と呼んでいた。更に，少なくない文書庫で私が発見した，裏書きを持った若干の文書もこれらとは別にしなければならないであろう。

第 3 節　魚の皮に記された文書

　羊皮紙の材質に似ているのが魚の皮で，プリチェッリは若干の文書がそれに記されているのを確認している [298, 282, 283]。彼はミラノのサン=タンブロージョ教会の記録に関する書物の中で，イタリア王ウーゴとロタリオの文書について論じ，「その原本は金文字で」，そして確かに「魚の皮に書かれていた」と言っている。そして，「用紙と文字の特徴を識別することが容易にできた時代に，既に何人かの人々が自身で観察したそのことを報告していなかったならば」，このようなことは思いも寄らなかったことであると告白している。確かに，「その上，我々の手許にその原本から後の時代に転写され，公的権力によって盛式に承認され，確認された2通のコピーが残されていた。これらのコピーにおける文字は金文字で，魚の皮に記されていたことが確認されている」と述べている。1通はミラノのそれで，1222年に副司教カテロロ・ディ・メディチの前で作成され，他の1通はそれから6年後にカサレ=モンフェッラト [北西イタリアの都市] のブールで，エンリーコ・ディ・サン・ステファーノを前にして作成されている。プリチェッリは更に続けて，「それ故，このようなコピーを手がかりに，用紙と文字の特徴に強い関心を持つようになり，我々はその原本を我々の手許にある，そしてこれまでに公開されている他の真正な皇帝や国王の文書と入念に見比べた。そして我々は，それらも同様に，魚の皮に金文字で記されているのを確認した。かつては，この特権文書と同様に，名誉のためにそれらに記載されるのが習慣であった」と述べている。以上が，プリチェッリの伝えるところである。そして多分，探求心の強い研究者であれば羊皮と容易に見分けることができた，このような魚皮でできた料紙は別のところでも存在していたであろう。我々も，確かに，羊皮よりも魚皮に属していると思われるものを少なからず見てきた。その上，古い文書を書くに際して，この魚皮が使用されていたことを疑う者はいない。ここに，私がケドレヌスの書 [76, 286] で読んだ出来事がある。バシリスコス帝 [476] 治下，コンスタンティノープルに火災が発生，それは12万冊の蔵書を持つ図書館があった教会堂を焼き尽くしてしまった。更にそれらの書籍の中には，「ホメロスの叙事詩『イリアス』と『オデュッセイア』が英雄たちの武勲の物語と共に金文字で書かれていた長さ120フィートの〈海魚の腸〉《τοῦ δράκοντος ἔντερον》」があった。そしてこれは，魚皮の用紙としての使用に十分な根拠を提供してくれている。

第 4 節　樹皮に書かれたと言われている文書に関するパーペンブレックの見解

　樹木またはエジプト・パピルスの皮で作られた料紙に関して，それらが文書を作成するために用いられていたことがあるのか否かについての問題が我々の間で起きている。パーペンブレックは，彼が偽文書と判断するかその名称で呼んでいるサン=ドニ修道院の樹皮文書との関係で，それを否定している。彼は「樹皮の使用は，それが停止した時でさえも，人間の記憶の外に置かれるほど非常に古いものであった。しかし，慣習によって人々が小羊や成羊の皮を切って用紙を作ることを学んでから，このような樹皮紙の遺物は殆ど残されていない。羊の皮は折ったり丸めたり，そして大きな冊子本にするのに非常に便利なため，18世紀においても他の材料が用紙として使用されることが殆どなかったほどである」と考える。更に続けて，「もし8世紀において，樹皮に文

字を記することが日常的なことであったならば，いったい誰がこのような樹皮で作られた用紙がどこかで大量に発見されるに違いないこと，作家たちによるそれへの頻繁な言及，更にはローマ教皇がこの用紙を使って彼らの勅書を発給したことを疑うであろうか」[276, 128] と述べている。我々はこれらの言葉から，この碩学はキリストが誕生して以来このかたずっと羊皮紙だけが文書の作成に使用されてきたこと，サン=ドニ修道院の文書庫に保管されている樹皮に記されたと言われている文書は偽文書またはそのように呼ばれるものであると考えていると理解する。宜しい。これからこの問題を考察することにしよう。そして，そのために昔の人々の証言を参照することにする。

第5節　エジプト・パピルスと樹皮紙とを区別する基準

　樹皮紙について述べている比較的最近の人々の非常に多くは，樹皮紙と確かに樹皮紙の特徴を有しているエジプト・パピルスとを混同している。彼らの中にはブリソン，ドゥブレ，ピエール・フランソワ・シフレ，ジャック・ブロリウス等々が含まれている。しかし，樹皮紙と単純に呼ばれるものとエジプト・パピルスとの間に違いがあることを容易に実証することが出来る。かつて用紙として使用されていた樹皮紙(コルテクスまたはフィリア)は，樹木の本体と樹皮の外皮との間にある非常に薄い皮であった。これに対してパピルス紙はパピルスの繊維，つまりナイル川の草で作られていた。アッラチは66章 [17] で，パピルス紙の製造に関して次のように教えている。「パピルスの皮を切り離して束にし，ちょうど織物が非常に多くの糸によって作られているのと全く同じように，布や船の肋骨材のように結び合わされた。そしてパピルスの皮が幾つかの板状に延ばされた。このときグルテン質のものが塗られた。エジプトで織られる場合，ナイル河の濁流の中でそれが行なわれた。もしローマかその他の地域で織られるならば，花の粉末を沸騰させた真水が用いられ，それに小量の酢が振りかけられた。その後で，数本の皮が束状に横向きに重ねられた。木槌で細くされ，グルテン質のものが分離されると，再び束ねられて真っ直ぐ伸ばされる。そして木槌で打って延ばされる。この工程でパピルスと織物は異なっていた。後者はその中に糸が組み込まれ，結び目の如く相互に編み合わされることによって布に仕上がっていったのに対して，パピルスは縦向きの皮の上に横向きの皮が載せられ，幾層にも重ねられていた」と教えている。アッラチはここまでしか述べておらず，これに続く工程に関しては，ソメーズがヴォピスクス[ローマ作家，4世紀]の書の中でより詳細に教えてくれている。それはメルキオール・ギランディーニによって各巻において明快に解説されている，プリニウスの以下の言葉 [291, 13, 12] の註解者の役割を果たすことが出来る。プリニウスの書には「紙はどんな種類のものでも，ナイル河の水で濡らした板の上で織られる。その水は泥を含んでいて，糊の効果 [181, vicem] を持っている。まずパピルスの両端にある付属物を切り落し，その全長を用いて真っ直ぐな一つ一つの層が板にはりつけられ，その後それと十字に置いた薄片が格子細工 [Ibid., cute] を完成する。次の段階は，圧搾器にかけてそれを圧縮し，そして1枚1枚 [Ibid., futae plagulae atque] 天日に干し，そして綴じ合わせる」とある。従って，樹皮紙は非常に薄い木の皮から作られていたのに対して，パピルス紙はナイル河流域に非常に多く産するエジプト草の皮で出来たものであった。そして更に，パピルスの皮から出来ているのであるから，このパピルス紙自身は樹皮紙の名称のもとに理解す

ることも出来る。しかし，それは木の皮で作られた紙よりも遥かに手間暇がかかっていた。プリニウスはパピルス紙のいろいろな種類を分類している [291, 13, 12]。アウグストス紙[「アウグストス」から由来]またはリヴィア紙[アウグストスの妃の名前]と呼ばれるヒエラティクス紙[「神聖な」の意]，ファニウス紙[製造所名]，アンフィテアトルム紙[[「円形劇場」・「価値の低い」の意]，サイス紙[都市名]。この中で最高のものがクラウディウス紙であった。その理由は他のものは2層であったのに対して，三つの層からなっていたその丈夫さと，ヒエラティクス紙は11，ファリウス紙は10，アンフィテアトルム紙は9ディジットしかなかったのに対して，13ディジット[約25センチ]あった横または縦の長さにあった。サイス紙は使っていた木槌の直径よりも小さかった。

第6節　これらの使用は，パーペンブレックの見解に反して，キリスト生誕以降も非常に永く続いた

　これらの前提から問題の核心へと進み，このようなエジプト産の紙がキリスト生誕後もずっと存在していたこと，そして古い国王文書に使用されていたことが証明されねばならない。プリニウスと殆ど同時代のディオスコリデス[ギリシアの医者，1世紀]はキリスト生誕以後も生きていたのであるが，これについてギリシャ語で「文書が〈作られている〉《κατασκευάζεται》紙の原料となっているパピルスについては，すべての人々が知っている」[109, 1, 116]と言っている。この紙は，もしその時なくなっていたならば，「作られている」とは言わずに「作られていた」と彼は言った筈である。この両人よりも後のウルピアヌス[228]は，「我々は遺言書の用紙をその材質によって理解しなければならない。従って，用紙が木やパピルスや羊皮や，またある獣の皮で出来ているとか，用紙は正しく呼ばれねばならない」[363, de bon. posses. sec. tab.]と言っている。コモドス帝[192]に関するヘロディアノス[ギリシアの歴史家，240]の叙述はもっと明白で，彼は用紙，つまり「層が最も薄く，両端が折り曲げることが出来るそれ」を手に取ると，その夜殺害することを決めていた者たちの名前をそれに書き込んだのである[190, 1, sub fin]。これに続く時代におけるその使用をクロマティウス，ジョヴィヌス，エウセビウスに宛てたヒエロニムス[420]の書簡が提供してくれている。そこで彼は稀に発生する書簡の紛失に不満を述べ，「エジプトが商業を営んでいる限り，カルタがなくなるとは思わない。ある所でプトレマイオス王朝が海を閉鎖したのであろう。しかし王アタルスはパピルス紙用の皮の不足が考えられるので，ペルガモンから羊皮紙を送ってきている。そのため，後世の人々が互いに語り継いで，〈ペルガメヌム〉という名称が今日に至るまで使用されているのである」と言っている。それ故，ここでは単に「カルタ」の名称で表記されているエジプト・パピルス紙の使用は，ヒエロニムスの時代においても普通のことであった。元老院議員のカシオドーロ[575]はこのパピルス紙の使用を誰よりも明快に述べている。それは『雑纂』11巻書簡38 [74]の中で，彼はこのパピルス紙の材料は「ナイル河の葉や枝のない植物，比較的柔らかな藪，少し固い草から取り出された」と言っている。更に，その構成について彼は，「切り離されていない継ぎ目，連続する小さな格子模様，緑の草の透明な髄，装飾のために黒インクを受け入れる，字を書くことのできる表面……」と描写している。要するに，その使用は樹皮紙よりも勝っていた。何故ならば，後者においては「樹皮の堅さに拒まれて，そこにうまく字を書くことが殆ど出来なかったから」。それに対して，パピルス紙は「能弁な人たち

に活動の場を透明な表面上に提供し，常に大量に手許に置くことが出来る。そしてそれは便利で，巻き物として綴じ合わせることも出来る」からであると。これらのことから，カシオドーロの時代に文字がこのパピルス紙に記されたことは明らかである。

第7節　そのことは『聖オジャン伝』から立証される

　もし私がこの証拠をその悪魔自身の言葉，否より正確には，6世紀末に修道院長聖オジャンまたはウジャンの生涯に関する小冊子を編んだ匿名ではあるが，著名な作家から引き出すならば，これ以上に愉快なことはなかろう。つまり，それによると，悪魔に取りつかれたある少女が魔除けの書き物を首に巻いて歩いていたとき，悪魔は「おい，アレクサンドリアよ。気がすむのなら，自分の首の周りにパピルス紙の重荷を課すがよい。しかし，ただジュラの修道士オジャンの命令を届けるまでは，お前は手に入れた器からこのわしを決して追い出すことは出来まい」と言っている。ここでは通常の手近な種類の用紙が問題になっていること，そしてこのアレクサンドリアの用紙がエジプト・パピルス紙と異なるものでなかったと思わない者がいるであろうか。従って，このパピルス紙は6世紀のガリアにおいても使用されていたのである。

第8節　同じことは，トゥール司教グレゴワールの書からも立証される

　しかし読者は一体誰がここに挙げられたエジプト産のパピルス紙を当時のガリア人が使用していたと信じるだろうかとか，一体誰がこの時代におけるその取引に言及しているのかと問うであろう。勿論，トゥールのグレゴワールの叙述に依拠して，我々はエジプトから来た商人たちがガリアに住んでいたことを何度も言っている。プロヴァンスのニースの町に隠棲していたホスピティウス[580]は「四旬節の期間中は，隠修士が食用にしているエジプトの草の根を商人たちから入手して常食としていた」と，グレゴワールは彼の『歴史十巻』[167, 6, 6]の中で述べている。しかし，パピルスに関してはどうであったのか。勿論，エジプト産の草の根がガリアにあったとするならば，パピルスも持ち込まれていたのではなかろうか。そしてそれが確かに持ち込まれていたことは，同じ作者が彼に宛てて書かれたと確信をもって言えるナント司教フェリックスの書簡に対して，「ああ，あなたはマルセイユの司教になっていたらよいのに。舟は油やその他の荷物を決して運んで来ないで，パピルスだけを運んで来るでしょうから。そのパピルスによって，あなたは善良な人々を中傷すべく一層多くの書く機会を持つでしょう」と返答している。更に続けて，「しかし，パピルスがなくなれば，あなたのお喋りも終わりです。実際，フェリックスは甚だしく貪欲で自惚れの強い人だった」[*Ibid.*, 5, 5]とも言っている。ここでグレゴワールはフェリックスに言及しているのであるが，それは彼がトゥール教会に帰属するある荘園を欲しがっていたとき，グレゴワールはそれを与えることを望まず，彼に限りない非難を浴びせたのである。このとき彼はフェリックスに返事を書いて，後者の短気を非難している。つまりグレゴワールは，もしフェリックスがマルセイユの司教であったならば，商人たちは彼らの中傷が記されることになるカルタを運んでくることに殆ど同意しなくなるであろうと言っていることになる。この箇所をその前の文章と比べた場合，明らかにこれらの商人自身がエジプトからの草の根(勿論，パピルスで作ら

れたカルタも私はその中に加えたいのであるが)を運んで来ていたこと，そしてガリアにおけるそれらの使用がこの時代に廃れていなかったことを理解するであろう。

第9節　ヴナン・フォルチュナの書からの証明

　トゥールのグレゴワールに，彼の同時代人であるヴナン・フォルチュナ[ポワティエ司教，600]が加えられねばならない。彼の証言によってその使用ははっきりと補強される。何故ならば，彼はフラヴスへの讃歌の中で，後者の手によって語られた友情の印を久しく受け取ることがないので不満を洩らしている。その後で彼は，「あなたの所ではカルタは外国商品のように，少ししか出回っていないのでしょうか。愛は時間を持たない場合，それを力ずくで奪い取ることはないのでしょうか。それ故，あなたが何かを書けるとき，ブナの木の皮を剥がさせ，樹皮紙にしてそれに記して，最愛の友である私に読ませてほしいのです」と切り出す。そしてその少し後で，「野蛮なルーン文字はトネリコの薄い板に描かれている。しかし，パピルス紙に関しては，平らに削った細い棒を用いなければならない。また，綺麗に加工された板は字が書かれる用紙へと変身する。再びお便りを読むことが出来れば，それは愛する人にとって喜びとなるでしょう」と続いている。これらの言葉によって，フォルチュナはフラヴスに対してパピルス紙またはブナの樹皮かトネリコの薄い板，更には削られた板に書くように催促している。これらから，聖ヒエロニムスがニカエアに宛てた書簡で証言している如く，「鉋をかけられた木の板」から作られていた削られた板紙の使用が廃れていたことを垣間見せている。従って，それを除く用紙がフォルチュナの時代まで使用されていたことになる。

第10節　『聖アマン伝』，フリスゴッド，尊者ピエールによる証明

　エジプト・パピルスの使用は，9世紀のサン=タマン修道院の修道士ミロンが証言している如く，7世紀においても続いていた。彼は『聖アマン伝』の付録の中で教皇マルタン[1世]がローマ宗教会議のアマンに「パピルス紙に記された謄本」を送ったと証言しているのである。この表現から，我々はそれが古人の間ではただ単に「パピルス」と言われていたパピルス文書であると理解する。

　10世紀の詩人フリスゴッドはヨーク司教，聖ウィルフリド2世[732]の事績を記した歌の中で，ローマから帰還した同聖者が樹皮紙に書かれた文書を手渡したことを，「彼は印章が押された樹皮紙に書かれた文書を手渡した」[4, 3–2, 188]との言葉で言及している。

　最後に，クリュニの尊敬すべき修道院長ピエール・モリスは樹皮紙の本の使用は彼が生きていた時代まで続いていたことを，ユダヤ教徒への反駁の中で伝えている。ユダヤ人は「神は天国でタルムートの書を読んでいる。しかし，それは何からできていた物なのか。もしそれが我々が毎日読むために持っている雄羊，雄山羊，子牛の皮，または東方の沼地に生えるパピルスやトウシンソウで作られたものなのか，または古い布の削りくず，またはその他の非常に安価な材料を結合させたものなのか。そして何かの染料を染み込ませた鳥の羽根か沼沢地に生える葦を使って筆記されたものなのか」[251, 1069, 1070]と言う。このように，尊者ピエールの時代，つまり12世紀においても書物は至るところでエジプト・パピルスで出来たカルタやその他のものに記されたも

のとして，キリスト生誕以来ずっと読まれていたことになる．もしそうでなければ，書き記すための樹皮の使用がピエールの時代まで続けられていたことになる．

第11節　プト図書館とナルボンヌにおいてエジプト・パピルスに記されて今日まで伝来する書物に関して

そして確かに，パピルス紙に記されている少なくない数の書物が我々の時代まで伝わっている．その一つが我々の手許にある8葉からなる小さな本で，その中には古くて消えかかった文字の少なくない痕跡が残されている．従って，恐らくこれらは我々の提案を支持する以上に古いものであると考えられる．これまでに完全な文字を残している別の例に移る必要がある．

最初に，プト［フランスの収集家，1614］図書館所蔵の聖アウグスティヌスの様々な説教を収めた九つの4枚綴から成る小型本が来る．加えて，この中に記された文字のすべてが完全に残されている．しかし，それはパピルス紙の間に羊皮が挿入されたようにして本が綴じられている．つまり最初の4枚綴は2葉の羊皮紙の間に1葉のパピルス紙を含んでいる．第2の4枚綴は5葉のパピルス紙，第3の4枚綴は2葉の羊皮紙の間に4葉のパピルス紙を含んでいる．第4の4枚綴は2葉の羊皮紙に挟まれた6葉のパピルスを含んでいる．残りもこのようにして続いている．

もう一つの例は，かつてナルボンヌ司教座教会が所蔵していたものである．しかし，今はフィマルコンの非常に有名な婦人の手許に保管されている．この手稿本はアウグスティヌスの書簡数通，論文，かなりの数の説教を含んでいる．七つの5枚綴からなっていて，残りはそこから剥ぎ取られている．各5枚綴は1葉の羊皮紙と羊皮紙によって接合されている4葉のパピルス紙または樹皮紙を含んでいる．各葉［の寸法］は高さが16インチ，幅が9または10インチ．全部で63葉で，そのうち15葉が羊皮紙，48葉が樹皮紙で出来ている．各葉は二つの樹皮紙からなり，それらは非常に薄かったので，一つがもう一つの上に互い違いに糊づけされて置かれるように重ね合わされていた．最後に，文字は新旧のローマ字体が，つまり非常に多くは大文字で，ほんの一部が小文字からなっていたのが確認される．それはこの本が7世紀頃に編まれたことを証明している．実際，この写本に関してこのように言っているのは我々の仲間，ピエール・ビュイソンであるが，私も彼の指摘から，樹皮紙に書かれた文字のほうが羊皮紙に書かれたものよりも遥かに保存がよいことに同意した．このことは多くの人々を，丈夫さのために羊皮紙よりも樹皮紙を使わせるように仕向けた．そして彼らは樹皮紙を長持ちさせたり，補強したりするために羊皮紙を使用していたのである．我々は，後で銅版印刷して公開するため，プト図書館写本から文字の見本を写し取ることを試みた．羊皮紙の識別に関して，第6公会議の議決10条で何回も言及されたあのパピルス紙で出来た写本も，間違いなくこれと同じ種類のものであった．これらに王立図書館の，アヴィト［ヴィエンヌ司教・聖者，518］の説教が収められた写本が加わるが，我々はこれに基づく見本を付録の中で提示するであろう．

これまで図書館に所蔵されていたこれらの写本とその他の同様の写本から，サン＝ドニ修道院に保存されている文書，その一つはダゴベール1世のもの，同じく彼の息子，クローヴィス［2世］の文書2,3通，同じく教皇ニコラ1世の文書1通を，その他は割愛するとして，我々はここに提示する．

第12節　種々の用紙に関して

　仮にこれらのサン=ドニ修道院文書が真正であったとしても，なぜそれ以外の場所で類似の文書が発見されないのかと読者諸賢は問うであろう。ところが，別の場所でも発見されているのである。しかし，サン=ドニ修道院文書以外に伝来していないとしても，文書が被害を受けずに保存されている修道院が，それらがどんなに古くても，少数であるという事実が問題となるであろう。それらの分散状態から，共和国の文芸にいかに大きな損失が生じていたかが窺われる。戦火やその他の原因の事変が食い尽くさなかったフランク人の第1王朝の諸王，または彼らと同時代の教皇に帰せられる文書の原本がこれまで稀にしか発見されていないのもそのためである。

　しかし，サン=ドニ修道院の樹皮紙のみが関係しているので，我々の原因はそれだけに帰せられない。確かに，ディジョン在，サン=ベニーニュ修道院には，樹皮紙に書かれた教皇文書2通が保存されている。その1通は教皇ジャン5世，他の1通は教皇セルジュ1世のものである。7世紀末のこれら二人の教皇の間に教皇コノンが入っている。他方，これら2通の樹皮紙に書かれた教皇文書は，この後の銅版印刷が示している如く，その他のものと全く同じように，殆ど同じ大きさの織り合わされた紙丈を示している。その後これらの教皇文書を非常に多くの文字が消えかかり，それらの紙材が朽ち果てようとしていたため，サン=ベニーニュ修道院の我々の仲間は当時同修道院の院長であったジョゼフ・セガンに働きかけて，ディジョン市議会に調査，承認し，完全な状態で復元されるよう要請した。このとき請願者たちは市議会に文書を提出し，この監督責任が同市議会の顧問で，非常に高名にして博学なフィリベール・ド・マールに委ねられるよう求めた。二名の熟練した弁護士，即ちジャック・オーギュスト・ド・シュヴァンとルイ・マイエが補佐につけられた。彼らは両方の文書の真正性を確信し，調査によってそれらの素材がプリニウスによってサイス紙と呼ばれているエジプト・パピルスで出来ていることを確認した。然るに，こうして，最も精通した審査団の調査の結果，彼らの満場一致の見解によって，2通の文書が教皇文書であること，真正の原本であることが1663年1月12日（この時，この問題に関する公的な文書が市議会の権威によって批准された）に立証されたのである。この後で，これらの文書は二つの図版として公開されるであろう。

　これ以外に，同じく，コルビ修道院の文書庫にパピルス紙に書かれた2通の特権文書が存在する。1通は教皇ブノワ3世[858]のもの，もう1通は教皇ニコラ1世[867]のものである。両方とも刊行されているが，前者は『拾遺集』6巻[2]，後者は『ガリア公会議録』2巻[38, 2, 217]に収められている。更に，ピエール・フランソワ・シフレが『トゥールニュ史』の史料編[81, 219, 223]の中で別に2通を挙げている。それらは教皇ジャン[5世]の「樹皮紙の原本から」転写されたものである。教皇ブノワ[3世]と教皇ニコラ[1世]の文書に関しては次章で取り上げることにしているが，それらの見本はそれぞれの箇所で掲載されるであろう。

第13節　更に，司教座教会とその他の教会施設の文書に関して

　ここで，誰かが次のように囁くのが聞こえてくる。あなたはどうして修道院の特権文書だけを我々の前に持ち出してくるのかとか，この文書は専ら修道士たちにのみ付与されたとは信じられ

ないから，他の文書庫から樹皮紙に記されたものと認められる文書を1通提出しなさいとか。つまり，この種の修道院文書により確かな信頼が付与されるためにも，その他の教会に帰属するものを1通提供せよとのことである。宜しい。その提案に同意しよう。そして私は私の側の証人として，レオーネ・アッラチを要請する。他に適任者がいるとは思うが，彼はその時代においては博学で誠実で入念な人で，自分の目で多くを鑑定してきた人物である。しばしば引用されている註釈[17]の第40章から彼の言葉を引用すると，「私は自分の目で現在，ヴァティカーノ図書館に保管されているパピルス紙の綴じ本の中に記された色々な寄進及び特権に関する記録を調査した。そしてその中に西暦499年(決して540年ではない)に照応するパウリヌス2世の6回目の執政官後の1月3日のものがあった。そしてもう一つは，教皇パスカル1世の治世に行なわれた，ラヴェンナ司教座教会への二つの封地の寄進を記したものである。そして三つ目は，ヘラクレイオス帝[東ローマ皇帝，641]の15年目に同教会になされたある寄進に関するものである。これら以外に，ラヴェンナ司教アグネッロが生きていた時代の558年に，ラヴェンナの町に付与された特権のために，いと尊厳なる第一人者ユスティニアヌスに感謝を表明している，同アグネッロの書簡の断片がある。時代，内容，書体においてもこれらの記録から異なったり隔たったりしていない写しを見たと，古事と言語の専門家であるルーカス・ホルスト[ヴァティカーノ図書館長，1661]は断言している。そして全く骨の折れる仕事であったが，文書の形態を調べ，何時間も文字の形を解明することに没頭したあと，やっとことが順調に進み……，それらを我々が使っている文字に転写した」とある。ほれ，この通りに，修道士のためではなくて，幾つかの教会または何人かの私人のために発給されたエジプト・パピルスで作られた，十分な多さの文書がローマの教会の文書庫から取り出され刊行されているではないか。誰もこれらの文書を疑うことは出来ないであろう。あなたはここまで見てきた。まだ別の証人を呼びたいと言うのでしょうか。宜しい。私はラヴェンナ史[313]の作者である，ルベウスを呼び出そう。彼はその中で教皇パスカル1世の時に付与された特権文書(私は思うに，アッラチによって引用されるであろうものと同じもの)を公表している。我々自身もその真正文書を1685年，文書を求めてイタリアを探査した時に見ている。その探査旅行中に，特にヴェローナの高名なフランチェスコ・モスカルド博物館において，他の幾つかの文書も我々に見せられたのであるが，その中で最も古いものはもちろん樹皮紙に記されたもので，小テオドシウスとアルビヌスが執政官であった頃，つまり444年に書き記されている[236, 24]。更に，すべての中で最も古いものではないが，それでも最も注目されるのが王立図書館所蔵の，バルナベ・ブリソンによって公刊された「十全保証」の文書[61, 646 sq.]で，その真正文書は，我々が思うに，紛失するか抜き取られたあと，最近発見されたのであるが，我々はその銅版印刷されたものをこの本の付録に収めている。同じく，教皇イノサン3世とその他の教皇の書簡がエジプト・パピルスに記されていることを教えている，幾つかの教会に下付された教皇アドリアン1世[795]，ジャン8世，マラン，アガペ2世，ヴィクトール2世[1057]の文書も加えておこう。それらには原本は欠けているが，この後すぐに我々が解説する如く，本物としての保証が付与されている。

　これらすべてのことから，キリスト生誕後も長い間ヨーロッパ，そして特にガリアとイタリアにおいてパピルス紙の使用が続いていたことが明らかとなった。このことを古い作家たちの証言，今日まで伝来する樹皮紙の写本，そしてこれらのパピルス紙にまず記された疑う余地のない王文

書がはっきりと証明している。従って，樹皮紙に書き記されたものとして言及されていることを理由に，サン＝ドニ修道院文書が偽物であると主張するのは正しくない。しかし，この本物の体裁を保っているものすべてが偽文書でない，それ故に博識者の判断と検査から免れているということではない。そうではなくて，これのみを理由に，材質の問題が放棄されてはならないし，更に，真正にして本物と見做されるべきであることが(ある人物による欺瞞がはっきりしている場合を除いて)，十分かつ(私が間違っていなければ)それ以上に論証されねばならないのである。

第14節　11世紀におけるこの種の文書の使用

　それ故，誰かが言っている如く，いつ頃からエジプト・パピルスの使用は廃れるのであろうか。しかし，それを正確に確定することは容易なことではない。それが9世紀まで続いていたことは，我々がアッラチやその他の作家に依拠して，パピルスに書き記された王文書について述べている上記の諸例からも明らかである。しかし更に，ローマ教皇の「パピルス」(私はこの名称によってエジプト産のパピルスが意味されていると確信しているのであるが)に記された色々な特権文書から，私にはこの時代以降もその使用が続いていたように思える。最初に，教皇イノサン3世 [1216] はノナントラ修道院 [北イタリア] の3通の特権文書を「ローマの聖なる教会の親愛なる書記エンリーコを介して，忠実に転写するよう命じた。彼は非常な古さのために一部破損していたそのパピルス文書から拾い出すことが出来た部分を公的な形式に戻そうと心がけた」[204, 593 sq.] とある。しかし，これらの特権文書は教皇アドリアン1世，ジャン8世，マラン [884] のものであった。従って，彼らは特権を付与するに際して，このようなパピルス文書を使用していたのである。更に，同様のことは，ガンデルスハイム [北ドイツ] 司教座教会宛ての文書数通からも明らかになる。教皇イノサン3世は同教会の，「それらが提示されたとき，羊皮紙ではなくてパピルスに記され，非常な古さのためにある程度損傷していた」特権文書も更新している [19, 370]。もう一つの特権文書は，946年から3年間ローマ教皇位にあった教皇アガペ1世ではなくて，もちろん2世のものである。更にもう一つは，教皇ヴィクトール2世か3世のものである。しかし，同3世は数ヵ月しかその地位にいなかったのに対して，ヴィクトール2世は1054年に叙任されているので，私の判断では，2世であったと思われる。その上，ローマ教皇は13世紀中葉に，材質の脆さから損傷が生じていたので，両方の特権文書を更新している。私はそれを，決して十分に称賛されてはいないが，すべての知識人の間でその名が知られていたアントワーヌ・デルヴァルがシャルトル [パリの南西] の図書館から私に報告してきた教皇文書の古い集成の中で見た。その集成では，文書が帰せられる教皇の名前はそうあちこちに示されてはいなかったが，これらの文書またはその謄本は13世紀を越えるものではなかった。しかし，本題に戻ると，教皇アガペの特権文書は次のように更新されている。「朕は朕の前任者である，よき想い出の教皇アガペの特権文書を丹念に検査させた。その内容は以下の通りである。〈アガペ……。それ故朕は，持ってこられたとき，非常な古さで一部破損していた羊皮紙ではなくてパピルスに記されていたこの特権文書の内容を書き写させた。そして，このようにして転写された文書に朕の印章を押した。これによって上記の修道院が新しい権利を獲得するのではなくて，もしそれを有しているならば，古くからの権利をただ保持し続けることを希望し，……」と。しかし，この集成に収められた教皇ヴィクトールの特権

文書は次のような言葉によって確認されている。「朕の前任者である，よき想い出の教皇ヴィクトールのパピルスに記された特権文書が朕に提示され，古さによる損傷から作り変えられること，つまり同じ堅固さを写しが持つようあなたが申請したとき，朕はその異常な古さのためにあなたの教会の権利が消滅するようなことがないよう，その特権文書と印章，そして公的文書，その内容を十分に含んでいることから，それ自体より忠実に転写されたものとして明白な信頼を置き，それを丹念に調べ，朕の兄弟たちの意見を徴し，同特権文書を更新させ，〈司教ヴィクトール……〉で始まり，〈最後まで。それ故，朕は決定する。……〉で終わっているオリジナル文書と同じ権威をその更新された文書にも付与する」と。このように，10世紀とそれに続く世紀に交付されたこれら2通の特権文書は，ローマ教皇が13世紀中葉(この頃，パピルスの名称は，今日の如く，我々が常用している文書を意味しておらず，その時代の用語集や記録から明らかな如く，エジプト・パピルスでできた樹皮紙を意味していた)に証言している如く，パピルス紙に記されていたのである。当然の結果として，エジプト紙は11世紀まで使用され続けたことになる。

　しかし，もし11世紀に書かれたヴィクトール2世の文書が13世紀には腐敗によって読めなくなっていたとするならば，少なくない修道院において，パピルス紙に書かれて交付された特権文書が1000年以上も前から今日にいたるまで保管されているということは実際にあり得るのかと読者諸賢は問うであろう。第1に，この困難は特に修道院に属するものではない。確かに，アッラチが証言している如く，その他の教会の樹皮紙に書かれた特権文書がヴァティカーノ図書館の文書庫に保存されている。次に，大部分においては，それらの原本を保存することに他よりも熱心であった人々の配慮に係わってくる。従って，そのことから，パピルス紙よりも丈夫さにおいて勝る羊皮紙がパピルス紙の上に重ねられるということが頻繁に起きている。その結果，樹皮紙の写本においては羊皮紙と樹皮紙とを組み合わせた4枚綴判または3枚綴判が作られるようになり，またそれによってその本の使用がより長いものとなったのである。更に，エジプト・パピルスだけで作られた写本は何世紀も使用に耐えていた。プリニウスがカッシウス・ヘミナに依拠して言及している，535年後に文書箱の中で発見されたヌマ王の書[291, 13, 11]や，執政官ムティアヌスに依拠して言及している，アレクサンドロス大王[前323]よりも900年前にトロイアで記された文書がそれである。但し，ヴァロはその文書はアレクサンドロス大王の時代に発見されたと誤って判断しているのであるが。しかし，私が最終的にこの問題を解決するとするならば，上記の諸例から，文書におけるパピルス紙の使用が11世紀までヨーロッパ人の間で続けられていたことは確かである。そして，私がヒューロン湖[北米五大湖の一つ]地方から最近受け取った書簡から理解する限りにおいて，アメリカ，そして恐らく東洋の少なくない諸地域では，文書におけるその使用が今日まで続いていたであろう。しかし，私はこれに関して少し長く話し過ぎた。そこで，別のテーマに移ろう。

第15節　鉛版に刻まれた文字

　更に，非常に多くの証拠，そして特にユダヤ人の法律と判例からはっきりしている如く，昔の人々は鉛版と銅版に字を刻んでいた。それに関して，シドワーヌ・アポリネール[クレルモン司教，489]は「全くそれはアッティカの法律の如く，銅版に刻まれたものとお考え下さい」[320, 5, 4]と

言っている。しかし更に，キリスト生誕以後も文書が鉛版または銅版に刻まれているかとなると，私には自信がない。確かに『神聖イタリア』4巻 [347] には（ウゲッリの主張に従えば）ロンバルディーア王リウトプランドの「鉛版に刻まれた」文書が収められている [*Ibid.*, 4, 478; 1, 65]。それに教皇レオン3世 [816] のそれ。同じく，銅版に刻まれたシャルルマーニュのそれ。しかし，最後の例は特に疑わしいと私は思う。前二者に関しては，その価値に正当な批判が投げかけられることはまだ起きていない。スエトニウスによると，ネロは「銅版の証書」《plumbea charta》を仰向けになって胸の上に置いたと言われている。更に，証書が「銅版」と呼ばれているのは，木鎚で薄く延ばされた金属版が証書に似ているためである。教皇グレゴワール3世 [741] に関するアナスタージオの書では，銅版証書が別の意味で使用されている。何故ならば，それはそこでは銅で包まれた四角形の小さな楯以外のなにものでもないので。更に，ジロラモ・ファブリの古きラヴェンナに関する書 [138, 15] の中で言及されているラヴェンナ司教ジョヴァンニ5世のそれのような，石に刻まれた寄進文書も存在する。

第16節　同じく，我々が常用している木綿で作られた文書

　古い亜麻布を切って，水に浸けて出来たものから作られた，我々が常用するカルタ，または通常「パピエ」と呼ばれるものに関して，長い説明を加える必要はない。いかなる時でも，何かしら重要性のある公的な文書がこれに書き記されたことは殆どない。但し，その使用は，上掲の尊者ピエール [1156] の言葉に依拠して，非常に博識のアドリアン・ド・ヴァロワがベレンガリオ帝 [西ローマ皇帝，924] の頌歌への註の中で述べていた如く，500年以上も前から普及していた。しかし，それがいつから使用されるようになったかは誰もこれまで明確にしようとはしなかった。ティトス・リヴィウスとその他のローマの出来事を記した作家たちが，我々が常用しているカルタと同じであると判断している「亜麻布で作られた」写本がある。しかしこの見解にギラン [フランスの彫刻家，1658] のあと，アッラチが70章において見事に反論を加えている。つまり，今日画家によって使用されているのと同じ亜麻布に記されていたものが「亜麻紙」と呼ばれていたのである。しかし，我々が使っている新しいそれは，亜麻布を切り刻んだものから作られている。更に，アッラチは63章でいつからそれが使用されるようになったかは不明であると述べている。メルキオル・インコフェル [イエズス会士，1648] はその使用を今から1世紀を越えて遡らないと判断しているが，それは間違っている。何故ならば，尊者ピエールの証言がはっきりとそれを否定しているから。私が既述した如く，そして少なくない写本が殆ど400年前から手で亜麻紙に記されている。つまり尊者ピエールは『ユダヤ人駁論』の中で「古い毛織物の布地を細かく切ったもので作られた」，彼の時代に読まれた写本について語っている。それは紛れもなく亜麻紙であると判断されねばならない。更に，文書と記録が，どのような時においても，我々の常用しているカルタに記されているのではない。しかし，アントワーヌ・デルヴァルが他の多くのことと一緒に私に報告してくれた，このような用紙に記されたルイ強情王 [フランス王，1316] に宛てたジョワンヴィル [国王伝記作家，1317] の書簡が教えてくれている如く，その使用はときどき手紙にも見られる。

　ロッコ・ピッロの『神聖シチリア』[288, 4, 92] の中で，羊皮紙の文書においてシチリア王ルッジェーロによって更新された，「兄弟シモンと彼の母が作成した木綿紙の文書」が保証している如

く，綿紙または木綿紙の文書への使用の方が遥かに普及していた。

　ここでは蠟板と蠟版紙，象皮または象牙の本，今日字を消せる用紙と同じような再生紙または字を消された用紙，自筆の用紙または裏書きされた用紙，巻いた紙や樹皮紙について語らねばならない多くのことが残されている。しかし，多く言い過ぎることは実行する人を，決められた仕事の熟慮された目的から遠ざけてしまうことになる。つまり，これらは全くほんの少ししか文書の理解に役立つことはないのである。そして，もしよければ，アッラチの註解，そしてソメーズのヴォピスクスにおける註記(そこで彼はその場で書かれたもので，決して修正が加えられていない，そしてその反対側に，つまり裏面に字が書かれたり文章が書かれたりしていた「裏書きされた紙」と呼ばれていた用紙を指摘している)を追加しておこう。しかし，この用紙に書かれた文章はその後修正されて，その用紙から新しいカルタに転写されていた。そしてそのカルタは片面にだけ字が書かれていた。それは非常に長かったり，また規格以上に広がっていた場合を除き，訂正されて清書された写本にその用紙の裏にまで字が書かれるという習慣は存在していなかったからである。

第 9 章

第 1 節　非常に大型の文書

　多くは羊皮紙または樹皮紙の形で今日まで伝来している，長い巻子本に記された幾つかの史料に関する考察がここで論述すべき対象である。

　私がこれらの史料の中で第 1 位を付与したいのが，死者の名前が記されていた巻き物である。しかしそれには二つ，各年単位のものと永代のものとがあった。年単位のものとしては，ある修道院または教会の，その年に物故した人物の名前が列記されていた。そして彼らの名前のリストが毎年彼らが兄弟盟約関係を結んだ修道院へ賛同を求めるため，そして同時に彼らの名前が兄弟団に入った時の条件に応じて別の過去帳に記入されるために運ばれた。我々はその例をアリユルフの『サン=リキエ修道院年代記』[2, 4, 499]の中で修道院長ロドルフ[866]に関して持っている。もう一つが永代の巻き物で，それはどの修道院においても，もし死者が生涯において称賛に値する行為を行なったならば，彼らの事績を取り上げるために用いられた。両方とも，そして特に永代のものはそうであるが，長い羊皮紙で出来ていた。そしてその中に，事情が求めるならば，数葉の羊皮紙が別の数葉の羊皮紙に縫い付けられていた。それは 2, 3 世紀にわたる，過去帳には名前だけしか記載されていない，死者の名前と事績を十分に収めるためであった。この永代の巻き物は，修道院のある公的な場所，その大半は修道士会室で可動式の木製の吊下箱の中に巻かれて，信者に供されていた。それは，羊皮紙で出来たこの巻き物が容易に巻かれたり広げられたり出来るためであった。このような巻き物を，パリ地方の有名なシェル修道院の修道女室で二つ確認することが出来る。これら以外に，貢租に関する巻き物，修道院の従属民に関する巻き物があった。私はその一つで，数メートルもあるコルビ修道院[北フランス]のそれを見たことがある。同じく，私がアルビ[南フランスの都市]の教会で見た有名な修道院長ド・カンが所有する，ほぼ 600 年前から記載された巻き物のような，教会の文書や記録を収めた文書集としての巻き物もある。

第 2 節　羊皮紙で出来た大型の文書

　以上ざっと説明したあと，その異常な長さのため，個別の考察を必要とする古い文書に進まねばならない。私自身は異常な長さの羊皮紙を見たことがない。もしあったとしても，それは 2 葉または数葉の羊皮紙を縫い合わせたものである。例えば，教皇ジャン 13 世[972]がランス在，サン=レミ修道院に宛てた，（私が既に言った如く），羊皮の止め具で接合された 2 葉の羊皮紙からなる勅書がそれである。その他，羊皮紙で出来た殆どすべての用紙は，動物の皮の寸法を越えて連なっていることはない。但し，古代人の間では，裏面に字が書かれた文書は殆ど存在していなかったのであるが。

第3節　エジプト・パピルスで出来た非常に大型の文書

　異常な長さの樹皮紙またはエジプト・パピルスのものが非常に多く登場する。その上，エジプト・パピルスの用紙は，織物と同様に，職人によって簡単にどこまでも長くすることが可能であるので，それによって非常に長い巻き物を作ることは遥かに容易なことである。そして多分これが原因で，この種の用紙の使用が羊皮紙の発明以後も続いたのであろう。勿論，羊皮紙はキリスト生誕のずっと以前に考案されていたのであるが。そしてエジプト・パピルス紙は，上述した如く，11世紀まで使用されていた。この大型の記録としては，第1に，ル=マン司教であった「聖イノサンと聖カレとの間で結ばれた協約に関する異常に大型の」，フランク王シルドベール1世 [558] の治世に「15名の司教によって確認された文書」[40, 127] が来る。これらに王立図書館に保管されている，同じくエジプト紙に書かれた幅1フィート，長さ7フィート強の懇願文書が加えられるべきであろう。4番目はクローヴィス2世がサン=ドニ修道院に交付した文書である。これに関しては，この後で原寸通りに，見本の一つ[見本 XVIII–1 参照]として掲載されるであろう。ローマ教皇に関しては，コルビ修道院でニコラ1世 [867] の幅2フィート，縦9フィートのものを見た。しかし教皇ブノワ3世 [858] のものはもっと長く，幅は同じであるが，縦が21フィートにまで達している。私はこれ以上に長いものを見たことがない。該博な人であるピエール・フランソワ・シフレは，彼の著書『トゥールニュ史』[81, 219] の中で，「縦約12フィート，幅2フィート」の樹皮紙に記された原本に関する別の例を引いている。

第4節　書簡としてのその使用。ペレグリヌスに宛てた聖アウグスティヌスの書簡によって説明される

　しかし，それが文書として使用されていることに驚かないとしても，おなじ方法が一般の書簡においても，それらが普通のものよりも長かった場合，広く普及していたことが確認されている。何故ならば，古人の間では，特にそれらの手紙が地位の高い人々に宛てられるとき，用紙の裏面に書く習慣がなかったから。私は司教ペレグリヌスに宛てた聖アウグスティヌスの書簡を考察することによって，何かヒントが得られるのではと考える。その書簡は確かに内容が不明瞭であるが，ここに引用することが適切だと考える。そこには「我々は我々の尊敬すべき兄弟マクシムスに，喜んで受け取ってもらえるだろうと信じて手紙を送った。しかし，我々が何かお役に立ったかどうかをお知らせ下さい。あなたが再び見いだすであろう最も早い時期に返事を書き，先の書簡がそうである如く，彼は我々が俗人のみならず司教も含めて，我々のとても親しい人々に非常に冗長な書簡を書くのが習慣であることを十分に知っている筈です。素早く書けて，そして相手がそれを読むとき，その用紙は適当な大きさでなければなりません。彼がこのような我々の習慣をもし知らないならば，その責任は彼自身に帰せられるべきでしょう」[29, 171 (旧版 220)] とある。このようにして，アウグスティヌスは「冗長な書簡」を他の人たちとは異なる方法で書いていたのである。彼自身はその方法について明らかにはしていない。しかし，彼が自分でどのようにしているか，つまり「素早く書けて，相手がそれを読むとき，その用紙が適当な大きさでなければなりません」と言うとき，それがどのようなものであったのか，つまりそれらは小さい判の羊皮

紙かパピルス紙に書かれていたことを十分に示唆している。しかし何故に，このような書簡が冗長になったのであろうか。それらは反対側や裏側にわたって多くのページに書かれたため，長くなっていた。そしてある人がそれを別の方法で行なっていたが，裏書きされた用紙を書簡として発信する習慣は彼らの間にはなかった。そこでこの聖者はその事実を詫びているのである。アウグスティヌスのこのやり方を最初に考案したのが，ジュリウス・カエサルであったと思われる。それに関して，スエトニウスは「元老院に宛てた彼の書簡も数通伝来しているが，彼は軍事報告書をページに分け，綴じ本の形にした最初の人だと思われる。それ以前は，執政官と指揮官が軍事報告を巻き紙にただ横書きにして書いて送っていた」[336, in Julio 56] と述べている。そして多分，多くの人々は下位の，または同位の人々に手紙を書くとき，このジュリウスの考案を真似したと思われる。但し，上層階級に宛てて手紙を書く場合，古くからの習慣が維持された。アウグスティヌスは親しい人々への手紙の中では人々の間に区別を設けることなく，ジュリウスの例に倣っている。更に，彼は司教にさえも冗長な手紙を発信している。つまり彼はマキシムスへの手紙の中でそれを使用しており，そのため彼は受取人の不快を恐れていたのである。

第5節　なぜ古人の書簡には裏書きがなされていなかったのか。それらは開封されていたのか，それとも封印されていたのか

更に，なぜ高貴な人々の書簡は裏書きされていなかったのかという別の問題があった。つまり，それには文書と同様に，偽造者による変造を防止するために，印章が押されていたのである。しかし，この場合，文字が書かれている用紙に印章が押されていなかったとしても，不都合なことは起きないのではなかろうか。即ち，その印章は，（今日のやり方に従えば），手紙を折った後でそれを封印し，封筒に入れて閉じるために，裏側に押されることはなく，文面の下部に押されるか，または吊り下げられるかしていた。私は後の時代の人々の，印章を吊り下げた非常に多くの書簡をこの目で見てきた。例えば，私が所蔵している，マルムーティエ修道院長ベルナールに宛てたフランス王フィリップ1世の書簡，伯夫人アデールに宛てたシャルトル司教イーヴの書簡数通，マルムーティエ修道院長R.に宛てたブルテイユ伯E.の書簡，同じくティロン修道院長A.に宛てたル=マン司教アムランの書簡などがそれである。これらの書簡において印章は残念ながら残ってはいないが，印章を吊した羊皮の紐がついている。加えて，ブルテイユ伯の書簡において，文書局の局員の言うところに従うと，尻尾が二つに分かれた羊皮に印章が吊り下がっていた。しかし，私はその他の一部は開封され，他の一部は密封された書簡であったと考える。これらを密封するために，印章や指輪が押されていたと思われる。その他のものには，それがない。このようなものとして，ペルシア王ホスロ [628] が滅ぼされる運命にあった軍指揮官サルバラザンに宛てた書簡が考えられるが，テオファーネスの書 [341, 269] からは十分に明らかにすることが出来ない。我々はその作者から，恰もこのサルバラザンがローマ人の側に接近したために，ホスロに疑われるに至ったことを知っている。そのため，このペルシア王ホスロはカルダレガ軍と共にカルケドン人との戦いで苦戦していたとき，書簡を通してカルダレガ人にサルバラザンを滅ぼすよう命じた。しかし，ローマ人の偵察隊を通じてその書簡が奪い取られ，ヘラクリウスの息子，ヘラクレイオス帝[東ローマ皇帝, 641]はサルバラザンを呼び寄せた。ホスロの偽造さ

れていた書簡によって，自殺することを命じ，更にその他 400 人の地方総督，軍司令官，百人隊長を殉死した者として加えた。「彼は手際よく印章を押すと」《καί ἐπιδείς εὐφυῶς τήν σφραγίδα》，指揮官たちとカルダレガ自身を召集し，このように偽造された書簡を読み上げ，彼らの心をホスロから完全に離反させ，カルケドン人との戦いは放棄された。従って，密封された書簡に印章が押されたとするならば，再度それを用意することは容易なことではなかったであろう。しかし，教皇グレゴワール 2 世 [731] はイサウリア人の皇帝レオに宛てた書簡の中で，封印すべき書簡に印章が押捺されていたことを我々に示している。「他の人のでなくて，あなた自身の書簡が皇帝の印章によって封印され，歴代の皇帝において下署するのが習わしであった如く，その中にあなた自身の手によって朱色で下署が慎重に施されたとき，……」とある。そしてこれよりも少し前に，単性説派に対する[ニカイアでの]第 6 公会議 [787] において，古代ローマの使徒の座から諸教父の証言を収めた，「印章のもとに」保管されていた小さな本が運び込まれた。「そしてこのような印章が押された小さな本が提出された。そして印章が解かれた後で，……」とある。我々はフランス王聖ルイ [1270] の時代から，非常に多くの印章によって封印された国王及び諸侯の書簡を見てきた。そして研究に没頭するために生まれてきた，若きアントワーヌ・ヴィオン・デルヴァルがそれらを我々に見せてくれた。しかし，我々が冗長な文書について論述しようと企てている間に，我々は書簡から一層離れてしまうことになった。だが，我々はこれが我々の目的にとっては無益であったり，全く関係のないものとは考えない。

第 10 章

第 1 節　文書の作成に用いられた多種類の筆記具

　古い文書が記されている材質について説明を加えたのであるが，ようやく何によって筆記されているか，つまりインクの問題に到達した。それに関しては，結局，四つに分類することができる。即ち，黒色，赤色，金色または銀色のインク。これらは，私がエジプト紙や羊皮紙に筆記されているものから実際に理解したことで，銅板，鉛板，蠟板，その他の同類の材質に筆記されているものは，単に尖筆のみによって筆記されていた。聖ヒエロニムスは「尖筆で蠟板に字を書く」，「パピルス紙であれ羊皮紙であれ，また筆記に適したあらゆる素材であれ，葦ペンであれ……」[192, 140] と言っている。騎士たちはある時は遺言書に署名するために剣を使用した。そして『ユスティニアヌス法典』に「彼の身血で染まった書簡」と書かれていたことは，既に上[本巻9章1節]で見たことでもある。

第 2 節　黒インク

　文書を書くときに頻繁に使用されている黒インクに関しては，冗長な解説をしたり，黒インクのいろいろな作り方を説明したりする必要はない。何故ならば，プリニウス[291, 35, 6]の後にアッラチが註解 [17, 79] の中で，ピエトロ・マリア・カネパリが黒インクに関するロンドンで出版された書物 [69] の中でそうしている如く，別の人々がその論述を既にしているので。この問題に深く立ち入らないと言ってる以上，私は古い本当の黒インクとまがい物とを区別する指標を提供することもしない。何故ならば，これは専門家の慎重で熟練した判断に委ねられるべきものであるから。彼らは人工的にすすで作ったものと古い黒インクとを見事に見分けることができる。古い黒インクは洗い流され難く，決して黄色味を帯びたり褪色したりすることはない。

第 3 節　赤または朱インク

　古い書物に表題を書き入れるために，黒インクに赤インクを混ぜることは稀ではなかった。それに関して，シドワーヌ・アポリネールはフェレオルスに宛てた書簡の中で「もし私があなた自身の実情，身分，立場よりも我々の友情や親戚関係を重視していたとするならば，この作品の中でそれがいかに取るに足らないものであっても，あなたに最初の朱文字，つまり友情に満ちた最初の挨拶をあなたに捧げるのが適当でしょう」[320, 7, 12]と述べている。そして彼よりもずっと以前に，オヴィディウス[ローマ詩人, 18]が「表題が朱色で書かれたり，パピルス紙にセイヨウスギ油が塗られてはならない」[272a, 1, Trist. eleg. 1] と言っている。我々の手許にある古い書物が，表題を書き込む際のこの慣習を提供してくれている。6世紀に作成された公会議の集成は，その表題が赤色で鮮明に書かれている。しかし，既に書かれた写本に新たな手で朱色の表題が付され

ることもよくある。製本者の不注意によって表題が記入されずに，その箇所が空白のまま残されている場合もある。また明らかに不釣り合いに書かれたり，余白の計算を間違って配列されたものもある。しかし，これらはすべて古い写本に属するものである。今や，赤インクが文書作成にも広まっていたか否かが考察されねばならない。

第4節　ビザンツ皇帝はどれを頻繁に使用していたのか

　ビザンツ皇帝は自身の書簡に下署するために，この赤インクを既に使用していた。それはコンスタンティヌス・マナッセ［ビザンツの歴史家・詩人，1181］の証言［242, 55］によって，誰かが文書を差し出すと，その文書に赤色で自分の名前を記していたテオドシウス2世［東ローマ皇帝，450］の例からも明らかである。従って，ニケタス［ビザンツの政治家・歴史家，1220］はそれを《ἐρυθροδανουμένην βασίλειον γραφήν》，即ち「皇帝の朱色の書簡」と呼んでいる。そして別の箇所では，皇帝の詔勅を「下署と朱色で」《γραφαῖς καί βαφαῖς》強めることが習わしであったと証言している。一部の人々はこの朱インクを，プリニウス［291, 9, 36］と同様に，貝の血を濃縮したもの，また一部の人々は木の汁を濃縮したものと言っている。そのため朱色を「貝の血」《κόγχυς αἷμα》と呼んでいるニケタスは前者の意見に与している。俗に「キンバリス」と言われているこの朱色は，「聖なる文書を輝く朱色，煮た貝とすり潰された貝の輝き以外の色で署名することを禁じ」，そしてこの神聖な蠟の製造を私人に禁じていたレオ帝［ビザンツ皇帝，1204］の勅令［89, 1, 23, 6］によれば，皇帝にのみ許されたものであった。しかし，諸皇帝はこの特権を帝国の共同統治者である息子たち，そしてその子孫に拡大していった。更に，イサアク・アンゲルス帝は彼が最高権を委ねていた彼の伯父，テオドロス・カスタモニタに単に「朱色の胸飾りと同色の騎馬用の肩被」のみならず，更に「公的文書と書簡に下署する際の朱色の使用を認めた」［268, Isaac, 3, 5］と，ニケタス・コキアテスは証言している。他方，諸皇帝は書簡や文書においてある時は全体を，ある時は花押の形に縮めて，13世紀に至るまで自分の名前をこの赤色で染めていた。13世紀以降書簡での名前は従前通りであったが，文書においては従前と異なり，月と会計年度のみが朱色の文字で書かれるにとどめられた。この後，自分の名前を上述の方法で書いていた者は，しばしば三つの十字を朱色で書き添えた。例えば，フランゼス［ビザンツの年代記作家，1478］がコンスタンティノス・パレオロゴス［ビザンツ皇帝，1453］に関して，イベリア王の娘との結婚の問題で伝えているものがそれである。フランゼスが言うには，コンスタンティノスは「金色の文書を作成し，それに彼の手で下署した。私と共にイベリアから使節として到着した者が，皇帝の御前に呼び出された。そして皇帝は自分の手でそれを確認し，その文書の端に確認のために，慣例に従って，朱色の3本の十字を印し，黄金の文書を使節の手に渡した」［286, 3, 4］とある。我々はドイツ諸皇帝の花押にこのような三つの十字の印が押されているのを一度ならず確認したが，それは広く普及していた我々の黒インクによるものであった。この事例はザルツブルク司教座教会に伝来している［202, 1, 472 etc.］。これに関しては，デュ・カンジュのアレクシアディスの書における非常に該博な註［116, 253］を参照せよ。

第 5 節　フランク人は何を使用していたのか

しかしビザンツ皇帝のみならず，わがカロリング諸王の多くもこの赤インクを使用していた。例えば，シャルル禿頭王のコンピエーヌ修道院の香料入り葡萄酒に関する有名な文書がある。それは単に金色の文書であるのみならず，赤い字で縁取られており，我々は銅版印刷されたその見本を本書の該当する箇所 [図版 XXXI–2] に掲載するであろう。その中で当時皇帝であったシャルルの花押と文書官の名前が朱で記されている。しかし，文書官の下署の様式が風変わりである。つまり，いつものように皇帝の花押が配置されたあと，しかし赤い文字で「書記アウダケルは（文書官）ガウズリヌスに代わって確認し下署した」と書記が記している。その際，ガウズリヌスは自身で，書記の下署の上に自分の名前を赤い字で《Gozlinus》と書いている。我々はこの銅版印刷された文書においては朱で記されたものは太字で書き，行を空けて区別するように配慮した。明らかに，シャルル禿頭王はギリシア風の栄誉を追いかけることを決心するに至っていた。但し，彼は一部フランク風，一部ギリシア風の服装をしていただけのことであるが。『サン=ベルタン年代記』とエモワンがそれについて伝えている如く，彼は両方の様式を 876 年のポンション公会議で採用していた。更に，同シャルル禿頭王はまだ皇帝になってはいなかったのであるが，トゥール在，サン=マルタン修道院に宛てた文書数通の中で自分の名前を赤い色で下署している。シャルル禿頭王のあと，西ヨーロッパの他の皇帝がこの皇帝朱を使用していたかについてはまだ確認できていないが，彼らのいろいろな文書に黄金の印章が吊り下げられていたのが確認されている。しかし，皇帝以外にも，デュ・カンジュがカミッロ・ペレグリノ [283, 1, 232] と修道士ミカエル [259, 649] に基づいて指摘している如く，カプアの諸侯と大司教が同じ朱色で文書に下署していた。その上，フランスにおいては，1184 年に交付されたランス在，サン=レミ修道院に宛てた，ヴィエンヌ=ル=シャトの騎士ゴティエの「知っておくべし《Notum sit……》……」の文句で始まり，最初の文字《N》が朱色で記されている文書以外に，頭文字が赤で記された文書を我々は見たことがない。

第 6 節　金色または銀色のインク

赤インクから金色と銀色のインクに進むが，昔の人々は筆記用として両方とも使用していた。それはいろいろな所で確認され，聖ヒエロニムスのヨブ記註解の序文において，「深紅に染めた羊皮紙に金と銀のインクで，または〈ウンキアレス〉と一般に言われている骨の折れる文字で詰まった古い巻子本を欲しがる人たちがいる。私と私の仲間たちは質のよくない用紙しか持っていないし，写本にしても美しいものよりも手直しされたもののほうが多いと言うのに」，また同聖者のエウストキウスに宛てた書簡において「ある者は朱色の羊皮紙を所持している。ある者は金色のインクで書簡を書いている」と証言している。聖エフラエム [373] は『訓戒』47 で「深紅の文書」と呼んでいる。ここで，修道士がこの仕事に従事したことを伝えていて，「あなたは深紅の文書を作っているのか。皮鞣職人のことを考えなさい」とある。アナスタージオは [ニカイアでの] 第 6 公会議 [787] の議決 10 条で「金色の文書」と呼んでいる。それ故，金色と銀色がより鮮やかになるように，羊皮紙が朱色に染められていたのである。しかし，このような筆記方法は諸侯や有力者に特有のものであったが，彼らによって無差別に使用されていたのではなかった。従って，テオ

ンは近侍の役人ルキアヌスに「特別に君主が要望しない限り，朱色の羊皮紙を使って金の文字で全巻が記されるよう指示しない」[2, 12, 529] よう忠告している。これらの使用は殆どが聖なる書物に限られていた。人々は畏敬の念から，それらを金または銀の文字で書くように心がけた。司教にして殉教者，聖ボニファーティウスが女子修道院長エアドブルジュに宛てた書簡28の中で，「そういう訳で，これまで私は説教をするさい，肉の目の前に置かれている聖書の名誉と畏敬のために，あなたが私の主人である使徒聖ペテロ宛てに金色で書簡を記すことを切望する」と言っているのもそのためである。これが金文字で書かれた福音書のことで，ルイ敬虔王がソワソン在，サン＝メダール修道院に贈与したものである。更に，我々は類似のものをパリ在，サン＝ジェルマン＝デ＝プレ修道院に持っている。そこでは特に，詩編入り典礼書(パリ司教聖ジェルマンのものであったと伝えられている)が秀逸で，それは朱色の鞣し皮に金，銀のローマ文字で記されたもので，我々はその一つの見本を銅版印刷で作ることにした。類似のものとして，ランスのノートル＝ダム大司教座教会にある福音書，パリ市議会の議長である，非常に有名なアルレ氏が所有している福音書がある。更に，伯エヴラールが遺言書によって彼の息子ベランジェへ「金文字で書かれた詩編入りの典礼書」，そして同じく「アダラールに金文字で書かれた書簡と福音書からなる聖務日課書」を遺贈している。また，ときどき君主は同じような方法で，通常の願望を書き記すように心がけていた。例えば，今非常に有名なコルベール図書館に所蔵されているシャルル禿頭王の祈願に関する特別な書がそれである。それと殆ど異ならないものとして，同王の金文字で書かれた羊皮紙で出来た小さな写本がある。それはかつてはテゲルンゼー[南ドイツ]司教座教会のものであったが，今はウィーンの皇帝図書館に保管されている。この小写本は[1585年に]インゴルシュタットで，スカラ[南イタリアの都市]司教フェリチアーノによって出版されている。同司教はレーゲンスブルク[南ドイツの都市]のザンクト＝エメラムス教会の文書庫でも同じように金文字で書かれた，シャルル禿頭王によって奉納された福音書が保管されていることを指摘している。これらに，ジュニウス[イギリスの文献学者，1677]が刊行した，ゴティック文字で書かれた冊子本を加えておこう。更に，この様式の最も古い使用例，つまり金色または銀色インクで筆記するそれは，司祭長エレアザルスが72名の翻訳家の協力のもとに作成した，非常に薄い羊皮紙に金文字で書かれた聖書をプトレマイオス・フィラルデルフムに贈ったと述べていることからも引き出せるし [211, 12, 2]，またマシュー・パリスの聖アルバンの事績に関する書からも引き出すことが出来る。そこで修道院長エアドマルスの時代に9人の職人が聖堂を建立するのに苦労し，「地中に隠れ屋を掘っていたとき，古代の都市(つまり，セント＝アルバンズ)の中央にある宮廷高官の邸宅の土台を壊してしまった。そして一つの壁の空洞の中に，恰も戸棚の如く，数冊の小さな本と巻き物数巻と共に，長い時間の経過によって少し破損した見知らぬ本を発見した。その文字もその文句もその古さから，そこにいた人の誰もが知らなかったものであった。形は古かったが，文字ははっきりとしていた。その銘と表題は金文字で飾られて輝いていた。柏の板，絹の紐，大部分において最初の堅牢さと装飾を保っていた」とある。マシューは付言し，発見されたこの古いものは既によれよれになっていたが，文学に造詣の深かったウンオナが「その他の写本におけると同様に，上記の写本の文字をはっきりとそして明快に読み上げた。それは市民がセント＝アルバンズに住んでいた時に，人々が日常書いていた文字であった。そしてその頃使用されていた古代ブルトン人の言い回しであった」と言っている。但し，ラテン語で書かれていた聖アルバンの生涯に関する書物は別であるが。

我々が海魚の腸に金文字で書かれているホメロスの詩に関して叙述したこと(本巻8章3節)，そして『聖者記録集(ベ)』4世紀の付録 [4, 4-2, 552] に掲載されている，エンディ [8世紀初頭] 作のヨーク司教聖ウィルフリド伝の補遺を参照せよ。後者において，聖者ウィルフリドは4冊の福音書が朱色に染められた羊皮紙に純金の文字で書かれ，更に一つの「ビブリオテカ」，つまり蔵書目録も同様にして書かれ添えられるよう命じている。より新しい時代に関しては，サン＝ドニ修道院にマヌエリス・パラエオロゴス [ビザンツ皇帝, 1425] の贈物の一つとして，聖マクシミーンの講話を伴った，聖ドニの事績に関するギリシア語の逸品があるが，それは最高級の羊皮紙にすべて金文字で書かれたものである。しかし，同院には朱色の羊皮紙に銀文字で書かれた，より古い福音書もある。加えて，典礼書がこのように書かれることも珍しいことではなかった。

第7節　文書も上記のインクで書かれていたのか

再び文書に戻ると，それらの少なくないものが金文字で書かれている。私はそれらの中にロンバルディーア王アリペルトの文書を見いだす。パオロ・ヴァルネフリディがそのロンバルディーア史 [280, 6, 28] の中で証言している如く，同王は金文字で書かれたコチアン＝アルプスにある世襲財産に関する贈与文書をローマに発送している。同種のものとして，金文字で書かれたアングリア王エドガの文書が『アングリア修道院史』[128, 1, 211] の中で読むことが出来る。プリチェッリはミラノのサン＝タンブロージョ教会の建物に関する本の中で，王ウーゴと王ロタリオの文書の原本が「金文字で書かれていたこと」[298, 282]，そしてその他数名の王と皇帝の「魚皮に金文字で書かれた」文書が同じ教会の文書庫に今日でも保管されていると証言している [Ibid., 283]。しかし，カラーブリアの君主ルッジェーロ・ギスカルドは司教座を[シチリアの]タウリアナとビボナから(カラーブリアの都市)ミレトに移すために，教皇グレゴワール7世宛てに「黄金文書」と呼ばれ，ギリシア文字で記された，設置及び寄進に関する文書を発給した。それは，かつてヴァティカーノ図書館の館長であったニコーラ・アラマンニによってラテン語に翻訳されている。それは『神聖イタリア』1巻 [347, 1, 1022] に収められている。しかし，これと同種の幾つかの文書も黄金文書と呼ばれているが，我々が別の箇所[本書2巻16章]で述べている如く，それは金文字によるものではなくて，それに吊り下げられた金印，つまり黄金の印章に由来する。文書に関する限り，私には銀文字で書かれたものを読んだ記憶がない。更に，上掲のアンリ・ド・ヴァロワがエウセビオスに関する書 [351, 217] の中で，ドラコンの立法が黒インクでなくて身血で書かれていたと指摘していることをここで述べる必要はなかろう。下署するためにキリストの身血が使用されたことに関しては，次巻22章を参照されたし。本章では，古人が筆記するために使用していた道具，即ち尖筆，鉄筆について論じられねばならなかったのであるが，それらに関しては本書『補遺』11章 [238] で取り上げられている。

第 11 章

第 1 節　いろいろな種類の古書体

　文字が発明される以前,「エジプト人は最初に動物の姿を借りて観念を表現し,自ら文字の発明者と称している。次にフェニキア人は海上で強大であったため,それをギリシアに持ち込んだのであるが,他者から受け取ったものを自らが発見したとの栄誉を得ている」[339, 11, 14] と言われている。コルネリウス・タキトゥスのこの見解がどうであれ,古代ラテン人の間では多種多様な書体と種類と形の文字がすぐに現われた。そのうちのある筆記様式がローマ人の間で広まり,また別の筆記様式が他の民族の間で広まった。そして民族のこの多様性のために,民族とほぼ同数の筆記様式を数え上げることが出来よう。更に,各民族ではそれぞれの時代に異なった筆記様式を数えたであろう。通常,4 種類の書体,つまり古ローマ,ゴート,アングロ・サクソン,ロンバルディーアのそれが挙げられている。しかし,古い写本や記録の中で,我々の手許に残されているすべての書体が上記の分類に属しきれないことがあるため,この分類は適切でない。我々より前に,ローマの宮廷人であったジョヴァンニ・バッティスタはいろいろな書体,つまりローマ文書局書体,同じくローマ,フィレンチェなどの商人書体,ローマ教皇文書局書体,ナポリ書体(俗に「厄介な」と呼ばれる切り込まれた書体),公証人文書書体,フランス,スペイン,ロンバルディーア,フランドル,チュートンまたはドイツ,そしてその他の殆ど恣意的に選ばれた書体を表現しようと心がけた。同じ頃,ヴェネト某も同様の表現をしようと心がけている。しかしこれらの殆どすべては比較的新しい時代のもので,ここで考察しようとする,もっと古いものではなかった。フランスでシャルル 9 世 [1574] が統治しているとき,国王官房付き書記ピエール・アモンがこの意見を取り入れた。彼はあちこちの図書館と文書館からいろいろな書体の見本を,我々が序論の中で明らかにした如く,非常に巧みに模写している。しかし彼の仕事は,その原因は不明であるが,不完全のままで残された。彼は公的には使用されなくなっていたラテン語のアルファベットと見本を少しではあるが模写している。この後を継いだのがジェイムズ・ボナヴェンチャー・ヘプバーン [イギリスの言語学者, 1620] であったと言われている。1616 年,彼はローマ教皇庁の認可と有力者たちの同意をフィリップ・トマサンを介して得ると,ローマで図版を銅版に彫って印刷しようと試みた。それには「兄弟ジェイムズ・ボナヴェンチャー・ヘプバーン・スコットの作になる,聖処女マリアへの 72 の称賛が彫刻された黄金の笏。その 72 の中にいろいろな形のアルファベットと同数の装飾されたアルファベットが含まれる」[369, 6, 47] との表題が付されていた。私はこの図版を見ることが出来なかったが,それを読んだオーレ・ウォルム [本章 7 節参照] の書から理解する限り,そこでのアルファベットは一部はビザンツ人,一部はかなり後世のラテン人が使っていたものである。従って,未熟な知力ではあるが,我々に説明することを迫っている古い書体に関する論述は手つかずのまま残されていることになる。

第 2 節　適切な分類

　上に掲げた書体のすべてから我々の提案に関係するものは，要するに最初の 4 種類，即ち古ローマ書体，ゴティック書体，ロンバルディーア書体，そしてサクソン書体である。そのうちのローマ書体はローマ人とイタリア人の間で黄金期を享受し，ゴート人がイタリアを彼らの軛の下に置いた 5 世紀まで生き続け，そして彼らはゴート文字によって暫くの間ローマ字を悪化させた。次に 6 世紀，ロンバルディーア人がイタリアに入ってくると，ロンバルディーア書体が日常の使用語となった。このようにして貶されたローマ書体は書物を著すのにしばらくの間，つまり 8 世紀まで生き続ける。そしてそれ以降は，ローマ書体は殆ど書物の表題で使用されるに過ぎなくなる。但し，君侯のために豪華に書かれた何冊かの書物は別であるが。こうして，ロンバルディーア書体はイタリア人の間で 12 世紀まで勢力を維持した。そしてこの時から，この書体は徐々により洗練されたものへと変身し，これが今や新ローマ書体となっているのである。以上が，イタリア人の間で起こったことである。

第 3 節　ガリア人の古書体

　ヒスパニアにおいて，西ゴート人はゴティック書体を使用していた。ブルトン人またはアングロ・サクソン人はサクソン書体を使用していた。しかし，ガリア人，ゲルマン人，そしてその他の北ヨーロッパの人々はどの書体を使用していたのであろうか。フランク人の到来以前のガリア人の間に，言葉と同様に独自の書体が存在していたことは明らかである。しかし，その時代における記録が我々の時代には全く残っていない。但し，かなりの数量の碑文は残っているが。それらから，ブテル［フランスの貨幣史家，1680］は貨幣に関する著書 [57] の中で，ガリア人の古いアルファベットを探し出そうと試みた。我々はそのアルファベットをふさわしい箇所で可能な限り紹介するであろう。我々のイタリア旅行記 [236, 141] の中には，ガリア人の書体の古い様式から取られた，ガリア人ゴルディアヌスの碑文がある。フランク人がガリアに到来したあと，ガリア人は 2 種類の書体を使用していたようである。一つは非常に多くの古写本で見られるローマ書体，一つは文書や一部の書物を作成するために使用された小型の書体である。我々はそれがメロヴィング王朝下の王文書と私文書の至るところで唯一の書体であったことを指摘しておいた。この書体は既に以前から文字の粗野さと困難さから「蛮族書体」と言われているが，それをフランク・ガリア書体またはメロヴィング書体と呼ぶことが出来よう。カロリング諸王のもとでこの書体は徐々に洗練されたものとなり，この時代において特に二つの書体が我々の民族の間で勢力を伸ばした。一つは今日のイタリア語の書体に接近し，シャルルマーニュの文書の一部，ルイ敬虔王とシャルル禿頭王のすべての文書で確認されるものである。このため，この書体はカロリング書体と呼ぶことも出来よう。他の一つは書物や宗教会議録を作成するために使用されていたもので，ローマ小文字の形態とは少し異なっている。以上が，ガリア人に関してである。他方，デーン人の間では，ゴート人司教ウルフィラス [383] が考案したと伝えられている，ゴティック書体とは異なるルーン書体が優勢であった。但し，ルーン書体はウルフィラスがそれを考案する前と後において，ゲータ人またはゴート人がそれを使用していたため，ゴティック書体とも呼ばれている

が。要するに，ゲルマン人は最初，ゴティック書体に親しんでいたことは本当のようである。従って，彼らがチュートン書体と言う特有の書体を発案するまでは，我々のフランク人が使用していたと我々が言っているのと同じ書体を使用していたことになる。我々の仲間，ジェネブラール［エックス＝アン＝プロヴァンス大司教，1597］は別の意見を持っていたようで，西暦 428 年のこととして次のことを想起させている。「ゲルマン人は学問に秀でていなかったのであるが，つまり 800 年，即ち彼ら自身が明言している如く，シャルルマーニュの時代から，彼らの言葉を文字で表わすこと，そしてキリスト教と共に学問を受容することを始めた。その頃その地でいかなる文字が使用されていたかについては探究する必要はないが，タキトゥスが言っている如く，男も女もそこでは等しく文字の秘密を知る者はいなかった」と。オーレ・ウォルムはこのジェネブラールの見解をルーン文字に関する著書 [369, 20] の中で反駁している。そして彼はシャルルマーニュの時代よりも約 600 年前に父祖の文字，つまりルーン文字で書かれたデーン人の間で使用されたこの文字に関する相当量の史料を引用している。これに対して，修道士オトフリド［ドイツの詩人，870］はジェネブラールの上記の推論を確認している。彼は福音書のチュートン語版の序文の中で，「この言語は書き方に関してもその他の技術に関しても，いかなる時代においても土地の人々によって磨き上げられていないので，恰も生の状態で存在している」と言っている。800 年より前はそうであった。しかし，ゲルマン人が司教にして殉教者ボニファーティウスとシャルルマーニュの時代以前において，文学や学問よりも軍事に力を注いでいたと言ったならば，これらの見解は容易に調和することになる。但し，彼らはそれ以前において，ウォルムによって引用されたデーン人のそれの如き，かなりの量の文学作品を刊行しているのであるが。その中で特筆すべきは，フランシス・ジュニウスが刊行している，かつてヴェルデン修道院が所有していた，1000 年以前にゴティック文字で書かれた銀本の福音書である。以上で簡単に概観された問題は，今度はより詳しく個別に論じられねばならない。

第 4 節　ローマ書体の二つの普及した形態。純粋なものと半ゴティックなもの

　ローマ書体から始めると，それには 2 種類あった。一つは大文字からなっていて，それらは古くから「ウンキアレス」（何故ならば，それはウンキア，つまり 1 フィートの 12 分の 1 の大きさからなっていたので），「腕尺の長さ」，「大きい文字」，「角文字」と呼ばれていた。他の一つは小文字からなっていた。形は大文字と同じであったが，大きさが違っていた。これは昔の人々の間で「小文字」《minuta》と呼ばれていたのであるが，更に（一部の人々には好ましいことであるが）「極小文字」《minutissima》，「丸文字」《rotunda》とも呼ばれていた。つまり，これらは速記用の書体のために，技術においても形においても完成されたものではなかった。私はローマ書体のこの差異を聖ヒエロニムスのヨブ記註解の序論から抜き出すことにする。その中で，彼はウンキアレス文字を彼が用紙に筆記するときに使用していた書体と対置させている。そこで彼は，「冊子本よりも深紅に染めた羊皮紙に金銀のインク，または〈ウンキアレス〉と一般に言われる骨の折れる文字で詰まった古い巻子本を欲しがる人たちがいる。私と私の仲間たちは質のよくない用紙しか持っていないし，写本にしても美しいものよりも手直しされたものの方が多いと言うのに」と言っている。それ故，ヒエロニムスの用紙は金銀で彩られていなかったし，またウンキアレス文

字ではなくて，形はそれと同じであったが，ローマ小文字で書かれていた。事実，フェリエール修道院長ルゥ [862] はウンキアレス文字の寸法が明確に定められていたことをエジナールに宛てた書簡 5 の中で，「その上，国王の書記ベルコが古い文字，つまり一部の人々によって〈ウンキアレス〉と呼ばれている最も大きな文字の寸法を復元したと言われています。それ故，もしあなたの手許にそれがあるなら，その写しをこの絵師を介して彼が戻るさい，最大の注意のもとに封筒に入れて私の所へ送って頂きたいのですが」とはっきりと示している。以上から，二つの推論が可能となる。一つはウンキアレスは一定の寸法と形を持っていたこと，つまりどんなに小さい文字であっても，「ウンキアレス，腕尺の長さ，大文字，角文字」は同義語であると考えるアッラチの見解 [17, 58] とは異なって，1 ウンキアの大きさを持っていたこと。一つはフェリエール修道院長ルゥがそれらを古い文字と呼び，それらの寸法を多分知らなかったであろうことから，このウンキアレス文字はカロリング時代に入って余り使用されなくなっていたことである。その上，この骨の折れるウンキアレス文字はあちこちで使用されてはいなかった。それは豪華に書かれた碑文や書物に限られ，そして書物の非常に多くで，紙の裏面ではなくて向い側にこの文字は書かれていた。これに対して，写本を作成する際に，古いローマ小文字が共通して使用されていた。今日に至るまで我々がそれらの多くを手許に持っている如く，それらに関する見本はそれぞれの箇所に掲載されている。その中には，（私が考えるに），ロテールによって建立されたシエーナ地方アッバディア在，サン＝サルヴァトーレ修道院で「教皇ピィ 2 世 [1464] が食い入るようにして見た，大文字で書かれたあの最高で素晴らしい新・旧約聖書」[159, 9 init.] の本があったであろう。これら二つの書体は特にローマ人の間で，5 世紀までその勢力を維持した。実際に，我々に残された 1000 年前の古い書物はこの第 2 の書体（俗に，そして誤って「ウンキアレス」と呼ばれているのであるが）を至るところで優先させているが，8 世紀になるとそれは殆ど廃れてしまう。しかし碑文を書くに際しては，それは使用され続ける。ときどきウンキアレスも用いられていて，古書体とは少し異なるものであった。その間クラウディウス帝 [ローマ皇帝, 54] はこの古い書体を変えている。コルネリウス・タキトゥス [339, 13 et 14] によると，同帝は「新しい文字，つまり彼が帝位にあった時に使用されていたが，その後で廃れてしまった三つの文字を付け加えた」と。次に，ギリシア語の《Γ》の如く綴られるのが習慣になっていた文字《P》は書き方が変わって，今日の形に描かれるようになった。その時ゴート人のアルファベットの一部の文字は，ゴート人がイタリア及びローマが支配する諸地方に侵入したあと，ローマ字の中に入り込んだのである。これらの文字が《A》，《E》，《G》，《H》と角張った《U》である。これらにローマ書体が崩れゆく過程で，他の文字の水準をいつも下回ってしまう《P》と《Q》を付け加えておこう。

第 5 節　第 3 の書体として小文字が使用されている

　これら 2 種類のローマ字以外に，少なくとも皇帝権が衰退した時期に第 3 の書体，つまり法律家たちが使用していたウンキアレス文字と大きさのみならず，形においても異なる小文字が使用されていたようである。人々が常に追求する便利な筆記法がそのことを私に容易に想起させる。例えば，6 世紀のラヴェンナの非常に多くの文書がそれで，その中の 1 通が完全な形でウィーン図書館から転写され，本書の最後に収められた見本集 [図版 LVIII] に銅版印刷されて掲載されてい

る。また王立図書館から本書の『補遺』[238, 114]に転写された十全保証に関する文書もそうである。同図書館に所蔵されている，ウルススとポレミウスが執政官の時代に死んだガウデンティアの同一墓碑銘では2種類の書体が確認される。同じものが5，6世紀のガリアにおいても使用されている。この時代には第2のローマ大文字は写本を作成する際に至るところで使用され，小文字は我々のメロヴィング諸王やその他の文書から理解される如く，公的な文書を作成するのに採用されていた。ヴァティカーノ教会図書館に所蔵されたヒラリウスの三位一体に関する書に匿名者によって付記された章句を付け加えておくと，それは「トラサムンドの統治の14年」，即ち西暦510年に非常に小さな文字で書かれたものである。同じく，昔のローマ人の間で非常に小さな書体が普及していたことは本当のようで，それをプラウトゥス[喜劇作家，前184]は『バキデス』，キケロはプリニウスの書[291, 7, 21]，そしてセネカは書簡95で「非常に小さな文字」と呼んでいる。こうして，エヴァグリウス・ポンティは「速記文字をきれいに書いていた」とパラディウスが証言している如く[273, 86]，これはギリシア語で書かれたものであるが，更に同様の理由で，それからローマ字に取り入れられることは当然あり得ることである。私はカリグラ帝[ローマ皇帝，41]の法律が「コピーの作成を防止するために，非常に狭いところに，非常に小さな字で」とスエトニウスの書[336, in Calig. 41]にある如く，この種の文字で書かれていたと推量する。

第6節　ティロ式速記文字

キケロの解放奴隷ティロが考案したと言われているこれらの速記文字を，ローマ文字に加えることが許されよう。これらの速記文字に関する情報をグルーターが碑文に関する書[174]の末尾に載せているが，それは以前はトゥ図書館の，そして現在は有名なジャン・バティスト・コルベールの図書館に所蔵されている古い綴じ本のそれと同じである。更に，我々の手許には，この速記文字で書かれた古い詩編集がある。これ以外にもこの文字で書かれたものが少なくないが，それらに関してはこれ以上言う必要はなかろう。

第7節　ルーン文字

ようやく私はルーン文字の最も古い形態に到達した。それについてはオーレ・ウォルムがある時は『デーン人の歴史』[370]，またある時は『デーン人の記念物』[368]，そして特に1636年にコペンハーゲンで出版された『デーン人の文学』の中で註釈を付して十分に解説している。この本[369, 1]の中で彼はデーン人こそがそれらの文字の発明者であることを正しく教えてくれている。彼は古い土着の言葉で畦を意味する《Rynner》からその名が付いたと推論する。石と尖った角で刻まれた文字の線がそれに似ていたためで，デーン人はその言葉を都合の悪いものとしてではなくて，美しい隠喩として使用していたのである。そして彼らがそれらの文字を「畦」文字と呼んだのは，ちょうどローマ人が書くことを意味するために「耕作する」《exarare》という語を用いたのと似ている。その上，ルーン文字は神秘的で秘められた文字であると呼ばれているが，それは他の民族の言語と異常なまでに異なっているためであり，また彼らの神秘術，例えば魔術とか幻惑術(これらに関しては，ボレアリス[「北風神の国」の意]，つまり世界のこの地域がその他よ

りも優位に立っているし，これまでもそうであった)の中で，このような文字が特に光彩を放っていたからである。そして最後に，ウルフィラス以前にゴート人によって使用されたので，それはゴート文字とも呼ばれる [Ibid., 4] と述べている。ルーン文字に関して，ヴナン・フォルチュナは「野蛮なルーン文字はトネリコの薄い板に描かれている。しかしパピルス紙に関しては，平らに削った細い棒を用いなければならない」[143, 8, 18] と言っている。確かに，デーン人はブナのみならずトネリコの木，更には骨や樹皮に彼らの文書を書くのを常としていた。これらの文字に関しては，ラバン[・モール，マインツ司教，856]が言語の発明に関する書の中で言っていることが傾聴に値する。彼は「我々が今日ノルマン人と呼んでいるマルコマンニ人が使用していた文字を以下に掲載する。チュートン語を話している人々はそこに自身の起源を持っているのであるが，これまで異教の儀式に包まれていた彼らの歌，魔術，予言をそれらの文字で表現するよう心がけている」と言っている。ウォルムはフランク王シルペリックが世俗の言葉に書き添えたあの4文字 [167, 5, 45/8, 3, 41] がこれらのルーン文字から受け入れられたと推論している [369, 9] のに対して，ゲルハルト・ヴォシウス[オランダの学者，1649]は文法書9巻でエモワンに依拠して，これら4文字，つまり《Ω》，《Θ》，《Φ》，《Χ》はギリシア語から借用されたと主張する。しかし，ウォルムはトゥールのグレゴワールに依拠して，それらはエモワンによって間違って記されたものと反論する。

　ゴティック文字をルーン文字(それはゴティック文字とも呼ばれてもいる)と完全に混同している人々は，オーレ・ウォルムによって簡単に反駁されるであろう。彼はキリストの世紀の初期，つまりスコラテス・スコラスティクス [328, 4, 33]，ソゾメヌス [330, 6, 37]，その他が，ヴァレンティニアヌス帝[ローマ皇帝，375]とヴァレンス帝[同，378]の時代に生きていたと証言しているアリウス派司教であるゴート人のウルフィラスよりずっと以前に石に刻まれたルーン文字の記念物を刊行しているからである。更に，オーレ・ウォルムとフランシス・ジュニウスは両者の相違を明らかにしてみせた。前者はルーン文字を明快に解説した。後者は福音書が銀色のゴティック文字で書かれている『銀本』の序論において，ゴティック・アルファベットとルーン文字とを比較している。以前，最も秀でた人であるヤヌス・グルーターが，この『銀本』の断片を翻訳したことがある [174, 146]。同じく，彼はその碑文に関する優れた書の中で，ウンブリア地方[イタリア南部の州]で発掘された8枚のゴッビオ青銅板から取り出された幾つかの奇妙な文字を掲載している [Ibid., 142]。その一つは彼には逆さまのギリシア文字のように見えたのであるが，一部の人々はそれをアエオリイ人[古代トスカーナ人]の言語と呼んでいる。残りはラテン文字であるが，彼はエトルスキ人の言語で書かれていると推量している。これらの北方人の古い文字と言語に関しては，この巻の別の序論の中で言及されている，イギリス人，ジョージ・ヒックスの書[本書13頁]が参照されねばならない。

第8節　ロンバルディーア書体

　しかし，北方人の言語はこれから問題にするフランク・ガリア語とロンバルディーア語よりも，我々のテーマとの関連は比較にならないほど低い。即ち，ゴティック語と親戚関係にあるサクソン語に関しては，ジュニウスとエイブラハム・ウィーロック[イギリスの言語学者，1653]の書物の中で十分に解説されている。特にエイブラハムは，アルフレッド[イングランド王・聖者，899]によっ

てサクソン語に翻訳されたビード作の歴史を，ラテン語版との対比の形で我々に提供してくれている。他方，私はロンバルディーア的要素を明らかにすることに長い間，頻繁に係わってきたことをここで告白する。それは，これについて確実なことを伝えている作家を誰も見いだすことがなかったからである。この種の文字に関しては，確かに，「ロンバルディーア人のそれのような言語は，もし過剰な線の中に巻き込まれなかったならば，読み易く，句読点が付され，洗練されたものとなるのだが。……」といったジェルソの叙述が存在した [157, consid. 9]。しかし彼のこの叙述は，その当時ロンバルディーア人の間で使用されていたその古いロンバルディーア文字よりも，今日のイタリア語に似ている文字に妥当するものと私は考える。事実，このロンバルディーア文字は，修道士アウグストがそのカマルドリ会の歴史 [30, 2, part. post. 9] の中で指摘しているのであるが，ピチェーノ[中部イタリア]在，サン＝ミケーレ修道院に宛てたロンバルディーア語で書かれた[教皇]グレゴワール7世の文書をヴィンチェンツォ・ボルギミウスがカマルドリ会士のために「ラテン文字で分かりやすく翻訳した」とある如く，「読みやすくもなく洗練されてもいなかった」。これらの曖昧さに少なからぬ光明を提供してくれているのがソメーズで，「事が始まると」《inceptis rebus》と読めるヴァロの文言を，「不明瞭なこと」《incertis》と訂正している [317, 699]。「人々がロンバルディーア文字(それによって書かれた昔の人々の非常に多くの本が発見されているのであるが)と呼んでいる文字では《p》と《r》とが書き方において殆ど似ている」との指摘が彼の訂正の正しさを証明している。このことは，更に，サクソン文字に関しても確認することができる。加えて，ショップ[ドイツの文献学者，1649]は評論に関する著作の中で，古い本があちこちでロンバルディーア語で書かれていると判断している。しかし，ついに私は私が心を動かされていたロンバルディーア文字の手本にラヴェンナ大司教レオーネの文書を使って，ある時は古いローマ教皇の使徒文書から，ある時は非常に勝れた枢機卿カサナータ(彼は私をこの探究から解放してくれたのであるが)の意見から，この文字の形を習得したのである。更に，ジョヴァンニ・パラティーノの見本はロンバルディーア古文字と似ていた。もちろん，これらの古文字は，文字の形は時代の相違，更には書く人の身分によっても少しずつ異なっていたので，他のものとは幾分異なっていた。言うまでもなく，同じ種類の文字であったが，あるものは外国人の手，またあるものは文法家の手になるものであった。我々の見本もこれを証明している。この種の文字が12世紀のイタリア人の間で使用されていたことは，サン＝ドニ修道院に付与された教皇パスカル2世の文書や，ジャンバチスタ・マリ [248, 29/284b] とウゲッリ [347, 7, 1372] が証言しているところによると，600年ほど前に作成されたロンバルディーア文字で書かれたガイフェリウス[モンテ＝カッシィノ修道士・詩人，1089]の小冊子が保管されているモンテ＝カッシィノ修道院の蔵書からも明らかである。

第9節　フランコ・ガリアまたはメロヴィング書体

　その他の民族においてもそうである如く，時代によって異なっていたわがフランコ・ガリア文字にようやく辿り着くことになった。我々の三つの王朝下でそれらがいかにあったかを言葉よりも図版の方が正しく教えてくれている。メロヴィング時代の王文書においてはどれでも画一性が守られている。それは教会作家に関する聖ヒエロニミスやゲンナディウスの非常に古い，我々が所有する写本の中にあるものとすべてにおいて一致している。我々はこの本から一つの見本を印

刷した。同じくもう一つを，かつてはコルビ修道院にあったが，パリ教会の歌隊員であった尊敬すべき人物，クロード・ジョリ［フランスの弁護士・聖職者, 1700］の贈与によって（我々は今は亡き彼からこの本を譲り受けたのであるが），今はパリ教会の図書館にあるトゥール司教グレゴワールの『歴史十巻』の写本から印刷した。非常に細心な人，アドリアン・ド・ヴァロワはこの写本をみ，そして出版されているものと比較した。そして彼はこれについて，フランス人の歴史 [350]，第 2 巻の序文で「序文を伴ったこのコルビの写本は作者の名前と書物の表題を前に出している。もしあなたが書物の最初を除外するならば，それはあまり大きくない蛮族の言葉で書かれているうえ，文字がくっつき合い，非常に多くの語が幾つかの速記文字で表現されているため，読者は言い当てなければならないほどである」と述べている。もしこのいと博学な人にとってその文字の形が非常に風変わりだと見られても，それは驚くに値しない。ヴェルダン司教管区のサン=ミイエル修道院の年代記を 11 世紀に著したある修道士は，同修道院の創設者である伯ウルフォアール（彼はメロヴィング時代の後半に生きていた）の遺言書がその当時既に「転写しなければ殆ど読解が不可能なほどに古さによってよれよれになっていた」[235, 2, 38] と告白している。同じく 10 世紀に，年老いた作者ガッルスは，サン=チュベール=ダルデンヌ修道院長聖ベルジの事績伝 [4, 4-1, 194] の中でこの字を「蛮族の言葉」と呼び，それは難しくて殆ど読むことが出来ないと不平を洩らしている。即ち，王ティエリによってなされたサン=チュベール=ダルデンヌ修道院［東フランス］への寄進文書に関して，彼の言葉は「それ故，私がこれを解明しようとしたとき，難解さのために蛮族の言葉の中へ容易に入ることが出来なかった。その文書自身が明らかにしていたためであるが，やっとのことで，それが王ティエリの治世の 5 年に下付されたことに気づいた」のように始まっている。これらの時代からより一層隔たっている我々にとって，メロヴィング時代の人にとっては馴染みのものであったこの蛮族の言葉が読みにくいとしても，そう驚くにはあたらない。しかし，このメロヴィング文字で書かれている非常に古いこれらの写本の中で，あるものは本の表題と最初の数行が印章や貨幣の銘と同様に，半ゴティック様式のローマ字で作成されていたり，またあるものは本全体がローマ字で書かれたりしていた。アルド・マヌティオ［イタリアの出版家, 1515］がヴェネチアの元老院議員アロイシオに宛てた書簡の中で言及している写本に収められた小プリニウスの書簡は，多分ここに記された文字で書かれていたであろう。彼はガリアに派遣された使節で，そこからイタリアに「我々のとは異なる，そしてそのため長い間それに習熟した人でないと読むことができない文字で羊皮紙に書かれた」プリニウスの書簡を持ち帰ったとのことである。

第 10 節　カロリング書体

　最初の王朝が滅ぶと，シャルルマーニュは書体を綺麗にし始めた。より正確に言うと，差し当り綺麗にされていたメロヴィング書体をより上品な形に改めようとした。まず，それはメロヴィング書体のかなりのものを残すことになった。しかしその後，一層洗練されたものになったので，最終的には今日までローマ小文字書体の名前を維持しているその形に落ち着いた。しかしフランク人はこの形の文字を，あちこちにロンバルディーアの要素を使用していたローマ人から受け継いだのではなくて，ローマ人がフランク人から受容したように思われる。イタリアの書体に似て

いるもう一つの書体がその頃，特に我々がすぐ後で解説することになる，ルイ敬虔王の時代以降の王文書においてカロリング時代の人々によって用いられていた。それはメロヴィング時代の人々の間で既に受容されていたもので，ルイ敬虔王の時代にもっと長く，洗練されたものになる細長い頭文字を持った書体である。続いて，カロリング諸王はローマ字の大文字を昔の黄金期のそれと殆ど異ならない形に戻した。我々はこれまで述べてきたこれらすべての書体のアルファベットと見本をそれぞれの箇所で表示するであろう。

第11節　文書と写本の両方で同じ書体が使用されていたのか

　このように述べてくると，メロヴィング時代のフランク人が文書を作成するさい，どのような書体を用いていたのかが問われねばならない。続いてカロリング時代の人々，更に400年にまたがるカペ王朝の人々，また更にラテン語圏のその他の人々がどのような書体を使用していたかが，同じように問われねばならない。

　文書の書体は古い写本の書体から常に判断されねばならないとは限らない。もちろん，一種類の形として十分に統一された文字が文書やその他の記録を作成する際に使用されている。それが7世紀のいろいろな手稿原本から我々が理解している如き，フランコ・ガリア文字，または(私が呼ぶところの)メロヴィング文字である。しかし，7世紀の古写本の中では，少なくない手稿原本の中で確認されるメロヴィング書体よりもローマ大文字書体の方がより頻繁に登場する。例えば，コルビ修道院写本所収の聖ヒエロニムスとゲンナンディウスによる教会作家たちに関する書物，更にはグレゴワールの『歴史十巻』の最初の6巻を含むクロード・ジョリ所蔵の写本がある。同様に，これに続く時代においても，殆ど常に幾つかの相違が一般の書記の書体，裁判所の書記の書体，公証人の書体の間に介在していた。但し，その当時写本の中で使用されていたローマ小文字によって書かれた，第2王朝時代に発給された宗教会議に関する記録や文書は別であるが。従って，古い文字に関する概念を与えるために，二つの種類，つまり文書と写本の両方の見本を時代別に分類して並べること，そしてこの主張を例示するために，我々の手許にあるものをすべて利用することにする。

第12節　第1王朝下のフランク人が王文書で使用していた幾つかの書体

　第1王朝の諸王の文書における1行目は，第2王朝下における如く，隙間なく詰まり，長く延ばされたように書く習慣になってはいなかった。そうではなくて，この行は全く簡単な国王の名前と「卓越した人，フランク人の王クローヴィス」の如き一般的な賛辞とを含んでいるだけである。これらの文句はその大半において，羊皮紙または行の端にまで達していず，その余白は大抵の場合そのままで残されている。しかし，王クローヴィス2世の息子，ティエリ[3世]のある文書では，羊皮紙の端から端までがこの種の頭文字によって埋め尽くされている。そして法廷文書においては，最初の1行がいつの間にか小さくなっていく文字によって終止符が打たれていることが少なくない。頭書に続く文書の本文は，フランコ・ガリア文字で本文の最後まで書かれている。それから大文字になって，国王が下署している。それに対置して文書官が下署している。または羊

皮紙の幅がもっと狭い場合は，彼は国王の下に下署している。しかし，交換文書や小さな係争に関する記録の如き，重要でない用件に関しては，伝旨官か文書官や書記が単独で下署することも少なくない。パーペンブレックはザンクト=マクシミーン修道院文書をダゴベールの権威に帰せしめ，第2王朝下とは異なって，第1王朝の人々は文書の最初と最後に（「オンシアル」と彼が呼んでいる）大文字を使用していなかったと判断している［276,41］。しかし，読者諸賢はその最初の行と国王の下署とが大文字で書かれていない，メロヴィング時代の史料を少ししか見いださないであろう。私もそうでない文書を1通，サン=ドニ修道院の文書庫で発見している。それは王シルドベール［3世］の文書で，その書出しは本文と同様の文字で書かれているうえ，本文と国王および文書官の下署において大文字を優先させている。就中，クローヴィス2世の息子，ティエリ［3世］とシルドベール3世は，我々の見本が証明している如く，自分の名前を大文字で書いている。文書官の名前とサインの後，少し余白を置いて，国王の姿を表に刻んだ印章が加えられているが，その肖像は第2王朝の諸王及び諸皇帝の間で慣例であったのとは異なり，横を向いていない。前または後を向いた姿で，円状の名または銘にローマ字が刻まれていて，そこには国王の名前のみが「✝フランク人の王シルドベール」《✝CHILDEBERTUS REX FRANCORUM》の如くある。それから最後に，即ち，下部の余白には本文のそれと同様に，小文字で日付と文書が作成された場所に関する表記が付加されている。つまり羊皮紙の幅に調和するように，そのために文字及び語句が離されて置かれている。シャルルマーニュ，そして特にルイ敬虔王の時代に羊皮紙の幅にぴったり合った引き伸ばした，またはむしろ細長い頭文字が考案された。そしてこの種の書体によるもので，少数を除いては，そして下署において国王や文書官の名前も同種の書体であったが，少数の例を除いて，書記ヒルミンマリスの見本が教えていることとは異なって，細長く書かれることはない。

第13節　カロリング王朝とカペ王朝下で使用された書体

　シャルルマーニュが統治していたころ，フランク・ガリアの常用文字は（上述した如く）変わり始める。そしてまず，シャルルマーニュの時代にそれはより洗練されたものへと変身し，それからルイ敬虔王の時代，そして最後にはシャルル禿頭王の時代にはローマ小文字と今日のイタリア文字に一部似ているカロリング小文字とが混ぜこぜに使用される。もちろん前者はルイ敬虔帝の時代から教会関係の文書と写本の中でも使用され，後者はシャルル禿頭王の時代からシャルル単純王の時代にかけて国王文書の中で使用される。その後カロリング小文字は徐々に廃れ，文字《o》などにおいて，特に王ロテール［1世］の時代に，頻繁に長い線が加えられるが，もしローマ小文字と言ってよいのであれば，ローマ小文字が使用される。カペ時代に入ると，そう頻繁には出会わないが，曲がりくねった細長い字体が手稿本にそのまま残されるが，徐々に復興が始まる。そしてこの書体はほとんど変化することなく，聖ルイ王［1270］の時代まで我々が取り組んでいる文書の中で生き続ける。そしてもしカロリング初期諸王の時代に文書の本文がフランコ・ガリア文字によって書かれていたとしても，その後の諸王に関しては，ローマ小文字に似た文字によって書かれていたし，またサン=ドニ修道院に宛てた王ウードの文書にある如く，《Data》，つまり日付事項が羊皮紙の下隅の余白に大文字で書かれていることもあった。その上，（特に注意を喚起して

おかねばならないことであるが)，文書局においてはそれぞれの時代に殆ど統一された文字が使用されていたことである。もちろん，これは国王文書に関してで，一般の公証人によって書かれた私文書は別である。

第14節　同じく，写本で用いられた書体

写本を作成するさい，書体の変化が存在した。つまり6世紀末，更には7世紀中葉に至るまでフランク人の間においては，古いローマ字の書体の使用が続いた。この時代を通じてフランコ・ガリア文字は文書において定着していたが，書物の技術においても普及していた。この後少ししてから，新しいローマ書体が徐々に(そう思われるのであるが)創出された。非常に多くの写本製作者がそれを使用したが，シャルル禿頭王 [877] の時代に至るまでフランコ・ガリア文字はその他のかなりの人々によっても使用されたし，我々がこの後で公開することになるソワソン宗教会議の下署から明らかな如く，ロンバルディーア文字も少数の人々によって使用されている。しかし，少なくない数の写本において書かれたものを豪華に見せるために，あのローマ大文字が使用されている。今コルベール図書館に保管されている，金の大文字で書かれたシャルル禿頭王の祈願に関する有名な書の中にあるものがそれである。

第15節　句読点は使用されていたのか。それはいつからか

他方，文書を書いたり書物を著したりするさい，それぞれの言葉をそれぞれの点で区別していたラテン語の黄金時代のあと，アルキュアン [教育改革者, 804] を中心として句読点による大区分と小区分を復活させたシャルルマーニュの時代に至るまで，書記によって言葉の区分は殆どなされていなかった。非常に敬虔な君主は，この仕事に非常に経験豊かな助祭であるパオロ・ワルネフリドとアルキュアンを当てた。これら二人のうち，前者は何年もかけて通常の説教と聖アウグスティヌスの書簡の一部を読破した。他方，後者は「コメス」と呼ばれる聖書抜粋本に句読点を打って手本を示した。しかし，句読点の使用は文書においては徐々に広まって行った。他方，書物においてはほぼ800年から，最後の言葉の下にコンマ，その真横に二つの点 [コロン]，そしてその上の方に時々ではあるが三つの点を句読点として付し，文章の区切りまたは終わりを表示していたことが確認される。しかし，この区別は専ら入念な書き手に限られ，未熟な者には認められない。もしよければ，エトルスキ文字へのアッラチによる註釈 [17, 47 sq.] を参照せよ。シャルルマーニュ以前において，カシオドーロが証言し [75, 12]，そして聖ヒエロニムスがイザヤ書註解の序文の中で自ら告白している如く，聖ヒエロニムスは彼の聖書の翻訳を修友たちの純真さのためにコンマとコロンを用いて配列している。しかしその区分がどんなものであったのか，他の人々によっても守られたのかについては知ることが出来ない。もちろん，言葉の黄金時代において句読点によるこのように綿密な区分がすべての人々によって行なわれてはいなかった。但し，オクタヴィアヌス帝は，スエトニウスが彼のキログラフム文書から気付いている如く，「言葉を分離しなかったし，行の最後で書ききれなかった文字を次の行へ持ってくることもせず，同じ場所のすぐ下に書いて，それらを輪で囲った」[336, in Oct. 87]。これはその後，わが国民が手紙を書くときによく

使っている方法である.

第16節　ゲルマン人とアングロ・サクソン人の書体

　ゲルマン人とアレマン人の間では同じ形の文字が，カロリング時代とそれに続く時代に使用されていた．そしてフランク人の間においても，同じ帝国に含まれていたのであるから，そうである．文書(我々はそのうちの少なくない数をここで提示することになる)がこの文字の形を我々に明らかにしてくれている．更に，大文字だけで書かれた震え字が10世紀のオットー諸帝の時代に考案された．

　他方，アングロ・サクソン人の間では，サクソン文字が征服王ウィリアムの時代まではやった．後者の時代に，インガルフがクロウランド史[203]の中で証言している如く，「アングル風の書き方が排除され，ガリア[フランス]風の書き方がすべての文書と書物に取り入れられる」ことが起きている．

第17節　ローマ教皇文書

　次に，ローマ教皇文書の中で，ロンバルディーア文字が頻繁に登場する．例えば，本書の『補遺』[238]の模写見本の図版Ⅱに収められている教皇アドリアン1世[795]の書簡の文字，本書5巻で見ることが出来る教皇ブノワ3世[858]とニコラ1世[867]の文書見本の文字がそれである．更に，この文字は我が国においても11世紀に確認される．しかし，トゥールで発見されているその1例の如く，その読解は非常に難しく，マルムーティエ修道院長バルテレミはサン=マルタン修道院に宛てた教皇グレゴワール5世[999]の文書を読むことが出来たであろうが，「ローマ文字」で書かれた部分は別であった．この教皇文書を同修道院長が調査した通りに，彼自身の証言と共に，我々は本書の『補遺』[238]にサン=マルタン修道院の尊敬すべき参事会員から私の許に送られてきたその原本から載録した．

第18節　ティロ式速記は文書でも使用されていたのか

　ここでの論述には，更に，便利なあのティロ式速記が含まれている．それによって古人は書く速さにおいて話す人に追いつくことができたのである．即ち，第1と第2王朝の多くの王文書において，文書官または書記は文字板にいろいろな記号を付すことを，トゥール在，サン=マルタン修道院に宛てた伯ロベールの文書の最初と最後にあるような少なくない数の私文書に残っている如く，習慣としていた．これらの記号に関して，シドワーヌ・アポリネールの言葉が傾聴に値する．それはファウストス[リエ司教・聖者，5世紀]の著書数巻を急いで書き写すべく，それらを受け取ったブルトン人の「司祭で修道士」のリオカトゥスに関して，「早口で喋る私の言葉を書き取っていく秘書たちの速さは，私にとって時間の節約にもなっている．彼らは文字で書くことが出来ない言葉を記号に直していたのである」[320, 9, 9]と彼は言っている．この相手は明らかに，その想い出が『古史料選集』2巻[235, 2, 669]で我々が刊行している，アングリアの非常に古い連禱

の中で祝福されているリオカトゥスその人である。その上，このティロ式速記については 500 年前に，モンテ・カッスィノの修道士ピエトロ・ディアコノが説明を施している。これに関して，彼の本はグルーターがこの速記法を刊行するまで，手本として信頼されていた。我々はアルファベット順に解説されているそれらの見本を，サン゠ジェルマン修道院に保管されている詩編集から採って，ふさわしい箇所に展示することにする。オクタヴィウス帝は別の種類の速記を使用していた。つまり，彼は「《a》の代わりに《b》，《b》の代わりに《c》と言う具合に，すべてを速記で書いた。そしてその後の文字も同じようにして書いた。《z》の代わりに二つの《aa》を用いた」[336, in Oct. 88]と。

第 19 節　文字《i》と《y》における点，音節，そして語と語の間

　ここでは綴り方に関して論述する場を求めていると見られたかも知れない。しかし，綴り方は頻繁に書体に帰属しているので，綴り方については次巻に回すのが適切であろう。とは言うものの，一歩踏み出す前に，文字《i》と《y》に関して少し述べておくべきだと判断する。そのうち，前者は古い記録において上の点は打たれていないし，後者に関しては頻繁に真ん中に点が置かれ，更には両方の先端に各々点が付されている場合もある(ある場合はいかなる点も置かれていない)。更に，小文字の《i》には，13 世紀から鋭アクセント記号が上に付されるようになる。そのことはこの世紀の様々な写本からも明らかで，その中の一つに，1294 年に作成された 2 巻からなる聖書のフランス語訳を含むアンリ・ジュステルの写本がある。そしてその使用は常に至るところでとは言えないにしても，15 世紀末まで続いたが，同じ頃殆ど同じアクセントが今日でもベルギー人の間で慣習として使用されている如く，文字《u》に付されていたのである。その上，15 世紀初頭以降，文字《i》が今日でも我々が使用している点でもって表わされるようになった。その例をメルク[西オーストリアの都市]では 1421 年作，サン゠ジェルマン修道院では 1460 年作，ザルツブルクでは 1463 年作の『キリストに倣いて』の写本の中に見ることが出来るが，トマス・ア・ケンピスの自筆写本においても，1441 年にアクセントが加えられている。古い手稿史料において音節《et》が《&》と一筆で書かれることが稀でなかったこと，500 年以前の古い文書においてはそれが単独で現われるのみならず，《r&ine&》の如く，単語の中でも見いだされることを付記しておくことも恐らく価値のないことではなかろう。但し，この慣習は 12 世紀には廃れてしまうが。そしてそれはメッスのサン゠タルヌール修道院に宛てたシニ在，サント゠ゴビュルジュ教会に関する伯アルヌールの文書の《&iam》の言葉の中にも確かに見いだされるが，この文書は「主の受肉の 1197 年」に発給されている。この文書において二重文字《w》が《Ludowicus》と《Walburgis》の語の中に挿入されていることを指摘することが出来る。これは別々に表記されていた，9 世紀にはなかったことである。更に，文字《u》が《v》の如く，ある時は角張ったり，ある時は先が尖ったりしている。それは単語の中でも確認されるが，子音にしろ母音にしろ，特別な規則は存在していない。

第20節　古人の間で用いられていた句読点の打ち方

　ここで，古人が使用していた句読点の打ち方について補足しておくことが望ましいであろう。この論証として，トスカーナ地方のヴァッロンブローサ修道院の写本の中で我々によって発見された短い叙述がある。その中で8種類の句読点，即ち読点，コンマ，コロン，ピリオド，二重点，半点，疑問符，感嘆符または驚嘆符が区別されている。読点は一つのはね点で，節によって構成される文章が終わる前に休止のために置かれるのを常とする。コンマは一つの丸点で，文章全体が終わったとき，最終節の終わりに置かれる。コロンはこれら二つから成り，その一つは単純な丸点で，その上に読点と同じようなはね点が置かれる。そして我々はこれを節が終わったときに使用する。しかし，書く人の意思によって別のものが加えられることになる。ピリオドは複数の点からなり，我々はそれを《∴》の如く，章や話の終わり，つまり，それ以上何も言うことがない場合に置くことを常としている。二重点は《‥》の如く，二つの点で表現され，我々はそれをいつも書簡の頭書と表題における固有名詞の代わり，または省略のため，または我々が知らない名前に関して補うために使用している。半点は《-》の如く，横点で，それはそこで話は終わっていなくて後に続く場合に，行の最後に置かれる。疑問符がどのようなものであるのか，感嘆符・驚嘆符がどのようなものであるかは誰もが知っている。以上が，多分本書6巻の付録に掲載されるであろう短い叙述から抜き出したものである。

第 2 巻

古文書の文体，下署，印章，日付事項

第 1 章

第 1 節　少なくない人々によって誤って訂正されている，文書における野蛮な文体

それぞれの学問にはそれぞれの専門用語がある。古文書学も例外でないが，加えて，そこには文法規則よりも使用法に関係する固有の話し方が内在している。この種の粗野な文体が人々の感情を損ねてきた。彼らは彼らの才能に合った理解によってそれを訂正しようと努めてきたが，殆ど同じ数だけの過ちも犯してきた。そして自然に咲いた花々が点在する草原に，野生の小さな花々を引抜いたあと，陶器の花瓶に差していた可憐な花，突起物だらけの花などを移植してきたのである。しかし，物事の多様性は異国の地で敬愛されている上品さよりもその土地の上品さを好むものである。そして実際，いかなる知識人よりも，古文書がそのしみと共に単に信頼と権威のみならず，隠された意味においても優先されることが賢明であろう。それなのに，彼らはこの隠された意味をまったく傷つけ，それをしばしばあらぬ方へと向かわせ，古くさい言葉であれば何でも無知または無謀から(誰かを侮辱するために言っているのでないことを了解してもらいたい)，新しくてより洗練された言葉によって置き換えようとする。特にボナヴェントゥラ・ウルカニウス[ライデン大学教授, 1614]はそれが文学の世界においても広く起きていることを感じとり，このような状況から次のような人々が少なからず生まれてきていると不満を述べている。彼らは個別の博識よりも自分の若い才能への信頼に支えられて，この種の研究に入ってきた。そのため，言っても信じられないであろうが，何という気紛れがふさわしくない方法で昔の作家たちの書物の中で横行していることか。彼らは至るところで自分の好みに応じて，ある時は形において言葉を変形させ，またある時は彼らによって不十分にしか理解されなかった言葉を厚顔にも拒否し，そして推論は非常に多くの場合，写本の権威に全く依拠していない単なる空論に過ぎない。彼らは幾つかの古い，そしてエウアンデル[ローマ伝説中の人物，文字の考案者]の時代から求められてきた言葉をも別のものと取り換えている [373] と。私はこれと同じことを，文体の野蛮さを理由に古文

書を読むに値しないと判断した人々について言ったであろう。しかし，私は彼らがこれらの古いがらくたの中に止まることをいかにふさわしくないかと考えているなどと断じて言うつもりはない。こういう見方を探求心の旺盛な心から排除するためにも，このような粗雑な文体の起源が探究されねばならないのである。

第2節　三つの要因。その一，時代の野蛮さと書き手の無知

　野蛮な文体は特に三つの要因から派生している。つまり，時代の野蛮さと書き手の無知，共通の習慣または常用された書式，そして書記の好み。事実，ローマ人がガリア，ヒスパニア，その他の部族を征服したとき，ローマ人の言葉の使用をも彼らに強制したのであるが，その後それはこれらの部族の言語の中で変形していった。そして，ローマ法に従属していたガリア人とヒスパニア人の間でこのローマ人の日常語が徐々に，そして二重の層に分かれて浸透していった。その一つは教養人の間で使用されたもので，それは様々な書き誤りと欠陥とに結びついていたが，むしろラテン語に似ていた。他の一つは市民や農民の間で使用された俗語で，それは今日農民ガリア語，または時々ではあるが農民ワロン語とも呼ばれている。しかし前者が「田舎言葉」《rusiticus sermo》の名称で呼ばれることも少なくない。そして，実際，それは彼ら市民や農民によって容易に理解されるものであった。後者に関しては，ジェラール[ラ=ソヴ=マジュール修道院長・聖者，1095]が修道院長聖アデラールの伝記の中で言っていることが考慮されねばならない。彼は「もし俗語，つまりローマ人の言葉を話したならば，その人はそれ以外の言葉を知らないと思われたでしょう。もしチュートン語を話したならば，その人はより一層輝いたでしょう。もしそれがラテン語であれば，その人はどの言語においてもこれ以上には完全になれなかったでしょう」と述べている。このチュートン語はときどき本当に「野蛮な」言葉と言われているが，第3トゥール公会議において司教は「ローマの田舎言葉またはテオティカ語で説教をする」[99, an. 813, 17]ことが定められている時のテオティカ語もこれである。多方面において非常に博識のシャルル・フレネ[・デュ・カンジュ]が『辞典』[114]の序文の中で，これに関する叙述を巧みに行ない，そこで彼はラテン語の様々に変化した形を正確に例示している。その後，この野蛮な言葉はゴート人の時代からヨーロッパ全域に普及し，シャルルマーニュの時代以前のガリアの諸地方において，聖フロラン伝の未刊行の匿名作者が証言しているところによると，「更に，教皇たちの間で都会的な話し方で宗教会議の議決を手際よく解説することが出来る者を，私の怠慢の所為もあるが，殆ど一人も見いだせなかった」とのことである。同じく，ヒスパニアにおいても，堕落した言葉の同じような状況が確認される。そこでは，[コルドバの]アルバレス[861]が証言している如く，キリスト教徒は聖書とその翻訳家たちを軽視し，駆逐すべきアラブ人とカルディア人[南バビロニアの民]の書物を広げて読み耽り，「自分たちの法律を知らず，そしてラテン語を自身の言葉と認めず，そのためキリストのすべての仲間として兄弟の救済の手紙を理性的に発送できる者を1000の部族から殆ど一人も見いだせないほどである」[21]とある。最後に，アングリアにおいて「司祭ダンスタン以前において，誰も手紙をラテン語で書いたり，また翻訳したりすることが出来なかった」[7]と文法家エルフリック[修道院長，11世紀初]が記している。但し，ダンスタン以前において王エルフレドはこれに熱心に貢献してはいるが。従って，彼らの古い文書が洗練された言葉でなくて，教養

人の間で使われていたことを我々がすぐ上で指摘した，（そしてシドワーヌが言っていること [320, 3, 10] に従えば）「日常語」《usualis》，即ち半ラテン語で書かれている時，それらが規則に反した表現で溢れているとしても驚くには値しない。

第3節　その二，共通の慣習または書式

　公的文書の書式も同様に，この崩れた言葉によって作成されている。例えば，マルキュルフの書式やある時は非常に有名なジェローム・ビニョン，またある時は非常に博学なエティエンヌ・バリューズによってマルキュルフに帰せられている書式がそうであり，ゴルダストの『アレマン人の歴史』2巻 [161] に収められている書式もそうだし，フルダ修道院の寄進文書集 [346] やその他の類似のものもそうである。まず，ビニョンはこの種の誤りがマルキュルフ自身か，それともそれを筆記した人に帰せられるべきかと迷った。しかし，彼は後になって，マルキュルフ自身がそのように書いたことを彼の同時代の残りの記録から知った。更にビニョンの後，バリューズが一層多くの誤りをマルキュルフの中に見つけ出した。そして彼はマルキュルフの書式をその欠陥と共に完全に復元した。王立図書館の文書庫からブリソが，いかなる権利，いかなる状況においてかは知らないが，誠実さをもってそれらの欠陥と誤りと共に公表した，樹皮紙に書かれた「十全保証」に関する文書もこの種の史料に属する。彼はそこでラテン語の下手な作家によって多くの誤りが犯されているのを知っていたのであるが，「しかし，それらがどのようなものであれ，古い廃墟から取り出されたがらくたは私を本当に喜ばせた」と言っている。勝れた人々によって刊行された，この時代のその他の書式がこのようにがらくたでも粗雑なものでもなかったことは殆ど否定できない。この種のもので主要な位置を占めねばならないのが元老院議員カシオドーロのいろいろな書式である。私はそれらの中で使用されている言葉の上品さと崇高さは，その他の同じような書式のどれも達成していないのではないかと考える。確かに，書き手の無知がもはや古い文書はラテン語で書かれていないという事態を作り出したのである。

第4節　その三，書き手の好み

　更に，粗野で無教養な言葉の好みが野蛮な書式を提供していることも少なくない。勿論，トゥール司教グレゴワールは文法規則を全く知らなかったわけではないが，『証聖者たちの栄光』1巻の冒頭で自ら告白している如く，「男性名詞を女性名詞に，女性名詞を中性名詞に，中性名詞を男性名詞にしばしば変えていた」のであり，同じく「奪格を目的格に，そして反対に目的格を奪格」に変えていた。読者はこれらの欠陥に農民の言葉から獲得された，非常に野蛮な言葉を加えるであろう。読者は文書の中で探し出されたそのような言葉を下品な言葉と簡単に見做してしまうであろう。ザンクト＝ガレンの修道士イソはその当時としては正しい綴り方を習得していた人であったが，公法学者のゴルダストがその人の名前で作成している書式 [161, 2, 40] の中で，手を抜いた書体への同様の性向を明らかにしている。そして勿論，公的文書は一般市民のために作成されており，すべての人々に理解されるために，その文書が庶民の言葉で表現されることは理屈にかなっていた。従って，ヴァディアン［スイスの人文主義者，1551］が次のように言うとき，それは全く正し

い。「野蛮さを排除することは出来ないし」，文書が「放つそれ以上に野蛮なものは確かにない。長年の無知か，それよりも意図されてか故意でそれが発生したと考えねばならないのかは容易に結論を出すことはできない。これらの世紀は野蛮であったし，その時代の人々は我々の考えに従えば，粗野であったし，彼らの心は上品さを殆ど欠いていた。しかし，これらの世紀を間近に見つめてきた者にとって，どんな方法であれ，ラテン語を知っている人に対して庶民と市民がある程度の尊敬を持っていたと見ることが出来よう」[349, 3, 46]。以上が，彼の言葉である。

第5節　別の時代における別の使用

　従って，非常に野蛮であること，または語法に誤りがあることを理由に，昔の文書が疑われる理由にはならない。更に，このような過誤は偽造が明らかである場合を除いて，古代の源泉自体から派生していると見做すべきである。私は教皇グレゴワール7世がドルドーニュ［南フランスの一地方］のノートル=ダム修道院の修道士たちに宛てた書簡[172, 1, 33]の中で言っていることを知っている。つまり，ここで彼は二つの理由，「即ち，ラテン語の退廃と教会の権威の解体」から，教皇アレクザンドルの名で作成された特権文書を拒否しているのである。事実，ラテン語の退廃は様々な時代と人間に関しても確認することが出来る。何故ならば，11世紀の人々は7世紀に使用されていたラテン語を，恰もその時代の才能と表現には全く合わないものの如く，野蛮な言葉として排斥したであろう。事実，それぞれの世紀でそれぞれの言葉が使用されていた。このように，今ある作家がカロリング時代の様式でものを書くならば，その人は野蛮で半ラテン的と見做されるであろう。7世紀にローマ人の間で正しい綴り方がいかに知られていなかったかは教皇アガトがある時は自分の名で，ある時はローマの宗教会議の諸氏を代表して，コンスタンティノープルでの公会議の席で，単性説派に対して書いた書簡から明らかである。その書簡の中で彼は自身の時代の無知を嘆いている。そしてその無知を，「ある時は衝突し，ある時は分裂し，またある時は掠奪し」，彼が言うところの「肉体労働で生活している」教会人に勉学に励むのを許さない雑多な異民族の狂乱の所為に帰している。このように，この時代を通じてローマ人の間におけるラテン語の退廃がその他の民族におけると同様に，蔓延していたとしても驚くに値しない。但し，常に最も経験のある者たちを至るところから集めることに最大の注意を払っていたローマ教皇庁においては，その度合いは低かったであろうが。

第6節　第4の要因は綴字法から発生する

　更に，書き手の誤った綴り方が野蛮な文書に少なからず寄与している。そして，それは時代と同程度に書き手の無知に負っている。ラテン語は既に衰退していたのであるから，あの雄弁術の黄金時代においてでさえ正しく書くことの決まりが遵守されていなかったとしても，それは驚くべきことではない。即ち，オクタヴィウス帝［アウグストス，14］は「正綴法，即ち文法によって決められた綴り方を正しく守っていなかった。そしてどちらかと言うと，話す通りに綴られるべきだとする人々の意見に従っているようであった。勿論，彼が頻繁に行なう文字または音節の置き換えや省略は，すべての人々に共通した誤りである」と，スエトニウスは述べている。そしてス

エトニウスは「ある人が《ipsi》と書くべきを《ixi》と書いたのを見つけたとして，この執政官特使を無教養で無知な男と決めつけ，その後任を派遣したことが自分にとって驚くべきことでなかったならば，私はそれを書き記さなかったであろう」[336, in Octavio, 88] と続けている。しかし，文書を作成するさい，正しい言葉への考慮は殆どなされておらず，書記たちは正しい綴り方にそれほど配慮していなかった。従って，シャルルマーニュは 805 年の勅令の中でそのことを非難されるべきことと判断し，「書記に関して，誤字を書かないこと，そして各司教，修道院長，伯は自分の書記を持つこと」を決定している。

第 7 節　しかし，我々の言葉と異なるものすべてが誤字であったとは限らない

　しかし，公的文書においてより新しい綴り方と異なるものすべてを即座に誤って書かれたものと判断してはならない。即ち，我々の時代においては大抵は誤っていると見做される文字の度重なる交換は，昔のラテン人の間において頻繁に行なわれていたのである。一体誰がクィンティリアヌスの作品で我々が読む言葉をそのまま今日も使用するだろうか。彼は「今や我々は《Here》を文字《e》で終わらせる。しかし，私は古い喜劇作品の中に《Heri ad me venit》なる表現を見いだす」，「また，戸口総監カトーは《dicam》と《faciam》を《dicem》と《faciem》のように綴らなかったか」，「多くの本で《Sibe》，《quase》と綴られている」[301, 1, 7] と言っている。同じ作家は別の箇所 [Ibid., 9, c. ult.] で，昔の作家の一部は激しく発音される子音の競合に際して，語の最後に文字《st》がきて次の語が子音で始まる場合，文字《st》は省略されたと伝えている。従って，《pomeridiem》[正しくは《post meridiem》]が用いられ，そして戸口総監カトーの《die hanc》[正しくは《diem hanc》]の場合も，文字《m》が《e》の中に弱められている。彼は「古い作品の中で出会うこのような言葉を，知識のない読者は変えたがるのが常である。そして書き手の無知を嘲弄してやろうとして，反対に自分の無知を暴露しているのである」と言っている。同じことが，文書で最も頻繁に発生している。《nos》の代わりに《nus》，《resideremus》の代わりに《resedirimus》，《monasterii》の代わりに《monasthirie》，《fecit》の代わりに《ficit》，《alode》の代わりに《alote》，《omnes》の代わりに《omnis》，《ordinatio》の代わりに《ordenatio》，《singuli》の代わりに《singoli》，そして文書の中で頻繁に発生している夥しい数の類例を前にして，責任を逃れられる人はいるのだろうか。そして更に，古い文書の中では我々の如きほんの少しだけ繊細な者にとって殆ど体験することのないあの黄金時代のラテン語も，この事実を認めていた，または甘受していたに違いない。「とは言え，正綴法もまた慣習に従うものであるから，しばしば変えられてきたのである」[Ibid., 1, 7]。

　同じことが，《holus》，《honus》，《honustum》，《heremus》などにおける如く，日常の使用に反して，幾つかの語の前に置かれた有気音の文字《h》についても確認される。その他の場合，これとは反対に，事情が要求するならば，《caracter》などにおける如く，《h》が省かれている。前者の用法はアウルス・ゲッリウス[古代ローマの作家, 17]によって承認されていて，そこで彼は昔の人々は文字《h》を「それらの音が非常に男らしく，そして力強かったので，非常に多くの言葉を確かなものにしたり強めたりするためにその中に挿入した」と述べている。後者の例はクィンティリアヌスによって確認され，彼は「昔の人々も，非常に稀ではあったが，《oedos》[《hoedos》]，《ircos》 [《hircos》]と言って，母音の前でもそれを使用していた」と言っている。この論証に関しては，古代の作家の中では，元老院議員カシオドーロの正綴法に関する書が読まれるべきである。より新しいところでは，ペドロ・チャコン[スペインの司祭，1581]の，昔の作家たちの文字の様々な交換，追加，省略が挙げられている，船首を飾る円柱に関する書物が参照されるべきである。しかし，筆頭に挙げられるべきは，称賛なくしては想い出せない人，ジャック・シルモンの古代碑文に関する，ルキウス・スキピオ・バルバトスの息子への賛辞が記されている非常に美麗な解説である。

第8節　誤った綴り方に関する幾つかの例

しかしながら，私は口述させる人または筆記する人の過誤から発生する，少なくない綴り方の間違いが史料の中にも存在することを否定はしない。ある時は《bonorum meorum》の代わりに《bonorum eorum》，《hereditates suas》の代わりに《hereditate suas》の如く，それは重複する文字の省略によって起こるであろう。また一方において，ある所で《Remana》を《Romana》，また反対に《Romensis》を《Remensis》と読んだりする如き，言葉の類似から起こるであろう。他方において，古い書物で《psallentium》がしばしば《spallentum》となっている如く，それは文字の置換によって起こるであろう。また，ある時は《historia》に代わって《storia》，《Hispalis》に代わって《Spalis》，そしてギリシア人の間とパウロがローマ人に宛てた書簡の中での《Hispania》に代わる《Spania》の如く，それは音節の除去によって起こるであろう。更に，比較的新しい作家の間で頻繁に《Salernum》に代わって《Psalernum》とある如く，それは余分な文字の付加によって起こることもある。私は文字《p》が余分に加わっている《temptare》，《dompnus》，その他同様の非常に多くの例を挙げることが出来る。これら書き手たちの過誤に関して，聖ヒエロニムスは彼自身がドムニオに宛てた書簡の中で不満を述べている如く，『七十人訳聖書』で無数の誤りを発見している。

第9節　その他の様々な原因

非常に古い文書を転写するに際して，より頻繁に間違いが犯されている。その方法は，結合すべき文字を誤って分離したり，分離すべき文字を誤って結合したりと，実に多様である。この種の誤りに関して，私は一度ならず自ら間違いを犯したことを白状しよう。例えば，サン=ドニ修道院に宛てた王クローヴィス3世のある手稿文書の中で，《ad basileca》[「聖堂へ」の意]と読まねばならなかったのであるが，もちろん許されることであったが，私はそれを《Abbas Ileca》[「修道院長イレカ」の意]と翻刻してしまった。それはよくある間違いであったが，そうとして済まされるものではなかった。実際には決して存在していなかった修道院長イレカは，無益なことではあるが，不満を訴えたことであろう。同じく，同王の別の文書において，私は《ipso mundeborone》の代わりに《ipsum unde borone》と読んだ。これに関しては，誤りがより一層起きやすい。何故ならば，古い文書において，文字の変更を除いて，言葉の区切りは全くなされておらず，各行は羊皮紙の一方の端から他の端まで連続して途切れることなく文字が走っているからである。更に，転写するに際して，単語にしろ数字にしろ，視線をそらすことによっても間違いは発生するもので

ある。従って，読者は VIIII が VIII, XIIII が XIII, XVIIII が XVIII などと取り違えられているのをしばしば発見するであろう。それ故，写字生は昔の速記法における，ある大文字の意味を十分理解していない場合，音節をそっくり省略したりする一方，それらを加え過ぎることによって，その前後で少し戻ったり先に進んだりすることを読者に強いている。学者たちは，フィレンツェ版の『ユスティニアヌス法典』の中でこれらのこと以上に頻繁に起きていることは他にないと指摘していた。よく知られたものとしては，《Terentii》の代わりの《TerentI》がある。しかし，それほどには知られていないものとして，《Lemures se reformant》に代わる《LemurES reformant》があるが，《LemurES》の如く，最後の二つの大文字が後から組み合わさっている。シンマクスの写本での《QUIDDICIT》，つまり《quid didicit》に関しても同じである。これに対して，シンマクスの同じ写本の中で，《Sa TEmporis》は《sat te temporis》と正しく判読されねばならない。これに関しては，ショップの批判の技法，グルーターの碑文の索引または展望の 19 章を参照せよ。加えて，写本を転写することに従事する写字生がある言葉の曖昧な読みに悩むときは，正しい読みを読者の推量に委ねるために，一つの言葉に対して二つの言葉を書き加えていたことが注記されねばならない。それらは《De notis》，《Devotis》，そしてどちらかが余分のその他の表現などである。しかし，不注意な読者を誤らせないために，彼らはより頻繁に助詞の《vel》[「または」の意]を介在させ，それによってどちらかに読まれるべきであることを暗示していたのである。

第 10 節　訂正されたものとして

　書記や写字生の書き損じを訂正するために，ある時は削除が施され，ある時は線の上に文字，音節，母音が加えられ，書き損じの一部は消されていた。古い書物において写字生が下に点を施して，その削除を明示していた余分な文字の中にも少しの削除を発見する。この例はあちこちで起きている。加えて，真正文書の言葉や日付表記を理解することが出来ず，正しい読みでなくて誤った読みを補足している一部の大胆な改竄者が，この削除を頻繁に使用している。その犯人が誰であったかは不明であるが，サン＝ドニ修道院に宛てた皇帝ロテールの多くの真正文書の中でこの悪業が企てられていて，その中で彼の皇帝在位年がより新しい，色彩の乏しい書体で大胆にも改竄されている。そしてムラン在，サン＝ピエール修道院に宛てたフィリップ 1 世の統治の年《XXXVIIII》が受肉の年《MLXXXXVIII》と対照されていた手稿文書において，その王文書の裏に書かれたものから明らかな如く，受肉の年の最後の文字《X》が，少なくとも 100 年の間，抹消されていた。しかし，これらの削除において，公平を愛する者であれば，誰もこの改竄者の大胆さが文書原本の価値と権威を傷つけるとは考えなかったであろう。教皇イノサン 3 世 [1216] はこのことを健全に判断した。何故ならば，彼ははっきりした箇所における幾つかの文字の削り取りは，転写された文書が偽造であることを証明するものではないと，次のような言葉で判決している。「偽造と非難されたそれらの文字を丹念に調べたが，その中に偽造または疑惑の痕跡を見いださなかった。但し，幾つかの文字が削り取られていたが，それは賢明な人の心を疑いに向けさせるものではなかった。……」と。そして彼のあと，教皇ホノリウス 3 世 [1227] はボッビオ修道院[北イタリア]の特権文書の一部が悪意から切り取られていたにも拘わらず，それを確認し，そして「その削り取りによっていつの時代においても非難されるものでない」[347, 4, 1301] と裁定して

いる。

第 11 節　誤った綴り方は文体と関係する

　これらの一般的原則論から，古文書学とより関係している個別へと移ることが適切であろう。そして考察の対象として，綴り方が最初に来る。それは確かに書くことと関係しているが，より正しくは文体と関係していると言うべきであろう。「だが，書く際に誤った言葉を使ったならば，話す際も誤った言葉を使うことになることを知らない人がいるであろうか。何故ならば，書き言葉として正しくないものは話し言葉としても正しくないので」[301, 1, 5] とクィンティリアヌスは言う。しかし，綴りの誤り，または綴り方の色々な方法は付加，削除，交換，改変から生まれる。付加に関しては，フランク人の第 2 王朝の文書の言葉の中に《HLudoWicus》，《HLotharius》，《Pippinus》，そして特に《Chlothacarius》を頻繁に見かける。更に，ある時は文字《u》が，チュートン人の慣習に倣って，《HLudovuicus》の如く，固有名詞の中で 3 回も繰り返されている。修道士オトフリドは「何故ならば，この言語の野蛮さは粗野で不従順で，そのため更に，文字の固まり，または知られていない発音のために難解でもある。即ち，私が思うに，三つの文字《U U V》はときどき音を求めている。つまり最初の 2 字は子音で，私が思うに，3 番目は母音のままである」と言っている。同じ方法で，フランク人の両王朝において書記たちは実に頻繁に，《Praesbyter》と同じように，二重母音を使って，《aecclesia》と書いている。しかし，《æ》と書かれるべき二重母音に関しては，二つの母音《ae》が一つに結合されず，分離された状態以外で配列されているのを殆ど確認することが出来ない，つまり 1 語に結合されることがないということが指摘されねばならない。そのことは私よりも前に，ヘルマン・コンリンクが本書 3 巻でより詳しく扱われるであろうルイ王関係の文書の考察 [101, 316] の中で指摘していて，彼は次のように言う。「二重母音の形式はルードヴィヒ・ドイツ王 [876] の祖父の時代に決して使用されておらず，それよりもかなり後になって始まった。それは今日まで伝存している彼の時代の多数の文書と書物がそれを明白に証明している。何故ならば，書記や写字生によって二重母音の記号が非常に頻繁に排除されて，その場所には単に母音の《E》が使用されているのである。しかし，書くに際して二重母音の方法がとられた場合，それは複数の文字《ae》で表わされるのが常で，決して恰も一つにまとまった文字《æ》または《Æ》として表わされることはなかった」と。コンリンクが決して見いだせないと言っているが，書かれた書物に関してはそれに同意することは出来ない。何故ならば，私がその見本を提供している，1000 年前に書かれた聖女サラベルジュの手稿詩編集の詩編 47 章において《Lætetur》と 1 語になった二重母音《ae》が見いだされるからである。そしてガリアではコルビ修道院に保管されている(その他については割愛するが)，ラバン[・モール，マインツ司教，856]の十字架に関する書で，我々によって刊行されたその見本が証明している如く，この種の二重母音が頻繁に登場する。私は第 1 と第 2 王朝の王文書においてのみ，同様の事実を確認できなかったことを告白しよう。但し，少しの例外が存在する。《ę》の記号が用いられているコンピエーヌ修道院に宛てられたシャルル単純王の記号《ę》を伴った文書がそれで，この記号はある場合は《Pręceptum》の如く，最初や最後においてでなくて，最初の文字が来た後の第 1 音節において起きている。

付加と反対なのが省略である。これは特に文書で使用されるその言葉の中間に位置する母音《i》が重複されねばならない言葉において発生する。つまり，《rejicit》，《projicit》，《ejicit》，その他の類語に代わって，殆ど常に《reicit》，《proicit》，《eicit》が用いられている。同じことが《eleemosyna》などにおいても起きている。書記は決して《e》を重複させることはない。それに対して，少なくない写本において，沢山ある中で1例を挙げるならば，《obicibus》に代わって《objicibus》が見かけられる。交換も《i》に代わって《e》，またはその反対，同じく《o》に代わって《u》といったものが頻繁に起きている。このような交換は昔のローマ人の間でもよく見かけられた。更に，《haut》，《aput》，《set》の語における如く，《d》に代わる《t》の交換も起きている。アンブロシオ・モラーレスの『エウロギオ』における叙述，「この二つの写しと同様，キリスト教モガラベ人の言語で書かれた非常に古い何冊かの書物において，そして今でも起きていると思われるのであるが，《u》の代わりに《f》，《f》の代わりに《u》が置かれているのが常に確認される。従って，ここでは《reverentia》ではなくて《referentia》，そして《profanus》は常に《provanus》と書かれていた」[265, 193]との叙述もこれと関係している。従って，字位転換は手稿文書においては，手稿写本におけるほど頻繁には起きていない。後者においては読んで聞かせることから，書き手の間違いによる字位転換が頻繁に発生している。同様の間違いは，ときどき文書においても発見される。ランス在，サン゠レミ修道院に発給したトロワ伯アンリ・ド・クールティズの手稿文書には「主の受肉の1153年，ルイが王として統治《renante》[正しくは《regnante》]し，ランス大司教位にサンクソン《Sanxone》[正しくはサンソン《Samsone》]が就いていた時」とある。そしてサン゠ドニ修道院に宛てたルイ6世の命令文書には，《Actum》に代わって《Auctum》とある。《Indictione》に代わる《Inditione》もそう珍しくはない。尊敬すべき人，シフレが所有しているフランス王アンリ1世の寡婦，王妃アンヌの最初の文書には《Fossacensis》に代わって《Fociacensis》とある。

第12節　文書で証明されている訂正と加筆

次に指摘すべきことは，真正文書には訂正は見いだされないこと，最初の手によって言葉が行間に書き加えられているということである。例えば，コンピエーニュで発給された王シルドベール3世の，6, 7箇所に線が引かれて，その上に新しい語が書き加えられている裁判文書がそれである。更に，幾つかの訂正がトゥル[東フランス]のサン゠タペール修道院に宛てた王ロテールの文書の写しの中にも存在する。より良心的に振る舞っていた人々は，もし一般の文書や王文書において訂正を施すか言葉を追加することを余儀なくされた場合，特にそれが何らかの重要性を持つものである場合，それを是認していた。単に本書[6巻，文書62]で刊行されている貴族アボンの遺言書[805]においてのみならず，我々が次の文章を読む，ル・コルヴェジエの書に収められたル゠マン司教ベルトランの遺言書においてもそうである。そこには「もしいかなる訂正，いかなる擦りによって何か文字が付加されるか削除されている場合，私はそれを行なったし，他者に対してもそのように命じた。私は私の意思を筆記させる際，すべてを一つ一つ確認して訂正する」とある。他の人々はそれによって詐欺が忍び込まないように，一層はっきりと各文字を記しまた加筆した。サン゠リキエ修道院長アンジェラールの文書において，騎士ユベールが自身と自身の相続人に関して，ある土地について和平を結んだとき，「相続人の名前に関してまだはっきりしていな

かったので，彼は2年の休戦を要求した。そして，彼の相続人の名前を書くために，羊皮紙(もしそれが……と呼ばれるならば)は空白のまま残されたが，それは文字が異なることによって，文書に虚偽が記されないためである」[2, 4, 540]と書かれている。我々は固有名詞を書くための，このような空欄の多くを主要な文書の中に見いだす。サン゠ドニ修道院の修道士とヴェズレ修道院長ロベールの間で交わされた和解文書において，実際には「余，……副院長」《Ego……Prior》と第1人称で話し始められているが，サン゠ドニ修道院の副院長の名前が記されていない。更に，厳密には最初の文字によって表わされているのであるが，固有名詞は決して省略されていないことが指摘されねばならない。ある時はそれは写字生によって間違って転写されていて，それは常にこの問題に大きな混乱を生じさせている。このことは，博識のシャルル・モリネの最新版[262]におけるトゥールネ司教エティエンヌの書簡 17, 34 で確認される如く，書簡の表題と指示書の中で頻発している。

第13節　ガリア語による文書の起源

しかし，第3として付け加えておかねばならないことは，多分非常に重要な意味を持っていると思われるのであるが，つまりいつから公的文書が我々の言葉[フランス語]で最初に書かれ始めたのかという問題である。事実，私はロワゼルの書 [232, 266] に収められた，1122年のボーヴェ市民に宛てたフランス王ルイ6世の真に重要と思われる文書よりも古いものを発見していない。彼は1147年に作成された，ボーヴェ司教ウード2世に帰せられるもう一つ別の，ガリア[中世フランス]語で書かれた文書 [*Ibid.*, 273] を引用している。但し，これはひょっとしてこれらがまずラテン語で記され，その後ガリア語で転写されたのではと読者諸賢が言い出さない限りにおいてのことであるが。以上の史料に，事実，アミアンの領主，ドロゴン「・ド・ヴィナクール」《de Vinacourt》のガリア語で書かれた文書が権威を付与している。これは主の受肉の1183年に発給され，その断片はデュ・カンジュの『辞典』[114, 1, 203a]の中に引用されている。更に，1236年にモゥ司教ピエールのガリア語で書かれた，シャティヨン領主の結婚に関する史料が，デュシェーヌによって編纂された同領主家の歴史の証拠史料 [121, 45] の中に存在する。そこには，同年に発給されたユグ・シャティヨンの文書数通も読むことが出来る。同じく，私は同種のものをノワイヨンにあるサン゠テロワ修道院の文書庫で読んだことがある。即ち，1251年のジャン・ド・ブタンクールのそれと，同年のジャン・フリソンのそれ。次に，ブルゴーニュ公の文書集 [fol. VIII.^{xx} IX] の中で1267年のフィリップ3世のガリア語によるそれと，コンピエーニュの文書集にある1338年の王フィリップ6世のそれ。これに，フランドル伯家の印章に関する書 [366/367] の中で，ブリュージュのオリヴィエ・ド・ヴレが書いていることが関係し，そこで彼は，ガリア語で書かれた文書は聖ルイ王[1270]の治世から始まったと述べている。しかし彼は同王のガリア語で書かれた文書を見ておらず，見たのは彼の息子であるフィリップのラテン語の文書数通とガリア語の文書でしかない。しかし，我々が12世紀のものとして提示した史料が真正であるならば(確かに，私はそのように評価しているのであるが)，聖ルイ王以前からガリア語で文書は書かれ始めていたことになる。勿論，それは稀なことで，比較的重要でないことに限定されていた。1215年にアングル人の間でも，ジョン王が『拾遺集』12巻 [2, 12, 573] で刊行されている文書をガリア語で作成して

いることから，我々の祖先の間でもそれが使用されていたとしても驚くに値しない。わがガリア人に戻ることにする。ブルゴーニュ公の文書集の中で，モンレアル領主アンセリの文書が1255年にガリア語で作成されているが，そこには「余，モンレアル領主アンセリはこれらの書簡を見るであろうすべての人々に，余がユグ・ド・ブルゴーニュに余のモンレアルの城をいかなる〈もし〉も付すことなく，即ち，いかなる条件も付すことなく返還したことを知らしめる」とある。従って，聖ルイ王の時代から，更に王によっても，文書をこのようにガリア語で作成する習慣は既にあちこちで見られ始めていたのである。但し，司法関係の文書が我々の日常語によって作成されるようになる，そして二つの勅令，一つは1512年，他の一つは1539年の勅令によって公認される，ルイ12世とフランソワ1世治世以前においては，常にそうであったとは限らない[49]。私がガリア語で書かれた文書の古さに関して述べたことは，殆ど私の手許から失われてしまった1206年のソワソン在，ノートル=ダム女子修道院長エルヴィディスのガリア語で書かれた真正の書簡[156, 166] によって，更に立証されている。

第2章

第1節　文書の文体を構成するもの

　これまで殆どいかなる規定のもとにも置かれなかった，より正確に言うならば漠然とした規定にしか従わされてこなかった文書の文体に一定の規則を付与することは，際限のない探究の対象となろう。しかし，多様な文書の比較から幾つかの結論を導き出すことは可能である。そして，それらはより確実な項目にまとめられ得るものである。古文書において考慮されるべきことは，第1に，もしそれがあるとするならば，「神の御名において……」《In nomine Dei……》，「父の御名において……」《In nomine Patris……》のような神への呼び掛け。第2は，「フランク人の王クローヴィス」《Chlodoveus Rex Francorum》，「気高い人」《vir inluster》，「使徒的人々へ」《viris apostolicis》のような頭書。第3は，単数形に代わる複数形，自らの称賛，叱責の形態，特異な言葉。第4は，善行の列記。第5は呪咀の多様な形態。これらが，真正文書を偽文書から区別するために，一定の確かなことを決定することができる項目の殆どすべてである。日付事項，下署，証人，印章，その他に関することは，その後で論じられるであろう。

第2節　ローマ教皇文書は神への呼び掛けがなくて，頭書から始まる

　古いローマ司教の答書および教皇文書は，ほんの少しを除いて，神への呼び掛けを好まず，直ちに頭書から始まっている。しかし，私は「主なる神にして永遠の主なる我らの救世主イエス・キリストの御名において，神の下僕の下僕である司教パスカル」《In nomine domini Dei Salvatoris nostri J.C. domini aeterni, Paschalis Episcopus servus servorum Dei》の頭書をもつ，ベネヴェント在，サンタ＝ソフィア修道院の年代記に収められた教皇パスカル2世［1118］の文書［347, 8, 683］を読んだことがある。同じく，同年代記の中で「主の御名において，神の下僕の下僕である司教ジェラーズ」《In nomine Domini Gelasius Episcopus servus servorum Dei》のように始まる，教皇ジェラーズ［2世，1119］の文書［*Ibid.*, 685］を読んだことがある。第3のカリスト2世［1124］の文書［*Ibid.*, 772］は「我々の全能の神イエス・キリストの御名といと聖にして不可分の三位一体の御名において，司教カリスト……」《In nomine Domini omnipotentis nostri J.C. et in nomine sanctissimae et ind.Trin. Callistus Episcopus……》で始まっている。その他の我々が目にしたすべてに関して，オリジナルであれ写しであれ，神への呼び掛けが欠けている。しかし，上記3通に関しては，写字生によってそれは付加されたのであろうか。実際のところ，非常に少ない文書にそれを加筆したことは確かである。頭書においては，発信者である司教の名前と肩書き，同じく，文書が宛てられている人の名前と肩書き，そして発信者から受信者への指令に注意が向けられねばならない。

第3節　ローマ教皇は自分の名前を先に置いたのか後に置いたのか。それはいつからか

　ローマ教皇は9世紀以前において，教皇シリス，大教皇レオン，その他の教皇の書簡から明らかな如く，ある時は自分の名前を先に出し，またある時はそれを手紙が宛てられている人の後に書いている。そして確かに，大教皇レオン [461] は諸司教に対しては，このような通常の方法に従っている。しかし，皇帝テオドシウス2世，同じくプルケリア女帝に手紙を書く時，（もし刊行された書物が偽物でないとするならば）彼はいつも自分の名前を後に置いている。しかし，彼がこれを意識して行なっていなかったことは明らかで，博学なケネによって刊行された最新版の書簡28において，コンスタンティノープル[総大主教]アレキマンドリティスの後に自分の名前を置いている。グレゴワール大教皇，そして彼の後の7世紀の非常に多くの教皇は，同グレゴワールの書簡及びビードの書に収められたその他の教皇の書簡から明らかな如く，自分の名前を中位の人々の後にも置いている。他方，摘要簿に転記された同グレゴワールの非常に多くの書簡は，本当の頭書を持っていないのである。8世紀において，諸教皇は大教皇レオンの手本を真似ていた。確かに，グレゴワール2世は，「マルテル」とあだ名されるフランク人の公シャルルとチューリンゲンの高位高官の後に自分の名前を置いている。他方，彼はガリアの司教たち，ガリアの聖職者，司祭ボニファーティウス，そして当時のチューリンゲンと北部ザクセンのすべての人々より前に自分の名前を置いている。グレゴワール3世は無差別に両方を使用していて，彼の後の教皇ザシャリも同様である。ポール1世とアドリアン1世は諸司教に宛てた書簡において，自分の名前を前置する習慣を原則として守った。その証拠として，『カロリング諸王宛教皇書簡集』[88] に収められた書簡がある。しかし大教皇レオン以降，『カロリング諸王宛教皇書簡集』に収められた書簡12にある如く，フランク王ペパンに「神の下僕の下僕で司教ポールがいと高処の息子，フランク人の王ペパンへ」《Paulus Episcopus servus servorum Dei, praecellentissimo filio Pippino Regi Francorum》の頭書で書簡を出しているポール自身に至るまで，ローマ教皇の誰も自分の名前を諸王よりも前に置いているのを見いだすことは出来ない。アドリアン1世とそしてその他の教皇も，受信者である諸王の前に自分の名前を出したニコラ1世に至るまで，この古い習慣を維持したのである。つまり，彼の後の何人かの教皇がそれを慣習として定着させたのである。

第4節　いかなる役職名を使用したのか

　これらの教皇は彼らの文書において，彼らの威厳の称号を様々な様式で記している。一方において，数通の書簡で聖レオン，ボニファーティウスへの書簡で教皇ザシャリ，そしてその他の教皇が見せている如く，それらは完全に省略されている。しかし聖レオンは至るところで称号を，こっちでは「司教」《Episcopus》，あっちでは「ローマ司教」《Episcopus Romae》または「ローマ市の司教」《Episcopus urbis Romae》，ただ単に「教皇」《Papa》か「ローマ市のカトリック教会の教皇」《Papa ecclesiae catholicae urbis Romaae》（この表現はテオドシウス帝に宛てた書簡26 [または12]において用いられている）と書いている。彼に続く教皇は同様の称号，更には別の称号を使っている。従って，少なくない教皇がペラールの書 [282, 172, 173] において，「首位者」《Praesul》を使用している。教皇ザシャリはガリアの諸司教に宛てた回勅の中で，「神の恩寵において使徒の座

の司教で，下僕の中の下僕」《divina gratia apostolicae sedis Pontifex, servus autem servorum》と書いている。更に，ある教皇は「普遍(またはカトリック)教会の司教」《universalis (または catholicae) ecclesiae Pontifex (または Episcopus))》と言われている。実際，グレゴワール大教皇はこの称号をコンスタンティノープル総大主教イオアンネスから取り上げようとした。しかし彼自身はそれを使う気はなかったのであるが，それはその他の司教たちの威厳を損ね，キリスト教会の司教は1人，その他はその司教の補佐と見做されることを目的としていると判断したためである。しかし，彼に続くローマの司教たちは，自己の地位の優越さを示すために，この称号を使用し続けたのである。または，レオン大教皇はテオドシウス帝に宛てた前掲書簡の中で，「ローマ市のカトリック教会の教皇」，つまりカトリックであるローマ教会の教皇と自らを呼んでいるのもこの意味においてである。そして自己の管区の広大さから，自らが「カトリック」《Catholicus》と呼ばれるのを願っていたアルメニアやアジアの高位聖職者たちよりも遥かに強力な権限を有していた。

第5節　いつから「神の下僕の下僕」の文句が彼らの間で第1位を占めるようになったのか

ローマ教皇の中でグレゴワール大教皇は文書[171, 2, 1]に，「神の下僕の下僕」《servus servorum Dei》と下署している。何故ならば，ジョヴァンニ・ディアコノ[ナポリの助祭，9世紀後半]が同教皇の伝記の中で，自ら「全世界」と自慢していたコンスタンティノープル総大主教トラソの如き見栄と高慢を彼流に撃退するために，彼が最初にこの表現を使用したと述べている。そのことから，我々は聖霊降臨祭の後の21番目の日曜日に行なわれる，エメサ[北シリアの町，ホムス]司教エウセビオス[359]に帰せられている説教が後世の作家の手になることを理解する。その中で，実際に，「ローマ司教がすべての司教の最高者，神の下僕の下僕であると，彼の書簡で書いている」と書かれているので。そして，確かに，グレゴワール大教皇以前，フルゲンティウス[ルスパエ司教・聖者，533]は書簡5を，「キリストの下僕の下僕《servorum Christi famulus》，フルゲンティウスが聖なる兄弟で司祭のエウギッピウスへ」のように下署している。しかし，グレゴワール大教皇がローマ教皇の中で最初にこの控え目な称号を殆ど常に帯びている。但し，アングル人の王エセルバートに宛てた書簡は，ビードの書[45, 1, 32]では，「司教グレゴワール」《Gregorius Episcopus》と記されてあるが。そして595年に開催されたローマ宗教会議において，彼は「神聖でカトリックな，使徒のローマの教会のグレゴワール」《Gregorius sanctae, catholicae atque apostolicae Romanae ecclesiaae》と下署しているが，これに「司教」《Episcopus》を補う必要があろう。しかし，グレゴワールの例は，彼の後に続く大勢のローマ教皇によって踏襲される。そして自らを「神の下僕の下僕」と言うことが慣習となる。しかし，全部がそうであったのではない。ある時は「首位者」《Praesul》，ある時は(私が既に言った如く)「教皇」の称号を他の文言と共に使っている。一部は，ザシャリの如く，自分の名前だけで満足しているが，自分の地位への言及をときどき控えていた。他方，『神聖イタリア』4巻[347, 4, 488]に収められている，アスティ聖堂教会に宛てた教皇セルジュの「神の下僕の下僕で，尊いセルジュ」《Sergius VENERABILIS servus servorum Dei》の文言をもつ第2の特権文書は，私には疑わしく思われる。ローマ教皇は勅書においてのみこの称号「神の下僕の下僕」を常に使用しているのに対して，教皇書簡《breves》においては「教皇」の名称が使用されているので。

第6節　ローマ教皇以外の者も同じ称号を使用していた

いと博識のデュ・カンジュが彼の『辞典』[114] の中で指摘している如く，若干の司教たち，更に国王，諸侯に至るまでもが自らを「神の下僕の下僕」と言っていたことは殆ど疑う余地がない。これに比べれば，節制を公言しなければならなかった修道士がこの文言を使用していたことはそう驚くに値しない。例えば，司祭で修道士，後にマインツ司教になったボニファーティウスがグレゴワール2世 [731] に宛てた書簡，そしてラトラヌ [コルビ修道士，868] がボーヴェ司教ウードに献呈した霊魂に関する書物の巻頭において，そのようにしている。しかし，グレゴワール大教皇以前において，教会の最高の博士であるアウグスティヌスが同じ称号をカルタゴ人のヴィタリスに宛てた書簡 [29, 217] やプロバに宛てた他の書簡 [*Ibid.*, 130] の中で使用している。

第7節　ローマ教皇はフランク諸王にいかなる敬称を当てていたのか

ところで，ローマ教皇がそれぞれの時代や身分に応じて，手紙が宛てられた人々をどのような敬称で呼んでいたかについて，ここで論じれば厖大なものとなろう。ここでは，ザシャリが王ペパンに『カロリング諸王宛教皇書簡集』[88] に収められた書簡5の中で挨拶している如く，かつて諸教皇によって「いと秀抜の」《excellentissimus》，「いと卓抜の」《praecellentissimus》，「いとキリスト者の」《Christianissimus》と呼び習わされていたフランク諸王のみについて考察することにする。他方，1469年にポール2世はヴェルダン司教の件で彼の許に派遣されてきた使者の文書（我々はその断片を本書6巻で引用するであろう）から明らかな如く，この敬称「いとキリスト者の」を，ルイ11世と彼の後継者たちに，特殊な特権として付加した最初の教皇である。これに加えて，教皇ニコラ1世は，同じフランク諸王を「栄光に満ちた」《gloriosus》，「いと栄光に満ちた」《gloriosissimus》と呼ぶことを好んだ。他方，すべての教皇は国王を「息子」《filius》と呼んでいて，例えば，グレゴワール大教皇はアングル人の王アディルベルトを，「そしてそれ故，栄光に満ちた息子よ」《Et ideo, gloriose fili》[171, 5, 59, 60] と呼んでいる。更に，アルル司教オレリアンが王テウドベールに宛てた書簡，デュシェーヌの書 [127, 1, 857, 876] に収められた，カオール司教デジレが王シジュベール [1世] とダゴベール [1世] に宛てた書簡が証明している如く，6世紀の司教たちもそれを使用していた。教皇イノサン3世がアティナ [中部イタリアの都市] 司教に書いたそれ，つまり「朕の文書で総大主教，大司教，司教を〈兄弟〉，その他に関しては，国王，諸侯，いかなる身分に属す者をも〈息子〉と呼んでいる如く，彼の文書においてもこの使徒の慣習を守っている」[107, 5, 20, 6] とあるのもこれと関係している。しかし，アルバノ司教マッテーオとローマ教皇の特使がサン=マルタン=デ=シャン修道院の文書集の中で，「肥満王」とあだ名されるルイを「朕の最愛の息子」《carissimum filium nostrum》であると呼んでいることとこれとは無関係だと思われる。

第8節　司教はいかなる称号を使用していたのか

司教に関しては彼らの書簡の中で様々な称号が用いられている。司教に指名されたがまだ叙任

されていない者は、『ローマ・ミサ典書』とシルモンの『ガリア公会議録』2巻 [326] に収められた書式 12 において、「余，司教に指名されたアダルベール」《Ego Adalbertus vocatus Episcopus》の如く、「指名された《vocatus》司教」と言われていた。ナント歴代司教に関する手稿名簿では、サラピウス以降に関しては、「指名されたが、まだ司教ではないアガト」《Agatheus vocatus, sed non Episcopus》、そしてロベール以降に関しても、「指名されたが、まだ司教ではないアミト」《Amito vocatus, sed non Episcopus》となっている。他方、叙任された者でも自らを「謙譲な」《humilis》、「ふさわしくない」《indignus》、「罪人ではあるが」《etsi peccator》司教と呼んでいる。司教の名称を隠して、「罪人」《peccator》と呼ぶことも稀ではなかった。この後者の例は、デュシェーヌの書 1 巻に多く存在する。一部の司教は「アミアン管区の首位者兼代理人」《Praesul et Procurator reipublicae Ambianensis》とあるアミアン司教ギィの如く、「代理人」《procurator》の名称を使用している。同じく、デュ・カンジュの書 [105, procurator] の中でも、ガランやその他の司教がそのようにしている。アミアン司教ジョフロワは、サン＝ピエール＝ド＝リオン分院文書集の中で、「神の恩寵によるアミアン司教、兄弟ジョフロワ」《Frater Godefridus gratia Dei Ambianensis Episcopus》のように書き始めている。ここでは、彼は司教になる前にその組織の一員であった修道士の慣例に従って、自らを「兄弟」《Frater》と呼んでいる。また同じ文書集には、「余，モン＝サン＝カンタン修道院長，兄弟アンリ」《Ego Frater Henricus Abbas de Monte sancti Quintini》の表現もある。他方、司教に宛てられた書簡で、教皇を指す《Papa》の語がかつては司教に付与されていた。しかし、ローマ司教を除いて、この称号を自身に付した者はいない。ローマ司教は、既にレオン大教皇 [461] の時代からそうであった如く、恰も自分たちに固有の名称としてそれを使用している。この時代に、パヴィーアのエンノディオ [521] が最初に（シルモンはそう思っているのであるが [322, 4, 1]）《Papa》の語を固有で特殊なものとして、ローマ司教のみに使用した。即ち、彼の時代に近かったその他の人々の殆どすべてが司教を教皇と呼ぶのを常としていたとき、彼自身は永遠の区別によってその他の教会の長を司教《Episcopos》、そしてローマ司教のみを彼らに書簡を書いたり、また別の所で彼らに論及したりするさい、《Papa》と呼んでいる。カシオドーロも同じ区別を用いている。そしてフランク王シルドベール [1 世] は 552 年、「使徒の座」《sedis apostolicae》の名称でローマ司教座のみが呼ばれるべきであること、そしてその座の司教のみが《Papa》と呼ばれるにふさわしいと考えた。これは最高の博識をもつアドリアン・ド・ヴァロワが『フランス史』2 巻の序論 [350, Praef. XVI] で、トゥール司教グレゴワールの復元史料に基づいて推論していることで、まったく正しい。しかし、更に後世の作家たちの間では、別のことが起きている。彼らは《Papa》の語を頻繁に司教に当てている。しかし 8 世紀からグレゴワール 7 世 [1085]（枢機卿バロニウスの指摘によれば、彼はローマ宗教会議において《Papa》がキリスト教世界における唯一の者の名称であらねばならないと規定した最初の教皇である）に至るまでの間、その例は比較的少ない。私はその期間でこの称号が 924 年、クレルモン司教アルノに付与されているのを『拾遺集』11 巻 [2, 2, 285/37, 1531] で読んだことがある。そして東方教会の司教の間においては、そのずっと後の世紀においてであるが、アレクサンドリア総大主教のみが私的あるいは公的文書及び公会議の下署リストで《Papa》の名称を自ら帯びている。但し、イエルサレム宗教会議録の最新版 [338, 351] に見られる、彼らの様々な下署から明らかな如く、彼らにおいて《Papa》の名称は高名な修道士と主任司祭、または小教区の司牧司祭にも共通するものであった。《Papa》の語に関して

は，博学なバリューズがフェリエール修道院長ルゥの書簡 81 の註で述べていることを参照せよ。

第 9 節　同様に表示された教皇，諸侯，国王，そして修道院長

　11 世紀に入ると，それまでときどき大司教に付されていた「最高の聖職者」《summus Sacerdos》の名称が彼らから取り上げられ始める。但し，ほぼ同じ頃，ランス大司教ギィは聖ベルタンの遺骸の発掘に関するテルアンヌ司教ドロゴンの書簡の中で，「最高の首位者で最高の司教」《summus Praesul et summus Pontifex》と呼ばれている。更に，ニーム［南フランスの都市］司教フロティエはアルビの文書集の中で，「最高の司教」《summus Pontifex》と呼ばれている。事実，「教皇」であれ「最高の司教」であれ，これらの名称はローマ教皇によってその他の人々にも付与されている。しかし，私が言った如く，ローマ教皇を除いて，誰も自身にそれを付した者はいない。ブレーメンのアーダム［聖歌隊員・校長，1076］の書 16 章によると，かつてある司教は自らを「ブレーメンに住む信徒たちの番人にして牧者」《custodem et pastorem Bremensis gregis》と名乗ったため，傲慢であると非難されている。そして『カルタゴ公会議録』の議決 26 章において首座の司教は「聖職者の第一人者，最高の聖職者及び類似の名称ではなくて，ただ単に首座の司教」と呼ばれねばならないと定められている。この規定に教皇アドリアン 1 世の勅令 25 が対応しているのであるが，そこには「いかなる大司教も，首座を保持している者を除いて，〈聖職者の首位者〉《Primas Sacertotum》，〈聖職者の第一人者〉《Princeps Sacerdotum》，〈最高の聖職者〉などと呼ばれてはならない。そうではなくて，ただ単に大司教の座にある者のみが首座司教または大司教と呼ばれる」とある。但し，わが師アシェリによるアイルランド教会法集成［2, 9, 25 sq.］から明らかな如く，アイルランド人の間では司教は「第一人者」《Princeps》と呼ばれていた。またある時は司教は「国王」《Rex》［*Ibid.*, 44］，更に修道院長はオルシエシウス［エジプトの修道院長・聖者，380］の『戒律の融和』［100, 167, 170］と上記のアイルランド教会法集成［2, 9, 12, 6］において修道院の「第一人者」と呼ばれていて，後者では「もし自分の魂と身体，そして所有するものすべてを神と〈第一人者〉，即ち聖なる修道院長に託した者は……」とある。最後に，修道士アデマールの書［216, 2, 161］の，848 年に関する叙述にその例を見る。本節では，私は名称だけしか取り出していない。それはその言葉の意味が曖昧で，そしてここではただ単に第一人者または他の者たちの先頭に立つ者を指し，「国王」の名称のもとに監督者が意味されているのを知っているからである。

第 10 節　いつから司教たちは自らを「使徒の座の恩寵により」と言うようになったのか

　単に「神の憐れみにより」《divina miseratione》または「神の仁慈の恩寵の惜しみない施しにより」《divinae pietatis gratia largiente》のみならず，「使徒の座の恩寵により」《apostolicae sedis gratia》や類似の表現によって，自らを司教と称していた司教に話を戻すことにする。私はこれらの司教の中で最初の例を，グレッツァー編纂の『聖ウィリバルト伝』で引用されている，教皇ウジェーヌ 3 世［1153］に宛てた書簡の中で，「神と使徒」《divina et apostolica》によって司教となったと言っているバンベルク司教エベルハルトに見いだす。もう一つの例，つまり，1328 年に「神と使徒の座の恩寵により」《Dei et apostolicae sedis gratia》司教であると公言しているラングル司教ジャン

の例を，この上なく該博なフレネ［・デュ・カンジュ］が彼の『辞典』[114] の中で提供してくれている。更に，私は私が有名なエメリック・ビゴ［フランスの学者・旅行家，1689］の写本の中で読んだナント宗教会議録で，1389 年に同じ称号を帯びているナント司教ジャンを追加することが出来る。そして彼より前においては，メッス司教ティエリが 1381 年のガリア語の書簡の中でこの称号を帯びている。最後に，同じ司教座の司教であったラウールが 1400 年に，同じく彼がガリア語で書いた書簡の中で同じ称号を帯びている。但し，これら 2 通の書簡は未刊行である。しかし何よりも，「あなた方と我々を我々の徳によってでなくて，その人の恩寵において作られた使徒の座の愛顧」に逆らって挙手しなかったと，シャルトル司教を戒めているヴァンドームのジョフロワがこのことと関係している [154(321)2, 27]。

第 11 節　ローマ教皇に書簡を書くさい，どのような称号が使用されていたのか

以上のことから，かつて司教が書簡の中で使用していたいろいろな種類の頭書へと下ってくるならば，ことは無限へと向かうであろう。ローマ司教を表記するために，ある時は「父の中の父」《Pater patrum》[114,《in haec voce》]，ある時は「最も神聖にして至福の父であり司牧者仲間」《sanctissimus et beatissimus Pater et Consacerdos》，またある時はフラヴィアヌスが聖レオン [461] を表記するときの如く，「最も至福にして神に最も愛された父」《beatissimus, et Deo amabilissimus Pater》が使用されている。またある時はカルケドン宗教会議が同聖レオンに宛てた書簡の頭書，「最も神聖にして至福のローマ大司教」《sanctissimus et beatissimus Romanorum Archiepiscopus》が用いられている。更に，ある時は「全世界の教皇」《universalis Papa》（ヨークのウィルフリッドが教皇ジャン 6 世にこの賛辞を与えていて [4, 4–1, 707]，特に 9 世紀から人々に受け入れられた）と挨拶している。ザルツブルク大司教テオトマルが教皇ジャン 8 世 [882] に宛てた書簡 [185, 1, 44] における頭書，「最高の司教にして全世界の教皇，一つの都市でなくて全世界の支配者，ローマの座の威厳に満ちた統治者であるジャン」《Summus Pontifex et universalis Papa, non unius urbis, sed totius orbis dominus, Johannes Romanae sedis gubernator magnificus》は荘重なものである。しかしいかなる司教も，またいたとしても非常に少ない司教しか 5 世紀以降において，ローマ司教を兄弟《frater》と呼ぶようなことはなかった。但し，教皇グレゴワール 4 世 [844] に宛てたガリアの司教たちの書簡は別で，そのため同教皇はこれらの司教たちを，「ローマ司教に手紙を書く際，ただ父親に対する如き尊敬の気持ちを表わすのがよりふさわしいにも拘らず，冒頭において相手を敵意のある呼び方で〈兄弟〉と呼んでいる」との言葉で激しく非難している。古い書簡に関するフランチェスコ・ベルナルド・フェッラリの書 3 巻 [140, 3, 1] を参照せよ。

第 12 節　司教が書簡を書く場合，どのような称号が使用されていたのか

他方，司教が司教に宛てた書簡において，ローマ司教に付与された敬称の中で，その他の司教に与えられていなかった敬称として取り出せるものは殆どない。即ち，彼らは「閣下」《Domnus》または「聖なる閣下」《Dominus sanctus》，「いと至福の」《beatissimus》または「いと聖なる」《sanctissimus》，「いと威厳に満ちて聖なる司教仲間」《reverentissimus et sanctissimus Coepiscopus》，

更に，教皇ニコラ1世［867］とその同時代のローマ司教たちの書簡においては「兄弟」，「兄弟仲間」《confrater》と呼ばれている。そして「使徒の座」《apostolica sede》，「使徒の座の尊ぶべき威厳」《apostolicae sedis dignitate colendi》，「使徒」《apostolicus》以外に，教皇が固有の名称として帯びる13世紀まで，「キリストの代理人」《Vicarius Christi》が使用されている。それ以前は，教皇は「ペテロの代理人」《Petri Vicarius》と言われていたのであるが，これら以外に，その他の司教と明確に区別される称号を使用していなかったのである。これに関しては，我々が『聖アデラール伝』の第1巻［4, 4–1, 362］に註として付したものを参照せよ。私はこれらに教皇ユルバン3世［1187］に宛てた，トゥールネ司教の書簡121（最新版による）を追加する。そこで同教皇は，少し前に教皇ウジェーヌ3世がハヴェルベルク［北ドイツの都市］司教アンセルムスによって呼ばれた如く［2, 13, 217］，「ペテロの代理人」と呼ばれている。確かに，アンセルムスの同時代人である，いと聖なるクレルヴォ修道院長ベルナールは書簡59で修道院長を「キリストの代理人」と言っている。しかし13世紀に入り，教皇イノサン3世の書簡から明らかな如く，その慣習は廃れる。彼のファエンツァ［北イタリアの都市］司教に宛てた書簡には，「我々は使徒の第一人者の継承者であっても，その人またはその他の使徒，更には人間の継承者ではなくて，イエス・キリスト本人の継承者である」［204, 1, 326］との言葉が見いだされる。しかし，かつてこの名称が司教にも付されていたとしても驚くに値しない。何故ならば，私が本巻6章で明らかにする如く，彼らはローマ司教に付与されていた「神聖」《sanctitas》，「至福」《beatitudo》，「冠」《corona》，「使徒の冠」《apostolica corona》といった同族名称を既に獲得していたので。最後に，シドワーヌ・アポリネールはある書簡［320, 6, 1］の中で，トロワ司教聖ルゥを「父の中の父」，そして「司教の中の司教」《Episcopus Episcoporum》と呼んでいる。

第13節　首座司教は司教に付与されていなかった大司教の称号をいつ獲得したのか

更に，大司教《Archiepiscopus》の名称は既に4世紀から東方の人々の間で受容されていたが，西方へは5世紀に伝播し，6世紀のフランク人の間で頻繁に出会う。『マコン公会議録』で一度，同じくフロリアヌスがトリーアのニケティウスに宛てた書簡［127, 1, 852］で一度，聖カレの遺言書で4度使用されている。しかし，私は9世紀以前にこの称号を帯びている人を非常に少ししか発見していない。846年の『パリ公会議録』において，アンクマールは「ランスの聖なる首座教会の司教」《sanctae metropolis ecclesiae Remorum Episcopus》と下署し，ルーアン司教ゴンバールとサンス司教ウェニロも同様に下署している。859年，サヴォニエール［東フランスの都市］で開かれた宗教会議に参加した諸教父，つまり「リヨン首座司教」《Lugdunensium metropolitanus》レミ，「ブールジュ首座司教」《Biturigum metropolitanus》ラウール，そしてその他の者がサンス司教ウェニロに書簡を送っている。そしてブルターニュの司教たちに宛てた書簡においても同様である。翌年に開かれたテュセイ［東フランスの都市］公会議の議決に下署した大司教は12名を数えるが，ただ単に「司教」と称している。しかし，司教宗教会議の2通の文書において，1通はルイ敬虔王治下におけるサン＝ドニ修道院への修道士の復帰，他の1通は財産の分割に関するものであったが，最初の文書では確かに，「サンス教会の大司教アルドリック」と下署しているが，2番目の文書においてアルドリック，エボ，オトガールはこの会議に付された文書から読み取ることが出来る如

く，「大司教」の称号を帯びている。その後，853年のヴェルベリ[パリの北]公会議に関して，第2章で引用されている書簡にウェニロは「大司教」，ポールも「大司教」として下署している。866年のソワソン宗教会議において，アンクマールを除くすべての首座司教が大司教として下署している。しかし，ソワソン在，ノートル=ダム修道院の歴史書の中で言及されている文書[156, 434]から明らかな如く，アンクマールは871年に開催されたテュセイ宗教会議で，他の7名の首座司教とメッス司教アドヴァンと共に，「大司教」の称号を使用している。他方，876年のポンション[東フランスの都市]宗教会議においては4回，そして2年後のトロワ[東フランスの都市]公会議においてはすべてが「大司教」と言われている。その後これは慣習として定着するが，首座司教がときどき司教と称することが起きている。次に，メッス司教のうちウルビキウス，クロドガン，アンジルラン，ドロゴン，アドヴァン，そしてワロの例が示す如く，一部の司教に大司教[の名称]が付与されている。ある人たちはその行為を肩被の着用から説明している。しかし，オータン司教シアクルは肩被を受け取っているが，それによって大司教と呼ばれることはない。そしてオータン司教ウルビキウスに肩被が付与されたことはどこにも読むことはできないのであるが，我々の師が刊行したメッス歴代司教に関する歴史[2, 6, 649]，そして同じ司教に関するパオロ・ディアコノ[8世紀末]の書に付されたワラで終わっている名簿索引の中で，彼は「この町のすべての者の首位者である大司教」《primus omnium ipsius urbis Archiepiscopus》と表記されている。しかしこれに関しては，私はより古いものよりもこのように新しいものに証拠を求めるほうがよいと判断する。ヴォージュ地方[東フランス]のサン=ディエ修道院に宛てた文書の中で，トリーア司教ヌメリアヌスは，多分写字生の過誤であろうが，自ら「大司教」と記している。

第14節　更に，修道院長や国王に付与された「首位者」の名称。修道院長が「先頭者」，「先導者」と呼ばれている

私は単に教皇や司教のみならず修道院長，そして更には国王にまで付されているのが見られる「首位者」《Praesul》の名称を殆ど飛び抜かすところであった。修道院長に関しては，我々は最初に，ボッビオ修道院の修道士ジョナによって書かれた修道院長ウスタシオ[聖者，625]の事績録に収められている，修道院長アジルの遺言書を持っていて，そこには「彼は今ルベ修道院の〈首位者〉として存在している」とある。他方，王テオドベールに関しては，デュシェーヌの書[127, 1, 858]に，「いと聖なる〈首位者〉よ，常に審判の日を思え」とある，オルレアン司教が彼に宛てた書簡から明らかである。その上，シドワーヌ・アブラハムの書[319, 17]における「先頭者」《Antistes》の如く，修道院長が「先頭者」と呼ばれている。そして教皇ブノワ3世の書簡の中で，エモワンがサン=モリス修道院の「先頭者」と言われている。更に，第2ソワソン公会議録[98, 5, 6, 11]，トゥル地方での『サヴォニエール公会議録』の12章で，修道院長が「先導者」《Praelatus》と呼ばれている。同様に，女子修道院長も『第2アアヘン公会議録』の中で，「先導者」と言われている[93, 2, 2, 2, 9, 13, 14]。更に，ヴェルダン地方のサン=ミイエル修道院に宛てたアルヴィルに関する文書において，エティエンヌが司教で修道院長，ハレヴィンクスが「先導者」として言及されている。そして同ハレヴィンクスはアルヌールの息子ルードヴィヒ[3世]王の治世の4年に「先行者」《Praepositus》として下署している。最後に，ユダルリックは『拾遺集』1巻[2, 1, 402]

で，ディジョンにあるサン゠ベニーニュ修道院の「司教」《Pontifex》に任命されている。確かに，彼らは「先頭にあり」《praesum》，「すべての者の上に立ち」《antisto》，そして「位において他者に勝っている」《praefero》。従って，彼らは「首位者」，「先頭者」，「先導者」と呼ばれる資格を有している。私がこのような細かいことをだらだらと続けているが，「我々はこの弁論術教程をそれを知っている人々のみならず，それを学ぼうとする人々にも提供するつもりである。従って，少し言葉が多くなっても，ご容赦してもらわねばならない」とのクィンティリアヌスの言葉に従ったまでのことである。

第15節　司教が「兄弟」の名称のもとに修道士によって同士と呼ばれている

　ここでは，少なくない数の修道士と修道院長が司教を仲間として言及する場合に使用する「兄弟」の名称について，一言しておくことにする。これに論及することを思いついたのは，かの有名な枢機卿バロニウスが聖なる尊父ブノワに帰せられた，ランス司教聖レミ宛ての書簡（私はそれが真正であるとは思わないが）を当のブノワがその中で聖レミを「兄弟」と呼んでいることを理由に，本物として受け入れなかったからである。事実，トゥールのグレゴワールは，修道士で隠修士のフィアールがナント司教フェリックスに対してその言葉を使用していることを証言している [154a, 10]。そしてアルキュアンはカンタベリ司教エセルハード [805] を書簡 28 において同様に，「聖なる兄弟」《sanctus frater》，「最愛の兄弟」《carissimus frater》と呼び，書簡 108 の頭書で「兄弟」と「最愛の息子にして望まれたる司教」《filius carissimus speratus Episcopus》と記している。修道院長ラバンがリジュ司教フレクルフを，『創世記』と『レビ記』の註釈を行なった上述の書簡において，「兄弟」と挨拶しているのも同様である。しかし，以上の人々よりも前に，聖ヒエロニムスがアルビウスを「兄弟」と呼んでいる [192, 1, 22]。そして「兄弟」の語に関する話を打ち切るために，クレルヴォ修道院長聖ベルナール伝や修道院長ピエールが慣例に従って，「教皇陛下のみならず兄弟たちを訪問した」ことを述べている『アンドル修道院年代記』[2, 10, 481] から明らかな如く，12 世紀において枢機卿が一般に「兄弟」と言われていることを指摘したとしても，このテーマから外れることにはならないであろう。しかし国王も，博識な人々が指摘している如く，血縁関係にないにも拘らず，互いに「兄弟」と呼び合っている。これに関する例は教父の著作 [304, 3, 9/167, 2, 35/117/223, ed.nova. 507, n. 5 etc.]，そして特に，共和国文学の大いなる成果として，高名なエティエンヌ・バリューズがかつてサン゠ブノワ修道会に所属したモワサック修道院の図書館に所蔵されていた，そして今はコルベール図書館にある写本に基づいて刊行した，完徳者の目的に関するラクタンティウス [340] の著作の中で出会う。

第16節　司教によって助祭が「助祭仲間」と呼ばれている

　加えて，少なくない司教は助祭に手紙を書く場合，聖アウグスティヌスの書において新・旧約聖書の研究に従事するある作者はこれに反論を唱えているのであるが，少なからず彼らを「助祭仲間」《Condiaconus》と呼んでいた [342, part. 1, lib. 1/246, 1, 9]。その例として，既に司教の地位にあったアウグスティヌスは，新版の書簡 92 において，頭書に「聖なる兄弟にして助祭仲間のカエ

レスティヌスへ」と書いている。

第17節　司教宗教会議の文書は日付事項から始まる

　教会会議でその数は少ないが，いろいろな教会や修道院に宛てて書かれた書簡も司教と関係する。公会議の記録にある如く，それらの非常に多くが既に8世紀から受肉の年から書き始められている。そしてその文言の前に，時々ではあるが，神への呼び掛けが置かれている。こうして，レスティーヌ宗教会議の記録は「わが主イエス・キリストの御名において，朕，フランク人の公で君主のカルロマンは主の受肉の747年，4月21日……」の文句で始まっている。少し異なる場合として，教皇ザシャリの時にローマで開かれた宗教会議は同じ書出しで始まっているが，日付を皇帝の在位と会計年度によって数えている。事実，私が述べた如く，宗教会議の記録はその大半において，受肉の年から始まっている。トゥール在，サン＝マルタン修道院に宛てたピートル宗教会議のそれ，同宗教会議の別の記録，またはそれよりも『拾遺集』6巻 [2, 6, 376] とドゥブレの書 [111, 459] に収められている，サン＝ドニ修道院に宛てたソワソン宗教会議のそれがそうである。同じく，ドゥブレの書 [Ibid., 792] に収められた，同じ年に同上修道院に宛てられたソワソン宗教会議のそれ，864年にオータン在，サン＝ジェルマン修道院に宛てたピートル宗教会議のそれの如き，本書の見本に収められているその他の文書もそうである。更に，私はこれらに，『拾遺集』1巻に収められている，886年のベーズ修道院に宛てたシャロン＝シュル＝ソーヌ宗教会議のそれを付け加える。その他の例は，アシェリの『拾遺集』3巻 [2, 3, 267]，ペラールの『ブルゴーニュ史料集』[282, 50, 55, 59, 81]，ラップの『古文書雑録』[217, 465]，シフレの『トゥールニュ史』[81, 215, 249]，バリューズの『新版勅令集付録』[37, 31] の中に現われる。『神聖イタリア』2巻 [347, 2, 13]，ソワソンのノートル＝ダム修道院の歴史 [156, 432] においても出会う。高名なエティエンヌ・バリューズ編纂の『ル＝マン司教アルドリック事績録』[40, 3, 132, 146] のそれは神への呼び掛けが先行しているが，これ以外にも多数ある。

第18節　司教の私的な書簡も同様である

　更に時々，『拾遺集』[2, 8, 142; 12, 135] に見られるオータン司教ジョナース，ウゲッリの書 [347, 8, 698 sq.] におけるイタリアの諸司教，バリューズの『新版勅令集付録』[37, 1541] に見られるペンネ司教ジョヴァンニの如く，同一司教の書簡が同様に，受肉の年から始まっていることがある。そしてこれらのすべては，確かに9世紀のものである。つまり，それ以前において，その当時広く使用されていた神への呼び掛けと日付表記，より正確には呼び掛けを伴わない日付表記，またはその反対の形式から始まることが少なくなかった。トゥール司教ペルペチュは5世紀に，『拾遺集』1巻にある如く，「イエス・キリストの御名においてアーメン。余，罪深き人ペルペチュは……」，ル＝マン司教ドンノルは6世紀において，バリューズの『古文書雑録』3巻で，「我々のいと光栄ある王シルドベール［1世］の治世の20年，9月4日。余，ドンノルは……」，「キリストの御名において司教……」，7世紀において，ル・コルヴェジエの書 [224] における，同じくル＝マン司教ベルトランの遺言書は「主イエス・キリストと聖霊の御名において，いと栄光に輝く王ク

ロテール[2世]の統治の22年，3月27日，取るに足りない罪人であったが，司教のベルトランは……」，同じく，ル=マン司教アドワンの遺言書はル・コルヴェジエとブリソンの共著[61, 7, 771]において，「わが主イエス・キリストと聖霊の御名において，いと栄光に満ちた王クローヴィス[2世]の統治の5年，2月6日，余，アドワンは……」，同じ世紀において，本書で刊行されているオーセル司教パラードの文書は「王ダゴベール[1世]の御世の8年，会計年度の7年，全能の神，父と子と聖霊の御名において，パラードは罪深い人であるが，……」とある。同様に，司教の多くの書簡は，『神聖シチリア』1巻[288, 1, 324]と3巻[Ibid., 3, 281, 282]において，キリストの受肉の年から始まっている。ソレーム修道院に宛てたノワイヨン司教エロワの書簡では少し異なっていて，「父の御名において，……。余，エロワは主の聖なる教会の，キリストのすべての下僕の下僕……」とある。しかしこの文書は，例えば，「聖なる主」，「そして敬うべき聖堂の」等々の如く，至るところで一般に頭書から始まっているその他多くのものと同様に，書簡と理解される。事実，個々の司教の書簡は実に多種多彩で，それらを一定の規則によって理解することは出来ない。『トゥールニュ史』[81, 354]に収められたブザンソン司教ユグの文書の3行からなる書出しは全く異例である。しかし，司教の宗教会議文書は規則正しいほうで，私がすぐ上で指摘した如く，殆どが日付事項から始まっている。そして確かに，8世紀中葉からこの種の言葉の使用が廃れ始める11世紀に至るまで，受肉の年から始まっている。しかし，私はこの時期を通じて，本書の見本で我々が提供しているサン=ドニ修道院に宛てたピートル宗教会議のそれの如き，主の受肉の年から始まっていない幾つかの宗教会議の記録を発見している。細いことではあるが，私は司教の書簡が本書6巻[文書207]で刊行されている『口述筆記論』の作者，そしてより新しい作家としてはフランチェスコ・ベルナルド・フェッラリが古書簡集[140]の第3巻で指摘している如く，ときどき「ラバルム」，つまり十字の印，キリストの組合せ文字[クリスモン]または花押を前に出していることを明らかにしておく。そこでフェッラリはマルティーン・クルシウス[チュービンゲン大学教授，1607]のトルコ=ギリシア語辞典の第4巻に依拠して，ロードス大司教カリストスがコンスタンティノープル総大主教に宛てた書簡16, 17で同大司教の慣例に従って，三つの十字の印以外の表示を付していないこと，その他数通の司教書簡でも同じく，キリストの組合せ文字と共に，我々がその見本を掲載しているヒスパニア王アルフォンソの文書で確認することが出来る《A》と《Ω》が配置されていることを教示している[140, 3, 2]。

第19節　『ローマ教皇書式集』に基づくガルニエの見解

私がこれらを論じた後で，イエズス会の非常に博学なジャン・ガルニエによって刊行された『ローマ教皇書式集』[151]の書がここに持ち出されることは時宜を得たことである。その本の中で，ローマ教皇が手紙を書く際，そして司教と教会が彼に手紙を書く際に使用した書式が引用されている。それらの中で最初の書式は，「書簡を書くための項」と書かれてある。そしてすべての書式において，ガルニエは三つの注意すべき点，つまり上署，下署名，共同署名を指摘している。しかし，第1と第2はこの書式集にあるが，第3はない。「書簡を書くための項」の第1章にローマ教皇がかつて彼の書簡を作成するために使用していた慣例に関する論説を付け加えている。しかし，彼は次のことを確かなことだと主張する。つまり，教皇の書簡の中でときどき教皇が自分

の名前を受信人の名前の後に置いて書いていたこと，このことの起源については知られていないが，9世紀にも維持されていたこと，しかし4世紀末か5世紀初めにおいて両方の書き方が使用されていたこと，その上，440年に教皇の位に就いたレオン大教皇から872年に教皇になったジャン8世に至るまで唯一の慣習，つまり教皇の名前を後に置くそれが定着していたことである。私も教皇レオンとグレゴワールの史料からこれと異なる結論を引き出さなかった。更に，文書編集者によって書簡の正式な上署と下署が省略されていたのである。そのため，この博学な人は最初の上署を含んでいた教皇の書簡に依拠して，それこそが教皇の名前を後に置くことが常に取られていた4世紀から9世紀にかけての，つまり教皇ダマーズからグレゴワール4世に至るまでの伝統であったと理解した。更に，彼はグレゴワール7世がその後に定着する慣習，つまり「使徒の挨拶と祝福」《salutem et apostolicam benedictionem》の文言が手紙の受信人に向けられる慣習を導入したと付言し，その他の人々，つまり皇帝，総大主教，首座司教，司教，世界公会議がローマ教皇に手紙を書くときの幾つかの例を開示している。それらの中で皇帝はマルキアヌスを除いて，彼らの名前を前に置いている。総大主教，首座司教，司教は後に置いている。これに対して，世界公会議は第1回［ニカイア，325］，4回［カルケドン，451］，6回［コンスタンティノープル，680-681］に関しては自身の名前を先に出している。しかし，アフリカで開かれた世界公会議は別である。『ローマ教皇書式集』［151, 54］において，選出された司教に関する教令の「聖にして使徒にふさわしい，神の祝福によって飾られた最高の座の首位者，父の中の教皇……猊下へ」《Domino sancto, merito apostolico, et divina benedictione decorato, ill.Papae Patrum, summae sedis Praesuli, ……》のような文言，そして「私はいと聖にして，この上なく至福の最高司教，または普遍的教皇である……，そしてあなたを介してあなたの聖なるカトリック教会と使徒の座に誓約する」《Promitto ego ……domino meo sanctissimo et ter beatissimo ill. summo Pontifici seu universali Papae, et per vos sanctae vestrae catholicae ecclesiae et apostolicae sedi》［Ibid., 58］との司教の誠実誓約が注目される。そこでガルニエは，グレゴワール大教皇が「普遍的」《universalis》という語をそれを使用していた人たちとは少し異なって解釈していたと指摘している。何故ならば，彼の見解によると，参加した司教たちが望んでいたのは，彼らが「普遍的」と言うとき，総大主教の場合はすべての教会でただ一人，司教の場合はその中の一人とグレゴリウスが考えていると見られることではなくて，ローマ教皇が他の総大主教と同様に，いかなる限定によっても制約されない権限を有しているということであった。以上が，博学な人［ガルニエ］の見解である。

第20節　勅書と答書におけるローマ教皇の挨拶文言

以上の他に，11世紀末からローマ教皇は文書において2種類の書出し書式，即ち，勅書（人々がそう呼んでいるのであるが）と盛式の文書において，上署の後に置かれた「永遠に」《in perpetuum》と，短い書簡または答書において「使徒の挨拶と祝福」《salutem et apostolicam benedictionem》とを使用していたことを付記しておく。

第 3 章

第 1 節　第 1 フランク王朝の諸王の書式に関するパーペンブレックの見解

　教皇文書から王文書に進むと，私はフランク諸王から始めることを要求する。彼らに関しては，彼らが文書の最初に使用していた書式が考察されねばならない。これに関しては，『古文書序説』[276] の作者がその 28 章「〈聖にして不可分の三位一体の御名において〉《In Nomine Sanctae et Individuae Trinitatis》と書かれている公的文書の書式に関すること」で提起していること以上に決定的と呼ばれるものはない。そこには「それは第 1 王朝の諸王の下で普及したものでもないし，またシャルルマーニュの治世から始まったものでもない。シャルルマーニュ以前にいずこであれ，疑いのない文書が存在しているとした場合，そのすべてに〈父と子と聖霊の御名において〉《In Nomine Patris et Filii et Spiritus sancti》と書かれている。従って，もし別の文言で始まった文書が提示されたならば，その他の指標によってもその偽造がはっきりしており，それは信頼できるものではない」と書かれている。

第 2 節　彼の見解が反駁される（その一）

　これを読んだ者の中で，博学な人によってこのように自信をもって発表されたこの準則以上に確かなことが主張され得ると思った人はいないであろう。しかし，私は彼の『序説』全体を通じて，彼の上記の主張の後半部分以上に正当な権利において疑問視され得る，更には反駁され得るものがあるかどうかを知らない。何故ならば，私は第 1 王朝の時代にこの神への呼び掛けから開始される，いかなる疑いのない文書を見いださないからである。そうではなくて，真正文書と思われるものはすべて，絶対的に「気高き人，フランク人の王クローヴィス」《Chlodoveus Rex Francorum, vir inluster》または類似の様式で書き始められている。

　私はこれに関する最初の例を，王シルドベール[1 世]の寄進文書が「気高き人，フランク人の王シルドベール」の文言と共に引用されているサリカ法典[ゲルマン部族法典の一つ，5–7 世紀成立]から引き出す。そして彼よりも前には，彼の父クローヴィス[1 世]がミシ修道院に宛てた文書（この真正文書は『拾遺集』5 巻 [2] からの抜粋に依拠）で「気高き人，フランク人の王クローヴィス」と記されている。マルキュルフの付録に収められている書式 30，31，そして 38 では，「気高き人，フランク人の王……」とある。我々は第 1 王朝の，後述されるすべての文書で確認される如く，これと同じ書出しの形式が神への呼び掛けなくして見いだされる，30 通を下らないオリジナル文書を確認している。この慣習は王ペパンまで維持され，フルダ修道院に宛てた彼の特権文書は，オトロン[フルダ修道士，1072]の書において，「気高き人，フランク人の王ペパン……」で始まっている。シャルルマーニュも同じ様式を継承しているが，後述される如く，ある時は（ペパンと同じように）神への呼び掛けが付加されている。これらから，私はグレッツァーの書 [173, 530] に収められているダゴベール[1 世]の息子で，オストラジ王であったシジュベール[3 世]の文書 2 通におい

て，写字生によって神への呼び掛けが大胆にも加筆されたと推論する。それらは「神の御名において，気高き人，フランク人の王シジュベール」《In Dei nomine Sigibertus Rex Francorum vir illustris》と「わが主にして救世主イエス・キリストの御名において，シジュベールは……」《In nomine Domini Dei et Salvatoris Nostri Jesus Christi Sigibertus……》で，その他に関してもこれは重要なことと考えられる。

第3節　彼の見解が反駁される(その二)

そして次に述べることも，私にとっては，第1王朝の王文書に関して自明のことである。つまり，国王書簡に関しては話が少しだけ違っているということで，メロヴィング諸王はその書簡において，「気高き」《illustris》の名称を省いて，単に「王」とのみ，または「フランク人の王」と称している。確かに，クローヴィス1世はゴート人との戦争のあと，司教に宛てた書簡を「聖にして，使徒の座のいとふさわしい諸司教殿へ，王クローヴィスが」《Dominis sanctis et apostolica sede dignissimis Episcopis Chlodovechus Rex》のように書き始めている。同じ様式をシルドベール2世と彼の母ブリュヌオが，デュシェーヌの書に収められた書簡25とそれに続く書簡数通において，マウリキウスや司教に宛てて同じ様式を使用しているが，頻繁に自分の名前を後置している。更に，これはシジュベール[3世]が書簡71, 79において踏襲していることでもある。しかし，前置している時でも，(勿論，より下位の者に対しては前置しているのであるが)，「フランク人の王シルドベールが栄光に満ちた人で，教皇の特命大使であるホノラトへ」《Childebertus Rex Francorum viro glorioso Honorato apocrisiario》といった書出しを持つ書簡31, 33，及びそれに続く数通から明らかな如く，「フランク人の王」《Rex Francorum》を付加している。しかし，またある時は刊行史料においてであるが，『拾遺集』12巻 [2, 12, 103] にある「王シルドベールが尊父カエオロドスと修道院長エウフィビウスへ」《Childebertus Rex Caëolodo Patri et Euphibio Abbati》の如く，名前を前置したあと，国王の名称のみが置かれている。要するに，メロヴィング諸王(ペパンとシャルルマーニュに関しても言えることである)が諸侯や司教に手紙を書くとき，しばしば「気高き人」の文言が省略されている。従って，本書の見本において，王ダゴベール[1世]は「フランク人の王ダゴベールが気高き人たちへ……」《Dagoberchtus Rex Francorum viris inlustribus……》とある。この書式は彼の後継者たちによっても時々，そして特に法廷文書で使用される。同文書においては，「フランク人の王ティエリが気高き人，オドベールへ……」《Theudericus Rex Francorum viris inlustribus, Audobercho……》，「フランク人の王シルペリックが気高き人たち……」《Chilperichus Rex Francorum viris inlustribus……》などとある。ティエリ4世[メロヴィング朝王，747]はミュールバッハ修道院に宛てた文書の中で「ティエリが使徒の諸教父たちへ……」《Theodoricus viris apostolicis Patribus……》とある。しかしある時は，そして更に司教または諸侯に手紙を差し出すとき，彼らはいつもの美称辞である「気高き人」を堅持していた。

第4節　なぜフランク諸王などは「気高き」と言われているのか

他方，なぜ第1王朝の諸王は文書において頻繁に「気高き」《inlustris》または《illustris》といっ

た美称辞を使用していたのであろうか。その理由は称号の表記によって，彼らの決定に権威と重みを付与しようとしたからである。三つの称号の序列，つまり「気高き」，「いと有名な」《clarissimus》,「立派な」《spectabilis》によって表現される人は，他の人よりも強力で特に勝れた者であった。そのため，皇帝にもそれらは付加されていた。従って，オストラジ王テオドベール1世は彼の書簡において，ユスティニアヌスに次のように挨拶している。デュシェーヌの書に収められた書簡18での「気高く著名で勝利者で，常に尊厳者であるユスティニアヌス陛下へ，王テオドベールが」《Domino Illustri, inclito ac triumphatori semper Augusto, Justiniano Imperatori, Theodebertus Rex》, それに続く書簡での「気高く，いと高処におられる主人にして父へ……」《Domino illustri et praecellentissimo domino et Patri......》などがそれである。この美称辞は特に親衛隊司令官，都市長官，財務官，騎兵隊長などに付与されていた。そこからその称号がフランク人の王へ継承されたのであると，高名なシャルル・フレネ[・デュ・カンジュ]は考えている [114, 2, in add.]。何故ならば，クローヴィス[1世]は皇帝アナスタシウスから「執政官」《consul》という称号の位を受け取り，「執政官」とその他の最高の行政官がその資格を有した称号「気高い」を恰も「執政官」や帝国役人の如く，書き加えたのである。そして同フレネがジョワンヴィルに関する論文23の中で，皇帝アナスタシウスに宛てたシギスムンドの書簡に基づいて指摘している如く，人々はその頃国王を尊敬すべき人と見做していたのである。しかし，読者諸賢はシャルルマーニュより後で，この称号を帯びたフランク人の王を少ししか発見しないであろう。但し，ローマ教皇はピィ2世[1464]に至るまで，書簡 [127, 5, 706 sq./289, 385 et alii passim] の中での称号として，フランク諸王およびその他の王にそれを少なからず付与していたのであるが。

　他方，宮宰《Majordomus》はこの称号を，国王が気に入っていた時でさえも，国王に倣って独占することに躊躇を見せなかった。それは，こうすることによって国王の名代ですべてを実行していると見られるためであった。エブロワンと彼の後に続く人々はすべて，我々によって本書で刊行された文書から明らかな如く，この称号を気に入っていた。更に，メロヴィング諸王の時代において，国王によってと同じくその他の人によって，伯にもこの称号が付与されていた。まず，マルキュルフが「フランク人の王……が気高き伯……へ」《Ille Rex Francorum viro illustri illo Comiti》の文言 [246, 1, 39] の中でそれを証明している。但し，同マルキュルフの付録に収められている書式31の中で，「フランク人の王で気高き人……が伯……へ」《Ille Rex Francorum vir inluster illo Comite》と読むべきであると考える人がいるとすれば，そうではなくなってくるが。しかし，同付録所収の書式30において，フランク人の王が伯を「光輝ある人で兄弟」《magnificus et frater》と呼んでいるとき，別の箇所で伯が国王によって「気高き」と呼ばれているとしても驚くべきことではない。事実，上掲の付録において，書式5，6は「気高き人である伯……の前で」《Ante illustre illo viro illo Comite》の文言を持っているのである。更に，宮宰を除くその他の人々も，後述されるクロティルドやヴァンデミールの文書から分かる如く，この称号を自分に付している。しかしその後，シャルルマーニュが帝位を獲得すると，「気高き」の称号をも持つことになった。彼の例に倣って，その他の皇帝や国王もそれを付けた。そして今や，それ以前は殆ど俗人に付されていたこの称号は勝れた男子修道院長にも付与されるようになった。しかし，本書で刊行されているその文書における貴族の婦人，クロティルドのように，多分高貴な生まれのためからであろうが，我々はマルキュルフの付録 [247, 40, 41] において，女子修道院長に「気高き」が付された二つの

書式を発見する。そして多分同じ頃と思われるが，この美称辞は非常に著名な修道院長にも付されている。それに関しては，9世紀の修道院長ルゥの作品 [42, epist. 5] における，「気高き修道院長ラバン」《illustris Abbas Rabanus》がある。アゴバールは彼の書簡を「いと聖なる，いと祝福された，気高き人である聖なる宮廷の司祭イルドワンと修道院長ワラへ」《Dominis et sanctissimis, beatissimis, viris illustribus, Hilduino sacri Palatii Antistiti, et Walae Abbati》と書き始めている。バリューズによる『新版書式集』には，「尊敬すべき，気高く，賢明で，聖性においてより卓越し，神の恩寵にひいで，司牧の頂点に位する人へ」《Domino venerabile inlustrique sagacissimo, sed inlustriore sanctitate et gratia Dei pollente, et sacerdotale apice sublimato》とあるが，私はここでは司教が問題にされていると判断する。時代が進むと，司教とローマ教会の枢機卿が「いと気高き」《illustrissimi》と呼ばれるようになる。他方，アッラチの指摘 [17, 1, 5, 15] によれば，枢機卿に固有のものであった美称辞「いと気高き」はユルバン8世 [1644] のもとでよりふさわしくない人々によっても共有されて，その価値を低くした。その後，国王を除き，枢機卿は「いと傑出した」《eminentissimus》という称号を帯びることが予見された。その上，有力諸侯たちは自分たちの威厳を守るために，国王の仲間として見られることを望み，そして「傑出」《eminentia》の称号を軽んじて，「高処」《altitudo》のそれを堅持したと。こうして「いと気高き」は徐々に品位を落としていった。そして特にフランク人の王の間でそれ以上に輝かしいものはなかった用語「気高き」については，なおさらのことである。彼らを一部の人々は頻繁に「いと秀抜の」《excellentissimus》と「いと卓抜の」《praecellentissimus》，続いて「いとキリスト者の」《Christianissimus》（この称号は特にペパンの治世から彼らに付されるようになった）[88, 5, 46, 55/207, 167]，また一部の人々は「諸王の中の王」《Rex Regum》と呼んでいる [107, 452]。但し，王自身は何よりも「気高き」の称号を優先させていたのであるが。

第5節　いつから「いとキリスト者の」が使用されるのか

いつからローマ教皇が彼らの書簡の書出しにおいて，「いとキリスト者の」《Christianissimus》の称号をフランク人の王に盛式に認めるようになったかは今までのところ十分に考察されていない。他方，1469年にフランス王ルイ11世の命令で，非常に高名なモントルイユ領主ギヨームを長として教皇ポール2世の許へ派遣された使節の文書が我々に次のことを教えてくれている。これらの文書から，我々は教皇が国王に非常に大きな感謝を述べ，フランク諸王と彼らの使徒の座への格別な役目についてこの上ない称賛を込めて語ったと理解する。そして，同教皇はフランク人の王がこの後，名誉にふさわしい称号，そしてもちろん特殊で固有の称号，つまり「いとキリスト者の」（教皇自身は既にこの言葉を使用し始めていたのであるが）で飾られるために，自分と同等者であると見られることを表明したと。そしてこの語を国王自らも使用することを提案した。彼の後，一部の教皇はそれを授与し続けた。読者諸賢はこの事実の記念を本書6巻の末尾で見るであろう。この名誉ある名称は一部の人々にとっては羨望の的であった。もしフランク諸王の功績がその称号を教皇ポール2世から奪い取らなかったならば，教皇アレクザンドル6世はヒスパニアのキリスト教徒の王に「カトリック」《Catholicus》の名称よりもそれを付与していたであろうが。しかし他方，ポール2世以前においてこの名称がフランス王の間で世襲されていたことを，

ピィ2世は，我々が本書5巻の図版XXIIにおいて詳細に説明している如く，シャルル7世に宛てた書簡385の中で認めている。そして既に900年前に（私がすぐ上で述べた如く），知らぬ間に共通の同意が形成され，この称号がクローヴィスや彼の後継者たちに付与されている。しかし，その後における如く，それは特殊な特権としてではなかった。これらのことから，トリーアのザンクト=マクシミーン修道院に宛てた，ダゴベール王の名で出されている特権文書の書出しがメロヴィング諸王の古くからの慣習にいかに合致していないかを推論することが出来る。しかし，その特権文書は博識な人によって第1王朝の真正文書の見本かつ典型として，「父と子と聖霊の御名において。すべてのキリスト教徒の勤勉さは次のことを知るべし。朕，いと強力な王ダゴベールは……」《In Nomine Patris, et Filii et Spiritus sancti. Omnium Christianorum noverit industria, qualiter ego Dagobertus Rex potentissimus, ……》の書式のもとに提示されている。もしその他もこの例に従うことが求められるならば，我々がダゴベール王のこの文書のみを弁護するために，シルドベールの勅令とその他非常に多くの極めて重要な文書を排斥しなければならなくなる。しかし，それが真正文書と見做されねばならないとしても，その特異な形式とその他の文書の適正で合法的で慣用的な形式とが述べられねばならない。このダゴベール文書の幾つかの欠陥または疑問の諸点に関しては，本書3巻で取り扱われるであろう。

第6節　カロリング文書の冒頭書式。ペパンに「神の恩寵による王」の文言が付加される

　第2王朝に入り，文書の冒頭書式がほんの少し変化する。しかし，第1王朝におけると同様，それらの統一された規則は守られていない。しかし，それぞれの王において，対象の異なる身分または位階の高低に応じて，一つまたは数個の書式が使用されている。

　勿論，ペパンは彼に先行する諸王の古い書出しを可能な限り堅持していたであろう。しかし，尋常でない方法で王位に就いたため，彼は「神の恩寵による」《gratia Dei》を加えている。更に，彼が発給した何通かの文書は，多分写字生の過誤と思われるが，神への呼び掛けを前に出している。これらすべてがより明確に順序通りに並べられるために，国王になってから作成した文書は，宮宰として書いたそれから区別されるのが適切であろう。私はペパンが宮宰の時代の手稿文書を1通見たことがある。それはドゥブレによって刊行されたもので[111, 672]，短い前置き「最高の配慮と最大の心遣い……」《Summa cura et maxima sollicitudo, ……》で始まり，その後「それ故，気高き人である宮宰ペパン……」《Igitur inluster vir Pippinus Majoremdomus, ……》と続いている。上掲書で刊行された同王の法廷文書も同様に，「気高き人，宮宰ペパンがその地位にあった時……」《Cum resedisset inluster vir Pippinus Majoremdomus, ……》となっている。マコン司教座聖堂に宛てた命令文書の書式は，「神の御名において，宮宰ペパン」《In Dei nomine Pippinus Majordomos》と少し違っている。これは真正の命令文書と見做されている。これを最初に刊行したセヴェルティウスの書[218a]では，「最高の宮宰」《Majoremdomus maximus》と読める。博学なル・コワントはこの箇所を《Majordomus》と置き直したのである。むしろ，それは「気高き人，宮宰」《Majordomus vir inluster》と読むべきで，手稿文書においては経験豊かな人以外には殆ど読めないほど，その言葉が簡略化されて記されている。ドゥブレの書では，ペパンの文書7通がその後に続いている。それらの最初の2通は「気高き人，フランク人の王ペパン」《Pippinus Rex Francorum, vir inluster》と

いった古い書式を守っている。第3通は修道院長コンストランの名前，置かれている会計年度，その他の過誤から，改竄文書と思われる。第4通は第6，第7通と同様，他の2通と形式において同じである。第5通は「神の恩寵による」を加えている。これらすべては第3通(我々はその写しをまだ発見していないのであるが)を除いて，今日でも手稿文書として，サン＝ドニ修道院の文書庫に保管されている。他方，追加された「神の恩寵による」に関して，それが真正かどうか疑うことはできない。何故ならば，ボニファーティウスの書簡96に収められているペパンの真正書簡において，その文言を「神の恩寵による，気高き人で，フランク人の王ペパンが聖なる父，リュル殿へ……」《Pippinus gratia Dei Rex Francorum, vir illustris, domino sancto patri Lullo, ……》の中に読むことが出来るからである。しかし，上掲の王文書や王ペパンのその他の2通の文書(この解説の最後に，我々はそれらを手稿史料に基づいて刊行するであろう)からも明らかな如く，この追加文言は必ず付されるというものではなかった。その他，非常に多くのペパン文書が存在する。ル・コワントの書に収められているその1通はライン河畔，ユトレヒト在のザンクト＝マルティーン教会に宛てた，統治の2年に発給されたもので，古い書出し「気高き人で，フランク人の王ペパン」を持っている。他の1通もル・コワントの書に収められたもので，トリーア司教座教会に宛てられ，「永遠の神と我らの救世主イエス・キリストの御名において，神慮の命令によりフランク人の王ペパン」《In nomine Dei aeterni et Salvatoris nostri Jesu-Christi, Pippinus, divina ordinante providentia, Rex Francorum》とある。この特権文書においては，慣習に反して，会計年度の追加という改竄が認められる。更に，私には神への呼び掛けと上署の形式が偽造されているように思われる。但し，本文の価値には異議を唱えるべきものは見いだされない。この種の神への呼び掛けは会計年度と共に，第13章の付録に掲載されている特権文書でも確認されるし，その他の文書においても，「聖にして不可分の三位一体の御名において，神慮の命令による王ペパン」《In nomine sanctae et individuae Trinitatis, Pippinus, divina ordinante providentia, Rex》とある。ともあれ，明らかなことは，たとえ別の語が加わっているにしても，それらは古い上署「気高き人，フランク人の王ペパン」を守っていることである。同様に確かなことは，それらは「神の恩寵による」を加えていることである。書出しは他の形式で表現されたり，また神への呼び掛けを先に出している。確かに，我々が見た王ペパンの手稿文書のすべてに関して，神への呼び掛けを前置したものはないのであるが，即座に拒否する前に，それらを調査する必要がある。

第7節　王としてのシャルルマーニュの文書の書出し

父の例に倣って，追加文言「神の恩寵による」を殆ど常に使用していたシャルルマーニュも，古い慣習から離れることはしていない。彼の文書において，三つの時期が考慮されるべきである。第1期は，フランク王の開始からロンバルディーア王国の獲得まで，つまり768年から774年まで。第2期は，その年から皇帝に戴冠される800年まで。第3期は，その年から生命の終焉に至るまで。第1期において，彼は「神の恩寵による気高き人，フランク人の王シャルル［マーニュ］」《Carolus gratia Dei Rex Francorum, vir inluster》の書式を使用していた。彼の弟カルロマンもこれを使用していた(本書掲載の彼の2通の文書を参照)。中間期には，「神の恩寵によるフランク人とロンバルディーア人の王でローマ人のパトリキウス，シャルル［マーニュ］」《Carolus gratia Dei Rex

Francorum et Langobardorum ac Patricius Romanorum》の書式が使用され，しばしばこれに「気高き人」が付されていた．第3期においては，「父と子と聖霊の御名において，いと清澄な尊厳者シャルル，神によって戴冠された，ローマ人の帝国を統治する偉大で平和的な皇帝，神の慈悲によるフランク人とロンバルディーア人の王」《In nomine Patris et Filii et Spiritus sancti, Carolus serenissimus Augustus, a Deo coronatus magnus et pacificus Imperator, Romanorum gubernans imperium, qui et（一部では《quin et》となっている）per misericordiam Dei Rex Francorum et Langobarudorum》が使用されていた．一部の書簡では神への呼び掛けが省略されているが，多分写字生の不注意によるものであろう．他方，この神への呼び掛けを，既に帝位に就く前から，バリューズの『新版勅令集付録』[37, 2, 1400]にある文書で「父と子と聖霊の御名において，神の恩寵によるいと清澄なるフランク人とロンバルディーア人の王にしてローマ人のパトリキウス，シャルル[マーニュ]」《In nomine Patris et Filii et Spiritus sancti Karolus serenissimus gratia Dei Rex Francorum et Langobarudorum, ac Patricius Romanorum》とある如く，前に置いている．そして神への呼び掛けが場違いで，上署の中に「いと清澄なる」《serenissimus》の語があったとしても，この命令文書は真正である．そして多くのその他の文書でも起きている如く，多分書記が自分の判断で他の誰かの真似や古い文書の冒頭に置かれる習慣になっていた，ペンによる数本の線に関する間違った解釈によって，神への呼び掛けを付記したのであろう．ともあれ，シャルルマーニュの書出しとしてより確かなものは「神の恩寵によるフランク人とロンバルディーア人の王，ローマ人のパトリキウス」《Carolus gratia Dei Rex Francorum et Langobardorum, ac Patricius Romanorum》の書式で，これにしばしば「気高き人」が付加されている．この書式はドゥブレの書，『神聖イタリア』[347, 4, 104; 5, 1562 sq.]とその他至るところで見いだされる．この書式は，シャルルマーニュが上記の肩書で教皇レオン3世，マーシア王オファ，[フルダ]修道院長バウグルフスに宛てた3通の書簡によっても確認される．ドゥブレの書に収められたシャルル[マーニュ]の文書3通は改竄されているか偽文書である．その1通は722頁に掲載され，「最高の神の御名において」《In nomine Dei summi, ……》とあり，ロタランジ公への言及がある．他の2通は725頁と727頁に掲載され，それらの偽作は下署からも明白である．最も疑わしいのが『神聖イタリア』4巻[Ibid., 4, 1427]所収のトリノの教会に宛てた文書で，「聖にして不可分の三位一体の御名において．神の仁慈を受けて王国の栄光が輝くなか，いと威厳に満ちたローマ人のパトリキウスである朕，シャルルマーニュは……」《In nomine sanctae et individuae Trinitatis. Ego Karolus Magnus, divina illustrante clementia honore regni et Romanorum Patricius praedignus, ……》で書き出されている．同じく，ル・コワントが774年として，ブロワーの書から引用しているトリーアの教会に宛てた文書の書出し，「永遠の神と我らの救世主イエス・キリストの御名において，神慮の命令によるフランク人の王シャルル[マーニュ]」《In nomine Domini Dei aeterni et Salvatoris nostri Jesu Christi, Carolus divina ordinante providentia Rex Francorum》も疑わしい．最後に，ブレーメンのアーダムが第1巻で引用している「わが主で救世主イエス・キリストの御名において，神の仁慈の命令による王シャルル[マーニュ]」《In nomine Domini et Salvatoris nostri Jesu Christi, Carolus, divina ordinante providentia, Rex》とある，そして受肉の年と会計年度が書き加えられている，ブレーメン教会に宛てた文書も偽作である．この会計年度と書出しは，ルイ敬虔王とロテールの様式で書かれている．更に，プリチェッリの書[298, 43]に収められている，「神の恩寵によるフランク人とロンバルディーア人の王にしてローマ人のパトリキウス，シャ

ル[マーニュ]。そして，つまりそれを永遠の至福のために……」《Carolus, gratia Dei, Rex Francorum et Longobardorum, atque Patricius Romanorum. Illud namque ad aeternam beatitudinem, ……》と，通常の書式のあと，原因を表わす言葉(これ以外にも，その例は少なくない)で始まっている文書は真正である。

第8節　皇帝としてのシャルルマーニュの文書の書出し

　シャルル[マーニュ]が皇帝として作成した文書に関して，私がすぐ上で提示した書式「父と子と聖霊の御名において，いと清澄なる尊厳者シャルル[マーニュ]，神によって戴冠された，ローマ人の帝国を統治する偉大で平和的な皇帝，神の慈悲によるフランク人の王シャルル[マーニュ]」が真にして正しいことは明らかである。何故ならば，これらと全く同じ言葉で，本書6巻とその他の刊行物 [73, 298/202, 2, 9/148, 325] の中で我々が提示している彼の真正な文書のみならず，『古史料選集』1巻 [235, 1, 21] で刊行されている大司教宛の洗礼に関する報告を彼らに求めている回状(ここでは《quidem misericordia》ではなくて《qui et misericordia》と読むべきであるが)もその書式を示しているので。更に，これらの書式はその起源を戴冠式の日にシャルルマーニュに対してなされた次のような盛式の喝采，「神によって戴冠された尊厳者シャルル[マーニュ]，偉大で平和的な皇帝に永遠と勝利が」《Karolo Augusto a Deo coronato, magno et pacifico Imperatori Romanorum, vita et victoria》から引いている。そしてそれはエジナールの『フランク人の年代記』[130] においてはその後に，「これらの喝采のあと，ローマ教皇によって古代の君主の慣習に従って崇められ，続いて〈パトリキウス〉の名が取り去られ，皇帝にして尊厳者と呼ばれた」《post quas laudes a Pontifice, more antiquorum Principum adoratus est, ac deinde omisso Patricii nomine, Imperator et Augustus appellatus est》と続いている。その他のフランク人の年代記も，同じことを伝えている。

第9節　なぜ「パトリキウス」と呼ばれているのか

　教皇エティエンヌ3世はペパン及び彼の息子たち，シャルル[マーニュ]，カルロマンにこの「パトリキウス」《Patricius》[「貴族」の意]という称号を付与していたし，レオン3世 [816] の治世に至るまでローマ教皇はこの名称でお互いを呼び合う習わしでもあった。しかし，これら3名，つまりペパンと二人の息子がこの称号を使用しているのを見たことがない。但し，シャルル[マーニュ]は特別で，彼は彼のフランク王位の開始から直ぐではなくて，ロンバルディーア統治の開始から書簡において自らをパトリキウスと称している。これ以前において，彼の書簡はすべて上署「神の恩寵による気高き人，フランク人の王シャルル[マーニュ]」《Carolus gratia Dei Rex Francorum, vir inluster》を先に置き，パトリキウスへの言及はどこにもない。このことの原因は次のことにあったと思われる。まず，全く実体のない，より名誉ある称号が教皇エティエンヌ[3世]によってペパンとその息子たちに付与されていたこと。続いて，同じことがシャルル[マーニュ]にも起きている。774年にロンバルディーア王として歓迎されたとき，彼はローマ市とその周辺地域の統治権(デュ・カンジュが『辞典』[114] の中で正しく証明している如く，これ自身パトリキウスの身分を指している)を教皇アドリアン[1世]から受け取っている。グラティアンが同年「パトリキウス

の称号」《Patriciatus dignitatem》が教皇アドリアン1世によってシャルル[マーニュ]に付与されたと想起させているのは，まさしくこのためである [166, 63, 23]。アドリアン[1世]自身が775年初めに書いた，ヴィエンヌ司教ベルティエに宛てた書簡の中で，同書簡は「1月1日，いと敬虔な尊厳者コンスタンティヌスが皇帝の位にあり，いと敬虔な王シャルル[マーニュ]が神によって戴冠された年，パトリキウス在位の初年」《Kal. Januarii, imperante piissimo Augusto Constantino, et a Deo coronato piissimo Rege Carolo, anno primo Patriciatus ejus》に発信されたとある [201, 1, 109]。これに関する他の2例は，同じくシャルル[マーニュ]がパリにあるわがサン=ジェルマン修道院に発給した文書の中で読むことができる。その一つは我々の仲間，エモワンの手稿の著作とギョーム・プティ[フランスの出版家，17世紀]版 [9, 5, 1] において，「強めること。朕の王位の11年，パトリキウス在位の5年，3月27日。ヘルスタルの宮廷で行なわれた。更に，それはパリにおいて一つにまとめられた」《roborare. Data VI. Kal. Aprilis, anno XI. regni nostri, et V. Patriciatus nostri. Actum Haristalio in palatio, redintegratum vero Parrhisiis》のように本文を終わっている。しかし，ジャック・ブロリウスはこの箇所をその手稿文書から《roborare. Sigillum（《Signum》と読むべし）Caroli gloriosissimi Regis. Optatus ad vicem Radonis recognovit. Data VI. Kal. Aprilis, anno XI. regni nostri et V. Actum, ...》のように復元している。但し，ブロリウスはシャルル[マーニュ]の二重治世の二つの時期を殆ど理解しておらず，我々の仲間，エモワンの写本とギョーム・プティ[フランスの出版家，17世紀]版に収められた勅令にある，「パトリキウス在位」《Patriciatus》の語が補足されるべきであると考えている。この博識の人は説明には失敗したが，真実のところ何も付け加えるべきでなかった手稿文書に何も付け加えなかったことで，何故ならば，そこでは「パトリキウス在位」への言及がなされていないことから，ギョーム・プティ以上に細心であった。また，そうあらねばならない。そしてエモワン版の改竄者が自分の手で大胆にも加筆した，「更に，それはパリにおいて一つにまとめられた」の文言は抹消されるべきである。手稿には「パトリキウス在位」の語が存在しないもう一つ別の文書に関しても，同じことが言われねばならない。古い文書を刊行する者たちはこれらのことに配慮し，自分の眠気からそうでないものを真正にしたりしないように注意しなければならない。また，これらの史料に判定を下す者は恐らく写字生によって誤って加筆されたであろう1語から，それらの偽作を主張しないようにしなければならない。私は前者には細心さ，後者には公正さを求める。それ故，我々の手許にある手稿文書においてこの語の欠如が嘆かれ，そしてそこになかったに違いないことが確認された以上，「パトリキウス在位」に関して，そこから引き出されるものは何もない。「パトリキウス」の称号に関しては，教皇アドリアン[1世]がシャルルマーニュに宛てた書簡 [326, 2, 125a] の中に格好の事例を見いだす。その中で公アレキはギリシア風に剃髪を受け，衣装を受け取ることを約束し，ナポリ公領と共に「パトリキウス」の称号を同シャルルマーニュに要求したことが語られている。そこには「皇帝はこれを聞くと，彼をパトリキウスの位に据えるべく，彼の許に使者を派遣した。そして使者たちに前記のアレキが着せてもらい剃髪してもらうよう求めていたので，金で織られた衣装と同時にサーベルと櫛，そしてはさみを持たせた」とある。その上，私がエジナール及びその他の年代記に依拠して上で指摘した如く，シャルルマーニュは皇帝の位に就くと，パトリキウスの称号を取り去ってしまっていた。ところが，既に皇帝であったにも拘らず，私はパトリキウスの称号が付されているのを2箇所，つまり，『聖者記録集（ベ）』4世紀の1 [4, 4–1, 89] で刊行されている，伯ギヨームがジェロー

ヌ修道院[南フランス]に発給した2通の文書の中で発見している。確かに，第1の文書には「この寄進は我らのフランク人とロンバルディーア人の王，ローマ人のパトリキウス，シャルル[マーニュ]の王在位の34年，キリストの好意による帝位の4年，12月15日に行なわれた」《Facta est haec donatio XVIIII. Kal. Januarii fr. I. anno XXXIIII. regnante domno nostro Carolo Rege Francorum et Longobardorum, ac Patricio Romanorum, et anno IV. Christo propitio imperii ejus》の文句が見える。この中で《fr. I.》の略字(かつては「週の第1日」《feria I》を意味していると私には思われたのであるが)は，多分「幸福のうちに」《feliciter》以外のことを指してはいないであろう。他の一つの文章に関しては，「この寄進はわがフランク人とロンバルディーア人の王，ローマ人のパトリキウス，シャルル[マーニュ]の王在位の34年，キリストの好意による帝位の4年，12月15日に行なわれた」《Facta donatione XVIII. Kal. Januarii, anno XXXIIII. regnante domnio nostro Carolo Rege Francorum et Longobardorum, ac Patricio Romanorum, et anno IV. Christo propitio imperii ejus》とある。ここから，シャルルマーニュが帝位にあったとき，文書局の文体に十分精通していなかった，いわゆる書記の何人かによってパトリキウスの称号が付けられたと理解される。確かに，シャルルマーニュ自身はこの称号を彼の皇帝としての文書の中でルイ敬虔王と同様に，省略している。しかしルイ敬虔王のパトリキウス在位の4年[の表現]は，教皇ウジェーヌ2世がヴィエンヌ大司教バルナールに宛てた書簡 [4, 4–2, 567] の中で使用されている。だが，我々がふさわしい箇所で述べている[本巻25章]如く，多分それは「彼の執政官就任後」《post Consulatum ejus》と読むべきであろう。

第10節　シャルルマーニュの文書における書式に関する考察

これまでシャルルマーニュの文書の書出しの多様な形式について述べてきたが，私はそれらが恰も神託に基づいて発言されたものの如く確定されたものとして理解されるのを望まない。何故ならば，書記が廃れてしまっていた書式を使用することがあり得たであろうし，シャルルマーニュに宛てた書簡におけるアルキュアンのあの挨拶，「いと高処におられる，そしてキリストのすべての誉れにおいていと敬虔なゲルマニア，ガリア，そしてイタリアの王シャル[マーニュ]……」《Domino excellentissimo, et in omni Christi honore devotissimo Carolo Regi Germaniae, Galliae, atque Italiae, ...》がその例である。もっとも，別の作者によって持ち出されていたとしても，誰もその書出しを疑わしくは思わなかったであろうが。しかし，我々がシャルルマーニュやその他の国王の文書に関して書いたことの方がより確かで，より一般的であったと考えられるべきであろう。

第11節　シャルルマーニュの勅令における多様な書式

他方，シャルルマーニュの書簡や勅令に比べれば，彼の文書の書式の方がより一定していて，規則正しかったことが指摘されねばならない。実際，最初の3通を除いて，シャルルマーニュ帝によって発布された，下に掲げる諸例が教えてくれる如く，勅令の書出しは多様であった。シルモンの書 [326, 2, 230] に収められた，800年の抜粋された勅令における，「神の恩寵によるフランク人とロンバルディーア人の王にしてローマ人のパトリキウス，シャルル[マーニュ]は……」《Carolus gratia Dei Rex Francorum et Langobardorum, ac Patricius Romanorum, ...》と，その後に掲載され

た「神の恩寵による王，フランク王国の舵取りにして聖なる教会の敬虔な防衛者で，すべての人々の保護者シャルル[マーニュ]」《Karolus, gratia Dei Rex, Regnique Francorum rector et devotus sanctae Ecclesiaedefensor atque adjutor in omnibus》[*Ibid.*, 235]。主要な勅令における，「神の恩寵によるフランク人とロンバルディーア人の王にしてローマ人のパトリキウス，シャルル[マーニュ]が愛すべき諸伯へ……」《Karolus, gratia Dei Rex Francorum et Langobardorum, ac Patricius Romanorum, dilectis Comitibus, ……》[*Ibid.*, 33, 1, 329]。801年のロンバルディーア人の法に付加されるべきものに関する勅令での，「神の命令により戴冠され，ローマ帝国を統治するいと晴朗なる尊厳者，シャルル[マーニュ]がすべての公たちへ……」，《Karolus divino nutu coronatus, Romanorum regens Imperium, serenissimus Augustus, omnibus Ducibus, ……》[*Ibid.*, 345]。サン゠マルタン参事会教会に宛てた同王の書簡における，「父と子と聖霊の御名において，シャルル[マーニュ]は……」《In nomine Patris, et Filii, et Spiritus sancti, Karolus, ……》[*Ibid.*, 413]。806年の勅令における「父と子と聖霊の御名において，フランク人の不敗の王，ローマ帝国の舵取り，敬虔で幸福で常に勝利者である尊厳者，皇帝でカエサル，シャルル[マーニュ]はすべての者たちへ……」《In nomine Patris, et Filii, et Spiritus sancti, Inperator Caesar Karolus Rex Francorum invictissimus, et Romani rector Imperii, pius, felix, ac triumphator semper Augustus, omnibus fidelibus, ……》[*Ibid.*, 439]。同王の資財分割に関する勅令における，「全能の神と父と子と聖霊の御名において，いと栄光に満ちていと敬虔なる皇帝，シャルル[マーニュ]陛下によって行なわれた資財の列記と分配が始まる」《In nomine Domini Dei omnipotentis, Patris, et Filii, et Spiritus sancti, incipit descriptio atque divisio, quae facta est a gloriosissimo atque piissimo domino Karolo Imperatore》[*Ibid.*, 487]。813年の第2勅令における，「いと晴朗なる皇帝で尊厳者，神によって戴冠された，偉大で平和なシャルル[マーニュ]がすべての司教たちと共に，……」《Karolus serenissimus Imperator Augustus a Deo coronatus, magnus et pacificus, cum Episcopis, ……》[*Ibid.*, 505]。同王がイタリア王ペパンに宛てた書簡における，「いと晴朗な尊厳者，神によって戴冠された偉大で平和の皇帝，ローマ帝国を舵取る，神の慈悲によるフランク人とロンバルディーア人の王シャルル[マーニュ]が最愛の息子……」《Karolus serenissimus Augustus a Deo coronatus, magnus, pacificus Imperator, Romanorum gubernans Imperium, ac per misericordiam Dei Rex Francorum et Langobardorum, dilectissimo filio, ……》[*Ibid.*, 461]。以上，これらの書式は，私が上で註記した如く，「父と子と聖霊の御名において」の神への呼び掛けが前置される習わしであった，シャルルマーニュ帝の文書における書式に非常に似ている。これがより後の，真正の書式であることを，我々によって単にフランスの文書のみならず，ドイツの文書(非常に博識な我々の仲間であるアードルフ・オーヴァーハム[サン゠ブノワ会所属，文書収集家，1686]が，ザクセンのコルヴァイ[修道院]の文書集の中から私に送ってくれた文書がそれである)にも依拠して本書で刊行された文書が立証している。シャルルマーニュの王国に逃避していたヒスパニア人に宛てた命令文書には，「父と子と聖霊の御名において，いと晴朗なる尊厳者，神によって戴冠された偉大で平和の皇帝，ローマ帝国を舵取る，そして神の慈悲によってフランク人とロンバルディーア人の王シャルル[マーニュ]……」《In nomine Patris, et Filii, et Spiritus sancti, Carolus serenissimus Augustus a Deo coronatus, magnus, pacificus Imperator, Romanorum gubernans Imperium, qui et per misericordiam Dei Rex Francorum et Langobardorum》[*Ibid.*, 499]とある。ザルツブルク司教管区内，バイエルンにあるアルタイハ修道院に宛てた文書[221, 2, 9]も同様である。804年に発給された，オスナブリュッ

ク司教座教会にギリシア語とラテン語の学校を開設するための命令文書(博識のシャルル・コワントが一つ以上の理由から疑わしいと見做している [223, 6, 825 sq.])は一風変わっている。何故ならば，パーデルボルン史料集の第2版 [148, 325] で，その手稿文書(彼らがそう思っている)から最近になって一般に知られるようになったのであるが，それには「聖にして不可分の三位一体の御名において，皇帝で尊厳者，ローマ帝国を舵取る，フランク人とロンバルディーア人の王，更にはザクセン人の支配者シャルル[マーニュ]」《In nomine sanctae et individuae Trinitatis, Karolus Imperator Augustus, Romanorum gubernans Imperium, qui et Rex Francorum et Langobardorum, necnon modo dominator et Saxonum》のような見慣れぬ書出しの書式が記されているからである。なぜ勅令の書式はこれ程までに王文書やその書式と異なっていたのであろうか。反対に，文書のそれはむしろ一定して画一的である。私はその原因を次のように考える。勅令の作成者がこれらの勅令が作成された集会に出席していた司教または修道院長であったこと。他方，王文書や命令文書は文書官と書記によって発給されたもので，それは文書局でそれぞれの君主の治世の最初に定められた，そして定着していた文体に従っていたのであると。

第12節　通常《K》ではなくて，《C》で始まる名前

　次のことが注意を喚起するに値しないとは思わない。これまで我々が見てきた，シャルルマーニュ [814] の手稿文書のすべて(我々は非常に多くを閲覧したに過ぎないが[本書，見本参照])に関して，シャルル[マーニュ]の名前が至るところで，つまり彼が帝位に就く前の彼の文書の書出しと花押に付されている下署(但し，花押自体では文字《K》が確認されるが)において，文字《C》で書き始められている。私は既に皇帝になっていたシャルル[マーニュ]の2通の手稿文書しか見ていないが，その両方において彼の名前は文字《K》で始まっている。1通はザクセンにあるコルバイ修道院の帝位13年の文書で，パーデルボルン＝ミュンスター司教兼君主である，いと高処のフェルディナント閣下，または彼の名において十分称賛されるべき人がそれを入念に転写し，私の許に送ってくれるよう手配してくれた。他の1通はサン＝ドニ修道院の文書庫に保管されているアアヘンの法廷文書で，帝位10年に発行されている。読者諸賢は前者の見本を本書の適切な箇所で見るであろう。同シャルル[マーニュ]の貨幣に関して，造幣役人はある時は《C》，ある時は《K》を優先させていて一貫していない。しかし，帝位に就く前に作成された，私が言ってきたところの文書において，文字《C》で始まっていない文書を1通も発見していない。但し，花押は文字《K》を優先させているが。従って，多分この[皇帝という]称号を受け取ってから，その文字《K》を優先させたということはあり得るであろう。他方，シャルル禿頭王やその他の同名の王または皇帝の書簡において，彼らの名前に関して，文字《K》が上署であれ下署であれまた花押であれ，常に一貫して現われる。私は，書出しにおいてシャルル[マーニュ]の名前を文字《K》から始めている，シャルルマーニュの通常の文書の少なくない数のものがこの原則から隔たっていることを知っている。しかし，それを手稿文書から書き写した書き手は，この最初の文字を正しく認識していた，または正確に筆写していたのであろうか。同じことは《Langobardorum》[「ロンバルディーア人の」の意]の語に関しても言わねばならない。手稿文書はその第2番目の文字を刊行された史料の至る所で認められるような文字《o》によってではなくて，常に文字《a》によって表現している。

これらは小さな問題に過ぎない。しかし，大きな原則を考えた場合，決して軽視すべきではない。

第 13 節　ルイ敬虔王の書式

　ルイ敬虔王 [840] はシャルル[マーニュ]の書式を正しく継承しているが，彼の五つの身分が区別されねばならない。何故ならば，まず最初に，彼は父の存命中からアキテーヌ王であった。父が死ぬと唯一の皇帝として，次にロテール[1 世]と共同で，しかしその後は後者から引き離される。そして辞任した後，また王位に復帰する。彼がアキテーヌ王になると，『聖者記録集(ベ)』5 巻 [4, 4-1, 90] にあるヘロナ修道院[スペインの北東端]に宛てた文書にある如き，「わが主イエス・キリストの御名において，神慮が命じたいと晴朗なアキテーヌ王ルイ」《In nomine Domini nostri Jesu Christi, Ludovicus, divina ordinante Providentia, Rex serenissimus Aquitaniae》の書式が使用された。神への呼び掛けを欠いたもう一つの書式，「神の恩寵によるアキテーヌ王ルイ」《Ludovicus, gratia Dei, Rex Aquitanorum》は『新版勅令集付録』[37] 21 番に見いだされる。これは「神の恩寵」によって王になったと言っている，ペパンとシャルルマーニュの書式に似ている。彼は父の死後皇帝となると，文書では統一された慣習を用いるようになり，「神とわが主イエス・キリストの御名において，神の命令による尊厳者にして皇帝ルイ」《In nomine Domini Dei et Salvatoris nostri Jesu Christi, HLudovvicus, divina ordinante (最後の文句は「神慮の許しによる」《propitiante providentia》や「神の慈悲による」《clementia》[223, 7, 669] となることもある) Imperator augustus》のように書き始められる。至るところで文字《H》を自分の名前の前に置き，中央で二重の《vv》を使っている。この書式は『新版勅令集付録』[37]，『トゥールニュ史』[81]，ラップの『古文書雑録』[217]，ドゥブレのサン＝ドニ修道院史 [111] などで参照することが出来る，無数の例において確認される。同じく，『ザルツブルク史』[202, 2, 10] において，同様の書式を持つルイ敬虔王の 2 通の非常に重要な文書が見いだされる。その書式において，若干の人々は《HLudovicus》の後に数字の《I》を挿入している。更に，パーデルボルン＝ミュンスター司教兼君主である非常に高名なフェルディナント閣下の『パーデルボルン記念物』[148, 130, 131] を参照せよ。すぐ上で引用された書，『拾遺集』8 巻 [2, 8, 138]，『パーデルボルン記念物』やその他の至るところで見られる如く，「わが神にして救世主イエス・キリストの御名において，神慮の命令による尊厳なる皇帝ルイとロテール」《In nomine Domini Dei et Salvatoris nostri Jesu Christi, HLudovicus, et HLotharius, divina ordinante providentia, Imperatores augusti》と，同じ様式をルイ敬虔王は息子のロテールと一緒に使っている。従って，ロテールは皇帝ルイによる告訴の第 3 条への返答 [371, 1, 16] の中で，自分自身を父によって「すべての支配権と名誉，すべての文書と貨幣において」《in omni potestate et honore, in omni conscriptione et nomismate, ……》設置された帝国全体の協力者と言い，そしてアゴバールはルイに宛てた悲しい書簡の中で，「時の流れの中にあっていつどこであれ，皇帝文書が下付されたとき，二人の皇帝の名前が含まれていた。しかし，その後考えが変わり立場が逆転すると，文書からその名前は排除された」と言っている。それは，829 年にロテールが父から離れた時に起きている。何故ならば，その時ルイは自分の名前のみを以前と同じように，自分の文字で上署しているからである。更に，それ以前において，またルイとロテールが非常に密接に結びついていた時でも，時々ロテールの名前がルイの文書から省かれていた。その証拠として，『新版

勅令集付録』[37] 61 と 62 に収められた 2 通の書簡がある。その一つは「ルイ陛下の皇帝在位の 10 年，9 月 13 日」《III. Id. Sept. anno X. imperii domini HLudovici》，つまり 823 年に発給されているが，その年教皇パスカル 1 世はロテールを父の帝国の協力者と再び言っている。もう 1 通は「皇帝在位の 12 年」に発給されている。この書式の第 3 の文書は『拾遺集』12 巻 [2] に収められていて，同じ年の日付を持っている。最後に，835 年，廃位の 1 年後にルイが王位に復帰したとき，同王は文書における最初の書出しの形式を維持した。但し，そこでは「神慮による」《ordinante》や「神の慈悲による」《propitiante》ではなくて，「再び神の慈悲によって」《repropitiante》が使用されている。何故ならば，最初の廃位の犠牲者であることを文書作成者が知っていた同王が，復位において再び慈悲深い《propitius》神を体験したからである。しかし，この見解（誰にも新しいものとは映らないかもしれないが）をいろいろな例でもって論証するのは有益なことである。その一つはペラールの『ブルゴーニュ史料集』[282, 19]，二つ目はラップの『古文雑書録』[217, 460]，三つ目は『トゥールニュ史』[81, 194]，四つ目も同史 [Ibid., 262]，五つ目は『拾遺集』2 巻 [2, 2, 138] にある。この他にも，我々が本書でその一部を追加している未刊行のものが存在する。しかし，この盛式の文句「再び神の慈悲による」に関しては，この形式の文書が全部で 18 通確認される，著名な人エティエンヌ・バリューズ編纂の『ル＝マン司教アルドリック事績録』[40, 3, 34] におけるほど疑わしくないものは他になかろう。上掲の書式と異なる文書も存在する。例えば，尊厳なるルイがペパンやシャルルマーニュによってローマ教会になされた寄進を確認し，更に追加の寄進を行なっている文書では，「全能の神，父と子と聖霊の御名において，朕，尊厳なる皇帝ルイは次のことを定める。……」《In Nomine Dei omnipotentis Patris, et Filii, et Spiritus sancti, Ego Ludovicus Imperator augustus, statuo, ...》とある。実際，これらの文書の中には馴染まない神への呼び掛けがあるのみならず，「朕，皇帝ルイ」《Ego Ludovicus Imperator》のような文句もある。更に，これらの文書は文書局で採用された書体に従っていない。重大な状況下にあったため，多分，異常な方法でそれらは作成されのであろう。実際，一部の人々は，君主の同意を得て，帝国の使者の面前で行なわれてはいるが，これらの文書に記された特権と呼ばれるものに違反しているとして，その後のローマ諸教皇の選挙に反対している。しかし，何人かの権威ある人たち，即ちレオーネ・マルシコ［オスティア司教，1115］は『モンテ＝カッシィノ修道院史』，イーヴとグラティアン [165] とは『教令集』の中でこれらを擁護している。そしてバロニウスや，モリネ [262] と対立してこられの文書を擁護するグレッツァーと共に，シャルル・ル・コワントが『フランク教会史』7 巻 [223, ad an. 817, 6 sq.] で彼らに賛意を表明している。

第 14 節　シャルル禿頭王の書式

　ルイ敬虔王から彼の息子のシャルル禿頭王 [877] へ移ると，彼の時代は，取りあえずは二つに分けられるべきであろう。一つは，840 年からの国王の時代，他の一つは，876 年からの皇帝の時代。帝位に就くまえ，彼は「聖にして不可分の三位一体の御名において，神の恩寵による王シャルル」《In nomine sanctae et individuae Trinitatis, Karolus gratia Dei Rex》の書出し形式を使用していた。その多くの例はペラールの『ブルゴーニュ史料集』[282] や『トゥールニュ史』[81] の中に収められているし，その他でもドゥブレの書，『拾遺集』[2]，『新版勅令集』[36] などのあちこち

で見いだされる。帝位を得ると、シャルルはこの書式を「聖にして不可分の三位一体の御名において、同全能の神の慈悲による尊厳なる皇帝シャルル」《In nomine sanctae et individuae Trinitatis, Karolus ejusdem Dei omnipotentis misericordia Imperator augustus》の書式に変えた。その例はペラールの書 [282, 154]、ドゥブレの書 [81, 807]、『拾遺集』6 巻 [2, 6, 408]、本書で刊行されている史料、プリチェッリの書 [298, 123]、その他で見られる。これに関しては、名前の共通性から、シャルルマーニュに帰されてきた 2 通の文書がシャルル禿頭王に帰せられるべきである。その 1 通は『トゥールニュ史』[81] 190 頁、他の 1 通は『ナルボンヌ公会議録付録』[39] 1 番に該当する。それらは、私がすぐ前で公開した、そしてシャルルマーニュの書式から大きく異なった書出しを示している。従って、『トゥールニュ史』においては、「書記のアウダケルがゴズレヌスの代理として」《Audacher Notarius ad vicem Gozleni》下署している。これらから、この文書官はこのゴズレヌスの書記であった。同様の考察は、もう 1 通の文書にも適応される。「書記アウダクトスがガルディヌスの代理として」《Audactus Notarius ad vicem Gardini》その文書を確認したと言われているのであるが、しかしそこは疑うことなく、「アウダケルがゴスレヌスの代理として」《Audacher ad vice Gozlini》と読むべきである。シャルル禿頭王に続く諸皇帝は、我々が次章で見るであろう如く、「聖にして不可分の三位一体の御名において」の書式を継承した。

第 15 節　ルイ吃王の書式

ルイ吃王 [879] の文書には、シフレの『トゥールニュ史』[81]、バリューズの『新版勅令集付録』[37]、ラップの『古文書雑録』[217] の中にある如く、「永遠の神にしてわが主イエス・キリストの御名において、神の慈悲により王ルイ」《In nomine Dei aeterni et Salvatoris nostri Jesu Christi, Hludovicus misericordia Dei Rex》の書出しが付されている。上掲書ではルイ吃王に帰される、「聖にして不可分の三位一体の御名において、天上王の慈悲の命令によるフランク人の王ルイ」《In nomine sanctae et individuae Trinitatis, Ludovicus, superni Regis praeordinante clementia, Rex Francorum》の書出しをもつその他の文書にも言及している。しかし最初の書式がより一般的で、その中には、ドゥブレの書 [111, 730] ではルイ敬虔王のものとされているが、ルイ吃王に帰されるべきである文書も含まれている。確かに、「わが主イエス・キリストと天上の神の救世主の御名において」《In nomine Domini nostri Jesu Christi et Salvatoris Dei aeterni》のように、ほんの少しだけ異なっているが。しかし、それがルイ吃王に帰せられるべきであることは同王の文書数通でゴズリヌスに代わって下署していることが確認される書記ワルファルから明らかである。そして多分、この最後の文書の神への呼び掛けはこの後に置かれた言葉によって、「永遠の神にしてわが救世主イエス・キリストの御名において……」《In nomine Domini Dei aeterni et Salvatoris nostri Jesu Christi, ……》と訂正されるべきであろう。この後で示される見本と文書、そして『サン=リキエ修道院年代記』[2, 4, 505] に収められた同王の文書がこの書式[の正しさ]を証明している。

第 16 節　カルロマンの書式

ルイ吃王の息子は非常に少しの文書を発給したことが知られている。彼の弟、カルロマン [884]

は多くの文書を発給している。彼はある時は父の形式に従って,『新版勅令集付録』[37] 116, 117番,『ナルボンヌ公会議録付録』[39] 2番,『拾遺集』8巻 [2] 352頁と「救済者」《Adjutor》の代わりに「救世主」《Salvator》と読める148頁の如く,「永遠の神とわが救世主イエス・キリストの御名において,神の恩寵による王カルロマン」《In nomine Dei aeterni et Salvatoris nostri Jesu Christi, Karlomannus gratia Dei Rex》と書いている。また,ある時は『新版勅令集付録』[37] 115番にある如く,「聖にして不可分の三位一体の御名において,神の恩寵による王カルロマン」《In nomine sanctae et individuae Trinitatis, Karlomannus gratia Dei Rex》の形式で発給している。但し,ここでの書記アエルベルトス《Ærbertus》は,他の2通で下署しているノルベルトス《Norbertus》のことである。

第17節　シャルル単純王の書式

シャルル肥満王 [887] の書式は,皇帝について論じられる次章に回すことにする。シャルル単純王の書式は,『拾遺集』6巻 [2, 6, 411] と『ナルボンヌ公会議録付録』[39, 74] にある如く,「聖にして不可分の三位一体の御名において,神の慈悲の許しによる王シャルル」《In nomine sanctæ & individuæ Trinitatis, Karolus, divina propitiante clementia, Rex》である。または,サン＝ジェルマン修道院の2通のオリジナル文書とドゥブレの書 [111, 811] に収められている文書にある,「神の恩寵による王」である。この国王のもとで,王の名前と権威をウードとラウールが奪い取っている。そしてこれによって,彼らは自分の名前でいろいろな文書を作成しているが,一定した書式を殆ど使用していない。事実,ウードは『勅令集』2巻 [35, 2, 1518] において,「聖にして不可分の三位一体の御名において,神の仁慈による王ウード」《In nomine sanctæ & individuæ Trinitatis, Odo clementia Dei Rex》との文言で書簡を書出している。更に,ドゥブレの書 [111, 210] と『拾遺集』8巻 [2, 8, 354] においては,「永遠の神にしてわが救世主イエス・キリストの御名において,神の慈悲による王ウード」《In nomine Domini Dei æterni et Salvatoris nostri Jesu Christi, Odo misericordia Dei Rex》,また『新版勅令集付録』[37, 1515] においては,「神,最高にして永遠の王の御名において,神の恩寵による王ウード」《In nomine Dei, summi et æterni Regis, Odo gratia Dei Rex》で。更にその他 [Ibid., 1519] においても,「わが主にして救世主イエス・キリストの御名において,神の仁慈の命令による王ウード」《In nomine Domini et Salvatoris N. J. C. Odo, divina ordinante clementia, Rex》や本書で刊行されている,「聖にして不可分の三位一体の御名において,神の恩寵による王ウード」《In nomine sanctæ et individuæTrinitatis, Odo gratia Dei Rex》で。他方,ラウールはこの様式を殆どそのまま踏襲している。本書で刊行されている文書においては,「聖にして不可分の三位一体の御名において,神の仁慈の許しによりフランク人の王にして気高き人ラウール」《In nomine sanctae et individuae Trinitatis, Radulfus, divina propitiante clementia, Rex Francorum, vir inluster》とある。ここでは「気高き人」の古い称号を復活させている。同じ書式は,今度は「気高き人」が省略されてはいるが,本書,『新版勅令集付録』[37, 1536] とポワトゥ伯に関するベリの書 [51, 238] の中に見いだす。その他では,ラップの『古文書雑録』[217, 526] における「聖にして不可分の三位一体の御名において,全能の神の慈悲によるフランク人の王ラウール」《In nomine sanctae et individuae Trinitatis, omnipotentis Dei misericordia, Rodulfus Rex Francorum》,『トゥ

ルニュ史』[81, 275] における「聖にして不可分の三位一体の御名において，神の慈悲による王ラウール」《In nomine sanctae et individuae Trinitatis, Rodulfus misericordia Dei Rex》，同じくまたラップの『古文書雑録』[217, 517] における，「わが神と救世主イエス・キリストの御名において，神慮の命令による王ラウール」《In nomine Dei et Salvatoris nostri Jesu-Christi, Rodulfus, divina ordinante providentia Rex》の書式が確認できる。

第 18 節　ルイ海外王の書式

　ルイ海外王 [954] の書式も，同様に一定していない。私は「聖にして不可分の三位一体の御名において，神の仁慈の許しによるフランク人の王ルイ」《In nomine sanctae et individuae Trinitatis, Ludovicus, divina propitiante clementia Rex Francorum》の書出しをもつ，彼の 3 通の文書を発見している。1 通は『トゥールニュ史』[81, 277]，そして残る 2 通は『クリュニ図書』[251, 296, 297] に収録されている。同じく同『図書』[Ibid., 278] とオーヴェルニュ史 [198, 16, 17] の中に収められている，「神の慈悲の許しによる」《divina propitiante misericordia》。その他では，『新版勅令集付録』[37, 1537] に収められている，「神の恩寵の同意によるフランク人の王」《divina annuente gratia, Francorum Rex》がある。第 3 のグループとして，ラップの『古文書雑録』にある文書 [217, 532] で，「聖にして不可分の三位一体の御名において，神の恩寵により，平和的で尊厳で不敗の王ルイ」《In nomine sanctae et individuae Trinitatis, Ludovicus Pacificus, augustus et invictus gratia Dei Rex》の書式を読む。『クリュニ図書』[251, 275] では，同じく，「主なる神にしてわが救世主イエス・キリストの御名において，神慮の定めによる王ルイ」《In nomine Domini Dei et Salvatoris nostri Jesu Christi, Ludovicus, divina ordinante providentia, Rex》のように書き始められている別の文書が見いだされる。

第 19 節　ロテールの書式

　ロテール [986] は『拾遺集』8 巻 [2, 8, 357]，『クリュニ図書』[251, 313]，ラップの『古文書雑録』[217, 536] において父ルイの神への呼び掛け，「聖にして不可分の三位一体の御名において，神の恩寵による王ロテール」《In nomine sanctae et individuae Trinitatis, Lotharius gratia Dei Rex》を堅持していた。しかし，パリ司教座教会に宛てた別の文書では，同じくラップの『古文書雑録』[Ibid., 538] にある如く，「父ロテールと息子ルイ」《Lotharius genitor, genitusque Ludovicus》で始まっている。このルイは，確認されている如く，第 2 王朝の最後の王で，父の存命中から王国の共同統治者にされていた。マルロの書 [250, 1, 584/2, 10, 17] では神への呼び掛けの後に，「神の許しによりロテール」《Lotharius, divina propitiante》，または「仁慈の同意によるフランク人の王」《annuente clementia, Francorum Rex》とある。読者諸賢はロテールと彼の父ルイ，その他の書式を本書の見本の中で見るであろう。

第20節　ユグ・カペの書式

今や第3王朝の諸王について論述するときが来た。しかし，彼らの文書の書出しは，彼らの文書がそうであると同様に，実に多様である。その一部に関しては，本書の見本において十分参照されるであろう。ユグ[986]はランの手稿文書(我々はその見本と例を本書において提供するであろう)とラップの『古文書雑録』[217, 347] において，「聖にして不可分の三位一体の御名において，神の恩寵による王ユグ」《In nomine sanctae et individuae Trinitatis, Hugo gratia Dei Rex》のように書き始めている。そしてこの少し前の文書においては，「神と人間の仲介者の慈悲の許しを得て，フランク人の王ユグ」《Hugo, Mediatoris Dei et hominum propitiante misericordia, Francorum Rex》となっている。そしてそこでは，『トゥールニュ史』[81, 289] の中で前書されている如く，「聖にして不可分の三位一体の御名において，神の仁慈の命令による王ユグ」《In nomine sanctae et individuae Trinitatis, Hugo divina praeordinante clementia Rex》という神への呼び掛けが付加されているのが見られる。しかし，ユグ・カペがソワソン在，ノートル=ダム女子修道院の院長エレンブルジュに宛てた文書 [156, 435] において，息子ロベールを王国の共同統治者に迎えており，それには「全能の神の恩寵の采配によるフランク人の王ユグと，彼のいと栄光に満ちた息子ロベール」《Omnipotentis Dei disponente gratia, Hugo, et gloriosissimus filius suus Robertus Francorum Reges, ……》とある。そしてオーセルのサン=ジェルマン修道院の文書集から，「聖にして不可分の三位一体の御名において，神の恩寵による有名な王ユグとロベール」《In nomine sanctae atque individuae Trinitatis, Hugo atque Robertus gratia Dei Reges inclyti, ……》の書式が抜き出される。

第21節　ロベール[2世]の書式

ロベール[2世，1031]自身の文書の書出しの種類は驚くほど多様である。その中で彼の父によると同様，至るところで「三位一体」《Trinitas》の呼び掛けが前置されている。例えば，ペラールの書 [282, 170] にある如き，「聖にして不可分の三位一体の御名において，神の仁慈に支えられたるフランク人の王ロベール」《In nomine sanctae et individuae Trinitatis, divina favente clementia, Rotbertus Francorum Rex clementissimus》や「神の仁慈の予見によるフランク人の王」《Divina providente clementia, Francorum Rex》[Ibid., 178]，または「神の恩寵による王」《gratia Dei Rex》や「神の仁慈の命令による王」《divina ordinante clementia Rex》，更に「常に尊厳なるフランク人の王」《Rex Francorum semper augustus》。そして最後に，ドゥブレの書 [111, 827] に見られる「王の中の王の命令による王」《Regis Regum nutu Rex》がある。これらに，ラップの『古文書雑録』[217, 550] にある，「聖にして不可分の三位一体の御名において，神の仁慈の予見によるフランク人の王」《In nomine sanctae et individuae Trinitatis, Rotbertus, divina providente clementia, Francorum Rex》，そしてサン=マルタン=デ=シャン修道院の2通の手稿文書にある，「神の仁慈の許しによる王」《divina propitiante clementia Rex》が加わる。ここでは，ギシュノンによる『セブシアナ図書』[179, 175] に収められている「聖にして不可分の三位一体の御名において，朕，神の恩寵によるフランク人の王ロベール」《In nomine sanctae et individuae Trinitatis, ego Robertus gratia Dei Francorum Rex》の書出しで始まる，フルットゥアリア修道院[北イタリア]に宛てた同ロベール[2世]の文書を見落と

すことが出来ないであろう。ここで指摘されねばならないことは，この時に至るまで，国王文書の書出しにおいて，代名詞《Ego》[「私は」「朕は」の意]を(たとえその場所が適切であるとしても)どこにも読むことがなかったことである。何故ならば，それは次王アンリ[1世]が慣習の中に取り入れたからである。

第22節　アンリ[1世]の書式

　ロベール[2世]の息子で継承者のアンリ[1世, 1060]は，同じく『トゥールニュ史』[81, 212]に見られる「聖にして不可分の三位一体の御名において，神の仁慈の命令によりフランク人の王アンリ」《In nomine sanctae et individuae Trinitatis, Heinricus, divina praeordinante clementia, Rex Francorum》，または『クリュニ図書』[251, 156]で見られる「神の仁慈に支えられたる王」《divina favente clementia Rex》の如く，「聖なる三位一体」《sancta Trinitas》から書き出している。ソワソンのノートル=ダム女子修道院の歴史[156, 436]では，「聖にして不可分の三位一体の御名において，朕，神の恩寵によるフランク人の王アンリ」《In nomine sanctae et individuae Trinitatis, ego Henricus, gratia Dei, Francorum Rex》のように書き出している。この文書の上署では，その他多くの文書における如く，代名詞《Ego》[「私は」「朕は」の意]が使用されている。この書式は彼自身にその起源を持たなくとも(つまり，今のところ我々はロベール[2世]の文書の中でこの前置された代名詞によって特徴づけられる文書を1通しか言及していない)，我々はこのアンリからこの慣習が始まり，続く諸王の時代に広まったことを明らかな事実と考えている。しかし，更に特殊なのが同アンリ[1世]がパリ在，サン=マルタン=デ=シャン修道院に宛てた文書で，それは「聖にして不可分の三位一体の御名において，栄光に輝く母なる教会の子らは次のことを知るべし。……」《In nomine sanctae et individuae Trinitatis. Gloriosae matris ecclesiae filii noverint, ...》のように始まり，その後に序文の如く，「それ故，かようにして，朕，神の恩寵によるフランク人の王アンリ」《Igitur haec et hujusmodi, ego Heinricus, Dei gratia, Rex Francorum, ...》と多くの付加が続いている。この書式はそれ以前のフランク諸王には知られておらず，アンリ[1世]によって初めて導入されたもので，彼に続く4人の王によっても継承されている。彼らは，下に掲げられる諸例から明らかな如く，多くの文書において神への呼び掛けの後，この前置きかそれと類似のものを自分の名前の前に置いている。しかし，ある時は古い慣習に従って，自身を複数形(本文では非常に頻繁に使用されているのであるが)で表現してもいる。また，彼らはこのような前置きを省略して，古い慣習を維持してもいる。例えば，アンリ[1世]は彼に馴染みのない神への呼び掛けが使用されている，ラ=シェーズ=ディユ修道院宛ての文書を「永遠の主なる神にしてわが救世主イエス・キリストの御名において，神の恩寵によるフランク人の王アンリ。もし国王の配慮が……」《In nomine Domini Dei aeterni et Salvatoris nostri Jesu-Christi, Heinricus, Dei gratia, Francorum Rex. Si regia sollicitudo, ...》のような言葉で書き始めている。この文書はバリューズ編纂のフェリエール修道院長ルゥの作品の付録に収められている。最後に，『拾遺集』8巻[2, 8, 156]に，「キリストの御名において，朕，神の恩寵によるフランク人の王アンリは次のことを知らしめる。……」《In Christi nomine, ego Hainricus, gratia Dei, Francorum Rex, notum volo fieri, ...》で始まる文書が1通ある。

第 23 節　フィリップ 1 世の書式

　フィリップ 1 世 [1108] は「三位一体」の呼び掛けを維持するが, 時々ペルソナ名を付加している。ドゥブレ [112, 10] の書, サン＝マルタン＝デ＝シャン修道院史 [*Ibid.*, 834],『クリュニ図書』[251, 527] における,「聖にして不可分の三位一体, 即ち, 父と子と聖霊の御名において, アーメン。朕, 神の恩寵によるフランク人の王フィリップ」《In nomine sanctae et individuae Trinitatis, videlicet Patris, et Filii, et Spritus sancti. Amen. Ego Philippus, gratia Dei Francorum Rex》がそれである。そして『クリュニ図書』[251] には,「父と子と聖霊の御名において, 朕, フランク人の王フィリップ」《In nomine Patris, et Filii, et Spiritus sancti, Ego Philippus Rex Francorum》で始まる同王の別の文書もある。そしてこれらでは, 単数形の「朕は」が古い形式とは異なって, 父の様式に従って使用されている。しかし神のペルソナに関する名称を示すさい, フィリップ[1 世]が常に登場しているとは限らない。つまり, パリのサン＝マルタン＝デ＝シャン修道院に宛てられた 3 対の文書において, ただ単に「聖にして不可分の三位一体」《In nomine sanctae et individuae Trinitatis》の呼び掛けしかなく, それを 3 通の文書において国王の名前の前に置かれた十分に冗長な序文が受けている。しかし別の 1 通においては,「いと聖なる三位一体」《sanctissima Trinitas》の呼び掛けの直後に,「朕, 神の恩寵によるフランク人の王フィリップは現在および将来の者すべてに……」《Ego Philippus gratia Dei Francorum Rex, omnibus tam praesentibus quam et futuris》の言葉が来ている。このような文書は 2 通あるが, ドゥブレの書 [111, 835, 837] では代名詞「朕は」が欠けて,「聖にして不可分の三位一体の御名において, 神の恩寵によりフランク人の王フィリップは現在および将来の者すべてに永遠において……」《In nomine sanctae et individuae Trinitatis, Philippus Dei gratia Francorum Rex, praesentibus et futuris in perptuum》となっている。

第 24 節　ルイ [6 世] 肥満王の書式

　ルイ [6 世] 肥満王 [1137] の文書は一つの神への呼び掛けの様式のみを優先させてはいない。つまり, ドゥブレの書 [111, 841, 843] とサン＝マルタン＝デ＝シャン修道院の文書集にある如く, ある文書は「聖にして不可分の三位一体, 父と子と聖霊の御名において, アーメン。朕, 神の恩寵によりフランク人の王ルイ」《In nomine sanctae et individuae Trinitatis, Patris, et Filii, et Spiritus-sancti, Amen. Ego Ludovicus Dei gratia Francorum Rex》と, 彼の父フィリップ[1 世]が常用した様式を継いでいる。ある文書では, 同じくドゥブレの書にある如く,「父と子と聖霊の御名において, アーメン。それ故, 朕, 神の恩寵によりフランク人の王, ルイ」《In nomine Patris, et Filii, et Spiritus-sancti, Amen. Ego igitur Ludovicus Dei gratia Rex Francorum》となっている。上掲の文書集では, 聖なる三位一体の三つのペルソナの呼び掛けの後に前置きがあって, それは「それ故, このことから, 希望と信仰において, 神の恩寵によるフランク人の王ルイ」《Hac igitur ratione, spe et devotione, Ego Dei gratia Francorum Rex Ludovicus, ……》のように続いている。同文書集の 6 通の文書と同じくソワソン司教座教会に宛てた別の文書は「聖にして不可分の三位一体の御名において, 朕, 神の恩寵により王ルイ」《In nomine sanctae et individuae Trinitatis, Ego Ludovicus Dei gratia Francorum Rex》, 他の 4 通では「キリストの御名において, 朕, 神の慈悲の配慮によるフランク人の王位に

就けられたルイ」《In Christi nomine, Ego Ludovicus Dei dispensante misericordia in Regem Francorum sublimatus》のように始まっている。その上，ドゥブレの書においては，「主の御名において朕，ルイは……」《In nomine Domini, Ego Ludovicus, ……》のように始まるのも少なくない。勿論，同ドゥブレの書やラップの『古文書雑録』に収められた，それ以外の文書は神への呼び掛けを欠いているが。最後に，ドゥブレの書には「神とわが救世主イエス・キリストの御名において，神慮の命令によるフランク人の王ルイとその子フィリップ」《In nomine Dei et Salvatoris nostri Jesu-Christi, Ludovicus, et Philippus filius ejus, divina ordinante Providentia, Reges Francorum》の如く，ルイ[6世]と彼の息子，フィリップの共同の名前で作成された文書もある。これに関しては，註記が必要である。つまり，同ルイ[6世]のその他の多くの文書において，王に戴冠された彼の息子，ルイ若王の名前と下署が最後に置かれている。しかし，私は両者の名前が初めに並置された文書を見たことを記憶していない。ドゥブレの書 [111, 846] には，神への呼び掛けを欠くルイ王の文書があり，それはオリジナル文書では「父と子と聖霊の御名において，アーメン。神の恩寵によりフランク人の王，フィリップ王の息子ルイ」《In nomine Patris, et Filii, et Spiritus sancti, Amen. Ludovicus Philippi regis filius, Dei gratia Rex Francorum》となっている。ここでは，自分の文書の称号の中で，初めて自分が父の息子であると言っている。一体それがいつから諸皇帝によって行なわれるようになったかについては，我々は次章で論述するであろう。しかし，同王の他の文書は，手稿文書 [*Ibid.*, 848] においてであるが，直截に「神の恩寵によるフランク人の王ルイはすべての大司教に……」《Ludovicus Dei gratia Rex Francorum, omnibus Archiepiscopis, ……》のように始まっている。

第25節　ルイ[7世]若王の書式

「若王」とあだ名されるルイ7世 [1180] がペラールの書，ドゥブレの書，サン=マルタン=デ=シャン修道院文書集，ソワソンのノートル=ダム女子修道院の歴史において，ルイ6世の非常に多くの書式を真似ている。彼は称号「アキテーヌ公」《Dux Aquitanorum》を，彼がアリエノールに離縁状を送付する以前に発給した全部でないとしても，様々な文書において付加している。彼は自らを複数形《Nos》[「我々は」の意]で呼んでおらず，父と祖父から受け継いだ《Ego》で呼んでいる。父によって王に任命されたルイ[7世]のコンピエーニュ修道院に宛てた，本書で刊行されている文書は特殊で，「聖にして不可分の三位一体の御名において，国王の息子で，神の恩寵によりフランク人の王に指名されたルイ」《In nomine sanctae et individuae Trinitatis, Ludovicus Regius filius, Dei gratia Francorum Rex designatus》とある。そこで使用された彼の円形の印章には，「国王に指名されたルイの印章」《Sigillum Ludovici designati Regis》の銘があるが，彼の父，ルイ[6世]が彼の父親が存命中に持っていたものである。しかし，より一層特殊なのは，暦資料室に保管されている [303, Qui es in caelis, 222, 223]，ボルド司教管区内での選挙の自由に関する文書における，「……の御名において，朕，大ルイの息子で，神の恩寵によるフランク人の王でアキテーヌ公，ルイ若王……」《In nomine, ……Ego Ludovicus Junior, Magni Ludovici filius, Dei gratia Rex Francorum, et Dux Aquitanorum, ……》といった書出しの形式である。しかし，この文書は彼の父が存命中の1137年に作成されている。

第 26 節　フィリップ [2 世] 尊厳王の書式

フィリップ尊厳王 [2 世, 1223] の文書は, 『拾遺集』7 巻 [2] に「神の恩寵によるフランスの王フィリップ」《Philippus Dei gratia Rex Franciae》とある如く, 定着していた「フランク人の」《Francorum》に代わって「フランスの」《Franciae》を導入している。デュシェーヌの書における, ギーヌ [北フランスの都市] に関する別の文書 [126, 264] でも同様である。しかし, 『クリュニ図書』[251] において, 「聖にして不可分の三位一体の御名において, 神の恩寵によるフランク人の王」《In nomine sanctae et individuae Trinitatis, Philippus Dei gratia Francorum Rex》のような別の文書を読む。この書式は, 更にサン=マルタン=デ=シャン修道院文書集とドゥプレの書において用いられている。ボーヴェ司教の略式文書 [123, 12] において, ロベールが「フランスの王」《Rex Franciae》と言われている。しかし私は, フィリップ尊厳王以前において, 自分の書簡で自らを「フランスの」王と言った者を誰も知らない。

第 27 節　ルイ 8 世の書式

ルイ 8 世 [1226] は「聖にして不可分の三位一体の御名において, アーメン。神の恩寵によるフランク人の王ルイ。すべての者は次のことを知るべし。……」《In nomine sanctae et individuae Trinitatis, Amen. Ludovicus Dei gratia Francorum Rex. Noverint universi, ……》の書式を優先させている。

第 28 節　聖王ルイ [9 世] の書式

聖ルイ王 [9 世, 1270] の 3 通の文書は, ラップの『古文書雑録』[217] にある如く, 「神の恩寵によるフランク人の王ルイ」《Ludovicus Dei gratia Francorum Rex》で始まっている。そして自分自身を古い慣習に従って, 複数形で表現させている。更に, 我々の見本では, 「聖にして不可分の三位一体の御名において, アーメン。神の恩寵によるフランク人の王ルイ。朕は次のことを知らしめる。……」《In nomine sanctae et individuae Trinitatis, Amen. Ludovicus Dei gratia Francorum Rex. Notum facimus, quod Nos, ……》のようになっている。

第 29 節　王妃の書式

今やフランスの王妃の文書を問題にしなければならない。しかし, これに関しては事例が乏しく, 我々は 3 通を除いては何も発見していない。1 通はルイ海外王の妃, ジェルベルジュがソワソン司教座教会に宛てた文書で, 本書で刊行されている。その書出しは「聖にして不可分の三位一体の御名において, 神の恩寵によりフランク人の王妃ジェルベルジュ」《In nomine sanctae et individuae Trinitatis, Gerberga gratia Dei Francorum Regina》となっている。2 通目は王アンリ [1 世] の寡婦, アンヌがサン=モール=デ=フォッセ修道院に宛てたウネルス荘園に関するもので, 書出しは「余, 神の恩寵によるフランク人の王妃ア [ンヌ] は……を知るべし」《Notum sit quod Ego A. Dei gratia Francorum Regina, ……》の言葉で始まっているが，もし記憶が正しいとすれば，神への呼び掛けはなかったようである。第3通はルイ7世の妻アデールの，ソワソンにあるノートル＝ダム女子修道院に宛てたもので，我々の仲間，ミッシェル・ジェルマンによって，彼が所属する修道院の歴史 [156] の中で公刊されている。その書出しは「神の恩寵によるフランク人の王妃ア[デール]と，同じく神の恩寵によるランス大司教，ギヨーム」《A. Dei gratia Francorum Regina, et Willelmus eadem gratia Remensis Archiepiscopus》とある。同王妃アデールの2通目の文書を，しばしば引用されるサン＝マルタン＝デ＝シャン修道院文書集が同一の書式で提供している。4通目はバリューズの『ナルボンヌ公会議録付録』[39, 15] から取られる。それは聖ルイ王の母，王妃ブランシュ・ド・カスティーユのもので，「神の恩寵によるフランスの王妃，ブランシュは本文書を見るであろうすべての者たちに……」《Blancha Dei gratia Franciae Regina, universis praesentes litteras inspecturis, salutem. Notum facimus, ……》の言葉が使用されている。以上で，第3章が終わる。

第 4 章

第 1 節　皇帝の書出し形式。国王に代わる皇帝の名称

　この論証の多さは相当な量に上り，そのためそれを幾つかの章に分ける必要がある。それによって論述により大きな明快さと秩序が加わることになるであろう。私はここでは排除されるのが適切と思われるシャルルマーニュとルイ敬虔王の後に続く諸皇帝に進み，連続したフランク人の諸王を順次考察することにする。しかし皇帝の書式を論じる前に，ときどき国王に皇帝の名称が付与されている場合，そして反対に国王の名称が皇帝に付されている場合について論じる必要があろう。そして，無責任に言ったと受け取られないために，この事実は実例によって確認されねばならない。つまり，この考察はヒスパニア人の間で少なからず見いだされる如く，国王と皇帝の用語が混同されている文書を明確にするために少なからず重要である。

　ヨークのエグバートの抜粋 7 章 [332, 259] の中で，「すべての司祭たちが熱心な祈りを捧げて，皇帝陛下の生命と帝権，そして息子と娘たちの救済のために祈願するために」《Ut cunti Sacerdotes precibus assiduis pro vita et imperio domini Imperatoris, et filiorum et filiarum salute orent》の如く，皇帝の称号が国王に付されている。この勅令はアングリアを対象に同エグバートによって作成されたものであって，教会法から引き出された文言ではない。ここではアングル人の諸王が問題になっていると解釈されるのが適切であろう。これと同様に，王エドガは王令 [Ibid., 432] の中で，自らを「アングル人のバシレウス，皇帝，主人」《Anglorum Basileus, Imperator ac dominus》と言っている。同じ内容の多彩な例を，ディオクレティアヌスが「老王」《veteranus Rex》と呼ばれているラクタンティウス[護教者，325]の迫害に関する書 19 章，聖処女で修道院長オディールの事績録の冒頭部分 [4, 3–2, 488]，『聖者記録集（イ）』[5, Martii, 1, 438, 30] に収められた修道院長聖フリドランの伝記，ピエトロ・ダミアーニ[教会博士・聖者，1072]の書 47 巻の最終章から付け加えることが出来る。そして勿論，フランク人の間における文書においても，皇帝の名称が国王に与えられている。例えば，ペラールの書 [282, 47] に収められているラングル司教ベトンの文書は，「我らの皇帝《Imperator》シャルル[マーニュ]陛下が王位にある《regente》こと 23 年」に発給されたと言われている。つまり，シャルルマーニュの国王在位の 23 年は 791 年と一致しているが，この年彼はまだ皇帝として迎え入れられていなかったのである。

第 2 節　皇帝に代わる国王の名称

　反対に，既に皇帝であったにも拘わらず，813 年に開催されたアルル公会議の議決 2 条において，シャルルマーニュに国王の名称が付されている。もっとも，同公会議の序文においては皇帝と言われているのであるが。この条項の題は「全員が国王のため《pro Rege》とその子供のために神に祈ること」，本文は「いと秀抜で栄光に満ちた我らの国王《Rege》シャルル[マーニュ]のために……，荘厳ミサを挙行することを決定した」となっている。同様に，エジナールは聖マルセ

第 2 巻　古文書の文体，下署，印章，日付事項　　　　　　　　　　　　　　　　185

ランとピエールの奇蹟譚 4 巻の中で，ドロゴンを「皇帝の」でなくて「国王の」執事と呼んでいる。同書の至るところで，エジナールは敬虔なるルイを「国王」と呼んでいる。同じく，修道院長であった聖オドンの伝記 1 巻の，エウティキウスが問題になっている箇所で，「国王」の名称が彼に付されている。更に，そこでは王妃が帝妃と呼ばれることも少なくない。従って，同じくエジナールの上掲書 2 巻において，「王妃は金と宝石でできた彼女の首飾りを差し出した」とあるが，本当は帝妃ユディットを指している。ルイ敬虔王はアニアーヌ修道院 [南フランス] に宛てた文書 [4, 4–1, 223] の中でアラウリアと呼ばれる土地を，「かつてよき想い出の王妃 《Regina》，エルメンガルドによって当該修道院に寄進されていた如く」と確認している。これと関係するのが，ゴルダストの書に収められたザンクト=ガレン修道院の，「カエサル，シャルル [マーニュ] の帝位の 41 年，2 月 11 日，日曜日に」発給された寄進文書の日付事項である。これに関して，ゴルダストは「彼自身が 14 年以上も皇帝の地位にいなかったことは明らかではあるが，この文書が記しているシャルル [マーニュ] の帝位の 41 年はそれを読む人を立ち止まらせたり，疑問を抱かせたりするものではない。何故ならば，シャルル [マーニュ] の事績と日付の記述者たちは帝位と王位を混同し，ある時は王位ある時は帝位によって統治年をまとめてしまう習慣の中に置かれることが時々あったことが知られるべきである。従って，彼が没する 6 年前に作成されたこの文書は，シャルル [マーニュ] の存命中に書かれていることを確認している」と註記している。以上が彼の見解である。しかし (彼が正直に述べている如く)，この日付表記は特殊である，否，これ以上に特殊なものはない。シャルル [マーニュ] が王位に就いていた 41 年に一致する 809 年の 2 月 11 日が日曜日に当たっていたのであるから。帝位と王位を混ぜこぜに表示するために，より普及していたのが「王位」《regnum》の名称の方である。例えば，『フルダ修道院文書集』1 巻 [346, 459, 479] に収められているフルアドペルクティスの文書とフォルゲルスの文書は，「いと栄光に満ちた，フランク人の王シャルル [マーニュ] の王位《regnum》の 43 年」，つまり帝位の 11 年に当たる 811 年に発給されている。同文書集 2 巻 [Ibid., 515] 所収のテオドダルドスの文書は，「フランク人の王シャルル [マーニュ] 陛下の王位《regnum》の 42 年」に作成されている。同文書集に収められている 38 年に発行された 2 通の文書 [Ibid., 458, 461] も同様である。更に，これらの文書集には「輝かしいルイ王の《regis》帝位の 2 年」に発給された沢山の文書があり，そこでの「国王」の名称は皇帝と理解される。セプティマニア伯ギヨームの文書が，「我々の主人である，フランク人とロンバルディーア人の王，ローマのパトリキウスが国王として統治している 34 年，慈悲深いキリストによって帝位《imperium》にある 4 年」[4, 4–1, 89, 90] に作成されていることに関しては説明は不要である。以上の前置きを済ませたので，私はシャルルマーニュとルイ敬虔王の後に続く諸皇帝が使用した冒頭の書式に取りかかることにする。

第 3 節　ロテール [1 世] 帝の書式。かれによって「ロテールの王国」と言われているのか

ロテール [1 世] 帝 [855] が単独で帝位を獲得したあと，彼の文書に「神の恩寵により，わが主イエス・キリストの御名において，神慮の命令による尊厳者にして皇帝ロテール」《In nomine Domini nostri Jesu-Christi Dei gratia, HLotharius divina ordinante providentia Imperator Augustus》の書式が見られるのは当然のことである。そのことはシフレの『トゥールニュ史』[81, 264 sq.] の 3 通の文書，

ドゥブレの書［111, 741 sq.］にある4通の文書,『神聖イタリア』4巻［347, 4, 113, 114］の2通の文書,『拾遺集』7巻［2, 7, 184］の1通と8巻［Ibid., 8, 141］のもう1通, そして12巻［Ibid., 12, 107 sq.］の7通の文書,（更に, 加えるならば）最後に『新版勅令集付録』［37］53番の文書によって立証されている。(ここで序でに指摘しておくならば,)「ロテールの王国」《Lotharii-regnum》と言われるようになったのはこのロテールからであるとするのがメッスの年代記作家レジノン, シジュベール, そしてその他何人かの年代記作家の意見である。しかし一部の博学な人々はこれを拒否し, 同尊厳者ロテールの息子, 王ロテール［2世］にこの名称を帰することを望んでいる。何故ならば, シャルル禿頭王の勅令の中で皇帝ロテールのではなくて,「王ロテールの王国」《regnum Lotharii Regis》と言われているし, またロテールがロンバルディーア人の王国, 古いブルグンド人の王国の殆どすべて, そしてオストラジを所有していた時, これらの一つよりもこれら三つの王国が「ロテールの王国」と言い換えられねばならなかったのでというのがその理由である。王ロテールが死んだあと, 同ロテールの王国を彼の兄, ルイ［2世］帝に譲渡するよう沢山の書簡を書いた教皇アドリアン2世が, このことを説明しているように思われる。最初のそれはすべての,「かつて偉大な皇帝であった, そしてルイ［2世］帝の父親である, ロテール［1世］の王国に住む高位聖職者と栄光に満ちた伯たち」《Primatibus et gloriosis Comitibus, consistentibus in regno domini Hlotharii quondam Magni Imperatoris, et genitoris domini Hludovici Imperatoris》に宛てて書かれている。もし「ロテールの王国」の名称が王ロテールから発しているとするならば, 死去したばかりのロテールの王国(彼の王国に関して争いが起こっていたのであるが)について語ることの方が遙かに容易であった時に, なぜ「かつての皇帝であったロテール」の王国に言及する必要があったのであろうか。この書簡においてのみ教皇アドリアン［2世］がこのような話し方をしているのではない。更に, シャルル禿頭王に宛てた書簡においても, 彼が「かつて皇帝であったロテールの王国を侵略した」と, 同王を非難している。そして彼はフランクの高位高官に宛てた別の書簡で, 同シャルル禿頭王が神の権利によって皇帝ルイ陛下に帰せられるべきであったにも拘らず,「かつて皇帝であったロテールの王国を誓約を破って侵略した」と不満を述べている。そして次に, 続く書簡の中でルードヴィヒ・ドイツ王をもう1人のシャルルの如く,「即ち, かつて皇帝であったロテールの」王国の権利を侵害したり, 渇望したりしなかったとして称賛している。しかし, もし彼［ロテール2世］からこの名称が由来しているとするならば,「王ロテールの王国」と言ったほうが, この際はより正しかったのではなかろうか。それ故, 読者諸賢はなぜ尊厳者(皇帝)ロテールに権利があった部分が「ロテールの王国」と言われているのか, またなぜ教皇アドリアン［2世］の2通の書簡(1通はガリアの諸伯, 1通は諸司教に宛てられている)は上述されたような「シャルルの王国」,「かつて王であったロテールの王国に配属された」諸伯, 諸司教に宛てて書かれているのかと問うであろう。更に, この時代に編纂されたサン＝ベルタン修道院の年代記の中で, シャルル(禿頭王)が教皇アドリアン［2世］の使節団を接見したことが述べられている870年に関する叙述から, 王ロテールによって「ロテールの王国」と言われているのが確認される。そこには「彼ら使節団は皇帝であった彼の兄(つまり, 国王ロテール)に帰属していたかつてのロテールの王国が彼［シャルル］に行くことを激しく禁止した」とある。確かに, 教皇アドリアン自身, シャルルの王国の諸伯と諸侯に宛てた書簡の中で, 尊厳者ルイ［2世］に帰属していた, つまり「彼の兄弟で, 栄光に包まれた想い出のかつての王ロテールの王国に」帰属していた諸王国への侵略からシャルルを思い止まらせるよ

う彼らに督促している。これらのことから,「ロテールの王国」は,ロテールの死後すぐに,ある時は皇帝としてのロテールによって,またある時は国王としてのロテールによって,その所有者の名前から採られた名称で,そのように呼ばれた。そしてこの偶発的な名称はその後固有名詞に変化し,その後からある人々によってその起源が尊厳者ロテールに,またある人々によっては王ロテールに帰せられたと我々は推量する。そしてその呼称は両方の場合に帰せられるべきであるが,しかし強いて言うならば,この一つの王国が帰属していた息子のロテールに帰せられるべきであろう。

第4節　ルイ2世帝の書式

　尊厳者ロテールから帝位を継いだ,彼の息子ルイ「875」(名前からは,2世となる)は彼の記録において父の書式を維持した。それは『拾遺集』5巻 [2, 5, 369 sq.] に収められている彼の6通の文書,同じく『新版勅令集付録』[37] 83番の1通によって証明され,これら7通のすべてにおいて,書出しは「永遠の神であるわが主イエス・キリストの御名において,神慮の命令により尊厳なる皇帝ルイ」《In nomine Domini Jesu-Christi Dei aeterni, HLudovicus divina ordinante providentia Imperator Augustus》とある。しかし,『勅令集』[35] 82番は「聖にして不可分の三位一体の御名において,ルイ……」《In nomine sanctae et individuae Trinitatis, HLudovicus, ……》の文言で始まっている。更に,『神聖イタリア』4巻 [347, 4, 788] とその他において,「尊厳者である皇帝」《Imperator Augustus》の文言の後に「不敗の皇帝,ロテール陛下の息子」《invictissimi domini Imperatoris Lotharii filius》が加わっている彼の少なくない文書が収められている。多分,それは手稿史料から謄本を書き写した写字生による加筆と考えられる。但し,我々が後で見せる如く,彼の弟シャルルは彼の文書で同じ追加を使用している。

第5節　シャルル肥満帝の書式

　ルイ敬虔王の後継者シャルル禿頭王(我々は同シャルルの書式を前章で提供しているのであるが)の後,順番通りに従えば,シャルル肥満王 [887] が来る。私は彼の文頭書式が実に多様であることを発見した。しかし,シャルル禿頭王から継承した,そして彼に続くすべての皇帝が採用した神への呼び掛け,「聖にして不可分の三位一体」は常に使用されている。最も広く使用されたのが「聖にして不可分の三位一体の御名において,神の恩寵に支えられ,尊厳なる皇帝シャルル」《In nomine sanctae et individuae Trinitatis, Karolus divina favente gratia Imperator Augustus》の文頭書式で,『拾遺集』7巻 [2, 7, 185],『神聖イタリア』4巻の随所 [347, 4, 595, 596, 790, 1365] (ここでは《gratia》に代わって《clementia》の語を読む),そしてシルモン編纂の『ガリア公会議録』3巻 [326, 3, 521] で読むことが出来る。同王はこの書式をラップの『古文書雑録』[217, 488 sq.] 所収の,マルカルト・フレヘール[ドイツの法学者, 1614]の書から抜粋された,「聖にして不可分の三位一体の御名において,神の恩寵に支えられ,フランク人とゲルマン人の王シャルル」《In nomine sanctae et individuae Trinitatis, Carolus divina favente gratia Rex Francorum et Germanorum》の如く,カルロマンの死によってイタリア王位に就いてから帝位を獲得するまで使用した。「聖にして不可分の三

位一体の御名において，神の仁慈に支えられたる王シャルル」《In nomine sanctae et individuae Trinitatis, Karolus divina favente clementia Rex》のように，最後の2語が省略されてはいるが，これと同じ文言をプリチェッリの書 [298, 225, 230] において一度ならず読む。しかし『新版勅令集付録』[37] 119番には「我らの主，永遠の神にして救世主イエス・キリストの御名において，神の仁慈が許したる尊厳者シャルル帝」《In nomine Domini Dei aeterni et Salvatoris nostri Jesu-Christi, Karolus divina propitiante clementia Imperator Augustus》とある。『パーデルボルン記念物』[148, 263] の中では，「恩寵の支えにより，いと晴朗なる尊厳者にして皇帝シャルル」《favente gratia serenissimus Imperator Augustus》とある。『ザルツブルク史』[202, 2, 18] には誤ってシャルル禿頭王に帰されているシャルル肥満王の文書が存在するが，それは「聖にして不可分の三位一体の御名において，神の仁慈が許したる尊厳者にして皇帝シャルル」《In nomine sanctae et individuae Trinitatis, Carolus divina favente clementia Imperator Augustus》の文言で始まっている。そしてここでは「シャルル」《Carolus》の後に，誤って「禿頭」《Calvus》の語が挿入されている。これがシャルル肥満王の文書であることは単に神への呼び掛けからだけではなくて，「主の受肉の883年，会計年度の初年，皇帝シャルルの帝位の3年」《anno ab Incarnatione Domini DCCC LXXXIII, Ind. I, anno imperii Caroli Imperatoris III》の日付事項からも明らかである。

第6節　その他の皇帝の書式

　この後に続く諸皇帝は，私が彼らの刊行文書から収集し得る限りにおいて，シャルル肥満王の書式を真似ている。皇帝アルヌール [899] はグレッツァーの『神聖なバンベルク人』[173, 520] において，「聖にして不可分の三位一体の御名において，神の仁慈に支えられたる尊厳者にして皇帝アルヌール」《In nomine sanctae et individuae Trinitatis, Arnulfus divina favente clementia Imperator augustus》，ズウェンティボル [900] は『パーデルボルン記念物』[148, 45] において，「神の慈悲による王」《misericordia Dei Rex》，ハインリヒ捕鳥王 [936] は，ウィドゥキント［年代記作家, 973］の後メイバウム［ドイツの文献学者, 1625］が編纂した書 [256, 116] と『パーデルボルン記念物』[148, 224] において，「聖にして不可分の三位一体の御名において，神の仁慈に支えられたる王ハインリヒ」《In nomine sanctae et individuae Trinitatis, Henricus divina favente clementia Rex》，オットー1世 [973] はパーペンブレックの『古文書序説』[276] において，「聖にして不可分の三位一体の御名において，神の仁慈に支えられたる尊厳者にして皇帝オットー」《In nomine sanctae et individuae Trinitatis, Otto divina favente clementia Imperator Augustus》，オットー2世 [983] はメイバウムの書に収められた非常に多くの文書において，「聖にして不可分の三位一体の御名において，神の仁慈に好まれたるオットー」《In nomine sanctae et individuae Trinitatis, Otto divina favente clementia》，または「神の仁慈に助けられし王」《divina opitulante clementia Rex》，オットー3世 [1002] は『パーデルボルン記念物』[Ibid., 235] において，「天上の仁慈に助けられたる，ローマ人の尊厳者にして皇帝」《superna favente clementia, Romanorum Imperator Augustus》，ハインリヒ2世 [1024] はグレッツァーの『神聖なバンベルク人』[173, 65 sq.] の9通の文書において，「聖にして不可分の三位一体の御名において，神の仁慈に助けられたる王ハインリヒ」《In nomine sanctae et individuae Trinitatis, Henricus divina favente clementia Rex》，そして戴冠後は「神の恩寵によりローマ人の尊

厳者にして皇帝」《Dei gratia Romanorum Imperator Augustus》として登場している。ハインリヒ，フリードリヒ，そしてその他の皇帝もすべてとは言わないまでも，殆どすべてが以上の如くであった。加えて指摘しておかねばならないことは，オットー，ハインリヒ，フリードリヒは誰もが順序通りに2世，3世，4世と呼ばれていたことである。しかし，「聖にして不可分の三位一体の御名において，アーメン。神の仁慈に助けられ，ローマ人の王で永遠なる尊厳者にしてシチリア王フリードリヒ2世」《In nomine sanctae et individuae Trinitatis, Amen.Fridericus secundus divina favente clementia Romanroum Rex, et semper Augustus, et Rex Siciliae》とあるザルツブルク司教座教会の文書 [202, 1, 380 sq.] から明らかな如く，それを文書の最初に持ってきている者は，13世紀以前においては少ししか見いだせない。その後においても同様である。そしてフリードリヒ2世 [1250] の息子は「神の尊厳者にして皇帝フリードリヒ2世の息子で，神の恩寵によるローマ人の王に戴冠され，常に尊厳者でイエルサレム王国の主人」，コンラート [4世]《Conradus divi Augusti Imperatoris Friderici secundi filius, Dei gratia Romanorum in Regem electus, semper Augustus, et heres regni Jerusalem》と表現されている [Ibid., 228]。

第7節　その他の諸王。アキテーヌ王ペパン

その他の国王に戻ろう。最初がルイ敬虔王の息子たち，アキテーヌ王のペパン [838] とドイツ王のルードヴィヒである。2人のうちペパンは『拾遺集』12巻 [2] において，「聖にして不可分の三位一体の御名において，神の恩寵によりアキテーヌ人の王」《In nomine sanctae et individuae Trinitatis, Pippinus gratia Dei Rex Aquitanorum》のように書き出されている。『トゥールニュ史』[81] と『新版勅令集付録』[37] において同じ書出しがあるが，神への呼び掛けは省略されている。しかし，我々がその見本と例を提示しているコーヌ修道院[南フランス]のオリジナル文書においても，「神の威厳の恩寵の命令によりアキテーヌ人の王ペパン」《Pippinus ordinante divinae majestatis gratia Aquitanorum Rex》と，神への呼び掛けが省略されている。それは我々が本書で提供している別の文書とペラールの書 [282, 24] においても見られることである。

第8節　ルードヴィヒ・ドイツ王

ルードヴィヒ・ドイツ王 [876] は『聖者記録集(ベ)』4世紀の1 [4, 4–1, 526] とドゥブレの書 [111, 784]（我々はその手稿文書の見本を銅版に刻ませるようにさせた）において，「聖にして不可分の三位一体の御名において，神の恩寵に助けられたる王ルードヴィヒ」《In nomine sanctae et individuae Trinitatis, HLudovicus divina favente gratia Rex》として現われる。この種の別の例を『ザルツブルク史』[202, 1, 347; 2, 11, 12, 13 sq.] が提供してくれているが，それらの少なくないものに，「バイエルン人の王」《Rex Bajoariorum》が付加されている。そしてそれらの一部は「わが主イエス・キリスト，全能の神の御名において，神の恩寵に助けられてバイエルン人の王ルードヴィヒ」《In nomine Domini nostri Jesu-Christi Dei omnipotentis, Ludovicus divina favente gratia Rex Bajoariorum》，その他のもの [Ibid., 1, 224, 225; 2, 12] には「神の恩寵に支えられたる」《divina gratia largiente》とある。但し，そのうちの1通 [Ibid., 1, 224] は偽物と思われるが。

第9節　バイエルン王カルロマン

ルードヴィヒの息子で，バイエルン王のカルロマン [882] は，『ザルツブルク史』[202, 3, 60, 61] に収められた彼の2通の文書に「聖にして不可分の三位一体の御名において，神の仁慈の助けによる王カルロマン」《In nomine sanctae et individuae Trinitatis, Carolomannus divina auxiliante clementia Rex》とある如く，父の書式を真似ている。このことから，ウゲッリの書 [347, 5, 590] に収められたサン=ゼノ=マッジョーレ修道院宛ての文書は王ペパンの兄弟ではなくて，バイエルン王カルロマンに帰せられるべきである（但し，「朕の祖父ペパンと父シャルル・マルテルの魂のために」《pro anima Pippini avi, et Caroli Martelli patris mei》の文句が後から加筆されている）。そのことは，一方では国王という名称から（何故ならば，ペパンの兄弟であるカルロマンは決して国王ではなかったので），他方では別のバイエルン王カルロマンのあのサン=ゼノ=マッジョーレ修道院文書の中で読む書式，「聖にして不可分の三位一体の御名において，神の恩寵に助けられたる王カルロマン」《In nomine sanctae et individuae Trinitatis, Karolomannus divina favente gratia Rex》，または次のようにある書記の下署《Mandavin.Not.ad vicem Theot.Mais.rog》（これは『ザルツブルク史』[202, 3, 61] にある如く，「書記マダルヴィヌスがテトマルスに代わって確認した」《Madalvinus Notarius ad vicem Theotmari recognovi》と読むべきである）からも明らかである。最後に，それはサン=ゼノ=マッジョーレ修道院の特権文書の日付表記，「いと晴朗なる王カルロマンのバイエルンにおける在位の3年，イタリアにおける在位の5年，会計年度の12年，10月6日に交付された」《Datum II. Non. Octob. anno III. regni Karolimanni serenissimi Regis in Bajoaria, et in Italia V. Ind.XII》からも確認される。と言うのも，すぐ後で述べられる箇所において，王カルロマンはこのような日付表記を使用しているからである。以上の考察から，ヴェローナ在，サン=ゼノ=マッジョーレ修道院の創建年が導き出される。何故ならば，人々は，加筆されて間違った解釈が施されたこの文書に依拠して，その創設をペパンの兄弟カルロマンの治世に帰せられるべきと判断しているので。

第10節　プロヴァンス王シャルル

皇帝ロテールの息子で，プロヴァンス王シャルル [863] は「わが主イエス・キリスト，永遠の神の御名において，神慮の命令による王，シャルル」《In nomine Domini nostri Jesu-Christi, Dei aeterni, Carolus divina ordinante providentia Rex》と，父と同じ文頭書式を用いている。そして，『拾遺集』12巻 [2, 12, 120 sq.et 125] の4通と『新版勅令集付録』[37] にある2通では，「かつていと敬虔で尊厳であった有名なロテールの息子」《piissimi quondam Lotharii augusti et incliti filius》の文言が付加されている。しかし，『拾遺集』の同じ巻 [Ibid., 124, 126, 127] にある，それぞれ異なる書式をもつ3通もシャルルに帰せられている。その1通は「聖にして不可分の三位一体の御名において，神の恩寵による王シャルル」《In nomine sanctae et individuae Trinitatis, Carolus gratia Dei Rex》とあるが，これは3通の文書が帰せられるべきと思われるシャルル禿頭王に帰属している。プロヴァンス王シャルルは，オノレ・ブーシュの書 [58, 1, 766] の中では，別の文頭書式，「全能の神にして我らの救世主イエス・キリストの御名において，神の仁慈による王シャルル」《In nomine omnipotentis Dei et Salvatoris N. J. C. Carolus divinae clementia Rex》を使用している。更に，あ

る人がシャルルマーニュ，またヨハネス・ア・ボスコ [55] がシャルル禿頭王に帰しているヴィエンヌ司教座教会宛ての文書もこのシャルルのものである。

第 11 節　同じく，ボゾンとルイ

プロヴァンス王ボゾン [887] はギシュノンの書 [177, 1, 766] において，「聖にして不可分の三位一体の御名において，神の慈悲による王ボゾン」《In nomine sanctae et individuae Trinitatis, Boso misericordia Dei Rex》，そして彼の息子，皇帝ルイ [3 世盲者] [905] は「永遠の神にして我らの救世主イエス・キリストの御名において，神の仁慈の命令により尊厳者にして皇帝ルイ」《In nomine Dei aeterni et Salvatoris N. J. C. Hludovicus, divina ordinante clementia Imperator Augustus》 [*Ibid.*, 1, 781] となっている。更に「主なる神の御名において……」《In nomine Domini Dei, ……》の文頭書式が加わる。フランソワ・ヌギエールがアヴィニョン教会史 [270] の中でそれを誤ってルイ敬虔王に帰属させているが，オノレ・ブーシュはプロヴァンス史 [58] の中でそれをボゾンの息子，ルイのものと主張し，彼の後もシャルル・ル・コワントが同じ意見を表明している。このことの正しさは書記の下署，「書記ゲルネリウスが文書長官のアレクザンドルに代わって確認した」によっても確認される。このアレクザンドルは，900 年以後にヴィエンヌ大司教であった人物である。

第 12 節　イタリアの諸王

イタリア諸王に関して随所に，そして特に『神聖イタリア』[347] の中に現われる書式の多様さから，確かな意見を提示することは出来ない。カラーブリア [南イタリアの一地方] の諸侯はある時は，パオロ・エミーリオ・サントーロの『カルボーネ修道院史』にある如く，12 世紀のものではあるが，「✠チアロモンテ地方 [南イタリア] の領主アレッサンドロの手によるサイン。父と子と聖霊の御名において，それ故，余は……」《✠ Signum manus Alexandri domini terrae Claromontis. In nomine Patris, et Filii, et Spiritus-sancti, Ego igitur, ……》と，十字の印と下署から始めている。別の文書も同様に，「✠チアロモンテのウーゴの手によるサイン。✠彼の妻ギマルガの手によるサイン。我々は次のことを知っていて，……」《✠ Signum manus meae Hugonis de Claromonte. ✠ Signum manus meae Gimargae conjugis suae. Scientes nos, ……》と始めている。そしてロンバルディーア諸王に全く触れないで通り過ぎることのないため，彼らが新しい法律の制定のために刊行した勅令から明らかな如く，彼らは特に「いと秀抜な」《excellentissimus》の肩書きを好んでいたことを記しておくことが必要であろう。ロタリオは 643 年に，「朕，ロタリオ，神の名において王，いと秀抜な人，ロンバルディーア人の 17 代王，慈悲深い神により朕の王位の 8 年……」《Ego in Dei nomine Rotharis Rex, vir excellentissimus, septimus-decimus Rex gentis Langobardorum, anno regni mei Deo propitio octavo, ……》と記し，王リウトプランドは 713 年に，同王を「我らの前任者である，いと剛健でいと傑出した王ロタリオ」《robustissimum decessorem nostrum atque eminentissimum Rotharim Regem》と呼び，そして自身に関しても「朕，全能の神の御名において，いと傑出した，キリスト者でカトリックで，神に愛されたロンバルデイーア人の王リウトプランドは……」《Ego in Dei omnipotentis nomine Liutprand, excellentissimus, Christianus et Catholicus Deo dilectae gentis Langobardorum Rex, ……》と言い，王ラーキは846年に，「朕，神の支援を確信するいと卓越し，突出した君主ラーキは……」《Ego divino auxilio fretus Ratchis praecellentissimus et eximius Princeps, ……》と書いている。最後に，アストルフォは756年に，「朕，いと卓越した，カトリックでロンバルディーア人の王，アストルフォは……」《Ego Aistulfus praecellentissimus, Catholicus Langobardorum Rex, ……》と記している。これらの書式に，『神聖イタリア』所収の様々な文書が属している。そしてその8巻，即ち，サンタ＝ソフィアの年代記 [347, 8, 561 sq.] の中には，その他の文書の基準になると考えられる重要な文書が非常にたくさん存在する。ロンバルディーア人の王の後，イタリアをある時は諸皇帝（彼らの書式に関しては既に論じられている），またある時は諸王（彼らは「神聖で不可分の三位一体」の文句で文書を始めるのを好んだ）が統治した。更に，諸王に関しては，下署に「神の仁慈の助けによる王」《divina favente clementia Rex》とあり，「ローマ人の」《Romanorum》の語が付加されることもあった。王ハインリヒはプリチェッリの書 [298, 534] に「聖にして不可分の三位一体の御名において，神の仁慈に支えられ，ローマ人の謙遜なる王，ハインリヒ」《In nomine sanctae et individuae Trinitatis, Henricus, divina favente clementia, humilis Romanorum Rex》とある如く，「謙遜なる」《humilis》の語を付け加えた。しかし，王ベレンガリオは「わが主イエス・キリスト，永遠の神の御名において，神の恩寵による王ベレンガリオ」《In nomine Domini nostri Jesu-Christi Dei aeterni, Berengarius gratia Dei Rex》のようになっている [Ibid., 266]。

第13節　シチリアの諸王

シチリア王に関しても，その書式は曖昧さを少なくすることはない。王ルッジェーロの文書は，ある時はロッコ・ピッロの『神聖シチリア』[262, 3, 392] におけるギリシア語からラテン語に訳された，「永遠の神にして我らの救世主イエス・キリストの御名において，主の受肉の1133年，会計年度の2年，朕，ルッジェーロは……」《In nomine Dei aeterni et Salvatoris N. J. C. anno Incarnationis ejusdem MCXXXIII, Ind. II. ego Rogerius, ……》のように，神への呼び掛けと受肉の年から始まっている。またある時は，「神であるキリストにおいて忠誠で強力な王ルッジェーロは……」《Rogerius in Christo Deo fidelis et potens Rex, ……》[Ibid., 295] とある。更にまた，「父と子と聖霊の御名において，会計年度の7年，5月，1本の杭の如く，朕，ルッジェーロが偉大な王として君臨しているとき，……」《In nomine Patris, et Filii, et Spiritus-sancti. Sicut radius solis……in mense Maii, VII, Ind. sedente me Rogerio magno Rege, ……》[Ibid.] の書式もある。最後に，ある時は別の王（例えば，王ルッジェーロ）の例に倣って，伯ルッジェーロの息子は「聖にして不可分の三位一体の御名において，アーメン。神の恩寵によりシチリア，カラーブリア，アプリアの王，ルッジェーロ。国王の寛大さの……」《In nomine sanctae et individuae Trinitatis, Amen. Rogerius Dei gratia Siciliae, Calabriae, et Apuliae Rex. Regiae liberalitatis, ……》[Ibid., 502] とある。または一部の司教または諸侯も少なからず神への呼び掛けと受肉の年から書き始めている [Ibid., 390, 391, 485, 633 etc.]。また，天地創造から始まるものもある [Ibid., 4, 67]。

第 14 節　アングリアの諸王

　アングリアの諸王に関しても，同様に，彼らの書出し書式は一定していないし，非常に多くは実に多岐にわたっている。一部は『アングリア修道院史』[128, 1, 28] に収められている，「わが主イエス・キリストが永遠に君臨し，世界のすべての権利が正しい統治の下に守られているとき，朕，マーシア人の王オファ……」《Regnante in perpetuum Domino nostro Jesu-Christo, ac cuncta mundi jura justo moderamine regenti, ego Offa Rex Merciorum, ……》の文句で始まっている。そしてこれはクロフェスホック公会議と王カヌートの書式と殆ど同じで，上掲書 [Ibid., 101] 所収の後者の文書は，「全能の神にして，わが主イエス・キリストが永遠に君臨しているとき，朕，マーシア人の王カヌート」《Regnante in perpetuum omnipotente Deo et Domino nostro Jesu-Christo, Ego Kenulfus Rex Merciorum》のように始まっている。そしてこの文書は匿名の王によって承認されている。インガルフの書 [203, 484v.] には 716 年の文書に，「神の配剤によるマーシア人の王，エゼルバードはカトリック教の信者すべてに永遠の挨拶を送る」《Ethelbaldus divina dispensatione Rex Merciorum, omnibus Catholicae Fidei cultoribus salutem perpetuam》とある。同書 [Ibid., 486] の 793 年の文書には，「マーシア人の王，オファはマーシア王国全体のキリストを愛する者すべてに永遠の挨拶を送る」《Offa Rex Merciorum, omnibus per universum regnum Merciae philochristis salutem perpetuam》とある。インガルフは他の王の書式にも言及しており，その中でマーシア王は頻繁に「挨拶」《salutem》を優先させている。例えば，カヌート [Ibid., 486v.]，ウィトラシウス [Ibid., 487]，ベイアスウルフ [Ibid., 486v.] がそうで，ベイアスウルフの書式は「マーシア人の王ベイアスウルフは尊敬すべき父で，クロウランド修道院長シワードと同修道院で彼の兄弟である，現在及び将来のすべての修道士に永遠の挨拶を送る」《Bertulfus Rex Merciorum venerabili patri domino Siwardo Abbati Croylandiae, omnibusque fratribus suis monachis ejusdem monasterii, praesentibus et futuris, salutem in Domino sempiternam》となっている。彼の後継者は「神の恩寵の許しにより，マーシア人の王ベイアンレッドはすべての州とマーシアの全域に住み，カトリックの信仰を守っているすべての人々に，わが主イエス・キリストにおいて永遠の挨拶を送る」《Beorredus, largiente Dei gratia, Rex Merciorum omnibus provinciis et populis earum universam Merciam inhabitantibus, et Fidem Catholicam conservantibus, salutem sempiternam in Domino nostro Jesu-Christo》となっている [Ibid., 491v.]。最後に，王エドレッド [977] は，「最高の三位一体，父と子と聖霊の御名において，アーメン。朕，永遠の王と永遠の君主の帝権のもとで地上の王として，偉大なブリタニアの帝国を統治しているエドレッドは，現在および未来のすべてのキリスト教徒に挨拶の権威において挨拶のご利益を授ける」《Pax in summae Trinitatis nomine, Patris, et Filii, et Spiritus-sancti, Amen. Ego Edredus Rex terrenus sub imperiali potentia Regis saeculorum, aeternique Principis magnae Brittanniae gerens imperium, universis Christianis, tam et praesentibus, quam posteris, salutis beneficium in auctore salutis》と書き出している [Ibid., 497]。私は以上の文書をインガルフの書から引用しているのであるが，それはそれらがその他に比べて信頼できると思われるからである。しかし，「諸王国のすべての権利を統括する最高のキリストの御名において，……」《In onomate summi Kyrios omnia jura regnorum gubernantis, ……》[111, 831] のように始まる，王にして告白者である聖エドワードの書式以上に尋常でないと思われるものがあるであろうか。1004 年の王エセルレッド，王カヌート，告白者ウィリアムの文書は

『アングリア修道院史』[128, 1, 218, 258, 265, 276, 288, 126] において，クリスモン[キリストの組合せ文字]から始まっている。更に，ウスター司教ウルスタンがそれを使用している。

第 15 節　　そして，ヒスパニアの諸王

　ヒスパニア諸王の考察が残っている。モール人の侵攻によって，彼らのすべてに関して真正な文書は少ししか残されていない。ドゥブレの書 [111, 891] に「主の御名において，アーメン。すべての契約における如く，……。それ故，朕，神の恩寵により全ヒスパニアの皇帝アルフォンソは……」《In nomine Domini, Amen. Sicut in omni contractu, ……Quapropter Ego Adefonsus Dei gratia totius Hispania Imperator, ……》の書出しを持つ，王アルフォンソの文書が収められているが，我々はこの文書のオリジナルから採った見本を本書[5 巻, 図版 XLV-1]で提供している。イエペスの書 [374, 4, 19;5, 3, 4, 14] には，「父と子と，両者から発出した聖霊の御名において，……」《In nomine Patris, et Filii, et Spiritus sancti ab utroque procedentis, ……》の書式で始まる文書 4 通が収められている。最後に，「聖にして不可分の三位一体と祝福されたマリアの御名において，……」《In nomine sanctae et individuae Trinitatis, et beatae Mariae》の言葉で始まる文書も存在する。見本としては，以上で十分であろう。

第 5 章

第 1 節　書き手の才能によって異なる，私的文書の書出し書式

　古人は公的文書の盛式の書式を持っていたので，我々がこれに関して大いに苦しむことはないであろう。しかし，私的文書における書出し書式は，すべていかなる規定またはいかなる一般的書式にも殆ど拘束されないほどに，書記の才能や恣意に依存していた。勿論，修道士マルキュルフは 2 巻の私的文書の書式集を公にしているが，彼は雑多な文書から共通の形式にまとめて編集していないし，それはいかなる公権力によっても承認されていない。しかし，古文書の中にはどれが真の性格であるかは知らないが，教養のある人であれば言葉で表現するよりもより簡単に心で感じるものがある。そして国王文書においては，ここで論じることが我々の責務である私的文書におけるよりも，既に述べたことから明らかな如く，文体の均一性がより強く維持されている。

第 2 節　フランク人の間において

　これらの文書はその大半が神への呼び掛けから始まっているが，上署から始まるのも見いだされる。更に，神への呼び掛けや上署がなくて，原因や結論に関する文章から始まるもの，または日付から始まるものもある。

　マルキュルフの書において，フランク諸王に関して，私は次のような神への呼び掛けを見いだす。マルキュルフの後に書かれた略式文書にある「神の御名において」《In Dei nomine》，「主の御名において」《In nomine Domini》，「余は神の御名において」《Ego in Dei nomine》。「聖なる人……へ，司教……が」《Domino sancto ill. Episcopus, ……》，「兄弟……殿へ，……が」《Domino fratri illi ille》，「誠に聖なるお方と頻繁なる発現，力が表われた奇蹟，キリストの報償によって輝く礼拝堂と修道院へ……」《Domino vere sancto atque sedula ostensione, patentibus virtutum miraculis, Christi remuneratione fulgenti oratorio ac celluae, ……》の如く，書簡のように上署から始まっているもの。原因や結論に関する文章から始まっている書式として最も多いのが「それ故，……しなければならない」《Oportet enim》。そしてマルキュルフの書 2 巻 7，14 章にある「それ故，すべてのことを」《Quidquid enim》，同 2 巻 24 章にある「それ故に，……を承諾した」《Ideoque placuit》。但し，同 1 巻の 2 章と 13 章に掲げられている上署にも少し注意を向ける必要があろう。最後に，日付から始まるものとしては次のものがある。マルキュルフの書 2 巻 17 章と 1 巻 11 章の古い書式例の中の，「わが主イエス・キリストが永遠に玉座にあり，国王……が王位にあるとき，……日，余，……は……」《Regente in perpetuum Domino nostro Jesu-Christo.anno illo, regnante illo Rege, sub die illo, ego ille》，そしてバリューズの付録にある「父と子と聖霊の御名において……」《In nomine Patris, et Filii, et Spiritus-sancti, ……》，『聖者記録集（べ）』[4, 2, 1091] に収められている聖エロワ[660]の遺言書と聖インゴアラのそれ[Ibid., 3–2, 616]。同様に，修道院長聖アレード[591]の遺言書[238, 2, 48]は同じような神への呼び掛けと日付事項から始まっている。貴族の婦人アルデガル

ドはデュシェーヌ手稿文書集(非常に明晰な人，ブシェールがその転写を我々のためにしてくれた)の中で，「実際，余，ドミニクは神の御名において……」《Ego enim in Dei nomine, Dominicus, ……》のようになっている。同じく，「ソキシランジュ[中部フランスの都市]と呼ばれる神の聖なる教会へ……」《Sacrosanctae Dei ecclesiae, quae vocatur Celsinanias, ……》などが至るところにある。高位高官に関しては，「わが主，最高にして永遠の救世主イエス・キリストの御名において，いと秀抜なフランク人の公にして辺境伯ユグは……」《In nomine summi et aeterni Salvatoris Domini nostri Jesu-Christi, Hugo excellentissimus Francorum Dux et Marchio, ……》とある，ベリの『ポワトゥ伯史』[51, 241]に収められた大ユグの文書が記されねばならない。同公の他の書式をもつ別の文書に関しては，ベリの上掲書[*Ibid.*, 239]を参照せよ。

第3節　アレマン人の間において

ゴルダストの書において，8，9世紀を通じてアレマン人の間には「神の御名において」，「キリストの御名において」《In Christi nomine》，「わが主イエス・キリストの御名において」《In nomine Domini nostri Jesu-Christi》，「主なる永遠の神の御名において」《In nomine Domini Dei aeterni》，「聖にして不可分の三位一体の御名において」，「父と子と聖霊の御名において」，「最高の神の御名において，それ故，余は神の御名において」《In nomine Dei summi, Ego itaque in Dei nomine》などの神への呼び掛けが確認される。上署に関しては，「聖ガレンの聖なる修道院へ」《Sacrosancto monasterio sancti Galli》，「聖なる聖堂の主人へ」《Domino sacrosanctae basilicae》などがある。原因や結果に関する文章としては，「それ故，神の御名において」《In Dei igitur nomine》，「何故ならば，キリストの御名において」《Christi enim》，「それ故，仁慈に支えられて」《igitur favente clementia》などがある。これらはゴルダストの『アレマン史』2巻[161]に見いだされる。

第4節　ゲルマン人の間において

ゲルマン人の間で特に普及していた書式は，最初の2巻は殆ど9世紀を越えていない3巻からなる非常に重要な『フルダ修道院文書集』[346]から集められる。最も広く普及していた書式は「神の御名において，余……」《Ego in Dei nomine》，「それ故，神の御名において，余……」《Ego itaque in Dei nomine》である。478頁には「主の受肉の838年，会計年度の初年……」《Anno dominicae Inc. DCCCXXXVIII, Ind. I.……》の日付表記で始まる文書がある。541頁には別の日付表記，「主の受肉の825年，会計年度の2年……」《Anno dominicae Inc. DCCCXXV, Ind. II.……》がある。同じく，744，745頁に別のものがある。542頁の「聖なる三位一体と聖ペテロと初代殉教者，聖ステファヌスの御名において」《In nomine sanctae Trinitatis, et sancti Petri, et sancti Stephani Protomartyris》は余り普及していなかった。フランク人の間，ゲルマン人の間，アレマン人の間で使用された懇願文書(更に，寄進文書も稀ではなかったが)は「聖なる修道院へ」《Sacrosancto monasterio》，「……のために建立された聖なる聖堂へ……」《Sacrosanctae basilicae, quae est constructa in honore, ……》，「聖なるお方と崇敬すべき聖堂へ」《Domino sancto, ac venerabili basilicae》などの如く，書簡の形式で作成されている。これらの書式は至るところで，つまりゴルダストの『ア

レマン史』2，3巻 [161]，『フルダ修道院文書集』[346]，ペラールの『ブルゴーニュ史料集』[282]，ル=マン司教アルドリックの伝記の中で見いだされる。そして最後の書で，「ル=マン司教座教会の尊敬すべき聖職者殿へ，司教ドンノルは」《Domino venerabili ecclesiae Cenomanicae clero Domnolus Episcopus》とあるのが寄進文書 [40, 3, 18]，「聖ジェルヴェと聖プロテの聖堂の聖なる尊敬すべきお方へ……」《Domino sancto ac venerabili basilicae sanctorum Gervasii et Protasii, ……》とあるのが懇願文書である [Ibid., 154]。同じ形式を持つその他の文書に関しては，これらの後 [Ibid., 158 sq.] で見ることになろう。

第5節　イタリア人の間において

　イタリアで使用されていた私的文書の書式について二，三付言する前に，この章の外へ足を踏み出すことは出来ないであろう。ベネヴェントの非常に古いサンタ=ソフィア修道院の年代記または文書集に収められている多くの例の中で，「主なる神にしてわが救世主イエス・キリストの御名において，余は……寄進する。余，パンドルフォは……」《In nomine Domni Dei Salvatoris nostri Jesu-Christi offero（concedo または concedimus）……Nos Pandolfus, ……》の書式 [347, 8, 583 sq.] が使用されている。一部 [Ibid., 699 sq.] は「永遠の主の」《Domini aeterni》の如く，神への呼び掛けから始まっている。更に他の一部 [Ibid., 702 sq.] は，それに「そして聖にして不可分の三位一体の御名において」《et in nomine sanctae et individuae Trinitatis》が加わっている。最後に，あるものは「わが主，神にして救世主イエス・キリストとそのいと聖なる生みの親の御名において……」《In nomine Domini Dei Salvatoris nostri Jesu-Christi ejusque sanctissimae Genitricis, ……》[Ibid., 588] とある。プリチェッリの書 [298, 481] に収められているミラノ司教アンセルモの[文書の]書式，「聖にして永遠で不可分の三位一体とわが主イエス・キリストの聖なる墳墓の御名において」《In nomine sanctae sempiternaeque et individuae Trinitatis, et sancti Sepulchri Domini nostri Jesu-Christi》もこれに属している。神への呼び掛けの後に日付表記，つまりキリストの年または統治の年の表記が来ていることも少なくない。その例は司教文書 [347, 8, 698 sq.] と侯文書 [Ibid., 711, 713 etc.] の至るところに現われる。しかし，この文頭の書式は有名なカサウリア修道院の手稿年代記または文書集の中によく現われ，その幾つかの例はその古い版が『拾遺集』5巻で刊行されている同年代記の中に現われる。手稿の文書集においてまず登場するのが「神の御名において，我らのシャルルとその息子ペパンの両陛下がフランク人とロンバルディーア人の王，ローマ人のパトリキウスとして統治しているとき，彼らのイタリアにおける慈悲深い神のもとでの統治の12年と5年。しかし，スポレート人の公，イルデプランドの時代，在位の12年，6月，会計年度の8年。それ故，余，ペシドは……売却したことを確認する」《In Dei nomine regnantibus Dominis nostris Karolo, et Pippino filio ejus, piissimis Regibus Francorum et Longobardorum sed et Patriciis Romanorum, anno regni eorum in Italia Deo propitio XII et V. Sed et temporibus Dompni Ildeprandi Ducis Spoletinorum, anno Ducatus ejus XII mense Junio, per Indit. VIII. Ideo constat me Pessido vendidisse, ……》である。そしてその第2葉には，「神の御名において，わが主イエス・キリストの受肉の976年，神の摂理によってオットー陛下が尊厳なる皇帝として君臨していたとき，慈悲深い神のもとでの帝位の9年，3月9日，会計年度の4年，余は……を確認する」《In Dei nomine, ab Incarnatione Domini nostri Jesu

Christi anno DCCCCLXXVI imperante Dompno Ottone divina providentia Imperatore augusto, anno imperii ejus Deo propitio VIIII mense Mad. Ind. IIII. Ideo constat me, ……》とある。同様の例は枚挙にいとまがない。更に，その中から一つだけ取り出すと，同じ文書集の第1部に「神の御名において，わが主イエス・キリストの受肉の995年6月，会計年度の13年。それ故，余，フランク人の出身であったラクテルスの息子，トランサリクス・サリグスは余の公正で自発的な意思によって，サリカ法に基づき，小刀と切り取った芝生の上に置かれた藁と手袋とこの文書を介して，シセナンドス・サリグスに……を売却し引き渡した」《In Dei nomine, ab Incarnatione Domini nostri Jersu-Christi anno DCCCCXCV mense Junio, Indicti. XIII. Idcirco ego Transarico Saligo, filio quondam Racteri ex natione Francorum, bona et spontanea mea voluntate secudum meam Saligam legem, per festucam et andelaginem super cultellum et guasonem, et per hanc chartulam vendidi et tradidi Sisenando Saligo, ……》とある。ここでは，サリカ法のもとで生活していた人が「サリグス」《Saligus》の名称で呼ばれている。同文書集所収の嫁資に関する文書は花嫁への呼び掛けとして，「神の御名において，余，フランク人の出身であるエリペルトの息子で，今はペンネ地方に住んでいるフォルラドは余のいと美しい婚約者ヘレグリナへ。余が神の意思またはあなたの両親の意思によって，あなたと婚約したことは知れ渡っていないことではないので，……」《In Dei nomine, dulcissima sponsa mea Helegrina, ego enim Folradus filius quondam Eriperti ex genere Francorum et modo habitator sum in pago Pinnensi. Dum non est incognitum, qualiter per voluntatem Dei, vel parentum quondam tuorum te desponsavi, ……》と少し異なった言葉によって表現されている。イタリアに関しては，以上である。

第6節　個々の教会組織において殆ど共通した書式

　以上のすべてを熟考していたとき，独自の書記や文書官を持っていた教会や修道院においては，懇願文書，授与文書，寄進文書，売却文書に関する常用された共通の書式があったのではとの考えが私の頭に浮かんできた。つまり，各教会組織の最初の文書官がそれらを採用し，それに続く人々がそれを真似たと。しかし，一部のことに関しては，盛式の文言を盛った同一の書式が至るところで作られていた。我々[フランス]の修道院における幼児奉納に関するそれの如く，共通の書式が至るところで採用されていた。我々の同僚，アシェリがその書式をランフランクの書への註釈 [1, 36] の中でサン゠レミ修道院の手稿史料に依拠して言及しているが，それはスマラグド[サン゠ミイエル修道院長, 830]が『聖ブノワ戒律』に関する註解 [327, cap. 39] の中で引用している書式とすべて同じである。

第 6 章

第 1 節　第一人称における単数形に代わる複数形

　文書の文頭書式から本文の形式に進むことにする。それに関して，第 1 に，博学な人がその『古文書序説』[276] 34 項において述べていることの吟味が来る。即ち，彼はザンクト＝マクシミーン修道院文書において，「王ダゴベール [1 世] [638] は自分自身に関して，単に単数形で話している。そして非常に古いフランク人の王の誰かが，それがダゴベール自身または彼の息子シジュベール [3 世] とクローヴィス [2 世] であれ，文書を書くに際して複数形を使用したことを納得させるいかなる真正な文書も今までのところ見いだされない。従って，そのように書く書式がダゴベール [1 世] の孫の代において最初の開始を持ったと考えることが出来よう。但し，彼らの名前によって発給されたこれらの文書が十分に真正であるとするならばのことではあるが」と言っている。これがこの上なく該博な人の見解である。ダゴベール [1 世] 以前と同様，同王以後においてわが諸王によって複数形を使って発行された疑う余地のない史料 [の存在] は彼の見解から遠く離れることを私に強く促している。そして更に，ダゴベールがそこで自身を単数形で呼んでいる事実そのことから，ザンクト＝マクシミーン修道院の売買文書は偽文書の可能性があることになる。

第 2 節　複数形の使用はパーペンブレックの見解と異なって，メロヴィング諸王によって始められた

　事実，大クローヴィスは書簡においてまた文書において，ある時は彼よりも上位の皇帝や国王，または自分と同等者の例に倣って，自身に複数形を付与している。東ゴート諸王の間においてもこのように話す方法が永遠に付与されていたことは，カシオドーロの作品によって確認される。(既述の如く，) 大クローヴィスは彼の書簡において，このような王の習慣から外れていなかったし，「我々は始めた」《ingrederemur》，「我々は命じる」《pracepimus》，「我々の平和の中で」《in pace nostra》，「我々の民」《populus noster》とある如く，常に自らを複数形 (但し，最後にある「私のために祈れ」《Orate pro me》は除く) で語っている彼がゴート人との戦争の後で諸司教に宛てて書いた書簡も，これらの書簡と異なるところがない。彼はこれと同じ書式を，『拾遺集』5 巻 [2] で刊行されているミシ修道院 [オルレアン近郊] 宛ての文書が証明している如く，文書においても堅持している。その中でクローヴィスは，「我々は譲渡する」《concedimus》，「我々は引き渡す」《tradimus》，「我々は与える」《praebemus》の語を使用している。但し，上記の書簡における如く，この文書は単数の人称代名詞によって，「私，クローヴィスが欲した如く行なわれるよう」《Ita fiat ut ego Chlodoveus volui》のように終わっている。彼の後をティリ [1 世]，シルドベール [1 世]，シジュベール [1 世] の諸王が，刊行されている自身の書簡において踏襲しているし，間違いなく同じような話し方が文書においても守られている。そしてその話し方は後世の人々によって，フランス王アンリ 1 世 [1060] に至るまで継承される。同王は人称代名詞「私は」《Ego》(カロリング諸

王は完全にこれを放棄したのであるが)と単数形を慣習化させたのであり，彼の後，フィリップ1世，ルイ6世とルイ7世の二人も，私が前出の第3章で考察した如く，それを使用した。本書の末尾に付帯されるであろうメロヴィング諸王の真正文書は，複数形の日常的使用を豊富に証明している。それらに，修道院長エフィビウスの遺言書の確認文書に収められている，フランク人の王シルドベール3世の勅書（私はここにおいて，シルドベール1世が自身と諸侯の名において複数形で記された有名な勅令 [52, 83] をまた割愛してしまっている）が付け加えられる。この勅書 [2, 12, 101] でシルドベールは自らを，「王シルドベールが尊父カエオルドスへ。我々の勅令を……，我々が上に書いた……，我々の権威に……，我々の所領に……，我々の栄光を……，我々によって譲渡された……，私，シルドベールは私の在位の3年に制定されたこの勅令を強めた」《Childebertus Rex Caeoldo Patri……Edictum nostrum……superscripsimus……nostra auctoritate……fisco nostro……nostram gloriam……a nobis concesso. Hoc Edictum ego Childebertus regno meo in anno tertio constitutum roboravi》のように表現している。我々はこれらすべてから，第1王朝の諸王が代名詞「私は」《Ego》を，しかしより正確に言うならば，メロヴィング王朝の文書の中で大クローヴィスのみが使用していたように思われる，名前の下署リストにおいてときどき使用していたと理解することが出来る。つまり，クローヴィス2世の息子ティエリ[3世]は下署において他の王の形式から外れているのであるが，確かに「キリストの御名において，[私]，ティエリは下署した」《In Christi nomine, Theudericus Rex subscripsi》のように下署している。しかし代名詞「私は」は決して省略していないし，（私が知っている）カロリング諸王も同じである。単数形，そして自分の名前と共に「私は」を自分自身に頻繁に使用しているカペ諸王は，王アンリ1世以前においては稀である。しかし，カロリング諸王の仲間に加えられた者として王ラウール（ラドルフスまたはロドルフス）が見いだされる。彼は924年にブロワの修道院に発給された文書 [4, 4–2, 246] で，「私，王ラウールは天の命令に促され，……」《Ego Radulfus Rex, caelestibus dictis admonitus, ……》と書き出している。そして読者諸賢はこれと同じ例を，カロリング諸王の文書の中に見いだすであろう。加えて，シャルルマーニュの弟，カルロマンはサン＝ドニ修道院に宛てた文書の中で，「よい想い出の私の父に」《bonae memoriae genitore meo》の文言が付されてはいるが，複数形で常に自分について語っている。そしてシャルルマーニュは，我々がヴェルダン在，サン＝ミイエル修道院の文書集から本書に引いてきている彼の書簡において，「私の父のために」《circa genitorem meum》，「私のために」《circa me》と表現している。

第3節　更に，私人によって使用された単数形に代わる複数形

他方，メロヴィング諸王の時代，私人の文書においては王文書におけると同様に，単数形に代わって複数形がときどき使用されている。従って，サン＝ティエリ修道院長イリエ[またはアレード]が彼の遺言書の中で，シジュベールが統治していたとき，神への呼び掛けの後に代名詞「私は」から始まり，その後は通して複数形で自分を語っている。但し，下署において，「私，アレードは……」《Ego Aredius, ……》とあるのは除く。更に，同じく，同修道院の院長エフィビウスは彼の遺言書を，「私，エフィビウスは私の財産に関する遺言書を引き渡す」《Ego Ephibius testamentum de rebus meis trado》のように始めている。そしてその後，「我々は我々の栄光に満ちた主人，シ

ルドベールから奉仕の代償として獲得したものを譲渡する。……我々は我々の妹のために〈遺言書を〉作成し，我々の遺言書の中にそれを挿入した」《Tradimus quae a domino nostro glorioso Childeberto pro servitio nostro adquisivimus……confecimus……sororis nostrae……testamento nostro inseruimus》と続いている。それに対して，彼の姉妹ルフィナは，彼女の寄進文書において常に複数形を遠ざけている。ゴルダストの書 [161, 2, 48; 3, 65] に収められた，同じ時期に属するカウソイヌス書式では，「他方，我々カウソイヌスは私が寄進することを確認する……」《Nos vero Causoinus constat me dare, ……》と単数形と複数形とが混ざっていて，その後に「そしてもし誰かが，（更に我々には信じられないことであるが）私の相続人の誰かが……」《Et si quis (quod non credimus) aliquis aliquando heredis meus, ……》と続いている。勿論，この文書は 8 世紀に属しているが，その書式はそれが普通でないがために，それだけ一層考察に値すると私には思われる。私は二人称単数に代わる複数形を取り入れた別の慣習を紹介しよう。この慣習はエンノディオの書簡やその後に来るアヴィトによる大クローヴィス宛の書簡，アウレリアヌスによるテオドベール宛の書簡，カシオドーロの書式集 [74, 4, 1 etc.] から明らかな如く，5 世紀から慣習として受容された。しかしこの書式は，王文書や古い私文書(しかし，これはもしあればの場合であるが)の中でも稀に使用されている。

第 4 節　古い文書における自身の称賛

　文書の作成者が自らを過度に称賛するそのような話し方は，一部の人々の間では，一人称で話すことよりも遥かに傲慢なことと見られている。ベリの『ポワトゥ伯史』[51, 395] 所収のサン＝ジャン＝ダンジェリ修道院に宛てた文書の中で，ギヨーム・ド・パルトネは「それ故，最高の寛大さを備えたこのギヨームは……」《Hic igitur Willemus, generositatis maximae ditatus, ……》とある。この種の例は少なくない。更に，司教に関しても，ブリウード文書集において，「神の恩寵の許しにより，ジュヴダンとフォレ地方の傑出した，生き方と行ないによって有名で，この上なく才能に恵まれた伯ポンスは……」《Pontius, divina annuente gratia, Comes eximius Gaballitanensis telluris, necne Forensis patriae, vita et moribus praeclarus, ingenio excellentissimus, ……》とある。同じく，クレルモン司教エティエンヌは自分のことを，「生き方と行ないにおいて有名で勝れたる首位者」《Praesul eximius, vita et moribus praeclarus》と言っている。それに比べると，同司教座の司教アデラールが自分の「晴朗さ」《serenitas》(皇帝と国王がこの称号を自身に付加していたのであるが)について言及していることは，そう驚くに値しない。その上，彼は「オプスクルム」《opusculum》という特殊な名称で呼ぶ文書の中で，「彼らは我々の晴朗さを求めた」《adierunt serenitatem nostram》と言っている。これ以外に，トゥル司教ゴズランはサン＝タペル修道院文書庫に保管されている，936 年に同修道院に宛てた文書の中で，同じ言葉「我々の晴朗さに」を使用している。自身について語る場合，その人に何がふさわしいのか理解できない，経験の浅い書記に見られるこのような語り方を拒否することは私には容易なことであった。但し，私は有名で敬虔な人物における類似の試みに注意を喚起する。即ち，聖オドワンは『聖エロワ伝』の第 2 巻の初めで，自身とエロワについて，「聖なる人々」《sanctos viros》と言っている。そして司教で聖者であるウィレバルドは自身とルルスを，「非常に勤勉な人」《bonae indulstriae viro》と言っている。そしてア

ナスタージオは『宗教会議註解』8で，自身を皇帝ルイの使節団の筆頭に置いて，「神に愛された図書館長アナスタージオ」《Anastasius Deo amabilis Bibliothecarius》と言っている。これらに，『古史料選集』1巻［235, 107, 110 et sq.］から別の例を加えると，修道院長ジェラールがルーアン大司教ユグに献呈している『司教聖ロマン伝』の序文の中で，彼の名前を同ユグの前に置いているのみならず，修道士たちの「尊敬すべき」《venebilis》父と呼んでいる。このように，謙譲と対立すると考えられていなかったこの時代の慣習は敬虔な人々と司教の間にも入っていったのである。勿論，書簡に関して，彼らは至るところで「謙遜な」《humilis》，「罪人」《peccator》と言ってはいるが，更に，ときどき一部の人々は，賛辞の代わりに「謙遜な」《humilis》司教と言っている。その意味において，聖なるグルノーブル教会のイザクはヴィエンヌ及びグルノーブルの歴代司教の祝祭日の中で，「謙遜な司教」《humilis Episcopus》［Ibid., 104］と言われている。その他，単に上署のみならず下署においてもこの種の尊称が頻繁に登場してくるし，「いと栄光に満ちた王シャルルのサイン」《Signum Caroli gloriossimi Regis》，「不敗の皇帝オットーのサイン」《Signum Ottoni invictissimi Imperatoris》などが示す如く，国王や皇帝までもがそれを使用している。しかし，他の何よりも豪華なのが『神聖シチリア』［288, 4, 14］に収められた，シチリア王ルッジェーロの「神であるキリストに忠誠にして強力な王で，キリスト教徒の保護者であるルッジェーロは……」《Rogerius un Christo Deo bene fidelis, potens Rex, et Christianorum adjutor》という下署である。

第5節　王，王妃，そして彼らの子供たちの敬称

古文書にいつも登場してくる敬称の一部もここでの論述に関係している。フランク人の第1と第2王朝の諸王は，自身に関する文言を配す場合，「高処」《celsitudo》，「晴朗」《serenitas》などの言葉を使用している。ある者たちは彼らを「傑出」《excellentia》，「偉大」《magnitudo》，「栄光」《gloria》，またある者たちはそれに類似した名称で敬意を表わしている。同じく，シルドベール3世が後で刊行されることになる文書で，「いと高処の，朕の女王クロティルド」《praecellentissima Regina nostra Chrothildis》と呼んでいる如く，彼らはその王の妻たちを「女王」《Regina》と呼んでいる。中世の作家たちはこの言葉を実に頻繁に使用している。エディ・スティーヴンはヨーク司教ウィルフリド［聖者, 709］伝の第1巻［4, 4–1, 677］で「(王)オスワンの女王」《Reginam Regis Oswin》，その少し先で妻を「(王)エグフリドの女王」《Regis Egfridi Regina》［Ibid., 689］と言い，そして同書の別の箇所でも同じ表現が用いられている。国王の息子や娘にもその表現が使用され，更に彼ら自身も自分たちに使用していた。従って，ポワトゥのサント゠クロワ女子修道院の院長クロディエルドはトゥール司教グレゴワールの証言［167, 10, 15/114, Regina］によると，彼女に危害を加えた者たちに向かって，「国王の娘，女王である余の上に危害を加えようとするでない」《Nolite super me, quaeso, vim inferre, quae sum Regina, filia Regis》と言っている。そしてマルキュルフは，国王の「誕生」に関する章の題名［246, 1, 3; note de Bignon］において，国王の息子を「国王」《Rex》と呼んでいる。そして，該博なガルニエが『ローマ教皇書式集』［151, 15］の中で指摘している如く，「主人たちの」《Dominorum》の言葉のもとに皇帝の息子と妻が理解されていた。それ故，マルキュルフによって，国王の生まれたばかりの息子が「小さな主人」《Domnicellus》と呼ばれている［246, 2, 52; 1, 39］。そして彼の誕生日に「国王の領地の荘園に属する召使いの男女3名が仕事か

ら解放されていた」とある。更に，該博なジル・メナージュが指摘している [257, 25] 如く，夫がその妻を公的文書の中で「女主人」《domina》と呼んでいる。その上，マルキュルフなどにおいて，諸王は諸侯に宛てた書簡や命令文書で「偉大さ」《magnitudo》，「聡明さ」《sollertia》，「思慮深さ」《prudentia》，「配慮」《sollicitudo》，「勤勉」《industria》，「有益」《utilitas》の諸語でもって彼らを称揚している。

第 6 節　教皇，大司教，その他に付与された「威厳」という称号

　「威厳」《Majestas》はローマ教皇，大司教，国王，諸侯に共通した敬称であった。しかし 11 世紀以前においては，どちらかと言うと，その使用は非常に稀であった。ソワソン司教ユグとランスのサン=レミ修道院長ピエールはノジャンの修道士に代わってローマ教皇アレクザンドル 3 世に宛てた手稿書簡の中で，「我々はあなたの威厳の書簡をふさわしい敬意をもって受け取った」《Majestatis vestrae mandatum debita veneratione suscepimus》と言っている。エティエンヌ・トゥールネはローマ教皇ルキウス 3 世に宛てた書簡 [262, 90] で，「あなたの威厳……」《Majestas vestra, ……》と言っている。リジユのアルヌールは「我々はあなたの威厳の書簡を受理した」《Litteras vestra Majestatis accepimus》の如く，教皇アレクザンドル 3 世に対して同じ敬称を非常に頻繁に使用しているのみならず [28, 20, 51, 55]，ルーアン大司教ユグにも使っている [*Ibid.*, 15]。私はこの称号が司教，そしてそれより下位の聖職者に付されているのを殆ど確認していない。ここで私は，トゥールネのエティエンヌがボルド副司教ではなくて大司教に宛てた書簡 278 を取り上げる。彼が同大司教に話しかけるとき，一，二度「威厳」を使用しているが，「偉大さ」も一度使用している。他方，驚くべきことは，教皇イレール [468] がアルル司教レオンに宛てた書簡 3 において，後者の管区に関して，「あなたの王国に帰属するもの」《quae ad monarchiam tuam pertinet》と言っている。トゥールのグレゴワールが修道院長ルピキヌスに「王国の」《monarchia》の名称を与えていることは [169, 1]，それに比べれば驚きも少なくなる。次に，シャルル禿頭王がジャン 8 世によって [209, 8]，フランス王フィリップがイーヴによってそのように呼ばれている [375, 253] 如く，「威厳」の語は単に王にのみ付されているのではない。更に，シャンパーニュ伯ユグが 1114 年にサン=レミ修道院にクールティスにある領地を寄進した文書の中で，その称号を使用している。彼は「これらの文書が我々の威厳の印章によって押されるよう指示した」《majestatis nostrae sigillo consignari feci》と言っている。更に，ラングル司教ブルノが，ペラールの書 [282, 67] において，これと同じ称号を私用している。勿論，ブルノは下署において「謙遜な首位者」《humilis Praesul》とあるが，本文において「我々の威厳を訪れ」《nostram adiens majestatem, ……》と言っている。

第 7 節　教皇，司教の仲間同士での呼称，敬称

　私は司教に与えられていない敬称がローマ教皇や在俗聖職者に付されているのを見たことがない。つまり，「神聖さ」《sanctitas》，「至福」《beatitudo》，「冠」《corona》，「使徒の冠」《apostolica corona》などの賛辞をローマ教皇の書簡の中でさえも，かつては司教が獲得していたのである。その中で，教皇イレールはアルル司教レオンを「神聖さ」の言葉で呼んでいる [193, 1]。同じく，教

皇ジャン8世［882］は三人の大司教をそう呼んでいる［206, 10, 292］。更に，同教皇はヴィエンヌ司教の「厚顔と無謀」《audacia et temeritas》を非難している一方で，彼に「聖なるもの」《sanctimonia》の賛辞を与えている。加えて，聖ベルナールの時代に至るまで［48, 32/262, 219］，修道院長がその賛辞を付与されているし，更に国王にも同じことがなされている。従って，司祭アトタはルイ敬虔王への誓願書簡(フロタール書簡の後に来る最初の書簡である)の中で，「今，私はあなたの神聖さに訴える，……」《Modo peto sanctitatem vestram, ...》，トゥールネのエティエンヌはハンガリー王ベラムに宛てた書簡［262, 34］の中で，「あなたの神聖さは……が可能である」《Valeat sanctitas vestra, ...》と書いている。世俗の諸侯や異端の諸侯が諸司教，しかもカトリックの諸司教によって，「最も神聖な」《sanctissimi》と言われているのは一体どうしてなのか［12, 73, 11］。かつて教皇ジャン8世に「高貴さ」《nobilitas》の称号を与えた人がいた。それが伯ランベールである。この敬称は世俗の者たちに付され，自分の身分にはふさわしくないものであったため，同教皇はこの行為を不快に思った［206, 73］。そしてそのため，つまり彼が「このように卑しい言葉と不似合いな文句で」書簡を書いたため，同教皇はランベールが自分に献身的ではないと判断した［本書5巻，ジゼールの文書に付された註釈参照］。これに対して，「傑出」《excellentia》の語はそれほど「世俗的」と思われてはいない。私はローマ教皇で，この称号を不満に思った人をこれまで見いだしていないので。シャルルマーニュはデュシェーヌの書［127, 2, 22］にある書簡の中で，教皇アドリアン1世をそのように呼んでいるし，アルキュアンも同様である［15, 33］。ウィリアム・マーメスベリの書［372, 16］において，マーシア王カヌートが教皇レオン3世，シャルトル司教イーヴ［375, 109］が教皇パスカル2世をそのように呼んでいる。その上，読者諸賢は「傑出」の称号が「高貴」のそれよりも優越して，輝かしかったとは思わないであろう。つまり，『カロリング諸王宛教皇書簡集』から明らかな如く，両方ともローマ教皇によってフランク人の諸王に与えられていて，書簡42は教皇ポル1世によって「フランク人の王である，いと高貴で傑出した息子，シャルルとカルロマンに……」《Dominis nobilissimis atque excellentissimis filiis Carolo et Carolomanno Regibus Francorum》と書かれているし，シャルルマーニュの息子たちはジゼールの文書にある如く，自身を「いと高貴な」《nobilissimos》と言っていた。その後の時代に関しては，新版のエティエンヌ・ド・トゥールネの書簡34の中で，「いと高貴なるハンガリー王ベ［ラム］」《nobilissimo B.Hungariae Regi》と記されてある。私はこれらの例が手当たり次第だと思われないためにも，「傑出」《excellentia》の語が教皇に付されていたのを理由に，ある特権文書が偽作として法廷に告訴されているのを記憶している。それにも拘らず，シャルトル司教フルベールは「傑出」の語をサンス司教レウテリクスに与えている［149, 33］。また，聖ベルナールは同語をトゥル司教リキュイヌスに与え［48, 63］，「高処」《celsitudo》の語をラングル司教ギレンクスに与えている［Ibid., 60］。しかし，彼よりもずっと前に，トレド司教モンタノ［531］がそれを聖職者トゥルビウスに与えている。最後に，「秀抜」《eminentia》の敬称によって，グレゴワール大教皇がイタリアの司教たちを一度ならず呼んでいる［171, 2, 28, Ind. 11］。カルケドン公会議［220, 4, 222］で修道院長エウティケスが「教皇」(デュ・カンジュの『辞典』［114］が聖職者一般もこの名称で呼ばれていたことを証明している)と呼ばれていること，そしてテオドルス・スキオタの伝記［5, April. 3, 14/4, 4-1, 47］で修道士が「父」《Pater》と呼ばれていることも見逃すことが出来ない。この意味において，ギリシア人の間で老齢の修道士が「修道院長」《Abbas》と呼ばれている。更に，ある書簡でエフェ

ソス公会議［431］の時代に，コンスタンティノープルの修道院長ダルマティウスが「主［人］」《Domnus》と言われている。エンノディオは修道院長ステファノを「主［人］」《dominus》［133, 3, 12］と呼んでいる［114, Dominus; 本書 2 巻 2 章］。

第 8 節　フランク諸王の賛辞について

フランク諸王に戻ろう。その中で，王ロベール［2 世］はシャルトル司教フルベールによって「聖なる父」《sanctus Pater》と呼ばれている［149, 87; 2, 10, 157］。同じく，同王はブルグイユ修道院に宛てたアキテーヌ公ギヨームの文書［51, 268］の中で，「神学者」《Theosophus》と呼ばれている。フィリップ 1 世とルイ 6 世は少なくない文書や書簡において，「尊敬すべき人」《venerabiles》または《venerandi》と呼ばれている。本書で刊行されている，ムラン修道院に宛てられた［王］フィリップ［1 世］の文書において，「尊敬すべき王，フィリップのサイン」《Signum Philippi venerandi Regis》とある。アルジャントゥイユ修道院の命日表の 7 月 14 日において，「尊敬すべきフランク人の王，フィリップの命日に」《anniversario Venerabilis Philippi Francorum Regis》と記されている。ランスのサン=レミ修道院文書庫に保管されている，ルテル伯マナセの悔悛に関する記述は「ランスで作成され，そして同地で尊敬すべきパレストリーナ司教コノ猊下が言葉の受肉の 1115 年，会計年度の 8 年，尊敬すべきフランク人の王ルイ［6 世］が王位にあったとき，主宰していた全体公会議で読み上げられた」といった言葉で表現されている。同様の文言，つまり「尊敬すべきフランク人の王，ルイが王位にあるとき」《regnante venerabili Rege Francorum Ludovico》が同じ文書庫に保管されている，ランス大司教ルノがルテル伯イティエールを破門から解放した文書の中か，同ルノが 1127 年にデェ［原著にある Accio は誤りで，Daei が正しい］の祭壇［教会］に関して，ラ=ソヴ=マジュールの修道士に発給した数通の文書に見られる。私はフランク人のカロリング諸王がしばしば「殿」《senior》，つまり主人《dominus》と呼ばれている［244］のを指摘しておくことにする。更に，身分の低い領主，更には修道院長，修道院の長老，夫［114, Senior］もこの語によって呼ばれている。

第 7 章

第 1 節　王文書以外の文書に現われる特殊な言葉

　しかし，教会や聖堂も「殿」《senior》と呼ばれている。そして，この言葉にいかなる意味が込められていたかを知ることは興味のあることである。司教座教会は至るところで「教会殿」《senior ecclesia》，修道院も「聖堂殿」《senior basilica》と呼ばれている。王妃聖バティルド［680］の伝記［4, 2, 780］の中で，「聖ドニ様，聖ジェルマン様，聖メダール様の聖堂殿を介して……」《per seniores basilicas sanctorum domni Dionysii, et domni Germani, et domni Medardi, ……》とある。修道院長聖ルフロワは「生ける十字架のために建立された聖堂殿に」《in seniorem basilicam quae aedificata est in honorem vivificae crucis》運ばれてきたと言われている［Ibid., 3–1, 592］。私文書において，古くからの表現である「教会」《ecclesia》と「聖堂」《basilica》が頻繁に登場する。「寺院」《templum》に関しては，少なくとも第1王朝と第2王朝においてはその使用はより少なく，第3王朝に入っては更に稀となる。但し，これらの言葉は作者の間では区別なく使用されているが。更に，私はこの「寺院」の語をティエリ4世，ルイ敬虔王，トゥル司教フロタール，シャルル肥満帝の文書［本書6巻文書114参照］の中に見いだす。イタリア，特にローマにおいて主要な教会が，「聖堂」と呼ばれている。文書であれ，キリスト教徒の作家の作品であれ，「神聖な」《Divus》という言葉は聖者を表わすために使用されているのを見たことがない。しかし，我々はときどき，国王が自分の祖先について語るとき，「朕の神聖な想い出の祖父（または父）」《avum（またはpatrem）nostrum divae memoriae》の表現を見いだす。従って，シャルル禿頭王はコンピエーヌ修道院の建立に関する手稿文書において，「神聖な想い出の皇帝，つまり朕の祖父であるシャルル」《Divae recordationis Imperator, avus scilicet noster Karolus》［本書5巻図版XXXI-2参照］，ランス大司教座教会は大司教アダルベロンの死後，アルヌールの選出に関する書簡の中で，「我々の神聖な想い出の（大司教）アダルベロンが肉体の感覚を脱し」《Divae memoriae patre nostro Adalberone sensus corporeos relinquente, ……》［250, 2, 39］と記している。「主［人］」《Domnus》の語は，既にメロヴィングとカロリングの時代において，修道院長や修道士に対してのみならず，ローマ教皇や国王，更には聖者に対しても用いられている。そしてこの時代，「パグス」《pagus》［「地方」，「管区」の意］は古い文書において，「ヴィクス」《vicus》［「村」の意］や「ヴィラ」《villa》［「荘園」の意］の意味で使用されておらず，司教座都市とそれを取り巻く区域，そして地域と領域の意味でもっぱら使用されている（これに関しては，アドリアン・ド・ヴァロワの『ガリア概要』の序文［352, IX sq.］が参照されねばならない）。「カストルム」《castrum》の語も貴族の城砦，城館ではなくて，防備された城定住地か都市の意味で用いられている。あるパグスは非常に大きく，あるパグスは小さく，またあるパグスはもっと小さかった。「マンスス」《mansus》は荘園または農民の保有地を意味し，その語はイタリアでは「マッサ」《massa》となっている。「マンシオ」《mansio》は家または世帯の意味で用いられている。「ミレス」《miles》は至るところで貴族の意味で使用されている。「コエピスコプス」《coepiscopus》はある時は司教補佐の意味で使用されている。「コンスル」《Consul》は特に10, 11

世紀において伯の意,「カーサ」《casa》は修道院の意で,特にメロヴィング時代において,そこから「カーサ・デイ」《Casa-Dei》[「神の修道院」,またはその地名]が由来する。「モナステリウム」《monasterium》はどの教会にも,そして時には大聖堂にも用いられている。「カエノビウム」《caenobium》は修道士と修道女の施設以外に使用されることは滅多にない[本書6巻文書127]。最後に,教会または修道院を建立したり,特に拡張したりする場合,それらを「フンダーレ」《fundare》したと表現されている。これに関する論拠は古い史料[4, 3-1, 404; 4-1, 209]の中に存在する。

第2節　家系名についてとその起源

いつ頃から我々フランス人の間で家系名が広まったのか,そして彼らによって氏族が求められ,それを記すことが慣習となったのかについて考察することは本章の問題から外れてはいないであろう(つまり,それは文書の形式に関することであるので)。しかし,これに関しては,シドワーヌの書簡とエンノディオ[聖者・教父,521]の書に付された註釈における聡明な人,ジャック・シルモンの三つの指摘が大いに役立つであろう。第1の指摘は,ローマ人にとって共和国が存在する間,最初に来るのが自分の名前であった。第2の指摘は,その後の人々に関しては,反対に最後に来るのが自分の名前となった。第3の指摘は,この自分の名前にしろそれ以外にしろ,ときどき異なる方法で恣意的になされたこともあったが,非常に多くは親戚の者たちに付されていたものから取られたもので,それらは家系名,個人名と言われていた。しかし第4の指摘は特に我々のテーマにとって重要なことであるが,より新しい時代においてはかつてのような確かで一定し,兄弟間で共通で,後世へと伝えられた氏族や家族に関する言葉が使用されていなかったことである。しかし,すべては共和国の消滅と共に大きく変化し,崩壊し始めたのである。但し,古代の初期において,一部の慣習は少なくない家族によって維持されていた氏族の名前の中に痕跡を止めている。しかし,その後この慣習は顧みられなくなった。その結果,家系の名前も氏族の名前もはっきりしなくなってしまった。更に,子供は親や兄弟からしばしば名前において異なるようになった。これはローマ人の間とローマ人の法律のもとで生きていたロワール川以南のガリア人との間においてそうであった。従って,フランク人の支配が始まってから,これらのガリア人の間で,その後もそうであった如く,それが自分の名前となったのである。それ故,ジョルジュ・フロラン・グレゴワールにとってグレゴワールという名前が個人のものであった。ガイウス・ソリウス・アポリネール・シドワーヌにとってシドワーヌの語が個人名であった。ヌストリ[西フランス]に住むフランク人の間でも,至るところで1語からなる名前が広まった。しかし,8世紀,そして特に9世紀には名の知られた教養人には別の付加名がときどき追加された。従って,シャルルマーニュにはダヴィッド,アルキュアンにはフラック・アルバン,ラバンにはモール,ラドベールにはパシャーズ,アデラールにはアントワーヌとオーギュスト,ワラにはアルセニウスとヒエレミア,リクルフスにはウダモエタの名が付加されている。そしてその他の人々にも,別の添え名が加えられている。このように二つの名前を持っている人々は,シャルルマーニュ,アルキュアン,アデラール,ワラ,リクルフス,その他の人々において確認される如く,一度に二つを使用したのではなくて,大概はどちらか一方を使用している。他方,パシャーズ・ラドベールの如く,彼らは両方を結合するか,またはある時は後から付けられた名前を前に持ってくるかした。ま

たある時は，ラバン・モールの如く，後に置いた。

第3節　11世紀のフランス人の間で普及していた言葉

ついに10世紀の終わり，しかし特に11世紀の初めにおいて，添え名の使用が頻繁になり始める。それらの起源はまちまちである。ある時は「パン屋のピエール」《Petrus Pistor》，「料理人のロベール」《Rotbertus Coquus》の如く，彼らが従事している職業に由来した。ある時は出来事に由来していた。従って，この時代よりもずっと以前に遡るが，オソーヌの甥に牧者を意味する《Pastor》の語が付されていたのは，「何故ならば，丁度お前が生まれたとき，笛がある牧歌的な《pastoralis》曲を奏でていたから」[32, 12]であった。「子供のリシャール」《Richardus Infanus》，「庶子のギヨーム」《Guillemus Bastardus》の如く，嘲弄，警句，滑稽な言い回しに由来することも少なくなかった。そして後者の添え名は，征服者ウィリアム自身がブルターニュ伯アランに宛てた書簡の中で，「庶子とあだ名される朕，ウィリアム」《Ego Willelmus, cognomento Bastardus》と言っている。更に，添え名は父から来ていて，ある時はシャトーダンの文書集の中で「イザンバールの息子，グラデュルフ」《Gradulfus filius Isembardi》とある如く，「……の息子」と表現されているし，またある時はシャルルマーニュの治世に，モンテ＝カッシノの助祭で修道士であったワルネフリドの[息子]パオロ《Paulus Warnefridi》の如く，「息子」の語が略されている。これに関して，ウィリアムの息子を意味するウイリアムソン《Wiliamson》とか，ジャックの息子を意味するジャクソン《Jacquesson》，ニコラの息子を意味するコレソン《Collesson》，ピーターの息子を意味するピエルソン《Pierson》，ジョンの息子を意味するジョンソン《Jeanson》などの如く，「息子」を意味する世俗語《son》という語で表現されたあだ名が生まれている。アングル人の間の，特に高貴な家系で確認される「フィッツジーン」《Fitzjean》，「フィッツジェラード」《Fitzgerad》，「フィッツピエール」《Fitzpierre》，「フィッツエモン」《Fitzhaimon》[《Fitz》は「息子」の意]も同じ仲間である。またある者はシャトーダンの文書集に見いだされる「マリアの息子，パヤン」《Paganus filius Mariae》，サン＝マルタン＝デ＝シャン修道院文書集にある「彼の母親の息子，エルリュアン」《Herluinus filius matris suae》の如く，それを母親から引き出している。ランス在，サン＝レミ修道院宛ての文書にある，「彼の母親の息子，ピエール」《Petrus filius matris suae》も同様である。多分，それらは父親を知らない庶子たちの間で付けられたのであろう。最後に，これ以外は省略するとして，エルベール・ブリト《Herbertus Britto》，ランボ・ド・カルニ《Rainbaldus de Calniaco》，トマ・ド・マルル《Thomas de Marla》の如く，場所，都市，地方から取られたあだ名も少なくない。このように，非常に多くの貴族は所領の所在地から添え名を引き出している。例えば，コディキアケンシス家，トリネンシス家，ケリシアケンシス家などの非常に有名な家系がそうである。リモージュ司教管区[中部フランス]，ユゼルシュ修道院の文書集の中で父親からと同時に所領の所在地から取られたこの種の二重の添え名が確認される。そこでは，1099年にピエール・ド・ノアイユの息子，ジェラールである「ジェラール・ピエール・ド・ノアイユは神と聖ピエールに，父と母の魂のために，サン＝ヴィアンス小教区にあるムナックの土地の取り分とそこで合法または非合法に獲得しうる，または他者が彼を通して獲得できるすべてのものを寄進する。そして彼の領民が聖ピエールに寄進することが出来るよう，彼ら[の身分]を解放した。彼はこの寄進を書き物を

もって，修道院長ゴベール様の手の中で行なった」。ここで読者は二重の添え名，一つはジェラールの父ピエールに由来するもの，他の一つはリモージュの管区にあるノアイユに由来するものを見ている。そして，非常に有名なノアイユ家はここからその名前を引き出しているのである。更に，私が上記の理由以上にこの箇所を引き合いに出したかったのは，ジェラールが「同小教区において合法または非合法に獲得しうる」ものすべてを寄進すると言う，我々の主張に合致した書式を含んでいるからである。そしてこの書式のその他の例を，別の箇所で発見することが出来る。

第4節　添え名の中で人々に受け入れられたもの

このように，上記のものすべてから，そしてその他のテーマから様々な家族の名前が生まれたのである。それらは最初は不確かであったとしても間もなく一定して，固有のものとなり始める。ある人々は貴族に見られる嘲弄，道化を含む名前は損傷を受けており，名前の起源が発している所領の名前も変形していると考える。しかし，名前の非常に多くは，少なくとも一般大衆において，そして貴族の一部においても，その起源にあって滑稽な言葉から引き出されていることは確かである。例えば，500年前に編纂された，非常に貴重なマルムーティエ修道院のシャトーダン地方の文書集の中に出てくる，「うるさい蠅のウード」《Odo Mala-musca》,「ろばのロベール」《Rotbertus-Muletus》,「庶子のルノ」《Rainaldus Bastardus》,「大道芸人のコンスタンタン」《Constantinus Joculator》,「小麦を持たないヴィヴィアン」《Vivianus Nimium-habens-frumentum》,「口の悪いベルナール」《Bernardus Mala-parola》,「虫だらけのラヘリウス」《Raherius Tineosus》,「髭なしのゲラン」《Guarinus Sine-barba》,「癇癪持ちのゲラン」《Guarinus Rabiardus》,「木の葉のアルシャンボ」《Archemboldus Foliolus》,「犬の目のガルニエ」《Guarnerius Oculus-canis》,「悪い狼のアルシャンボ」《Archembaldus Pejor-lupo》,「垂れ肉のオダール」《Odardus de Paliardo》,「口の悪いピエール」《Petrus Maliloquus》,「鞭を持ったロベール」《Rotbertus Flagellum》,「牛を追い払うユベール」《Hubertus Minat-bovem》などの如く。しかし，これらよりも有名なのがアンジュ伯の「赤毛のフルク」《Fulco Rufus》,「灰色の長衣のジョフロワ」《Goffridus Grisgonella》であり，身分の低くないその他の人々においても同様である。彼らは所領から添え名を引き出していたのであるが，中には時代や所領の変化に応じて，異なる添え名を自分に付けていた。例えば，デュシェーヌの書に依拠したデュ・カンジュの指摘に依ると，ロベール2世［1031］とアンリ1世［1060］の両王の時代に活躍したボーヴ家のドロゴンはある時は《Bovensis》,またある時は「《Papyriaco》の」として現われる。彼の息子，アンジェランは《Bothvensis》,《Codiciacensis》,《de Fara》と区別なく登場する。最後に，同アンジェランの息子，トマは名前の後に《de Fara》,《de Feria》,《Codiciacensis》,《de Marna》,《de Marla》が付されているのである。

第5節　司教，在俗聖職者，修道士，女性の間でそれは非常に少なかった

これらの添え名が司教，在俗聖職者，修道士，女性に付されるのは稀であった。多分，彼らを表示するために，彼らの身分と役職が添え名の代わりをしていたのであろう。更に，嘲弄的言葉は聖職に就いている者たちに適していなかった。また，所領から引き出された世俗の身分の名称

も彼らには不似合いであった。既婚の女性は彼女の夫と異なる呼称で言及されることも多くはなかった。それでも，私は 11 世紀末の在俗聖職者と修道士の一部が添え名を付されているのを，シャトーダン，ユゼルシュなどの文書集において見いだしている。

第 6 節　家族名はいつから子孫によって継承され始めたのか

　11 世紀の初め，王ロベール [2 世] の治世に発給された文書 [123, 2, 1] から明らかな如く，このような添え名は珍しかった。その後，アンリ 1 世とフィリップ 1 世 [1108] の両王の治世によく用いられるようになる。但し，この時代はまだ少しの名前しか後世の人々によって継承されることはなかったが。しかし 13 世紀には一層広まってくる。エルヴェ・グリヴェルがサン=マルタンの修道士にある物件を寄進した 11 世紀の文書で彼の兄弟，ルノが添え名なしで，ユグはユグ・モレルと呼ばれているが，後者の添え名はグリヴェルとはまったく関係ない。しかし，同じ文書集において非常に多くの人々が《Borellus》，《Bocherius》，《de Canta-merula》，《Paganus》，《Defreatus》，《de Garlanda》と呼ばれていて，これらが家族名であったことは明らかである。更に，これらの添え名は文書の特に下署において，名前の後に連続して，正しい順序ではなくて，上の行間に付加されるのが習わしであった。そのため，一部の学者 [114, Supranomen] はそれを「名前の上」《Supra-nomina》と呼ぼうとしている。この語は特にイタリアの文書集において確認されるのであるが，我々の言語にも移されて，一般に《surnom》[「あだ名」の意] と呼ばれている。その呼称を使わないとするならば，「第 2 の名前」の如く，「最初の名前の後に来るもの」と言った方が読者諸賢にはよいであろう。

第 7 節　名前は洗礼を受けて付けられたのか，それらの名前は聖者と同じものであったのか

　今やいかなる儀式によって，いつ頃から名前または添え名が付けられるようになったかが問われねばならない。そして確かに，洗礼よりも前に付けられたことも稀ではなかった。この秘蹟が成人した人々に頻繁に施されていたとき，洗礼以前に名前を各人に付すことが人間として必要な条件であったことから，当然のことであった。トゥールのグレゴワールは王クロテール 2 世に関して，『歴史十巻』8 巻の最初にその話を挿入している。そこで彼は，「既にクロテールと呼ばれていた」シルペリック [1 世] の息子を聖泉から受け取るために，ゴントランは招かれてパリにやって来たと言っている。しかし，同グレゴワールの別の記述 [167, 10, 28] はこれと対立しているように思われる。そこで彼はゴントランは聖なる洗礼盤に近づき，洗礼のために子供を差し出したと書いた後，その子供を受け取り，「その子がクロテールと呼ばれることを望んだ」と続けている。しかし，グレゴワールは次のように言うことによって辻褄を合わせることが出来る。つまり，ゴントランは間もなくしてその子供を受け取るべく手招きされた。彼とその子の家族の間で付ける名前を先取りして，その子供をクロテールと呼んでいたのであるが，洗礼式において盛式にその子に名前を付けたと。しかし，私がすぐ前で述べた如く，別の場合もある。成人してから洗礼を受けていた人々に関しては，違った方法が頻繁に取られていたのである。その後，教会の諸規定が先行する中で，シャルルマーニュによって新生児の洗礼を誕生から 1 年以上延ばすことが禁止

され [Capitul.18 pro Saxonib.]，洗礼時に名前が付けられるようになった。これに関して重要な記述が，セプティマニア公ベルナールの妻，ドゥオダの『教育の手本』[4, 4–1, 752/244] の中に見いだされる。彼女は洗礼前に父から離されてアキテーヌに連れてこられた第2子に関して話しながら，「その名前は今のところ私には分かっていないが，お前の小さい弟がキリストにおいて洗礼の恩寵を受けるとき，お前は彼を教え育て可愛がり，よい状態から更によい状態へと向上させることに躊躇してはいけない」と言って，長男ギヨームに彼を託した。同じく，シャルルマーニュの息子に関しても，「彼が洗礼の秘蹟によって生まれ変わることが起きたとき，父はその子がルイと呼ばれることを喜んだ」[127, 2, 287] とある。サン=マルタン=デ=シャン修道院の文書集[文書19] の中で，1096年の出来事として，「ある傑出した人物で強壮な騎士，パヤンは洗礼式でゴティエと呼ばれた。そして彼の妻は洗礼式でホディエルナと呼ばれたが，いつもは「女伯」と呼ばれていた。……」との文章を読む。パヤンの名前は確かな理由によって，洗礼名がその名と異なっていた人々に付与されていた。モウ地方[パリの北東]やその他において大勢の人がパヤンと呼ばれている如く，一部の人々においてはその名は家族名に変化していた。最初の形式に従って，同文書集のその他の文書における「パヤン・ヘンリキオ，洗礼盤からウードの名前」[同文書47] の如く，ここでは名前パヤンが付けられているのが見いだされる。更に，別の文書では「アダン，あだ名をパヤン」[同文書74]，その他では「ジスルベール，あだ名をパヤン」[同文書84] となっている。パヤン・ヘンリキオに関しては，少なくとも彼は誕生からヘンリキオの名前を持っていたこと，洗礼によって彼に別の名前，つまりウードが加わったことになる。そこから，洗礼に際して，聖者の名前が常に付されたのではないことが理解される。更に，シャトーダン文書集において私が最後に読むガスト・デ・ブラジャコの如く，至るところで聖者と一致しないフランス人，ドイツ人，ガリア人の名前が見いだされる。ニカイアの公会議録のアラビア語版20章に，「洗礼に際して，聖書に従ってキリスト教徒の名前が付けられるべし」とある。しかし，この版は学者によって真正とは考えられていない。インガルフの書 [203, 517v.] の中で，ある教師が彼の『序論』の中で，フィリップという名前について「神はフランス王国の，つまりフィリップたちのキリスト教徒を愛した。フランス人の間においてフィリップという名前は非常に頻繁に出会う。そのため今フランスで王位についているアンリ[1世]は，既に生まれている長子をフィリップと呼ばせているほどである」と述べている。しかし，彼がいかなる根拠に基づいて書いているのかは知らない。と言うのも，この時代にフィリップの名前を付けられた人々を少ししか見いだしていないので。初期のキリスト教徒に関しては，彼らの子供に聖者の名前を付けることを好んでいた [54, 551]。

第8節　名前は統一された様式で書かれていない

更に，次のこと，つまり固有名詞は常に同じ様式で表記されていなかったこと，更には同一の文書においてもそうであったことを指摘しておくことが適切と考える。シャルルマーニュは彼の文書の最初で頻繁に大文字の《C》で書き始めているのを除いて，花押では常に文字《K》が使用されている。シャルルマーニュの文書官ゴズリヌスはある時は《Gauzlinus》，別の所では《Gozlinus》と下署している。これはコンピエーニュ修道院に宛てた文書の見本のところで，この両方を同時に確認することが出来よう。同じく王ズウェンティボルはトゥル在，サン=タペル修道院に宛

てた手稿文書で《Zuentebolchus》と表わされているのに対して，印章の銘やその他においては《Zuenteboldus》と表現されている。サンス大司教ウェニロはあるところでは《Wenilo》，別のところでは《Wanilo》と下署している。そしてサンスの地名［Senonensis］も，ある所では《Sennensis》と書かれてある。アミアン司教ガラン《Guarinus》は，ある文書で《Garinus》と下署している。これ以外にも，非常に沢山の例がある。新しいところでは9世紀に作成された，その見本は本書で提供されているコーヌ修道院［南フランス］の真正の手稿文書において，ジャン《Joannes》が古い形式［《Johannes》］に反して，《h》なくして表記されているが，教皇ジャン13世［972］の印章の銘にもそう表現されている。最初の1字が速記法に従って略して書かれている名前に関しては，本書3巻の最終章を参照せよ。

第9節　都市や地名の綴りは一定していなかった

人名から都市名，その他の地名に進むと，それらの名前は古人の間ではパリ《Parisius》，オルレアン《Aurelianis》，ランス《Remis》，アンジェ《Andegavis》などの如く，語尾変化なく用いられるのが普通で，複数形では特にそうであった。そして《Parisius》の語尾変化は，16世紀に至るまで使用される。荘園名または地名の複数形は《Surisnas》，《Vedrarias》，《Basilicas》などの如く，殆どが対格において発音されている。特にこの地名に関して，ソメーズはスカエヴォラ［ローマの法律家，前115］によって書かれた言葉の原則に関する122条に関連して，彼の時代の言い回しから《Bariton》ではなくて，《merces Berito perferendas》と書かれていたと述べている［317, 362］。同様に，カピトリヌス［ローマの歴史家，4世紀］の書においては，《Copto et Ptolemaide urbes》と。『アントニヌス案内記』，更には非常に古い手稿集成において，都市の名前はこの格で列記されているのが見いだされる。しかし我々は9世紀において，手稿史料で《Parisii Episcopum》の表現を少なからず見いだす。次に，《Parisius》は古い作家たちによって，非常に該博なアドリアン・ド・ヴァロワがラノワに反証している［354, 8, 9/320a, 2, 5, 6］如く，単に都市としてでなくて，パリ区域やパリ地方としても使用されている。更に，我々が『聖者記録集（ベ）』4世紀の1部［4, 4–1, 443］と2部［Ibid., 4–2, 389］でメッスの修道院長ジャンとフルーリの修道士エモワンが《Parisius》，つまりパリ地方の中に位置づけているサン＝ドニ修道院に関して考察したことを付け加えることにする。

第10節　正確な数値に代わる，端数を切り捨てた概数

加えて，古い史料において，数値に関して端数を切り捨てた表現と出会う。勿論，それは各文書の日付表記に使われる数ではなくて，文書の本文やその他の叙述の中で出会う数に関してである。その例として，『ローマ教皇書式集』［151］の信仰の第2告白の中での文言が挙げられよう。その中で教皇は「200人の聖なる教父」が集まって開かれた第3回の，つまりエフェソスでの全体公会議［431］を承認している。しかし同公会議には274名の教父が集まったことがマリウス・メルカトール［教会作家，5世紀前半］などによって明らかである。更に，正確な数字が挙げられている，これ以外の論拠も教会関係の記録の中にないわけではないが，それらを付け足すことは控えることにする。日付表記に関しても，ときどき同様のことが起きている。ある時は1000年，また

ある時は100年，更には両方が抜け落ちていることがある。例えば，1450年の代わりに1050年，または単に50年だけが記されている。しかし，これらに関しては，日付事項の箇所でより適切に論じられねばならない。

第11節　第1王朝下のフランク人が私的文書で使用した財産の列記

　今やパーペンブレックが彼の『古文書序説』[276, 87, 88] の中で，二つの理由からダゴベール1世のラーデンブルク[中部ドイツの都市]に関する文書を拒否しているとき，我々に提供しているもう一つ別の意見を異にするテーマが考察されねばならない。拒否の理由は，その中にダゴベールの時代には不似合いな言葉がたくさん登場していることと，「すべての付属物の細かな列記は，このように古い時代においてはまったく馴染んでいなかった」ことにある。私はこのラーデンブルクの文書を擁護しようとは思わない。非常に重要な文書の信用を低める目的でこの原則を誤用することのないように，ここでは単に上記の第2の拒否理由を検証することを試みるだけに止める。何故ならば，私は付属物の詳細な列記は，それがその時代に特にふさわしいが故に，ダゴベールの時代と矛盾するものではないと常に主張しているからである。修道士マルキュルフが生きていたのはダゴベール王の時代からそう隔たっていなかったどころか，彼がダゴベール王の息子，クローヴィス[2世]の治世に書式集数巻を刊行したとき，彼は老齢に達していたのである。そして単に彼の時代の史料のみならず，彼以前の人々によって刊行されたものをも書式集に編纂したマルキュルフの書において，ここで問題になっている詳細な列記は多くの史料の中でも見いだされる。そして最初に来るのが1巻所収の書式31にある，「両親からの相続分のすべて，つまり荘園，非自由人，建物，保有農，金，銀，貴重品，装身具，動産と不動産，またはどのような物であろうとすべて……を命令する」《Praecipientes enim, ut quidquid ex successione parentum……tam in villabus, mancipiis, aedificiis, aeccolabus, auro, argento, speciebus, ornamentis, mobili aut immobili, aut quodcumque in quibuslibet rebus, ……》，書式33にある「土地，住家，建物，保有農，非自由人，葡萄畑，森林，平原，牧草地，水と水流，その他すべての恩貸地に関するすべてのもの……」《quidquid in terris, domibus, aedificiis, aeccolabus, mancipiis, vineis, silvis, campis, pratis, aquis, aquarumve decursibus, vel reliquis quibuscumque beneficiis, ……》とである。そして殆ど同じものが，書式35と2巻の書式6と7にも出てくる。更に，書式3には「我々は……パグスに位置する，……と呼ばれる荘園を土地，住家，建物，保有農，非自由人，葡萄畑，畑，採草地，牧草地，水と水流，付属物や従属物，雌雄の家畜，動産と不動産を添えて譲渡する……」《Transfundimus villas nuncupantes illas, sitas in pago illo, cum terris, domibus, aedificiis, accolabus, mancipiis, vineis, silvis, campis, pratis, pascuis, aquis, aquarumve decursibus, adjunctis; adjacentiis, appendiciis, peculio utriusque sexus, mobilibus et immobilibus, ……》とあり，これに続く書式においてもこれらと殆ど同じものを読む。財産の列記に関して，これ以上に細かく記される必要があるだろうか。この博学な人が捏造された，ダゴベール[1世]の時代には馴染まないものとして攻撃している，あの列記の方がこれよりも詳細であると言うのであろうか。その所領はただ単に「それに付属するすべてのものと共に」《cum omnibus rebus ad illam pertinentibus》大雑把に寄進されたのではない。「即ち」《hoc est》という文句を入れて，「建物，非自由人，葡萄畑，耕作地と未耕作地，農地，牧草地，平野，森林におけるす

べての使用権，至るところにおいて，つまり犂耕地，放牧地，材木地，水と水流，漁業地で徴収されているか徴収されるべきもの……，同じく売買税，市場税，王領地に帰属するすべてのもの」《aedificia, mancipia, vineas, terras cultas et incultas, agros, prata, campos, omne silvaticum in silvis……in undique, in intraha, in pascuis, in materiaminibus, in aquis, aquarumque decursibus, piscationibus, quaesitis et inquirendis; item teloneum, mercatum, et quidquid ad fiscum pertinebat》と仔細に明記することによって，ダゴベール王自身が数え上げたことが想像されると彼は言う。従って，この文書はこの詳細な列記を理由に，偽造されていると判定されねばならないのであろうか。更に，それ以外に障害がないとするならば，またはこのことに関して，マルキュルフの書式，そしてダゴベール王の統治の5年に発給された，ファルムーティエ女子修道院長ファルの遺言書，同じく修道院長ウィドラドの2通の遺言書(この中で，8世紀初頭に作成された同様の詳細な列記を読む)の如き，彼の時代のその他の史料にも合致しているがために，この文書は真正でないのか。しかし，これらよりももっと古いものとして，ラップの『古文書雑録』[217, 398]で刊行されている，アニソレンシスまたはサン=カレ修道院[西フランス]に宛てた王シルドベール1世の命令文書がある。そこには同修道院の「土地，住家，建物，非自由人，葡萄畑，森林，水と水流，水車，大小の家畜，動産または不動産，恩貸地に付属するその他すべてのもの」《terris, domibus, aedificiis, mancipiis, vineis, silvis, aquis, et aquarum decursibus, farinariis, peculiis, pecuniis, mobilibus vel immobilibus, vel reliquis quibuscumque beneficiis》が問題になっている。更に，王シジュベールの治世に発給された修道院長アレード[またはイリエ]の遺言書[235, 2, 51 sq.]を付け加えておくことにする。上記2通とも真正な記録である。前者はル=マン司教アルドリックの事績録[40, 3, 127]，後者はトゥールのグレゴワールの書[167, 10, 29]から証拠を引いている。更に，バリューズの書式集の新版[35, 2, 562]の書式7を付け加えておこう。

第8章

第1節　文書の呪咀は発せられるべきか

　ピエトロ・ダミアーニが教皇アレクザンドル2世への書簡[284, 1, 11; 13, 61; シルモンの註]の中で，教令での聖務停止に関して書いていることは，文書における呪咀にも適用されうる。呪咀は教令における聖務停止と同じほど頻繁に古い文書に現われる。ピエトロは聖務停止が他の何ものよりも改められるべきものと認識していた。彼は「ローマ教皇庁における頻繁な慣習は，もしあなたの聖なる思慮が判断するならば，我々にはそう思われるのであるが，改められるのにまったくふさわしい二つの聖務停止を維持してきた。その一つは教令が記されている文書の殆どすべてに聖務停止が付記されているので，……」と言っている。更に，その先で「それ故，もしあなたの聖なる思慮が許すならば，それは今後この慣習を教令集のページから取り去ることを命じ，そして教令の違反に際しては，金銭罰やその他の罰の算定を優先させることである。それはある人々にとって防御手段として用いられないため，またある人々にとって魂の破滅へと至らないためである」と述べている。更に，ピエトロは確かにしばしば軽微な違反に対してのみならず，それを知らない人々にも課されているとして，これらの聖務停止を非難している。このことは，ただ単に侵された正義の罰として不敬者に対して投げ掛けられることを常としている文書における呪咀にも当てはまる。実際，他人の，そして特に教会施設の財産に対する人間の欲望は非常に大きくて危険で，また非常に多くの人々における神聖な意図への無関心も大きなものであったため，極端な救済策，つまり宗教的または法的脅迫が取られない限り，彼らは平和や寄進の侵害から遠ざかっていることは殆ど出来ない。そして確かに，人間が持っているものの中で，死に際の意思以上に神聖なものはありえないと考えた公会議と諸教父は，（特に遺言書の違反者に向けられている）これらの呪咀を是認していたのである。

第2節　文書に通常添えられた4種類の罰

　古い史料における不吉な言葉は(1)金銭的及び身体的罰，(2)破門，(3)神判，ユダ，ダタン，アビロン，その他による威嚇，そして(4)廃位の4項目にまとめられる。しかし，それらは呪咀の中だけに見いだされるものではないことは言うまでもない。

第3節　王文書または皇帝文書における身体罰または金銭罰

　金銭罰は単独の場合もあるが，他の霊的罰と結合する場合もある。最初にローマ人，続いて東ローマ皇帝がそれを使用した。我々はこのような罰の適用をキリスト誕生以前において，遺言書でも墓石の銘の中でも読むことが出来る。例えば，グルーターの書[174]において，碑文の索引または梗概の17章で見ることが出来る。この罰は公的文書やローマ教皇庁の文書にも挿入されて

いた。更に，俗人の間でも呪咀の慣習が流行していた。同グルーターの書 [*Ibid.*, 1076, 10] において，ある者は「もし誰かが盗んだならば，恰も瀆聖行為を犯した如く，それによって拘束されるべし」と言っている。この罰の適用は，キリスト教徒の皇帝にも受け継がれた。彼らの中で，ホノリウス帝とテオドシウス帝は定められた場所，定められた日に現われない裁判官やその他の人々に対して，ガリア総督アグリコラへの皇帝命令の中で，「しかし汝の寛大さは決められた期限内に定められた場所に来ることを怠った裁判官が金貨5リーヴル，貴顕者または元老院議員が金貨5リーヴルによって罰せられることを知るべし」と罰を定めている。更に，同じ罰をマルティアヌス帝はカルケドン宗教会議 [451] 決定の確認のため，ユスティニアヌス帝はイタリアに関する勅令書の中で，ヘラクレイオス帝はレーヴェンクラウの書 [234, 77] において，それぞれ課している。フランク諸王の間では，カペ王家の登位以前の王文書において，その罰の適用は非常に少ししか見いだせない。しかし文書はしばしば，「この文書が現在及び将来において侵害されることがないように，我々の手による下署または我々の印章の押捺によって強めることを決意した」と終わっている。全体を代表して，王シルペリックは「誰か罪のある者を見つけると，彼らの目玉をえぐり出すよう命じた。そして，彼は自分の仕事のことで裁判官に送った命令書に次の言葉を付け加えた。〈もし我々の命令を無視する者があれば，罰として彼の眼玉を抜き取るべし〉」[167, 6, 46] とある。西方の皇帝の間でも，『カサウリア修道院年代記』[2, 5, 371, 380] においてルイ2世は金貨の罰を，「これを敢えて行なった者，そして我々の文書のこのいと明白な命令を少しでも侵害したことが立証された者は，証明された公的貨幣で30ポンドの銀を聖にして尊敬すべき修道院に支払うことを強制される」と彼の文書の中に一度ならず書き加えているのが確認される。読者諸賢は上掲書において，同皇帝のその他の類似の書式と出会うであろう。その上，この種の罰は，マルキュルフが第2巻 [246, 2, 1, 11, 13, 20] で引用している如く，私的文書の至るところに現われる。カペ諸王治下ではこの罰が王文書に記されることもある。従って，王ロベール [2世] はサン＝マルタン＝デ＝シャン修道院のために下付されたリモージュに関する命令文書の中で，これに違反した者に対して「金13ポンドを国王への貢租として納めること」を課しているし，また別の箇所では「20ポンドの金」となっている。彼の後の諸王の例もいくつかあるが，その例は稀で，その多くは王朝の終わりに集中している。

第4節　より頻繁に呪咀が登場する教会文書における身体罰または金銭罰

教会の記録に関しては，罰金よりも霊的罰の威嚇のほうが頻繁に登場する。しかし，ある箇所では他の罰を伴わず，罰金だけが見いだされる。1002年，教皇シルベストル2世の主宰で開かれたローマ公会議（そこで，ペルージア [中部イタリアの都市] の修道院に不輸不入権が付与されている）で，「ペルージア教会の司教がこの決着した争いを再び蒸し返そうとするならば，純金10ポンドをラテラーノ宮殿に納めるべし」[220, 9, 1247] と定められている。

第5節　ギリシア人の間における呪咀

上記以外の呪咀に関しては，重要な例のみをいろいろな史料と作家の作品から時代順に取り上

げるのが適切であろう。ギリシア人に関しては，グレゴリオス・ナズィアンゾスの遺言書が最初に来る。それはラテン語で書かれた，「もしこの遺言書を破棄しようとする者は審判の日に正され，罰を受けるであろう」という文句で終わっている。ギリシア人の間で神，つまり聖なる施設に対して行なわれた寄進において，同様の形式の呪咀が使用されていたことは博学な人，ジャン・バティスト・コトリエが最近に出版した，修道院の掠奪者たちに向けて書かれた『アンティオキアのイオアンネスの祈り』[263, 1, 170]から明らかである。事実，その祈りの中で総大主教イオアンネスは，諸皇帝やその他の人々によって神に捧げられ託されたもの，つまり修道院，養老院，施療院とそれらに所属する財産をある人が別の人に贈物として与えることを，「そして更に，それらの主人または創建者が彼らの勅法の中で特に恐怖をもたらす呪咀によって，それらを隷属の状態に陥らせた者たちを服従させるとき，……」のように，激しく非難している。レオとアレクサンデルの両皇帝も彼らの第1の新勅法[234, 1, 103]の中で同じ気持ちを抱いている。その中で，彼らは法律に逆らった判決を下す裁判官に対して，「彼らは神が自分たちに敵対するのを見いだすであろう」，「敵意のある天の力」，「その日の前にこの地上での生活から離れ，そして更に将来の生命を失うであろう」，「従って，彼らの子孫を永遠の不名誉と見做し，そしてパンを乞う」などと，実に多様な呪咀を発している。マヌエル・コムネノス[ビザンツ皇帝，1180]も彼の新勅法[Ibid., 151, 152]の中で，これに劣らぬ「恐ろしい呪いの言葉」《$ἀραῖς\ φρικωδεστάταις$》で脅している。私は以上の例に，シチリア王ルッジェーロを加えることにする。彼はミレト修道院に宛てたギリシア語の文書の中で，司教に従わない者は聖務停止に処せらるべしと命じている。彼の寄進文書の違犯者に対して，『神聖イタリア』1巻[347, 1, 1028]の中で，「父と子と聖霊によって，神が宿る318人の父たちによる聖務停止」を定めている。

第6節　ラテン人の間における公会議決定と法典にみる同様の書式(その一)

しかし，ラテン人(西ローマ帝国の人々)が使用していた，多彩でしかも重要な呪咀の形式を収集しようとすることは，我々の異論が特にこれに向けられていることからも，我々の企画にとって最も重要なことである。古い公会議決定，つまり544年の第5オルレアン公会議，619年の第2セビーリャ公会議，633年の第4トレド公会議が戦列を構成する。オルレアンのそれは王シルドベール[1世]がリヨンに創建した施療院の件で，リヨン司教及びその後継者たちは，同院に属するいかなるものも彼らの教会の権利に移さないとの規定に従って，第15条の決定を承認している。そしてその後，「もし誰かがいつの時代であれ，いかなる権力や身分に属していようとも，我々のこの決定に違犯しようとしたり，同院の権利または財産の一部を横領したりして，施療院であり続けることが出来なくなるならば(神がその事態を遠ざけ給わんことを)，その者は貧しき者たちの殺戮者として，取り消しのできない聖務停止の処分を受けるであろう」と続いている。第2セビーリャ公会議の議決10条は修道院の侵略者に対して同様の破門の罰と同時に呪咀を向け，諸教父は規定を発布して，「属州ベティカ[スペイン，アンダルシア地方]で最近創建された修道院は古くからの修道院と同様に，不動で不可侵の堅牢さで固められてあるべし。しかし，あってはならないことであるが，もし誰かが我々の父，我々に続く聖職者が修道院の財産を欲望の力で横領するか，ある虚偽の口実によって取り去るか引き離したりするならば，聖務停止を受け，天の王国か

ら排除された者として止まるであろう。かくも救済に満ちた生活への道を破壊する者にとって，救済のための信仰や行いの富は何の役にも立たないであろう。更にこれに関して，属州ベティカのすべての司教の集まりはその者を神聖な集会の転覆者として，聖体拝領を受けさせないであろう。彼らは横領された財産を修道院に返還するであろう。一人が不敬に破壊したものを全員が信仰から元通りにするであろう」と言っている。最後に，第4トレドのそれは第51条で，「もし司教が禁止されていることを共住の修道士に敢えて行なったり，修道院の財産を横領したりしようとするならば，破門の宣告がこれらの不正から決して身を引こうとはしない者に必ず下されるであろう」と，破門だけを採用している。しかし，呪咀の殆どすべての形式が同公会議の議決75条に含まれている。これらにウォルムスの教令集からの明白な文言 [318, 2, 1] が加わる。その中で人々は，特にシャルルマーニュに，信者が神に奉納することは妥当なことで，従って，それらの侵害者の貪欲はこの世の罰によって懲らしめられるべきであると懇願している。更に，その中ほどで，盛式の寄進に際してよく使われていた書式，「何故ならば，彼は彼が神に奉納しようとする物件に関して文書を作成した。そしてその文書を祭壇の前または上で手に持って同教会の聖職者と庇護者に向かって言った。〈私は神にすべてのものを奉納し捧げる，……。もし誰かが(私は決してそういうことは起こらないと信じるが)そこからそれを奪い取るならば，このために，私が奉納し捧げた主なる神に瀆聖の罰としてこの上なく厳しい釈明をすることになろう。更に，彼はここに列記すれば長くなるその他の誓約をその中に置くことになろう〉」が挿入されている。この最後の言葉から，すぐ後で我々が言及するであろうあらゆる種類の呪咀が暗黙のうちに理解されるであろう。しかしそれらはガリア人と同様に，人々がこの犯罪をどのように恐れていたかをはっきりと証言しており，その後に続いて，「それ故，我々，つまりすべての聖職者，そしてキリストと神の聖なる教会のすべての信者によってすべての疑いが完全に取り去られるために，我々は全員で規定書を右手に持ち，そしてそれを自分の手で広げ，神とその天使，そしてあなた方すべての聖職者と臨席する人々の前でこのようなことをしないこと，それをしようとする人に同意しないこと，そうではなくて神の助けを得て，それらに対抗することを告白する」とある。結局，彼らはこのような人々が他者から引き離され，公的罰を受けて牢獄に入れられるよう国王に嘆願しているのである。シャルルマーニュは彼の宗教のために同意し，そして現在ある者及び将来生まれてくる者に対して，自身または彼の継承者たちに「小教区が所属していると思われる司教の同意と意思なくして，教会の財産を要求したり侵害したり，またはいかなる思いつきから譲渡したりすることのないよう」命令する。そして彼は，「もし誰かがそれを行なったならば，瀆聖の罰に服すべし。そして我々，我々の後継者たち，我々の裁判官または伯によって瀆聖の殺人者として，または瀆聖の盗人として法的に処罰されるべし。そして我々の司教によって聖務停止に処せらるべし。こうして，その者は死者の埋葬と神の教会のあらゆる祈りと贈物に与れず，誰も彼からの施しを受けざるべし」[Ibid., 5] と言っている。

第7節　ラテン人の間における公会議決定と法典にみる同様の書式(その二)

王クロテール[2世]の治世に作成されたアレマン部族法典は，呪咀に関する同様の儀式と書式によって呪咀を承認している。その第1章において，「教会に寄進を行なおうとする者は文書によっ

て，寄進しようとする教会に自分の財産について確認を行なうべし。6，7 人の証人を付けて，当該教会に仕える聖職者の前でその文書を祭壇の上に置き，自分の財産の所有権は当該教会へ永遠に帰属することになる」と定められている。この後，呪咀の形式が，「もし誰かが，それが寄進した本人であれ，その寄進者の相続人の誰かであれ，これらの物件を当該教会から奪い取ろうとするならば，またはその他の者，こういう行為を行なおうとする者は誰でも着手した行為の成果を得ることはなく，神の裁きと神の聖なる教会の破門を受けるべし。文書に記された罰金を支払うべし。横領したものすべてを返還し，法に定められた如く，平和金を国庫に納めるべし」と続いている。

第 8 節　修道院長アレードの遺言書における同様の例

　以上が，神に帰属する神聖なものを侵害した者に関する教令規定と法規定の殆どすべてである。そこでこれからは，古い文書の作成者が使用していた，多種多様な呪咀の例に進むことにする。これらに関して，既に述べたことを除くならば，アターヌ修道院長アレードの遺言書 [235, 2, 59] もよい例の一つであろう。それは自分の寄進物件の侵害者たちに次のような呪咀を投げつけている。「もし我々のこの遺言書に逆らおうとする者，または我々の考えに従って行なわれることと異なる方向へ進もうとする者はこの世とあの世の両方で，聖にして祝福されたマルタン様の力を介して破門され，聖務停止に処せらるべし。そして『詩編』108 がイスカリオテのユダに対して投げ掛けている呪いが，その者に来るであろう」と。

第 9 節　ラドゴンドとル＝マン司教ベルトランの遺言書における同様の例

　同じ頃 [聖女] ラドゴンドは，トゥールのグレゴワールの言 [167, 9, 43] によると，自らの遺言書の中でガリアの司教たちに向けて次のように要望している。彼女の命令に将来逆らう者が現われた場合，「私の願いとまたキリストの意志の通りに，神についてあなた方の信仰とあなた方の後継者たちの信仰によって，彼らは盗賊でかつ貧者の掠奪者としてあなた方の恵みの外に置かれるように」と。続いて，神の聖なる母の教会における彼女の埋葬に関する規定は，「もし誰かがこれと別のことを望んだり，あるいは別のことをしようと試みたりするならば，キリストの十字架と至福のマリアの力によって，神の罰を受けるでしょう」と定めている。

　ル＝マン司教の中でベルトランは 7 世紀の経過の中で遺言書 [224] を作成しているが，その違犯者には非常に厳しい呪咀が浴びせられている。しかし，彼の前の司教であったドンノルはサン＝ヴァンサン修道院宛の特権文書 [40, 3, 20, 21] の中で，「祝福に代わる呪咀，キリストの不興」，また別の文書では『詩編』108 の呪いを願っている。

第 10 節　王妃テウデリンダの遺言書における同様の例

　ロンバルディーア人の王妃テウデリンダは，パオロ・ワルネフリドの引用 [280, 22] によれば，彼女がモンツァに建立したサン＝ジョヴァンニ＝バッティスタ教会を所領で豊かにしたが，アスケ

ンシウス[ジョス・バード・アスケンシウス，出版業者，1535]版にある，「もし誰かがいかなる時であれ，彼女の意思のこの証拠を損なったならば，最後の日の審判において裏切者ユダと共に罰せられよう」との呪咀を含んだ文書を書いている。

第11節　その他における同様の例(その一)

聖コロンバンの奇蹟伝を10世紀中葉に編纂したボッビオ修道院の匿名修道士は，同修道院の不輸不入の特権文書を王ウーゴの前に提出したことを報告し，そしてその中に含まれるいろいろな呪咀について次のように述べている。「あってはならないことであるが，もし誰かがある狡猾さまたは貪欲の唆しによって，禁止されていることに向かおうとしたならば，または彼らの教令に何らかの方法で逆らおうとしたならば，第1に，彼らの組織の地位と職が奪われる。そしてこの世で，天上における結び解く力を持つ，祝福されたペテロの権威によって破門されるであろう。そしてわが主イエス・キリストの身体と血への参与から排除され，彼らの共同体から追い出され，更に，この世にいると秀でたる国王たちによって追放される。決められたことは永遠の確かさで存続しうることから，そして現在の教令の侵害者は，彼らの不敵な行為によって幾重もの罰を受けねばならない。かくあらんことを」[4, 2, 51]と。

第12節　その他における同様の例(その二)

ボッビオ修道院に非常に多くの特権文書が付与された同じ7世紀において，サン＝ドニ修道院長テオデトルデスまたはテオディラ・ドドは，王クロテール2世の治世の43年に寄進文書[111, 654]を作成している。これらの彼の寄進文書の中でその侵犯者は，「その者は下界の地獄で呪われ，聖務停止とマラナタ[「主の到来」を意味するアラム語]を受け，ユダと共に十字架に架けられる者として下る。犯した罪のために，子供や家族にこの上なく苛酷な災難が降りかかるであろう。この罪のために神によって癩病者になり，自分の家に住むことができなくなり，その上国庫に2倍の罰金を納めることになろう」と呪われている。

真に最高の重要性をもつこの文書に取るに足りない価値しか求めない人がいるといけないので，証人としてこの時代の修道士マルキュルフを呼び出すことにする。彼は彼の書式集の中で，呪咀に関する類似の形式を，2巻の書式1，2，4，6において取り上げている。第1の書式がその他の書式の代わりをするであろう。そこには，「もし誰かがこの私の意志に対していかなる意図または提案によってであれ，世界が毎日あらゆる巧妙さと手口によって掠奪されている如く，返還請求者として攪乱者として逃げ口上を言う者として現われるならば，その者は聖務停止に処せらるべし。それを行なった者も，またそれに同意した者も聖務停止に処せられるべし。ダタンとアビロン[二人とも，モーゼへの反逆のため，神によって罰せられた]が地の裂目に飲み込まれた如く，その者は生きたままで地獄へ落ちていき，虚偽の商人ギエッスと共に，現在であれ将来においてであれ，罰の一部を分け合うであろう。そしてその者は自らを欺いたため，天上の座から滑り落ち，残忍な意図で善行を常に妨害しようと狙っている悪魔が許しを得た後でないと，許しを得ることはなかろう。そして更に，その者は裁判と徴収の両方において，いと神聖な国庫または所属する教会

の聖なる司教のために金100ポンドを差し出すべし」とある。

第13節　更に，ローマ宗教会議での呪咀

遥かにその名前が知られているのが，679年にヨーク司教ウィルフリドの件で召集されたローマ宗教会議の文書である。その中で，エディ・スティーヴンの言 [4, 4–1, 694] によれば，諸教父によって「それ故，もし誰かがこれらの宗教会議の決定事項に大胆にも逆らおうとしたならば，または従わないことに同意したならば，または現在また将来におけるある一定期間の後にそれを全体的または部分的に侵犯しようとしたならば，使徒の長である聖ペテロの権威によって次の罰が下されると判断する。この神聖な規定を侵害しようとした者が司教であったならば，その者は司教の職を解かれ，永遠の聖務停止の処分を受けるべし。同様，それが司祭であったり助祭であったり，またはそれより下位の者であったりしたならば，また一般聖職者，修道士，いかなる支配の俗人，国王であれ，救世主イエス・キリストの血と体から遠ざけられた者となる。主の恐るべき到来を眺めるに値する者であるとは思われない」との規定が追加されている。同じ作者は同司教ウィルフリドの件で開かれたニス宗教会議の議事録を引用し，更に，「一方，あってはいけないことであるが，もし誰かがこれら両者の中立を維持することを望まないならば，国王であれ俗人であれ，主の体と血から破門された者となることを知るであろう。他方，司教や司祭であるならば，すべての教会職から解かれるであろう」とも述べている。

第14節　高貴な婦人，クロティルドの呪咀

更に，宗教会議において教令の違反者に聖務停止が下されているが，それと同じものが私文書または特権文書，または修道院の創建文書の中にも見られる。それらは大半が，司教と世俗諸侯による全体または地方集会において付与されている。そして同じ司教または諸侯によって下署されるのが習慣であった。従って，非常に高貴な婦人，クロティルドはクロテール3世の統治の16年，ブリュイエール[パリの南]に自らが建立したノートル=ダム修道院に所領を寄進したが，その文書には「他方，この先起こるとは信じないが，もし誰かが私自身，私の相続人，そのまた相続人，または代理の者がこの熟考に反対しようとするならば，聖なる三位一体の怒りが下るであろう。そして聖なる教会の境内から破門されてあることになる。加えて，国庫に金20ポンド，銀50ポンドを納付しなければならない」との条項が付け加えられている。これに関しては，パリ司教，諸修道院長が諸侯と共に下署している，後で引用される文書がより詳細に教えてくれるであろう。サンス司教エボンの姉妹インゴアラは『聖者記録集(ベ)』3巻 [4] の付録において，上掲の文書と殆ど同じ言い回しで，サンス在，サン=ピエール修道院に行なった寄進に関する証書が有効であることを命じている。しかし，宗教会議録においては，この種の例はあちこちで出会う。

第15節　司教聖ボニファーティウスと大司教聖アルヌールの呪咀

一部の人々にとって，マインツ司教ボニファーティウスが教皇グレゴワール2世に献呈した宣

誓書 [4, 3-1, 37 etc.] の中で，自分自身に投げ掛けている呪咀が奇妙に映るかもしれない。それは，「あってはならないことであるが，もし私がこの私の一連の約束に違反することをどのような方法，考え，時期であれ，行なうようなことがあるならば，私は違反者として永遠の裁きを受け，アナニアとサフィラ [『使徒行録』5, 1-11] の罰を被るであろう。更に，私が自分の財産に関してあなたに不正を働こうとした場合も同様である」との文章からなっている。上記の史料でボニファーティウスが自身に付している時，この種の呪いの言葉が他者に投げかけられたとしても，それは驚くべきことではない。このような告白は，『ローマ教皇書式集』[151, 69] の書式の中でも語られている。そこにおいて，ローマ教皇自身は自らを聖務停止の処分の下に置き [*Ibid.*, 43. cf. 31]，「もし誰かが，それが我々であれ，またその他誰であれ」，福音の言い伝えに背くようなことをしたならばと述べている。しかし，最も厳しいのはランス大司教アルヌールの，つまりフランス王ユグとロベール [2世] に対して行なった忠誠宣誓 [250, 2, 40] において自らに課した呪咀で，そこにはもし国王に背いたならば，「私のすべての祝福は呪いに変わり，私に残された日々は少しになり，私の司教位は別の人が占めることになろう。私の友人は私から離れ，永遠に私の敵となるであろう」とある。

第16節　教皇ザシャリの呪咀

教皇ザシャリ [752] によってフルダ修道院のための特権文書が付与されたボニファーティウスに話を戻すと，そこには，「いかなる教会の司教であれ，またいかなる位に就いている者であれ，使徒の第一人者の権威によって朕が確認している，朕のこの特権文書を侵害しようとする者は聖務停止に処せらるべし。神の怒りを受け，すべての聖者の集会の外に置かれるべし。それにも拘らず，朕によって同意された上記の修道院の位は永遠に不可侵であるべし」との呪咀が付加されている。ペパンはこの特権文書とそれに付加された条項を確認し，「もし誰かが朕の権威の命令に背くならば，特権文書の中で示されている使徒の裁きの判決を受けるであろう」と言っている。

第17節　ラヴェンナ司教ジョヴァンニの呪咀

これらに，「裏切り者ユダと共に永遠の処罰と318人の聖者の聖務停止」を願っているラヴェンナ司教ジョヴァンニ5世の731年に作成された文書 [138, 116]，ペラールの『ブルゴーニュ史料集』所収のベルナールとデュランの文書 [282, 31, 32]，『ギーヌ史』所収のフランドル伯ウィクマンとアルヌールの文書 [126, 44 sq.]，その他数通の文書を加えることが出来よう。しかし，なかでも特筆に値するのが，クリュニ修道院建立に関するポワトゥ伯ギヨームの遺言書である。その遺言書では次の諸点が配慮されている。第1は，「いかなる世俗の支配者，いかなる伯，いかなる司教，いかなるローマ教皇も神の下僕の財産を侵害したり横領したり縮小したりしない……」こと。第2は，使徒の座の司教は神の聖なる教会と永遠の生命の仲間からこれらの財産の掠奪者，侵略者，横領者を引き離すこと」。第3は，「もし近親者やそうでない者，またはいかなる身分や権力に所属している者であれ，この遺言書に逆らってある侵害を企てるならば，まず全能の神の怒りを受け，神は生きている者たちの世界から彼の仲間を切り離し，彼の名前を永遠の書から消し去り，

ダタンとアビロンと共に永遠の処罰を受け，裏切り者ユダの仲間となり，ヘリオドロス[『マカバイ記』二，3, 24–34]とアンティオコス[同書二，9, 1–28]と共に二重の離別を引き当てるであろう」こと。第4は，「世俗の法に従って，裁判権に促され，100ポンドの金を納めることを強制されるであろう」こと。これらにおいて，我々が後から問題にする廃位の脅迫を除けば，殆どすべての呪咀の形式がまとめられている。これらすべてによって，『ローマ教皇書式集』[151, 120, 134, 139]の中で紀元1000年以前において頻繁に使用されている不吉な言葉，呪咀への信頼が得られることになる。例えば，ローマ教皇によってなされている，「サタンとその見せかけの豪奢，裏切り者のユダと共に」の文言による断罪の脅迫がそれである。それらは教令集における6，7世紀の考えと慣習及び上で言及された同時代のその他の史料におけるものとも矛盾していないことは明白である。

第18節　メロヴィング王朝とカロリング王朝下のフランク諸王は呪咀を使用することが稀であった(その一)

わが諸王の古い文書の中で，罰金刑と同様に呪咀に出会うことは稀である。両方とも国王の権威だけで十分であった。しかし，我々がシャルルマーニュを例に上で述べた如く，霊的罰が人間の邪な心を矯正するに十分でない場合に，我々の国王によって霊的罰の補強として身体罰がときどき規定されている。これに関しては，カンタベリのリチャードがアングリアのその他の司教に宛てた書簡[2, 8, 437]を引用することが出来よう。その中で彼はアングリア教会の有害な慣習を挙げ，次のように嘆いている。「ユダヤ人または人間の中で最も卑しい者が殺された場合でも，すぐに殺害者は死刑に処せられる」。もしそれが司祭かその他の聖職者の場合，「教会は単に破門で満足し，剣という物的手段を求めはしない」と。そして彼は，「教会は自分の裁治権を以前は行使していた。もしそれで十分でない場合，世俗の剣がその不完全さを補っていたのである」と結論する。このようにして，寄進の侵犯者に対して最初の行動は呪咀によるものであった。続いて，金銭罰が追加されている。しかし私は，正確に言えば，君主の正当な権利に属するものでない限り，これは(少なくない呪咀や脅迫と同様に)脅しであったと考える。聖なる諸教父が公会議において承認している聖務停止に関してはまた別である。教皇パスカル[1世]は『ワラへの弔辞』2巻3章において，「もし真理の判決に従って，地上において聖なる教皇が結ぶであろうものは天上においても結ばれるであろう。聖なる教令の中でこれらのもののために述べられたものとして読む，聖なる諸教父が下すすべての聖務停止は恐れられねばならない。何故ならば，朕が認識する限りにおいて，既に神と共に統治している彼らの権威は劣るものではないので」と述べている。私は寄進文書で表現されることを常としていた，そして教皇の文書のあちこちで，そして司教の文書で特別に確認されている不吉な言葉と呪咀はその力と権威を，ひとたび神に捧げられた物件の侵害者に対する教令によるこれらの聖務停止から引き出していたと考える。

第19節　メロヴィング王朝とカロリング王朝下のフランク諸王は呪咀を使用することが稀であった(その二)

更に，私が既に述べた如く，昔のフランク人の諸王，特にメロヴィングとカロリングの諸王は

呪咀や刑罰の脅しを余り使用することはなかった。しかし，トゥールのグレゴワールによると [167, 9, 20]，メロヴィング諸王の中でゴントランとシルドベール[2世]はブリュヌオと共に，彼らの協定の写しの中で，「更に，この条約に次のことが付け加えられることが定められた。もしどちらかの側が現在の規定をどんな口実であれどういう時であれ侵害する場合には，将来に約束された利益も現在与えられている利益もすべて失うものとする。そしてその利益は，ここに記されたすべての規定を間違いなく遵守した者に帰すべきである。そして彼はすべてにおいて誓約の義務から解除される。このようにこれらすべてを規定してから，両方は全能の神の御名と分かちがたい三位一体と神的なもののすべてと恐れるべき審判の日とにかけて，上に記されたすべてを悪しき偽りも欺きの心もなく，過ちなく遵守するであろうことを誓うものである」と述べている。更にその先には，「さて，条約が読みあげられると，王は言った。〈朕がここに含まれているものの中でどれかを破ることがあれば，朕は神の裁きに打たれるであろう〉」とある。読者はここでも，国王が自分自身に発した呪咀と刑罰の形式を見るであろう。私はカロリング諸王の中から，『新版勅令集付録』[37]所収 52 番のルイ敬虔王のサン=モール=デ=フォッセ修道院に宛てた文書を見いだす。その中で皇帝は，もし誰かが彼の命令文書を侵害しようとするならば，「神の聖なる教会の入り口から排除され，全ガリアのすべての司教から破門に処せられ，信者の集会から隔離され，カイファ，ピラト，主の裏切り者ユダと共に永遠の罰を受け，悪魔の首領と共に地獄の椅子に座るであろう」と定めている。他方，この文書が修道院長アンジュルベールの時代に奪い取られて火に焼かれたと，修道院長ウードが修道院長聖モールの遺骸奉遷記 [4, 4–2, 173, 14, 16] の中で伝え，そしてそれがエブロワンには提示され得なかったと付言している文書そのものであるならば，少なくともこれらの言葉から，この特権文書を偽文書と見る人がいるかもしれない。但し，確かに手稿文書は消失したが，その真正の写し（バリューズ版はこれらの一つに依拠しているのである）は焼失を免れたと見做すことも可能である。しかしより一層重要なのが，本書で刊行されているサン=ドニ修道院に宛てたミトリ荘園の寄進に関する文書で，「更に，我々は王の中の王の権力を通して，その人が望む限りの権力を我々に慈悲深く委ねた，その人の手中に諸王の心が存在する，将来の裁きの脅迫と呪いを通して，我々の後継者または同修道院の院長のいかなる者も，またその他の力ある者や力なき者の誰でも，我々によって敬虔な気持ちから譲渡され決定され交付されたこれらをいかなる点においても動揺させることが出来ないと決定した。……」と表現されている同皇帝ルイの文言である。ベリの書 [51, 170] に収められている，シャルル禿頭王がサン=モール=デ=フォッセ修道院に宛てた文書や皇帝ルイの文書数通でも同様の呪咀を読む。ベリの同書 [Ibid., 201] に収められた，王ウードがポワティエ在，サン=ティレール修道院に宛てた文書においても同様に，「聖務停止のもとで永遠に処断されることを知るべし」とある。最後に，王ロテールの文書 [Ibid., 251] には金 100 ポンドの罰金と聖務停止が罰として科せられている。

第 20 節　更に，カロリング王朝の諸皇帝もそうであったのか

　カロリング王朝の皇帝の間でも真正文書の中で両方，つまり呪咀と罰金を取り入れている皇帝は少なくない。私はプリチェッリの書 [298, 282] で，サン=タンブロージョ教会に宛てた皇帝ロテールの 1 通の文書を読む。その中には，「それ故，もし誰かが，あってはならないことであるが，こ

の命令文書を侵害しようとするならば，そして我々の決定の効力が我々が決定した如くあり続けることを望まないならば，その者の企ては全能の神の怒りに会い，純金1000ポンドを納付することを強制されるであろう。そして聖なる殉教者ジェルヴェとプロテ，告白者アンブロワーズ，そしてすべての義なる者たちの仲間から引き離されるであろう。更に，聖務停止の罰に処せられ，最後の裁きの日に裏切り者ユダと彼の同胞たちと一緒に運命を分かち合うであろう」との文言が記されている。読者諸賢はここにおいて両方とも，つまり罰金刑と呪咀が表現されているのを目撃する。しかし，私はこれらと同じものを皇帝ルイ2世の特権文書において2回，罰金刑に関しては3通の特権文書で確認する。それらは両方とも，『拾遺集』5巻[2]所収の『カサウリア修道院年代記』の中に収められている。罰金刑は1，2，3番目の特権文書に存在するが，それらについては，もし宜しければ，読者諸賢も参照することが出来る。呪咀は4，6番目の特権文書にある。4番目の文書には「しかし，もし誰かがこの我々の企ての侵犯者であろうとするならば，聖にして不可分の三位一体の怒りを受け，恐るべき正義の裁判官の裁きにおいて我々と裁判を持つであろう。これによってその者は裏切り者ユダと共に，不敬者や瀆聖者と一緒に使徒の列から引き離され，その者の身体は赤く燃える火と硫黄の池の中にあるであろう」との文句が記されている。6番目の文書でも殆ど同じ文句，「その者は聖にして不可分の三位一体の怒りを受けるであろう。そしてわが主イエス・キリストのいと祝福された復活と昇天の水準に達することはあり得ないであろう。その代わり，裏切り者ユダと共に果てしない断罪の運命を永遠に獲得することになろう」との文言が見られる。しかし，私にとって変わっていると思われるのがシャルル肥満帝のヌヴェール[中部フランスの都市]司教座教会宛ての，本書で刊行されている文書に含まれている次の文言で，その中には二重の罰，つまり身体刑と金銭罰が述べられている。そこには，「もし誰かがたまたまこれに反して考えたり行動したりしたならば，身体によって罰せられるか，女子修道院長とそこで神のために戦っているその他の者が満足するだけの金銭を上記のいと聖なる施設に納めるべし」とある。これは，ヌヴェール司教座教会の文書集の中にあるものである。同皇帝に続く他の皇帝及びイタリア王のその他多くの特権文書の中でも刑罰が問題になっているが，その非常に多くでは単に金銭罰が記されているに過ぎない。

第21節　カペ諸王

他方，フランク人の王の中でカペ諸王はその文書において単に金銭罰のみならず，呪咀も使用している。就中，王ロベール[2世]がサン=マルタン=デ=シャン修道院に宛てたリモージュに関する文書(その手稿文書は今日でも伝来している)の中で次のように述べられている。「しかし，これは言う必要があることであるが，もし誰かが悪魔の力に満たされて，この命令文書の権威に敢えて異議を唱えるならば，厳しい裁きに打ちのめされ，金30ポンドを平和金として納めることを強制されるべし」と。ここには金銭罰しかない。しかしフィリップ1世の同修道院宛の命令文書では，「全能の神とすべての聖者の怒り」が言及されている。しかし，それが国王の下署のあと，司教の下署の直前に置かれていることから，それは国王よりも司教に帰せられるべきと思われる。事実，我々は国王が彼の文書で司教に彼らの命令文書の違反者に破門を下すよう求める場面と頻繁に遭遇する。従って，アンリ1世はサン=リキエ修道院に宛てた文書の中で，「それ故，我々は繰

り返し，我々の皇帝権とすべての司教の脅しによって，ある悪人が……することを禁止する」と言っている。但し，ルイ6世はサン=マルタン=デ=シャン修道院の非自由人に関する文書で，「それ故，国王の決定の違反者は，それがいかなるものに関してであれ，権利を永遠に放棄し，破門の処分に服し，自分の訴えは無効となり，信者によって平和の接吻として抱擁されることはない」と自分で言っていて，そこには，私が同修道院の文書集の中で読んだ如く，司教への言及はどこにもない。しかし，モラーレスが後[後出23節]で取り上げられるであろうウェレムンド王の文書における類似の行為について述べている如く，それは呪咀であって破門ではない。

第22節　アングリアの諸王は呪咀を使用していた

アングル人の間でも，王ウィトレッドは呪咀を一度ならず使用している。つまり，696年に開かれたベカンシルド宗教会議の際に交付された文書の中で，「しかし，もし我々の後に国王に推戴された王，または司教，修道院長，伯，またはいかなる人間の権力がこの文書に反対し，それを侵害しようとするならば，その前に司教の裁きに自らを正さない限り，この世でもあの世でも贖宥を得られない者の如く，わが主イエス・キリストの体と血から引き離され，更に破門に処せられることを知るべし。……」とある。次に，修道院長エアバに付与された文書においては，「あってはいけないことではあるが，もし誰かが私が書いたこの文書に反対して，または私の相続人が私に反対して行動をとるならば，この世とあの世においてキリストの血と肉に与ることから引き離された者となることを知るであろう」とある。これらに加えて，王エドガは同じく破門とユダの運命を記している。更に，王エゼルレッドは『アングリア修道院史』1巻[128, 21 et 218]で引用されている彼の文書の中で，これら二つを投げつけている。最後に，王リチャードはラルフ・オヴ・ダイシート[年代記作家，1202]の書[302, 699]の中で，「他方，我々は国王としてある限り，これに反することを行なうものは誰でも破門し，そして全能の神の怒りを受けることを承認する」と述べている。

第23節　同じく，ヒスパニアの諸王も呪咀を使用していた

ヒスパニアの諸王の間でも，王ウェレムンドは次のような不吉な言葉を使用している。もし誰かが彼の遺言書に「背くことを行なったならば，我々の子孫や家系の者であれ，更にいかなる伯や司教，またはいかなる権力であれ，まず第1にキリストの身体から引き離され，両方の目から光を失い，裏切り者ユダと一緒に地獄へ送られるであろう」と。モラーレスの言[266, 314, 316]によると，このような不吉な言葉はヒスパニア人の古い王たちの殆どすべての文書の中で見いだされるとのことである。このことはモラーレスによって引用されている，アルフォンソ大王の墓碑銘からも明らかである[Ibid., 330]。これらの諸王よりも前に，フラヴィウス・エルヴィギウス[西ゴート王]は681年の第12トレド公会議の確認のための法令の中で，「しかし，もし誰かがこの決定を侮るならば，軽蔑者への判決によって罰せられることを知るべし。つまり，わが栄光の意思に従って破門され，我々の仲間から後退する。更に，財産の10分の1を国庫の一部とすべく納めるべし。もし上記の金銭を支払うことができる財産がなかったならば，いかなる恥辱もなく50回

の鞭打ちを受けるべし」と述べている。エギカ[西ゴート王]は694年の第17トレド公会議で同じ罰を規定している。同じ世紀，つまり西暦684年に王キンダスイントはコンプルテンシ修道院[マドリッド近郊]に宛てた特権文書[374, 2, Script. 13 et 14]の中で違反者を，「わが主イエス・キリストの面前で断罪され，永遠の罰を受けるであろう」と脅している。同じく「(その者は)主の到来に際して聖務停止を受ける，つまり二重の破滅に処断されるであろう。更に，この世から生きたまま，ダタンとアビロンの如く，この地中の永遠の深淵へ飲み込まれるであろう。キリストの裏切り者ユダと共に永遠の十字架に架けられ，地獄の苦しみを体験するであろう」と脅してもいる。そして国王は，「加えて，その者はその修道院を2倍または3倍に大きくして，私とあなたの許に返すべし」との言葉によって金銭罰を加えてもいる。

第24節　ゲルマニアの諸王は稀にしか呪咀を使用していなかった

最後に，ゲルマン人の間では特に金銭罰が使用されていた。それはピストリウス[神学者・歴史家，1608]が手本として普及させた，3巻からなる『フルダ修道院文書集』から明らかである。その中で読者諸賢は非常に少数の呪咀を見いだすであろう。廃位の呪咀についてここで論じることが残されているが，それは次章のために取っておくことにする。

第9章

第1節　オータンの特権文書に含まれる呪咀について考察する

　グレゴワール大教皇によって司祭にして修道院長セナトゥールに付与されたと伝えられるオータンの施療院に関する特権文書には，二つの形式の呪咀が見いだされる。その一つは「いかなる王，いかなる司教，いかなる有位者，その他いかなる者も上記の我々のいと高処の息子たちである国王によって施療院に寄進されたもの，またはその他誰かによって自分の権利から譲渡されたものに関して，その理由の如何と時とを問わず，縮小させることなく奪い取ることなく，また自分の用に当てることなく，その他一見信仰と関係するような理由によって，自分の貪欲のために他者へ譲渡しないことを決定する。そうではなくて，当該施設に譲渡されたもの，そして将来譲渡されるであろうすべてのものを，あなたや地位と役職においてあなたを継ぐ者によって永遠に無疵のまま，いかなる心配もすることなく所有し得ることを決定する」となっている。この呪咀の書式がもう一つ別の書式と異なるのは，後者が次のように罰則（事実，それは非常に厳しいものであるが）を追加している点で，「他方，我々の決定のこの文書を知っている王，司祭，裁判官，その他世俗のいかなる者であれ，これに背く行為をしたならば，その者は権力，名誉，地位を失い，神の裁きによって不正を行なった張本人であることを知るべし。そしてその者によって不正に奪われたものを返還しないか，ふさわしい悔悛で不正な行為を泣いて悔いない限り，神にしてわが主，贖い人であるイエス・キリストのいと神聖なる身体と血から遠ざけられ，裁きが永遠に続くなか，言い渡された罰に服するであろう」と記されている。

第2節　それらに関する学者たちの対立する見解（その一）

　これら二つの形式の呪咀に関して，一部の人は異なった見解を持っている。ある人はそれらを偽物，グレゴワールの考えから遠く隔たったものと判断し，またある人はこの書簡とその中の二つ続く書式を偽造またはそこだけ改竄されたものと主張している。こうした意見の代表者がジャン・ド・ロノワで，彼はいろいろな箇所，特にサン=メダール修道院の特権文書（この中で，同修道院はオータンの施療院と多くの点で対立している）の考察論文 [222, 10] の中で，それを主張している。理由の一つは，それが文書にある免属を承認していない祝福されたグレゴワールの教えや制度と両立し得ないこと。二つは，上記の二つの書式のうち一つでは罰を受けていないのに対して，もう一つでは非常に重い罰を受けていること。三つは，同施療院の院長の裁判にオータンを除く6人の司教が召集されていること。四つは，司祭や裁判官にではなくて，国王に廃位が出されていることである。このような企てはグレゴワールから200年後に試みられ始めるものであると，彼は言う。

第3節　それらに関する学者たちの対立した見解(その二)

　他方，まず第1に，上掲の特権文書が収められている，しかもピエール・ド・グサンヴィルの証言によると，ローマに所在する手稿史料がこれと対立する意見を確認している。確かに，同文書は今から優に800年も先立つランス在，サン＝レミ修道院所蔵の文書の写しの中で，完全な状態で見いだされる。続いて，10世紀に作成されたオータンの修道士聖ユグの伝記の中で引用されている。同じ頃，フロドアールが『ランス史』3巻27章の中で別の特権文書に触れている。それはアンクマールがシャルル禿頭王の要請によって，オリニ＝サント＝ブノワット修道院[パリの北東]のために作成したもので，「祝福されたグレゴワールがある王妃によって建立された修道院に関して，彼[同王]の言葉でなくて，彼女の求めに応じて口述させた如く，彼自身[アンクマール]もまた，同グレゴワール陛下がこの修道院の侵害者に投げつけている呪咀の意図を繰り返しながら口述させた」とある。ここから，この特権文書はその呪咀と共にシャルル禿頭王が統治していたとき，手稿集成の中に存在していたことが理解される。その上，この章句をグレゴワール7世が第8巻の書簡21において引用している。最後に，第11巻の書簡8に当たる，グレゴワール大教皇の別の真正書簡から，オータンの修道院宛ての特権文書が[王妃]ブリュヌオの要請を受けて，彼自らによって作成されたことは明らかである。これらの特権文書において当該宗教施設の長に対して，一般の特権文書においても見いだされる，つまり「同施療院と修道院で院長または司祭に任命される者は誰も秘密の手段を用いて，司教の職を得ようとしてはならない」と言った幾つかの禁止事項が存在していた。

第4節　中間的な見解

　以上のことは，一部の人々にとって，この特権文書またはその中の呪咀の信頼を高めるために，敵対する側から出されている意見よりも重要と思われる。そのため，法律と文学に非常に精通していたアントワーヌ・ダダン・ド・オートセール[フランスの法学者，1682]は，彼の時代においても同特権文書の権威を擁護することに躊躇しなかった[19]。しかし，この特権文書が合法であったと判断する人もいるが，彼らは廃位の脅しをグレゴワール大教皇に帰すことを否定し，ある改竄者によって書き込まれたと主張する。もしそうであったとするならば，それは9世紀以前に作成されている必要がある。何故ならば，この世紀に特にランスの史料から明らかな如く，この呪咀を既に含んでいる手稿文書集成が存在していたのであるから。

第5節　廃位の呪咀を挿入することで，グレゴワール大教皇にとっていかなる利益がもたらされうるのか(その一)

　宜しい。それでは，この呪咀の挿入によって何らかの利益をグレゴワール自身にもたらしたのか，つまり両方の権力の威厳を損なうことなく，彼の書簡の攻撃者たちにとって効果を発揮することができたのかを見てみることにしよう。第1に，反対者たちはグレゴワールの気持ちはこのような過激な声や考えとは無関係だと論じる。しかし多分，このように思慮深い人はより冷静に

またはより厳しく行動するものであると忠告している人々の事情を配慮するならば，その反論は簡単な手続きによって否定され得る．王シルドベール[2世]と王妃ブリュヌオはオータンの施療院に将来現われるであろう人々の強欲を矯正するために，グレゴワールに特権文書を要求していた．国王の威厳がそれを要求し，周囲の状況は可能な限り強力な方法でそれが表明されることを必要としていた．そこでグレゴワールは格別の中庸を身につけた人ではあったが，喜ばしい内容の決定と言うよりも脅迫的言葉であった呪咀のより厳しい形式を取り入れたのである [342, 2, 110, 3]．従って，オルレアン公会議の諸教父は王シルドベール[2世]の要請を受けて，リヨンの施療院の財産に関して，「もし誰かがいかなる時であれ，どの権力，どの身分に属している人であれ」，違反する行動をとった場合，「貧者の殺害者として，取り消すことの出来ない聖務停止を受けるであろう」との条項に気を配っている．ここにおいて読者諸賢は人物のいかなる区別もなされておらず，どの権力に所属していようと，すべての者が同じ不吉な言葉に委ねられているのを見るであろう．つまり，その厳しさはシルドベール[2世]の願望に負っていたからである．

第6節　廃位の呪咀を挿入することで，グレゴワール大教皇にとっていかなる利益がもたらされうるのか（その二）

　そして確かに，グレゴワール大教皇は彼の告示の中で同じ考えを持っていた．ある時はより穏やかにある時はより厳しく，彼は違反者に呪咀を発していた．実際に，彼は護教者ボニファーティウスに宛てた書簡の中で護教者たちの特権を認め，「これらの特権は全体であれ一部であれ，いかなる司教によっても，いかなる場合であれ，奪い取られ改められてはならない．つまり，企てに対していかなる言い訳がなされようとも，よく整えられたものを分裂させたり，自分の手本通り教え導いたり，ある人が定めた規則をその人が死んだ後に他の人が廃止したりすることはこの上なく非情で，そして特に聖職者のよき行いに敵対する行為である」[171, 7, 17, Indict. 1] と言っている．マルセイユの女子修道院長レスペクタに宛てた特権文書 [Ibid., 6, 12] においても，グレゴワールはこの穏やかな口調を捨てていない．しかし，「スカウルスの丘」[現ラ=コート=サン=タンドレ]にあるサン=タンドレ修道院の院長カンディドスに宛てた文書（これによって，彼は同修道院と軍隊長マルレンティウスとの間の協定を確認している）の中で，彼の取り決めの違反者に対して次のような言葉で少し厳しく対処している．「余は信じないのであるが，もし誰かがいかなる方法であれ，このことに関して対立する意思を表明しようとするならば，その者は神の前において，有益に終わらせるものを台無しにしてしまおうとする犯罪者となることを知るべし．この協定と和解からいかなるものも取り除けないことを知るべし」[Ibid., 7, 13, Indict. 1] と．つまり，彼の世襲財産の土地に建立されていたこの修道院は，聖なる教皇にとって大切なものであったのであった．そしてこのため，結ばれた協定書の条項に違反した者を神を冒瀆した行為だと脅しているのである．従って，彼がオータンの施療院の財産に関してより厳しく対処することを望んでいた王妃ブリュヌオと王シルドベール[2世]のために呪咀を増やしたとしても，驚くに値しない．

第7節　廃位の呪詛を挿入することで，グレゴワール大教皇にとっていかなる利益がもたらされうるのか（その三）

他方，この廃位の脅しはその当時の慣習から隔たってはいなかったように見える。まず，破門の呪詛はグレゴワールの同時代，つまり6世紀において第4オルレアン公会議での「いかなる権力に属する」者に対して，そしてそれに続く世紀において，我々が前章で『聖ウィルフリド伝』[4, 4-1, 716]に依拠して見た如く，アングル人の間ではニス公会議において国王に対してさえも鳴り響いている。更に，自身がアングル人の王であったウィルフリドは，この破門の罰[332, 1, 192]でもって他の国王を脅してもいる。最後に，我々がウィルフリドの件で開かれたと言ったローマ宗教会議[4, 4-1, 694]において，廃位が司教にさえ向けられている。その上，ボーヴェ司教座教会に関する特権文書において，ランス大司教アンクマールが話していることであるが，4名の管区司教によって既に亡くなっていたシャルルマーニュ帝の同意が確認された上で，特にそこには，「もし国王，聖職者，裁判官，俗人の誰であれ，この協定の文書を知っている者がこれに背く行為を行なおうとするならば，その者は権力，役職，名誉を失うであろう。そして神の裁きによって，企てた不正の張本人となることを知るべし。……」[195, 46]との文言が含まれている。同種の呪詛，つまり廃位を含むその他多くの呪詛の例がこれ以後の時代の史料の中に登場する。

第8節　この呪詛が導入された理由

しかし，読者諸賢はこの脅しの書式がいずこから来ていたのかと問うであろう。つまり，それは私がこれまでに引用した殆どすべての呪詛がその言葉通り，または類似の表現において見いだされる『詩編』108［新共同訳では109］の使用から来ているのである。そして我々はこの呪詛の様式が明らかにこの『詩編』から，恰も手本からの如く，発していたことをオータンの修道院長アレードの遺言書から理解することが出来る。そこには，「その者は破門され，聖務停止に処せられ，『詩編』108がイスカリオテのユダに浴びせているあの呪いを受けるであろう」とある。イスカリオテのユダに関するこの文句は，明らかに廃位の脅しを含んでいる。即ち，「そして，別の者が彼の司教の位を受け取るであろう」と。

第9節　これに関して，同グレゴワール大教皇にはどのような考えがあったのか

それ故，グレゴワール大教皇は廃位の罰をさらに国王に向けるところまで進んでいったのであろうか。確かに，これらはグレゴワール7世[1085]と彼の後に続くローマ教皇においては該当し得ることであろう。しかし誰があれほど中庸の人であったグレゴワールにおいて，それが生じたと言うだろうか。そしてたとえグレゴワール大教皇が彼の流儀と生来の穏やかさを放棄したとしても，彼がこのような厳しい脅しを発することを差し控えたであろうこと，従って，自身の寄進の侵害者に対して教会のより厳しい罰を要求していた国王の権威に何かを付加する，換言するならば，前任者である諸教皇の例，つまり同じような件でシルドベール[2世]の要請を受けて，いかなる地位にいる者に対しても聖務停止を宣告したオルレアン宗教会議に出席した高位聖職者のそ

れに倣って，何かを付け加えることが目的であったことを疑う者は誰もいないであろう。

　更に加えて，グレゴワールの気持ちが国王を廃位させる権限はローマ教皇の掌中に握られているとするものであったと判断してはならない。この脅しの書式は教令による判決ではなくて，その他の非常に多くの脅しと全く同じように理解されねばならない。つまり，文書の侵害者たちは彼らが持ち込んだ，そして文書に書かれている通りに実行されねばならないとの彼の説得を完全に無視していた害虫たちに食い尽くされ，アンティオコスの死と共に滅んでしまうのであると。聖ボニファーティウスが自らに課した，彼によってなされた告白を何らかの理由でどこかで破るならば，それによって永遠の裁きにおける有罪とアナニアとサフィラの罰を受けることになるとの呪咀は脅しではないのか。我々は古代のローマ人の間にも不吉な法と脅しがあったことを知っている。しかし，これに関しては，債務者の身体切断に関するものが『十二表法』から取り出されている如く，すべてはこのような形で提示されているのである。このように，それらは実用のためではなくて，恐怖を与えるために作られたもので，従って，その実例はどこにも存在していない。グレゴワールの告示に関しても，同じことが言えるように思われる。これに関する最高の例証は，アラゴン王ラミーロの臨席をえて開かれた公会議である。その教令を国王自身が次のように脅しをもって締めくくり，強めている [220, 9, 1173]。「朕の相続人である将来の王の誰もこの王と同時に司教の決定に違反したり背いたりして，この文書を無効にする行動に出たならば，この世において正義の裁判官で，王の中の王である全能の神は彼らを解任し，彼らの王位と権力を引き離すであろう。そして彼を誠実に畏敬している，そして我々の決定を遵守する者にそれを与えるであろう。そして将来において洗礼者ヨハネがすべての聖者と共に異議を申し立てることによって，すべてのキリスト教徒の共同体から引き離されて，ダタン，アビロン，裏切り者ユダの仲間となり，地獄の深淵の中で終わりのない永遠の火炎の罰を受け続けるであろう。アーメン」と。これは 11 世紀の，しかも単なる脅しや呪咀ではなくて，皇帝を拒絶するためにこのような書式を最初に使用したグレゴワール 7 世よりも前のことである。その上，これに関しては特に，ここで問題になっている時代におけるローマ教皇の極端なまでの中庸が高く称賛されるべきであると思われる。

第 10 章

第 1 節　フランク人における国王文書の下署と印章を表現する書式。メロヴィング時代

やっと我々は王文書の最終段階，つまり諸王の下署と印章が表現されている分野に到達した。各時代でそれぞれの書式が使用されている。

確かに，フランク人のメロヴィング王朝の諸王は殆ど同じように次の文句を使用している。マルキュルフの『書式集』1 巻 [246] の書式 1 と 2 にある如く，「朕の手による下署」《manus nostrae subscriptione》，それよりもむしろ「以下において，下署のもとに強めること」《sub scriptionibus infra roborare》，または「朕は確認することを決定した（または，強く求めた）」《confirmare decrevimus, studuimus》，そして書式 24 の「朕は以下で，それを自分の手で強めることを決定した」《subtus eam propria manu decrevimus roborare》。同じ書式は，我々がこれから紹介するメロヴィング時代の史料のあちこちで見いだされる。しかし，私が間違っていないとするならば，読者諸賢は諸王の肖像が文書に押されていることはあっても，指輪または印章に言及しているこの王朝の真正の王文書は少ししか見いだせないであろう。

第 2 節　カロリング時代（その一）

他方，両方とも，つまり下署と指輪の言及を文書で表現することはカロリング諸王がいつもしていたことである。但し，国王が下署しないことが多く，ただ文書官か書記だけが下署している裁判文書と余り重要でない文書とは別で，そこでは国王の下署に関しては全く，そして国王の指輪や印章に関しては殆ど確認されない。その他の重要な文書においては（私が言った如く）両方を，殆ど次のような形式で表現するのが慣習となっていた。「朕の手で下に強めた」《manu nostra（または《propria》) subter firmavimus》,「朕は下に署名することを決めた」《subter eam decrevimus adsignare》，《adsignari》,「朕の指輪で下に押捺すること」《de anulo nostro subter sigillare》（シャルルマーニュ [202, 2, 11] とルイ敬虔王 [347, 5, 603] がこの《sigillare》[「押捺する」の意]の語を使用していた）または「朕の指輪を押し，署名するよう命じた」《anuli nostri impressione adsignari jussimus》。ヴェルダン在，サン゠ミシェル修道院へのルイ敬虔王の文書 [235, 2, 414] は少なくない割合で改竄されている。第 1 に，上署において単に「常に尊厳者である皇帝」《Imperator semper Augustus》とあるのみならず，「フランク人の王」《Francorum Rex》ともある。第 2 に，日付事項において「フランキアを皇帝として治めるルイ陛下の統治の 8 年」《octavo regni domini Ludovici imperantis in Francia》と「彼の帝位の 2 年」《imperii ejus anno secundo》とある。皇帝として統治することは，フランキアで王になることよりも前ではない。第 3 に，（私はこの提案に戻ることになるが）本文の最後に「朕の手で下に強めた」《manu nostra propria subter firmavimus》と「朕の印章を押して，下署させた」《bullarum nostrarum impressionibus insignire fecimus》の文言が使用されている。つまり，これ以外の文書において，「朕は強めた」《firmavimus》または類似の語の後で，ルイは殆どと

言ってよいほど「朕の指輪で押印されるよう命じた」《de anulo nostro jussimus sigillari》の書式を使用している。(これに対して)上の形式に従って、ドゥブレの書 [111, 807] とシフレの『トゥールニュ史』[81, 216] において、シャルル禿頭王が「朕は朕の印章を使って押印されるよう命じた」《bullis nostris jussimus insignire》との文言を使用している。そして後者に収められているフィリップ1世の文書にも、これと同じ文句が記載されている。皇帝ルイ2世のこれと同じ書式に関しては、この先で取り上げられるであろう。しかし、時々ではあるが、我々の王たちの文書において、「朕自身の手による署名によって確認することを求めた」《propria manus adnotatione studuimus adumbrare》、またはそれに類似の様式によって下署のみが言及されている。但し、国王の印章が押されているし、またある時は以下で追加されることになるいろいろな史料から明らかな如く、指輪だけの場合もある。そしてこれは往還文書と交換の確認文書、裁判文書(これらにおいて国王が下署していることがあるが、その回数は非常に少ない)において特に普及していた。押された指輪のみが言及されているシャルル禿頭王のシェズィ修道院[パリの東方]に宛てた手稿文書がそれである。最後に、筆者は多くの国王文書の中で下署や押された指輪への言及はないが、国王が下署し、自分の印章を押しているものを少ししか見いださなかった。例えば、本書で刊行されている、シャルルマーニュの弟、カルロマンの文書がそれで、国王の下署にも押捺にも全く言及していない。フランクの第2王朝の王のすべて、または殆どがこれと同じ統一された基準を踏襲している。そして、確かに印章の表現においても同様である。従って、シャルル単純王は本書では「朕は朕の指輪で押印されるよう命じた」《de anulo nostro sigillari jussimus》、ラップの『古文書雑録』[217, 498] において「朕は朕の指輪で押印されるよう命令した」《nostro praecepimus anulo insigniri》、『トゥールニュ史』[81, 274] においては「朕は朕の指輪を押し当てて押印されるよう命じた」《anuli nostri impressione sigillari jussimus》とある。同じ『トゥールニュ史』[Ibid., 277] においては、王ラウールもこの書式を使用している。そして彼の後、シャルル単純王の甥、ロテールが『拾遺集』8巻 [2, 8, 360] でそれを使用している。

第3節　カロリング時代(その二)

サン=ロメ=ル=ムーティエ修道院に宛てたシャルル禿頭王の文書 [4, 4-2, 252] における如く、文書の本文ではときどき出会うとしても、以上のすべてにおいて、押印に関する表記の中で印章《sigillum》の語[ここから「印章」を意味するフランス語の《sceau》が派生]が使用されることは非常に稀である。にも拘らず、国王の印章への言及が所定の箇所で用いられている、第2王朝後半の諸王の文書を数通見いだす。この種の文書としてランス近郊、サン=ティエリ修道院に宛てたシャルル単純王の文書、彼の甥ロテールの文書があるが、後者における「朕は朕の印章を押しつけて押印されるよう命じた」《de sigilli nostri impressione insigniri jussimus》の文言はラン在、サン=ヴァンサン修道院の手稿文書と『ランス大司教座教会史』2巻 [250, 2, 11] に収められたランスの手稿文書にも見いだされる。

第4節　カペ王朝において

カペ王朝はこれを慣習化し，多分，王ロベール[2世]以降も《anulus》[「指輪」の意]の語が使用されているか否かは明らかでないが，彼らは古い王たちの慣習に従って，確かに時々《bulla》またはその複数形《bullae》，最も頻繁に《sigillum》の語を使用している。同王朝の開祖であるユグは『トゥールニュ史』[81, 289]の中で，「朕は朕の印章が押印されるよう命じた」《sigillo nostro insigniri jussimus》，ラン在，サン=ヴァンサン修道院に宛てた史料の中で「朕は朕の印章を押しつけて」《sigilli nostri impressione》の如く，この事実を証明している。ドゥブレの書におけるロベール[2世]，そしてアンリ[1世]とそれに続く諸王は，これに関してユグの書式を真似ている。しかし，常にそうであるとは限らない。それは『トゥールニュ史』[Ibid., 325]にあるフィリップ1世の例と「朕は朕の印章で下に押印されるよう命じた」《bullis nostris subinsigniri jussimus》の文言やその他の文書から明らかであり，また同書に収められたアンリ1世とフィリップ1世の印章《sigillum》に関するその他の例とも出会うし，同様の例はその他のあちこちで確認される。しかし，カペ王朝初期の両王，ユグとロベール[2世]がこの《sigillum》の語を常に使用していたのではない。何故ならば，彼らは，「そして朕は朕の指輪を押しつけてサインした」とあるソワソンのノートル=ダム女子修道院史[156, 436]から明らかな如く，印章の押捺を表現するのに時々《anulus》の語を使用しているので。しかし，彼らの文書において，何よりも《sigillum》の語と最も多く出会う。

第5節　この書式の多様性

しかし，この用語法の変化は次のことに起源を持っていたように思われる。つまり，まず文書における諸王の肖像が印章としての指輪《anulus》の寸法に一致させられた，更には多分，指輪そのものに肖像が彫られていた結果，《anulus》の語の使用が文書において広く受け入れられるという習慣が定着した。しかしその後で，その肖像が第3王朝の文書に見られる大きさにまで膨らんだとき，この《anulus》の語の使用が放棄されて，《sigillum》の語が導入されるに至ったのであろう。

第6節　いつから皇帝は「シギルム」の名称を使用したのか

この用語の交替が最初に根を下ろした諸皇帝の例にならって，カロリング諸王，つまりシャルルマーニュ，ルイ敬虔王，ロテール，ルイ2世が《anulus》の語を使用している。そしてこのルイ2世は『拾遺集』5巻[2, 370, 384, 388]の「朕は朕の印章で押捺されるよう命じた」《Ex bulla nostra jussimus annotari》，「朕の印章の押捺によって」《nostrae bullae impressione》の他に，「朕の印章で強められるよう」《bullis nostrtis roborari》とある如く，《bulla》の語を頻繁に使用している。この《anulus》または《bulla》の使用は皇帝オットー1世まで存続するが，『拾遺集』5巻[Ibid., 407, 410, 414]にある如く，彼は《sigillum》を何度も使用している。しかし，彼以前においてもシャルル肥満王がパーデルボルンの記録[148, 205]の中でそれを使用している。この習慣は，彼に続く諸皇帝によって継承される。彼らの中で，『神聖イタリア』4巻[347, 4, 1334]の「朕の鉛の印章」《sigillo nostro plumbeo》の文言を読む皇帝ロテール1世の文書は，（その他の項目において偽造されているので）偽文書とされている。《sigillum》の語を（文書の本文の中は別であるが），上掲のパーデルボルンの記録に収められた，「朕は朕の印章で押捺されるよう命じる」《sigillo nostro assignari jussimus》の文句があり，887年の文書を持つシャルル肥満王以前に使用しているその他の文書も，同じく疑わしいと見做されている。これと殆ど同じ頃，ルードヴィヒ・ドイツ王はフライジンク［南ドイツの都市］司教座教会に宛てた906年の文書 [202, 1, 128] の中で，「朕は朕の手でそれを強め，そして朕の印章で押捺するよう命じた」《manu nostra illud firmavimus, et sigillo nostro consigniri jussimus》と述べている。そしてバイエルン公アルヌルフは2年後に同じ教会に宛てた文書 [Ibid., 131] で，「余は余の印章を押し当てて」《sigilli nostri impressione》と言っている。

第7節　メロヴィング諸王はどのようにして下署していたのか

今や状況は文書において下署と印章を表現している箇所から，我々の国王の文書において常に日付事項に先行している下署自体にまで下りることを求めている。しかし下署の様式はその他と同様に，それぞれの時代によって大きく異なっていた。第1王朝の諸王は「王クローヴィス」《Chlodoveus Rex》，「王シルドベール」《Childebertus Rex》などの如く，自分の手で名前を下に書くという形式をとったが，ある時は様々な形の像によって区別される印章，またある時は十字架の像をかたどった印章が加わった。非常に多くは「朕は下署した」《subscripsi》を使用していたが，それはすべての文字，最初の3文字，または単に《s》に印を付けて表示された。就中，クローヴィス2世の息子，ティエリは十字の印を前に出して，《✠IN CHRISTI NOMINE, THEUDERICUS REX SUBSCRIPSI》「✠キリストの御名において，王ティエリは下署した」とする特別な形式を用いていた。そして，この形式が彼の文書の中で永遠に踏襲される。但し，裁判文書，往還文書，交換の確認文書，その他あまり重要でない国王文書（これに関して既に言ったことであるが，ここで繰り返しておくのが賢明であろう。大半において国王でなくて，書記か文書官が下署するのが習わしであった）は除く。しかし，彼以前において，クロテール2世は615年の勅令 [35, 1, 24] の中で，「キリストの御名において，王クロテールはこの勅令に下署した」《Chlotacharius in Christi nomine Rex hanc definitionem subscripsi》（これに関しては，刊行された文書では文書官の印章が国王の前に誤って置かれている）と，類似の形式で下署している。

第8節　カロリング諸王はどのようにして下署していたのか

カロリング諸王はその他においてもそうである如く，下署の形式においてもメロヴィング諸王と異なっていた。ペパンの書式はこうであった。「いと栄光に輝く王ペパンの✠サイン」《Signum ✠ Pippini gloriosissimi Regis》または（同じであるが，格が異なる）「いと栄光に輝く王ペパンの✠サイン」《Signum ✠ Pippino gloriosissimo Rege》の如く，十字の印がサイン《signum》とペパン《Pippini》の間に置かれている。十字の印だけが君主の手によって印され，残りは文書官か書記が書いている。シャルルマーニュは「いと栄光に満ちた王シャルルのサイン」《Signum Caroli gloriosissimi Regis》と，父の慣習を踏襲している。彼の弟，カルロマンも同じことを行なっている。し

かし，帝冠を授かったあと，シャルル［マーニュ］は「いと晴朗な皇帝シャルルのサイン」《Signum Caroli serenissimi Imperatoris》の書式を採用するが，サイン《signum》とシャルル［マーニュ］《Caroli》の間に花押が挿入されることもある。ルイ敬虔王も同様の書式を使用しているが，ペラールの書［282, 25］にある如く，「いと敬虔なる尊厳者」《piissimi Augusti》となっていることもある。コルヴァイ修道院［ドイツ中部］に宛てた同ルイとロテールの文書［148, 114］では「いと晴朗なる皇帝ルイのサイン」《Signum Hludowici serenissimi Imperatoris》と同時に，「いと栄光に満ちた尊厳者ロテールのサイン」《Signum Hlotharii gloriosissimi Augusti》となっている。更に，シャルル禿頭王と彼に続くカロリング諸王も同じ書式を使っている。但し，国王の位のみしか与えられていなかった者は，「いと栄光に満ちた王」《gloriosissimi Regis》の称号のもとに記されていたに過ぎないが。更に，ペラールの書［282, 160］に収められたシャルル禿頭王の皇帝文書などに見られる如く，彼らは皇帝の称号よりも「いと栄光に満ちて晴朗で，常に尊厳者たる」《gloriosissimi et serenissimi semper Augusti》の表現を好んだ。しかし，私は「いと栄光に満ちた皇帝にして尊厳者シャルルのサイン」《signum Karoli gloriossimi Imperatoris Augusti》のように，名前を置いているシャルル禿頭王とシャルル肥満王の文書数通を発見している。事実，ペラールの書［Ibid., 155］に収められたシャルル禿頭王の文書，同書［Ibid., 160］及びラップの『古文書雑録』［217, 489］に収められたシャルル肥満王の文書もそうである。諸オットー，諸ハインリヒとその他も殆ど名前の後に花押が挿入されているが，「皇帝にして不敗の尊厳者オットー陛下のサイン」《Signum Domni Ottonis Imperatoris invictissimi Augusti》や「いと不敗の王ハインリヒ 3 世陛下のサイン」《Signum Domni Henrici tertii Regis invictissimi》のように下署している。ルイ海外王の息子，フランク王ロテールはマルロの書［250, 1, 603］において，「いと栄光に満ちた王ロテール陛下のサイン」《Signum Domni Lotharii gloriosissimi Regis》と，いつもの如く下署している。但し，彼は「陛下」《Domni》の語を自分の名前の前に置いている（更に，彼の父，ルイもラップの『古文書雑録』［217, 533］において，自分の名前を前置している）。しかし別の文書では，彼は「よき性格のいと栄光に満ちた王ロテールのサイン」《Signum Lotharii bonae indolis gloriosissimi Regis》のように下署している。この文書は寄進文書集［228, 147/227, 106］またはル・ミル編集のベルギー教会文書集の中で見ることが出来る。王妃ジェルベルジュの文書でも王シャルルは，マルロの書［250, 1, 607］に見られる「若くて偉大な性格のシャルルのサイン」《Signum juvenis magnae indolis Caroli》の如く，同じように下署している。

第 9 節　カペ諸王はどのように下署していたのか

　最後に，カペ諸王もカロリング諸王に劣らず，下署の形式を変更することに力を注いでおり，そのためそれぞれの国王はもちろんのこと，それぞれの文書によって下署は異なるほどであった。ユグはラップの『古文書雑録』［217, 547, 548］によると，「この命令文書が作成されるよう命令し，臣下によってそれが強められるよう命じた，いと栄光に満ちたフランク人の王ユグ陛下のサイン」《Signum Domni Hugonis gloriosissimi Regis Francorum qui hoc praeceptum fieri jussit, fidelibusque suis firmare praecepit》，「王ユグの在位 2 年，いと栄光に満ちた王ユグのサイン」《Signum Hugonis gloriosissimi Regis anno secundo regnante Hugone Rege》のように変えていた。彼の息子ロベール［2 世］

に関しては，「高名な王ロベールのサイン」《Signum Rotberti Regis inclyti》とあるが，同時にもっと簡単に，同じく『古文書雑録』[Ibid., 551, 552]によると，「王ロベールのサイン」《Signum Roberti Regis》，「いと栄光に輝くフランク人の王」《Regis Franc. gloriosissimi》とある。そしてペラールの書[282, 179]には，ドゥブレの書におけると同様に，「いと栄光に輝くフランク人の王ロベールのサイン」《Signum Rotberti gloriosissimi Regis Francorum》とある。アンリ[1世]の文書にも同様に，多様な下署の書式が施されている。「フランク人の王アンリのサイン」《Signum Henrici Francorum Regis》やもっと簡単に，「アンリのサイン」《Signum Henrici》(これが最も多いが)，「王アンリのサイン」《Signum Henrici Regis》と。更に，フィリップ[1世]と彼に続く諸王に関しても注意を向けなければならないであろう。しかし，特に注意を喚起しておきたいことは，カペ諸王はロベール[2世]の時代以降，しかし特にフィリップ1世以降，下署において花押といつもの書式「……フィリップのサイン」《Signum Philippi......》をときどき欠いたまま，十字の印だけが印章と共に押されていることである[250, 2, 182]（例えば，『クリュニ図書』所収の文書[251, 527]にある，「✠ここに，主の受肉の1076年に自分の手で記された，王位にある王フィリップのサイン」《✠ Hoc Signum Regis Philippi regnantis sua manu scriptum anno ab Inc. Domini M LXXVI》の如く）。また時々，《Signum Philippi》「フィリップのサイン」の文句が単に十字の印と共に（私はその手稿文書を実際に見たのであるが，それはマルロの書に掲載されているサン＝レミ修道院文書の中に見いだされる）。またある時は花押だけで，十字の印その他を欠いたままのものもある。例えば，シャロン＝シュル＝マルヌ在，サン＝ピエール修道院に宛てた王ロベール[2世]の文書にある下署やアンリ[1世]のそれがそうである。またある時は，我々が本書の見本の所定の箇所に掲載している諸例が証明している如く，花押以外に十字の印といつもの文句を使用している。しかし，カペ諸王は花押や十字の印の使用に関して，第2王朝の諸王と一致していない。何故ならば，カロリング諸王は《signum》と自分の名前の間に花押を配置しているのに対して，カペ諸王は最後の文句の中にそれを追いやっているので。つまり，ロベール[2世]はそれを《Regis Francorum》の文句の後に置き，そして《gloriosissimi》の語を続けさせている。そしてフィリップ1世は，我々が下で表現している「いと晴朗にして栄光に満ちたフランク人の王フィリップのサイン」《Signum Philippi serenissimi ac gloriosissimi Francorum Regis》のような下署で，《serenissimi》の語の後に十字の印を置き，その上に花押を配している。その上，名前やサインを配していない時は，彼らは一方では花押だけ，他方では十字の印だけを使用している。ルイ[6世]肥満王以降の諸王が前者の様式を踏襲していて，そこには国王の名前を含む下署はなく，王の花押を配するだけで十分であった。最後に，メロヴィング諸王，カロリング諸王，そしてルイ[6世]肥満王までのカペ諸王のすべてが「日付」《Data》（一般にそう呼ばれている）の前に下署している。但し，時々フィリップ1世は「日付」の後で下署しているが。

第10節　誰が最初に花押を使用したのか

　フランク諸王の中の誰が最初に国王文書に花押を導入したのかが研究者の間で探究されている。彼らは「花押」《monogramma》の名称によって，省略して書かれた名前，そして幾つかの文字の組合せからなる語と理解した。花押は一文字書きのように見えるが，名前を構成するすべての文

字を表現している記号であり符号であった。もし我々が花押の起源が非常に古かったことを期待するならば，フランク王朝以前においてそれが使用されていたことはプルタルコス[ギリシアの作家，125]やシンマコス[ローマの作家，410]から明らかである。まず，それは貨幣の中で表現されている。オクタヴィウス・ストラダの書[334, 249]にある皇帝マルキアヌスのそれ，いと博学なデュ・カンジュのビザンツの家系におけるプラキデス・ヴァレンティニアヌスのそれや，それ以外にも少なくない。コンスタンティヌス大帝のクリスモン[キリストの組合せ文字]で，「天」への言及がこの「主キリスト」の花押の前に置かれている。それは，ラクタンティウス[41, 44]によれば，「同帝は静寂の中で楯に神の十字の印を刻み，そのようにして戦に臨むように告げられると，彼は命じられた通りのことを行ない，楯にキリストの名を《X》の文字に先の曲がった《I》の文字を交差させて彫り込ませた」となる。その上，例えば，我々がラバン[・モール]から学んだ如く，花押は幾つかの像をもった壁，幕，その他の神聖なものにも施されている。花押の使用は，従って，神聖なものから史料や文書へと移っていった。つまり，第6宗教会議[コンスタンティノープル，680–681]の議決12条に2通の文書が掲げられているが，それらは「皇帝の花押の他に蠟の印章をもっていた」《ἐκτυποῦντα μονόγραμμον κονσταντίνου δεσπότου》と記されている。それ故，その当時花押は皇帝の神聖な勅裁書で使用されていた。更に，フランク諸王においてもそうであったのか。ブテル[57]は花押を伴ったティエリ王の硬貨を紹介している。しかし，メロヴィング諸王の中でこれを文書で使用した者は少なく，私が思うに，彼らは無学のために自分の名前を書くことが出来なかったような人たちだったようである。このような王として2人のクローヴィス，つまり2世と3世，そして我々が本書6巻の見本18で示している，この両者の母で王妃のバルティルドとクロティルドが挙げられる。その他の王は花押をしていない。例えば，ダゴベール1世とその甥のティエリ，同じくシルドベール3世とシルペリック2世の見本がそれを証明している。文書において永遠に花押を使用し，それを慣習化させた最初の人がシャルルマーニュであった。そしてその慣習をその他の王がフランス王フィリップ3世[1285]に至るまで継承した。また西ローマ皇帝としてはカール4世[1378]に至るまで諸皇帝はそれを使用した。実際，フランク人の王の花押[114, Monogrammata]はクローヴィス1世からフィリップ4世に至るまでのものが公開されている。しかし，聖ルイ王以降，我々が見たフィリップ3世または4世の手稿文書にはいかなる花押もなかった。だが，博学なデュ・カンジュが彼らの花押の二つを国王文書に依拠して『辞典』[114]の中に掲載しており，我々には確認することが出来なかった真正文書が多分どこかに存在しているのであろう。続いて，驚いたことは，我々が実際に鑑定したルイ[6世]肥満王のすべての手稿文書の中で我々によって花押が認められたものが少なかったことである。それらにおいては，『クリュニ図書』[251, 531]所収の文書が示す如く，文書官の手で国王の名前だけが記されたり，また王によって十字の印が付けられたりしている。

第11節　貨幣に関して

聖セバスチャンの遺骸奉遷記の作者はシャルルマーニュの花押について述べているのであるが，その中でルイ敬虔王は「父であるシャルルマーニュの花押の印をもつ皿と共に杯を」サン=メダール修道院に寄進したことを想起されている。シャルル禿頭王はピートルの勅令11章で，「朕の新

しい貨幣，ドニエ貨において一つの面には朕の名前が円状にあり，朕の名前の中間に花押が配されるよう」命じている。この箇所に関して，優秀なジャック・シルモンは，我々の王の中でシャルル禿頭王こそが自分の貨幣に花押を刻んだ最初の王であると見ている。しかし我々はこの慣習がそれよりも古いものであったことを王ティエリの花押を引用しているブテル [57] から知っている。そしてエルケンペルト [134, 22] はシャルルマーニュが「ロンバルディーア人の考えを完全に改めさせるために，文書と貨幣に自分の名前の文字を刻み込むことを常に命じる」との条件で，ベネヴェント人の侯としてグリモアルを任命したことを教えてくれている。そしてパシャーズ [4, 4–1, 513] はアルセーヌまたはワラ [コルビ修道院長，836] への弔辞の中で，ルイ敬虔王によってロテールは「すべての権力と名誉，すべての署名と貨幣において」帝国共同統治者に選ばれたと記している。しかし，この名前の記載に関しては，花押を伴っていなかったと説明できる。ティエリの花押は，シャルル禿頭王以前において国王の花押を貨幣に刻むことを規定した命令文書（シルモンはそれが存在することを願っていたのであるが）が存在していたことを証明していない。

第12節　花押の多様な形態

　シャルルマーニュが最初に花押の使用を文書に導入したのであるが，彼にはそれが初期のフランク諸王が彼らの文書で使用していた十字の印の代わりを果たすとの考えがあった。更に，彼の非常に多くの後継者たちは，名前と文字の配列が許す限りにおいて，多様な形式によってそれを表わそうと努めた。ある国王は歴代シャルルを除くルイ，オットー，ハインリヒなどの如く，角型を好んだ。彼らの花押を多くの印章と同様に，ツィレス [ザンクト＝マクシミーン修道院長，1638] が『聖マクシミーンの弁明』 [376] の中で銅版印刷によって刊行している。アキテーヌ王ペパン2世はカルメリまたはサン＝シャフル修道院の特権文書の中で彼の「花押」《monogramma》と呼んでいる。フィリップ1世と彼の子孫は彼の「名前の記号」《Characterem nominis》と呼んでいた。そしてフィリップ[1世]はアデールの要請でサン＝ドニ修道院に付与した文書（我々が本書で手稿からその印像を掲載している）の中で，「朕は朕の記号を刻み込んだ」《nostrum character impressimus》，ルイ6世は「朕は朕の名前の記号と印章によって署名され強められるよう命じた」《nostri nominis karactere et sigillo signari et coroborari praecipimus》 [111, 845] と言っている。ルイ7世はペラールの書 [282] において「朕の印章の権威と朕の名前の記号の刻印のもとに護られること」《sigilli nostri auctoritate muniri, nostrique nominis subter inscripto karactere》，ボゾンの息子，皇帝ルイ[盲目]は「皇帝の名前によって下に署名した」《nomine imperiali subter signavimus》と記している。しかし読者諸賢は文書の中で自身の名前の記号に言及しているが，花押はどこにも配されていない数通の文書を発見するであろう。例えば，ルイ6世はドゥブレの書 [111, 845] で刊行されている手稿文書に加えて，サン＝レミ修道院宛と見做されるシャロン＝シュル＝マルヌ司教エルルベールの文書においてそのようにしている。

第13節　そこでのギリシア語は何を表わしているのか

　しかし，次のことを指摘しておくことは価値のないことではない。花押が十字の形の中に組み

込まれているものは，真ん中に先の尖った正方形(一般には,「菱形模様」と呼ばれている)を配し，その正方形の中にはシャルルマーニュ，シャルル禿頭王，同じくシャルル単純王，ロベール[2世]，アンリ[1世]，フィリップ1世の花押に認められる如く，ギリシア文字の《Y》[81, 203, 211, 216, 223, 280; 本書見本]，時には釣り合った《V》，そして非常に多くの場合いつものような点が加えられている。更に，これらの文字は非常に多くの文書において，中には国王自身の手によるものも存在はするが，別の人の手によって記されている。例えば，歴代シャルルの文書で広まった「自分の手で下に強めた」，「自分の指輪で下に強めた」などの書式がこれと関係している。これは神秘的なものを含んでいたのであろうか。我々の国王はピタゴラスのこの図像を熱望していたのであろうか。またこれらの文字は四角形の尖った上の部分と組み合わさって，新しいゲルマン人，ブルトン人，アングル人のみならず，より昔の人々にとっても「然り」《ita》を意味していた《Ya》を表示しているのだろうか。それに関してアングル人の王アゼルスタン[939]は，12[10の誤記]世紀初期の彼の文書の中で，「人々は彼らの《Ya》と《Na》によって信用されねばならない」と述べている。そこで，ときどきゲルマン語で話すことが好きであったシャルルマーニュはこの略号によって自分の文書であることを証明するために，それを使用したのではないかと私は自問する。能力のある人であれば，簡単に見分けがつくものである。しかし，本書に掲載されている見本から明らかな如く，ソワソン宗教会議のサン=ドニ修道院に宛てた文書の中で，一部の司教がギリシア語の《Y》をそれぞれの下署に先立たせている事実は特にこの推論に信頼を与えるようなものではない。そしてシャルル禿頭王はマダウルスのメッス史[239]の269頁で刊行されているサン=タルヌール修道院に宛てた真正文書において，自分の署名の前に四つのギリシア文字の《Y》を配し，他の1通は別の形式，つまり，それぞれに点が打たれている。しかし，フランクの第1王朝において文書官ウルフォライクスはサン=ドニ修道院に宛てたシルドベール3世の文書において，十字の印のように見えるが，多分，息子の名前《Tioς》から取ったと思われるギリシア文字《Y》を先行させて下署している。

第14節　ローマ教皇の中で誰が最初に花押を使用したのか

　私は古い花押の存在が報告されているローマ教皇に進むことにする。例えば，ニコーラ・アレマンニのラテラーノの廃墟に関する書3章[114, 2, 665]に収められているアドリアン1世[757]，レオン3世[816]，パスカル1世[824]，ニコラ1世[867]，シクスト3世[440]がその例であるが，それらの花押は教皇文書ではなくて神聖な銅版から取られたものである。私が教皇レオン9世[1054]以前の教皇勅書の中に，実際に教皇の花押を見いだしたことは一度もない。同教皇は宣言または判決と共に自分の名前(その他はペテロとパウロの名前を加えているのであるが，私の意見では，それは教皇ユルバン2世から始まったと考えられる)を記載している回勅を別にするならば，花押の中に「ご健勝であらんことを」《Bene valete》を挿入した最初の教皇である。その他の教皇は我々の見本やその他から理解される如く，その文句を切り離された文字で表現していたのである。また花押がある文書において教皇の名前はどこにもなく，「ご健勝であらんことを」の文句が花押として表現されている。この他，一部の司教はこの後の所定の箇所で見る如く，下署する際に花押を使用していた。

第 11 章

第 1 節　王文書における文書局員の下署

　フランク諸王のすぐ後から伝旨官または文書官，礼拝堂付き主任司祭または書記が文書において，もし用紙の幅が許すならば，古くは国王の下署のすぐ下に小さく下署するのが習わしであった。これは特に第 2 王朝下で維持されたのであるが，その場合，本書の見本の中で確認することが出来る如く，文書局員は殆ど常に国王のすぐ下に下署していた。

第 2 節　王文書における伝旨官の下署

　東ローマ帝国において伝旨官《referendarius》は，プロコピオスが逸話の中で証言している如く，嘆願者たちの願いを君主に報告する者たちのことであった。『帝国事情』の註釈者が 97 章においてこれと関係している。そこには，「文書庫の整理を管理していた者が伝旨官と呼ばれていた。彼らは嘆願者の願いまたは裁判官の質問を君主に伝え，拝受した返事（それは〈マンダータ〉《Mandata》と言われていた）を相談者に報告していた。当初，彼らは少人数であった。その後，ユスティニアヌス帝によって 18 人となった。更に，また 8 人に減らされた。係争に関して出されていた君主たちの返事は〈決定〉《Dispositio》と呼ばれていた。これに対して，伝旨官が君主にしていた説明は〈開陳〉《Expositio》と呼ばれていた。伝旨官を統括していたのが伯であった。伝旨官は〈立派な〉《spectabilis》の[美称辞]で呼ばれていた」とある。これらの形式に従って，フランクの第 1 王朝の諸王が伝旨官を設置した。国王の指輪または印章の保管が彼の仕事であった。トゥールのグレゴワール [167, 5, 3/168, 3, 17] によると，その一人に「王シジュベール[1 世]の指輪を保管していた伝旨官のシゴン」がいた。更に，エモワンの証言 [9, 4, 11] によると，ダドとも呼ばれたアウドエヌスは「王ダゴベールの伝旨官で，彼が伝旨官と呼ばれていたのは彼の許にすべての公的文書が運び込まれ，そして彼がそれらを彼に委ねられていた国王の指輪や印章で固めるか強めていた」。これに関して，クレルモン司教ボンネは「国王の手から指輪を受け取り，伝旨官の役目を獲得していた」[4, 3–1, 90] と彼の伝記の中で述べられている。伝旨官は「国王の命令文書の作成者で，その特権文書に押されていた国王の指輪の保管者」であった，後にルーアン司教になるアンスベール [Ibid., 2, 1050] の如く，国王の命令文書の作成者でもあった。

第 3 節　フランク人の諸王のもとでの大勢の伝旨官

　しかし，私が最近刊行した，そして本書で再度掲載されている王クローヴィス 3 世の裁判文書（その中で諸侯，伯，裁判官，家政役人に続いて，伝旨官のウィフォライクス，アイグルス，クロデベルクトス，そしてワルドラムヌスが列記され，彼らの後に主膳長と宮中伯が来ている）から，大勢の伝旨官が存在していたことが確認される。伝旨官に関してと同じことが，第 1 王朝におけ

る文書官，書記に関しても認められる。彼らは多数いて，他を統括する一人が文書局長《primi-cerius》または文書官の長，更には単に伝旨官と呼ばれていた。彼は国王の指輪の管理を行ない，国王の文書を文書官に口述させ，それらに下署するか彼に代わって別の者が下署した。例えば，王ダゴベール治下で「王印または印章の高貴な保管者」[2, 4, 428] と言われていたマウロントスがそうである。8世紀ベネヴェントの君主も『神聖イタリア』8巻 [347, 8, 589, 608, 609, 610] で，「私，書記にして伝旨官のパオロは我々のベネヴェント宮廷の書記のコンスタンティーノである汝に口述させた……」とある如く，文書を作成するさい，書記に口述させていた伝旨官を所有していた。他方，伝旨官が文書に下署していたことは明らかである。つまり，王ダゴベールの伝旨官であった，そして彼の指輪を携帯していたことが修道院長聖アジルの伝記の中で述べられている(ダドと呼ばれた)アウドエヌスは，「ダドが交付した」のように，ダゴベール王のある文書に下署しているのが見いだされる。しかし，すぐ後で引用される，クローヴィス3世の裁判文書において大勢の伝旨官の名前が挙げられているとき，彼らの誰も下署しておらず，そうではなくて宮中伯ではなかったアクタルドスが下署している。つまり国王の余り重要でない文書においては，文書官または書記の一人が自分の名前を記していたからである。そして事実，トゥールのグレゴワールの証言 [167, 10, 19] によれば，(すぐ上で私が言った如く)，伝旨官は文書に下署していたのである。即ち，ランス大司教ジルが王領地である荘園を侵略したとして王シルドベールによって告訴されたとき，それらを王から文書によって獲得したと答えている。国王は交付されていた文書を公衆の前で殆ど認めようとはしなかった。それは，「その下署がそこに認められた，その当時伝旨官であったオットーが呼ばれてやってきた。彼は下署したことを否定した。何故ならば，彼の筆跡がこの命令文書において偽造されていた」からである。王妃も固有の伝旨官を持っていた。確かに，西ゴート族の王妃の伝旨官であったウルシキヌスとフレデゴンドの伝旨官であったボボレヌスとが同上グレゴワールの書 [Ibid., 5, 43; 8, 32] で言及されている。今日，嘆願者の書類を扱う役人は，ビニョンが指摘している如く，デュ・カンジュの『辞典』[114] でそれらの指標が明らかにされている伝旨官の職務を実行している。しかし，今日では更に，文書局長に業務を報告する者も伝旨官と呼ばれている。

第4節　文書官の役目

カシオドーロ [575] の時代，彼の書式集から理解する限り，文書官《cancellarius》の役目と伝旨官のそれとは異なっていた。勿論，文書官とは「柵囲い」《cancellus》に由来する役職名であった。つまり，群衆を退けたり騒動を鎮圧したりするために，文書官は秘密法廷の柵囲いを警備していたからである。[ジャック・]ゴドフロワが『テオドシウス法典』[8, 1, 12] において正しく述べている如く，秘密法廷に入ろうと思っていても，誰にでもそれが出来たのではなかった。伝旨官の役目はこれとは別であって，カシオドーロは次のように書いている [74, 6, 17]。「彼を介して我々に係争の順序が示された。彼を通して我々は異議を申し立てる人の要求を知り，そして我々は彼に返事を託した」と。プロコピオス[ビザンツの歴史家, 562]は『秘史』[12, 65] の中で，「伝旨官は嘆願者の書類を皇帝のために管理するに殆ど適していなかったのみならず，更には，慣習に従って，嘆願を説明すること，または嘆願に関する皇帝の判決を公開することに都合のよい役職でな

かったことは言うまでもない」と言っている。他方，文書官に関して，カシオドーロは「あなたを介して面接者が誰であるかを知る。あなたを介して我々の耳に嘆願者の願いが知られる。あなたが我々の正義を推薦することが出来ることから，あなたは我々の命令を欲得ぬきで公示する」[74, 11, 6] と言っている。ほぼこれと同じ頃，ガリア人の間において文書官は次の点で伝旨官と異なっていた。つまり，伝旨官は非常に重要な文書を口述させ，それを国王に提出し下署していたのに対して，文書官はその文書を筆記し，それを国王文書庫に運んで保管し，そして非常に多くの重要でない国王文書を彼ら自身が作成し，彼らの名前で強めていたのである。これに関して，シャルル禿頭王は854年セルヴェで発布した勅令 [tit. 14, cap. 11] の中で「国王の按察使は朕の祖父及び朕の勅令を朕の文書庫または朕の文書官から受け取るべし」と命令している。そして861年，キエルジで作成された勅令には「その上，朕はこれに関する，慣習によって朕の宮廷の朕の文書官のもとで保管されることになる朕の推薦書を書くように要請し，それを朕の按察使に手渡されることが必要だと朕は認めた」とある。「そしてそれから，文書官のガウズレヌスにこの結果を人々の前で朗読することを命令する」[tit. 55, post cap. 32] とある勅令によれば，文書官は国王の命令文書を国王の名において臣民に伝えていた。ランス大司教アンクマールの言 [196, 14, 16] によると，礼拝堂付き主任司祭に「かつて親密な顧問と呼ばれていた文書官の長が結び付けられていた。これらの役人は思慮深く聡明で忠実な者たちで，国王の命令を貪欲による異常な逸脱から免れて下署し，秘密を彼らの許に忠実に保管していた」。オロンで発布された勅令24条では「いかなる文書官も判決や文書に関して，応分以上のものを受け取ってはならない。重要な文書に関しては銀貨半ポンド，重要でない文書に関しては半ポンド以下とする」と決められている。そしてこれは，勿論，第2王朝においても同じである。つまり，第1王朝において伝旨官は，既に引用した『聖アンスベール伝』によると，「特権文書」，つまり少なくとも我々の諸王の重要な記録に署名していた。これに対して，文書官はこれらの記録を保管し，重要でない文書，つまり裁判文書と同種の文書を作成し下署を施していた。トゥールのグレゴワールはその頃複数の文書官がいたことを，『聖マルタン伝』4巻28章で証言している。彼は「我々が国王(シルドベール)と一緒に滞在しているとき，国王文書官の1人，クロードが熱病にかかった」と記している。一部の作家たちによって彼らはコメンタリエンシス《commentariensis》とも呼ばれている [2, 8, 404]。更に，後から見るであろうが，彼らはクァエストル《quaestor》，アポクリシアリウス《apocrisiarius》，シグナトール《signator》と呼ばれてもいる。これらの王文書は数名の書記によっても書かれている。そしてそれらを文書官と伝旨官，または彼に代わって別の書記(これは特に第2王朝の時代に普及した)が王文書を承認し下署している。イタリアにおいては，王ロテールは彼の勅令の写しが書記アンスアルドの手で書かれたり承認されたり見直されたりしてない場合，信用されたり受理されたりすることを禁じている。最後に，我々の諸王の第2王朝において，伝旨官の名称と役職は殆ど消滅してしまい，文書官または書記の運命に合流している。彼ら文書官はときどき伝旨官の名称を使うこともあった。こうして，王ウーゴの文書の中で，アルネボドは「伝旨官(つまり，文書官)であるイルデフレドの代わりに」下署したことが，バリューズの『新版勅令集付録』[37] 124番に見いだされる。

第5節　書記の役目

　書記《Notarius》は，カシオドーロの書6巻書簡16に収められている書記の信条によると，書簡と機密文書に由来する。「君主の秘密はある事情から，大きな信頼で結ばれた者以外の人物に打ち明けることが出来ないと判断されている限り，臣下はそれを美化することは間違いない。……。国王の顧問会のみが最も重大な事柄を知っておくことが望ましい。それには文書記録が保管されている文書庫を見習うことが要求される。ある指示が顧問会によって求められたとき，初めて文書庫は何かを発言する。しかし，知っている人が何も知らない振りをする如く，すべての真実を隠し通さねばならない」。確かに，フランク人の第1王朝においてこれが書記の役職であったように思われる。第2王朝においては，文書官がそうであった。従って，書記は「文書官の長」《Cancellarius summus》または「大文書官」《Archicanncellarius》であったであろうし，「書記長」《Protonotarius》とも呼ばれていたであろう。何故ならば，教皇アドリアン1世は『カロリング諸王宛教皇書簡集』[88]書簡85において，修道院長ラドン(彼がシャルルマーニュの文書官の長であったことは明らかである)を同シャル[マーニュ]の「最も寵愛された書記長」と呼んでいる。そしてある文書において，皇帝ロテールは彼の文書官であった修道院長イルドアンを大文書官と呼んでいる。そして事実，非常に多くの文書官または書記がカロリング時代に働いていた。そして彼らを文書官の長や大文書官ではなくて，「第一書記」《Notarius primus》とのみ呼ばれる一人が彼らを統括していた。またこの第一書記は単に書記，文書官と呼ばれることもあったが，「礼拝堂付き主任司祭」《Archicapellanus》と呼ばれることは決してなかった。

第6節　礼拝堂付き主任司祭の役目

　アンクマールが文書官の長と連携していたと伝えている礼拝堂付き主任司祭が大文書官の役職を果たすことも稀ではなかった。デュ・カンジュ氏が『辞典』[114]の中で詳しく教えてくれている如く，彼らは礼拝堂付き主任司祭の役職にあったが，また至るところで文書官としても登場する。これに関してはシャルルマーニュの文書に文書官として下署し，教皇アドリアン1世に関するアナスタージオの作品の中で，同王シャル[マーニュ]の礼拝堂付き司祭兼書記であったとある修道院長ヒテリウス，アルキュアンの書簡84の中で教皇アドリアンによって礼拝堂の司祭(ミニステル・カペラエ)，同じく家政役人(マヌアリス)，つまり書記(アマヌエンシス)と呼ばれているアンジルベールがいる。しかし，私はイタリア王カルロマンより前で，以下で引用される諸例が証明している如く，国王文書または皇帝文書に関して，礼拝堂付き主任司祭の名で下署されているものを1通も見いだしていない。

第7節　第1王朝下の文書官はいかなる様式で下署していたのか

　今や伝旨官，文書官，書記がフランク人の3王朝の諸王の文書で下署している雑多な形式を考察することが適切であろう。そして，実際，第1王朝において伝旨官はいつも「ダドが交付した」《DADO OBTULIT》，「ドロクトアルドスが命じられて交付した」《Droctoaldus jussus obtuli》，「ア

グリベルトスが確認した」《Aghlibertus recognovit》,「ウルフォライクスが命じられて下署した」《Wlfolaicus jussus subscripsit》, または「命じられて交付した」《jussu obtulit》と下署している。無論, 彼らの役目で最も重要なものは君主に臣民の声を伝えることであった。文書官は国王が殆ど自分の名前を記入していない, あまり重要でない文書に「リグルフスは確認した」《Rigulfus recognovit》,「アイゴベルクトスはカルデベルクトスに代わって命じられて確認した」《Aigoberchtus ad vicem Chaldeberchto jussus recognovit》,「レタルドスは下署した」《Letaldus subscripsit》,「レタルドスは同意した」《Letaldus annuit》のように下署している。読者諸賢は本書で刊行されているそれらの諸例を見るであろう。「命じられて」, 国王に文書を提出していたのも, 多分, 文書官であろう。彼らは伝旨官の命令を受け, その代理としてそれを実行する。更に, 文書官や伝旨官の名前に常に付加された, 絡み合って回転している符号においてティロ式速記が頻繁に採用されている。更に, あるものは通常の, しかし長い熟考の後でないと殆ど解明できないほど読むのが困難な文字(最後には,「ご健勝であらんことを」《Bene valeat》,「ご健勝で」《valeas》,《vale》のような結尾句が現われてくる)が使用されている。そしてこれらの文句は第1王朝の文書官のサインの中のみならず, 第2王朝においても王ペパンの2通の命令文書, 同じくシャルルマーニュの文書, そして私が彼の弟カルロマンのサン=ドニ修道院に宛てた文書で指摘した如く, 少なくともその初期において認められる。

第8節　第2王朝において文書官はいかなる様式で下署していたのか

第2王朝下, ペパンの文書官はこれと同じ形式を踏襲した。その形式はシャルルマーニュ, ルイ敬虔王, その他諸王の治世においても不変であった。確かに, シャルル[マーニュ]が統治しているとき, 書記は文書官に代わって下署する場合, この形式「ウィドライクスがラドンに代わって(下署した)」を使用していた。しかし, ルイ敬虔王の治世に書記は自分の名前を「書記であるメギナリウスはフリドギススの代わりに承認した」,「書記であるヒルミナリスはフリドギススに代わって承認した」,「書記であるグロリウスはユグの代わりに承認した」などのように書き始めた。『トゥールニュ史』[81, 264] 所収の皇帝ルイの文書の中で間違って「書記長ヒルミン」《Hirmin major Notarius》, その他の人々によっては少しはましに「ヒルミンマルス」《Hirminmarus》と呼ばれている人は, 書記ヒルミンマリス《Hirminmaris》のことである。

第9節　シャルル禿頭王以降

このように下署する様式は, 特にシャルル禿頭王の治世に広まった。しかし同王治下のかなりの数の書記は,「国王の権威の書記」《regiae dignitatis Notarius》とか「国王の権威の文書官」《regiae dignitatis Cancellarius》など, 新しい言葉を付け加えている。最初に来るのがドゥブレの書 [111, 792] にある,「王の権威の文書官ゴズランがルイに代わって」である。同じ皇帝の時代にコンピエーニュ特権文書の見本で,「書記であるアウダケルがゴズランに代わって確認し下署した」とある。『トゥールニュ史』[81, 190] はシャルルマーニュに誤って帰せられている別の文書で,《Ego》[「私」の意]を前置している。同書 [Ibid., 274] において, シャルル単純王治下,「国王の権威の書

記であるゴズランが大司教で大文書官であるエリヴェウスに代わって」とある．同じ表現はサント＝ビュルジュ教会に宛てた，コンピエーニュの手稿文書にも見いだされる．サン＝レミ修道院に宛てたルイ海外王の文書には，「王の権威の書記であるオディロが大司教アルトルディスに代わって」とある．クリュニ修道院に宛てた王ロテールの文書 [251, 313] にある下署は，「謙遜のクァエストルであるゲボ（ゲゾと読め）が大司教で文書官の長，アルトルドスに代わって」と変わっている．何故ならば，『ユスティニアヌス法典』 [81, 1, 23, 7] にある如く，文書官または書記はときどき「クァエストル」［「財務官」の意］と呼ばれているから．

　書記は特にゲルマン人の間で見いだされることであるが，ときどき自らを単に文書官と呼ぶこともある．『拾遺集』5 巻 [2, 5, 396] 所収のシャルル肥満王の文書に「文書官のワルドが大文書官のリウタルドスに代わって」，皇帝ベランジェの文書 [*Ibid*., 401] に「司教で文書官のジャンが司教で大文書官のアルディングスに代わって」とある．更に，この書式は同書のオットーの文書，下で引用されるその他の文書でも確認することができる．その上，彼らはときどき書記長と言われているが，もし『新版勅令集付録』 [37] 53 番の皇帝ロテールの文書が偽造を免れているとするならば，彼らの中には大文書官でなかった者がいたことになる．何故ならば，そこには「副助祭で書記長《Subdiaconus Protonotarius》であるドルクテミルスがエギルマルスに代わって」下署しているのが見いだされるので．しかし，『神聖イタリア』4 巻 [347, 4, 115] にある同皇帝の別の文書で「副助祭兼書記《Subdiaconus atque Notarius》であるドルクテミルスがエギルマルスに代わって」とある如く，書記長ではなくて「兼書記」と読むべきではなかろうか．『拾遺集』5 巻 [2, 5, 371, 373, 380, 384, 385] に収められている皇帝ルイ 2 世の非常に多くの文書にあるジスルベールの下署は変わってはいるが，真正である．それには「司祭にして書記のジスルベールは皇帝の命令で文書を作成し，それに下署した」とあるが，文書官への言及が見当たらない．

第 10 節　　いつから大文書官は「礼拝堂付き主任司祭」と呼ばれるようになったのか

　同じく，フランク人の第 2 王朝において，特に皇帝文書で文書官の長が「礼拝堂付き主任司祭」《Archicapellanus》と言われている．皇帝オットーの 945 年の文書は，ボドリの『年代記』 [44, 129] において，「文書官のブルノが礼拝堂付き主任司祭であるロベルトに代わって承認した」で終わっている．同じく，ランス在，サン＝レミ修道院長アンクマールに宛てた 952 年の皇帝オットー [1 世] の別の文書には「文書官のオスベルトが礼拝堂付き主任司祭であるブルノに代わって」，ドゥブレの書 [111, 819] にある皇帝オットー 2 世の文書には「文書官でもある司教ヒルディボルドが礼拝堂付き主任司祭であるウィリギススに代わって」とある．これらすべてよりも古いものとして，『拾遺集』5 巻 [2, 5, 392] 所収のイタリア王カルロマンの文書があり，その下署には「国王の文書官のヒルディボルドが礼拝堂付き主任司祭であるテオトマルスに代わって」とある．これら以外に関しては，ザルツブルク司教座教会の文書 [202, 1, 128, 130 sq. 350, 351; 2, 15 etc.] を参照せよ．フランク諸王に関して，真正文書でこのような書式を確認するのは非常に稀である．しかし，ヘメレウスのサン＝カンタン史 [186] によると，王アンリ [1 世] の文書官であったボードワンの文書で，本文の書出しは「私，フランク人の王アンリ [1 世] の宮廷における文書官であるボードワンは次のことを知らしめ，……」と表現され，従って，終わりでは「この文書が作成されるよう命じ

た礼拝堂付き主任司祭，ボードワンのサイン」となっている。しかし，私はフランク人の王の真正文書の中で，「礼拝堂付き主任司祭に代わって」下署している者を非常に少ししか発見できなかった。勿論，少なくない大文書官が礼拝堂付き主任司祭であることも少なくなかったが。非常に博学なデュ・カンジュが彼の『辞典』[114]の中で古い記録からそれらのリストを復元している。以上に加えて，『カロリング諸王宛教皇書簡集』[88]所収の教皇アドリアン[1世]の書簡90で言及されている，礼拝堂付き司祭のロロンを挙げておく。彼に関しては，書簡86が参照されるべきである。それは刊本では「《sororem》[「姉妹」の意]とベトンを介して」交付されたと読めるが，そこでは《sororem》に代わって「ロロン」《Roronem》が配されるべきであろう。

第11節　第3王朝下における下署の形式

　第3王朝において，通常まちまちに下署をしているのが確認される文書官に話を戻すことにする。最初に注意が向けられるのが，下署で使用される言葉の多様さである。ドゥプレの書[111, 821, 825]には一度ならず，「書記のレジナールが司教で文書官の長でもあったアボンに代わって」と出てくる。また同書[Ibid., 828]には「助祭でカルティグラフス《chartigraphus》のフランコが読み返して印章を押した」とあるが，それに続く文書に関しても，「国王の命令によって文書官のフランコが承認し下署した」[Ibid., 830]とある。デュシェーヌの書[124, 60]には，「聖なる宮廷のアポクリシアリウス《apocrisiarius》に任命されたボードワンが記し認め下署した」との変わった書式が見られる。同氏の別の書[123, 16, 17]に見いだされる別の書式，「修道士エヴラールはシグナトル《signator》であるボードワンに代わって作成した」もまたこれに劣らず変わっている。これらすべては，王ロベール[2世]の治世に交付されたものである。ここで文書官はその行為において「シグナトル」と呼ばれているが，それは国王の文書にサインすること，つまり下署し印章を押すことが職務として彼に課せられていたからである。ソメーズの書[317, 460]において，証人たちが「シグナトル」と呼ばれているのも同じ理由からである。他方，王フィリップ[1世]の治世において，ドゥプレの書[111, 835]には，「文書官のボードワンが下署した」，そして「この文書を作成した文書官のボードワンのサイン」[Ibid., 836]とある。また同書[Ibid., 838]には「国王の威厳の文書官であるピエールは読み返し印章を押した」とある。これらに加えて，ラ＝ソヴ＝マジュール修道院に宛てた文書の中で，「国王の聖職者ジスルベールはパリ司教で文書官のゴドフロワに代わって読み直し下署した」とある。少し後の，ルイ6世の治世において，一方で「文書官のエティエンヌは読み直して下署した」[Ibid., 843, 844, 845]，他方で「国王の尊厳（または威厳）の文書官であるエティエンヌは読み直して下署した」[Ibid., 849]とある。そして至るところ[Ibid., 846, 847]で，「文書官であるエティエンヌの手によって交付された」とあるが，この様式はその後書式として定着する。第2に注目すべきは，下署名の順序である。司教と高位高官が下署している多くの王文書では，文書官が一番最後に下署している。第3に注目すべきは，文書官が空位のとき，書記は下署していなくて，「文書官が空位の時に交付された」《Data vacante Cancellaria》との文句で文書は終わっていることである。そしてこの書式は，特に王国または王の（既に「王冠の」と呼ばれている）宮廷の高級官僚，つまり主膳長，酒瓶長，官房長，主馬長が単独で王文書に下署するようになるときに定着する。我々はこれらの書式を本書見本の所定の場所に集めているし，その

他に関しては次章で述べることにしている。

第 12 節　皇帝における下署の形式

　ハインリヒと名乗る諸皇帝の文書官に関して，ここでは皇帝ハインリヒ 4 世のヴェルダン司教座教会に宛てた文書における文書官，ヘリマンの変わった下署の様式を考察するに止める。ヘリマンは普通の下署の後，いつものようにペンで何本も線を引いたものからなるサインに，一部ギリシア文字で記された「文書官ヘリマンの記号」《IΔEA EPPHMANNI Cancellarii》の文句を含ませている。帝国の大文書官と文書官に関しては，マリンクロート[ドイツの高位聖職者，1664]の書[241]が参照されるべきであろう。更に，ここにおいては普及しなかった下署の様式を見落とすことも出来ない。例えば，サン＝ミシェル＝シュル＝ラ＝ムーズ修道院に宛てられた王ズウェンティボルの文書には，「それ故，私，書記のウィデルゲルス《Widelgerus》は大文書官のラトポトスに代わって承認した」との書式を読む。ここでの「それ故，私」の文句は慣例にはないものである。同ウィデルゲルスは『パーデルボルン史料集』[148, 45]にある如く，別の箇所ではそれを省略しているし，自分の名前もワルトゲルス《Waltgerus》と違った書き方をしている。

第 13 節　大文書官はときどき「大司教」と呼ばれている

　フランスの王国と帝国の文書官について論じたあと，今や礼拝堂付き主任司祭について再度論じ，同じく宮廷伯についても考察することが適切であろう。少なくとも，10 世紀を通じて，オットー諸帝の治世に，礼拝堂付き主任司祭が文書官の長の職に就いていたことは上述したことから明らかである。文書官の長は同世紀とその前の世紀において，ユダヤ人奴隷の洗礼に関する宮廷諸侯に宛てた書簡の中で，アゴバールが「聖なる宮廷の祭司長《Antistes》」として現われる如く，「聖なる宮廷の礼拝堂付き主任司祭」と言われることが少なくない。ケルン大司教ヒルデボルトにその役職が付されていて，813 年のマインツ公会議録のよく知られた序文で，「聖なる宮廷の大司教」と言われている。ヘルマン・コンリンクはルイ文書[101, 189 sq.]の鑑定において，「大司教」ではなくて「礼拝堂付き司祭」の読みの方を取っている。彼は博学なバリューズと異なって，礼拝堂付き司祭の長は決して「聖なる宮廷の大司教」とは言われなかったことを強調する。彼は，少なくとも適切な証拠でもってそれを立証していない。多分，メッスのドロゴンが別な文書[40, 3, 129]で呼ばれている如く，「聖なる宮廷の大司教にして礼拝堂付き主任司祭」と復元されるべきであろう。更に，コンリンクは[12 世紀後半の]フレデリクス・アエノバルドスよりも前で宮廷の伯は「聖なる宮廷の伯」，更には「宮廷伯」と言われていなかった[101, 195 sq.]と付言する。しかし，両方とも誤っていると考えられる。それはフランク人の間において，間違いなくゲルマン人の真似からと思われるが，フィリップ 1 世[1108]の治世にフランキアの宮廷伯と言われていたからである。そのため，マルムーティエ修道院長バルテルミの時代にシャトーダンの修道院に宛てた有名な確認文書において，「我々は次のことが殆どすべての人々に知られ，十分に明らかなものとなることを信じる。つまり，このマルムーティエ修道院の擁護者であり保護者であるフランキアの宮廷伯ティボ……」とある。そしてこの書式は『聖者記録集(ベ)』4 世紀 1 巻の末尾[4, 4–1,

761] に刊行されている。最後に，非常に重要なカサウリア修道院の手稿文書集において，しばしば「聖なる宮廷の伯ヘリバルド」と言われている。そしてこれは事実，ルイ2世 [875] が統治していた時，つまりフレデリクス・アエノバルドスよりも300年も前のことである。読者諸賢はこれに関する史料を本書6巻で見るであろう。これらに深く立ち入ることは許されないが，少なくとも簡単に触れることは無用なことではなかろう。

第14節　コンリンクの見解と異なって，大勢の宮廷伯，王文書の確認者が存在していた

しかし，上掲の著者が同じ本 [*Ibid.*, 127] の中でビニョンと対立する意見を述べていることを立証することは出来ない。つまり，フランク人の第1と第2の王朝で，アンクマールの証言によると，礼拝堂付き司祭と教会に関する係争との関係の如く，「世俗のすべての事件と争いに関して」判決を通告する宮廷の伯は一人であったとする意見である。しかし，本書で刊行されている国王の雑多な裁判文書から明らかな如く，第1王朝において宮廷伯が大勢いたことははっきりしている。つまり，その一つはクローヴィス3世の初年におけるアンソアール，二つは統治の2年，5月5日に発行されている文書に「朕の宮廷の伯ワルノ」と記されている。次に，同年11月1日に発行された文書に「朕の宮廷の伯マルソ」とある。次年，3月6日の別の裁判文書には「朕の宮廷の伯オドラン」とある。シルドベールの統治の15年に「ベルトアール」，16年に「シジュフロワ」，同じ年の別の文書で「ベロとグランベール」が [宮廷伯] と呼ばれている。カロリング諸王の時代でも宮廷伯が大勢いた。第1の証拠は有名なバリューズによって刊行されたル=マン司教アルドリックの懇願文書 [40, 3, 171] で，それには二人の宮廷伯「ラジェナールとラヌルフ」がルイ敬虔王の時代に下署している。同じく，同書 [*Ibid.*, 130] に収められたシャルル禿頭王の裁判がそれを証明していて，そこには「国王の封臣で宮廷伯のフルク」，「国王の封臣で宮廷伯ラジェナール」が下署している。最後に，同じくコンリンクが前述の考察の中で，「いつの時代でも国王の文書の承認者が複数存在したことを示すちょっとした証拠も確認されていない」[101, 130] と述べていることも無視することはできない。何故ならば，メロヴィング時代においてその役目が課せられていた伝旨官が複数いたことは既に上 [本章3節; 次章2節参照] で言及されている。そしてカロリング時代においても，次章が教えている如く，一人の文書官の長の下に大勢の書記が働いていた。最後に，宮廷伯は国王の文書に押印するために，国王の印章を管理していた。従って，キエルジで発布された877年の勅令17章で「宮廷伯のアデラールが印章を持って彼（国王の息子）と一緒に近侍している」《Adalardus Comes palatii remaneat cum eo (filio Regis) cum sigillo》と読むことが出来る。勿論，この場合，語の順序に反することになるが，アデラールに印章が委ねられていたと解釈すべきであろう。

第 12 章

第 1 節　フランク王国の文書官一覧

それぞれの国王のもとでこの役目を担っていた文書官の名前が明白にされることは真正の王文書の理解に少なからず役立つことから，フランク王国の文書官について論じているいろいろな著書或いは我々の考察に基づいて，彼らの名前がここで明らかにされるのが適切なことである。と言うのも，諸王の名前の綴りを解読するのに熱心なあまり，諸王のもとにどういった名の，どのような文書官がいたかについては余り注意が払われてこなかったことは事実であるので。

第 2 節　第 1 王朝においては復元は困難である

しかし，我々はこの名簿を第 2 王朝から始めることに決めた。何故ならば，メロヴィング時代の文書官を正確に示すことが困難であるから。だが，この困難は二つのことに由来する。第 1 はそのリストを作成するに適した史料が殆ど今日伝来していないことである。つまり，グレゴワールやフレデゲールの叙述，そして真正文書を除くならば，読者諸賢は国王の伝旨官(メロヴィング諸王の時代，文書官の長はこのように呼ばれていたのであるが)に関して，証拠を提供してくれる適切な作者を殆ど見いだせないであろう。第 2 の困難はすべての伝旨官を数え上げたとしても，その君主が誰であったかを知ることが出来ないことである。更には，我々が前章で明らかにした如く，一人の王のもとに複数の伝旨官が存在していたようでもある。従って，トゥールのグレゴワールによると，クロテール 1 世の治世にバウディヌス [167, 10, 31] と同じくカリギシルス [168, 1, 25]，グントランの治世にフラヴィウス [167, 5, 45] とリケリウス，シジュベール[1 世]の治世にシゴン [Ibid., 5, 3] とテウタリウス [Ibid., 9, 33] とカリメレス [Ibid., 9, 23]，オストラジ王シルドベール[2 世]の治世にガロマグヌス [Ibid., 9, 38] とオットー [Ibid., 10, 19]，シルペリックの治世にマルク [Ibid., 5, 29; 6, 28] が伝旨官であったことが知られている。しかし，伝旨官の長が存在していたことは明らかでない。但し，「王シジュベールの指輪を保管していた」と述べられているシゴンは，恐らく例外と思われる。グレゴワール以外に，フォルチュナ [143, 7; epig.; 9, epig.] が伝旨官としてボゾンとファラモドスを挙げている。聖アンスベールと聖アンガドレームの伝記にあるロベールとルーアン司教ロマンは，クロテール 2 世の所有物として指輪を保管していたと言われている。より確かなことは，フレデゲールが間違いなくダゴベールの伝旨官であったダドまたはアウドエヌスについて [145, 78]，カドイヌス [Ibid.]（伝旨官であった）と同様に言及していることである。後にクレルモン司教になった，この上なく聖なるボンネはクローヴィス 2 世の治世に，同時代の作者の手になる彼の伝記によると，「国王から指輪を受け取り，伝旨官の役職に就いていた」。アイグラドスの証言によると，クロテール 3 世治下アンスベールは国王の指輪の携帯者であった。その他の考察すべき者に関しては他の人に任せることにするが，それらのあるものは見本，またあるものは本書で刊行されている文書から抜き出すことが出来よう。その他では，「命令により」下署し

てもらうべく国王に文書を提出したと言われている者たちは伝旨官の長ではなくて，彼らの書記であったと私には思われる．つまり，メロヴィング時代において文書官の長は「ダドが交付した」《Dado obtulit》といった書式を使用することを常としていたので．

第3節　第2王朝．ペパン1世の治世

第2王朝の初期諸王の文書官に関しても，同様に考察されねばならない．そのため，国王ペパン[768]の文書を「命令によって」常に確認していた，ある者は《Egium》，またある者は《Eguim》と呼んでいる《Ejus》は文書官の長ではなくて，クロディングスとウィドマルスと同様に，書記と呼ばれるべき人物である．他方，ヒテリウスは自分の権威で国王の文書を承認し下署していることから，王ペパンの大文書官であった．

第4節　シャルルマーニュの治世

シャルルマーニュ[814]の統治の開始から遅くとも統治の12年に至るまで，ヒテリウス（手稿文書では常にこのように綴られている）が同じ役目を担っていた．その年（統治の12年），ウィグバルドスがヒテリウスに代わってサン＝ドニ修道院に宛てた文書2通[111, 716, 718]を承認している．「礼拝堂付き主任司祭のエテリウスが書記であった」とアナスタージオ[22]によって言われていることと対立しない．何故ならば，この名称においては「書記の長」が意味されていたと理解されるからである．ヒテリウスのもとに書記としてラド，ウィグバルドス，ギルベルトス，オプタトスがいた．彼らは彼の代わりに各々，多数の文書を承認している．その中の1例として，ラドは本書で銅版印刷されているサン＝ジェルマン修道院に宛てたシャルルマーニュの治世の5年の文書を承認している．

ヒテリウスを継いだのがサン＝ヴァースト修道院長のラドで，彼は書記としてウィグバルドス，オプタトス，ヤコブス，エルケンバルドス，ウィドライクスを持っていた．オプタトスはパリのサン＝ジェルマン修道院に宛てたシャルル[マーニュ]の文書を，手稿文書によると，統治の11年に承認している．

シャルルマーニュの3代目の文書官は，統治の29年頃から上記のエルケンバルドスであった．エルケンバルドスの書記はゲネシウスであった．ラドはそれまでシャルル[マーニュ]の統治の3年に交付されているオスナブリュックの文書[148, 326.nova edit.]で文書官として知られていたが，彼に代わって下署する書記の名前を，当初，私は殆ど読むことが出来なかった．しかし，我々の同僚で，パーデルボルンやミュンスターにおける非常に有名な君主や司教の文書に非常に詳しいアードルフ・オーヴァーハムはこれを追究し，先年私に宛てた手紙の中でその名前がジャックであったと証言している．

シャルルマーニュの4代目の文書官はヒエレミアスで，彼に代わってウィテルスが本書に銅版印刷されているコルビの文書を帝位の13年に確認している．この後，ヒエレミアスはサンス大司教になっている．

アングレームの修道士は『シャルルマーニュ伝』の中で，769年のこととしてバルテルミをこ

れらの仲間に加えている。修道院長アウトペルトをカロリング王朝の文書官，エジナールを書記の中に加える人もいる。両方とも確かな論拠を持ち合わせていない。事実，アウトペルトはシャルル[マーニュ]がフランク人の王と言われる時代以前，イタリアのヴルトゥルノ[ナポリの近郊]で修道士をしていた[4, 3–2, 259, 262]。そしてそこからフランスへは移住していなかった。修道院長ロオテリドスがシャルル[マーニュ]の「書記」であったことは，エジナールの年代記の809年の記述から明らかである。オスナブリュックの第2文書[148, 328]がアマルベルトスの名をあげているが，同文書は少なくない人々によって偽文書と見做されている。但し，アマルベルトスがその代理で文書を承認したと言われているエルシャンボはシャルルマーニュの文書官であった。

第5節　ルイ敬虔王の治世

　ルイ敬虔王[840]の最初の文書官はサン゠リキエ修道院やその他の修道院の院長であったエリザカル[本書見本参照]で，アゴバール[8]によって「宮廷の高官」《honoratos palatii》に数えられている。アニアーヌ修道院長ブノワは彼を「カノニクス(つまり，参事会員)の中の最も信頼できる友人」[4, 4–1, 117]と呼んでいる。エジナールの証言によると，彼はスペイン辺境伯領の反乱を鎮めるために，他の人たちと共にルイによって派遣された827年の後も生きていた。彼の書記にデュランドス・ディアコヌスとファラムンドスがいたが，数通の文書ではアルナルドスがこの二人に加わっている。

　フリデュギススはエリザカルと同じ頃，文書官の役職に就いていたようである。つまり，『アニアーヌ文書集』の中に帝位の3年に発給されたルイの文書が存在するが，「フリデュギススに代わってデュランドス・ディアコヌス」が承認している。しかし，日付の計算に誤りが入り込んでいるかもしれない。だが，827年以前にフリデュギススがこの役職に就いていたことは確かである。実際，この時期以前に彼によって承認された多数の国王文書が見いだされる。例えば，本書でその見本が掲載されている，ルイの統治の8年に発給された文書がある。『拾遺集』4巻[2, 4, 479]にある如く，同年に発給された別の文書も見いだされる。それ故，フリデュギススがエリザカルと同時期に文書官であったか，エリザカルは死ぬ前には文書官でなくなっていたかのどちらかである。ペラールの書[282, 46]において，彼の代わりに，ルイの統治の5年にデュランドス・ディアコヌスが数通の文書を承認している。フリデュギススはアングル人の出身で役職は参事会員，まず最初にアルキュアンの後を継いでサン゠マルタン修道院長として現われる。そして820年からサン゠ベルタン修道院長になる。「彼の在位の14年に」[4, 3–1, 122]に他界している。彼の書記としてデュランドス，ヒルミンマリウス，アダルルフスが我々の見本から，そしてシギベルトスがザルツブルク司教座教会の文書[202, 2, 11]から確認される。

　テオド，テウドまたはテオトはルイの帝位の18年から文書官としてフリデュギススの後を継いでいる。この年とその翌年，他の人は誤ってヒルミンマルスと呼んでいるヒルミンマリスがトゥールのサン゠マルタン修道院，ル゠マン，サン゠ドニ修道院，マルムーティエ修道院の文書集に収められた数通の文書をテオウトに代わって承認している。そしてル・ミルの書とサンス在，サン゠コロンバン修道院の文書集によると，メギナリウスがテオドのもう一人の書記であった。

　ルイの4代目の文書官は同王の腹違いの兄弟，修道院長のユグであった。彼の在位はアニアー

ヌ修道院，ル=マン，ペラールの書 [282, 19] によると，ルイの帝位の22年から始まっていた。彼は書記としてヒルミンマリス，メギナリウス，グロリウス [37, 52]，ダニエリスを抱えていた。『トゥールニュ史』[81, 195] の中で言及されている文書はこれらにメルカリウスを加えている。但し，そこに記されているメルカリウスがメギナリウスとは読めないとの条件付ではあるが。

第6節　シャルル禿頭王の治世

シャルル禿頭王 [877] の文書官は二人いた。それらは彼の統治の初年から，サン=ベルタン修道院の年代記が彼の没年を置いている27年，つまり西暦867年に至るまでの修道院長ルイと，その後の彼の弟であるゴズランとである。ルイの書記にはジョナース，エネ，バルテルミ，ラガンフロワ，ジスルベール，ゴズラン，ヒルデボルドスがいた。一部の人々はアダルサリウス，イドリクスをフォルカルクスと共にその中に加えている。ゴズラン（ゴズレヌスまたはガウズレヌス）は書記としてヒルデボルドス，マンキオ，アダルガリウス，ガッモ，エッボ，アウダクルスを使っていた。彼はまず修道院長，次にパリ司教になっている。

第7節　ルイ吃王の治世

ルイ吃王 [879] が統治しているとき，上記のゴズランがまだ文書官を続けていた。そしてその書記にウルファルドスがいた。同じく，書記のアウダケルは，アリユルフによって『サン=リキエ修道院年代記』[2, 4, 505] の中で引用されている同ルイ王の文書に記されている。それらの文書で，「書記のアウダケルはゴズランに代わってコンピエーニュの宮廷で，いと栄光に満ちた王ルイの統治の2年，12月30日，会計年度の15年に」下署している。アリユルフはこの年を867年に置いているが，それはルイが父によってほぼ3年前に王位に就けられていたと考えたからである。しかし我々は，もしそうでないとするならば，その根拠に関しては，この後の所定の場所で見ることになろう。

第8節　ルイとカルロマンの治世

カルロマン [884] は文書官としてウルファルドスを使用し，また後者は書記にノルベールを使っていた。

第9節　シャルル肥満王の治世

シャルル肥満王 [887] は二人の文書官，即ちヴェルチェッリ司教リウトワルドとマインツ司教リウトペルトを登用していた。彼らの書記はアマルベルトス，セゴイヌス，サロモンであった。サン=メダール修道院に宛てた文書は大文書官としてリウトペルトを持っている。

第10節　ウード，シャルル単純王，ラウールの治世

　ウード [898] の文書官は2名，エブロまたはエボルスとグァルテルスであった。エボルスの書記はトロアヌスで，彼については本書の見本を参照せよ。グァルテルスの書記はエルヴェであった。若干の文書が大文書官のアダルガリウスを追加しているが，彼の書記はエルヌルフスであったであろう。

　シャルル単純王 [923] の初代の文書官は，900年[の文書に登場する]ランス大司教フルクであった。彼は書記としていつもエルヴェを使用していた。

　2代目文書官のエルヌストスは書記のベンジャマンと共に，トゥールのサン＝マルタン修道院に宛てた，ウードを継承した2年目の6月14日の文書に記されている。しかし，これに続く文書でエルヌストスが「アスケリクスに代わって」いつも下署しており，私としては2代目にパリ司教アスケリクスを置きたい。従って，エルヌストスは彼の書記となる。

　シャルル[単純王]の3代目の文書官はランス大司教エルヴェで，ゴズランは書記であった。

　第4代目としてコンピエーニュ，ナルボンヌ，その他の文書にある如く，書記のゴズランを伴った，トリーア大司教ロゲリウスが加えられるであろう。

　ブルゴーニュ公ラウール [936] が王位を簒奪したとき，シャルル[単純王]は投獄されていたのであるが，同公は文書官にまずソワソン司教アボンを書記のレナール，エリベール，リシャール，ロベールと共に持った。続いて，彼はトロワ司教アンススまたはスアンゲシススを書記のユグとレモンと共に持った。このラウールとジュラ山の向こうに位置する，ブルグント王ラウールとを混同しないようにしよう。少なくない人が後者の文書官とラウールのそれとを混同している。

第11節　ルイ海外王とロテールの治世

　ルイ海外王 [954] の文書官として最初に来るのが司教アンセイススである。彼はそれ以前に上記ラウールの書記で，彼については本書5巻の図版 XXXVI-2 に付された註を参照せよ。次に司教エリク，その後にユグ，そしてランス大司教アルタールが続く。アンセイスス，エリク，アルタールの書記はオディロとロリコで，ロリコは(下記の)ユグの書記でもあった。文書官に関してはラップの書と，ここでとこれから述べることの証拠として本書で刊行されている文書を参照せよ。

　上記アルタールはロテール [986] の治世の初期においても，書記のウィドとゲゾを従えてこの役職に止まっていた。アルタールを二つの役職，つまり大司教と文書官において継いだのがオドルリックである。カロリング王朝の最後の文書官であるアダルベロンが彼の後を継いだ。オドルリックの書記としてゲゾ，アダルベロンのそれとしてアダルベロンとアルヌールまたはエルヌールがいた。

第12節　ユグとロベール[2世]の治世

　ランス大司教アダルベロンは[カペ王朝の王]ユグ [996] の治世においても，この大文書官の役職を，後にパリ司教となる文書官のレギナルドスと共に継続した。

アダルベロンのあと，ランス大司教であったジェルベールが文書官の長として，書記のレイノルドス（彼は上記のレギノルドスと同一人物であったと思われる）を伴っている。

ロジェはユグとロベール[2世][1031]の両王の治世における3代目の文書官であった。

彼以外にも，司教アボンがロベール[2世]の治世の初期に同じ職を占めていた[111, 821, 825]。彼の書記はレギナルドスで，一部の人々によってはラゲナルドスと綴られている。

フランコはパリ司教職に就く以前，文書官の長または書記（他の人々にはそのように思われているのであるが）であった。彼はランス大司教アルヌールと国王ロベール[2世]との対立期間を通じて，文書官職を書記のロジェと共に務めている。1003年に発給されたムラン在，サン＝ペール修道院に宛てたロベール[2世]の文書で，彼は「神の聖母マリアの助祭で王ロベールの書記のフランコが読み返した」のように下署している。

大文書官アルヌールの書記はボードワンであった。しかし，彼はロベール[2世]の治世の末年に文書官の長に昇進している。シャルトル司教フルベールにこの役職を付与している人が一部にいるが，我々は彼を国王の文書官と見るよりもシャルトル司教座教会のそれと見ている。

第13節　アンリ1世の治世から4名の宮廷役人が下署し始める

王アンリ1世[1060]の一人の文書官として上記のボードワンと同一人物が言及され，彼の書記としてシグイヌス，フルク，ギヨームがいた。

アンリ1世の治世の末期，国王宮廷の4名の特別で上級の役人または官僚が文書長やその他の高位高官を伴って，国王文書に署名し始める。我々はそれをデュシェーヌの書[123, 21]に引用されているアンリ1世の文書から引き出す。そこには1060年に，「文書長のボードワン，官房長のレナール，主馬長のアルベリック，主膳長のギヨーム，酒瓶長のユグ，厨房長のロベール」が下署している。この習慣はフィリップ1世の治世に普及した。しかしルイ[6世]肥満王の治世に，下署者の数が文書長と四つの主要な部署，つまり主膳長，官房長，主馬長，そして酒瓶長に縮小される。私はフィリップ1世の母，アンヌがサン＝モール＝デ＝フォッセ修道院に宛てた文書の中でも，彼らが他の人々と共に下署しているのを確認している。この習慣はルイ7世とそれに続く3名の王の治世においても維持される。聖ルイ王が死ぬと，彼の息子たちの治世においてそれは殆ど消滅する。それ故，これらの諸王の中でルイ7世の戴冠式から，文書は「宮廷において，その人々の名前が下に記され，署名の印が押された人々，つまり官房長の……，……の前で」作成されたと言われている。しかし，一部の特殊な文書においては司教，修道院長の名前が記され，更に彼らの前には役人たちの名前が置かれている。ここで暦資料室の記録簿から二つの例を取り出すことにする。最初はルイ6世の文書で，アキテーヌの司教たちが次の文句のもとにレガリア権[司教職・修道院長職が空位となった場合，その財産や諸権利から生じる収益を国王が利用する権利]から免れていると宣言している。「パリの朕の宮廷で，言葉の受肉の1137年，朕の治世の29年，朕の息子ルイとの共同王の6年，尊敬すべきシャルトル司教ジョフロワ，サン＝ドニ修道院長シュジェ，ジョザファ修道院長ジラール，朕の親しい顧問のアルグランの前で，その人の名前が下に記され，署名の印が押されている人々が朕の宮廷に参列する中で下付された。ヴェルマンドワ伯で，朕の主膳長であるラウールのサイン。酒瓶長であるギヨームのサイン。官房長であるユグのサイン。主

馬長であるユグのサイン。文書長であるエティエンヌの手から発給された」と。それを彼の息子であるルイが次のように確認している。「ボルドの朕の宮廷において，1137 年，朕の統治の 4 年，ローマ教皇庁の特使である，尊敬すべきシャルトル司教ジョフロワ，ブールジュ大司教アルメリック，トゥール大司教ユグ，ボルド大司教ジョフロワ，オルレアン司教エリ，アジャン司教レモン，アングレーム司教ランベール，サント司教ギヨーム，サン＝ドニ修道院長シュジェの前で（上記の如き人々の）列席を得て，……発給された」と。このように，これと同じ頃，書記が文書長に代わって下署することは決してなかった。つまり，ルイ 6 世の治世以降，そして実際に文書長がいなかったので，「文書長の職が空位であった」との文句が配されている。これらの理由から，我々はそれぞれの国王の治世における文書長を順序通り上げると同時に，王宮の 4 人の主要な役人も付け加えることにする。

第 14 節　フィリップ 1 世治下における彼らの名簿

　フィリップ 1 世 [1108] が統治しているとき，1060 年にボードワンが文書長であった [111, 835]。むしろ彼は王ロベール 2 世とアンリ 1 世の治世における文書長と同一人物であったであろう。ジェルヴェが 1061 年，ランス在，サン＝ニケーズ修道院に宛てた文書 [218, 161] を「彼に代わって」承認している。1065 年，彼はサン＝マルタン＝デ＝シャン修道院に宛てた文書数通 [Ibid., 163] を作成している。この人物はランス大司教ジェルヴェで，国王塗油式の年である 1059 年に「フィリップ [1 世] は彼の前任者たちがその前任者たちをそうした如く，彼を文書長に任命した」と，ランス司教座教会の参会記録の中に読む。従って，ジェルヴェがその翌年にボードワンに代わって文書を承認したのであれば，それは驚くべきことである。それとも当時二人の文書長がいて，彼らの職域がはっきりと区分されていたが，相手の領域でもときどき仲間に代わって下署していたのであろうか。

　2 代目の文書長，ピエールはパリのサン＝ジェルマン＝デ＝プレ修道院長で，デュシェーヌの書に収められている 1067 年 [123, 23] と 1071 年 [Ibid., 26] の文書に下署している。

　この後，王文書は次の人々によってばらばらに作成されている。パリ司教ジョフロワが 1075 年 [Ibid., 18] から 1092 年 [Ibid., 73] にかけて，ギヨームはラップの書に収められている 1073 年と 1074 年 [の文書]，ロジェは同じくラップの書に収められている 1074 年，1079 年，1080 年 [の文書]（彼に代わって，ときどきジスルベールが下署しているが），サンリス司教ウルシオは 1090 年 [の文書]，続いてユベール（人によっては《Humbertus》または《Imbertus》とも記されている）がラップの書に収められた 1091 年 [の文書] を作成している。上掲の書に収められた，1095 年のマウサクスに宛てた文書で文書長補佐アンボが下署している。これ以外の文書長として，1095 年のジスルベール，1106 年のエティエンヌ・ド・ガルラン（彼は同職を次の王ルイ [6 世] の治世に入っても続けている）を加えておこう。

　官房長として，ワルランが 1067 年 [123, 23]，1071 年 [Ibid., 26]，1075 年 [Ibid., 28]，ガルランが 1080 年 [Ibid.]，そしてその後ギヨームが 1085 年 [Ibid., 26] の文書にそれぞれ下署している。彼ら以外に，1078 年にフィリップがサンス在，サン＝コロンバン修道院に宛てた文書に官房長ユグが現われている。

酒瓶長としては，アドラールが1062年 [*Ibid.*, 21]，アンジュヌールが1067年 [*Ibid.*, 23]，レノが1067年 [*Ibid.*, 24]，ギィが1071年 [*Ibid.*, 26]，エルヴェは1075年 [*Ibid.*, 27] と1079年 [*Ibid.*, 29] の文書に現われる。

主膳長(《Senescalcus》と呼ばれることもある)としては，ラウールが1067年 [*Ibid.*, 23]，ボードワンが1069年 [*Ibid.*, 24]，フレデリックが1071年と1075年 [*Ibid.*, 26, 28]，ロベールが1079年 [*Ibid.*]，ジェルヴェが1083年 [*Ibid.*]，1085年及びそれ以降の文書 [*Ibid.*] に現われる。

主馬長としては，バルドリックが1067年 [*Ibid.*, 23]，ゴティエが1069年 [*Ibid.*, 24]，アドレルムが1071年 [*Ibid.*, 26]，アダンが1079年 [*Ibid.*, 29]，ティボが1083年 [*Ibid.*, 26]，1085年，1086 [*Ibid.*] の文書に現われる。

第15節　ルイ[6世]肥満王の治世

初代文書長は上述のエティエンヌ・ド・ガルランその人であった。王ルイ[6世][1137]にはエティエンヌの名で2名の文書長，一人はボーヴェ司教，一人はパリ司教のそれがいたと考える人がいる。ラップは両者は同一人物で，まずボーヴェ司教に指名されたが，叙任されることはなく，その後でパリ司教に就任したと考える。彼は確かに文書長の役職にしばらくの間，つまり1125年からの中断を挟んで，1133年に再びその職に就いている。他方，その中断期間にシモンがその役職に就いている。それはラップの見解を支持しているが，パリ司教エティエンヌはルイの不興を買い，それによって，聖ベルナールの書簡から明瞭である如く，財産を没収されたことと矛盾していることは明らかである。1134年以降の文書数通はピエールとシモンに代わってアルグランを文書長に据えている。

主膳長としては，ルイが統治している間，アンセルス・ド・ガルラン [83, 2, 363/111, 843] と彼の弟ギヨームが，エティエンヌが継承する1120年 [125, 221/111, 853, 854] までその職にあった。1120年には主膳長は1人も確認されない [125, 222/102, 859]。ラウールは1135年に主膳長であった [112, 224]。彼に続くこの役職者は，それぞれの箇所で明らかにされている。

酒瓶長としては，ジスルベールが1111年から，ドルゥ史 [*Ibid.*, 222] の中でルイが任命される1129年までその職にあった。ギヨームは1132年，ジルベールは1136年にその職にあった。

主馬長としては，ユグ・ド・ショーモンが1111年に，そして『ドルゥ史』と『ティロン修道院文書集』にある如く，1136年までその職にあった。

官房長としては，ギィが1111年，アルベリックが1129年にその職にあった。その翌年はマナセがその職に就いていた。ユグは1135年，もう1人のギィはその翌年この職に就いていた。

第16節　ルイ[7世]若王の治世

初代の文書長は上述のアルグラン [123, 42/102, 866] で，彼の後をカドリュックが1141年に継いでいる [125, 225/110, 44 sq.]。バルテルミは1147年 [123, 50]，シモンは1151年にその職にあった。そして同年，ソワソン司教ユグもその職にあった [*Ibid.*/102, 877 sq.]。フェリエールとパリの文書集成から，文書長職は1170年と1173年に空位になる。別のユグが1179年のパリの文書集の中に

文書長として現われる。上記の諸文書長以外に，1140年のルベ修道院長ナタリとルイ7世[1180]と聖なる遠征に出発したボードワンとが追加される。ロワゼルの『ボーヴェ史料集成』[232, 271]所収のルイ7世の文書が文書長ナタリの存在を立証している。

ルイ7世の初代主膳長は1138年から1151年までのラデュルフである[111, 866 sq./125, 225/123, 44]（つまり，1137年には主膳長はいなかった）。1152年には主膳長はいなかった[123, 42, 50/111, 77]。2代目はブロワ伯ティボで，1154年からルイの治世の最後までその職にあった[123, 51/111, 878 sq.]。

酒瓶長は上掲の史料集成から，ギヨームが1151年，そしてそれ以降はギィがその職にあった。

官房長はパリの文書集成から，少なくとも1174年にマティユ[111, 882]，1179年にルノがその職にあった。

主馬長は1138年にユグ[123, 42]，翌年から1159年までマティユがその職にあった[*Ibid.*, 51]。この次の年には，誰もいなかった[*Ibid.*, 52/125, 7]。ラウールは1169年[111, 881 sq./79]とその後もその職にあった。

第17節　フィリップ[2世]尊厳王の治世

ルイ[7世]の最後の文書長はユグ・プテオレンシス，または普通にはユグ・ド・ピュイゼと言われている人物であった。フェリエールの文書集とラップの言によると，彼の後，つまり1187年以降，長い間文書長職は空位であった。「文書長職が空位」の1182年に発給されたと言われている，パリのサン＝ヴィクトール修道院の文書に関しては，改竄が入り込んだと思われる。サン＝ジャン施療院の職員からサンリス司教になったガランとギィ・ダティが，この間書記を務めていた。

フィリップ尊厳王[1223]の治世，1190年における主膳長は上掲のティボと同一人物であった[125, 230/79/80]。ドゥブレの書によると，1196年には主膳長はいなかった。これに続く数年に関しては，ドゥブレの書とパリの文書集を見よ。

酒瓶長はドゥブレの書やその他によると，ギィが少なくとも1218年にその職にあった。同書によると，1223年も酒瓶長は不在であった。

官房長はマティユが1207年，バルテルミ・ド・ロワが1210年，その後に関しては，上掲の史料集を参照せよ。

主馬長はラウール，それから1196年のドロゴン，そして最後にマティユが1218年からその職にあった。

第18節　ルイ8世の治世

彼のもとでの文書長の一人は，上述のガランと同一人物。彼はサンリス司教で，それまで移動していた国王文書を固定させ，動かない文書庫に集めたと言われている。

王ルイ[8世][1226]の主膳長は1人もいなかった。酒瓶長はロベール・ド・コルトネ，官房長はバルテルミ・ド・ロワ，主馬長はマティユ・ド・モンモランシであった[123, 86, 89]。

第19節　聖王ルイ[9世]の治世

彼の治世，新しい文書長は誰もいない。しかし，統治の初めに国王文書を作成していたのはルイ8世の文書長ガランで，そこに彼は「文書長職が空位の時」と書いていたと言われている。それ故，彼は文書長補佐と呼ばれるべきであろう。ティル大司教ジル，ラウール・ド・ピリス，そしてその他の者は同じ役職者よりも，王印の保管者と見做されねばならない。

主膳長も聖王ルイ[1270]の時代，ドゥブレの書[111, 908 sq.]とパリの文書集成から判断する限り，誰もいなかったと考えられる。酒瓶長はジャン，官房長はアルフォンス，主馬長はジルであった。

第20節　続く諸王の治世で下署することが廃れる

彼に続く諸王の治世，これらの役職への言及は我々の目が届く範囲での史料から推論する限りにおいて，以後，文書の下署の中にはない。従って，聖王ルイ以降，これらの役人の花押と下署の慣習が廃れたことになる。

第 13 章

第 1 節　公証人の古さ

　サミュエル・ギシュノンは『ビュジェ史』[178, 141] の史料編の中にシャルトルーズ修道会のセリニャックへの進出に関する史料を掲げ，そして，それらの中で行なわれている公証人《Notarius publicus》への言及から，それらを偽文書と見做している。それはその頃この役職はまだ全く存在していなかったと判断したからである。しかしこの時代，即ち 1187 年よりもずっと以前から公証人の名称と役職が使用されていたのである。つまり，『リブアリア部族法典』やその他において書記を意味した文書官への言及があることを除いても，シルドベール 3 世 [711] 治下の修道院長エフィビウスの遺言書の中で「解放自由人の公的書士」《Notario libellario publico》が問題になり，シャルルマーニュは 803 年の勅令 3 の 3 章の中で，「朕の按察使はそれぞれの場所において参審人，代訴人，書記を選出する。……」とある。そして 813 年のシャロン＝シュル＝ソーヌ公会議の議決 24 条で，「我々は彼らが村の司祭であってはならず，……公的書士でなくてはならないと認めた」とある。それ故，彼らは公的書士，つまり公証人であった。そしてそれは単にガリアにおいてのみならず，特にその歴史が『神聖イタリア』8 巻 [347, 730, 731] で刊行されているサンタ＝ソフィア修道院の歴史から明らかな如く，イタリアにおいてもそうであった。事実，そこにおいて，「ベネヴェントの参事会と都市の」書記が 8 世紀を通じて頻繁に言及されている。時が経つにつれて，スペクラトル[不詳]が述べている如く [331, instrum. § Restat, 23]，「皇帝または教皇，またはこの特殊な特権が付与された者によって書記または書士に任命された者はどこでも，単に彼らに特別に従属した土地のみならず，フランス，アングリア，ヒスパニアにおいてもその役職を果たし，文書を作成することが出来る」ことが法律によって強化されていった。イタリアにおいては，教皇と皇帝の権限によって任命された書記が頻繁に公的文書を作成していたと言われている。教皇イノサン 3 世 [1216] は[ミラノ在，]サン＝ダマソ＝デ＝スコズラの修道士たちと係争中であったミラノ大司教に宛てた書簡 [19, 294] の中で，修道士によって提出された皇帝ハインリヒの特権文書に反対したことを明らかにしているが，それが「公人の手によって作成されていない」うえ，「真正の印章も持っていなかった」ため，信頼を置くのに十分でないとの理由からであった。1251 年ナルボンヌの大司教と伯の間の係争で読み上げられたベジエ司教 R. とギィ・フルクの判決文 [39, 137] の中で，「かつて文書の公証人権を保持していた」アルナール某が言及されている。『拾遺集』6 巻 [2, 6, 490] には，1328 年にペリゴールの聖職者ジャン・ヴェシエに宛てて書かれたフィリップ 6 世の書簡が収められている。その中で，同王は「書かれた法律によって統治されている地域における書士または公証人の資格」をジャンに付与している。そして彼自身によってなされるべき誓約の書式が続くが，そこでは「合法的契約，訴訟，法的行為，その他朕が朕の役職の権利として行使するものを勝手な引き延ばしをすることなく，忠実に覚書帳に書き写す。書き写しが終わると，それらに関する文書を作成することを悪意をもって遅らせることをせず，当事者と関係する諸氏に公正で適切な報酬を貰って文書を見せるであろう」との言葉が注目に値する。こ

れらのことから，この時代以前から，公認の書記と書士が一般に「ミヌタ」《minuta》と呼ばれる文書の写しを自分のものとして保管することが慣習となっていたと理解される。しかし，これが13世紀においても定着していたことは真実と思われる。何故ならば，12世紀に頻繁に行なわれていた割印文書の使用が廃れ始めた時期でもあったので。つまり，もし公証人が最初の記録を自分の所で保管していたのであるならば，このような文書の使用は偽造を防止するために考案されることはなかったであろうから。上記の書式は謝礼に言及しているが，それは私がモラーレスの『エウロギオ』[264, 248] 所収の，国王サンチョの文書の中で読んだ記憶があることを思い出させた。そこには「国王宮廷のヴァラシウス・フェネステラが文書を作成し，そしてその作成のために小麦粉5ミュイを代金(これは相当な金額である)として受け取った」とある。更に，マシュー・パリスは『ヘンリ3世』の中でその当時アングリアには書士の慣習はなかったと指摘している。このことは，ヘンリ3世がアングリアを統治していた頃，つまり13世紀中葉にその使用は他の王国において普及していたことを除けば，確かにそれは存在していなかったと指摘できるであろう。

第2節　司教と参事会の書記

司教や修道院長にも固有の書記または書士がいた。そして彼らは由緒正しい人々であった。これに関して，シャルルマーニュの805年の最初の勅令がある。その3章で「各司教，修道院長，伯は固有の書記を持つべし」と定められている。これよりもずっと以前，パリ司教聖ジェルマン[576]は死の少し前に，「自分の書記を呼び，寝室の自分のベッドの上でただこう書くように命じた。だが，(5月28日に)それがどのようなものであるか誰も知らなかった」。しかし，彼が死んだ日はもっと後であった。司教の書記は司牧杖を携帯していたと，アルル司教聖セゼールの伝記の中で司祭のメッシアヌスが証言している。神の人，セゼールがある教会に行ったとき，彼の杖を携帯する役目(つまり書記の役職)の聖職者がそれを忘れた。……」とある。グレゴワールの秘蹟に関する書によると，「そしてその時，二人の書記が持っていた二つの蠟燭に火が灯された。……」とある如く，別の書記は別の役目を担っていた。同じ書において，個人としての書記または書記団が頻繁に言及されている。更に，司教の書記はある時は「ノタリウス」，またある時は「カンケラリウス」の名称を帯びている。勿論，司教の文書官(カンケラリウス)は部下に書記(ノタリウス)を持っていたのであるが。ペラールの書 [282, 166] に収められた，トゥル司教ジェラールの962年に発給された文書には，「余，書記ベルニエは文書官ウィジロに代わって承認した」とある。同町の司教ベルトールの文書数通 [Ibid., 167] においても同様であった。これらの文書官は，私が上で伝旨官に関して述べた如く，書記に文書を頻繁に口述させていた。その証拠に王フィリップが統治していた時に発給されたラングル司教ルノの文書があり，そこには「文書官エティエンヌが口述させた」[Ibid., 75] とある。そして，同じラングル司教であったロベールの後続文書においても同様で，そこには「司教ロベールが承諾し，アンベールが口述させ，ガロン・プロケレス・ド・ジェヴレイが筆写した」とある。司教の書記と参事会のそれとは別々であったと思われる。非常に高名なデルヴァル氏によって私に知らされたラングル司教座教会の教令集の中で私が読んだ通り，1年間参事会の印章と文書が委ねられた「印章保管者と筆写係」が参事会室で指名されていた。サン=ニケーズ修道院に宛てて1295年に出されたランスの教会判事ギヨームの文書

は,「印章係と文書係」によって発給されたと言われている。『ヌヴェール文書集』によると,ヌヴェール司教ロクランの文書を,王ロベールの統治の 5 年に書士テトベール・ゲロンタが記述している。そこでは,司教の書記がしばしば自らを「文書官」と言っているが,一度だけ「国王文書官」とも言っている。ジャンは自らを「書士」と言っている。更に,ある時彼らは,サン=ミイエル修道院に宛てられたヴェルダン司教ウィグフロワの文書を「ライネリウスが大文書官のベル……に代わって」承認している如く,大文書官とも呼ばれている。シャルトル司教フルベールは書簡 18 の中で,同司教座教会の文書官の文書に言及している。ナルボンヌ司教管区の公会議録付録 [39, 148] を参照せよ。そこではナルボンヌ大司教の「公的」書記と自ら呼んでいる書記が問題になっていて,そしてその名称のもとに彼は遺言書と結婚の契約書を作成している。そして,大司教に代わって裁判官の仲裁判決を発給してもいる。

第 3 節　修道院長と修道士会の書記

　これと同様に,修道院において,すぐ上で私が述べた如く,院長が書記を持っていたし,修道士会も固有の書記を持っていた。更に,いろいろな箇所から明らかな如く,彼らには「文書官」の名称が与えられていた。例えば,デュシェーヌの『ギーヌ史』[126, 50] においては,「文書官で,すべての修道士の代表であるラウール」がフランドル伯アルヌールの文書に下署している。しかし,このことは何よりも『フルダ修道院文書集』によって明らかにされている。そこで彼らは更に,配下の書記を持っていた。つまり,その文書集 [346, 530, 528, 516] の中でヘンモは 822 年に「アルトリングスに代わって」,そしてベリンホフは「ヘンモに代わって」,そしてウォルジュレオズは「ゲロルススに代わって」下署している。同じことはゴルダスト編纂のザンクト=ガレン修道院文書の中でも確認される。更に,同じことはディジョンのサン=ベニーニュ修道院でも確認され,そこではアルトが 727 年に「文書官に代わって」文書数通に下署している [282, 11]。文書官または書記はときどき「アマヌエンシス」《amanuensis》とも呼ばれていた。『フルダ修道院文書集』所収の王フィリップ治下の文書 [346, 498] にウルフラムヌス・エマヌエンシスとある如く,「エマヌエンシス」とも呼ばれていた。更に,「閲覧者」《lector》と呼ばれることもよくあった。ゴルダストの書に収められた文書 69 における「俗人の閲覧者ルオドが下署している」,文書 77 における「聖職者で閲覧者」,ペラールの書 [282, 10] に収められた 8 世紀のサン=ベニーニュ修道院文書における「閲覧者シクブラン」,「閲覧者ドド」がその例である。ドゥブレの書 [111, 659] に収められた 7 世紀のテオデトルディスの文書には,「余,閲覧者レコマルスは上記のテオデトルディスの要請と出席のもと,この寄進文書を書き記した」とある。即ち,学校の長であったことから,「閲覧者」と呼ばれていたのである。確かに,フルダ修道院の文書官ルドルフはすぐ上で挙げた文書集 [346, 524] において,「学徒」《scholasticus》と呼ばれていた。更に,修道院の学徒と教師が「閲覧者」と呼ばれていたことは,コルクが「閲覧者」と言われているアルキュアンのアイルランド人に宛てた書簡から明らかである。更にその名称は,ダラム[イングルト北部の都市]のサイモン[修道士,1129]の『アングリア諸王事績録』において,「司祭で閲覧者のコルク」がこの世を去ったと記されている 794 年の出来事の中でも,彼に付けられている。同様に,エテルウォルフスはリンディスファーン諸聖人の歌 [4, 4–2, 320] の中で,「教師で閲覧者であった,祝福されたヒグラック

が足台に腰を下ろしていた」と書いている。同じ意味で，ドードはエグバートに宛てた書簡で「昨年，数日あなたと一緒に閲覧するためにあなたの修道院に留まったとき，あなたが言ったのを私は覚えている……」と述べている。司祭ユグは本書で刊行されているサン＝タルヌール教会に宛てた書簡の中で，彼の教会の「閲覧者」たちに言及している。更に，今度は，それは修道士の間に定着し，そこでは哲学と神学の教師が「閲覧者」と呼ばれるようになる。更に，司教座教会にも，デュ・カンジュの『辞典』[114]によると，聖歌の中に聖書の物語を挿入する「閲覧者」がいた。しかし，私が引用した箇所は教師よりも文書官と理解すべきである。ほぼ同様に，フランス王アンリ1世の文書 [135, 349] の中で，「知識者セガンが国王の文書官ボードワンに代わって筆記した」と読める。更に，修道士会または参事会の文書官以外に，修道院長も自分の文書官を持っていた。ドゥブレの書に収められた修道院長シュジェの文書がそれを証明しているのであるが，そこで彼の文書官グレゴワールは「余，修道院長シュジェの文書官であるグレゴワールは読み直して下署した」と下署している。それは，我々が後から実証する如く，修道院長の印章と修道士会のそれとが異なっていたためにそうなったのである。

第4節　アングル人の間では公証人は存在していなかった

アングル人の間では，『ヘンリ3世』でのマシュー・パリスの言によれば，「アングリア王国には公証人の慣習はなかった。そのため，むしろ真正の印章に信を置くことが必要であった。それらの複製は非常に容易であったので，ただ単に大司教と司教のみならず，彼らの役人，同じく修道院長，分院長，首席司祭，大助祭および彼らの役人，村の首席司祭，更には大聖堂教会の参事会，……が印章を持つことが定められた。……」。

第5節　ローマ教皇庁の書記と文書官

別のテーマに進む前に，私がこれまで殆ど触れることのなかった，ローマ教皇庁の文書官と書記についてここで少し考察するのが適切であろう。西暦500年以前のローマ教皇の印章の中で，書記や文書係や文書官の名前が加えられている。そして書記の名前は，「聖なるローマ教会（「聖なるローマ教会」の文言はペラールの書 [282, 206] に収められたパスカル2世の文書では「聖なる宮廷」《sacri palatii》となっている）の教区書記兼文書係の N. の手によって記述された」のように本文の後に置かれ，それに月と会計年度が続き，その中間または最後にすべて大文字の結尾用語「ご健勝であらんことを」が書き込まれていた。また，本書での見本と我々が使用した史料で確認できるものとして，「……に命じられて，聖なるローマ教会の文書庫係のアナスタージオ（つまり，至るところで文書庫係が文書官の役職に就いていた）の手を介して10月23日に発給された」とある。文書官が不在のとき，本書で銅版印刷されたコルビ修道院に宛てた教皇ブノワ3世の文書にある如く，書記長補佐の名称が記されている。この様式は教皇レオン9世 [1054] 以降少し変化し始め，そして一人の文書官の名前が枢機卿の首席司祭または司祭，またときどき文書官の肩書きを伴って，最後に付されている。同レオン[9世]は文書長と書記とを持った最初の教皇である。しかし，かなりの数の教皇は，ペラールの書に収められている上掲の文書におけるパスカル2世の

如く，古い慣習を維持している。更に，同ペラールの書 [Ibid., 194] は新しい形式で作成された教皇グレゴワール 7 世の別の文書に言及している。短い摘要簿には，文書官の名も書記の名も現われない。ジュリウス 1 世は，アナスタージオによると，特に「書記の長によって作成されて教会にあるすべての記録が祝福される」との決まりを作っている。2 番目の書記は副書記長《secundicerius》または副文書官《vicecancellarius》[64, 1, 80, 96, 1]，文書官代行《viceagens cancellariae》[Ibid., 66, 13] と言われていた。その他は書記，文書庫係《scinarius》，または筆写係《scriptor》[Ibid., 57, 1] と言われていた。

第 6 節　大貴族たちの書記と文書官

　大貴族たちの文書官または書記に進むことにする。王フィリップ [1 世] の司祭兼書記であるジスルベールに関して上で確認された如く，彼らの礼拝堂付き司祭が多くの場合，この職に就いていた。従って，ギシュノンの『セブシアナ図書』[179, 106] 所収のジュヌヴォワ伯エモンの文書を，「伯の礼拝堂付き司祭であるアンドレが教皇ユルバンの在位中に」作成している。同様の類例 [114, Capellanus] とは至るところで出会う。しかし，わが諸王の勅令 [35, 1, 152] の中で，「いかなる司祭も文書を作成すべきでないし，自分の領主の荘園役人になってはならない」と定められている。従って，ブシャールの書において，「司祭と聖職者は彼らの主人の文書を作成する」ことが禁じられている。更に，教皇イノサン 3 世は書士の役目を司祭，主任司祭，副司祭に対して禁じている [204, 268]。これら書記の一部は，『神聖イタリア』8 巻 [347, 8, 746, 761 sq.] に収められているベネヴェント公ランドルフォの「親愛なる聖職者にして書記兼筆写係」の如く，平の聖職者でしかなかった。カロリング時代の書記の非常に多くは主任司祭であった。大貴族たちの文書官は殆どが聖職者で，その一人は数人の書記を従えていた。それ故，デュシェーヌの『ギーヌ史』[126, 223] に収められたフランドル伯のある文書では，「エール＝シュル＝ラ＝リス荘官で主任書記のロベール」が下署している。国王の文書局がときどき礼拝堂《capella》[114, Capellanus] と呼ばれているが，今日のパリの聖なる礼拝堂でそうされている如く，それは君主の礼拝堂または祈禱所に文書と王国の記録が保管されていたからである。

第 14 章

第 1 節　印章の二重の意味とその使用

　文書に下署し，それを印章で強めることが役目であった伝旨官と文書官の考察に続いて，まず最初に印章に関して，続いていろいろな押印形式について，特にフランク人の間でかつて用いられていたものを中心に論じることにする。まず最初に，その吊り下げられた印章《bulla》から教皇文書が「ブラ」と呼ばれていることを指摘しておくのが賢明であろう。同様に，古い文書は印章《sigillum》から，「シギルム」と呼ばれていた。これに関する非常に多くの例と出会うことが出来る。更に，ヴァンドーム修道院長ジョフロワによってサン=ジャン=ダンジェリ修道院長アンリに宛てられた書簡 [154, 4, 5] の中で，「我々のシギルムをポワティエのあなたの許に届けるまでに殆ど2ヵ月の期間が過ぎた」とある如く，書簡が同様の名称で呼ばれることもあった。しかし，印章そのものに進もう。印章の使用は信を保証するため，そして記述されたことに権威を付与するために考案された。線を引いて作られた，手によるサインは他者によって容易に描かれ，添えられ得るものであった。印章には，相当の難儀を偽造者に強いらないでは作られ得なかった文句と肖像が刻み込まれていた。確かに，ティトスは「彼が目にするすべての文書を彼の書記と共に，気晴らしと冗談から偽造し，そしてしばしば自らを偉大な偽造者と公言して憚らなかった」[336, in Tito, 3] とある如く，高度の筆記術を身につけていた。しかし，そうかと言って，印章がこれらの詐欺から自由であったのではない。従って，ネロが皇帝のとき，「偽造者対策として，もし偽造が発見されるや，穴が開けられ，その穴に紐が3回通された蠟板でないと捺印されなくなった」[317, 453 sq.] とのことである。

第 2 節　権威の象徴である指輪型の印章

　古人はまず，ただ単に信用のみならず公的権威の根拠として，印章の代わりに指輪を使用していた。確かに，ファラオがジョゼフにエジプトを統治させることを決意したとき，「自分の手から指輪を外し，それを彼に手渡した」[153, 41]。これが印章であったことは真実と考えられる。ローマ人の間では帝国外の民族に派遣された使節に金の指輪が任務の印として付与されたのであるが，その表面に金，内部に鉄が使用されていた [1, 2, Gen.dier. 19]。勿論，私は使節にとってはジョゼフにとってと同様に，それが公的権威の印であったと考えたい。これに関して，ハンガリー王ラディスラスは法令集1巻32章で「もし誰かが王の印章をある者に投げつけ，その者が法廷に来ることを怠ったならば，その者は権利を失い，……」，2巻25章で「裁判官は自分の印章を司祭と聖職者を除いて，いかなる者よりも上位に押すことが出来る」と述べている。これらに合致するのが王コロマヌスの法令で，そこには「もし聖職者が俗人との間に係争を持つならば，裁判官の印章によってその俗人は強制される。他方，もし俗人が聖職者と係争を持つならば，司教の印章によって聖職者は強制されるであろう」とある。但し，これらの文書においては，シギルムの名

称で王文書やそのたの文書が表現されることはない。

第3節　これらの使用はかつて誰に認められていたのか

ローマ人は指輪の使用を，まず第1に，裁判官と騎士身分に認めていた［*Ibid.*］。その後その使用は頻繁かつ普通になり，そのためローマの騎士一般，そして解放された自由人，更には女性と上層の奴隷に金の指輪の権利が付与されていた。そして，これによって自由人と見做されていた。

第4節　指輪の多様な材質

更に，指輪は鉄で出来ていたが，金で作られたものもあり，また宝石が施されたものとそうでないものとがあった。「アリソス」《ἄλιθος》と呼ばれる指輪は宝石を用いずに作られているもの，「アペイコーネス」《ἀπείχωνες》は，換言するならば，硬くて限定されていない，つまり無定形の，言うなればベネツィア人の間で今日でも見られる，あらゆる規則を欠いたような指輪のことである。その上，古代人の間において指輪の絵柄は多彩であった。ペルシア王は王またはキリス［ペルシア王朝創始者］の像，アレクサンドロス大王は自分の像，スラ［ローマの将軍，前78］は彼が捕虜として連れてきたユグルタの像を指輪型印章に彫っていた。アウグストスは彼の元首制の初めにスフィンクス，それから少ししてアレクサンドロス大王，そして最後に自分の像を指輪に刻んでいた［336, in Octavio 50］。その他は，自分の名前の花押またはその略字を好んだ。その中にはシンマクス［ローマ教皇，514］もいるが，第2巻書簡21において，「朕はあなたが朕の名前を読むよりも理解できるように用意された，その指輪によって捺印されたものすべてを受け取ったか否かを知りたい」との彼の言葉が見いだされる。つまり，彼はそれを「文書，記録，書簡にサインする」ために使用していたのである。その他の皇帝は自分の像を指輪に彫っていたが，ガルバ［ローマ皇帝，69］だけは長老から贈られていた，船上から遠くを眺めている犬を彫らせていた。

第5節　フランク諸王は統治の開始からそれらを使用していた

更に，指輪の使用は初期のフランク諸王に継承された。彼らは自分の像を自分の名前で円状に取り囲んで指輪に彫った。その例として，今日国王文書庫で保存されている王シルデリック1世［481］の指輪がある。しかし，単に王のみならず，司教及び貴族も古くから自分たちの指輪を所持していた。

第6節　指輪型印章の後に，本来の印章が現われる。その形態は多様で，多彩な人々によって所持されていた

指輪型の印章の後に，大きさで指輪を遥かに凌駕し，非常に多くが吊下型である印章が続く。それらは白，赤，緑の蠟，更に鉛，金，銀で出来ていた。描かれた彫刻の中には王，教皇，君主，騎士，その他の肖像が見いだされる。そして大型と小型の印章が存在する。大型は「実印」《authenticum》，小型は「認印」《secretum》と呼ばれた。後者は通常，印章の裏に接合される副印章《contra-sigillum》と大きさにおいては同じであるが，ときどきそれと異なることが起きていた。最後に，印章は国王，君主のみならず司教，修道院長と女子修道院長，教会と修道院，騎士，都市，共同体も所有していた。これは私が既に述べたことであるが，文書はギリシア人やラテン人の間でしばしば，コンスタンティヌス帝に関するアナスタージオの書にある「皇帝の文書《sigillum》」の如く，「シギルム」[「印章」の意]と呼ばれていた。ローマ教皇の印章は「ブラ」という固有の名称によって呼ばれているが，この名称は教皇の文書に，それに印章が押されていなくても，付与されている。

第7節　ローマ教皇の印章。最初は鉛で出来ていたが，蠟で作られたものもある（その一）

　一致した意見によると，ローマ教皇の（「シギルム」または「ブラ」と呼ばれる）印章は最初は蠟，それから鉛にも彫られるようになった。しかし，鉛で作られた印章の使用が始まった時期に関しては，学者の間で異論がある。ポリドーロ・ヴィルジーリオ[イタリアの神学者，1555]はそれをエティエンヌ[3世][772]とアドリアン1世[795]の時代に置き，トーマス・スタッブス[イギリスの年代記作家，14世紀後半]はグレゴワール1世[604]，ドミニコ・ライナルディはシルヴェストル[1世][335]の時代に置く。各々の史料が吟味されねばならない。

　ポリドーロはこれに関して長い間探究を重ね，そしてそこから次の見解が生まれたと言う[292, 8, 20]。つまり，教皇アガト[681]が蠟の指輪に印章を刻んだことは十分確かである。更にその後，ローマ教皇は多くの特権文書を付与した。文書が永続的効果を持つために，教皇エティエンヌ3世とアドリアン1世にとって，使徒の座の文書が鉛で捺印されるのが好ましかった。これ以上古い鉛で出来た印章が発見されることはない，と言う。スペルマンは彼の『辞書』[333]の中で，いかにしてポリドーロがこのような見解に到達したかを理解していない。1360年頃生きていたドミニコ会士のトーマス・スタッブスは，カンタベリ司教ウイリアムとヨーク司教サースタンとの間で発生した首位をめぐる対立について論じ，次のように伝えている[335, 1718. inter decem Script. Anglic]。その過程でカンタベリ教会の特権文書が人々の前に提出された。それらの文書に鉛の印章がないことが指摘されると，何よりも「多分，その頃印章は作られていなかったのであろう」と答えた。それに対して，相手側は「祝福されたグレゴワール[大教皇]の時代から印章は存在していた。そして今でも印章を押された同教皇の特権文書数通がローマ教皇庁に保管されていると答えた」。このようにして，これらの特権文書は「信頼をもって，そして彼らの言葉は好意をもって受け入れられなかった」と。更に，スタッブスはヨーク大司教サースタンが教皇と教皇庁の助言に応えて，自分の所で保管されている文書，まず祝福されたグレゴワール[大教皇]がオーガスティンに宛てた書簡，次に教皇ホノリウス[1世]の書簡など，「印章を押されていると誰もが知っているすべてのもの」を提出したと付言している。これらは教皇カリスト2世の治世，1124年に起きた出来事である。

第8節　ローマ教皇の印章。最初は鉛で出来ていたが，蠟で作られたものもある（その二）

　同じ世紀の，正確には1182年にカンタベリ司教リチャードによって同地のセント=オーガスティン教会の修道士に，彼らによって提出された鉛の印章で強められた，同オーガスティンの特権文書に関する係争が仕掛けられている。リチャードはその文書の真正性を三つの理由，つまり，文字の削り取り，印章の新しさ，鉛の印章の使用から否定している。1200年に活躍していたカンタベリの修道士ジェルヴェーズ[158, 1458]は「アルプス以南において聖俗諸侯が自分の真正文書に鉛の印章を押す習慣はなかったとき」と言っている。これに対して，「その頃グレゴワール[大教皇]がローマ教会において使用していた」ローマの慣習を，オーガスティン[604]がこれに関して導入したのであると，セント=オーガスティン教会の修道士は反論する。更に，フランドル伯フィリップがセント=オーガスティン修道院の院長に彼の礼拝堂付き司祭のブロンを介して，彼らの権利を擁護するために送付した，海の向こうのある司教の鉛で作られた印章[332, 123/343, 1764 sq.]を提出して証明した如く，それは海の向こうにおいても使用されていたのである。これと関係するのが，カンタベリ司教リチャードの名でピエール・ブロワが書いた教皇アレクザンドル3世[1181]宛の書簡である。その後この問題がどうなったかは知られていない。しかし，それでもスペルマンは依然としてこの印章の真正性を，ポリドーロ・ヴィルジーリオの主張や比較的新しい技術による教会の建築様式と救世主の肖像（この時期のものとしては不適当なものではない）から，否定し続けている。しかし，これらの主張は大して重要ではない。

第9節　ローマ教皇の印章。最初は鉛で出来ていたが，蠟で作られたものもある（その三）

　つまり，ガリアの高位聖職者は，我々がすぐに明らかにするであろう如く，800年から既に鉛の印章を使用していたのである。確かに，ヴァティカーノ図書館長ドミニコ・ライナルディ[18, 1, 6, 2]はそれらの起源をエティエンヌ3世に求めるポリドーロ・ヴィルジーリオの見解を否認し，その考案を鉛の印章がアレッツォ[中部イタリアの都市]の文書庫において発見されると述べている教皇シルヴェストル1世の治世に帰している。更に，彼は類似の非常に古い鉛の印章がサン=タンジェロ城の文書庫の教皇レオン1世[461]，グレゴワール大教皇，セルジュ[1世][701]の，低木で作られたパピルス紙に記された文書と共に保管されていると付言している。しかし，これらの文書は検査を必要とすると考える人々がいるであろう。他方，実際に見たことがない私にとって，これらについて何かを大胆に発言することには不安がある。確かに，私はその時代の少なくない教皇の文書を見てきた。そしてそれらには鉛の印章が押された痕跡がはっきりと残っていた。だが，印章そのものは失われてしまっていた。読者諸賢は我々の『補遺』[238] 11章において，教皇ポール1世[767]の使徒ペテロとパウロの像が彫られた印章を銅版印刷したものを見るであろう。パヴィーアの助祭リウトプランドの，「我々は教皇陛下の鉛[の印章]が押され，彼の名前の文字を明らかにしている文書に信を置く者がいなかったならば，報告者に対してこのようなことはしなかったと思う」[230, 6, 6]との証言によれば，これは10世紀において極く普通に使用されていたことになる。読者諸賢はこの時代以前に明らかに活躍していたと思われるローマ教皇の鉛の印章に関して，その他の使用者を見いださないであろう。但し，「彼の名前のブラ」の文言は，

ジャン 8 世 [882] がポティエール [パリの南東] の修道士に宛てた書簡にある如く，あちこちで使用されているが．しかし，私は鉛の印章に関しては，ヨーク司教聖ウィルフリドの事績 [4, 4–1, 696] におけるエディ・スティーヴンの叙述が考慮されるべきであると思う．彼はそこで，「使徒の座の判断と宗教会議全体の同意と下署のもとに書かれたものがブラと印章と共に提出された」と言っているが，10 世紀のフリスゴットはこの文書を韻を踏んで「通常の印章が押された文書」と言い換えている．ここで「通常の」《solitis》とあるが，それはこの印章がその時代の慣習に従って鉛で出来ていたことを示唆している．ブレーメン大司教管区のハンブルク大司教管区への併合に関する教皇ニコラ 1 世 [867] の書簡も，多分これと関係しているであろう．その書簡には，「聖なるローマ教会の慣習に従って印章が押された」とある．また，アナスタージオが印章に関して述べていることを参照せよ．そこで同教皇ニコラ 1 世は「自分の名前が彫られた」印章が貧者に給付される施しとして提供されるよう命じている．

第 10 節　印章には何が刻まれていたのか

私が実際に見た教皇ジャン 5 世 [686]，セルジュ 1 世，エティエンヌ 3 世，ブノワ 3 世，ニコラ 1 世，ジャン 13 世 [972] の非常に古い文書において，鉛の印章には（更に，他の教皇の非常に古い印章に関しては，ドミニコ・ライナルディが証言しているが）その表面に教皇の名前だけ，裏面に「教皇」《Papa》の文字が刻まれている．そのため，キアコニウスの書 [85] では教皇エティエンヌ 7 世 [931] の印章は表面にエティエンヌ，裏面に「教皇」の字が表現され，両面において十字の印が前に出されている．ジャン 8 世 [882] のトゥールニュ修道院に宛てた特権文書 [81, 227, 228] に使われている鉛の印章も，同じ形式である．この特権文書の真正の写しが教皇ジャン 22 世の代理人，アンブラン大司教ベルナールの承認を得て，トゥールニュ修道院長ジェラールの要請によって，アヴィニョンで 1334 年に作られている．同ベルナールは，この「麻の紐で吊り下げられた教皇陛下ご自身の本当の鉛の印章が付けられた」文書を自分の眼で見たと証言している．そしてその印章の表面にある丸い円の中央に，十字を伴った「教皇ジャン」《Johannes PP.》の銘を読む．裏面には幾つかの文字が前に出された，一つの大きな十字の印を見る．従って，教皇の像が刻まれていると言われる，パヴィーア教会に宛てた教皇ジャン 8 世の印章に関するウゲッリの見解 [347, 1, 17] は訂正されねばならない．第 1 に，レオン 9 世 [1054] は古い慣習を若干変更していた．それは鉛の印章ではなくて，結尾句「ご健勝であらんことを」に関してで，彼の前任者たちは完全な文字，つまりローマ大文字でその文言を「書かれた」《Scripti》と「下付された」《Dati》の間に表現していた．これに対して，同教皇はそれを花押にまとめてしまい，大きな円をまず書き，その真ん中に教皇の名前を伴った十字の印，その周辺には「この地が神の慈悲で満たされますよう」《Misericordia Domini plena est terra》との名言または文句を配している．以上は本書の『見本』が教えてくれているが，キアコニウスの書に掲載されたものと照合する必要があろう．我々は教皇ヴィクトール 2 世 [1057] の印章を本書巻末に掲載している．

ヴェルダン在，サン＝ヴァンヌ修道院に宛てた，教皇ニコラ 2 世 [1061] の文書が変わっている．その文書には，「……の手を介して書かれた」などの表現も結尾句「ご健勝であらんことを」もない．ただあるのは十字の印を伴った手書きの丸い円だけで，それには「教皇ニコラ 2 世のサイン」

の文句が書き込まれ，鉛の印章が革紐で吊り下げられている。更に，この印章の一つの面には聖ペテロの像が描かれ，上方に描かれた手から鍵を受け取っている。そしてそこには「✠朕は汝，ペテロに天の王国の鍵を渡す」《✠ Tibi Petre dabo claves regni caelorum》の銘，別の面には「黄金のローマ」《Aurea Roma》の文字と共にローマが描かれている。そして「✠教皇ニコラのサイン」《✠ Signum Nicolai Papæ》の銘が円状に配置されている。そしてこの文書は「ローマ教会の文書庫係兼文書官であるピエトロ・ダミアーニの手を介して4月13日，教皇ニコラ3世陛下の在位3年，会計年度の13年，ローマのラテラーノにあるサン＝ジョヴァンニ聖堂において発給された」。

その後，教皇はそれぞれキアコニウスの書 [85] で見ることが出来るような，何らかの追加を行なっている。そして結局，ユルバン2世 [1099] は，彼の後に続く教皇も同様に，印章の一つの面で「教皇ユルバン2世」《Urbanus II. PP.》を聖ペテロと聖パウロの名前と十字の印と共に表現している。他方，サインの代わりにこれら使徒の名前を自分のそれと共に彫り，中央の空間には十字の印をはめ込み，円状に花押化された結尾句「ご健勝であらんことを」を加えた。彼の後に続く少なくない教皇は，使徒の名前の代わりに，彼らの肖像または頭部を表現した。最後に，アルベール・ド・ストラスブールはクレマン6世 [1352] が「彼の祖先の楯が五つの花輪を持っていたため，前任者たちの慣習に反して五つの花輪を印章にあしらわせた」[114, bulla/sigillum] と伝えている。更に，ポール2世 [1471] は鉛の印章の表面に玉座に座る自分の肖像を表現し，その周りに一部は立ち，一部は座る枢機卿が配置されている。裏面には，いつもの如く，聖ペテロと聖パウロの肖像が刻まれている。

第11節　漁夫が刻まれた指輪はいつから使用されていたのか

ところで，教皇は命令文書または教皇勅書に押捺された鉛の印章以外に，一般に「ブレヴィス」《Brevis》と呼ばれる教皇書簡に捺印するために，漁夫が彫られた指輪を使用していた。指輪には，海で船から漁をしている姿で彫られた聖ペテロの像だけが描かれていた。これらの文書がブレヴィス [「短い」，「簡単な」が原義] と呼ばれているのは，それらが即刻にまたは略式で，曖昧な表現をすべて排して仕上げられていたからである。実際，それらは多くの場合，教皇によって自発的に，そしてその主題に関する長い討議を経ることなく，作成されていた。他方，（ブラと呼ばれる）教皇勅書は長く保存されることを目的に作成され，特にそれらは枢機卿の下署で固められ，そのため「枢機卿会」《Consistorialis》文書とも言われていた。かつて教皇書簡であれ教皇勅書であれ，同じ鉛の印章が押されていた。私は漁夫が彫られた指輪が今から400年以上も前にあったかどうかは知らない。私自身，それに関しては，次のものよりも古いものを読んだことはない。それはマソンが1264年に教皇に正式に就任したクレマン4世に関する著書で引用している書簡で，同教皇が彼の親戚であるジル・ル・グロに宛てたこの書簡は，「朕は朕の親戚であるあなたに大印章（ブラ）ではなくて，ローマ教皇が私的な文書で使用している漁夫の印章を押した書簡を書くであろう」との言葉で結んでいる。実際，この印章はまだ教皇書簡では使用されておらず，教皇が時々ただ単に異教のシンボルを用いていた，私的な文書において使用されていた。確かに，私が見たこの時代以前における教皇の「ミヌタ」のすべてがどんなに短く取るに足らないものであれ，吊り下げられた鉛の印章を持っていた。教皇書簡に漁夫が彫られた指輪が押されるのは，「漁夫が彫ら

た指輪のもとに」とあるカリスト1世 [2, 4, 392] とポール2世 [*Ibid.*, 418] の教皇書簡が示す如く，15世紀からのことである。ここでの指輪は教皇のその他の印章と同様に，鉛でなくて蠟に押されていた。

第12節　教皇の黄金の印章

しかし，アッラチの書 [18, 1, 6, 2] の中でドミニコ・ライナルディが証言している如く，教皇が鉛でなくて，金で出来た印章を押すこともあったが，しかし，ローマ皇帝の確認文書の中でないとそれは確認されないとのことである。そこから，これらの文書は「黄金勅書」《aurea bulla》の名称を獲得することになる。他方，スペルマンはアングリア王ヘンリ8世 [1534] に信仰の防衛者の名称を授与している教皇クレマン7世の文書で，黄金の印章が吊り下げられていたと伝えている。

第13節　なぜパウロはペテロの右に彫られているのか

いかなる理由で教皇勅書においてパウロが右，ペテロが左に現われているのかに関して，有名な対立が起きている。非常に古い絵画の中で両者の同様の配置が確認されていることから，これは新しい発案ではない。非常に多くの古いイコン[聖画像]のみならず，これに関して小著を著しているピエトロ・ダミアーニ [284, 35] がそれを立証している。この慣習は印章に彫られた像から広まり，そして教皇ユルバン2世がそれを最初に定着させたと上掲の著書で解説されている。更に，アンティオキア公ボエモンもこの慣習を採用した [347, 4, 1215]。以後，この問題に関して，大勢の人々があれやこれやと言ってきた。就中，アッラチは東西両教会の調和に関する書1巻 [18, 1, 6, 1 et sq.] で入念に論証を試みている。その中で彼は著者たちの様々な意見を考察し，最後に，そのあるものは最初は西方，またあるものは東方に向いていた教会の位置の違いからそれが起きていると結論する。この配置に従えば，教会は入り口を東，祭壇を西に持つようになる。つまり，人々にとって南側が左，北側が右に来ることになる。しかし，入ってくる人々の前に現われる聖者の像は逆向きになっていた。つまり，南側に位置するペテロの像はその像が北側に位置するパウロの右側に位置することになる。他方，まずアンティオキア，続いてローマに最初から設立されていた教会の位置そのものが今日一般化している別の方角に変わったとき，祭壇は東に向くようになる。しかし，像の配列においては同じ順序が維持されていた。こうして，以前はパウロの右に位置していたペテロの像は，半回転することで，その左側に移ってしまったと。確かに精緻であるこの見解がいかなるものであれ，我々は我々の教会におけるペテロとパウロの像のこのような位置は教会とそこに参拝する人々のいろいろな方向転換によって正しく整合され，説明されねばならないと考える。つまり，もし読者がそれらの像を相互に置換するならば，書簡の側面の余白または南側に置かれることを常とするペテロの像はパウロの左側に来ることになるが，その場にいる人々にとっては右側に位置している。その上，その場にいる人々を中心とする，こうした方向転換が正しかったことは公的文書に押されることを常としていた様々な印章において，古人の間では，地位において勝る者が中央に位置し，そのそばにいる別の人が端に印章を保持して

いる。3番目の人は，文字が書き始められる文書の最初に位置している。文書の終わりの余白を占めている人はそれを読んだり見たりしている人々にとっては右側にあるので，別の余白を占める人は左側に来ることになる。この逆を守っている人は印章を見る人のためでなくて，逆に配置している。同じく，貨幣や少なくない画像において異なった順序を守っている教皇文書におけるペテロとパウロに関しても，同じことが言える。教皇がその文書の中で，（アッラチ [Ibid., 1, 3, 20] は教皇アガトから始まったと考えているようであるが）まずペテロをパウロと共に想起させているとき，常にペテロがパウロの前に来ている。そして彼らの名前を記すに際して，鉛の印章であれサインであれ，決してパウロはペテロの前に来ていないことである。ギリシア正教会は絵画や印章におけるこのペテロとパウロの位置をペテロの特権と地位に反して，不当にも逆転させたのである。これに関して，マシュー・パリスは正当にも次のように述べている [254, an. 1237]。「教皇陛下の印章においてパウロの像は真ん中に彫られた十字の印の右側に，そしてペテロの像は左側にある。……しかし，ペテロの鍵を持つ者としての威厳と大聖堂の威厳のために，彼の像が十字架の右側に正しく配されるべきと思われる。しかし，パウロは彼には見えないキリストを信じていることから，右側に彫られているのである」と。しかし，前半の主張は後半の主張よりも遥かに重要である。

第14節　教皇の印章はどのようにして偽造され得たのか

我々がこの章を閉じる前に，教皇文書が偽造される新しい方法を考察することは興味のないことではない。それに関して，[教皇]イノサン3世 [1216] はミラノ司教と同聖堂参事会員に宛てた書簡 [107, 5, 20, 5] で次のように教えている。「偽造の第1の見本，それは印章を偽造し，偽の文書に取り付けることである。第2は，真正の印章から紐をすべて抜き取り，それを別の印章に挿入して，偽の文書に結びつけること。第3は，文書の下端の巻かれている部分から紐を切り離し，真正の印章を偽の文書に取り付けるために，紐は折り返されている部分の裏側で類似の麻の紐によって修復される。第4は，紐の一方の端が[本物の]鉛の印章の表面から少し隠れた所で切断され，その紐全体が偽文書に取り付けられ，その端が[偽物の]鉛の印章の中へと導き入れられる。第5は，文書に印章が押された文書とその写しの場合，細かな削りによって，その中の一部を変えること。第6は，真正の印章が押捺されている文書の文字が水または葡萄酒によって一様に除去されているか消され，当該文書が，いつもの技術に従って，石灰その他によって色抜きされ，新しく書かれること。第7は，真正の印章が押されている文書の文字が完全に除去されるか消去され，その文書に同じ大きさの別の非常に薄い文書がこの上なく強力な糊で結合されること。更に，我々の規定に反して，知っていながら，朕または文書局員の手以外から文書を受け取った者も偽造の罪から免れているとは見做されない。また，印章を検査して偽文書を慎重に遠ざけた者も同じである。何故ならば，それが誰かによって本物の印章で押捺される恐れがあるので。しかし，これら二つの偽造の見本は文章の形式，書体，文書の素材において偽造が認められない限り，容易に見破ることが出来ない。しかしその他に関しては，入念な探究者であれば，紐の継ぎ足しや印章の照合，動かすか叩くかする，そして特に印章が均一でなく，どこか膨らんでいたりへこんだりしている場合，偽造を見抜くことが出来る [Ibid., 5, 20, 9]」と。以上が，教皇イノサン3世の言

葉である。同教皇は別の書簡において，第6番目の偽造の見本を，少しの文字の削り取りによってその場所が確定されるならば，偽造と見做すことはできないと限定を設けている。

　教皇イノサン4世［1254］が自分の教皇文書の印章を変えたことを告げているアルル大司教宛の書簡も，この論述において同様の重要性を持っている。その書簡は(私が知る限りにおいて)刊行されていないので，ここにその一部を転写するのが適切であろう。「最近，朕の別のタイプの印章，つまり使徒ペテロとパウロの尊敬すべき頭部が表現されているそれが既に長い間の槌打ちによって無数の磨耗が生じ，とうとう通常の力による最後の一打ちによって破砕することが起きた。印章がなくて，使徒の座の庁舎の毎日の仕事が中断されることがないように，印章の使用において，朕の名前の銘を刻んでいる印章の側面は変えなくて，上記の二人の使徒の頭部の別のタイプに換えさせた。しかし，彫師の手は前のものとまったく似ていないものを彫ってはいけないので，朕は上記の印章の必要な変更が文言の相違によって仕事や人物に支障をきたすことがないよう常に監視を怠らなかった。または偽造の老獪さは新しい相違の曖昧さからある不正の手段を引き出すであろう。朕は使徒の文書によってあなたの兄弟愛に対して，もしあなたの管区で朕の文書に関して，印章の真正さに疑いが発生しているならば，あなたは入念さによって現在の印章とあなたが戸惑うかもしれないこの印章とを比較して，疑いを速やかに終らせ，違反者たちを教会の監察を通して遠くからでも呼び掛け，根絶することを命じる。朕の教皇在位の10年，7月14日，ペルージャにて発給さる」。私は，同僚のエティエノが彼の断片集の未刊行の10巻で我々に提供してくれたこの書簡は回状であったと考えている。

第 15 章

第 1 節　司教の印章

　単にローマ教皇のみならず，司教も古くから印章を使用していた。しかし，それはすべての司教が常に使用していたことを意味しない。そして最初，印章には好きなものが表現されていた。しかしその後，自分の名前，司教座都市やその守護聖人の聖なる教会の名前，それから自分自身の像，最後には自分の家系に伝わる紋章までもが表現されるようになった。

　まず，アウグスティヌスは「そばで侍している人々の顔を描いた指輪で押印された」書簡 [29, 217, 59] をヴィクトリヌスに宛てて送っている。フランク人の間では，大クローヴィスがゴート人との戦争が終わった後で書かれた，ガリアの司教たちに宛てた文書の中で聖職者であれ俗人であれ，捕虜を解放するよう要請しているが，そこには「もしあなたの指輪が押されたあなたの書簡をこうして朕の許へ何らかの方法で送り届けるならば」とある。これらの司教の中に，ヴィエンヌ司教アヴィトがいた。彼は書簡 78 において，ヴァランス司教アポリネールに約束していた，そして「中で泳ぎ回っているイルカを閉じ込めているような鉄製の非常に薄い指輪で，二重の印章の型が二つの蝶番にはめ込まれている」ように作られた印章を送ってくれるよう求めている。そして少し後で，「もしあなたが印章に何か彫り込むものを探しているならば，円状に記された私の花押化した名前のサインが参考になるでしょう」と書き足している。それ故，中央に花押があり，名前が円状に刻まれていた。しかし，上掲のアウグスティヌスの叙述から明らかで，そしてアヴィトの例から推察される如く，すべての司教の印章がこれと同じ形をしていたのではなかった。これに続く世紀においてル＝マン司教ベルトランは彼の遺言書の中で，「聖なる教会の図または私自身の特殊な文字を持つであろう」，去勢された牛または若馬が表現されている自身の印章の中の「図柄」について語っている。多分，それは，最初の文字で描かれた二つの名前，つまりベルトランと彼の教会のそれであったろう。この遺言書は王クロテール 2 世の統治の 22 年ではなくて，西暦 615 年に当たる 32 年に書かれている。シャルル・ル・コワントはそれをル・コルヴェジエの書から引用している。多分，それは家畜の烙鉄以外の何ものでもないと言う人もいるであろう。つまり，少なくない教会において，この種の烙鉄が印章としてかつて使用されていたからである。その証拠がイノサン 3 世がポズナン司教の選挙に関して，グニエズノ [西ポーランドの都市] 大司教に宛てた書簡 [204, 2, Regest. 14, epist. 88] である。かなりの人々がこの選挙を拒否していたのであるが，それは同教皇の教勅が「通常，参事会が所有していた彼の印章で強められてはいなかったからである。しかし，これに関して反対派は次のように答えた。上記の参事会は文字のない印章を使用することを常としてきたのであるが，それは参事会員たちの印章ではなくて，家畜用の烙鉄のようであった。しかし，それを新しいのに取り換えるための会議が選挙の前に彼らによって開かれ，選挙の後に新調の印章が出来あがった。このような事情で，彼らは後から選挙の教勅を新しい印章で強めたのである」と。

　ベルトランの時代からかなり経過した 813 年，第 2 シャロン＝シュル＝ソーヌ公会議は議決 41 条

で，別の教会に移る司祭は「司教及び都市の名の印章が押捺された」文書を所持すべしと規定している。人々はそれを形《forma》または《τυπῶ》，つまり印章からフォルマタ文書《Formata》と呼んでいる。ランス大司教アンクマールは，フロドアールの証言 [146, 3, 17] によると，教皇ニコラ 1 世に宛てて出した「彼の名前を刻んだ印章を押した」書簡の中で，この公会議の議決に従っている。公会議録 [326, 3, 358] の中には，862 年に作成されたトロワ公会議に出席した諸教父の同教皇ニコラに宛てた書簡があるが，それは「そして我々はあなたの御前に宛てて出されたこの文書に，これら大司教座の司教たちの印章が押されるのを目撃した」との言葉によって擱筆されている。更に，トリーア司教ロトボドはイーヴの書に収められた彼のフォルマタ文書において，「余はこの書簡をギリシア文字によって強めることを決め，余の教会の指輪を押すことを承認した」と書いている。勿論，一部の司教，一部の教会は固有の指輪または印章を使用していた。ウゲッリの書 [347, 8, 46] において，シャルルマーニュ治下，ベネヴェント司教ダヴィドは「聖なる教会の指輪で強められることを確認した」と記している。ミラノ司教タドはプリチェッリの書 [298, 203] に収められているある文書を自分の手で確認し，それを強めるべく聖アンブロージョの印章を押すように命じている。同じく，アンジェ司教ジョフロワは 1096 年に彼の教会の印章を使用しているが，そこにはシフレの『トゥールニュ史』[81, 338] によると，「アンジェ司教聖モリス」と彫られ，右側には祝福を与える人の姿が描かれ，左足下には牧草地が現われていた。しかし，同書 [Ibid., 356] には右下に自分の像，左に書物を運んでいる人物が表現されている，ブザンソン司教ユグ 1 世の印章も引用されている。そして，ドゥブレの書に収められた，フィリップ 1 世治下のブールジュ大司教リシャールの文書で，「余固有の印章を押すように命じた」とある。同じ頃，サンス司教ダンベールは同様に自分の像を，「✠神の恩寵により大司教ダンベール」《✠DAIM-BERT' DI GR̄A ARCHIEP.》の銘と共に印章の中に配置しているのであるが，左側に足があって，祝福している人の姿で描かれている。リヨン司教バルテルミは 1114 年に，ドゥブレの書 [111, 477] で，「余の像を押して強めた」と下署している。また同書 [Ibid., 492] において，カンブレのニコラは「余の像のもとに」と下署している。しかし，彼ら以前において，ノワイヨン司教ワルベールは本書で引用されている，王ラウールの統治の 11 年にサン=テロワ修道院に宛てられた文書の中で，神聖な装束に包まれた司教を表現し，「ノワイヨンとトゥールネの司教ワルベールの印章」《SIGILL. VVALB T̄I NOVIOM. & TORNACENSIS EP̄I》の銘を持った卵形の，彼の印章を押すように命じている。961 年に作成された，サン=ヴァンサン教会に宛てたリヨン司教ディドの手稿文書に関しても，同様に考察されねばならない。その手稿文書から同ディドの像が下がっている。しかし，銘は殆ど刻まれていない。私がトゥル司教ウードとジェラールがサン=マンシュイ修道院に宛てた文書の中で確認した如く，自分の印章を使用していた司教でも，ときどきそれを自分の教会の印章と呼んでいる。多分，聖堂参事会はその頃，つまり 10 世紀，固有の印章を所有していなかったのであろう。

第 2 節　司教の印章は参事会のそれと異なっていた

このようにして，これらの司教固有の印章は，少なくない数の司教によって使用されていたと私が上で述べた印章，つまり教会の印章と，とにかく異なっていた。これらは参事会の印章と言

われていて、『拾遺集』11 巻 [2, 11, 304] 所収の 1090 年の文書数通は参事会の名において単にその発給者であるトロワ司教フィリップのもののみならず、参事会の印章も押されていたと述べられている。私は司教の家系に伝わる楯に関して、ボーヴェ司教ティボ以前に印章の中にそれを使用している人を発見していない。同司教は、1289 年にコンピエーニュ修道院に宛てられた文書で副印章に自分の家紋を描いている。ノワイヨン司教のウェルモン・ド・ラ・ボワシエールは、1270 年のサン=テロワ修道院に宛てた文書において副印章に、今日のノワイヨン教会の象徴になっている百合におおわれた 2 本の足を使っている。こうして、13 世紀中葉ごろ、司教たちは表には自分の肖像を残したままで、貴族の慣習に倣って、副印章に自分の家紋を刻み始めたのである。

第 3 節　修道院長の印章

　私が司教と参事会の印章に関して述べたことは、修道院長と修道士の印章に関しても応分に考察されるべきであろう。その使用が何時から始まったかは、容易に確定できないだろう。ただ、11 世紀初頭からそれが普及したことが知られている。これまでの研究[本巻 14 章参照]で、フランドル伯フィリップが 1181 年にサン=リキエ修道院長に贈ったことになっているその鉛の印章に関して、一部の人々にはそれはザンクト=ガレン修道院長のものであって、司教のものとは見做されていない [332, 1, 123]。確かに、修道院長の名前が印章の中央部に彫られているのを読む。そして、円状に「初代殉教者、聖エティエンヌの印章」《SIGILLUM SC̄I STEPHANI PROTOMIS̄》とある。勿論、修道院の印章にある銘は守護聖人(院長)から取られていた。従って、ディジョン在、サン=ベニーニュ修道院の印章はペラールの書 [282, 331] に収められている 1223 年の文書において、「ブルゴーニュの使徒、聖ベニーニュの印章」《SIGILLUM SC̄I BENIGNI BURGUNDIONŪ APLĪ》の文句を採用していた。同書においては、1190 年に作成された文書で、タンプル修道騎士団の印章も見ることが出来る。他方、クレルヴォ修道院長聖ベルナールの印章は名前を伴った自身の肖像を表現している [48, 284]。更に、教皇クレマン 4 世が 1266 年に、我々の文書によると、ラングドックにあるサン=ジル修道院(以前は別のものを持っていたのであるが)に銀製の印章を贈っている。しかし、10, 11 世紀に関して、私はこれまで非常に多くの修道院文書を見てきたが、12 世紀以前において修道院または修道院長の印章を発見することが出来なかった。アン[北フランスの都市]の修道院長と修道士がコンピエーニュ修道院に宛てた 1112 年の文書には、アンの守護聖人である救世主の肖像を伴った印章が押されている。同様に、1114 年パリ近郊のサン=ドニ修道院の院長アダの、聖ドニの肖像を刻んだ印章が存在する。そして 1119 年にはノワイヨンとトゥールネの司教ランベールの、ヴェルマンにおける 10 分の 1 税その他に関する文書の中に、ヴェルマンド修道院の院長と修道士会の印章が存在する。アンブロネ修道院長イスミオは自分の印章を持つ最初の人で、1140 年にそれを所有していた。私は彼の文書(それによって彼の前任者が行なっていた、ポルト荘園のシャルトルーズ修道会への寄進を確認している)からその印章[の文字]を書き出した。それには「しかし、その(前任者たちの)文書が、私の前任者が印章を所有していなかったことから印章が押されていないため、余は上記の寄進をこの現在の文書で証明し、余の印章を押して確認する」[177, 223] とある。

第4節　女子修道院長の印章

更に同じ頃，女子修道院長も印章を使用していた。1120年にサン＝ティエリ修道院長ギヨームと一緒にサン＝マルセル荘園の採草地に関して作成された，ラン［北フランスの都市］にあるサン＝ジャン女子修道院長アデリディスの文書がその証拠で，それらにはアデリディスの肖像を伴った彼女の印章が下がっている。また，1164年サン＝クレパン修道院に宛てられたアマルリクの文書にあるソワソンのノートル＝ダム女子修道院の印章は右側に十字架を持つマリアの肖像を描き，左側に百合に包まれた司牧杖を描いている。しかし，多分，これは参事会の印章であったであろう。

第5節　女子修道院長の印章は修道女会のそれと異なっていた

当初，非常に多くの修道院では印章は修道院長と修道士会の間で共有であったし，同じく女子修道院長と修道女会の間でも同様であった。しかし，それ以後，両者は別々の印章を所有していた。その中で，パリ司教管区にあるサン＝ドニ修道院の院長ギヨームは1179年に，修道院長が修道女会の印章を決して悪用しないために，以後修道院長は固有の印章を所有すべしと規定している。コルビ修道院長ユグ・ド・ペロンヌ（またはモヴォワザン）は別の理由から，つまりあることを実行するすべての権利を自分に集中させるために，最初に自分自身の印章を持ったので，そのため彼が統治している間，つまり1172年から1185年にかけて，修道士との多くの不和がなくなった。しかし，修道院長の印章があっても修道士会のそれがない場合，修道院長の文書が有効で力を持ったものとは見做されないことが起きている。クレルヴォ副院長の印章（多分，修道士会のものであったとおもわれる）は同修道院の院長聖ベルナールのそれとは別であった［48, 298］。同様の慣習は女子修道院にも持ち込まれていて，ソワソンにあるノートル＝ダム女子修道院でもアニェスが院長のとき，そのようなことが起きている。確かに，1232年にこの修道院長は，それ以前は共有であったので，私がすぐ上で述べた如く，自分の印章が修道女会の印章と異なった，聖母マリアの肖像を持ったものであることを望んだ［156, 2, 4］。

第6節　修道院の特殊な印章

最後に，13世紀中ごろ家系の紋章が慣習として定着したとき，更に修道士たちはそれらを模して，彼らの修道院のための印章を作っている。1285年，サン＝タダラール修道院に関するコルビ教会法廷裁判官の文書が発給される。それには裁判官の印章が下がっている。その表面には十字に組まれた二つの鍵の下にカラスが描かれ，その二つの鍵の上に百合の花が配置され，「コルビのサン＝ピエール教会法廷裁判官の印章」《Sigillum Offic. S. Petri Corb.》の銘が付され，裏面には百合の花を下に，二つの鍵を持った手が「聖ペテロの鍵」《Claves S. Petri》の銘と共に彫られている。ほぼ同じ頃，シャトーダンにあるアウグスティヌス会に属するサント＝マグダレーヌ修道院長ギィの文書が，彼の翼を広げた鷲をあしらった印章を付けて発給されている。この印章を私に見せてくれたのがガリア修道会の律修参事会員である，敬虔で学識豊かなクロード・モリネである。これらに，ソワソン史［110］の第2巻の最初に，クロード・ドルメによって古い貨幣から転写さ

れているサン゠メダール修道院の印章を付け加えておこう。我々は以上の多くをこの後で，司教と修道院の副印章に関するところで述べるであろう。

第 16 章

第 1 節　フランク諸王の印章。その有益な歴史

　前章を手短に済ませたあと，私は我々の国王たちの印章に移ることにする。それらの使用は，加えて，時代の経過と共に異なっていた。第 1 と第 2 王朝では白色の蠟に彫られているが，その間赤色の蠟もときどき使用されている。第 3 王朝において，非常に多くの場合，赤色の蠟に彫られているが，フィリップ 2 世の治世から緑色の蠟もときどき見られる。最初の二つの王朝において，国王の印章は押捺されている。第 3 王朝に入ってそれは吊り下げられているが，王ルイ 7 世以前においては非常に稀である。次に，シャルルマーニュは最初に，または皇帝あるいは国王として最初に，金製の印章をときどき使用している。また少なくない国王が，これから我々が説明する如く，鉛の印章を使用していた。

　この論述も，当然のこと，我々の国王の歴史へと向かう。そして，蠟の脆さから 30 年以上は完全な状態のままであり続けることが出来ない国王の印章の製造に，今日より一層の探究心が投入されることが望まれる。つまり，古いものにおいて材質の脆さが著しいものであったならば，今日我々はシャルルマーニュまたはルイ敬虔王及び彼らの後継者たちの肖像を全く持つことはなかったであろうから。しかし，単に第 2 王朝のみならず第 1 王朝の諸王の肖像が無疵のまま今日まで伝来している。蠟は青銅や鉛に負けないほど長持ちすると思われるほどである。これに関して，古事に精通した人々がこれらの古い印章を非常な熱意で調査したとのことである。そしてそれらの一人，ペレスク[フランスの収集家，1637]は，ガサンの証言[152, 2]によると，「皆の前で検査した古い印章を返し，サン＝ドニ，サン＝ジェルマン，サン＝モール，その他の修道院の文書庫（そこにはシャルルマーニュ，ルイ敬虔王，ロテール帝，アキテーヌ王ペパン，シャルル禿頭王，シャルル単純王，そしてその他第 2 王朝の王たちの真正の肖像が保管されていた）から，印影に写しとったものを持ち帰った」とある。我々も同じ文書庫やその他の文書庫を熱心に探し回った。我々の諸王の肖像がそれらから本書で刊行されるのはそれを研究する人々のためであるが，何よりもそれは我々の国王の不滅の想い出のためである。

第 2 節　メロヴィング諸王は指輪を使用していた

　第 1 王朝の諸王は印章を押すさい，大半の場合，指輪を使用したのであるが，その中に円状に配置された自分の名前が肖像と共に表現されていた。その代表例として，大クローヴィスの父，王シルデリック 1 世[481]のものがある。一つはすべて金，一つはサファイアで作られている，彼の二つの指輪は彼の肖像を配していた。金の指輪は「王シルデリック」《CHILDIRICI REGIS……》の銘を持っていた。同様に金貨にも，プロコピウスの言[295, 3]に依ると，テオドベール，そして数人のフランクの王たちはこの行為は蛮族の諸王にとって不敬であったにも拘らず，（慣習であったところの）ローマ皇帝の肖像ではなくて，自分たちの肖像を彫っていた。しかし，シルモン

はアヴィトの書の解説 [323, 78] の中で，西ゴート王アラリックによってもそれが使用されたことを教えている。我々はシルデリックのものを除き，彼に続くクローヴィス若王の息子ティエリ [3世] に至るまでの諸王の完全な印章を入手することが出来なかった。但し，時の経過によって印章が破砕してしまった，これら諸王の真正な文書は見たことはあるが。他方，ティエリと彼の後に続くその他の諸王，例えばクローヴィス 3 世，シルドベール 3 世，シルペリック・ダニエルの肖像は我々の所からなくなることはなかった。我々はこれらの肖像をある若者（私はそれがメロヴィング王朝最後の王シルデリック 3 世であると思う）の肖像と共に，本書のそれぞれの場所に掲載するであろう。これらの見本は洗練されたものからはほど遠い。多分，彫刻者の未熟な年齢がそのようなものしか我々に提供することが出来なかったのであろうが，ブテル [57] の印影を比較した人にとっては明らかであろう如く，その刻印が今日まで伝来している造幣者たちの技術よりも劣ってはいなかった。更に，これらの見本について，少し考察を加えることが適切であろう。

第 3 節　印章における第 1 王朝と第 2 王朝との相違

第 1 は，あちこちの文書で見られる，印章の取付け方であるが，それは次のようになっていた。第 1 王朝の時代においては（我々がそう呼ぶ）日付事項の最後の言葉の少し上に，そして第 2 王朝の時代においては伝旨官または文書官の名前の後に（但し，本章 9 節で述べられる文書の極く一部を除く），文書に十文字の切り目を入れ，切られた四つの角を開き，両側から蠟をつけ，切り目の空間から一つに接合される。そして表側に指輪の肖像が押され，文書官がそれを自分のサイン，つまりときどきその中に意味が含まれている多様な言葉と曲がりくねった文句で円状に取り囲む。または，一般に「下署した」の語の上に蠟がかぶせられる。つまり，「……が交付した」または「……が承認した」といった下署者の言葉に続いて，至るところで「下署した」ことを意味する《S.》(《Signum》の略記）がペンによるいろいろな線とティロ式速記と共に付加されている。第 2 は，勿論，すべてこうであるとは限らないが，我々がこの後でシルデリックとペパンに関して明らかにする方法で，諸王の肖像が指輪と印章に刻まれるのが通例であった。第 3 は，国王の名前が円状に記されることである。勿論，時にはこれと異なることもある。例えば，王シルデリック 1 世のサファイアで出来た指輪，そしてシャルルマーニュの弟，カルロマンの肖像においては銘はどこにもない。但し，我々が本書のその箇所に掲載する，シルデリックの別の指輪には銘が認められる。それに関して，その時宮宰であったペパンのサン゠ドニ修道院に宛てた文書にある王冠を載いたその肖像は，メロヴィング王朝の最後の王シルデリック [3 世] のそれと殆ど異ならないと判定するのが適切であろう。第 4 は，これら及び第 2 王朝の印章において，後述される鉛の印章を除いて，裏面に裏印章が刻まれていないこと。第 5 は，最後の王シルデリックの甲冑を着た肖像を除いて，第 1 王朝の王の肖像は殆どの場合，カロリング諸王の肖像と同様に，首から下へは伸びていないこと。この様式は，自分の文書に胸甲を押し付けることを好んだ古代の皇帝たちの模倣から来ている。その証拠として，ユスティヌス 2 世 [578] の文書がある。エティオピア王アレタスがそれを受け取ったとき，テオファネースの言によると，彼は（アナスタージオの翻訳によると）「皇帝の小さな胸を持った印章に接吻した」《κατεφίλησε τὴν σφραγῖδα τὴν ἔχουσαν τὸ στηθάριον τοῦ βασιλέως》とある。つまり，この様式をカロリング諸王が真似たのである。第 3

王朝において，ユグ，ロベール2世，アンリ1世の肖像は上半身であったのに対して，フィリップ1世とそれに続く諸王は全身になっている。最後の第6は，上記の印章から十分に理解されたことであるが，メロヴィング諸王は髪を長く伸ばしていた。アガティアス[ビザンツの歴史家，6世紀]が伝えている如く，後髪は肩の上にふさふさと垂れ下がり，前髪は額によって二つに分けられていた。しかし，彼らの髭に関しては，十分に定着した様式と推量できるものは何もない。但し，シルドベール3世(彼の肖像はその他の王の肖像よりも少しだけよい)とシルペリック・ダニエルは長い髭を生やしているのが確認されている。彼らが髭を愛していたことは，これらの証拠によって納得することが出来る。

第4節　メロヴィング諸王は髭を生やしていたのか。一部においては史料によって確認されている

確かに，シドワーヌ・アポリネールの時代ガリア人，そしてその中の貴族さえも聖職に就いたとき，「頭髪は短く，髭は長く伸びていた」[320, 4, 24]と言われている宮廷高官マクシムスの例が示す如く，髭を生やしていた。トゥールのグレゴワールの叙述[169, 20]もこれと一致するが，それによるとレオバルドスは「長い髪と長い髭を生やして喜ぶ類の人間ではなかった。彼は定められた時には髪と髭をいつも切っていた」。その上，諸王はこの習慣から遠ざかってはいない。我々はエモワンの書[9, 1, 41]で，大クローヴィスに関して，彼が「古代人の慣習に従ってクローヴィスの髭に触り，父として自分を養子に迎え入れてくれるよう」アラリックの許に使者を派遣した事実を読む。ダゴベール(彼の事績録が引用している如く)は，「その当時，この上ない侮辱的行為であった」，サドレギシルスの髭を剃らせて，醜くさせたと伝えられている。更に，サン＝ドニ修道院の正面入口のそばにある，非常に古い同ダゴベールの肖像は，ブテル[57]が掲載している2枚の金貨における如く，髭を生やしているのが確認される。最後に，第2王朝の諸王の短い髭は，それぞれの場所で示されるであろう彼らの肖像が証明する如く，唇を覆っていたに過ぎない。

第5節　それを否定する幾つかの論拠

しかし，これに反対する答えを出すこともできる。これは修道士ロリコンが証言している[310, 4, initio]ことでもあるが，若い時に王は最初の髭を剃る習慣があったとのことである。この話はすぐ上でエモワンが伝えているのであるが，確かに，アラリックの許に送られた大クローヴィスの使節パテルヌスは，「アラリックがクローヴィスの髭を剃ることによって彼の代父になってくれるよう懇請した」。最初の髭のこの剃り落としに関しては，私が『聖者記録集(ベ)』3世紀の1巻の序文[4, 3–1, 17]で述べていることを参照せよ。そしてスエトニウスがネロに関して言っていることを付け加えておくと，体操競技において「彼は最初の髭を剃り落とし，それを非常に高価な真珠で飾られた金製の箱にしまい，それをカピトールの丘のジュピターに捧げた」[336, in Nerone/ 355, 191 sq.]とある。しかし，このことをもっと細かく見てみると，同じくロリコンの書[310, circa medium]から，ときどき髭を剃っていたことが確認される上級貴族と同様に，メロヴィング諸王も髭をたくわえていたようである。何故ならば，クローヴィスがアラリックとの戦争のために「パ

リに集まったフランク人の上級貴族」に演説をして彼らを元気づけたとき，「彼らはすべて右手を空に向けて突き上げ，不信の者たちが生き残らないために，以後髭を剃らないと宣言した」とある。このように，ある時期フランク人は髭を剃り落としていたか，確かに刈っていた。それ故，ダゴベールの事績録がサドレギシルスに関して伝えていること，つまり髭を剃ることが侮辱と受け取られていたことの真実性が筆者には疑問になってくる。但し，皮膚まで達する髭の完全な剃り落としと考えた場合は別であろう。シドワーヌとグレゴワールの叙述に関する限り，宮廷高官マクシムの事例が尋常でなかったことは，同じくシドワーヌの，「私が到着したとき，彼は自ら私を迎えたが，私がかつて知っていた真っ直ぐ伸びた背筋，ゆったりとした歩き方，自信のある声，柔和な顔付きの彼とは全く異なる姿をしていた。彼の装い，歩き方，おどおどした様子，顔色，話し方は聖職者のそれであった。短い髪，長くのびた髭，……」との言葉からも十分に理解される。これらの記述は尋常でない男の姿を証明している。その当時宗教的雰囲気を出そうとして，長くてもじゃもじゃの頭髪と髭を生やしていた一部の人々とは違って，髭を伸びるにまかせず，特定の日にそれを剃っていたレオバルドスに関しても，同じように考える必要があろう。確かに，同じくグレゴワール[167, 9, 20]がカオール司教ウルシニウスに関して証言している如く，その当時の悔悛者は「頭髪も髭も剃っていなかった」。そのことは，その他の人々，つまり一般の俗人のみならず，国王もときどき髭を剃っていたこと，換言するならば，国王に倣って髭を剃る習慣は謙遜ではなくて，虚栄心の印であったことを立証している。

第6節　両方の意見の調整

　このような証言の極端な相違を前にして，私が特に重要と思うのがメロヴィング諸王の古い肖像と髭を生やした立像である。つまり，パリにあるわがサン゠ジェルマン修道院の中に，まず，シルドベール1世と同じくシルペリック1世の髭を生やした像が刻まれた石造の棺が安置されている。次のことがなければ，これらの石棺が我々が躊躇することなくそれらに同意しなければならないほど古くはないことを私も容易に承認したであろうが。しかし，専門家たちが一致して判断している如く（実際，私もそう考えているのであるが），王フィリップ1世の治世よりも殆ど遅くない時代に，同教会の正面入口に安置された第1王朝の諸王の五つの像がそれらの古さに保証を与えているのである。これらに読者諸賢はサン゠ドニ修道院に保管されている，ダゴベール1世の最も古い髭を生やした肖像とネール修道院[北フランス，アミアン近郊]の教会の入口に安置されている同時代の第1王朝の諸王の立像を加えることが出来るであろう。読者はメロヴィング諸王がふさふさした髭に馴れ親しんでいたことを疑いなく推論するであろう。但し，フランクの上級貴族やその他の人々もある時期に髭を剃っていたことも事実であるが。

　しかし，メロヴィング諸王の髭が豊かでもじゃもじゃしたままで，胸まで伸びるほどの髭であったとは私には思えない。それよりもむしろ，ふさふさした頭髪を短く刈り，誠実な謙遜を示すために整えられ，少なくない毛が顎と唇を覆い，そして小綺麗な毛の房が顎から垂れ下がっていたように思われる。これに関して，エジナールがシャルルマーニュ伝の冒頭で次のように締め括っているのであるが，そこにはメロヴィング王朝の最後の諸王が「髪をのばし，髭を垂らしていた」とある。

第7節　カロリング諸王に関してはどう判断すべきか

　カロリング諸王に関しても，少なくない肖像の中で(前王朝の諸王)より小綺麗でさっぱりとした髭面で表現されてはいるが，殆ど同じように考えるべきであろう。しかし，我々が本書に掲載した少なくない印章，例えばシャルルマーニュ，ルイ敬虔王，ロテール帝，シャルル禿頭王のそれでは，唇と頬に毛が綺麗に生えているのが確認される。彼らの中の一人，シャルル単純王は髭のない肖像を提供している。しかし，その反対もあり得る。何故ならば，有名なエティエンヌ・バリューズの『勅令集』2巻[35]に両方とも掲載されているシャルル禿頭王の二つの肖像において，毛のない顎と下唇，綺麗に剃られた上唇が確認される。同書に掲載されている，王ロテールの肖像には全く髭がない。最後に，シャルルマーニュと彼の後継者たちは，ケドレヌスの書[76, 28]によると，ユスティニアヌス帝もこのようにしていたとあり，そして彼以前においても，異教徒の皇帝たち(但し，ディオンの証言によると，最初に髭を手入れし始めたハドリアヌス帝は除かれる)がそうしていたとある如く，「ローマ人風に」顎髭を剃っていたように見える。ユスティニアヌス帝以後のギリシア皇帝はその殆どが髭を生やしていた。しかし，私はこれらがこのように小さな探究の限界を越えてしまうのではないかと恐れる。

第8節　国王の肖像を欠く印章の存在。第1王朝と第2王朝におけるその形態の多様さ

　それ故，肖像の様式は諸王の意向に応じてすぐに多様化したというのがここでの結論となるであろう。しかし，印章に関して言わなければならないことが残っている。つまり，フランク諸王は自分の肖像を表現した印章を至るところで使用している。しかし，彼らの一部はそれ以外のものもときどきに使用している。そして(私が思うに)確かに偶然であろうが，国王文書を用意するさい，印章が手許になかったりしている。事実，シルデリック3世が統治していたとき，宮宰ペパンがサン＝ドニ修道院に宛てた文書には，印章の代わりに主キリストの頭部をあしらった肖像が押されている。そこには二人の天使が膝を曲げ，恭順と尊敬の印として手に蠟燭の灯った燭台を持って侍っている。同じく，王ペパンの同サン＝ドニ修道院に宛てた別の文書には，印章の代わりに酒神バッカスの肖像が押されている(殆どこれと同じものがビザンツの貨幣，その他でも表現されている)。(いつもそうなのであるが)像は伝存しておらず，蠟のくぼみにそれが押されている。同じように，裁判文書に印章を押すために，シャルルマーニュ(むしろ，伯または文書局員)は指輪型印章を使用している。そこには，然るべき場所に掲載されている印影が証明している如く，神セラピスまたは神アヌビスが頭に枡を乗せた格好で，そして我々がペパンの文書から転写した上述の酒神バッカスの肖像と共に描かれている。同様に，神アヌビスがビザンツの貨幣，そしてジュリアヌス・パラバタのそれに描かれている。

　その他の印章は，国王の本当の肖像を描いている。そしてメロヴィング諸王の印章と異なる点はほんの少しだけ大きいこと，次により熟練した職人によって彫られていること，そして印章は伝存していないが，(読者が左側に向いているカルロマンの肖像を除外するならば)すべてが右の方を向いていることである。加えて，(カロリング諸王の印章は)多様な銘文を持っている。確かに，メロヴィング諸王は自分の名前に，「フランク人の王」の称号のみを付加している。これに対

して，カロリング諸王は殆どがそれぞれの銘を持っている。シャルルマーニュは「キリストよ。フランク人の王(または皇帝)，シャル[マーニュ]を守り給え」《XPE protege Carolum Regem Francorum (Imperatorem)》の形式を使用している。ルイ[敬虔王]も同じである。ロテールは我々の見本とトゥルのサン＝マンシュイ修道院に宛てた手稿文書とにある如く，「キリストよ。尊厳者たるロテールを助け給え」《XPE adjuva Hlotharium Aug.》の文句を好んだ。そして彼の息子，ロテールがそれをメッスのサン＝タルヌール修道院に宛てた手稿文書にある如く，「キリストよ，王ロテールを助け給え」《XPE adjuva Lotharium Regem》のように真似ている。シャルル禿頭王は「神の恩寵による王シャルル」《Karolus gratia Dei Rex》となっている。皇帝の場合も，「神の慈悲により尊厳なる皇帝シャルル」《Karolus misericordia Dei Imperator Augustus》となっている。以上は蠟の印章においてであるが，金の印章の表面には「フランク人とローマ人の皇帝シャルル」《Karolus Imp. Francor. & Romanorum》，裏面には「ローマとフランクの帝国の復活」《Renovatio Imperii Romae & Franc.》とある。これはコンピエーニュで保管されている印章に彫られた銘文でもある。シャルル肥満帝はトゥル在，サン＝マンシュイ修道院の文書で，「尊厳なる皇帝シャルル」《Karolus Imp. Aug.》とある。ルイ吃王，シャルル単純王，その他は帝位に就く以前のシャルル禿頭王のそれと同じである。すべてが十字の印を前に置いている。カロリング王朝の最後の王ロテールは「フランク人の✚王ロテール」《Lotharius ✚ Rex Franc.》とある。アルヌールとズウェンティボルは自分の名前の後にただ「国王」の名称を付している。国王としてのシャルル禿頭王の肖像が皇帝としてのそれと異なっていることに，多分一部の人は驚くのではなかろうか。更に，このような相違は優秀なシャルル・フレネ[・デュ・カンジュ]がビザンツ皇帝の家族の中で明らかにしている如く，コンスタンティヌス大帝やその他の皇帝の貨幣においても確認されている。この相違は，一部においては彫刻家の未熟さから，また一部においては体型の変化から発生する。シャルトル教会の文書に押された王ウードの印章は，私が最初に考えたような古い貨幣ではなくて，彼の他の文書にはっきりと押された彼の名前の銘が私に教えてくれている如く，ウード自身の肖像を描いたものである。

第9節　左側に押された少数の印章

　我々はカロリング諸王の肖像を収集しうる限りにおいて，印章から取り出したのであるが，それらはすべての羊皮紙で文書の右端に押されている。但し，非常に少しではあるが，文章が書き始められている左端に印章が押されたものもある。しかし，それはメロヴィング王朝を通じて一つも確認されない。カロリング王朝に関して，シャルルマーニュはサン＝ドニ修道院に宛てた文書1通(我々はその見本を本書に掲載している)において，印章が国王と伝旨官のサインの間に押されている。アルヌールの息子，ドイツ王ルードヴィヒ3世の印章は，トゥルのサン＝タペール修道院に宛てた手稿文書では右側に来ている。そしてそれは同文書の本文の末尾の下，書記の下署の上に位置している。しかし，それは左に向いた姿で描かれている。カペ王朝の中ではルイ肥満王の多くの印章が左側に押されている。一つはコンピエーニュの文書庫のもの，一つはドゥブレの書[111, 845]に収録されているサン＝ドニ修道院にあるもの。三つ目はサン＝ドニ修道院に保管されているサン＝ドニ修道院に寄進されたある教会に関する文書で，その文書の左側に印章が押され

ている。但し，右側は空白になっているが。

第 10 節　　カペ諸王の印章

　カペ諸王の印章に関して，他の王朝のものと大きな相違が見いだされる。第 1 は，我々が実物大の大きさで印刷しようと心がけた印影が示している如く，それらはこれまでの諸王のものよりも遥かに大きい。第 2 は，ユグとロベール[2 世]の肖像がカロリング王朝の最後の王ロテールのそれの如く，上半身だけである。それ以後の諸王に関しては，完全に座った格好が定着する。第 3 は，ユグは正義の手，ロベール[2 世]は百合の花を右に持っている。左には両者とも球が配されている。その他の王は右に同じく百合，左に王杖を握っている。第 4 は，印章の銘文が「神の恩寵によるフランク人の王，……」《N. DEI GRATIA FRANCORUM REX》と，すべてに共通している。但し，ユグの場合（「恩寵」でなくて）「慈悲」《MISERICORDIA》となっている。しかし，カペ諸王にこの様式を伝えたのはカロリング王朝の最後の王ロテールで，サン=レミ修道院の手稿文書から本書に印刷された彼の肖像は半身像で右手に王杖，左手に棒を持っている。しかし，頭には彼の祖先のような月桂樹の冠ではなくて，先が尖った陶器の冠を載いている。最後に，それまでの如く，肩から下がった肩衣ではなくて，胸に結びつけられた肩衣を着用していた。これがカペ諸王の習慣であった。第 5 は，ユグ，ロベール 2 世，そしてルイ 6 世に至る諸王の印章は，大半の場合，羊皮紙に押されていた。ルイ 7 世[1180]と彼の後継者たちのそれは吊り下げられていた。第 6 は，裏印章を押した最初の王はアキテーヌ公位との関係から，ルイ 7 世であったと思われる。そのため，裏面に鎧を身につけた騎士が「そしてアキテーヌ公」《ET DUX AQUITANORUM》の銘文（彼は妻との離婚によって，この銘文を放棄することになるが）と共に描かれている。従って，ドゥブレの書[*Ibid.*, 880]に収められている彼の真正文書には，もはやアキテーヌ公でなくなったため，裏印章のない赤色蠟の印章が下がっている。フィリップ尊厳王は印章の裏に，副印章[本書では裏印章の面《aversa, postica pars》が表印章のそれ《adversa, antica pars》よりも寸法が小さい場合に限って，この名称が用いられている]として 1 本の百合をあしらっている。ルイ 8 世は（ルイ 9 世の如く）ある時は 1 本，ある時は無数の百合をあしらっている。この習慣を継承したフィリップ 3 世は，沢山の百合を印章裏にあしらうのを好んだ。彼の後継諸王もシャルル 5 世[1380]に至るまでは同様であった。シャルル 5 世は自身の文書数通やアウグスティヌスの『神の国』のフランス語版のために書かれたとされる彼の書簡から明らかな如く，百合の数を 3 本まで減らしている。しかし，我々の国王のなかでこれを最初に考案したのはシャルル 6 世[1422]であると一般に主張されているが。認印（《secreti》，《secretum》）と言われている副印章は，更に，真正の印章がない場合，公的文書に押されている。私がルイ 8 世の副印章に関して述べたことは，サン=ドニ修道院の 2 通の文書（その 1 通は 1223 年のもので，百合をあしらった副印章，他の 1 通は 1227 年のもので，1 本の百合があしらわれている）によって証明されている。

第 11 節　　諸王の息子，そして王国の役人に与えられた印章

　更に，諸王の息子たちも父の存命中に彼らの印章を，特に共同国王への任命以降に所持してい

た。これはカペ諸王に妥当することで，カロリング諸王には適用されない。つまり，シャルルマーニュの姉妹ジゼールのペパン，シャルルマーニュ自身，シャルルマーニュの息子ルイが下署している文書において，ジゼール自身のものはもちろん，いかなる印章も押されていない。他方，第3王朝に関しては，我々は本書に「国王に任命されたルイ（つまり肥満王）の印章」《SIGILLUM LUDOVICI DESIGNATI REGIS》を掲載している。それは国王のように描かれたものではなくて，鎧を身につけた騎士の姿で，右手に旗を掲げたものであった。『拾遺集』6巻 [2, 6, 491] には，同じく，フィリップ6世 [1350] の文書が掲載されている。そこには，フィリップが「王国が彼のものになる以前に」使用していた印章が押されていたと言われている。同じく，ルイ10世強情王 [1316] の印章がラップの『古文書雑録』[217, 228] に見いだされる。加えて，この『古文書雑録』[Ibid., 211] には，聖ルイ王がサン゠ドニ修道院長マティユとシモン・ド・ネールに王国の統治のために預けた印章への言及がある。その印章の表面には「海外の地に出発する，神の恩寵によるフランク人の王ルイのサイン」《S. LUDOVICI DEI GRATIA FRANCORUM REGIS IN PARTIBUS TRANSMARINIS AGENTIS》の銘文と共に王冠が彫られ，裏面には百合で飾られた副印章が接合されていた。彼の息子フィリップ3世は父が死ぬと，これと似たものを使用している。これに関しては，同フィリップの多くの書簡が『拾遺集』2巻 [2, 2, 553, 557, 561] に収められている。上記のマティユとシモンに宛てた彼の書簡には，「朕は，あなた方が以前朕の父上から保有していた権力をそのままあなた方に委ね，それが人々によって遵守されることを望む。通告したものが実行されるために，あなた方が父上の命令に従ってこれまで使用してきたその印章をただ名前のみを変更することで使用するよう望む」との言葉が見いだされる。その印章の銘文は「✠空席となった王国統治のために，神の恩寵によるフランク人の王，フィリップのサイン」《✠S. PHILIPPI DEI GRATIA REG. FRANC. AD REGIMEN REGNI DIMISSUM》で，副印章は3本の百合からなっている。その一つはわがサン゠ジェルマン修道院の文書庫にあり，1285年に発給されたサン゠ドニ修道院長マティユとシモン・ド・ネールの文書に押されている。最後に，国王の次子及びそれ以下の息子たちの印章も別にあった。その中から，聖ルイ王の第6子，ロベール・ド・クレルモンは国王の楯に小さなライオンをあしらったものを使用している。つまり，1281年のサン゠リュシアン修道院に宛てたフランス語で書かれた文書において，裏面にフランスの象徴，つまり無数の百合の花が小さなライオンと共に描かれたものを第2子が使用している。ラテン語で書かれた別の文書では，表面に剣を持った彼の肖像が百合の花の飾りのついた肩衣に被われた馬の形をした楯と共に描かれ，裏面にこの後で述べる副印章が接合されている。

第12節　吊下式の王印はいつから使用されたか

少し前で，私は吊下印章はルイ7世から使用されるようになったと述べたが，これについてはもう少し入念に考察される必要があろう。我々の手許に届いているわが諸王の多くの印章の中で，ルイ6世以前においては吊下印章を一つも発見していない。但し，王アンリ1世の寡婦，アンヌまたはアニェスの文書は例外である。それは彼女とサン゠モール゠デ゠フォッセ修道院との間におけるウネッルスに関する文書で，彼女の息子フィリップの印章をリボンで吊り下げようとしたことがこの時までイエズス会の碩学，ピエール・フランソワ・シフレの手許にあった手稿文書によっ

て証明されている。これ以前に別のところで，フランク諸王の吊下印章が存在しているのか，またはこれと同じ時代に存在しているのかは筆者には分からない。また王妃の文書であるために，印章は押されておらず，吊り下げられていたのではなかろうか。つまり，司教その他の人々の印章は11世紀においては，一部は吊り下げられていた。同じ頃，「征服者」とあだ名されるアングリア王ウィリアムは，インガルフの証言によると，3，4人の証人を用意して，アングル人の間で，それまでの如く十字の印によってではなくて，「それぞれ特殊な印章を蠟に押しつけることによって」，「文書の強化」を行なわせた。同じく，エアドマルスの註釈においてジョン・セルデン［イギリスの法学者，1654］が「コットン［イギリスの文書収集家，1631］文庫」に保存されている手稿文書から転写している文書についても，吊り下げ式の印章が使用されている。しかし，ウィリアムはこの様式をフランス諸王の真似としてアングリアへ持ち込んだとするならば，この様式がフランス諸王の間，または諸侯の間で普及していたことはありそうなことである。だが，なぜウィリアムは吊下印章を使用したのか。それはフランスの諸王からというよりも，諸侯の例にならってのことであったと思われる。また，彼がその文書で裏印章を刻ませたのも，確かに同じ理由によるものである。その印章の表面はノルマンディ公としてのウィリアムを鎧を身につけた騎士の姿で，「このノルマン人の守護者，ウイリアムをお見知りおき下さい」《HOC NORMANNORUM WILLELMUM NOSCE PATRONUM》の銘文を円状に配して描いている。裏面は同ウィリアムをアングリア王として右手に剣，左手に十字架が付された球を持ち，「汝は同者がアングリア王であることをこのサインによって認めるであろう」《HOC ANGLIS REGEM SIGNO FATEARIS EUMDEM》の銘文が刻まれている。セルデンは後者の銘文を前者の銘文のところに掲げているが，《eumdem》［「同者」の意］の語はそれが後置されるべきであることを教えてくれている。読者はこれに関する勝れた論拠を，『拾遺集』12巻 [2, 12, 373, 374] で持つであろう。従って，ウィリアムが吊下印章を使用していたのは，裏印章を使用したいがためであった。つまり，我々は押捺されたものとして裏印章を1例有してはいるが［本章17節参照］，この種のものとしての副印章はどこにも発見していないのである。更に，我々が既に述べた如く，フランク諸王は吊り下式の印章を他よりも遅く使用していた。マルロは，確かに，フィリップ1世のランス在，サン＝レミ修道院に宛てた文書で彼の印章が下がっていた [250, 2, 182] と言っている。しかし，印章が下がっていたのではなくて，押捺されていたその手稿文書に基づきながら，このような考えがマルロを襲ったことは明らかである。ルイ6世の非常に多くの印章の中で，サン＝ドニ修道院の文書庫には2個の吊下印章しか発見できなかったし，それらには副印章は接合されていない。その一つはドゥブレの書 [111, 848] で刊行されている。もう一つはソワソン司教管区のラヴェルスィーヌの裁判権をめぐる未刊行の文書である。私が実際に見たその他のものに関して，そこにはルイ肥満王の印章が押されている。しかし，彼の息子で後継者のルイ7世の印章はすべて吊り下げ式である。このように，世俗諸侯と司教の一部もフランス王より以前に，これから見る如く，自分の印章を吊り下げていた。更に，アングリア王ウィリアムも書物によればそうであったし，ヒスパニア諸王も，我々によって刊行されているアルフォンソ王の文書（そこで，彼の二人の息子の印章が吊り下げられている）にある如く，同様であった。最後に，皇帝ハインリヒ3世の，サン＝レミ修道院に宛てたクゼールとメールゼーン［マアストリヒト近郊の荘園］に関する1044年の文書には印章が押されている。

第13節　印章の吊下部分

印章のリボンまたは吊下用具はある時は普通の紐，ある時は絹，獣皮の紐から成っていた。王[アンリ1世の]妃アニェスのサン=モール=デ=フォッセ修道院に宛てた文書のそれは(私が既述した如く)，獣皮とリボンで出来ていた。絹の吊り紐は，通常，国王の文書に使用されている。色はすべて赤か，一部緑か一部赤かである。更に，貴族がそれを真似ている。普通の紐は，多分，身分の低い人物の文書に使用されていたのであろう。

第14節　蠟の色は雑多であった

更に，使用されている蠟の色は雑多で，最も多いのが白，第1王朝と第2王朝においては赤もあった。赤色は第3王朝の開始からフィリップ[2世]尊厳王 [1223] まで使用された。同尊厳王と彼の後継者たちの時代において，通常，譲渡文書，特権文書，免除文書と呼ばれる文書で緑の蠟が使用されることも少なくなかった。碩学デュ・カンジュは次のように述べている。「シャルトルの」文書はそのことの永遠の想い出のために記録され，最初に「現在いる人と将来生まれてくる人々に」と言った言葉が記され，文書作成の日ではなくて，ただ年と月がそこに記載されている。これらはここで問題になっていることが熟した，永続的な熟慮によって実行されたことが示唆されるためである。しかし，蠟における緑色はこのことが永遠の力の中にとどまることを意味している。他方，その他の文書では，「この文書を見るであろうすべての人々に」の書式が記されるのが常であった。しかし，今日，フランスの文書局においてどの文書にも，金色の蠟が印章として押されていると。以上がデュ・カンジュの言っていることであるが，彼はまた少し前に，ティエ[モゥ司教，16世紀]に依拠して，これら金色の蠟の使用は特殊な特権として国王にのみ許されていたと述べている。更にこのことは，1583年に開かれたサン=ジェルマン=デ=プレ修道院の会議の議決の中で要求されている。それ故，ルイ9[11の誤り]世はシチリア王ルネ・ダンジュに彼自身と彼の直系から生まれた子供たちがフランス王国，そしてシチリア王国の領土内で自分の印章に金色の蠟を使用することが出来ることを，1468年1月28日と1469年5月の日付をもつ文書で認めることによって，重要な特権を享受させるべきだと考えたのであろうと。しかし，これらはずっと後の時代に属するものである。他方，私は13世紀に金色蠟の使用が国王の印章に公認されていたことをどうしても信じることが出来ないのである。また一部の人は，白色蠟の使用はわが国王の印章には決して導入されなかったと信じているが，ミロモンはフランスの文書局に関する著書 [260] の中で反対の意見を述べている。そして，私が第1王朝と第2王朝の多くの手稿文書で目撃した白色蠟に押されたいろいろな印章がその正しさを証明している。

第15節　いろいろな材質の印章

今やフランス諸王がときどき使用していた鉛，金，銀の印章について論じなければならない。これに関しては，ピエトロ・ディアコノが『モンテ=カッスィノ年代記』[284c, 4, 109] の中で明らかにしている。そこで，皇帝ロテールの前に「皇帝シャルル，ルイ，ユグ，ロテール，ベランジェ，

アルベール，3名のオットー，4名のハインリヒ及びコンラートの，モンテ=カッスィノ修道院で作成された蠟，鉛，金の印章が押された命令文書が提出された」と述べられている。

第16節　金，銀の印章

「黄金の印章」《$X\varrho\nu\sigma \acute{o}\beta o\lambda\lambda\alpha$》に関しては，コディヌス[ビザンツの宮廷役人，15世紀]が記している如く，特に東方の皇帝が諸王，スルタン，総督に宛てた文書でそれを使用している。一部の人々は，フランク諸王の中のカロリング王朝の皇帝たちが彼らを真似てそれを自分たちのものにしたと考えている。更に，デュ・カンジュはケドレヌスに依拠して，それを使用しているいかなる皇帝もミカエル[2世]の息子，テオフィロス[ビザンツ皇帝，842]以前には思い出せないと指摘している。彼の時代，ルイ敬虔王が金の印章を使用していたことは，ユダヤ人の傲慢さに関する著書でのアゴバールの叙述から明らかである。「彼らはあなたの名において金の印章が押された命令文書を見せた」のようにルイは話しかけている。しかし，彼よりも前にシャルルマーニュと彼の息子，ペパンが「1通の命令文書に金製の二つの印章」，つまり二つの金製の印章が押された文書をファルファ修道院に送ったことが，デュシェーヌの書［127, 3, 670, 671］に収められた同修道院の年代記で語られている。同様に，ギィとランベールの両皇帝は「別の命令文書に金製の別の二つの印章」を押している。これらは，同修道院の年代記の手稿断片の中で，イルデブランド・デ・マテナリオがファルファ修道院からその他の宝物と一緒に奪い取ったと言われている。そしてこの断片は，デュシェーヌが切断された状態で刊行しているそれである。こうして，ドゥブレとシュジェの書［111, 873］によると，シャルル禿頭王が金の[印章を押された]文書をサン=ドニ修道院に付与している。同じく，シフレの『トゥールニュ史』［81, 510］によると，同王は同じものをコンピエーニュのサン=コルネイユ修道院にも付与している。そして最後の印章は，8または10ドゥカートの値打があったようである。（つまり，それはずっと以前に盗難にあって奪い去られていたのである）。そして，パリの高等法院の記録簿を信用するならば，その印章が吊り下げられていた文書は，1271年の高等法院の法令によって偽造の疑いから免れていたと言われている。以上に関しては，デュ・カンジュの『辞典』［114］において遥かに詳細に述べられているが，そこでは更に，ブールジュ司教座教会に宛てたルイ王の金の印章，マンド司教座教会に宛てたルイ7世[1180]のそれ，北ウェールズ王リオリンに宛てた文書にあるフィリップ6世[1350]のそれ，アングリア王ヘンリ8世との間に結ばれた協定におけるフランソワ1世[1547]のそれへの言及が見いだされる。更に我々は1274年にアンジェにある，アウグスティヌス修道会に属するトゥ=サン修道院に宛てた文書に使用されているシチリア王シャルルの金の印章を見ている。これは既に名前が挙げられている，信仰篤いクロード・モリネが我々に見せてくれたものである。しかし，これらよりずっと大きいのが，フリードリヒ2世がトゥル在，サン=テーヴル修道院に宛てた文書で使用されている印章である。それは赤い絹紐で吊り下げられていて，表面に玉座に座った皇帝の肖像が2本の百合の花で飾られていて，右手に十字で表現された杖，左手に十字架が印された球を持ち，円状に記された銘文「✚神の恩寵によるローマ人の王で，常に尊厳なるシチリア王フリードリヒ」《✚ Frideric[us] D[e]i gra[tia] Romanor Rex et semp[er]. Augustus et Rex Sicilie》が刻まれている。裏面には都市ローマが「黄金のローマ」《Aurea Roma》の文句と円状に配された「✚世界の首都ロー

マが丸い地球の統御を司る」《✚Roma caput mundi regit orbis frena rotundi》と共に描かれている。その上，デュ・カンジュの『辞典』[114]においては，ドイツ諸皇帝の遥かに多くの金の印章を見ることが出来る。更に，同辞典では諸王，諸侯の[金の]印章が考察されている。諸教皇の手稿の書簡集の中では，ハンガリー王妃に宛てた教皇の書簡が参照されている。その中で，夫である有名なハンガリー王ベラムが同王妃に行なった寄進が，「それに関して作成された同王妃の，そして彼女の金の印章で強められた勅許書に十全に含まれていることに従って」と言及されている。更に，メッス在，サン＝タルヌール修道院には，1552年にロタランジ公グシアに贈られたフランソワの金の印章が保存されている。その一つの面に馬に乗った彼の肖像，他の面に家紋が表現されている。

　最後に，デュ・カンジュとスペルマンによると，東方の皇帝はときどき銀の吊下印章を使用してもいる。しかし，私はフランス諸王の中でそれを使用した王をこれまで見たことがない。但し，パリのサント＝ジュヌヴィエーヴ教会には，ルイ敬虔王の銀の吊下印章が保存されている。その一つの面にはいつもの書式「キリストよ。皇帝ルイを護り給え」《XPE PROTEGE LUDOVICUM IMPERATOREM》と共に彼の胸像が，そしてもう一つの面には何も描かれていない。本当のところ，それは印章そのものではなくて，我々が収集している印章の印影である。何故ならば，それによって文書から吊り下げることが出来る裂目がそこにはまったく見いだせないので。

第17節　鉛の印章，帝妃の金の印章，「再度打たれた」印章とはどのようなものであったのか。ヒスパニア人の間での鉛の印章の使用と公的文書におけるカスティーリャ語の使用

　鉛の印章に関しては，わが諸王の間でもしあるとしても，それらは非常に稀にしか付与されていない。確かに，サント＝ジュヌヴィエーヴ教会の上記の宝物庫に，シャルルマーニュのものかシャルル禿頭王のものか判定しにくい鉛の印章が存在する。しかし我々は二重の銘から，それがシャルル肥満王のものであったと推量する。その一つの面に月桂樹を被った皇帝の肖像を銘文「皇帝にして尊厳者のシャルル」《KAROLUS IMP. AGS》が取り巻いている。別の面には「フランク王国の復活」《RENOVATIO REGNI FRANC》とある。そしてこの文句は，本書の付録11章において見ることが出来る如く，区別なくすべての皇帝に付されている。

　シチリア王も金の吊下印章を使用している。我々はその中の一人，ルッジェーロ1世[1101]の印章が使用された彼の文書を，カーヴァ＝デ＝ティッレニの文書庫で見たのであるが，我々によって別の箇所[347, 118]で刊行されている如く，それにはギリシア文字の銘文が付されていた。更に，我々は同文書庫において，君主ワイマリオの裏印章を持った印章が押捺された文書を見たのであるが，これはこれまで我々が別の所で目撃しなかったことである。

　最後に，シャルル肥満王の幾つかの印章の中に，「皇帝にして尊厳者のシャルル」《Carolus Imp. Aug.》といった銘文を読む。これは，上述[本章8節]の如く，シャルルマーニュとシャルル禿頭帝の両皇帝の印章と異なっている。更に，王立図書館には鉛の吊下印章が展示されている[35, 2, 1284]。表面にはシャルルマーニュまたはシャルル禿頭王，しかしどちらかと言うと後者と思われる顔が「キリストに栄光，シャルルに勝利あれ」《Gloria sit Christo, Regi victoria Carlo》との文言

を伴って表現されている。その裏面には、「神から生まれたイエスよ。シャルルを力強く守り給え」《IHU nate Dei Carolum defende potenter》と共に花押が刻まれている。しかし、印章の代わりとして、それがどこかの裂目から吊り下げられていたようには見えない。ヴァディアン[スイスの人文主義者, 1551]はゴルダストの書 2 巻 [161, 3, 73] において、ザンクト＝ガレン修道院で目撃したシャルル肥満王の文書には鉛の印章が使用され、そこには同皇帝が月桂樹を戴いて表現されていたと証言している。我々は本書で皇帝オットー 3 世のメッス在、サン＝フェリックス（今ではサン＝クレマンと呼ばれている）修道院に宛てた文書を刊行している。その文書には革紐で鉛の印章が吊り下げられていて、その一つの面には宝石の頭飾りを付けた皇帝オットーの胸像が上部に三つの百合の花を別個にあしらい、「皇帝にして尊厳者のオットー……」《Otto……Imperator Augustu[s]》の文言が刻まれていた。もう一つの面には月桂冠を戴く胸像と右に旗、左に楯、そして「ローマ人の帝国」《Imperii Romanorum》の文句が刻まれていた。『パーデルボルン史料集』[148, 161] の中の、皇帝ハインリヒ 2 世の文書にある「再度打たれた印章」《sigillo repercusso》の文句も変わっている。そこには、「そして朕は朕の再度打たれた印章が押されるように命じた」《et nostro sigillo repercusso insigniri jussimus》とある。私はこれは二度打たれた、つまり、すぐ上で我々がオットーの鉛の印章について指摘した如く、表面と裏面に彫りが施された鉛の印章であると解釈すべきと考える。更に、オノレ・ブーシュは『プロヴァンス史』[58, 1, 910, 912] の中で、1150 年に活躍したユグ・ド・ボースかその息子の鉛の印章を参照している。ウゲッリが『神聖イタリア』4 巻 [347, 4, 1215] で、アンティオキア公ボエモンの、1190 年に出された鉛の印章が下げられた文書について述べていることも見落とすことが出来ない。同じくその 8 巻 [Ibid., 8, 68] では、ベネヴェントに駐在する貴族長官コスマスと文書長官バシリウスが慣習に従って彼らの文書に鉛の吊下印章を用いたと書かれている。ラップの『古文書雑録』[217] の中で、キプロス王アンリの鉛の印章が見える。しかし、それ以外に関しては、尊厳者ガッラ・プラキディア[ローマ皇帝, 450]の鉛の吊下印章が有名である。それは裂目から推察される如く、かつては何かの文書に吊り下げられていたものである。これはサント＝ジュヌヴィエーヴ教会の宝物庫で鑑定されたもので、碩学モリネによって、エティエンヌ・ド・トゥールネの書への註釈の中で考察されている。最後に、ヒスパニア人の間において、少なくとも 13 世紀中葉、つまりアルフォンソ 10 世天文王の治世に鉛の吊下印章が使用されていた。ペドロ・カステラは、彼の文書がこれと同じ鉛印章で強められているのが見られたと証言している。フランチェスコ・デ・ピサがトレド市に関する叙述 [144, 55, 56] の中で参照している文書において、同王は同じような印章を押している。この王は同著者 [Ibid., 188v., 189] に依ると、それまでラテン語で書かれていたのであるが、公文書をカスティーリャ語で書くように命じているアルフォンソその人である。ホアン・マリアナはヒスパニア史の第 13 巻 [249, 13, 7] で、ここにそれを引用する価値のあるその他のことと共に、このことを支持している。「彼はヒスパニア王として最初にヒスパニア人の日常語に売買したり契約を結んだりする力を与えた。（ラテン語に比べて）非常に野蛮であった彼の言葉は、当然のこと、改良と語彙を豊富にする努力が必要であった。聖なる聖書が母国語に翻訳されるよう骨折った。この時から、国王文書と公的文書において、以前から使用されてきたラテン語が使用されなくなった。その結果、言葉に関する恥ずべき無知がわが民族と両方の身分に入り込んできた」と彼は言う。確かに、我々がラ＝シェーズ＝ディユ修道院の文書庫から受け取った、同アルフォンソの 1293 年に発給された文書はカス

ティーリャ語で書かれている。それは同修道院に宛てたアルフォンソ6世の文書を承認している。再び，印章に戻ることにする。

第18節　王妃の印章

　ラテン人の間で王妃または帝妃が金の印章を使用していたことについては，『カサウリア修道院年代記』[2, 5, 364] を読む限り疑わしい。そこには，ある領地の売却者たちが「いと慈悲深い同女王から金で出来た二つの印章を受け取った」《ab eadem clementissima Regina bulla de auro duas》ことが言及されている。この女王とは皇帝ルイ2世の妻，帝妃エルメンガルドであったこと(つまり，既述[本巻6章5節参照]の如く，皇帝の妻たちが「女王」と呼ばれることが少なくなかった)はカサウリア手稿文書集または年代記の中で語られている売却文書から明らかである。我々はこれらの売却文書からこの文言の解釈を学んだのであるが，確かに，サン=デシデリオ荘園，その他の売却人たちはエルメンガルドから「総額で1200スーにのぼる，印章2個と馬1頭を銀の鞍とともに受け取った」《bullas duas, & caballum unum cum una sella argentea, totum insimul valens solidos mille ducentos》と証言している。ここから，この印章は貨幣であって，印章ではなかったことが理解されよう。王妃の印章に関しては，次章で取り扱うであろう。

第 17 章

第 1 節　ルイ敬虔王の印章に彫られた，宝石で飾られた王冠に関するコンリンクの見解

　我々がわが諸王の印章に関して，それらの素材と形態に関する限りにおいて論じたあと，今度はこれら印章での装飾品に関して，そして第 1 に，諸王の王冠または額に巻かれた紐状の冠について論じなければならない。ヘルマン・コンリンクはルイ文書の鑑定 [101, 72, 73] の中で，ルイの二つの印章において紐状の月桂冠がその表面に確認されたと告白している。しかし実際，彼はコンスタンティヌス大帝からずっとこのかた，すべての皇帝が月桂樹でなくて宝石で飾られた王冠(これまで伝来している彼らの貨幣がこのことを明白に示している)をいつも使用していたと言っている。彼はそれらの慣習を継承する者としてフランク王クロテールを加えているが，ニコラ・ペレスク [フランスの政治家・学者，1637] の貨幣に関する書からそれを証明している。更に，ブテルの書 [57] に基づいて，ファラムンドス以前においては，テウドマルスをその例に加えている。これらから，彼はルイ敬虔帝の王冠は月桂樹ではなくて宝石で出来ていたこと，そして，その異常な大きさで目を引く宝石を印章に描こうとして月桂樹の如き外見になったのは，彫刻師または絵師の未熟な腕に帰せられるべきであると付言する。

第 2 節　一部は月桂樹，残りは宝石で出来ていたことが証明される

　しかし私は，印章に関して，ルイ敬虔王，更に殆どすべてのカロリング諸王の王冠も宝石ではなくて月桂樹で出来ていたに間違いないと考えている。それら諸王の手稿文書と我々の印影，更にはシフレの『トゥールニュ史』[81, 362/282, 19] を参照する者には，このことが容易に明らかとなろう。更に，カロリング時代の職人は宝石の紐の代わりに月桂樹のそれを表現するほど技術が未熟ではなかった。実際のところ，彼らは第 1 王朝下の彫刻師よりも経験が豊かであったし，シャルルマーニュの印章はローマの平和な時代のそれと大きく異なることはなかった。しかし，それ以外に関しては，私はメロヴィング時代とカロリング時代の諸王がローマ皇帝に倣って，宝石で出来た王冠を使用していたことを否定しなかったであろう。但し，非常に聡明なデュ・カンジュのビザンツ皇帝家系の叙述に現われるコンスタンティヌス・クロルス，リキニウス，コンスタンティヌスと彼の息子たちの貨幣から明らかな如く，すべての皇帝がいつも宝石を使用していたのではなくて，時には月桂冠も使用していたのである。その例として，碩学バリューズの『新版勅令集付録』[37, 2, 1277] にある，シャルル禿頭王の王冠は宝石で百合の花があしらわれている。しかし，そのすぐ前にある同シャルルの王冠はまったく異なっている。同王の肖像は上部が閉じた王冠を被り，あちこちに従者が侍り，そのうちの最初の二人は恰も君主の如く，リボンが頭に巻かれている。これら両方の肖像はトゥールのサン＝マルタン修道院長ヴィヴィアンに贈物として与えた有名な聖書の写本から取り出されたものである。この写本は今日，非常に高名なジャン＝バティスト＝コルベール図書館に保管されている。他方，我々はここでわが国王の肖像のすべてにつ

いてはなくて，彼らの文書に使用された印章について論じている。それらにおいて，メロヴィング諸王の最も多くの肖像は(シルデリックに関しては彼の指輪が証明している如く)王冠を戴いていない。我々にとってそのすべての印章を見ることが出来ない王ペパンについては，どうであったかは知らない。確かに，王シャルルマーニュの印章の中の肖像は，私が確認した限りにおいて，王冠も紐状の冠も戴いていない。しかし，シャルルマーニュの弟，カルロマンはサン＝ドニ修道院の文書においてリボンで飾られた頭髪をしている。しかし，シャルルマーニュは彼の帝位の13年に発給されたコルヴァイ修道院の文書において，月桂冠で飾りたてられている。従って，シャルルマーニュ帝はカロリング王朝の中で，最初にこの様式を使用したと見られる。サン＝レミ修道院の手稿文書で光を放つ，または先細りの王冠(我々はその見本を本書に掲載するであろう)を戴いたルイ海外王に至るまでのすべての王たちが彼の例に倣ったのである。我々は，その他の王冠に関しては，少なくとも最も多くは月桂樹の葉で飾られていたことを保証する。百合の花だけで終わっているカペ諸王の真正の冠，そしてユグ，ロベール[2世]，アンリ[1世]に関する細長い冠。デュ・カンジュがジョワンヴィルに関する論文24でこの論究を見事にやり遂げているので，もし王冠に関してもっと多くを言おうと思えば，それは無駄に終わるであろう。

第3節　印章における王笏，王杖，正義の手

しかし，ここでコルベール写本の中にある，あのシャルル禿頭王の二つの肖像に話が及ぶとき，表面においてシャルルが左手で上部に小さな球が配置され，下部に向かって尖った形の細長い王杖を持っていることを指摘するのが適切であろう。裏面において同様に，右手に百合の花で飾られた王笏，左手に前面に十字が刻まれた心臓の像が彫られていた球を持っている。ラウール・グラベル[クリュニ修道士，1050]は書物[『歴史五巻』]の第1巻の終わりで，このような球は皇帝の権標であると呼んでいる。更に，その楯は明らかに金で作られており，教皇ジャン8世が同シャルルに多くの贈物の中で譲渡したものがこれであった[127, 3, 244a]。確かに，「王笏と金の楯」とある。勿論，王笏が国王の楯とは異なっていたことに関しては，ここの場合のみならず，メナールによって刊行された典礼書がはっきりとそれを証明している。国王の戴冠における順序として，単に王笏のみならず，司牧杖の形をしている棒も国王に差し出されている。しかし，後者はときどき無差別に王笏とも呼ばれている。皇帝ルイ2世がカサウリア修道院に与えた「国王の笏」がそれである。つまり，「彼が右手に持っていた」それで，「修道院長がそれを司牧杖の代わりに盛大な儀式の時に持っていた」。読者諸賢は彼の肖像を同修道院の編年記が刊行されている，アシェリの『拾遺集』5巻[2]で見るであろう。諸王と諸皇帝はこのような杖または笏を使って協定を結んでいたのみならず，後継者にその位を譲渡していたのである。杖に関して論じている優れたデュ・カンジュの『辞典』[114]がその例を提供してくれている。王笏は「善者を正しく導き，悪者を懲らしめる神の公正の掟を意味する統治者の権標であった」。かつてはサンス司教座教会が所有していたが，今は国王事犯の最高検事で，後にパリ市議会の議長を務めた非常に高名なアルレのものとなっている典礼に関する写本の中には，「杖は統治の象徴であった」とある。カロリング諸王の印章に笏は決して現われないし，カロリング王朝最後の王で，最初に印章に王冠を使用したと見られているロテール以前においては棒も登場しない。カペ諸王において至るところで，右手に百

合の花か小さな花または百合をあしらった球，時として棒が使われている。左手には上部に百合をあしらった笏が描かれている。すべてが王冠を戴いている。しかし，ユグは右側に正義の手を，ロベール[2世]は百合の花を最初に登場させている。そして両方とも左側に球を持っている。しかし，ルイ10世強情王[1316]は右手に，すぐ上で我々が言及したカサウリア修道院のそれと全く同様の，棒を持っている。左側には正義の手を配置している。フィリップ[5世]長身王[1322]と彼の後継者たちも，最初に王笏と正義の手（これは今や慣習として定着している）を採用したと見られるシャルル6世[1422]に至るまで，同様であった。これに関する論拠としては，ティル及び我々，更にはその他の人々によって提供されている印章がある。しかし，ティエの書ではシャルル6世は細長い棒と正義の手と共に描かれている。それに対して，オタンの書[20, 105]においては，棒の代わりに笏が描かれている。これらフランス諸王を嫉妬して，フランス王と僭称していたアングリア王ヘンリ4世[1413]はオタンの書において，王国の二重の権標として，自分の印章に正義の二つの手を自分のものとしていた。ロージャ・オヴ・ホヴデンはリチャード1世[1199]の国王権標を記すさい，彼は右手に「先端に十字の印がついた」王笏，左手に「先端に鳩をあしらった」黄金の杖を持っていた[309, 420]と述べている。

第4節　王妃の印章。王権の象徴としての百合の花

本節は，フランス諸王の妃の文書に使用された印章について述べることを要求している。しかし，これまで彼女たちの文書は非常に少ししか確認されていない。フィリップ1世[1108]の母アンヌまたはアニェスがサン＝モール＝デ＝フォッセ修道院に宛てた文書では同王妃のではなくて，フィリップ1世の息子の印章が使用されている。サン＝マルタン＝デ＝シャン修道院の文書庫には，フィリップ[2世]尊厳王の母，王妃アデールの1204年に発給された，同修道院とフォンテーヌの領民との係争に関する文書で使用されている印章がある。それには，緑色の蠟で出来た卵形の印章が赤みがかった絹の紐で吊り下げられている。立った王妃の肖像が描かれ，右手に百合を持ち，「フランク人の女王アデールの印章」《SIGILLUM ADELAE REGINAE FRANCORUM》の銘が彫られている[115, 365]。つまり，この時既に百合が描かれ，ずっと以前からそれは王権の象徴であったのである。従って，わが民族においては，まず最初にその冠が百合で飾られていたフレデゴンドの石棺，そして同じく，上掲の修道院長ヴィヴィアンの聖書に見られるシャルル禿頭王の百合で飾られた笏において見いだされる如く，諸王の笏と冠にそれが加えられるのが常であった。そして王妃アデールの時代に百合の花が王権の印となったことは，『オーセル歴代司教事績録』[216, 1, 501]から明白で，その中で国王，つまりフィリップ[2世]尊厳王の臣下が「2本の梁を川の底に打ち込んだ。そして鉄でできた百合の花を王権の印としてそれらの先端に取り付けた」と言っている。それ故，アデールが手に百合を持っていたのもこの理由からである。同様に，ローマ教皇にも花を持つ慣習があった。従って，教皇ユルバン2世[1099]がトゥールの住民によってサン＝マルタン教会に連れて行かれたとき，アンジュ伯フルクに「彼が手にしていた黄金の花を手渡した」。そしてフルク自身は「ホサンナ，つまり枝の主日[復活の大祝日直前の日曜日]における彼の想い出と愛のために，余と余の継承者たちがそれをいつも持ち運ぶよう定めた」[315]と言っている。教皇イノサン4世[1254]治下のローマ司教に関するマソンの著書を参照せよ。

第 18 章

第 1 節　アングル人の間におけるサイン，または公証人の代わりとしての印章

　論証の多さは我々をして一つにして同一の主題でありながら，それを多くの部門に分けることを余儀なくさせるが，それはそれらを一つにまとめることによって多くの不快が，またそれらを小さくまとめることによって不明確さが生じないためである。そのため，ここでは特に高位高官やその他の人々の印章について論じることに決めたが，それによっていろいろな部門に分配された論題が，むしろこれによって明白な取り扱いを受けることになろう。

　サインよりも印章の偽造の方がより困難であるとの理由から，印章の使用は下署とサインに代わるものとして考案されたと考えている人々がいる。そして，（後で我々が説明する如く）印章がサインの代わりを務めた時代も存在した。しかし，ずっと以前から印章の慣習はサインと結びついていたのである。これを証明するものの一つに，トゥールのグレゴワールの叙述 [170, 1, 31] がある。この作者から我々は，王テオドベール 1 世 [547] の時代にユスティニアヌス帝の許に派遣されたムモルスがパトラス [ギリシア，ペロポネソス半島] で死を迎えるとき，文書を作成した後で，「彼の遺言書が書かれ，下署と印章で強められるよう求めた……」という事実を知っている。それに続く世紀において，ル=マン司教ベルトランは彼自身の遺言書が 7 人の誠実な人々の下署と印章によって強められるよう配慮した。このように，それ故，6 世紀のガリア人の間では証人自身の下署以外に，ときどき彼らの印章が公的文書に押されることが習慣となっていたのである。これより後の世紀において，別のことが起きていたことについてはこの後で述べるであろう。アングル人の間において，このように，そして「公証人の慣習はこの王国に存在していなかった」[254, ann. 1237] とマシュー・パリスが証言している如く，印章の使用権はあらゆる階層の人々に認められていたのである。

第 2 節　フランク人の間における高位高官の印章

　他方，高位高官も我々が多くのものから理解する如く，10 世紀以前において，彼らの心を占めたすべてのことに印章用の指輪または印章を押していた。例えば，伯ヘッカルドスの遺言書によると，多くの物件の中で彼はリキルドスに「鷲が彫られている紫水晶の印章」，そして同じく彼の双子の妹アダナに「ライオンを殺した人物が彫られている紫水晶の印章」を遺贈している。更に，彼は「縞瑪瑙の印章」や「緑柱石の印章」を別の人たちに贈ってもいる。これらの印章はヘッカルドスが使用していたものであろう。この頃同一人物が，場合によっては，多くの印章を持つことが出来たことを示している。今から 1100 年以前のペルシア人の間で，アダナ教会の出納係であった，「悔悟者」のあだ名を持つテオフィロスは固有の印章を所有していた [5, Febr. 1, 484; 486, 13, 14, 15]。彼は犠牲になったキリストに関して文書を作成し，「自分の指輪を蠟に押して」サインしたことを想起させている。

第3節　印章の所有はすべての人に認められていたのか。それはいつからか

しかし，この問題をより詳細に説明するために，少なくともフランク人の間における印章の使用が明らかにされねばならない。勿論，トゥールのグレゴワールの時代から，文書に受け入れられてはいたのであるが，しかしそれは11世紀以前においては，すべての人々に認められていたことではなかった。つまり，我々が目撃した多くの場合，高位高官の初期の文書において，シャルルマーニュの妹，ジゼールのサン=ドニ修道院に宛てた文書，公ユグがシャルトル司教座教会に宛てた文書やその他の高位高官の文書において印章の痕跡は全く認められない。しかし，アデラールによってサン=ドニ修道院長フルラドになされた売買の文書において，それに押された小さな印章が存在する。オリヴィエ・ド・ヴレの書 [366, 323] によると，フランドル諸伯の中で最初に，アルヌール1世が953年に描かれている。彼は丸い印章に寛衣を着て，先の細くなった頭部をもって座り，右手に剣，左手は伸ばし，楯で左の腕を保護している。2番目の例は1065年のボードワン敬虔伯の印章で，兜を被り小さなマントを羽織り，右手に剣，左手に楯の裏側が描かれているが，拍車と鐙はない。これに続くのがロベール1世の印章で，右手で剣を握り，左手にはフランドル伯の象徴であるライオンが描かれた楯が握られていた。これは1072年の，ヘントにあるサン=ピエール修道院の文書から取られている。そして彼はフランドル伯家で家紋を描かせた最初の人である。そして，「斧」とあだ名されるボードワン7世に至るまで，すべての伯の文書に印章が押されている。(これに対して)このボードワン7世はその即位から，つまり1112年から印章を吊り下げ始めた。それ以前のガリア人の間で，少なくとも身分の低い貴族の文書においては，印章の使用は稀であった。アングル人の間では，尚更のことであった。従って，教皇カリスト2世はラングル司教ジョスランに宛てたサン=ピエール=ル=ヴィフ修道院に関する書簡11において，「その地域(または王国)の古くからの慣習に従って，文書が印章の押捺なくして交付されて，同修道院に損害を与えてはいけない」と言っている。副印章《contrasigillum》に関しては，最初に使用したのが1161年のフィリップ・ダルザスである。しかし，ロベールが最初に楯に彫らせたライオンの象徴が本当か否かについては疑問の余地がある。確かに，すべての下署者の楯は，父ティエリの存命中から認印に家紋を彫らせたフィリップ・ダルザスに至るまで，この象徴を欠いている。このティエリはフランドル伯領の統治を彼に委ねて，イエルサレムに出立している。明らかなこととして，この時代以前において貴族の象徴は全く，または少ししか発見されていないことである。但し，印章には楯が使用されているが，デュシェーヌの『モンモランシ史』[123, 40, 56] や『シャティヨン史』[121, 26]，またはその他の著書 [58, 839] において非常に多く見られる如く，無地のものもある。事実，非常に多くの場合，楯のための空間がなく，家紋のみが副印章に彫られている。しかし，12世紀以前において，貴族の副印章は発見されていない。

第4節　副印章の起源

司教の中で最初にそれを使用したのが，ルーアン大司教ユグであったと思われる。つまり，彼のボーヴェ在，サン=リュシアン修道院に宛てた文書に印章が吊り下げられている。その表面は祝福する司教の肖像，裏面には頭に冠を被っていない胸像が描かれている。これらの書簡には，サ

ン=ヴィクトール修道院長ユグが下署している。サン=マルタン=デ=シャン修道院の文書庫には，同大司教の印章を用いた別の文書が保管されている。その印章の前面には上掲と同じ絵柄，裏面または副印章には草を食む牛が描かれている。騎士に関しては，決して最下位に位置する者ではないが，ユグ・ド・ボースが挙げられよう。オノレ・ブーシュの『プロヴァンス史』[58, 1, 910] の中で，彼は鉛の印章の一方に飾りのない楯と剣を持った騎士，他の面に太陽または星を表現している。その名前としては2番目であったこのユグ[2世]は，同作者によると，1150年に生きていたことが明らかである。

第5節　貴族の印章には何が彫られていたのか

最後に，貴族の印章においては殆どが騎馬に跨がった人物が描かれている。彼らは騎士身分に属し，甲冑の上に上着を描いているが，すべてがそうしているのではない。ギーヌ伯マナセは『ギーヌ史』[126, 67] の中で，1117年に頭に被った冠，笏に似た棒，そして楯裏をあしらっただけで，殆ど何も身に付けずに描かれている。同書 [Ibid.] において，ヘント城主ウィヌマールは1110年に，鎧の下着にマントを羽織った状態で描かれている。ペラールの書 [282, 191] では，ブルゴーニュ公ロベールは楯と槍をもって立った姿で描かれている。

第6節　副印章には何が彫られていたのか

貴族の副印章には，あちこちで，彼らの家紋が彫られていた。代表的なものとして，1146年ソワソン伯でもあったネール領主イーヴがソワソンのクレパン=ル=グラン修道院に宛てた文書が挙げられる。その翌年オージュ伯ジャンはサン=リュシアン修道院に宛てた文書で副印章にライオンを彫らせている。1176年にコンピエーニュ修道院に発給された文書におけるヴェルマンドワ伯フィリップの副印章も，同様である。『ギーヌ史』[126, 225] におけるティエリ・アロストも，1164年に家紋を使用している。加えて，ソワソン伯ラウールが1183年にコンピエーニュ修道院に宛てた文書も，同様の家紋の副印章を使っている。この頃から副印章は完全に定着し始めるのであるが，同じ頃フィリップ尊厳王は最初に副印章に1本の百合をあしらった。つまり，（彼の前任者の）ルイ[7世]若王はアキテーヌ公位のために副印章ではなくて，添え印章の大きさと同じ裏印章を使用していたのである。この頃，更に司教たちも副印章を所有していた。事実，1138年からルーアン司教位に就いていたユグは，書物によると，ある時は彼の胸像，またある時は草を食む牛を描いた副印章を持っていた。ランス大司教ギヨームは1180年と1188年のサン=ティエリ修道院に宛てた2通の文書において，頭にリボンを巻いた上半身を描いている。ソワソン司教ニヴロンは1180年のコンピエーニュ修道院に宛てた文書で，草を食む小羊を描いている。その他の幾つかもこのような絵柄を用いている。しかし，我々が既に本巻15章で指摘した如く，13世紀以前において，司教の誰も家紋を取り入れることはなかったようである。また聖職者も，たとえ貴族であっても，すぐに家紋を使用することはなかったようである。例えば，パリの司祭長エルヴェ・ド・モンモランシは1189年，彼の親族は既に家紋の武器をあしらっていたのであるが，家紋の代わりに自分の名前の花押を持っていた [110, 62]。

第 7 節　騎士とその子孫の印章

騎士に話を戻すと，彼らは生まれが低かったのではあるが，デュシェーヌの『ギーヌ史』[126, 460, 466] に掲載されたヘント城主スィジェの印章から明らかな如く，1190 年から既に楯型家紋の中に仕切り枠を設けていた。フランス諸王の子孫の中で，聖王ルイの息子，ロベール・クレルモンは(既に言及した如く)フランスの紋章を(俗に言うと)「横縞」，つまり横線を加えて目立たせた。更に，騎士は次々と作り出されていた。つまり，貴族の息子たちは 20 歳になると，騎士帯が授与されていたのである。1060 年アンジュ伯フルクは彼がアンジュ伯の歴史 [2, 10, 395] の中で自身について伝えているところによれば，17 歳になったとき，彼の伯父ジョフロワ・マルテルによって騎士に叙任された。碩学デュ・カンジュがいろいろな証拠から立証している如く，それ以前は持っていなかったので，この時から新しい騎士たちは自分の印章を持ち始めた。従って，ギヨーム・ヴィエルゾンはサン=ドニ修道院長と作成した文書を，まだ印章を所有していなかった，つまり「彼はまだ騎士でもなく，結婚もしていなかった」ので，彼の伯父，アルシャンボ・ブルボンの印章でまずサインしている [217, 655]。その後，「結婚し，自分の印章を所有したとき」，彼は自分の印章でサインするであろうと。これらから，デュシェーヌは騎士《miles》(我々は戦士《eques》と呼んでいるが)のみが吊下印章の権利を有していたと推論している。実際，これはそれ以前の世紀に関しては正しいであろう。それ以後，つまり 14 世紀とそれ以降の世紀に関しては異なっていた。何故ならば，ティエの書の騎士(そこでは楯持ちと呼ばれている)の章における 1376 年のアレストスの例から，この時代において騎士見習いは騎士になると，ブルゴーニュでは自分の印章を別のものに換えていた。ダグデイルの書には，1218 年のアングリアにおいて，「通常，印章に関して，剣を持って武装した騎士を持ち，印章の裏面には同じく楯に武器をあしらった領主」がいたとある。

第 8 節　副印章の銘文

その上，人々は大きな印章を所持していない場合，「認印」と言われている小さな印章または副印章をあちこちで使用した。しかしその後，この大きな印章のみが実印となり，それが文書に押された。オリヴィエ・ド・ヴレがフランドル諸伯の印章に関する著書で，ルイ 3 世 [1384] から例を引いている。他方，副印章にはいろいろな銘文，つまり，「真実の証拠」《testimonium veri》，「印章の鍵」《clavis sigilli》，「神を恐れよ」《Deum time》，「汝は秘密を尊ぶ」《secretum colas》，「恩寵に満ちたマリアに幸あれ」《Ave Maria ratia plena》などの銘文が彫られている。それらはリヨン司教ギヨームの文書などから取られたもので，その他に関しては，デュ・カンジュの『辞典』[114] から補足したものである。

第 9 節　貴族の女性の印章

他方，貴族の女性も，遅くとも 12 世紀から印章を所持していた。最初の例として，ギーヌ伯夫人エマの，1120 年の印章がある [126, 39]。そこで彼女は右手に杖，左手に本を抱えて，立った姿

で描かれている。その他は馬に乗った姿で描かれているが，その大半は女の格好をし，一部は男の格好をしていた。後者の例として，ベアトリス・コリニ [122, 53]，そしてブルトゥイユ修道院に宛てた文書におけるシモン・ダルギエンシスの妻エリザベトの印章がある。非常に多くは手に鳥を持っていた。フランドル伯夫人はフランスの王妃と同様に，百合の花を持っている。その他の，1151年の伯ティエリの娘ラウレタ [126, 219] とヘント城主スィジェの妻，ベアトリス・デダン [Ibid., 473] のような，一部の非常に高貴な婦人もそうであった。フランドル伯夫人の中で最初に百合の花をあしらったのは，ボードワン強力伯と結婚したマルガレットである。つまり，大きな印章において左手に鳥をもち，女性風に馬に乗った姿で描かれている。小さな印章では百合をあしらった手が描かれている。そして伯夫人ジャンヌと別のマルガリットは，馬に乗って左手に百合の花を持っている。このジャンヌは副印章で1237年に，最初にライオンの肖像を使用している。これはフランドル伯家の象徴である。その他の伯夫人は，13世紀に入ってから使用している。最初，すべての女性は夫の印章を優先させた。続いて，二つまたは四つに仕切られた楯に自分と夫の武器を描いた。『ギーヌ史』においてオージュ伯夫人は1324年に二つに分かれた楯 [Ibid., 308]，1320年にプタ城主夫人ベアトリスは四つに分かれた楯を持っている [Ibid., 541]。アニェス・ド・リエズ[リエズ: 南フランスの都市]の印章は特殊である [58, 1, 918]。彼女と彼女の息子ボニファース・カステラーヌがそれを使用しているのであるが，その表面には馬に乗ったボニファースが左手に鳥をもち，その上には「リエズ女領主アニェスの印章」の銘文が入っている。その裏面にも同じ肖像があり，1230年のスパタ領主の娘であるアニェスの家紋であった，帯の付いた剣が前記の銘文と共に彫られていた。これらの他に，非常に高貴な女性の印章，例えばペラールの書 [282, 331] に収められているブルゴーニュ公夫人アデライドのそれ，シャンパーニュ宮中伯のそれ，特にトロワ伯夫人ブランシュのそれ（いろいろな文書で，表面には右手に花をつけた小枝を持った立像が描かれ，裏面には同家の象徴が描かれている）が1206年から確認される。

第10節　自分の印章のない場合の他人の印章

　自分の印章を手近に持っていないか，自分のを用いたことのない人は，大半の場合，他人の印章を借用していた。ボルド大司教ジラールは13世紀の未刊行の文書において，サント＝クロワ修道院長アンドロンにヴァンサックのサン＝ピエール教会を譲渡しているのであるが，「余は余自身の手で下署し，ボルド教会ではまだ印章を作らせていなかったので，アングレーム司教座教会の印章で強めるよう命じた」とある。我々はヴィエルゾン領主ギヨームの例を上に掲げた。オリヴィエ・ド・ヴレはフランドル伯ボードワン・ド・モンスに関して，同じことを指摘している [366, 6]。彼はフランス王フィリップ1世の「摂政兼後見人」であったので，父王が存命中の1065年の文書に見られる如く，ときどき同王の印章を使用した。これに関するいろいろな例は，その当時非常に有名で清廉な国王事犯の検事であったアシル・アルレが我々に快く教えてくれた，ムーラン在，サン＝ニケーズ分院文書集に現われる。ロベール・ヴィランの兄弟シメオンが修道士の服に着替え，ある教会の寄進を行なった1193年の文書において，同ロベールの兄弟が数名の証人と共に下署している。「そして，上記のロベール・ヴィランは自分の印章を所持していなかったので，メズィ副伯ユグの印章でその取決めの文書を強めることを望んだ」とある。ギヨーム・ダジュも同じく自

分の財産の一部を譲渡し，修道服を受け取ると，「自分の印章を所有していなかったので，殉教者聖ニケーズ(分院)の印章で確認した」とある。更に，別の人は「自分の印章を持っていなかったので，その時国王の主馬長であったユグ・ド・モデトゥールの印章で」，1288 年に行なった寄進を確認している。更に，エティエンヌ・アモリ・ル・ロワ・ディスの息子，エティエンヌは 1195 年に発給された彼の文書を，「自分の印章がなかったので，ムーランの都市(コミューヌ)印章で強めた」と記されている。最後に，1204 年と 1208 年に発給された 2 通の文書において，寄進者が自分の印章を所有していなかったので，彼らに代わって証人が彼らの印章を押している。デュ・カンジュの『辞典』[114] において，実印または公的印章の代わりとしての認印または私的な印章に関して，そこでは実印を所有しない者が副印章または認印を自分の文書に押し，出来るだけ早い時期に自分の実印を押すことを約束している。その例は 13，14 世紀から求められる。1224 年にサン=ドニ修道院に宛てた自分の文書 [123, 400] を次のように結んでいるマルレ領主ブシャールの印章は，少なくない人々を欺くに違いない。そこには，「この文書が永遠に有効で堅固であり続けるために，それを私の印章で固めて強めた。そして私の印章の上部に〈ブシャール・ド・モンモランシの印章〉の銘文が含まれていることから疑惑の少量でも隠されていると思われないために，私はこの印章のみを使用してきたこと，決して上記の銘文が見られない他の印章を使用してこなかったことを言明してきたし，今も言明する」と書かれている。しかも，この印章はブシャール自身のものであった。しかし彼はモンモランシ家の一員であったのではあるが(彼は印章に彼の家名を採用していた)，文書で自分をマルレ領主としか言っていないので，その肩書きが文書の開始と一致していない印章が偽造と見做されるのではと心配したのであろう。ソワソンのドロゴンは 1170 年，彼の妻，マテリナに寡婦資産を設定している文書で，赤い蠟に「ソワソンの母教会の殉教者聖ジェルヴェとプロテの印章」を押している。

第 11 節　コミューヌまたは都市の印章

上で述べたことから，私がすぐ上でムーランのコミューンについて指摘した如く，司教座都市とコミューヌ都市も固有の印章を所有していたことが理解される。更に，ペラールは『ブルゴーニュ史料集』[282] の中に，1223 年のボーヌのコミューヌの印章を掲載している。ほぼ同じ時期に，ソワソン地方のヴァイイのコミューヌが同様に，ソワソン司教座教会の文書集に収められている文書で印章を使用している。12 世紀に起源を持つコミューヌのその他の印章に関しても，同様のことが判断されるべきであろう。

第 12 節　歯型割印文書の印章。これがときどきサインの代わりになった。その後，これが押されるようになった

ここでは，つまり 1 葉にして同一の羊皮紙の真ん中に記されたアルファベットが文書の二つの部分の文字が合うように二つに切り離される歯型割印文書に関して，1，2 の追加すべきことが残っている。従って，二つの部分のうち，当事者の一方の印章が相手に手渡される文書に使用され，残る半分にはその反対のことが行なわれた [本書 5 巻，ルイ肥満王の割印文書と註を参照]。両方

の部分にどちらか一方の印章が押されることはなかった。この問題で重要な叙述は『拾遺集』12巻 [1, 12, 405] にあり，そこには「今日，諸君主並びに諸司教によって寄進された所領と教会に関して，2葉の割印文書が作成されるのを我々は見た。その1通は寄進者自身の印章が押され，所領が譲渡される者へ委ねられる。他方，もう1通は印章が押されずに，司教座がある教会に保管される」と書かれている。次に，11世紀から印章がサインの代わりをすることが少なくなかった。従って，書記は自分の手で証人の名前を文書に記載し，それを証人は自分の印章で強めていた。更に，多くの証人が登場する国王文書においても，文書官によって彼らの名前が記載され，ある時はサインに代わって国王の印章が押された。結局，かなり後の時代に発給された文書にも印章が押されることが稀でなかったことは，『ギーヌ史』[126, 203] から明らかである。そこにはギヨーム・ギーヌが自分の文書を「まず，恩寵の年の1218年，ペテロの鎖の祝日 [8月1日] に行なわれた。その後，12月に余の印章で確認され，すべてにおいて完了した」のように結んでいる。不完全な文書に関しては，我々が後述すること [本巻27章11節参照] を参照せよ。このような指摘は，王ユグがラン在，サン=ヴァンサン修道院に宛てた文書がそうである如く，少なくない数の印章を欠いた文書に信を置くのに一定の重要性を持っている。文書作成後しばらくして印章が押される場合，別の日また別の日と押印が延ばされるうちに機会が失われて，文書が印章のないままであり続けることが起こり得るので。

第13節　かつて印章を喪失した場合，どのようにされていたのか

最後に，印章をなくしたまたは印章が偽造された場合，どうなったのかについて考察することはそれなりの価値を持つであろう。これに関する重要な記述はリヴィウスの書 [345, 27] にある。そこではマルケルスが死に，ハンニバルが彼の指輪を遺体と共に手に入れたと記され，「その印章の不正利用を通してカルタゴ人によって何か策略が仕組まれるのを恐れて，クルスピヌスは自分の同僚が殺され，その指輪が古い敵の手に落ちたことを知らせるために，周辺の諸都市に使者を派遣した。それは彼らがマルケルスの名前で書かれた書簡に信を置かないようにするためであった」とある。同様の用心からペトロニウスはネロの破廉恥行為に関して，印章を押した文書を彼に発送した。「その後，彼は自分の指輪を壊した。それは他人がそれを使って，危険を作り出すのを避けるためであった」[339, 16, 19] とタキトゥスは言っている。しかし，それよりもずっと後の時代に移ると，クレルヴォ修道院長聖ベルナールはある厄介者による彼の印章の偽造に関して，教皇ウジェーヌ3世 [1153] に「我々は偽りの兄弟の間に身を置いている。我々の偽りの印章によって大量の文書が偽造され悪者たちの手に渡っている。(私はこの方を一層心配するのであるが)，偽造が我々の仲間にまで飛び火していると言われている。このような緊急事態にあって今の印章を廃棄し，あなたが目にしている，私の像と名前を刻んだ新しい印章を我々は使用しているのです。あなたは我々から別の印章を受け取ることはないでしょう。但し，この新しい印章を持っていない時に，私が別の印章を使って書簡を出したクレルモン司教宛ての文書は別ですが」[50, 284] と書き送っている。同ベルナールの，奪い取られた彼の新しい印章に関する書簡298もこの問題と関連している。この時代，つまり1404年国王の官房長ジャン・ド・ガランシエールは彼の失った印章を，公的な文書を出して無効にしている。同じく，決して十分には称賛されていないアント

ワーヌ・デルヴァルがパリのシャトレ[「裁判所」の意]の裁判記録に基づいて私に信じさせている如く，1412年にアローム・ド・ブルノニス＝ヴィラ，ロベール・ド・ポントメール，ジャン・ド・ベチュヌが同じことを行なっている。これらに，教皇の無効にされた印章に関して，本巻14章の最後で述べられていることを付け加えておくことにする。

第 19 章

第 1 節　印章に関する終章。押捺と吊り下げはいつから始まったのか

これまでの研究から，印章のあるものは押捺され，またあるものは吊り下げられていたことが明らかとなっている。もし読者が文書に吊り下げられることになっていた金，銀，鉛の印章を除外するならば，12世紀までフランスの諸皇帝または国王の印章は押しつけられていた。フランク諸王の中で，ルイ肥満王 [1137] が最初に吊下印章を使用したが，まだ非常に稀であった。彼の息子ルイ7世はそれを常用した。ローマ教皇の鉛印章も吊り下げられていた。従って，教皇の押捺された，つまり蠟で出来た印章も，またそれに関する古い証言も我々には見ることが出来ない。ローマ教皇の例に倣って，諸王や諸侯よりも前から司教が自分の文書に印章を吊り下げていた。例えば，ラン司教ロリクの961年，ランス大司教ギィの1053年，同じくランス大司教ジェルヴェの1064年，ノワイヨン司教ラトボの1069年，ランス大司教マナセ（彼は1104年に押印を使用しているが）の1096年の諸例がそうである。それ以外の司教は11世紀において，至るところで，自分の文書に押印している。12世紀に入り，印章はすべての司教によって吊り下げられ始める。しかし，1126年のラン司教バルテルミの印章は押捺され，ヴェルダン司教アンリのそれも押しつけられている。サン=ドニ修道院長アダンの1114年，同ハメンシスの1112年のそれも同じである。しかし，サン=ドニ修道院とヴェズレ [中部フランスの都市] の医師ロベールとの間に交わされた契約に関する文書に三つの印章が押されている1164年以降においては，いかなる押印も確認されない。同様に，諸侯も12世紀から印章を吊り下げる習慣を導入する。多分それは，文書に金の印章を吊り下げていたギリシア皇帝の真似をしてのことであろうが，教皇ユルバン2世のもとでの聖なる遠征 [十字軍を指す] から，西ヨーロッパ人に知られるようになったのであろう。一部において，ある時は印章を吊り下げ，別の時はそれを押しつけている。例えば，サン=マンシュイ修道院の文書集によると，トゥル司教ピボンは1094年，1112年の文書で押印を用い，1097年の文書で印章を吊り下げている。印章は至るところにおいて，用紙の裏面から付けられた蠟，直接印章の裏に付け蠟によって固定されていた。しかし，ヴェルダン司教リシェがサン=ミシェル=シュル=ラ=ムーズ修道院に宛てた文書とランス大司教ギィがムーゾンの修道院に宛てた文書，そして更にこの後で論じることになるヴェズレの医師ロベールの文書における如く，革紐によって羊皮紙に付けられるのは非常に稀であった。最初の形式に関しては，教皇イノサン3世が教えてくれている [204, 2, 35/19, 293]。そこで彼は偽造された印章について，「更に，印章の蠟が内側において非常に古かったが，その外側に置かれた蠟は恰も印章を固定するためだけの如く，新しく見えた。それが入念に検査された結果，文書の古い印章の隠れた部分に穴が開けられていたこと，そして恰も印章を固定するために外側に付けられていた新しい蠟の膠によって，印章が不正に文書自身に取り付けられていたことが紛れもないものとして明らかになった」と述べている。

第 2 節　印章の大半は右側に押され，左側に押されることは非常に少なかった

非常に多くの印章は右側，つまり，文章が終わる文書の端の部分に押されていた。しかし，一部においては，左側に押捺されている。例えば，ルイ 6 世がサン=ドニ修道院に宛てた文書がそれで，これには右側に十分な余白がある。同じく，上掲の 2 通の文書[本巻 16 章 9 節参照]，つまり，コンピエーヌ修道院に宛てたサン=ドニ修道院長ハメンシスのそれと，同修道院長アダンのそれ。

第 3 節　副印章の使用

鉛と金の吊下印章には両面に銘が刻まれている。司教，諸侯，フランス王ルイ 6 世 [1137] によって吊り下げられた蠟の印章には，当初，裏印章または副印章はなかった。わが諸王の中で最初に印章の裏面に何かを彫ったのはアキテーヌ公位による，ルイ 7 世 [1180] である。しかし，妻との離婚によって，彼はそれを放棄した。フィリップ[2 世]尊厳王 [1223] は副印章として最初に 1 本の百合を採用した。ルイ 8 世 [1226] はときどき 1 本，別の時は無数の百合を彫り，その他の王[前出 16 章 11 節参照]もシャルル 5 世 [1380] に至るまでそうであった。最初の司教の 1 人として，ルーアン大司教ユグは 1138 年から副印章を使用したが，しかしそれは家の紋章ではなかった。諸司教は 13 世紀中葉以前においては，家紋を殆ど使用しなかった。それより 1 世紀前から騎士または貴族は同様の家の紋章を副印章に表現していたが，貴族の女性によるその使用は 12 世紀末からで，この時には修道院長と修道士会も副印章を使用していた。

第 4 節　一般に丸い印章が押され，卵形の印章が吊り下げられた

至るところで丸い印章は押され，卵形または楕円形の印章は吊り下げられた。第 2 王朝の諸王の印章痕では顔は左側斜め(但し，一部では，王ペパンの息子，カルロマンの肖像の如く，右側を向いているが)を向いている。ロテールとその後に続くカペ諸王は顔を正面に向けている。

第 5 節　印章の多彩な色

蠟で出来た印章の色は雑多であった。第 1 王朝と第 2 王朝の諸王は，カペ王朝と同様に，殆ど白であった。ルイ 7 世はときどき赤，または黄色を使った。フィリップ[2 世]尊厳王は，最初，緑を使った。彼に続く諸王もそれを使用したが，いつもではなかった。王，司教，修道院長，参事会と修道士会，聖職者，諸侯は赤を使用したが，それは特に裁判文書においてである。アルバノ司教マッテーオとランス大司教ギヨームは 12 世紀に白を使用している。コンピエーニュ修道院長リシャールとその修道士会の 1199 年の文書で，リシャールは白の蠟，修道士会は緑の蠟を使用している。しかし，ランスのサン=レミ修道院長ギィは 1209 年の文書で緑の印章を採用し，その他の司教と有力者，そして有名な婦人たちもそれを使用している。トゥルのサン=マンシュイ修道院の文書庫に保管されている非常に多くの印章は，後世の人によって緑色が上塗りされている。最後に，フランク諸王にとってある世紀においてと別の世紀において固有のものであった黄色は，か

つては別の人々によっても使用されていた。つまり，13世紀のノワイヨン司教ヴェルモンの印章は黄色がかっていたし，12世紀のタランテーズ大司教ピエール，ブシャール・ド・モンモランシの印章も黄色であったし，ギーヌ伯夫人ベアトリス，その他の印章も同様であった。ストラスブールの弁護士，博学なシルテルスが私に教えてくれたことであるが，皇帝ルプレヒトは1404年に彼の文書によってアルザス地方[フランスの東端]，ゲンゲンバッハの修道院長たちに修道院の資格を付与しているとき，修道院長たちは彼の文書とその他の文書に彼らの印章が押されるために，彼自身と神聖ローマ帝国から付与された自由と特別な厚意の印として赤色の蠟を用いて押印している。

第6節　吊り下げるための用具

印章の色と同様，印章を吊り下げる材料も雑多であった。その材料は絹，皮，羊皮紙，小さな紐，糸であった。[教皇]ブノワ3世[858]とニコラ1世のコルビ修道院に宛てた手稿文書とユルバン2世[1099]のバール＝ド＝ヴェルズィ修道院に宛てた手稿文書にある如く，かつて絹はローマ教皇の印章を吊り下げるために使用された。更に，シフレの書[81, 227, 228]に収められている，ジャン13世[972]のトゥールニュ修道院に宛てた文書の如く，麻もずっと昔から使用されていた。絹は単に国王のみならず，司教，修道院長，教会参事会も使用していた。一部の国王，司教，修道院長，上級貴族の印章が皮で吊り下げられているのが確認される。羊皮紙で吊り下げられているのは，アンリ1世[1060]の寡婦である王妃アニェスまたはアンヌのサン＝モール＝デ＝フォッセ修道院に宛てた文書の印章である。ランス大司教兼枢機卿のギヨームのサン＝ティエリ修道院に宛てた文書，同じく聖ルイ王の列聖のための文書におけるランス大司教ピエールのそれ，そして彼の管轄下にある諸司教の印章がそうである。更に，我々がサン＝ドニ修道院の文書庫の中で見る，同王の列聖のために1275年に教皇グレゴワール10世に宛てられた文書における，ル＝マンで開かれた説教者たちの地方集会に出席した45名の院長と同数の上級者たちの印章が羊皮紙の紐で吊り下げられていた。最後に，ローマ教皇の印章のみならず，ランス大司教マナセ2世のサン＝レミ修道院に宛てたヴィエンヌ＝ル＝シャト近郊のサン＝トマ教会に関する文書の如く，一部の司教及びその他の人々の印章が紐で吊り下げられていた。更に，吊り下げるための絹の色も多様であった。ある者は緑，紫，赤色の絹を使用し，またある者は殆ど赤または緑色を使用していた。

第7節　逆向きの印章

押捺されたものであれ吊り下げられたものであれ，一部の印章はわが諸王の少なくない印章がそうである如く，上下が逆になっていた。例えば，第1王朝に関しては，サン＝ドニ修道院に保管されている宮宰ペパン[768]の文書の一つ，第3王朝に関しては三つ，つまりフィリップ1世[1108]のそれで，シフレの書に収められている彼の母，アンヌがサン＝モール＝デ＝フォッセ修道院に宛てた文書で使用され，残る二つはサン＝マルタン＝デ＝シャン修道院の文書庫に保管されているルイ6世[1137]のものがそれである。同じく，司教のものとしては，ノワイヨン司教ワルドベールがサン＝テロワ修道院に宛てた文書，ボーヴェ司教フルクがサン＝ドニ修道院に宛てた文書，ランス大司教サンソンがコルビ修道院に宛てた文書などがある。

第8節　吊下印章の序列

　複数の吊下印章に関して，一つの序列のみが存在していたのではなかった。何故ならば，二つの印章が使用されている場合，一つの印章は権威において劣り，別のそれ，つまり文章が終わる文書の右側の余白に配されたものはより権威があったから。例えば，ランス大司教アンリとラン司教ゴティエのサン＝ティエリ修道院に宛てられた，1168年の文書などがそれである。三つの印章がある場合も同じで，中央に最も権威があるもの，3番目には次に来る者，1番目には最も劣っている者のそれが来る。従って，1146年にソワソン在，サン＝クレパン修道院に宛てたネール領主イーヴの文書には三つの印章が下がっていて，最初が彼の息子コノン，2番目，つまり真ん中がイーヴ自身，3番目が彼の兄弟であるノワイヨン司教座教会の宝物係ティエリのものであった。その反対もあった。ノワイヨン司教座聖堂参事会とサン＝テロワ修道院の手稿文書において，中央に司教ボードワンの印章，最初にノワイヨン参事会のそれ，最後にサン＝テロワ修道士会のそれが来ている。同じ理由から，1201年のソワソン伯ラウールの文書に二つの印章が下がっていて，最初にラウール自身のもの，2番目に彼の妻アデライドのそれが来ていた。更に，別の順番も見られる。パリ司教ウード，サン＝ドニ修道院長ユグ，教師ピエール・ド・コルベイユのコンピエーニュ修道院に宛てた割印文書において，最初にウード，2番目にユグ，3番目にピエールが来ている。この多様性は，印章が見ている人と見られている人のどちらに向いているかということから発生している。つまり，もし読者がそれらを互いに比較するならば，中央により権威ある人を置くために，その次にくる者は右側を占めることになる。もしそれが見る方の立場に立てば，それは反対になる。もし権威は数える順番に一致していると考えるならば，最初に印章を押捺した人が最も権威があり，2番目がその次に権威があり，以下この順序で続く。

第9節　紛失または大胆な偽造によって取り換えられた別の印章

　最後に，一部の真正文書において最初の印章が紛失したり偽造されたりしてなくなっていること，別の文書では（これはかなりの文書で確認されることであるが）ときどき印章が取り払われていることが指摘されねばならない。ときどき通暁した人たちがその重ねられた印章の銘文を読もうとしたが，それを判読することは出来なかった。ルイ敬虔王［840］，シャルル禿頭王［877］の印章がシャルルマーニュ［814］の文書に不恰好に付けられることが起きている。ミラノ大司教と［同地の］サン＝ドナート＝デ＝スコズラ修道院との間において，同大司教リウタルドの文書や皇帝ハインリヒの文書をめぐって，教皇イノサン3世［1216］の時代に起きた裁判［204, 2, 35/19, 293］でこの問題が議論されている。これらの議論に関しては，本書3巻で取り扱われることになろう。

第 20 章

第 1 節　証人の下署。いかに古いものであったのか

　諸王の下署と文書官のそれ，そして諸王の文書やその他の文書の印章に続いて，今や証人の下署について論述されねばならない。確かに，非常に多くの場合，証人は文書官の前に下署しているが，国王文書では国王と共に文書官だけが，更にはときどき国王なくして文書官が単独で下署している。ともかく，文書官の下署を国王のそれから切り離すことは出来なかった。それ故，上記の手続きを終了したいま，論証の相関性から証人の下署に関する考察が始められねばならない。勿論，証人または下署者に関してではあるが，特に多種多様な文書史料における彼ら相互の順番，下署の様式と時期，最後に彼らのサイン（これに関しては，次章で取り扱われるであろう）が考察の対象となる。

　古い時代における証人の使用に関しては，預言者エレミアの 32 章 10 節に重要な記述がある。そこには畑の購入に関して，「私は，証書を作成して，封印し，証人を立て，銀を秤で量った。そして私は，定められた慣習どおり，封印した購入証書と封印されていない写しを取って，……」とある。それは更に，43（44）節からも明らかである。しかし，下署の様式は時代によっても，身分によっても異なっていた。従って，アッラチは『考察』18 項で，「余，最高の司教であるオスムス・パヴィウスが下署した」の書式やその他同類の滑稽な文句をこの上なく古く，キリスト生誕以前に比定された証人の下署として我々に提示しているとして，インギラミ［イタリアの人文学者，1516］を嘲笑しているが，それは正しいことである。それ故，異なる時代の下署のいろいろな書式，形態を考察することは，それらに関してより明確な判断が下されるために，それなりに重要なことである。

第 2 節　ローマ教皇の勅書において

　使徒またはローマ教皇の文書から取り掛かるならば，いつからローマ教皇が司教または枢機卿の下署を自身の文書に採用するようになったのかが問われねばならない。私の手許にある十分な多さの特権文書において，グレゴワール 1 世 [604]，ジャン 4 世，アデオダ，ジャン 5 世，セルジュ 1 世，ザシャリ，ニコラ 1 世 [867]（その他に関しては，黙するとして）のものには全く下署が登場しない。但し，彼らの宗教会議文書（例えば，ヨーク司教ウィルフリドに宛てたアガト [681] のそれ [4, 4-1, 696] や，同じく我々の手許にあるジャン 8 世 [882] の文書）においては，教皇と共に大勢の司教が下署している。これらの文書は宗教会議の席で作成されているので，当然と言えよう。この種のものとしては，シフレの『トゥールニュ史』[81, 225, 249] に収められたジャンの 2 通の書簡があり，1 通はトロワ宗教会議でトゥールニュ修道院［中部フランス］に宛てて出されたもの，他の 1 通はラヴェンナ宗教会議でフラヴィニー修道院［中部フランス］に宛てて出されたものである。しかし，ポール 1 世 [767] がローマのサン＝ステファーノ・サン＝シルヴェストロ修道院

に宛てた文書はこれらよりも古い。宗教会議において，イタリアの多数の司教が「謙遜な司教」《humilis Episcopus》の称号のもとに，そして彼らの後からローマの枢機卿である司祭と助祭がこの文書 [220, 6, 1693] に下署している。しかし，これらの文書において，「そこに出席していたが，文書の不備から下署せずに通り過ぎてしまった3名の司教の下署」《subscriptio trium Episcoporum, qui residui erant, sed defectu chartae absque subscriptione praeterierant》の文言に注意が払われねばならない。それは，多分，次の理由からそのように記されているのであろう。つまり，誰もがそれぞれの身分から引き離されてはならないとの考えから，彼らはその他の司教たちの順序から外れて司祭枢機卿の後に下署したためであろう。それともそれは，多分，欠席していた司教がその後から請われて下署することが起きたためであろう。ジャン8世の後，マダウルスの書 [239, 357] に収められているレオン9世 [1054] のメッス，サン゠タルヌール修道院に宛てられた勅書の如く，宗教会議において，更には特にユルバン2世 [1099] 治下から見られ，ウゲッリの書 [347, 8, 99] に収められているジャン13世 [972] が皇帝オットー [1世]，その他に宛てた教書の如く，宗教会議以外において，司教や枢機卿によって下署された教皇文書がたくさん伝来している。それ故，「余，カトリック教会の司教N.が下署した」，「✝ 余，12使徒の聖堂の司祭兼枢機卿N.が下署した」の如く，教皇やその他の人々も下署するのが習慣となっていた。そして，その他に関しても同様であったが，先行する十字の印がない場合もあった。この下署に関して，トゥールネのエティエンヌ [司教, 1203] は数名の裁判官に宛てた書簡の中で論じている。そこで彼はアレクザンドル，ルキウス，ユルバン，クレマン，セレスタンの特権文書を自分の目で見て読んだが，それらは「すべての盛式を備え，枢機卿の下署で強められていた」と述べている。これらは今日，枢機卿が下署している唯一の文書であることから，「枢機卿勅書」と言われている。

第3節　司教の宗教会議文書において

同じく，教会または修道院の特権文書の代わりを果たす司教の宗教会議文書も遅くとも7世紀から，大勢の司教の名前とサインによって強められていた。例えば，パリ司教ランドリのサン゠ドニ修道院に宛てたそれ [326, 1, 495/111, 443]，アミアン司教ベルトロワのコルビ修道院に宛てたそれ [326, 1, 502]，テルアンヌ司教オメールのシティユ [サン゠ベルタン] 修道院に宛てたそれ [4, 3–2, 111]，司教エモンがサン゠ピエール゠ル゠ヴィフ修道院に宛てたそれ [Ibid., 613]，この後で取り上げられるシャルトル司教アジラールがノートル゠ダム修道院に宛てたそれがある。大勢の司教が下署している，11世紀の特権文書数通に関しては割愛する。

このような下署において，ときどき司教たちは，ソレーム修道院に宛てた聖テロワの文書 [Ibid., 2, 1092] の如く，司教の職名を消し，単に「罪人」《peccator》という言葉のみを使用している。クレルヴォ修道院長ベルナールはフルクに宛てた書簡2において，ただ単に「罪人である兄弟ベルナール」《frater Bernardus peccator》と書いている。司教はラップの書 [220, 6, 1693] と本書の見本に掲載されている教皇ポール1世 [767] の特権文書の如く，「謙遜な」《humilis》として下署することもある。また，彼らはプリチェッリの書 [298, 372, 692] に収められている，11世紀のミラノ司教アリベルトと12世紀の同じくミラノ司教ロバルドの如く，「神の恩寵による」《Dei gratia》と記してもいる。このロバルドはこの文書の最初に，「余，ミラノの聖なる教会の尊ぶべきロバルド」

《Ego Robaldus sanctae Mediolanensis ecclesia venerabilis Archiepiscopus》の文句を置いている。これらの例に，同じ書［Ibid., 481］に掲載されていて，冒頭に「神の大いなる慈悲に助けられて」大司教と記されているアンセルモの文書を加えておこう。しかし，これらの例よりも前に，シャルルマーニュの治世に，同司教座の司教であったピエトロは「神の恩寵によるミラノの聖なる教会の大司教ピエトロ」のように書き出している。（この「神の恩寵による」の文句は，11世紀において類似の称号を理由に，司教文書を偽文書として告発しているある人物の不当な判定を粉砕している）。他方，同司教は「罪人でふさわしくない司教ピエトロ」《Petrus peccator et indignus Episcopus,......》と下署している。一部においては「指名された」《vocatus》司教，つまり任命されただけで正式に叙任されてはいない司教が，我々が上［本巻2章8節参照］で明らかにした如く，下署している。しかし，誰もがこのような状態で下署しているのではなく，その上，別の方からはっきりしていない場合，まだ叙任されていないと言わねばならない。何故ならば，司教は謙遜から「指名された」と言われることが出来るので。それはちょうどアンクマールがサン＝ドニ修道院に宛てた特権文書で弁解のために，「名前において値しない司教」《nomine non merito Episcopus》と下署しているのと同じで，そして数名のランス大司教も彼の例に倣ってそうしている。確かに，［クレルヴォ］修道院長聖ベルナールは教皇ホノリウス［3世，1227］に宛てた書簡14で，自分の名前を修道院長に指名された兄弟ベルナール」《frater Bernardus vocatus Abbas》と言っている。次の二人も上記のような司教の仲間と見做されるのであろうか。つまり，852年のサンス司教管区のサン＝レミ修道院に宛てた特権文書に，「ルーアン大司教に指名されたリュリック」《Ruricus Rotomagensis vocatus Archiepiscopus》［2, 2, 587］，864年のオーセル在，サン＝ジェルマン修道院に宛てた文書に「ヌヴェールの聖なる教会の司教に指名されたリウド」《Liudo vocatus Episcopus sanctae Nivernensis ecclesiae》［Ibid., 591］とあるが，両者ともキリスト教ガリアで普及した人名リストには登場しない。より後の特権文書において，クレティアンは「オーセル司教クレティアンが下署した」《Christianus Autisodr. Eps egrapsi》と自筆で下署している。本書『見本』に収められている，その他の下署の様式を参照されたし。同時に，司教は下署においていつも同一の書式を使用しているのではないことも知ってもらいたい。就中，アンクマールはオーセルのサン＝ジェルマン修道院に宛てた上記の特権文書において，「名前においてアンクマール，ふさわしくないがランス司教，神の民の下僕が下署した」《Hincmarus nomine, non merito Remorum Episcopus, ac plebis Dei famulus subscripsi》と言っている。しかし，サン＝ドニ修道院に宛てた文書では，「ランスの首座司教座の聖なる教会の司教アンクマール」《Hincmarus sanctae Metropolis ecclesiae Remorum Episcopus》とある。サンス司教ワニロ《Wanilo》（ときどきウェニロ《Wenilo》と下署している）は至るところで，「神の贈物としての司教」《munere divino》と言っている。そしてある修道院長はピートルで作成されたサン＝ドニ修道院宛ての特権文書で，ガウズレヌス《Gauzlenus》と下署しているのであるが，コンピエーニュ修道院文書ではゴズリヌス《Gozlinus》となっている。このように，自分の名前の下署が少なからず異なっているし，またサインがそうであることもある。しかし，もし司教が自分の「教会の卑しい従者」《humilis minister》［262, 227, 282 etc.］，またはときどき見られる形容詞を欠いた「従者」《minister》［375, 74, 78 etc.］とあちこちで称している書式を省略したとしても，これらの書式で十分である。更に，聖ドナの代理人といつも称していたアレティヌスの如く，彼らの首座の第一人者の代理人と称している司教もいる。

第4節　出席していない者，更には後世の者が下署している文書

しかし，最初に指摘すべきことは，宗教会議文書に単にその会議に出席している司教が下署しているのみならず，欠席した司教，更には将来の司教までもが下署していることである。それ故，これらの古い文書において，出席者の名前の後または確かに本文の終わりと出席者の下署の間に，欠席者や将来の人々の下署が占めることが出来る広い余白が残されることが少なからず起きている。しかし，これは特権の確認のために新しい文書を司教から何回も求める必要をなくすために広く普及したものである。将来の司教は古い文書で彼らの前任者によって強められたことを見ることによって，それを確認することに躊躇を感じなくてすんだであろう。これらの宗教会議文書において，修道院長の下署がかなりの頻度で司教の一部の名前と下署に先行していることが起きている。つまり，宗教会議に実際に出席したその修道院長が，同じく出席した司教のすぐ後に下署している。更に，彼らはその後で，下署してもらうために文書が届けられていた欠席した司教，そして将来選ばれるであろう司教の前に下署している。以上すべてに関して，私がそれらを根拠なくして述べたと誤解されないために，論拠と事例によって立証されねばならない。

第5節　文書からの若干の例

まず，これに関して重要と考えられるのが，シャルトル司教アジラールの特権文書である。この文書は本書で今初めて公開されるのであるが，フランク人の王，シルドベール[3世, 711]の統治の2年に，同司教の前任者アデオダの母が同町のローマ囲壁の内部，ロワール河畔に建立したノートル＝ダム修道院のために発給されたものである。ところで，この特権文書に大勢の司教が下署している。彼らの下署の後に，このサン＝ドニ修道院のオリジナルの羊皮紙に指が4，5本程度入る余白が残されている。下に修道院長カイノが名前とサインを記している。その後に他の者たちが続いているが，ぼろぼろになった羊皮紙によって引き離されている。欠席者と下署者の名前を書き込むため以外の理由で羊皮紙の余白が用意されることはない。下署するために司教が使用している書式は次の如くである。「罪人同然の司教」アジラールは「余によって作成されたこの特権文書を読み返し下署した」。「イエス・キリストの下僕である」アンスベールは「求められて，この特権文書に下署した」。その他に関しては，この後を参照せよ。この時代よりも少し前，テルアンヌ司教オメールはシティユ[サン＝ベルタン]修道院に特権文書を付与しているが，その手稿文書にはオメールを除いて2名のテルアンヌの司教，即ちグラヴェンゲルス（別の箇所ではラヴェンゲルスとなっている）とバギヌスまたはバイヌス（彼らは前任者であるオメールの文書を有効であると次々に承認している）とが下署している。この特権文書においても，上掲の文書，そしてその他の多くの文書におけると同様，下署している司教は殆ど司教座名を記していない。更に，このことは多くの公会議記録においても起きている。従って，ある碩学[276, 124]がこの名前を理由に，サン＝ドニ修道院に宛てられたクローヴィス2世の文書を不当に扱っていることは驚くべきことである。しかし，これ以外のことに関しては，我々がこの文書の見本を掲載している箇所を参照せよ。

第 6 節　宗教会議文書からの例

　以上のことは単に特権文書で起きているのではなくて，860 年にテュセイ［東フランスの都市］で開催された宗教会議から明らかな如く，公会議文書においても確認される。『古史料選集』1 巻 [235, 1, 57] で刊行されたその宗教会議録の付録が，この会議に 40 名の司教が出席したことを証言している。但し，これら 40 名の司教のうちの 8 名のみがシルモンの書で刊行された公会議記録で下署しているのが見いだされるが。このことは，勿論，二つの理由から発生している。一つは，同じ司教座の 2 名の司教，つまりノワイヨンの 2 名の司教，ラジネルムと彼の後継者であるインモ，同じくオーセルの 2 名の司教，クレティアンとアボンがときどき下署している。二つ目の理由は，その公会議録の写しが送られてきた，欠席した少なくない司教も下署している。更に，第 3 パリ公会議録 [556–573] はこれがずっと前からの慣習であったことを教えてくれている。そこで諸教父は最終議決の付記が明らかにしている如く，「これらの議決がそれが送付されている欠席した司教によって下署されるように」と決議している。そして議決は続けて，「すべての人々に見られるべきこの文書の内容がすべてにおいて承認されねばならないので」と述べている。

第 7 節　宗教会議文書からのその他の例（その一）

　従って，宗教会議の文書で起きていることが，教会または修道院の特権文書で起きていても不思議ではない。事実，842 年に開かれたジェルミニ＝デ＝プレ［パリの南方］公会議でサン＝ロメ＝ル＝ムーティエ修道院に特権文書が付与されているが，その中でまぜこぜに順不同で司教たちと一緒に大司教と修道院長が下署している [4, 4–1, 250]。更に，セエ司教としてサクソボとイルドブランがいる。つまり，将来の人のみならず欠席者もこの特権文書を確認しているからである。それは宗教会議が「更に，国王陛下がそう望まれ，我々にとっても正しいことと見做され，今出席することが出来なかった我々の同僚である司教，そして信仰に満ちた修道院長たちに我々の取り決めの文書を読み，下署の意思と決定を我々と共に行なうよう我々は懇願する」との言葉で決定していることに従ったまでのことである。同様の文句を 859 年に開かれたシステロン［南フランスの都市］宗教会議の文書 [*Ibid.*, 501] の中でも読む。次に，862 年のソワソン宗教会議でサン＝ドニ修道院に宛てられた特権文書の中で，諸教父によって「しかし，この我々の決定が真実であると思われるために，そして正統な信仰の現在の人々と将来の人々のすべてによって確かに守られるために，我々全員はそれぞれの下署によって強めることを決定した。そしてこれから開かれるであろう宗教会議においてそうされるよう，身分に関係なく，我々のすべては懇願する」[111, 797; 本書『見本』図版 LV 参照] ことが決定されている。サンス司教ウェニロがソワソン公会議を欠席したとき，副司教バルトマンが「彼に代わって」これらの文書に下署しているが，ウェニロのために空白が残されている。同司教は後から自身で，「余，神の贈物としてのサンス司教ウェニロは前は代理人を介して，その後は自らが下署した」と言って，自分の名前を書き加えている。同じことをパリ司教エネが提供していて，彼の代わりに助祭オトマンがこの特権文書を確認している。両者の下署の形式は次の通りで，オトマンは「私の主人で父である，パリ司教エネの代わりに下署した」，エネは「余，パリ司教エネは文書を読み直し下署した」となっている。更に，この特権文書

に2名のオルレアン司教,アギウスとゴティエが下署している。その上,修道院長が数名の司教の前に下署している。これに関しては,我々がそのオリジナルから転写して本書で刊行している見本で確かめることが出来よう。

第8節　宗教会議文書からのその他の例(その二)

　この主題に関しては,以上の例で十分であろう。しかし,この問題はそれなりの重要性を持っているので,更に1,2の例を加えることが適切であろう。第1が,875年にシャロン=シュル=ソーヌ宗教会議においてトゥールニュ修道院に交付された特権文書 [81, 216 sq.] で,この文書は出席していた司教がそれを確認しているのみならず,「欠席していた聖職者たちの,同様に適格な誓約によってキリストを通して,そしてキリストにおいて補強されることを要請している」。下署はそれが彼らの願望通りに補強されたことを教えているが,そこにおいて少なくない大司教が,出席していなかった司教,将来司教になるであろう者の後から下署している。つまり,リヨン司教としてレミとアレリアンとギィの3名が見いだされる。オータン司教はアダルガールとロトマンの2名,シャロン=シュル=ソーヌ司教も同じくジェルボとイルドボールの2名,そしてラン司教もアンクマールとエドゥニュルフの2名が見いだされる。

第9節　宗教会議文書からのその他の例(その三)

　もう一つの特権文書は,同じく875年にシャロン=シュル=ソーヌ宗教会議でディジョン在,サン=テティエンヌ修道院に交付された特権文書 [282, 51] である。この文書においても諸教父はキリストを通し,キリストにおいて「欠席している聖職者の適切な下署によってそれが確認されるよう」決議している。そしてまず,出席していた8名の司教がこの文書を筆記したサン=マメの司祭兼文書官であるマンキオと共に,それを適正と判断している。そしてその後に,「ガリアにおいて皇帝にして尊厳者シャルル[禿頭王]が統治する2年,6月17日,会計年度の5年」の日付表記が来ている。更に,それに続いて,それぞれの司教座の大勢の司教が下署しているが,最初の方で下署しているのは司教たちである。

第10節　宗教会議文書からのその他の例(その四)

　907年の同サン=テティエンヌ修道院に宛てた,ラングル司教アルグランの特権文書 [282, 55] は少しだけ違っている。同司教はそれが「彼らの後継者たちの愛と卓越によって」適正と認められることを要求している。順序から外れているが,日付事項の後に下署しているガルニエとブルノがそれを実行している。以上に,ラン司教ロリクの961年に交付された文書(我々はそれらの見本を本書で刊行している)が追加されよう。この中でランス大司教アダルベロンは11年後,つまり971年に大司教に叙任された時に下署している。マルロはこれらの文書を『ランス大司教史』の第2巻 [250, 2, 9, 10] に掲載しているが,司教の下署は省略されている。彼はこのページからずっと後に掲載されている,サン=ニコラ修道院の建立に関する文書 [Ibid., 176] では下署を付している

が，そこにおいてエリナンの後に，後者を継いでランス大司教になったルノが下署している。殆ど同じ頃，つまり1079年アキテーヌ公ギヨームは自由または（通常の言葉で言うならば）「サルヴァメントゥム」《Salvamentum》[「不可侵性」の意]をラ=ソヴ=マジュール修道院長ジェラールとそこの修道士たちに譲渡しているのであるが，ボルド大司教ゴスランとその他の出席していた貴族と有力者が同意して下署している。そこには「更に翌年，ボルドの町で公会議が開かれ，再びこれらが伯自身によって確認された。そして司教，修道院長，聖職者の集まり全体によって誰であれ，大胆にも不正を犯そうとした場合，適切な弁償に至らない限り，その者は永遠の破門によって罰せられることが決められた」[136, 10]とある。公会議に出席していた司教と修道院長がこれらの文書に下署している。これらのことは，それ故，我々が意図していること，つまりすべての人々において異議のないものであらねばならないことから，欠席している司教と将来の司教が宗教会議文書にその他の人々の後で下署していることを立証するために十分に明白である。確かに，碩学ピエール・フランソワ・シフレは『トゥールニュ史』[81] 20章でこれに関して自分の見解を提示していて，875年のシャロン=シュル=ソーヌ宗教会議文書で確認したことを多くの文書でも確認したと言っている。このため，彼は自身で見て読んだサン=ベニーニュ修道院に宛てた文書とオーセルのサン=ジェルマン修道院に宛てた文書とを引用している。ラングル司教イザアクが修道士に『聖ブノワ戒律』に従って違反者には破門の威嚇をもって，修道院長を選出する権限を付与している文書はサン=ベニーニュ修道院のそれと思う。「この破門に5名の大司教と10名の司教が下署した」と同修道院の年代記[2, 1, 414]は証言している。「そして彼に続いて，ラングル司教座教会にいたすべての司教」とある。これらすべてに，私はソワソン司教ミロの，同町のノートル=ダム女子修道院に宛てた例を加えることが出来る。同修道院の院長が死去したさい，副院長ベアトリス・ド・マルタンモンは取り決めを作成したのであるが，司教ミロがそれを承認し，将来修道院長になるであろう人に対して，彼女が自分の印章を参事会と司教のそれと一緒にこれらの取り決めに押すようにさせることを約束している。これらの文書は我々の仲間であるミシェル・ジェルマンの上記修道院の歴史[156]の史料編で，1282年のところに収められている。あれこれと引用したいのであるが，それらは割愛することにする。

第11節　王文書における例

しかし，私は更に王文書においても同様のことが生じていたことを，1, 2の例を示して明らかにしようとする気持ちを抑えることが出来ない。シフレは二つの例を，『トゥールニュ史』[81, 280]の中で提供している。最初は，王ロテールの彼の統治の2年，つまり955年に発給された特権文書である。そこにはいつもの如く，ロテールが花押と羊皮紙に押された印章と共に下署している。そして彼に続いて，王妃のエマと息子のルイ[5世]が「王妃エマのサイン。彼らの息子である王ルイのサイン」のように下署している。しかしシフレは両方とも第三者の手によって，薄いインクで書かれていることを認めている。彼はこれら二つの下署は「大昔によく使用された方法で」，ロテールの特権文書を確認するために，ずっと後になって文書に書き加えられたものであると推量する[Ibid., 326]。第2の例は，上掲の史書に掲載されているもので，1075年に発給されたフランス王フィリップ1世の文書である。その文書には大勢の司教が下署しているが，それらに続いて，

王ルイ[6世, 1137]が「朕, フランス王ルイはこの命令文書を称賛し確認する」と述べている。ここでシフレはマコン司教ランドリックが手稿文書では序列の外に置かれていること, 最初の文書の作成への参加が確認されないこと, 更に「肥満」とあだ名される王ルイ[6世]はこの文書が作成された1075年にはまだ生まれていなかったこと, そして長い年月の後から父祖の特権文書を自分の下署で承認したことに注意を喚起している。私はこの問題を終わらせようと思うが, ジュミエージュ[北フランスの都市]の修道士に俗権代行権を返還している伯ドロゴンの文書には,「主の受肉の1030年, 会計年度の13年, フランス王ロベール[2世]の統治の42年, そして彼の息子アンリが彼と共同統治してから4年, ……, 朕, 神の恩寵によるフランス王アンリ[1世]は祝福された想い出の朕の父ロベールによって確認されたこの文書を, 国王の権威によって固く確認する」[4, 3-2, 625]との日付事項が記載されている。この後に, その他の人々の下署が続いている。それらの後から, もちろん筆頭で国王アンリ[1世, 1060]の下署が, 彼の父の存命中に文書は作成されたのではあるが,「祝福された想い出の」の文言が示している如く, 彼の父ロベールの死後に付け加わっている。3番目の例を, サン＝ミシェル＝シュル＝ラ＝ムーズ修道院の文書庫に保管されている王ズウェンティボルの手稿文書が提供している。そこで最初にズウェンティボルが,「彼の統治の初年, 会計年度の11年, 主の年の895年8月14日にノワイヨン市の近郊, トロリ＝ロワール村で」下署している。それに続いて, 国王ルイが彼の書記ウィデルゲルスのサインの上に, ズウェンティボルの「日付」の後にある余白に自分の「日付」を加え, そこには「いと清澄な王ルイ陛下のサイン」が通常の花押と共に記されている。そしてその後に,「ルイ陛下の統治の9年, 会計年度の11年, 主の受肉の908年, 8月17日にフランクフルトで発給された」とある。この二重の日付は奇妙である。最後に, 第4番目は, アラゴン王サンチョの文書[54, 607]が提供している。そこにはサンチョと共に彼の息子ペドロが「国王」と言われ,「即ち, 西暦1128年」, そして次に「西暦1158年」に下署している。そしてアルフォンソは「朕, 神の恩寵によるアラゴン・パンプローナ王アルフォンソは朕の父と兄弟の法令を称賛し自身の手によってサインをする。西暦1158年」と下署している。

第12節　私文書, 更には教皇文書において

これらに, 欠席者が後から下署している私文書を加えておこう。これらの中にヴァンドーム修道院に宛てたアキテーヌ公ギヨームの文書があるが, ベリの書[51, 414]にある如く, サント[西フランスの都市]宗教会議に出席した諸教父が後から下署している。そしてフルットゥアリア修道院[イタリア, トリノの北]の創建に関する院長ギヨームの文書で, その中でギヨームは出席, 欠席に拘らず, 多くの人々に証人として下署するよう懇願している[347, 4, 1494]。更に, 教皇の文書においても, 同様のことが起きている。例えば, 私が有名なエティエンヌ・バリューズの許で見たユルバン2世の1095年の勅書は, その後に開かれたピアチェンツァ宗教会議に集まった司教たちによって確認されている。

第 21 章

第 1 節　メロヴィング王朝下の王文書における証人と下署者について

　(我々がすぐ前で述べた如く,)国王文書に付されている下署から,我々は国王文書をその国王と共に下署している証人へと注意を向けることにする。スエトニウスによると,「遺言書を作成し,すべての官僚の署名でそれをサインさせた」皇帝クラウディウス[54]が誰よりも先に来ると思われる。

　同様に,シャルルマーニュは自分の遺言書を「その時隣席することができた司教,修道院長,伯たちによって」下署されるよう配慮した事実を,エジナールによる彼の伝記や『勅令集』1 巻 [35]において読むことができる。しかし,この問題をより深く考察するならば,大クローヴィスのミシ修道院[パリの南]に宛てた文書で,国王と一緒にオルレアン司教ウゼーブが下署している。クローヴィス 2 世は彼の統治の 16 年,クリシ[パリの近郊]で集会を開き,サン＝ドニ修道院に宛てた命令文書を発行した。そしてそれが大勢の司教と諸侯の名前によって下署されることを望んだ。この特権文書に関して長々と論及しているエモワンがダゴベール伝に基づいて証言していること [10, 4, 41] に依れば,「この集会にガリアの殆どすべての司教が参列した。その中には彼らの墓のそばで様々な病気で苦しむ人々が健康を取り戻していることから,聖なる教会がふさわしい名誉で賛美する何名かの聖者がいた。それらの聖者とは福者ウアン,彼の弟である聖ラド,エロワ殿及び福者シュルピス,更には聖ウシェールであった」と。同様の理由から,我々はエジプト・パピルスで出来た,そしてこれほど多くの人々の下署を持つこの特権文書を古い史料または文書の見本の中に完全なまま掲載することが有益だと考える。この文書に関して,特にシャルル・ル・コワントは「いかなる偽造も改竄も」[223, 3, ann. 653, 36]認められないとしている。読者諸賢は第 1 王朝下において,証人が下署している少しの王文書しか見いださないであろう。それらの中に,多分,王シルデリック[2 世]と王妃イムネシルドのサン＝タマン修道院に宛てた文書が数えられるであろう。この文書はル・ミルによって『ベルギー史料集』[226, 3, 3]の中で刊行されているのであるが,オストラジ王シジュベール[3 世]の寡婦であったイムネシルドではなくて,間違ってビルシルドと読める。この読みは,我々の『聖者記録集(ベ)』の第 2 世紀 [4] の末尾に掲載しているバリシ荘園に関するサン＝タマン修道院の特権文書によって訂正されよう。更に読者諸賢は本書で引用されているシティユ[サン＝ベルタン]修道院文書集所収の文書において,王ティエリの妻,王妃バルテシルドとクロデシルドがクローヴィス 3 世の文書に下署しているのを目撃するであろう。

第 2 節　カロリング王朝下の王文書における証人と下署者について

　王ティエリ[4 世]の没後 5 年に発給されたシャルル・マルテルの文書(サン＝ドニ修道院に保管されているその手稿文書 [111, 690] には,フランクの大勢の有力者が下署している)以外にも,第 2 王朝下において王ペパンのフルダ修道院に宛てた文書が有力者たちによって下署されたことを,こ

の特権文書が「国王の指輪が押されたのみならず，朕の忠臣たちの承認によっても支えられた」とペパンが述べている文句が教えている。但し，『ボニファーティウス書簡集』においても，またオトロ[フルダ修道士，1073]の書においても下署はどこにも現われていないが。ここで，我々がシャルルマーニュの遺言書の下署に関して記述したことが想起されねばならない。この遺言書より前に，彼はローマ教会に寄進を行なっているのであるが，アナスタージオの言[22]によると，彼は「この寄進文書を自分の手で強め，すべての司教，修道院長，公，更には伯に署名するよう求めた」とのことである。ルイ敬虔王が彼の息子たちの間で帝国を分割するために発給した文書に，フランクの諸侯がまた更に下署していることは間違いなかろう。それは「帝国の公益のため，そして彼らの間に永遠の平和が確認されるため，そしてすべての教会の安全，朕のすべての忠臣と共にこれらの取り決めが熟慮されることを願い，熟慮されたものが認められ，その文書がそれぞれの手で強められることを願った」との言葉で十分に示唆されている。もし彼の召集した忠臣が下署しなかったのであれば，私は同王は「自らの手で」と言ったであろうと考える。更に，ルードヴィヒ・ドイツ王の文書では，ドゥブレの書[111, 785]によると，彼の息子カールが彼と一緒に下署している。最後に，王ロテールによるサン＝ティエリ修道院への修道士の復帰に関する文書に関しては，マルロの書[250, 2, 20]によると，3名の司教と同数の伯が自分のサインで確認している。更に，このことは同ロテールの，ボンヌヴァル修道院に宛てた文書[4, 4–2, 506]においても行なわれている。私はフランク王ペパンの娘ジゼールがサン＝ドニ修道院になした有名な寄進の文書を，これらに追加することが出来る。そこで，我々がその王文書と共に後に掲載するであろう，それに付加された手稿文書の見本が示している如く，彼女に続いてシャルルマーニュの3人の息子たち，シャルル，ペパン，ルイが下署している。同じ仲間として，880年にミラノ在，サン＝タンブロージョ修道院に発給されたシャルル肥満王の文書数通[298, 237]が加えられるべきである。それらにおいて，大勢の司教が下署している。

第3節　カペ王朝下における王文書の証人と下署者について

第3王朝治下に，多様な形態の証人と下署者の慣習が王文書において定着していたため，13世紀末に至るまで王のみによって下署された文書は非常に少ししか発見されていない。しかし，下署の方法には軽視できない相違が発生している。第1に，大勢の司教と有力者が国王と一緒に下署するのがユグ，ロベール2世，アンリ1世，フィリップ1世[1108]の治世では通常であった。次に，ルイ6世治下，下署者の数は王国の五つの役職，主馬長，司酒長，官房長，厩舎長，文書長に縮小し始める。従って，主馬長または文書長が空位のとき，彼らの下署は「主馬長は不在」《Dapifero nullo》，「文書長は空位」《vacante Cancellaria》の文言によって補われる。同じことは，その他の役職に関しても確認されると記憶している。この慣習は聖ルイ王[1270]の時代まで続く。最後に，フィリップ3世[1285]治下，下署にこのような役職者は全く言及されていない。こうして，アンリ1世の治世にときどき[123, 21]，そしてフィリップ1世の治世に殆どすべての王文書[Ibid., 23 sq.]に，これら五大役職者の名前が書記によって記された。しかし，至るところでそれは司教と一緒か，或いは司教に続いて，「官房長ユグのサイン，……」のように現われる。最後に，ルイ6世の治世から下署者の数が減少し始め，最終的には（広く呼ばれているところの）王国の五

大役職者にまで減り，これは特に1130年頃に定着する。そして下署の様式は「その名前が下に記され，サインされている朕の宮廷に出席していた人々の前で，主馬長 N. のサイン，……」のようになる。最後に，ルイ7世の治世，そしてフィリップ3世の治世に至るまでの諸王のもとで，五大役職者のみが同様に下署する習慣が続く。但し，司教が自分の名前を大文字で記している一部の文書は除く。例えば，1151年のランス在，サン=レミ修道院の自由に関する文書で，国王役人よりも前にトゥール司教アンジェルボ，サンリス司教ティボ，次にサン=ドニ修道院長ウード，サン=モール=デ=フォッセ修道院長アスラン，そして最後に前記の国王役人が下署している。

第4節　諸侯の文書にもときどき下署がされている

ここにおいて，第3王朝の諸王が彼らの諸侯の文書にときどき下署していることを，王の威厳にふさわしくないこととは思っていなかった事実をここで見落とすことは出来ない。従って，フィリップ1世はマルロの書 [250, 2, 167] に収められた，1071年のコルベイユ伯ブシャールの文書に自分のサインを記している。また，ジュミエージュ修道院[北フランス，ノルマンディ]に俗権代行権を返還するための伯ドロゴンの文書 [4, 3-2, in fine] に，アンリ1世が下署している。熱心な人であれば，他の例を容易に発見することが出来よう。例えば，デュシェーヌが著したヴェルジ，ギーヌ，ドルゥ，モンモランシの諸家系史 [123; 124; 125; 126] の中に，多くの例が見いだされる。同じく，『拾遺集』4巻 [2, 4, 584] やその他の作品にもその例を見る。加えて，『神聖イタリア』4巻 [347, 4, 1494] に収められている，フルットゥアリア修道院の建立に関する院長ギヨームの文書に大勢の司教に続いて，王ロベール[2世]が息子で王のユグと共に，そして最後の例として，フィリップ1世がロベール・ド・サブルの文書に下署している [2, 11, 296]。

第5節　諸王自身によって使用されたものとしての自署。それらの偽造を防止するための何らかの対策

その上，第1王朝下，言われている如く，諸王による名前の下署がある時は自身で，またある時は他者の手で行なわれている。第2王朝下，第3王朝下でも同様に，書記か文書官の手によって行なわれている。但し，諸王の記号サイン，つまりカロリング王朝と王フィリップに至るまでのカペ王朝に見られる，非常に多くの花押における《Y》の字，またはルイ[6世]肥満王に至るまでのカペ王朝における十字の印の記入は除く。そしてルイ肥満王の後継者たちが，重要なものを除いて，文書に記号サインを記すことはより稀になるが，王ジャン[2世，1364]によって書簡に導入されたことを我々は知っている，自らによる下署の慣習が確立された後も続けられている。ルイ11世が統治していたとき，ここで述べるにふさわしいことが起きている。1480年，国王のサインが一部の人々，特にオーストリア公マクシミリアンによって偽造されたとき，その事実が同王と彼の顧問会議に報告されると，財務長官の許で保管され，国王がその頃自分の手で下署するのが習慣であった「王室財産に係わる，つまり贈与，移転，譲渡，無主地の免除，弁済，調査，借用に関する」文書について次のように決定された。即ち，これらの文書は国王のサインに加えて，1名または2名の国王書記によって更に下署されるようにと。王国内の様々な人物に宛てられた

その他の封緘文書も同様である。他方，ローマ教皇，外国の諸王や諸侯に宛てられた文書は，更に認印で強められている。この取り決めはこの後の適切な箇所で刊行されるであろうが，その存在を我々に教えてくれたのが有名なデルヴァル氏である。

第6節　アングル人の間での国王文書における証人

　アングリアにおいて王文書は7世紀以降，至るところでいろいろな名前やサインによって強められる慣習があった。尊者ビードがヨーク司教エグバートへの書簡の中でこれに関する証拠を提供しており，怠惰な生活を送る数名の俗人について論じる中で，「彼らは修道院を建立するとの口実で土地を購入し，更にそれらを権利において世襲財産として王令に記載させていた。そして彼らの特権に関するこれらの文書をまるで本当に神にふさわしいものの如く，司教，修道院長，世俗の権力者の下署によって確認されることを要求した」と述べている。事実，『アングリア修道院史』やスペルマンの公会議に関する著書 [332] で，7世紀以降から見ることが出来るアングリア諸王の殆どすべての文書は多様な下署を提供してくれている。

第7節　「朕自身が証人として」の書式

　時の経過と共に，アングリア諸王によって他者の証人によらず，王自らが証人として一部の文書を強めるという便利な方法が考案されている。私はこの慣習の起源がリチャード1世 [1199] の前から存在していたとは考えない。このリチャードの書式「私自身が証人として」《teste meipso》や類似の文言が付された非常に多くの文書が，ロージャ・オヴ・ホヴデンの著書の中に見いだされる。しかし，それらすべての中にはいろいろな人々，つまり教皇クレマン3世 [309, 386]，同リチャードの母，王妃アリエノール [Ibid., 413]，王国の有力者と一部の司教たちに宛てられた書簡 [Ibid., 416v., 422, 445]，またはその頃海を航海していた人々に関する同王の規則 [Ibid., 379v.] などのその場で作成されるべき通達，そしてダラム[北イングランドの都市]司教に所領を返還するための文書 [Ibid., 380] が含まれている。その他の非常に重要な文書においては王リチャード自身も（これは同ロージャ・オヴ・ホヴデンの書 [Ibid., 375, 377v.] や『アングリア修道院史』から明らかであるが），いつものように証人を使い，そして，特に彼の統治年に基づく日付事項（これは上記の文書においては省略されている）を用いている。つまり，月と日が記載されている。「朕自身が証人として」，「我々自身が証人として」，「国王が証人として」と言った書式はリチャードの後継者たち，ジョン[欠地王]，ヘンリ[3世]，エドワード3世 [1377] と彼に続く数名の国王に引き継がれる。彼らは古い文書を確認したり，再発行したりするさい（この文書を「ウィディムス」《Vidimus》[「我々は見た」の意]と呼んでいる），このような書式を頻繁に使用している。しかし，特権を付与する場合，または将来においても効力を持つ，少しでも重要な文書においては，この形式は取られていないのが通例で，更に「これらの証人によって」や類似の書式のもとに非常に大勢の証人を並べている。その上，『アングリア修道院史』所収のヘンリ1世の文書における如く，ときどき彼らはただ一人の証人として文書官を呼んでいる。但し，《T. G. Cancellario》の文言を「文書官G. を証人として」と訳している解釈者が正しいとした場合のことであるが。更に，フラ

ンク諸王の中で，この文言「朕自身が証人として」を使用している者はいない。但し，このように表現された聖ルイ王の文書数通が引用されているが，それらはそれを理由に偽文書または疑わしき文書と見做されねばならない。証人を全く持たない，ただ「朕自身が証人として」で強められている，アングリア諸王の有名な特権文書も同様である。つまり，(私が既に述べた如く,)その場で作成されるべき通達，または宛先を選ばない国王書簡，古い文書の承認(この例は少ないが)にのみこの書式が用いられている。その他の非常に重要な記録も，勿論，大勢の証人を提供している。この書式「朕自身が証人として」はヘンリ6世[1461]の治世まで，重要でない取り決めや書簡において生き続ける。同ヘンリ6世は「マント[パリ近郊の都市]集会に国王の名において，そしてそこで取り扱われるべき議題にふさわしい使者を派遣するように命じ，王国の有名な司教と有力者を発言者に指名した。しかし，彼らの誰も出発せず，国王のすべての命令を無視した。そこで彼は服従の意を表明するために，余り名の知られていない2名の司祭を[教皇]ピィ2世の許に派遣した。そして彼らは本当の使節が来なかった理由を説明した。通達の文書には，通例に従って，証人の名前も挙げられていなかったし書記の下署もなかった。しかし，国王の手によって〈ヘンリ自身が証人として〉の下署が付され，王国の印章が押されていた。教皇は軽蔑し，国王のこのように卑しい使者たちを大いに嘲笑した。そしてそれ以上自分との接見を許さなかった」とある。これらはジョヴァンニ・ゴベッリニの教皇ピィ2世に関する註解[159]の第3巻からの引用である。そこに書かれていること，そして「それ故，証人として国王ヘンリ」の文句(これは国王の印章と共にこの通達に信を得させるに十分な働きを持つもので，特に国王の手によってそれらが書かれた時はなおさらのことである)が誠実に考慮されるならば，この下署が教皇の機嫌を損ねさせたのは失礼な言葉遣いよりも使節の身分の低さによるものであったことが分かる。更に，アングル人の諸王よりも前の，1096年にパッティ修道院[シチリア]に発給されたカラーブリア伯ルッジェーロの文書[288, 3, 385]において，類似の例が見られる。ロッコ・ピッロの書には「余が証人として与え引き渡し，そして余の妻，アダライディスが……」とあるし，また別の文書[Ibid., 387]では「同伯ルッジェーロと彼の息子ゴッフレド・インファンテ……」とある。しかし，これらの書式とアングリアのそれとでは，アングリア諸王はこの書式の場合，他の証人を使用していないのに対して，上掲の文書におけるルッジェーロはそうではなかった点に相違が見られる。

第8節　リチャード1世治下での下署の様式

しかし，アングリア王リチャード1世以前から王文書で証人が使用されていたが，それは下署者自身が署名するのでなくて，特に征服王ウィリアム治下に広まった「これらの人々が証人として」《his testibus》,「これらの人々が聞いている前で」《his audientibus》の書式のもとに言及されていたに過ぎない。そこでは諸王は証人を前にして自分の手で名前を文書に記入しており，そしてこの慣習はウィリアム以後もしばらくは続いた。しかし，上掲の書式は特に12世紀において広く使用された。その例として，古い文書の中から本書に掲載されているヘンリ3世[1272]の文書があるが，その中で同王はフランス王に仕える主馬長の役職から，「アンジュ伯として」奉仕しなければならないと言明している。

第9節　ヒスパニア人の間での王文書における証人

　ヒスパニア諸王に関して，10世紀以降の彼らの非常に多くの文書が，殆ど証人の名前によって補強されていると断言できるように思われる。それはアントニオ・イエペスの書やその他の著書，そして証人の承認のもとに作成されたヒスパニア王の文書数通が収録されている『クリュニ図書』[251, 1413, 1436] において確認することが出来る。これら以外には，1通目として1187年にブルゴスのサン=ペドロ教会をラ=シェーズ=ディユ修道院に従属させているアルフォンソ善良王の文書，2通目として1219年の同じ修道院に宛てたアルフォンソ高貴王の文書，3通目として1230年の同様の文書を挙げておくのが適切であろう。我々はアルフォンソ善良王の別の文書を『見本』[図版XLV] に掲載している。更に，これらに関して，次のことを指摘することが出来る。第1に，各文書の最初にクリスモンが文字《A》と《Ω》と共に押されていること。第2は，国王のサインの代わりに十字の印が使用されていること。第3は，至るところで国王が皇帝と呼ばれていること。第4は，「皇帝の書記ヘラルドが文書官である教師ウーゴの手を介して記載した」との書記の特殊な書式。そして最後の第5は，2番目の文書における日付の記載方法で，そこには「この文書はブルゴスにおいてヒスパニア年による1219年5月15日，上記のいと清澄な王アルフォンソがクエンカを奪取してから5年，彼の伯父，王フェイランドから王子封を受け取った初年，前記のカスティーリャ王の息子，王サンチョがブルゴスで生まれて2月に作成された」とある。ところで，これらの文書の存在を知ったのは，私に古い記録を飽くなき努力で提供してくれた，同僚のクロード・エティエノのお陰である。同じく，ヒスパニアの上級貴族の間でモラーレスが『エウロギオ』[264, 316/114, Potestas] の中で記している如く，《Potestas》[「力」，「権力」の意]の語を伴って下署することも珍しくはなかった。

　更に，ゲルマン人の皇帝は，彼らの文書において，証人の下署を遅くとも12世紀から導入している。その中で，1153年のフリードリヒ[1世]赤髭王がクリュニ修道院に宛てた文書 [251, 1415] は大勢の証人を提供している。1184年のラ=シェーズ=ディユ修道院に宛てた同王の別の文書では，マインツ大司教コンラート，ウィーン大司教ロベルト，そしてその他の司教と上級貴族が同修道院に保管されている手稿文書に下署している。例としては，以上で十分であろう。

第10節　私文書における証人（その一）

　私人の文書に関しては，アレマン人及びその他の部族の法律が命じている如く，証人の下署のない文書は殆ど作成されていない。しかし，証人の構成は雑多で，下署の順序もまちまちであった。事実，ある時は寄進を行なった当事者だけが証人として利用されている。フルダ修道院の文書集の第1巻 [346, 490] で，グラマヌス某の文書では修道院長シギハルトとフルダの修道士だけが証人として呼ばれている。またある時は，同文書集の第2巻 [Ibid., 500, 501] にある如く，文書官である修道士だけが寄進者と証人の代わりに下署している。更に，第1巻 [Ibid., 490] において，修道院長シギハルトの時代に文書官自身も，また証人や寄進者も下署していない場合が見られる。

第11節　私文書における証人（その二）

　更に，下署の順序もまちまちであった。古い文書で比較的よく使用されたのが「この寄進または譲渡は，……修道院において以下の証人の前で，統治の何年何月……に行なわれた。余，……はこの寄進文書を作成した」といった様式である。しかし，一部においては，その先で，「私は日付を記した」《Datavi diem》，「私は日付を書いた」《notavi diem》と言った日付事項が付加されている。上記の書式はペラールが編纂したブルゴーニュ史料集，『フルダ修道院文書集』，ゴルダストのアレマン史料集から明らかな如く，殆どそのままの形でフランク人，ゲルマン人，アレマン人の間に普及した。

第12節　寄進や譲渡におけるその他の証人

　しかし，多くの文書で，日付事項の前と後に証人が現われている。後者の位置に置かれている場合，それは二つの理由から起きている。第1は，ペラールの書 [282, 16, 21] にある如く，最初の証人の間にいかなる余白も見いだせない場合，文書の確認のために後から追加された証人が名前とサインを日付事項の後に記した場合。第2は，ある者は譲渡の証人，ある者は作成された文書の証人，またある者は象徴物の引渡しの証人として呼ばれた場合。象徴物の引渡しはときどき文書が作成された後で行なわれており，更に別の場所で行なわれることも少なくなかった。『フルダ修道院文書集』の多くの事例がこの主張を確認している。その一つに，修道院長シギハルトの時代のイサンブラトの文書 [346, 491] がある。そこに「この譲渡の証書は主の受肉の889年，会計年度の3年，いと敬虔な皇帝カールが統治していた時に作成された。しかし，この譲渡は同年，ゴツフェルダ[中部ドイツ]と呼ばれる伯領内で次の証人を前にして行なわれた。……」と記されている。そしてこれらの言葉から，象徴物の引渡しが文書や譲渡とは別の場所，別の時期に行なわれたと理解される。しかし，これに関してもっと有名なものを，修道院長エイギリスの時代におけるレギナルト某の譲渡文書 [*Ibid.*, 531] の中に読むことができる。そこには「この譲渡はカルテンゾントハイム村で開かれた公的集会において伯と彼の裁判官たち，つまり伯ポポ，アダルフリト，ガラマン，リウトペラトなどを前に行なわれた。ここまでが譲渡に関してである。今や象徴物の引渡しに関しては，リウトペラト，ヴァディヘルなどを前にわが主イエス・キリストの年の819年に……」と書かれている。ここで読者は両方の証人，つまり譲渡の証人と象徴物の引渡しのそれとが分けられているのに気付くであろう。同じことは修道院長ラバヌスの時代において，ベルンハルトとフダブルギスの文書 [*Ibid.*, 538] で確認される。つまり，「ロール[中部ドイツ]と呼ばれる修道院で，いと敬虔な皇帝ルードヴィヒの統治の11年，9月22日に，下記の証人を前に行なわれた。ベルンハルトと彼の妻のサイン，……。そしてこれらの証人は同じ日に同修道院で上記二人によってなされたこの譲渡に関する象徴物の引渡しの証人でもあった。……」。ここでは両方の法行為の証人が同じであった。しかし，書記ははっきりと両者を区別している。その上，修道院長ラバヌスに対してなされたヘルトブルク荘園に関する別の譲渡文書[*Ibid.*, 557. 521は誤り]などで再び明らかに表現されている如く，別々に証人が呼び集められるのが常であった。二つの法行為の同様の区別の例は，ラ＝ブスィ修道院[西フランス]の文書集や簡潔さを旨とするためここで

は割愛するその他の文書集でも出会う。ここでは別の理由もはっきりと説明されている。それによると，古い文書において，ときどき証人が2列に分かれて，つまり，一方が譲渡の証人，他方が象徴物の引渡しの証人として記載されているのが見られる。最初の理由として，つまり文書の作成からかなりの年月が経って，それに関する新たな証人が呼ばれたことについて，我々が前章で欠席者や将来の人々の下署について述べたことを思い出して頂きたい。更に，特にバイエルン人の間で証人がときどき「確認者」《confirmatores》[114, 1, 1167]，またある時は「耳において集められた証人」《testes per aurem conductos》[Ibid., 398] と言われていることも見落とすことが出来ない。

第13節　下署者の順序

このように雑多な下署者や証人の構成において，いろいろな文書から明らかな如く，最初に国王，その後司教，そして修道院長，そして彼らに続いて諸侯と有力者が下署していると言った順序が殆どよく守られている。この慣習は単にガリアのみならず，ヒスパニアやアングリアにおいても定着していた。第8トレド公会議 [610] に関するガルシア・ロアイサの叙述 [231] がこれと関係している。彼は「司教の後，彼らの代理人の前で修道院長，主任司祭，侍従長が下署した。その後，一番後で宮中職の高官たちが続いた。更に，特権文書の確認においてもそれが国王書記によって踏襲されていたことが認められる。国王の車輪印《rota》が付された特権文書において，国王，王妃，子供たちの順序でまず確認し，それらに続いてトレド大司教とその他の主座司教が続く。そしてすぐにすべての司教がくる。その後で軍事の指導者たち，そして役職が付されている王国の諸侯と有力者たちが続く」と言っている。以上がロアイサの叙述であるが，第11トレド公会議 [638] において，多分写字生の過誤によるものと考えられるが，刊行された文書の中で修道院長が司教の代理人の後で下署している。つまり，その他の人々の文書においても，同代理者の前に修道院長の席が来るのが妥当と思われる。実際，第12トレド公会議 [646] において，その順序が守られているのである。同じことは，スペルマンの公会議記録集 [332] やいろいろな国王文書，特にインガルフの書 [203] にある如く，アングル人の間においても認められる。それらにおいて，国王，そして大司教と司教，続いて修道院長，最後に諸伯が下署している。

第14節　下署における書記の様式

書記または文書官は最後に下署するのが通例となっているが，フランスの第1と第2王朝下，彼らは彼らの名前にいろいろな形に書かれた《S》の文字のまわりに，何本もの線が巻き付いた印を加えていた。一部の人々はこの印によって，「私は下署した」を意味する語《subscripsi》を表現していた。これは単に国王文書に関してのみならず，司教文書においても起きている。例えば，クレルモン司教エティエンヌがブリウード修道院に宛てた文書においては，司祭であり（私が推察するところによると）同エティエンヌの文書官であったベルナールが一番最後に日付の後から，花押で彼の名前を表現し，そして一般に「パラファ」《parapha》と呼ばれるサインと共に下署している。しかし，司教のいかなる文書でも，またその他の人々の文書においても，書記が常に自分の

名前と共にサインを記していたのではない。更に，どの文書にも下署していたのではない。つまり，ラヴェンナ司教レオーネの文書において(このことは，その他の多くの文書に関しても指摘できることであるが)，書記の名前もサインも見えないし，更にレオーネ自身のサインもない。彼は下署の代わりに，「我々は読んだ」《Legimus》の語を二重の十字を挟ませて記しているに過ぎない。フランク人の第3王朝において文書官と書記は，もし自分の名前に何かを加えねばならないとき，十字の印が加えられることがあったが，非常に多くの手稿文書でそれを見ることは出来ない。そして結局，13世紀末ごろまたは14世紀初頭において，書記の間で特殊なサインによる昔の慣習が復活する。このサインは古代のそれと殆ど異ならないもので，特に教皇の書記の間で確認される。最後に，書記は彼の下署において，ときどき「その当時文書官であったエドモンが記し強めた」と言った書式を使用している。我々はこの書式を，1051年にヴェルダン司教ティエリがサン＝ミシェル＝シュル＝ラ＝ムーズ修道院に宛てた手稿文書の中で読む。類似の書式はルイ[6世]肥満王がモリニ修道院[パリの南]に宛てた文書でも確認されるが，この文書では特に「その当時，朕の主膳長であったアンセルのサイン」と言った王国の高級官僚のサインが記されている。この文書はその他の文書と共に，本書6巻で刊行されている。

第 22 章

第 1 節　他者の手になる下署とその四つの理由

　このことは下署者の統一された筆跡によって容易に識別することが出来るのであるが，下署者の多くに関して，彼らの名前は彼ら自身の手によって文書に書かれていたのではなくて，他人，つまり文書を作成している書記の手によって記されていた。それは四つの理由，即ち，第1は書くことの未経験，第2は盲目，第3は地位に付されたある特権的なもの，第4は慣習や慣例から派生していると私は考える。

第 2 節　第 1 [の理由] として

　かつて，しかも，たぶん我々の時代からそう遠く隔たっていない頃に，一部の貴族や自由人が書く能力を軽蔑した時代があった。何故ならば，クィンティリアヌスは憤りをもってそれに耐え，「字を美しく速く書く技術は高貴な人々によって広く軽視されてはいるが，我々にとって全く役に立たないものではない」[301, 1, 1] と述べている。しかし，文学の蔑視，または制度上の欠陥からこれが起きていると思われるのであるが，我々は大勢の人々，更に諸王がこの思い違いにはまり込んでいるのを見いだす。そのため，国王文書が下署されねばならないとき，他人の助けを借りねばならず，その人の手で十字の印や類似の印が記入されていた。この例として，最初に来るのがユスティヌス1世[ビザンツ皇帝, 527]である。プロコピウスの言 [296, 28, 29] によると，彼は文盲であったため，他の皇帝の例にならって，自分の名前を鉄筆で文書に記すことが出来なかった。彼はラテン語で書かれた四つの文字の形を彫り込んだ，よく磨かれた木の板を用いていた。それを文書に押し当てたあと，歴代の皇帝が書くときに使用していたインクに浸した鉄筆をこの君主の手に持たせた。その手を何人かの人が握って導き，この四つの文字の形をなぞらせたのである。東ゴート王テオデリクス [526] も同じことをしていた。彼に関して匿名の作家は「彼は彫刻された黄金の板が用意されるよう命じた。それは国王の四つの文字をもち，下署しようとしたとき，文書の上にその板をのせ，それだけで彼の下署が済まされていたようであった」[304, 1, 1] と言う。ケント王ウィフトレッドは7世紀に自分の無学を告白することを憚らず，「朕，ケント王ウィフトレッドは上に書かれたことすべてを確認し，朕が口述させたものに聖なる十字からなる朕のサインを，文字を知らないことから押した」[332, 1, 198] と下署している。同じことは，別の箇所 [*Ibid.*, 193] でも見いだされる。バイエルン公タシロがそれらに加えられねばならない [202, 1, 125]。彼はザルツブルクの修道院長アトへの文書を，「余が出来たことから，余の裁判官と上級役人を前にして，自分の手でキログラフの文字を始めから書いた。✞タシロの自身によるサイン，……」のように締めくくっている。別の例はカサウリア修道院文書庫に保管されている皇帝ルイ2世治下の伯ヘリバルドの裁判文書[本書6巻所収の当該文書を参照]で，そこには「✞宮中伯ヘリバルドのサイン。彼は同席していたが，文字を知らないため，聖なる十字の印のサインをした」と書かれ

ている。更に，私文書において，この種の事例と出会ったとしても驚くには当たらない。

第3節　更に，これは教会人をも含んでいた

　しかし，教会の聖職に従事していた人々が自分の名前を書けないといった情けない無知に陥っていたとなると話は別である。その例として，『ドナートス派とカトリックとの対比』[92, die 1, 133] から明らかな如く，ズレンシス司教パウリヌスがいる。つまり，クィントスが同席していたパウリヌスに代わって，後者が「文字を知らなかったため」下署したと記されている。また，第2エフェソス公会議 [449] におけるガダラ[パレスチナの都市]司教テオドリクスとアドリアノポリス司教エリアスもその仲間である。また，カルケドン公会議 [451] の議決1章におけるファエノ[パレスティナの都市]司教カジュマスがいる。更に，第5コンスタンティノープル宗教会議 [553] の議決1条における修道院長としてのステファヌスとゾティクスがいる。更に，ブリソンの書 [61, formul. 648] に収められている，ユスティニアヌスがラヴェンナを統治していた時に発給された「十全保証」に関する文書の中で，副助祭グラティアヌスについて，同じく「文字を知らないため，他人の手によって書かれた，高貴な人である副助祭グラティアヌス自身のサイン」と書かれている。セヴェリヌスを糾弾するために，コンスタンティノープル総大主教メナに宛てた東方の修道士たちの書 [220, 5, 130 sq.] の中で，大勢の者たちが同じ理由から，他人の手を借りて下署している。その中に司祭でヒパタ修道院[北部ギリシア]の院長であるサバティウスがいるが，彼は「自身が文字を知らなかったので」，同修道院の助祭イオアンネスの手を借りて下署している [Ibid., 135]。この文盲の事実は悪意から，コンスタンティノープル総大主教トリフォヌス [5, April. 2, 619] にも帰せられている。彼は文書で彼の名前を書いているが，そのため役職を辞したと考えられている文書を取り換える機会を反対者たちに提供してしまった。

第4節　第2の理由としての，目の疾患

　他の人々は盲目のために自分の手を動かしてもらうとか，自分の名前を書いてもらう必要から，他者の手を借りていた。従って，レフカス島[北部ギリシア]にある修道院の院長であった司祭エウゲニウスは上掲の書 [220, 5, 138] において，「私は老齢のためにそれが出来ないので」と言って，同修道院の助祭パウロの手を介して下署している。同じく，テルアンヌ司教聖オメールは生涯の終わりに盲目に陥ったとき，彼の遺言書に「私はこれらを盲目のもとに行い，別の人が私の手を取って書き，下署した」と下署している。そして，パリ司教アンシャは同様の理由から，ルイ尊厳王の時代におけるサン=ドニ修道院への修道士の復帰に関する，本書で刊行されている宗教会議文書において，「パリ教会の司教アンシャは同席した。そして失明したために書くことができないので，自分の手で十字の印を下に描いて確認した」のように下署している。同じことが，病気によってミラノ大司教アリベルトにも起きており，1045年のサン=タンブロージョ修道院に宛てた文書 [298, 416] での彼の下署は，「盲目のために書くことが全く出来なかった大司教アリベルトのサイン」となっている。

第5節　第3の理由としての，役職上の特権から

　他方，一部の人々は地位の高さから自分の名前を下署することを拒み，それを書記か文書官に押しつけていた。これは第2王朝のフランク諸王から実施され始めるが，この後に掲げられている見本から明らかな如く，第1王朝の諸王は至るところで自分の名前を自身で書き記していたのである。他方，ペパンは十字の印を記すことで十分と考えていた。書くことの難しさに苦しんでいたシャルルマーニュは，彼の伝記を書いたエジナールの証言によると，この未熟さを誠実な方法で補うために，自身の下署とサインの代わりに花押の使用を導入した。それを君主の最大の欠点の所為にしてははならない。と言うのも，「彼は書くことにも努めた。暇な時には文字をかたどるため手をならそうとして，書板や羊皮紙を寝床に持ち込み，枕元に広げるのが常であった。けれども晩年になって始めたため，この時期おくれの努力はほとんど成功しなかった」とあるからである。それ故，これが花押を使用する動機であったと私には思われる。彼に続く諸王，諸皇帝もこれを慣習とした。彼らすべてが文書官に花押を作るよう指示した。同様に，アリパルドはベネヴェント公アンキソの時代に，「余，アリパルドは自分の言うことを筆記し，証人を呼び集めるよう命じた」[347, 8, 5, 88] と記されている。そしてラップの『古文書雑録』[217, 501, 553] の中には，「ロトベルト殿の聖なる十字のサイン」とある。ウゲッリ編の『神聖イタリア』5, 8巻 [347, 5, 1541; 8, 704] を加えることも出来よう。そこで読者諸賢は，司教ピエトロの「グァルディアルフィエラ司教ピエトロなる者の手によって記された十字のサイン」といった下署を読むであろう。同じく，未刊行の文書で，ブールジュ司教レオデゲールは「自分に代わって書くことを命じた」とある。そして，リオン分院文書集ではアミアン司教アンゲルランに関して，「余は余のサインが書記の手によって書類に押されることによって確認する。司教アンゲルランのサイン。:✝:」とある。更に，一部の司教においては，単に自分の名前を書くのを書記に委ねるのみならず，印章に十字のサインをすることを委ねることも慣習となっていた。例えば，『神聖イタリア』8巻 [*Ibid*., 8, 550] 所収のヴォルトゥララ＝イルピナ司教アルデラドの例がそれで，「余は聖なる十字のサインを聖ミカエルの肖像が彫られた指輪に付加した」とある。つまり，聖ミカエルはヴォルトゥララ＝イルピナ司教座教会の守護聖人であった。しかし，これらの人々とヴォピスクスからの引用によれば，「公文書に下署することに非常な嫌悪感を持っていたので，日頃いつも冗談を言い合っていたある下品な仲間を下署役に任命した。しかし自分の筆跡を上手に真似られなかったので，いつも彼を口汚く罵っていた」皇帝カリヌス [285] との間には考え方に大きな違いが存在していた。

第6節　第4の理由としての，慣習

　確かに，我々やその他の民族においてはこのような気ままな嫌悪からよりも，慣習によってそれが行なわれていたであろう。それは，ある時は証人によって十字の印が付けられたり，またある時はそれがなかったり（特に，これは第3王朝下で普及した）の違いはあるにしても，公的文書における証人の名前が書記の手によって記載されていたことからも明らかである。事実，国王文書には「主膳長N. のサイン。司酒長N. のサイン。官房長N. のサイン。主馬長N. のサイン」と記されている。勿論，これらの名前がすべて文書官または書記の手によって連続して書かれては

いるが。更に同じことは,「これらの証人の前で」発給されたと言われている別の文書においても生じている。勿論,王文書においてはサインの代わりに国王の印章,そして別の文書においては国王以外の人々の印章が普及していたため,至るところで証人が自分の手で下署することは殆どなくなっていたが。更に,もし下署者の誰かが家系名(それがいかに滑稽なものであっても)や肩書を持っていたならば,自分の名前以外に,その違いが行の上の空白部に書き加えられていた。これに関する事例は 11,12 世紀の,特に私人の文書の数と殆ど同じだけ存在する。それはフィリップ 1 世のサン=ドニ修道院に宛てた文書でも確認され,その手稿文書には「王妃アニェスのサイン」に続いて,「ロベールのサイン」が来ているが,その上に同じ手で「国王の弟」の文言が書き添えられている。その後,「ゴティエのサイン」,上の空白に「主任助祭」が加えられている。更に,「アンゲルランのサイン」とあって,その上に「国王の警護役」とある。次に,「ゴティエのサイン」とあって,行間に「献酌官」と書き足されている。その他の例をここに挙げることは上掲の第 7 章を繰り返すことになり,不要なことであろう。その上,大抵の場合は,十字またはその他の印が付されることのない,この他者による,つまり書記の手による下署の慣習は特に 11 世紀から普及し,フランス諸王と私人たちが,我々がすぐ前の章で述べた如く,自分の個人的なサインを再び使いだす 15 世紀まで存続した。

第 7 節　第 1,第 2 王朝下の下署における国王のサイン

　自分の手であれ他人の手であれ,それぞれの下署の後に置かれるのが常であったサインについて,今ここで論じることにする。フランク諸王の文書に関して,メロヴィング王朝の諸王は自分の名前を自分の手で大文字で書くのを常としていたが,鉄筆の多様な線を含んだサインが付され,十字のサインを先に置くことも少なくなかった。しかし,第 1 王朝または第 2 王朝において文書官は自分の名前を自分で書き,そして国王の印章を誰もその原型から容易に書き写すことは出来ない曲がりくねったり,ぐるぐる巻きの線で取り囲んだ。更に,至るところでティロ式速記法が加えられているが,我々が別のところ[本巻 11 章 7 節参照]で述べた如く,見てすぐ理解できるような言葉,「ご健勝であらんことを」《Bene valeat》,「ご健勝で」《valeas》,《vale》がときどき付されていることもある。国王自身はこのような線が寄せ集まった骨の折れる自分のサインを作ってはいなかった。これに関しては,ダゴベール 1 世,彼の息子のクローヴィス 2 世,ティエリ[3 世],クローヴィス 3 世,彼の弟のシルドベール[3 世],そしてシルペリック[2 世]のサインが考察されねばならない。私はこれらの中でティエリ[3 世]が,唯一の例外として,十字のサインを自分の名前の前に置いた王であると思う。その他の王は記号で表わされたサインを使用していた。ペパンと彼の息子のカルロマンは自分の手で十字の印を,書記が書いていた自分の名前に記している。第 2 王朝のシャルルマーニュとその後継王たち,それ故,諸皇帝たちは書記が作った花押を使用している。そしてそれにある横線または特有の印,例えば,ときどき他者の手によって書かれることもあるが,いつも配されている四隅が尖った形の《y》の文字[本巻 10 章 13 節参照]を自身でときどき挿入したように思われる。しかし,非常に多くの文書でいつも,「自分の手で」または「自分の手で下に強め,朕の指輪で……」などのような類似の書式のもとに下署したと言われている。カルロマンは「朕の高処の手によって……」[39, 173]やその他の類似の文句のもとに下署している。

シャルルマーニュの妹，修道女ジゼールの文書から明らかな如く，王文書は極く一部においてであるが，花押を持たない場合がある。そこで彼女は書記によって彼ら自身の名前の下署が記されてはいるが，3人の甥たち，シャルル[マーニュ]，ペパン，ルイと共に下署している。しかし，そこには印章はない。その上，彼らは「この寄進文書が作成されるよう頼んだ王ペパンのいと高貴な娘，ジゼールの✚サイン《Signum ✚ Ghiselae nobilissima filia Pippini Regis,...》。いと勝れた王シャルル[マーニュ]陛下のいと高貴な息子であるシャルルの✚サイン。いと勝れた王，シャルル[マーニュ]陛下のいと高貴な息子であるペパンの✚サイン。いと勝れた王，シャルル[マーニュ]陛下のいと高貴な息子ルイの✚サイン」のように，サインの後に十字の印を書いている。しかし彼らの中で，シャルルとペパンの下署は同じ書記の手によって薄めのインクで書かれているが，それはその下署が一番最後に来ているためであろう。最後に，第3王朝の諸王は殆ど自分の手で自分の名前を書くことをしていない。その代わり，常に花押か十字の印，または両方同時に，つまり花押の前に十字の印を置くかその後に置く場合は，「いと清澄なる王，フィリップのサイン」またはそれに類似の文言の最後に十字の印を置いた。1076年にサン＝ジャン＝デ＝ヴィーニュ修道院に宛てた，「慣習が求めている如く，十字が記され，朕の王印が押捺されたあと，朕は成文化された取り決めを確認した」とあるフィリップ1世の文書の見本を参照せよ。そしてサン＝モール＝デ＝フォッセ修道院に宛てた王妃アニェスの文書において，同じく彼女の息子フィリップは花押を省略し，王印と共に十字のみを記している。更に，サンリスにあるサン＝ヴァンサン修道院の創建に関する文書[262, 258]には，「朕の指で十字の印をつけ，朕の名前の文字を押すように命じ，そして朕の印章で強めた」と書かれている。以上に，本巻10章で述べられたことを付け加えておこう。

第8節　文書官の下署

更に，同上王朝下の文書官は，自分の名前を至るところで一番最後に書いていた。しばしば他の者のそれよりも大文字で書かれ，そしてランス在，サン＝レミ修道院に宛てたフィリップ1世の文書において，「サンリス司教で国王陛下の文書官であるユルション」がそうしている如く，ときどき十字の印が付けられることもあった。ルイ6世もドゥブレの書[111, 846, 848]で刊行されている手稿文書2通で文書官を使用しており，その一つでは「ルイのサイン」の文言の前に，他の一つでは「国王の」という言葉の後に文書官の下署が配されている。その上，王文書において，更に私的文書においては至るところに見いだされるのであるが，ルイ7世とそれに続く諸王の時代において自署のすべてが廃止されている。

第9節　公会議録において諸王は違った方法で下署している

私がフランクの諸王や諸皇帝に関して述べた以上のことと，821年のトレブール公会議の最終項で読まれること，つまり「そして皇帝，そしてガリアとゲルマニアの殆どすべての君主が各自それぞれの十字を記しながら下署した」との記述とは対立しない。何故ならば，そこでは諸皇帝と諸王が彼らの文書とは異なる方法で下署している公会議録が問題になっているからである。前者の文書には花押と印章があるのに対して，後者の公会議録では自分の手による下署を使用して

いる。更に，フランス王フィリップ1世に関して一度ならず確認される如く，ときどき王文書において花押の代わりに十字の印が用いられることがある。しかし，シャルルマーニュがローマ教会で作成された文書を「彼自身の手で」強めたと，教皇アドリアン[1世]に関する著作の中で述べているアナスタージオの発言も，多分このように解釈されるべきであろう。

第10節　司教の下署の様式

更に，ときどき十字の印やキリストの花押や《y》の文字が前置されたり図像を表わしたサインが後置されたりしているが，司教にとって宗教会議文書を自分の名前で下署するのが習慣であった。我々が『見本』に掲載している，いろいろな下署がこれらを明らかにしている。私文書においても，司教はほぼ同様に自分の名前を添えるかあるいは添えられるか，またはペラールの書[282, 196]やシフレの書[81, 217]に収められているシャロン=シュル=ソーヌ司教ワルテルの例が示す如く，それに代わって名前の花押が施されるよう配慮していた。後者の事例はメッス司教ルオトペルト，同じくメッス司教アダルベロンのサン=タルヌール修道院に宛てた文書，シャロン=シュル=マルヌ司教ロジェのサン=ピエール修道院に宛てた，各修道院文書集に収められている文書においても確認される。しかし，1157年の文書でコルビ修道院長ニコラがしている如く，修道院長も花押を使用することがあった。司教の一人，ラヴェンナのレオーネは非常に高名な枢機卿カサナータが我々に提供してくれた手稿文書において，書かれたものすべてに対してこの上なく寛大であったが，自分の名前を記さず，下署の代わりに「余は読んだ」《Legimus》の言葉を十字の印の後か前に配していた。最後に，司教はサインを添えることなく，書記の手によって下署されることも少なくなかった。

第11節　ローマ教皇の場合

非常に多くの場合，ローマ教皇の勅書に教皇の下署を見いだすことは出来ない。確かに，ブノワ3世[858]は本書で刊行されているコルビ修道院宛ての勅書，ニコラ1世[867]はサン=ドニ修道院宛の勅書においては自分の名前を添えていない。ジャン12世[964]のヴァンヌ修道院に宛てた勅書において「ご健勝であらんことを」の文言の前に，本文とは異なる手で十字の印が描かれている。レオン9世[1054]以後の教皇の非常に多くは大きな円の中に各自の文言を配し，十字の印を先行させている。または，確かに，文言は文書官によって先に置かれ，十字の印を自分の手で添えることが常であった。従って，カリスト2世[1124]はサン=タプレ修道院に宛てた文書，ユルバン2世はサン=バール=ド=ヴェルズィ修道院長ブシャールに宛てられた教書においてそのようにしているし，またイノサン2世[1143]はシャロン=シュル=マルヌ在，サン=ピエール修道院に宛てた文書において，同じくアレクザンドル3世や我々が手稿文書を点検したその他の諸教皇も例外ではない。これらの文書において注意深い読者であれば，教皇が自分の手で文言を記したかどうかを筆跡の違いから容易に判別するであろう。次に，パスカル2世[1118]とその他の教皇は枢機卿が下署している勅書において，（上述されている如く）「朕，カトリック教会の司教N.が下署した」のように自分の名前を自分の手で添えている。そして枢機卿は至るところで十字の印

を先行させ，「余，N. 教会付きの，司祭枢機卿 N. が下署した」と記している。一部の重要な文書，例えば，『神聖イタリア』7 巻 [347, 7, 99] 所収のベネヴェント大司教座の創設に関するジャン 13 世 [972] の文書を除いて，教皇のその他の文書の殆どすべてで，自らによる下署が欠けている。上記の文書で教皇ジャン[13世]は「自分の手で」下署していて，彼の後から皇帝オットー[1世]と数名の司教，司祭，その他の聖職者が下署している。このような教皇の下署に関して，ローマ教皇宛の書簡 [262, 194] の中でのトゥールネ司教エティエンヌが「非常に多くの人々があなたの神聖な書簡[先が尖ったものを原義にもつ《apex》が使用されている。本章23節参照]を携えてあちこちで頻繁に我々の許を訪れている」と言っている意味が理解されねばらない。加えて，ローマ教皇がときどき他者の文書に自分の手で下署していることも指摘しておかねばならない。シャルルマーニュは彼の王国の分割に関する文書を教皇レオン[3世]の許に，「彼自身が自分の手で下署するために」エジナールを介して送り，「教皇はそれを読むと同意を与え，自分の手で下署した」[130, ann. 806] とある。アガペ 1 世 [536] はロルシュ司教ゲルハルトに宛てた書簡 1 において，「朕は送られてきた特権文書を朕の手で固め強めた」とあるが，この文書は，勿論，前任者の教皇が付与していた文書であった。これは我々が既に上[本巻20章参照]で論じている，後から行なわれた下署の例として重要なものである。これに関する他の例として有名なものは，サン=テロワ修道院長ダルマスのために，マンド司教エティエンヌが作成したサン=テニミア教会の建立に関する文書である。その文書で同教皇アガペ[1世]が，本書の適切な箇所で見ることが出来る如く，司教エティエンヌ，その他と共に下署している。

第 12 節　　司教の下署に関して注意を喚起すべき幾つかの点

しかし，再び司教に論及するとして，ランス大司教ギィが 1053 年にサン=レミ修道院に宛てたバイナ教会に関する文書に関して，その手稿文書で参事会員とその他の証人が同じ筆跡で，十字の印を添えることなく，下署していることを指摘することは本題から外れることにはならないであろう。そして，これらの下署の後にきている日付に続いて，同大司教自身の下署が十字の印と共に，「同大司教の ✝ サ[イン]」《S. ✝ ejusdem Archiepiscopi》のように書かれている。同様に，同ギィはバシリカ・クルティス教会に関する文書で，最後に下署している。最後に，ノワイヨン司教ラトボが 1069 年にサン=テロワ修道院に宛てた文書で，証人の下署のすべてが同じインクではないが(これはその他の非常に多くの文書でも常に起きていることで，間隔をあけて何回かに分けて下署が行なわれているためである)，十字の印が前置されないまま同一の筆跡で書かれている。但し，ラトボの下署は別であるが，このようなことは司教の文書でかなりの頻度で出会う。このように，アミアン司教ガランの手稿文書(その手稿文書の転写が非常に博学なデュ・カンジュによって私のために行なわれた)において，ガラン自身とテルアンヌ司教ミロが数名の証人と共に下署しているのであるが，両者とも四つの点で表現された十字の印を添えている。それ以外は十字の印を欠いている。これに対して，オージュ伯ギヨームのサント=リュス修道院に宛てた文書において，証人の一部は自分の手で，また一部は他人の手で下署しているが，すべてが十字の印を添えている。

第13節　私人の下署

　知らぬ間に，下署が施されている私人の文書に到達したが，ここでもそれは上述されたことと異ならず，ある時は本人自身，またある時は書記を介して下署している如く，実に多様であった。この問題と関係するのが『聖ブノワ戒律』59章で，修道誓願を熱望する者は「願書を自分の手で書くか，もし文字を知らないのであれば，彼に頼まれた者がそれを書き，そしてその修練士がサインを行なう（つまり十字の印をつける）」ことがそこで定められている。同じく，第10トレド公会議[636]では寡婦に関して，「聖なる信仰の掟を実行しようと願う寡婦は自分自身と信仰の掟が求めること，そしてそれを永遠に違反せず遵守することを含んだ，自筆またはサインまたは下署が施された誓願を成文化すること」が決議されている。更にずっと後で，シャルトル司教フルベールは非難されたマジュメールがシャルトルのサン＝ペール修道院に送り込まれたことに言及した書簡21において，修道士全員が文書を作成してそれに反対したと述べている。そして彼は，「こうして，彼らは私が見ている前で，自分で下署したり他人に下署させたりした」と続けている。アダラールとの間で交わしたサン＝ドニ修道院長フルラドの売買文書ではすべての証人が，本文とは異なるが，同一の筆跡で下署され，それにそれぞれの十字の印が付けられているのが見いだされる。このことはシャルルマーニュが統治していた時代にも起きている。同じことはルイ敬虔王の治世に発給されたランドフロワ某の文書やルイ海外王の治世にサン＝ドニ修道院に宛てられたアマルリック某の文書でも確認される。四つの点からなる十字の印がときどき複雑な曲線の飾りをもつ四つの矢の形に描かれることもある。例えば，ブリュイエール修道院[パリの南]の建立に関する王妃クロテイルドの文書における王ティエリの下署がそれで，我々はその文書の見本を本書に掲載している。そして11世紀においてしばしば，そして12世紀とその次の世紀において殆ど常にと言えるほど多くの例が証言している如く，証人の名前は各自のサインなくして書記によって記された。

第14節　サインをしない者はその文書に触るのが慣習であった

　自分の手で下署していないか，十字の印を付けていない者は書記によって書かれた自分の名前の下署を有効と認めるために，自分の手でその文書に触っていた。こうして，1083年伯ティボは，彼によって作成されたサン＝マルタン修道院の非自由人に関する文書を彼の妻アデライスと共に十字の印で強めている。それから，何人かの人々に触ってもらうためにその文書を手渡している。彼の言葉を引くと，「この文書に余の権威の印章を押し，余の手で添えられた十字の印で強め，余の臣下の手に触れて確固たるものにしてもらうべく手渡した」とある。ベリの書[51, 373]に収められたアキテーヌ公ジョフロワの文書には，「出席者たちが下署し，互いに羊皮紙を手渡した」とある。第3王朝下の国王文書では，サン＝マルタン＝デ＝シャン修道院文書集から明らかな如く，高位高官が手を挙げてそれらの文書を是認している。その文書には王アンリ[1世]が諸侯，つまり司教と有力者の集会で特権を付与するのが描かれているのであるが，これら有力者は司教の後に額に冠を被って座り，確認の印として各自が左手を挙げている。更に，自筆のサインが添えられていない場合，法の専門家たちが教えている[139, 11]如く，印章がサインの代用または対等の効力を

持った。

第 15 節　下署していなくて，名前があがっている証人

　自ら下署していない，または書記が代わって下署してもいない文書で，その人物が証人として記載されることがときどき見られる事実が見落とされてはならない。この種のものとしては，ソワソン伯ラウールのノワイヨン在，サン＝テロワ修道院に宛てた文書がある。これによって，司教エティエンヌによる所領の寄進が有効として認められているのであるが，最後に「この件の証人は……」との文言が置かれているが，いかなる証人もそこに居合わせていない。稀なことではないが，証人が文書作成の後に下署する場合，関係者の無頓着から文書の下署が空白のまま残されることもときどき起きていた。

第 16 節　聖職者と修道士の証言がそれぞれの利益のために採用されていた

　更に，次のことが特に指摘されねばならない。教会のであれ修道院のであれ，殆どすべての文書において，聖職者と修道士の証言が各組織の利益のために採用されていたことである。このことは寄進文書であれ協定であれまたその他であれ，至るところで起きている。それのみならず，判決が厳粛に言い渡されている裁判文書でも同じである。そして，これは取るに足らないことではないので，私は本書でそれに論及すべきだと考えている。しかし，その考察は，略式文書が論じられている次の巻に回されることになろう。

第 17 節　下署の幾つかの書式

　その他，古い文書では下署者は至るところで，「余，N. は N. によってなされた寄進文書または遺言書に同意し下署した」のような，同じ書式を繰り返している。『学説彙纂』の最後から 2 番目の法律「遺言書を作成することが出来る人」が問題になるが，そこでは「遺言書の中で名前が挙げられている個々の証人は誰が誰の遺言書に下署した《subsignaverit》かを各自のキログラフムに記すことが望ましい」と定められている。他方，ソメーズ [317, 436, 437] はここでの「スプシグナーレ」《subsignare》は下署すること，「シグナーレ」《signare》は印章を押捺することの意であると註釈している。但し，中世後期のラテン語の作家たちは，下署の意味で両方をまぜこぜに使用しているが [Ibid., 397, 438, 441]。前者の意味では，ベリの書 [51, 410] に収められたアキテーヌ公ギヨームの文書に，「余の印章を押して下署《signari》した」とある。王文書でも至るところで，「下署する」《assignari》とある。後者の意味では，上掲書 [Ibid., 196] に収められたシャルル肥満王の文書に，「朕の手でサインした《signavimus》。そして朕の指輪を印章として押すよう命じた」とある。多分，それ以外 [Ibid., 294/54, 599] でも，その意味で使用されていたのであろう。例えば，「ゴスベルトスはサインした《signavit》」とある場合など。同じく，クレルモン司教エティエンヌ [ステファヌスはフランス語ではエティエンヌと発音される]がブリウード教会に宛てた文書において，「ス[テファヌス]は，つまり作成されたこの文書を自分の手で強め，そして印章を押した」

《S......hoc est quod exaratum est manu propria firmavit, et designavit》とあるが，多分，ここでの《designavit》は印章を押したという意味で使用されているのであろう。つまり，ステファヌスの名前が最初の文字《S》によって表わされたあと，花押の様式がとられている手稿文書(または手稿文書に基づいて転写された古い写し)の書出しにおける如く，後から書き加えられるもののために空白の部分が残されている。

　下署されている多くの古い文書において，それを「頼まれて」《rogiti》,《rogati》行なうと書かれている。ソレーム修道院に宛てた聖エロワの文書[4, 2, 1092]には，「司教カノアールは聖エロワに頼まれてこの彼の譲渡の文書に下署した……」とある。デュ・カンジュの『辞典』[114]では，「頼まれ文書」《charta rogata》となっている。しかし，自分の名前を誰かに書いてもらった人は，十字の印を先または中間に配した次の書式を好んで使用している。つまり，本書の『見本』[図版 XXIV-2]にある「この寄進文書が作成されるよう頼んだ，王ペパンの娘で，いと高貴なジゼールの✚サイン」《Signum✚Ghisilae nobilissima filia Pippini Regis, qui hanc donationem fieri rogavit, ...》，ベリの書[51, 472]にある「母トロサナから生まれた子供，アキテーヌ公ギヨームの✚サイン」《Signum✚Willelmi Ducis Aquitanorumillius qui Tolosana matre natus est, ...》がそれである。

第18節　アングル人の間における下署の様式

　アングル人に移ろう。彼らの間では国王であれ司教であれ私人であれ，ウィリアム征服王治世以前から十字の印を使用していた。これに関して，816年に開かれたセルシス公会議の議決6章において，「キリストの聖なる十字の旗によって強められたすべてのものに関して，それらがその状態にとどまり遵守されるよう命じる」とある。この例は『アングリア修道院史』[128]と同様，インガルフやスペルマンの書の至るところに現われる。しかし，十字の印は単に下署のみならず文書の最初にも置かれ，そして金色のインクで書かれている。例えば，マシュー・パリスが『聖アルバン伝』[254, 52]の中で，「新しい様式で吊り下げられた印章の代わりに，古い様式に従って，王の手で描かれた金色の十字の印が最初に置かれていたアングリア諸王，つまりオファやその他の王たちの文書が検査されたとき，……」と我々に語ってくれている。クロウランド史の中での修道院長インガルフの言によると，その後征服王ウイリアムはこの十字の印による下署を変えた。同書には「アングリアにおけるキログラフム(アングル人は文書をこのように呼んでいた)の作成はエドワード証聖王[1066]に至るまで，同席している忠臣たちの下署によって，金色の十字の印か神聖な印が付けられて強められていたのであるが，ノルマン人はそれを軽蔑し，文書をキログラフムと呼んでいた。そして文書の保証を蠟にそれぞれの固有の印章を押して，同席する3，4名の証人の立合のもとで作成することを常としていた」と書かれている。しかしその後も同ウイリアムは，オルデリック・ヴィタリスの証言[272, 6, 602, 603]や『アングリア修道院史』1巻[128, 1, 230]にある如く，十字の印を使用した。そして，同オルデリックの証言[272, 11, 840]によると，続いてアングリア王ヘンリ1世は1113年にサン゠テーヴル修道院に宛てた文書を他の人たちと共に，十字の印でサインしている。同王の十字の印で強められた文書が『アングリア修道院史』1巻[128, 1, 161]に掲載されている。同じく，ヘンリ2世は『アングリア修道院史』3巻[Ibid., 3, 7]で引用されているある文書で，「王ヘンリと王妃マティルドとがこれらの寄進と命令を確認した。

そして十字の印でサインした」と同じことをしている。その上，私は国王の印章が使用されていたと思う。マシュー・パリスの書 [255, 49, 2] で，セント＝アルバン修道院長ロバートはリンカーン司教への従属に関して彼に差し出された書簡に答えて，「私はこれらの書簡を書かなかったし，また書くように命じたこともない。また，自分の手で書かれた，前に置かれている十字の印を記したこともない」と言っている。これはその頃，つまり 12 世紀末においてまだ十字の印が下署に使用されていたことを証明している。

第 19 節　ゲルマン人の間における下署の様式

十字の印の使用は，プルデンシオ・サンドヴァル [316, 118, 193, 194, 319 etc.] とヘロニモ・ブランカ [54, 606 sq.] の証言によると，少なくとも 8 世紀以降ヒスパニア人，つまりカスティーリャ人とアラゴン人の間でも下署で広く定着していた。更に何よりも，十字の印で強められた下署をもつ聖ボニファーティウスの文書が引用されているブロワーの『古きフルダ』1 巻 [61] 4 章から明らかな如く，ゲルマン人の間でも同様であった。このボニファーティウスがこの下署の慣習をアングリアからゲルマニアに持ち込んだと思われる。イタリアにおいては，上掲のもの以外にも，同様の他の非常に多くの例が，特に『神聖イタリア』8 巻 [347, 8, 42 sq.] に登場する。シチリアにおいてもこの慣習が普及していたことが，ロッコ・ピッロの書 [288, 3, 16 sq.] などで見ることが出来る。

第 20 節　ギリシア人の間における下署の様式

最後に，ギリシア人の間においても，十字の印を伴ったこの下署の習慣が一般的であった。それは，536 年に総大主教メナの主宰で開かれたコンスタンティノープル公会議の議決 5 条で語られている修道士の書 [220, 5, 173] から明らかである。この書において，司祭でサン＝ディウス修道院長コンスタンスは「自分の手で尊い十字の印を記して」《προτάξας τῇ ἰδίᾳ μου χειρὶ τὸν τίμιον σταυρόν》下署している。サン＝タラシオス修道院の院長ディオゲネスも同じものを提供している。更に，修道院長アッモナタスは，人頭税を徴収するために皇帝から勅書を受け取っている。博学なコトリエの『ギリシア史料集』1 巻 [263, 1, 402] を読むと，同皇帝はアレクサンドリアへ向かい，その勅書を役人に下署してもらうよう配慮している。但し，その役人が十字の印を押したのか，それ以外のものを使ったのかは明らかにすることが出来ない。しかし，この慣習に関する明白な例をニケタスの手になる，コンスタンティノープル総大主教イグナティオス[聖者, 877] の伝記に見いだす。実際，このイグナティオスはフォティオスが開いた偽教会会議でその地位を剥奪されたのであるが，自分の罷免を自身の下署によって確認することを承服しないでいると，「テオドルスはイグナティオスの手から無理矢理に文書を奪い取り，それに下署の十字の印を，恰も彼に代わってした如く，押してサインした。そしてそれを手に持ってフォティオスに手渡した。フォティオスは十字の印が付されたこれを受け取ると，続いて自ら〈コンスタンティノープル司教として適任ではないイグナティオスは選挙によらず就任したこと，つまり教会法に従って選出されなかったこと，そしてこれまで聖者としてでなくて圧政者として生きてきたことを告白した〉と

して下署した」[43, ann. 861] と語られている。最後に，遺言書においても，下署の箇所に聖なる十字の印が補われている。それは皇帝ユスティニアヌスがビシネーア[トルコ北西部]で起きたと証言している出来事 [214, 90] によって明らかとなろう。ある女性遺言者に関して，彼女は遺言書を仕上げないうちに死んだので，証人のある者は死んだ彼女の手を取り，「そして，死んだ彼女が尊い十字の印を書いたと思われるように，縦線とそれに交差する横線を引いた」とある。このことから，キュジャース [105, 1, 8] と同様に，フランチェスコ・ベルナルド・フェッラリ [140, 3, 3] は，「キリストの聖なる印が添えられたのは，文書において信頼と下署の代わりを果たすためであった」と正しく推論している。従って，ギリシア人は下署を拒否した人々を「十字架を踏み付けた者」《σταυροπάτας》と呼んでいる。『ユスティニアヌス法典』[81, Scimus. cap. de jure deliberandi] において制定されているそれも見落とすべきではない。そこには「相続人は物件の量を保証する下署を下に付け加えねばならない。これらに対していかなる悪意もなされていないし，これからもなされないで彼の手にあり続けるために。また文字を知らなかったり書くことが出来ない場合，彼に代わって文書に下署するそのために，特別な書記が用意され，相続人の手によって尊い十字の印が前に記される」とある。他方，わがガリア人の間では 11 世紀から 14 世紀にかけて，殆どすべてにおいてこのような形式の下署が実践されていなかったことは，既に上で証明した通りである。更に，私はメウルシウス[オランダの文献学者，1639]の『辞典』[258]とテオファーネス[ビザンツの作家，聖者，818]の書 [341, 435, 436, 439] を補足することにする。

第21節　主イエス・キリストの身血による下署

　ここにおいて，一部の人たちのよく知られた，行なわれた行為への信頼がその恐怖によって一層神聖にして厳粛なものとなるために，キリストの貴重な身血が浸されたインクを下署に使用した行為に触れないでいることは出来ない。これは特に十字の印との関係で理解されるべきだと，私は考えるからである。最初の例は教皇テオドール [649] のそれで，彼がコンスタンティノープル総大主教ピロスの単性説に復帰したと見られたとき，「彼は教会の全体集会を召集し，丘の上の使徒の墳墓に近寄った。聖なる杯を求め，そこから生ける血をインクの中に滴らせた。こうして破門されたピロスの地位を自分の手で剥奪したのである」とテオファーネース [*Ibid.*, ann. 20 Heracl.] は伝えている。ニケタス[ビザンツの政治家・歴史家，1216]は別の例を『イグナティオス伝』の中で述べている。それによると，諸司教は「普通のインクによって作成されたキログラフム[「文書」の意]ではなくて，(言うのも恐ろしいことであるが)救世主の血そのものにペンをつけて」，フォティウスの弾劾に下署したとのことである。全く同じことが，シャルル禿頭王と伯ベルナールとの間で締結された協定の中でも提供されている。有名なエティエンヌ・バリューズがアゴバールの書への註釈 [34, 129] の中で刊行している史料断片の中でウード・アリベールが伝えるところによると，「国王と伯によって別々に聖体の血でこの取り決めが強められ捺印されるために，トゥールーズ伯ベルナールがバルセロナからトゥールーズに到着した」とある。つまり，この儀式によって，この厳かにして恐ろしい方法で締結された協定を侵害した者たちが将来キリストの血の罪人になることを意味しようとしたと考えられる。

第22節　イスラーム教徒の下署

このように神聖な論証に異教徒(ここではイスラーム教徒を指す)の下署の様式を付け加えることは許されないかもしれないが，(モンコニ[フランスの旅行家，1665]の旅行記 [364, 228] に信を置くならば)，彼らはシナイの修道士たちに長大な特権文書を付与していて，自らの手でインクにペンを浸してそれに下署している。セリムスはそのコピーを修道士に渡したあと，この手稿文書を自分の宝物室に持ち帰り，それを不輸不入権として確認し，長大なものに作り換えたと伝えられている。この史料は今では聖女カタリナに捧げられた，そしてギリシア人修道士が占住する修道院の入口で見ることが出来る。

第23節　神の手による下署

もしここで脇道にそれ，長大なテーマに没頭すれば，話はなかなか終わらないであろう。もう少しでこの章を終わらせるが，文書や書簡に自分の手で下署していた皇帝が「神聖な手で」《divina manu》それをするとか，「他者の手で」《alia manu》それをするとか言われている。更に，有名なエティエンヌ・バリューズの書 [40, 2, 96, 99] に収められている裏切り者シルヴァンの事績録，アリメンタリウスとリパリウスに宛てた聖アウグスティヌスの書簡などにおける諸例が明らかにしている如く，いかなる地位にある人であれ，他の人たちもこの慣習を利用した。シドワーヌの書に加えられたシルモンの註記 [322, 9, 11]，同じくシドワーヌの書に加えられたサヴァロン[フランスの法学者・文人，1622]のそれ，そしてシンマクスの書に加えられたジュレ[フランスの知識人，1626]のそれ [213] を参照せよ。上で，我々がエティエンヌ・ド・トゥールネに依拠してローマ教皇の「神聖な文書」《divinis apicibus》について述べたこと[本章11節参照]をここで思い出して頂きたい。これは下署ではなくてローマ教皇の文書と関係していると理解すべきであろう。

第 23 章

第 1 節　日付事項について考察される

　やっと我々は古文書の日付事項が関係する困難な論証の最終局面に到達した。しかし，その個別の側面にすぐ入る前に，事例への道がより平坦に均されるために，個別の中の一部が先に取り出されることが一般に行なわれている。そのために，本章では年と年号，次章では会計年度《Indictio》，その他が論じられねばならない。年に関しては二つのことが考察される。一つはヨーロッパ人の間で1年が何月から始まっていたのか，他の一つはいつから受肉の年が様々な民族で慣習として受け入れられるようになったかである。

第 2 節　ローマ人の間で 1 年はいつから始まっていたのか

　ヌマ王[伝説上のローマ王，前7世紀]以前において，ローマ人は1年を一般に10ヵ月と定め，それらは3月から始まっていた。従って，ジュリウス[7月]はクィンティリス[第5の月]，アウグストス[8月]はセクティリス[第6の月]，そしてそれに続く月々もその順番通りにその名前を取っていた。しかしヌマ王は二つの月，ジャヌアリウス[1月]とフェブルアリウス[2月]を追加した。それから，1年の開始が1月に置かれるようになった。そのため，ローマ人は前の年と後の年を眺める双頭のジャヌス神を彫っていた。しかし，ティトス・リヴィウスが39巻[345]で述べていることと矛盾しているように思われる。そこには「年の終わり，既に高官たちは選出されていたのであるが，3月5日グナエウス・マンリウス・ヴォルソはアジアに住んでいたガリア人を打ち負かした」とある。しかしこれは多分，1年の最後の日に，つまり1月1日より前に官職が任命され，そしてその後でマンリウスが3月5日に凱旋したと解釈されるべきであろう。タキトゥスの書[339, 9, 10]に有名な章句がある。そこでは「元老院議員たちはネロが生まれた12月に1年の始まりが来ることを決議したが」，ネロは「1月1日を1年の始めとする古くからの宗教慣行を維持した」と語られている。ローマ教会は1年を1月から，または主の生誕日から始めるこの慣習を守った。その証人がカンタベリのジェルヴェーズ[1210]で，彼は「太陽暦はローマの伝統と神の教会の慣習に従って，1月1日から始まる。それは主の生誕日，つまり12月末に終わりを定めている」と言っている。1310年に開かれたケルン公会議の議決23章はこれとは少し違って，「更に，我々はすべての教会の頭にして長であるローマの聖なる教会が遵守している如く，今後主の年が守られ，そして毎年キリストの生誕日から1年が開始されることを決議した」とある。しかし，ロスウェイ[イエズス会士，1629]編の古いローマ殉教者名簿は，ビードやワンダルベルト[プリュム修道院長，870]の韻文作品，更にはラバン[マインツ大司教，856]やノトカー[ザンクト＝ガレン修道士，912]の散文作品におけると同様に，1月1日から始まっている。より古い暦と同様に，主の生誕の前日から始まっているユジュアール[サン＝ジェルマン＝デ＝プレ修道士，877]，アドン[ヴィエンヌ大司教，875]などの古い作品はこれとは異なっていた。

第3節　ピサ人の特殊な計算方法

更にイタリアにおいて，コヴァルヴィアの証言 [104, 2, Resol. var. lib. 1, 12, 1] によれば，1年をクリスマスから始めるのが古くからの慣習であった。但し，ピサ人は除外される [*Ibid.*, lib. 1, 12, 2]。彼らは受肉の年の開始をクリスマスの9ヵ月前にとっていた。この方法によると，クリスマスからの50年目は3月25日までなら，受肉からの50年目と同一年である。しかしこの日を過ぎると，クリスマスからの50年目は受肉からの51年目に入ることになる。それ故，ピサ人の計算は他のそれよりも9ヵ月早く始まっている。それとは異なって，フィレンツェ人はクリスマスから3ヵ月後に受肉の年を始めているが，これは後述されるガリア人，更にはプリチェッリがサン=タンブロージョ教会に関する書物 [298, 750, 751 etc.] の中でしばしば喚起しているミラノ人に関してと同じである。

第4節　第1王朝下のフランク人は3月から1年を始めていたのか

昔のガリア人またはフランク人の間で1年の開始がいつであったかが学者たちの間で議論されている。イエズス会の博学な司祭，ヘンシェンはダゴベール王家の系譜の註解 [188, 1, 3] の中で，トゥールのグレゴワールとフレデゲールは1年を主の生誕から始めていた，または少なくともローマ様式に従えば，1月1日から始めていたようであると指摘している。しかし，その頃の，つまり6, 7世紀のガリア人は，グレゴワールに従えば，1年を3月から始めるのが慣習であったようだし，その他の人々においてもそのように作られていたようである。

事実，同グレゴワールは『殉教者の栄光』1巻90章で聖ヴァンサンについて語り，彼の祝祭日が「第11の月（ここでは第12の月と読むべきで，2月に相当する）の初日から12日前に祝されている」と言っている。つまり，聖ヴァンサンの祝祭日は1月22日または2月の初日の11日前に当たっており，これは新しい年の開始ではなくて，古い年の終わりから2番目の月に対応していることを，グレゴワールははっきりと証明している。この意味において，続く章に掲載されているメリダの聖女エウラリア [スペインの聖女, 304] の殉教日が第10の月の中頃，つまり12月の10日に祝されると，彼は証言している。加えて，2巻29章でブリウードの聖ジュリアンの祝日は第7の月，つまり9月の初日から5日前の日に祝されるべきであるとあり，この聖人の祝日は8月28日に行なわれることになる。最後に，彼は『聖マルタン奇蹟譚』4巻4章で7月を第5の月と呼んでいる。しかし，これはグレゴワールが同巻35章で5月を第5の月と呼んでいることと対立する。その頃1年は3月から始まっていたのであるから，本当であれば，第3の月と呼ばれなければならないはずである。事実，彼はトゥールにあるサン=ジュリアン修道院において，聖殉教者の遺骸がそこに再び安置されたその日から，壜に入った葡萄酒が神の力によって増え始めたと書いている。そして彼は「花を付けずに壜から葡萄を生長させたのが第5の月の初日から3日前の日であった」と言っている。これらの言葉から，彼は5月を第5の月と理解している。そしてそれは「その他の葡萄畑において，それまで殆ど芽は現われていなかった。それなのにこの壜の中に葡萄酒が神の力によって流れ落ちている。5月は新しい杯を差し出す8月と同等になっている」との言葉からも明らかである。このようにして，グレゴワールにおいては5月は第5の月で，従っ

て，1月が1年の開始であった。しかし，二つの年，つまり1月から始まる太陽暦と3月から始まる太陰暦とは区別されねばならない。従って，ガリアにおいては3月から始まる暦が使用されていたことになる。但し，彼らは太陽の運行を考慮に入れて，1年の開始を1月から数えることを止めてはいなかった。更に，1年を1月から数える習慣があったことが書物から知られているローマ人の間で，第1の月，第7の月，第10の月の断食について書かれた説教で聖レオンが言っている如く，3月が第1の月，9月が第7の月，12月が第10の月と呼ばれることも稀ではなかった。または，そのように言われているのは古いローマ人の習慣や，我々の3月に相当するニーサーンの月［太陰暦の3月15日～4月14日］から1年が始まっているユダヤ人における聖なる年の慣習においても同じである。ともあれ，ある古い作家はメロヴィング諸王の時代においてガリア人が1年を3月から始めていたことを，アンブラン司教聖マルセランの奇蹟譚の中で明瞭な言葉で証言している。ボラント会がこの書物を作者名を付さずに『聖者記録集（イ）』4月［5］の第2巻で刊行している。しかし，我々の非常に古い手稿本666番は我々にその作家の名前を仄めかしてくれている。そこには，この聖マルセラン伝と奇蹟譚が800年ごろの作者，つまり司祭デオダによって書かれたものとして収められているのである。6世紀に生きていたと考えられるこの匿名の作者は，食物も手も口まで持っていくことが出来なかった人に関して，自分が目撃したことを記している。彼は「それ故，8月から我々の所では確かに第1の月と呼ばれていた3月にかけて，上に挙げた食物は彼によって拒絶された」と述べている。それ故，この証言から，3月はその当時の我々，即ちガリア人（つまり，確かにこの作者はガリア人であった）の間で1年の最初の月と見做されていた。従って，第3オルレアン公会議［538］は第3の月の第7日目，つまり5月の7日に開かれている。この同じ第3の月は『聖エロワ伝』の2巻1章で言われているし，第2リヨン公会議［567–570］の議決6条で第9の月，つまり11月の第1週に連祈禱を中断している。しかし，第1に指摘しておきたいことは，562年に開かれた第2トゥール公会議は議決17条において，修道士の毎年の断食を復活祭から数え始めて四旬節に終わるように定めている。更に，それに続く条項で詩編頌読の規則を定めるさいも，この順序が守られている。

第5節　第2王朝下のフランク人はすべて主の生誕から1年を始めていたのか

　メロヴィング王朝下のフランク人が1年をいつから始めていたかの問題は，差し当たって，我我にとって余り重要なものではなかろう。後から説明される如く，歴史書においても文書においても，受肉の年も主の生誕の年も使用されていない。更に第2王朝に関しても，それを一層入念に探究することはそう興味のあることではない。この王朝において，主イエスの年から計算する方法は使用されていなかった。但し，シャルル・マルテルの治世からすべてキリストの年を優先させている年代記は別であるが。しかし，シャルルマーニュの皇帝戴冠を主の生誕から始まる年の801年に置いているエジナールの著作や彼と同時代の年代記作者から明らかな如く，1年が至るところで主の生誕から始まっている。同じように，アニアーヌ［南フランス］の修道士たちは彼らの院長ブノワの死が「主の受肉の821年2月11日，会計年度の14年，補正日の1，歳末月齢の14，いと敬虔な皇帝ルイの帝位の9年に」起きたと書簡に記している。これらすべては我々の普及した計算に合致しているし，ロドラード［コルビ司祭，9世紀］が典礼書の最初に「主の受肉の853

年 3 月 4 日，会計年度の 1 年，歳末月齢の 7，補正日の 7，復活祭の終わりが 3 月 29 日に」行なわれたと言っている彼自身の叙任に関して述べていることとも一致している。これらにグランフイユ修道院長ウードが加わる。彼は聖モールの遺骸奉遷を「主の受肉の 845 年，会計年度の 8 年，四旬節中の 5 週間の 5 日目，3 月 12 日」[4, 4-2, 174] に置いているが，我々の計算でもその年に当たっている。更に，同じころ受肉の年によって表示されている文書においても，同じ計算法が普及していた。例えば，ベリの書 [51, 244] に収められたルイ海外王の文書には「主の受肉の 942 年 1 月 5 日，会計年度の 15 年」とあり，それは我々の計算法と一致している。そしてベルギーにおける例としては，「主の受肉の 981 年 3 月 5 日，会計年度の 8 年に」交付されたモン゠ブラダン修道院に宛てたフランドル伯アルヌールの文書 [126, fol. 48v.] がある。この表示は我々の一般的な計算法と合致している。更に，復活祭の前，つまり「主の受肉の 1046 年，会計年度の 14 年に発給された」伯ボードワンの文書 [*Ibid.*, p. 58] もそうである。オーヴェルニュにおいても，クレルモン司教エティエンヌがブリウード修道院に宛てた文書が証言する如く，同じ方法が普及していた。その手稿文書には「しかし，これは主の生誕の 962 年，会計年度の 5 年，2 月，いと高名なフランス王にしてアキテーヌ公ロテールが帝位にあり，有名な辺境伯ギヨームの時代に書かれた」とある。この表記は我々のそれと殆ど一致している。しかし，我々はこの時代，1 年の開始が 2 通り存在していたと考える。その一つは一般的で共通し，至るところで受け入れられた太陽暦を考慮に入れたもので，昔の非常に多くの歴史家がその存在を指摘してきた。他の一つは，少数の人々が従っていた太陰暦を考慮に入れたガリア式のそれである。私は後者の計算法の証拠をトングル司教ユベールの遺骸奉遷記 [4, 4-1, 295] の中に見る。その中でシャルルマーニュは「受肉の 813 年に」死去したと言われているが，それは我々の方法では 814 年に死去したことになる。

第 6 節　第 3 王朝において 1 年は復活祭から始まっていた

しかし，このガリア方式は第 3 王朝において他のなにものよりも長く，そして特に，殆どすべての公文書が復活祭に 1 年の開始を置くことで，この計算法で年が表記されていた 13, 14 世紀においても使用されていた。従って，1 月，2 月，それ故，復活祭に先行する月に含まれる日々は（誤りに騙された多くの人々が信じている如く）新しく始まる年の計算ではなくて，前年の終わりの最後に属していた。後の時代の歴史家たちも，1284 年と 1285 年を一緒にしているギヨーム・ド・ナンジの書や『オーセル司教事績録』の 65 章から 80 章などから明らかな如く，この計算法に従っていた。しかし，すべてがそうであったのではない。つまり，ロデーヴ司教ベルナール・ギィは 14 世紀に彼が書いた同司教座の司教聖フュルクランの伝記の中で，同聖人が《G》の文字が付された新年の最初の日曜日に当たっていた「神の恩寵の 949 年，2 月 4 日に」叙任されたと述べている。更に，同聖人は「キリストの恩寵の 1006 年，2 月 5 日，水曜日に」死去したと述べているが，それは我々の計算と完全に合致している。しかし，私が既述した如く，非常に多くの公文書において第 3 王朝の開始から，古くからの慣習も生き続けていた。まず最初に，『拾遺集』11 巻 [2, 11, 294] 所収の文書で，それは「これらは 1000 年から 10 年が殆ど終わろうとしていたとき，会計年度の 9 年，歳末月齢の 14，2 月の月曜日，太陰月の 20，ロベールが帝位にある時に行なわれた」と終わっている。この日付は我々の間で普及した計算法によると，1011 年に相当

している。しかし，この計算法はすぐに広く受け入れられることはなかった。つまり，「主の受肉の1157年が始まり，会計年度の5年，木曜日，1月4日」，ディジョン在，サン＝テティエンヌ教会において聖ロランの祭壇が司教ジョフロワによって祝福されたと言われている。しかし，別の計算法も13世紀の史料で使用されていた。但し，アンジェ在，トゥ＝サン修道院に宛てたシチリア王シャルルの文書は，我々のより新しい慣習に従えば，「主の日の1274年，2月1日，会計年度の2年」に発給されている。しかし，パリ市議会議員ジャック・ピノン［ラテン語詩人，1641］は復活祭に関して次のように言っている。「復活祭に当たる日やそれが含まれる月は，今日もその移動祝日のためにそうである如く，固定されていなかった。そのため1年のこの時期に行なわれたり契約されたりしたことに関して，それがどの年に属していたのか確信できなかった。そこで3月21日から4月26日にかけて実施されたすべての公的，私的行為に関して，〈復活祭の前〉《ante Pascha》または〈復活祭の後〉《post Pascha》の文言を付すことが慣習として提案されていた。そしてこの時代はベルギーにおいては1567年まで続いた」［287］と。それに止まらず，これは，フィリップ2世の令書によって新しい計算法が廃止されたとオリヴィエ・ド・ヴレ［367, 139］が伝えている1575年まで続くことになる。

第7節　この計算法はいつから1月に戻されたのか

これよりも，シャルル9世［1574］の勅令によって一般の計算法に戻ったガリアの事例の方が先行していた。そこでは，1567年1月1日から実施されたのではあるが，パリ市議会では1563年1月1日に承認されていた。しかし，（トゥールーズやムーランにおける如き）大きな文書局においては国王勅令によって直ちに，小さな文書局においては1566年の1月1日から実施された。それ故，この時期までフランス人は1年を復活祭から数えていたことになる。但し，アキテーヌは例外で，そこでは非常に高名なジル・メナージュ［1692］が『アンジェの参事会員で神学者のマティユ・メナージュの生涯』の中でシャルル8世［1498］の墓碑銘へのジャン・ビュシェの註釈に依って指摘している如く，お告げの祝日，つまり3月25日から1年を数えていた。バルセロナのサン＝ブノワ会の修道士で教師のホアン・ド・パゲラ［ベネディクト派修道士，15世紀］が彼の『新レタリウム』と呼ばれる死者名簿または暦の中で，「キリストの教会において毎日発表すべき大陰暦の真実に従って」と書いていることもこれと関係している。実際，聖シルヴェストルの祝日［12月31日］に当たっている暦の最後で，「この新しいレタリウムにおいては言葉の受肉の日，つまり3月25日に暦が変わらねばならないことを知っておくべし。つまり，終わろうとする1年のその文字のすぐ後に置かれている文字がこの日を表わしていると理解され，そしてその日に1年全体を通じての太陰暦が公表されねばならない」と書かれている。この作者は14［15の誤り］世紀初期に生きていた人で，彼のレタリウムはコルベール図書館に保存されている。リモージュ人の間では「1301年，リモージュ司教管区においては，略された文字からなる日付は毎年復活祭の祝日に変更される習慣であった。しかし，文書官でリモージュ議会の印章保管者であるピエール・フェーブル殿は毎年日付は聖母のお告げの祝日［3月25日］から（つまり，ロワール河以北のガリア人に倣って）新たにされるべきであると定めた」［217, 220］とのことである。従って，ガリアにおける事情は以上の如くであったが，ランス司教座教会に関して，ランス大司教とサン＝ニケーズ修道院

との二つの分院をめぐる係争を調停するために, 教皇クレマン7世によって任命されたサン゠バール゠ド゠ヴェルズィ修道院長ギィの書簡の中で私が読んだ如く, 一部の教会では特殊な計算法が使用されていた。同ギィはその書簡を, 「我々のサン゠バール゠ド゠ヴェルズィ修道院でランス司教座教会の暦に従えば主の日の1390年6月13日, 神慮により教皇となった, 我々の父にして主人であるクレマン7世猊下の, キリストにおいていと聖なる在位の12年に行なわれ交付された」と結んでいる。この計算法は教皇クレマンの在位12年の6月に当たっているその前年に戻されるべきである。そしてこの暦の算出法は, すぐ上で論じられたピサのそれと一致しているように見える。

第8節　なぜフランク人の間では1年の開始が復活祭から計算されていたのか

　しかし, ガリア人は1月からではなくて3月から, または復活祭の祝日から1年を始めていたことの理由に関しては, 学者の間で意見の一致を見ていない。他方, 私はそれが春の昼夜平分時から1年を始めていた天文学者の計算によるものでも, 更にはガリア人の間で主の受難と復活によって3月が祝されている如く, 1年の始まりとしてニーサーンの月が祝されているユダヤ人の間で, 順序にしろ格式にしろ第1位に置かれていた復活祭の祭りとしての畏敬によるものでもないと考える。復活祭に関して言えることは, ビードの証言 [46, 45] にある如く, 「つまり, ガリア人はキリストの復活が起こったと伝えられている3月25日がどんな日であろうと, 常に復活祭を祝していた」のである。従って, 彼らにおいては3月が1年の最初の月であった。ニカイア公会議の決定が承認されたあと, 復活祭は移動日であったが, ガリア人も1年の開始日が変動する暦を使用していた。更に, 彼らの間では復活祭の蠟燭に新年が刻み込まれることが慣習として定着した。「蠟燭が人間としてのキリストの似姿を作り出しているとき, それに主キリストの受肉の年からその(キリストの)年が刻み込まれた」と, トゥイ修道院長リュペールは述べている [314, 6. de Offic. 29]。そのことは, ユダルリックの『クリュニ修道院慣習法』1巻14章にある如く, 「聖歌長が主の受肉の何年, 会計年度の何年, 補正日の何日, 歳末月齢の何日を記載する」一覧表の中で行なわれるのが慣習になっていた。その上, フルーリ修道院においては, 『フルーリ修道院慣習』1章によると, 「月の周期, 復活祭の最後, 年初の日曜日を示す記号, 復活祭の主日, 月齢, 黄金の数, 統治している教皇N., 同教皇の在位年, 統治しているいと有名なフランス王の名前, その統治年, そして主の生誕からの日付」が記載されることになっていた。他の者たちは司教管区の司教の在位年を付したり, その他の非常に特徴あることを加えていた。復活祭の蠟燭に関しては, デュ・カンジュの『辞典』[114] を参照せよ。しかし, ローマ人の間では新年は主の生誕から始まっていた。従って, 既に紀元1000年からそうであったが, この日に新年の記載が蠟燭に刻まれていた。このことの証言者として, 尊者ビードが挙げられるであろう。彼は時に関する書の45章において, 「ローマの使徒の聖なる教会がこれに信を置いていることは, 毎年記載されることになっている蠟燭に貼られた付箋そのものによって立証されている。同教会は主の受難を人々の記憶に呼び覚ますために, ドニ[ディオニシウス]が主の受肉から設けているよりも常に33年少ない年をそこに記している。要するに, ドニに倣って, 主の受肉の701年(刊行書では71と誤っている), 会計年度の14年, そのときローマに滞在していた我々の兄弟たちがこのようにして主の生誕日に聖マリアの蠟燭に書き込まれているのを自身の目で見て, そこに〈わが主イエス・キリス

トの受難から 668 年〉と書かれていたと報告してきた」と述べている。従って，この時代のローマ教会においては復活祭，更には主の生誕日に新年が蠟燭，しかも一つの蠟燭ではなくて，複数の蠟燭に刻まれていた。何故ならば，御昇天の大祝日[復活祭の 40 日後]を過ぎて展示されることのなかった復活祭の蠟燭が，キリストの生誕日まで保管されていたとは信じられないからである。ビードは，要するに，蠟燭は一つでなくて，複数であったと言っている。しかし，私はその頃ローマ人の間で復活祭の蠟燭の祝福 [Cf.Conc. IV. Tolet. can. 9] が行なわれていたことを否定はしない。その二重の祝福がパヴィーアのエンノディオの書に見いだされるし，我々の所で所蔵されている『グレゴワール典礼書』がそれを示しているので。しかし，復活祭の蠟燭の小片または小板が 1 年を通じて蠟燭に吊り下げられていたと主張する人がいるとしても，私はこのことに関して論争するつもりはない。ローマ人の間で 1 年の開始が主の生誕から，または 1 月 1 日から始まっていたことが承認されるだけで十分であるので。

第 9 節　更に，その頃 1 月 1 日が 1 年の始めと見做されていた

更に，我々の民族は復活祭から 1 年の開始を繰り返していたが，彼らは 1 月 1 日を新年の始めと見做していた。従って，デュ・カンジュの『辞典』[114] に収められているドロゴン・ド・ヴィニャクールの文書では，日付に関して，受肉の 1183 年「1 月，始まった年の 2 日目に」発給されたと書かれている。他方，少なくない歴史家たちはよく両方の計算法を表記していて，『オーセル歴代司教史』において，その 76 章でオドワンは「ローマ教皇庁の慣習に従って，主の生誕から 53 年(つまり 1353 年)，しかしガリアの慣習に従えば 52 年に，マグローヌ司教座へ移された」とある。作者はこれに続く章で，80 章までこの 2 通りの方法を区別している。しかし，これから明らかなことは，ガリア人の間では受肉の年は復活祭から始まっていたが，ローマ人の間で受け入れられていた主の生誕から始まる年に先行しておらず，それより 3 ヵ月遅れていたことである(特に，これは注意してもらいたいことである)。但し，受肉による年が生誕による年より 9 ヵ月先行していたとしてもであるが。確かに，ガリア人は今もまだそうしているのであるが，後述されるであろう如く，受肉の年と生誕の年をまぜこぜに使用していた。

第 10 節　ゲルマン人，リエージュ人，トリーア人の計算法

ゲルマン人はあちこちでローマ人の計算法に従っていた。そして，デュ・カンジュが『辞典』[114] の中で見事に立証している如く，キリストの生誕から 1 年を開始していた。これに対して，リエージュ人は 1333 年において，ガリア人の慣習に従っていた。そしてトリーア人の書記と写字生は，ブロワーの証言 [27, 18] によると，今日に至るまでお告げの祝日，つまり 3 月 25 日から 1 年を始めていたのである。

第 11 節　アングル人は 1 年を主の生誕から始めていた

更に，昔のアングル人の間では，ビードの時に関する書 [46] 13 章によると，彼らは生誕，つ

まり12月25日から1年を開始していた。そして歴史書 [45, 4, 27] の中で，彼はエクフリドの死を585年6月初日の13日前[5月20日]と伝えたあと，同じ年の先行する2月に起きた[ケント]王ロウセアの死がそれよりも前であったと言っている。このことはアングル人の間では1月と2月がガリア人の慣習の如く，年の終わりにではなくて，年の始めに属していたことを証明している。

第12節　ギリシア人の間における暦の算出法

最後にギリシア人，そして至るところで彼らの例に倣っているシチリア人とカラーブリア人は天地創造から年を数え，『七十人訳聖書』の計算法を使用している。そのため，キリスト生誕の初年を天地創造の5509年に一致させている。アテネ人は昔，年の始めを夏至から繰り返していたのに対して，アジア人は秋分からそうしていた。イオアンネスという名前のあるギリシア人修道士によって書かれた『聖エフラエモス伝』は《ΕΤΕΙ ΦΛΑ》，つまり，ヴォッシウス版によると聖なる父ニコンの命令によって，主の年531年に書かれたと言われている。

第13節　古いフランク人の間での周期。ドニ周期はいつから彼らに受け入れられたのか

今や2番目に提示されたこと，つまりいつからヨーロッパ人の間で[キリストの]受肉また生誕に基づく暦の算出法が普及したかという問題が考察されねばならない。その使用以前において，トゥールのグレゴワールは彼の司教座の守護聖人よりも大きな名声を得ていたことを理由に，「聖マルタンの昇天」[11月11日]から彼の暦を改めるのが常だった。他方，フランク人は公的文書において諸王の統治年を前に出していた。しかし，ドニ周期の導入以前において復活祭を記すさい，第4オルレアン公会議 [541] の議決1が命じている如く，ヴィクトリウス・ダキテーヌの一覧表を使用していた。更に，歴史的出来事を記すに際しても，主キリストの28年に開始を置いていたこの計算が少なからず普及していた。従って，レオーム修道院の古い年表は修道院長ジャンの死を「司教聖ヴィクトリウスの周期に従って数えたところによると，主の年の510年に」置いている。この年はドニ周期によると539年に相当している。このヴィクトリウスはリモージュの人で，そして彼は副司教イレールに勧められて教皇レオン[1世]の治世，457年に復活祭の周期を刊行した。彼の後，「チビ」とあだ名されるドニは月と太陽の両方の運行から導き出された，主の受肉から起算される別の周期を532年に考案した。その年は，ビードの書 [45, 1, 256] にストゥディウス某として引用されている匿名の作家とその他の人々によって，「偉大な」《magnus》年と呼ばれている。しかしながら，キリストの年の533年にドニによって完成されたこの計算法はすぐにではなくて，長い期間を経てからでしか採用されなかった。歴史家の中で最初にこの周期に注目したのが尊者ビードであったことが，彼の歴史書から読み取れる。そしてこの周期をアングリアからガリアに持ち込んだのが聖ボニファーティウスで，彼の尽力によってレスティーヌとソワソンで公会議が開催され，そこでレスティーヌ公会議に743年，ソワソン公会議に744年という受肉の年が彼自身によって付けられた。その頃に書かれた出来事を受肉の年で常に明示している古いフランク人の編年記から明らかな如く，これ以降フランク人の歴史家たちにこの慣習が伝わった。これらのすべてよりも前に，トゥネンシス[北アフリカの都市]司教ヴィクトールは彼の年代記に付

録させている『年大全』の中で，その年代記を終えた年を，「わが主イエス・キリストの肉による生誕から567年」と記している。しかし，この年代記の本文では，彼は自分の計算法を執政官たちから引き出している。ビードと彼の後に現われるフランク人の歴史家たちは，例外なしに，受肉から年を数えている。他方，いつから公文書においてキリスト教徒の日付が使用されるようになったかについては，この後から説明されるであろう。ビードの後，マリアン・スコット[アイルランド出身，ドイツの年代記作家，1083]とシジュベール[ベルギーの年代記作家，1112]は，ドニはキリストの年から23年を取り去ったと考えたが，ドニの計算法を詳細に検証することはなかった。従って，マリアンは年代記の中で年をキリストの年に基づいて数えているが，ある時はドニ式に，またある時は福音書の真実に従ってそれを行なっている。更に，本巻25章で述べられる如く，教皇ユルバン2世がサン=ミシェル=シュル=ラ=ムーズ修道院長ユダルリックに宛てた書簡で両方の計算法を併用している。

第14節　ヒスパニア人の年号

　ヒスパニア人は，受肉の年を38年早めているヒスパニア年[暦]《aera》による特殊な計算法を使っていた。この言葉の起源に関して，ホアン・ヴァサエウスがその書を参照しているアンドレアス・レセンディウス[ポルトガルの好古家，1573]は，間違っているかもしれないが，ある者は《aere》[「時代」の意]の語から，ある者は《hera》[「女主人」の意]の語から，更には《Annus erat Augusti Caesaris》「尊厳者でカエサルの年であった」の頭文字から引き出しているが，これらはそれぞれ正しいと言っている。リエズのファウスト[司教・聖者，490]は聖霊に関する著書の中でこれ[《aera》]を使用しているが，そこで彼はこの語を年号の同義語として扱っている。レセンディウスはヴァサエウスに宛てた書簡の中でそれに関して非常に詳細に述べている。トレドのロドリーゴ[大司教，1247]やその他のヒスパニアの古い作家たちが12世紀においても公文書と同様に，これと同じ年算定法を維持していた。非常に有名なペドロ・デ・マルカがかつてわが同僚，アシェリの許に送ってくれたリポル修道院手稿史料の索引の中で私は読んだのであるが，1180年に初めてタラゴナ算定法に基づく変更がキリストの年に導入されている。「洗者聖ヨハネの祝日[6月24日]から聖ルカの祝日[10月18日]にかけて，タラゴナにおいてタラゴナ大司教ベ[レンガリオ]の主宰で公会議が開かれた。同大司教の助言で主の年が同大司教管区のすべての文書に記載されることが決議された。他方，そのとき1180年が経過していた。フランク人の年は洗者聖ヨハネの祝日で年度が変わっていた」とある。つまり（正しく解釈するならば），いろいろな史料から，その時までタラゴナ人の間でも使用されていたと私が判断するフランク諸王の治世に基づく算定法が別のものに変わっているということである。その上，フランシスコ・タラファが『ヒスパニア諸王史』[340]の中でこのことを明瞭に立証しているが，そこには「タラゴナ大司教ベレンガリオ・デ・ヴィラ・ムロスはこの時期，つまりキリストの年の1180年，彼の管区司教たちと共にタラゴナで公会議を開いた。それ以前はフランク諸王の治世が記載されていたのであるが，この公会議の議決によって主の受肉の年が文書や公証人の記録に記載されるよう命じられた」とある。その後，タラファの『ヒスパニア諸王史』[340]によると，ヒスパニア人はこのヒスパニア年を西暦1284年，カスティーリャ・レオン王ホアン1世の時代に使用するのを止めたようである。しかしアラゴン

王国では 1369 年，ルシタニア[現ポルトガル]では 1415 年に使用が停止されたとのことである。昔の人々の中で[コルドバの]エウロギオ [859] は，彼の聖者伝 [137, 2, 1] の中で確認し得ることであるが，受肉の年をヒスパニア年，執政官[コンスル]在職年またはアラブの王の統治年に結びつけている一方，パンプローナ司教ウィレフィンドに宛てた書簡の末尾で司祭ペルフェクトが「受肉の 850 年，（ヒスパニア）暦の 889 年に他界した」と述べている。他方，モラーレスは最初のほうで，聖エウロギオ伝では王国が「コンスラトス，王国の高級官僚はコンスレス」と言われ，更に名誉と地位は，ラテン語説教の気紛れから「ファルケス」[「大鎌」の意]と呼ばれていると書いている。コンスル[執政官]職に関しては再度この先で論じられるであろう。最後に，813 年に開かれたアルル公会議は，ヒスパニア流によると，（ヒスパニア暦）の 851 年に召集されたと言える。この暦の慣習は長い間西ゴート族に服従していたガリアのナルボンヌ地方から入り込んできた。この慣習に従って，ビゴール伯ケントルは遺言書 [245, 4, 17/51] の中で西暦とヒスパニア暦を併記して，「このことはヒスパニア暦の 1115 年，言葉の受肉の 1077 年になされた」と言っている。

第 15 節　　上記の年号に代わる受肉と生誕の年号

更に，ここで年号に関する幾つかのことを教示することが適切と思われる。まず最初に，主の生誕からや 1 月 1 日からと同時に，復活祭から 1 年を数えていた人々が「受肉の年」《anni ab Incarnatione》といった言葉を使用しているのを少なからず確認する。カンタベリのジェルヴェーズは「主の年に関して，受肉の年の何年または何年と言うとき，両方とも全く同じ用語を使用している。これらやその他類似の理由から，神の教会において小さからぬ対立が起きている」と述べている。

第 16 節　　更に，受難からの年号

第 2 に来るのが，受難からの年《annus ab Passione》が受肉の年と混同されていることが少なくないことである。それなりに重要なこの主張は，シャンパーニュ伯ティボのサン＝マルタン修道院の非自由人に関する文書によって確認される。この文書は，「主の受難の 1083 年，王フィリップの在位の 23 年，1 月 9 日に発給された」との日付表記をもって本書で刊行されている。この日付は受肉の年の同じ年と一致する。この章句は私には奇妙に見える。しかし，『キリスト教ガリア』2 巻 [150, 1, 768] に収められている別の例もこれに似ている。また，1132 年のユグ・シャトーヌフの文書 [2, 4, 263, 265] やロージャ・オヴ・ホヴデンの書のあちこちで見られることであるが，12 世紀に多くの人々が「恩寵の年」《anno gratiae》を使用していたことも指摘しておく価値があろう。次に，バリューズの『勅令集』2 巻 [35, 2, 630, 631] とその付録 145 において確認される，一部の人々は「トラベアティオ」《trabeatio》[「受難」の意]や類似の言葉を使用している。また一部の人々は『神聖イタリア』5 巻 [347] 914 欄と 1619 欄で掲載されているレッジョのウーゴの文書における「キルクムキシオの 1521 年」の如く，「キルクムキシオ」《circumcisio》[「キリスト割礼祭」の意]を使用していた。

第 17 節　ときどき簡略化されている年数字

　第 3 に指摘すべきことは，ときどきキリストの年が簡略化されて記載されていることである．完全な日付事項が先行している場合，特にそうである．従って，『オーセル歴代司教史』の中で，オドワンがこの司教座に移されたのは「まず，主の生誕の 1351 年」と言われている．そして 12 節後で，彼は「ローマ教皇庁の慣習に従えば，主の生誕の 53 年[1353 年のこと]に」マグローヌ司教座に移されたとある．これに関する非常に多くの例は，この後に続く諸章で現われるであろう．しかし，この簡略化された数字の方法は単に年数字の完全な表記の後に採用されたのみならず，単独で用いられることもあった．つまり，ギヨーム・ド・パリの著書の初版はパリ，ジャック通りにあるジョフロワ・ド・マルネ書店で「1055 年」，つまり 1555 年にペリカンの印を付されて，刊行されたと言われている．そしてエラスムスは聖シプリアンの書への序文に付した書簡で「1019 年」と付しているが，この省略の下に 1519 年が暗示されている．しかしこれらの代表例として，『キリストに倣いて』の書をまとめたメルク写本の中に，ある数字の省略が見られる．この写本は《die Kiliani 34》，つまり 1434 年[の聖キリアンの祝日]に，別の写本も同じく「21 年」，つまり 1421 年に校了したと言われている．このような数字の書き方はときどき文書でも出会う．例えば，ヒスパニア人に関しては，「ヒスパニア暦の 62 年が経過しているとき」《aera discurrente LXII》，つまり王アルフォンソの治世，862 年に発給されたモニオ伯の文書を参照したサンドヴァルの書 [316, 293] から明らかである．ガリアに関しては，「わが主イエス・キリストの御世，その受肉の IIII 年，そしてフランス王ルイ[6 世]の在位の 8 年」，つまり 1111 年に発給された，サン＝ティレール分院に関するソキシランジュ修道院文書が一つの例を提供してくれている．これ以外にも，カズヌーヴの書 [73, 308] に収められたトゥールーズ市議会の史料の中で，主の御年の 483 年の復活祭前，つまり 1483 年にラングドック地方の住民に付与された特権文書が言及されている．最後に，サン＝ドニ修道院に宛てた，フランス王フィリップ 1 世のある手稿文書が「主の受肉の 60 年」に発給されたとある．上の行間に別な人の手で《millesimo》[「1000」の意]という数字が書き加えられている．

第 24 章

第1節　日付事項に関するその他のことが解説される

　受肉の年より前において，ローマ帝国に従属したラテン人はディオクレティアヌス年号，執政官在職年，そしてコンスタンティヌス大帝 [337] の時代から始まった 15 年周期からなる会計年度 [訳註 1] を使用していた。彼らは [この会計年度に関して] 通常 3 種類の暦，つまり東ローマ諸皇帝が使用した 9 月 1 日から始まるコンスタンティノープル式またはギリシア暦，9 月 24 日から始まるコンスタンティヌス大帝の治世または在位からそう言われているコンスタンティヌス式またはドイツ皇帝に由来するカエサル式，そして 1 月 1 日に開始を設けているローマ教皇に由来する教皇式を区別している。

第2節　ローマ人，アングル人，そして第 1 王朝下のガリア人の間で使用されていた会計年度

　ローマ人は当初から，つまりコンスタンティヌスの時代から会計年度を使用していた。アングル人の間ではグレゴワール大教皇 [604] によるオーガスティン布教団を介して，フランク人の間ではシャルルマーニュの時代から普及していた。勿論，フランク人は [ローマ] 帝国の法律から免れていると公言している如く，執政官在職や会計年度による方法を持っていなかった。彼らが持っていたのは，統治年から時の経過を表記している，彼らの諸王に基づく方法であった。ペパンとシャルルがイタリアを統治していたとき，彼らの統治年と一緒に会計年度も使用されていた [298, 15, 21 etc.]。西ローマ帝国を獲得したあと，シャルルマーニュは皇帝在位年に加えて，会計年度を使用し，他のフランク人のすべてがこれに倣った。この時より前のこととして，我々は会計年度を付されたガリアにおける公会議録を見いだす。その中の第 3 オルレアン公会議 [538] に関して，リヨンの写本に「会計年度の 2 年」とある。第 4 オルレアン公会議 [541] に関しては，ピトゥ写本には「会計年度の 4 年」，第 5 オルレアン公会議 [549] に関しては「会計年度の 13 年」とある。[アルル司教] サポド主宰のアルル公会議に関して「会計年度の 3 年」，第 2 リヨン公会議 [567–570] と第 1 マコン公会議 [581–583] は「会計年度の 15 年」に開かれたと言われている。しかしある識者はシャルルマーニュの皇帝戴冠以前において，フランク人の歴史家も年代記作家も会計年度を使用していなかったとの考えから，会計年度に言及しているこの記述に改竄が入り込んでいると申し立てている [223, 2, ann. 575, 5]。但し，プロスペルの『年中行事暦表』を継承したアヴァンシュのマリウス某は例外で，彼は年代記の中に単にフランク人の事績のみならずローマ人やその他の事績をまとめているのであるが，毎年執政官の名前を先頭に置いている。そしで私もこの非常に

[訳註 1]　会計年度《Indictio》は，本来，土地保有者がその財産保有量に応じて毎年支払うべき税額の決定通告を意味する。この通告は毎年行われるが，5 年毎に税額決定のための調査がなされ，3 調査期間，つまり 15 年をもって徴税通告の 1 周期とし，297 年 9 月に最初の周期を開始した。しかし，キリスト教会は 313 年をこの制度の初年と定めたため，西暦から 312 を引いた数を 15 で割ったときの余りの数が会計年度となる。

博識の人と同様に，会計年度の使用は歴史叙述の中で非常に稀に登場するが，フランク人の文書史料においては9世紀初頭以前には殆ど存在しなかったとの意見である。しかし，会計年度が公会議録やその他の記録にときどき現われていることは確かである。そして無論，改竄の理由が隠されていることがあり得ないが故に，改竄が適切な方法で立証され得ない上記の公会議録のほかにであるが。ヨハネの手紙に関する聖アウグスティヌスの論考が収められているボーヴェの非常に古い写本で，写字生はこの写本の作成年を「この作品は主のご加護を得て，リュクスイユ修道院[東フランス]で王クロテールの統治の12年，会計年度の13年に終了した」と表現している。それ故，このリュクスイユ修道院の写字生は会計年度を使用していたことになる。彼がそのようにしたのは上記の公会議に出席した司教たちの如く，この計算法をときどき使用していたガリアのその他の作家たちを真似てであったことに疑問の余地はない。上記の公会議において，正しい計算法と一致しない場合，会計年度の慣習が廃止されるよりもその数字の方が訂正された。確かに，わがサン=ジェルマン修道院の非常に古い写本(この写本は単に文字の形のみならず，最初に付されている，教皇ヴィジルの治世で終わっているローマ教皇一覧が証言している如く，6世紀末に大文字で書かれている)の中で，シャトーダン司教管区に関するパリ公会議の議決は「わが諸王，(つまり，シルペリック[1世]，シジュベール，ゴントラン)の統治の41年，9月11日，会計年度の3年，パリで公布された」と書かれている。この日付事項はフランコ・ガリア小文字で下署の前に記載され，そしてこの下署の最後に同じ小文字で「上記の会計年度にパリでサン=ピエール聖堂においてこの議決に下署された」とある。しかし，第5オルレアン公会議[549]の最初の下署は《Indic.》[会計年度の略字]の代わりに，誤って《indie》とあるが，大文字で「会計年度の3年」になされたと記されている。もっと古いのが，バロニウスの書[43, ann. 587, 11]に収められたカエサリアの墓碑銘で，そこには彼女がバシリウス2世の執政官就任後の46年にアルルで没したと記されているが，確かにそれは「王シルドベール陛下の統治の12年，会計年度の5年」のことであった。これとの関連で，私はアウグスティヌスが書いた『ドナティスト駁論集』[60, 15, 17]を思い出す。その中で，執政官が言及されているキルタ[アルジェリアの都市]公会議録をカトリック教徒が提案したのに対して，ドナトス派は「宗教会議の議決はこのような執政官や日付を持つ習慣はなかった」と言ってそれを拒否した。それに対してカトリック教徒派は，「それは多分，自分たちの公会議録が偽造を理由に否認されるのを好まない人々のやり方であろう。実際，カトリック教徒の公会議の議決は常に執政官と日付を持っていた」と応酬している。

第3節　三つの会計年度

　ラテン世界のどの民族がどのような会計年度を使用していたかが今や問われねばならない。ギリシア式またはコンスタンティノープル式をグレゴワール大教皇[604]，ジャン8世[882]，グレゴワール7世[1085]の書簡が使用していた。従って，『勅書集』[64, 1, 50]を見ると，教皇グレゴワール7世に関して，「9月3日，会計年度の15年の途中で，ラテラーノで交付された」とある。しかし，教皇が下署している文書は至るところで，新年の開始を1月1日または主の生誕から始めている会計年度を優先させている。そのため，教皇の会計年度は，ときどき「キリスト教の会計年度」と言われている。アングル人は，ビードが時に関する書[46]の48章で証言している如

く，コンスタンティノープル式に従っていた。更に，アリユルフの『サン=リキエ修道院年代記』[2, 5, 3, 1]から明らかな如く，ガリア人も特に11世紀からそれに従うことが稀ではなかった。しかし，ガリア人は特にカロリング時代において，教皇様式をしばしば用いるようになる。結局，会計年度の多様な様式はガリアやローマやその他において，写字生や書記の恣意によって異なっていた。ルイ敬虔王のイタリアにあるサンタ=クリスティアーナ修道院に宛てた文書[37, 2, 1423]は偽造を免れているとしても，彼の文書の一部は会計年度を9月1日から始めている。何故ならば，ある文書は「ルイの帝位の9年，会計年度の初年，9月28日に」発給されている。その年，つまり西暦822年は会計年度の15年に当たり，その初年度はギリシア式，そしてその頃のローマ教皇庁の様式によれば，次の年の9月1日から始まっていた。その他多くは会計年度を1月から始めている。それを，第1に，上記のルイ敬虔王のモントリユ修道院［南フランス］に宛てた文書[*Ibid.*, 1409]が証明している。つまり，それは「ルイ敬虔者で尊厳者の帝位の2年，会計年度の8年，12月8日に」発給されている。それを西暦に直すと，会計年度が一致する815年となる。同じく，シャルル禿頭王がアトンに宛てた文書[*Ibid.*, 1441]もこのことの正しさを確認し，彼の統治の「4年，会計年度の6年，11月13日に」発給されている。これは会計年度の6年に当たる843年のことである。この他，同付録に収められた文書57，67，71番などを付け加えておこう。他方，ゲルマン人の間では既にずっと以前より，9月24日からの会計年度が普及していた。そして更に，今やそのために，カエサル式とかコンスタンティヌス式と呼ばれる会計年度が重んじられている。会計年度に関しては，シフレの『トゥールニュ史』の史料編[81, 252, 253]とデュ・カンジュの『辞典』[114]を参照せよ。更に，重要な発言はシルモンのエンノディオの書への註解[324, 8, 9]における，非常に古いローマ式の会計年度の終わりに関するものである。ここでこの著名な人はローマの郊外にあるサン=パンクラツィオ教会で自らが閲覧した史料について報告していて，終わろうとする会計年度の付加事項からそれが注目すべきであると判断する。その中でマクシム2世が「8月11日，この上なく有名なシマクスとボエティウスが執政官職にあるとき，会計年度の15年の終わりに」廃位されたと述べられている。ここから読者諸賢はシマクスとボエティウス（碩学はこの2人の執政官が大ボエティウスの息子であったこと，そしてこの執政官年は522年であったことを立証している）が執政官のとき，ローマ人は会計年度を9月に入ってから換えていたと推論するであろう。これと同じ会計年度がプリチェッリの書[298, 430]で刊行されている，1053年（この年に聖十字架称賛の祝日[9月14日]が承認されている）の「9月5日，会計年度の7年に入って」発給された文書の中で守られている。

第4節　歳末月齢，太陰月，補正日

会計年度以外にも，中世盛期と晩期の人々は歳末月齢《Epacta》，太陰月《Luna》，補正日《Concurrens》，復活祭の終日などのいろいろな日付事項を追加していた。私は二つの理由からそのようになっていたと考える。第1は，無学な者たちによって安易な方法で偽造の文書に日付事項が付け加えられなくするため。第2は，書記が熟練の深さを暦の算定法でひけらかそうとしたため。当時，暦の算定技術には高い評価が与えられていたし，聖職者の叙任に際してその技術が求められていたのである。就中，アミアンの司祭ロドラードは9世紀中頃これらの日付事項を使用

しており，自分が書いた典礼書に「余，神の慈悲を求めるロドラードは司教イルメラドの指示に屈し，そして司教の権威による数度の破門を受け，主の受肉の853年3月4日，会計年度の初年，歳末月齢の7，補正日の7，復活祭の終日が3月29日に当たっていた年，司祭職を決心のつかないままで引き受けた」との文言を付している。しかしそれ以前においても，744年のソワソン公会議が「3月2日，太陰月の14に」開催されたと言われている。

第5節　文書に採用されたもの。大歳末月齢と小歳末月齢とは何か

　私文書において，そして頻度は落ちるが王文書においても，上記の形式がときどきカロリング時代において使用されていた。それは「主の受肉の952年，会計年度の9年，補正日の4，歳末月齢[訳註2]の22に」発給されたヴェルダン司教ベランジェの文書 [216, 1, 133] によって証明されている。しかし，この使用は第3王朝においてのほうがはるかに頻繁であった。実際，太陰月の記載がラップの『古文書雑録』[217, 553] において，王ロベール[2世]の文書に使用されている。シフレの『トゥールニュ史』[81, 312] で刊行されている，1056年の王アンリ[1世]の文書で歳末月齢と補正日が使用されている。同じく，王フィリップ[1世]治下でも，1087年の文書 [*Ibid.*, 332] には太陰月のみが記されている。更に，同書には，歳末月齢が補正日を伴わずに記された文書が見いだされる [*Ibid.*, 334]。最後に，ドゥブレの書 [111, 845] に収められたコルベイユ伯ウードの文書では，1111年と歳末月齢，太陰月，補正日とが記されている。この時代，これらのことはまったくありふれたものとなっていた。本書で刊行されている，グルノーブル司教ウンベルトの告示に注意が向けられねばならない。その告示は「主の受肉の1012年，木曜日，太陰月の25，会計年度の10年，大歳末月齢の3，小歳末月齢の25，補正日の3，19年周期[訳註3]の6」に公布されている。ここにおいてこれら二つの文言，つまりロドラードとウンベルトのそれに説明を加えることが適切であろう。まず，司祭ロドラードは853年の「3月4日，会計年度の初年に」叙任されている。しかし，853年は会計年度の初年に当たっているが，この年の復活祭は4月10日と一致している。そしてロドラードは年の開始を復活祭やお告げの祝日（つまり，3月4日に叙任されている）からではなくて，1月から始めている。確かに，この年，853年は歳末月齢の7，補正日の7に当たっていた。補正日は補足日数，またはヨハネス・デ・ジャヌアに依れば，「52週

[訳註2]　歳末月齢とは太陽暦に合わせるために太陰暦に加算される日数を意味する。太陰暦は太陽暦よりも11日だけ短い。従って，歳末月齢は毎年11日を単位に30日（両者の差が30日を超えると閏月が加えられるので）を限度に増加することになる。そしてこれは太陽暦と太陰暦の関係が19年周期（235太陰月からなるが，太陰暦の19年に7回の閏月が加算される）で一致していることから，この周期内で繰り返されることになる。例えば，19年周期の2年目（これを黄金数の2と呼ぶ）に当たっている1160年の歳末月齢は11日，1161年（黄金数の3）のそれは22日，1162年（黄金数の4）のそれは33日ではなくて，それから30日を引いた3日となる。その後，1163年（黄金数の5）の歳末月齢は14日，1164年（黄金数の6）のそれは25日と続く。そして19年周期の開始年の歳末月齢は0日と記載される。歳末月齢の算出式は問題にする西暦を19で割り，その余りに11を掛け，その数を30で割った余りが歳末月齢となる。
[訳註3]　19年周期とは太陰暦と太陽暦との対応関係をみる手段の1つで，19太陽年と235太陰月（19太陰年＝12ヵ月からなる12太陰年＋閏月をもつ7太陰年）との一致が基本となる。従って，この周期内での年度（「黄金数」numerus aureus とも言う）は西暦から1を引いた数を19で割った時の余りと言い換えることが出来る。

を超えた場合，1日またはそれ以上の補正日」[訳註4]のことである。ここで「それ以上の日」と言っているのは，閏年には2日が加えられ，その他では1日のみが加えられるためである。補正日は「チビ」のドニが述べている如く，7日を決して超えることはない。補正日は，各月の初日における太陰月または曜日を探し当てる場合，日付算定常数とぶつかり合っていた。更に，この日付算定常数には太陰暦と太陽暦の二つがある。こんなに多いと，暦算定の専門家に聞くしかない。しかし，曜日を見つけだす途が年初の日曜日記号[訳註5]によって，また太陰月を見つけだす途が歳末月齢によって一層容易になっているとき，日付算定常数の原理は今や余分なものになっている。私は復活祭の終日が同じ年の復活祭の太陰月14に当たっている日であるとする，ロドラードの記述に戻ることにする。西暦853年の復活祭は4月2日，太陰月の23，従って，太陰月の14または復活祭の終日は4月1日から4日前，つまり3月29日となる。更に，1012年に発給されたウンベルトの文書にある「大歳末月齢」《Epacta major》と「小歳末月齢」《Epacta minor》，そして「19年周期」の説明が残されている。この年は，実際のところ，会計年度の10年，歳末月齢の25に当たっている。しかし，補正日は2でなくて3である。「19年周期」または月周期は6ではなくて3である。しかし，小歳末月齢とは何か。小とあることから，多分，それは太陽暦による歳末月齢であろう。つまり7の数字がはっきりしているので。それに対して太陰暦では11となる。確かに，ビードが太陰月に関する書の中で述べている如く，太陽暦の歳末月齢は補正日と無関係ではない。しかし，上掲のウンベルトの文書において小歳末月齢が太陽暦の歳末月齢であるならば，なぜそれは補正日の後に表示されているのであろうか。つまり，別なものが表示されていることが十分考えられるからである。シャロン＝シュル＝マルヌ司教エルベルールのランス在，サン＝レミ修道院に宛てた文書は，「主の受肉の1130年，フランス王ルイ[6世]の統治の23年，司教エルベルールの在位の3年，歳末月齢の9，閏年であったので補正日は7と2」に発給されている。確かに，閏年において今日二つの年初日曜日記号がある如く，補正日は2になっていた。

[訳註4]　補正日は前年の12月の最終日曜日の後に残っている日数を示すもので，曜日と日にちとの関係を知る手段として使用された。従って，補正日は1から7までの数によって構成され，例えば944年は補正日の1，945年は補正日の2，946年は補正日の3，947年は補正日の4，948年は閏年に当たり1日増えるので補正日の6，949年は補正日の7と続いたあと，950年は再び補正日の1に戻る。そして年初の日曜日記号との関係ではFと1，Eと2，Dと3，Cと4，Bと5，Aと6，Gと7とが対応している。

[訳註5]　年初の日曜日記号は曜日と日にちとの関係を知る手段として使われた。1月1日をA，2日をB，3日をC，4日をD，5日をE，6日をF，7日をGで表記し，それによってそれぞれの年の最初の日曜日に当たる日をこの記号によって示した。従ってDの年と言った場合，その年の最初の日曜日が1月4日に当たっていたことを示している。但し，閏年に当たる年は，2月29日以前と以後では基準が異なる。従って，1日増えた関係から，726年はEDの年と表記された。総合すると，365日からなる通常の年は52週と1日からなり，年初曜日と年末曜日が重なる。このことから，年初日曜日は1日ずつ後退して連なっていくことになる。

第 25 章

第 1 節　ローマ教皇文書における執政官在職，会計年度，帝位による日付表記

　日付表記に関して以上のことを概観したあと，その種類に進み，まず教会文書，次に国王文書，そして最後に私文書が考察されることになる。

　教会文書の中で最初に，教皇文書を取り扱うことにする。そこでは多様な日付表記が時代に応じて施されている。まず，グレゴワール大教皇 [604] [171, 9, 71]，グレゴワール 2 世と 3 世，ザシャリ [752] などに見られる如く，執政官在職と会計年度，その後から帝位が加わる。続いて，教皇在位が帝位と共に記される。最後に，受肉の年，会計年度，それぞれの教皇在位が記される。最初の三つの様式は 9 世紀に普及した。この世紀から徐々に帝位が排除されて [347, 3, 84; 6, 488; 7, 73, 84, 103]，教皇がそれに取って代わる（特にグレゴワール 7 世 [1085] 以降。叙任権闘争によって皇帝の名前が教皇にとって憎悪の対象になり始めてからのことである）。これ以後，彼らは会計年度と共にこの様式を維持した。実際，教皇ブノワ 3 世 [858] は本書で刊行されているコルビ修道院宛ての特権文書，そして教皇ニコラ 1 世 [867] は同じく本書で刊行されている特権文書で皇帝在位年を会計年度と共に記している。しかし教皇ジャン 8 世 [882] はフルーリ修道院に宛てた文書で皇帝ではなくて，教皇在位年を会計年度と共に記している。シルモンの書 [326, 3, 521] に収められている教皇マラン [884] によるソレーム修道院宛ての文書やジャン 12 世 [964] のサン=ミシェル=シュル=ラ=ムーズ修道院の文書庫に保管されている文書においても同様である。これらに劣らず，『拾遺集』12 巻 [2, 12, 152/347, 2, 14; 3, 710; 4, 135, 895, 1429; 5, 45; 6, 529] で刊行されている，フォルモーズ [896] の勅書が皇帝ギィの執政官在職の初年を記している。そして教皇ジャン 13 世 [972] は本書で銅版印刷された，ランス大司教アダルベロン宛の書簡で皇帝オットー[1 世] の在位年を自分のそれの後に置いて，「[この文書は]ローマの聖なる教会の書記ステファーノの手によって 4 月，会計年度の 15 年に作成された。ご健勝であれ。そして司教アンドレーアの手によって 4 月 23 日，我らのいと聖なる教皇ジャン 13 世の教皇在位の 8 年，尊厳者オットー大帝の在位の 11 年，2 世の在位の 5 年，6 月，会計年度の 15 年に公布された」と記している。

第 2 節　2 種類の教皇文書とそれに関して考察されるべきもの

　これらの文書の中で第 1 に考察されねばならないのが，古い文書における鉛の印章が付された 2 種類の教皇文書についてである。その一つは，その記述が「永遠に」《in perpetuum》の文言で終わっているもの。他の一つは，「挨拶と使徒の祝福」《Salutem et apostolicam benedictionem》という文句を取り入れているものである。ポール 1 世 [767] はサン=ステファーノ・サン=シルヴェストロ修道院に宛てた文書 [220, 6, 1689] で，「永遠に」の文言を使用している。碩学ガルニエは「挨拶と使徒の祝福」の文言を教皇グレゴワール 7 世 [1085] と関係づけている [151, 152]。第 2 の考察は，上掲の文書において日付表記が二重になっていたことである。その一つ，または前に置

かれているのが「作成された」《scripti》，他の一つが「交付された」《dati》で，「ご健勝であれ」《Bene valete》の文言の間に挿入されて，文書の日付を表記している。しかし，最初の日付表記は日にちのない月と会計年度のみであったのに対して，後の日付表記は月日，教皇・皇帝の在位を再び会計年度と共に表記している。しかし，「使徒の祝福」の文言を前に出している，より後の文書においては単に「交付された」の文言がしばしば月日，教皇の在位と共に，その文書が発給された地名の前置を伴って見いだされる(但し，『トゥールニュ史』387頁では《Scriptum》と《Datum》を見いだす)。この地名は，それ以前の文書においてはしばしば省略されている。以上が500年前の教皇文書において確認されることで，我々はそれらの一部を見本として本書に掲載している。プリチェッリの書[298, 317]に収められた教皇グレゴワール5世[999]の勅書の中で，「作成された」と「交付された」の順序が逆転している。第3の考察は，「作成された」と「交付された」の文言をもつ勅書に関してである。「交付された」は別な人の手，より正しくは別の筆跡によって書かれていることが少なくない。確かに，インクの違いが証明している如く，本文の作成から数日経っていることも稀でなかった。勿論，「作成された」はその文書の作成者によって作成された日を示している。「交付された」はその文書を望む人に，この文書を作成したその書記の上司である図書館長または文書長から手渡された日を意味している。第4の考察は，上述の教皇ジャン13世の文書において，教皇が自分の教皇在位年を皇帝のそれより前に置いていることである。更に，グレゴワール5世もラヴェンナ大司教ゲルベルトに宛てた文書[347, 2, 351]で教皇在位年を先行させ，そしてプリチェッリの書[Ibid.]に収められたサン=タンブロージョ教会宛の別の文書においても同様であった。更に，レオン9世[1054]に至るまでの少なくない教皇もそのようにしている。従って，バロニウスの書に収められたブノワ8世[1024]の文書は「最高の司教で世界の教皇である我々のブノワが使徒ペテロのいと神聖な座にすわること4年，尊厳者である皇帝ハインリヒ[2世]陛下の帝位の3年に，……の手を介して交付された」。最後に，ジャン13世の文書にある「6月に」の文言は，5年目がそのとき既に6月まで経過していた，オットー2世の在位の5年と理解すべきであろう。

第3節　P. C. 表記，つまり「執政官就任後の年」はいつから使用されたのか

皇帝の在位年以外に，古い教皇文書はときどきP. C. 年，つまり皇帝の執政官就任後の年《post Consulatum》を表記していた。これに関する例は多い。この慣習は諸皇帝によって567年から使用され始めたのであるが，542年からこの年まで年は「バシリウスの執政官就任後」から計算されていた。25年後，つまり567年にユスティニアヌス帝は皇帝の執政官年が固定した永遠のものとなることを望んだ。以後，皇帝を除いて誰も執政官に任命されたものはいない。マウリキウス某を除いて，その後の君主は生涯で一度だけの執政官職に就任するようになり，そしてパンヴィニウス[274, 3, Fastor.ad ann. 567/114, Consul/118, 15]が指摘している如く，この執政官職によって帝在位年を数えていた。そのことから，以後如何なる皇帝であっても，その帝在位の初年は執政官職就任《Consulatus》と表記されるようになった。そしてその他は執政官就任の初年，2年となり，加えて帝位年または執政官在職年が表記されている。帝位年と執政官職年との間には如何なるずれも存在しなかった。従って，シャルルマーニュは新しい法律によって，ロンバルディーア勅令

に「わが主イエス・キリストの受肉の 801 年, 会計年度の 9 年, フランキアの王として 33 年, イタリアの王として 28 年, しかし執政官在職の初年」[35, 1, 145] の日付を付している。このように, 諸皇帝は帝位年と執政官在職年の両方を, もちろん両方とも同じ数ではあるが, よく使用していた。その例として, ローマ教皇の場合がある。その中の一人, グレゴワール 2 世 [731] はローマ宗教会議の記録に, 「我々のいと敬虔な尊厳者, そして神によって戴冠された偉大な皇帝であるレオ陛下が皇帝として君臨し, 彼の執政官就任の 6 年, 在位の 6 年」と記している。この計算法は, 単にバロニウス, オヌフリウス, フロントン・デュック [イエズス会士, 1624] の書で読むことができるのみならず, 我々が所有するシャルルマーニュの統治の 27 年に作成された文書の手稿写しの中でも確認される如く, 文書の最後に見いだされる。更に, 同じ時代の別の写本でもそうなっているが, ここではある人が別の筆跡で, 「彼の執政官就任後の 6 年」の後に「10」《decimo》を書き加えている。

　教皇ポール [1 世, 767] はこの執政官年と少し違った計算を公会議録の中で刊行されている二つの文書で使用している。その一つがガリアータ [イタリア, 詳細不明] のサン=ヒラリオ修道院の不輸不入権に関する文書 [220, 6, 1689] で, それは「2 月 5 日, いと敬虔な尊厳者である, そして神によって戴冠された偉大な皇帝コンスタンティヌスが君臨して 40 年, そして彼の執政官就任後の 20 年, 彼の息子, 皇帝レオの統治の 7 年, 会計年度の 12 年」に発行されている。他の一つはサン=ステファーノ・サン=シルヴェストロ修道院に関する文書 [Ibid., 1694] で, 「6 月 2 日, 尊厳者で神によって戴冠された偉大な皇帝コンスタンティヌスが君臨して 41 年 (この時から彼は父と一緒に統治し始めた), そして彼の執政官就任後の 21 年, 会計年度の 14 年」に発行されている。しかし, 後者の表記では本当の帝位年と執政官在位職年とがかなりずれている。しかしこのことに関しては, 執政官年は新しい皇帝がその父と一緒に統治していた帝位の初年とは一致していなかったこと, その代わり新しい皇帝が単独で統治し始めたその年と一致していたことを指摘しておくことが適切であろう。それ故, 父と一緒に統治している後継皇帝の統治年を表記するに際して, 執政官職の記載はどこにもない。その当時, 父が亡くなって単独で帝位を獲得したときはじめて, 皇帝に就任したと見做されていた。しかし, (指摘しておかねばならないことであるが), 大抵の場合, 執政官年を帝位就任に続く 1 月 1 日から始めていたのである。そこから執政官在職年, そして更にしばしば帝位年が計算されていた。但し, 少しの例外を除いて, 執政官に就く前の職名の表記は省略されていた。更に, 教皇ブノワ 3 世 [858] とニコラ 1 世 [867] はこの計算法をコルビ修道院に宛てた, 本書で掲載されている文書見本 [図版 XLVII-1; XLIX-1] で使用している。次に, 教皇ジャン 8 世 [882] はノワルムーティエ [西フランスの島] の修道士に宛てた文書 [2, 12, 554, 151] においてそれを使用していて, そこにはサン=メダール修道院宛の文書における如く, 「尊厳者であるシャルル [禿頭王] 陛下が統治しているとき, 彼の執政官就任後の 1 年に交付された」とある。同じく, [教皇] フォルモーズがヴィエンヌのサン=トゥデール修道院に宛てた勅書 [Ibid., 152] も, 「いと敬虔で永遠なる《perpetuo》尊厳者にして, 神によって偉大な皇帝に戴冠されたギィが統治して 1 年, 彼の執政官就任後の 1 年, 会計年度の 10 年」に下付されている。パピール・マソン [フランスの人文学者, 1611] によって伝えられている, 教皇ジャン 8 世がサン=ヴァースト修道院に宛てた文書 [252] はこれと同じように修正しなければならないであろう。それは「いと清澄なる皇帝で尊厳者であるシャルル [禿頭王] の帝位の 1 年, そして彼の執政官就任後の 1 年」(ここでは《per consulatum》とあるが，《post consulatum》と読まねばならない)に下付されたとある。同様に，[教皇]ジャン8世のパヴィーア司教座教会に宛てた特権文書[347, 1, 17]も「神によって戴冠された偉大な皇帝，シャルル陛下の統治の2年，彼の執政官就任後の2年，会計年度の12年」のように改められねばならないであろう。これに従って，教皇マランがローディ司教座教会に宛てた勅書[Ibid., 4, 907]では「神によって戴冠された偉大な皇帝で，我らのいと敬虔で永遠なる尊厳者シャルルが統治して3年，そして彼の執政官就任後の3年，会計年度の初年」と読むのが正しい方法である。この他に，シフレの書[81, 221]に収められている同教皇ジャン[8世]の文書において「彼[シャルル禿頭帝]の戴冠から1年」は「彼の執政官就任後の1年」と読むべきであろう。これに加えて，「神によって偉大にして敬虔な皇帝に戴冠された，我々の君主である尊厳者ルイ[敬虔王]の統治の4年，そしてローマのパトリキウス就任の3年に」下付されている，教皇パスカル1世のヴィエンヌ司教バルナールに宛てた勅書[4, 4-2, 567]において，「君主である」は「永遠なる」，「ローマのパトリキウス就任の3年」は「彼の執政官就任後の4年」と書き換えるのが正しいであろう。しかし，教皇ホノリウス2世[638]の書簡の文言は別の説明が必要であろう。これに関しては，この章でビードに依拠して引用されているが，「ヘラクリウスの統治の24年，彼の前執政官就任から24年，そして今度の執政官就任から3年」に交付されたとある。しかし，これは特異であるが，その考察に深く立ち入ることは許されないし，それが適切とも思わない。かつてはアフリカにおいて，年頭執政官のもとに受け入れられていた「執政官就任後」の書式[35, 2, 1252 sq.]もここでは割愛することにする。しかし以上から，ローマ教皇は10世紀末において皇帝の在位年を少なからず使用していたこと，更に10世紀初頭においては彼らの執政官就任からの年も表記されていたことが理解される。今や受肉の年がいつから使用されるようになったかが考察されねばならない。

第4節　教皇文書での受肉の年に関するパーペンブレックの見解(その一)

　パーペンブレックは『古文書序説』[249, 129]の中で，前世紀[16世紀]初頭にパウリナに関する書13巻の6章でこの使用は比較的新しいものであると記しているフォッソムボローネ司教ポール・オヴ・ミドルズブラの意見を持ち出している。そこには，「教皇ウジェーヌ4世[1447]の臨席のもと，教皇の親密な書記フォルリのブロンドが奨励し，教皇の勅書と答書にキリストの受肉からの年の計算を最初に記載するようになった。但し，それはずっと以前から復活祭の蠟燭には彫られていたのであるが」とある。碩学はこの作者の意見に賛同し，この時代以前において，受肉の年を採用していた勅書を偽文書または改竄文書と見做している。いやはや，教皇文書を一言でほろくずにしてしまうとは。もしことがそうなら，教皇イノサン[3世, 1216]の文書の中の受肉の年が記載された非常に多くの答書，つまり1巻の書簡470, 479, 2巻の書簡3, 18, 19, 31, 32, 79, 94やその他非常に多くの書簡，それにボスケの書[56]に収められたものは排除されねばならなくなる。原本または，より正しく言うならば真正の写しが司教座教会，参事会教会，修道院の至るところで保管されているその他の無数の教皇文書については何も言わないとして，ウゲッリの『神聖イタリア』[347]，シフレの『トゥールニュ史』[81]，ドゥブレの『サン=ドニ修道院史』[111]，ペラールの『ブルゴーニュ史料集』[282]，バリューズの『勅令集』[35]などに収められた

その他の諸教皇の無数の文書も取り除かなければならなくなる。実際はその反対で，それらのすべて，または殆どが合法的と認められねばならないものであり，ポール・オヴ・ミドルズブラの原則は誤っていると判定されねばならないのである。今からその論証に取りかかることにする。

第5節　教皇文書での受肉の年に関するパーペンブレックの見解（その二）

　順序に従って話を進めるために，ビードの書 [45, 2, 18] に収められた，受肉の634年に記されたと読めるカンタベリ司教ホノリウスに宛てた教皇ホノリウス[1世]の書簡を最初に持ってくることが出来よう。しかし，ローマ教皇文書の真正な答書は教皇ホノリウス[1世]よりもずっと後にならないとこの文言を持つことがないので，受肉の年はビードによって説明のために追加されたとするのが真実であろう。ここにこの文言をすべて引用すると，「6月11日，我々のいと敬虔な尊厳者であるヘラクリウスが皇帝として統治して24年，彼の前執政官職の23年，彼の執政官職の3年，しかしいと幸福なカエサル，ヘラクレイオス，即ち，彼の息子が皇帝として統治して3年，会計年度の7年，つまり，主の受肉の634年」となる。この文言の中の「即ち，彼の息子」は，説明のために，多分ビードによって書き加えられたのであろう。更に，最後の「つまり，主の受肉の634年」に関しても同じことが言われねばならない。私は同じ意見をウゲッリの書 [347, 8, 99] に収められた教皇ジャン13世 [972] の，ベネヴェント司教ランドルフォに宛てた文書に関しても持っている。他方，11世紀のローマ教皇の間において，受肉の年から暦を数える慣習が完全に定着し始めていた。確かに，『神聖イタリア』2巻と3巻 [*Ibid.*, 2, 567; 3, 409] において，「受肉の1055年に」発給されたヴィクトール2世の2通の文書を見いだすし，1巻 [*Ibid.*, 1, 465] において「受肉の1057年，会計年度の11年に」発給されたエティエンヌ9世の最高に重要な勅書を見いだす。但し，後者の文書においてアラビア数字をローマ数字でうまく表現できない写字生の過誤から，「11年」が「2年」と改められている。5巻 [*Ibid.*, 5, 1631] において，1059年のニコラ2世の文書が手稿文書から転写されている。次に，『神聖イタリア』8巻 [*Ibid.*, 8, 681] 所収の1084年のグレゴワール7世の勅書，カニシウス[インゴルシュタット大教授，1610]の書 [71] に引用されている，『ザルツブルク史』1巻 [202, 1, 57] 所収の主の受肉の1070年に発給された，アレクサンドル2世のザルツブルク司教ゲベハルトに宛てた勅書，『神聖イタリア』9巻 [347, 9, 922] に収められた，1088年に発給されたヴィクトール3世の教書，『トゥールニュ史』[81] 所収の手稿文書から写された，またはグルノーブル文書集，『神聖イタリア』7巻 [347, 7, 41, 554] に収められているユルバン2世の多くの文書，同巻 [*Ibid.*, 956] 所収のパスカル2世の多くの文書のうちの1通，同じく，ペラールの書やドゥブレの書に収められたカリスト2世やその後の諸教皇の非常に多くの勅書，バリューズの『新版勅令集付録』[37] にあるジェラーズ2世の文書のうちの1通，ソワソンの『ノートル＝ダム修道院史』の史料編 [156, 438] にあるウジェーヌ3世の文書がある。『クリュニ図書』，モンテ＝カッスィノ修道院の『勅書集』，「主の受肉の1090年に」発給されたユルバン2世のヴァッロンブローサ修道院に宛てた勅書が収められている『大勅書集』1巻を参照せよ。以上に，私がすぐ上で想起させた，受肉の年の文言をもつイノサン3世の非常に多くの書簡，発給された無数のその他の書簡，手で書かれたもの，更には自署のもの（ゆっくりと時間をかけて列挙することも，その数からして出来ない）が加わる。あらゆる異議を超越したローマ教皇の答書に，このよ

うな暴力を罰せられることなく加えることに誰が耐え得るであろうか。

第6節　これに関して，教皇ウジェーヌ4世の勅書が解説される

　パーペンブレックによって，以後教皇文書に受肉の年を配すことを批准した教皇ウジェーヌ4世[1447]の教令が提出されている。彼の思い通りに，ことが運ばれんことを。だが，このことに関する法律が制定されていないとしても，それ以前からそれが使用されていたことは起こり得なかったのであろうか。また，シャルル9世[1574]が最初に法令でそれを規定したことにあり，1月1日からの受肉の年を持っているフランク諸王のすべての文書が偽物とでもあなたは言うのだろうか。我々は既に慣習として受け入れられたその他のことに関して，その他の教皇の教令をどれほど多く読んでいることか。しかし，もっと確信に近づくならば，ポール・オヴ・ミドルズブラと『ローマ教皇伝』におけるイサゴグの箇所でキアコニウスが恰も教皇によって批准された新しいことの如く評価している，受肉の年の記載に関する教皇ウジェーヌ[4世]の教令は新しい慣習の導入ではなくて，古い慣習の定着と関係している。このことは，このために公布されたウジェーヌ[4世]自身の勅書(当時，わが修道会のローマ教皇庁における全権代行者であった，碩学で尊敬すべきアントワーヌ・デュルバン師がヴァティカーノ文書館で私のためにそれをコピーしてくれた)から明らかである。この勅書は「神の下僕の下僕，司教ウジェーヌがことの永遠の記憶のために。思慮深い家長として……」の言葉で始まっている。そしてその中でここで問題になっている制度に関しては，「上記の写字生たちは格好よく字を書くことに熱心で，句点を打ったり，文書局の古くて称賛に値する書式を継承し，すべてにおいてそれらを遵守しようとしている。……ローマのサン=ピエトロ教会において，主の受肉の1445年，6月13日，朕の教皇在位の15年に公布された」とある。同じことを，[教皇]ニコラ5世が確認している。これらの言葉から，教皇の目的が新しい形式と新しいスタイルを導入することではなくて，文書局の古くて称賛に値するスタイルをすべてにおいて遵守することを命じることにあったことを誰もが認めるであろう。このことから，受肉の年から始まる暦の算定法は[教皇]ウジェーヌ4世によって開始されたのではなくて，強化また復活させられたのである。

第7節　ローマ教皇の中で誰が最初にいかなる状況でキリストの年[西暦]を使用したのか

　すべてが以上の如くであったとして，今二つの疑問が浮上してくる。その一つはローマ教皇の誰がいかなる状況で主キリストの年号を使用したのかということ。他の一つは諸教皇はいかなる転換点，つまり1月と3月のどちらから受肉の年を繰り返すようになったのかということである。まず，私は銅版印刷された文書数通でキリストの年号(西暦)を置いているレオン9世[1054]以前において，受肉の年を記した疑う余地のない教皇文書を見たことがない。つまり，メッスにあるサン=タルヌール修道院に宛てた同教皇の手稿文書(これはマダウルスの『メッス司教の歴史』[239, 354]の中で刊行されている)で，まず二重の輪を伴った「ご健勝であらんことを」の文言を持つ花押が来ている。次に，エベルハルトなどの証人が下署している。そして最後に，「10月11日，聖なる使徒の座の文書官で文書庫係，そしてトゥルの文書長官であるウードの手を介して，教皇

レオン9世陛下の統治の1年，会計年度の2年，主の受肉の1049年に交付された」とある。最初に指摘すべきは，我々が見た手稿文書においてしばしば略記されてはいるが，他のより古い文書における如く，《Datum》ではなくて《Data》と書かれていることである。第2に，我々が本書5巻の冒頭で論じることになる勅書が発給された場所の表示が省略され，レオンと教皇の間に「9世」が挿入されていることである。第3に，会計年度の2年は9月で暦が換わっていないこと，文書が作成された10月11日は会計年度の3年と言わねばならないことである。以上が，受肉の年以外で指摘しなければならないことと思われる。同様のことは，同教皇がトゥル[東フランスの都市]在，サン＝マンシュイ修道院長ドドンに宛てた文書においても指摘することができる。それには「主の受肉の1050年。会計年度の4年。トゥルの大聖堂で10月31日，トゥル司教座教会の文書長官，聖なる使徒の座の文書官兼文書庫係であるウードの手を介して，教皇レオン9世が使徒の座に君臨して2年，トゥルの司教として26年に発給された」という日付表示を見る。これに関して特に注意すべきは二重の年表記，つまり彼の使徒（教皇）在位または司教在位である。そして「トゥルの司教在位」とあるのはこの文書を下付した場所の名誉のために，このような言葉で教皇に思い出させたと思われる。以前ボルド司教であった教皇クレマン5世が彼の叙任の8日後に勅令（これによって，この都市及びその他の都市の空位となる聖職禄を以後自分のものとして保留した）を発布した時も同様で，ボルド司教座教会で以前使っていた印章を使用している。しかし，注意してもらいたいことは，ここでは会計年度は西暦1050年と一致している3年でなくて4年とあること，そして年の開始を，上掲の勅書にある如く1月ではなくて，9月25日に求めていることである。従って，ローマ教皇は一貫してこのような会計年度に立ってはいなかったことになる。更に，教皇レオン9世は教皇在位の開始から直ぐに受肉の年をときどき使用しているが，決して常用はしていなかった。確かに，ヴェルダン[東フランスの都市]にあるサン＝ヴァンヌ修道院に宛てた同教皇の勅書には「永遠に」と記され，いつもの円と花押に続いて，手稿文書には「1月2日，聖なるローマ教会の文書庫係兼文書官である助祭フリデリックがケルン大司教で文書長であるヘリマンに代わって，教皇レオン9世陛下の統治の4年に発給した」とある。その上，彼に続く諸教皇で受肉の年をときどき使用してはいるが，この様式を永遠に守った人はいない。レオン9世以前において（私はすべてを見たり読んだりしていないので，これを力強く断言する気持ちはないが），いかなる教皇の文書も西暦を使用していないのであれば，そのことからレオン9世は受肉の年を使用していたゲルマン諸皇帝の家系の出身であるとの考えが生まれてくる。次に，トゥル司教の文書にもこの計算法が頻繁に登場してくる。そして更に，彼はこの計算法に慣れていたトゥルの文書長官を文書官として持っていた。レオン9世のあと，ヴィクトール2世，エティエンヌ9世，ニコラ2世，グレゴワール7世，アレグザンドル2世，そしてヴィクトール3世[1087]が，上述の如く，同じ計算法を使用している。しかし，本書で刊行されているユルバン2世がサン＝ミシェル＝シュル＝ラ＝ムーズ修道院に宛てた文書の写しでは「ラテラーノ[宮殿]で3月26日，ドニに基づく主の受肉の1098年，他方，福音書のより確かな証明に基づく1121年，会計年度の6年，歳末月齢の15，補正日の4に発給された」との文章に注意が向けられねばならない。ドニまたは福音書による計算法に関しては，前章で述べられている。しかし，教皇の答書におけるこの暦の算定法は，歳末月齢や補正日による表記と同様に変わっている。その上，「永遠に」の言葉を使用している教皇の答書は，至るところで受肉の年の文句を備えている。また，「挨拶と使徒の祝福」

も至るところで見られる。そして頻度は落ちるが，ときどきこの計算法を採用してもいる。

第8節　古い教皇は西暦の開始を1月から始めているのか。3種類の教皇の答書が問題となる

　以上から，私は受肉の年がローマ教皇文書に記されるのは教皇ウジェーヌ[4世]の時代よりもずっと以前から存在していたことが明らかとなったと考える。パスカル1世[824]までこの慣習を遡らせるアヴェンチヌス[ドイツの歴史家，1534]がどう言っていようと，教皇レオン9世[1054]以前においてこの計算法を使った教皇の真正文書が発見されているか否かは私には分からない。しかし，教皇が彼らの答書でいかなる時点から受肉の年を繰り返すようになったかが問われねばならない。その答書には3種類ある。それらの最初が文書局答書または教皇印章の答書と呼ばれるものである。第2が略式答書，第3が私的な答書と呼ぶことが出来よう。第1のそれにはペテロとパウロの肖像が彫られた鉛の印章が下げられている。第2のそれは漁夫を刻んだ指輪，第3は教皇の家系の印章が下がっている。重要な内容と聖職禄に関わる最初の答書は年を受肉から数えている。第2のそれには受肉や生誕への言及はなく，ただ単に「ローマのサン＝ピエトロ教会において漁夫を刻んだ指輪のもとに，1535年，朕の教皇在位の初年に発給された」[64, 1, 521, 498, 499, 504 etc.]と書くのが習慣になっている。そしてこれらの略式答書は「神の下僕の下僕」という，いつもの書式から始まっている。しかし，単に「教皇」の称号だけを使用しているものもある。それらの非常に多く[Ibid., 507, 531 etc]は一部の文書[Ibid., 534 etc.]に見いだされる受肉の年がなくて，教皇在位年のみを持っている。そして第3の，私的答書は主の年を簡略化して使っている。比較的新しい答書においてはそうであるが，600年からの古い文書は別で，この時から重要な教皇文書では「生誕」の年ではなくて，「受肉」の年が記載されるようになる。但し，300年以前の極く少数の文書[2, 4, 362, 363]ではその反対になっているが。

　次に，古い勅書において受肉の年は至るところでローマ文字ではなくて，ローマ数字で記載されている。更に，我々の『補遺』[第2章]で示している如く，ときどきお告げの祝日[3月25日]からのものもあるが，しばしば受肉の年は1月1日から始められている。ときどきそれは，生誕からの年と混同されてもいる。そしてこれは軽視できる問題ではないので，例を挙げて確固たるものにすることが適切であろう。『ザルツブルク史』の史料集[202, 1, 57]でアレクザンドル2世の勅書を読むことができるが，それには「ラテラーノ宮殿で3月21日，ローマの聖なる教会の枢機卿で文書庫係のピエトロの代理として，聖職者ピエトロの手を介して，主の受肉の1070年，教皇アレクザンドル2世陛下の在位の9年，会計年度の8年に発給された」との日付表記が付されている。その文書はお告げの祝日の4日前に発給されている。しかし，我々の広く普及した方法によると，1070年は会計年度の8年に当たっている。もし年の開始をお告げの祝日から3ヵ月間延ばしたならば，1069年と言わねばならないであろう。または，もしピサ式に生誕の前に9ヵ月を持ってくれば，1071年となるであろう。同じ計算法は，シフレの書[81, 336]に収められたユルバン2世の文書にも用いられ，「トゥールにおいて，ローマの聖なる教会の助祭枢機卿ジョヴァンニの手を介して，3月20日，会計年度の4年，主の受肉の1096年，教皇ユルバン2世陛下の在位の8年に発給された」とある。そしてパスカル2世の文書[Ibid., 378]でも，「ラテラーノ[宮殿]でローマの聖なる教会の助祭枢機卿で文書庫係ジョヴァンニの手を介して，3月24日，会計年度

の9年，主の受肉の1116年，わが教皇パスカル2世の在位17年に発給された」とある。更に，カリスト2世の勅書［*Ibid.*, 383］でも，「ローマにおいて2月15日，会計年度の13年，主の受肉の1120年，教皇カリスト2世猊下の在位の2年に発給した」とある。同教皇の別の文書［*Ibid.*, 387］もこれと関係していて，「ラテラーノで3月19日，会計年度の15年，主の受肉の1122年，カリスト2世猊下の在位の4年に発給された」とある。最後に，（別の教皇の文書は割愛するが），ペラールの書［282, 227］に収められたイノサン2世の文書では，「クリュニにおいて2月8日，会計年度の10年，主の受肉の1132年，教皇イノサン2世の在位の2年に発給された」とある。しかし，これらすべての文書はお告げの祝日以前に作成されたもので，常に1月1日から始まる我々の計算法を先取りしているとか，それに従っていると断言できるものではない。とは言うものの，ローマ教皇のその他の非常に多くの文書と同様に，これらの文書はこの計算法と正確に一致しているのである。

第9節　若干の教皇文書で確認されるピサ式の日付表記

　にも拘らず，そこでの計算法がより新しい我々のものを先取りしているような文書が数通発見されている。碩学シフレは『トゥールニュ史』［81, 408］の中で，これに属するカリスト2世の文書2通を我々に提供してくれている。最初のそれは「アルバにおいて，ローマの聖なる教会の助祭枢機卿で文書庫係のグリソゴノの手を介して，5月18日，会計年度の14年，主の受肉の1122年，教皇カリスト猊下の在位の3年に発給された」。他の1通も同じ日付表記を持っている。しかし，会計年度の14年は我々の暦によると，1122年ではなくてその前年と一致する。従って，同シフレは最初の特権文書の註で3月25日から暦が替わるこの特権文書は1122年に発給されたと記している。即ち，受肉が生誕よりも9ヵ月先行しているからである。つまり，会計年度の14年が明らかにしている如く，ドニ式に従えば1121年になる。同じ種類の別の教皇文書を見てみよう。実際，その計算法が単に9ヵ月だけではなくて，完全に1年だけドニ式よりも早くなっている文書が見いだされる。コヴァルヴィア［スペインの法学者，1577］がピサ人に特有のものであると教えてくれているこの暦の計算法［104］において，ドニ式との違いは，つまるところ，お告げの祝日［3月25日］から主の生誕日に至るまでの9ヵ月にある。残りの3ヵ月，つまり1月からそれに続く2ヵ月においては，ドニ形式と一致している。即ち，1122年はピサ式に従えばお告げの祝日から始まり，1122年が1月1日から始まっているドニ式よりも9ヵ月先行している。従って，1月からの3ヵ月は両方の形式において同じ年に属し，ピサ式では年の最後，ドニ式では年の最初に来ていた。しかし，サン＝ドニ修道院の文書庫［111, 475］には，その見本が本書で刊行されているパスカル2世の手稿文書が保管されている。それは「3月21日，会計年度の10年，主の受肉の1103年，教皇パスカル2世の在位の3年」に発給されているが，この会計年度はパスカルの教皇在位の3年と同様に，3月で交替する1102年と一致している。ピサ式を認めたとしても，それは次の年とも一致しない。その場合，我々はこの文書がドニ式に完全に1年先行していた，更には数字2の代わりに3の改竄が忍び込んだと言わなければならなくなる。更に，両方の一方が承認されねばならない。つまり，その文書が真正でかつ議論の余地のない無疵のものでなければならないので。私がこのことを頭の中で考えているとき，プリチェッリの書［298, 512］で同パスカル

[2世]の殆ど同じ文書に出会った。そこには「ラテラーノ[宮殿]で，ローマの聖なる教会の助祭枢機卿ジョバンニの手を介して，2月14日，会計年度の10年，主の受肉の1103年，パスカル2世猊下の教皇在位の3年に発給された」とある。ここでも文書官は同じで，日付表記も同じである。ここで私は碩学たちに，これらと同じ書の中で出会った類似の文言を議論すべき問題として提示する。私は同パスカル2世の1月1日から始めている勅書数通と復活祭から新年を始めている他の文書を発見した。彼の後継者であるジェラーズ[2世]の文書3通がバロニウスの書[43, ann. 1118]に収められているが，バール=シュル=オーブ地方[パリの東方]の匿名者，ループス・プロトスパタ，その他アプリアやカラーブリアの作家たちの基準に従って，それらの1年は会計年度と同様に，9月から始まっている。その他，ギシュノンの書[179, 106]にある如く，「……教皇が統治しているとき」に発給されたと記されている文書も存在する。教皇文書に関しては以上である。

第10節　イタリアにおける司教文書の日付表記

　司教の管区宗教会議文書に関しても，教皇文書と同様のことが言われねばならない。事実，イタリアの司教は彼らの文書に皇帝在位年と会計年度を記載していて，この慣習は13世紀まで維持された。その証拠として，ラヴェンナ司教ジョヴァンニ5世のラヴェンナの修道士に宛てた文書がある。そこには「レオとコンスタンティヌスが皇帝として君臨しているとき，レオがイタリアを統治すること15年，コンスタンティヌスがイタリアをいと高きパトリキウス兼軍司令官として統治すること11年，1月29日，会計年度の14年」に発給されたとある。9世紀，イタリアの司教によって受肉の年が使用されていた。その証拠に，『神聖イタリア』4巻[347, 4, 120]に収められている866年の文書がある。しかし，その手稿文書の所在が非常に高名な枢機卿カサナータによって我々に報告されたラヴェンナ司教レオの文書には，(その見本が教えてくれている如く)，会計年度を除けば，皇帝オットーの在位年しか付されていない。

第11節　ガリアにおける司教文書の日付表記

　ガリアに関しても，殆ど同じことが言われねばならない。つまり，第1王朝治下，国王在位年と会計年度による計算法が使用されていた。それは前章で言及された公会議文書やシャトーダン司教プロモを叙任したランス司教ジルによって主宰されたパリ宗教会議の議決から明らかである。後者は「9月11日，我々の諸王の統治の12年，会計年度の6年，パリで」発給されたとある。この会計年度はある改竄者によって加えられたと考えられるが，下署の後にもそれが再び使用されている。このような計算法はル=マン司教のベルトランとアドワン，オーセル司教パラードの遺言書でも確認される。それらはその他非常に多くの史料(その一部では会計年度の記載が抜けている)と共に，諸王の統治年と会計年度から始まっている。8世紀，聖ボニファーティウスはレスティーヌまたはジェルミニ=デ=プレとソワソンの宗教会議で受肉の年を前置させている。司教たちも彼らの文書において，宗教会議に関するものであれ私的なものであれ，しばしばそのようにしており，本書2巻2章で述べたことから明らかな如く，9世紀以降，受肉の年を優先させるのが常であった。レスティーヌとソワソンの記録は偽造であると考えるパーペンブレックの見解

[276, 30, 31]はこの点から簡単に論破され得る。彼の見解は，一方において，彼らは世俗の君主，つまりカルロマンに「教会会議を主宰させ，在俗聖職者と修道士の規律と矯正に関する規定を作るようにさせた」とあること，他方において，ソワソンでの決議文の「偽造は公式の文書のすべての形式に反して，記載されている太陰月によって，次に国王の在位年に加えられたキリストの年によって明らかである」ことから成っている。もし最初の意見が承認されるならば，国王の命令，そしてしばしば彼らの出席を得て開かれていたガリアの公会議の記録の非常に多くが偽物と見做されねばならなくなるであろう。しかし，バロニウスはレスティーヌ宗教会議録の真正さを支持しているのみならず，それより80年前にアンクマールがラウールとフロテールに宛てた書簡の5章において，「レスティーヌで開催された宗教会議において，君主カルロマンの治下，司教グレゴワール，ヨハネス・サケラリウス，聖ボニファーティウスが教皇ザハリの命令を受けて主宰していた，……」とある。更に，858年のシャルル禿頭王の勅令の8章，レスティーヌ公会議に言及しているシャルトル司教フルベールの書簡33，『聖ボニファーティウス伝』を書いたオトロン[フルダ修道士，1073]などを加えておくことにする。しかし，我々のテーマに関しては，むしろパーペンブレックの第2の見解が深く関係している。それが一度受肉の年にも当てはまるのであれば，794年のフランクフルト公会議，813年のマインツとランスの公会議，815年と817年のアアヘン公会議およびそれに続く公会議に関する記録が偽造であると見做されねばならなくなる。これらすべては国王文書の常用書式に反して，諸王の統治年と共に受肉の年を使用しているのである。正しい思考はこのような結論を承認することはない。更に，以前から受け入れられた慣習に反して，受肉の年を採用してはいるが，レスティーヌとソワソンの宗教会議録に関して我々が疑いを挟む余地は残されていない。太陰月による計算法に関しては上で扱われており，ここで同じものを再び扱うことは無駄であると考える。

第12節　それらに関して受容されたもの

　加えて，私はこの受肉の年の使用はボニファーティウスによってガリアの諸司教，更には我々の歴史家たちの間に持ち込まれたと確信する。それは単にレスティーヌとソワソンの宗教会議の計算法からだけではなくて，同ボニファーティウス自身のノテルムスに宛てた，「同様に，私はあなたにキリストの受肉の何年に最初の布教者たちが聖グレゴワール[大教皇]によってアングル人の許に派遣されて来たかを私に教えてくれるよう懇願する」との文句で終わっている書簡15からもそう言うのである。これらの言葉から明らかなことは，ボニファーティウスの手許にはその当時，この難問を詳細に解説しているビードの歴史書が届いていなかったことと同時に，ボニファーティウスは受肉の年を使用することに慣れていたことである。その後，ガリアの司教たちは彼の真似をするようになる。例えば，ラン司教ディドが886年，同じくロリコンが861年にサン＝ヴァンサン修道院に宛てた，本書で刊行されている文書，リヨン司教オレリアンがサン＝ブノワ＝ド＝セシュ修道院に宛てた宗教会議の特権文書[4, 4-2, 500, 502]（それ以外の文書数通もそうであるが）の最初と最後，ヴェルダン司教ベランジェ[216, 1, 133]が952年に，そしてその他大勢の司教がそうしている。これらのうちの非常に多くで，特に11世紀以降，司教在位年が付加されている。バイエルン公アルヌルフのフライジンク司教ドラコルフと副司教クノとの間の協定に関する文書[202,

131]において，この調停は「908年(このように読むべきである)9月13日，司教[在位]の2年が始まったとき，他方，副司教の6年が始まったときに」なされたと言われている。しかし，ガリアにおいては少なくない司教たちが諸王の在位年を設置しているし，更に，第3王朝治下，ヌヴェール司教ユグは滑稽な文言を使用している。ここに高名なアントワーヌ・デルヴァルによって私に送られてきた文書から引用すると次のようになる。

　　　その頃，アンリの王位の15年の，
　　　6月13日が流れていた。
　　　そしてこの年，会計年度の13年が巡ってきていた。

第 26 章

第 1 節　フランク諸王の日付表記

　フランク諸王の文書を考察するとき，私は心の喜びをいつも感じる。何故ならば，一方において，それらの中にあるすべてが国王の尊厳を発散させて，他方において，それらは他のいかなるものよりも大きな慎重さと思慮と同様に均一性を備えているからである。確かに，王朝にはそれぞれの特徴が存在しているが，それは多様性，それ故に非常に快い読解を熱心な研究者に提供してくれている。このことがその他の問題との関連でこれまでに考察されたとき，まず第一に思いつくのが皇帝戴冠以前における，皇帝在位年からでも執政官在職年からでも，また会計年度からでも始まっていない日付表記に関することである。彼らはこれら[三つ]をフランク人の威厳よりも劣ったものと考えたのであろう。しかし，彼らはいかなる理由から彼らの文書の計算法の中に受肉の年を後から導入したのかについて，それを説き明かす自信は私にはない。とは言うものの，ここでそれについて，そして勿論，いつから彼らがこの計算法を採用したのかについて議論することは価値のあることである。

第 2 節　パーペンブレックの見解では，いつ受肉の年がガリアに入ってきたことになっているのか

　しかし，この受容された見解との関連において，文学に関して最高に造詣の深い人を何度も反駁することを強いられることは私にとって不快であることを最初に断っておかねばならない。しかし，最後のティエリ[4世]の死とシルデリック[3世]の戴冠の間にあるその7年の期間，公文書は受肉の年によって計算されているのか否かについて「確実な例によって教えられること」を望んでいると彼自らが書いている [276, 31] ので，彼は非難することの後ろめたさを一部ではあるが私から取り除いてくれている。そして碩学はこの考えへと傾斜し，この計算法(確かに，上記の期間に使用されていたのであるが)は「シルデリック[3世]とカロリング諸王の治世において完全に廃れていた」[Ibid., 30, 31]と判断している。そして更に続けて，彼は「フランキアにおいて西暦1060年以前，王としてはフィリップ1世に至るまでキリストの年を記した王は誰もいないし，サン＝ドニ修道院の文書集にもそのような文書はない。但し，会計年度は殆ど至るところで記されているのが確認されるが」[Ibid., 33] と言っている。従って，ここでは次の3点が簡潔に問題にされねばならない。第1は，ティエリ[4世]の死に続く期間に公文書は受肉の年によって表記されていたのか否か。第2は，メロヴィング王朝の最後の王シルデリック[3世]以降，フランクのいかなる王もフィリップ1世に至るまでこの計算法を使用しなかったのか否か。第3は，フランク諸王は会計年度をいつ導入し，いつそれを放棄したのか。

第3節　シャルル・マルテル治下の国王空位期においてか

　第1に関しては解答は容易である。我々が本書で取り扱う限りにおいて，いかなる王文書もこの期間を通じて発給されていない。しかし，シャルル・マルテルが国王の権威によって文書を作成したとしても，それが国王の慣習から外れていたとは考えられない。私がこのことを根拠もなく言ったと誤解されないために，ドゥブレの書 [111, 690] にこのシャルル [・マルテル] 自身の文書が収められているのみならず，私はその手稿文書を実際に見たのである。それはこの国王空位期に発給されたもので，「キエルジの宮殿で行なわれた。それはティエリ [4世] の死から5年，9月17日のことであった」との文句が記されている。ここには受肉の年への言及はない。これと同じ様式で，このシャルル [・マルテル] の息子ペパンは，その時シルデリック [3世] の宮宰であったのであるが，本書で刊行された法廷文書を「1月20日，王シルデリックの在位の9年に行なわれた」と結んでいる。ここから読者は君主としてのシャルル [・マルテル] も宮宰としてのペパンも，文書の日付表記において受肉の年を永遠に用いなかったメロヴィング諸王と異なる慣習を使用していなかったと推量するであろう。

第4節　第2，第3王朝において受肉の年が表示されたのか。それはいつのことか

　第2王朝治下の殆どすべての王文書は，それが教会・修道院財産に関するものであれまた私人に関するものであれ，受肉の年を欠いていた。しかし，特に国家に関する一部の文書には国王在位年に受肉の年が加えられている。それらの史料として，私はまずシャルルマーニュの書簡を挙げる。それは801年のロンバルディーア法に付加された勅令で，書出しの文句に続いて，「わが主イエス・キリストの受肉の801年，会計年度の9年，我々のフランク王国を統治して33年，イタリアを統治して28年，執政官就任の1年，イタリアにおいて……，シャルル [マーニュ] は神の摂理によって皇帝に戴冠された」の書式が最初に来ている。ここでも執政官就任の1年が帝位の1年と一致している。シャルル [マーニュ] はこの受肉の年を811年の彼の遺言書または財産分割の文書においても，「全能の神である父，子，聖霊の御名において，わが主イエス・キリストの受肉の811年，帝位の11年，会計年度の4年……いと栄光に輝く敬虔な皇帝で尊厳者のシャルル [マーニュ] によって行なわれた財産の列挙と分割の文書が始まる。……」の如く使用している。同じく，シャルルマーニュの息子，尊厳者ルイも息子たちの間における帝国分割に関する文書（高名なエティエンヌ・バリューズの『新版勅令集』[36, 1, 574] の中で刊行されている）の中でも同じ文言を使用し，「神とわが救世主イエス・キリストの御名において，神慮により皇帝に叙任された尊厳者ルイ。神の御名においてわが主の受肉の817年，会計年度の10年，皇帝在位の4年の7月，アアヘンの宮殿で……」のように書き始められている。私は主の年を採用したカロリング諸王の同じように非常に重要なその他の文書，そして特に王国全体または司教の全体集会で発給された文書が別な所で発見されるであろうことを疑わない。しかし，王国の規定，その他の王国に関する重大な問題に関して，カロリング諸王によって受肉の年が表記されるのが常であったことを論証するための例としてはこれらだけで十分である。その他の一般的な文書に関して，読者諸賢はシャルル肥満王以前において，受肉の年を備えた真正な文書を本当に数えるほどしか見いださないで

あろう。シャルルマーニュのメッス在，サン=タルヌール修道院に宛てた唯一の文書を見いだすが，それは私が熱心に点検した手稿文書において「5月1日に発給された。我々の王の在位の15と9年，わが主イエス・キリストの受肉の783年，御昇天の大祝日。その前日彼のいと優しい妻が結婚して12年に他界した。ティオンヴィル[東フランス]の宮殿において行なわれた。主の御名においてご健勝であらんことを。会計年度の6年」のような文句で終わっている。この種の王文書は，マダウルスの書[239, 179]で刊行されている。最も重要な本物を見ていなかったならば，私はそれが真正文書であることを容易に判断できなかったであろう。これには印章は押されていなかった。しかしシャルル[マーニュ]はその文書で妻イルドガルドへの憧憬と想い出のために，その他の文書に見られる盛式の諸条件を無視してしまっている。実際には，この妻は前年の御昇天の大祝日の前日に，この文書が発給されたティオンヴィルで死去し，サン=タルヌール修道院に埋葬されている。これ以外に，受肉の年を付与されたわが諸王のその他の真正な文書とは，シャルル肥満王に至るまでまったく出会わないか非常にまれにしか出会わない。更に，同王の後でもユグの治世に至るまでの間で，その表示のある王文書は少ない。例えば，『拾遺集』8巻[2, 8, 354]，『新版勅令集付録』[37, 2, 1516, 1518]，本書の最後に収められた王ウードの文書がある。更に，ランス在，サン=レミ修道院の文書庫[250, 1, 585]やトロワ[パリの南東]の文書庫[297, 86]で保管されているルイ海外王の息子，王ロテールの文書がある。そして第3王朝に入ってやっと，ユグ自身，彼の息子ロベール，甥のアンリによって受肉の年が表記され始める。しかし，いつもそうだとは限らない。つまり，『トゥールニュ史』[81]所収の統治の2年に発給されたユグの文書には受肉の年の表記はない。しかし，ロベール[2世]と共同統治しているユグの非常に多くの文書には受肉の年が表記されている。本書で刊行されている『サン=モール=デ=フォッセ修道院文書集』の中には，受肉の988年に発給された1通の文書がある。同じく，ペラールの書[282, 170, 178]に収められている，手稿文書から取られたロベール[2世]の文書2通には，一つは1006年，他の一つは1030年の受肉の年が表記されている。同じく，1053年に発給されたアンリ[1世]の文書とソワソンの『ノートル=ダム修道院史』[156, 436]所収の1057年の別の文書がある。従って，フィリップ[1世]からではなくて，ユグからすぐに主の受肉の年の使用が始まっている。そして，いかなる日付表記もない余り重要でない文書を除くならば，その使用は彼に続く諸王の時代も維持される。

第5節　国王文書における会計年度の使用はシャルルマーニュの時代から

会計年度に関しては，我々はパーペンブレックと一緒に，わが諸王の文書(もしサン=タルヌール修道院に宛てた文書は除くとし，それ以外にも多分数通は除外されるであろうが)におけるその一般的使用が間違いなくシャルルマーニュの時代，つまり801年に入ってから始まったとの意見を公言することができる。しかし加えて，この碩学とは異なって，我々はこの慣習が第2王朝を通じて皇帝でなかったこれらの諸王の文書においても生き続けたことを明言する。更に，私はここに論拠を挙げることが不必要と思われるほどにそれは首尾一貫して，どの文書にも見いだされることと判断する。これに関して，我々がその一部を真正な手稿文書から転写して，先で見せることにしている第2王朝の諸王のすべての真正文書とほぼ同数の例が存在しているのである。しかし，我々はこれらの数からカロリング諸王の文書数通を除外していて，その中にはシフレの書

[81, 193] に収められているトゥールニュ修道院手稿文書(但し,この文書はすべてにおいて健全であるのであるが)で会計年度を使用していないアキテーヌ王ペパンのものが含まれる。カペ諸王の時代に入ると,会計年度の使用は一層少なくなるが,一部の王によって使用されてはいる。例えば,ラップの『古文書雑録』[217, 562] やペラールの書 [282, 170, 178] に収められた2通の手稿文書に見られる王ロベール[2世],ペラールの書 [111, 848, 849] のあちこちに収められた文書に見られるブルゴーニュ公,王アンリ[1世]やフィリップ[1世],更にはドゥブレの書に一度ならず収められた文書に見られるルイ[6世]肥満王によって使用されている。しかし,ルイ7世 [1180] と彼に続くその他の王は会計年度を使用していない。

セクションI　フランクの第1王朝下における日付表記

第6節　第1王朝下における国王在位年による日付表記

　以上のことを前以て言っておいたのは,これから考察する第1及び第2王朝の諸王の日付表記への導入がより滑らかに行なわれるためであった。そして事実,メロヴィング諸王は殆ど「[文書は]国王在位の‥年,‥月,‥日,コンピエーニュで作成し,発給された。神の御名において幸いあれ」とか,「[文書は]‥月の初日の5日前に発給された」とか「この譲渡は‥日になされた」とかの書式を使用していた。しかし,私的な寄進者に共通していた書式は諸王の間では,(勿論,彼らの伝来する文書から推論する限りにおいてではあるが)使用されていなかった。確かに,トゥール司教グレゴワールの書 [167, 9, 20] においてゴントランとシルドベール[2世]の両王の協定に関しては,「この協定は11月28日,王ゴントラン陛下の国王在位の26年,シルドベール陛下の在位の12年に結ばれた」のように終わっている。しかし,第1王朝に関する,下に掲げる文書から明らかな如く,最初に挙げた書式の方がより多く使用されている。修道女ボドニヴィ[サント＝クロワ修道女,7世紀]は『聖女ラドゴンド伝』の2巻でこれを使用していて,同聖女は「8月の中日,つまり同月の13日の1日前,水曜日の朝,昇天した」と記されている。グルーターの書に収められたパエドゥケア・ジュリアナ某に関して,「3月22日に行なわれた」とある古いモーデナの碑文 [174, 447, 3] やその他のもの [4, 2, 676] もこれからそう隔たってはいない。フランクの第1王朝に関する限り,この計算法の例は沢山あるが,第2王朝に関しても読者はその幾つかの例と下に掲げる史料の中で出会うであろう。それらに関して,特に「我々のいと栄光ある王クロトカリウスの在位16年に」発給された,ノートル＝ダム＝ド＝ブリュイエール修道院の創建に関するいと高貴な婦人,クロティルドの文書が考察するに値するであろう。因みに,ここでの王クロトカリウスはクロテール3世を指していると思われる。それは,クロテール[3世]が統治していた時に活躍していたことが確認されるワニングス,ギスレマルス,ムモレヌスなどの下署がそれを証明しているからである。それ故,これらの文書からクロテール3世が統治していたのはそれまで考えられていた4年間でも,また鋭い洞察力のアドリアン・ド・ヴァロワが『聖ヴァンドリーユ伝』から引き出した14年間でもなかったこと,上掲の文書が国王在位の16年に作成されていることからも,同王は少なくとも16年間統治していたと我々は推論する。しかし,他方,クロテール[3世]は「東部に住むフランク人を14年間統治していた」とある『聖ヴァンドリーユ事績伝』の

中での同時代の匿名作家の意見は，多分，彼の父，クローヴィス[2世]が死んだその年を加えないとして，そして彼自身が死んだ年の期間も数えないとして，クロテール[3世]がまるまる14年間統治したことと合致する。上掲の文書はこの両方を2年と計算したのである。勿論，その文書が15年を当てた場合でも，私はこの両立の途を容易に認めたであろう。しかし，今や16年となっており，『聖ヴァンドリーユ伝』の作家は正確な数字でなくて，大まかな数字を当てたと言わねばならない。そして，他の証拠より優先されねばならない，疑いのない真正文書に基づいて正確な計算法に到達しなければならない。これに関しては，本書『補遺』[238]でより詳細に論じられるであろう。

第7節　より後の時代におけるこれらの混同

国王在位年によるこの計算法から，後世の人々の間で大きな混同が生じた。彼らはこの古い計算法を受肉の年に戻そうとし，沢山の誤りを犯したのである。この過誤は単に経験のない人々と関係していたのではなくて，この時代の歴史的事件に特に精通している人々とも関係していた。彼らの中に勝れた歴史家であるフルーリ修道院のエモワンがいるが，彼はクローヴィス2世の統治の2年を受肉の623年と一致させている。他方，『聖ブノワの伝記と奇蹟譚』2巻1章で西暦1005年がフルーリ修道院(この建立はクローヴィス2世の統治の2年と記されている)の創建から85年と一致している。同じ誤りは，エルゴの書に収められている修道院長レオデボドスの遺言書の日付表記においても犯されている。あれやこれやの誤りをより真実に近かった[ジャンブルの]シジュベール[1112]が取り敢えず訂正し，年代学の途を後世の人々に開いた。しかし，わが諸王の統治年と受肉の年とを一致させることに関して，特に次の三つの点においてそれは目的からそれていた。第1は，大クローヴィスの没年で，それを514年から3年遅く設定している。この誤りは以下で示す如く，続く諸王の統治年において広がる。第2は，父と一緒に6年統治し，その父の死から16年が与えられているダゴベール1世の王国統治の年を決定することである。実際には，父の死から638年に至るまで10年しかなかった。そのため，父と一緒に統治したその6年は，私が『聖者記録集(ベ)』[4]2世紀，3世紀，4世紀の序文の中で詳細に説明した如く，フレデゲールが彼に与えているその16年間の中に組み込まれねばならない。第3は，クロテール3世の統治年である。実際は，私がすぐ上で述べた如く，少なくとも14年，更には恐らく16年が与えられねばならないにも拘らず，シジュベールは4年しか与えていない。我々の世紀の碩学たちがあれやこれやの誤りをやっと訂正してくれたため，今や状況はメロヴィング諸王の年代が彼らの間で明瞭で一致したものになる方向へと向かっている。非常に高名な学者ヘンシェンとパーペンブレックはただ我々の意見とのみ一致していなかったダゴベール王の統治時代を，『聖者記録集(イ)』[5]4月の3巻の序論としての解説の中で，彼らの計算法を付したうえで採用している。そして確かに，10世紀の修道士フォルカンはサン＝ベルタン修道院の文書集4章でこの計算法を確認している。そこでクロテール3世の統治の6年は受肉の660年と一致し，続いて彼の父クローヴィス2世は654年に没したと考えている。彼は18年間統治していたことになり，このフォルカンの見解に従えば，彼は死んだダゴベール王を継いだのは638年になる。彼の言葉をここに引用すると，「またフランク人の君主，つまり前記の王クローヴィスの息子の治世，統治の6年，言葉の受肉の

660年，尊敬すべき人，ノワイヨン司教ムモランとサン＝ベルタン修道院長ベルタンは双方の間で所領を交換することに合意した。……」となる。この文言については，この後の所定の箇所でより詳しく引用されるであろう。事実，クローヴィス[2世]が656年も生きていたことについては，我々は『補遺』において証明するであろう。

第8節　第2王朝下における日付表記

　第2王朝の日付表記に関して，諸王は王文書において同じく稀にしか受肉の年を採用していないとしても，この時代の編年記が受肉の年を国王の在位年と対比させていることから，これに関してはすべての人が容易に意見を一致させている。しかし，これらには幾つかの問題点が残されており，我々はそれらについて，カロリング諸王のそれぞれの計算法を示しながら順番に解説しようと思っている。

セクションⅡ　フランクの第2王朝下における日付表記

第9節　メロヴィング諸王との相違

　この計算法と書式はある時は第1王朝の計算法と一致し，またある時は特に三つの点においてずれている。第1は，メロヴィング時代の日付（一般に《Datum》と呼ばれている）が多くの場合1人称で表現されていること。シャルルマーニュ以降のカロリング諸王は恰も文書官か書記が話している如く，3人称を使用している。しかし，王シルドベールの勅令は国王の名前を欠いているが，「2月29日，わが国王の統治の20年，ケルンにて発給された。ご健勝であれ」のように結んでいる。第2の相違は，カロリング諸王は《Datum》または《Data》（第2王朝においては両者が混同して見いだされる）と《Actum》を同じ文書の中で区別していること。その一つは法行為が行なわれたこと，他の一つは文書作成の印であった。これに対して，メロヴィング諸王は単に《Datum》のみを使用している。第3は，文書が作成された場所の表示で，文書が作成された場所を表示するさい，メロヴィング諸王はカロリング諸王にはお馴染みの「宮廷」《palatium》または「公的荘園」《villa publica》の言葉を付加する習慣を持っていなかった。但し，「我々の荘園，コンピエーニュで」発給された，シルドベール3世の1通の文書が存在するが。同じく，クロテール3世治下の婦人，クロティルドの文書は「帝国荘園モルレで」発給されている。更に，「帝国荘園」の名称がティエリ[3世]治下におけるヴァンデミールに帰属する寄進文書でシャミイの城市に付されている。更に，王ティエリのオンヌクールに関する確認文書が「キエルジの宮廷」で，同じくムモランとベルタンとの間の交換に関する確認文書が「クレシ＝アン＝ポンティユの宮廷」で発給されている。同王の別の文書は「コンピエーニュの宮廷」で，更にメロヴィング[王朝]最後の王シルデリック[3世]の文書は「キエルジの宮廷」で発給されている。これらの文書のすべてはサン＝ベルタン修道院に宛てられたものである。私はこれに関して，他の例が見いだされることを疑わない。それ故，「宮廷」の名称はメロヴィング王朝の後半の諸王の文書からより共通のものになり始めたこと，前半の諸王においては頻繁ではなかったことになる。つまり，「宮廷」の名称は

『サン=ベルタン修道院文書集』の最初の編纂者フォルカンによって付されたとの見解を私は信じることが出来ない。

第10節　王ペパンの日付表記。彼を王位に就けるための教皇ザシャリの決定（その一）

最初に来るのがペパンで，彼は文書の日付表記においてある時は先行する諸王の古い書式を維持し，別の時には新しい書式を設けている。王シルデリック[3世]の宮宰であったとき，本書で手稿文書から刊行されているサン=ドニ修道院に宛てた法廷文書をメロヴィング諸王の書式である，「それは6月20日，王シルデリックの在位の9年に行い，下付された」との文言をつけて発給している。他方，同じ修道院に宛てられた別の文書ではカロリング諸王に特徴的な書式に従って，「朕の王在位の17年，9月23日に発給された。サン=ドニ修道院で行なわれた」のようになっている。但し，ここでペパンはそれまでの古い慣習に従って，「朕の王在位の」《regni nostri》と1人称で書いている。《Data》または《Datum》は，私が既述した如く，文書の作成時期，《Actum》は法行為の完了を意味していた。それらのいずれかが区別なく使用されたり，前後して置かれたりしている。読者諸賢は両方の例を王ペパンにおいて見いだすであろう。しかし，この二つの語《Actum》と《Datum》は別のことを意味することもあり得た。つまり，我々がローマ教皇文書に関して上述した如く，その文書が依頼者の手に渡されるとき，《Actum》は文書の作成時期，《Datum》は発給の時期を指していたので。この明白な例はマルロの書[250, 1, 607]に収められた王妃ジェルベルジュの文書に見いだされ，それには「受肉の968年，2月10日に作成された（Actum）。そして王妃の手に2月12日に渡され（Datum），修道院長ユグ殿によって受け取られた」とある。そして，ここでは《Actum》が《Datum》に二度先行している。

第11節　王ペパンの日付表記。彼を王位に就けるための教皇ザシャリの決定（その二）

我々は王ペパンから徐々に遠ざかってしまったが，ある者は750年に，ある者は751年，またある者はその翌年，そしてバロニウスは教皇エティエンヌ[2世]によって国王に戴冠された754年に置いているように，作家たちが異なるキリストの年に帰している彼の統治の初年を確定することはそれなりに重要である。他方，文書と作家とは区別されねばならない。つまり，文書において，それもすべてではなくて非常に多くの文書において，ペパンの統治の開始は752年となっているのに対して，作家たちはそれぞれ別の年を当てている。つまり，ペパンやシャルルマーニュの事績を記した『フランク年代記』は，エジナールの年代記がレジノン，マリアン・スコット，シジュベールと同様にそうしている如く，ボニファーティウスによって行なわれた彼の戴冠を750年に置いている。フルダのそれは752年，エモワンは751年に置いている。かつてパリ近郊のサン=ドニ修道院に保管されていたが，今では尊敬すべきヘンシェン師とパーペンブレック師が所有していて，彼らがそれを私に公然と見せてくれた非常に古い写本がこの問題を解決してくれる。この写本は聖者伝数編をトゥールのグレゴワールの証聖者たちの栄光に関する書と一緒にまとめていて，それは「主の受肉の767年，ペパンの統治の16年，会計年度の5年，彼の息子でフランク王国の王シャル[マーニュ]とカルロマン（彼らは聖なる想い出をもつ，いと至福の教皇エティ

エンヌ[2世]猊下の手によって前記の父である，栄光に包まれた王ペパン陛下と共に，聖油で叙任された)の統治の13年に」編纂されている。ここで読者諸賢は王ペパンの統治の16年が西暦767年と一致していたこと，そして統治の初年が751年に当たっていたことを納得するであろう。この年は彼の下署に続く次の言葉によってよりはっきりと表明されている。そこには「ペパン自身が聖なる想い出の教皇ザシャリ猊下の権威と命令を通して，そして聖なる油を塗ることによって，ガリアの祝福された聖職者の手とすべてのフランク人の選挙を通して，3年前に国王の座に就かされていた」と述べられている。「その後のある日，同教皇エティエンヌ[2世]の手を介して，祝福された殉教者ドニ，リュスティック，ウルテールの教会(ここで尊敬すべきフォルラドが主任司祭にして修道院長であったことが知られている)において，前記の息子シャルル[マーニュ]とカルロマンと共に，国王及びパトリキウスとして塗油され祝福された。そして同じ日，(彼の妻)ベルトラドも王妃として祝福された」とある。上記の手稿文書に記された完全な下署を，ヘンシェンは『聖者記録集(イ)』[5] 3月の3巻に収められた序論としての解説2にそのまま掲載してくれている。我々もそれを本書5巻文書22番にそっくりそのまま再録している。

　従って，事実は以下の如くであったと思われる。750年の秋，王シルデリック[3世]をペパンと交替させるための使者が教皇ザシャリの許へ派遣された。ザシャリはそれを承認し，そしてエジナールやその他の編年記と共に，上記の下署が明瞭な言葉でもってその事実に信頼を与えている。従って，ある碩学の反対意見は粉砕されることになる。751年にフランク人の心は徐々に，この年の内にまたは次の年に入って行なわれたペパンの国王戴冠に向かって準備されていた。従って，751年というこの年に，ペパンの国王在位年が数え始められたのである。バロニウスが修道士イソと共に信じていた如く，教皇ザシャリによって新たに戴冠され塗油された754年から数え始められたのではない。ペパンの国王在位年をゴルダストの書に収められた3通の文書，『アラマン人史』2巻[161]に収められた2通の文書42と43番，同3巻，57頁に載せられた3番目の文書が確認している。最初の文書は「私は3月8日に記した。我々の王ペパン陛下が統治する10年，8月13日」と終わっている。この年は年初の日曜日記号がFに当たっていた754年と一致する。2番目の文書は「私は我々のフランク人の国王ペパンが統治すること10年，10月10日，日曜日に記した」のように終わっている。この年は年初の日曜日記号がCとなっていた762年と一致する。そして第3の文書は「王ペパンの統治の6年，水曜日，12月21日に発給」されている。そしてこの表示は年初の日曜日記号がBに当たっていた757年に一致している。ガリアにおいて計算されたペパンの統治年がこれ以外でなかったことは『フォントネル年代記』14章[2, 3, 225, 226]とペパンが750年，つまりその年の末にフランク人の王に推戴されたと語られている13章とを参照した者にとっては明らかである。実際，14章において彼の統治の2年は753年と一致していたのであるから。ルイ敬虔王の治世で終わっている非常に古い年代記の写本ではペパンは西暦768年，10月9日に没しており，「17年間」王位にあったと述べられている。

第12節　王シャルルマーニュの日付表記

　シャルルマーニュに話を移そう。彼に関しては，三つの年代表記を古い文書で読む。第1はフランク王位，第2はロンバルディーアまたはイタリア王位，第3は帝位である。人々は王文書に

おいてこれら三つの年代を 801 年(その前年のクリスマスに,皇帝と表明されている)から,一緒に並記したり別々に分けたりしている。最初の二つは帝位に就く前から使用されている。これに関する証拠はいくらでも見いだされる。碩学が『古文書序説』[276, 47] において,この二つの日付表記の結合は 800 年以前には実現されていなかったと主張していることは驚くべきことである。本書に収められた文書を参照してもらいたい。バリューズの『新勅令集付録』[37] の 3 通の文書,イタリアに関してはプリチェッリの書 [298, 45],そしてすべてを参照してもらいたい。しかし,ドゥブレの書 [111, 704] に収められたサン=ドニ修道院文書,更には,多分この計算法にまだ馴染んでいなかった書記の不注意によるものであろうが,それらの手稿文書における如く,ロンバルディーア王の在位の初年に発給された文書数通においては 2 番目の日付は付されていない。三つの日付に関する例は同様に多く,『勅令集』1 巻 [35] とゴルダストの書 [161] に収められた文書 99 番にある。読者諸賢は「3 月 8 日,慈悲深いキリストにおいて,わがシャルル[マーニュ]の帝位の 12 年,フランキアでの統治の 44 年,イタリアでの統治の 38 年,会計年度の 3 年,神の御名において幸いあれ」と表現された 1 通の文書を見るであろう。ここで読者諸賢はフランク王位がイタリア王位よりも 6 年(つまり,シャルル[マーニュ]は 768 年の 10 月に父の後を継ぎ,774 年にロンバルディーア王位を獲得した),帝位の開始より 33 年早いことを知るであろう。

　古い記録はこれら三つの日付をときどき帝位年の中にまとめている。その一つがゴルダストの上掲書 3 巻 [161, 3, 59] に収められている文書で,「カエサルであるシャルル[マーニュ]の帝位の 41 年,2 月 11 日,日曜日に発給された」とある。つまり,それは年初の日曜日記号 G が 2 月 11 日に当たっている 809 年のことである。これと同じ年代は『ゲルマン教令集』の写本 423 番で読むことができ,その末尾には「この本は皇帝シャルル[マーニュ]陛下が統治する 37 年に作成された」の文章が置かれている。この年は西暦 805 年に対応している。これらの史料においては,皇帝在位年のもとにフランク王在位年とイタリア王在位年がまとめられている。同様に,ゴルダストの書 2 巻 [161, 2, 60] に収められていた文書 49 番において,フランク王位がイタリア王位と混同され,同じく第 3 巻においても「私は 9 月 19 日,わがシャルル[マーニュ]がフランク人の王,そしてロンバルディーア人の王として統治して 44 年,ローマ人の皇帝,そして君主としての 11 年に記した」の書式が見られる。『フルダ修道院文書集』[346, 455, 456] において「王在位年」《regnum》の語のもとにフランク王在位年と皇帝在位年の二つの日付がまとめられているが,ロンバルディーア王在位年への言及はない。イタリア人の間で,シャルルマーニュの息子ペパンが統治しているあいだ,二重の日付が付されることがときどき起きている。従って,プリチェッリの書 [298, 21] に収められているサン=タンブロージョ教会に関する[ミラノ]大司教ピエトロの文書は,「我々のシャルルとペパンがイタリアにおいて国王であった 16 年と 9 年に」のように終わっている。最後に,シャルルマーニュは帝位を受け取る以前から,ときどき皇帝と呼ばれているが,それは我々が既に本巻 4 章で述べたこと,ペラールの書 [282, 12] に収められた「わが皇帝シャルル[マーニュ]陛下の王位の 10 年目,11 月 1 日の後の最初の月曜日に」発給されたレオタール某の文書から明らかである。この年は 777 年に照応し,年初の日曜日記号は E で,月曜日は 11 月 2 日に当たっていた。従って,この年は年初の日曜日記号 F に当たっていたシャルル[マーニュ]の帝位の 10 年,つまり西暦 810 年とは重なっていなかったことになる。カズヌーヴの書 [73, 298] に収められたシャルルマーニュに帰された文書はロンバルディーア王在位年への言及を欠き,「父と子と聖霊の御名

において，神の恩寵によるいと清澄な王シャルル[マーニュ]」との書出しのみならず，「朕の王在位の25年」とある日付表記によって偽造されているように思われる。

第13節　ルイ敬虔王

シャルルマーニュの皇帝書式を，彼の息子で尊厳者のルイが文書の日付表記の中で継承している。勿論，シャルル[マーニュ]は帝位に就く以前から，ある時は古いメロヴィングの書式，またある時は新しい書式の《Datum》または《Data》と《Actum》を「朕の王在位」《regnum noster》と一緒に使用している。帝位に就いた後は，《Datum》または《Data》と《Actum》，またはどちらか一方を使用していたのであるが，その際法行為が行なわれた場所が表記されねばならなかった。そして彼は皇帝在位年と王在位年を3人称で表現した。彼の息子，ルイもこの表記を用いている。彼の文書にはあちこちで《Actum》と《Datum》または《Data》の表現が見られるし，同じく「いと敬虔な皇帝ルイの帝位」とか「いと清澄な尊厳者ルイの帝位」の年もあちこちで出会うが，「朕の帝位の……」の表現は使用されていない。彼の二重の日付表記，つまりアキテーヌ王位と帝位のそれにおいていかなる障害も見いだせない。何故ならば，アキテーヌ王位は781年に始まり，帝位は814年に始まっているので。アキテーヌ王ルイのジェローヌ修道院に宛てた『聖者記録集(ベ)』4世紀の第1部所収の1通の文書があるが，そこには会計年度の10年は初年と読まれるべきであろう。より大きな障害はルイの皇帝在位の年がロテールの王在位の年と比較されている王文書に存在する。

第14節　父との共同統治の時代と父の死後におけるロテール[1世]の日付表記

ロテール[1世]の王在位または皇帝在位の表現は一定していない。最初，彼は父によって814年にバイエルン王に据えられ，そして817年バイエルン王位を奪われると，夏にアアヘンにおいて帝位の共同者にされた。821年5月1日ノワイヨンの全体集会でそれが承認される。続いて，822年8月アッティニの全体集会によってロンバルディーアまたはイタリア王国へ派遣される。結局，その翌年，つまり823年復活祭の荘厳さの中で，彼は教皇パスカル[1世]からローマ王位または帝位を拝受する。この他，ロテール[1世]の文書には2種類の日付表記があったことを知ってもらいたい。一つは，父の存命中に作成されたもので，両方，つまりルイとロテールの王位が表記されている。他の一つは，ロテールのフランス王位とイタリア王位とが表記されている。更に，術語「王国」《regnum》と「国王として統治している」《regnans》はいつも王国と同義ではなくて，帝位をも意味していたことを指摘することが適切であろう。つまり，ゴルダストの書2巻にある文書28, 47, 81, 86番において文書官は「帝位」《imperium》の意味で「王位」《regnum》を使い，文書55番などでは「帝位」に代わって「王位」を用いている。ペラールの書の12頁から36頁を参照せよ。同書の23頁のある文書は「帝位の初年に」，つまり「シャルル若王陛下」の王位，即ちシャルル禿頭王の王位の初年に発給されている。この「シャルル若王」《Karolus junior》は恰も添え名の如く，私文書で頻繁に使用されている。デュシェーヌの書[123, 12]に収められた王ロベールの文書は，「彼の帝位の29年に」発給されている。これらを指摘しておくべきと判断したのは，

ある碩学が術語《regnans》の中には帝位ではなくて，王位が表意されていると力説しているからである。

　これらの考察から，次のことが引き出される。ロテール[1世]の文書の在位年を確定するさい，恐らくバイエルン人の間を除いて，バイエルン王位はいかなる意味も持っていなかったことである。しかし，その表現は817年から時々，822年から頻繁に，そして823年から再び稀になっているのであるが，それらは尊厳者ルイの死よりも前に作成された文書と理解されねばならない。817年に関して，私は彼の「帝位の18年，会計年度の13年に」発給されたロテールの2通の文書を例示する。この日付表記はプリチェッリの書 [298, 184, 187] において841年に照応させられているが，それは間違いで，835年と一致している。この上なく該博なシャルル・ル・コワント [223, 7, ann. 823] は，ロテール[1世]が彼の父との関係を断つ以前に彼の在位年を817年または822年から計算し，教皇パスカル[1世]によって戴冠された823年から計算することは決してなかったこと，そうではなくて，自らローマ教皇に感謝している如く，彼と彼の父との間の対立が鎮静化した829年以降からこの最後の在位年を優先させたとの見解に従っている。この碩学はこの見解を証明するために，『聖者記録集(ベ)』4世紀1巻 [4, 4–1, 67, 68] の中で筆者によって刊行されているバリシ荘園に関して，「1月18日，いと清澄なる皇帝ルイの帝位の17年，尊厳者ロテールの帝位の8年，会計年度の9年に」発給された文書を挙げている。この年は西暦831年に照応している。この見解がこの証拠と一致するためには，父に対して憎悪を燃やし，教皇と友誼を結んでいることから，ロテールがこの年代を好んで用いたのでなければならない。しかし，バリシ荘園に関する文書の作成者はロテールではなくて尊厳者ルイである。それ故に，この碩学が意図することと全く一致していない。この文書はロテールの年代がときどき教皇パスカル[1世]によってなされた戴冠から始まっていたことのみを提示している。しかし，この日付表記は非常に稀である。ロンバルディーア王位の開始，即ち822年から始まっているもう一つ別の日付表記のほうが一般的であった。つまり，我々の手許に伝来する，ルイとロテールの名前による非常に多くの文書はロテールの在位年を表記するさい，父ルイの在位年を7または8年を越えていることである。しかし，817年にルイがロテールを帝位の最初の共同者として指名したとき，パシャーズがワラへの弔辞に関する書2巻17章において証言している如く，彼はそれを「すべての文書と貨幣において」証明することを望んだ。従って，826年11月に開催されたローマ公会議の記録の序文で，「我々のいと敬虔な尊厳者，神によって戴冠された偉大な皇帝ルイが統治すること13年，しかし新しい皇帝ロテールが統治すること10年」の年代が使用されている。そしてここでは，ロテールの帝位の初年は817年から始められている。817年から822年にかけて，『聖者記録集(ベ)』4世紀1巻 [Ibid., 66] で私が刊行したサン＝タマン修道院の文書やその他多数が示す如く，ルイの名前だけによって作成された多くの文書が見いだされる。更に，822年からルイとロテールの名前で始まる文書は殆ど少ししか見いだされない。但し，日付表記においてルイの帝位への言及のみがあるに過ぎないが。例えば，コルヴァイ修道院に宛てた特権文書 [148, 114] がそれで，そこには2人の下署があるが，ルイの在位年しか記されていない。それに対して，一部の文書 [Ibid., 86] は最後に両者の在位年が示されているが，ルイのみまたはロテールのみの名前で発給されている。以上が，ルイが存命中に作成された文書に関する考察である。

第 15 節　ロテール[1 世]の治世

　　ルイの死後，ロテールは別の方法を導入するが，その二つの書式は『トゥールニュ史』[81, 265]から引き出せる。その一つは，「10 月 10 日，キリストの恩寵による敬虔な皇帝，ルイの帝位のイタリアにおける 21 年，フランスにおける初年，会計年度の 3 年に発給された」との言葉で表現されている。他の一つは，「10 月 17 日，キリストの恩寵による敬虔な皇帝，ロテールの帝位のフランスにおける 10 年，イタリアにおける 30 年，会計年度の 13 年に発給された」[*Ibid.*, 266] とある。最初の書式は 840 年，第 2 の書式は 850 年に照応する。両方の文書において，イタリアにおける帝位の年がフランスのそれを 20 年上回っている。そしてフランスでの帝位の初年は，尊厳者ルイが他界した 840 年の 1 月 20 日から定められている。こうして，イタリアにおける帝位の初年は 820 年から始まっている。そして誰もが上記 2 通の文書にいかなる改竄も忍び込んでいないと考える。同じ年代を用いたその他多くの文書，例えば，「10 月 22 日，わが敬虔な皇帝ロテールの帝位のイタリアにおける 24 年，フランスにおける 4 年，会計年度の 6 年」に発給された，バリューズの『新版勅令集付録』[37] に収められた 56, 57 番の二つの勅令が存在する。この年は 843 年で，会計年度は 6 年となっていて，フランスにおけるロテールの帝位の 4 年，6 月 20 日に当たっている。『拾遺集』[2, 7, 184] 所収の同ロテールの別の文書も同様である。例えば，7 巻所収のミュンスター=グランフェルデン修道院になされた寄進の確認文書には「8 月 25 日，敬虔な皇帝，ロテール陛下の帝位のイタリアにおける 30 年，フランスにおける 10 年，会計年度の 12 年に」発給されたと読める。この年は 849 年である。そして 8 巻 [*Ibid.*, 8, 141] におけるオータン司教座教会に宛てた同皇帝の命令文書は，「7 月 3 日，敬虔な皇帝ロテール陛下の帝位のイタリアにおける 34 年，フランスにおける 14 年，会計年度の初年に」発給されたとある。この年は 853 年に照応し，この年ロテールの王位の 14 年が 6 月 20 日から，会計年度の初年において始まっている。最後に，同『拾遺集』12 巻 [*Ibid.*, 12, 113] にナンチュア修道院に関するロテールの命令文書が 1 通収められているが，それは「6 月 25 日，いと敬虔な尊厳者ロテールの帝位のイタリアにおける 33 年，フランスにおける 13 年，会計年度の 15 年に」[*Ibid.*, 144] 発給されている。別の 1 通はリヨン近郊のサヴィニ修道院に関するもので，852 年に照応する同様の日付表記が付されている。この年，6 月 20 日からロテールのフランスにおける帝位の 13 年が始まっている。これらすべての文書と列記することを控えるその他の文書から，イタリアにおける帝位の年は(既に述べられている如く)フランスにおけるそれよりも，ロテールの場合，20 年先行していることが明白となった。それ故，イタリアのそれは 820 年から始まり，フランスのそれは 840 年の 6 月 20 日から始まっている。従って，読者諸賢はパーペンブレックによって銅版印刷された日付表記が「2 月 17 日，キリストの恩寵による，敬虔な皇帝ロテール陛下の帝位のイタリアにおける 25 年，フランスにおける 3 年，会計年度の 8 年に発給された」と表示されている，ロテールの特権文書の見本を訂正することになる。ここでは間違いなく，「フランスにおいて 5 年または 6 年」と読まねばならない。但し，私としては，写字生の単純な誤りから 5 年のほうをとるが。同じく，この特権文書が主の御年，843 年に発給されたとある見本の表題も訂正されねばならない。ここでは会計年度が 8 年に当たり，そして上で言った如く，ロテールの帝位のイタリアにおける 25 年，フランスにおける 5 年が経過していた 845 年に訂正されねばならない。しかし，ロテールが死んだ父に対して，イタリアにおけ

る帝位の初年を 820 年から要求した理由について，今に至るまで解明できていないことを私は告白する．但し，読者諸賢が 818 年に置かれているイタリア王ベルナルドの死を 819 年の末までかその翌年の初めまで延ばされることを証明できれば別であるが．何故ならば，ロテールはこの年から恰も相続権によって自分にもたらされた如く，イタリア王位の開始を数えているので．但し，彼がそれを獲得するのは 822 年のことではあるが．多分，たとえどのようなことが言えるにしても，上掲文書の年代は 821 年から始められていて，その年の 5 月 1 日にノワイヨンの全体集会で帝位への合同が確認されている．これに関して，ロテールのサン＝ドニ修道院に宛てた多くの手稿文書を利用することが出来る．但し，大胆な者がその意図は不明として，これらの文書の日付表記(ドゥブレがそれらを刊行しているが，それらに関して，ここでは何も持ち出すことは出来ない)をすべて改竄していないとするならばではあるが．しかし，ここではトゥルのサン＝マンシュイ修道院に保管されている，同ロテールの有名な手稿文書を見落とすことが出来ない．この王文書によって同王は尊敬すべきトゥル副司教ベルナールに自分の財産の一部，つまり上記の都市の城壁から遠くないところにあるサン＝タマン教会を寄進しているが，イルドワンに代わって書記のフロトマンが下署し，「1 月 16 日，キリストの恩寵により敬虔な皇帝，ロテール陛下の帝位のイタリアにおける 26 年，フランスにおける 6 年，会計年度の 8 年に付与された．そしてアアヘンの宮廷で行なわれた」との日付表記が付されている．この年は 845 年に当たり，すべて細部に至るまで上述の計算法に従っている．以上がロテールに関する考察である．

第 16 節　同じく，シャルル禿頭王に関して

　ルイ敬虔王の息子，ペパンとルイの両王が次章に回されていることから，今や話はシャルル禿頭王へと向かう．同王に関しては三つの時代が区別されねばならない．第 1 は，840 年 6 月 20 日に起きた父の王国の継承から，第 2 は 869 年 9 月 5 日に当たるロテールの王国の継承から，第 3 は 875 年 12 月 25 日における帝位の開始から．同シャルルのサン＝ドニ修道院に宛てた命令文書がこれらの最初の二つの在位年を表記している．そこには「3 月 27 日，会計年度の 8 年，いと栄光に満ちた王シャルルの統治の 35 年，ロテールの王国を継承して 6 年に発給された」とあるが，この年は 875 年に当たっている．読者諸賢はもう一つの例を，『トゥールニュ史』[81, 211] の中に持つであろう．王シャルルは第 3 の在位年を他の二つの在位年と，「3 月 29 日，会計年度の 10 年，皇帝シャルル陛下の帝位のフランキアにおける 37 年，ロテールを継承して 8 年に発給された」のように結合している．この年は 877 年に照応し，『拾遺集』12 巻 [2, 12, 411] と本書の『見本』[図版 XXXI-2]にその文書は掲載されている．カズヌーヴの書 [73, 301] で引用されているシャルル禿頭王の文書における在位年は特殊で，「6 月 19 日，会計年度の 7 年，栄光に満ちた王シャルルが統治して 4 年，サン＝セルナン修道院において，トゥールーズを包囲していた時に発給された」となっている．しかし，これ以上に特殊なのが，『ギーヌ史』[126, 5] 所収の同シャルル禿頭王の別の文書の，「7 月 20 日，シャルル陛下が国王として統治して 37 年，皇帝として 2 年目に発給された．コンピエーニュの皇帝の宮廷で修道院長イルドワンの死後 14 日に発給された」との言葉で表現された在位年である．しかし，修道院長イルドワン 2 世への言及は二つの理由によっている．一つは，その特権文書は彼がそこの院長であったサン＝リキエ修道院のために付与されていること．

他の一つは，彼がシャルル禿頭王と親しく，愛されていたこと。そのため，同修道院に宛てた他の文書において，「朕のいと忠実な臣下で文書係の役職にある，尊敬すべき修道院長イルドワン」と記されている。これはフォルカンが編纂した文書集に収められているのであるが，（ついでに，指摘することが許されるならば）そこでも同様に，イルドワンに関して，「主の受肉の866年，王シャルルは非道にもフンフリドから修道院を取り上げ，少し前にロテールへの従属から自分への奉仕へ変えさせた参事会員のイルドワンに，金30リーヴルで譲渡した」と記されている。この文書集の非常に多くの文書で言及されているイルドワンは「主の受肉の877年，キエルジの王宮で6月7日に死去した」と書かれている。彼の死を悼んで，シャルル禿頭王は同修道院に別の特権文書を発給したが，その中で同王は当該修道院内に60名の修道士が彼の父が定めたことに従って生活し，院長の選挙は彼の兄弟たちの干渉から免れていると定めている。シャルル禿頭王は同年，つまり877年10月6日に没している。

第17節　ルイ吃王と彼の息子，ルイとカルロマン

彼を継いだのが息子のルイ[2世，吃王]で，彼は865年に父によって国王に推挙されたと，アリユルフは『サン＝リキエ修道院年代記』の中で伝えている。しかし，シャルルが息子ルイをヌストリに配属したと言われている年に関して，『サン＝ベルタン編年記』から反論が出されている。そこには「国王の名称（つまり，彼はこの称号を861年と62年から使用していた）を与えられていなかったし，その使用を禁止されてもいなかったが，[王は]単にアンジュ伯領，マルムーティエ修道院，そして幾つかの荘園を彼[息子]に与えただけであった」とある。このように，アリユルフが867年に遡らせているこのルイの命令文書は878年に後退させられ，そして会計年度も15年ではなくて11年に改められねばならないと思われる。上掲のフォルカンが記しているところによると，ルイ[吃王]自身は「彼の統治の2年が完了しないうち，コンピエーニュの宮廷で4月9日，主の受肉の879年に没した。その後，彼の息子ルイ[3世]とカルロマンは王国を互いに分配した。しかし同王ルイ[3世]はヴィム地方でノルマン人と戦争して勝利を収めたが，その後間もなくして，つまり881年8月3日に死去した。彼は2年と3ヵ月王位にあったことになるが，彼のあと，弟のカルロマンが王国を継承し，3年と6日統治したあと，主の受肉の884年に没した。その後，ペパンの息子，シャルルマーニュの息子，ルイ敬虔王の息子であったノリクス[オーストリア南東国境一帯]人の王ルードヴィヒ・ドイツ王の息子であったスエヴィ人の王シャルル[カール，肥満王]がフランク人とローマ人の帝権が及ぶ王国を，言葉の受肉の885年に獲得した」。以上は，サン＝ベルタン修道院のフォルカンからの引用である。実際，継承をめぐって発生した対立のため，カルロマンの死後すぐにシャルルはフランス王位に推挙されたのではない。従って，この時期，ペラールの書に収められているペルスィ分院文書集の文書11番は「4月，カルロマンの死んだ年，主の受肉の885年に発給された」とある。このカルロマンが死んだ年は，上記の西暦の終わりから計算されねばならない。つまり，彼の死はサン＝ドニ修道院の過去帳で12月6日，サン＝レミ修道院の過去帳で同月の12日に置かれている。そしてこの過去帳においてシャルルマーニュの弟，王カルロマンは同月の4日に記されているので。

第 18 節　シャルル[カール]肥満王

　彼の後継者で「肥満」《Crassus》とあだ名される皇帝シャルル[カール]は通常，彼の文書において第 1 はイタリア王位の 880 年から，第 2 は東フランクの王と呼ばれるようになった 882 年から，第 3 はガリアの王と呼ばれるようになった 885 年の初頭からの三つの在位年を使用している。同王は特にガリアの王の就任時から，文書のあちこちで受肉の年を使用しており，そのことは『神聖イタリア』2 巻 [347, 2, 186, 188] と 4 巻 [Ibid., 4, 596, 792, 1367]，同じく『拾遺集』7 巻 [2, 7, 186]，『ガリア公会議集成』の 3 巻 [326, 3, 521]，パーデルボルンとミュンスターのいと高名で博学な司教フェルディナント[・フォン・フュルステンベルク]の『パーデルボルン史料集』[148, 265] から明らかである。最後の書に収められているシャルル肥満王のシュメヒテン荘園に関する文書にはこれら三つの特徴が備わっていて，「9 月 21 日，主の受肉の 887 年，会計年度の 5 年，いと清澄な皇帝で尊厳者シャルル陛下の王位のイタリアにおける 7 年，フランキアにおける 5 年，ガリアにおける 3 年に発給された」とある。シャルルは常にこの計算法を使用していたのではなかったが，我々が次章で明らかにする如く，彼に続く諸皇帝も受肉の年による計算法に従っている [51, 196/150, in Emmeno Episc. Nivern.]。その上，シャルルはこの計算法をガリアの王位に就く前から使用していた。プリチェッリの書 [298, 229, 237] に掲載されている，「3 月 21 日，主の受肉の 880 年，会計年度の 13 年，王シャルルのフランスにおける王位の 4 年，イタリアにおける初年に発給された」とある彼の 2 通の文書がそれを信頼できるものにしている。そこで，彼のフランスでの王位はイタリアのそれより 4 年先行している(それ以前の王の場合，その逆であったが)。つまり，876 年の 8 月 28 日に当たる，父であるルードヴィヒ・ドイツ王の死から計算している。その時，父の王国は兄弟の間で分割され，『メッス編年記』が伝える如く，シャルルにアレマニアの一部とロテールの王国に含まれる幾つかの司教座都市(フランスにある都市はその名前で記されている)が付与されている。更に，プリチェッリの書に収められている 2 通の文書から，同シャルルがイタリア王に戴冠されたのは後世の人々に受け入れられている 881 年ではなくて，その前年の，昔の人々が新年を始めていた主の生誕においてであったことは明らかである。更に，シャルルはシャロン＝シュル＝ソーヌ司教座教会に宛てた文書 [326, 3, 521] で三つの王国を混乱して一つの王国の名称で記している。それは「6 月 12 日，主の受肉の 885 年，皇帝シャルル陛下の王位の 8 年，帝位の 5 年に」発給され，王位への就任は父の死から計算されている。「皇帝シャルル陛下の没年」は我々のサン＝ジェルマン＝デ＝プレ修道院の過去帳では「12 月 5 日」に置かれている。

第 19 節　王ウード

　ウードも同様に，888 年 1 月 12 日からシャルル単純王が国王に推挙される 893 年にかけて，受肉の年を使用している。彼は戦争好きでないシャルル単純王が成人するまえ，国王の名称を自分に付していた。否，それによって保護者《tutor》であると解していた(つまり，その当時の保護者[の語]は，デュ・カンジュ [114, tutor] が巧みに表現している如く，孤児となった者の役職及び封土の管理者に付されていた)と言うほうが適切であろう。受肉の年が表記されたウードの文書は本書，『トゥールニュ史』[81, 272]，『拾遺集』8 巻 [2, 8, 356]，バリューズの『新版勅令集付録』[37]

の121，122番に掲載されている。但し，124番だけがこの表記を持っていない。本書の『見本』[図版XXXIV]を参照せよ。

第20節　シャルル単純王

シャルル単純王は三つの盛式の在位年を持っていた。第1の時代はウードに逆らって国王に推挙され，ランス大司教フルクによって国王として塗油された893年から始まる。それは確かに1月28日の日曜日で，この月は普及した計算によると，893年に一致している。ヘルマン・コントラクトス[ライヘナウ修道士，1054]が採用している古い計算によると，それは他と異なって，その1年前に照応している。第2の時代はウードが没して，単独で統治するようになった898年から始まる。王文書において「王位に復帰して」《redintegrante》，または「ウードを継承したあと」《post successionem Odonis》の文句で通常は表現されている。そしてこの時代は，シャルルが892年1月28日に塗油されたとしても，ウードが898年1月3日に死去しているので，ほぼ丸5年が経過していた第1の時代を受けている。第3の時代は912年から始まるが，それはゲルマニアにおけるフランク王朝最後の王で，後継者を残さなかったルードヴィヒの死後，正統な後継者としてシャルルがロテールの王国を継承した年であった。この就任によって，王文書では「より大きな遺産を獲得して」《largiore indepta hereditate》の表現が加わっている。これらすべてに関して，シャルルとハインリヒとの間で結ばれた条約が「主の受肉の921年，栄光に満ちた西フランク人の王，シャルルの統治の29年，王位に復帰して24年，加えてより大きな遺産を獲得して10年，会計年度の9年」と表現している。シャルル禿頭王の勅令でこの箇所に付されたシルモンの註を参照し，ラップの『古文書雑録』[217, 492]，シフレの『トゥールニュ史』[81, 274, 275]，アシェリの『拾遺集』6巻[2, 6, 411]と13巻[Ibid., 13, 267]，ドゥブレの書[111, 812 sq.]などに収められている，受肉の年を欠いたままこれらの時代を表示しているシャルル単純王の文書を比較せよ。更に，王文書のみならず相当数の私文書でも，これらの時代が用いられている。それらの中の一つがペラールの書[282. 37]に収められているが，少なくない問題を含んでいることから，ここに引用すべきと考えるその文句は，「5月25日，会計年度の7年，王ウードが他界して1月，王シャルルが王座へ復帰した時に下付された」となっている。王ウードの死後の最初の月，つまり1月に王座に復帰したシャルルにとって最初の年に当たる898年は会計年度の7年ではなくて，初年に照応していた。それ故，文書が初年に属すると解釈されるのであれば，ここでは会計年度の初年としなければならない。そうでなければ，文書は会計年度の7年と重なる904年に遅らせねばならない。この計算法はオータン司教ワロが『ヴェルジ史』[124, 29, 310]の中で示しているもの，つまり「10月31日，会計年度の8年，王ウードの死後23年，栄光に満ちた王シャルルの治世に下付された」のそれに類似している。

第21節　同じく，ラウールの治世において

シャルル[単純王]が拘禁され，ラウールが王に推挙された年から，別の計算方法が私文書において始まっている。つまりその時，ラウールの統治から，または「フランクの反逆者たちが彼らの

王シャルルを辱め,ラウール殿を国王に選んだ」年から新しい計算方法が採用されている。それは 923 年に起きたとフロドアールが年代記の中で伝えているが,シャルルの競争相手である王ロベール[1 世]がシャルルによって殺された 6 月 5 日よりも後のことであったことは確かである。我々はこの計算方法を一度ならずブリウード修道院文書集とアキテーヌ公アクフレッドの 2 通の遺言書の中で読むが,これらの文書の一方はラップの『古文書雑録』[217, 523],他方はバリューズの『勅令集』[35, 2, 1534] に収められている。ブリウード修道院文書集の 25 頁に「2 月 16 日,王シャルルがフランクの反逆者たちによって辱められた年の 3 年」,276 頁に「フランク人が彼らの王シャルルを辱め,法に反してラウールを国王に選んだ年の 5 年に行なわれた」とある。アクフレッドの遺言書では「ソキシランジュにおいて 10 月 11 日,フランクの反逆者たちが彼らの王シャルルを辱め,ラウールを君主に選んだ年の 5 年に行なわれた」とある。ジュステル[フランスの神学者,1649]の刊本では「6 年」となっている。これらから,我々はこの計算方法がフランク人によるシャルルに対する反逆を認めていなかった,ロワール河以南に住む人々の間で普及していたと理解する。他方,ロワール河以北に住む人々はラウールの統治から年号を数えていた。

第 22 節　そして,シャルル単純王の死後

最後に,929 年 10 月 7 日に起きたシャルルの死のあと,同じくフランク人の間で王ラウールの統治年による計算法が広まった。しかし,ロワール河以南に住む人々の間ではルイ海外王の即位に至るまで新しい計算表記,つまり「王ルイの息子シャルルが死去し,キリストが統治し,国王の出現が待たれる初年,2 年……」の如きが導入された。碩学バリューズが『新版勅令集付録』[37] 所収の文書 138 番に付された註で,バルセロナ,ウルヘル,エルヌ,ヴァブル,トゥールーズ,コンシュ[以上,スペイン・南フランスの諸都市]の文書館から収集されたこの書式のいろいろな例を詳細に検討している。そして彼は王カルロマンの死後,これらの地方で使用されていたシャルル肥満帝と王ラウールの類似の書式を引用している。王妃エマの手書きの詩編集には「7 月 11 日における有名な王ラウールの廃位」と書かれている。

第 23 節　ルイ海外王の時代。彼の墓碑銘が引用される

シャルル単純王の息子,ルイ海外王は王ラウールが 936 年 7 月 11 日に死去したとき,王位を継承すべくアングリアからフランキアに連れ戻された。この年から彼の王位の年号が『クリュニ図書』[251, 275 sq.] 所収の「王ルイの統治,つまり彼が再びフランキアを治めてから 11 年,7 月 1 日」に下付された 3 通の文書で採用されている。そして,この年は 946 年に照応している。しかし,その後のある文書では「ロワール河畔,プーイイにおいて 2 月 3 日,会計年度の 6 年,栄光に満ちた王ルイの統治の 15 年に行なわれた」との文句が並べられている。ここでは会計年度の 6 年に代わって,ルイの統治の 15 年,西暦 950 年に一致する 9 年と訂正されねばならないか,そうでなければルイの統治年が改められねばならない。ベリの書 [51, 244] において,王ルイは受肉の年を「ポワティエの町で 1 月 5 日,主の受肉の 942 年,会計年度の 15 年,栄光に満ちたフランク人の王ルイが統治して 6 年に行なわれた」との言葉で表現している。この計算は我々の一般的

なもの，つまり我々が上[本巻23章5節]で明らかにした如く，1月から始まる年と一致している。ルイ海外王の死は954年，そして実際に，現在ランスのサン=レミ修道院に保管されている王妃エマの手稿詩編集の「9月10日」に起きている。従って，一部の人々が思っているように，「10月15日」ではなかった。このことは一方において，「シャルルの息子，いと清澄なる王ルイ」が「9月10日」に記載されているオーセルの死者名簿によって確認される。他方，それは彼の墓碑銘からも確認されるが，読者の心をこの難解な取扱いから救済するために，我々の写本124番からそれをここに抜き出すことが賢明であろう。

ルイ海外王の墓碑銘

ここにカエサルの血を引く，
　　フランク族のシャルルから生まれた優れた子孫が眠る。
33年にわたって栄えている間，
　　王ルイは尊厳者の名そのものであった。
聖レミはこれまで諸王の決定を神聖なものにしてきた。
　　聖者は彼に王笏を授けた。そしてここに墓がある。
王国の統治に18年を費やし，
　　9月10日に他界した。
これを読む者よ，神の名を呼べ。フランク人の救済を求めよ。
　　神は世界においてこの王家を助けるであろう。

この墓碑銘から三つのことが言える。つまり，第1は王ルイが33歳の9月10日に死去したこと。第2は，彼が18年間統治したこと，即ち，936年から954年まで。従って，920年に生まれたことになる。第3は，王笏をランスのサン=レミ修道院で渡されたこと，つまり戴冠され，そこで息子と共に埋葬されたこと。私は同じことを彼のある文書で読んだのを憶えている。しかし，フロドアールの年代記ではランで叙任されたとなっている。

第24節　ロテールの治世

碩学ピエール・フランソワ・シフレは『トゥールニュ史』[81, 287]で引用された2通の文書に依拠して，ロテールが彼の父の死の3年前から王国の共同統治者であったことを指摘している。それらは「王ロテールの統治の20年，1月14日，土曜日」，つまり年初の日曜日記号がAに当たる971年に下付されている。このことからシフレは，ロテールはフロドアールの証言によると，アキテーヌにおいて重い病気にかかったルイが彼の息子ロテールを国王と呼んだと言われる951年から，父と共同統治を開始したと推量する。そしてエモワンは『聖ブノワ奇蹟譚』の中で986年に死んだことが明らかなロテールが，大まかな数字であるが，「30年かそれ以上にわたって」王権を単独で掌握していたと書いている。ルイが死んだ954年9月からロテールの死，つまり986年に至るまで殆ど32年が経過していた。しかし，981年，有名な王ロテールの統治の28年に交

付されたフランドル伯アルヌールの文書 [126, fol. 48v.] は父の死から記されている。クレルモン司教エティエンヌのブリウード修道院に宛てた公正文書は、「しかし、これらは主の生誕の 961 年、会計年度の 5 年、2 月の土曜日、広く知れ渡ったフランク人とアキテーヌ人の王ロテールの治下、有名な辺境伯ギヨームの時代に行なわれた」のように書かれている。そしてこの計算法は我々のより後の時代のそれと一致している。ベリのポワトゥ伯に関する書 [51, 252] に収められた、ロテールの文書の日付表記を参照せよ。そこには本文の最後にある「押印によってサインされる」《impressione insigniri》の後に、「主の受肉の 962 年、会計年度の 10 年、非常に栄光に満ちた王ロテールが統治し、彼の在位の 9 年」の文言が続いている。そして「いと勝れた王、ロテールのサイン」と続き、その後「王都ランで行なわれた」と記され、最後に「書記アルヌールが大司教アダルベロン猊下の代理として承認し読み返した」とある。もし原本にこのようにあったならば(本書で引用されたランの文書と殆ど同じであるが)、それらは慣習に従っていないと判断されねばならない。つまり、慣習に従うならば、「サインされる」の後は「ロテールのサイン、……」、「書記アルヌール ……」、「王都ランにおいて、主の受肉 ……」のような順序でなければならなかったから。更に、我々はロテールは 986 年 3 月 2 日に死去したことをジェルベールの書 [155, 75] に収められた、彼の妻エマのジェルベールに宛てた書簡と同エマの詩編集において確認する。そして後者において、暦の部分に金文字で書かれた次の 2 行詩がその日に添えられている。

> 第 7 日に、光輝ある王、寛大な君主、
> ロテール陛下がこの世から旅立った。

　王妃エマの使用のために見事に書かれていたことを多くの証拠が立証しているこの詩編集において、エマの肖像が詩編 11、21 の始めの部分に、頭に百合の冠を被った状態で描かれている。しかし、詩編「神は我々を哀れみ給う」に付された絵はその他のもの以上に深い意味を持っている。そこではキリストはベールを被った状態で描かれている。両手を広げ、一つの手、つまり右手を、互いに手を握り合った、丸い頭に描かれた冠を頂いた二人の王の上に差し伸べ、他方において左手を頭を剃りあげられ、緋色の服を着せられた幼子の手を引く王妃(もう一つの手はキリストを指していた)の上にかざしていた。二人の王はロテールと彼が存命中に国王に戴冠させようとした彼の息子、ルイとであったと思われる。王妃がその手を握っている第 3 の人物は彼女の子供、オットンであったと思われる。私は彼に関する情報をエマの詩編集の暦から得た。そこには「フランク人の王ロテールの息子、オットンは 11 月 13 日に逝去した」とある。そしてこれらの文章は金文字で書かれている。ペラールの書 [282, 38] に収められたある文書は「1017 日、王ロテールの 28 年、彼の息子の初年に交付された」とある。その結果として、ルイは父の死の少なくとも 5 年前、更には、我々が『補遺』[238] で証明するであろう如く、7 年前、つまり 979 年に戴冠されたことになる。ルイは 987 年の、後世の人々が書いている如く、6 月ではなくて 5 月 20 日か 22 日に逝去している。多くの死者名簿、例えば、わがサン=ジェルマン修道院のそれ、オーセルのサン=テティエンヌ司教座聖堂のそれ(ここでは、「ルイ若王」と呼ばれている)において、彼の死は 5 月 22 日に置かれている。そしてサン=レミ修道院のそれでは「王妃エマの息子、王ルイ」とあるが、最後の 2 語が「987 年」と共に別の人の手によって書き加えられている。しかし、エマの詩編集において 5 月「21 日」のルイの死は金文字で「フランク人の王妃エマの息子、ルイ王が死

去した」と記されていて，この意見は尊重されねばならないであろう。同ルイの死が987年にずらされるべきであることをヴィウ伯ポンス2世がアルビ司教座教会に宛てた，「9月，太陰月の14，ロテールが没し，彼の息子ルイが王として統治を開始して2年に交付された」と終わっている文書が証明している。我々のために非常に好意的な修道院長ド・カンがそのコピーをしてくれた，アルビの文書集においてそのように読める。同王が死去すると，ロデーヴ司教フュルクランは「2月4日，キリストが君臨し国王が待たれるとき，その寄進の記録が作成され完成された」との日付表記で彼の遺言書を作成している。もしまだその時国王がユグでなかったならば，ルイは986年に死去した，更にユグは翌年の7月に彼の後を継いだと言われねばならないであろう。

セクション III　第3王朝の日付表記

第25節　カペ諸王の多様な日付表記

とうとう我々は，文書における日付表記で著しく多様な形式と出会うことを常とする第3王朝まで辿り着いた。第1に，諸王は至るところで受肉の年を使用している。第2に，国王在位年が少なからず略されている。第3に，ときどき受肉の年のみが月や日を伴わずに記されている。そして特に物事が即座に実行されねばならなかった，あまり重要でない出来事を記した文書では二つの年，つまりキリストの年と国王在位の年が省略され，ただ単に月と日が付されることがときどき起きている。第4の特徴は文書の作成や法行為が行なわれた場所を示す際，しばしば「御公現の祝日の集会で」《in curia Epiphaniae》，「五旬節」《Pentecostes》などといった文句が使用されていること。これらについては，以下で例証されるであろう。

第26節　ユグの日付表記

カペ家の始祖ユグは987年に有力貴族によってフランク人の王国を授けられ，ノワイヨンに迎えられて到着し，7月3日に塗油を受けた。同じ年，エモワン[10, 2, 1]が記している如く，彼の息子ロベールを王国の共同統治者に選んだ。しかしこのエモワン[Ibid., 2, 9]はその後で，「主の受肉の1003年を父との共同統治を始めた年の王ロベール[2世]の16年，王位の7年」と一致させている。従って，ロベールの父との共同統治の開始は988年，そして王位の開始は996年に求められねばならない。勿論，アルジャントゥイユ修道院またはサン＝ドニ修道院の死者名簿には王ユグは「10月24日」に死去したと記されているので，それはこの年の10月24日からとなる。つまり，ユグの王位の初年にロベールが彼の共同統治者になってはいるが，それはキリストの年において同じではなくて，それは古い慣習に従えば，987年に属する1月に起きているので，我々の計算によれば次の年になる。しかし，サン＝ドニ修道院の短い年代記[2, 2, 808]において，彼は12月30日に叙任されたと言われている。こうしてユグはまるまる9年間統治し，10年目は終わっていなかった。つまり，987年7月3日から，彼が死去したと我々が言っている996年10月24日に至るまでの同数の年が流れたことになる。これに関しては本書『補遺』[238]において論証されるであろう。

第 27 節　ロベール[2 世]の日付表記

　彼の息子，ロベール[2 世]は二つの日付表記を持っていた。一つは父との共同統治の日付表記，一つは父の死後，つまり 996 年 10 月末からの国王としてのそれである。ロベール[2 世]自身の死に関して，研究者の間に論争が続いている。輝ける二つの星，バロニウスとプト[フランスの神学者，1652]はその年の日蝕と，それが予知していたであろうロベール[2 世]の死とを結びつけたエルゴの証言に導かれて，それを 1033 年に置いている。しかし，ただ次の二つを同時に再考することによって，そこに何が語られているかがエルゴの証言そのものから容易に理解されることでもある。つまり彼がロベール[2 世]は「8 月初日の 13 日前，日曜日から 3 日目(即ち，水曜日)の太陽が輝いている時に」主に召されたと言うとき，8 月初日の 13 日前または 7 月 20 日のこの日は 1033 年ではなくて 1031 年と一致していたのである。更に，イエズス会の碩学ジル・ラカリがロベール[2 世]の死に関するこの計算法を，ロベール[2 世]の死に関するすぐれた論文の中で，いろいろな史料を挙げて確認している。我々も本書『補遺』[238]においてこの計算法を新しい史料を用いて弁護している。ラウール・グラベールが 1033 年に同王の死を報告し，更に同年における教皇ブノワ[3 世]とシャルトル司教フルベールの死を想起させていることも私を不安にしない。何故ならばフルベールは 1029 年に天界へ旅立ったこと，教皇ブノワ 8 世が 1033 年ではなくて 1019 年にこの世を去ったことが明らかであるので。この計算法にその起算原則と大いに異なった数通の文書，つまり「主の受肉の 1035 年，王アンリ[1 世]の統治，彼の王位の 3 年に付与された」，サン＝リキエ修道院に宛てた同アンリの文書[2, 4, 553]，「主の受肉の 1046 年，会計年度の 14 年，フランク王アンリの統治の 12 年」にサン＝ピエール＝オ＝モン＝ブラダン修道院に付与されたフランドル伯アルヌールの文書[126, 58]が対置され得る。アンリ[1 世]が 1033 年，ロベール[2 世]の死の後に王位に就けられたと読める『サン＝メクサン修道院年代記』がこれに加わる。しかし，同年代記において，反対に，アンリ[1 世]は 1060 年，彼の国王叙任の 29 年に死去したとあり，この場合，叙任は 1031 年に引き戻されねばならない。これに関して，『ギーヌ史』[Ibid., 316]所収の，「フランキア伯」ティボとエティエンヌの文書は「王アンリ[1 世]の治世，彼の父ロベール[2 世]の死から 10 年，救世主の受肉の 1042 年」に付与され，カミュザの書[299, 24v.]に収められた王アンリ[1 世]の文書は「言葉の受肉の 1048 年，王アンリ[1 世]の在位の 17 年，サンスの宮廷で公開で行なわれた」と読める。従って，容易に断言は出来ないであろうが，サン＝ピエール＝オ＝モン＝ブラダン修道院とサン＝リキエ修道院の特権文書，または『サン＝メクサン修道院年代記』の数字の中に誤りが忍び込んだのか，そうでなければ古い史料において，父の死後における王アンリ[1 世]の統治開始がまちまちに記入されたと言わねばならないであろう。何故ならば，王ロベール[2 世]の存命中からアンリ[1 世]の国王戴冠に反対して事態を執拗に混乱させ，より若いロベールに王位を継がそうと画策していた彼の母コンスタンスによって，アンリ[1 世]は父の死後すぐにすべての人々によって至るところで国王と見做されていなかったであろうから。『サン＝リキエ修道院年代記』[2, 4, 543 sq.]の中でアリユルフは王ロベール[2 世]に関するこれらのこと，同王の修道院長アンジェラールを伴ったローマ詣でについて簡単に記している。

第28節　アンリ[1世]の治世

　我々はアンリ[1世]が1027年から父によって王国の共同統治者に迎えられたことを，いろいろある中で，我々によって『聖者記録集(ベ)』3巻[4]で刊行された，「主の受肉の1030年，会計年度の(13年)，フランク王ロベール[2世]が統治し，その在位の42年，彼の息子アンリが父と共同統治して4年」に交付された伯ドロゴンの文書から結論する。しかしそれは，一方において，シャルトル司教フルベールの様々な書簡[149, 4, 15, 59, 105, 128]によってもはっきりと確認されている。それらの中で，古い計算法に従って1028年(新しい計算法に従えば，1029年)4月10日，聖木曜日に死んだフルベールは既にアンリ[1世]を国王と呼んでいる。他方，特にデュシェーヌ[127, 4, 161]，シフレ[81, 317]，マルロ[250, 2, 117]によって引用されている，「受肉の1059年，会計年度の12年，王アンリ[1世]が統治して32年，5月23日，その日が終了し，司教ジェルヴェの在位の4年，五旬節の祝日」に発給された同アンリ[1世]の長男フィリップの共同統治または戴冠に関する文書によってもはっきりと確認される。即ち，もし1059年から32年を逆算するならば，アンリ[1世]による統治の初年を1027年に持つことになる。しかし，「その日が終了し」《eadem die completo》は5月23日ではなくて五旬節の祝日と関連させねばならない。つまり，この日にアンリ[1世]は戴冠されたと言っているのである。また，1027年の五旬節の祝日は9日だけ早く，つまり5月14日と重なっていたので，彼の息子フィリップ[1世]が戴冠されたのは5月の同じ日ではない。更に，アンリ[1世]及びフィリップ[1世]の文書を考査するさい，両者の二つの時代，つまり父と共同の，または父の死後における王位の開始が慎重に考慮されねばならない。即ち，この二様の時代によって文書における計算法が異なってくるからである。我々はシャロン=シュル=ソーヌのサン=ピエール修道院文書庫でこのアンリ[1世]の文書の原本を読んだ。それは司教ロジェによって譲渡されたものを確認している文書であるが，「言葉の受肉の1043年，王アンリ[1世]の統治の12年にランで公開で行なわれた」とある。この計算法はアンリ[1世]が死んだ父を継承した1031年の時代に帰せられる。ランス大司教ギイがモソムスに宛てた文書は別の方法をとっていて，その中で主の1043年が王アンリ[1世]の統治の17年と照応されている。つまり，父の存命中に戴冠されたその年代が尊重されている。『トゥールニュ史』[81, 315]の中でフィリップ[1世]自身がその戴冠の日に下署しているのであるが，アンリ[1世]が文書を発給した受肉の年を記入するさい，写字生によって誤りが犯されている。つまり「それはランスの町で，五旬節の祝日の間，5月の月に行なわれた。国王書記ボードワンの代理としてギヨームの手で，栄光に満ちた王アンリ[1世]陛下の29年，主の受肉の1059(誤って，MLVIIIIではなくて8. LXVIIIとある)年，王アンリ[1世]の息子フィリップの戴冠のその日に作成された」とある。ピエトロ・ダミアーニが小品34の第6章の最後で，ガリア人の王ロベール[2世]と近親の妻の間に「首と頭がガチョウに全くそっくりの」息子が生まれたと言っているとき，恐らくそれはアンリ，否それ以上にユグまたはその弟ロベールと関係していたと解釈されねばならない。それが彼らのうちの誰であれ，王妃コンスタンスはアンリ[1世]の国王祝別に抵抗を試みたこと，そして若い息子ロベールを優先させようとしたことはフルベールの書簡[149, 59, 106]から明らかである。そして，王妃の同調者たちが「偽善者，のろま，臆病者」と貶していた長男のアンリを王位に据えるべきとして，むしろ彼女の夫ロベール[2世]を支援していたため，フルベールは「王妃の憎悪」を買う事態に陥った。アンリ[1

世]はわが修道院の死者名簿によると，確かなこととして，1060年8月12日に死去している。

第29節　フィリップ1世の治世

　我々はフィリップ1世のいろいろな文書の中で，ムラン在，サン=ペール修道院に宛てて，「主の受肉の1094年，王フィリップ[1世]の統治の36年に」下付された1通を引用することにする。その中で約200年前に，ある経験のない者が無謀にも最後の数の10を消し去り，1090年を1080年に差し替えてしまっているのであるが，それは消し去られた数の10の空白部分と明白な削り痕，または文書の作成年を1084年と定めている，その後に置かれた，同じく無謀な偽造者の文句から明らかである。同修道院に宛てた同王の別の文書は，「国王の集会」《curia coronata》[114, curia coronata/115, Dissert. 4] が開かれるその他のより盛大な祝日と同様に，国王が王の威厳をもって貴顕者たちの前に現われる《in curia Epiphaniae》，つまり「御公現の祝日の盛大な集会で」下付されている。従って，ドゥブレの書 [111, 859] にはルイ肥満王とその息子フィリップの「ランスにおいて，復活祭の盛大な集会で，栄光に満ちた王フィリップの塗油式の日に，言葉の受肉の1129年に」交付された文書が収められている。更に，主の受肉の1067年，ベルグ[北フランスの都市]での「五旬節の盛大な集会」におけるフランドル伯ボードワン [126, 183] の如く，同じ頃他の君主も集会を開き，文書を作成している。その上，フィリップ1世がベルトとの離婚とベルトラドとの再婚によって何度も宣告された破門に際し，「キリストが統治する時」《regnante Christo》と言った書式が公的文書に記されていたと主張する人々が近年までいなくはなかった。これが事実といかに隔たっていたかを，ジャン・ベリとダヴィド・ブロンデルは，後世においてこれに異議を唱える者は必ずや悪い結果を招来するであろうほどに，実に見事に立証している。ブロンデルは同じことをフィリップ尊厳王とアンゲブルジュとの離婚に関しても明らかにしている。更に，同じ書式が公的または私的文書に記載されているのは慣習によるものではなくて，写字生の恣意によってそれは付加されたり省略されたりしていた。加えて，統治するキリストとフィリップの統治の両方の書式がこの時代の史料にときどき付されてもいる。従って，1077年の国王の離婚より前に行なわれたギヨーム・ド・ティエの寄進は「地上における王フィリップ，天界における王キリスト」[4, 4-1, 257] のもとで行なわれている。彼はソワソン司教管区のサン=レジェ教会をラ=ソヴ=マジュールの修道士たちに「受肉の1076年，同フィリップのフランスにおける帝位(つまり統治)の16年」に従属させている。受肉の年を省略したり，歳末月齢を補正日と共に使用したりすることもときどき起きている。フィリップの重要な文書において王国の4名の主要な役人が下署していることは稀ではないが，その場合彼らだけではなくて，他の司教や有力者たちを伴っている。フィリップの死は確かに，1108年7月30日に起きている。

第30節　ルイ[6世]肥満王の治世

　1108年に父フィリップ[1世]の後を継ぎ，そして同じ年の8月2日に祝別されたルイ肥満王に関して，四つの点が指摘される。第1は祝別の年から起算して数通の文書が発給されていること。第2は，勿論それは特殊なことであるが，1114年から王妃アデライドの在位年を彼の統治年と共

に王文書で使用していること。彼よりも前であれ後であれ，いかなる王もこのようなやり方を用いなかったと思われる。第3は王文書に下署する者の数が王国の主要な4名の役人，つまり主膳長，酒瓶長，官房長，主馬長に加えて文書長に減っていること。第4は1129年に国王に祝別されていることを我々がこの後で述べることになる，彼の息子フィリップの在位年を国王文書において自分のそれに付け加えること。しかし，専ら付け加えられているのは1131年10月25日にランスで王として塗油されたルイ7世の在位年である。第1に関しては，古い史料においていろいろな例と出会う。パリのサン゠マルタン゠デ゠シャン修道院文書集での「朕の祝別の7年，王妃アデライドの祝別の初年」，サン゠モール゠デ゠フォセ修道院の文書での「言葉の受肉の1118年，朕の統治の10年，王妃アデライドの在位の4年，朕の宮廷にそれらの名前が下に記され，サインされた人々が出席する前で，パリにおいて公開で行なわれた。主膳長ギヨームのサイン。主馬長ユグのサイン。酒瓶長ジスルベールのサイン。官房長ギィのサイン。文書長エティエンヌの手によって交付された」，サン゠ドニ修道院の文書集における「受肉の1129年，朕の統治の16年，アデライドの10年，……の出席者を前にして，パリにおいて公開で行なわれた」がその例である。その他の例に関しては，ドゥブレの書 [111, 850, 853] とペラールの書 [282, 212] を参照せよ。ルイ肥満王はサン゠マルタン゠デ゠シャン修道院文書集においてルイ[7世]若王の在位年を自分のそれに一度ならず付加している。例えば，ロワズィに関する文書においては「パリにおいて公開で，言葉の受肉の1132年，朕の国王在位の24年，朕の息子ルイの統治の2年に行なわれた」，ジャンヴィルに関する別の文書においては「言葉の受肉の1135年，我々の国王在位の28年，朕の息子ルイが国王に推挙されて4年に，パリにおいて行なわれた」とある。これらの文書においては月と日を省くことが習慣のようで，また「言葉の受肉の年」が頻繁に使用されている。同王は1137年8月1日に没している。

第31節　ルイ[7世]若王（彼の治世に王文書における会計年度の使用が廃止される）と聖王ルイ[9世]に至るまでの諸王の日付表記

「ルイ若王」《Ludovicus Junior》と呼ばれるルイ7世は，父によって停止され始めた会計年度の使用を殆ど廃止したように思われる。そして受肉の年に補正日を伴った歳末月齢がときどき加えられている。フィリップ[2世]尊厳王とルイ8世の前では立ち止まらず，聖王ルイ[9世]に関しては少しだけ触れることにする。確かに，少し前に，ジャン・ド・ロノワと我々の同僚カトルメールの間で，聖王ルイがパリ司教との間でサン゠ジェルマン゠デ゠プレ修道院の不輸不入権の領域に関する協定を有効と認めた，そして「マコンで主の1270年4月に行なわれた」との文句で結ばれているその文書が効力を持っているのか否かに関して有名な論争が展開された。つまるところ，ロノワは聖王はその時既に海外遠征に出かけていて，ガリアを留守にしていたと主張した。確かに，1269年3月に彼は出発したと我々の古い歴史書では語られている。これに対して，カトルメールは彼の旅程について記した史料から，聖王ルイがガリアの古い計算によれば3月，つまり復活祭より前に遠征に出発したことをはっきりと立証した（この月は新しい計算法によれば，1270年に属していたに違いない）。つまり，古いガリアの計算法が復活祭から1年を始めていたことから，新旧の計算法に従えば，1270年に所属していた復活祭の月曜日にマコンに滞在していたことを。

以上が，我々の国王の年代表記に関して指摘しておかねばならないと考えたことである。年代表記を伴わずに発給された王文書に関しては，[本巻] 28 章で論じられるであろう。

第 32 節　王文書の「仲介者」

しかし，この章を終える前に，第 2 王朝の文書の一部において年代表記の前または後で，寄進や文書の「アンバスキアトル」《Ambasciator》といった語が確認されることを指摘するのが適切であろう。彼らは有力貴族，修道院長などで，彼らの関与によって皇帝または国王による寄進または文書の作成が遂行されていたのである。我々は彼らを「仲介者」と通常呼んできた。これに関する多くの例はシャルル禿頭王，カルロマン，シャルル単純王の文書に登場する。しかし，すべてにおいて博学なシャルル・フレネ・デュ・カンジュが彼の『辞典』[114, ambasciator: mediator] の中で実に多くの例を掲載している如く，アングリア諸王とイタリアの諸文書においてもそうである。ル・ミルの『ベルギー寄進文書』に掲載されているシャルル禿頭帝の文書の年代表記の前に，「いと栄光に満ちた皇帝にして尊厳者，シャルルのサイン。リシルド妃殿下が仲介した」《signum Caroli gloriosissimi Imperatoris Augusti. Domina Richildis Imperatrix ambasciavit》とある。バリューズの『新版勅令集付録』[37] 78 番に収録されている，同じシャルル禿頭帝のナルボンヌ司教座教会に宛てた文書の年代表記の後には，「我々の国王シャルル陛下の統治の 17 年，会計年度の 4 年，2 月 15 日に交付された。キエルジの宮廷で神の名において盛大に行なわれた。有名な辺境伯フドルリックがこれを仲介した」《Data XV. Kal. Martias, Indict. IIII. anno XVII. regni Domini nostri Karoli-Regis. Actum Carisiaco palatio in Dei nomine feliciter. Hudolricus inclytus Marchio hoc ambasciavit》とある。同じく，有名なエティエンヌ・バリューズが『ナルボンヌ公会議録』に付した註 [38, 71] の中で，修道院長ユグは同じ司教座教会に宛てた文書においてこの語を使用している。ドゥブレによって刊行されたシャルル禿頭王の文書 [102, 897] は，前者の形式に属している。その原本には印章以外に，ドゥブレによって省略された「院長代理フランコが仲介した」《Franco Praepositus ambasciavit》の文言が確認される。明らかに，その当時シャルル禿頭王がその院長職を保持していた，サン＝ドニ修道院の院長代理であったフランコは彼の文書の本文に書き加えるために，この王文書をシャルル禿頭王から入手したのであろう。それ故，時々ではあるが，これらのアンバスキアトル，つまり「仲介者」自身が，君主の教会と自分のそれとが権威において同等であることからそれが許された場合，その教会のために何か恩典を君主に求めることが起きていた。従って，聖歌隊員のレウトボールは「聖なる宮廷の助祭である聖歌隊員のフルベール」が行なった「ブリ地方のウレ川沿いにある」財産の交換に関する確認文書をシャルル禿頭王の許で獲得している。つまり，ルイに代わる書記エネの下署に続いて，ティロ式速記によって自署の欄に「聖歌隊員のレウトボール」がシャルル禿頭王の「在位の 15 年，ヴェルベリにおいて仲介した」と記されている。我々はわが会派に属するソワソンのサン＝クレパン＝ル＝グラン修道院の文書庫においてこの文書の原本を見た。

第 27 章

第 1 節　諸皇帝の日付表記

　我々は，恰も自然の順序の如く，カロリング家の諸皇帝やその他の諸王へと進むために，この論証をフランク人の諸王から始めるのが適切と思われる。しかし，シャルルマーニュ，ルイ敬虔帝，シャルル禿頭帝といった諸皇帝(彼らはフランク人の王でもあったが)とロテールに関しては既に論述しており，ここで残っているのは，その他の皇帝や王に関して簡潔に考察することである。

第 2 節　ルイ 2 世

　そしてまず，皇帝ロテール[1 世]の息子で後継者のルイ 2 世 [875] から始めることにする。彼の受肉の年が付された非常に多くの史料は『神聖イタリア』5 巻のあちこちで見いだされる。しかし，私はそれらの年代がより後の人々による付加ではないかと疑っている。『カサウリア修道院年代記』に収められている彼の多くの文書には受肉の年が付されていないし，同ルイの文書 1 通に関して，『神聖イタリア』6 巻 [347, 6, 1310] では受肉の年が付されているが，『カサウリア修道院年代記』が刊行されている『拾遺集』5 巻 [2, 5, 384 sq.] では，同じ文書にこの日付表記が欠けているのがその理由である。このことから，読者諸賢はその他の多くの文書においても，後世の人々によって受肉の年が付加されたと理解するであろう。しかし，この付加によって，この文書が偽造であると見做してはならない。わがサン=ジェルマン=デ=プレ修道院の過去帳には「ローマ人の皇帝ルイの没年は 8 月 14 日」と記されている。

第 3 節　彼の後継者たち

　シャルル[カール]肥満王が特にフランク王位に就任して以降，受肉の年を使用していたことに関しては，我々は前章で明らかにした。そして我々は彼がこの計算法を皇帝文書でも使用していると判断する。事実，アルヌールと彼の息子ルードヴィヒ[3 世, 幼童王]は『ザルツブルク史』[202, 1, 128 sq.]，ズウェンティボルはデュブレの書，ギイは『神聖イタリア』2 巻 [347, 2, 120] とバリューズの『新版勅令集付録』[37, 2, 1521]，ハインリヒ 1 世とオットー 1 世はメイバウムの書，オットー 2 世はデュブレの書などにおいて，彼の方法を踏襲している。すべての王は至るところで，その帝位の年と共に会計年度を維持していた。しかし，シャルル[肥満王]より前において，プロヴァンス王ボゾンはデュシェーヌの『ヴェルジ史』[124, 12] の中で引用されている，「わが主イエス・キリストの受肉の 879 年，いと栄光に満ちた王ルイ[吃王]の死の翌年に」発給した文書で受肉の年を使用している。但し，同年の別の文書 [197, 766, 769] にはそれが付されていないが。彼の息子，皇帝ルイ[盲目]も少なくとも数通の文書 [Ibid., 782, 933] でそれを使用していない。加えて，王ア

ルヌールが彼の愛する親戚のロドラドと著名な伯オットーに要請されて，ある司祭にして忠実な医師であるアマンドにモーゼル地方にある幾つかの物件を譲渡している，メッスのサン゠タルヌール修道院に宛てた文書において，「[同文書は] 7 月 9 日，主の 889 年，会計年度の 7 年，いと敬虔な王アルヌール陛下の統治の 2 年に発給された。フランクフルトで行なわれた」との記述を読む。この他，同王の二つの手稿文書に受肉の年が付されている。その 1 通には，「王アルヌール」の銘が彫られた白い蠟で出来た完全な印章が付されている。サン゠ミシェル゠シュル゠ラ゠ムーズ修道院の手稿文書の印章でズウェンティボルは同様の銘を持っているが，その文書には「8 月 14 日，主の 895 年，会計年度の 13 年，王ズウェンティボル陛下の統治の 1 年に交付された。ノワイヨン市近郊のトロリ゠ロワール村で行なわれた」とある。受肉の年が付された同王の別の文書が『パーデルボルン史料集』[148, 45] の中にある。

第 4 節　アキテーヌ王ペパン

ルイ敬虔王の息子たち，つまりルードヴィヒ・ドイツ王とアキテーヌ王ペパンに戻ろう。後者は自分が下付した文書で自分の統治年を父のそれと一緒に記している。しかし，ペパン自身の統治年はルイのそれより 1 年少ない。ラップの『古文書雑録』[217, 455] には，「3 月 10 日，いと清澄な尊厳者ルイ陛下の帝位の 15 年，そして朕の王位の 14 年に発給された」とある。そしてその少し後の文書 [*Ibid.*, 459] には，「11 月 24 日，会計年度の 12 年，皇帝ルイ陛下の統治の 21 年，朕の統治の 20 年に発給されている」とある。同じ表記が同様に，シフレの『トゥールニュ史』[81, 193] とわがアシェリの『拾遺集』12 巻 [2, 12, 107]，ペラールの書 [282, 24] に収録された数通の文書にもある。聖ジュヌ・デストレの遺骸奉遷記の中で，ブールジュ伯ウィクフレドによるレストレ修道院の創建に関して読むことができることがこれと関係している。この創建は「いと清澄な尊厳者ルイ陛下の在位 15 年，主の受肉の 828 年から始まった，彼の息子ペパンの在位の 14 年に」完了したと述べられている。同じ計算法に従って，ウィクフレドとその妻オダが「遺言書を通して」同じ修道院に幾つかの物件を，「尊厳者ルイの帝位の 25 年，彼の息子でアキテーヌ王ペパンの在位の 24 年に」寄進している。その結果として，ペパンの在位年は，ルイが 814 年に彼の息子，ロテールをバイエルン，ペパンをアキテーヌに配属したと語られているルイ敬虔王の伝記によると，彼が父によってアキテーヌ王に推挙された西暦 814 年から計算されていたことになる。しかし，ルイ [敬虔王] は彼の父，シャルルマーニュの命令によって，上記の年の秋に皇帝の冠を被せられており，814 年に入って 1 月 28 日に死んだ父の後を継いでいる。

第 5 節　ルードヴィヒ・ドイツ王

ルードヴィヒ・ドイツ王は東フランク王位を 833 年から獲得することによって，別の計算法を導入している。我々によって『聖者記録集 (ベ)』4 世紀 1 巻 [4, 4–1, 527] で刊行された文書には，「いと栄光に輝く王ルードヴィヒが東フランクで統治すること 22 年，会計年度の初年 (これは 853 年に照応する) 5 月 22 日に発給された」とある。ドゥブレの書 [111, 785] に収められた同王の別の文書はこれと異なり，それには「いと清澄な王ルードヴィヒ陛下が東フランクを統治して 34 年，

会計年度の 13 年，7 月 28 日に発給された」とある。もしこの会計年度が正しいのであれば，これは西暦 865 年に照応しているが，それはちょうどルードヴィヒの統治の 32 年に当たっていた。但し，彼の統治の開始が西暦 833 年から起算されるとするならばのことであるが。加えて，他の所でもよく見られるが，ここでもドゥブレは誤りを犯しているのである。つまり，我々がその印影を適所で掲載している手稿文書そのものから明らかな如く，会計年度の 14 年と読まねばならないのである。ルードヴィヒ・ドイツ王のこの年代をゴルダストの書に収められた，「皇帝ルイの在位の 24 年，ドイツ王ルードヴィヒ 2 世の統治の 5 年(これは 837 年に照応している)，11 月 23 日，金曜日に」発給された文書 64 が確認している。もしこの数から 5 年を引いたならば，833 年またはその前年がルイの統治の初年と一致するはずである。しかし，『フランク人の編年記』の中でこれに関しては何も見いだすことが出来ない。但し，『フルダ編年記』はルイ敬虔王が息子ルードヴィヒにそれまで父の好意によって保持していた東フランク王国を拒否したことを，838 年に置いているが。しかし，最初にその称号を帯びるようになったことに関しては，史料は何も明らかにしていない。817 年にルイ敬虔王が王国と帝国の分割を子供たちの間で行なった時，この分割文書の中で読む如く，彼はルードヴィヒに「バイエルン及びバイエルンの東側にいるベーメン人，カレント人，アヴァール人，スラヴ人」を譲渡した。次に，821 年のノワイヨンで開かれた集会において，「彼が既に以前から子供たちの間で行なっている王国分割に関する文書を衆人環視の前で読み上げさせ，その場にいたすべての高位高官によって確認させた」と，同ルイ敬虔王の伝記は伝えている。このことから，この分割は文書に書かれたと理解される。勿論，それは朗読され確認されている。有名なエティエンヌ・バリューズによって『勅令集』1 巻 [35, 1, 573] で刊行されているものがそれであることは間違いなかろう。ルードヴィヒの王位に関して，これ以上のことを古い記録において読むことは出来ない。我々は彼がドイツ王位を獲得したのが，尊厳者ルイが彼の息子たちとの会戦を通じて，「彼らによって見捨てられ裏切られ，息子たちの権力下に従属させられた」[25, ann. 833] 833 年であったと推定する。この時，ルードヴィヒの東フランク王位の初年が置かれる。『ザルツブルク史』の史料集 [202, 1, 348; 2, 12 sq.] においても，彼はこのように記されている。それ以外 [Ibid., 1, 224, 225] では，バイエルン王位から始められている。至るところで受肉の年はなくて，826 年から開始されている。最初の計算法をメッス在，サン＝タルヌール修道院の手稿文書の中で確認することができる。その文言は「11 月 23 日，いと清澄な王ルードヴィヒの東フランクにおける統治の 38 年，ロテールが王位について 6 年，会計年度の 9 年に発給された。メッスの町で行なわれた」となっている。これは西暦 875 年に照応し，会計年度の始まりは 9 月からである。この年に従うなら，ルードヴィヒの統治の 38 年は 827 年から起算され，ロテールの継承から 6 年はルイが彼の甥ロテールの跡を継ぐ[『補遺』9 章参照] 869 年から起算されている。

第 6 節　王ロテール [2 世]

パーペンブレックは『古文書序説』[276] 33 番において，主の受肉の 858 年が付された皇帝ロテールの息子，王ロテールの文書に言及し，ロテール [2 世] がこの計算法を初めて使用したと考えている。他方，彼の兄弟のシャルルとルイ [2 世] はそれを使用していなかったと。しかし，この少

し後で，ゲルマニアにおいてもこの様式が再び採用され慣習化している。前章ではこの様式はシャルル肥満帝によってゲルマニアで始められたと指摘されている。しかし，そのロテールの文書（パーペンブレックはその手稿文書──彼にはそのように見えたのであろう──から取った印影を参照しているのである）があらゆる異議を超越したものと考えねばならないのか否かについては，この後[本書3巻1章]で我々は議論することになっている。実際に，ドゥブレの書 [111, 786] において，同王の手稿文書から転写された文書が1通見いだされるが，それは「父と子と聖霊の御名において」ではなくて，「全能の神と我々の救世主イエス・キリストの御名において」の呼び掛けで始まっていて，受肉の年の表記はない。そしてパーペンブレックの書に収められているロテール[2世]の別の文書の文体が我々の諸王の文書においては殆ど見られないザクセン風のそれに近く，我々がその非常に重要な印影を後に掲げている我々のロテール[2世]文書から大きく離れている。ゲルマニアのその他の諸王に関して，上で言ったことを除けば，提示すべきことは何もない。プロヴァンスにおいて王ルイは，『拾遺集』12巻 [2, 12, 153] にある896年の文書で，受肉の年を使用している。

第7節　イタリアの諸王

　ロンバルディーア諸王に関して我々は次の一つのこと，つまり9世紀以前において彼らは文書で受肉の年を非常に稀にしか使用していなかったこと，そして王の在位年を会計年度と共に使用していたことを確信をもって言うことが出来る。それは単にロタリオ，リウトプランド，ラーキ，アストルフォの法令からのみならず，彼らの文書からも明らかである。実際，リウトプランドは『神聖イタリア』1巻 [347, 1, 458, 459] に収録されている文書でこの書式を使用している。そしてベネヴェント公アレキは『神聖イタリア』8巻582欄に掲載された，サンタ=ソフィア修道院に宛てた数通の真正な文書で受肉の年を殆ど使用していない。従って，私がすぐ上で受肉の年を持つ皇帝ギィの文書が言及されている皇帝ルイ2世の文書において起きたことを指摘した如く，アストルフォとラーキが『神聖イタリア』2巻 [Ibid., 2, 110, 250] に収めている文書で使用している受肉の年がその部分だけ改竄を免れているのか私には疑問に思われる。彼らはこの計算法を皇帝としてシャルル肥満王から継承していた。またイタリア諸王，つまりロタリオ，リウトプランド，ラーキは「神の恩寵により，朕のいと幸せな王位の‥年」，アストルフォは「朕の王位の‥年」と，この日付表記を彼らの法令の中で使用していた。但し，これらの諸王より前ではアディルワルドが「パヴィーアの宮廷で，7月25日，朕のいと幸福な王位の6年，会計年度の9年。幸せに」[Ibid., 4, 1324] の書式を使用している。カラーブリアにおいては，ギリシア人の間で受け入れられていた計算法に従って，文書の至るところで年は天地創造から起算されている。但し，言葉の受肉から起算されることもときどき見られるが。パオロ・エミリオ・サントーロの『カルボーネ修道院史』が両方の計算法の例を提供してくれている。更に，同じ計算法は『神聖シチリア』[288, 3, 395; 3, 5, 7, 11, 13, 15, 53, 54, 91 etc.] によると，シチリアにおいても使用されている。至るところで受肉の年が付され，一部においては天地創造からの計算法を欠いている場合もある。それらの中で，シチリアとカラーブリアの伯ルッジェーロはカターニア司教座教会に宛てた文書を「それ故，もし誰かがこの朕の特権文書の作成年を知ろうとするならば，この朕の特権文書が主の受肉の

1092年，会計年度の15年，12月9日，教皇ユルバン2世猊下のとき，公ルッジェーロがアプリア，カラーブリア，シチリアを統治しているとき，フランスではフィリップ[1世]が統治し，ドイツではハインリヒ[4世]，ギリシアではアレクシオスが統治している時に作成されたことを知るであろう」[*Ibid.*, 3, 16]と結んでいる。ここで読者諸賢は，フランス王がドイツとギリシアの両皇帝よりも前に置かれているのを確認するであろう。同ルッジェーロの別の文書[*Ibid.*, 17]において，受肉の年は冒頭と末尾に付されている。但し，シチリア王シャルルのアンジェ在，トゥ゠サン修道院に宛てた，そして既に本書[本巻23章7節参照]で引用された文書においては末尾だけに置かれているが。

第8節　アングリアの諸王

いつ頃からアングリア諸王が彼らの文書において受肉の年を使用するようになったのかは，学者の間では明らかになっていない。スペルマンは聖グレゴワール[大教皇]の書簡やフランク諸王の文書における如く，7世紀の文書や特権文書にそれはなかった[332, 1, 125]と判断している。しかし，アングリア諸王の間ではローマ教皇やフランク諸王におけるよりもずっと以前から，この計算法が慣習化していたことは確実であったに違いない。この場合，一方を他方と同一視することは有効でない。尊者ビード[735]以前，受肉の年を文書において使用することは稀であったか殆どなかったように思われる。事実，スペルマンの書[*Ibid.*, 193, 198]ではウィトレッドは彼の在位年のみを会計年度と共に使用している。しかし，インガルフやドゥブレなどによって刊行されている文書から明らかな如く，8世紀に受肉の年による計算法が定着し始める。そして，主の受肉の757年が付されているクロフェスホック公会議を除くならば，その後に続くのが816年のセリシット公会議である。セリシット公会議の議決9条では，確かに，各々の司教は「各々の宗教会議で決議されたり，自分の管区に関係するその決定を記述しなければならない。理性と正しい順序に従って記載されるために，〈主の御年の……〉と起算される。またはその大司教と参列しているその他の司教によって，その議決が検討され確認されねばならない」と定められている。それ故，我々はインガルフの書などに収録されている文書において8世紀から受肉の年の表記を読むのであるが，司教の文書と同様に王文書においてもこの慣習が普及していたと言うべきであろう。

第9節　ヒスパニアの諸王

最後に，12世紀以前のヒスパニア諸王にとって慣れ親しんでいたのがヒスパニア年で，従って，我々が[本巻]25章で明らかにした如く，主の御年の使用がヒスパニアの諸王国に浸透して行くのは徐々にであった。更に，ヒスパニア年の使用はナルボンヌ地方やアルル地方にも及んでいたことは，第6アルル公会議から明らかである。同公会議はシャルルマーニュの治世の45年，「5月10日」，つまり同公会議の記録が明らかにしている如く，841ヒスパニア年，つまり813年に両地方の司教たちによって開催されている。少なくない数の歴史家たちがこの普及した年に受肉の年を結びつけている。それらの一人に，我々によって[本巻]25章でその文言が引用されているコルドバの司祭エウロギオがいる。更に，数名の王は王文書でそのようにしており，例えば，ラミー

ロはラ=ソヴ=マジュール修道院の文書庫に保管されている文書で「この文書は 1101 ヒスパニア年，つまり主の生誕の 1013 年，会計年度の 13 年[正しくは初年]，我々の主イエス・キリストが統治し，その帝権の下で，神の命令においてアラゴンの王である前述の朕，ラミーロが……」と記している。同じ計算法が数通の私文書でも使用されていたことは二重の年代，つまりヒスパニア年とアラブ年とが付されたモール人の王アルボアゼムスの文書を参照しているプルデンシオ・サンドヴァル [316, 89] によっても立証されている。そこには，「このフイスィオに関する文書はキリストの年号で 772 年，アラブの年号で 147 年，太陰月の 13 年に作成された」とある。この文書は特にこのモール人の王がキリスト教徒と彼らの教会及び修道院に課せられた運搬税から免れていると宣言している，サン=ブノワ派に属するロルヴァン[ポルトガルの都市]の修道士に対する称賛において重要である。同王は「何故ならば，彼らは善意においてそれらの狩猟物の捕獲地を朕に示し，サラセン人を厚遇し，同修道院で生活する人々の間に偽りの悪しき心を決して見いだすことはなかった」と述べている。これは身元がはっきりした人による，本当に素晴らしい称賛である。アラゴン諸王は殆ど同じ様式で彼らの文書の結尾文を作成している。しかし，ブランカの書 [54, 599] に収められた文書において，王ガルシアは「この寄進文書は 918 ヒスパニア年，11 月 20 日に作成された」とヒスパニア年のみを使用し，その後に国王及びその他の「確認者」《confirmatores》と呼ばれる証人たちの下署が続いている。王ラミーロの息子，サンチョは「この文書は 1128 ヒスパニア年，主イエス・キリストが統治し，その帝権のもとで朕，サンチョが王であるとき，……」[Ibid., 607] と記している。

第 10 節　「公開で」の語はいつから日付事項の中に加えられたのか

しかし，諸皇帝と諸王の文書において，更には私文書においてしばしば結尾文の中で「公開で」《publice》の語が使用されている。ある人はそれが比較的新しい時代のものであると考えている。そして，確かに第 3 王朝のフランスにおいてより多く使用されている。しかし，カロリング諸王によってもときどき使用されている。その語の起源はかつて真正文書はすべて行政官と裁判官の前で公開で作成されたか，成文化の前に実際に朗読されたことに求められる。これらが成文化されるさい，文書《acta》からその呼称が由来している書記《Actuarius》がそれを差配した。但し，彼は裁判における係争文書を作成していなかったのではあるが(何故ならば，それは別の役人《exceptor》によって記載されていたので)。しかし，パンキローリ [274, 14] が東ローマ帝国の覚え書きの中で指摘している如く，この書記は契約を結ぶ人やその他の人のいろいろな仕事を裁判官の前ですべての人の信頼を得て，成文化していた。これらの文書はある時はゲスタ《gesta》，ある時は公的記録《publica monumenta》と呼ばれ，司法記録《instrumenta forensia》とは決して呼ばれなかった。また，それらは簡単に「公書」《publica》とか「公的証明」《publica testificatio》，「公的文書」《publicae chartae tabulaeve》と呼ばれていたが，それは官吏であった行政官の前でそれらが作成されたからである。こういう訳で，文書が「公開で」作成されるということが出来たのである。この語の使用はメロヴィング諸王が統治していたフランク人の間では少なかった。私はクロテール 3 世治下，ラ=モルラス[パリの北方]の王都で発給された非常に高貴な婦人，クロティルドの文書を発見した。つまり，これらの行為や法行為が通常公開で行なわれていた「国王の」荘

園または「王国の」荘園が「公的な都市」、「公的な荘園」と言われていたのである。シャルルマーニュが皇帝になってから、それらは「公的宮廷」《palatium publicum》と呼ぶようになった。例えば、オスナブリュック司教座教会に宛てた『パーデルボルン史料集』の中での「アアヘンの公的宮廷で行なわれた」やウゲッリの『神聖イタリア』1巻 [347, 1, 105] と4巻 [Ibid., 4, 124] で確認される。シャルルマーニュはときどき、ルイ敬虔王は頻繁に「国王宮廷」《palatium regium》[40, 3, 35 sq.]、シャルル禿頭王は我々の『見本』[図版 XXXI-2]に再録されているコンピエーニュ修道院に宛てた文書やその他 [126, 5] において「皇帝の宮廷」《palatium imperialis》を使用している。更に、789年の勅令と797年のザクセン人に関する勅令における如く、シャルルマーニュは「宮廷」の語を帝位に就く前にも使用している。従って、これらの場所で文書は「公開で」作成されたと言われていた。例えば、本書で刊行されているシャルトル司教アギラドの文書は「いと栄光に輝く我らの王シルドベールの王位の2年、シャト=シュル=セーヌで公開で」発給されている。更に、伯クロダルドのサン=ドニ修道院に宛てた遺言書は「マルランと呼ばれる荘園で公開で、いと栄光に輝くペパン陛下の統治の13年に行なわれた」となっている。シャルルマーニュの治世において、ギーヌの荘園に関するレブドルドの文書 [Ibid.] には「ギーヌの荘園で公開で行なわれたが、それをしたのは我々の皇帝で尊厳者のシャルル陛下の統治の48年、10月11日のことであった」との文句が記されている。上掲書 [Ibid., p.45, fol. 48, 49v. p.51 sq.] には、この後の時代のその他の例も存在する。実際のところ、これらは私的な文書である。しかし、時々ではあるが、カロリング時代に国王文書と皇帝文書において、この副詞が使用されている。従って、ルイ敬虔王がル=マン司教アルドリックに宛てた文書 [40, 3, 173, 176, cf. 43] には「ポワティエの町で公開で行なわれた」、別の文書では「ポワティエという公的な町で」とある。同様に、ボゾンの息子、皇帝ルイ3世の文書 [197, 1, 933] において、彼の帝位の7年に「ヴィエンヌで公開で行なわれた」とある。熱心な探究者であれば、これ以外の例を捜し出すであろう。しかし、我々にとって教会の文書または史料から1、2通を取り上げるだけで十分である。シャルトル司教メロルのウィリベールに宛てた懇願文書 [40, 3, 164] はシャルルマーニュの統治の29年に「ル=マンの町で公開で」作成されている。同司教座教会の司教アルドリックは特権文書 [Ibid., 80, cf. 170] を837年、「ル=マンの町で公開で」作成している。ランス大司教アンクマールは「公開で付与された」、ラン司教エデヌルフの叙任に関する参事会文書に877年に下署している [35, 2, 628]。そして、マンタイユ集会から2年後、王ボゾンの選出に関して、「マンタイユにおいて公開で、主の受肉の879年に行なわれた」とある。カペ諸王治下、この語の使用は単に私的な文書のみならず国王文書においても一層頻繁となる。『ヴェルジ史』所収のアンリ1世の文書は「1058年、ティメールと呼ばれる城の攻囲のとき、公開で行なわれた」[124, 74] とある。『クリュニ図書』[251, 528] に収められているフィリップ1世の文書は、「1078年、サン=ブノワ=ド=フルーリで公開で行なわれてた」とある。ルイ肥満王の「公開で」交付された2通の王文書はドゥブレの書 [111, 844, 845] に収録されているし、サン=マルタン=デ=シャン修道院の文書庫には「パリの公的宮廷で」下付された王文書が保管されている。

第11節　不完全ではあるが有効な文書原本

しかし、この問題をこの辺でやめ、この章の最後の論述、つまり不完全ではあるが原本として

の王文書に進まねばならない。しかし，それを理由に，これらの文書の権威を否定してはならない。最初に来るのがクローヴィス 2 世の息子，ティエリ [3 世] のサン=ドニ修道院に宛てた命令文書で，それは「すべての有名なアジャンの人々へ……」の言葉で始まっている。この文書にはティエリ [3 世] はいつものように十字の印を伴って下署していないし，文書官も下署していない。日付表記もない。あるのは国王の印章だけである。同じく，本書で刊行されているラン在，サン=ヴァンサン修道院に宛てた王ユグの文書で王は下署している。しかし，文書官や書記は下署していない。次に，ドゥブレの書 [111, 835] に収録されているフィリップ 1 世の文書で国王は「王フィリップのサイン」のように下署しているが，十字の印はもちろん花押も主の受肉の年もない。同様に，シフレの書 [81, 316] に収められている同フィリップ [1 世] の別の文書の手稿文書には日付の表示と共に，すべての下署が欠けている。そこではただ，押された王印と花押とが確認される。加えて，ルイ 6 世はドゥブレの書 [111, 845] で刊行されている手稿文書において，彼の名前の文字については明らかにしているが，花押はどこにもない。これ以外に，ウィヌベールがメス大司教ドロゴンの時に，同地のサン=タルヌール修道院に寄進した物件の確認のための，王ロテールの文書において花押はないし，文書官も下署していない。但し，印章は押されているが。この印章はそれだけで文書の効力と権威とを得ることが出来る。ヴァンドーム修道院長ジョフロワはシャルトル司教ジョフロワ宛の書簡において，彼の教会に逆らって教皇カリスト [2 世] に何も求めなかったこと，または自身で何もしなかったことを証言し，「エタンプ [パリの南] において特権文書が私のために作成されねばならなかったし，実際に作成された。しかし，その中にはあなたの教会にとって有益なこと，我々の修道院にとって必要と思われることが記されていなかった。作成された場所に文書は保管されていなかった。しかし，その後パリで特権文書が作成された。その中に我々の修道院の威厳と名誉が同時に言及され強められていた」と続いている。類似の，つまり真正性が完全ではない多くの例をここに挙げることが出来る。それらは印章や下署のみによって補強されているが，有効と見做されねばならない。何故ならば，下署に代わって印章を使用しているので。そしてその文書の価値にとっては下署だけで十分であろうから。我々が [本巻] 18 章で述べたことを参照せよ。

第 12 節　「神の御名において幸いであれ」と「アアヘンで」の文言に関して

　ここでは，国王文書と皇帝文書の結尾句が取り扱われる。それらは文書が作成された場所を表記し，「アアヘンの宮廷において行なわれた。神の御名において幸いであれ」《Actum Aquisgrani palatio in Dei nomine feliciter》の如く終わるのが常であったが，「アーメン」《amen》は付けられていない。しかし，これに関しては，我々が宮廷について考察している [本書] 4 巻の冒頭で論じられるのがより適切であろう。他方，我々は「アアヘンで」《Aquisgrani》の語がシャルルマーニュの文書において使用されているのを指摘しておく。何故ならば，これに反対して，碩学（パーペンブレック）は《Aquis》の語はその後の文字《grani》を伴わない状態でシャルルマーニュの時代に受け入れられていたのではと考えているからである [276, 28]。しかし，《Aquisgrani》の名称は我々によって本書で刊行されている手稿文書から転写された同シャル [マーニュ] の 2 通の裁判文書のみならず，『勅令集』1 巻の 789 年の勅令 [35, 1, 241] においても見いだされる。後者において「主

の受肉の 789 年，会計年度の 12 年，朕の統治の 21 年，この特使の法令はアアヘン《Aquisgrani》の公的な宮廷で行なわれた……」とあり，ヒスパニア人に宛てた命令文書 [*Ibid.*, 502] において「アアヘン《Aquisgrani》の国王の宮廷で，主の御名において幸せに。アーメン」とある。

第 28 章

第 1 節　イタリア人とゲルマン人の間での私文書における日付表記

　長々とした考察のあと，やっと，私人の文書に通常付されていた計算法について論じるべき最終段階に到達した。しかし，話を明瞭に進めるために，人物と同様，場所と時代を特定しなければならない。

　イタリア人の間における私文書には，皇帝や国王の在位年と会計年度がシャルル肥満王[887]の時代以前から記されている。同王の命令によって，受肉の年が更に至るところで加えられたことが，『カサウリア修道院文書集』の中で見ることが出来る。ゲルマン人の間における私文書では，既に8世紀から会計年度が使用されている。受肉の年がときどき計算法の中に導入されてもいる。これは『フルダ修道院文書集』[346, 509, 510, 517]から明らかで，そこでは783年に発給された文書，800年に発給された文書，802年に発給された文書が見いだされるし，受肉の年が付された9世紀の文書も見いだされる。同文書集が証言している如く，同じ時期に至るところで会計年度の使用が採用されている。それ故，少なくともフルダ修道院(この慣習を同修道院の創建者である聖ボニファーティウスから受容し保持していた[本巻25章12節参照])においては，受肉の年による表記に関して，私文書は皇帝文書に先行していたことになる。

第 2 節　同じく，アレマン人の間での私文書における日付表記

　ゴルダストはアレマン人の様々な文書を参照している。しかし，それらの中で諸皇帝が頻繁に日付表記を使用するようになる10世紀以前において，受肉の年が記されたものは少ししか見いだせない。会計年度は遅れて私文書に導入されたと考えられる。そしてゴルダストによって挙げられた文書の中で，11世紀以前においてこの表記をもった文書と出会うことは全くない。但し，皇帝文書においては至るところで出会うのであるが。

第 3 節　同じく，フランク人の間での私文書における日付表記

　フランク人はアレマン人と殆ど同じ頃に，受肉の年を彼らの計算法に加えた。実際のところ，ドゥブレ，ラップ，シフレ，ペラールの書の中にカペ諸王以前において，これに関する多くの事例を見いだすことはない。私文書に関しては，はっきりしている。つまり，我々はガリアにおける司教の宗教会議文書が受肉の年が8世紀から付されていることを上で述べている。更に，フランドル諸伯が同じ計算法を『ギィーヌ史』[126, p.45: fol. 48v.: p.50, 51]の中で使用している。そして[オーヴェルニュ]伯ギヨームはマンザックに関する文書[4, 4–1, 254]を「主の受肉の912年，会計年度の初年に」発給している。しかし，ここでは会計年度の初年に当たっている913年と読み換えられるべきであろう。教皇ジャン10世(8世ではない)がこれらの文書を確認している。加え

て，諸司教，更に私人が10世紀において文書にときどき会計年度を付している。そしてペラールの書［282, 53 sq.］に収められたラングル司教アルグラン［913］の3通の文書がそのことを証明している。更に，同書において，ジスルベールとオドルリックの両修道院長が10世紀に会計年度を使用している。このことから，この時代を通じて非常に多くの文書は会計年度や受肉の年を伴わずに，王の在位年のもとに発給されていたにも拘らず，この日付表記を持った一部の私的な文書が見いだされ得たと理解することが出来る。他方，都市以外に住む書記の恣意に文体が委ねられていたこれらの私的文書に関して，共通の規則を引き出すことは不可能である。

第4節　年と日を持たない文書

　我々はフランク人の間で日付表記を欠いた，（もしこういう言い方が許されるならば）中途半端な日付表記を持った非常に多くの文書を発見する。つまり一方においては，ペラールの書［282, 34］にある「我々の王シャルルが統治している28年，2月に発給された」や，同書の至るところで見いだされる如き，国王の在位年と月が付されているが，日の表記がないとか。他方においては，同じくペラールの書［Ibid., 34］に収められた，「この文書は我々の皇帝ルイ陛下の統治の7年に作成された」とある如き，月と日を欠いて国王の在位年だけとか。更には，ペラールの書［Ibid., 35 etc.］に収録されている，「王ラウールの治世，尊敬すべき修道院長ランベールのとき，フルーリにおいて行なわれた」の如き，国王の在位年がはっきりと記されていないとか。そして最後に，ペラールの書［Ibid., 30］に掲載されている，12世紀から13世紀にかけての教会文書から引き出された無数の例が信用させている如き，いかなる日付表記もないとか。そして，この最後の形式は10世紀から普及し始める。その証拠として，同書［Ibid., 27］に収められた司祭長ダヴィッドの文書がある。このダヴィッドはウード［898］が王位にある時に生きていたとその後の別の文書から理解することが出来る。私が私的文書に関して述べたことは，更に，司教，公，伯，その他の有力者たちの文書に関しても主張することが出来る。ペラールの書には，同様の多くの例が存在する。198頁のいかなる日付表記もないブルゴーニュ伯レモンのそれ，221, 222頁のブルゴーニュ公ユグのそれ，224頁以下の諸司教のそれ，230頁のブルゴーニュ伯ルノのそれがそうである。以上は，いずれも手稿文書から転写されたものである。更に，11世紀の王文書で日を欠いた状態で受肉の年と月が付されている場合が少なくなく，フィリップ［2世］尊厳王の多くの文書（そのうちの2通はペラールの書の340頁に収められている）の如く，月と日を欠いた，年のみの表記も見いだされる。しかし，私は我々の諸王の文書でどんな方法であれ日付表記を欠いたものがあるとしても，即時の実施が命じられているものを除いて，私はそう多くを発見していない。それらにおいて，非常に多くの場合，いかなる人物描写も施されていない。しかし，アンリ1世の寡婦である王妃アニェスまたはアンヌのサン＝モール＝デ＝フォッセ修道院に宛てた，ウネロの荘園に関する文書（その真正文書は碩学ピエール・フランソワ・シフレの許に保管されている）においてはいかなる日付表記もない。13世紀のわが諸王の手稿書簡（我々はそのうちの多くを有名なアントワーヌ・デルヴァルの好意によって読むことが出来た）においては，月または月と日以外にいかなる日付表記も付されていない。フィリップ1世がマルムーティエ修道院長ベルナールに宛てた書簡にある如く，古い時代の書簡においてはしばしば省略されているものであるが。ノルマンディ諸公及びその他の

諸侯たちの文書に関して，至るところで，特に10，11世紀において日付表記が欠けている。ゲルマン人の間では，『フルダ修道院文書集』の中でこのような文書が多く発見される。アレマン人の間では，彼らの法典42条からそうである如く，日と年のない文書は有効であり得なかった。但し，ゴルダストの書に収録された53番の文書のみは日付表記が付されていない。確かにローマ法によると，日と執政官の言及のない公的文書は有効かつ適正な文書ではなかった。その上，それぞれの時代の慣習が法律と見做されねばならない。つまり，我々の祖先に対してであれ，またより後世の人々に対してであれ，共通の原則を求めようとする者には狼狽の運命が待っているのである。

第5節　「月の始めから」と「月の終わりから」，または「月の中にあって」，「月に入って」と「月の残りに」が意味すること

これらの細々したことは私には退屈である。しかし，ある行為が「月の始めから」《mense intrante》，「月の終わりから」《mense exeunte》または（同じことであるが）「月に入って」《mense stante》，「月の残りに」《mense restante》完了したと言われている如き，イタリアとガリアにおいてかつて確認された特殊な月の計算法を見落とすことは出来ない。決して十分に称賛されることのないデュ・カンジュは彼の『辞典』[114]の中で両方の書式のいろいろな例を文書から拾い出し，筆写術に関する論考の中で1265年に生きていたロランに依拠して，単にイタリア人のみならずガリア人も完全な1月を二つの部分に分けていたことを指摘している。つまり月の初日から16日までを前半，16日から最後までを後半に当て，そして確かに前半を順序正しく数えているが，後半は最後から逆算する方法である。従って，5月に入っての初日，2日は5月の第1，第2日であった。しかし，16日目が過ぎてしまうと，残りの日は「5月の終わりから15日」，「5月の終わりから14日」の如く，「終わりから」によって表現された。そして，このようにして，終わりから2番目の日まで一つずつ表現されたのである。事実，終わりから2番目の日と最後の日とは「5月の終わりから2番目の日」，「5月の最後の日」と言われていた。そして，31日を持つ月の各々に関しては，以上のようにしていた。しかし，30日しか持たないその他の月に関しても同様に，「最初から」の表現を使って15日まで進み，残りの15日は「最後から」の表現を使用して，逆算されて数えられていた。ローマ教皇位の継承に関して，総督に宛てられた書簡の書式が引用されている『ローマ教皇書式集』[151]の中で「何月にあって何日に」《die ill.instantis mensis》，つまり「何月に入って何日に」《die ill.intrantis mensis》の表現を読む。同様に，パウロの『ヘブライ人への手紙』[9,9]において，「その時に入った」《temporis instantis》は（今という時の）比喩と言われている。『カサウリア修道院文書集』の中で，聖クレメンテの主祭壇が「1105年10月に入って14日，会計年度の14年に」聖別されたと言われている。その版が我々によって『古史料選集』4巻[235,4,480]で刊行されている聖エメラン［レーゲンスブルク司教，690］の古い写本で，少し表現が異なるが，「最初からの何日」，「最後からの何日」と表現されている。つまり1月に入って2日，終わりから6日，2月に入って9日，終わりから5日，3月に入って3日，終わりから8日，4月に入って10日，終わりから8日，5月に入って6日，終わりから8日，6月に入って9日，終わりから10日，7月に入って4日，終わりから10日，8月に入って6日，終わりから12日，9月に入って3日，終わりから7日，10月に入って9日，終わりから11日，11月に入って8日，終わ

りから 2 日，12 月に入って 12 日，終わりから 13 日といった具合に。これらはすべて，古い写本からそのまま取られたものである。

第 6 節　「イントラ・カレンダス」とは何を指しているのか

アウルス・ゲッリウス [ローマの文法家，2 世紀] [31, 12, 13] が「イントラ・カレンダス」《intra Calendas》とある時，それは何を意味しているのかと問うていることもここで言うべきことと関連している。つまり，それは「月の初日の前にある日々」《ante Calendas》と「月に含まれる日々」《Calendis》のどちらか一方，またはその両方を意味しているのであろうか。アポリナリス・スルピキウスはこれと異なる考えを持ち込み，そして「ある人は〈町の中〉の意味で《intra opidum》とは言えるが，《in opido》とは言えないし，〈部屋の中〉の意味で《intra cubiculum》とは言えるが，《in cubiculo》とは言えないし，〈週日において〉の意味で《intra ferias》とは言えるが，《in feriis》とは言えない。それ故，《intra Calendas》と発音するよう求められているその言葉の規則に従って，もし《Calendis》と発音するならば，それはその語の規定に反している」と結論づけている。他方，これとは反対に，同ゲッリウスは「イントラ・カレンダス」と発音するよう命じられている場合，それは正当にも「月の初日の前にある日々」と同時に，「月に含まれる日々」とも発音することも出来ると判断している。つまり，「その月の日々が含まれるすべての期間が〈イントラ・カレンダス〉と正当に言って間違いではないので」と。

第 7 節　特殊な日付表記

しかし，かなりの数の文書で出会う特殊な日付表記についてここで触れないでいることは適切さを欠く。国王，教皇，そして文書が作成された地方の伯の在位年がはっきりと，または混在して使用されることは私的文書のあちこちで見かけるとよく言われている。サン＝ミシェル＝シュル＝ラ＝ムーズ修道院長ウードの文書は「サン＝ミシェル修道院の教会にて公開で，皇帝オットー [1 世] がロテールの王国を統治し，ロテールがフランスを統治し，公フリードリヒ，伯ルノが統治し，主の受肉の 962 年，会計年度の 10 年に行なわれた」とあるが，月と場所の記載はない。ベリの書 [51, 302] に収められた司祭レモンの文書は「9 月 13 日，フランスにおいて王アンリが統治し，ポワティエにおいて伯ギヨームが統治し，司教イザンベールがサン＝ピエール司教座聖堂に座し，主の受肉の 1038 年，会計年度の 8 年に発給された」とある。ローマ教皇の在位年がときどき付されている。ベリの書 [*Ibid.*, 368] に収められた，ジョフロワとも呼ばれるアキテーヌ公ギヨームの文書は「この寄進，確認，譲渡の文書は 1 月 28 日，主の受肉の 1077 年，会計年度の 15 年，フランク王フィリップ [1 世] が統治し，ローマ教皇グレゴワール 7 世の教皇在位の 4 年に交付された」とある。ここで読者諸賢はローマ教皇が国王の後に呼ばれているのを目撃する。このことは，更に，他の幾つかの文書でも確認される。しかし，大半において，ローマ教皇の表記が前に来ている。例えば，同ベリの書 [*Ibid.*, 355, 373] では一度ならず，アキテーヌ公ジョフロワの数通の文書には「この教会の文書はヴーヴァンにおいて，教皇グレゴワールがサン＝ピエトロ大聖堂に座し，フィリップがフランスを統治し，ジョフロワがアキテーヌを支配し，イザンベールがポワティエの司教座

教会を管掌し，副司教レノが彼の代理を務め，主の受肉の1076年，会計年度の14年，復活祭周期の10年，歳末月齢の12，補正日の5に作成された」とある。別の文書 [*Ibid.*, 397] では「主の御年，8月，会計年度の7年(15年と読め)，歳末月齢の13，主の受肉の1092年，教皇ユルバン[2世]が在位し，フランス王フィリップ[1世]が統治し，ポワトゥ伯ギヨーム，そして同町の司教ピエール，全世界をわが主イエス・キリストが統べる時に」とある。これらと類似しているもう1通の文書 [*Ibid.*, 471] があるが，それには「サン゠ジャン教会の参事会室で，主の受肉の1137年，ローマ教皇位にホノリウス2世が座し，アングレーム司教でローマ教皇庁の特使であるジラール，サント司教N.，ルイ[6世]がフランスを統治し，母トロサナから生まれたアキテーヌ公ギヨームが統治する時に交付された」とある。ノルマンディ公リシャールの文書は「有名な伯リシャール殿の命令で，3月18日，王ロテールの統治の14年，会計年度の11年」に発給されているので，これも特殊な表記に属する。勿論，ノルマンディ諸公は文書の日付表記において，意図的にか否かは分からないが，フランク諸王の在位年を省略する習慣を持っていたのであるが。

更に，もっと特殊なのが別の文書に記された日付である。例えば，ベリの書 [*Ibid.*, 411] に収められた伯ギヨームの文書には「この文書はフランク王フィリップ[1世]が君臨し，サントの大聖堂にラヌールが座し，主の受肉の1096年，アンティオキアがキリスト教徒によって奪取され，トルコ軍は敗走して，主キリストに服属し，教皇ユルバン[2世]が統治していた時に交付された」とある。それから大分経って，同じくベリの書 [*Ibid.*, 427] には「これらは主の受肉の1105年，彗星が現われ，王フィリップがフランスを統治し，ギヨームがアキテーヌを統治していた時に行なわれた」とある。また同書には「主の受肉の1111年，会計年度の4年，王ルイ[6世]が統治し，伯ギヨームがパルトネ領主ユグとシモンと戦争していた時に」とある。しかし，『ソキシランジュ修道院文書集』のオリンピック年の記載も特殊で，そこでは「2月において，同月の11日，主の受肉の960年，フランク王ロテールの帝位の4年，オリンピック年の2年に発給された」アデラール某の文書が収録されている。しかし，「主の受肉の1114年，会計年度の7年，シャルル2世がローマ人，ルイ2世がフランク人を統治している時に記された」，マラウラとあだ名されるギィの文書も奇異なものを含んでいるのではなかろうか。「シュズィで5月，王フィリップ[1世]がアンジュ伯フルクの妻ベルトを妻に迎えた年，つまり主の受肉の1092年」とある，シャトーダンの文書 [4, 4-1, 763] の文言は遥かに信頼性がある。そして別の文書 [*Ibid.*, 761] には，「ブロワ城都において宮殿の裏手，塔のそば，同宮殿の暖炉のある部屋の間に設けられた宮廷で4月17日，日曜日，午後に」とある。ブルンスヴィック公領内，ハメルンの市民の日付表記は伝説そのものの匂いを発散させている。そこでは「我々の子供たちの逃走の日から」，つまり彼らの4歳から10歳までの子供たちがある人の不吉な犯罪によって町から連れ出され，その後決して姿を現さなかったと言い伝えられている1284年から年代を日に至るまで計算するのが習わしであった。マルティヌス・スコオクキウスはこの註釈を反駁しているが，読者諸賢はそこに博識よりも細心さと公平さがないことを嘆くであろう。特異な日付表記に関しては，我々が別の箇所[本巻16章20節以下参照]で提供したそれらと合わせれば，以上で十分である。

第8節　『ソキシランジュ修道院文書集』における「余は置く」と「諸聖人と霊的天使に従属しない」とは何を意味しているのか

　しかし，ここで『ソキシランジュ修道院文書集』に関して論じるとき，所有権譲渡を意味するために，「余は置く」《mitto》の語が頻繁に使用されていることを指摘することが出来る。例えば，リシャールは彼の寄進文書において，「そして余はこの寄進文書の中にリヨン大司教アンブラール殿とクレルモン＝フェラン司教エティエンヌ殿をこれに関与している者，そして彼らに対する擁護者としてあるために置き，……」と言っている。デュランは自分の息子を託さい，「余が同修道院に修道士として置く，余の息子ギヨームのために」と言っている。フランコの文書では，「そして余はその寄進に際して，エティエンヌ殿と修道院長ロベール殿に対して，彼らが我々の防衛者であるべく置く……」とある。しかし，ラップの『古文書雑録』[217, 520]で刊行された，同文書集所収のアキテーヌ公アクフレドの遺言書の内容は全く新しいものである。その中でアクフレドは「伯も司教も修道院長も，また余の子孫の誰でも，更にいかなる死せる運命にある者もこれらの土地を支配しない。更に，当該地はいかなる聖者にも《alicui sanctorum》従属しないし，霊的天使《siritualibus angelis》にも従属しない。従属するのは主のみである。更に，いかなる裁判権もそこからそれに属するものを奪い取ったり苦しめたりしてはならない。それらに不誠実または不正なものを要求してはならない。しかし，それらは全能の神にのみ仕えるべし」との条件で，自分の財産をソキシランジュ修道院に譲渡している。カターニア修道院に宛てた文書に見るシチリア・カラーブリア伯ルッジェーロの法令は，それほど厳しくなかった。その中で彼は，「この修道院の院長と修道士は修道院の財産と領地に関して，神とその聖者たちを除くいかなる者にも仕えなくてよい」自由を当該修道院に付与している [288, 3, 15]。但し，私は上掲の伯アクフレドの遺言書において，ソキシランジュ修道院の財産が如何なる聖者および天使の教会にも従属せず，「ただ神のみに」従属するというのも一つの保証であったと考えるが。

第9節　寄進行為のずっと後に作成された文書

　次に述べることは場違いであるかもしれない。しかし，寄進文書やその他の類似の文書がその行為のずっと後に作成されることが稀でなかったことを指摘することは適切であろう。そのことをはっきりと教えてくれているのが，カミュザとデュシェーヌの共編書 [299, 373] に収められたセザンヌ教会[パリの東]に関する伯エティエンヌの確認文書である。同文書は「しかし，この寄進は主の受肉の 1071 年に行なわれた。だが，その行為は 1085 年，キリストが天を統べ，王フィリップ[1世]がフランスの王杖を握っているとき，……に確認された」のように終わっている。かつて私は同様の文書をクレルヴォ修道院長聖ベルナールの，シト修道会のトロワ＝フォンテーヌ修道院の起源について論じられている書簡 69 の註釈で引用したことがある。この修道院は，シャンパーニュ伯ユグがシャロン＝シュル＝ソーヌ司教ギヨーム・ド・シャペルの手を介して敷地を譲渡し，コンピエーニュの二人の兄弟が同修道院に行なう寄進を承認して，1118 年に建立された。しかし，伯ユグによる譲渡は司教ギヨームから司教ボゾンの時代まで，文書がないままで有効であった。司教ボゾンは初めてこの譲渡をコンピエーニュの兄弟による寄進と同様に，12 年後に文書に

よって確認したのである。仮にこの時代，公的文書がないままで寄進が有効であったとしても驚くに値しない。より多くの文書がこの時代に，いかなる真正の文書のない状態で作成されていたのであるから。それらに代わって，私的な確認文書の使用が考案されている。これに関しては次の巻で論じられるであろう。

第10節　ローマ数字とアラビア数字による数表記

　昔の人々によって文書の数字を記載するために使用された数表記について，ここで少し付言しておくのが適切であろう。この表記には2種類，つまりローマ数字と一般に「キフラ[ギリシア語で「数字」の意]」と呼ばれているアラビア数字とがある。後者の数字の使用は比較的新しく，アラビア数字はインド人によって10世紀から，ヒスパニア数字はアラブ人によって13世紀から受け入れられたと，他の人と共にアタナージウス・キルヒャー[ドイツの数学者，1680]が『算術』[215, 1, 4]の中で考えている。パーペンブレックは『古文書序説』[276] 19章で，アラビア数字の使用は宗教戦争以前においてヨーロッパ人には殆ど知られていなかったと付言している。碩学ユエ[フランス，アヴランシュ司教，1721]はアラビア数字はギリシア語を知らない写字生によって偽造され，長い筆写の慣習によって崩れていった，アラブ人がギリシア人から借用したギリシア文字そのものであると判断している[200, 648]。アラビア数字と呼ばれている数字がティロ式速記法に起源を発していたということも，この速記法はアラビア数字と大きな類似性を有していることから考えられ得ることだと思われる。しかし，幾何学と代数学を扱っているごく少数の写本を別にするならば，ラテン人の間でのその使用は14世紀に至るまで稀であった。そしてこの世紀，つまり1375年にペトラルカは我々によってその箇所で掲載されているその見本[図版XIII-2]が教えてくれている如く，『詩編』に関するアウグスティヌスの写本の中でそれらを使用している。その次の世紀において，写本のページを表示するためにこのような数が使用され始めたのが確認される。このように，この数に関する考察は，13世紀にそれは成立していたとする我々の提起を十分満足させるものではなかった。私はこれらの数に関して次の一つのこと，数の4と7がその初発において今日とは全く異なる形をしていたこと，つまり，我々の『見本』において確認される如く，δとΔのように変形されていたことを指摘しておくことにする。

第11節　文書ではローマ数字の方がよく使用されていた

　古文書においては，今日我々が使用しているローマ数字が使用されていた。その形は我々のそれと大して変わらなかった。しかし，これに関して幾つか指摘すべきことがある。第1に，これらの数字は七つのローマ字に還元されるが，多様な組合せによっていろいろな数を生み出している。私は暦の書においてラバンが「それ故，数字は七つの文字，つまりI, V, X, L, C, D, Mによって表記される。それらは1はI，5はV，10はX，50はL，100はC，500はD，1000はMの如く，単独で表記されて数字を意味する。他方，それらは他の文字と組み合わされることによって，VとIで6，XとIで11，XとLで40，LとXで60，90を意味する時はCの前にXが置かれ，DとCで600となる。また，次のように重ねられることもある。Iを二つ重ねて2，Iを三つ重ねて

3, I を四つ重ねて 4 と。X を二つ重ねて 20, 三つ重ねて 30, C を二つ重ねて 200, 三つ重ねて 300, 四つ重ねて 400 と。しかし，ラテン人の間では，同じ文字が四つ以上重ねて記されることはない。……」と言っているのを読んだことがある。とは言うものの，私はサン=ドニ修道院のある手稿文書，つまり 1164 年に当該修道院とヴェズレの医師との間で結ばれた取り決めに関する文書で，60 を表わすために文字 X を六つ重ねているのを発見した。勿論，これは頻繁に使用される形式ではないが。しかし，四つ重ねられることは稀ではなかった。『拾遺集』11 巻 [2, 11, 304] 所収の，フィリップがムラン在，サン=ペール修道院に宛てた文書やその他の未刊行の多くの文書にある如く，90 年を表わすのに [L の後に] X が四つ重ねられている。

　第 2 の指摘すべき点は，斜めに打たれた点または小線がローマ数字の上に置かれ，それによって至るところで 1000 が表記されていることである。但し，すべての数字において，より新しい碩学たちは古代ローマ人と同様に，ローマ文字と数字を区別するために，これらの点を無差別に付すのが習慣であった。この主張の実例とは，碩学バリューズによって刊行されたラバンの暦の書 [40, 1, 11 sq. et 31 sq] でたくさん出会う。従って，$\overline{\mathrm{II}}$ DCCC の数は 2800 を意味している。こうして，ノワイヨン司教ラトボのサン=テロワ修道院に宛てた文書において，年代が「主の受肉の 1069 年 ($\overline{\mathrm{I}}$ LXIX)」のように表記されている。更に，1000 の数が ∞ の記号で表記されることもある。これは『トゥールニュ史』[81, 315] においては正しく表記されておらず，「主の受肉の 1059 年 (∞ LVIIII)」と読むべきである。

第 12 節　数字の《I》は何を指していたのか

　第 3 として，どうしても避けなければならないのが古い写本や文書で変形されている数字の II, V, VI, XI の混同である。つまり，II の場合，最初の I が l の形をとって現われることがあるが，文字にしろ数字にしろ I は，要するにより太く描かれ，そして縦の棒はその他の文字の下の付根よりも少し下まで伸びているという違いを示している。これに対して長めの文字の L は，本書の『見本』が教えてくれるであろう如く，真ん中を過ぎたあたりで折れていて，ちょうど文字 C の如く，緩やかにカーブしている。この指摘を無視するならば，オーセルのサン=ジェルマン修道院に宛てた王ウードの命令文書において，「統治の 2 年 (II)」が 51 年 (LI) と読まれるし，同様に，ランス近郊のサン=ティエリ修道院に宛てたシャルル単純王の文書も「シャルル陛下の統治の 30 年，単独統治の 25 年，広大な世襲財産を獲得して」11 年 (XI) ではなくて，40 年 (XL) に発給されたと読まれる。同様の誤りが数字の V と VI でも犯されている。そこでは方形の《u》がときどき未熟な写字生によって VI の代わりに使用され，V の代わりに《$\mathcal{G}$》(実際には VI を表わしている) が用いられている。その上，特に遺憾なことは，用いられたのは先の尖った《v》だけで，数字としての方形の《u》は古代の人々の間では殆ど使用されていなかったと考えていることである。実際に，我々の所で保管されている最も古い，1100 年以前において手で作成された公会議録の集成の中にこの種の方形の《u》がより頻繁に使用されているのが確認される。私が今しがた 6 が意味されていることを指摘した《$\mathcal{G}$》の値を引き出したのもこの形の《u》からである。つまり，一連の数の頭文字を概観することによって，数字の 6 を表示するためにこの記号があちこちで使用されているのが確認された。そして単に現存するローマ文字によるこの写本のみならず，

ヒエロニムスの写本と教父たちに関するエンノディオの作品を収録しているほぼ同時代のフランコ・ガリア語またはメロヴィング書体で書かれた他の手稿史料においても，この数字が同じように変形されている。この指摘は日付表記で使用されている数字に関して誤りを避けるのにある程度重要となる。そして何人かの人々がローマ教皇の[在位の]年，月，日を表記するに際して，この誤りを犯しているのである。ローマ教皇のヴィジル [555] に至るまでの一覧表と彼らの在位年とが最も古い公会議集成の中で表現されている。この記号は疑いなく，ニコーラ・アラマンニのプロコピウス註釈 [12, 42] と碩学デュ・カンジュ [119, 89, 90, 92, 102, 104, 109, 114] のビザンツの家系にあるような6が表わされているギリシア語の「記号 ϛ」である。

第13節　若干のことに関して避けねばならない混同

その上，これは我々の言葉よりも我々の『見本』の方がよく教えてくれていることであるが，上掲の二つの写本において数字の《L》がときどき尻尾を持った，または下の方が曲がった文字《ʓ》のように，横棒が様々な方向に曲げられていることを見落とすことは出来ない。

第14節　ヒスパニア人の間における数表記の特徴

以上のほかに，モラーレスが『エウロギオ』への註釈 [267, 1. 2, 9] の中で，ゴート人の数表記に関して述べていることを付け加えておこう。私は「890 ヒスパニア年」《æra 890》の文言に関する彼の言葉をここに引用することにする。彼は「古い写本のこの箇所に 90 の数を表記するさい，我々ヒスパニア人には殆ど知られていないゴート文字と思われるある記号と奇妙な文字の組合せがあった。それは次のようになっていた。通常 50 の数を表わす印，《L》の文字が置かれていた。次に《X》が加えられていたが，それには小さな別の《L》が上部の尖った部分の上の方に結合されていた。こうすることによって 50 という数に 40 の印が加わり，50 と 40 の両方の数が合体して 90 が完成されていた」と言っている。更に，モラーレスは続けて，この同じ表記を神聖な公会議に関する古い集成の中で 4 回目撃したと述べている。これに関する例は，アントニオ・イエペスの『サン＝ブノワ修道院年代記』，プルデンシオ・サンドヴァル [1621] の『カスティーリャ諸王史』[316, 257, 274] にも見られる。後者はそれらの文字のうちの彫られた二つを掲載している。その一つはモラーレスによって上に書かれたもの，他の一つは文字《X》が二つの小さな文字《L》と共に描かれている [Ibid., 232]。しかし後者の場合，文字《ᚩᘏ》は殆ど逆向きになっているうえ，そのうちの一つは《ᚩᘏ》の前，他の一つはその後に置かれている。従って，最初の数は《æra DCCCCL III》のように図解され [Ibid., 274]，それは我々の《DCCCCXCIII》（西暦 993 年）に当たっている。2 番目の数は《Era DCCCCIIII》と図解され [Ibid., 232]，それは[我々の]《DCCCC-XCIV》（994 年）に当たっている。

他方，同サンドヴァルが引用しているその他の例 [Ibid., 294, cf. 256] において，1000 の数の代わりをしている文字《T》に関して，別の指摘が導き出される。従って，フェルナンド・ゴンザレスは「1003 (T III) ヒスパニア年に強めた」，サンチョ・ガルスィアは「1030 (T XXX) ヒスパニア年に……」となる。しかし，ここでヘロニモ・ブランカの『アラゴン史註解』に耳を傾けるの

が有益であろう。そこで「この文書は1025 (T̄ XXV) ヒスパニア年，朕，サンチョが王としてナヴァラとアラゴンを統治している時……」の表記をもつ王サンチョの文書 [54, 617] を引用し，「しかし，この特権文書において特にこの《T̄》の記号が常に1000を指していなかったこと，それよりも非常に多くは900を意味していたことが指摘されねばならない。従って，ここでも900として理解されねばならない」と解説している。これは，この特権文書と数字がすべて文字によって省略なしに，つまり「921ヒスパニア年」《aera noningentesima vigesima prima》と表現されているその他の文書を比較することによって立証されるであろう。そこでは両方ともに同じ人物が立合った者として言及されている。両方とも同じ世紀に作成されたものに違いない。加えて，この記号《T̄》はブランカがどのように言おうと，1000を表わしていたと我々は考える。何故ならば，それはブランカが説明しているような，上部に二つの点を付した《T̈》ではなくて，斜線を持ったローマ数字《Ī》で，これによって1000が表記されたことは上で既に見た通りである。これに関しては，我々が別の箇所[本章11節；本巻1章23節参照]で，省略またはそれよりも除去によって表現された数字について述べたことを想起してもらいたい。

第15節　ゴルダストの書におけるギリシア風の表記

　私はゴルダストがアレマン人の歴史の第1巻 [161, 6 sq.] で『ヘピダン[ザンクト＝ガレン修道士, 1056]の年代記』の年代を表記するために使用している数字については省略することにする。この数字は，その第2巻 [*Ibid.*, 2, 91] から明らかな如く，ラテン人よりもギリシア人にとって馴染みのあるものである。それ故，我々の慣習とは殆ど関係していない。

第 3 巻

反対者たちの見解が論駁される。
略式文書と文書集の権威が考察される

第 1 章

第 1 節　本章で考察されるテーマの順序

　古文書学における真正性に関して以上の如く論述されたいま，偽造に関しても明らかにされるべきものがあると考えられた。我々の仕事を必要とする新しい論証が我々を再び新しい仕事へと連れ戻さない限り，私の書物の読者たちをこの種の論述の難解さから解放することを既に心に決めていた。何故ならば，命令はどのようなものであれ，道理に合わないし，教えることの役目は私には適していないし，その気も私にはない。しかし，一度この義務を自分の中に受け入れたとしても，それは私から完全に免除され完成されないならば，少なくとも将来において等閑にされていると見做されるべきではないように努力すべきだと私は判断した。事実，次のこと，つまりパーペンブレックが我々に真正文書の例として提示している文書が真正であるか否かについてが，本書で企てられるべきものとして私に残されている。そこで反対者たちの見解が論駁されねばならない。続いて，私的な略式文書及び文書集の権威について論じられねばならない。すべてはこの順序で論述されるであろう。

第 2 節　パーペンブレックによって提供された，王ダゴベールがザンクト゠マクシミーン修道院に宛てたとされる文書が考察される

　ザンクト゠マクシミーン修道院に宛てられたダゴベール王の文書を考察するさい，ただ 1 通の文書の内容が問題になるのであれば，注意深い読者諸賢がそれに関して判断を下すことが出来る幾つかの準則を提示することで満足し，私はその吟味を容易に，そして喜んで放棄したであろう。しかし，先の碩学はこの文書をそれ以外の文書の模範として我々に提示しているのである［276, 22 sq.］。もし私が彼の不名誉を見逃したならば，真正文書の信用が危機に瀕するのではないかと

恐れる。従って，ここで，この文書が私には特に偽造と推論されるいろいろな史料を専門家たちの前に提示し，彼らに決定的意見を出してもらうことに決めた。

偽文書の第1の理由は，その神への呼び掛け，「主と子と聖霊の御名において」に求められる。私は第1王朝の真正王文書の中にこの呼び掛けを見いだすことが出来ないのである。ましてやダゴベール王の文書において，自分の名前の記載から必ず始まることが慣習になっていたことから，このような呼び掛けが先行することはない。

第2の理由は，「いかにして朕，いと力強い王ダゴベールは……」《qualiter Dagobertus Rex potentissimus》の書出しから引き出される。何故ならば，メロヴィング諸王は必ず「気高き人，フランク人の王ダゴベールは……」《Dagobertus Rex Francorum, vir inluster……》で始まる書式を常用していたから。次に，（私が知る限りにおいて）文書の冒頭で代名詞《Ego》[「私」の意]はどの文書にも使用されていなかったし，自分自身を単数で表現することもなかった。私はこれら二つが上記の著書の6章から明白であると判断する。

第3の理由は，「朕の司教と伯の意見が一致し，朕の方から使者を修道院長メミリアヌスの許へ派遣した」の文言にある。ここで使用されている「朕の司教たち」《Episcoporum meorum》と「朕の方から」《de parte mea》の表現をこの時代は決して知らなかった。

第4の理由は，すぐ後に続く文章「朕は彼にいかなる創建者によってこのザンクト＝マクシミーン修道院が建立されたか，または古くは誰の支配権に従属させられていたのかを丹念に調べ，朕に直接報告するよう命じた」にある。そしてこの後に続く文章も文書形式には殆ど馴染まないもののように思われる。それらは文書よりも歴史書を想起させる。

第5の理由は，「朕の諸侯たちの意見と要求によって」という表現で，それは諸皇帝がときどき「朕の諸侯たち」と呼んでいる10, 11世紀以前では使用されていない。そして実際，「但し，永遠に継承される諸皇帝や諸君主の所領や国庫への好意が膨らんだ場合は，それにあらず」の表現もこの時代[10, 11世紀]の皇帝たちに特有のものである。

第6の理由は，ダゴベールの時代には「そしてこの文書の確認が永遠に確かなものであり続けるために，朕はそれが記されるよう命じ，そして朕の印章でそれを強めた」の文句は知られていなかった。つまり，我々によって提供された例と印影が証明している如く，メロヴィングの書式から完全に外れている書式に加えて，「朕の印章」《nostro sigillo》の文言をダゴベールは決して用いなかったし，わが諸王も10世紀以前においては殆ど使用していない。但し，既出の[本書2巻] 10章にある如く，メロヴィング諸王は「朕の手による下署によって」《manus nostrae subscriptionibus》，カロリング諸王は「朕の指輪で」《anulo nostro》または「朕の指輪の押印で」《anuli nostri impressione》の表現を使用してはいるが。

第7の理由は，「4月4日，朕の統治の11年に行なわれた。幸せに」との書式はメロヴィング時代の慣習と一致していなかったのみならず，本書[2巻]の10章と26章での叙述にある如く，サインと名前を日付の前に置いているメロヴィング時代及びカロリング時代の慣習と異なって，ダゴベールのサインを後続させていることである。

第8の理由は，文書の日付にその場所が付与されていないことで，これはメロヴィングとカロリングの諸王において決してとは言わないまでも非常に稀なことである。

第9の理由は，ダゴベールが花押を使用していることである。第1王朝下において王文書での

その使用は稀であるし，私が本書2巻10章で示している如く，書き方を知らない諸王の文書は別としても，ダゴベール王は，[本書] 5 巻の見本 16 にある如く，書き方を習得していたのである。

第10の理由は，「文書官ヘリヴェウスが礼拝堂付き主任司祭リコルフスに代わって承認した」との文書官の下署も同じく異常である。即ち，（後世の人物，つまりマインツのヘリヴェウスとランスのリコルフスを指していると思われる，ヘリヴェウスやリコルフスの名前に関しては何も言わないとして）文書長を意味する礼拝堂付き主任司祭《Archicapellanus》の名称は，私が本書2巻11章で既に述べている如く，10世紀以前においてドイツ諸皇帝の間では使用されていなかったように思われるので。

その上，この文書には見慣れぬ言葉が使用されている。しかし，非常に細かな考査を必要とするので，私はそれらを偽文書の論証として引用しようとは思わない。私がいま想起させた理由だけで，このダゴベールの文書が偽造であること，または明らかに，他の文書と比べて，真正にして有効と主張され得るまたは主張されねばならないほどの権威を備えてはいないことを十分に論証している。しかし，もし誰かが私に代わってこれらの難問を解決することが出来るとしても，私にとって一層有利な見解を抱くことになろう。

第3節　同じく，それに対する別の反論

このザンクト=マクシミーン修道院に宛てたダゴベールの特権文書に同ダゴベールの名のもとに出された別の文書が反対者によって対置されている。しかし，この時代に全く適合しない受肉の年と下署の様式に依拠して，ツィレスが提示した理由 [376, 57] により，この文書が偽造されていることは明らかである。

第4節　更に，パーペンブレックが提示したシャルルマーニュの文書に関する見解

ここにおいては，この過ちを別の箇所でも非難する極端な酷評家と見做されないために，私は批判を抑えて，表面に出ないように心掛けた。しかし，同『序説』[276, 42 sq.] においてシャルルマーニュの文書の見本がその他のカロリング諸王の原型，同じく皇帝ロテールの息子，王ロテールの別の見本が同王のその他の文書の範例として挙げられているので，私の役割は熱心な読者諸賢にこれらの見本は異常で，模範として引き合いに出され得ないような文書に属するものであることを教えることであると考えた。第1に，一部の人々はカロリング諸王の文書の中に，800 年以前のその他のカロリング王文書における慣習——その年以前においては，「神の恩寵によるフランク人の王シャル[マーニュ]……」の書出しから始まることを常としていた——以外に，「父と子と聖霊の御名において」の呼び掛けで始まる見本を確認している。確かに，これと同じ神への呼び掛けをもったシャルルマーニュの文書数通が刊行されていて，その一つがバリューズの『新版勅令集付録』[37] 19 番の文書である。（この文書は手稿文書からの転写でなくて，文書集からのそれであって，この呼び掛けは後から加えられたと思われるが），ここで反対意見を述べることは控えたい。しかし，この書式が共通のものでないこと，オリジナル文書にも採用されていなかった（であろうと私は思いたい）ことだけを示しておくに止める。それは誰も適法な文書であるとの

予断のもとにその文書を使用することのないようにするためである。

　第2として，これはより重要なことであるが，この文書がシャルルマーニュの文書の中から排除されることで，それは特に，「キリストを忠誠に信じるすべての者たち，王，司教，公は次のことを知るべし。いかにして朕，神の恩寵によるフランク人，ロンバルディーア人の王にしてローマ人のパトリキウス，シャルル[マーニュ]が朕の魂の救済と朕の王国の安寧のために，……」との書式で始まっていることがその理由である。何故ならば，誰がシャルルマーニュの真正文書のどこに「キリストを忠誠に信じるすべての者たちは……知るべし」との文言を読むであろうか。そして誰がそれに続く「王，司教」の文言を読むのであろうか。王の中の誰もこの書式の中に他の王を含ませていなかったのではないのか。次に，シャルルマーニュは自分のことを話すとき，1人称の《Ego》[「私」の意]を使用していたのか否かが問われねばならない。更に，「ランゴバルドルム」《Langobardorum》ではなくて，[《a》を]《o》に代えて「ロンゴバルドルム」《Longobardorum》と書き，繋辞の《et》を欠いていたのか否か。その他のすべての文書の慣習に反して，半サクソン風の文字が使用されていたのか否か。最後に，「朕の魂の救済と朕の王国の安寧のために」の文句が正しく適合しているのか否かが問われねばならない。バリューズの『新版勅令集付録』[37] 18番における，「神の恩寵による，フランク人とロンバルディーア人の王にしてローマ人のパトリキウスであるシャルル[マーニュ]が，現在と未来における朕のすべての臣下に対して」の頭書書式の方が遥かに優先されるべきであるので。但し，この頭書書式は手稿文書からではなくして文書集から取られたもので，《Carolus》の最初の文字は《C》（これは，その数は非常に少ないが，シャルルマーニュの初期の文書の至るところで確認される）ではなくて《K》となっていて，そして「ランゴバルドルム」（我々自身は手稿文書と文書集に収められた写しとを比較して，一度ならずが文書作成者にとって最も馴れ親しんだ綴りであると悟った）ではなくて，「ロンゴバルドルム」の名称が使用されている。同バリューズの付録のそのすぐ後に掲載されている別の文書における，「父と子と聖霊の御名において。神の恩寵によるフランク人とロンバルディーア人のいと清澄なる王シャルル[マーニュ]。すべての司教，修道院長，公，伯または現在及び将来における朕のすべての臣下は次のことを知るべし」との書式も好んで使用されるものである。それに続く文書にも同じ書式が使用されているが，そこでは呼び掛けと「いと清澄なる」の語がない。手稿文書は本書で我々によって刊行された文書に「神の恩寵による，フランク人とロンバルディーア人の王でローマ人のパトリキウスであるシャルル[マーニュ]は，朕のすべての臣下に知られるものと信じる……」とある如く，「ロンゴバルドルム」に代わって「ランゴバルドルム」を優先させていたことは間違いない。

　第3は，上掲のシャルル[マーニュ]の文書において印章にいかなる銘も彫られていないし，他の印章にあるようなシャルルマーニュの顔が刻まれていないことが多分指摘するに値することだと思われる。また，それは当然の，所定の場所に押印されていないのである。更に，ツィレスの書[376, 13]では銘文の跡が残っているが，既述の如く[本書2巻16章]，印章の座が異なることがときどき生じている。第4は，日付表記に関して，日が明示されず，文書は「8月に」発給されたとのみあることが一部の人々を困惑させている。そして，これは真正文書のあちこちで確認されることでもあるが，フランク王の在位年がイタリア王の在位年を伴わずに現われている。しかし，一部の文書[本書2巻27章4節]では月も日もイタリア王の在位年も表記されていないので，ここで

はそれが共通の基準から外れていたことのみを記しておこう。前者の例として，読者諸賢はバリューズの『新版勅令集付録』[37] 19番，後者の例としてトゥール在，サン＝マルタン修道院の文書を持っている。更に，ツィレスが読んでいる如く，数字 11 (XI) の代わりに数字 40 (XL) が置かれねばならない。そして数字の形は，私が上で示した如く読むべきであることを教えている。そして《Actum》に代わって《Ata》，文書が発給されたパーデルボルンのそばを流れている「リッペ川のほとりで」《super Lipsia》に代わって「それ自身の上で」《super ipsa》と読まねばならない。これらすべてはこの文書が（もしそう言うのが正しいのであれば）独特なもの，特に異質なものであることを十分に明らかにしてくれている。または，パーペンブレックの見本は手稿文書から正しく印刷されたものでないと言った方が恐らく真実に近いであろう。

第5節　パーペンブレックが提示した王ロテール[2世]の文書に関する見解

同じ見解が，ロテール[2世]の文書の見本についても妥当する。それは彼の真正文書に通常見られるものとは別の神への呼び掛けで始まっている。何故ならば，これは「父と子と聖霊の御名において」の文句で始まっているのに対して，真正文書は我々によって刊行された真正文書が証明している如く，「全能の神と我々の救世主イエス・キリストの御名において」の文句で始まっているので。次に，パーペンブレックが提示したこのロテール[2世]の文書の見本は我々の文書，同ロテール[2世]の他の文書，同時代のその他の王の文書とは異なって，主の受肉の年を使っている。更に，印章の銘「✠ロテール」《✠LOTHARIUS》は古い，特にカロリングの慣習を匂わせていない。カロリング諸王のそれと極端に違った服装を呈しているロテール[2世]の肖像自身に関して，私は何も言うことはない。確かに，ロテール[2世]は彼の同名の父の銘をメスのサン＝タルヌール修道院に宛てた文書の如き，彼の真正文書の印章の中で維持している。そこには《XPE ADJUVA HLOTHARIUM REGEM》「キリストよ，王ロテール[2世]を護り給え」の銘が刻まれている。最後に，ロテール[2世]文書の見本であれ，シャルル[マーニュ]文書の見本であれ，書体はサクソン書体と関係したものである。但し，それ以外の手稿文書においては別であるが。これを指摘しておくことは，これらを理由にその他の，特に真正の文書に異議を唱えることがないために有益だと考えるからである。

第6節　文書に関する若干の準則が考察される。最初は，貨幣を製造する権限に関して

最後に，私と殆ど面識がないある碩学が古文書学に関して提示している，三つまたは四つの準則について考察されねばならない。その一つは，「ガリアではシャルル単純王[923]以前において，ゲルマニアではハインリヒ捕鳥王[936]以前において，公または伯が個人の権利において交付している文書のすべては偽造である。それは上記の時期以前に教会や修道院に貨幣製造権を付与している文書が贋作であるのと同様である」との準則である。この準則は公や伯に関する限り正しい。しかし，もう一つの点，つまり貨幣製造権が付与された時期に関しては誤っていると私には思われる。つまり，シャルル単純王の時代に修道士オディロによって編まれた聖セバスチャンの遺骸奉遷記の中で，我々はルイ敬虔王がサン＝メダール修道院に「公的造幣所を造幣権と共に，そ

して永遠の服従において当該聖所に仕える造幣工を譲渡した」とあるのを読む。王ウードによってトゥールニュ修道院に宛てて文書が書かれたと『トゥールニュ史』[81]の中で読む如く，何故この件に関する文書がルイ敬虔王によって作成されることがあり得なかったのであろうか。何故そう言うのか。それは，『ヴェルジ家の歴史』[124, 22]の中で引用されている文書が証言している如く，シャルル単純王はオータン司教ワロのために，ずっと以前に「同教会からある人たちの不正によって不当にも奪い取られていた，同町の造幣所を自分のものとして取り戻し，返還すべく修復した」とあるからである。しかし，ルイ敬虔王がル=マン司教アルドリック[857]に彼の父シャルルマーニュ，祖父ペパン，その他によって既に譲渡されていたその特権文書を更新しているので，同文書がこの問題を最初に扱ったのではない。この命令文書の写しは，碩学バリューズが最近公刊した同アルドリックの事績伝[40, 3, 100]の中にある。そこでのルイ[敬虔王]の言葉は「朕は朕のすべての忠実な臣下に次のことを知らしめたい。ル=マンの町の尊敬すべき司教アルドリックは朕に彼の前任者たち，つまりメロル，ゴジオレーヌ，そして更に彼らの前任者たちが公的造幣所をよき想い出をもつ朕の父シャルル[マーニュ]陛下と祖父ペパン，更には王ティエリ[2世]及びそれ以前の諸王の命令文書を介して，これら諸王の権威に満ちた状態で譲渡され，そして所有していたことを知らせてくれた。……」となっている。ル・コルヴェジエはこれに関する王ティエリ[2世]の文書を引用しているが，それがどこまで真正なのか疑わしい。しかし，これに関するルイ敬虔王の文書はあらゆる異議を排除していること，そして製造された貨幣の様式がシャルル単純王の時代よりも古いことを証明している。但し，この権限を宮廷と幾つかの都市に限定しているシャルルマーニュの勅令[325, 71]とシャルル禿頭王の勅令[ピートルの勅令12章]の権威を多分に信じていると思われる一部の人々がこれに異論を唱えるであろうが。しかし，それらは教会の特権を損なうものではない。

第7節　更に，第1に，伯制度の起源に関して

ここで私は伯制度に関して，シャルル単純王の時代から世襲権によって相続するようになったこと，それ以前においては2回を除いて，女伯《Comitissa》の語を読むことがないことのみを付言しておくことにする。その1回は，アニアーヌ修道院に宛てた教皇ジャン8世[882]の教書。他の1回は，リポル修道院に宛てた女伯アヴァの文書で，そこには「余，女伯アヴァと余の息子たち，つまり伯ジュニオフレド，伯ウィフレド，伯オリバ，そしてミロ・レヴィタは共同寄進者としてアウサ[北スペインの都市，ビークの旧名]伯領内，リポルと呼ばれる所にある永遠の処女，神の聖母マリアのために創建されたサンタ=マリア修道院の教会を修道院長エネゴとそこで神に仕える修道士たちに……。この文書は6月20日，シャルルマーニュの息子，王ルイの統治の6年に作成された」とある。この王はルイ敬虔王を指し，解釈が正しいとするならば，この叙述は787年に帰されねばならない。また，詩人キリエヌス[ホーヘンブルク女子修道院長，1169]も「女伯」の語を使用している。また，8世紀の別の人はアイルランドの処女，聖ブリジットの頌歌[4, 4–2, 304]の中で使用している。

第8節　第2として,「朕の部屋」または「朕のクリア」といった表現の使用に関して

第2の準則は,「〈朕の部屋〉《Camera nostra》,〈朕のクリア〉《Curia nostra》の文言が見いだされる, オットー1世より前の諸皇帝と我々の国王の文書はすべて同様に」偽文書であること。より確かな論拠によってこの主張が立証されるまで, 私はこの準則を疑う余地のないものと主張しないし, 間違っているとして否定もしない。しかし, この準則が正しいとしても, それは「御公現の祝日のクリアにおいて」,「五旬節のクリアにおいて」など, つまりこれらの日に開かれた盛式の集会において交付されたと記されている我々の国王の少なくない文書を損なうものではない。皇帝ルイ2世はカサウリア修道院宛の5通目の特権文書を「オロンヌ[西フランスの島]の皇帝のクリアで」交付しているし, フランドル伯ボードワンの文書 [126, 183] は「主の受肉の1067年, ベルグで開かれた五旬節の盛式の集会で作成された」[本書2巻26章28節参照]とある。

第9節　第3として,「朕の君主たち」の使用に関して

第3の準則は,「〈朕の君主たち〉《Principes nostri》の文言を含む, ハインリヒ1世(捕鳥王とも呼ばれる)以前の諸皇帝と, ロベール[2世]以前における我々の諸王のすべての文書も同様に偽作である」こと。この準則はより詳細な考察を必要としているが, それは司教が「諸教父と使徒的人々」《Patres et viri Apostolici》, 最高の権力を有する者が「最も有力で気高い人々」《Optimates et viri inlustres》, その他の人々が「朕の臣下」《Fideles nostri》と呼ばれているメロヴィング時代の多くの文書と対立するものではない。しかし,「君主」「君主たち」を意味するこの語《Princeps》または《Principes》は, それが曖昧な意味の場合, 広義と狭義に解釈されることが可能である。広義の場合, それは第一人者たちまたは最高者たちを意味し, 更に, メロヴィング諸王治下, この意味において王国の伯身分内での第一人者が《Principes》と呼ばれている。これに関して, アレマン人の古い法典においては,「王クロテール[2世]の治世に彼の第一人者たち, つまり23名の司教, 34名の公, 32名の伯, またはその他の人々と一緒に制定されたアレマン人の法律が始まる」との言葉が前に出されている。そこで読者諸賢は諸公よりも司教, 更には修道院長が前に置かれているのを確認するが, この様式は12世紀まで存続した。狭義の場合, この言葉《Principes》は別の身分, つまり聖俗の第一人者(特に, ゲルマン人の間において)を指していた。この意味においては, 本当のところ, もっと遅く, つまり, オットー大帝の時代から使用されるようになる。更に, コンリンクの言葉 [101, 218] を信頼するならば, 11世紀以前にこの意味においてこの語が司教に用いられることはない。

第10節　第4として, 誤った日付表記に関して

綿密な人であれば当然のことであるが, 彼はこれらの準則に第4の指摘, つまり正しい日付表記を持った多くの偽文書があり, 反対に間違った日付表記を持つ真正文書も多く存在するとの指摘を付け加えている。そして, 前者に関しては, この時代にふさわしくない書体の違い, または歴史的真実と対立する何らかの状況から判断することが出来る。この指摘は重要で, 多くの例を

挙げて示すことが出来る。ここで私はソワソンの『ノートル=ダム修道院史』からその1例，つまり司教が集まった宗教会議でシャルル禿頭王の御前で作成された同修道院の財産に関する文書 [156, 429] を取り上げることにする。その内容と体系はよき古き時代の香りを漂わせておらず，確かに日付表記と下署の一部に手が加えられてはいるが，正確には9世紀の趣向と一致している。この文書は「主の受肉の858年，会計年度の6年，皇帝シャルル陛下の統治の32年に」作成されたと記されている。その場合，皇帝としてではなくて，国王としてのシャルル禿頭王の統治年は西暦858年ではなくて862年と重なっている。更に，我々の同僚ミシェル・ジェルマンが上記の歴史書で指摘している如く，一部の下署に改竄が加えられている。それらの下署の中で「コルビ修道院長アデラール」の下署が考査されねばならない。その場合，この時よりずっと以前にコルビ修道院長アデラールは死去しているので，「コルビ」《Corbeiensium》の表現が削除されねばならないであろう。更に，その頃サン=ヴァースト修道院長アデラールは生きて活躍していたし，同名のその他の数名の人たちもこの頃生きており，彼らの中から一人がここに呼び戻されねばならないのである。その上，特に重要なのが，(私が既に言った如く) この文書の本文で手が加えられた箇所が幾つかあるが，すべての碩学の判断によってそれは真正文書とされている。これに関しては，公正で博識の人々によってこれ以外の同様な解釈が容易になされるであろう。

第11節　第5として，文書の正しい叙述と誤った叙述に関して

最後に，『聖者記録集(イ)』3月2巻 [5, Martii 2, 331] から引き出された別の準則が付け加えられねばならない。そこでは「偽文書は真実の叙述を含んでいることがあるし，また真正文書が偽りの叙述を含んでいることもある」と述べている。つまり，文書の作成者が昔の歴史を叙述するさい，本筋から外れることがよくあるからである。その上，改竄者たちは出来事を一層入念に詳述する。更に，文書，しかもオリジナルな文書においても，何世紀も後のある人の行為が言及されている場合，過誤が入り込む危険性があった。それのみならず，書記 (未熟であればなおさらであるが) はかつて殆どそのようには展開しなかった出来事に関して欺かれたり，または自らが欺いたりすることもあり得る。これに関する事例はいろいろな文書，特に，教会や修道院の建立時期そのものと関係する建立の年及び諸状況に関して不確かなことがときどき伝えられている文書に見いだされる。そしてその文書が長い時の経過を経て作成された場合，特にこれは起こり得た。

第 2 章

第 1 節　パーペンブレックの古文書に関する見解

　サン=ドニ修道院の文書庫に誤って向けられた，恰もそれがローマ教皇や国王の偽文書の製作所であったかの如き中傷が私の心を苦しめているいま，既にその人が故人になっていたとしても，この企てられた仕事の対象の中にそれが含まれると私は思った。従って，フランス王国全体の侮辱へと拡大しないために，他のすべての文書庫におけると同じように，その文書庫において調査が行なわれねばならない。その上，この碩学は文書の見分け方に関して論じた『古文書序説』1 巻 [276] の結論で，サン=ドニ修道院の文書庫を恰も全フランスの代表格の如く想定し，一つにおいて全体を攻撃するかの如く，論述のすべての矛先をここだけに向けたならば，熱意を込めて取り組んだテーマに関する非常にすぐれた仕事が自分に味方すると判断していた。「更に，このようにして引き出されたものを考え，フランク王国全体を通じてダゴベール 1 世 [638] 以前においていかなる真にして正しい文書を発見しておらず，同王の治世の前と後の，そして第 2 王朝の諸王に至るまでの手稿文書と呼ばれ得る，または手稿文書から忠実に転写された文書は非常に少数しか存在していないことから，私は『アングリア修道院』の序論の中で提供されている異端者ジョン・マーシャムの宗教に関するものであるが，修道士や修道院財産とも決して無関係ではない警告を高く称賛する。つまり，大いなる古さを見せているために，少しの信用しか得ていないこれらの文書は注意して吟味されねばならない」[276, 125] と述べている。更に，彼はビードとトゥール司教グレゴワールに依拠して，アングル人とフランク人の間で所領を譲渡したり特権を付与したりするに際して，文書が使用されたのを確認することが出来ないと付言している。

第 2 節　彼の見解が反駁される（その一）

　碩学のこのような考察が正当な論拠によって支えられているのであれば，私はそれに同意することに吝かでない。今や彼の考察は至るところにおいて偽り，疑惑，不明瞭に依拠している。私はそれから即座に遠ざかっていなければならない。ダゴベール 1 世以前，フランク王国全体を通じて真にして正しい文書は 1 通も見いだせないというのは間違っている。大クローヴィス [511] がミシ修道院に宛てた文書は真にして正しい。同じく，王クロテール [561] の統治の 9 年，クロテール 1 世の名で交付された，アンセムンドスとアンスレウバナがヴィエンヌ在，サン=タンドレ司教座教会に宛てた文書も真にして正しい。トゥール司教ペルペチュとアターヌ修道院長アレードの文書，聖女ラドゴンドの遺言書も真にして正しい。王クロテールの統治の 43 年に作成された婦人テオデトルドの文書も真にして正しい。更に，（これまでに引用したその他の文書や反論が起こり得る文書は省略するとして），今から 1000 年前に非常に古い記録から収集されたマルキュルフやその他の古い書式もこれまた真正である。

第3節　彼の見解が反駁される(その二)

　しかし，ダゴベール1世以前に関して，災難と時間的隔たりからいかなる真正文書も伝来していないとしても，それは同王以前の寄進行為が成文化されなかったとの結論へとは導かれない。更に，このことはトゥール司教グレゴワールの沈黙と矛盾しないのみならず，彼及びその他の人々の権威がかくも雄弁な証言[本書1巻3章参照]に異論を唱えていることになり，白日のもとにいて最もよくものが見える人にこのような闇が忍び込んだことはそれだけ一層驚きに値する。ダゴベール1世と彼の子孫の真にして正しい文書とは非常に多く出会う。そしてサン＝ドニ修道院文書庫だけでも，最低，ダゴベール1世，クローヴィス2世，ティエリ2世，クローヴィス3世，シルドベール3世，シルペリック2世，ティエリ3世，メロヴィング朝最後の王シルデリック[3世，751]の手稿文書が30通も保管されている。但し，私はこれらの諸王とクロテール3世治下で作成されたその他の人々の多くの文書は割愛するが。それ故，碩学の結論は根拠のない反対意見となる。それらの根本が間違いであるが故に，その結論も誤っているとするならば，何ら不思議なことではない。キリストが生まれて以降文字は樹皮に記されなくなった[276, 128]と主張すること以上に真実から離れていることがあろうか。ローマ教皇は7世紀及びそれ以前において，特権文書を使用しなかった[Ibid., 105, 127]のだろうか。教皇文書において受肉の年が使用され始めたのはウジェーヌ4世[1447]の治世から[Ibid., 129]なのか。更に，彼はダゴベール1世のザンクト＝マクシミーン修道院に宛てた特権文書(特に，すべての碩学によって少なくとも偽物に違いないとされる)を真正文書の真にして確実な写しとして我々に提供しようとしているのか。そして，ここに誤った結論への何と多くの芽があることか。つまり，ダゴベールが自らを「最も強力な王」《Rex potentissimus》と言っていることは彼の王朝のすべての王の慣習に合致していない。花押と「印章」《sigillum》という語の使用。日付表記の後に下署していること。同王の文書長が「礼拝堂付き主任司祭」《Archicapellanus》と呼ばれていること。真実に反してこれらを承認した場合，サン＝ドニ修道院文書庫及びその他のガリアの文書庫に残っている第1王朝の文書のすべてが碩学にとって偽物と映ったとしても驚くべきことではない。この碩学がこれらの文書を自分の目で見たならば，疑いなく彼は自分の考えを変えたであろう。自分が見てないことに関して，そのような見解をこれほど異常に抱くべきではなかったのである。

第4節　彼によって攻撃されたサン＝ドニ修道院の文書

　彼が『古文書序説』[276]130番で展開している，あのように苛烈で容赦のない考査を一体誰が我慢できるであろうか。そこで彼は私がその箇所[本書1巻8章]で論証してみせた如く，樹皮またはパピルスからその偽造を誤って論じている，サン＝ドニ修道院に宛てた教皇ザシャリとエティエンヌの文書の写しを調査して，尚も次のように言い続けている。「そして，これはローマ教皇の勅書に関しても同じである。それに関して非常に多くの文書が続いているが，その一つ一つを検討する気持ちも暇もない。王にして創建者であるダゴベールの17通の特権文書と彼の息子で後継者の7通の文書。王ペパンの8通，そして再びシャルルマーニュの17通などがその後に続いている。これらのすべて，または非常に多くがサン＝ドニ修道院の古い文書の熱心な鑑定者が既に述べ

たことから容易に判定を下すことが出来る如く，信用の置けないものである」と。

第5節　彼の所説が論破される

　他方，私は自らをサン=ドニ修道院の文書庫の不熱心な検査者であると告白したりはしないばかりか，その文書のすべてまたは非常に多くが信用に値すると確信をもって断言する。そしてこれに対して，これらの文書のいかなるものもパーペンブレックの諸準則に従って作成されていないこと。つまり，それらの準則は熱心な読者諸賢であれば，既に述べたことから容易に判定を下すことが出来る如く，偽りか疑わしいものであるので。更に，我々が保証しているドゥブレの書に収められた文書のみならず，我々が本書で刊行しているメロヴィング王朝に関するその他多くの文書も真にして正しい手稿文書から直接に抜き出されたものの如く，最高の信頼と重要性を有している。つまり，私は自分の判断でこの問題を判定したのではなくて，この上なく博識にして有名なソルボンヌ大学教授アントワーヌ・フォール，シャルル・フレネ・デュ・カンジュ，アントワーヌ・ヴィオン・デルヴァル，エティエンヌ・バリューズ，ジャン・バティスト・コトリエに応援を求めたのである。彼らは尊重すべき古き時代のこれらの遺物のすべてを大切に扱い，各々の基準で確認してきた。私は，第一級の専門家たちをここに証人として呼ぶことが出来る。しかし，我々が彼らを証人として呼び，裁判官と審判者としてお迎えすることによって彼らの権威に傷を付けるのではと恐れている。

　そうすると，ドゥブレによって刊行された文書のすべてを疑いのないものと私が断定するのかと読者諸賢は問うであろう。勿論，私にはその気はない。しかし，その中の非常に多くとドゥブレが手稿文書から転写することが出来なかったか，彼の目に触れなかったその他の多くを，我々は本書において白日のもとに曝け出した。私はそれらに関して，確かで正しく真で，純粋なものであると躊躇なく断言し，そのために戦う用意がある。しかし，ドゥブレの書に収められた第1と第2王朝の文書の一部が完全に偽作であったり，改竄されているか疑わしいものであることを否定はしない。私は本物か偽物かを大いなる古さを醸し出している素材のみから占うことはせず，それ以外に，幾つかの特徴，特に文体からもそれを判断する。もしその他のことが一致していないのであれば，樹皮紙のもとに隠された欺瞞者の仮面も，偽造された書体の古さも私を欺くことは出来ない。手に届くものすべてを悪意を持つことなく，公衆の目に曝したドゥブレは善良で正直な人物であった。彼の集成は少なくとも600通の文書からなっている。かくも多くの古文書において疑わしいもの，不正なもの，改竄されたものが見いだされないことは考えられない。そして，もし我々がドゥブレが言及しているすべての手稿文書を発見することが出来るならば，非常に多くの汚点を取り除くことが出来るであろう。つまり，恐らく運命または人の手によって多くのことが奪い去られたであろうから。しかし，その写しを発見することが出来ない多くの文書に関しても，真実はその姿を現わすであろう。そして多分，このように大量の文書からは10通以上の不正なまたは疑わしい文書が発見されるであろう。ダゴベール[1世]とクローヴィス[1世]の文書に関しては，数通ある。ペパンの文書に関しては，修道院長コンストランに宛てた文書には手が加えられている。712, 725, 727の三つのページにあるシャルルマーニュの3通の文書で，そのうち終わりから2番目は信頼できる。その他ごく少数の文書において瑕疵が生じているが，718

頁の手稿文書は「在位22（XXII）年と8（VIII）年」に代わって在位14（XIIII）年と8（VIII）年である如く，ときどき原本から容易に訂正することが可能である。これ以外でも，この種の瑕疵を持つものは非常に多く，私はそれらをオリジナルと比較して修正することに努めた。これらを除く文書はドゥブレの仕事をその権威のために推薦しており，健全な心の持ち主であれば，それによって古いものに多くの光が当てられたことを否定する者はいないであろう。もしそれ以外のことで彼が間違いを犯していたとしても，（確かに，皇帝ロテールの文書で誤りを犯したことを告白しなければならないであろう。同皇帝の少なくない手稿文書はより新しい，しかし偽造されていない書体によって，日付表記に関して過誤が確認される。ロテールが状況の変化に応じてそれらを変更していたことをこの誠実な人は殆ど十分に把握していなかったようである），ロテールの日付表記を同皇帝の文書官よりも自分の方が熟知していると思ったこの不注意な鑑定者に赦免が与えられねばならない。しかし，この非常に博学な人によるこの鑑定がより公正であったことが望まれるとしても，もし真実の犠牲なくしてそれが行なわれ得たのであれば，私は彼への尊敬から，喜んでその鑑定を黙認したであろう。

第6節　同様に，ある最近の作家の見解が反駁される

この問題に関して，一人の新しい作家が私の前に現われた。彼は誰でも彼でも攻撃するという最初の衝動に駆られて，聖堂参事会員と修道士，彼らの諸特権の擁護者を分離主義者でカトリックの教えから離れた人たちとして激しく非難する。これ以上に改めてもらわねばならない誹謗があるだろうか。しかし，私はそうでなければ私の手本通りに前進させてやりたいと思っている，自由な青年の最初の研究を大切にしたい。そしていつか交友関係が私に訪れるかも知れないその人の名前を大事にしてやりたい。とはいうものの，私はサン゠ドニ修道院のある特権文書の考察で彼が犯した幾つかの誤りを黙認することが出来ない。事実を手短に話すので，聞いてもらいたい。

ドゥブレが刊行したダゴベールのいろいろな文書の中には，サン゠ドニ修道院の不輸不入権に関するものが1通 [111, 659] 含まれている。ここで問題にしているその作家はこのテーマに関する別の，しかし内容は殆ど同じ文書をトゥ手稿史料から公刊している。彼は最初の文書は偽作で，後の文書が真正で合法と考えたので，この文書が他のそれよりも優先されるべきだと判断した。その上，彼は三つの理由から後者が前者に優先されねばならないとする。「更に，我々の写しは最も有力で，これらの事に関して最も公正で，真正の写本を偽物のそれから区別するのに最も熟練した人によって所蔵されているが故に，前者に勝っている。次に明らかなことは，それが『サン゠ドニ修道院文書集』から入念に筆写されていることである。最後ではあるが，特に重要なこととして，教会の教義に矛盾する不道理な内容を含んでいないことである」と彼は言う。私は第1の点に関して，進んで同意するし，非常に高名なアントワーヌ・デルヴァル（この作者は彼からこの写しを受け取ったことを認めている）が文字と古事に関して非常に公正で熟練していることを承認する。しかし私はそこから後の方の，文書が真にして正しく，それ以外のなにものでもないとの結論には至らないと考える。何故ならば，これに関していかなる証言もその高名な人からは提供されていないので。私はこのことに関して深く立ち入らないし，これら2通の文書に関して判定を下す気持ちもない。ただ，鑑定の様式と基本についてのみ考察することにする。次に，私はこの

後の文書が今ではトゥ=コルベール図書館に所蔵されている『サン=ドニ修道院文書集』から細心に転写されたものであることを認める。しかし，この編者によってそれが忠実に翻刻されているとは思わない，否，それを強く否定する。確かに，トゥ手稿本はサン=ドニ修道院の別の手稿本にもある如く，「朕の統治の2 [II] 年に」と最後に記している。しかし，編者はそれを（誤って）「11年に」としている。とはいえ，編者は自分の入念さをもって調査したであろうから，彼の善意がこれによって損なわれることがないことを願う。しかし，彼の編集においていかなる誤りもない，そして写本にある如く，「在位の11年」に代わって2年と訂正されるとした場合，編者はそれから何を言おうとするのであろうか。それ故，ドゥブレ版の文書は偽で，写本から「入念に転写された」トゥ版のみが真正で合法であるとでも言うのであろうか。しかし，言葉に関してすべてが同じであることから，ドゥブレ版の文書も同じトゥ版から正確に転写されたこともあり得た。更にまた，それは上記のトゥ版の文書と共に，サン=ドニ修道院の別の文書集に収録されていたかも知れない。このように，ここまでは，両方の真実に関する言い分は決着をみていない。

　両方ともその内容が殆ど同じであることには異論はない。つまり，殆ど同じ言葉で書かれたその他多くの文書が見つけ出されている。例えば，我々がその原本を閲覧したことのあるクローヴィス2世の文書1通，ペパンのサン=ドニ修道院の永遠の称賛に関する文書1通がそれである。同じく，シャルル［マーニュ］と彼の弟カルロマンのサン=ドニ修道院に宛てた手稿文書もそれで，作成者の名前，場所と年代の違いにおいてのみ相違が生じている。更に，トゥ文書はダゴベールの「統治の2年，コンピエーニュで」交付されている。ドゥブレ版ではコンピエーニュで交付された文書，つまりトゥ図書館所蔵のそれは同王の「統治の10年，パリで」確認されている。少し膨らませてはいるものの，後者が前者の承認であることから，もし両方とも殆ど同じ言葉で一致しているとしても，そこに不思議なことは何もなかろう。次に，トゥ版の文書は名前を挙げられた数名の伯と有力者に向けて書かれている。それに対して，ドゥブレ版では「すべての司教，公，伯……」に向けられている。これらは両者が異なったものであることを意味しているのであろうか。

　しかし，我々は編者が「主たる」《praecipuum》論拠と考えているもの，つまり，トゥ版の文書は「教会の教義に矛盾する不道理なものを」含んでいないのに対して，ドゥブレ版ではそのようになっているとの発言へと進む。それ，つまり「王ダゴベールが修道士に対する合法的権限を自身および自身の後継者たちから剥奪する」ということは何を意味するのか。「これは国王の気持ち，否，国王の権威と矛盾することではないか」と彼は言う。ドゥブレ版の言葉は「朕は命令し定める。朕も朕の後継者たちも，またいかなる司教または大司教，そして裁判権を付与されたいかなる者も当該聖堂内で，またはそこに留まる人々に対して修道院長及び修道士の同意を得ることなくしては，いかなる権限も有さざるべし。この聖なる母教会，つまり我々の特別にして偉大な主人である［聖］ドニのそれは，その人の身分や権限がどのようなものであれ，すべての人々の侵害と不安から自由で免れてあるべし」となっている。これらが文言のすべてで，特にドゥブレ版がその確認文書であるトゥ版と異なっている箇所である。つまり，その確認文書ではダゴベールが「修道士に対する合法的権限を自身および自身の後継者たちから剥奪する」となっていて，これ以上に不道理なものはないとこの作家は判断している。もしこれらの文言に関して，他に注意すべき事柄を指摘することが何もないとしても，マルキュルフの書式集1巻の書式3，「国王の不輸不入権」に関して，ドゥブレ版が述べていることを断言し得たであろう。何故ならば，その書式に

おいて国王は「そして朕は主の御名と朕，または朕の後に続く子孫の魂の救済のために，全身全霊の献身に努める。そして国王の崇高さもいかなる者に従属する役人の猛々しい貪欲も妨害を企ててはならない」のように述べているので。ご覧の通り，この国王は国王の高権，つまり自分自身と自分の後に続く諸王から寄進された物件内の支配権そのものよりも，それらの物件を奪い取る資格を取り除いているのである。編者はこれを尚も不道理であると言い張るのであろうか。出来るのであれば，この絡りを解きほぐしてもらいたいものである。もし，トゥ版における如く，ドゥブレ版においても「あなたも，そしてあなたの後継者たちも」と読むべきだとしたならば，どうなるのか。しかし，ここで私が問題にしているのは事実そのものではなくて，編者が恰も真正文書をそうでないものから区別するかの如く，トゥ版の文書をドゥブレ版のそれから区別している誤った準則である。勿論，これらの準則ではトゥ版の文書を勝たせ，ドゥブレ版のそれを排除することは出来ない。もし読者諸賢が外国の事例を要求するのであれば，アングリア王エドワードがウェストミンスター修道院に宛てた文書がある。そこには「朕も朕の後継者たちも，またいかなる司教も，いかなる裁判権保持者もこの聖なる聖堂に対して，またはそこに留まる人々に対して，いかなる権限も有さざるべし」との条件が付されている。しかし，書式を引用するだけで，我々と我々の財産のすべてが従属していると後で公言することになる王権の中身をここで検討しなくても，誰も我々を嫌悪したりはしないであろう。

　サン＝ドニ修道院の文書庫とそこに保管された，反対者たちによって不当に攻撃されたいろいろな種類の文書を弁護するために，ここで述べられるべきもっと多くのことがあるであろう。しかし，それらは我々がこれらの文書及びその他の少なくない文書を検討することになっている本書6巻でより適切に取り扱われるであろう。

第3章

第1節　ヘルマン・コンリンクが修道士に加えた不正な検討

　従って，偽文書がどのような状況下に置かれていようと，それらは修道士によって作成されたと声高に叫び続けることが一部の人々の不公正な性格には必要となる。そして彼らによって拒否され断罪されたものと見做されるためには，それらが偽文書と断罪されるだけで十分である。確かに，修道士という集団は平和を好み，侵害に耐えるように教育され，侵害を撃退することには劣っている。つまり，それは苦しめられ嘲笑される集団である。それは罰せられずにそれができ，そうすることが好きでもある。その明白な事例として，最初に，ゲルマニアにあるリンダウ修道院に宛てた皇帝ルイ(そう主張されているのであるが)の文書(この文書に関しては，書物を大量に注ぎ込んで，双方から検討されている)の鑑定がある。ここの修道女はかつてはサン=ブノワ修道会派に属していたが，400年前にその軛を脱して参事会員に変身していた。特に意見を求められたヘルマン・コンリンクはそれが「修道女が戒律に基づく共同生活を放棄した時期に作成された」偽文書であると断定する [101, 341]。更に，彼は親切にも次のことを認めている。「このような文書が偽造されるために女性は不適切であったこと。更に，この冒瀆は聖なる処女の所為に帰すことは出来ないこと」。しかし，「ここにおいて，文書が作成されなかったということにはならない」。勿論，「彼女たち修道女が異性の参事会員や従者を持っていたことはあり得た。そして彼らの欺瞞が修道女の力に優越しておれば，その欺瞞によってこの犯行が容易に企てられ得たであろうから」と。以上の言葉から，この犯行がコンリンクによって参事会員の所為に帰せられていることを誰が理解しないであろうか。そしてそのことは明白である。コンリンクは多くの点で称賛しているガブリエル・ノデ[1653]の小著から，修道士によって企てられた偽造の有名な事例を抜き出している如く，「偽造と改竄の嫌疑をかけられたリンダウの修道女に関するすべての悪意に満ちた疑惑から」自らを解放するために，本当にもっと都合のよい別の途が考えられた [*Ibid.*, 339]。私が言いたいのは，リンダウ参事会教会が，もしそれがあったとして，欺瞞の罪を修道女に帰し，それによって同教会への悪意に満ちた疑惑の憎悪をそらそうとしたのでなければ，このような諸例の恥知らずの堆積は何を目的としているのかということである。類似の出来事から，リンダウの修道女をこの犯行の張本人と信じさせ告発すること以外に，何の目的でサン=ドニ修道院の文書集に対するジャン・ド・ラノワの非難を持ち出しているのかと私は問う。これが修道士に対して人々が抱くあのいたわりの心なのか。その後で，コンリンクはノデの著書に関して自分の気持ちを明らかにし，「しかし，著者は単に彼の敵対者たちのみならず，サン=ブノワ修道会のすべての修道士もこの小著に攻撃を加えることを疑わなかったであろう。更に，そのことに関して，相手側の熱したペンは不正において明らかに度を越していた。何故ならば，少数者の罪が全体に及ぶことはないので。その上，この修道会の無数の人々はかつてはその修道生活において抜きん出ていたが，今ではそれらの非常に多くは生き残っていない」[*Ibid.*, 373, 374] と述べている。以上が，コンリンクのあの公平さと節度である。しかし読者諸賢は「だが，この小著において20の証拠が挙

げられているが，修道会の人々によって場所や時期を選ばず，様々な形で偽造が行なわれている。それらがここで読み上げられるのがふさわしい」と彼が言って，やがて変身するのを目撃するであろう。それでも，何のために。彼は「即ち，リンダウの修道女（かつて彼女たちは今の世俗の身分に変わるまえ，同じく，『聖ブノワ戒律』に服従させられていた）を文書のすり替えと偽造に関して告発しようと思っている限り，我々はいかなる先入観によっても悩まされることはない」と言う。コンリンクよ，あなたは戯言を言っている。あなたはこれより前に言ったこと，つまり文書はこれらの修道女が『聖ブノワ戒律』を放棄した後，つまりそこに修道女ではなくて参事会員がいるようになってから作成されたことを忘れてしまっている。公正さは修道女よりも参事会員にこの罪が帰せられるほうを求めていなかったか。しかし，作者が立証出来ないのであれば，その文書は信頼できる人々に提出されるべきであった。

第2節　ガブリエル・ノデ版から抜き出された史料

さあ，それではノデ版から取り出され，そしてそこから引用したとコンリンクによって述べられているその偽作の例が一体何であるのかを見ることにしよう。そうすることによって初めて，もし今公正な心でこれらが読まれるならば，人間は盲目的な衝動によって誹謗へと駆り立てられることがあり得ることを誰もが理解するであろうから。私はいかに困難な問題を引き受けようとしているかを知っている。つまり，この問題は長年連続して敵対する人々によって巷間に流布された結果，今や人々の意見が固定されてしまい，否認され断罪されたものと見做されている。それほど多くの議論と書物によって焚きつけられて煽られ，既に根深くなってしまった憎悪をこれから私は取り除こうというのである。しかし，我々が望むことは，問題の公正な判断者たちにそれが何回も言われてきてはいるが，まだ決して立証されたものではないと考えてもらうことである。しかし，私は明々白々な偽造をそうでないと主張するような男ではない。しかもなお，非常に多くの，更に宗教という名目を掲げる人々がこれらの中傷を恰も陳腐な表現の如く，公然と悪用しているのである。私の職務の道理はこれらの誹謗に関していかに考えるべきかについて，私が率直に開陳することを求めている。

第3節　それに関するノデの激怒

まず最初に，ノデをこのような怒りに駆り立てた理由について述べなければならない。彼は幾つかの仕事のためにローマに赴いた。つまり，彼はコンスタンティーノ・ガエターノ［ヴァティカーノ図書館員，1650］を訪問したのであるが，それは後者がジャン・ジェルソン［フランスの神学者，1429］に代わって保管していた著書『キリストに倣いて』の写本を調べるためであった。これらの写本がガエターノによって誠実にも貸し与えられると，彼はそれらを丹念に検査するために家に持ち帰り，そして数日後にジャン・ジェルソンの名においてそれらが偽造されたものであると主張した。我々の同僚，カトルメールはノデに対して次のような反駁を投げつけ，この写本は完全な形のままであったこと，もし加筆が見られたならば，その罪の張本人はそれらを自分の図書室で独りで管理していたノデ以外の誰でもないと返答した。ノデはこれに激怒し，その怒りを彼の

書物の至るところ，すべてのページにわたって吐き出したのである。激怒した反対者によって言われている疑わしい点のみがこれから問題にされねばならない。ある者が誰かと敵対している場合，中傷を使ってその人を罵ることによって敵対への道を開くことは公正ではない。そして非常に博学な人々が実際にこれらの偽文書を鑑定し，これに関する彼らの証明書が公然の信頼を付しているところによれば，1673 年に彼らは非常に有名なパリ司教アルレの前で，これらの写本が偽造の疑いから免れていることを書面で承認しているのである。

第 4 節　彼によって修道士に投げつけられた 20 項目からなる疑問の検討（その一）

しかし，これらすべてがノデによって提供されたことを我々は承認しなければならないとしても，今日に至るまでの 11 世紀の期間にまたがるこれら 20 の項目はヨーロッパ全域に散在する最も大きな教団のすべての修道院から収集され編集されたと考えてよかろう。たとえ個人的な出来事が全体の中に組み入れられ得るとしても，かくも神聖で崇高な修道会がこれほどの恥辱に苦しめられ圧迫されることは他に例を見ないであろう。私は敵対者がどのように答えてくるか，つまり単にその 20 項目だけでなくて，修道士に帰せられるその他非常に多くの偽造の例が見いだされ得ることを承知している。しかし，ここで必要なものは特殊な事例であって，悪意のない人々に起こり得るような曖昧で不確かな論拠ではない。

第 5 節　彼によって修道士に投げつけられた 20 項目からなる疑問の検討（その二）

次に，この 20 項目だけではなくて，それよりも遥かに多くの事例が調べられ立証され得ると仮定しよう。私が読者諸賢に望むことは，誰もが非難しているこの種の悪しき技術は諸個人に帰すべきものであって，サン＝ブノワ修道会とは関係ないと考えることである。要するに，もし何か改竄された文書が法廷に持ち出されたとしても，裁判官と司法役人が十分に承知していた如く，他の宗教組織やどの身分に属する人々にも頻繁に起きていたと考える後世の人々によって，悪しき欺瞞をもたず，全き善意によって作成されていたと考えることである。我々は直ちにこの問題に入ることにする。

第 6 節　サン＝メダール修道院とサン＝ヴァレリ修道院の特権文書に関して

私はこの章では二つの文書，つまりソワソンにあるサン＝メダール修道院とサン＝ヴァレリ修道院の特権文書には，それらがジャン・ド・ラノワとカトルメールによって十二分に両方とも議論されているので，立ち入らないことにする。アミアン司教ジョフロワが新しい書体による偽造を明らかにしたランス公会議は，サン＝ヴァレリ修道院を非難している。しかし，カトルメールはこのような公会議が存在していたことを否定する。この意見にマルロも賛同している [250, 2, 246]。その論拠はこうである。教皇アレクザンドル 3 世 [1181] はこの宗教会議が開かれたと言われている時から数年後，サン＝ヴァレリ修道院に今日に至るまで同修道院が保持している不輸不入権を確認した。そしてその権利の所有は法令による決定でなくて，パリ市議会の決議によって無効にさ

れた。ブリュッセル近郊のルージュ・クロワトルの写本から私が書き写した聖ジョフロワの別の伝記において，私が本書1巻[6章5節]ですべてにわたってあれこれ論じたこの歴史事実に関する言及が全くなされていないことが起きている。

第7節　モンテ゠カッスィノ修道院の偽文書に関して

第2，第3の例として，ガロンニ[イタリアの伝記作家，1605]と敵対するベッロッティ[イタリアの古事学者，1740]とガエターノ(つまり，これはモンテ゠カッスィノ修道院とフルーリ修道院の対決である)が使用した，『モンテ゠カッスィノ修道院年代記』の付録から持ち出された改竄文書が提出されている。しかし，我らのモンテ゠カッスィノの修道士はベッロッティ及びガエターノと同様に，誠実にこれらの文書を使用し，それらの誤りを細大漏らさず調べ上げた結果，それらの文書を拒否した。そして彼らはこの年代記の最も新しい版からそれを排除した。そして彼らはイシドールによって作成された昔のローマ教皇たちの文書を今や偽物と誠実に認め，それを拒否したのである。

第8節　ラ゠クロワ゠サン゠ルフロワ修道院の修道士に関して

第6項は，ラ゠クロワ゠サン゠ルフロワ修道院の十字架の「兄弟たちの不誠実と欺瞞に関する」パリ在，サン゠ジェルマン修道院の苦情を含んでいる。前者は，シャルル単純王[923]の時代，ノルマン人によって掠奪された彼らの修道院を脱出し，聖遺物と共にサン゠ジェルマン修道院に逃げてき，自身とその財産をすべてこの修道院に寄進した。しかし，サン゠ジェルマン修道院の俗人院長であった伯ロベールは，より幸運な風が吹けば，ラ゠クロワ゠サン゠ルフロワの修道士が「提案」，つまり合流のそれ「から遠ざかり，寄進された物件を〈不誠実にも〉《perfide》取り戻すことが出来る(現実の出来事がそれを教えてくれている)と予見すると，この聖なる十字架の修道院がサン゠ジェルマンの修道士仲間として認められるよりも，改めてシャルル単純王によってサン゠ジェルマン修道院に寄進されるよう上申し，それを成功させた」。これに対する非難の固まりのすべてはノデが大文字で書いている副詞「不誠実にも」の中にある。しかし，誰でも次のことは理解できるのではなかろうか。つまり，この言葉が少し場違いな感じで置かれていること。そしてそれは一つのことを意味していること。無論，それはラ゠クロワ゠サン゠ルフロワの修道士が最初から確かに，我々のサン゠ジェルマンの修道士が彼ら及び彼らの財産のすべてをその共同体の中に取り込んでくれるよう言葉と懇願で要求したこと。そして彼らはそれに成功したこと。しかしその後，彼らの後継者たちは状況の変化と共に決意を翻し，以前の彼らの修道院を取り戻すことを考えたこと。誠意をもって行なわれていないと解釈される，そしてちょっとした悪口から中傷の機会を捕らえた彼らの判断を別にするならば，このこと自体には悪意の欺瞞も不誠実も存在し得ない。

第9節　リジウ司教アルヌールの書簡に関して

第7項で攻撃されているシジュベールの弁明が長々と展開されたあと，第8項においては教皇アレクザンドル3世に宛てられたリジウ司教アルヌールの最後から3番目の，かつて修道院長に

よって探し出された「詐取による特権に関する」書簡が登場する。同教皇は偽造が企てられた，つまり偽造が確認されたので，その文書を送るように修道院長に命じた。しかし，この詐取に関する偽造は，書簡の本文から容易に理解される如く，作成された文書に関するものではない。

第 10 節　教皇イノサン 3 世の命令文書に関して

ミラノ在，サン＝ドーナト修道院の院長の文書に対する教皇イノサン 3 世 [1216] の書簡 [204, 2, 35/19, 292] に依拠して推論がなされているが，それらは取るに足りないものでは決してない。しかし同教皇はこれらの文書から，「両当事者の権利は不明瞭である」とのみ判断しただけで，それが全くの偽りであるとは言っていない。確かに，彼は権利の不明瞭さから修道院長を請願者から除外してはいるが。「何故ならば，修道院長は彼の修道院を代表して，ミラノ大司教の代理人に対して，当該修道院にミラノ，スコズラ港 [現セスト＝カレンデ] をこの地の封土，管区，裁判権と共に，それらすべてが当該修道院に帰属するものであると申し立て，返還するように請願した」と。同院長はこの企てをいろいろな文書で立証しようと努めた。相手側はその多くに反論を加えた。しかし，教皇の判決は次のような言葉でミラノ大司教に届けられた。「修道院に帰属していると主張されたものが合法的に立証されていないため，これらに関する係争はもっと長く続けられたであろうが，あなたの名におけるミラノ司教座教会に関するあなたの代理人が判決の形式において，同修道院の攻撃から解放されるべきであると我々は判断した。それは，両当事者の権利が不明瞭であるとき，告発者である者に不利な判決が下されるのが常であるためである」。それ故，非常に思慮深い教皇は修道士の権利を偽りではなくて，不明瞭と判断したのであった。しかし，権利の擁護よりも請願の力に多くが求められた。同修道院は請願に破れたが，誹謗者に対して彼らの庇護者を持つことになったのである。

第 11 節　そして，ピエール・ド・ブロワの文書に関して

更に，教皇アレクザンドル 3 世 [1181] に宛てたピエール・ド・ブロワの書簡から判断してもそのようにはならない。そこでは，裁治権から免れていると主張していたマームスベリ修道院長に対するソールズベリ司教の訴えが問題にされていて，「修道院長は当該修道院の免属に関する文書を数通提出した。それらは紐と印章から偽造と見做され，ローマ教皇庁の書体の香りを全く漂わせていなかった。従って，司教はそれらを偽造と非難していた」とある。無論，双方によってあちこちで提出された文書は確実で確定したものであるとすぐに断定すべきものではない。「ファクタ」《Facta》と呼ばれている裁判文書であれ公的演説であれ，無差別に証拠もなく，正しい中庸の原則を無視して，いかに多くのことが反対者によって明るみに出されることか。公正な裁判官によって拒絶されていることからも，それらは裁判において立証されていないのである。何をまた，連れてこられた弁護人がべらべら喋ったことがすべて確かなことと直ちに見做されねばならないとでも言うのであろうか。そして注意深い人ならピエール・ド・ブロワがちょっとした風に心を動かす，どんなに移り気な性格をしていたかを知っている。彼の言葉に依拠しなければならないが，それらの言葉はここで我々が問題にしている明白な偽造ではなくて，司教によってなさ

れた反対の証拠を提供しているに過ぎない。

第12節　同じく，幾つかの個別の事実について(その一)

　同様の返答が，幾つかの個別の事例にも適用される。例えば，サン=ヴァンヌ修道会に所属するサン=ブノワ派修道士の間で起きた，マルナヴィティウスが彼らをその張本人として非難している2通の文書の偽造に関して，またそれ以外では，司法書と関連する事例に関して。実際のところ，経験豊かな裁判官の判決に触れない限り，これらの証拠では不十分である。そうでない場合でも，法廷における通常的で共通したテーマが偽造に関わることなので，いかなる係争者もこのような罪から免れていると見做されることは出来ない。従って，この質の悪い者たちは大ルイの罰則規定によって罰金刑で懲らしめられる必要があったのである。

第13節　同じく，幾つかの個別の事実について(その二)

　しかし，尊敬すべき人，サン=ナボッレ修道院長プルクロニウス・ラヴィニョニウスと同上修道会に所属するヒドルフス・ジョバルトスは偽造したとして非難されて，後者は，このため，枢機卿会議において修道会の高職から追放されている。しかし，プルクロニウスの潔白は弁明によって証明された。そして枢機卿は法律を傷つけたという理由だけで，彼の選出を無効と判断した。彼らは「更に，法廷の陪席者は双方から言い分を聞き，ことがそのようであるか否かを判定しなければならない」と言う。勿論，最終的には，教会の役職におけると同様に修道院の役職においても，単に生活のみならず評判においても完全なものでなければならない。その結果がどうなったかについては私には分からない。しかしなぜ私はこのように価値のないものを深く追究するのであろうか。もし我々が上掲の二人を罰したとしても，我々は我々の仲間の中にいつか厄介者が現われることを否定しない。彼らの潔白を証明したり，無罪放免したりする気持ちはない。更に，彼らの行為を，それが現在と過去においてどうであろうと，明るみに出される度ごとに，断罪したり呪ったりする気もない。これに当てはまるのが，所属するサン=モール会に対して反抗を企てたファロン・ド・シャリュ[サン=マルタン=ド=セ修道院長]の行為で，彼の欺瞞に満ちた要求(それは他にもあったであろうが)はわが修道会内の同調者たちによって明るみに出されている。加えて，パリ大学の元教師であったモウテリウスの話から引き出された話は冗談や笑いのために作成されたもの，そして歴史事実よりも，彼が言うところの芝居に合致した話以外の何であったというのであろうか。しかし，私はこの種の機知に富んだ演説を飛び抜かすことにする。それはもっと重大な事実へと進むためである。

第14節　イシドール・メルカトールの集成に関して

　第4として，「サン=ブノワ派修道士でメルカトール[「商人」の意]の名で知られるヒスパニアのイシドールの偽教皇文書の山」が我々の前に立ちはだかっている。それらはバロニウス，その他によって偽作と断定され，ブロンデル[54a]によって追放されてしまったものである。もし本当

であれば，それは恐るべき行為である。しかし，もし間違っていたならば，このような非難は全く見当違いであったことになる。ところで，ヒスパニアの司教聖イシドール[セビーリャ大司教，636]がこの集成の作者であったことは誤りであると同時に，彼がサン＝ブノワ派の修道士であったということも間違いである。私もこれらの書簡は偽物で，偽造され，捏造されていると考えている。しかし，ヒスパニアのいと聖なる司教イシドールはこの罪のみならず不敬者の集団から免れていたのである。修道士のための戒律を書いてはいるが，彼がサン＝ブノワ派の教団に所属していなかったことは確かである。彼は修道士でもなかった。この嘆かわしく，取るに足らないものの作者であるイシドール・メルカトールは彼とは別人であった。しかし，彼が誰であろうと，これまで誰も皆が彼をヒスパニア人だということしか確かめることが出来なかった。フィリップ・ラブが「使徒の時代から第2ヒスパニア公会議に至るまでの古い教皇の教令及び公会議記録の選集または集成を，既に800年が経過しているのであるが，少なくない人々は636年に没しているセビーリャ大司教イシドールに帰しているが，それには根拠がない。ある時はメルカトール，ある時はペカトール[「罪人」の意]と呼ばれるイシドールが誰であろうと，その出自は我々にもまた大家たちにもこれまで知られていないが，880年ごろ暗闇の中から現われ，……」[219, 1, 648]と言うのを私は聞いたことがある。従って，ノデの非難は二重の誤り，つまり一つはこの取るに足らないものをセビーリャ司教イシドールに帰していること，二つはこのイシドールを修道士の名簿に加えていることに基づいていることになる。但し，彼があれほど強く拒否していたガエターノの見解に影響されたか否かについては定かでない。

第15節　今度は，イルドワンに関して

『アレオパゴス家の人々』を巡って，悪意から間違って告訴されているイルドワン[サン＝ドニ修道院長，844]に対する別の反論も，またこれ以上に称賛に値するものではない。私が別のところ[235, 1, 63 sq.]で明らかにした如く，聖ドニはクレマンによってガリアに派遣されてきたとイルドワン以前においては信じられていたが，それは「アレオパゴス」の名称をこのドニに付与したいがためであった。その試みは罰せられるべきではないし，ましてや誠実に証拠をあらゆる方面からここに提出しているこの作者が法廷に召喚されることなどあってはならない。更に，もしこの問題に関して出鱈目なことを言っていると思われるならば，監察局の輩が文学書を完全に国から追放したその時代であったことが考慮されねばならない。その上，イルドワンの同時代の人々がラノワの考えからいかに隔たっていたかは，彼を「いと聖にして祝福された人」，そしてワラと共に，「いとキリスト教の信仰に満ちた皇帝の神への道を進む殆ど唯一の援助者」と呼んでいるリヨン司教アゴバールの作品から理解することが出来る。

第16節　そして，シジュベールに関して

バロニウスによってジャンブル[ブリュッセルの南]の修道士シジュベール[年代記作家，1112]に向けられた叙任権に関する批判 [43, 9, ann. 774] も，同様に有効ではない。実際，バロニウス，そして彼に続いてベッラルミーノ[イタリアの神学者・枢機卿，1621]が改竄されたシジュベールによる写

しを使用している。そこには773年に教皇アドリアン[1世]がシャルルマーニュをローマに呼んで，153名の司教と修道院長からなる聖職者が出席した宗教会議を宣告したこと，そして，「そこで教皇アドリアン[1世]が会議全体と一緒に教皇を選出し，使徒として叙任される権限を彼に付与したこと」が記されてある。バロニウスはこれがシジュベールによって，分離主義者の皇帝ハインリヒのために「悪い意図と邪な手法によって」作成されたと公言している。しかし，ル・ミルによって装飾が施されたシジュベールの著作に関する最高の版において，この年におけるこの宗教会議への言及が全く見られないのである。そして，この箇所が分離主義者によって付加されたのか，単純にグラティアンによって教令の中に加えられた[166, 63, 22]のかについては，私には分からない。これと同じようにして，教皇ジャンに関する知れ渡った話が，同じくシジュベールの年代記の中に悪意をもった人々の詐欺によって導入されている。シャルル・ル・コワントの方がシジュベールに対してより公正であった[223, 6, ann. 774, 113]。彼は上記の教会会議を，当然のこと，拒絶しているのであるが，この間違いからシジュベールを無罪放免している。バロニウスも，彼がル・ミルの版を見ることが出来たのであれば，疑いなく同じことを明らかにしたであろうが。シジュベールがこの誤りを犯したとしても，この問題で教皇レオンの偽の宗教会議録を参照しているグラティアン[166, 63, 23]の如く，彼は無実で何の悪意もなく，分離主義者たちによって迎え入れられたと言うことが出来よう。そしてこれらにおいて確かに，グラティアンの誠実さではなくて，選択の仕方が悔やまれる。確かに，シジュベールの時代において，上記の宗教会議はイタリア人によって認められていた。修道士ジョヴァンニ・ベラルディは『カサウリア年代記』（この修道院の文書集は1161年に属しているが，年代記は1082年で話が終わっている）の中で，シャルルマーニュはフランキアに連れてこられたデジレにローマを返還し，そしてその時宗教会議を前記の教皇アドリアンと共同でラテラーノの総大司教座教会の聖救世主聖堂において開催したことをはっきりと記している[127, 3, 544]。そして彼は「この宗教会議は153名の司教によって祝福された」と言っている。但し，叙任権に関しては何も述べられていない。それ故，シジュベールはこの宗教会議と関係していたとしても，単独または中心人物としてこれを犯したのではなかった。従って，バロニウスによってあれほど手厳しく論じられるに値するものでもなかった。シジュベールに対するバロニウスの検討は少し厳し過ぎた。彼は別のところ[43, ann. 844]でシジュベールの偽造を非難しているのであるが，それは有効でない。そして皇帝ロテールの息子，ルイが父によってローマに派遣されたのは[教皇]セルジュ2世の選出を確認するためであったというために，シジュベールを恥知らずの分離主義者であると見做している。『サン=ベルタン編年記』は844年の欄で同じことを「ローマ教会の司教グレゴワール[4世]が死去した。セルジュ2世が彼の後を継いで，司教の座に取って代わり，使徒の座に叙任されたが，ロテールが彼の息子ルイをメッス司教ドロゴンと共にローマに派遣したのは，使徒が死去した場合，彼の命令と彼の按察使の臨席なくしていかなる者も司教に叙任されないようにするためであった」と明瞭な言葉で証言している。そのため，教皇セルジュはルイに皇帝の名称も冠も授けなかったこと，その代わり，アナスタージオ[ヴァティカーノ図書館員，9世紀]が証言している如く，ただロンバルディーア人の「王として塗油によって祝福された者を肩帯で飾った」ことを，バロニウスはアドン[ヴィエンヌ司教，874]の叙述に依拠して書いている。シジュベールに関して，かくも重大な非難が最高の博識と同時に篤い信仰をもつこのバロニウスにも不当にも入り込んだとするならば，修道士に対するこのような誤っ

た非難の多くが敵意を持った敵対的な人々に起因していることを知って誰が驚くであろうか。シジュベールに関しては，これ以外にも述べなければならないことが沢山あるが，ここまでにしておくことにする。

第 17 節　サン゠ジャン゠ダンジェリ修道院に関して

第 13 項でサン゠ジャン゠ダンジェリの修道士による聖ヨハネの首の発見に関して述べていることは適切ではない。彼は，エマールの証言に従って，この頭がイエス・キリストの先駆者のものであるならば，どうしてここまで来たのかは全く不明であると言っている。それ故，その発見者である修道院長オドワンはすべての疑いから免れているとは言えない。このように論証している張本人もまた，単にオドワンのみならず修道院全体に対して，誹謗の疑いからもちろん免れていない。多くの教会において，非常に多くの聖遺物がどのようにして到着したのかは不明である。だからといって，それらを叙述している人々は嘘つきであるとなるのであろうか。

第 18 節　偽文書作成者に対する罰

しかし，1603 年に刊行された戒律に関する宣言の中でサン゠ブノワ派修道士が文書偽造者に対する罰則を定めたことから，ノデが恰も称賛に値する論証として最後に持ってきた第 20 項を読んで，一体誰が怒りを抑えることが出来るのだろうか。彼は「何故ならば，彼らはすべての修道会派の中で唯一，異例なこととして，偽造に対する罰を定めたが故に，この罪がサン゠ブノワ派修道士にとってそれ程までに浸透していたと人々は悪意を持つことなく，そこから結論づけるであろう。そして残りの聖職者はこの罪から免れているので，彼らに罰を言い渡す必要はない」と述べている。つまり，ノデは教会法の中に文書偽造に関する章が存在するのを知らなかったのである。そして彼にとって，偽造に関するこのような罰則を含んでいる他の宗派のそれではなくて，サン゠ブノワ派修道士の法規を参照するだけで事足りたのである。しかし，彼がこの規定からどのような誹謗の論拠を引き出しているかを見るがいい。この宣言において比較的軽微な罰則がこの種の偽造者，つまり宗派及び各修道院の印章の偽造者に下されている。どのような罰則か。確かに「もし誰かが悪魔に唆されて，印章を敢えて偽造しようとした場合，2 ヵ月間すべての誓願者よりも下位に降格され，その降格期間を通じて 1 週間に 1 回食堂においてパンと水を断つべし」とある。彼は「法の厳しい規定に従って」，つまり手足が切断されるといったように，彼らが処罰されることを望んでいるのであろう。しかし，教会はそのような刑罰を知らなかったし，シャルルマーニュがこのような刑罰を修友たちに科していたわが宗派の数名の院長を個別の法令 [35, 2, 244] で戒めている如く，もちろん世俗の君主も修道士にこのような厳罰を認めなかった。例えば，789 年に出された修道士に関する勅令 16 条において，「在俗聖職者にではなくて，律修聖職者に規律が課せられるべし。つまり，戒律の権威に依らずして，1 人で置かれたり手足が切断されてはならない」と定めている。794 年のフランクフルト公会議の議決 18 条においても全く同じことが決議され，「修道院長はいかなる罪が修道士によって犯されようと，戒律の掟に従わせる以外にその者を盲目にしたり，手足の不具を強制したりすることを許さざるべし」とある。今や苛酷な観察者が

大手を振って歩きまわり，偽造者に対する降格と断食の罰則では軽すぎると判断する。誹謗しようとする者はその機会と材料をより適切でこの上なく公正なものから取り出してもらいたい。彼らがいかに軽すぎると判断しようとも，修道士はそのような刑罰を選ばなければならない立場に追い込まれているので。更に，犯罪者に対する威嚇を含んだ法律が罪を犯した修道士に適用されるとすれば，それはいかなる形式の告発によるものであるのか。

第19節　真実に反する異議は認められない

　しかし，私はこれらの些末な事柄(しかし，些末であったとしても，それらに関してかくも過激な告訴が提出されているのである)を意に反して追及する限り，本書の読者諸賢に嫌悪を引き起こさすのではないかと恐れている。しかし，コンリンクやその他の人々によって再度この告発が我々に向けて出されたとき，読者諸賢は私が誠実な気持ちと弁護の義務からこれと係わることになったことを理解してもらいたい。それはノデの記録を辱めるためではなくて，根拠のない疑いと明らかな侮辱に異議を唱えるためである。そしてもう一つ付け加えるならば，驚くほど頻繁に正当な告発ではなくて，不当な告発が重んじられていることで，それは時と共にその数を増しているのである。しかし，真実に対する偽造の異議は認められないと同様に，無実の者に対する偽りの告発も認められない。『シャルルの書』の作者は第7宗教会議[ニカイア，787]で参照されたユスティニアヌス帝宛のシメオンの書簡は聖像崇拝を擁護する人々によって作成されたと，全く意味のない，しかし辛辣な論証を振り回して反論している [229, 4, 5]。この疑いは非常に多くのガリアの司教たちを侵していた。しかし，反対者たちが持ち出していた反論そのもの，つまり「死すべき運命にあって高い感受性を持つ人，皇帝ユスティニアヌスの〈神聖な耳〉(この文言はギリシア人の間のみならず，あちこちの公会議で皇帝に与えられていた)と呼んでいたであろう」以外に，この書簡が真正であることを立証するものは何もなかった。よければ，シメオンの著作に関するアッラチの痛烈な批判 [17, 18 sq.] を一読してもらいたい。そこには修道士マリアン・スコット[アイルランド出身，ドイツの年代記作家, 1083]とシジュベールの権威が論証の中に取り入れられていたのである。『ローマ教皇伝』は卑劣にも捏造されているとの非難を対立女教皇イオアンナから既に受けている。この汚名の根拠のないことを白日のもとに晒すために，それらの作り話が決して登場してくることのない，これらの古い写本を容易に参照することが出来たはずである。しかし，昔の十分に習熟していない説得は，ただ単にカトリックの作家たちのみならず我々の聖者と関係を持っていないダヴィド・ブロンデルがこの怪物を打倒し，そしてマリアンとシジュベールをこの策略から解放するまでに，4世紀もの期間をだらだらと費やしたのである。その中にあって特に，シジュベールの年代記の新版において古い写本と刊本とを対照して，これらの作家を無罪にしたオベール・ル・ミルが特筆される。このようにして，誤った叙述から成る多くの項目が公然と反証されたのである。

第4章

第1節　2種類の略式文書。ここでは私的な略式文書について述べる

　今や，このような問題の退屈な議論から有益な論述，つまり私的な略式文書《Notitia》に話題を換えるときが来た。これらの起源と使用に関しては別所 [4, 4–1, 761] で論述したが，ここでもそれらが我々の企画と関係しているので，再度ここで簡潔に問題にされねばならない。

　略式文書には2種類ある。一つは，真正または公的なと呼ぶことが出来る。つまりそれらは公的に，即ち公的場所において役人や裁判官または司教の前で交付されたもので，その中には「裁判略式文書」，「判決略式文書」（これらは一部の人々 [298, 702, 709; Chartar. Casaur. ms. sub binem] によって「判決記録書」と呼ばれている）などがあり，その書式はマルキュルフの書などにおいて見いだすことができる。他の一つは，私的な略式文書で，かつて私的な書記によって役人の前または公的場所ではなくて，通常，下署された証人の前で作成されることになっていた。勿論，寄進者ではなくて，寄進を受ける側の名において作成されていた。これらの起源に関しては，ガリアにおいて我々の第1王朝のもとで使用されていたことがマルキュルフの書から確認されるその他の文書よりも遥かに新しいものである。その上，その他の私文書も11世紀以前においては殆ど見いだすことができない。11世紀からそれらは頻繁に登場し始める。

第2節　それらの三つの目的。第1は，公的文書に代わるものとして

　これらは三つの目的で考案されたと思われる。第1は，ある物件の贈与または象徴物による所有権の譲渡が公的文書を伴わずに（これはこの時期，比較的多く発生していたのであるが），物件の引渡しのみによって行なわれた場合，この行為を記すために略式文書または私的な記録が必要であった。それは行為に関する歴史的叙述のようなもので，そこには贈与者と証人の名前が記され，贈与者のために十字の印が付されることもあった。それを証明するために，私は別の箇所でシャンパーニュとブロワとモゥとシャルトルの伯であったティボ3世によって，マルムーティエ修道院のシャトーダン[西フランスの都市]に所在する分院で行なわれたノトンヴィル荘園の寄進に関する文書を参照した。この修道院の文書集はこの時代に交付された重要な略式文書を含んでいる。他方，この種の略式文書は寄進者によってサインが付されることなしに，または別の文書の交付を伴うことなく作成されることも時々あった。その主な理由は次の二つである。つまり修道誓願の儀式の中でそれを志願する者自身，または彼らに代わって親族が財産を修道院に譲渡したとき，その事実を盛式の行為として証明するため，または盛式に差し出された一つの小板を介して譲渡物件の引渡しが行なわれたためであった。そして後者において，その小板は後世の者には実行された贈与の記念となった。そのため，それは宝物庫か文書庫に保管されるのが常であった。丁度これにふさわしいように，すぐれた学者シルモンは「更に，今日においてもサン＝トバン修道院[西フランス]とその他の非常に多くの修道院には非常に古い形式の記念物が存在する。それらは

杖，手袋，そしてサインのある象徴物の引渡しや寄進に関する文書に記されたものである」[321, 1, 6]と述べている。その上，それらには証人の名前が記されていた。それは，争いが起きた場合，30年以内(この期間，合法的所有の権利が有効と見做されていた)であれば参照することが出来たからである。こうして，1073年シャルトル伯エヴラールがマルムーティエ修道院で修道士の服に着替えたとき，彼の弟ユグはノトンヴィル荘園の半分を修道院に譲渡し，彼の兄によって前に行なわれていた残りの半分の寄進を確認した。同様に，1092年ラウール・ド・ボジャンシはサン＝ジャン＝ド＝カマリオ教会を「樫の釘を介して」，その後祭壇の上にのせた「小刀を介して」，修道院長ベルナールに譲渡した。これらに関する略式文書は我々の論考の中で刊行されてある。しかし，小板または所有権移転の象徴物を与えていたのは贈与者ではなくて，物件を受け取る側であった。従って，マルムーティエ修道院のパン焼き人ジョフロワは彼の両親による[同修道院への]寄進を確認してくれた[寄進物件の真の所有者]シャンパーニュ伯ティボに，「もし仮に父の寄進に関する上記の確認者がこの譲渡がなされたことを忘却へ追いやったならば，これらの毛皮が証拠となるであろう」と，「二対の狐の毛皮」を手渡している。この時代の何と幸せな素朴さであろうか。最後に，我々が別の箇所で例を挙げて明らかにした如く，十字の印もいかなる小板も，また盛式の行為も介在することなく，発生した行為の記念と効力のために略式文書のみが存在していた場合が確認されることもある。

第3節　第2は，大いなる備忘と担保のために

略式文書が作成された第2の理由は，ある寄進が公的書類を伴って行なわれた場合でも，略式文書は修道院においてこのような行為を監督する立場にあった人々のために，その事実をより詳しく明らかにするためである。そして，特に修道院の記録としてこれらの略式文書が作成されていた。従って，真正で主要な文書以外に，もしもの場合に備えて，起こった出来事の経緯を詳細に述べている備忘録が書かれていたことになる。寄進に関する略式文書は伯ウードによって保管されていた。そこには，「他方，後世において継起する詐欺の頻発を防止するために，先の文書以外にこの略式文書が作成された。……」とある。

第4節　第3は，再び司法的理由のために

次に，略式文書の使用における第3の理由は，起こったことの主要な，または権威ある文書が全く作成されなかったか，何らかの理由で紛失してそれが存在しない場合のためである。略式文書がそれらの代わりを果たし，法的な意味で効力を発揮した。何故ならば，このような私的な書き物が単に記録としてのみならず，力と堡塁として役立ったからである。そのことはあちこちの略式文書によって表現されている。例えば，シャンパーニュ伯ティボ4世がマルムーティエ修道院に宛てた略式文書がある。それは「魂の救済のために教会に譲与されたものがしばしば相続人たちによる欺瞞によって無力にされてしまうことがあるので，我々の長老たちにとってはそれらが証人を伴って文字の記憶に委ねられることが有益であると思われた。それ故，我々マルムーティエ修道院の修道士たちはこの習慣を覚えていて，いと高貴な伯エティエンヌとアデールの息子ティ

ボが……を書き物に託した」と。そして末尾において，「そして将来この譲与が侵害されないために，ご覧の通り，彼ら自らが十字の印でこの羊皮紙にサインした。彼の側からユグ・ル・ブラン……がこれを見て聞いていた。修道士の側からはギヨーム・ド・コルドレトがそうしていた」と。同じ文書集に収められている別の略式文書には「優れた教父たちの古くからの慣習に従って，それが僅少卑小であろうと，教会に譲与されたものが丹念に書き物に託されることを慣習として我々は維持してきた。もし必要な場合には，いつもそうしている如く，不正な訴えに対して証人と共に書き物を提出する」と。更に別の略式文書においても同じく，「それ故，もし何かが教会または修道院に譲与された場合，その物件が，もし必要な時には，証言することが出来る証人の名を付して書き物に記されることが，もしもの場合を考えた場合には有用である」との文言を読む。我々はこれらの諸例から次の4点を引き出す。第1は，これらの備忘録は，公的文書に関して慣習化していた如く，その寄進者によってではなくて修道院または教会によって，つまりそれらの書記によって作成されるのが常であったこと。第2は，これらの略式文書にときどき寄進者が十字の印を付けて下署していること。第3に，係争が発生した場合，「文書が証人と共に」提出されることができ，これらの証人は寄進物件を「必要に応じて，証明していた」如く，証人の名前が書記によって付記され調べられていたこと。最後に，第4は，従って，これらの略式文書は私が立証されるべきと認めた如く，たとえそれが私的文書であったとしても，法廷において効力を発揮したことである。

第5節　略式文書の効力について

しかし，今や略式文書が盛式の書き物と異なるとき，それらは法的力と価値をどこから引き出していたのかが問われねばならない。私は，実際のところ，この効力が三つの点から引き出されると考える。第1は，この行為を文書に移していた書記の役目から。私がここで言っているのは教会や修道院の書記のことである。宗教組織は，上[本書2巻13章]で明らかにした如く，それぞれが自己の仲間から選ばれた書記または文書官を持っていて，彼らは自分たちの組織と係わる公的文書も作成するのが常であった。次に，ときどき寄進者によって付されている十字の印，または証人の列挙から。彼らは行なわれた行為に立ち会っていたので，所有または命令を確かなものにするために必要であったある一定の期間を通じて，直接そのことに関する証言を行なうことが出来た。しかし，第3として，何といっても在俗聖職者と修道士が自分たちの訴えのために証言を行なうためにあちこちで呼び出されているという，この時代の慣習に求められるべきであろう。そしてこの指摘が決して取るに足らないものではないために，それを事例や所説を挙げて証明するのが適切であろう。

第6節　それぞれの訴えのためにかつて求められた在俗聖職者と修道士の証言

最初に，マンリクはティラコ[フランスの法学者，1558]などが証言している如く，シト修道士は自己の訴訟において裁判官になり得ても証人にはなり得ないとの，法律におけるその名誉ある例外をシト派修道会の特殊な特権と見做している [243, ann. 1141, 5, 3]。「いかなる者も自己のみなら

ず身内の訴訟において裁判官にはなり得ない。しかし，もしシト修道士がそうである如く，すべての疑いがもっともらしく消え失せるような法的人物であるならば，このことは当てはまらない。更に，それは拒否されることはない」[344, 15, 60]とティラコは述べている。更に，それはかつてはどの在俗聖職者や修道士にも付与されていたことは明らかであるが，シト修道会の修道士が，恰も特殊な特権として，自分の会に付与していることはティラコの言葉からもはっきりと理解される。

修道士に関しては[108, 70, 71, 72]，ノワイヨンのサン＝テロワ修道院とテリクス・バルディアヴィ某との間の係争のために，ローマ教皇から全権を委託されたパリの司祭長エルヴェ，聖歌隊のピエール，サン＝ジェルマン＝ドーセルの司祭長ピエールの法廷の中にその例がある。両方の証人から話が聞かれ，テリクス側の証人コンスタンタンは「重病で床に臥していて，キリストの聖なる身体と血と交わったあと，聖なる塗油に与った。畏敬のため誓うことを恐れ，いつも弁解していた……」と。修道院の側からはサン＝テロワの修道士たちが他の人々と共に呼ばれた。これに関して，修道士のために作成された文書の至るところで修道士が他の証人たちと共に下署している。そして特に11, 12世紀において普及し，12世紀末になるとこの判決が朗読されるようになる。

12世紀に入ると，アルトキルシュ[バーゼル北西の都市]で病気に陥った伯ティエリはサン＝ミシェル＝シュル＝ラ＝ムーズ修道院に，不正な聖職者が所有していた聖母マリアのために創建されたアスミンギア教会を寄進する。これに関して，文書の中で同伯は「大勢の証人の前で行なわれたこの寄進が上記大天使の祭壇の上に運ばれ，余自身とここに出席している人々の名前の列記の下に書き物と記憶に委ねられ，聖ミシェルの印章が押されるよう余は修道院長に懇願した。アルトキルシュで主の受肉の1102年，補足日の2，補正月齢なし，皇帝ハインリヒ[4世]の治世，修道院長ユダルリック殿の御前で行なわれた」との表現となって登場させられている。こうして，この書き物はこれに関与した修道院長によって作成され，修道院の印章が押されたものであっても，公正文書としての効力を持っていたのである。

しかし，修道士たちの証言が彼ら自身の訴訟においても有効であったことを，クリュニ修道会に所属するリオン[現リオン＝アン＝サンテール，北フランス]分院の文書集(有名なアントワーヌ・デルヴァルを通して何度も我々の許に報告されたものであるが)の中で我々が読んだ文書がはっきりと証明している。この文書は1231年にボヴァ領主ロベールの命令で作成されている。実際にあったことと理解しよう。同領主とリオン分院との間で一般にエルボニエールと呼ばれる村における裁判権をめぐる係争が発生したとき，この争いに関してブルトゥイユ修道院長マティユと騎士ジャン・ド・ニールを介して和解が成立した。そして次のように取り決められた。「上記の修道院長と修道士会は訴えを立証するために10名もの証人，つまりエルボニエールに住む8名の領民とリオンの2名の修道士を呼んだ。しかし，彼らの2名の修道士の証言は，2名の俗人の証言が有効である限りにおいて以外では有効ではなかった」と。同様に，ロベールも10名の証人，つまりエルボニエールに住む8名の領民と彼が望む他の2名を呼んだ。しかし，もし彼が修道士または在俗聖職者を呼んだならば，彼らの証言は2名の俗人の証言が有効である限り以外では効力を持たない」と。これらから我々は単に修道士が自分たちの訴訟で証言をしていたのみならず，彼らの証言が至るところにおいて，更には，下で挙げられる例外から推量できる如く，在俗聖職者の証言と同様に，その他の人々の証言に優越していたことを理解する。

第7節　更に，ヒスパニア人の間において

　この慣習は単にガリアで普及していたのではなかった。ヒスパニアにおいても，更には在俗聖職者に関しても確認される。レオン王アルフォンソ5世治下で，1050ヒスパニア年に開かれたレオン公会議がこれと関係する。その第2条には次のようにある。「我々は文書によって譲与され強められたものとして教会がある期間保有しているものはすべてそれらを確かなものとして所有することを命じる。他方，もし誰かが既に文書によって譲渡されているものを侵害しようと欲することがあっても，すべてがもとのままにあるべし。その文書が公会議に持ち込まれ，真実を述べる人々によって本物かどうかが問われる。もしその文書が本物と判明すれば，それに関していかなる裁判も行なわれない。そうではなくて，その中に記されてあるものを平穏な状態で永遠に教会は所有すべし。更に，教会があるものを権利として保有し，それに関する文書を持っていない場合，教会の領民たちが宣誓によってその権利を保証すること。そして教会は永遠にそれらを所有することになる」［220, 9, 818］と。このように，ヒスパニア人の間では，教会がある物件の所有を安全なものにするためには，記録が欠如している場合でも，教会の領民たちがその所有を保証するだけで十分であった。

　それ故，これに関しては次のようになる。この頃修道士は自分たちの財産に関する証言の権利を有していたので，彼らによって作成された略式文書は法廷においても有効であった。但し，それは私的な記録で，寄進者でなくて彼らの名前で書かれ，『テオドシウス法典』［90, 8, 12］が命じている公的帳簿に記載されてはいなかったが。そして，少なくない例が証明している如く，この種の略式文書は事がなされてから相当な時間が経過した後に作成されることがよく起きていた事実がここでは見落とされてはならない。

第 5 章

第 1 節　以上のことから，文書集に権威が付与される

　同じ源泉から，「カルトゥラリウス」と呼ばれる文書集または文書簿に権威が付与され得る。これらは各々の教会，修道院，家系に係わるよく知られた古い文書の集成である。実際，単に教会や修道院のみならず，王立図書館とコルベール図書館に所蔵されているシャンパーニュ伯家の文書集の如く，有名な家系も自分たちの文書集を所有していたので。しかし，文書集の権威に関して，より確かな判断が下されるためには，この問題がもっと深く考察され，それらの古さと起源が論じられねばならない。

第 2 節　文書集よりも古い貢租帳

　10世紀以前において，文書集の使用はまったくまたは稀にしか確認されない。それらの代わりを貢租帳または「ポリプティクム」が担っていた。それらは教会ないし修道院の資産総体を明らかにしていた。それらの一つとして，シャルルマーニュの時代にパリのサン＝ジェルマン修道院で院長を務めていたイルミノンの貢租帳が我々の手許にある。そのすぐ後で，サン＝モール＝デ＝フォッセ修道院のポリプティクムが作成されたが，それはバリューズの『新版勅令集付録』[37]で刊行されている。更に，就中，700年前に作成されたサン＝レミ修道院のそれが有名である。それは部外者によって奪い取られていたのであるが，非常に高名なランス大司教で，ランスのサン＝レミ修道院長でもあったモリス・ル・テリエが気前よく元の保管場所にそれを戻してくれている。これらの貢租帳簿以外に，非常に多くの場所で，重要な文書や記録が別々に転写されたものが残されている。これにより，その写しを原本から頻繁に写し取る必要はなくなり，財産の管理を委ねられていた「ミニステリアリス」と呼ばれる家政役人が彼らの資料として，またはもし係争が発生した時には証拠として使うために，原本に代わるものとしてこれらの写しを手許に置いていたのである。従って，このことから，非常に多くの教会及び修道院においては原本が作成されたと同じ時代に，また書体においてもそう異なっていなかった文書の非常に古い写しが保管されていたことになる[本書1巻7章5節参照]。しかし，結局，時代が遠ざかってしまうと，種々の文書の多様な写しは内部においてさえ容易に失われてしまった。その結果，すべての所有物件の記録が一続きに記されたものとしてあるために，それらが一冊の本にまとめられているのが便利であった。

第 3 節　文書集の三つの種類

　しかし，先に進む前に，文書集の三つの種類が区別されねばならない。一つは歴史書的文書集，二つは公正文書集，三つは歴史書的でも公正でもない，文書の単なる集成を含むもの。

第4節　その一，歴史書的文書集。その例としてシティユ[修道院]のそれ

　比較的古い文書集の一部は歴史書的なものである。それらの中には古い記録が収録されているが，それはその地域で起きた一連の出来事が一緒に叙述され，それらの記録からこれらの出来事が引き出されるためである。10世紀末にシティユ[サン=ベルタン修道院]の修道士フォルカンがそれを証明してくれている。その集成は「聖にして不可分の三位一体の御名において，院長の事績とシティユ修道院の特権，それぞれの時代に信者によって当該修道院に文書の作成を伴って譲与された物件の譲渡に関する第1巻の諸章が始まる」との文章で始まっている。全部で81章からなり，更にそれらの後に寄進に関する11章が付されている。他方，その序文では，「我々はこの羊皮紙の束を1冊の本にまとめた。もしこの地域の誰かが当該修道院の所有物の譲渡を熱望した場合，これに当たることが出来る。そこで彼らは数字と名前を見いだすことが出来よう。我々が出来る限りにおいて，主の生誕のそれぞれの年に区分され，または王の統治年と適切に結び付けられている」と書かれている。フォルカンの集成は修道院長アダロルフの時代，つまり961年で話が終わっているが，彼は「昔の人々の写しの中で見ることの出来たもの，または力強い人々の話(つまり，歴史に類する事柄)から確かめることの出来たもの以外は何も記述しなかった」と神に誓っている。更に続けて，彼は「私は多様な役職の仕事に供された残りの文書を別々に転写するよう配慮したが，それらが各々の役職に配られ，探求者が簡単な方法でそれを見いだすことが出来るためであった」と言っている。フォルカンの後，次の世紀に同修道院の修道士シモンがその仕事を引き継いだ。そして彼は自分の作品を修道院長ランベールに献呈した。歴代院長の事績をロドリックから始めながら，彼は「彼らの事績を簡潔に要領よく叙述した後，あなたは同じく文書類を別の一つの巻にまとめられることを望まれた。それらの文書類は諸君主や諸司教の権威によって，様々な信者たちの譲与と交換，または教会の利益に関する争いを避け平和を永続させるために，後世の人々のために強められて残されたものである。彼らの活発な勤勉さは知られているが，将来の人々の無頓着によって善行の想い出が永遠に知られないままでいることがないように」と述べている。彼はこの少し先で，このことに関して，「院長の命令によって，この修道院の殆どすべての指導者たちの，つまり我々の最も聖なる父，ベルタンの時代から彼の後を交互に継いで28代目に置かれているアダロルフの時代に至っている，歴代院長の有益な事績と文書を編纂したこの修道院のフォルカンという修道士」を模倣したこと。同時に「一度言った牧者アダロルフからロドリックに至る6名の修道院長の事績を書き残さなかった」昔の作家たちの怠慢を回避したと付言している。以上が修道院長シモンの言葉で，彼は1148年に没したと書かれている。

　以上から，フォルカンとシモンが年代記の形式で彼らの修道院の記録を編纂したのは，様々な役職や仕事を差配していた人々のために，一連の真正文書を収録した集成を別に出版する予定であったと我々は理解する。

第5節　カサウリア修道院のそれ

　更に，12世紀中葉を過ぎてカサウリア修道院の修道士ジョヴァンニ・ベラルディが同類の作品を提供してくれている。彼は自分の修道院の記録を一冊の本にまとめ，年代記の如くその余白に

叙述を書き続けた。この2巻からなる年代記をアンドレ・デュシェーヌが『フランス史』の第3巻で刊行している。我々の仲間，アシェリも『拾遺集』5巻[2]で，この集成に収録されていた大量の史料の中から少しの王文書と記録を付して刊行している。この文書集に関して，それが所々に挿絵が付されている大判の羊皮紙からなる写本であることはその町の碩学たちには広く知られていた。更に，デュシェーヌ版とアシェリ版には本書で何回か我々の提案のために参照されている作者の序文が載せられていない。表題は「カサウリア修道院がかつて所有していた，今所有している，または所有しなければならない領地，物件，教会禄に関する記録をまとめた本の序文が始まる」とある。その少し後で，「その上，修道院のものとなった領地と教会禄に関しては多くの国王の命令文書とその他実に多くの証書がある。しかし，その後，罪が犯されて，領地の多くが失われたと同時に，国王の特権文書や証書の実に多くがある者たちの過失と怠慢によって散逸した。それ故，我々は今日，才能と知識において若くて未熟ではあるが，神慮によってこの仕事に取り掛かっており，これらの文書の残ったものすべてを大きな不快と労力を費やして調査し，祝福されたクレメンテの名誉と彼の聖なる家の防衛と発展のために，これらの証書を恰も1巻の本の如く配列して編集した。つまり古さを理由に，または怠慢によって，かつての如く散逸することがないためである。そして特に，その勝れた，そして主要な権利において常に国王のものであったカサウリア在，サン=クレメンテ修道院が後世の人々によって忘れ去られることのないように」と続いている。それ故，この集成の編纂には二つの理由があった。つまり，この集成は二つの部分から成っていた。第1部には，売却や贈与によって修道院の財産に加えられた物件と一緒に，所有者によって引き渡された文書(そのかなりの部分がシャルルマーニュの治世に作成されたとある)が収められていた。第2部は，「その創設者である尊厳者ルイから」始まって，そして「その時代を通じて，歴代の院長」が「連続して」叙述されている修道院の名前が付された記録に当てられている。「本が通常の本の大きさを越えてはならないために」，編集者が非常に多くの記録(文書)の始めと終わりを削除していること(これはその他の文書集においてもよく行なわれていることであるが)も見落としてはならない。しかし，この集成より前に，当該修道院には「文書を集めた」本，つまり，「カルトゥラリウス」と呼ばれる文書集(カルタケウス)が存在していた。私がこれについて個別に少し述べておくのが適切と考えたのは，ベーズのサン=ピエール修道院，ディジョンのサン=ベニーニュ修道院，サンチュールのサン=リキエ修道院，カンブレのボドリ[年代記作家，1095]などの，前記のシティユとカサウリアの二書よりも冗長な歴史叙述をもつ歴史書的文書集に関して述べることになる諸事実が明瞭になるためであった。

第6節　その二，公正文書集

第2の種類の文書集は我々が公正文書集と呼ぶもので，それらは手稿文書から転写され，公証人によって同一のものであると認められたものである。彼らは各ページに自分のサインをし，またもっと確かなこととして，最後に下署を施した。この種のものとして15世紀に作成されたラニ=シュル=マルヌ[修道院所在地，パリの東]，16世紀初期に作成されたシェル[修道院所在地，パリの東]のものがある。

第7節　その三，歴史書的でも公正でもない文書集

そして最後に，第3の種類が歴史書でも公正でもない，公的権威や承認を得ずに私的な作者によって作成された文書の集成だけを含んだ文書集である。これらに関して特筆されるべきは，後から我々が問題にするベネヴェントのサンタ＝ソフィア修道院の文書集である。この分類に属するものとしては，司教座及び参事会の教会や修道院において既に10世紀から存在していた非常に多くの文書集がある。これら[三つの]すべての権威に関して，論じられねばならないであろう。

第8節　歴史書的文書集の権威とは

そして最初にくるのが歴史書的文書集であるが，少なくともそれを歴史的叙述と見做しても，正当な理由でそれを拒否することは誰にも出来ないであろう。つまり，それらの権威とそれ以外の歴史書の権威とは同じ指標によって区別することが出来るから。従って，一連の叙述と文書における綿密な記述によって歴史書の入念さと信頼とが測られるならば，それらの権威を疑うことは全くの不当なこととなる。つまり，もし歴史家の証言が宗教に属する神聖なことに採用されるとするならば，それは語り手の誠実さが明白に現われる民事においてはなおさらのことと言わねばならないであろうから。このことから，カサウリアの文書集，同じくシティユのそれから引用された写しに，手稿文書に比べて少しだけ劣る信用が付されるべきであると私は考えたい。それは，それらの中に収められている文書の写しがすべての疑惑の汚点から完全に免れていると考えられるからである。

第9節　同じく，公正文書集の権威とは

公正文書集に関して，それが公的権威の証拠，つまり公証人の承認と証言を持っていることから，より大きな権利において疑惑の汚点から免れていると見做されねばならない。この承認が未聞の人々による場合も，その妨げとはならない。勿論，このような一般的な集成の中にそれ以外のより大きな疑念が持ち込まれることはありえない。手稿文書（それらは脆い素材からなっていて，いろいろな災難に遭遇すると，簡単に消滅してしまう）を紛失するや，一般的に別の方法によって保証することが出来ない文書の記録と承認の権威がたちまちにして消滅することは全く公正ではない。事実，激しい係争を引き起こした文書の謄本に関して，敵対者がそれらを見比べるのに立ち合うことは当然のことである。しかし，人々が記憶していない，係争のずっと以前に作られた文書の写しに関して，この原則を維持することは出来ない。

第10節　歴史書的でも公正でもない文書集の権威とは

しかしより困難なのが，歴史書的でもなく公正でもない，公証人によって承認を受けてもいないその他の文書集に関してである。しかし，この問題が公正な心によって考察されるならば，それらに関する正当な信用が法廷において否定されることはあり得ない。もしそれらが古く，そし

て問題になっている係争の開始よりもずっと以前に作成されている場合は特にそうである。第1に，それらはその物件の長い所有，続いて時効を立証している。第2に，もし死んだ人の日記，商人の帳簿類が訴訟において提出された場合，これらの古い手稿史料に同様の価値が付与されないことがあるであろうか。

第11節　反論が否定される

だが，これらの文書集において，一部の文書は改竄されている，更には，偽造も少なくないと読者諸賢は言うであろう。しかし，いかなる偽文書も含まない，全く完全な文書集も非常に多く伝存している。その中には，フルダ修道院の2巻からなる寄進文書集，ペラールによって刊行されたペルスィ分院[中部フランス]写本，ウゲッリの書に収められているベネヴェント[南イタリアの都市]のサンタ＝ソフィア修道院の年代記と文書集，600年前に作成された非常に重要な『ブリウード文書集』がある。最後の文書集をここに記したのは，それがこの町の大家たちによって代表的なものとして，出版されている上掲の諸本と同じように扱われているからである。それ故，なぜこれらの記念物から歴史を叙述するために証拠として取り出すことが出来ないのか。もし歴史を叙述するために許されるとするならば，どうして裁判訴訟に持ち出せないのか。事実，取るに足らない財産に関する危険と損害は軽いものであっても，真実に関するそれは重大である。そして，これらの文書の収集者がこれと同じ考えを共有していたことは言うまでもない。この考えは，彼らの時代にこのような本の権威が承認されていなかったならば，殆ど疑いなく彼らには思いつかなかったことであろう。ウゲッリの書[347, 10, 570]に収められている，ベネヴェントのサンタ＝ソフィア修道院の文書集の編者が「聖ソフィアの御名において，わが主イエス・キリストの受肉の1119年。この私は国王と同時に皇帝，更にはベネヴェント人やその他の最も信頼のおける人々の命令文書の写しを全体的にこの本の中に転写しようと努めた。その限りにおいて，教会の所有物及び譲渡されたものに関して，今現在，過去，将来において上掲の人々の命令文書を理由に問題が発生した場合，まず第1に，この本を容易に参照することが出来る。次に，個々の命令文書が探される場合，難儀と曖昧さを持つことなく，表題が参照され，本の配列が考慮され，そこに到達することが出来よう。その命令文書から不可侵の権威が引き出され，上記の問題に答えることが出来るであろう」と言っているのを私は聞いたことがある。それ故，これらの編者たちはこの文書集から「不可侵の権威」が導き出されると確信していたのであり，同時にそれは彼らの時代の慣習でもあったのである。

確かに，これらの文書は原本ではない。しかし，すべての中で最も優越するもの，つまり教会の教義と永遠の救済の秘密が隠されている『聖書』は原本なのだろうか。すべてにおいて権威を持ち，当然のこととして，実際に重んじられている聖なる教父たちの書物は原本なのであろうか。最後に，法廷においてかくも尊敬が払われている『テオドシウス法典』や『ユスティニアヌス法典』も原本なのであろうか。

もしあなたが古い文書集に収められた写しには偽りや書き誤りがあると答えるならば，それに止まらず，昔の写字生のすべての写しにはそのようなものが少なくないと私は答える。そして，『テオドシウス法典』(これ以外のことについて，私は何も言っていない)において，いかに多くの

瑕疵，いかに多くの誤りがあるかを『テオドシウス法典』の序論の第3章「瑕疵と書き誤りに関して」が証言している如く，最高の権威をもつジャック・ゴドフロワ[1652]が認めている。そして，文書集の写しにおける日付表記の書き誤りがいつも問題になっている。その上，同じく『テオドシウス法典』においても，ゴドフロワとその他の学者たちが同じことを認めている。ここに彼の言葉を引用すると，彼は「皇帝の名前を付したり省略したりすることと同様に，法令の最初と最後において誤りが頻繁に起きている。同様に，執政官も正しくまたは十分に記載されていない。それはコンスタンティヌス帝とヴァレンティアヌス帝の法令に見られることである。そのため年代上の混乱が生じており，今日それを復元するのにしばしば難儀している次第である」と言っている。しかし，これらの誤りが後世の人々によって犯されたと言うことは出来ない。彼らの誤りは一部あるとしても，法典の編纂以前にこれらの法令に誤りが忍び込んだと上記の作者は考えている。「しかし，法典の作成者に代わって，これらの誤りは一部にはそれ以前に犯されていたものが侵入してきたし，また一部はその後から写字生によって犯されたと言うことが出来よう」と彼は言う。それ故，ゴドフロワはこれらの瑕疵を一部は法典のより古い写しの，一部を法典の編者その人，更に一部を法典の書記または写字生に帰している。もしこのように多くの，そして特に日付表記における瑕疵が発見されたとしても，そのことはこの法典に関しては東方と西方において，更にその抄典に関してはガリアとヒスパニアにおいて，法律の中に入り込むのを妨げなかったであろう[164, 3 sq.]。文書集の写しに関しても，判決に信頼が置かれることを妨げるようないかなる正当な例外も主張され得ない。たとえこのような小さな瑕疵がこれらの文書集，特にそれらが古いもので，重要な文書集である場合に起きていても，である。

第12節　偽文書を真正文書の間に含ませている文書集に関してはどのように考えるべきか

更に，私は少なくない古い文書集において一部は偽文書であるが，それによってその他の文書の信用が否定されるべきでないと主張する。これに関して指摘しなければならないことは，この種の写本は多くの場合，古い文書を何の愛着もなく書き写すだけの経験の浅い者によって筆写されていることである。そしてもし彼らは誤りと出会っても，それを真にして正しいものと混同してしまっていた。更に，このような混同は写字生の悪意からではなくて，委ねられた素材の性質から派生していた。従って，偽文書を真正文書と悪意を持たずに混同しており，「一度悪人ならば，常に悪人なりと見做される」との諺は彼らには当てはまらない。従って，これらの文書集において，何であれ，即座に承認したり拒否したり，またはあることを別のことから判断したりしないように選択を行なわなくてはならない。また文書集においては，証人の判定にも同様の注意と慎重さが要求される。すべての証人が本当であったのではないのと同じく，すべてが虚偽であったのでもない。しかし，多くの真実の中で誤りは一部でしかない。しかし，彼らの証言には非常に多くの，しかも非常に重大な問題が関連している。彼らの資格について，聡明な裁判官が判断を下している。つまり別の点で拒絶されるか無効にされるかしない限り，彼らの関与を拒否することは出来ない。簡潔に言うならば，ローマ教皇の教令集の中に何世紀もの間公正と見做されてきた多くの偽文書が発見されている。少し前にそれらの偽作が指摘された。しかし，それらと混ざり合ったその他の真正文書は教会法の権威を失うことはない。ほれ，このように，一部の文書集

において真正文書と間違えられた偽文書が数通現われる。これには選別と判定が必要となる。しかし，1通の偽文書からその他を断罪するような評価は少し厳し過ぎると考えねばならない。特に，我々が[本書]1巻[6章]で開陳した如く，非常に多くの偽造は紛失した真正文書そのものから発生していたであろうから。

第13節　時効の効力

　私が文書の写しに関してここまで言ってきたことは，特に長期間の所有と時効によって確立されたものに適用されねばならない。その場合，法学者ヘルマン・コンリンクが王ルイの文書の考察の中で説いている[101, 351]ことが考慮されねばならない。つまり，彼は次のように述べている。「記憶にないほど昔の時効の力は大きい。但し，それは〈広い意味の〉《μεταφορικώς》所有ではなくて，固有のと言われる真の所有に限る。ところで，人間の所有または支配に服するものはすべて真にして固有に所有され得る。しかし，所有または支配が人間に帰属していないものは人間によって真に所有されることも，使用取得されることもない。ところで，言明の真実と虚偽は人間の所有または支配に拘束されない。従って，誰でも自分の支配によって虚偽を真実，真実を虚偽に変えることは出来ない。真実と虚偽によって使用取得に問題が生じることはなく，従って時効に関しても同じである。数千年の間，虚偽であることが真実と見做されてきたこともあり得る。同時に，永遠に虚偽であり続けることもあり得る。従って，更に，修道院の文書がある信頼される評価を持っているとしても，その評価に虚偽が対立することが生じた場合，人間による真の所有はあり得なくなる。文書が問題にしている物件に関しては，別の論理が必要となる。何故ならば，それらは人間によってずっと所有され続けているので。従って，それらの所有には記憶にないほど昔からの所有が意味をもつ。加えて，時効の力は，その事実によって，単に民法のみならず自然法にも従属する。これは，最初の所有権が不当であった物件に関しても有効である。私は以上のことを，ドイツ帝国の境界に関する書19章5節で論証している」。以上が，コンリンクの見解である。もし，その時効が最初から不当であるものに関しても有効であるとするならば，原本が失われ，文書集のみに見いだされることを除いて，いかなる正当な理由によっても損なわれない故に，その古い文書が古くからの所有を証明しているものに関しては，なおさらのことではなかろうか。

　時効に関しては，イエズス会の博学な神学者で司祭のヴィルトハイムもコンリンクと同じように考えている。「それ故，裁判において採用された蠟で捺印され，有力な人々の下署で強められた公的文書が歴史家たちによって批判の対象とされている。そして裁判官が法廷で立証したことを，しばしば学識者が図書館で断罪している。これに関して，私は制限を加えたかった。そして今私はすべてを調整し，このような文書に関して，学者たちはそれらを歴史的事実への証言提供から当然排除できるとしても，それらの信と権威は法務官と陪席者の前に委ねられることを提案したい」[276, 67]と，彼は述べている。ヴィルトハイムは多くの例を挙げてこれを論証したあと，原本として提示された，そして歴史と日付表記において誤りを犯しているこのような文書は「偽造された，捏造された，偽文書」と呼ばれるのではなくて，公正文書の「補充，補足，代用」と呼ばれるべきである[Ibid., 68, 69]と言っている。彼は更に「事実，私は偽文書や捏造された書き物

に対する司法官の厳しい鑑識眼を忘れているのではない。これらの法律は偽造者に対して力を十分に発揮してきたであろう。これらの文書の代用は捏造や偽造と見做されなかった。勿論，皇帝や国王の権威によって書かれたものも，つまり寄進文書，創建文書，特権文書，その他同類のものも真実からなる内容の全体を含んでいたので，その例外ではない。その上，誠実で古い習慣に精通している書記が自らまたは口述者の力を借りて，そして理解できる範囲で内容にふさわしいと判断した表現形式，人名，日付表記を使用してそれらを作成していたのである。そしてそれが悪意なく公開されていた。従って，それらは法廷で厳しく入念に検査されることは決してなかった。裁判官は問題の要点に神経を集中させており，それらの書き物に十字の印が付されているか，サインが付されているか，蠟を付して固められているか，日付と執政官が正しくまたは誤って記載されているか，に注意が向けられることはない」[Ibid., 70] と付言している。フランク王クロテール（この名で現われる最初の王 [561]）の一般勅令は「教会，聖職者または管区内に住む人々は 30 年間不動の権利として所有されているのが立証されるならば，その物件は彼らの権利のもとに所有されてとどまるべし。かくもの年月の経過の中に埋もれていた行為はその所有は疑いなく権利の中にとどまり続けるので，以後法の命令に反して返還請求によって人目に晒されることがあってはならない」[326, 1, 318 et alibi] との文言で締め括られている。更に，常に永続するとは限らない，また誤りを含んだ写しによってその権威を失うことがあってはならない古い文書が紛失したとしても，不誠実が立証されない限り，「所有の開始は正しかった」と見做されねばならない。

第 14 節　修道院の文書類は公的文書か否か

　これに関して，ある人は私に異議を唱え，更にかつて公的信用のもとに公的文書が保管されていた司教座のそれの如く，修道院の文書類が公的文書と見做されることにきっぱりと反対する。これに対して，私は司教座教会の文書庫の中に公的信頼を付された文書，つまり宗教会議やローマ教皇の決定が保管されていた事実を認める [本書 1 巻 2 章 8 節参照]。しかし，それらよりもそれぞれの属州または管区で作成されていたものの方が遥かに重要である。従って，カトリック教徒は迫害の時期に開催された公会議に関して，ドナートス派によって窮地に立たされていたとき，「その当時調査すること，そしてうまい具合に教会の文書庫に保管されていた古い文書を参照することが出来なかった」[60, 3, cum Donatist. 17] と答えている。これ以外に，東方において，そして多分アフリカにおいても第 1, 2 コンスタンティノープル宗教会議 [553, 680–681] の議決 1 条と『ユスティニアヌス法典』の『法令集』65 条から明らかな如く，司教座教会の文書庫に敬虔な寄進の要約か目録が封印されていた。しかし，私はこれらの属州においてあらゆる寄進の主要な文書が司教座教会の帳簿に記録されていたことには同意しない。しかし，国王または王妃の特別な文書とその他の最高位者の文書を，もし彼らがその作成を司教に要請したのであれば別である。双葉文書に関して上述されたこと [本書 1 巻 2 章 7 節参照] が，これと関連している。従って，王妃であった聖女ラドゴンド [587] はガリアの司教たちに宛てた書簡 [167, 9, 43] の中で涙を流しながら，彼女の遺言書が「世界の教会の文書庫で保管されるよう」懇願しているが，勿論，それはすべての司教座または首座司教座の教会の文書庫にということである。彼女は「もし不正な人々に対して，私の姉妹である女子修道院長アニエスと彼女の修道女たちがあなた方の保護と助けを求める必要

が生じた場合には，あなた方の憐れみにみちた敬虔な慰めが牧者の配慮によって助力を与えるために」と述べている。それ故，ラドゴンドが上記の如く懇願しているのは，公的信用のためよりも彼女の修道院の防衛のためであった。同様に，宮廷の文書庫にも非常に重要な記録の写しが保管されていた。ルイ敬虔王[840]のヒスパニア人に宛てた最初の命令文書[35, 1, 552]を例にとると，彼はその謄本を3通持つことを望んだ。つまり1通は各都市の司教が所持するもの，2通目は伯が所持するもの，3通目はヒスパニア人自身が所持するものとして。更に続けて，同文書には「それらの写しが朕の宮廷文書庫に保管されるべきと朕は考える。もしそのような時は，いつもやっていることであるが，それを閲覧して自らが起訴するか，伯または別の人が彼らに対して訴えを起こすならば，係争の決着が実現されるであろうから」とある。同じ王による第2の命令文書[Ibid., 572]によっても，同じことが規定されている。こうして，宮廷と司教座の文書庫は，非常に重要な記録が保管されていたので[Ibid., 563]，公的なものであった。しかし，そのことは各教会で保管されていた教会関係の文書が取るに足らないものであったことを決して意味しない。時々それに関する双葉文書が作成された場合，それに関係のある人々に1通1通の写しが渡されるのが慣習であった。そのことは，証明をもはや必要としないほど多くの論証によって明らかにされている。それがために，何かの事情によってそこに持ち込まれたものでない限り，ガリアの司教座教会の文書庫の中にこの種の謄本の写しもまた修道院文書のいかなる目録も見いだされないのである。

　これに対して，読者諸賢は次のように問うであろう。司教の面前で教会に寄進が行なわれていた。そうであるならば，司教はそれらの謄本を証拠として自分の許に保管していたのではないのかと。更に，公的に行なわれたと見做されるためにそうしたのではと。このために，実際，公的な人物の立合いが要求されていた。従って，司教を介しての如く，寄進物件の所有が寄進者から教会に移されていた。最初の理由によって俗人たちは彼らの間で売買，交換，その他の文書を作成するために，司教を前にときどき姿を現していた。この例はブルゴーニュ公の文書集の中に非常に多く存在する。更に，その役割がときどき修道院長にも委ねられていた。それ故，ディジョンにあるサン=ベニーニュとサン=テティエンヌの修道院長が上掲の文書集において，領主ギイ・ラティニエが彼らの前に現われたことを承認したこと，永遠に「高貴なお方であるブルゴーニュ公」ユグに，「エゼレとポタンジェで所有していたものすべてを譲渡したこと」を証言している。同ユグの要請に応えて，彼らは1243年，この行為の証拠文書に彼らの印章を押しつけている。

　しかし，修道院に対してなされた寄進に関する双葉文書の一方が，特にそれらの作成者が司教である場合，司教座教会に保管されていることがときどき発生していたことを私は否定しない[既出のヴァンデミールの寄進文書を参照]。更に，より大きな用心が必要であると判断した場合，その役目が私的個人に託されることも少なくなかった。従って，1053年パヴィーアにおける「神聖な宮廷の書記」タデルベルトまたはタドは，彼がサン=タンブロージョ修道院に対して行なった寄進に関して，「一続きの内容を3通の文書」に分けて書かせた。「その1通はサンタ=マリア（司教座教会）に想い出と安全のために，2通目はサン=タンブロージョ修道院に，3通目は自分の権限のもとに保管されるため」。そして彼の死後は彼の親族の権限のもとに保管されるとあるが，それは「彼の命令を遵守するための用心と熱意とを彼らに常に持ってもらうためであった」[298, 429]。これに対して，790年ミラノ司教ピエトロは彼らが同修道院に寄進をし，それに関する命令文書を他

にではなくて，「この修道院に保管するよう手渡し」[*Ibid.*, 21] ている。このように，修道院の文書庫には公的権力によって作成された，従って修道院の財産の一部となっていたこのような記録が保管されていた。そのため，すぐ上で我々が述べた場合と場所を除いて，修道院以外の場所にその写しが残されていないことがしばしば起きているのである。

第 6 章

本巻の最終章と若干の必要な指摘を伴った結論

やっとのことで，企画された仕事の最終段階に到達した。後から体験したあのような困難を最初に予想していたならば，私はこのように険しい分野に分け入ることを決して考えたりはしなかったであろう。しかし，まず最初に，その新しさと公益の観点によって逃げ去ろうとする者を引き付けて魅了した，気に入った証拠に喜ぶ顔が現われる。次いで，ばらばらに進められていた作品の編集が秩序の中に投げ込まれ，それは私の衰弱した健康状態が求めていた短くて容易な結末を私に約束していた。加えて，同僚のミシェル・ジェルマンが史料探査と著述の仲間になってくれた。彼は厄介な仕事であったが，書物，文書庫，古文書，なぐり書きに近い手書きの史料を繙いたり捜し出したりしてくれた。私は前菜に譬えられるこれらの誘惑に捕えられて第一歩を踏み出したが，その道中は船に揺られて行くといった軽快で安楽なものではなかった。確かに，それは爽快で遮るもの一つない平野の姿を呈することも時にはあった。しかし，そうでない場合，でこぼこの険しい所では何度もよろめかねばならなかった。しかし，ついに神のご加護を得て，我々はこのような曲がりくねった道から，これに続く諸巻で入って行くことになる，より快適で安全な場所に姿を見せ始めたのである。しかし，それを実行する前に，この作品（それがどのようなものであろうと）が捧げられ託されることを我々が切望している熱心な読者諸賢よ。我々はあなた方が私によって述べられたことを，それが書かれた時と同じ気持ちで理解してもらうよう懇願する。つまり，反対の方向へ落としめるのではなくて，善良な心で公正な秤竿によって，いかなる者への侮辱からも離れ，願わくば，以下で提起していると思われるそれらの条件のもとですべてが好意をもって解釈されんことを。

I すべての人々に納得してもらわねばならないこと，それは私がこの作品に必要なもののすべてを読んではいないし，また言及もしていないこと，それどころか，入念な人にとってはどんなに多いかと思われるほどに多くのことを排除したという事実である。それ故，私がここでいかなる準則を用いていようとも，それらは非常に緩やかなものであって，厳粛にして最も厳格な法と見做してはならないこと。私はこのことを繰り返して希望し，切願する次第である。

II 真正な文書が正しく鑑定されるためには大いなる慎重さ，博識，節制が殊のほか必要であること。鑑定はいかなる汚れた手によっても試みられるべきではない。

III 物件が長期間の所有によって確立されている場合，ローマ法と教会法が命じている如く，常にそれに有利な方向で判決が下されねばならない。

IV 書体だけまた人物描写だけではなくて，古文書に関してはすべての角度から判断を下さねばならない。我々の考察から学び取ることが出来た如く，ある世紀またはある地方において書体は一つではなくて雑多であった。従って，ある世紀のすべての書体を正確に表現することは出来ないのである。

V いかなる欠陥であれ，それが重大なものでない限り，公正な手稿文書の妨げになってはな

らない。我々が参照した一部の真正な王文書でこのような軽微な欠陥が発生している。その例として，線の上に別のインクで後から書き足されている数字の《M》が省略されているフィリップ1世 [1108] の手稿文書がある。更に，ランス大司教ギヨームの前任者アンリの文書を承認している手稿文書での誤りも同様である。それらの文書は「1167 年に」《anno MCLXVII》交付されたものであるが，別な箇所[本書 1 巻 7 章 5 節参照]でより詳しく論述されている如く，ギヨームはそれに代わって完全に表現された数によって，「言葉の受肉の 1166 年」《anno Verbi incarnati millesimo centesimo sexagesimo-sexto》と言っているのである。

VI 歴史書や碑文の証言は，それらの権威が優先されるとしても，公正な文書を損なってはならない。確かに，軽微でない誤りがときどき同時代の権威にも忍び込んでいる。モラーレスの判断によると，聖エウロギオ[コルドバ司教, 859]が，聖女ヌニロと聖女アロディアの殉教年を記載するさい，彼女たちの同時代人で同郷人であったにも拘らず，このような誤りを二度も犯している[137, 2, 7]。そして俗人から取られた例として，「諸物の想い出に無関心ではなかった，特にマルクス・キケロの友人で非常に親しかった」コルネリウス・ネポスは前者の生涯についてまとめた書物の第 1 巻で，「23 歳の時に，公的裁判の最初の訴訟を起こし，そして親殺しの犯人であるセクストス・ロスキウスを弁護した」との文章で誤りを犯しているのが，アウルス・ゲッリウスによって確認されている。つまり，A. ゲッリウスはその時彼には 26 歳が付与されねばならないこと [31, 15, 28] を証明している。しかし，我々が問題にしている時代に戻って，大ルイ[敬虔王, 840]の塗油の日付を記すさい，他のいかなる史料よりも，これに関して製造された貨幣の信用と権威を優先させない人が一体いるであろうか。しかし，報告された日付を変更して，国王の戴冠が 4, 5 日後に行なわれていたことは周知の事実である。それ故，歴史叙述や碑文が，たとえそれらが公正で同時代のものであっても，文書の犠牲のもとに常に引用されることは正しくない。しかし，文書の作成者は，もちろんときどき大した熟練者ではないこともあるが，古いことに関する歴史的知識において誤りを犯しやすかった。私はそれが王ティエリの治世に建立されたと言われているサン=ロメ=ムーティエ修道院に宛てた司教たちの特権文書 [4, 4-1, 250] で起きていると考える。『聖ロメ伝』 [4, 1, 342] で読む如く，正しくは王シルペリックとあるべきである。

VII 受肉の年，会計年度，古語，その他の，特に謄本や写しにおける追加記入は文書の真正性を損なうものではない。私がその箇所[本書 2 巻 25 章 5 節参照]で明らかにした如く，尊者ビードがこれらを教皇ホノリウス[1 世]の文書の写しに追記している。同様に，バイエルン王カルロマンの 2 通の文書 [202, 3, 61 sq.] で末尾の最後の言葉「ご健勝であらんことを。アーメン」の後に，全く悪意を持たずに表現するために，受肉の年が付け加えられている。同じことが簡略に，つまり正確に言うならば，最初の 1 文字によって記載された固有名詞に関しても妥当し，謄本への転写に際して，非常に多くの場合，それらは誤って元に戻されている。従って，『法令集』59 と 131 の古い写本において《S. M. Samson》と単独の文字で記されている時，そのラテン語版の 131 において，ニコーラ・アレマンニがプロコピウスの書 [12, 9] の中で指摘している如く，《S. M.》を「聖なる想い出の」《sanctae memoriae》とすべきところを，誤って「サンソンにおける聖母マリアの」《sanctae Mariae Sanso》と転写されている。

VIII 偽文書作成者及び偽文書を悪意をもって利用した者はどんな場合でも罰せられねばならない。しかし，何にでも無謀に偽文書の嫌疑を着せてしまう似非批判家も打ち負かされねばなら

ない。その両方とも，偽文書作成者に対して手を切断すること，その使用者に400リーヴルの罰金を払うことを勅令で公正にも規定している非常にキリスト教信仰の篤い王，大ルイによって対応が講じられている。

　IX　もしこの作品から何か有益なことが生まれるとするならば，それはすべて何はさておき我々の諸修道院，就中，当時副院長であった尊敬すべき父，クロード・マルタンによって保管史料の転写が我々のために惜しみなく行なわれたサン=ドニ修道院の文書庫に帰せられるべきである。

　X　もし多くの最上の文書においてこのような偽りの，または手が加えられた文書と出会うとしても，いつでも修道士が非難されたり侮辱されたりすることがあってはならない。その責任は我々の時代ではなくて，往時に帰せられるべきであるし，人間の中で虚偽をしないものはいない如く，この汚点から免れている組織は殆どないし，ごく一部を除けば，教会や家系に関しても同様である。この種のものにはコクティアス［ドイツの神学者，1618］のダゴベールに関する書［87］158頁に掲載されているアズラック［ストラスブールの西方］の参事会員の文書，ラップの『古文書雑録』［217］453頁にあるサン=ティリユの参事会員のそれ，同394頁にあるポワティエのサン=ティレールのそれ，オノレ・ブーシュによる『プロヴァンス史』［58］の第1巻，734頁にあるヴィエンヌとアルルに関する文書がある。これ以外にも，第2巻の9欄に掲載されているテオドシウス2世の偽文書など，幾つかの教会の文書が『神聖イタリア』［347］の各巻に掲載されている。ギシュノンの『セプシアナ図書』［179］315頁に掲載された，教皇レオン2世がアゴーヌのサン=モリス修道院に宛てた勅書を付け加えておこう。この勅書は完全な偽文書ではないが，少なくとも手が加えられていると見られている。しかし，我々が特定の宗教組織に非難を向けていると見られないために，憎悪を生み出す一覧表の作成から遠ざかっていなければならない。

　XI　最後に，いかなる方法であれ，他の人の犠牲または侮辱に通じることがこの註釈のなかで私によって述べられたとしても，その人の威厳は元のままで，真意はそうでなかったと見做して頂きたい。

　私は読んでもらうべく，ここに付加されたこれらの条件にこの作品を従わせるが，更に私は次のように付言する。もし不正な心，悪意をもつ人がいて，彼らによってこの作品が否定され拒否され遠ざけられたとしても，私はそれに甘んじる。キリストこそが真理の最初であり最後であらんことを。

第5巻

古書体の見本が掲載され，解説が付される

　国王宮廷に関する長い脇道[第4巻，本訳書では割愛]のあと，企てられた仕事の領域に再び戻り，古書体の見本が掲載され解説が付される。それらの一部に関しては，これまでの諸権威による真偽の鑑定に依拠している。しかし，ここでは我々が本書1巻11章で書体の様々な種類について述べたことが想起されねばならない。そして同時に注意しなければならないのは，（我々が上記の箇所で予告していたのであるが）それぞれの世紀において法廷または文書で使用された書体と学識ある人々が使用していた学術書体とが区別されねばならないことである。それはまた，それほど洗練されていない常用書体，そして写本でいつも見られる書体とも異なっている。

　従って，これら2種類の書体，つまり学術書体と文書書体に関してより正しい判断が下されるために，我々はすべての見本を一つは学術書体を集め，一つは法廷書体または文書書体を集めた二つの部分に分け，両方とも時代順に配列した。実際，最初に，多様な書体の見本，つまり古代ローマ，ゴティック，フランコ・ガリア，サクソン，ロンバルディーアなどの書体がそれぞれの文字でもって並べられている。続いて，時代に従って，15世紀に至るまでのそれらの多様な印影が示されている。その後，フランク諸王，特にダゴベール1世[638]から聖ルイ王[1270]に至るまでの国王文書書体の印影が続く。これらの後に，ジャン5世[686]からパスカル2世[1118]に至るまでのローマ教皇の勅書の見本がくると同時に，その真正の下署が明らかにされている宗教会議文書に関する重要な印影が添えられている。これらの見本は一部大型を含むが，全部で小型の58例からなり，それらの解説は可能な限りにおいて，読者諸賢の便宜を考えて，見開きまたは裏のページに配置されている。更に，文書見本の非常に多くはサン=ドニ修道院関係の真正文書から抜き出されている。我々の仲間で友人の一人が高い技巧と疲れを知らぬ努力でもってそれらを転写してくれた。彼が強く固辞しなかったならば，私はここに感謝の気持ちを表わすために喜んで彼の名を挙げたことであろう。

第1部　多様なアルファベットで書かれた古写本及び碑文の見本

図版 I　古写本及び碑文の見本

第1例　第1期のローマ書体

1　『農地法』の断片

　我々が序論で言及した，シャルル9世の家令で顧問のピエール・アモンがかつてフォンテーヌブロ宮殿に保管されていた銅版から取ったこの見本を発見した。しかし，この断片はローマ人によって支配されたアフリカに適用されたローマ法であるとアモンは言うが，この見解はむしろアフリカの住民であるタンピスタニ族，レプティタニ族，アキリタニ族，ウサリタニ族，テウダレンシ族が問題になっている，この次の史料断片に適合している。次に掲げる史料は我々がアモンの著書から取ったものである。

　［この見本は以下のように翻刻される。
《QUAE PRO AGREIS, LOCEIS, AEDIFICEIS QUEI S[UPRA] S[CRIPTA] S[UNT] POPULO
DEBERETUR DEBEBITURVE, ALITER EX[IGERE], SIC RATUR: ATQUE UTEIQUE
I[N] H[AC] L[EGE] S[CRIPTUM] EST: QUAE S[UPRA] S[CRIPTA], S[UNT] ARB[ITRIO] PR[AETORIS], QUEI INTE[R] CEIVES TUM
ROMAE JOUS DEICET SATIS SUBSIGNATO》］

2　ローマ法の断片

　アモンは1567年に，同じくフォンテーヌブロの国王礼拝堂に保管されていた銅版からこれを上掲書に転写している。その銅版の両面に文字が彫られていたが，それらは(読者諸賢も見ての如く)違う年代のものである。火災か何かは判断できないが，破損がひどい。第1行目は《Duumvir qui ex hac Lege factus, ……》「この法律によって選ばれた……二頭政治家の一人は……」と読まねばならない。5行目の終わりの記号は数字《CM》，つまり100と1000を意味している。

　［この見本は以下のように翻刻される。
《DUUMVIR QUEI EX H[AC] L[EGE] FACTUS CREATUSVE ERITIS FACITO IN
DIEBUS CCL PROXSUMEIS QUIBUS H[AC] (*etc.*) TAMP[I]SITANORUM
LEPTITANORUM AQUILLITANORUM USALITANORUM TEUDA
LENSIUM QUOM IN AMEICITIAM: (*etc.*).
DEIXERIT PRAETOR EX H[AC] L[EGE] QUAE RETITA DICAREIS HSESTERCIORUM N[UMERUM] CM
QOTIENS QUOMQUE AMPLIUS BIS IN UNO UBI DUAE PARTES (*etc.*)
QUOD SINE MALO PEQULATUM FIAT PR[O] QUEI (*etc.*).
QUOD EX HACE LEGE FACTUM NON ERIT (*etc.*)》］

図版 I 古写本及び碑文の見本

1 『農地法』の断片

QVAE TRO AGREIS LOCEIS AEDIFICEIS QVEI S S S POPVLO
DEBERETVR DEBEBITVRVE ALITER EX SIGRATVR ATQVE VTEIQVE
IN II L S EST QVAE S S S ARB TR QVEI INTE CEIVES TVM
ROMAE IOVS DEICET SATIS SVPSIGNATO

A B C D E F G H I L M M N O P P Q R R S T V X

2 ローマ法の断片

II VIR QVEI EX H L FACTVS CREATVSVE ERITIS FACITO IN
DIEBVS CCL PROXSVMEIS QVIBVS H &c TAMPSITANORVM
LEPTITANORVM AQVILLITANORVM VSALITANORVM TEVDA
LENSIVM QVOM IN AMEICITIAM &c

DEIXERIT PRAETOR EX H L QVAERETIPA DICAREIS HS N ⦿
QVOTIENS QVOMQVE AMPLIVS BIS IN VNO VBI DVAE PARTES &c
QVOD SINE MALO PEQVLATVM FIAT TR QVEI &c
QVOD EX HAC E LEGE FACTVM NON ERIT &c

A B C D E F G H I K L M N
O P Q R S T T V X X V Z

3 ガイウス・ジュリウス・カエサルの，義父ルキウス・ピソによって9月13日に邸内で読み上げられた遺言書

そしてこの史料は樹皮またはエジプト・パピルスで作られた文書の裏側に貼り付けられたもので，それは1566年の時点(この年，アモンがフォンテーヌブロ図書館の館長ゴスランの目の前でそれを転写した)で，同じ国王文庫に非常に大切に保管されていた。このパピルスは幅が1フィート，長さが5フィートある。この史料はスエトニウスがジュリウス・カエサルの遺言書に関して，「それ故，義父のルキウス・ピソの要請に従って，彼の遺言書が開けられた。そしてアントニウスの邸内で読み上げられた。つまり，9月13日に彼のラビクム[ローマの南方]の邸宅でそれは行なわれた」と記していることと完全に一致している。しかし上記の史料がアモンに続いて私をも煙に巻いたある勤勉でない無能者によって，誤って国王文書に貼り付けられたことは明らかである。勿論，この断片はピソが王立図書館所蔵の樹皮紙原本から最初に，そして彼の後ガブリエル・ノデが公刊した完全に信頼できる史料から転写されたものである。私はこの欺瞞をすぐには見抜くことが出来なかった。しかし，私が断片に記された文章の中で容易に訂正することが出来なかった幻惑的な文句がしばらくのあいだ私を欺き続けた。ところが，ピソの書式を繰り返し調べていたとき，ジュリウス・カエサルの遺言書に記されていた言葉が頭に浮かんできた。そしてそれらの言葉がそのままこの文書の中で発見されたのである。このことから私は次のことを読者諸賢に教示すべきだと判断した。上記の書物でジュリウス・カエサルの遺言書が問題にされている場合，それは常に，「永遠なる尊厳者であるユスティニアヌス陛下の統治の38年，ラヴェンナにおいて，バシリウスの執政官就任後の23年，6月13日，会計年度の12年(この表記の年は西暦564年と重なる)」に作成された十全保証に関する文書を指していると理解されるべきであること。従って，この書体(これに関しては，本書5巻図版LVIIIでより詳しく述べられることになる箇所を参照されたし)は6世紀まで後退させられねばならない。しかし，この見本の解読は困難であることから，読者諸賢の便宜のために，ここで以下のように翻刻されるべきであると考える。

《C. Julii C[a]es[aris] testamentum L. Pisone
socero recitatum in domo Idibus Septembris.
Tunc non solum ut perjurii reatus incurram secundum leges, verum etiam daturum me promitto,
heredesque meos tibi iste Germanæ heredibusque tuis pœnæ nomen ante litis
ingressum auri solidos triginta et sex, suppositis omnibus rebus meis ypoticae
titulo, quas habeo habiturusve sum manente. et dictavi, in qua pro ignorantia
feci ex auctoritateque roborata. Actum Rav[ennae], Id[ibus] et P[ost] C[onsulatum] isti[us] ind[ictione] ista duodecima. Item, (*etc.*)》

つまり私は改竄の染料が剥がされる以前，最後の部分《in die ista XII》を《Actum Ravennae Idib……et post Consulatum isti (Basilii) Indictione ista XII》と解読していたのであるが。しかし，やっとのこと，パリの王立図書館でこの十全保証に関する文書の真正の写しが発見されたのである。我々はその印影を完全な状態で『補遺』[218]に掲載するであろう。

第5巻　古書体の見本が掲載され，解説が付される

3　ガイウス・ジュリウス・カエサルの，義父ルキウス・ピソによって9月13日に邸内で読みあげられた遺言書

図版 II　いろいろなアルファベット

1　ガリア・アルファベット

　この図版とそれに続く諸図版で，ラテン人の間で使用された様々な書体のアルファベットが示される。我々はローマ書体に次ぐ地位をアミアンで発見された，非常に古い石棺からブテル [57] が採取したガリア書体に付与する。但し，完全に本物のガリア文字と文句なく見做せるほど精密であるとは判断できないが。しかし，我々の民族の古い文字を例示するのに役立つものであれば，それを見過ごすことは適切でない。我々は別の見本をこの巻の付録で提供することになろう。

2　カロリングまたはフランク書体

　それはフランク諸王，特にカロリング諸王が自己の文書の書出し文字及び下署で使用したもので，熱心な読者諸賢にとっては何かの役に立つのではなかろうか。我々はカロリング小文字からなる解読の比較的困難な字句を付け加えてみた。我々はフランク・ガリアまたはメロヴィング書体を次の図版で掲げている。メロヴィング時代の大文字に関しては，図版 XX とそれに続く諸図版を参照せよ。見本 2 の 2 行目は《flecto》でなくて《fecto》と読むべし。

3　ゴティック書体

　これはゴート人の司教ウルフィラスが 1200 年前に考案した書体で，フランツ・ジュニウス［ドイツの学者，1678］はそれを非常に古いゴート文字で書かれた福音書が収められた銀本に依拠して，真正の書体として転写した。また彼は別の著書 [212] でゴート語辞典を刊行しているが，その辞典の始めにここで我々が転写している古いアルファベットが配されている。ゴート文字をここに加えたのは，より多くの読者諸賢にそれに興味を示してもらうためである。

第5巻　古書体の見本が掲載され，解説が付される

図版 II　いろいろなアルファベット

1　ガリア・アルファベット

2　カロリングまたはフランク書体

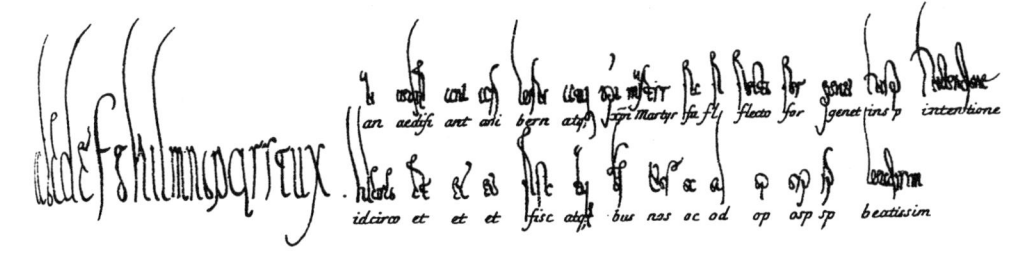

3　ゴティック書体

4 ルーン書体

更に，同ジュニウスは彼の辞典の枠内にこの書体を掲げている。しかしこれに関しては，オーレ・ウォルムがゴート文字またはデーン文字とも呼ばれているルーン文字に関する貴重な本やデーン人の歴史6巻(ここで彼は非常に多くのこのようなルーン碑文文字を参照している)においてより詳細に論じている。我々がこの書体に関して本書1巻11章で述べたことを参照されたし。スウェーデン人のオロフ・ケルシウス[1756]はアントニオ・マリアベッキ博士に宛てた，そして1698年に刊行されている書簡の中で，これまで刊行されたルーン文字の見本は厳密さを欠くと批判し，自ら新しい見本を出版している。オロフ・ヴェレリウスは1675年にウプサラで出版された『古代スカンディナヴィアのルーン文字に関する手引書』[356]の中でこの問題を論じている。しかし，我々はこれらスウェーデン人の見解は再考を要するとして採用しないことにした。

5 パウリヌス書簡に使用されたギリシア・ラテン書体

わがサン＝ジェルマン＝デ＝プレ修道院には見開きのページに掲載された見本が示すような，1000年前に編纂された非常に古いギリシア＝ラテン語写本がある。その中に読者諸賢は最初の人の手でアクセントと気音記号が付された，今日のアルファベットとは少し違うギリシア語を見いだすであろう。しかし，ギリシア語のアクセントは一部の人が考えているほど新しくはないと考えねばならない。我々は『補遺』[238]でギリシア語で書かれた別の史料の断片を掲載するであろう。

[この見本は以下のように翻刻される。

ἘΓῺ ΓᾺΡ ΠΑΡΈΛΑΒΟΝ	Ego eni[m] accepi
ΠΑΡΆ ΚΥ [ΡΊΟΥ] Ὃ ΚΑῚ ΠΑΡΈΔΩΚΑ	a Domino quod et tradidi
ὙΜῖΝ ὍΤΙ Ὁ Κ[ΎΡΙΟΣ] Ι[ΗΣΟῦΣ] ἘΝ Τῇ ΝΙΚΤῚ	uob[is] quod dominus Iesus in qua nocte
ᾟ ΠΑΡΕΔΊΔΕΤΟ	tradebatur
ἜΛΑΒΕΝ ἌΡΤΟΝ	accepit panem
ΚΑῚ ΕὐΧΑΡΙΣΤΉΣΑΣ	et gratias
ἜΚΛΑΣΕΝ ΚΑῚ ΕἶΠΕΝ	cum egisset fregit et dixit
ΤΟῦΤΟ ΜΟΎ ἘΣΤΙΝ ΤῸ ΣῶΜΑ	hoc est corpus meu[m]
ΤῸ ὙΠῈΡ ὙΜῶΝ ΚΛΏΜΕΝΟ [Ν]	q [uo] d pro uob[is] frangitur
ΤΟῦΤΟ ΠΟΙΕῖΤΕ	hoc facite
ΕἸΣ ΤῊΝ ἘΜῊΝ ἈΝΆΜΝΗΣΙΝ	in mea[m] co[m]memoratione[m]]

[1 Cori, 11, 23–24]

4 ルーン書体

A	B	C	D	E	F	G	H	I	K	L	M	N
ᛉ	B	ᛕ	ᛞᛏ	ᛖ	ᛈ	ᛔ	᛭	ᛁᛏ	ᛈ	ᚱ	Ψ	ᛧ
Aar	Biarkan	Knefol	Duff	ftugenfis	Fie	StugenKaun	Hagl	Jis	Kaun	Dagur	Madur	Naud

O	P	Q	R	S	T	V	X	Y	Z	&
ᛅ	BK	ᛢ	ᚱ	ᚱᛁ	ᛏᛁ	ᚢ	ᛣᛏ	ᛚᚼ	ᛉ	ᛏ
Oys	ftugenBirk	Kaun	Ridhr	Sol	Tyr	vr			Stugenvr	

5 パウリヌス書簡に使用されたギリシア・ラテン書体

ΕΓΩΓΑΡΠΑΡΕΛΑΒΟΝ
ΠΑΡΑΚΥ̅ΟΚΑΙΠΑΡΕΔΩΚΑ
ΥΜΙΝ ΟΤΙΟΚΣΙΣΕΝΤΗΝΙΚΤΙ
ΗΠΑΡΕΔΙΔΕΤΟ
ΕΛΑΒΕΝΑΡΤΟΝ
ΚΑΙΕΥΧΑΡΙΣΤΗΣΑΣ
ΕΚΛΑΣΕΝ·ΚΑΙΕΙΠΕΝ
ΤΟΥΤΟΜΟΥΕΣΤΙΝΤΟΣΩΜΑ
ΤΟ ΥΠΕΡ ΥΜΩΝΚΛΩΜΕΝΟ̅
ΤΟΥΤΟΠΟΙΕΙΤΕ
ΕΙΣΤΗΝΕΜΗΝΑΝΑΜΝΗΣΙΝ

EGOENĪACCEPI
ADÑO QDETTRADIDI
UOB QUODÑSICINQNOCTE
TRADEBATUR
ACCEPIT PANEM
ETGRATIAS
CŪEGISSETFREGETDIXIT
hOCESTCORPUSmeū·
QDPROUOBFRANGITUR
hOCFACITE
INmEACŌMEMORATIONẼ

図版 III　フランコ・ガリアまたはメロヴィング書体

1　トゥール司教グレゴワールの書から取ったイオリア書体

　トゥールのグレゴワールが書いた『歴史十巻』[167]の数巻が収められたこの写本はパリの聖歌隊員であった，非常に有名で博学なクロード・ジョリが所有するもので，碩学アドリアン・ド・ヴァロワがフランス史数巻を執筆する際に，この写本を利用した。ここに掲載された史料は，上掲書2巻9章から取られたものである。

　［この見本は以下のように翻刻される。

《De Francorum vero regibus, quis fuerit primus, a mult-
is ignoratur. Nam cum multa de eis Sulpicii Alexandri narret historia, non tamen regem
primum eorum ullatinus nominat, sed duces eos habuisse dicit. Quae tamen de eisdem referat,
memorare videtur. Nam cum dicit, Maximum intra Aquileiam, amissam omnem spem imperii, quasi mentem
resedere, adiungit: Eo tempore Genobaude, Marcomere et Sunnone ducibus Franci in Germaniam prorum-
pere, ac pluribus mortalium limite inrupto caesis, fertiles maxime pagos depopulati, Agrippenensi etiam Coloniae
metum incusserunt. Quod ubi Treverus perlatum est, Nanninus et Quintinus militares magistri, quibus infan-
tia filii et defensionem Galliarum Maximus commiserat, collectu exercitu, apud Agripinam convenerunt. Sed
onusti praeda hostes, provinciarum opima depopulati, Rhenum transierunt, pluribus suorum in Romano relictis solo,
ad repetendam depopulationem paratis, cum quibus inngressus Romanis adcomodus fuit, multis Francorum apud
Carbonariam ferro peremtis》］

第 5 巻　古書体の見本が掲載され，解説が付される

図版 III　フランコ・ガリアまたはメロヴィング書体

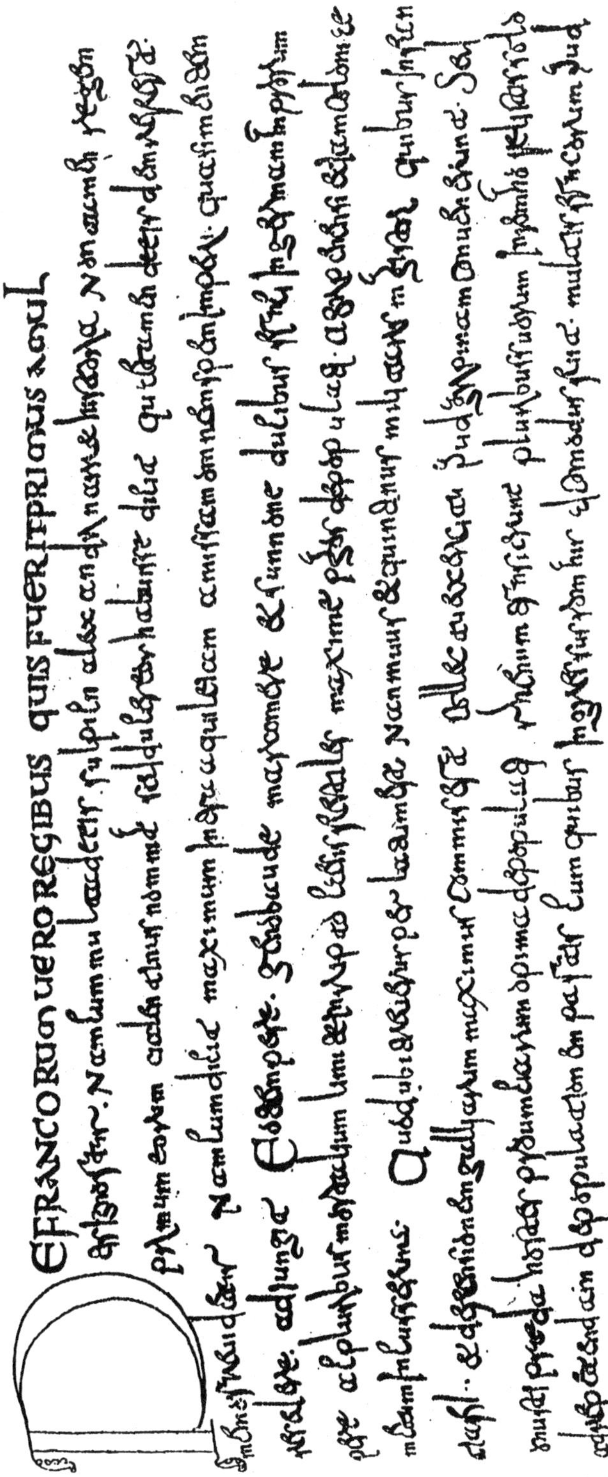

1　トゥール司教グレゴワールの書から取ったイオリア書体

2　ゲンナディウス書体（コルビ写本 142 番）

　現在，わがサン＝ジェルマン＝デ＝プレ修道院の図書館に保管されているこのコルビ写本は判読が多少難しくなっているが，同一の書体で作成されている。そこにはヒエロニムスやゲンナンディウスが書いた著名人に関する書が連続した章に配列されて収められている。この配列は『雑録』17 章 [74] で自ら証言している如く，カシオドーロの手になるものである。この写本に関して刊本との相違が余りにも大き過ぎる。最近，私はその相違の論証の中でアウグスティヌスに関する叙述を提示している『古史料選集』2 巻 [235] において，それについて指摘しておいた。ここでは，見開きページの図版に収められているものに限って，この種の書体の解読に取り組む熱心な読者諸賢の労苦を軽くするのが望ましいことであろう。我々は本書 1 巻 11 章でこの書体をフランコ・ガリアまたはメロヴィング書体と呼んでいるが，それは第 1 王朝の王文書を参照している人々には明白な如く，フランクまたはメロヴィングの諸王やその他のフランク人によって，特に公的文書においてそれが使用されているからである。ところで，この史料の読みは次の通りである。

《CLX Augustinus discipulus beati Ambrosii, Yppone regiae Africae oppidi ep[i]s[copus], vir eruditione divina et universo orbe clarus, fide integer, vita purus, scripsit quanta nec invenire possunt. Quis enim glorietur se omnia illius habere? aut quis tanto studio legat, qu[a]nto ille scripsit? Ededit jam senex, quos juvenis coeperat de Trinitate libros XV; in quibus, ut Scriptura ait, introductus in cubiculum Regis, et decoratus veste multifariae sapientiae D[e]i, exhibuit ecclesiam non habentem maculam aut rugam, aut aliquid ejusmodi. De Incarnatione quoque D[omi]ni idoneam ededit pietatem. Resurrectionem etiam mortuorum simile cucurrit sinceritatem: egregio ingenio, et scellenti studio ecclesiae serviens》

　刊行されたこの史料断片には二つの改竄，または（それよりも）追加が認められる。最初は，《quanto iste scripsit》の文言の後に《Unde et multa loquenti accidit, quod dixit per Salomonem Spiritus sanctus: In multiloquio non effugies peccatum. Ededit tamen senex, ……》とある。他の一つは《simili cucurrit sinceritate》の文言の後で，文章は《Licet minus capacibus dubitationem de abortivis fecerit. Catholicus permansit tamen, et error illius sermone multo（ut dixi）contractus, lucta hostium exaggeratus, necdum hœresis quaestionem dedit》と続いている。これらの言葉は，たとえゲンナディウスが書いたものであったとしても，1000 年前にカシオドーロまたは第 2 のアウグスティヌスの如き熱心な者が多分削除したのであろう。私がかつてロンバルディーア書体で書かれていると考えたコルビ写本も，これとほぼ同じ時代に作成されている。

2 ゲンナディウス書体（コルビ写本 142 番）

図版 IV　サクソン書体

1　コルビ写本 267 番から

　ここにサクソン書体の見本を刊行することは，それが筆記体の如き，広く普及していた書体やその時代の常用書体と大きく異なっていたことを除けば，余分なことと思われるであろう。イシドールの官職に関する書がその他数冊の本と共に収められている最初の見本はコルビ写本から取られている。その読み方は以下のようにされねばならない。

《Domino meo et D[e]i ser-
vo Fulgentio Episcopo Ysidorus
Episc[opus]. Quaeris a me originem offici-
orum, quorum magisterio in aecclesiis erudimur:
ut quid sint inventa auctoribus, brebibus
agnoscat indiciis. Itaque, ut voluisti, libellum
de genere officiorum ordinatum misi, ex scriptu-
ris vetustissimis auctorum, ut locus obtulit, com-
mentatum, in quo pleraque meo stilo elicui》

　そして，ここから相当先に進んだ箇所，つまり 2 巻 17 章には次のようにある。

《Quatuor autem genera Apostoloru[m]: unu[m] a D[e]o tantum,
ut Moyses: alterum per hominem et D[eu]m, ut
Josue: tertium tantum per hominem, sicut his tem-
poribus favore populi et potestatu[m] sacer-
dotum subrogantur; quartum autem genus ex se est,
sicut sedo profetae et seudoapo[sto]li. Quid
sit autem Apostoloru[m] nomen. Apo[sto]li in lati[nam] lingu[am] (……)
missi interp[re]t[antur], quum ipsos misit Christus evange-
lizari ad inluminationem omnium populoru[m].
Episcopatus autem, ut quida[m] prudentiu[m] ait nomen ejus operis non honoris. Graecum est enim,
atque inde ductum vocabulu[m], q[ui]d ille qui supere-
fficitur, superintendit》

《Quicumq[ue] v[u]lt salvus esse, ante om-
nia opus est ut teneat catholicam
fidem, quam nisi quisque (……) integram invio-
labilemque permanerit absq[ue] D[omi]no peribit in ae-
ternum. Fides autem catholica haec est ut unum D[eu]m in trinitate, et trinitatem in unitate aeterni-
tatis》

図版Ⅳ　サクソン書体

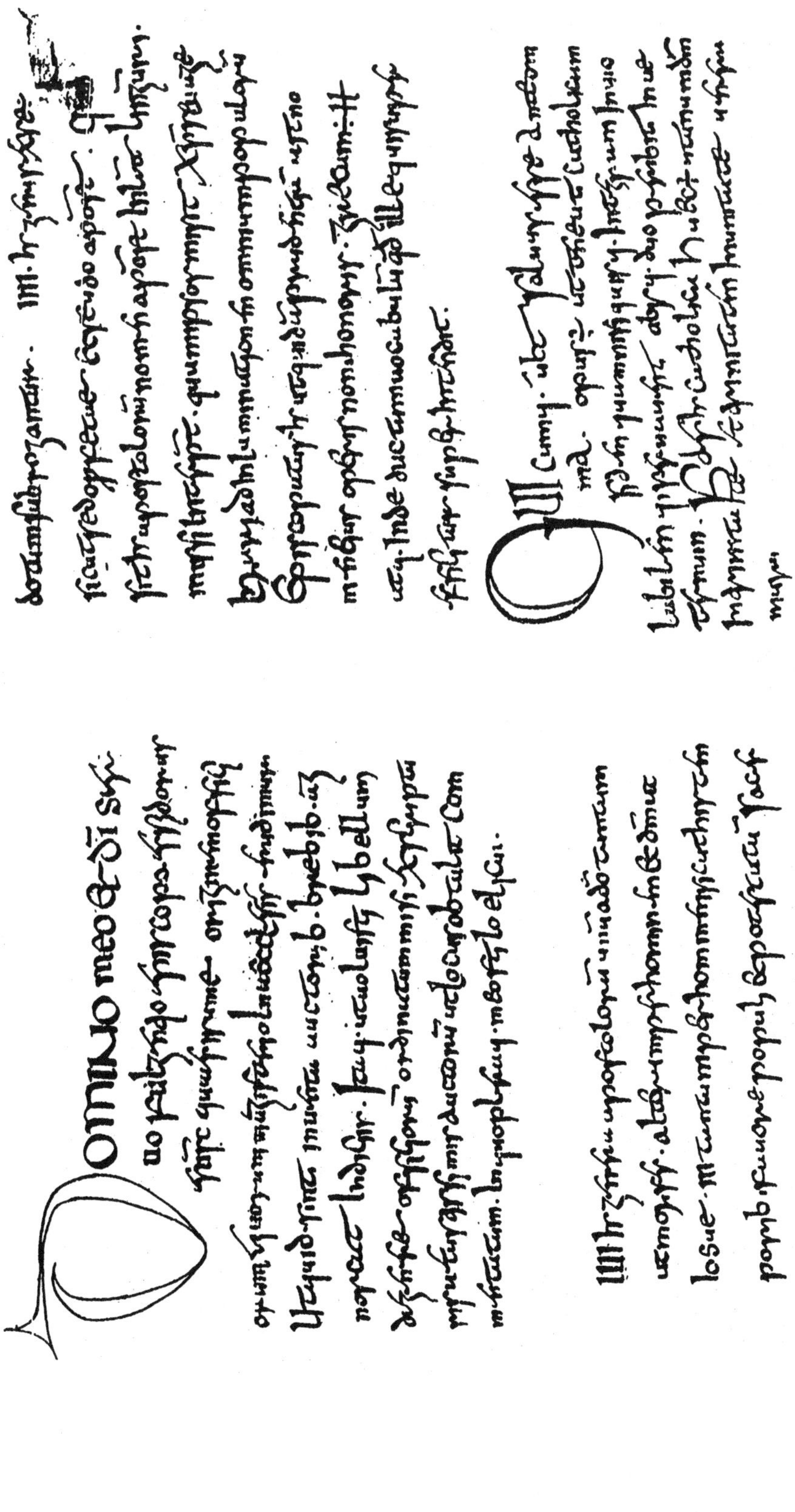

1　コルビ写本267番から

2　別のコルビ写本 660 番から

この書体は同じ種類の書体であるが，上記のそれとかなり違っている。ヒエロニムスの『イザヤ書註解』の一部であるこの文章が，以下ではっきりと綴り直されるのが適切と思われる。

《Ecce cum justitia de adventu Christi loq[ui]t[u]r. Iste enim Rex regnavit juste, n[on] accipiens personam in judicio, et principes ill[iu]s c[u]m veritate p[r]eerunt, causas n[on] homin[es] considerantes: et quicumq[ue] sub e[jus] umbraculo fuerit, sic tutus erit in tribulationib[us] et angustiis et in mundi istius tempestate quomodo q[ui] vent[u]m et turbinem fugiens se tuto abscondit loco, et q[ui] purissimos fontes invenit in deserto, et q[ui] in vehementi aestu solis ardore cuncta torrente sub p[ro]minenti saxo requieverit. Cum ergo Christus regnaverit, et principes ejus p[rae]fuer[in]t in judicio, n[on] caligabunt oculi credentium, et aures audientium diligenter adtendent, q[uae] prius surdae erant; et cor quondam stultorum intelleget scientiam; et lingua balbutientium atque mutorum, quae Christum sonare n[on] poterat, pleno aptoque sermone D[omi]n[u]m vocabit. N[on] vocabitur ultra his, qui stultus est, princeps: stultam enim fecit D[eu]s sapientiam hujus mundi: neque fraudulentus doctor atque perversus appellabitur magnus in populis, scribae videlicet et faris[iani]. Vere enim fatuus fatua loquetur, et cor ejus perficit iniquitatem, qui ibi timuit, ubi n[on] erat timor, et abutebatur stultitia pro sapientia, ut perficiat simultationem》

2 別のコルビ写本 660 番から

Ecce cum irgga. de aduentu xpi loy: tn iste H rex regnauit iste n accipi
ens pp ronam iniudicio & principe illi; cm uertate p erint caup ar nh onm
confidenter &y; cm y; rubo umbraculo fuerit ficut fer it in tribu
lationib; et ang tur & in mndis qi temperate quomodo qi uentin etr
binem fug ens fe tuto abscondito loco &y; p um fi mos fontes inuenit
indeferto &y; inuehemens de turolibandone cnctatorre nte fub
p mmen; raxo re y; euenit c mero xp f regn auerit & principes p f
erit in iudicio n calizabit oc; credentium & uere audientium dily zencen
dt endente y; prip fun de enant et cor quondam tultorum intellege
fcientiam & lingua balbutiens in dcy; mitorum q; xp m rondre n potentae
pleno dp toy; fen mone dnm uo cabit; n uo cabitur uelut in hi y; fcultur
princeps fcultam ft fecit df fapientiam huius mndi ney; fraudulentus
doctor dcy; p uentis appella bit magis in populis fcribe uidelicet & fam
uerefpa tup fatud loy; tn & conspi fictiniry; tacem y; ibit y; mur o ubi n enat
timor et abutebatur fcult aggada frap ientia ut pre figat fimulationem.

図版 V　ロンバルディーア書体

1　コルビ写本 598 番から

　この写本にはヴナン・フォルチュナの詩作品がその他の作品と共に収められている。その作成年代をはっきりとした特徴でもって証明することは出来ない。しかし，次の写本との比較から，確かに 800 年代に遡らせることが出来よう。

　［この見本は以下のように翻刻される。
《INCIPIT OPUS FORTUNATI PR[E]SBI[TERI]
DE VITA S[AN]C[T]I MARTINI LIBER I
Altithronus postqua[m] repedavit ad aethera Christus
carne triumphali victricia signa reportans,
inclitus inferni spoliato carcere dives,
Tartarei reprimens feralia iura tyranni,
et Stigis omnipotens adamantina claustra revellit,
sede fera populi longa caligine tecti
captivum retrahens portis bipatentibus agmen:
milibus ereptis ergo est ut redditus astris
et patris in solio sedit sua dextera dexter,
quae conversatus dedit ad miracula terris
multa evangelici reserante volumine libri
Hebraicus cecinit stilus, Atticus atque Latinus
prosaico digesta situ, commune rotatu》］

2　『歴史三部作』507 番から

　この写本はコルビの図書館に所蔵されたもので，現在その一部が我々の許で保管されている。修道院長聖アデラールは尊厳者ルイの命令を受けて，ポワトゥ地方とブルターニュ地方の間に位置したノワルムーティエ修道院に追放されていたとき，実際のところ 814 年から 821 年にかけて，それを書こうとしていた。

　［この見本は以下のように翻刻される。
《Incip[it] liber pri-
mus. Oracio allocutoria
Sozomeni in ［この上に ad がある］ Theodosi-
um imperatorem.
Aiunt antiquis princi-
pibus diligentiae
studiu[m] fuisse, ut eis amatores quidem-
ornamentorum
purpuram atque coronam. Et his
similia prepararent[ur].

Hic codex Hero insula scriptus fuit jubente
sancto patre Adalhardo dum exularet ibi》］

図版Ⅴ　ロンバルディーア書体

1　コルビ写本 598 番から

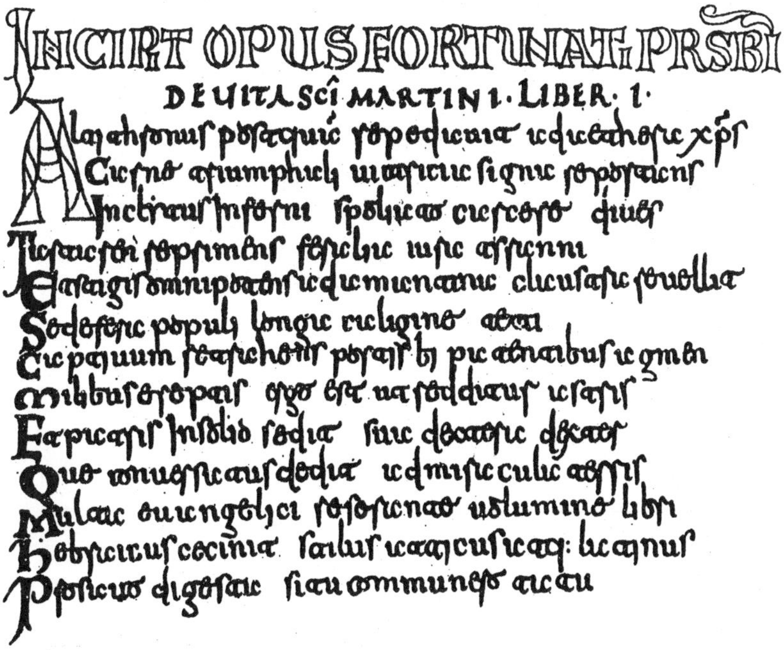

2　『歴史三部作』507 番から

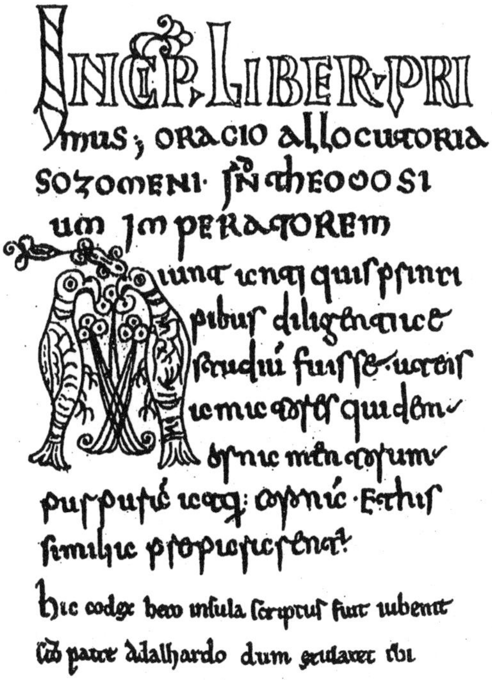

3　ヴァティカーノ写本 4939 番から

これはベネヴェントにあるサン＝ブノワ派のサンタ＝ソフィア修道院の文書集または年代記で，ウゲッリの『神聖イタリア』9 巻 [347] で刊行されている。この見本を次の見本と共に私に知らせてくれたのが，著名な枢機卿カサナータであった。

［この見本は以下のように翻刻される。

《In nomine d[o]m[ini] D[e]i salvatoris n[ost]ri Jhesu Christi. Concessimus nos vir glo[rio]sissimus Rad[el]chis D[e]i p[re]videntia Langobardorum gentis princeps p[er] rog[at]u Garenrude dilectae conjugis n[ost]re tibi Tutulo aurifici n[ost]ro in integras res que sunt Manduli et subtuli》］

4　ギシアヌス写本 1521 番から

詩編 34 番の最初であるが，我々のヴルガタ版と少し異なっている。

［この見本は以下のように翻刻される。

《Iudica, D[omi]ne, nocentes me, tu depugna inpugnantes me. Et exurge in adiutorium michi. Dic anime mee 〈Sal[us] tua ego sum〉. Anima mea》］

5　ロレンツォ・デ・メディチ家所蔵のタキトゥスの写本

これに関しては，我々はタキトゥスの『年代記』12 巻の冒頭が転写されたこの史料断片を私に送ってくれた，有名なマリアベッキ氏の好意に負っている。

［この見本は以下のように翻刻される。

《conuulsa principis domus, orto apud libertos certamine, quis deligeret uxorem Claudio, coelibus uitae intonanti et coniugum》］

第5巻　古書体の見本が掲載され，解説が付される

3　ヴァティカーノ写本4939番から

4　ギシアヌス写本1521番から

5　ロレンツォ・デ・メディチ家所蔵のタキトゥスの写本

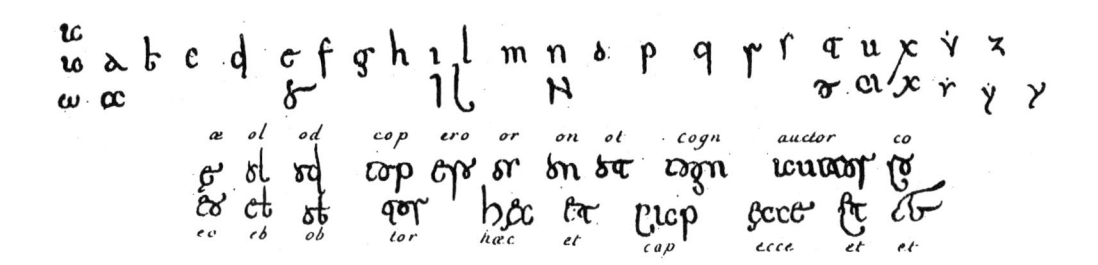

図版 VI　第 2 期のローマ書体

1　ヴァティカーノ図書館所蔵のヴィルギリウスの写本から

　我々は第 1 期のローマ書体を図版 I で示しておいた。ここでは第 2 期のローマ書体を提供するが，その中で第 1 位を占めるのが大文字（ウンキアリス）で書かれた，ヴァティカーノ図書館所蔵のヴィルギリウスの写本である。この見本，つまり『詩選』2 巻の冒頭から取られた 1 節を文学界がその好意と博識を称賛している非常に優れた人，枢機卿カサナータが文学への熱意から私に送ってくれることを厭わなかった。アルド 2 世 [前出アルドの息子] はヴィルギリウスのこの 1 節を正綴法に関する本の中で，35 頁にある如く，利用している。アモエヌスは「それと共にカルピとヴァティカーノで所蔵されているヴィルギリウスの写本といった古い本と碑文」と言い，そしてソレルは 728 頁で「二重の L，聖マルタンの本 3 巻，古い本，カルピとヴァティカーノで所蔵されているヴィルギリウスの本，碑文」と言っている。更に，ヴォルカヌスも 789 頁で上記の本に関して証言している。ここでは《FORMOSUS》ではなくて《FORMONSUS》となっていることを付記しておこう。カルピ版のヴィルギリウスは後の見本 4 で言及されるが，ヴァティカーノ所蔵のそれは第 1 期のローマ書体と近い関係にある。

　［この見本は以下のように翻刻される。
《FORMOSUM Corydon past-
or ardebat Alexim》］

2　王立図書館所蔵のプルデンティウスの写本から

　最高のキリスト者である国王の図書館に保管されている，このプルデンティウスの写本は第 1 期のローマ書体と大して違わない。特殊なものとしては，《HYMNUS》の語と《CRHISTUS》の語の《R》の後に置かれている文字《H》の形がある。

　［この見本は以下のように翻刻される。
《HYMNUS ANTE SOMNUM
ADES PATER SUPREME
QUEM NEMO UIDIT UMQUAM
PATRISQUE SERMO CRHISTE
ET SPIRITUS BENIGNE》］

3　ヴァティカーノ図書館所蔵のテレンティウスの写本から

　そしてヴァティカーノ図書館所蔵の実に非常に古いテレンティウスの写本のこの断片を，非常に優れた枢機卿カサナータが私に送ってくれた。二つの史料は『フォルミオン』5 場 6 幕から取られている。

　［この見本は以下のように翻刻される。
《O fortuna! o fors fortuna! quantis commoditatibus
Quam subito meo ero Antiphoni ope vestra hunc onerastis!》］

第5巻　古書体の見本が掲載され，解説が付される

図版VI　第2期のローマ書体

1　ヴァティカーノ図書館所蔵のヴィルギリウスの写本から

FORMONSVMCORYDONEAST
ORARDEBATALEXIN

2　王立図書館所蔵のプルデンティウスの写本から

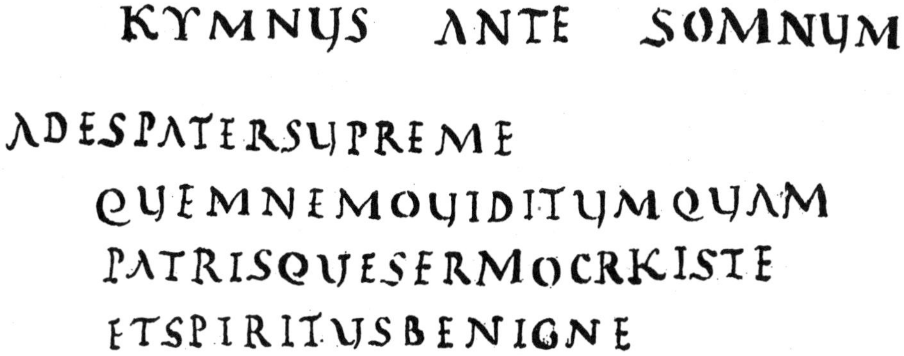

KYMNUS　ANTE　SOMNUM

ADESPATERSUPREME
QUEMNEMOUIDITUMQUAM
PATRISQUESERMOCRKISTE
ETSPIRITUSBENIGNE

3　ヴァティカーノ図書館所蔵のテレンティウスの写本から

A OFORTUNAOFORSFORTUNAQUANTISCOMMODITATIBVS?
QVAMSVBITOMEOFROANTIPRONIOPEVESTRAWVNCONERASTIS

4　ヴィルギリウスの写本から

　その他のものと共に私が受け取ったこの見本は大勢の人々の名前の中で最高に崇められねばならない，非常に博学なアントニオ・マリアベッキ氏の好意に負っている。更に，氏は称賛されねばならないあのフィレンツェ写本の原本をも進んで提供してくれた。かつてこの写本は最高の教皇ポール3世[1549]治世下，カルピ枢機卿ロドルフォ・ピオによって所有されていた。その後，彼によってそれはヴァティカーノ図書館に寄贈された。アルド2世はこれに関して，正綴法に関する書の22頁で次のように証言している。「非常に古い書物，そしてクルキウス・ルフィウス・アプロニアヌスが生きていた時代に大文字で書かれたヴィルギリウスの作品のアエリウスの例が示す如く，アエテリウスであってアエテレウスではない。そして同クルキウスの校訂はこの書物がカルピ枢機卿，ロドルフォ・ピオによって確かに保管されていたことを明らかに示している。現在，それは彼の遺言によってヴァティカーノ図書館に遺贈されているとのことであるが，それがどこに所蔵されているか全く関知していない。それはヴァティカーノ図書館に所蔵されているのを私が確認していないからである。ある盗人によって盗まれてしまったと私は思っている。……」と。この写本の最初のほうに，アキリス・スタティウス・ルシタヌスに帰せられる，このロドルフォに関する墓碑銘が付されている。

「紫色の花を額と角に撒き，
溢れんばかりの白い百合の花を手に3度与えよ。
実際，汝は古き時代の素晴らしい記念物を見ている。
これよりも古く高貴な作品はいかなる時代にも存在していない。
汝の運命は幸せに満ち，人生においてもヴィルギリウスに勝っていた。
これは何千もある写本の一つの原本として伝来する。
マエケナス[文芸の庇護者]は汝が財産と共に滅びないために，猛々しい戦士の武器
から遠ざかっているよう命じてきた。
そしてロドルフォよ。汝の敬虔な両手はいかなる時代も忘れ去らせることの
ないこれらの記念物を護ってきた」

　ホルストは彼の目録の中でこの写本の古さに関して，「方形の大文字で書かれたヴィルギリウスの写本はこの図書館に所蔵されている写本の中で最も古く，約1200年前，つまりヴァレンティアヌス帝[375]かテオドシウス帝[395]の時代に作成されたと，私は判断する」と記している。同じく，アルド2世が上で想起させているクルキウス・ルフィウスの碑文がそれを立証している。その碑文はこのように刻まれている。「かつては宮殿警護の高官，皇帝の私設施財局の長官，ローマ市長，パトリキウス，年頭執政官であった私，いと気高く有名な男，クルキウス・ルフィウス・アプロニアヌス・アステリウスはいと有名なる兄弟マカリウスが所有する書物を，自身の力ではなくて，自らをそっくり託したお方の力に頼って読み，句読点を打った。4月21日，ローマにて」。「私は友人からの快い贈物に修正を施しながら句読点を打っていった。私はそれを受け取ると，全精神を集中させてこの仕事に没頭した。『余がサーカスに余の家の神々を備えつけ，溝囲いの中に新しい舞台を作った。そうすることによって歓喜に包まれたローマの町が演劇と戦車競争，更には雑多な野獣との戦いとを一所で合体させることが出来たからである。それから私は〈ブラヴォー〉の歓声を3回受けた。三つのグループに分かれた民衆は私に向かって観客席から喝采を送ってきた。名声の探求の中で富の消費は加速した。このような投資は称賛を獲得するために必要である。こうして演劇はかくも大量に投入された資金を内に抱えている。毎日3回の上演が永遠に続くことになる』。そしてこの作品は残り，元老院議員としてはよくやったが政治的才能にあまり恵まれなかったアステリウスの名を永遠に伝えるであろう。これらの文章を幸運にも読み返し，寛容に対処して下さる読者諸賢は…………」[文字が欠けているため，最後の1行は翻訳不能]。最後に，この写本は（私が上で述べた如く）アルド2世によって彼の著書『正綴法』の中で使用されている。しかし，この写本はフィレンツェのいと清澄な公爵の図書館に保管されているのであるが，そこに運ばれた経緯について私は何も知らない。他方，今や文字のそれぞれの先端部分を正確に表記するのが困難であるため，最初の数行が忘れ去られようとし始めている。つまりそこでは，例えば《TROIAI》の言葉において文字《A》が文字《I》と，また《OBIRAM》において文字《B》が文字《I》と結びついていないように見える。但し，第1行の前置詞《AB》においては，文字《B》はごく普通に記されているが。

《ARMA UIRUMQUE CANO, TROIAI QUI PRIMUS AB ORIS
ITALIAM FATO PROFUGUS LAVINIA [QUE] VENIT LITORA
MULTUM ILLI ET TERRIS IACTATUS ET ALTUO
UI SUPIRUM, SAEUI MIMOREM IUNONIS OB IRAM》 [Aeneis, I, 1-4]

4 ヴィルギリウスの写本から

ARMAVIRUMQVCANOTROIMQVIPRIMUSABORIS
ITALIAMFATOPROFUGUSLAVINIA VENITLITORA
MULTIMILLIETTERRISIACTATUSETALTVO
VISUPERUMSAEVIMEMOREMIVNONISOMRAM

5 ロレンツォ・デ・メディチ家所蔵のオロシウスの写本から

この見本も，傑出した学識と善意が共存するアントニオ・マリアベッキ氏の好意によるものである。

［この見本は以下のように翻刻される。

《NEMINEM JAM ESSE HOMINUM ARBITROR
QUEM LATERE POSSIT QUIA HOMINEM IN HOC MU[N]DO
D[EU]S FECERIT UNDE ETIAM PECCANTE HOMINE MUNDUS
ARGUITUR AC PROPTER NOSTRAM INTEMPERANTIA[M]》］

6 ヴァティカーノ図書館所蔵のヒラリウスの写本から

これらの言葉はローマにある聖なるヴァティカーノの文書庫に保管されている，最も古い写本での配列に従って，ポワティエ司教聖ヒラリウスの三位一体に関する書6巻の冒頭から取られている。この見本を転写する仕事を，ヴァティカーノのサン=ピエトロ教会の文書館長で同教会の聖具室長であったローマ司祭ジュゼッペ・バルドイノの承諾を得て，ジャン・デュランが引き受けてくれた。この写本(より新しい書体の最初の数葉は除外するとして)は，付け加えられている「余は，王トラサムンドの統治の14年，カスリスに配属されている時に，イエス・キリストの御名において寄進した」とある，ある愛好家の書付けから判断するならば，4世紀末か5世紀初頭に作成されている。前記の文書庫の目録を編纂した人は「カスリスにて」ではなくて，「アフリカにあるプトザリスにて」と読む。「ヌミディアまたはバルバリア地方のチュニスとゴレタ高地の間に位置し，一般にプトラジウスと呼ばれている」と言っている。写本の筆跡が正確に理解されるならば，間違いなく「カスリスにて」と読まねばならない。つまり，ビザケナ地方の都市で，『アントニヌス案内記』ではカスラとなっている。『アフリカ管区録』の中でこの町の司教クィンティアヌスは「カスリス・カリアネンシスの[司教]クィンティアヌス」と出てくる。確かに，写本において頻繁に現われる《haut》，《set》及びその他類似の言葉において，《t》と《d》は容易に置換され得る。ホルストはこの註記の端に自分の手で，西暦510年に照応する王トラサムンド[ヴァンダル王, 523]の統治の14年と書き込んでいる。

［この見本は以下のように翻刻される。

《Non sum nescius difficillimo me asperrimoque
tempore scribere et haec adversum uesanam
inpiorum heresim D[e]i filium creaturam esse
adfirmantem adgressum fuisse multis, jam
per omnes ferme Romani imperii prouincias.

Contuli in nomine Domini Jesu Christi aput Kasulis constitutus, anno quarto decimo Trasamundi Regis》］

5 ロレンツォ・デ・メディチ家所蔵のオロシウスの写本から

Nemineminessehominumarbitror
quemlaterepossitquiahomineminhocmundo
dstecerituṅdeetiumpeccaṅtehominemuṅdỹ
arguiturac propternostrammintemperantiã

6 ヴァティカーノ図書館所蔵のヒラリウスの写本から

Nontumnerciurd ofīcillqmomeciperrumoque
temporerribere ethaeeeduerſūm uefanū
inpiorumherefim diſilıumcreazur amerſe
adfirmantemadzreſūmfunrre multicicum
peromnerſermeromanıinperiiprouinciar

7　プト図書館所蔵の樹皮紙に書かれたアウグスティヌスの写本から

　この写本はパリの上院議員で，非常に高貴なプト氏の図書館の蔵書に含まれていた。大半がエジプト・パピルスから成り，これらの樹皮紙を包むような格好で羊皮紙が挿入されていた。それにはアウグスティヌスのいろいろな種類の説教が収められている。これに関しては本書 1 巻 8 章 11 節で言及してある。

　［この見本は以下のように翻刻される。

《CUM DIVINAE SCRIPTURAE
LEGERENTUR DE QUARUM SENTEN-
TIIS OMNIBUS QUONIAM NUNC LOQUI NON VALEMUS
ANUM ADVERTI UNAM SENTENTIOLAM UERBORUM
NUMERO BREUISSIMAM PONDERE AUTEM SENSUS
AMPLISSIMAM. INDE ELEGI ADJUUANTE DOMINO HUIC
TANTE EXSPECTATIONE CARITATIS UESTRAE PRO
VIRIUM NOSTRARUM MEDIOCRITATE SERVIRE ET
MINISTRARE UOBIS DE CELLARIO DOMINICO UNDE
ET EGO UOBISCUM VIVO. HAEC ERGO SENTENTIA EST
DE QUA LOQUOR: FIDEM POSSIDE CUM PROXIMO IN
PAUPERTATE IPSIUS UT ET BONIS EJUS PERFRUA-
RIS ACCIPIAMUS......

INC［ipit］DE CONTINENTIA ET SUSTINENTIA》］

第5巻　古書体の見本が掲載され，解説が付される

7　プト図書館所蔵の樹皮紙に書かれたアウグスティヌスの写本から

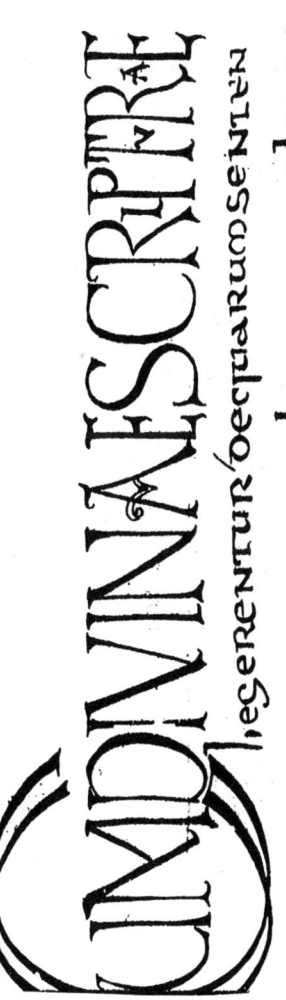

CUMDIVINAESCRIPTURAE
legerentur,dequatuor sententi
is omnibus quoniam nunc loquimur non ualemus
unum ad uertitur ad sententiol am uerborum
tim eoB Reuissimam ponoereaut em sensus
mplissimam oq,noeeleq,esiaouuante o no buic
ante exspectation &car itatis uestrae pro
iriumnostrarum medioerriates éruire et
ministra reuobis oece llario o omnico unoc
te quo oiscum uitio, haecergos ententi aest
cequaeloquor,fidem possio e cum proximo in
oaupertateipstustite tronis eiuis perfrua
ris, accipiamus……

NCDECONTENENTIAETSVSN

図版 VII　6世紀の書体

1　聖ジェルマンの詩編集から

　この写本は金文字で書かれている詩編の表題と「神の御名」を除き，銀文字で書かれている。詩編の常用番号に 151 番目が加えられ，そこには「私は私の兄弟たちの中で取るに足らない存在であった」と書かれた後に，「彼自身が書いたこの詩編は詩編 150 番の中にはなく，ゴリアと戦った時のダヴィデに関するものである」との表題が付されている。この詩編集は 576 年に天国に召された我々の守護聖人である，パリ司教聖ジェルマンが使用していたものであることは，400 年前に作成されたわが修道院の資財帳簿が立証している如く，この修道院の古くからの言い伝えである。この詩編集の冒頭に付された回想に関しては，ジャック・ブロリウスの「いと至福のパリ司教ジェルマンがかつて使用していたこのダヴィデの詩編集は諸聖人の聖遺物の一つとして文書庫の中に長い間保存されていた。そしてやっと愛好家たちの協力で図書館へ移された。……」との言葉が傾聴されねばならない。更にその後で，「言葉の受肉の 1269 年にこの修道院の聖具室係として，敬虔で献身的なアレクザンドルという名の人物がいた。彼は彼の信用に託された聖遺物の目録の中に特に聖ジェルマンの詩編集を記載し，……」とある。

　[この見本は以下のように翻刻される。

《CXXXI CANTICUM GRADUU[M].
MEMENTO D[O]M[IN]E DAVID
ET OMNIS MODESTIAE EJUS
SICUT IURAUIT D[O]M[IN]O
UOUIT D[EU]S. IACOB
SI INTRABO IN TABERNACULO
　　　　DOMUS MEAE
SI ASCENDERO IN LECTUM
STRATUS MEI》]

図版 VII　6世紀の書体

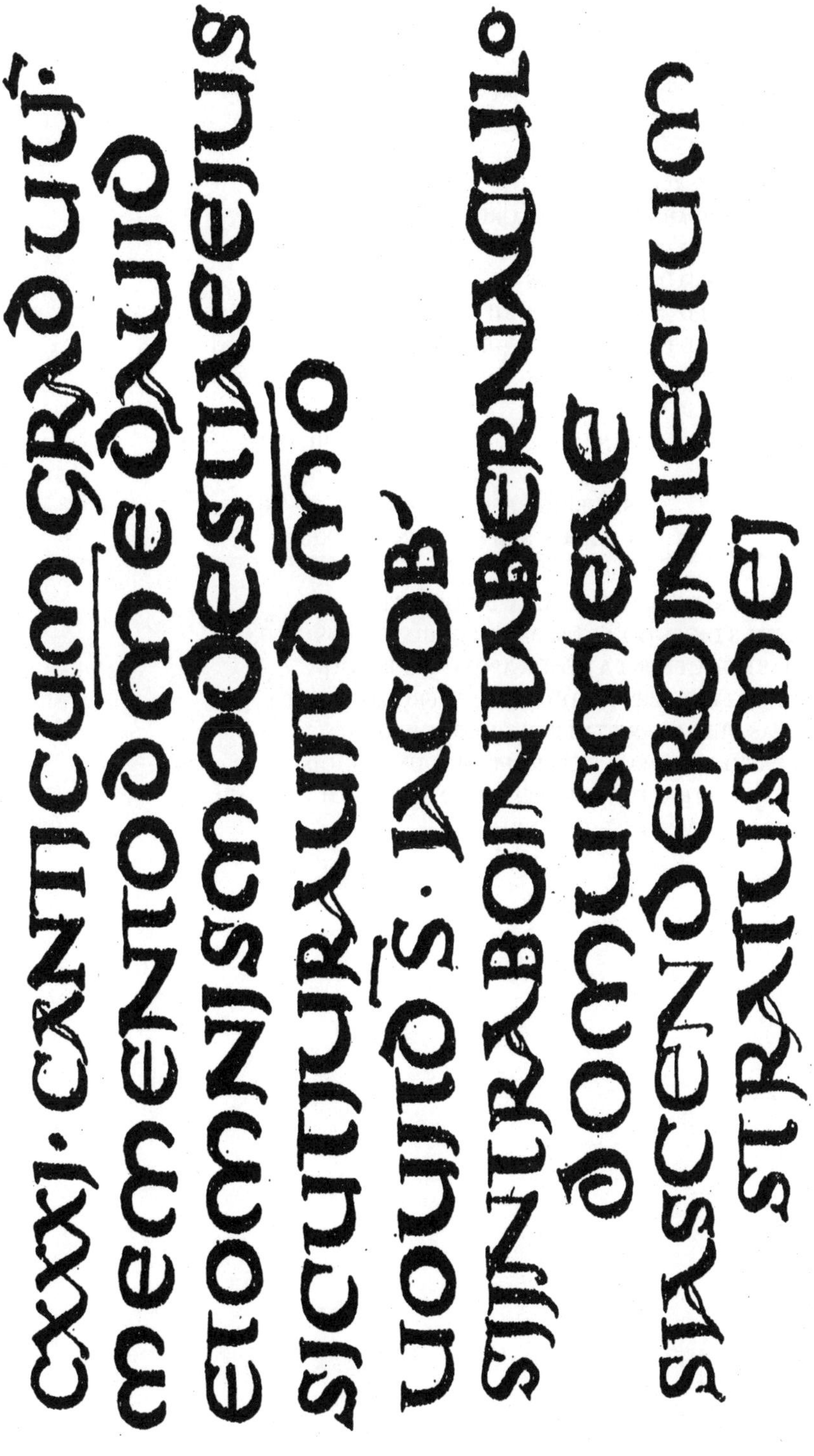

1　聖ジェルマンの詩編集から

CXXXJ · CANTICUM GRADUU͡
MEMENTO D̄NE DAUID
ET OMNIS MODESTIAE EJUS
SICUT IURAUIT D̄NO
UOUIT D̄ S · JACOB
SI INTRABO IN TABERNACULO
DOMUS MEAE
SI ASCENDERO IN LECTUM
STRATUS MEI

2 コルビ所蔵写本 26 番の教会法集成から

　この集成はアンキラ[公会議]から 573 年の第 4 パリ公会議に至るまでの公会議記録とかなりの数の書簡，特にローマ教皇のものを含んでいる。そして後者に関しては，本書に付された見本で見られる通り，ヴィジルで終わっている教皇名簿がその先頭に来ている。しかし，教皇アナクレトはこの名簿から除外されている。教皇ゾジム(ジョゼムスまたはジョジムス)における数字に注意が払われるべきで，それらは我々が本書 2 巻 28 章 13 節で言及しているギリシア語の「記号 ϛ」から，「ジョゼムスは 7 年，9 ヵ月，9 日間その地位にあった」のように解読されねばならない。数字に関して，我々が別な箇所で述べている如く，刊本と相違している場合が多い。この写本から引き出されたものは，イノサンがデケンティウス・エウグビヌスに宛てた書簡から取られたものである。

　[この見本は以下のように翻刻される。

《*INCIPIUNT † NOMINA † APOSTOLORUM †
　PETRUS　　　SED [IT] ANN [O] S XX　　MENS [ES] II　　D [IES] III
　LINUS　　　　SED [IT] ANN [O] S XI　　MENS [ES] III　　D [IES] XII
　CLYTUS　　　SED [IT] ANN [O] S XII　　MENS [ES] I　　D [IES] II
　CLIMENS　　 SED [IT] ANN [O] S VIIII　MENS [ES] X　　D [IES] I
　EUUARISTUS SED [IT] ANN [O] S VIII　　MENS [ES] X　　D [IES] II

　JOSEMUS　　 SED [IT] AN [NO] S II　　MENS [ES] VIII D [IES] VIII

　　　　　　SILUERIUS SED [IT] ANN [OS] I
　　　　　　UIGILIUS SED [IT] ANN [OS] XIIII

INCIPIUNT CAPITULA DECRETALIA INNOCENTI
INNOCENTIUS DICENTIO EP [ISCOP] O EGUBINO. SI INSTITUTA
ECCLESIASTICA UT SUNT A BEATIS APOSTOLIS TRADITA
INTEGRA VELLENT SERVARE D[OMI]NI SACERDOTES NULLA
DIVERSITAS NULLA VARIETAS IN IPSIS ORDINIBUS AC
CONSECRATIONIBUS HABERETUR SED DUM UNUSQ[U]IS-
QUE NON QUOD TRADITUM EST SED QUOD SIBI UISUM
FUERIT HOC ESTIMAT ESSE TENENDUM》]

第5巻　古書体の見本が掲載され，解説が付される

2　コルビ所蔵写本 26 番の教会法集成から

INCIPIUNT NOMINA Ẽ APOSTOLORUM Ẽ

PETRUS　sed　annis　x mensi̅ d̅ III
RINUS　seđ　an̅s　XI mensh̅i d̅ XII
CLITUS　sed　an̅s　XII mensi̅ d̅ II
CLIMENS　sc̅d　an̅s　VIIII mens x d̅ I
EUUARISTUS　Seđ　an̅s　VIII mensx d̅ II

Iosemas　seđ an̅s G̅I mens̅ m̅ đ G̅III

filuerius seđ ann̅ I
uigilius seđ an̅n̅ XIIII

INCIPIUNT CAPITULA DECRETALIA INNOCENTI
INNOCENTIUS dicenno epo eçubino finit ita uta
ecclesiastica utt santa beata apostoli sira dita
INtegra uel enotu are dnsa tendoremulla
duemisarna llaumeta sinupti ordinibas ac
Confecracionibarbare tau reddam unusqi
quenon quodtra ditu me ssedquod sibiutim
fuerit hocec sum ac ete tenendum

3　フィレンツェ所蔵の『ユスティニアヌス法典』の写本から

　私はこの見本を非常に親切なアントニオ・マリアベッキ氏から受け取ったのであるが，それは《Imperator Caesar Flavius Iustinianus, pius, felix, inclutus, victor ac triumfator semper Augustus, Triboniano quaestori suo salutem》「敬虔で幸福で名高く，勝利者にして凱旋者で，常に尊厳者である皇帝カエサル・フラヴィウス・ユスティニアヌスから彼の財務官トリボニアヌスに挨拶を送る」のように解読しなければならない。これを実際に見た学者たちはこの書体をピサ書体と呼び，その原型であると判定した。[しかし]彼らの見解は，就中，ポリツィアーノ[イタリアの人文学者，1494]が彼の『雑録集』の，特に第41章で異論を唱えている如く，ずっと以前に葬られてしまっていた。同じくビュデ[フランスの文献学者，1540]が，1501年にリヨンで出版された『学説彙纂』の註解，47頁で信頼すべき証人として加わっている。そこには「他方，彼らは一般にピサ書体と呼ばれているこれらの原型がフィレンツェにあると考えている。我々が国王使節の一員としてフィレンツェからローマに向かっていたとき，名誉なことに，そしてある程度の野心を抱いて蠟燭の明かりを頼りにそれらを見た」とある。スペルマンは『辞典』[333]の中でこれらに関して，「皇帝ロテールがアマルフィーを奪取したとき，ワルネヘルによって発見されたそれを無償でピサに譲渡した。しかしその後フィレンツェに運ばれ，公爵の宮殿で保管された」と述べている。ポリツィアーノは『雑録集』41章でこれを「ピサに与えられた掠奪物の一部」と言い，『ユスティニアヌス法典』の『学説彙纂』または『会典』の紛うことなき原型であり，確かに叙述に中断はなく，また簡略な註記もなく大文字で」書かれていると述べている。アントニオ・アグスティン[タラゴーナ大司教，1586]はフィレンツェの写本とゲオルグ・ハロアンデル[ドイツの法学者，1532]の刊本とを比較している『学説彙纂』の改訂に関する書物において，この見解に同調していない。彼は次のように言う。「私はむしろこれらの本がこのビザンツの民法が実施されたとき，つまりユスティニアヌスがこの世を去ってから数年後に作成されたことに賛同する。そしてそれらは公的に使用されたものではなくて，ギリシアに住むある博学な人によって所有されていたように私には思われる。このことの最大の証拠は写字生が多くの箇所でユスティニアヌスが三つの法学提要においてそうすることを禁じていたような数字と言葉に関する略記号を用いていることである」と。現在フィレンツェの古い宮殿に保管されている，そして碩学マリアベッキが彼の書簡で私のために確認してくれた如く，蠟燭の明かりを頼りにしてではないが，公爵の許可を得て表示されているこれらの『学説彙纂』に関しては，以上で十分である。

　[この見本は以下のように翻刻される。
《DE CONCEPTIONE DEGESTORUM
imperator caesar flavius iustinianus, pius, felix, inclutus, victor a-
c triumfator semper augustus, triboniano quaestori suo salutem》]

3 フィレンツェ所蔵の『ユスティニアヌス法典』の写本から

DECONCEPTIONEDEGESTORVM

inppenaioicaefarpiauiutiurtininiaNutrpiun'felixinclututuctona
cinium faronpempenanoquaeropiponianoquaeropipioaiutem

図版 VIII　7世紀の書体

1　ランの聖サラベルジュの詩編集の写本から

これはランにある，500年前に修道院に改組されたサン=ジャン修道院の創建者で初代院長のものである。それは今でもこの修道院の聖具室に保管されている。聖サラベルジュのものと信じられている詩編集は2欄に分けてすべての詩編を並べ，この見本が提供している象徴が前に置かれている。聖サラベルジュは655年に他界しており，従って，この詩編集の書体は7世紀まで遡ることが出来る。聖霊の発出は「そして聖霊，つまり父から出て，父と子と共に崇められるべき，生命を与えている主において」のように表現されている。

［この見本は以下のように翻刻される。

《INCIPIT SYMBULUM
CREDO IN UNUM DEUM PATREM OMNI-
POTENTEM FACTOREM CAELI ET TERRAE
UISIBILIUM OMNIUM ET INUISIBILIUM
ET IN N [OSTR]UM DOMINUM IH[ESU]M XPM[= CHRISTUM] FILIUM D[E]I UNIGE-
NITUM NATUM EX PATRE ANTE OMNIA SAECULA LUMEN
DE LUMINE, DEUM UERUM DE D[E]O UERO, NATUM NON FAC-
TUM CONSUBSTANTIALEM PATRI P[ER] QUEM OMNIA》］

2　ボーヴェ所蔵のヨハネの手紙のアウグスティヌスによる註解から

学識と書物で有名なボーヴェの参事会員ジョフロワ・エルマンがこの写本の所在を我々に知らせてくれた。この写本の作成時期はその最後の方に記されていて，それは次のように読める。つまり「ルクスイユ修道院で王クロテールの統治の12年，会計年度の13年，我々の父の11年目がつつがなく経過した時に」と。これに関して，私は聖コロンバンとクロテール2世が問題になっていると解釈し，後者のブルゴーニュにおける統治の12年目は西暦625年，前述の会計年度の13年と一致する。それは多分，ルクスイユの修道士によって聖コロンバンのブルゴーニュ到着の40年目と計算されていたのであろう。もし誰かがこれをクロテール3世の治世，そして40年間院長の職にあったウァルドベールの時代に遡らせるべきであると反論するならば，それに対しては次のように答えられる。クロテール3世の治世，会計年度の13年にその地位にあったとすれば，ウァルドベールの治世は彼にいつも付される最上限の年，665年を越えて670年にまでに達していたことになると。

［この見本は以下のように翻刻される。
《MEMINIT S[AN]C[T]ITAS
VESTRA EUANGELIUM
SECUNDUM IOHANNEM EX ORDINE LECTIONUM
NOS SOLERE TRACTARE SED QUIA NUNC INTER-
POSITA EST SOLEMNITAS S[AN]C[T]ORUM DIERUM
QUIBUS CERTAS EX EUANGELIO LECTIONES
OPORTET IN ECLESIA RECITARI. QUAE ITA SUNT
ANNUAE UT ALIAE ESSE NON POSSINT.

EXPLECITU [R] OPUS FAUENTE D[OMI]NO
APUD COENUBIU[M] LUSSOUIU [M] ANNO
DUODECIMO REGIS CHLOTHACHA-
RII INDICTIONE TERCIA DECIMA
AN [NO] XLsimo P [ATR] IS N [OSTR] I FEL [ICITER] P [ER] ACTO》］

図版 VIII　7世紀の書体

1 ランの聖サラベルジュの詩編集の写本から

Incipio sym bulum
Redo in unum dm patrem omni
potentem factorem caeli etannae
uisibilium omnium et inuisibilium
et in unum dnm Ihm xpm filium di uni ge
nitum natum ex patre ante omnia saecula lumen
delumine dm uerum de do uero natum non fac
tum consubstantialem patri p quem omnia

2 ボーヴェ所蔵のヨハネの手紙のアウグスティヌスによる註解から

EMINIT SCITas
uestra euangelium
secundum iohannem ex ordine lectionum
nos solere tractare sed quia nunc inter
posita est solemnitas scōrum dierum
quibus certas ex euangelio lectiones
oportet in eclesia recitari. quae ita sunt
annuae ut aliae esse non possint.

Explecit uo opus fauente dnō
apud coenubium lussouiū anno
duodecimo regis chlothacha
rii indictione tercia decima
anxissimo dīs ñi [ет̄] p acto

3 コルビ所蔵の戒律に関する写本（630 番）から

　この写本の最後に少し後の手によって書かれた，801 年から 3 年間その地位にあったジャン 6 世で終わっているローマ教皇名簿が置かれてある。この名簿には教皇アナクレトが現われていない。この写本はアウグスティヌスやその他の作品のほかに，ニルス［ギリシアの隠修士，聖者，430］の教え，『諸教父の戒律』，『教師の戒律』を収めている。そして後者の第 95 章から，ある暇をもてあました書記がここで読者が読む，「年をとり過ぎて弱くなった二人の修友のために，庵が修道院の門の近くに……」《Duobus fratribus aetate decrepitis cella intra regias……》の文言をフランコ・ガリア書体で抜き書きしている。

　［この見本は以下のように翻刻される。
《DOMINO UERE. S[AN]CTO AC NOBIS UENERABILITER SUPER
OMNIA PRAEFERENDO ET PIA EXULTATIONE COLENDO BEATIS-
SIMO PAPAE AUGUSTINO VALENTINUS SERUUS TUAE S[AN]C[T]ITATIS
EXPL[ICIT] REGULA S[AN]C[T]ORUM PATRUM

INC[I]P[IT] DE EPI[SCOPIS] ROMANAE EECLESIAE
LINUS SEDIT ANNOS XII MENSES V DIES XIIV JOHANNES S[E]D[IT] AN[NOS] D[IES] X
　　　　　　　　　　　　　　　　　　　　　　CONON S[E]D[IT] MENS[ES] XI
　　　　　　　　　　　　　　　　　　　　　　SERGIUS S[E]D[IT] AN[NOS]
　　　　　　　　　　　　　　　　　　　　　　JOHANNES S[E]D[IT]
Duobus fratribus aetate decrepetis cella intra regias》］

　［註］　最後の《cella intra regias》に関しては，《cellam tera re［……］》または，《cella inter are［……］》とも解読され得る。

3 コルビ所蔵の戒律に関する写本（630番）から

Domino uere   scō uc nobis uenerabiliter super
omnia praeferendo et praeexultatione colendo beatis
simo papae augustino ualentinus seruus ruae scīlaīis

expl regula scōrum patrum

incp̄. ōcepis̄. Romanae eēclesiāc
Linus sedit annos XIII. menses V. dies XII

Iohannes sb ān. ō x.
Conon sōmens xl.
Sergius sb aī
Iohannes sb.

図版 IX　8世紀の書体

1　コルビ所蔵の暦(写本 264 番)から

この史料をここに掲載するのは，我々が前出図版 III で明示したこと，つまり主の生誕が 12 月 25 日に祝されているため，最初の数表記が数を表示していることを証明するためである。

[この見本は以下のように翻刻される。]

《VIII K[A]L[ENDAS] JAN [NUARII] NATIVIT[AS] D[OMI]NI SALVATORIS ET PASSIO S[AN]C[T]AE EUGENIAE VIRG [INIS]》

2　コルビ所蔵のアンブロワーズによる『ルカ書註解』(写本 122 番)から

空白の最終葉に付された字句から，ここで確認される如く，上記と同じ時期にこの写本が作成されたと理解される。事実，コルビ修道院長レウトカリウスは彼が同修道院の院長にあった 755 年にこの書物を作成することを考えついた。ルイ敬虔王とその後のシャルル禿頭王の時代に聖者で博学なパシャーズ・ラトベールが，(私が思うに)自分の手でかなりのものを書き加えている。

[この見本は以下のように翻刻される。]

《EXPOSITUM S[AN]C[T]I AMBROSII IN LUCA EVANGELISTA SCRIPTURI evangelii librum quem Lucas s[an]ct[us] pleniore quodam modo rerum dominicarum distinctione digessit stilum ipsum prius exponendum putamus》

3　サン=ジェルマン=デ=プレ修道院所蔵のちびのドニの書(写本 423 番)から

この写本の作成年を「皇帝シャル陛下の統治の 37 年(即ち，805 年)」の文言が示している。この教会法令集の前に同シャルルマーニュの賛辞が置かれているが，それはシルモンによって『ガリア公会議』2 巻 [326] で刊行されている。

[この見本は以下のように翻刻される。]

《INCIPIT BREVIARIUS AD INQUIRENDUM SENTENTIAS INFRA CANONUM APOSTOLORUM. IN PRIMO CAPITULO IN CANONE APOSTOLORUM DE ORDINATIONE EP [ISCOP] I ET IN II CAPIT[ULO] DE ORDINATIONE PR[ES]B[Y]T[E]RORU[M] ET DIACONORUM V[E]L CETERORUM

Facto hunc libro in anno XXXVII regnante domno Karlo imp [eratore]》

1　コルビ修道院所蔵の暦 (264 番) から

第 5 巻　古書体の見本が掲載され，解説が付される

2　コルビ所蔵のアンブロワーズによる『ルカ書註解』（122 番）から

> EXPOSITVM SĒ
> AMBROSII INLVCA
> EVANCELISTA
> CRIPTVRI
> euangelulibrum
> quem lucas rēt
> pleniore quo
> dāmodo rerum
> dominicarum dir
> tinctione diger
> ūt rtilum iptum
> pr uir exponendum putamur

3　サン゠ジェルマン゠デ゠プレ修道院所蔵のちびのドニの書（423 番）から

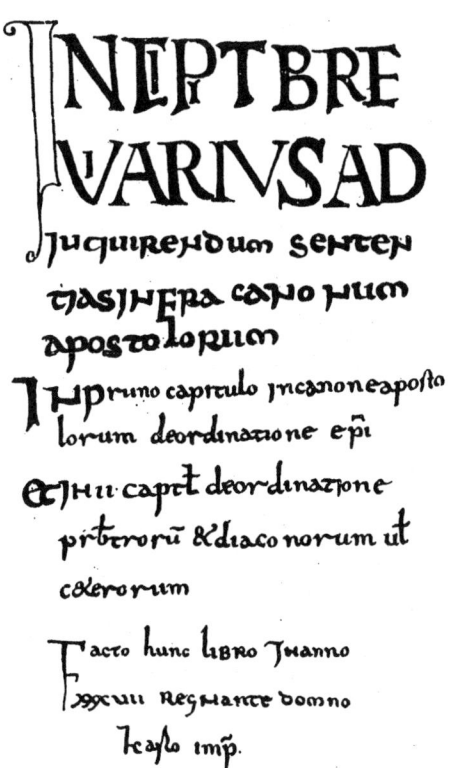

> INEPTBRE
> IVARIVSAD
> Juquirendum senten
> tias in epa canonum
> apostolorum
> IN primo capitulo in canone aposto
> lorum deordinatione epi
> et IN II capit deordinatione
> prbtrorū &diaconorum ut
> cæterorum
> Facto hunc libro Iuanno
> xxviii regnante domno
> Karlo imp.

4　グレゴワールの書簡に関するパオロ・ディアコノ写本（写本 169 番）から

　この写本には，モンテ＝カッスィノの修道士パオロ・ディアコノの監督のもとにグレゴワール大教皇の書簡を彼に注文していたコルビ修道院長聖アデラールのために転写された，グレゴワール大教皇の書簡 60 通が収められている。彼はこれらの書簡のうちの 35 通を自分の手で訂正し，その書簡集をアデラールに送った。それは『聖者記録集（ベ）』[4] 1 世紀，397 頁に既に刊行されている。更に，シャルルマーニュの同時代人であることが明らかなパオロは，800 年より前に死んだと私には思われる。その他，これらの書簡の中に堕落した聖職者の復職に関する話を読む。セクンディヌスに宛てた書簡も含まれている。

　［この見本は以下のように翻刻される。
《Leutcharius abba iussit fieri RATBERTUS
Leutcharius iussit hunc sanctu [m] scribere libru [m]]

† Carissimo fratri et domino Adalardo viro D[e]i Paulus supplex.
Cupieram, dilecte mi, aestate praeterita uidere faciem tuam
quando illis in partibus fui: sed praepetutus lassitudine soni-
pedum ad te venire non potui. Interioribus tamen oculis,
quibus solis valeo, tuae fraternitatis dulcedinem frequenter
aspicio. Volueram equidem tuis imperiis jam ante parere: sed……》］

4 グレゴワールの書簡に関するパオロ・ディアコノ写本(169番)から

leutcharius † Carissimo fratri & domino adalardo uiuo di paulus suppl &
ABBATIUS SIT FIERI Cuperem dilecte mi deftate pre eri taudere facie tuam
RATBERTS quando ullis inpartibus fur redi respeci tur lassitudine fonu-
pedum adte uenire non potui. Interior bus tam oculis
quibus solus uideo. tuae sanctae niratis dulcedine frequenter
aspicio: Voluer tamen quidem interius imperiu sla mam reparere red
leutcharius suffit hunc sancto scribere libru

5 コルビ所蔵の教会法令集(写本 424 番)から

　この集成はサン=ドニ修道院のそれと異なる。作者の名前も年代表記も提供されていないが，8世紀または9世紀初頭の作と考えられる。いかなる疑わしい書簡も，また偽の史料も含まれてはいない。それはディオニシウス・アレオパギタ，オリゲネス，バシリウス，ヒエロニムス，アウグスティヌス，カシアヌス・パトリキウス，司教ヴェラン，同じくルゥなどを引用しているが，グレゴワール，イシドール，カンタベリのスィアドー[大司教, 690]といった，より新しい人たちは含まれていない。グレゴワール大教皇の書からも引用されているが，それは「人々の堕落の原因は悪しき聖職者にあると，グレゴワールは言った」と，ヴェローナ司教ラテリオが引用している文章と同じである。同じく，それはグレゴワールがレアンドルスに宛てた三つの浸礼に関する書簡を引用している。これらすべてにおいていろいろな未刊行の断片を読むが，それらの一部を本書で借用している。それらにおけるディオニシウス・アレオパギタからの引用は「ディオニシウス・アレオパギタは言った。悪しき者のためにミサを挙げた者は神に冒瀆を行なったことになる」との文章である。リヨン司教(と思われる)ヴェランの聖職者の貞節に関する見解は秀逸で，その見本をここに翻刻すると次のようになる。

《Qui praesedentem sacris altaribus, atque ad ipsa sancta sanctorum honoris previllegio venientem, indignissimis carnalium voluptatem contaminari inlecebris patiatur, ac sub ipso conjugalis licentia nomine adquiescat quempiam Clericorum et Sacerdotis agere officium, et mariti implere personam: cum purificatis corporisatque animi motibus multa cogitatione perpendendum, quam idoneus esse debet is, qui ad celebranda mysteriorum loca, non solum pro suis, verum etiam pro alienis peccatis intercessurus accedit. Incogruum siquidem mihi videtur, de conjugali thoro aliquem consurgentem altariorum saepta penetrare. Ipsi utique inluminati et docti de Spiritu-sancto obtime nostis, oblaturum spilitalis sacrificii victimas quale oporteat igne flagrare. Si enim in lege veteri, ubi necdum evangelicae perfectionis auctoritas praefulgebat, sancto David, cum fugae necessitate premeretur, Sacerdos Sadoch (Achimelech) non prius panes propositionis tradidit, quam se et pueros suos jam die tertio mundos esse a mulieribus fatertur: quis immaculatas Agnis carnes, ad salutem mundi praestitas, post passionum inquinamenta vel etiam audeat consecrare? Beatus Paulus Apostolus in veritate nos contestatur dicens: Probet se unusquisque ministrorum, et sic panem illum praesumat offerre. Notum vobis est circa loca beatitudinis vestrae sub magnorum patrum disciplina monachorum congregationes esse non parvuas, unde ad supplenda Clericorum officia in promptu est viros bonos adsumi. Utilior est enim in AEcclesia paucorum bonorum electa probatio, quam erraticae multitudinis praesentia conglobata: ac plus adificationis adferunt rara virtutis exempla, quam popularis licentiae abundans et incorrecta praesumptio》

　［この見本は以下のように翻刻される。
《CANON IN QUA LINGUA DICItur, et quid interpretatur RESP [ONDIT] canon grece, latine regula dicitur. INT [EROGAT] cur dicitur regula RESP [ONDIT] regula dicitur eo quod regat vel eo quod normam recte uiuendi prebeat vel quod distortum ac prauum corregat. (*etc.*)
Ueranus epis [copus] dixit.
Quis presedentem sacris altaribus, atque ad ipsa sancta sanctorum honoris previlegio venientem, indignissimis carnalium voluptates contaminari inlecebris patiatur, ac sub ipso conjugalis licentię (= licentiae) nomine adquiescat (*etc.*)》］

第5巻 古書体の見本が掲載され，解説が付される

5 コルビ所蔵の教会法令集（424番）から

CANONINQVALINQVADICItur, et quid interpretatur
Resp canon grece, latine regula dicitur
citur regula Resp regula dicitur eoquod regat uel eo
quod normam recte uiuendi prebeat uel quod distortum
ac pracuum corrigat. &c   INT cur di-

         ueranus eps dixit ..
ur preeseelentem sacris altarib : aaquead ipsa rca scoru honorus preuilegio
uementem Indignussimis carnalium uoluptatem contaminari Inlecebris
paciatur ac sub ipso coniugatur licentia nominis adquiescat &c

図版 X　9世紀の書体

1　ランス所蔵の写本から

この見本は写本の作成年を明らかにしている。何故なら，ランス大司教ヴュルフェールはシャルルマーニュの時代の人物であったので。

［この見本は以下のように翻刻される。

《EX PRAECEPTO PIISSIMI ABBATIS WOLFARII ET ARCHIEPI[SCOPI]……ERCHANRAO VERO PRAEPOSITO

IN NOMINE D[OMI]NI INCIPIUNT EXPOSITIONES PSALMORUM S[AN]C[T]I AUGUSTINI QUADRAGESIMO PRIMO USQ [UE] IN QUINQUAGESIMUM.

Olim est ut desiderat anima n[ost]ra in verbo D[e]i gaudere vobiscum et in illo vos salutare quod ergo d[omi]n[u]s dat》］

2　ランス所蔵の別の写本から

同じく，この書体の年代も古人の間では常に《b》が1文字で表記され，ルイ敬虔王の治世にその座にあった司教エボンの時代と同定されている。

［この見本は以下のように翻刻される。

《HIC CODEX CONSCRIPTUS EST IN MONASTERIO S[AN]C[T]I REMIGII……EX PRAECEPTO PIISSIMI ABBATIS EBONIS ET ARCHIEPI[SCOPI]……ERCHANRAO VERO PREPOSITO INCIPIT EXPLANATIO S[AN]C[T]I AUGUSTINI EP [ISCOP] I DE PSALMO CXLI

Sollemnitati martyrum sicut deuote celebritatis u[est]re
Ita nostre seruitutis sermo debetur. Sed meminis……》

図版X　9世紀の書体

1 ランス所蔵の写本から

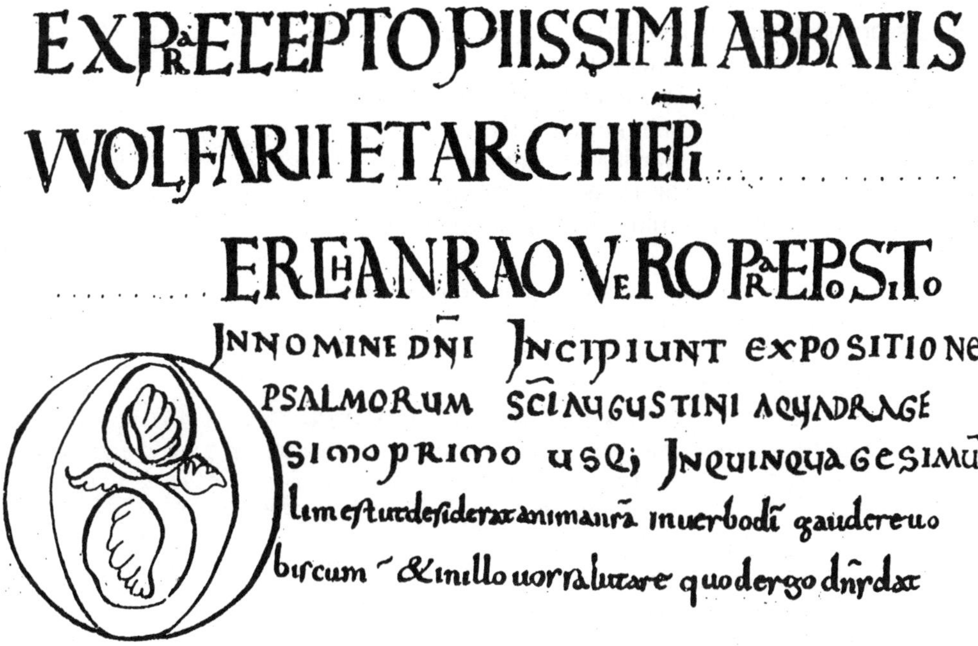

EX PRÆCEPTO PIISSIMI ABBATIS
VVOLFARII ET ARCHIEP̄
ERCHANRAO VERO PRÆPOSITO
IN NOMINE DN̄I INCIPIUNT EXPOSITIONES
PSALMORUM SCI AUGUSTINI A QUADRAGE
SIMO PRIMO USQ; IN QUINQUAGESIMŪ
lim est ut desiderat anima nr̄a. in uerbo dm̄ gaudere uo
bis cum · & in illo uos rallitare quod ergo dn̄s dix

2 ランス所蔵の別の写本から

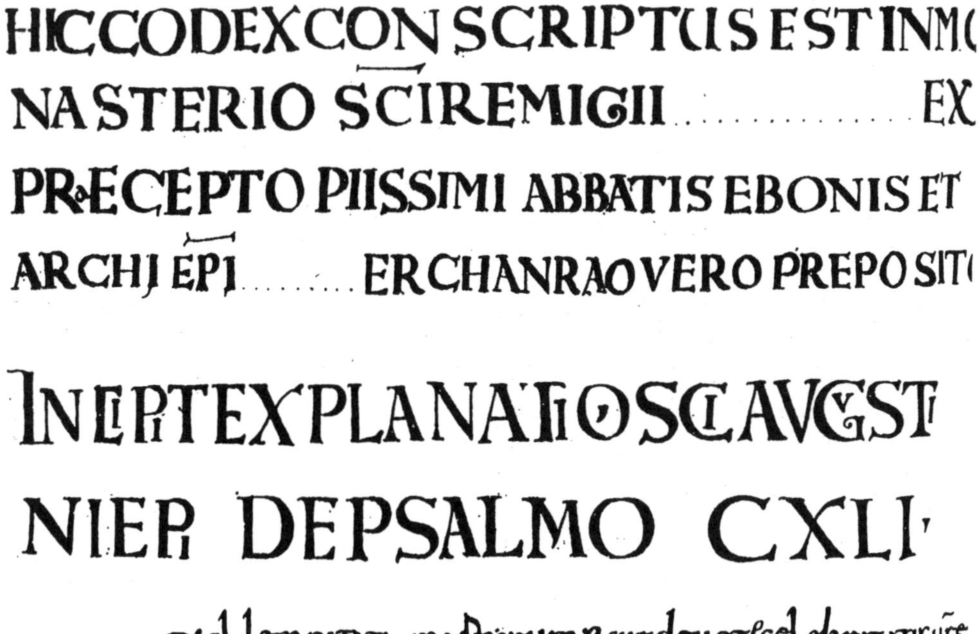

HIC CODEX CON SCRIPTUS EST IN MO
NASTERIO SCI REMIGII .... EX
PRÆCEPTO PIISSIMI ABBATIS EBONIS ET
ARCHI EP̄I .... ERCHANRAO VERO PREPOSITO
INCIPIT EXPLANATIO SCI AVGVSTI
NI ER DE PSALMO CXLI·
Sollemnitati martyrum ne ut deuoti celebratur ur̄e
Sita nostre reueniut ir sermo debetur. Sed meminit

3 コルビ所蔵の典礼書(写本 592 番)から

これは 863 年に司祭職に就いた作者によって,『ロドラドの典礼書』と呼ばれている。我々の仲間,メナールは彼のグレゴワール大教皇の典礼書の中でこの写本を使用している。ここで注目されるのが,本書 2 巻 24 章で我々が言及している,歳末月齢,補正日,復活祭の終日による年代表記である。

[この見本は以下のように翻刻される。
《EGO RODRADUS MISERICORDIA D[E]I IN-
DIGENS UICTUS HILMERADI ANTISTITIS
IUSSIONIBUS. UINCTUSQUE EPISCOPALIS AU-
CTORITATIS EXCO[M]MUNICATIONIBUS. IIII NON[AS]
MAR [CII] SACERDOTALIS MINISTERII TREPIDUS SUS-
CEPI OFFICIU[M] ANNO INCARNATIONIS DOMINI-
CĘ [= DOMINICAE] DCCCLIII INDICTIONE I, EPACTA VII, CON-
CURRENTE VII, TERMINO PASCHALI IIII K [ALENDAS] AP [RI] L [IS].

Communicantes et memoriam uenerantes in primis gloriosae semper virginis
Mariae genitricis D[e]i et d[omi]ni n[ost]ri Iesu Christi》]

4 コルビ所蔵のラバンの写本から

この断片をここに掲載したのは,私が本書 2 巻 2 章 11 節で 9 世紀の写本で時々そのように記されているのを明らかにした如く,二重母音の《ae》が二つの文字の結合によって一つに書かれているのを立証するためである。この書体の様式は,この時期にラバンの十字架に関する著書を含むこの有名な写本が作成されたことを証明している。これに関して,本書 2 巻 1 章 11 節で述べられていることを参照せよ。

[この見本は以下のように翻刻される。
《Sedis apostolicæ princeps lux aurea Romæ.
Et decus et doctor plebis et almus amor
Tu caput aeclesiæ et primus patriarcha p[er] orbem
Præclarus meritis et pietate potens
Sal terræ, mundi lux atque urbs inclita Christi
Perpetuæ præbens lucis iter populo
Uestra ualet cælum reserare et claudere lingua
In terris positus clauiger aetherius》]

5 コルビ所蔵の別の写本(写本 2 番)から

聖書の一部が収められているこの写本の最後に,シャルルマーニュの統治の 42 年,西暦 809 年で終わっている,そしてその年に書かれた短い年代記が付されている。但し,(このようなことは稀ではないが)これらの章句が後世の作家によって転写されることもあり得たが。とは言え,ここでの章句はこの時代の写本に見られる美しい字体の雰囲気を漂わせていることは確かである。

[この見本は以下のように翻刻される。
《Et inde domnus Karolus solus reg-
num suscepit et D[e]o protegente gubernat usque in prae-
sentem annum feliciter qui e[st] annus regni eius XLII,
imperii autem VIIII》]

第 5 巻　古書体の見本が掲載され，解説が付される

3　コルビ所蔵の典礼書（写本 592 番）から

Ego rodradus misericordia dī in
digens uictus hilmeradi antistitis
iussionibus uinctusq episcopalis au
ctoritatis excomunicationibus IIII·nōn
mar̄sacerdotalisministeriitrepidussus
cepiofficiū anno incarnationisdomini
cẹ·dcccliii·indictione·I·epacta·VII· con
currente·VII·termino paschali·IIII·kapl·

Communicantes et memoriam uenerantes inprimis gloriosae
semper uirginis mariae genitricis dī ecdm̄i n̄ri ih̄u xp̄i·

4　コルビ所蔵のラバンの写本から

Sedis apostolicae princeps lux aurea romae
  Et decus & doctor plebis & almus amor
Tu caput aeclesiae es primus patriarcha porbem
  Praeclarus meritis & pi&ate potens
Sal terrae mundi lux atque urbs Inclita xp̄i·
  Perp&uae praebens lucis iter populo
U estra ual& caelum reserare & claudere lingua
  In terris positus clauiger aetherius·

5　コルビ所蔵の別の写本（写本 2 番）から

&inde domnus karolus solus reg-
num suscepit &dō protegente gubernat usqinprae
sentem annum feliciter qui ē annus regnieius xlii·
Imperii autem ·VIII·.

図版 XI　9世紀後半の書体

1　コルベール図書館所蔵の聖書（写本1番）から

　この非常に綺麗に書かれ，絵と図像で飾られた大判の写本は有名である。そしてこれは単にここに掲載された章句のみならず，有名なエティエンヌ・バリューズ氏が銅版印刷し，『勅令集』2巻[35]に挿入した有名な図版が証明している如く，トゥールのサン=マルタン修道院長ヴィヴィアンがその参事会員と共にシャルル禿頭王に贈呈したものである。しかし，どのような経緯でこの写本がメッスのサン=テティエンヌ教会に移された後，そこから今日保管されているあの高名なジャン・バチスト・コルベールの堂々たる図書館へ搬入されたのかは知られていない。

　[この見本は以下のように翻刻される。
《INC [IPIT] LIBER GENESIS
IN PRINCIPIO CREAVIT D [EU] S CAELUM ET T [ER] RA [M]

Igitur perfecti sunt caeli et terra……
Rex benedicte tibi haec placeat biblioteca Carle
testamenta duo quae relegenda gerit.
Haec etia[m] pictura recludit qualiter heros
offert Vivianus cum grege nunc hoc opus》]

2　コルベール図書館所蔵の別の写本（1339番）から

　この写本に関しては，コルベール図書館の館長，碩学バリューズの言葉に耳を傾けねばならない。彼は次のように述べている。「このコルベール図書館に有名な（メッス）司教座教会の参事会員の好意によって，金文字で見事なまでに書かれ，宝石と象牙で装飾された同シャルル禿頭王の祈禱書が搬入された。それはヒエロニムスがエウストキウスに宛てた書簡で〈羊皮紙は緋色に染められ，文字に金色が溶け込み，写本は宝石で飾られている〉とはっきりと書かれているのが確認できる。この写本はシャルル[禿頭王]がメッスのサン=テティエンヌ教会にこの頃贈ったもののように思われる。勿論，シャルルがドゥジ荘園に滞在中，サン=ドニ修道院で10月6日に他界した王妃エルマントリュードの訃報を受け取った後のことであるが」と。我々がその親切さに多くを負っているこの有名な人は，このように考えたのである。我々が大文字で書かれたこの写本から抜き出した前半の2行は，『勅令集』[35]に付された註の中のバリューズの印影において確認される如く，カロリング文字を代表する図版の中で読むのに対して，残りの数行は連禱から取られている。

　[この見本は以下のように翻刻される。
《CUM SEDEAT KAROLUS MAGNO CORONATUS HONORE
EST IOSIAE SIMILIS PARQUE THEODOSIO

UT MIHI KAROLO A TE REGI CORONATO UITAM
ET PROSPERITATEM ATQUE UICTORIAM DONES
TEROGO, AUDI ME
UT HIRMINDRUDIM CONIUGEM NOSTRAM CONSER-
UARE DIGNERIS, TE ROGAMUS, AUDI NOS》]

図版 XI　9世紀後半の書体

1 コルベール図書館所蔵の聖書（写本1番）から

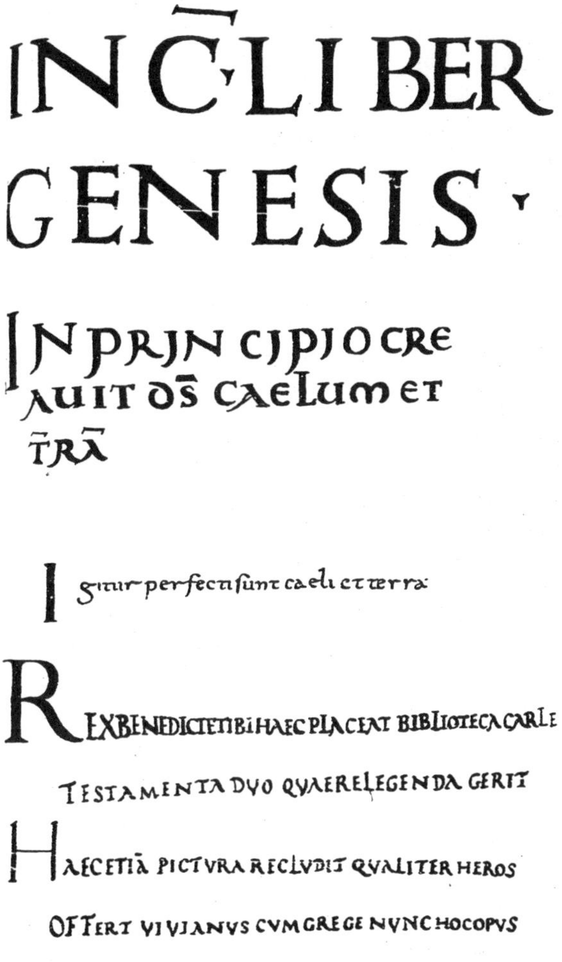

IN C̄ LI BER
GENESIS·

IN PRINCIPIO CRE
AUIT D̄S CAELUM ET
T̄R̄A

Igitur perfecti sunt caeli et terra

Rex benedicten bi haec placeat bibliotheca carle

Testamenta duo quae relegenda gerit

Haec etiā pictura recludit qualiter heros

Offert vivianus cum grege nunc hoc opus

2 コルベール図書館所蔵の別の写本（1339番）から

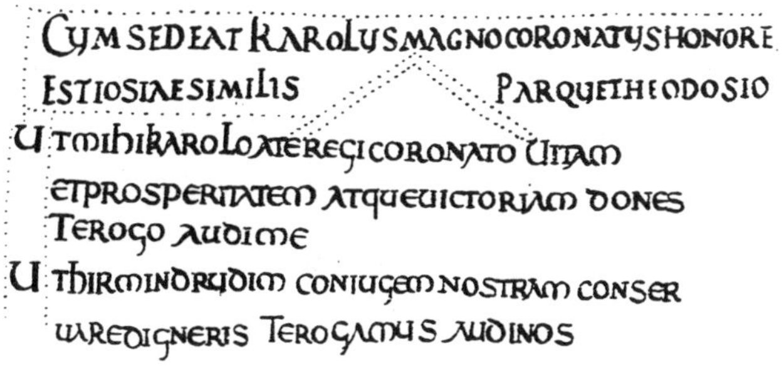

Cum sedeat Karolus magno coronatus honore
Est Iosiae similis   Par que Theodosio
Ut mihi Karolo ater egi coronato uitam
Et prosperitatem atque uictoriam dones
Te rogo audi me
Ut thi rmin drudim coniugem nostram conser
uare digneris te rogamus audi nos

3 有名な全権代理，アルレの図書館に所蔵された典礼書から

かつては王領地に関する訴訟の最も公正な弁護人で，今はパリの上院議長である，公明さにおいて人後に落ちない非常に有名なアルレがこの写本を最近，有名なジャン・バティスト・コルベールに譲渡した。この写本の表題は「主の御名において，年の流れに従って配列された，図書館の一室に保管された真正の書物に依拠して，ローマ教皇聖グレゴワールによって，ローマ典礼がどのように執行されるかを示すために刊行された典礼書が始まる。……」のようになっている。その職に 860 年から就いていて，シャルル禿頭帝の戴冠式に参列したアレッツォ司教ジョヴァンニによってノナントラ修道院に持ち込まれている。我々がその見本を一部本書で示した寄進文書は，確かに次のような言葉からなっている。「アレッツォ市の司教でサン＝ドナート修道院の庇護者ジョヴァンニは神とノナントラにあるサン＝シルヴェストロ修道院にこの典礼書を譲り渡した。もしそれを奪い取る者がいるならば，その者は審判の日に主が来たりて破門され，そして裏切り者ユダと運命を永遠に共にするであろう」と。このジョヴァンニに関しては，『神聖イタリア』1 巻 461 欄 [347] を参照せよ。

［この見本は以下のように翻刻される。
《BENEDICT[IO] EPISCOPORUM
ADESTO SUPPLICATIONIBUS NOSTRIS
omnipotens D[eu]s et quod humilitatis nostrae gerendum
e[st] ministerio tuae virtutis impleatur effectu per [......]
JOH[ANNE]S ARETINE CIUITATIS EP[I]S[COPUS]
ET BEATI DONATI CUSTRIS
OPTULIT D[E]O ET BEATO SILVES-
TRO NONANTULANIS MONASTER[O]》］

4 コルビ所蔵の写本 (203 番) から

この写本は，私がアンギルベールの文章すべてを掲載した『古史料選集』2 巻 [235] でより詳細に論じている如く，コルビ修道院長アンギルベールがルイ吃王の息子でフランク王，ルイとカルロマンに贈呈したキリスト教の教義に関するアウグスティヌスの著書を収めている。

［この見本は以下のように翻刻される。
《Hic Augustini Aurelii pia dogmata fulgent,
Quę de doctrina aedidit almifica. . . . .

Hunc abbas humilis vir sit fabricare libellum
Angilbertus eni[m] uilis et exiguus》］

3 有名な全権代理，アルレの図書館に所蔵された典礼書から

BENEDICTEPISCOPORUM

ADESTO SUPPLICATIONIBUS NOSTRIS
omnipotens dr̄ et quod humilitati nostrae gerendum
e ministerio tuaeuirtutis impleatur effectu. p

IOHS ARETINE CIUITATIS EPS
ET BEATI DONATI CUSTRIS
OPTULIT OO ET BEATO SILVES
TRO NANTULANIS MONASTER

4 コルビ所蔵の写本（203番）から

Hic augustini aureli pia dogmata fulgent
que dedoctrina aedidit almifica

Hunc abbas humilis ussit fabricare libellum
angilbertus emi uilis exigitur

図版 XII　10世紀の書体

1　ランス所蔵の写本から

　この写本の中には数名の聖者の伝記が，かなりの量の宗教会議録と共に収められている．我々は書体の年代を「兄弟エモワン」の文書(彼はそれをティボからの贈物として持っていた)から引き出した．エモワンは，945年から22年間修道院長の地位にあったアンクマールの時代に，ランスにあるサン=レミ修道院の修道士であった．従って，もし読者諸賢がより後の時代に属する合本されている聖ファロに関して残された羊皮紙の一部を除外したとしても，この写本の書体は10世紀に属するものとなる．

　[この見本は以下のように翻刻される．

《INCIPIT PASSIO S[AN]C[T]ORUM FLORENTINI ADQ[UE] HYLARII ACTA SUB CROCO UUANDALORUM REGE V K[A]L[ENDAS] OCTOBRIS

　BEATORUM MARTIRUM Florentini et Hylarii historia facti huiusmodi ordine[m] prosequitur.

　Cu[m] rabies guandalice p[er]secutionis et insania circu[m]quaq[ue] galloru[m] populos dirissime p[re]meret.

　Na[m] eade[m] gens ab ultimis finibus Galliae egressa ab ea parte scilicet qua Uuindelicus fluuius, unde et ipsis nom[en] gallus, p[re]terfluit, maxima[m] parte[m] orbis depopulando afflicxisset, tunc te[m]poris beatus Florentinus mundo adhuc milicia[m] execens finib[us], et duoru[m] n[on] longe tractu[m] pagu[m] dusmensem inhabitabat. Hic post paululu[m] conte[m]pta rei actaq[ue] milicia qua[m] mundo cogente actenus tenuerat. Cuiq[ue] manus armaq[ue] submiserat. ad uera[m] Christi milicia[m] cum mundi (*etc.*)

　Lib[er] fratris Emmonis dono Teutboldi》]

2　コルビ所蔵のラトルドの典礼書(写本587番)から

　このグレゴワール典礼書を収めた写本がラトルドのものと言われているのは，ラトルドの命令によって作成されたからである．実際，ラトルドは986年に死ぬまでコルビ修道院長であった．この写本には暦が挿入されている．その暦の中にはラトルドの享年がここに掲載された2行詩にある如く，3月15日と記されれている．我々の仲間，メナールが典礼書に関する著書の註の中で使用しているこの写本に関しては，指摘しなければならないことが沢山ある．しかし，ここで一つだけ挙げるのが適切と判断されるならば，この中で殆どの場合，切り離された文字で表現されている二重母音の《ae》がある時は尻尾のついた《ę》，ある時はいつもの結合した文字で表記されていることである．例えば，国王の祝福が問題になっている端番号26の最後の部分で《Hæc tria præcepta populo Christiano sibi subdito præcipere》とある文章の《præcepta》と《præcipere》，179番の祝福における《vitæ》，同じページにおける《lætificas》，次のページでの《perpetuæ》，晩課に関する181番での《præstatur》がそうである．その他，同様のものは少なくない．そこから読者諸賢はこれらの二重母音が，前出の図版で指摘されている如く，同様のものが見いだされるコルビ所蔵のラバンの十字架に関する著書の古さを損なうものでないと判断する．

　[この見本は以下のように翻刻される．

《IN NOMINE D[OMI]NI INCIPIT LIBER SACRAMENTORUM DE CIRCULO ANNI A SANCTO GREGORIO PAPA ROMANO EDITUS

　Memento d[omi]ne famuloru[m] famularu[m]q[ue] tuaru[m] om[n]is congregati-
onis beati Petri ap[osto]li tui om[n]iu[m]q[ue] p[ro]pinquoru[m] meoru[m] et quoru[m] ele-
mosinas suscepim[us] seu qui mihi confessi sunt necnon et quoru[m]
nomina super s[an]c[tu]m altare tuu[m] scripta habent[ur]. et om[n]iu[m] circum-
adstantiu[m], quoru[m] t[ibi] fides cognita e[st] et nota devotio p[ro] quib[us] tibi
offerim[us] vel qui t[ibi] offerunt hoc sacrificiu[m] laudis p[ro] se suisq[ue] om[n]ib[us] p[ro]
rede[m]ptione animaru[m] suaru[m] p[ro] spe salutis et incolomitatis suę tibiq[ue]
reddunt uota sua aeterno D[e]o uiuo et uero.

　Abbatis domni stat mentio s[an]c[t]a Ratoldi Istu[m] qui fecit scribere quippe libru[m]》]

第5巻　古書体の見本が掲載され，解説が付される

図版 XII　10世紀の書体

1 ランス所蔵の写本から

INCIPIT PASSIO SCORUM FLO
RENTINI ADE HYLARII
ACTA SVB CROCO VVANDALO
RÚ REGE. v kł OCTO BRIS

Beatorum martirum
florentini & hilarii historia sac
ti. huius modi ordine prosequitur
Curabies guandalice psecutionis & insania
circuqua q. galloru̅ dirissime p̄mere populos

LIB fr̄is emmonis dono teutboldi

Na eade̅ge̅ns abulimis finib. galliae e
gressa ab ea parte scilicet qua uuindeli
cus fluuius unde & ipsi nom̅ gallus p
ter fluit. maxima̅ parte̅ orbis depo
pulando afflixisset. tunc te̅poris be
atus florentinus mundo adhuc milici
a exece̅ns finib. &aliorum p̄ longe trac
tu pagu̅ dirf mense̅ inhabitabat

Hic post paululu̅ contempta reiectaq. mili
cia qua̅ mundo cogente actenus tenue
rat. cuiq. manus armaq. submiserat.
aduersa xp̄i milita̅ cum mundi &c.

2 コルビ所蔵のラトルドの典礼書（写本 587 番）から

IN NOMINE DÑI. INCIPIT LI
BER SACRAMENTORUM DE
CIRCULO ANNI A SCŌ GRE
GORIO PAPA ROMANO EDITUS

Memento dñe famuloru̅ famularu̅q tuaru̅ om̅is congregati
onis beati petri apli tui om̅iu̅q. p̄pinquoru̅ meoru̅. & quoru̅ ele
mosinas suscepim̅. seu qui mihi confessi sunt. nec non & quoru̅
nomina sup scm̅ altare tuu̅ scripta habent. & om̅iu̅ circum
adstantiu̅ quoru̅ t̄ fides cognita ē & nota deuotio p quib; tibi
offerim̅t qui t̄ offerunt hoc sacrificiu̅ laudis p se suisq. om̅ib; p
redemptione animaru̅ suaru̅. p spe salutis & incolomitatis sue. tibiq.
reddunt uota sua aeterno dō uiuo & uero.

Abbatis domni stat mentio scā ratoldi. Istu̅ qui fecit scribere quippe libru̅

3　トゥ=コルビ所蔵の写本（537番）から

　この写本は，サン=ドニ修道院の院長と修道士のための祈りが設定されている連禱から明らかな如く，かつてパリ近郊のサン=ドニ修道院の図書館に所蔵されていた。その遺骸が今日でもそこで崇敬されている諸聖人，つまり聖ドニとその仲間たち（その中で聖クレマンが先頭に立ち，彼らの布教が一般に彼に帰されている）以外に，イッポリト，キュキュファ，ウスターシュ，ペルラン，マンド司教イレールの名前が最初に置かれている。しかし，聖ドニ，聖イッポリト，聖イノサン，聖キュキュファの遺骸の所有に関しては，我々が本書6巻の文書96で掲げているシャルル禿頭王の文書に古い証言がある。写本の作成時期に関する明確な記述はどこにもないが，書体のそれが少なくとも10世紀と関係づけられるべきであることを証言している。それ故，この時既にこの修道院においては，天使の賛美歌とギリシア語の記号から判断される如く，ギリシア語の典礼書の使用が普及していたことになる。そして，その儀式はその時まで1年のうちの五つの特別な祝日に行なわれていたのである。

　［この見本は以下のように翻刻される。

《VIII ID In Galliis uigilia beatissimorum martiru[m] *Δ*IONICII RUSTICI ET ELEVTHERII

VII ID IN GALLIIS PARISIUS・V・FERME AB URBE MILIARIO PASS[UM] PRETIOSISSIMORUM CHRISTI MARTYRU[M] *Δ*IONICII EPI[SCOPI], RUSTICI PR[ES]BI[TERI], ET ELEUTHERII DIACONI……

YMNUM ANGELICUM

gloria in excelsis Deo et super terram pax

Doxa en ypsistys theo ke epigis irini……

credo in unum Deum patrem et in

Pisteugo isena theon patera……ke is to

Spiritum sanctum dominum et uiuificantem de patre

pneuma to agion to kyrion ke zoopion to et tu patros.

S[an]c[t]e Clemens S[an]c[t]e Dyonisi S[an]c[t]e Rustice S[an]c[t]e Eleutheri S[an]c[t]e Ypolite S[an]c[t]e Saturnine

S[an]c[t]e Cucuphas S[an]c[t]e Eusthachi S[an]c[t]e Peregrine S[an]c[t]e Benedicte

S[an]c[t]e Hilari S[an]c[t]e Hilare

Ut ill[um] abb[atem] et cuncta[m] congregatione[m] s[an]c[t]i Dyonisii in tuo apte servitio conservare digneris t[e]　r[ogamus]》］

第5巻　古書体の見本が掲載され，解説が付される

3　トゥーコルビ所蔵の写本(537番)から

図版 XIII　11世紀の書体

1　サン=ジェルマン=デ=プレ修道院所蔵の写本（547番）から

この写本は暦の算定に関するいろいろな方法，つまりビード，エルペリック［グランフェル修道士・暦算定家，980］などの論考を含んでいる。それに復活祭周期に従った短い年代記，アンリ1世［1060］で終わっている（この時代にこの写本は作成されたことになる）フランク諸王の系譜などの幾つかの歴史書も混じっている。

［この見本は以下のように翻刻される。

《GENEALOGIA REGUM FRANCORUM

Ex genere Priami fuit Meroueus qui genuit Childericu[m]……Childericus genuit
Chlodoueu[m]. Chlodoueus genuit Chlotharium……Karol[us] gen[uit] Pippinum.
Pippin[us] gen[uit] Karolu[m] Magnu[m]……Hludouic[us] gen[uit] Hlotharium de q[u]o nat[us] est Hludouic[us] q[ui] fuit huj[us] p[ro]sapię regalis rex ultimus. Hludouico q[uo]q[ue] defuncto Francorum p[ro]ceres super se rege[m] eleuauer[unt] Hugone[m] q[ui] fuit filius Hugonis Magni ducis. Hugo u[ero] rex gen[uit] Rotb[e]rtu[m] rege[m]. Rotb[er]t[us] rex genuit Hugone[m]. Hugone defuncto patre sup[er]stite elevat[us] est Heynricus rex frat[er] eius p[ro] eo.》］

図版 XIII　11世紀の書体

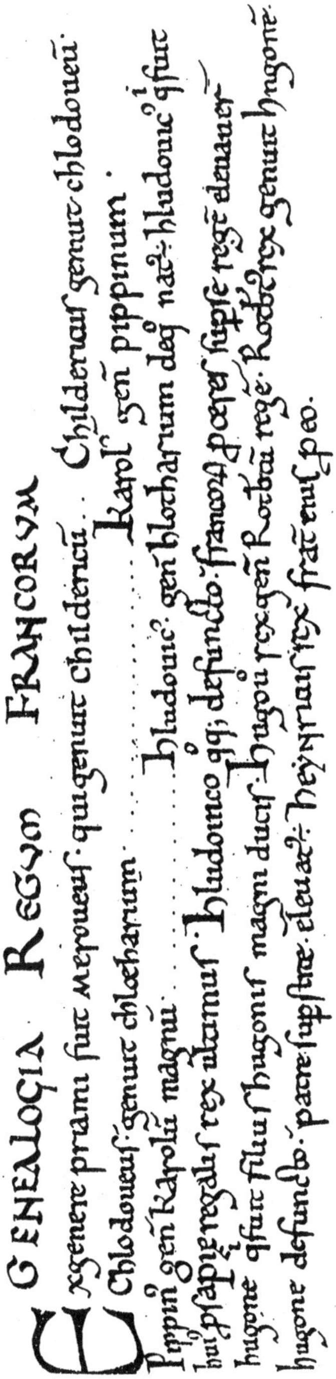

1　サン=ジェルマン=デ=プレ修道院所蔵の写本（547番）から

2　国王の写本から

　綺麗な文字で書かれた聖アウグスティヌスの詩編註解が，キリスト教信仰にこの上なく篤い国王の図書館に保存されている。それは2巻からなり，この見本はその空白の第1葉で読む次の書込みと共に，その1巻から取られている。この写本は2巻とも年代表記を提供してくれていない。しかし，書体そのものは11世紀の雰囲気を放っている。チェルタルドのジョヴァンニ・ボッカチオ(その書込みに従えば)は「この浩瀚な書物」《hoc immensum opus》を贈物として1355年に，名前が明らかでないある人物に贈っている。しかし，その行為の感謝の印として同ジョヴァンニに宛てた書簡が残っていることから，受け取ったのはフランチェスコ・ペトラルカであったことに間違いはない。そしてそこで，この本は上記の書込みと同様に，「この浩瀚な書物」と呼ばれている。この書簡は1503年出版のヴェネツィア版においては，老年期の書簡の後に来ていて，「フランチェスコ・ペトラルカ殿がチェルタルドのジョヴァンニに宛てた書簡」の表題が付されて，24番となっている。しかし1581年出版のバーゼル版では雑纂の22番に置かれ，「フランチェスコ・ペトラルカが彼の(友人)ジョヴァンニ・ボッカチオに挨拶を送る」と記されている。そしてこの書簡は「あなたは素晴らしくて特別な贈物で私を喜ばして下さった。私は間もなくダヴィデの海をより安全に航海するでしょう」と始まっている。そしてその少し後には，「あなたはこの熱暑の中にあって頑丈な船と勤勉な船長，つまり神から授かった才能に恵まれたアウグスティヌスの著作を私に送って下さった。この浩瀚な書物は一部においては多くの部分に分かれているが，一般には3部に分かれていて，多数の大判の紙から成っている。すべてが1巻に収められて，あなたから私の許へ送られてきたそれを，私は喜びと驚きをもって拝領しました」とある。今では読者の便宜からこの書物は2巻に分けられて王立図書館に保管されているが，そこへ運ばれてきた経緯に関しては不明である。つまりそれがボッカチオによるペトラルカへの贈物か否かに関しては，その書込みからその疑いを解くことは出来ない。しかし，その文言はペトラルカによって贈物が受領された日付を4月10日に置いているので，ボッカチオの名前と年のみならず日付までもが5月11日，ミラノで送付されたこの書簡と完全に一致している。更に，ペトラルカはボッカチオに礼を述べるために，彼の遺言書の中で「私はチェルタルドのジョヴァンニ，またはジョヴァンニ・ボッカチオ殿に，かくも偉大な人に対して誠に恥ずかしい限りではあるが，研究と徹夜仕事のための1着の冬物上着を購入してもらうために小額ではあるが，フィレンツェ金貨で50フロリンを遺贈する」と言って，彼を想い出している。

　[この見本は以下のように翻刻される。
《INCIP[IT] EIUSDEM PSALMI NONAGESIMI
Psalmus iste est de quo d[omi]n[u]m n[ost]r[u]m Iesum Christum
Diabulus te[m]ptare ausus est. Audiamus
ergo, ut possimus instructi resistere te[m]pta-
tori. Non p[re]sumentes in nob[is], sed in illo qui pri-
or te[m]ptatus est, ne nos in te[m]ptatione uincere-
mur. Illi eni[m] te[m]ptatio non erat necessaria (*etc.*)

Hoc i[m]mensu[m] op[us] donauit m[ihi] vir egregi[us] d[omi]n[u]s Joh[ann]es Boccacii de
Certaldo poeta n[ost]ri t[em]p[o]ris q[uo]d de Flore[nti]a Mediolan[i] ad me p[er]ve[n]it 1355 April[is] 10》]

3　ベック修道院所蔵(今は，サン=ジェルマン=デ=プレ修道院に所蔵されている)の写本から

　ここに付された墓碑銘が証言している如く，後にカンタベリ司教になったランフランクが自分の手でこの短い講話の集成を校訂している。

　[この見本は以下のように翻刻される。
《INCIPIT PREFATIO BEATI IOH[ANN]IS……IN DECEM
COLLATIONES SANCTORUM……
Debitum quod beatissimo papae Castorio
in eorum voluminum prefatione p[ro]missu[m]
est. quę de institutis coenobioru[m] et de octo
principaliu[m] uitioru[m] remediis, duodecim li-
bellis D[omi]no adiuuante digesta sunt.

Lanfrancus huc usq[ue] correxi》]

第5巻 古書体の見本が掲載され，解説が付される

2 国王の写本から

INCIP EIVSDEM PSALMI NONAGESIMI
Psalmus iste est de quo dnm nrm ihm xpm
diabulus teptare ausus est. Audiamus
ergo ut possimus instructi resistere tepta
tori. Non p̄sum enter in nob; sed in illo qui pri
or teptatus est ne nos in teptatione uincere
mur. Illi eni teptatio non erat necessaria. &

Hoc inmensu op' donauit m uir egregi'
dns Johēs Boccaaÿ de certaldo. poeta
nri tpis. qd de floa mediolañ ad me
p uenit. 1399. april'. 10.

3 ベック修道院所蔵（今は，サン＝ジェルマン＝デ＝プレ修道院に所蔵されている）の写本から

INCIPIT PREFATIO BEATI IOHIS . . . . IN DECEM
COLLATIONES SANCTORVM . . . .
Obiivm qvod beatissimo papae castorio
in eorvm volvminvm prefatione p missu
est. que de institutis coenobiorū. & de octo
principaliū uitiorū remediis. duodecim li
bellis dno adiuuante digesta sunt.

Lanfrancus
hucusq; correxi.

4 サン=ジェルマン=デ=プレ修道院所蔵の写本（607番）から

これはプレオ修道院長リシャール [1131] による『創世記』に関する著書16巻を収めている。このリシャールは11世紀末に活躍した人物で，聖書の殆ど全体をカバーする多様で膨大な註解を書いている。作者の年代に書かれたこの写本においては，見開きページの見本やその他の箇所で明らかな如く，1文字の《i》ではなくて，2文字の《ii》の上にアクセントが付されるのが習慣のようであった。同じことを11世紀のすべてのではないとしても，幾つかの写本においても指摘することが出来るし，また王フィリップ[1世]の次の書簡と次の図版の2番目の見本（この見本はカサウリア修道院の文書集から取られている）においても同じである。図版XVの第2番に付された我々の註と，我々が本書1巻11章19節で叙述したことを参照せよ。

［この見本は以下のように翻刻される。

《Sequitur: Feceruntq[ue] ita Moyses et Aaron sic[ut]
pręcep[er]at D[omi]n[u]s. Et eleuans uirgam p[er]cussit aqua[m]
fluminis coram pharaone et servis eius; quę
uersa es in sanguinem. Et pisces, qui erant
in flumine, mortui sunt, computruitq[ue] flu-
uius, et non poterant Egyptii bibere aquam
fluminis; et fuit sanguis in tota terra Ęgypti》［出エジプト，7, 20–21］

5 マルムーティエ修道院所蔵の手稿史料から

この書簡は王フィリップ1世 [1108] の初期のもので，かつては羊皮で印章が吊り下げられていた。ここにこの史料全体を翻刻するのが適切であろう［【　】の部分は引用されていない］。

《PHILIP[US] D[e]i g[rati]a Francorum Rex BERNARDO venerabili Maioris monasterii abb[at]i, om[n]iq[ue] congregationi sibi co[m]missę, salute[m]. Qua[m]vis s[an]c[t]itate[m] v[est]ram in multis me exasperasse cognoveri[m]; tam[en] volo vob[is] manifestu[m] e[ss]e, eccl[esi]am v[est]ram sup[er] o[mne]s alias monastici ordinis eccl[esi]as dilexisse, et propt[er] humilitate[m] et patientia[m] v[est]ram amodo diligenda[m] disposuisse. Veru[m] q[ui]a multis et magnis p[re]pedit[us] negotiis, peccatis meis, fateor, exigentib[us], v[est]rę s[an]c[t]itati satisfacere neglexi; n[un]c obnixe dep[re]cor, ut me, licet i[m]meritu[m], deinceps in orationib[us] filiis:【quatinus per eas in praesenti et in futuro merear adjuvari. Confido enim quod magnam apud Deum habent efficaciam. Nunc igitur sequendo vestigia praedecessorum nostrorum, monasterium sanctae Mariae semper Virginis sanctaeque Farae, in quo ex infirmitate et incuria inhabitantium omnis religio et monasticus ordo penitus est adnullatus, et (quod miserabilius est) prostibulum factum esse condolemus; pro salute animae meae per praesentem cartam in cellam vobis ure perpetuo possidendum tradimus, concedimus, et auctoritate regia confirmamus: quatinus per sanctitatis vestrae prudentiam, et orationum vestrarum instantiam ordo monasticus ibidem reformetur: et ecclesia Dei, quae hactenus (pro dolor!) adulterinis fedata est complexibus, et tanto tempore a servitio Dei privata est, cum ecclesiae vestrae filiis de valle lacrimarum ascendere, et canticum graduum se cantare congratuletur.】Confortamini itaq[ue] in D[omi]no, nichil hesitantes, scientesq[ue] auxiliu[m] meu[m] vob[is] in nullo defuturu[m]. Val[ete].》

この書簡は聖母マリアの聖地であるガティネ地方［パリの南方］のジ=レ=ノナンではなくて，司教ゴティエに宛てたイーヴの書簡70から理解される如く，モゥ司教管区内，ブリ地方［パリの東］のファルムーティエ修道院と関係していると考えるべきであろう。尊厳者ルイはこの聖地を有名なファルムーティエ修道院に寄進し，そして尊厳者ロテールがその行為を「彼の伯母」である修道院長ロティルドのために確認した。従って，このロティルドは，私が他の研究者と共に以前に公表した見解とは異なって，シャルル禿頭王の娘ではなくて，シャルルマーニュの娘と言わねばならない。

6 マルムーティエ修道院所蔵の手稿史料から

これもイーヴの初期の書簡で，そこから羊皮の紐が下がっているが，印章が外されてなくなっている。
［この見本は以下のように翻刻される。

《I[vo] humilis ęccl[esi]ae Carnotensis minister, A[delae] nobili comitisse, salutem. Semota
om[n]i mundana cupiditate piam u[es]t[r]am intentione[m] laudo q[uo]d eccl[esi] am s[an]c[t] i Martini
de Valle quę olim monasteriu[m] fuit, in antiquum statu[m] reformare desid[er] atis;
simulq[ue] consulo ut q[uo] d pie desideratis ad celere[m] effectum caute p[er]ducere stude-
atis, ne antiquus hostis intentione[m] u[est] ram prepediat et ad desideratu[m] finem

p[er]venire n[on] sinat. Ego enim ad hoc implendum, p[ro]ut racio et facultas p[er]miserit, et consilium p[ro]mitto et auxilium. Val[ete]》]

4　サン=ジェルマン=デ=プレ修道院所蔵の写本（607番）から

Sequitur feceruntq; ita moyses & aaron sic
preçepat dñs. Et eleuans uirgam. pcussit aquā
fluminis coram pharaone & seruis eius. Quę
uersa est in sanguinem & pisces qui erant
in flumine, mortui sunt. Compitr utq; flu
uius & non poterant egyptii bibere aquam
fluminis: et fuit sanguis in tota terra egypti

5　マルムーティエ修道院所蔵の手稿史料から

philip[us] d[e]i g[rati]a francor[um] rex bernardo uenerabili maioris monasterii abbi omiq; congregationi sibi comisse salute. Q[u]auis scitate uram in multis me excusasse cognoueri tam uolo uob[is] manifestu ee ecclam uram sup o[mn]ias monastici ordinis ecclas dilexisse. & propt[er] humilitate[m] & patientia[m] uram amodo diligenda[m] disposuisse. Verū q[uo]d multis & magnis p[re]pedi[tus] negociis peccatis meis fateor exigentib; ur[a]e scitati satisfacere neglexi. n[on] obnyxe depr[eca]or ut me licet imeritu[m] deinceps in orationib; filiis ...... Confortamini itaq; in d[omi]no. nichil hesitantes. scientesq; auxilium meu[m] uob[is] in nullo defuturu[m]. Vale.

6　マルムーティエ修道院所蔵の手稿史料から

J. humilis ecclae carnotensis minister. A. nobili comitisse salutem. Semota om[n]i mundana cupiditate piam uram intentione[m] laudo. q[uo]d ecclam s[an]c[t]i martini de ualle quę olim monasteriu[m] fuit in antiquum statu[m] reformare desideras simul q; consulo. ut q[uo]d pie desideras ad celere[m] effectum caute p[ro]ducere studeas. ne antiquus hostis intentione[m] uram prepediat & ad desideratu[m] finem p[er]uenire [non] sinat. Ego enim ad hoc implendum, p[ro]ut racio & facultas p[er]miserit. & consilium p[ro]mitto & auxilium. Vale.

図版 XIV　12, 13 世紀の書体

1　コルビ修道院所蔵のフロルス写本(488・489番)から
　一般にビードに帰せられてきたアウグスティヌスの著作のフロルスによるこの収集は大型の2巻からなり，1164年に編纂された。我々はこれらについて別の機会に『古史料選集』1巻 [235] で論じていて，この収集をリヨンの助祭，ファロに帰している。第2巻の最後にある次のような編者の書付けがここに記されねばならない。「この本は副院長リシャールと彼の書記である修道士ジャンによって，コルビのサン=ジャン教会が復興され，トゥールがローマに次ぐ第2の都市であった年，つまり1164年，ルイ[7世]がフランス王で，ティエリがアミアン司教，ジャンがコルビ修道院長であった時に編纂された」。ここで「編纂された」《compositus》の語が使用されているが，それは書かれて製本されたことを意味する。
　[この見本は以下のように翻刻される。
《Ex libro de sp[irit]u et litt[er]a
Paulus ap[osto]l[u]s. Qui cum Saulus p[ri]us uocaretur n[on] ob aliud, q[ua]ntum m[ihi]
uidetur, hoc nomen elegit n[isi] ut se ostende[re]t parvum tanq[ua]m minim[us] ap[osto]lorum.
Multum contra sup[er]bos et arrogantes et de suis op[er]ib[us] [または opib[us]] p[re]sumentes p[ro]
commendanda D[e]i g[rat]ia fortit[er] atq[ue] acrit[er] dimicat. quia re uera nullo
euidentior et clarior apparuit. qui cum talia op[er]aretur. uehement[er] eccl[es]iam
D[e]i p[er]sequens p[ro] quib[us] summo supplicio dignus fuit. mis[eri]c[or]diam p[ro]
dampnatione suscepit. et p[ro] pẹna consecutus est gra[ti]am (*etc.*)

Compositus est liber iste a Richero subpriore et Iohanne suo scriptore et
monoculo, anno quo restituta est ẹccl[es]ia s[an]c[t]i Joh[ann]is Corbeie et Turonis est s[e]c[un]da sedes
Romane urbis anno MoCoLXoIIIIo.》]

図版 XIV　12, 13 世紀の書体

1　コルビ修道院所蔵のフロルス写本（488・489番）から

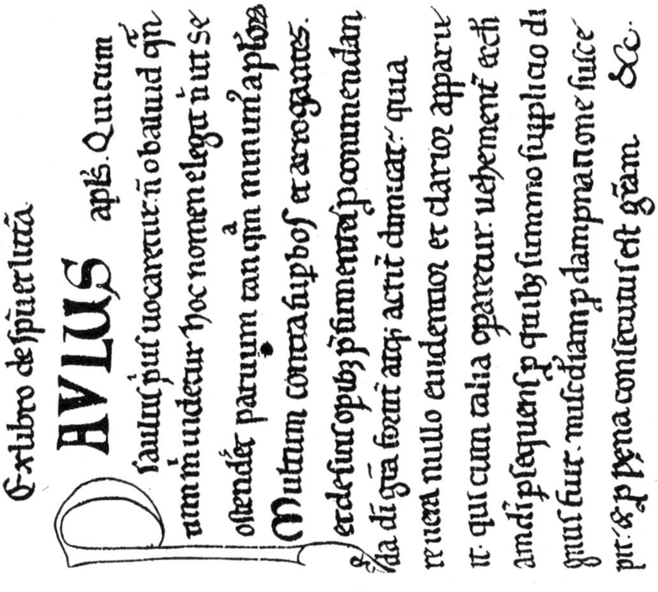

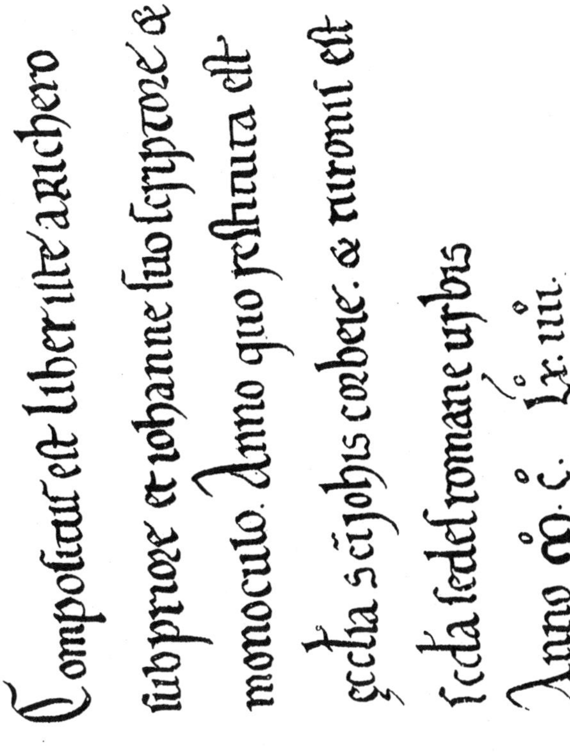

2 『カサウリア修道院文書集』から

ペスカラ川の中島にあるカサウリア修道院のこの有名な文書集は，文学の保護者であるアントワーヌ・デルヴァルによって我々のために借り出された。我々の仲間，アシェリは同修道院の年代記を同文書集から抜き出して，『拾遺集』5 巻 [2] で公刊していた。この文書集に関しては本書 3 巻 4 章で取り扱われていて，その一部を我々は本書 6 巻で引用している。この文書集の作者であるジョヴァンニ・ベラルディはこの年代記を，1182 年に起きたことが記されている修道院長レオナトの死に至るまで書き継いでいる。ジョヴァンニはこの修道院長の事績に触れ，「私，修道士ジョヴァンニが編集して配列し，教師ルースティコが自らの手で書いた文書または年代記からなるこの書を院長が許可し，更には命令し，同時に支援する中で我々は完成させた」と述べている。この写本では前掲図版で指摘された如く，二重母音の《ii》の上にアクセント記号が付されている。

［この見本は以下のように翻刻される。

《Ca[m]biu[m] inter Berthariu[m] Casine[n]se[m] et Rom[anum] Casaurie[n]se[m] abb[a]tes.
In no[min]e d[omi]ni n[ost]ri Iesu Christi Dom[nus] Karlomannus rex ann[o] regni eius in D[e]i no[min]e in Italia
p[ri]mo et IIIo ann[o] comitat[us] Widonis comitis, die VI m[en]sis junii, indic[tione] XI. Id[e]o con-
stat me Berthariu[m] abb[ate]m de mo[n]ast[erio] s[an]c[t]i Ben[e]dicti de t[er]ritorio Beneuentano de loco q[ui]
d[icitu]r Castru[m] Casinu[m] bon[a] et spont[anea] m[e]a uolunt[ate] p[er] consensu[m] et uoluntate[m] de
c[on]g[re]gatio[n]e suprascripti
mo[n]ast[erii] cambiasse et cambiauim[us] t[ibi] Ro[mano] a[bba]te de mo[n]ast[erio] s[ancte] Tr[initatis]……Actu[m]
in Pinn[e] m[en]s[e] et indict[ione] suprascriptis felicit[er]. †Ego Bertharius abbas in hac cartula ca[m]bia-
tionis a me facta m[anu] m[ea] s[ub]s[cripsi] †Ego Angelari diaconus †Ego Audebo diac[onus] †Ego Bonerisi p[res]b[yte]r
in hac cart[u]l[a] consensim[us] et manib[us] n[ost]ris subscripsimus.
Frater Johannes Berardi》］

3 サン=ジェルマン=デ=プレ修道院所蔵の写本（66 番）から

1194 年に没したパリのサン=ヴィクトール修道院長ゲラン（グァリヌスまたはガリヌス）の時代に，聖職者ニコラによってこの修道院の図書館に寄贈された詩編集。

［この見本は以下のように翻刻される。

《Nov[er]int univ[er]si p[re]sentes parit[er] et fut[ur]i quenda[m] D[e]o devotu[m] cl[er]icu[m] no[mi]ne Nicholau[m]
ap[u]d S[an]c[tu]m Victore[m] de hoc sec[u]lo migrasse; qui c[om]misit res suas ja[m] dicte eccl[es]ie, abb[at]i videl[icet]
donno Garino uiro religiossimo, ut eas uicinis eccl[es]iis p[ost] obitu[m] suum ut sapiens dispensator p[ru]dent[er]
erogaret. Et q[uonia]m abbas ipse n[ost]ram eccl[es]iam q[ua]da[m] familiaritate pl[us] cet[er]is tenebat[ur] dilige[re],
ex reb[us] sibi c[om]missis p[re]sens psalt[er]ium p[ro] remedio a[n]i[m]e ja[m]dictę cl[er]ici huic eccl[es]ie p[ro]posuit
erogare. Q[uo]d qui furatus fu[er]it v[el] vende[re] aut i[n]vadiare p[re]sumpserit, excommunicet[ur], et in gehenne
ignib[u]s jugi pena crucietur》］

4 サン=ヴィクトール修道院所蔵の写本（Aa 番）から

サン=ヴィクトール修道院図書館所蔵のある聖書の写本には，聖ルイ王の母，王妃ブランシュ [1252] がこの写本をこの修道院の図書館に贈与しているとの書付けが見いだされる。

［この見本は以下のように翻刻される。

《Iste lib[er] est Sancti Victoris Parisien[sis]. Quicumque eum furat[us] fuerit vel celav[er]it
v[e]l tytulum istum deleverit anathema sit. Am[en]. Hanc bibliothecam dedit
eccl[es]ie Sancti Victoris Parisien[sis] Blancha illustris regina Francie mater sancti re-
gis Ludovici.》］

2   『カサウリア修道院文書集』から

3   サン=ジェルマン=デ=プレ修道院所蔵の写本（66番）から

4   サン=ヴィクトール修道院所蔵の写本（Aa番）から

図版 XV　14, 15 世紀の書体

1　サン=ジェルマン=デ=プレ修道院所蔵の写本 (283 番) から

表題 (一般に《legenda》と呼ばれているのであるが) には「地震が発生した 1316 年 11 月に」と記されている。この地震に関して、このギヨーム・ド・ナンジの年代記を書き継いだ者が「聖処女の誕生の後にくる金曜日に、地震がポントワーズ、つまりフランキアにあるサン=ドニ修道院の荘園で発生した。この地域に地震が発生することは稀で、それ以外の地域においても聞いたことがなかった」と述べている。

［この見本は以下のように翻刻される。

《De s[anct]o Germano Altis [siodorensi] ep[iscop]o.

Germanus nobilissimus g[e]ne[re] in urbe Autisiodoro natus et liberalib[us] studiis plurimu[m] eruditus. Tande[m] Roma[m] ad addiscenda[m] jur[is] sci[enti]am est p[ro]f[ec]tus, u[bi] t[antu]m dignitatis accepit ut eu[m] Senatus ad Gallias t[ra]nsmitt[er]et ad apice[m] ducatus totius Burgundie optine[re]t.

Explicit legenda s[an]ctorum que fuit scripta finalit[er] anno D[omi]ni M°CCC° sexto decimo, mense novembris, anno quo t[er]ra tremuit, p[er] Joh[ann]em de Cheriaco, cl[er]icum, rectorem scolar[um] S[an]c[t]i Salvatoris Par[isiensis].》]

2　サン=ジェルマン=デ=プレ修道院所蔵の別の写本 (37 番) から

1330 年に書かれた聖書語彙辞典を含んでいる。［この見本は以下のように翻刻される。

《Ego igitur gracias ago Deo. Qui dedit michi gra[tia]m scribendi secund[um] modulum ingenii mei sup[er] omnes in Biblia contentos, p[ri]mo super illos qui sunt de canone, incipiendo a Genesi (*etc.*)

Actum Parisius anno D[omi]ni M°CCCXXX, XIII° Kalendas aprilis. Finito libro reddat[u]r gloria Christo》]

3　サン=ジェルマン=デ=プレ修道院所蔵の別の写本 (20 番) から

そしてこの (サン=ジェルマン修道院の) 写本も、1333 年に作成されている。

［この見本は以下のように翻刻される。

《Incipit exameron b[eat]i Ambrosii epi[scopi] Mediolanensis. Rubrica

Tantu[m] ne opinionis assumpsisse ho[m]i[n]es, ut aliq[ui] eor[um] t[ri]a p[ri]ncipia c[on]stitue[ren]t o[mn]iu[m], D[eu]m et exe[m]plar et ma[ter]ia[m] (*etc.*)

Ego Petrus Disderii de civitate An[t]ici[en]s[i] sc[ri]psi et complevi istu[m] librum Exameron de v[in]eris ante festu[m] Cathedre S[an]c[t]i Petri anno d[omi]ni M°CCC°XXXIII°》]

4　テヴノ所蔵の写本から

この写本は現在、有名なテヴノ［フランスの旅行家、1667］が所有しているが、日付表記が欠けている。しかし、これを見た専門家の意見によると、1400 年代に属している。この見解を表明したのがソルボンヌ大学教授のアントワーヌ・フォールとブラシウス・フェロニウス、シャルル・フレネ・デュ・カンジュ、アントワーヌ・ヴィオン・デルヴァル、エティエンヌ・バリューズ、テヴノ自身とすべての知識人に名が知れ渡った人々などの碩学たちである。しかしこのテヴノ所蔵のこの写本は『キリストに倣いて』1 巻を、小冊子「清貧、謙譲、忍耐について」、カルトジオ修道院の 5 代目院長ギグ［1137］の『瞑想録』と共に収めている。もしこれをもってこの写本の作成年代とするならば、その考えはこの書物が『キリストに倣いて』に関するその他の三つの書物と一緒に、作者に当てられている尊敬すべきトマス・ア・ケンピスと対立することになる。その判断はこの図版に掲げられている年代の確かな見本と比較して、我々の見本から容易にこの写本の作成年代に関する意見を出しているこの書体に詳しい人々に委ねられている。［この見本は以下のように翻刻される。

《De imitatione Christi et co[n]temptu o[mn]iu[m] vanitatu[m] mundi. Cap[itu]l[u]m p[ri]mum.

Qui sequit[ur] me, non ambulat in tenebris; dicit D[omi]n[u]s. Hec s[un]t verba Christi quib[us] a[m]monemur quatenus vita[m] ei[us] et mores imitem[ur], si velimus veracit[er] illuminari et ab om[n]i cecitate cordis liberari. Su[m]mu[m] igitur studiu[m] n[os]tr[u]m sit in vita Jesu Christi medita[r]i. Doctrina Christi om[n]es doctrinas s[an]c[t]orum p[re]cellit》]

図版 XV　14, 15 世紀の書体

1 サン=ジェルマン=デ=プレ修道院所蔵の写本（283 番）から

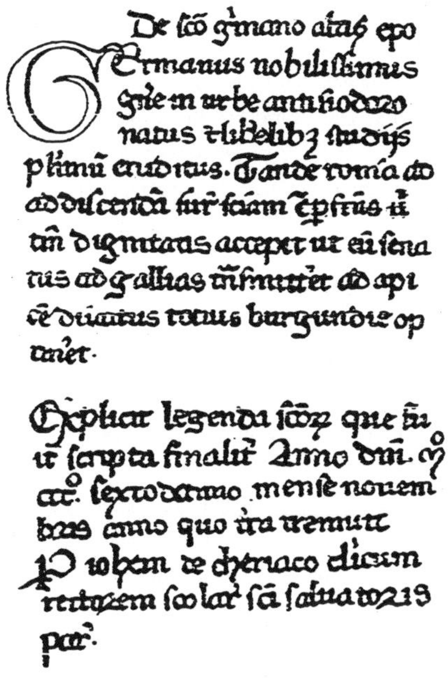

2 サン=ジェルマン=デ=プレ修道院所蔵の別の写本（37 番）から

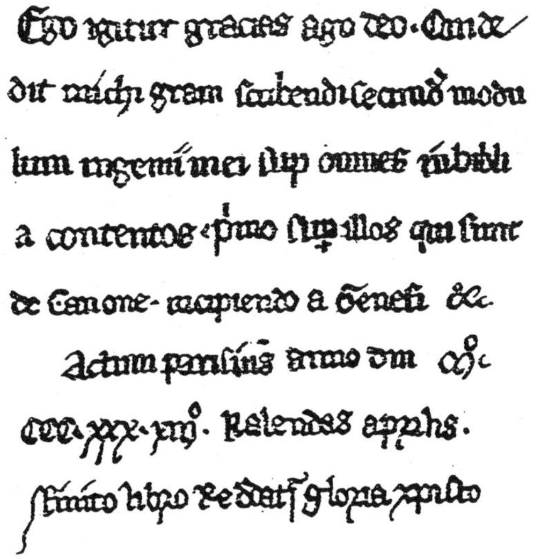

3 サン=ジェルマン=デ=プレ修道院所蔵の別の写本（20 番）から

4 テヴノ所蔵の写本から

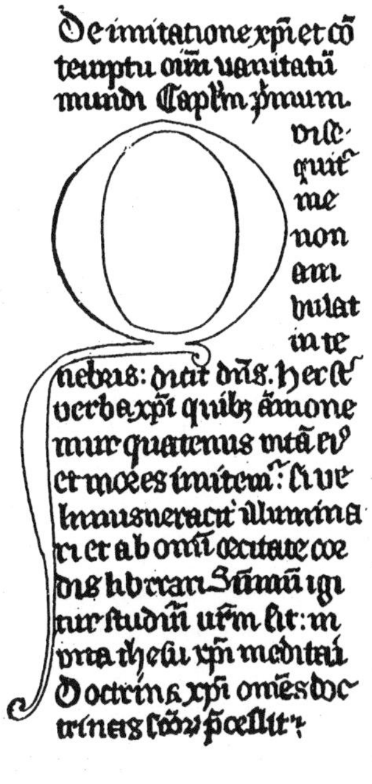

5　グランモン修道院所蔵（の写本）から

　この写本は4巻からなる『キリストに倣いて』と，一般にトマス・ア・ケンピスに帰せられている数編の小冊子とを含んでいる。しかし，ここには作者の名前が日付表記と同様に付されていない。但し，エノ［ベルギー南部の地方］にあるグランモン修道院のある修道士は切り取られている空白の最終葉に，1400年に没したことがはっきりしている書記ルイ・ド・モンスの名前が記されていたと良心的に判断している。他の人は自分の目でこの見本を見て判断してもらいたい。［この見本は以下のように翻刻される。

《Incipit libellus de imitatione Cristi.

Qui sequitur me non ambulat in tenebris, dicit D[omi]n[u]s. Hec sunt uerba Cristi quib[us] a[m]monemur quatenu[s] uitam eius et mores imitemur, si velimus uericiter illu[m]i[n]ari et ab omni cecitate cordis liberari. Summum igitur studiu[m] n[ost]rum sit in vita Ihesu meditari. Doctrina Cristi omnes doctrinas sanctorum precellit et qui spiritu[m] haberet, absconditu[m] ibi ma[n]na inveniret. Sed contingit quod multi ex frequenti auditu Evangeli parvum desideriu[m] senciunt, quia spiritum Cristi non habent. Qui aute[m] plene vult et sapide Christi uerba intelligere, oportet ut (*etc.*)》]

6　サン＝ジェルマン＝デ＝プレ修道院所蔵の写本（302番）から

　1374年に編纂されたモンテ＝カッシノ修道院の修道士，リカルド・デ・サン・タンジェロによる『聖ブノワ戒律』に関する語彙辞典である。［この見本は以下のように翻刻される。

《Explicunt glose super Reg[u]la patris n[ost]ri beatissimi Benedicti composite a venerabili f[rat]re Richardo de S[an]c[t]o Angelo mo[na]cho Cassinen[si] et p[re]posito mo[na]sterii Vallis Lucis. Scripte p[er] manu[m] fr[atri]s Richardi de Ambian[is] mo[na]chi mo[naste]rii de Ulteriori Portu, et prioris prioratus de Eurevilla, o[rd]i[ni]s S[an]c[t]i B[e]n[e]d[i]c[t]i, Rothomagen[sis] dioc[esis].

Hec aute[m] scriptura fuit co[m]pleta anno Incarnationis D[omi]ni millesimo trecentesimo quinquagesimo quarto, indictione septi[m]a, die s[e]c[un]da mensis Juni; pontificatus d[omi]ni Innocentii pape sexti anno secundo, et die p[ri]mo dicte mens[is] h[ab]uit ipse frater Richardus sententia[m] p[ro] se ipso sup[er] p[re]positura mon[asterii] S[an]c[t]i Judoci sup[ra] mare, d[i]c[t]i ordi[ni]s, Ambianen[sem] diocesim.》]

7　アントワーヌ・フォワ所蔵の写本から

　この人物は有名なボーヴェ司教座教会の非常に博学な参事会員で，4巻本の『キリストに倣いて』を含むこの写本を我々に親切にも貸してくれた。かつて，この写本はこの写本よりもずっと後代の書体で書かれたこの本に付された文言から明らかな如く，1468年にモンテ＝オリヴェート＝マジョーレのある修道士に贈物として譲渡されていた。［この見本は以下のように翻刻される。

《Qui sequitur me non ambulat i[n] tenebris, dicit D[omi]n[u]s. Hec sunt u[er]ba

Christi quib[us] admonemur quatenus ei[us] uita[m] et mores imitemur, si velim[us]

ueraciter illuminari. (*etc.*)

Nos frater Julian[us] d[e] Flor[enti]a et fr[ater] Nicolaus Rouella visitatores Ordi[ni]s Montis oliveti concedim[us] usu[m] h[ujus] libri fr[atr]i ad beneplacitum do[m]ni abbatis ge[ner]alis et successorum suorum……[Monasterii……Ordinis praefati]……Ex hoc anno D[omi]ni MCCCCº LXVIIIº die XV octobris》]

8　トマス・ア・ケンピスの自筆写本から

　これはトマス・ア・ケンピス自身のもので，今はアントウェルペンの信仰告白会の尊敬すべき父たちが所有している。これまで，この自筆写本よりも古いトマス・ア・ケンピスの写本の存在は明らかにされていない。ここに掲載されているこの写本の章句は真正のケンピス自筆写本が明らかにしていて，この写本の他の箇所，例えば11番の「私，R. ヴィアールによって書かれた」のような類似の文言が証明している如く，作者ではなくてその写字生を指し示している。しかし，これらについてはここで論じる問題ではない。

　［この見本は以下のように翻刻される。

《De imitatione Christi et contemptu omnium vanitatum mundi.

Qui sequitur me non ambulat in tenebris, dicit Dominus. Haec sunt verba Christi quibus admonemur quatenus vitam ejus et mores imitemur, si velimus veraciter illuminari et ab omni cecitate cordis liberari. Summum igitur studium sit in vita Jesu Christi meditari. (*etc.*)

Finitus et completus anno Domini MºCCCCº XLIº per manus fratris Thome

Kemp[ensis]. In mo[n]te S[anctae] Agnetis prope Zwollis》]

第 5 巻　古書体の見本が掲載され，解説が付される

5　グランモン修道院所蔵（の写本）から

6　サン＝ジェルマン＝デ＝プレ修道院所蔵の写本（302 番）から

7　アントワーヌ・フォワ所蔵の写本から

8　トマス・ア・ケンピスの自筆写本から

9 カーヴァ゠デ゠ティレンニ修道院所蔵（の写本）から

カーヴァ゠デ゠ティレンニ修道院はイタリア[ナポリの東]にあって，サン゠ブノワ派修道会に所属し，そこからこの見事に書かれた手稿本が我々の許に持ってこられた。その最初に十字架を担ぐサン゠ブノワ派の修道士が描かれている。この手稿本で特殊なことは，第1に，一連の章番号としてローマ数字がアラビア数字と一緒に使用されていることである。次に，数字のXLIIIを表示するために数40の0が省略されるのではなくて，数表記3と一緒になって，403の如くなっている。

［この見本は以下のように翻刻される。

《In no[m]i[n]e Do[mini] n[ost]ri Iesu Christi. Incipit libellus de imitatione de Christo et co[n]te[m]ptu omnium vanitatu[m] mundi. C[apitulo] p[rimo].

QUI SEQUITUR ME NON ambulat in tenebris, dicit Dominus. Hec sunt uerba Christi quibus admonemur quatenus uita eius et mores imitemur, si velimus ueraciter illuminari et ab omni

cecitate cordis liberari......》]

10 わがサン゠ジェルマン゠デ゠プレ修道院所蔵の写本から

この上なく見事に装飾されたこの写本はジャン・ジェルソンの名で，トマス・ア・ケンピスが生きていた1460年に編纂されている。

［この見本は以下のように翻刻される。

《Incipit libellus deuotus et utilis: magistri Joha[n]nis Gerson, de

imitat[i]o[n]e Christi et conte[m]ptu omnium vanitatu[m] mu[n]di. Cap[i]t[ulu]m

p[ri]mum.

Qui Sequitur me no[n] ambulat in tenebris, dicit Dominus. Hec sunt verba Christi quib[us] admonemur quatenus eius uita[m]: et mores imitemur, si uelimus ueraciter illuminari et ab o[mn]i cecitate cordis liberari.

Explicit liber quartus et ultimus de sacramento altaris. Anno D[omi]ni 1460, 13

k[a]l[endas] Septembris》]

11 サン゠ジェルマン゠デ゠プレ修道院所蔵の写本（531番）から

この断片を掲載するのは特に数字の古い形，ここでは主の御年の1454年9月17日に見られる如く，特に数字の4，5，7に関してそれを見てもらうためである。我々がペトラルカの簡略化した数字を載せている図版XIIIも参照してもらいたい。更に，この図版の10番目の写本を除いて，これに続く二つの図版のすべての見本において気が付くことであるが，小文字の《i》の上に点ではなくて，アクセント表記が頻繁に付されている。しかし，二重母音《ii》の上にも，見開きページの図版の第3写本で見る如く，同様に二つのアクセント記号が付されている。この二つのアクセント記号は，我々がこれまでの図版で確認してきた如く，単一アクセントよりも前に使用されていた。これに関しては，我々が本書1巻11章19節で述べたことを参照せよ。

［この見本は以下のように翻刻される。

《Explicit singulare opus et utile artis rhetorice ex dictis Rothorum compilatum

Scriptum per me R. Viart, anno Domini 1454° die 17 Septembris》]

第5巻 古書体の見本が掲載され，解説が付される

9 カーヴァ＝デ＝ティレンニ修道院所蔵（の写本）から

10 わがサン＝ジェルマン＝デ＝プレ修道院所蔵の写本から

11 サン＝ジェルマン＝デ＝プレ修道院所蔵の写本（531番）から

第2部　王文書の見本

図版 XVI

1　王ダゴベール1世の書体

　我々が4世紀以降における王文書やその他の文書の古さを主張するとき，ダゴベール1世よりも古い記録を提供していないことに多分，多くの人々は驚くであろう。しかし，我々の手許に遅れて届けられたので，本書の最後で扱わざるを得なくなったランベックの書に収められたラヴェンナで作成された史料は，既に配列されたその他の見本や作成された非常に多くの文書よりも遥かに古い。しかし，我々が見ることが出来なかった少なくないその他の文書を除いて，我々がラヴェンナやその他の場所で確かにかなりの量の文書を見たことが他の場所でもあり得ることを疑う者は誰もいない。その上，その時代のものが一つも残っていないとしても，何でも永続するとは限らない。これが古くて，特に脆いものが持つ宿命である。更に，これらの古い記録を食い尽くしてしまう時代のいろいろな嵐は文書が永続することを許さない。かつて，非常に多くの教会，そして特にローマにおいて聖なる教会の手稿記録が保存された公共の文書庫が存在していた。宮廷にも文書庫が存在し，非常に重要な俗権に関する記録が保存されていたが，それらの記録のどれくらいの量が我々の手許に届いているのであろうか。フランク諸王の宮廷文書庫に関して明らかにされている如く，700年以前に下付された古い諸王の記録を全く含んでいない文書庫は殆どなかったであろう。更に，今日，王立図書館に我々がその印影を本書の『補遺』に掲げているユスティニアヌス帝治下，エジプト・パピルスに書かれた十全保証に関する文書が残されている。それ故，ダゴベール1世の時代よりも古い文書の見本を掲載しないとしても，驚くべきことではない。また，我々がその他の文書を持っていたとしても，つまりその適切な箇所で掲げるであろう，古い人々の権威に関する確かな論拠が我々の手許に残されているとしても，それは驚くべきことではない。

　その上，このダゴベール[1世]の見本は一部引き裂かれたエジプト・パピルスから取られている。読者諸賢はその本文の残りを引き裂かれた史料から表現できうる限りにおいて，本書6巻文書5において見るであろう。この見本とこれに続く文書の見本において，ここの2行目で《Raganrico dom.》，即ち《domestico》とある如く，ときどき略記号を使っているが，十分な余裕を設けている行間に解説文を付すことにした。これはどこかでそれぞれの文字で書体を一層正確にするために使われている。我々はこの仕事の最初の公刊のあと，クロテール2世の文書1通と彼の息子，ダゴベール[1世]の別の文書の真正の写しを発見した。本書の『補遺』[238]でそれを見ることが出来よう。

　この見本が抜き出されたサン=ドニ修道院所蔵の手稿文書では国王の印章が壊れてしまっているため，我々は王ダゴベール[1世]の貨幣からその両面を掲載してそれを補った。そしてその間に王シルデリックの印章を挿入した。この金印は聖王ルイの青玉の印章と共に，シフレによってアナスタシス・シルデリックの中で表記されたもので，国王文書庫に保管されている。王ダゴベール[1世]の貨幣の裏面には最もキリスト教的な君主にふさわしく，「王である神」の文句が刻まれている。しかし，それがダゴベール1世のものなのかフランク王に返り咲いたオストラジ王ダゴベール[2世]のものかでブテル[57]は迷っているが，どちらかと言うと，後者の方に傾いている。彼は思いがけない王位への復帰を理由に，この文句は後者によりふさわしかったと考えている。しかしこの考えはそれをダゴベール1世に帰すことが出来ないほどに強固なものではない。更に，この見本において国王の手で行なわれたダゴベールの下署が見事である。それにウアンと呼ばれ，後にルーアン司教になった伝旨官ダドの下署が対応している。

　我々が本書2巻26章で述べた如く，わが国王の書簡や文書においてシャルルマーニュ以前に会計年度が付されることはない。これに対して，教会の記録，つまりガリアの司教たちの宗教会議や私的行為に関する史料においては少なくとも6世紀以降から，かなりの数で確認される。それ以前において，公会議の開催時は執政官によって表記されるのが慣習であった。それ以外の慣習は，ローマ教皇の書簡においては定着していなかった。ローマ教皇の中で最初に会計年度を採用したのは，断言は出来ないが，グレゴワール大教皇[604]と思われる。公会議の中でカルケドンのそれ[451]が会計年度を優先させているが，その他は殆どが執政官によっている。5世紀ガリアの司教は宗教会議録の中で，アグド[南フランスの都市]公会議における如く，ときどき執政官年を伴ってはいるが，国王在位年を採用し始めている。そこでは「我々の王アラリック陛下の在

位の 22 年(つまり，506 年)，いと有名な人，メサラが執政官の時，9 月 11 日に」，またある時は執政官の言及を欠いて，第 2 オルレアン公会議 [533] における如く，「5 月 24 日，王シルドベール陛下の在位の 22 年に」と記されている。前者の書式は第 3 オルレアン公会議 [538] において「パウリヌス 2 世の執政官在職の 4 年，王シルドベール陛下の在位の 27 年」の如く，そして後者の書式は第 5 オルレアン公会議 [549]，第 5 アルル公会議 [554]，第 2 トゥール公会議 [567]，第 1 マコン公会議 [581–583] で踏襲されている。6 世紀の幾つかの公会議は会計年度を付し (5 世紀ではそういうことはないが)，その他では付されていない。後者は古い慣習に従っていて，それは多分，カルケドン公会議がその例であろう。しかし，最近ある学者がメロヴィング人のもとで会計年度がときどき採用され，国王文書においても例外でないこと，そしてその使用は第 4 オルレアン公会議録 [541] の前文第 1 条に従えば，ガリアの諸教会が復活祭の日を定めるために使用した，ヴィクトールの復活祭表または回状に起源をもつと判断した。しかし，それが教会関係の史料に妥当するとしても，そのいかなるものにも会計年度が付されているのが発見されないメロヴィング諸王の文書にまで拡大することはできない。更に，その回状が採用された第 4 オルレアン公会議より前において，リヨンの手稿史料によれば，会計年度が第 3 オルレアン公会議記録に付されていることから，ある者はヴィクトールの回状を受け取ってから教会史料に会計年度が導入されたのではと自問している。しかし，ヴィクトールの算定法はそれがガリアの教会の盛式の承認によって導入される以前から使用されていたと答えることができる。

図版 XVI

1 　王ダゴベール1世の書体

R C T H V S   R E X

Raganrico Dom. & omnibus agentibus praesentibus

erogandum locrari gaudia sempeterna Igetur Nos reip

justorum esse consortis villas   cognomenant

germanis et addicionebus   e vel meretum ad

Et vt   jnuiolabelem Capeat]

Dagobercthus Re

dies   quindecem   an. decem

FR_ANCOR.

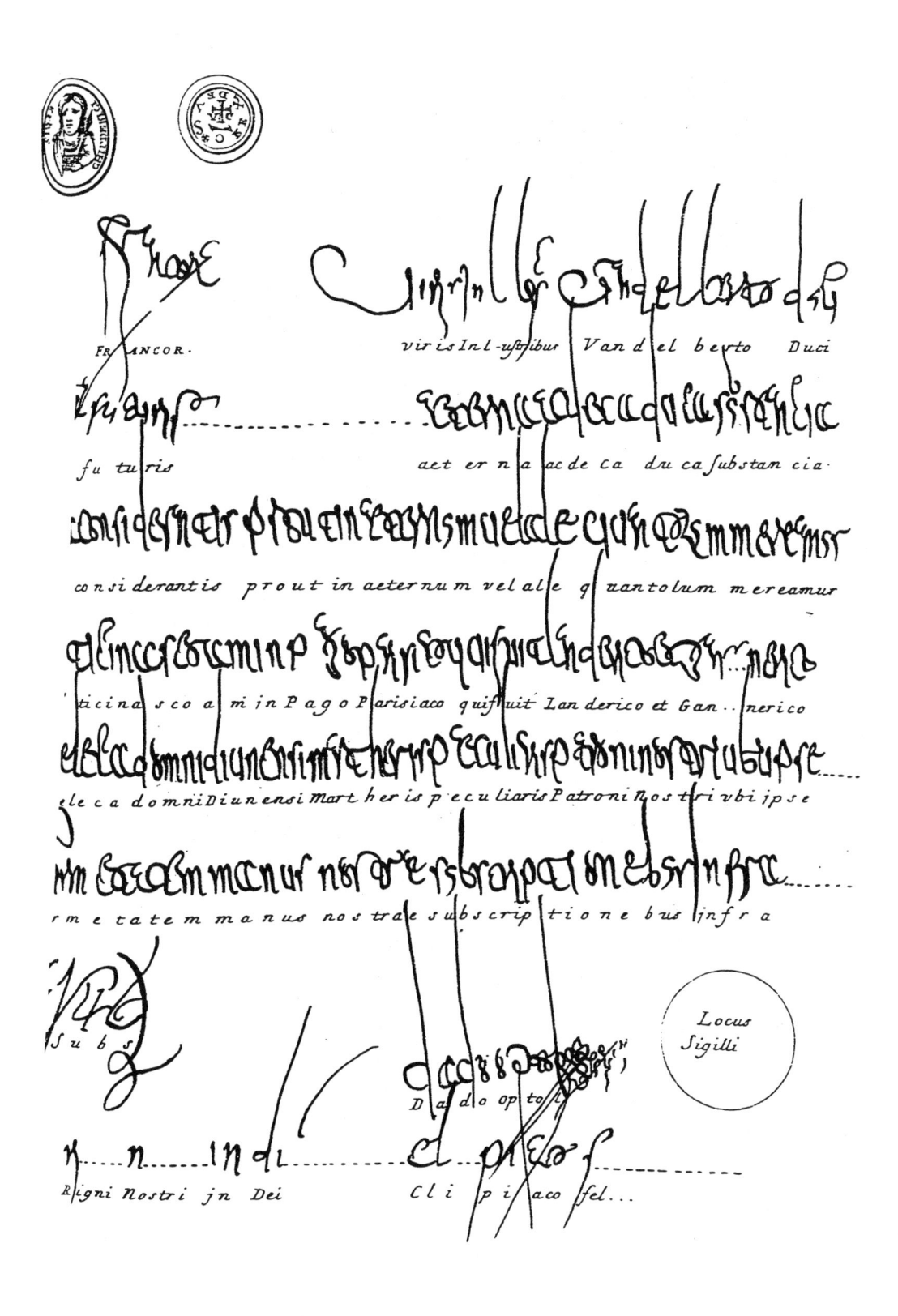

viris Inl-ustribus Vand el berto Duci

fu tu ris   aet er n a ac de ca du ca substan cia

consi derantis prout in aeternum vel ali q uantolum mereamur

ticina sco a m in Pago P arisiaco qui fuit Ian derico et Gan nerico

el ec a domni Diunensi Marth er is p ecu liaris Patroni Nostri ubi ipse

r me tatem manus nostrae subscrip tio ne bus infra

Subs

D a d o op to

Locus
Sigilli

R igni Nostri jn Dei   Cli pi aco fel...

図版 XVII

1　クローヴィス 2 世の書体

　サン＝ドニ修道院所蔵のこの文書はそれを完全な状態でその手稿文書のままで掲載することを決めたほど，我々にとっては重要なものである。それはエジプト産の樹皮紙またはパピルスに記されている。余白が狭いため，行間に解読の困難な箇所を入れ込むことが出来なかった。読者諸賢は完全な状態のものを本書 6 巻文書 7 で見るであろう。伝旨官ベロアルドスは本文が終わるとすぐに下署しているが，これはその他の文書でもときどき見られることである。しかし，国王はもっと目立った場所に下署しており，この場所はこの時代，筆頭の席とは見做されていなかった。ここでは，我々が本書の『補遺』[238] 5 章で述べていることから理解される如く，それが王自身の手でなされたものであるかは全く定かでないが，王クローヴィス [2 世] の下署に注意が向けられねばならない。その上，このクローヴィス [2 世] の下署において，次の例にもある如く，花押のようなものが挿入されている。そしてその先端部分には，私が別の箇所で見た如く，《Sig》ではなくて《Siq》の文字，中央部に文字《S》，そして下の方に《Rex》が現われている。かつて私が推論した如く，オストラジ王シジュベール [3 世] が，多分これらの表記によって何回か表現されていたように思われる。もしオストラジ王がヌストリ王の文書に下署したことが少なくとも本当でない限り，シジュベール [3 世] が弟クローヴィス [2 世] の 16 年を越えて生き続けたことが確かな事実とならない限り，この推論を損なうものは何もない。そしてマルセイユで製造された貨幣はこの 2 人の王の肖像を刻んでいる。本書『補遺』の第 5, 7 章を参照せよ。

　この特権文書に下署している司教たちが座していた教会に関しては，本書 6 巻で論じている。恐らく，ラウドメルス（多分，このように読むと思われるが）はテルアンヌ司教アウドメルスまたはアウドマルスであったであろう。クローヴィス 2 世は，その根拠は不明であるが，『サン＝ベニーニュ修道院年代記』でフレデゲールの継承者と同様に，クロテールとあだ名されている。しかし，「それ故，クロテールとも呼ばれる王クローヴィスは王国統治において 18 年を終了して没した」と言って，この王に統治の 18 年を付与している。我々はクローヴィス 3 世が同じくクロテールと呼ばれていたことを，本書 6 巻文書 28 において指摘している。

　[この見本は以下のように翻刻される。

《CHLODOVIUS Rex Franc......V. Inl. Oportit climenciae princepali inter ceteras peticiones illud quae pro salute adscribetur, vel pro timore divini nomentis postolatur, placabeli audito suscipere, et ad effectum perducere, ut fiat in mercide conjunccio, dum pro quiete servorum Dei vel congruencia locis venerabilebus impertitur peticio. Igetur dum et omnipotens Pater qui dixit de tenebris lumen splendiscere, per incarnacionis mistirium unigeniti fili sui Domini nostri Iesu-Christi vel inlustrationem Spiritus-sancti inluxit in corda Sanctorum, pro cujus amore et desiderio inter citeros gloriosos triumphos marterum beatus Dionisius Leutherius et Rustecus meruerunt palamam victuriae, et coronam percipere gloriosam, ubi per multae temporae in eorum basileca, in qua requiescere videntur, non minema miracola Christus per ipsos videtur operare, in quo eciam loco genetores nostri Domnus DAGOBERTHUS et Domna NANTHECHILDIS videntur requiescere, ut per intercesionem Sanctorum illorum in caelesti reno cumomnibus Sanctis mereant particepari, et vitam aeternam percipere. Et quia ab ipsisprincipebus vel a citeris priscis regebus vel aeciam a Deo timentebus Christianis hominebus ipse sanctus locus in rebus propter amorem Dei et vita aeternae videtur esse ditatus, et nostra integra devocio et peticio fuit, ut apostolicus vir Landericus Parisiaci aeclesiae Episcopus privilegio ad ipsum sanctum locum Abbati vel fratrebus ibidem consistentebus facere vel confirmare pro quiite futura deberit, quo facilius congregationi ipsi licerit pro stabilitate regni nostri ad limena Marterum ipsorum jugeter exorare; hoc ipse Pontefex cum suis quoepiscopis juxta peticionem devocionis nostrae plenissemam volontatem praestitisse vel confirmasse dinuscetur. Nos ergo per hanc seriem autoretatis nostrae, juxta quod per supra dictum privilegium a Ponteficebus factum et prestetum est, pro reverencia ipsorum marterum, vel nostra confirmanda mercide, per hanc autoretatem jobemus, ut si qua ad ipsum lcum sanctum in villabus, mancipiis, vel quibuscumque rebus adque corporebus, a priscis Principebus seo genetorebus nostris, vel a Deum timentebus hominebus propter amorem Dei ibidem delegatum, aut deinceps fuerit addetum, dum ex munificentia parentum nostrorum (ut dixemus) ipse sanctus locus videtur esse ditatus, nullus Episcoporum, nec praesentes, nequi futuri fuerint successores, aut eorum ordenatores, vel qualibet persona, possit quoquo ordene de loco ipso alequid auferre, aut alequa potestate sibi in ipso monasth......vel alequid auase per commutaciones titolum, absque volontate ipsius congregacionis vel nostrum permissum minore, aut calices vel croces, seo indumenta altaris vel sacros codeces, argentum aurumve, vel qualemcumque speciem de quod ibidem conlatum fuit aut erit, auferre aut menoare, vel ad civetate deferre non debeat nec praesumat: sed liciat ipsi sanctae congreg……per rictam delegacionem conlatum est, perpetem possedere, et pro stabiletate regni nostri jueter exorare: quia nos pro Dei amore vel pro reverencia ipsorum sanctorum marterum et adhepiscenda vita aeterna hunc beneficium ad locum ipsum sanctum cum consilio Pontefecum et inlustrium virorum nostrorum procerum gratissemo anemo et integra volontate vise fuemus praestetisse, eo scilecit ordene, ut sicut tempore domni genetoris nostri ibidem psallencius per turmas fuit instetutus, vel sicut ad monasthirium sancti Mauricii Agaunis die noctoque tenetur, ita in loco ipso celebretur. Quam viro autoretate decrivemus Christum in omnebus nobis subfragantem ut firmior habeatur, et per tempora conservitur, subscripcionebus manus nostrae infra roborare.

CHLODOVIUS Rex subscripsi. BEROALDUS obtul.

AUNEMUNDUS peccator consenciens subscripsi. In Christi nomine CHAOALDUS consenciens subscripsi. RAURACUS peccator conscienciens subscripsi. LAUDOMARUS consenciens subscripsi. AECTHERIUS peccator consenciens subscripsi. †In Christi nomine ELGIUS Episcopus subscripsi. RICOALDUS peccator consenciens subscripsi. RIOBERCTHUS peccator Episcopus subscripsi. †In Christi nomine LANDERICUS acsi peccator Episcopus subscripsi. VVLFOLEUDUS peccator subscripsi. PALLADIUS peccatorconsenciens subscripsi. CLARUS in Dei nomine Episcopus consinsi et subscripsi……encta……peccator consenciens subscripsi……ACOR peccator consenciens subscripsi. AMALBERCTHUS consinsi et subscripsi. VVANDALMARUS consinsi et subscripsi. ATHILDUS consinsi et subscripsi. SIGHICHELMUS consinsi et subscripsi. CHABEDO consinsi et subscripsi. VVARNACHARIUS consinsi et subscripsi. VVLDERADUS consinsi et subscripsi. GANTULFUS consinsit et subscripsit. BOBO consinsit et subscripsi. DESIDERATUS consinsi et subscripsi. GAUCIOBERTUS Diaconus huncprivilegium subscripsi †In Christi nomine AERECHRAMNUS Diaconus subscripsi. BODOLEVUS subscripsi. EBROINUS subscripsi. AGENOBERTUS subscripsi. RNEBERCTHUS subscripsi. Signum †viri inlust. RADOBERTO Maj. dom. AEGYNARUS sub. Signum †vir inlust. MERULFO. Signum †vir inlust. BERTECARI……Signum †vir inlust. AIGULFO Com. palat. Signum †…… CHRADOBERTUS subscripsi. OCHELPINCUS subscripsit. Signum †vir inlust. AUSTROBERTO. Signum †GAERINUS jussus subscripst. EBRULFUS subscripsi. INCRINUS subscripsi. Sinum †vir inlust. PROBATO. Signum †GUNDOBERTO. Signum †vir inlust. ERMENRICO Dom. Signum vir inlust. MADALFRIDO. CHALDO †subscripsi. RAD subscripsi. AUDERDUS vir inlust. atque Patricius subs.

Datum sub dii X Kal. Julias an. XVI regni nostri Clipiaco in Dei nomine fel.》]

図版 XVII

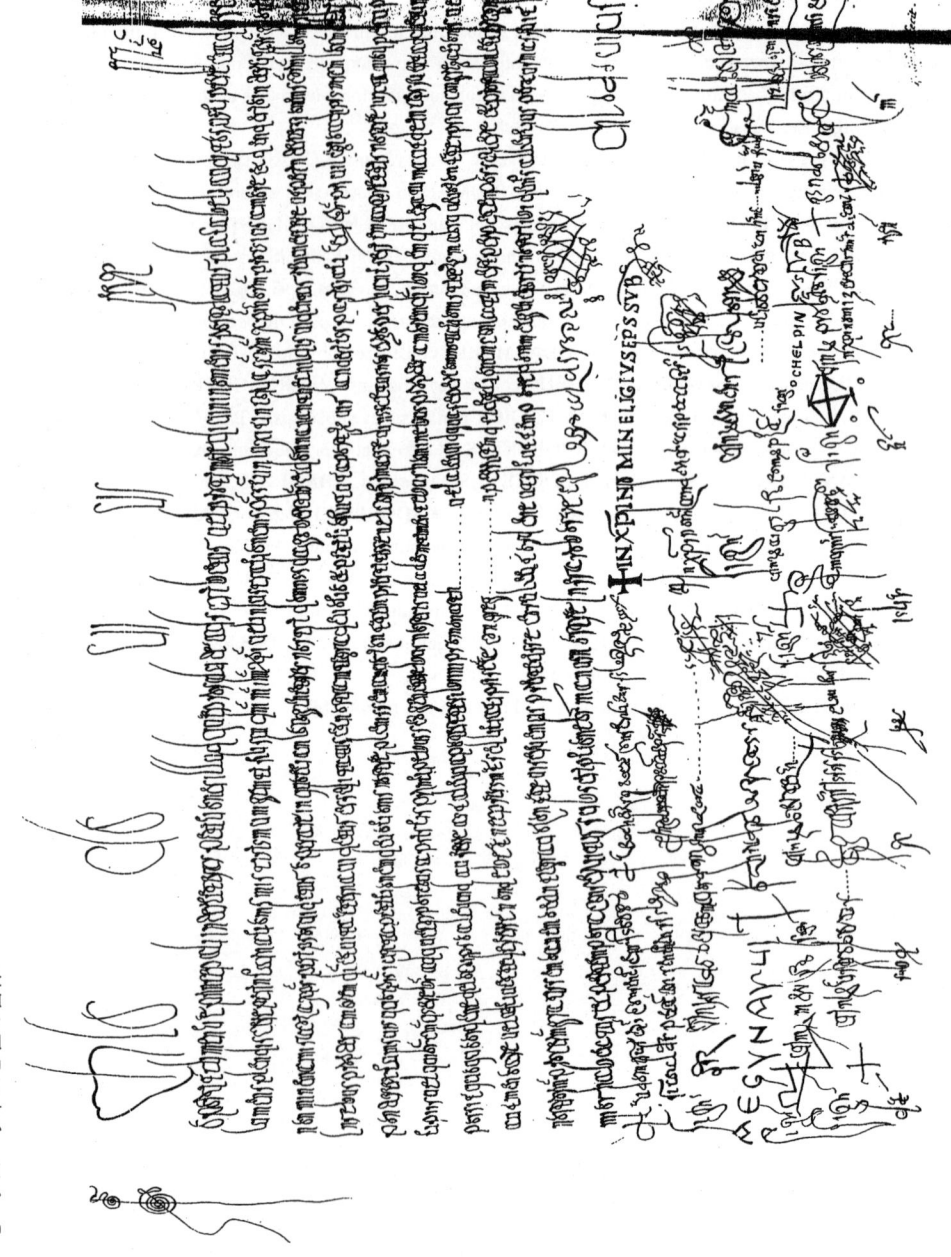

1 クローヴィス2世の書体

第5巻 古書体の見本が掲載され，解説が付される

図版 XVIII

1 クローヴィス2世の書体

　この文書は上記クローヴィス[2世]の母，王妃ナンティルドの存命中に樹皮紙に書かれたものであるが，その紙は多くの部分が切り離されぼろぼろになっている。ここではダゴベール[1世]によってなされたシャンブリ地方，クル荘園の寄進が問題にされている。当該文書の残された文字から我々が理解する限りにおいて，クローヴィス[2世]が「そして，朕は自分自身の下署を付すことが出来なかったが，朕と朕のいと高処の母，王妃ナンティルド……」と語っている箇所に考察を加えることが適切であろう。4，5文字，つまり《Dagoberctus》，《Sigeberctus》といった名前の後半部分と思われる《……berctus》を除いて，その他は欠けている。その後に，王クローヴィス[2世]とナンティルドのサインが両者のそれぞれの花押を伴って続いている。この様式は年齢，無学，その他の理由で，自分の名前を書くことができなかったメロヴィング諸王の文書で一般化していた。私は同じことが，本書6巻文書189に引用されたシティユ[サン=ベルタン]修道院とコルビ修道院に宛てた文書における如く，このクローヴィス[2世]の息子，クロテール[3世]においても起きていたと推量する。クローヴィス3世に関しても，コルビ修道院に宛てた文書においても同様であった。この文書は(クロテール[3世]の文書と同様に)フォルカンの写本から取ったもので，本書6巻文書19に掲載されているが，ここで読むことが出来る《Et ut hæc auctoritas firmior habeantur, & in omnibus conservetur, nos & præcelsa genitrix nostra Chrotechildis Regina manus nostræ signaculis subter eam decrevimus confirmare. Signum gloriosi Chlodovei Regis. Signum præcelsæ genitricis nostræ Chrodechildis Regina》「そしてこの文書がより強固であり，すべてにおいて守られるために，朕と朕のいと高処の母，王妃ナンティルドは自らの手によるサインを下の方に付すことでそれを強めようと決意した。栄光に満ちた王クローヴィスのサイン。いと高処の朕の母，クロティルドのサイン」と殆ど異ならない。フォルカンはこれらのサインに，手稿文書にはあったと思われる一種の花押を付け加えている。メロヴィング時代のその他の王文書において花押は珍しい。それらの恒常的使用はシャルルマーニュからその他の諸皇帝と国王へ至るまで，彼らの文書で普及した。ここで，それまでは稀であったことから，シャルルマーニュがこの慣習の発案者であると主張することが出来よう。我々が多くを見たその他のメロヴィング諸王の文書には，その見本が最初に引用されているクローヴィス2世の文書の如き前掲の文書を除いて，花押は決して登場しない。そしてこの文書は破損した原本には次のようにある。

　《Chlodovicus Rex Francorum vir inluster, VANDARBERTO Duci & EBRLFO Grasioni, vel omnibus Agentibus, præsentibus, et futuris. Se petitionibus Sacerdotum semper præbemus……si nus……ime in h……regni nostri……vel basile……confirmantis……suus ter……quondam per sua epistola……in loco noncopante Cotiraco, quæ est super fluvium Isera, in pago Camiliacense, pro……geneturis notri Dagobercthi Regis manebus robor……firmar……præces……cujus petitione……hoc ei magnitudo seu uteletas vestra……ex confirmatione……& genet……is nostri, quicquid……in supra scripta loca……inter……basilecam……præsenti tempore stabiliter possedetur, indsinenter possedeant, & absque lite……convexactio……propria subscriptione inserere non possumus, nos & præcelsa genetrex nostra Domna……berctus……Signum Domno Chlodovio Regi. Signum præcelsæ Nantechilde Reginæ……Valete》

　ドゥブレの書にはクル荘園に関するダゴベールの文書は1通も掲載されていない。

図版 XVIII

1　クローヴィス2世の書体

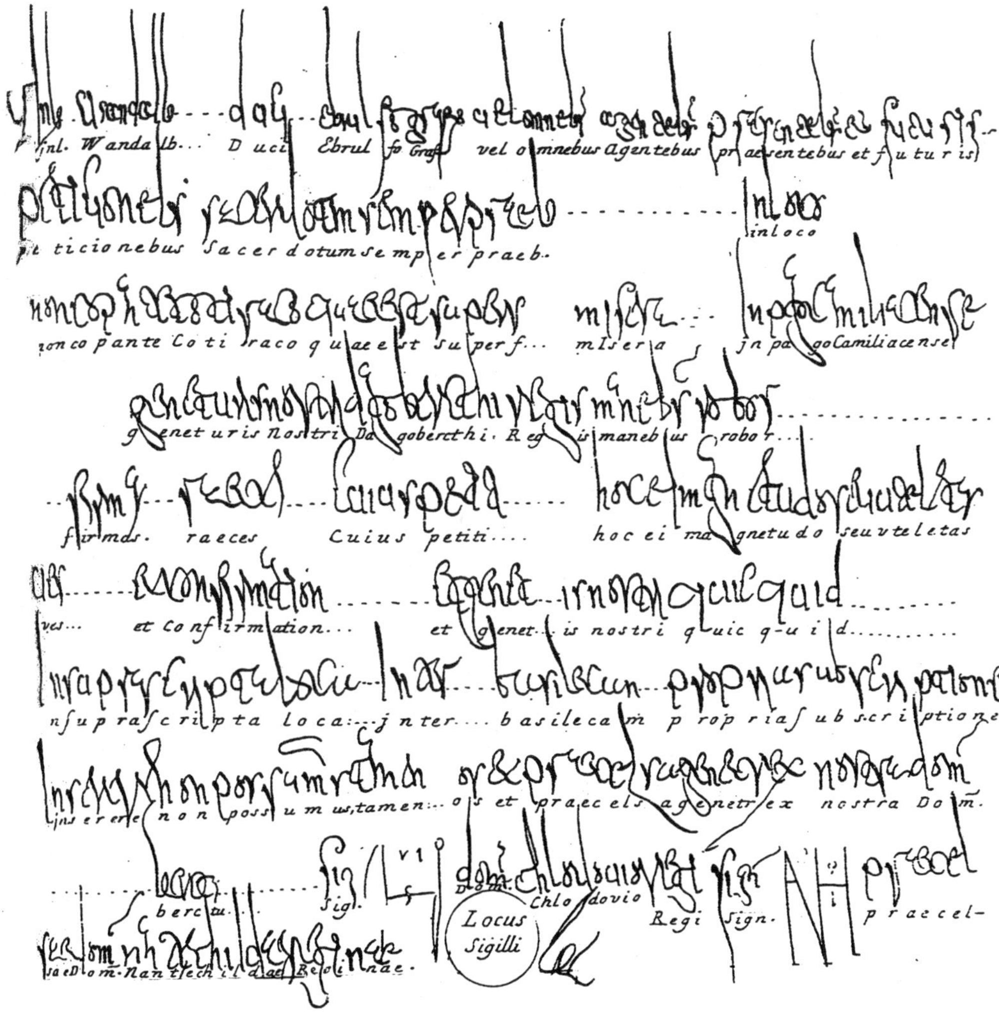

2　クロテール[3世]の書体

　半分破れた同じ樹皮紙に書かれた手稿文書から取られたこの見本に関して，特に指摘すべきことは現われていない。我々がこの手稿文書から抜き出すことが出来た本文において，王クローヴィス[2世]よりもほんの少し長生きした宮宰エルシリアルの死後，サン=ドニ修道院に帰属するある所領の半分をめぐって起こった，ルーアン司教聖ウアンと恐らくサン=ドニ修道院との間の係争が記されている。しかし，この特権文書はその父クローヴィス[2世]よりもクロテール[3世]に帰せられるべきである。この特権文書の破損された本文は次のようになっている。

　《[Chlotarius Rex Francorum vir inluster. Cum nos……] WARATTONE, BASENO Gravionibus, item AMALBERTO, MADELANDO, Seniscalcis, & WANINGO Comite palatii resederemus, ibique in præsentia……latione actores sancti ecclesiæ Rotominse adversus V……ad sancta ecclesia Rotominse……per eorumepistolas delegaverant, post……tenerent ……in lebete (*forsan* inlecete) qui ab…… (*forte* Abbas) vel Actores antedicti……dicebant reddebere. Sed inquirentes ……eorum instrumenta, invenerunt, quod illa porcio, hoc est de ipsa villa, quod a……erat hoc ERCHENOALDO quondam Majorem-domus contulerat: & ipse LEUDESIUS ligetemo ordene illa medietate……habe……ad I……ordene pri……inter se, sicut decet Sacerdotes, cum caretate inraciones ad basileca inter se æqualiter devidere deberint. quod & in præsenti taliter noscitur convenisse……ut……omni mereto vel adgecentias suas, una cum terris, domibus, ædificies, m……pascuis, vel……ad baselica Domni Dionynse absque repeticione……AUDOINO Episcopo vel successores suos ecclesiæ Rotominse cu……nomenante……vis……ipsa……loca medietate valeant possedere……Unde……Dei》

　サン=モール=デ=フォッセ修道院長聖バボレンの伝記の中で，王クローヴィス[2世]とナンティルドによって下付された特権文書が引用されている。その作者は「この国王の権威の特権文書は無疵のまま，今日まで当該教会に保管されている」と述べている。そしてそれから少し先で，「しかし，国王自身も好意をもって下署し花押を付し，国王の印章が押されるよう命じた」とある如く，この特権文書はパリのオドベールによってこの修道院に譲渡され，共に同意し，自らの手で国王の前で下署した7名の司教によって確認されたことが述べられている。この文言から，本書2巻21章において問題になっている第3者の文書における国王の下署と同時に，クローヴィス2世による花押の使用が立証されている。彼の息子クロテール[3世]に関して，同『聖バボレン伝』の作者は最後に，「また，彼の母の願いによって，伯ゲランの前で，彼の国王在位の初年に聖なる父バボレンに下付した，上述の修道院に関して言われたり書かれたりしていることすべてを再び確認している同王の別の書簡も存在する。ところで，これはヴェルヌイユの国王宮廷で4月27日に行なわれた」と述べている。11世紀の匿名の作者はこの『聖バボレン伝』の中で同聖人の書くことの実践を称賛しながら，「確かに，我々の手許には彼の手によって書かれたと言われている非常に多くの書物がある」と言っている。更に，今でも同地の教会(今では参事会教会になっているが)には非常に古い写本が存在し，その中には修道院長アンジュルベールがルイ敬虔王の時代に書いた，聖アウグスティヌスの『ヨハネによる福音書講解説教』が含まれている。

第 5 巻　古書体の見本が掲載され，解説が付される

2　クロテール[3世]の書体

図版 XIX

1　王妃クロティルドの書体

　王妃の書体に関しては，この見本を掲載する。それはこの文書が非常に高貴な女性のもので，国王文書の特徴をもって書かれているためである。しかし特に，我々がやがて明らかにする如く，クローヴィス2世の息子，クロテール[3世]王の重要な時代に係わっているからである。この文書は，本書6巻文書8で刊行されている。しかし，書体が難しく，行間に解釈を容易に挿入することが出来ないので，ここにこの見本の読みを付しておくことが適切と考える。以下がその読みである。

《Et se aliquid de heredebus nostris ad diae presente deliberatione nostra, quod divina pietas nos facire commonuit, infrangere voluerit, res quas de heredetatis nostr. ad ipsum pervenire potuerant, amittat, et predilectum sanctum monastirium perveniant, et ibidem semper proficiat in augmentis, et hec deliberacio omne tempore firma et inviolata permaniat. Sign. inl. Deo devotæ Chrothilde, qui hanc deliberacionem pro animae nostrae remedium fieri rogavemus, mano propria firmavemus.

In Christi nomine Aggilpertus acsi peccator Episcopus subs.

Signum viri inl. Ermenrigo. Vaningus subs. Ghislemarus rogetus subs.

……deharius rogitus subs. Bettoleno. Ansebertus. Gaeleramno Gadroaldus peccator subs.

Signum †Childebrando. Bertinus rogitus subs. Chramnino. Nordoberthus rogetus subs.

Mummolenus rogetus a supradictae scripsi et subs. Ragneinnus subs. Chrodecarius Abba subs.

Sign. †Guntrico. Sign Ursino. Sign. Chrodobando. Sign. Echarigo. Sign. Erchenrigo. Sign. Mauroleno. Ghisleberthus subsc. Ursinianus subs.

……Morlacas vico publice, quod fecit minsis Marcius dies decim, annum XVI regnum Domni nostri Chlothachariae gloriosi Regis.

Rigobertus rogante et presente Chrothilde scripsi et subs.》

　これらの下署に関して，写本ではギスレベルトスがギセマルスの次に来ている。ここで注意を要するのが日付の「王クロタカリウスの統治の16年」で，図版VII, IXで見られる如く，間違いなく2文字の数字が前に置かれていて，その後の数字が6を表わしている。しかし，一部の作家は誤ってクローヴィス2世の息子，クロテール[3世]に統治の4年を付与している。今世紀の学者たちは修道院長聖ヴァンドリーユ伝の書物の権威を確信して，14年だけを戻してやった。しかし，この史料の権威はあらゆる異議を超越していて，証聖者ヴァンサンの事績録がそれを支持している。クレルモン司教リュスティックによって行なわれた同修道院の教会の献堂式が「王クロテール[3世]の統治の5年後，神の人ヴァンサンの死から8ヵ月が経った8月18日」のことであったと記されている。そこで，前記の聖者伝をムナ修道院版から667年の項で出版した，鮮明な想い出のル・コワントは15年ではなくて13年としなければならないと考えた。しかしそれは，我々の見本から理解される如く，間違っていた。従って，クローヴィス2世の没年が656年に置かれるならば，クロテール[3世]の統治の16年は少なくとも671年にずらさねばならない。本書『補遺』7章[236]を参照せよ。

図版 XIX

1　王妃クロティルドの書体

2 王ティエリ3世の書体

彼はクローヴィス2世の息子である。この見本では，本書2巻10章で言われている如く，十字の印と「キリストの御名において」の文言が前に出されているティエリ自身の変わった下署の仕方を除いて，特別なものは現われていない。クローヴィス2世に関して，図版 XVII で指摘していた如く，文書官は本文が終わるとすぐに，国王より前に下署している。この文書は本書6巻文書13において完全な状態で刊行されている。アルル司教聖セゼールの伝記2巻19章が「公的文書庫」に触れているのを参照せよ。

［この文書全体は以下のように翻刻される。

《THEUDERICUS Rex Francorum vir inluster. Dum et nobis divena pietas ad legitema aetate fecit pervenire, et in solium rigni parentum nostrorum succidire oportit, nobis et condecit pro salute animae nostrae cogitare dibiamus. Ideoque vestra congnuscat industria, quod nos pro salute animae nostrae, una cum consilio Ponteficum vel Obtimatum nostrorum, villa nuncopanti Latiniaco, quae ponitur in pago Meldequo, qui fuit inlustribus EBROIN, WARATTUNE, et GISLEMARO quondam Majoris-domos nostros, et post discessum ipsius Warattune in fisco nostro fuerat revocata: nos ipsa villa de fisco nostro ad sugestione praecelsae Reginae nostrae CHRODOCHILDE, seu et inlustri viro BERCHARIO Majorem-domos nostra, ad monasthirio sancti domni Dionisiae, ubi ipsi preciosus in corpore requescit, et venerabilis vir CHAINO Abba cum norma plurima monachorum ad laudis Christi canendas in ordine sancto ibidem adunata praesse vidiatur, pro remedium animae nostri plena et integra gracia propter rem illa in loco qui dicitur Siliacos, qui fuit Arulfo quondam, et ibidem usque nunc ad ipso Latiniaco aspexit, quem Apostolico viro Domno GODINO Episcopo per alia nostra praeceptione concessemus, in reliquo viro ad integrum ipsa villa Latiniaco ad ipso monasthirio Domni Dionisiae die presenti visi fuimus concessisse. Quapropter per hunc praeceptum nostrum decernemus ordenandum, et perpetualiter volemus esse mansurum, ut ipsa villa superius nomenata Latiniaco, cum terris, domebus, mancipiis, acolabus, viniis, silvis, campis, pratis, pascuis, farinariis, aquis, aquarumve decursibus, peculiis utriusque generis sexus, cum adjacenciis, adpendiciis, vel reliquisquibuscumque beneficiis, omnia et ex omnebus rem exquisita, sicut ad superscriptas personas fuit possessa, vel postia in fisco nostro revocata, cum omni integritate vel solidetate sua ad se pervenentis vel aspicientis prepter suprascripta rem in Siliaco, qui fuit ipsius Arulfo vel jam dicto Pontefici, per nostra precepcione concessemus: in reliquo viro praedicta villa Latiniaco ad integrum sub emunctatis nomine absque introitus judicum memoratus Changho Abba ad parte praedicti monasteri sui sancti Dionisiae per hanc nostram cessione in lumenarebus ipsius basilici habiat concessa atque indulta: et deinceps in postmodum nec de parte de fisci nostri, nec ad quamcumquelibet persona, nec per instrumenta cartarum nec per quolibet ingenium, ipsa villa de ipso monasthirio nullatenus abstrabatur nec auferatur: sed sicut superius diximus, pro nostra mercide ibidem in perpetuo in Dei nomine proficiat in augmentis: quo fiat ut et nobis ad mercidem perteniat, et ipsis servis Dei qui ibibem deservire vidintur, delectit pro animae salutem vel rigni nostri constancia adtencius Domini mesericordia deprecare. Et ut haec praecepcio jussio nostra firmior habiatur et melius per tempora conservitur, manus nostri subscripcionebus subter eam decrivemus roborare.

†In Christi nomine THEUDERICUS Rex subscripsi.

WLFOLAECUS jussus optol. et subsc.

Datum sub die tertio Kal. Novembris, annum XVI rigni nostri Conpendio, in Dei nomine feliciter.》］

2 エディエリ3世の書体

Theu *cus* *Rex* *Vini.*
deri *Franc.*

In nomine sancte et individue trinitatis. Notum sit omnibus sancte dei ecclesie fidelibus presentibus et futuris
Numen nobis divina pietas ad eterna etatefecit pervenire et in solium regni parentum nostrorum succedire, oportit

Iuxta ea que pro sacramento ecclesiarum dei quoque ………… *Et ut hec precepcio iussu nostro*
nobis et condecit pro salute animellostre cogitare d'ibianus ideoque *et ut hec precepcio iussu nostro*

hoste hominum nostrorum et omnium hominum potuerint munimen nobis conservetur
nostra firmior habiatur et melius pletetempora conservetur, manu nostri subscriptione subter

eam decrivimus roborare. *Wifol aetuisiussus opettit*

locus
sigilli

+ *Signum domni Theoderici gloriosissimi regis*
In xpi nomine Theudericus Rex subs.

Data novembri *annum XX* *Agimirat conshags inginomi*
Dir. sub d. terio *Kal. Novembri* *annum XVI.* *riguinostri Conpendio in Dei tam. fel.*

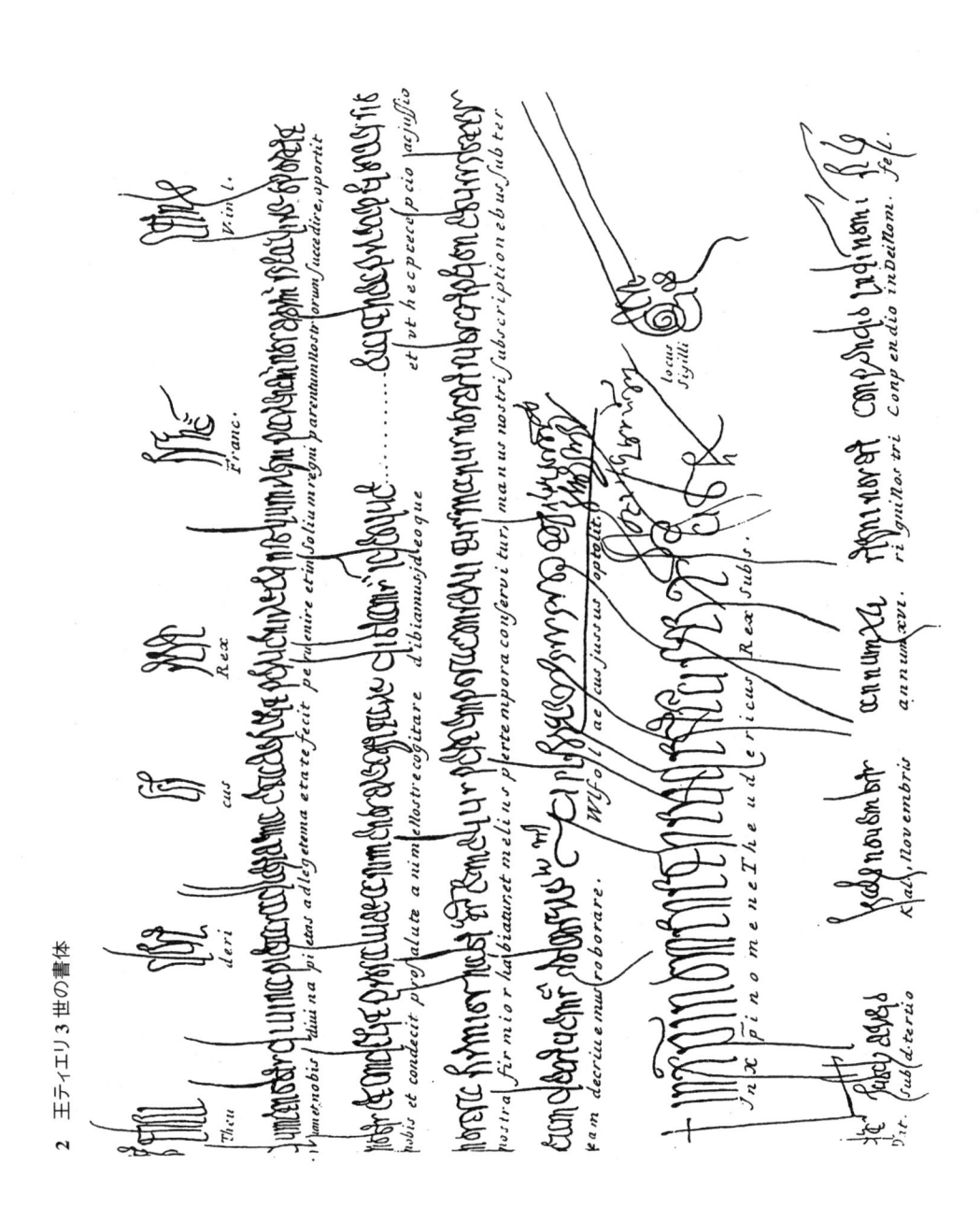

図版 XX

1　クローヴィス2世の息子，ティエリ[3世]の書体

　この見本で最初に注意を引くのが，いつもなら真ん中辺で終わっている《Rex Franc. Vir inl》に対して，ここでは文書の第1行目が文書の端まで大文字で書かれていることである。次に注意を引くのが王ティエリ[3世]のサインの前に，同王の前の文書やその他の文書における下署の如く，「キリストの御名において」《In Christi nomine》の銘を伴った十字の印が置かれていることで，これはティエリ[3世]に特徴的なことである。第3の注意点は，文書官アグリベルトスのサインの上に十字の印が4本の細長いひげのようなものを伴って付されていることである。このことは，(細長いひげのようなものはないが)図版 XXI での文書官ウォルファリウスに関して指摘できることである。これ以外にも，国王の印章のそばに簡略化した文字で「ご健勝であれ」《Bene val》と付記されている。この文書の完全な版を読者は次巻の文書 10 で見るであろう。

図版 XX

1 クローヴィス2世の息子，ティエリ[3世]の書体

2　ヴァンドミールの文書

この文書も同様に，[本書6巻]文書14で破れた羊皮紙から判読できた限りにおいて刊行されている。下署の一部は図案化されたサインと共に自筆で，一部は十字の印を別として，書記の手によって記されている。3番目の下署は《Acerelio》と書かれているが，《Aurelio》と読むべきだと思われる。我々がこの文書を国王文書に含ませたのは，書体の類似性とこの有力者であるヴァンドミールの威厳を考慮してのことである。

3　クローヴィス3世の書体

同じく，読者はこの[クローヴィス3世，695の]文書を完全な状態で本書6巻文書19で見るであろう。日付表記に関して，《Id》ではなくて《Ind》とある。従って，読者諸賢は《Ind》に代わって《Kal》とある本書6巻でこの箇所の読みを訂正してもらいたい。ヴァレンティニスにおける《L》の文字の形に注意してもらいたい。

第5巻　古書体の見本が掲載され，解説が付される

2　ヴァンドミールの文書

omni quasq; atempore firma eiusiola permaniat
omniquisque a tempore firma ei(us)iola permaniat

Camillaco xiii; krl;　　ann xxiii regni d(omi)n(i) in Theuderice
quo actae minoris　　ann xxiii regni d(omi)n(i) n(ost)ri (it a)te sub quae acti

Ego lu Di nom Va demiris hanc epistolaame facta religiose

firanno
G. firanno

Signu. Acce relio Signu. Bosone
vir illd. Acce relio Signu. Bosone

figu + bosieona fig + chlodoardo fig + masoledus figu + Ingeberto figu + landulfi
Bositone　　　　chlodoardo　　　　　　　　　　Ingeberto　　　Camardo　　Landulfi

ERCA MBERTA SVBS
ERCA MBERTA SVBS

Aurionius rogatus aya praescriptis hanc epis t(ib)i dani

3　クローヴィス3世の書体

Chlo　　flouing　　　　　　Rex　　　　　　　　vir inluster
Chlouius Rex

Quumdo inch nom valencianis in palacio nostro venimus aperto licuit vir in X(rist)o P(at)ribus nostris

d Godal decolpino
t Godal decolpino

marcit　　　　anni
Marcitas　　　anni

D aui pri di æ Kal.
D aui pri di æ Kal.　　　tercioригnoi Valencianis in Di nom fel

図版 XXI

1 王シルドベール3世の書体

シルドベール3世はこの見本で相当に大きな文字で下署している。第2列目の文書官の一人，ウォルフォラエクスは，上掲の図版でアグリベルトスに関して指摘されている如く，サインの上に二つの十字を付している。この文書の全体が本書6巻文書20に置かれている。

2 シャルトル司教アギラドスの書体

この文書も同様に本書6巻文書23で，破損されている手稿文書で欠けたままになっている少しの部分を除いて刊行されている。この見本は次のように読まねばならない。

《In Christi nom. Agiradus, acsi peccator Episcopus, hoc privilegium a me factum religi et subs.

......ocricus Episcopus hoc privilegium consensi et subs.

......nomene Gripho, etsi peccator, Episcopus hunc privilegium consensi et subs.

Anscbercthus servus Jesu-Christi hoc privilegium rogitus subs.

In Christi nom. Agirarudus, acsi peccator Episcopus, hoc privilegium a me factum relgi et subs.

......oericus Episcopus hoc privilegium consensi et subs.

......nomene Gripho etsi peccator Episcopus hunc privilegium consensi et subs.

Anscbercthus servus Iesu-Christi hoc privilegium rogitus subs.

In Dei nomene Ebarcis etsi peccator Episcopus hoc privilegium......

In Christi nom. Ayglibercthus, acsi peccator Episcopus hoc privilegium consentiens subs.

Tretecor per misericordiam Dei Episcopus hoc privilegium subs.

......Christi nomine Beracharius Episcopus hoc privilegium consentiens subs.

In Dei nomene Ansoaldus, etsi peccator hoc privilegium subs.

In Dei nomene Aectur gracia Dei Episcopus hoc privilegium rogetus subs.

In Christi nom. Chramno Episcopus subs.

Soabericus peccator Episcopus hoc privilegio consent. subs.

Turnochaldus, acsi peccator Episcopus, hoc privilegium subs.

Constantinus peccator Episcopus hoc privilegium subs.

Chaino gracia Dei Abba hoc privilegium subs.》

上掲司教の2番目はサンス司教ゴエリクスである。その後にルーアン司教グリフス，オータン司教アンセベール，ヌヴェール司教エバルキウス（コキーユ[フランスの法学者，1603]は彼を聖デオダトスの後に持ってきていて，ル・コワントは彼を766年に退位させている。但し，彼がトゥール司教エヴァリクスでないとした場合），ル＝マン司教アイグリベルクトス，ポワティエ司教アンソアルドス，オルレアン司教ソアベリクス，パリ司教トゥルノカルドス，ボーヴェ司教コンスタンタンと続いている。その他は任地不明の司教たちである。

図版 XXI

1 王シルドベール3世の書体

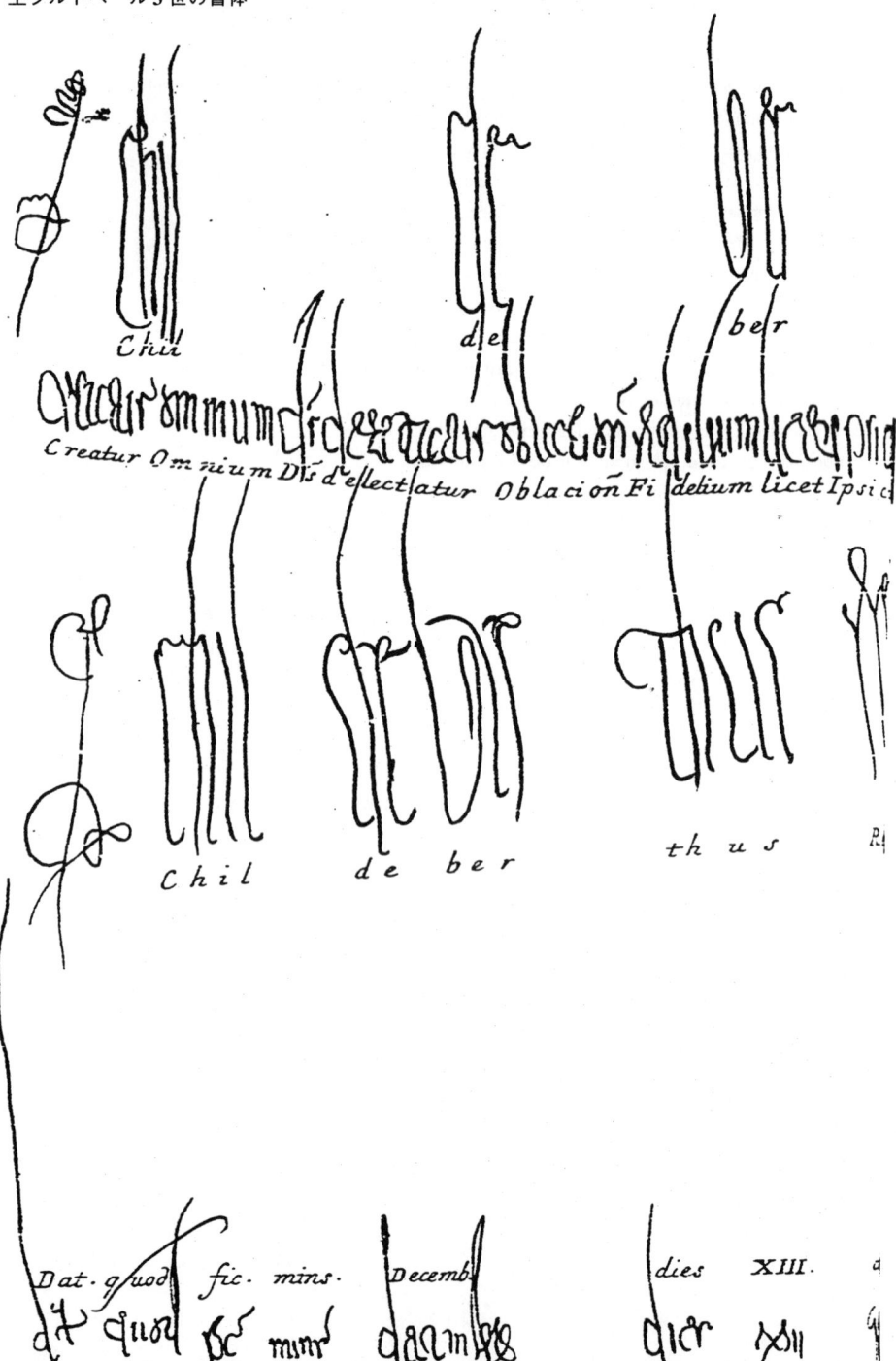

Chil *de* *ber*

Creatur Omnium Dīs dělectatur Oblacioñ Fi delium licet Ipsiq

Chil *de* *ber* *th u s*

Dat. quod fic. mins. Decemb dies XIII.

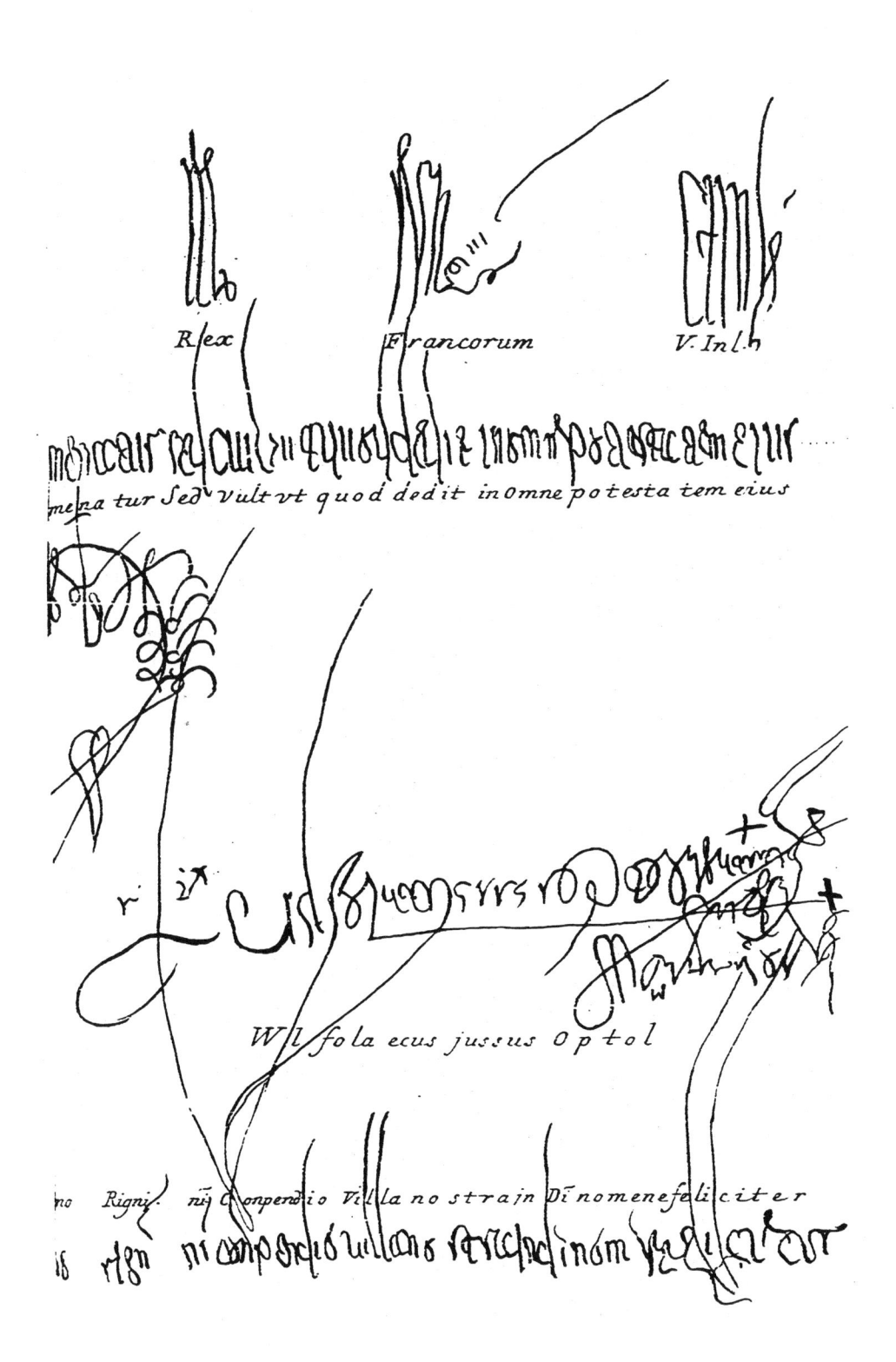

Rex   Francorum   V. Inl.

me*n*a tur Sed vult vt quod dedit in omne potesta tem eius

W l fola ecus jussus O p t o l

no Rigni. nij C onpendio Villa no strain Dī nomene feliciter

2 シャルトル司教アギラドスの書体

第 5 巻　古書体の見本が掲載され，解説が付される

図版 XXII

1 王シルドベール3世の書体

　この見本において，註を必要とするような変わったことは何も現われていない。この裁判文書の全体が本書6巻文書27に掲載されている。ここで，王妃がかなりの頻度で司教や有力者と一緒に裁判に陪席していたことを指摘するのが適切であろう。例えば，バリューズの『古文書雑録』[40] 3巻129頁に刊行されているル＝マン司教アルドリックの文書によると，帝妃ユディットがサン＝カレ修道院に関する尊厳者ルイの裁判に陪席していた。更に，国王が不在の場合であるが，『リオン分院文書集』所収の1249年の文書によると，リオン分院の言い分に反して，クリュニの修道士に有利になるように，「国王陛下のクリアにおいて，フランスの王妃ブランシュと国王陛下のクリアにおいて裁判を行なう義務と権限を有していた数名の有力者たちによって真の判決として下された」と，王妃自身がときどき判決を言い渡している。

　我々はシルドベール[3世]の息子，ダゴベール[3世]の重要な文書を1通も見ていない。精々のところ，同王の治世にランスのサン＝レミ修道院長アドンによって同修道院になされた寄進の手稿文書を見たに過ぎない。ランス司教座教会やサン＝レミ修道院への同院長によるその他の寄進はフロドアールによって，彼の『ランス史』の2巻11章で触れられている。その上，我々が手許に持っているフランコ・ガリア書体で書かれた手稿文書でアドン自身が「ヴォン地方のオルトル川沿いに位置するオトルにある余の持ち分」とベブロ川沿いにあるクレシの付属地をサン＝レミ修道院に寄進した。「それはランスで4月，我々の王ダゴベール陛下の統治の4年（つまり715年）に行なわれた」と記されている。フロドアールはダゴベール2世（他の人にとっては3世）と同時代人であったことが明らかな司教アリゴベールの時代に，同アドンによって行なわれたその他の寄進に言及している。寄進の当事者である修道院長アドス（またはアドン）が下署し，そして修道院長アリヌスが神の下僕，ロドフルドスやその他と共に下署している。そこで言及されているオトル川は「スンマ・アルトリ」，通称ソモトルに発し，バール川となってブリュイエール城下町の近くにあるアルトルスの町（今日のオトル）のそばを通っている。アルトルムまたはアルトルスの町はエヌ河畔のヴォギスス（今日のヴォン）から約3里離れている。従って，サイダ村（今日，セイと呼ばれる小さな町）が帰属していたヴォン地方は『聖ドニ奇蹟譚』の3巻11章で問題にされ，ヴォン伯オタリウスが煉獄に行ったことがアンクマールによって第2巻807頁で述べられている。

2 シルペリック2世の書体

　ここでお知らせしなければならないことは，次の点である。つまり，国王の下署で簡略された表現《Beneval》[「ご健勝であれ」の意]が見られること，そしてラガンフロワがシルペリック[2世]の治世に伝旨官の役職に就いていたことのみである。ラガンフロワに関しては，本書6巻文書34を参照せよ。

第5巻　古書体の見本が掲載され，解説が付される

図版 XXII

1　王シルドベール3世の書体

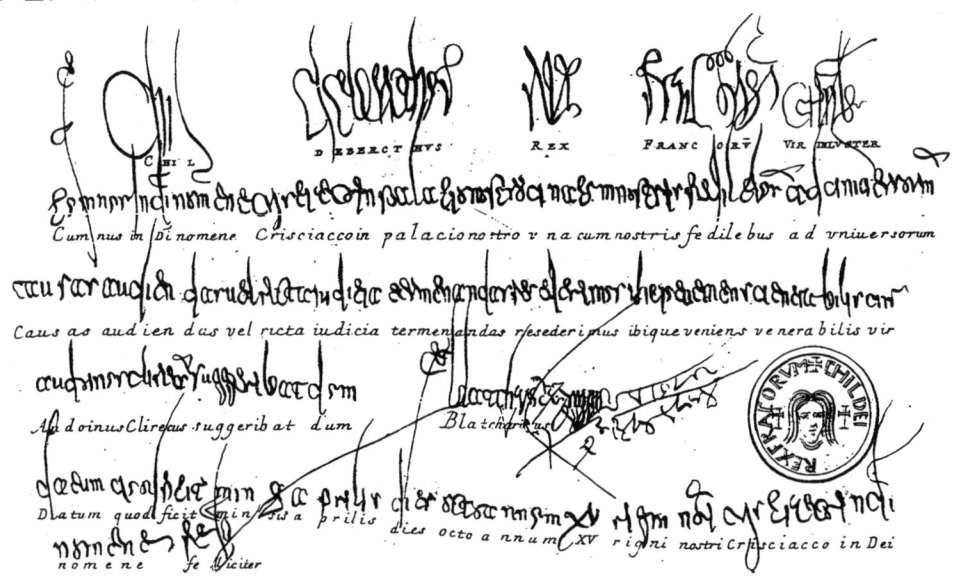

[manuscript facsimile with transcription:]
CHIL DEBERCTVS REX FRANCORV VIR INLVSTER
Cum nus in Di nomene Crisciacco in palacio nostro v na cum nostris fedilebus ad vniuersorum
Causas audien das vel ricta iudicia termenandas r/sederimus ibique veniens venerabilis vir
Audoinus Clirecus suggeribat dum Blatchariu/
Datum quod ficit min/sisa prilis dies octo a nnum XV rigni nostri Crisciacco in Dei
nomene fe liciter

[seal: REX FRANCORVM CHILDE]

2　シルペリック2世の書体

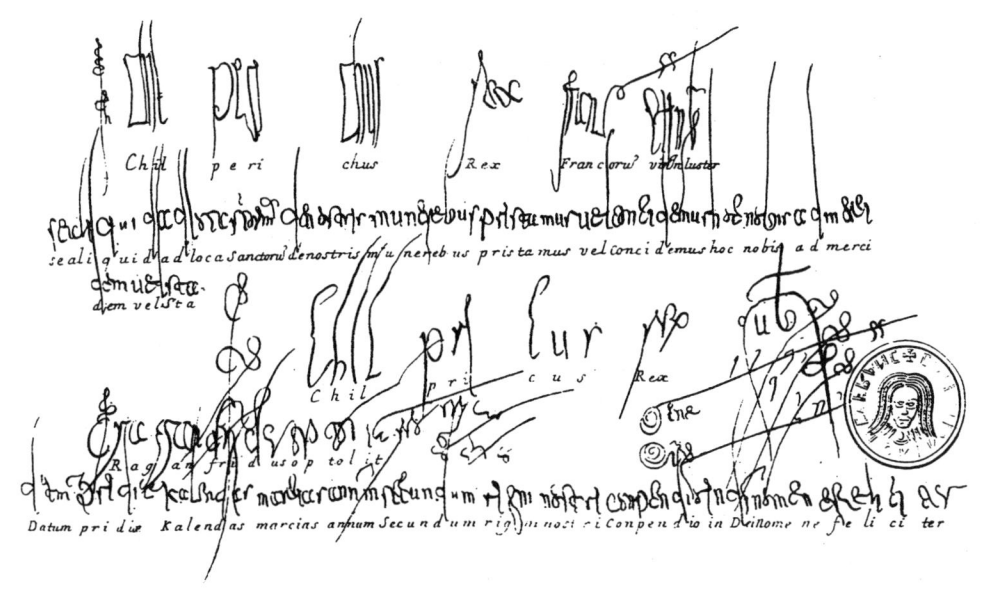

[manuscript facsimile with transcription:]
Chil peri chus Rex Francoru vir Inluster
se ali q ui d ad loca sanctoru de nostris m/u/ne/eb us pristamus vel concid'emus hoc nobis ad merci
d emus ta d/em velsta
Chil pri cus Rex
Ragan fridus op tolit
Datum pridie Kalendas marcias annum Secundum rigni nostri Conpendio in Di nomene fe li ci ter

[seal]

3 シルデリック3世の書体

我々はメロヴィング王朝最後の王であるこの王の手稿文書を1通も発見していないため，シルデリック[3世]のもとで宮宰をしていたペパンの裁判文書をここに掲載するのがよいと判断した。この裁判文書では王シルデリック[3世]の統治の9年，つまり最終年が2度表記されている。その頃シルデリック[3世]がそうであった如く，若い王は印章を前置することを好んだようである。我々はフォルカンから取ってきた，シティユ[サン=ベルタン]修道院に宛てた彼の文書を本書6巻に掲載している。ここには，同シルデリック[3世]の廃位に関する宣言文が付されるべきだと考えるが，その余白がない。この宣言文は非常に古い羊皮紙に書かれた謄本の中で読まれ，パリ近郊のサン=ドニ修道院にかつて保管され，現在はそれを8年前に私に公開の席で見せてくれたヘンシェン師とパーペンブレック師の手許に置かれている。ともあれ，トゥール司教グレゴワールの『証聖者たちの栄光』の最後に掲載されているこの宣言文は次のようになっている。

《Si nosse, Lector, quibus hic libellus temporibus videatur esse conscriptus, et ad sacrorum Martyrum pretiosam editus laudem, invenies anno ab Incarnatione Domini septengentesimo sexagosimo septimo, temporibus felicissimi atque tranquillissimi et Catholici PIPPINI, Regis Francorum et Patricii Romanorum, filii beatae memoriae quondam Caroli Principis: anno felicissimi regni ejus in Dei nomine sexto-decimo, indictione quinta: et filiorum ejus eorumdemque Regum Francorum CAROLI et CARLOMANNI (qui permanus sanctae recordationis viri beatissimi Domni STEPHANI Papae, una cum praedicto patre Domno viro gloriosissimo Pippino Rege, sacro chrismate, divina providentia et sanctorum Petri et Pauli intercessionibus consecrati sunt) anno tertio-decimo. Nam ipse praedictus Domnus florentissimus Pippinus, Rex pius, per auctoritatem et imperium sanctae recordationis Domni ZACHARIAE Papae et unctionem sancti chrismatis, per manus beatorum Sacerdotum Galliarum et electionem omnium Franchorum, tribus annis antea in regni solio sublimatus est. Postea per manus ejusdem Stephani Pontificis, die uno in beatorum praedictorum Martyrum Dionysii, Rusticii, et Eleutherii ecclesia (ubi et venerablis vir Folradus archipresbyter et Abbas esse cognoscitur) in Regem et Patricium, una cum praedictis filiis Carolo et Carolomanno in nomine sanctae Trinitatis unctus et benedictus est. In ipsa namque beatorum Martyrum ecclesia, uno eodemque die, nobilissimam atque devotissimam et sanctis Martyribus devotissime adhaerentem Bertradam, jam dicti florentissimi Regis conjugem, praedictus venerablis Pontifex regalibus indutam cycladibus gratia septiformis Spiritus benedixit: simulque Francorum Principes benedictione et Spiritus-sancti gratia confirmavit, et tali omnes interdictu et excommunicationis lege constrinxit, at numquam de alterius lumbis Regem in aevo praesumante ligere, sed ex ipsorum: quos et divina pietas exaltare dignata est, et sanctorum Apostorum intercessionibus per manus Vicarii ipsorum beatissimi Pontificis confirmare, et consacrare disposuit. Haec ideo caritati vestrae breviter in novissima paginula liblli inseruimus hujus, ut per succedentium temporum et vulgi relatione propago in aevo valeat cognscere posterorum》

ここでペパンが「カトリック教徒」と呼ばれているが，彼は『カロリング諸王宛教皇書簡集』[88]に収められた書簡35で，教皇ポール1世によって「カトリックの王でキリスト教の保護者」と言われている。しかし彼以前において，アルル司教聖セゼールの伝記の最後で，シルドベールの「いとカトリック的王国」と表現されている。従って，グレゴワール大教皇は5巻書簡6に当たるシルドベール2世に宛てた書簡において，「国王の権威がその他の人々に優越すればするほど，あなたの王国の頂が確かに他の民族の王国を越えている」と言っている。つまり，それは彼が後から説明する如く，信仰においてである。7巻，会計年度の2年に書かれた書簡115を参照せよ。再びペパンに戻ると，彼の父シャルル・マルテルは[教皇]グレゴワール3世によって書簡5の中で「最もキリスト教的な」と言われている。同じく，彼の息子ペパンも，当時宮宰であったが，教皇ザシャリの書簡5でそのように呼ばれ，教皇エティエンヌ3世は書簡5において彼の「最もキリスト教的な高処」を称賛している。以上の他に，同教皇エティエンヌの伝記におけるアナスタージオの書簡を付け加えておこう。次に，[教皇]ポール1世は「キリスト教徒の解放者たちの最もキリスト教的な善意」を書簡39において王ペパンに説いている。そして書簡37において，ローマ教会の防衛のための感謝の印として，「主よ，最もキリスト教的な王ペパンを救い給え」と，加護の文言を加えている。教皇エティエンヌ[3世]は書簡47においてシャルルマーニュとカルロマン，教皇アドリアン[1世]は書簡55においてシャルルマーニュに同じ賛辞をそれぞれ捧げている。この称号は彼らの後継者であるフランク諸王に受け継がれ，教皇ピィ2世はシャルル7世[1461]に宛てた書簡385において，それが世襲であることを認めている。但し，書簡での美称としてフランク王を「気高い」《illustris》と呼ぶのは古くからの習慣であった。教皇の言葉は「最愛の息子よ。汝は我々の信仰と宗教の最も献身的な君主と見做されている。汝は汝の祖先たちによって防衛されてきたキリスト教の御名によって，当然のこととして，〈最もキリスト教的〉の敬称を彼らから世襲として継承している」とある。それ故，フランスの栄光を憎悪する者が望む如く，ピィ2世はその称号をルイ11世[1483]に

は与えていない。但し，ルイ11世の前任者，シャルル7世においてこの世襲の敬称を認めているが。確かに，12世紀のアングル人，ジョン・オヴ・ソールズベリはガルス某にでなくてカンタベリ司教に宛てた書簡167から明らかな如く，フランス王を「最もキリスト教的な王」の名称のもとに理解している。そこには「私はこのことを以前，最もキリスト教的な王のクリアにおいて聞いた。私は同王によって誠実に敬意をもってリヨンで歓迎された」と。更に，私が本書2巻3章で確かな文書によって立証した如く，教皇ポール2世はこの名称がフランス王，つまりルイ11世とその後継者にとって固有の特権であると主張している。マリアナ[イエズス会士・歴史家，1624]が『ヒスパニア史』26巻12章[249]で証言している如く，アレクザンドル6世はヒスパニア王にも「カトリック的」の名称を付与している。フィリップ・ド・コミーヌ[フランスの年代記作家，1511]はナポリ戦争に関する書物の5巻においてローマ教皇，つまり，ヒスパニア出身のアレクザンドル3世が〈最もキリスト教的〉と言われていたので，彼らにその名称を付与することを」決めた。そして彼らへの文書と説教の中で自らが彼らをそのように呼んだ。しかし，枢機卿の一部がそれに反対したので，〈カトリック的〉と呼ばれるよう命じた」と付記している。それ故，（更に，マリアナが告白していることでもあるが）教皇の権威によって承認されたというよりも付与されたフランク諸王に対する栄誉の方がヒスパニア諸王に対するそれに先行していたのであって，後世の一部の人々が判断している如く，後続していたのではなかった。そしてズリタ[ポルトガルの翻訳家，1441]に続いてオドリコ・リナルディ[オラトリオ会士，1671]が彼の書[307a]25番で，1496年，ルイ11世が国事詔書《Pragmatica sanctio》を廃止したとき，教皇ピィ2世によって「最もキリスト教的」の名称が彼に付与されたと間違って主張している。それは，（私が既に述べた如く），キリスト教世界と使徒の座に対するそれまでのフランク諸王の輝かしい功績によって，シャルル7世において同上の教皇がこの名称を世襲権として認めた時のことである。このすぐ後で取り上げられる，カロリング諸王の書式である「朕は自分の手で下署し，そして朕の指輪で押捺した」と書かれている聖ボニファーティウスに宛てた宮宰シャルル・マルテルの書簡を参照せよ。

3　シルデリック3世の書体

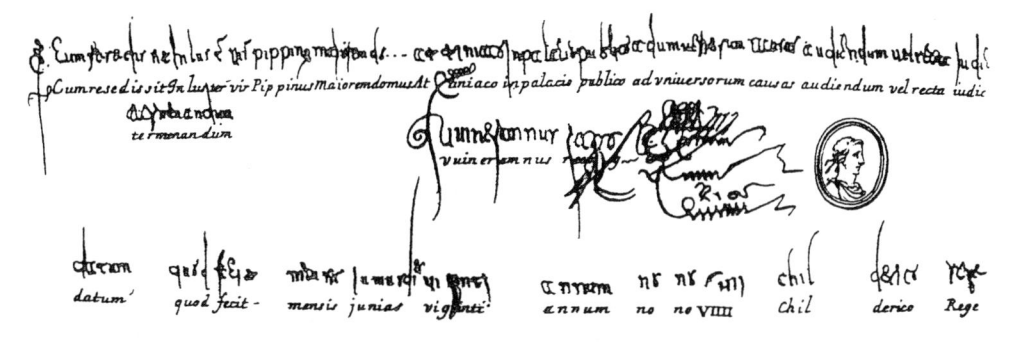

図版 XXIII

1 王ペパンの書体

　フランスの第2王朝，つまりカロリング王朝の見本がここから始まるが，その多くはメロヴィング時代の王文書と異なっている。まず第1に，カロリング時代に入って，書体自身が遥かに綺麗になっている。第2に，第2王朝において諸王自身が自分の名前を自分の手で書く習慣がなくなっている。ペパンとカルロマンは十字の印を術語「サイン」《Signum》の後に付している。この術語は彼らの文書で署名として使用されているが，この下署形式は書くことの未熟さから来ているとは思われない。つまり，十字の印は書く用意の出来た手を意味している。しかし，このペパンの文書で印章は国王の肖像ではなくて，バッカス神や葡萄の葉で飾られた，その他の人物の肖像を示している。印章の後に「ご健勝であれ」《Bene val》を意味する幾つかの語が加えられている。

　［この見本は以下のように翻刻される。

《［クリスモン］ Pippinus rex Francorum vir inluster omnibus episcopis abbatibus seu comitibus vel proceribus nostris atque missis a palatio nostro ubique discurrentibus.

　Et quia per dei misericorudiam regna terrae gubernare videmur, oportet ea in dei nomine……

　Signum Pippino gloriosissimo rege. Hitherius recognovi et Bene valeat.

　Data nono kal[endas]. octobris anno XVIIe regni nostri;actum in ipso monasterio s[an]c[t]i Dionisii.》］

2 カルロマンの書体

　我々の彫刻師はこの見本でカルロマンの肖像を描くのに誤りを犯してしまった。それは，我々がふさわしい箇所で述べた如く，左に向けた顔を持っていなけらばならないからである。その他のカロリング諸王は至るところにおいてこれとは逆で，彼らの印章は右に向けられた顔を持っている。つまり，それらはメロヴィングの印章と逆の向きを示している。カルロマンの印章は称号を欠いているが，王であることを王冠によって示している。

　［この見本は以下のように翻刻される。

《［クリスモン］ Carolomannus gratia dei rex Francorum vir inluster omnibus fidelibus nostris tam presentibus quam et futuris.Cognoscat magnitudo seu industria vestra, eo quod venerabilis vir Fulradus abba de monasterio sancti Dionisiy martiris……

　Signum Carolomanno gloriosissimo rege. Maginarius recognovi et subs［cripsi］.

　Data in mense marcio anno primo regni nostri; actum Attiniaco palacio publico; in dei nomine feliciter.》］

第 5 巻　古書体の見本が掲載され，解説が付される

図版 XXIII

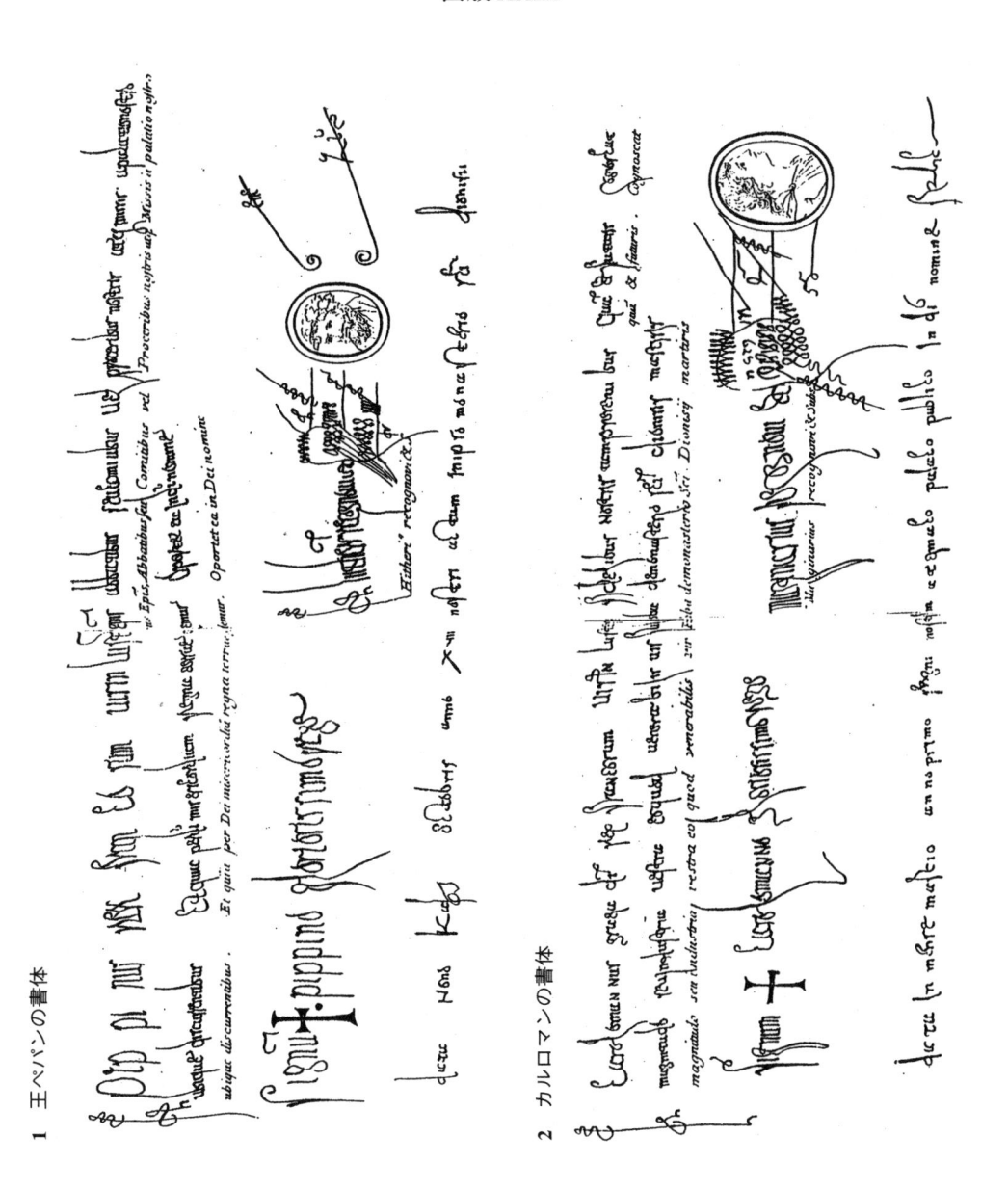

1　王ペパンの書体

2　カルロマンの書体

3　シャルルマーニュの書体

　上記の二つの見本はサン゠ドニ修道院の手稿文書から抜き出されている。この見本は我々のサン゠ジェルマン゠デ゠プレ修道院の手稿文書から取られている。ここに掲載することに価値があると見たのは，その長めの書体のためである。この文書の本文のすべてが，日付事項《Data》を除き，この書体によって書かれている。ここからカロリング諸王の花押が始まっている。その非常に多くに関しては，本書2巻10章で論じられている。シャルルマーニュの印章(サン゠ジェルマン゠デ゠プレ修道院の手稿文書にはない)はサン゠ドニ修道院の手稿文書によって補完されている。ここではラドが文書官ヒテリウスに代わって国王文書を承認している。我々は本書6巻文書24, 29でこの書式の二つだけの例を第1王朝に関して考察している。

　［この見本は以下のように翻刻される。

《［クリスモン］Carolus gratia dei rex Francorum vir inluster. Regalis serenitas semper ea instruere debet, quae……manus nostrae subscriptionibus subter eam decrevimus roborare et de anulo nostro subter siggillare.

Signum ［花押］ Caroli gloriosissimi regis. Rado advicem Hitherii.

Data tertio decimo k[a]l[en]d[as] novembris anno quinto regni nostri; actum Haristalio palatio publico; in dei nomen feliciter.》］

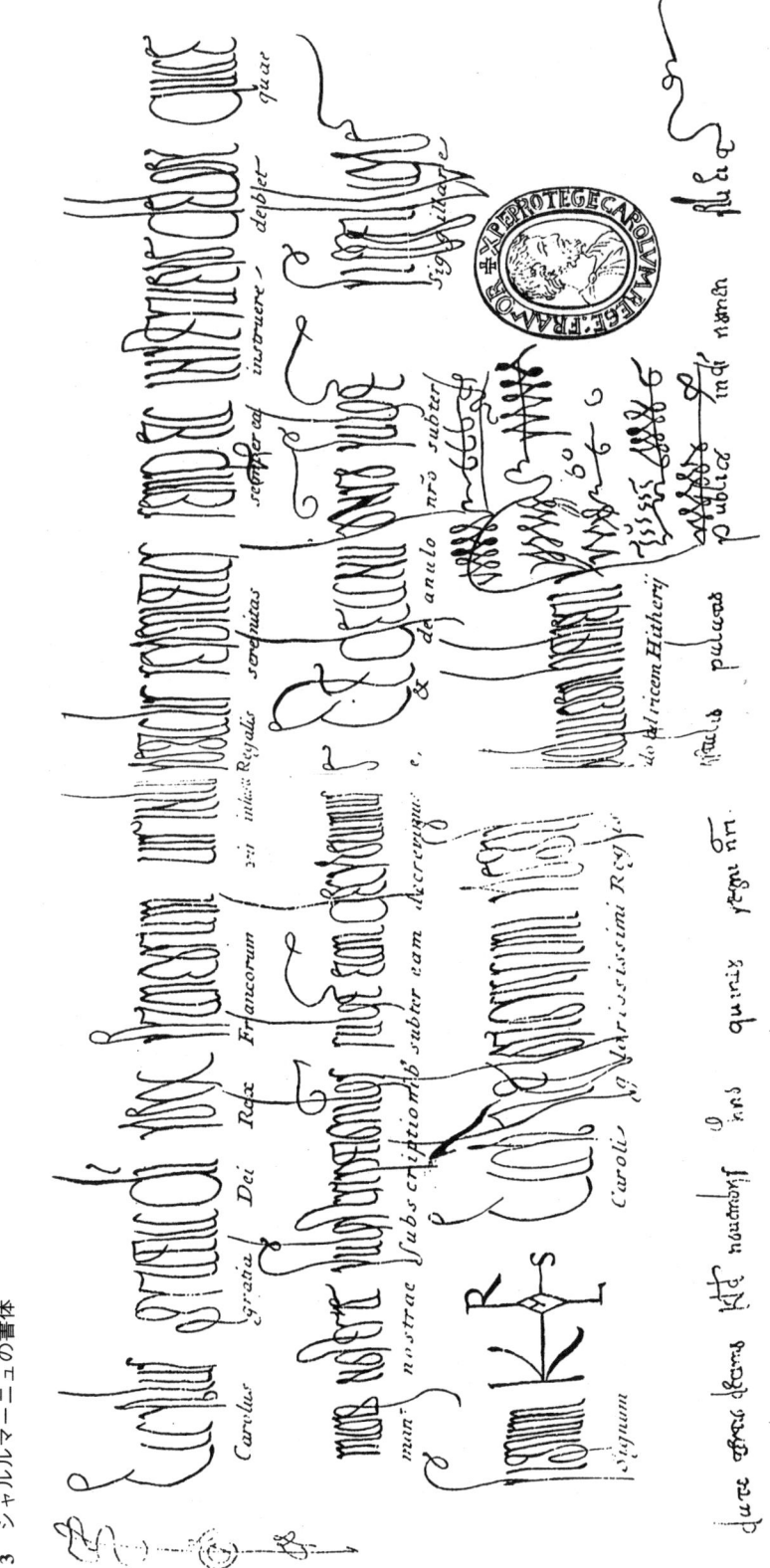

第5巻 古書体の見本が掲載され，解説が付される

3 シャルルマーニュの書体

図版 XXIV

1　王シャルルマーニュの書体

　この文書で注目に値するのは次の 1 点しかない。つまり，その箇所，即ち我々が本書 2 巻 16 章 9 節で教示した如く，その他においては書記の印章の後に置かれるのが習わしであったシャルルマーニュの印章が国王と文書官の下署の間に置かれていることである。シャルル［マーニュ］の別の文書には，アヌービス［エジプトの神］を刻んだ別の印章が見られる。

［解読が付されていない箇所は次のようになる。
《Uidolaicus advicem Radoni（Uuidolaicus advicem Radoni relegi et subscripsi. Folradus abbas）. Data in mense octobris anno XIIII et VIII regni n[o]s[tr]i; actum Haristalio palatio publico; in dei nomine feliciter》］

第5巻　古書体の見本が掲載され，解説が付される　　　　　　　　　561

図版 XXIV

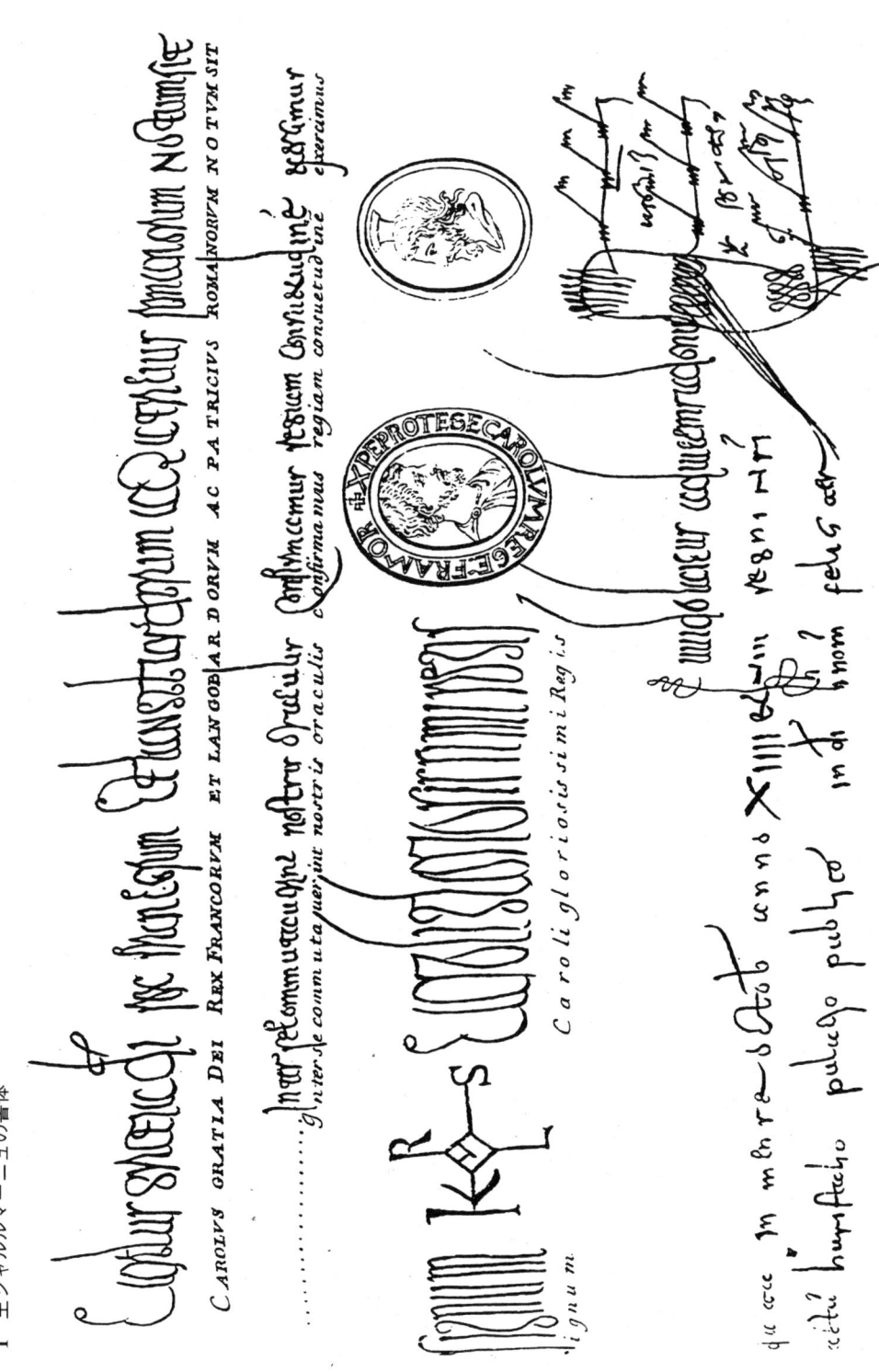

1　王シャルルマーニュの書体

CAROLVS GRATIA DEI REX FRANCORVM ET LANGOBARDORVM AC PATRICIVS ROMANORVM NOTVM SIT

…… Inter se conmutaverunt nostris oraculis confirmaremur regiam consuetudine exercemus
confirmamus

Caroli gloriosissimi Regis

Signum

quae in men se — Octob anno XIIII … regni nri …
actu humfacio puleyo publico in d̅i nom felic̅ am̅

2　シャルルマーニュの妹，ジゼールの書体

　これらの文書でジゼールを除いて，シャルルマーニュの3人の息子たち，つまり父よりも早く亡くなっているシャルルとイタリア王のペパン，そして父の跡を継ぐクロドイクスまたはルイが下署している。彼ら全員がそれぞれ十字による署名の印を付している。ウィネラドスはジゼールの文書官であったと思われる。手稿文書には印章が押しつけられた，いかなる痕跡も残っていない。美称辞「最も高貴な」《nobilissimi》に関しては，本書6巻文書63に付された註と同巻の終わりに置かれた文書に関する考察を参照せよ。下署に関して，至るところでシャルル[マーニュ]の名前は《K》でなくて《C》で書かれている。これは，彼が帝位に就く以前に書かれた文書に関しても至るところで確認される。しかし，帝位についてから，一部の裁判文書は我々がその箇所，つまり本書2巻3章12節で述べ，そして6巻文書63でも再び述べるであろう如く，《K》を優先させている。しかし，これらの裁判文書がその一部において，文書局で使用されていた文体を十分に習得していなかった臨時の書記によって書かれたのか否かについては定かでない。確かに，シャルルマーニュの死後，彼について書いた非常に多くの作家たち，更にはシャルル禿頭王が彼の文書において，（本書6巻文書96にある如く），そして彼のあと何人かが文書の非常に多くの書き手と同様に，彼(シャルルマーニュ)の名前を《K》で表現していた。

　[解読が付されていない箇所は次のようになる。

　《Sig n[um] †Ghysile, nobilissima filia Pippini regis, qui hanc donatione fieri rogavit. Signum †Caroli, nobilissimi filii domni Caroli precellentissimi regis. Signum †Pippini, nobilissimi filii domni Caroli precellentissimi regis. Signum †Chlodoici, nobilissimi filii domni Caroli praecellentissimi regis. Uuineradus cancellarius iussus a praedicte domne Ghysele scripsi et (Uuineradus cancellarius iussus a predicte domne Gysile). Data id[ibus] iun[iis] anno XXXI et XXVI regnum domni n[o]st[ri]; actum Aquis palatii; in D[e]i nomine feliciter amen》

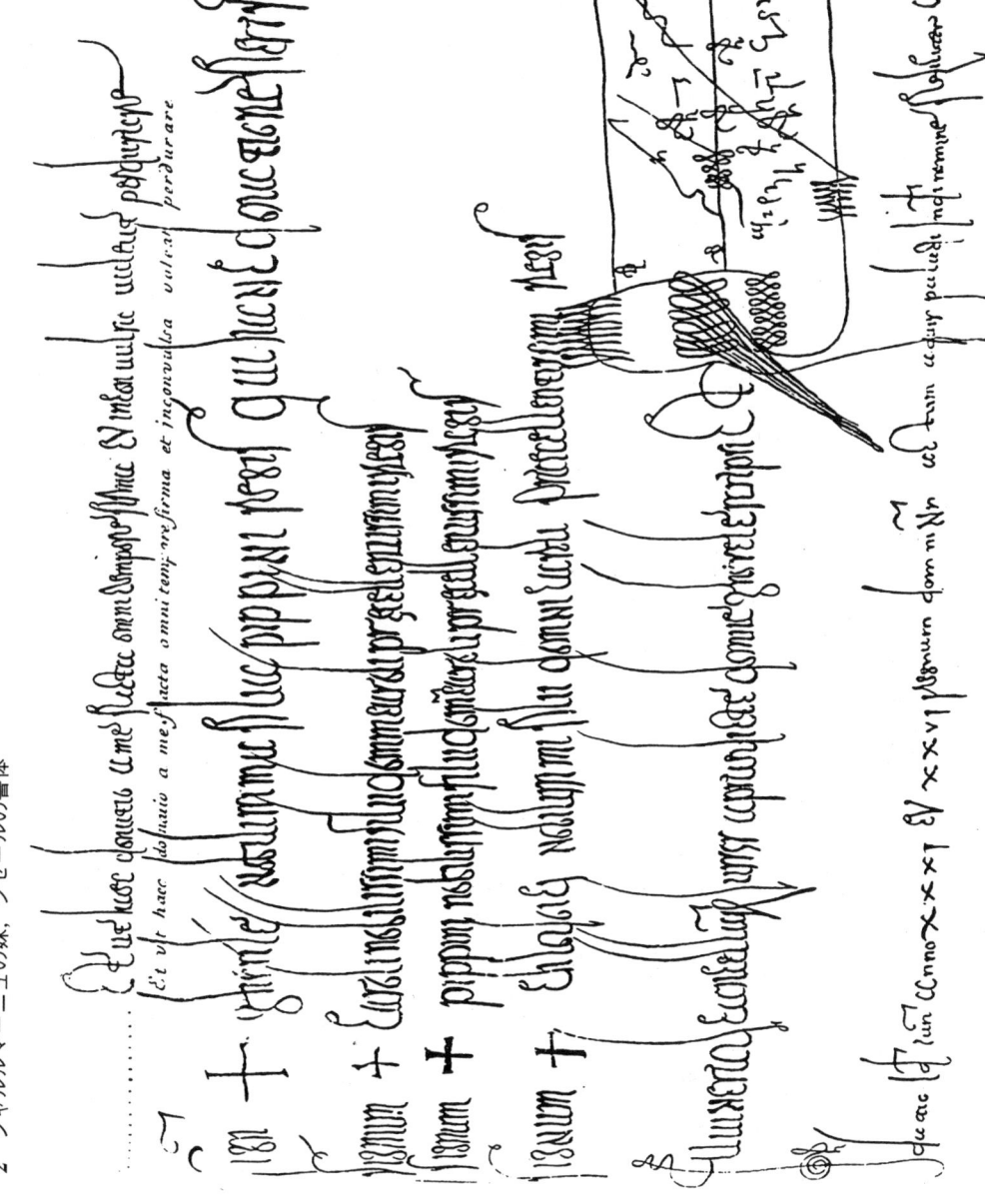

2 シャルルマーニュの妹、ジゼールの書体

Et ut haec donatio a me facta omni tempore firma et inconvulsa valeat perdurare

Signum + Karoli gloriosissimi regis Qui hanc donationem firmari

Signum + Carolingi illustrissimi Comes Maurici praesenti in manu meo

Signum + pippini nobilissimi filii omnibus praesentibus in manu meo

Signum + Chlodovei Nobilissimi filii omnibus electi praecelleverissimi regi

Wuibertus Excellentissimus comitis comitis domnus nostri reportari

Actum Aquisgrani anno XXXI Et XXVI regnum domini nostri Karoli Regis

図版 XXV

1　シャルルマーニュ帝の書体

　我々の手許に届いているシャルルマーニュの多くの文書で，皇帝として作成された文書は非常に少ないように思われるし，同皇帝の印章が完全に残っている文書もない。他方，我々がその完全なコピーを本書 6 巻に掲載しているこの見本を，我々の仲間アードルフ・オーヴァーハムがザクセンのコルヴァイ修道院の手稿文書から転写し，書き写された印章と共に私に送ってくれた。それがここに我々が掲載するものである。更に，この見本に掲載されている最初の 3 行は真正文書では 1 行になっている。これらの文書をヒエレミアに代わって承認した助祭で書記のウィテルスは，この 1 通の文書を通してしか我々に知られていない。丸い印章にはいかなる銘もない。我々に送られてきた見本には花押もない。本文においてシャルル［マーニュ］の名前は《K》の文字で表現されているが，すぐ前で述べた如く，これは彼が帝位に就く以前においては非常に稀なことである。同シャルルマーニュ帝のオスナブリュックの教会に宛てた別の文書においても皇帝の印章を除いて，同じことが確認される。この文書はパーデルボルンとミュンスターの非常に高名で博学の領主で司教が著した『パーデルボルン史料集』[148] の中で刊行されている。それから本書に，このページを補充するためにも，我々の仲間であるアードルフ・オーヴァーハムから知った書記ヤコブの名前を加えて転写されるべきであると考える。

《In nomine Patris et Filii et Spiritus sancti, KAROLUS serenissimus Augsutus a Deo coronatus magnus, pacificus Imperator, Romanum gubernans Imperium, qui et per misericordiam Dei Rex Francorum et Langobarudorum. Quicquid enim locis Sanctorum venerabilium ob amorem Domini nostri Ihesu-Christi et reverentiam Sanctorum cedimus vel condonamus; hoc ad mercedis augmentum vel stabilitatem regni nostriin Dei nomine, pertinere confidimus. Igitur notum sit omnibus fidelibus praesentibus scilicet et futuris, qualiter donamus ad basilicam sancti Petri principis Apostolorum, et sanctorum martyrum Crispini et Crispiniani, quam nos construximus in loco Osnabrugki, et corpora illorum illuc transtulimus, ubi praest vir venerabilis VVIHO Episcopus, omne regale vel saculare judicium super suos servos, et liddones, et liberos Malman et Mundman, et omnes utriusque sexus homines, eidem aecclesiae pertinentes, quos modo possidet, vel deinceps acquisierit, et perpetuam de regia potestate confirmamus absolutionem: ita ut nullus Judex publicus, Dux, Comes, vel Vicecomes, vel Scultetus, sive Missi dominici per tempora discurrentes loca illius Episcopatus, ad Placita habenda, vel freda exigenda, et parafreda, aut aliquem de praescriptis, eidem aecclesia pertinenetem, ad sua Placita bannire, vel ad mortem usquam terrarum dijudicare, vel aliquo modo ullo umquam tempore aggravare audeant: sed liceat praefato Episcopo suisque successoribus et suo Advocato res praedicta aecclesiae cum omnibus sibi pertinentibus quieto ordine possidere, ordinare, atque disponere. Et ut haec auctoritas firmior habeatur, ac diuturnis temporibus melius conservetur; manu propria subter eam roborare decrevimus, et de anulo notro sigillare jussimus.

Signum CAROLI piissimi ac serenissimi Imperatoris

JACOB ad vicem RADONI

Data XIIII. Kal. Jan. anno III. Christo propitio imperii nostri, et XXXVI. regninostri in Francia, atque XXX, in Italia, Indict. XI. Actum Aquisgrani, palaciopublico in Dei nomine feliciter amen》

［解読が付されていない箇所は次のようになる。

《［クリスモン］In nomine patris et filii et spiritus sancti. Karolus serenissimus augustus a deo coronatus magnus pacificusimperator Romanum gubernans imperium, qui et per misericordiam dei rex Francorum et Langobardorum. Omnibus fidelibus nostris praesentibus et……/ (subscripsi. Gundradus ambasciavit. Anno tredecimo domni Karoli serenissimi augusti. ［クリスモン］Witherius diaconus subscripsit). Data VII id [us]. mai [os]. anno Christo propitio imperii nostri XIII, regni vero in Francia XLV atque in Italia XXXVIIII, indictione VI; actum Aquisgrani palatio regio; in Dei nomine feliciter amen》]

図版 XXV

1 シャルルマーニュ帝の書体

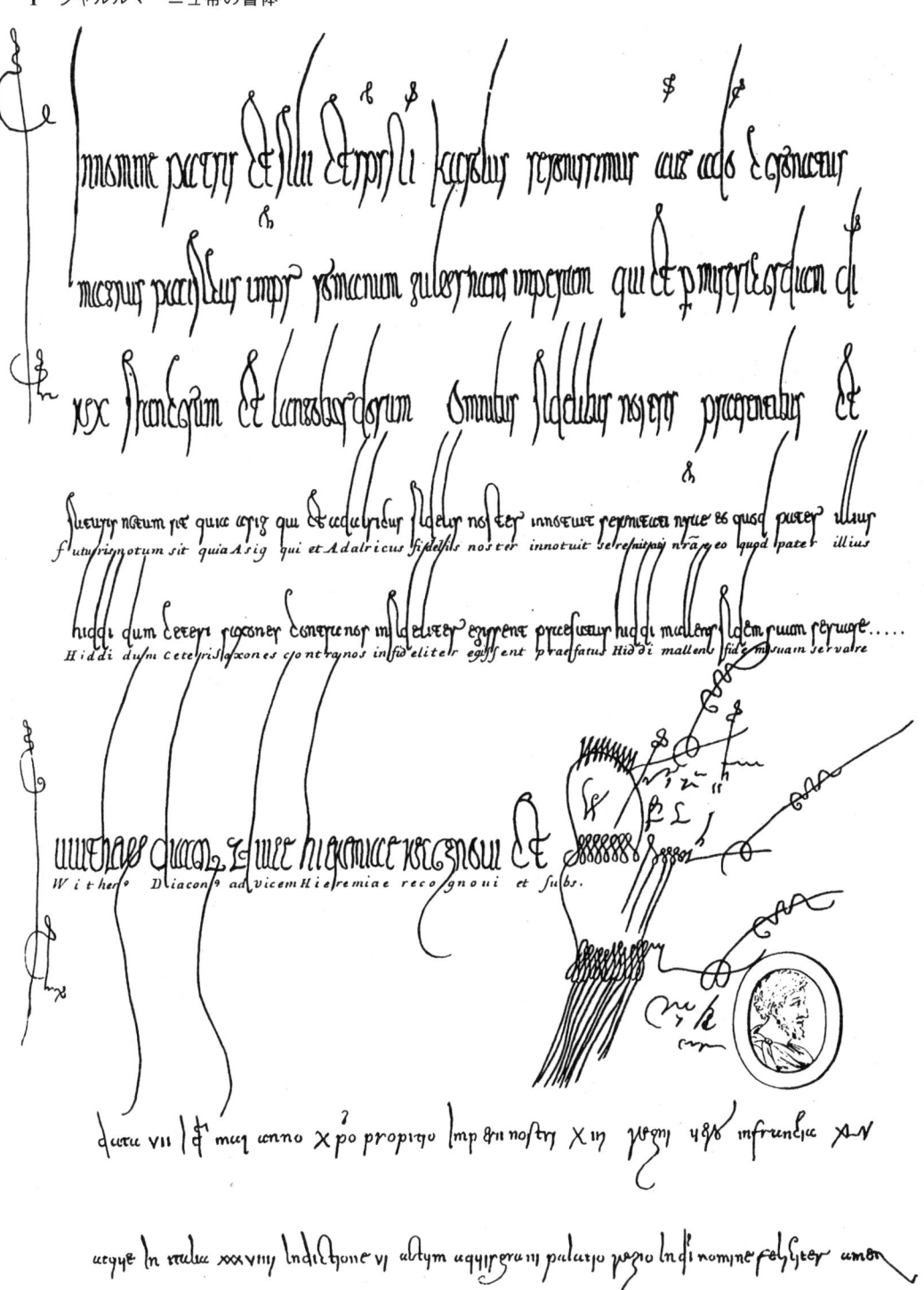

In nomine patris et filii et spiritus sancti regenerimur...

futuris notum sit quia Asig qui et Adalricus fidelis noster innotuit serenitati n(ost)rae eo quod pater illius

Hiddi dum Ceteris Saxones c(on)tra nos infideliter egissent praefatus Hiddi mallens fidem suam servare

Withero Diacon(us) ad vicem Hieremiae recognoui et subs.

data VII Id(us) mai anno Xpo propitio Imp(erii) d(omi)ni nostri XIII regni u(er)o in francia XXXV

atq(ue) in Italia XXXVIIII Indictione VI. Actum aquisgrani palatio regio in dei nomine feliciter amen

図版 XXVI

1　ルイ敬虔王の書体

　この見本はサン＝ドニ修道院の真正文書から抜き出されたもので，ドゥブレの書 [111] 733 頁にその全体が刊行されている。前掲の二つの文書にあると同様に，文書官の下署でドゥブレは代名詞の《ego》[「私」の意]を加えているが，これは真正文書にはない。更に，文書官仲間の下署においてそうすることは習慣ではなかった。ときどき臨時の文書官が，我々が本書第 6 巻文書 63 でエルデベルトスに関して見た如く，それを前に置いているが。

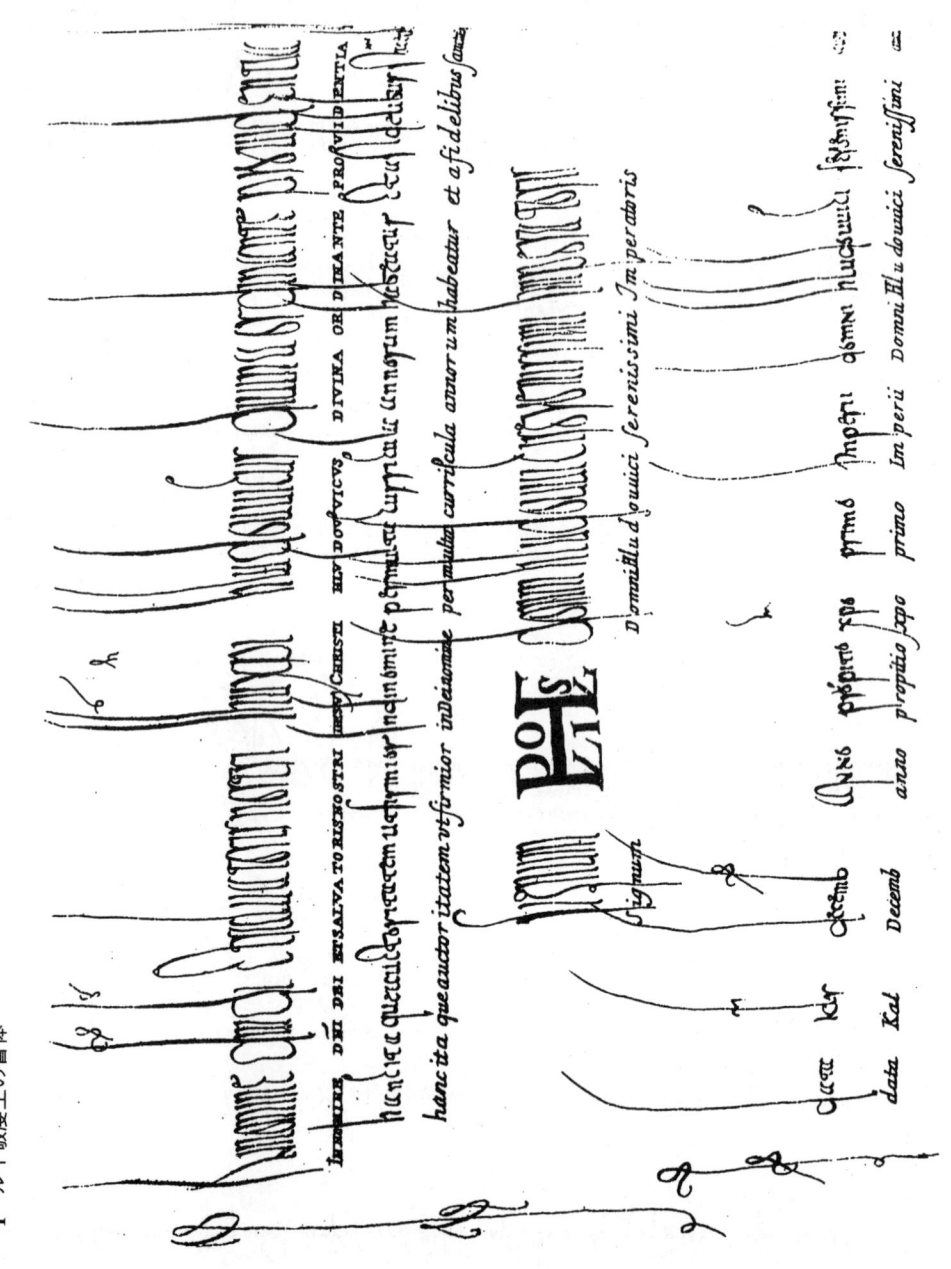

1　ルイ敬虔王の書体

第 5 巻　古書体の見本が掲載され，解説が付される

2 同上

パリ上院における王領地の管財人，非常に高貴なアルレが受け取った，そしてかつてサンス司教座教会が所有していた手稿文書から抜き書きされたこの見本を我々はここに掲載する。印章を記入するために，彫刻師によって書記の下署が差当り国王の下署の上に置かれているが。それは用紙の別の箇所に適当な空白を設けることができなかったためである。この書体は我々の国王文書の書体と驚くほどに一致している。それらの真正性は，司教座教会の文書とも一致していることによって主張される。その上，この文書の全体が碩学バリューズの『新版勅令集付録』[37]に掲載されている。その後，非常に有名なル・コワントが彼の『フランク教会史』[223] 7巻にそれを収録している。ここでは余白がないのであるが，それを全部掲載することにする。何故ならば，ドゥブレは739頁でこの文書，つまり修道院長イルドワンによって行なわれたサン=ドニ修道院の財産分割を832年に確認しているルイ敬虔王の文書を部分的にしか刊行していないので。この分割の同じ年に交付された別の文書が本書6巻にある。早速ではあるが，ルイ敬虔王の確認文書[の内容]は次の通りである。

《In nomine Domini Dei et Salvatoris nostri Jesu Christi, HLUDOVVICUS divina ordinante providentia Imperator Augustus. Si ea quae fideles imperii nostri, pro statu et utilitate ecclesiarum ac servorum Dei, fideliter ac devote ob Dei amoremin locis sibi commissis statuerunt, nostris confirmamus edictis, hoc nobis procul dubio ad aeternam beatitudinem, et totius regni a Deo nobis commissi tutelam mansurum esse credimus, et retributorem Dominum exinde in futuro habere confidimus. Igitur notum sit omnibus fidelibus sanctae Dei Ecclesiae ac nostris, praesentibus scilicet et futuris, quia vir venerabilis HILDUINUS Abba monasterii Apostolorum Principis, excellentissimorumque Christi martyrum Dionysii Rustici etEleutherii, qui peculiares patroni nostri adesse videntur, nostrae suggessit serenitati quod pro Dei omnipotentis amore et futuro ejusdem congregationis cavendo periculo, ne aliqua successorum suorum neglegentia aut parcitate Ordo in ea monasticus futuris temporibus perturbaretur, sicut praeteritis temporibus manifestum est contigisse: veluti synodales conscriptiones super restitutione istius sancti Ordinis in eodem monasterio et nostrae imperialis potestatis confirmatio, necnon et praefati venerabilis Abbatis Hilduini conscriptionis charta pleniter narrat ex ordine, (quod ideo praetermisimus, quoniam in eisdem locis liquide et exacte constat esse descriptum, uti cunctorum paene declarat notitia) stipendia eorum quae annuatim in cibo accipere debeant, necnon et quasdam villas specialiter necessitatibus eorum deserviendas constituisset ac deputasset; atque per litterarum seriem et largitionis suae scriptum sua aliorumque bonorum hominum manibus roboratum eis concessisset ac delegasset: quatenus nulla occasione nec reipublicae servitio quisquam ex successoribus suisimpedimentum illis in futuro inferre potuisset, pro quo a via rectitudinis et observatione regulari eos aberrare necesse foret: sed deputatis sibi rebus et stipendiis contenti, absaque necessitate et inopia regularem normam tenere, et sine praevaricatione, quantum humana sinit fragilitas, observare quivissent. Vnde humiliter petiit celsitudinem nostram, ut pro rei firmitate super eadem constitutione auctoritatis nostrae praeceptum pro divino intuitu, et ipsorum Sanctorum reverentia fieri juberemus, per quod inantea stabilis et inviolata permaneret. Nos vero petitioni illius, quia necessaria et rationabilis erat, aurem accommodantes, veluti postulaverat fieri adjudicavimus. Quapropter statuimus atque jubemus, secundum quod in illius ordinatione continetur, ut dentur eis annissingulis de tritico puro, ad eorum et hospitum in refectorium venientium opus modia duo milia centum. Ad praebendam famulorum illis servientium de sigale modianongenta, de vino puro ad eorum et hospitum suprascriptorum, seu ad omnes necessitates ipsorum modia duo milia quingenta: bracii per modia duodecim trigenta, et exceptis his bracii tres de spelta secundum consuetudinem per modia triginta. Inter Pascha, Natale Domini, et sancti Dionysii Missam leguminum modi trecentapde formatico pensae trecentae triginta; de adipe modia triginta quinque: de sale modia ducenta, cum ipso modio quod solvitur in salinis. Ad cordevesos et solas eorum componendas uncti ducenti; de butyro sestaria triginta; volatilia autem inter Pascha et Natalem Domini de villis (sicut in constitutionis carta praefati venerabilis viri scriptum habetur) cum integritate, quae super annum ex eis omnibus eo tenore quo ibi scriptum et ordinatum est, una cum censu qui in volatilibus de molendinis et cambis debet exire, sicut a longo tempore mos fuit, sive indominicatae, sive in beneficio donatae fuerint, dari constituimus et confirmamus. Saponem vero de ipsis villis (sicut in praefata confirmatione memorati viri constitutum habetur) fratrum usibus persolvi imperiali roboratione decrevimus. De lignis dentur eis mensurae, quae midi appellanturm, mille centum; de melle secundum consuetudinem; de tribillo carra duo; de modiis sedecim; olera quoque, fruges arborum, pix, carpentarii, circuli ad vasa vinaria praeparanda, et operimenta textorum; sed et aedificatio et restauratio officinarum, secundum quod in saepedicta conscriptione supramemorati honorabilis viri continetur, dictante necessitate ministretur et fiat. Ad vestimenta etiam vel omnes eorum necessitates secundum regularem institutionem procurandas confirmamus illis easdem villas, quas ipse per suam concessionem eis visus est condonasse, id est Murnum (ut antiquitus vocabatur, nunc autem Cella sancti Dionisii) Tosonisvallem tum Flaviacoet omnibus appendiciis suis, excepto Temeriaco-curte; Cella sancti Martini in monte Icundiaco cum omni integritate; villam Pratariam cum suis omnibus, Pratariolam cum Sichaldicurte et omnibus ad se pertinentibus; Nucitum superiorem, cum appendiciis suis; Francorum-villam, Maflare, medietatem de Baliolol, Mucellam, Bedolitum, Villarem, VVasconem-villam cum integritate sua et omnibus appendiciis, et omne teloneum atque censum, quod de mercato anniversali per festivitatem sancti Dionysii exire consuevit, sicut bonae beatae que memoriae domnus avus noster PIPPINUS per suum praecptum eis dedit, quicquid exinde pars fisci poterat exactare, necnon et Trimlidum ac Villampictam tum omni integritate ac omnibus appendiciis ad eas pertinentibus; Majorem-villam cum integritate: in ipso vico mansos duos, et mansionile in monte Sautia cum adjacent iis suis: super Sequanam vero Capellam sancti Audoeni ad retia piscatoria emendanda vel ordinanda, cum manso uno in Bonogilo cum integritate sua: in Alvernis mansos duos, et in Campiniago mansos duos ad piscationem: Villam Exonam cum censu et integritate sua; seu et mansos et vineas in Belna, quas Franci homines ipsius congregationis fratribus delegaverunt; necnon in Vanicolas, sicut continetur in memorato scripto; censum etiam solitum de venna quae est super fluvium Loch, et de pago Pontiu, atque censum de Flandriis, sicut consuetudo fuit: villam siquidem quae dicitur Brinevallis, necnon et mares et piscaturam in Tellis cum omni integritate tam in censu, quam in appendiciis eorum; et mansos in Bracio, et Gabaregium in Bagasino cum omni integritate et appendiciis suis, de quibus quaedam conjacent in pago Constantino ad capiendam crassum piscem. Has igitur villas cum appendiciis et redditibus vel mancipiis, sive cum omnibus, quae per precarias aut per beneficia exinde homines retinent; ut post eorum decessum ad usus fratrum et stipendia memorata revertantur, fratribus ipsius congregationis ad speciales eorum necessitates, imperiali auctoritate et indulgentia per hoc praecptum confirmationis nostrae, sicut praedictus venerabilis Abba in sua confirmavit constitutione, stabili jure eis concedimus et confirmamus: praecipientes, ut nullus Abbatum per successiones quod salubri egit consilio, et nostro est roboratum edicto, subtrahere vel minuere audeat, vel ad usus suos retorqueat, vel alicui quiddam inde in beneficium tribuat; sed neque servitia ex eis villis exactet, neque paraveredos aut expensas ad hospitum susceptiones recipiat, aut ullas in aliqua re exactiones aut mansionaticos inde exigat absqueinevitabili necessitate, praeter consuetudinarias operationes, quae in saepedicta memorati viri constitutionis pagina descriptae habentur, quibus nihil addere quisquam umquam praesumat. Supra scripta autem ad centum quinquaginta monachorum numerum sunt ordinata: ex quibus nihil cuiquam Abbatum licebit umquam subtrahere: augere vero qui forte voluerit, multiplicatis ad usum eorum opibus, accumulet et servitiidivini cultores. qui vero facere aliter praesumserit, et post discessum nostrum hanc nostram confirmationem, quam super praedicti venerabilis viri Hilduini constitutione fecimus, violare velueirt; querela ad successores nostros, qui tunc temporis nobis superstites fuerint, devenias; ipsique agnita auctoritate nostra nostrae constitutionis statuta defendant, et suae auctoritatis praecepto confirment, sicut a se bene gesta defendi et confirmari a suis successoribus Deo annuente voluerint. qualiter futuris temporibus fratres in coenobio supradicto Regulam beati BENEDICTI servantes, absque perturbatione Deo libere deservire queant, nobisque pro rata confirmatione merces in perpetua recompensetur aeternitate. Obnixe etiam ac devotissime omnes successores nostros per omnipotentem Dominum et aeternae retributionis amores et piam reverentiam istorum specialium protectorum nostrorum in hoc sancto reputavimus loco, necnon et hanc constitutionis confirmationem, quam ad monachorum providendas regulares necessitates imperiali firmavimus auctoritate, intemeratam studeant custodire; et speciali sollicitudinis cura provideant, ne aliqua antiqui hostis satagente calliditate inde sacer Ordo amoveatur, aut minus perfecte, quam humana sinit fragilitas, in eodem loco praevalent negligentia gradiatur: sed sicut nos singularem curam, quia ita praedecessores et progenitores excellentiae nostrae habuisse compertum est, quam inibi pia sepultorum corporum amplectitur eorum memoria, nos etiam inde habereviemur, sollicite studeant divino intuitu, ne talium rectorum manibus jam dictum sacratissimum locum committant, quorum versutia aut negligntia ab eo religio decidat, et inopia vel troporis negligentia rescat: sed potius ita eumdem sacratissimum locum sollicite pieque tractent, quatenus nobis et illis aeternae beatitudinis gloria inde Christo opem ferente maneat et accrescat. Et ut haec auctoritas, quam ob Dei amorem et animae nostrae remedium statuimus, firmiorem obtineat vigorem, et deinceps inconvulsa valeat perdurare, manus nostra subscriptione eam subter firmavimus, et anulo nostro sigillari jussimus.

Signum HLUDOVVICI serenissimi Imperatoris.

HIRMINMARIS Notarius ad vicem THEOTONIS recognovit et subscripsit.

Data VII. Kal. Septemb. anno Christo propitio XVIIII. imperii Domni Hludovici serenissimi Imperatoris. Indictione X. Actum monasterio sacnti Dionysii in Dei nomine feliciter. Amen.》

註記　この文書はドゥブレの書 739 頁で一部刊行されている。最高にしていと敬虔な人による確認を明らかにすると同時に，先祖の名声と君主の想い出のためにも，その全文を掲載するのが適切であろう。図版 LIII の註を参照せよ。

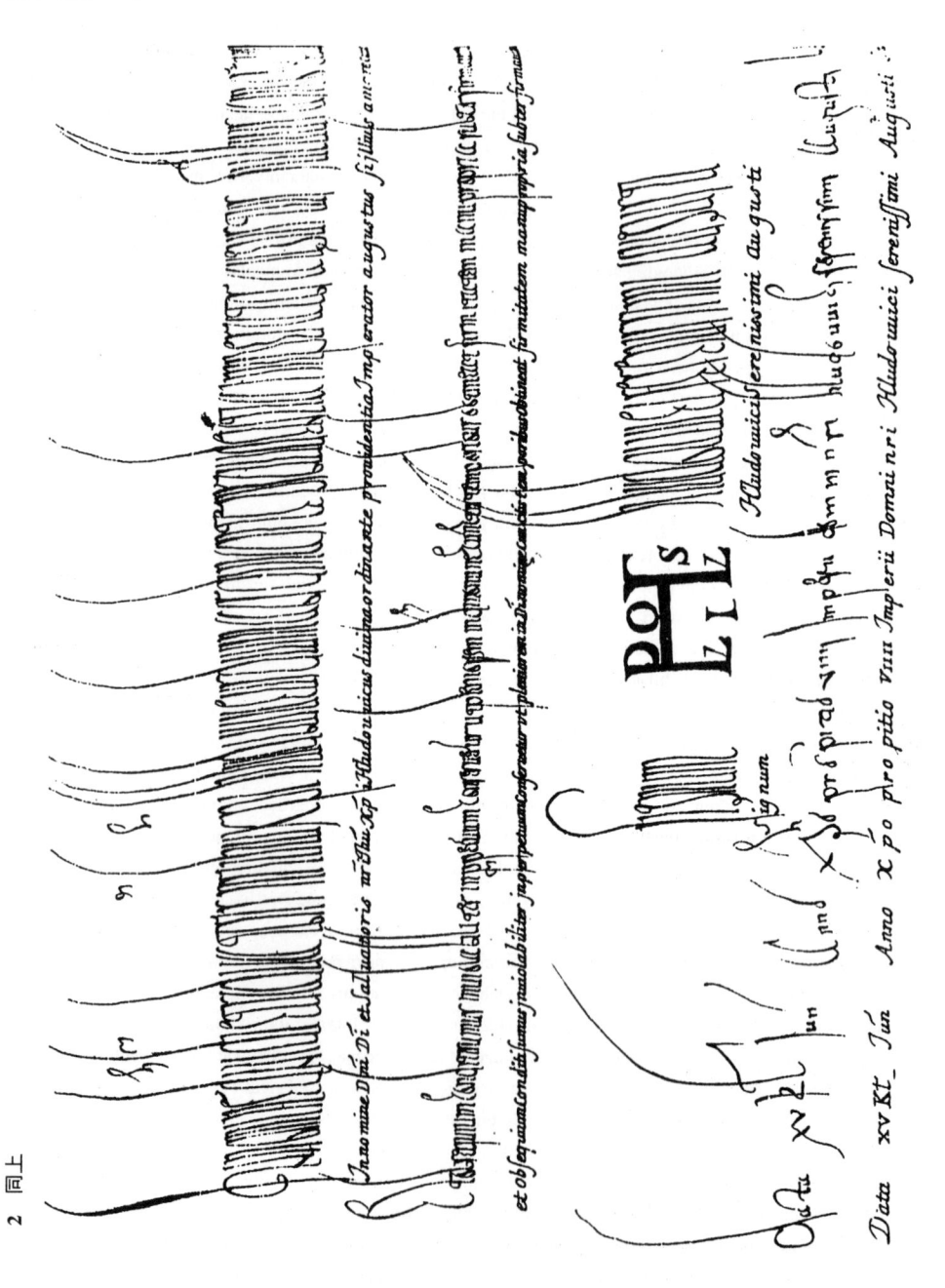

2　同上

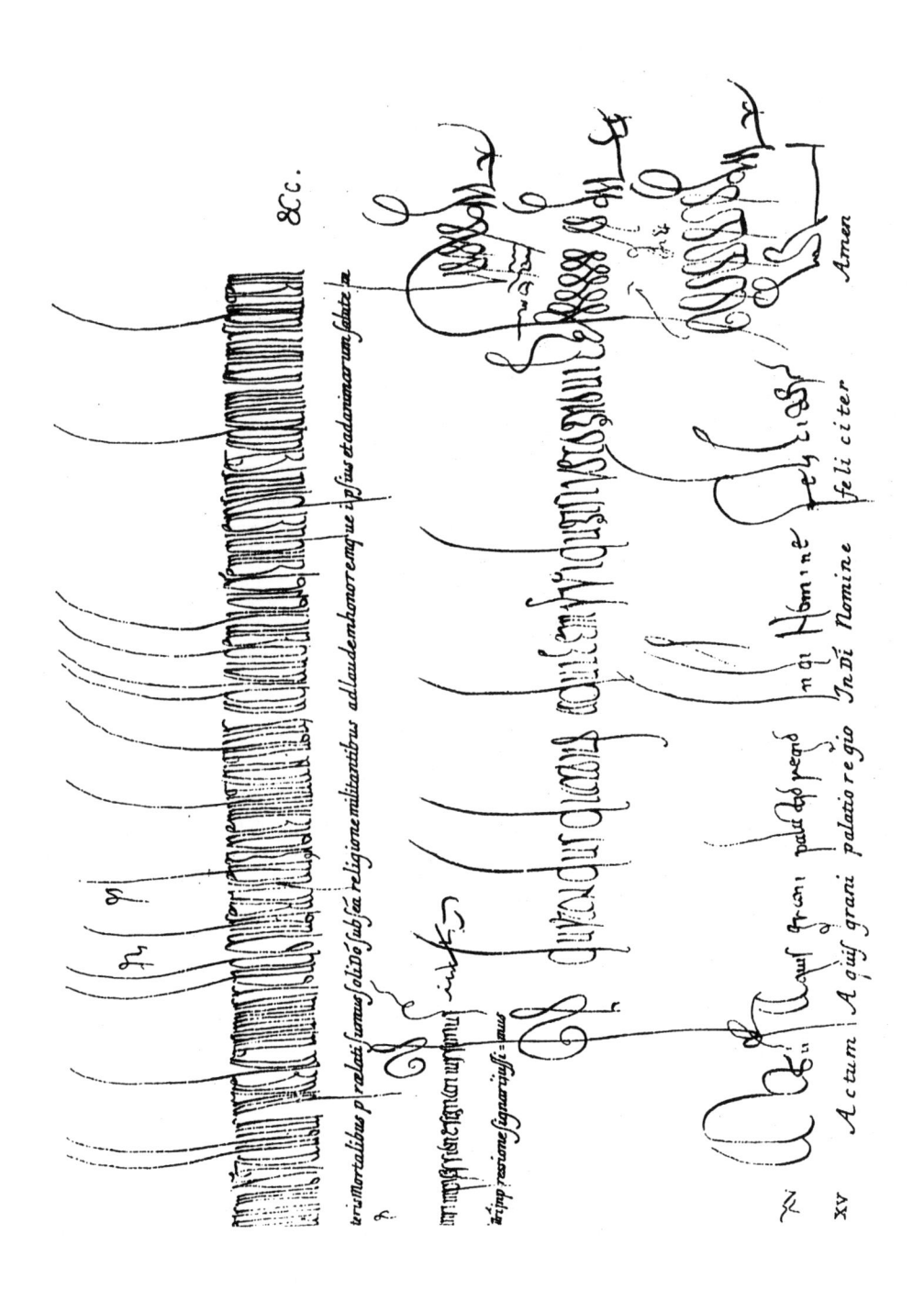

第5巻　古書体の見本が掲載され，解説が付される

&c.

tri=Mortalibus prelati famuloti(n)o subsea religione militantibus ad laudem homore(m)que ip(s)ius et adorunarum salute z

&

xv Actum Aquif grani palatio regio In d(e)i Nomine feliciter Amen

図版 XXVII

1　シャルルマーニュ治下，コーヌ修道院の法廷文書

この書体は文体と同様にめずらしいので，読者諸賢の便宜を考えてここに翻刻するのが適切であろう。

《[クリスモン] Condiciones sacramentorum, ac quas ex ordinationem Magnario Comis de Narbona, vel de Judices Rasoario……Deoario……vel aliorum, et c……sub……Nonas Decembries anno XXXIIII. regnante Domno nostro Karolo Reje Francorum, et Langobardorum, seo Patricio Romanorum. Signum †Vincilani Clerico……Sign. Valentino, qui presentes fuerunt, quando oc circumdederunt》

この内容はナルボンヌ近郊［地中海沿岸］にあって，それまで我々の会派に属していたコーヌ修道院とそれが所在する荘園の境界に関するものである。

2　ルイ敬虔王治下の別の法廷文書

この見本は次のように翻刻されねばならない。

《[クリスモン] Condiciones sacramentorum, ad quas ex ordinatione Riccemiro, Cixsilane, Sinderedo, Uneforte, et Gomesindo Judicum, et in praesentia bonorum hominum cos causa fecit esse presentes, jurare debeant testes prolati……recte et fideliter testivicamus de hac causa per super adnixum juramentum in Domino. Late condiciones sub die octabo Idus Madias, anno primo Domno nostro Ludovico Imp. Signum †Benito. Signum †Elereo, qui as condiciones juraberunt. Signum †Maure……quiunc juramentum recepis……peterr……Sign. †Francoberto. Sign. †Venerello. Sig. †Teuderico》

ナルボンヌ近郊のサン＝ピエール＝デュ＝レ島にあるマルモリエール荘園で行なわれた，ある売却のためになされた誓約である。

3　シャルル禿頭王治下の別の法廷文書

順番に従うならば，この見本は次の 2 通の文書の後に置かれるべきであった。しかし，ここでの彫刻師の誤りは許される範囲のものである。この文書は次のように翻刻される。

《[クリスモン] Condiciones sacramentorum, ad quas ex ordinatione Salomon misso Himberto, seo et Judices, qui jussi sunt kausas derimere, vel legibus difinire, id sunt quinque, Tesinde, Medemane, Uniforte, Argefrado, Ugone judicum, et Vulsino clerico……recte et fideliter testificamus de hac causa per super adnicxum juramentum in Domino. Latae condiciones sub die VIIII. Kal. Madias, anno XXXIII. regnante domno nostro Karolo Rege. Sig. †Arenardo. Sig. †Ilperico. Sig. †Stefano. Sig. Salomon, qui has condiciones juravimus. Inchericus subs. Stabiles subs.》

図版 XXVII

1 シャルルマーニュ治下, コーヌ修道院の法廷文書

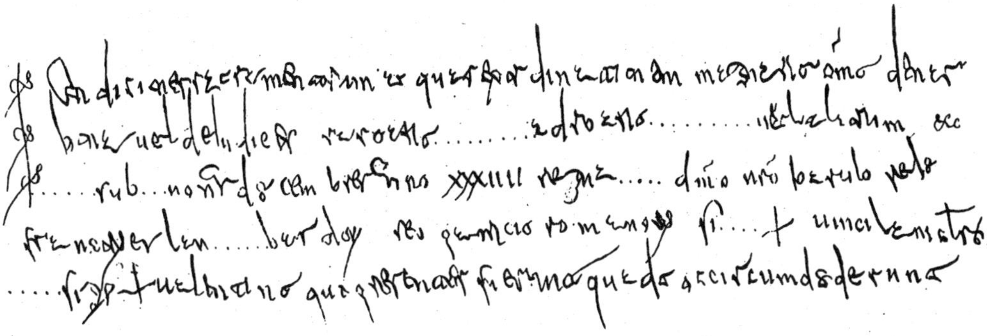

2 ルイ敬虔王治下の別の法廷文書

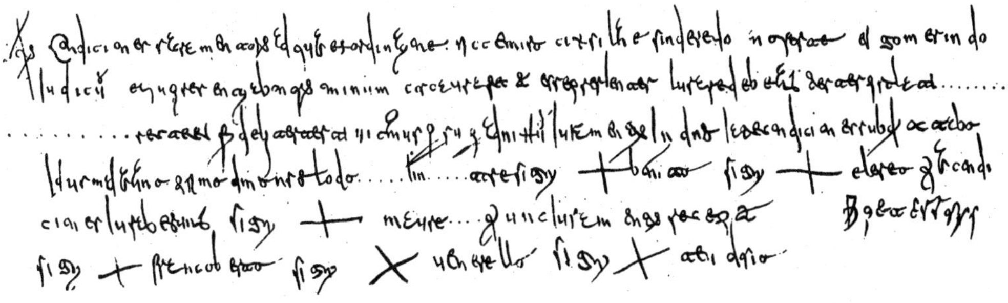

3 シャルル禿頭王治下の別の法廷文書

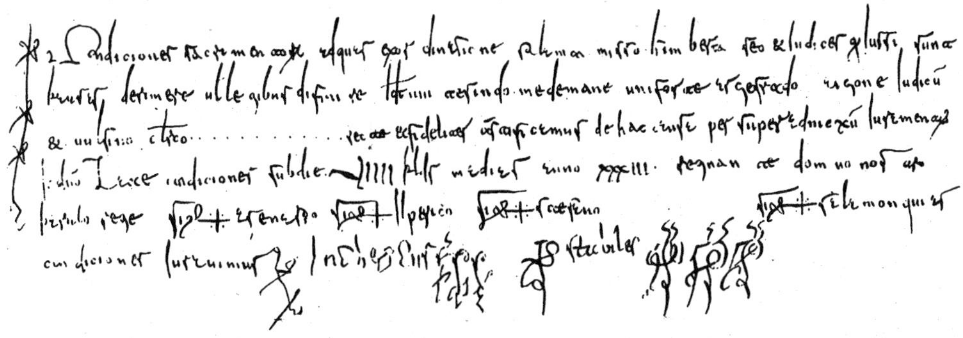

4 ルイ敬虔王治下の別の法廷文書

それは次のように翻刻されねばならない。

《[クリスモン] Condiciones sacramentorum, ad quods ex ordinatione Agilberto Vicedomino, Cixsilane, Sunifredo, Gomesindo, David, et Argilane judicum ……vel aliorum bonorum hominum, qui subter subscripturi vel signa factore sint……sub die prid. Kalendas Abriles, anno octobo imperante Domno nostro gloriosissimo Ludoihcco Imperatore……Ursius qui ads conditiones scripsi et subscripsi sub die et anno quod supra》

この完全な文書に関しては，本書6巻文書65を参照せよ。

5 同上王治下の別の法廷文書

この文書は本書6巻文書71で刊行されている。これに関して指摘すべきことはヨアネス《Joannes》が文書65番におけると同様，共通の慣習に反して，《Johannes》の《h》なしで表記されていることである。類似の例はこの他の文書にも見られるが。この部分の翻刻は次の通りである。

《[クリスモン] In n[om]i[n]e D[omi]ni ego Spaneldes vob[is] Domno et Abbate Joanne, seo fr[atri]b[us] tuis Cannense monasterio……Ego Spaneldes facio vob[is] testamentum de omnino reb[us] meis……Sign[um] †Ispanildes, qui hunc testamentum fieri volui……Sign. †Ansemundi. Elias in Christi nomine Pr[es]b[yte]r a supra scripto hunc testamentum scripsi et subscripsi die et anno quod supra》

上記の文書において，下署は書記の手によって付されている。但し，十字の印はそれぞれによって行なわれている。他方，ここで書記は文書の作成年を，前に記されていると考えたのであろうか，うっかりして記載していない。

第5巻　古書体の見本が掲載され，解説が付される

4　ルイ敬虔王治下の別の法廷文書

5　同上王治下の別の法廷文書

図版 XXVIII

1　ルイ敬虔王の書体

　ルイ敬虔王の時代はシャルルマーニュとシャルル禿頭王の時代と同様に輝いた時代であったので，我々は彼らの治世の文書を非常に多く掲載している。この文書において書体は非常に美しいのであるが，「ヒルミンマルス」といつも誤って呼ばれているヒルミンマリスの下署が異常に大きい。

　［解読が付されていない日付事項は《Data VIIIo Id[us] Novemb[res], anno Christo propitio VIIIo imperii domni Hludovvici piissimi Augusti, Indictione XVa. Actum Theodonis villae palatio regio in D[e]i nomine feliciter. Amen.》と読む］

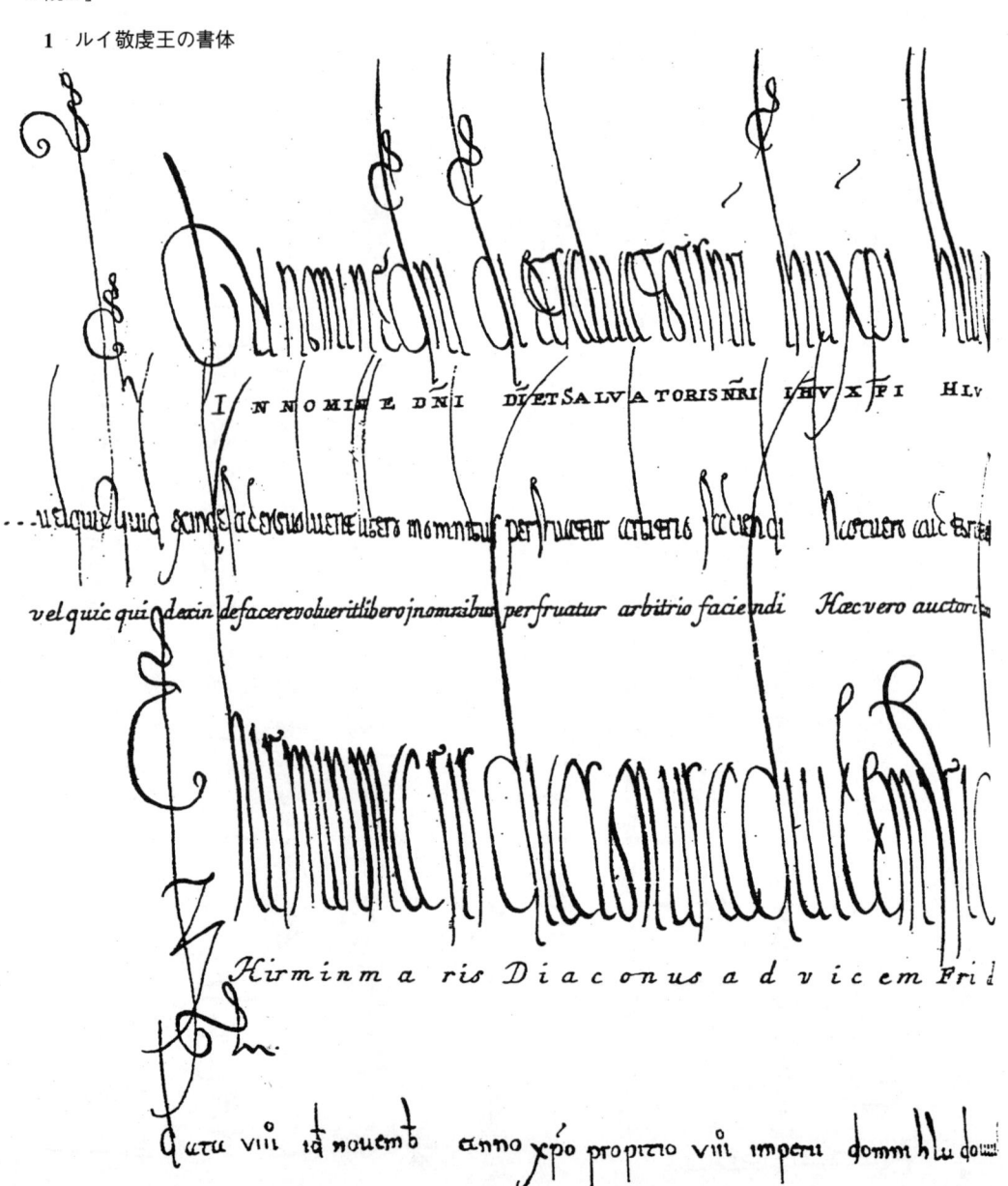

1　ルイ敬虔王の書体

ICVS   D IVINA OR| D INA N TE|PRO VI D ENTIA IM P ERATOR   AV G VS TVS......

tura tempora pleniorem obtineat firmitatem de anulo nro subter iussimus sigillari

sir e co g no u i et subscrip si

nissimi augusti   In dictione xv   actum theodonis uillae palatio regio   In di nomine
                                                                          felíciter am...

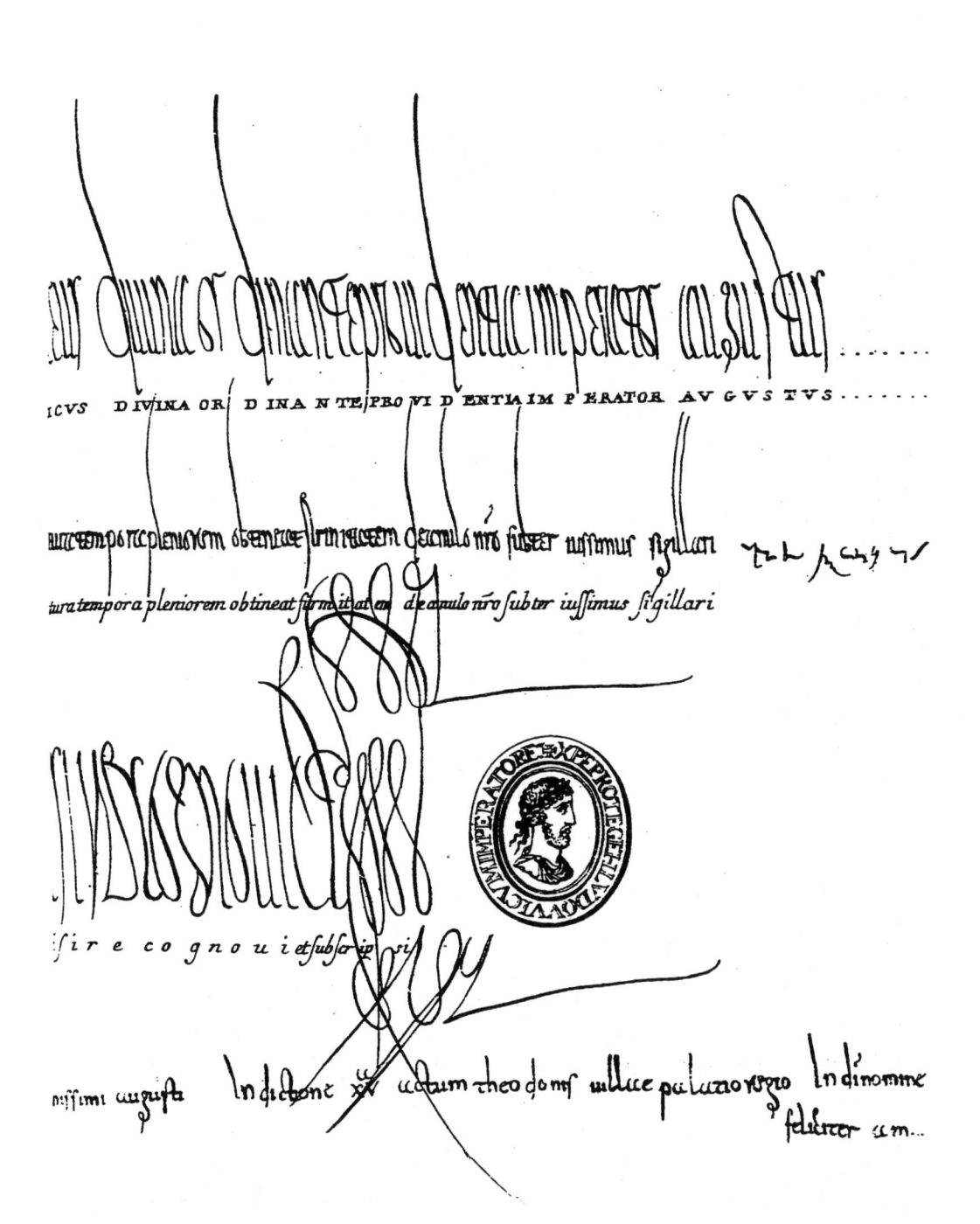

2　ルイ敬虔王とロテールの書体

更に，ルイとロテールの両尊厳者の共同文書として，両方の日付が表記されているこの見本を提供するのが適切であろう。両方の見本ともサン＝ドニ修道院の文書庫から抜き出されたものであるが，行の上に《imperii》の語が加えられている後者の文書にある日付事項《Data》は，前者では書記によって省略している。

［解読が付されていない二つの日付事項は《In data V Id[us] Mar[tias] anno Christo propitio XV Imperii domni Hludovvici et Hlotharii VI piissimis Augustis, Indictione VI. Actum Aquis》

《Data IIII Id[us]Nov[em]b[res] anno Christo p[ro]pitio Imperii domni Hludovvici serenissimi Augusti XIIIIlo, domni vero Hlotharii VIo, Indictione VIa. Actum Carisiago palatio regio in D[e]i nomine feliciter.》と読む］

2　ルイ敬虔王とロテールの書体

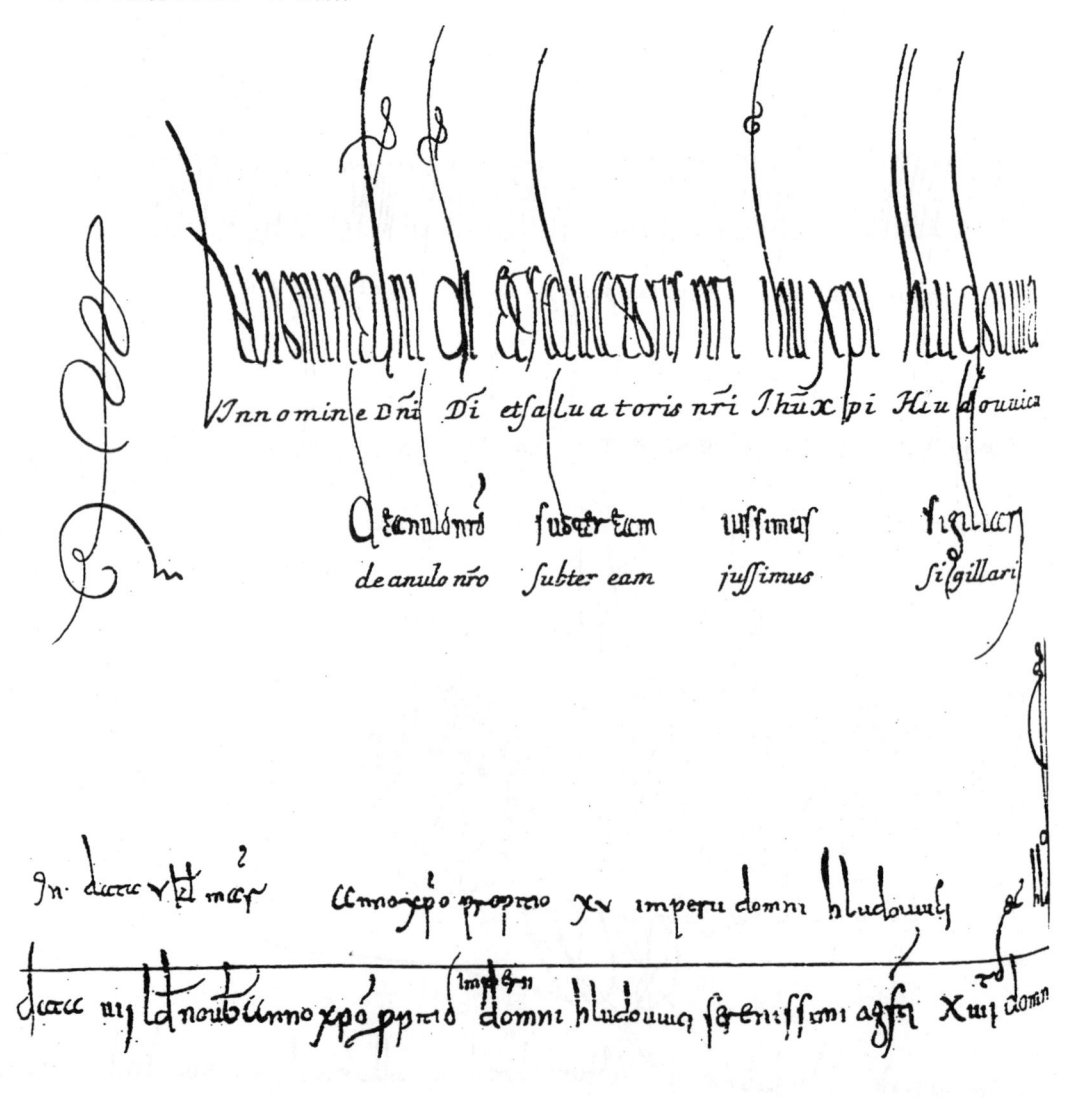

第5巻　古書体の見本が掲載され，解説が付される

Clotharius　diuina ordinante prouidentia Imperatores Augusti

Maiulfius Diaconus ad vicem Ridulgi Stre cognouit subscripsit

VI piissimus augustus　Indictione VI

Chlotharii VI Indictione VI actu cartagi palatio regio in di nomine feliciter

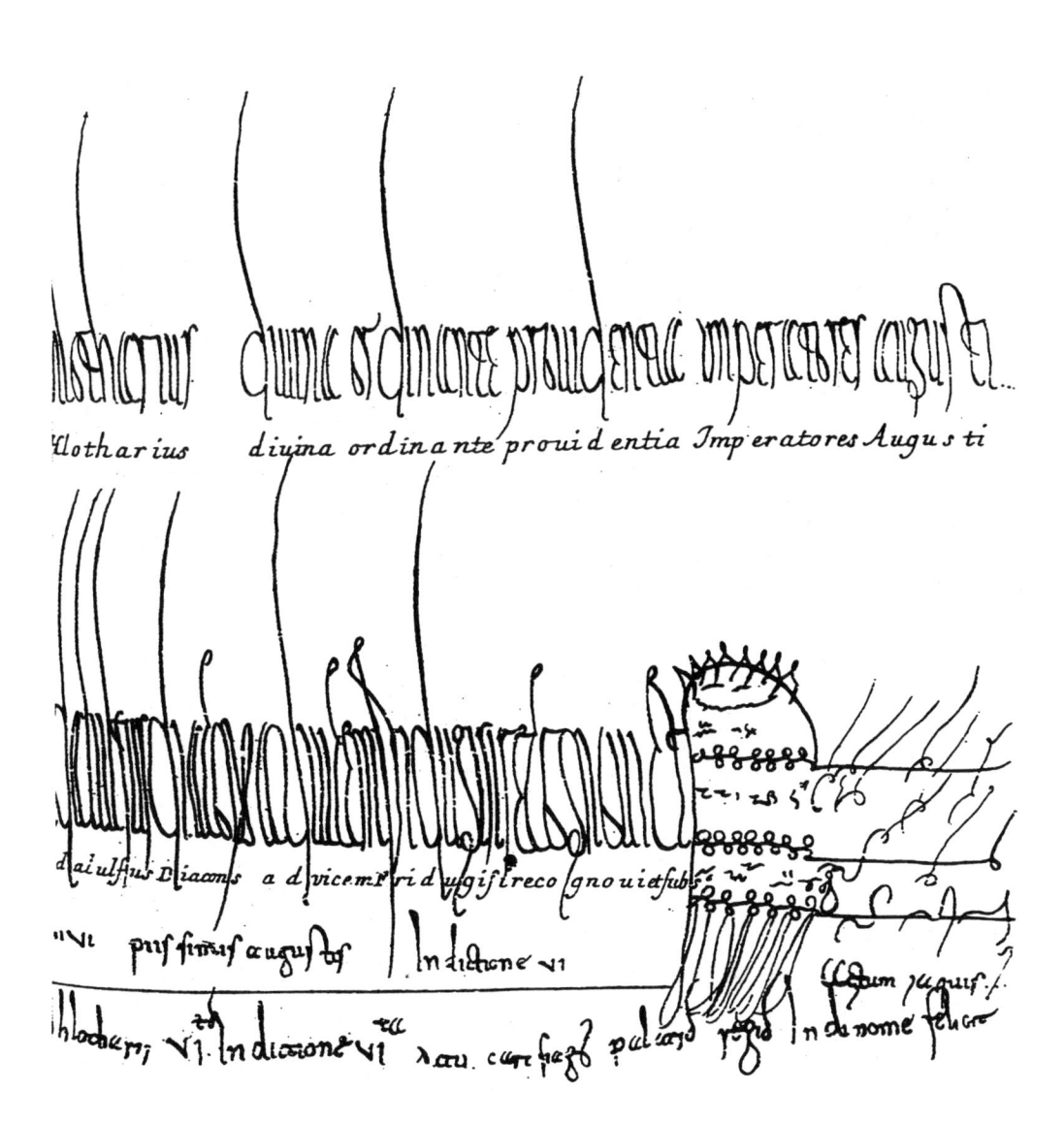

図版 XXIX

1 アキテーヌ王ペパンの書体

　このペパンのモラストウスまたはモントリユ修道院に宛てた文書は本書6巻文書78に掲載されている。我々が同2巻4章で指摘しておいた如く，神への呼び掛けが欠けている。これは，更に，同王のこの後の文書においても確認されることでもある。注意してもらいたいのがペパンの統治と比較されたルイの統治年で，その箇所で述べられた如く，息子よりも1年だけいつも多くなっている。ドゥエ[西フランスの都市]の宮廷所在地に関しては，本書4巻で論じられている。

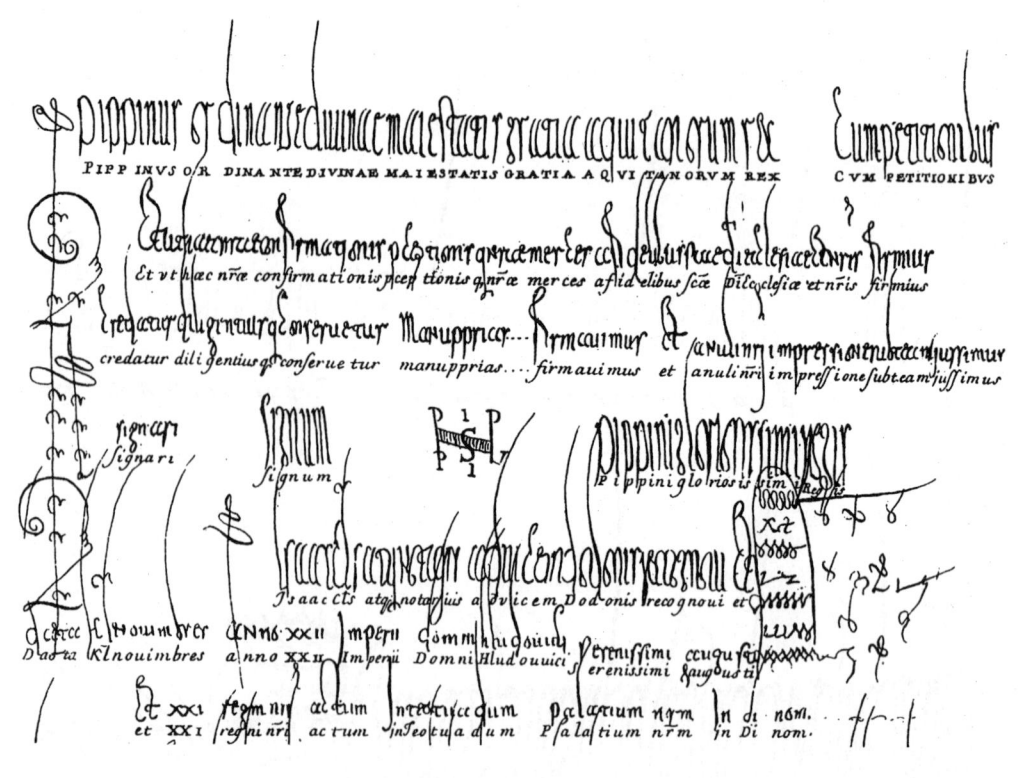

1 アキテーヌ王ペパンの書体

PIPPINVS OR DINANTE DIVINAE MAIESTATIS GRATIA AQVITANORVM REX CVM PETITIONIBVS

Et ut hæc nrae confirmationis præceptionis qnræ merces afid elibus scæ Dei ecclesiæ et nris firmius credatur diligentius qs conseruetur manuppriùs.... firmauimus et anuli nri impressione subter eam jussimus signari signum P I P P I Pippini gloriosis simi

Isaac tis atq notariùs ad uicem Dodonis recognoui et

Data Kl nouembres anno XXII Imperii Domni Hluduuici serenissimi ccuquefaugusti et XXI regni nri acti intecluaci dum Palatium nrm in Di nom.

第5巻 古書体の見本が掲載され，解説が付される 581

2 ルードヴィヒ・ドイツ王の書体

　この見本はサン=ドニ修道院所蔵の手稿文書から転写されているが，その印章は破砕されてなくなっている。王ルードヴィヒの息子シャルル肥満王［カール］が父の命令に従って，父の文書に下署していることに注意を喚起することが適切であろう。ルードヴィヒと統治年に関しては，本書2巻27章5節で問題にされている。この文書はドゥブレの書の785頁に掲載されているが，会計年度に誤りがある。

　［解読が付されていない日付事項は《Data V K[a]l[endas] Aug[u]s[ti], anno XXXIIII regni domni Hludovvici serenissimi regis in Orienta Francia regnante, Indictione XIIII. Actum Reganesburc civitate regia. In D[e]i nomine feliciter. Amen》と読む］

2 ルードヴィヒ・ドイツ王の書体

図版 XXX

1　皇帝ロテール1世の書体

これはサン=ドニ修道院所蔵の原本から転写されている。印章の銘は完全ではないので，トゥル近郊のサン=マンシュイ修道院の手稿文書から《XPE ADJUVA HLOTHARIUM AUG》のように補足されている。この原本における日付表記は，ドゥブレの書で刊行されているようなサン=ドニ修道院所蔵の文書における如く，後世の手によって改竄されている。これに関しては，我々が本書2巻26章第15節で述べたことを参照せよ。

［解読が付されていない日付事項は《Data III Non[as] Januarii anno Christo p[ro]pitio Imperii domni Hlotharii piissimi Augusti VIII, Indictione XI. Actum Aquisgrani palatio regio in D[e]i nomine feliciter. Amen》と読む］

1　皇帝ロテール1世の書体

第 5 巻　古書体の見本が掲載され，解説が付される

arius diuina ordinante prouidentia Imperator augustus

propria subter confirmauimus anuluque nri impressione assignari iussimus.—

roui et

actum aquisgrani palacio regio indi nomine feliciter amen

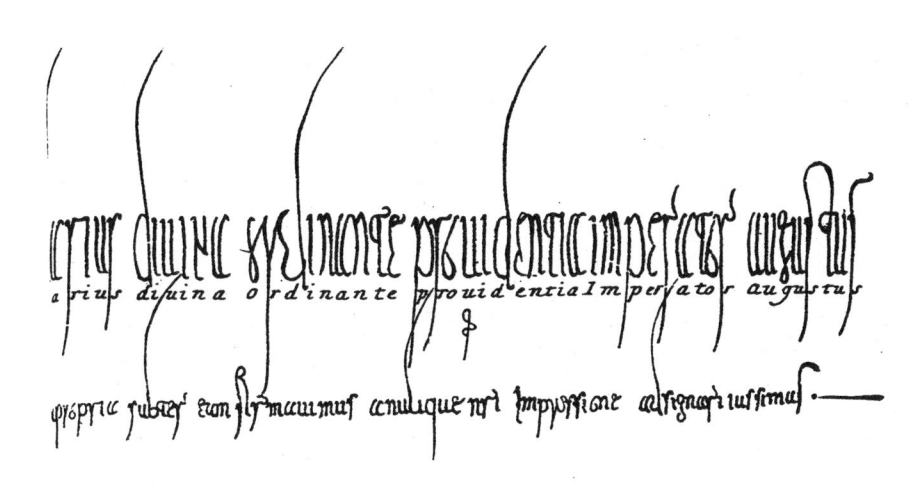

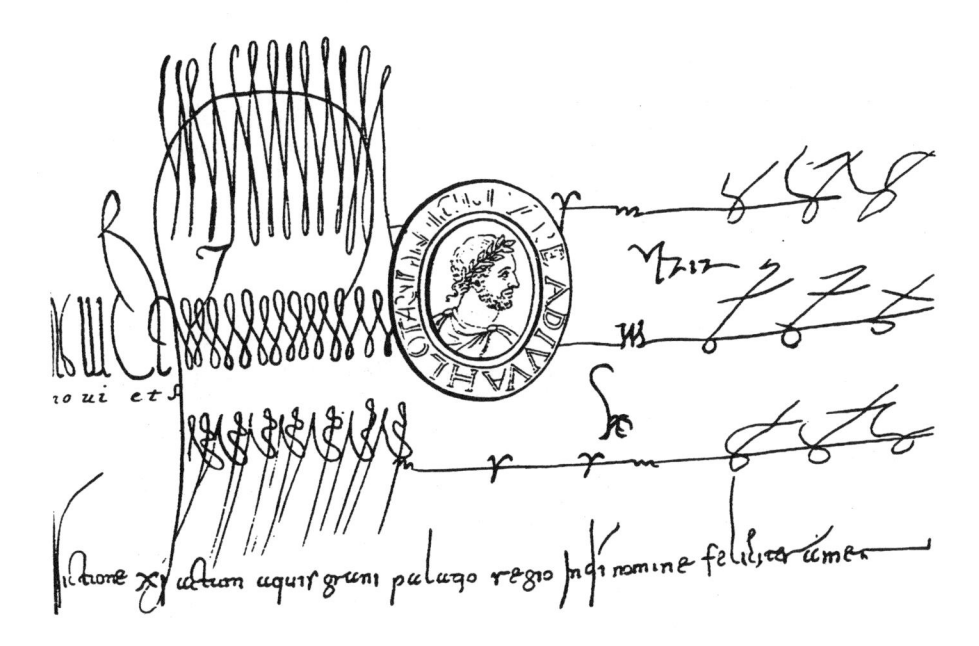

2　王ロテール[2世]の書体

　これも同じく，サン゠ドニ修道院の文書庫から抜き出されたものである。メッス近郊，サン゠タルヌール修道院所蔵の王ロテールの素晴らしい手稿文書は印章を持っていて，その銘は彼の父，ロテール帝のそれと殆ど同じで，《XPE ADJUVA HLOTHARIUM REGEM》とある。この文書の日付表記では，本書 2 巻 27 章 6 節で指摘しておいた如く，受肉の年が落ちている。この日付はロテール帝の死から 5 年，会計年度の 8 年に当たる 860 年と一致している。

　[解読が付されていない日付事項は《Data VII K[a]l[en]d[as] Febr[uar]ii, anno Christo propitio regni domni Hlotharii gloriosi regis V, Indictione VIII. Actu[m] Valentianas palatio regio in D[e]i nomine feliciter. Amen》と読む]

2　王ロテール[2世]の書体

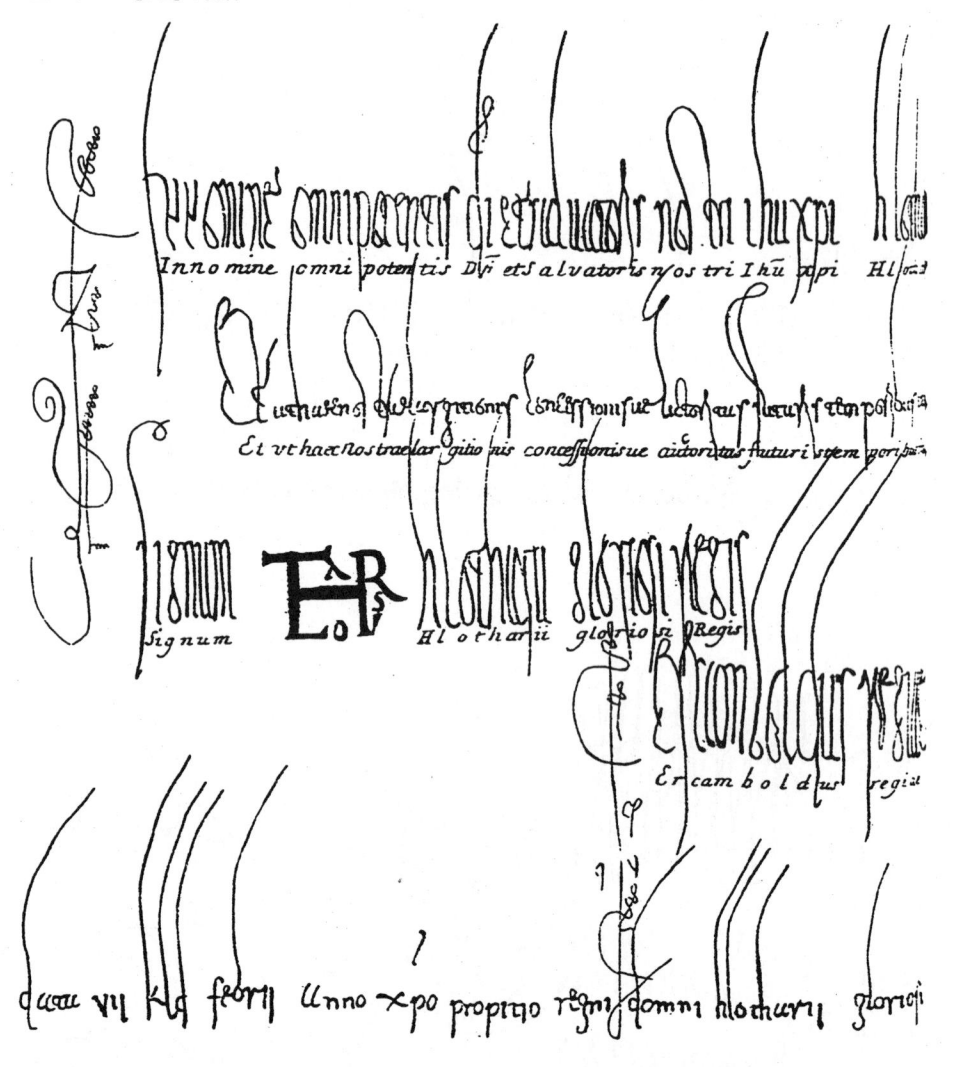

第 5 巻　古書体の見本が掲載され，解説が付される

ivina p̄ traeueniente clementia Rex　　n ouimus reiigione χ̄piani tatis imbuti

em optineat firmitatem Manupropria subter firmauim̄ et anuli nostri impressione iussim̄ assignari

itatis Canællari̇̄ recognoui et S.

V Indictione viij Actu uaentinianus puicaio ρego mei nomine feliciter amet

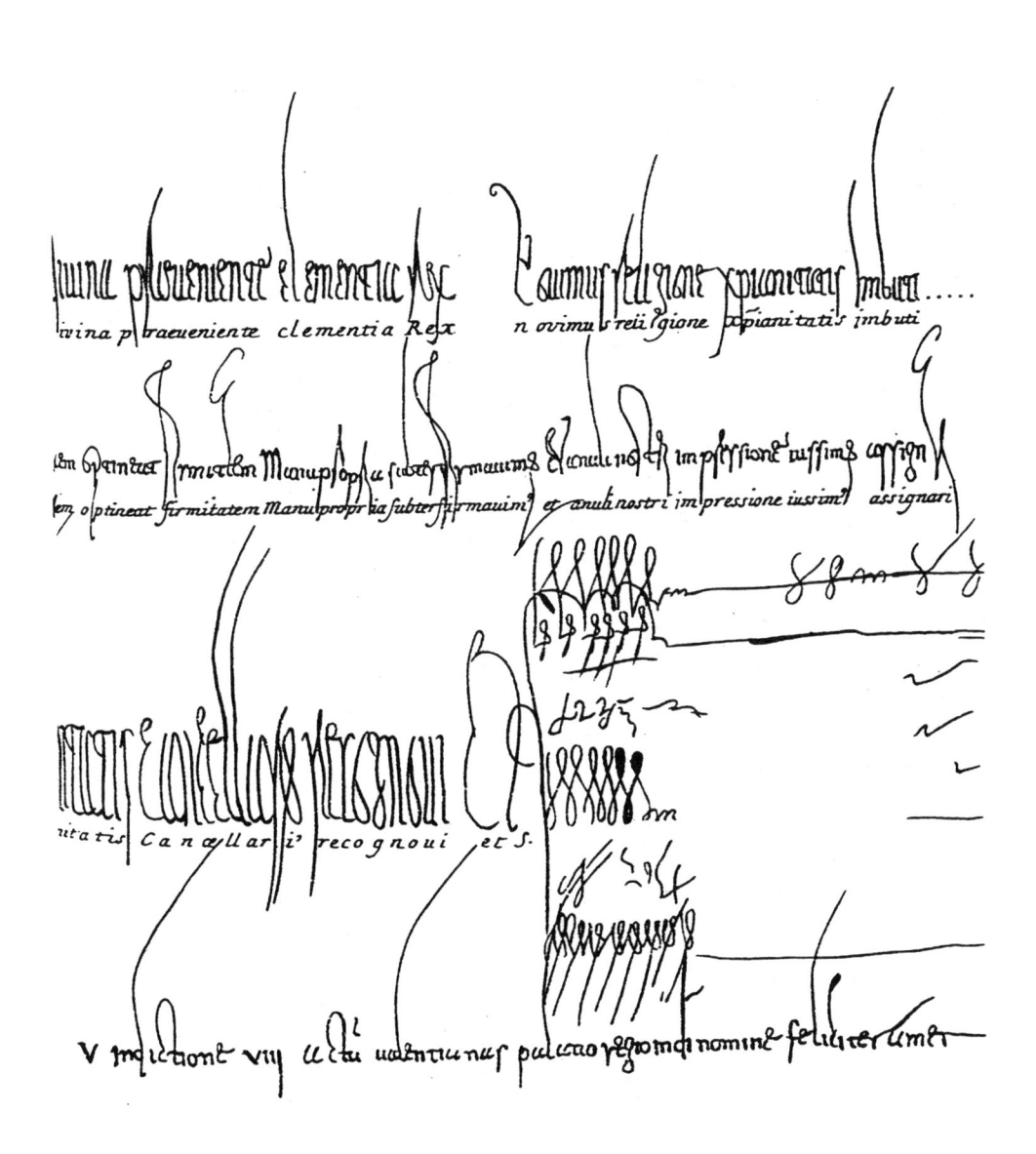

図版 XXXI

1 シャルル禿頭王の書体

ここでは，その名前が手稿文書で常に《K》によって表記されているシャルル禿頭王の統治年の計算法に注意が向けられねばならない。つまり，シャルルの統治の 2 年が同じく会計年度の 2 年と一致している計算法のことである。これに関しては，我々がこの文書が刊行されている本書 6 巻文書 81 で言っていることを参照せよ。

［解読が付されていない頭書，サイン，日付事項は《［クリスモン］In nomine sanctae et individuae Trinitatis, Karolus》《honorare……Et ut hæc nostræ largitationis atque donationibs auctoritas perpetuam obtineat firmitatem, manu propria subter eam firmavimus, et anuli nostri impressione adfirmari jussimus. Signu[m]［花押］Karoli gloriosissimi Regis》《Dat[a] VIII Idus Novembres, anno Christo propitio IIo, regnante Karolo gloriosissimo rege, Indictione IIa. Actum Monasterio sancti Dionisii in D[e]i nomine feliciter. Amen》と読む］

2 シャルル禿頭帝の書体

その当時，皇帝であったシャルル禿頭帝のコンピエーニュ修道院の創設に関するこの文書は有名であると同時に，非常に異例でもある。就中，シャルルの花押がギリシア皇帝のそれのように，朱色（辰砂または鉛丹）で描かれていることである。更に，文書官ゴズリヌスの名前が書記アウダクルスの下署の上に，同じく，赤色で付記されている。これに関しては，本書1巻10章で論じている。朱色に関しては，デュ・カンジュの『辞典』[114]とアラマンニによるプロコピウスの『秘史』[12] 20頁を参照せよ。後者において，著者はこの朱色が保存されていた壜が，子犬の形をしていたことから，「子犬」《caniculus》と呼ばれていたこと，そしてカエサルの朱色のインクを管理していた役人の呼称がこの名称から派生していることを教えてくれている。これ以外に，シャルル禿頭王の前記文書には，かつて金色の印章が下がっていた。これに関してある係争が生じたとき，パリ高等法院記録の1巻185葉にあるような判決が下された。1271年の五旬節に出された判決から一部を引用すると，「フランス王シャルル禿頭王の黄金の印章でサインされたコンピエーニュ修道院のある特権文書が恰も偽文書の疑いがあると法廷で判決された。印章を下げていた紐に印章がついていたはずなのに，それから引き離されていたと言うのが理由であった。その後，これは偽造によるよりも特権文書そのものの古さから起きたことであると考えられたため，国王陛下は同特権文書が当該修道院とその修道士に返還されるよう命じた」と書かれている。その後この印章は盗まれてしまったが，その値段は8または10ドカートスであったと言われている。その朱色によって全く格別で特殊な，その上同コンピエーニュ修道院に宛てた後続の諸王の文書によって権威を付与された非常に重要な手稿文書そのものは伝来している。我々の同僚，アシェリが編纂した『拾遺集』10巻[2]にコンピエーニュ修道院の文書庫所蔵から転写された文書が掲載されている。しかし，そこには我々が手稿文書に基づいて修正した幾つかの誤りがある。このようにして修正されたものをここに掲載することは，次ページの空白を埋めるためにも適切であろう。

《In nomine sancte et individue Trinitatis, KARORUS ejusdem Dei omnipotentis misericordia Imperator Augustus. Quidquid voto aut gratiarum actione Dei omnipotenti offerimus, cui non solum omnia qua habemus, quaque de manu ejus accepimus, sed etiam nosmetipsos debemus, qui nos et praedecessores nostros Imperatores et Reges nullo nostro merito, sed sua benignissima gratia regiam in stemma evehere dignatus est; hoc nobis ad praesentem vitam felicius transigendam, et ad futuram uberius capessendam consequentius fore nullo modo dubitamus. Proinde quia divae recordationis Imperator avus scilicet noster KAROLUS, cui divina providentia monarchiam totius hujus imperii conferre dignata est, in palatio Aquensi cappellam in honore beatae Dei Genitricis et Virginus Mariae construxisse, ac Clericos inibi Domino ob suae animae remedium atque peccaminum absolutionem, pariterque ob dignitatem apicis Imperialis deservire constituisse, accongerie quamplurima Reliquiarum eumdem locum sacrasse, multiplicibusque ornamentis excoluisse dinoscitur; nos quoque morem illius imitari, ceterorumque Regum et Imperatorum praedecessorum scilicet nostrorum cupientes, cum pars illa Regni nobis sorte divisionis nondum contigerit, infra tamen potestatis nostrae ditionem, in palatio videlicet Conpendio, in honore gloriosae Dei genitricis ac perpetuae semper virginis Mariae monasterim, cui Regium vocauum dedimus, fundotenus extruximus, et donariis quamplurimis Domino juvante ditavimus, atque Clericos inibi numero centum pro statu sanctae Dei Ecclesiae, pro genitoribus ac progenitoribus nostris, pro nobis, conjuge et prole, proque totius regni stabilitate jugiter Domini misericordiam implorare decrevimus. In cujus basilicae usus atque in praefatorum Fratrum necessaria stipendia, villas has perpetuo habendas delegavimus, id est in pago Tardanensi villam Ruminiacum cum capella et omni integritate sua; et in pago Belvacensi villam Longogilum, Sacciacum et Mariscum cum omnibus ad se pertinentibus; et in pago Ambianensi Melvillare et Erptias; in pago Bolinensi villam Attinium; et cellam sanctae Magrae in pago Tardanensi cum omnibus appendiciis suis, et in Suessionico villam Bruarias; et in pago Laudunensi Stradonis-villam, et Bairiacum post Primordii discessum; in pago Vermandensi villam Capiacum: culturam etiam, quam eisdem Fratribus ad suos exteriores usus extra monasterium cum piscatura concessimus: capellam in Venitta, capellam in Vermeria, capellam in Nantoilo, capellam in Mamaccis post discessum Bertonis: in pago Noviomensi villulam quae dicitur Bonas-mansiones: decimas etiam fiscorum, quas eis per Praeceptum concessimus, hoc est decimam Cassini, Vermeriae, Cotomariorum, Ridi, atque Mamaccis, et duas partes decimae de Andriaco villa, Dorlindo, Creolicumno, Ferrariis, Cincinniaco, Aminiaco, Vienna, Roseto, Salmuntiaco, Antiniaco, Erchiriaco, Siviniaco, Attiniaco, Belmia, Tasiaco, Bidrico, Potione, Merlao, atque Buxeto, et reliquas omnes, quas per nostrum Praeceptum habent; et Casellas in Burgundia, et Pontem super fluvium Vitulam pertinentem de Finibus, et omne teloneum annualis mercati, cum prato, ubi contra Venittam congregari solet. Similiter etiam totius silentii et quietudinis Canonicae ibi morem observandum, et ut a nullo exteriori hospite viletur confirmamus, sicut in eorem Praecepto dicitur, et de mansionibus, aeque liberam canonice licenteam tribuimus, sicut in eodem continetur Praecepto. Praeterea memorato sancto monasterio et fratribus inibi assidue

Domino famulantibus, in die qua dedicationem ipsius sanctae basilicae celebravimus, hoc est tertio Nonas Maii, per idem nostrae auctoritatis Praeceptum concedimus in pago Tardanensi villam Sarciacum cum manso indominicato, et capellam et quidquid ibi aspicit, vel quidquid ex eadem OTHERUS olim Comes habuit; et in pago Belvacensi, in Bettonicurte, quidquid ibi de Madriniaco aspicit. Praedicta itaque omnia, villas et res, quas ante dedicationem praefatae basilicae, et has quas in ejusdem dedicatione concessimus, cum capellis et omnibus appendiciis suis terris, vineis, silvis, pratis, pascuis, aquis, aquarumve decursibus, molendinis, mancpiis utriusque sexus desuper commanentibus, vel ad easdem juste legaliterque pertinentibus, exitibus et regrressibus, et universis legitimis terminationibus, saepe dicto sancto loco congregationique inibi Domino deservienti aeternaliter habendas, et canonice disponendas pro eorum oportunitatibus destinamus, et de nostro jure in jus et potestatem ejusdem monasterii transponimus, ita ut quidquid ab hodierna die, sicut in aliis Pracepi nosti ordinabimus, per nos perque successores nostrod, vel quorumlibrt dono divina pietas saepe fato et fratribus conferre voluerit, habeant, teneant atque possideant, liberamque ac firmissimam in omnibus habeant potestatem faciendi atque canonice disponendi, eo scilicet ordine, ut officinae et ministeria ejusdem loci, scilicet luminarium hospitum, ac receptionis pauperum, atque stipendiorum Fratrum, secundum quod nos aut Missi nostri seu Praelati ejusdem monasterii congrue disposuerint, ordinata consistant. Sanccimus denique etiam, ut praefatae res omnes sub immunitate et tuitionis nostrae defensione ea consistant, qua ceterarum ecclesiarum res, quae hoc a nobis vel praedecessoribus nostris obtinere promeruerunt, consistere noscuntur; ita ut nemo fidelium nostrorum, vel quilibet ex judiciaria potestate, aut ullus ex reliquis tam praesentibus quam futuris, in ecclesias aut loca, vel agros, seu reliquas possessiones praefati monasterii, quas in quibuslibet pagis vel territoriis juste et legaliter possidet, vel ea quae deinceps in jure ipsius sancti loci divina pietas augeri voluerit, ad causas audiendas, vel freda, aut tributa exigenda, aut mansionaticos, vel paratas faciendas, seu fidejussores tollendos, sive homines tam ingenuos quamque et servos super terram ipsius commanentes, distringendos, aut ullas redibitiones, aut illicitas occasiones requirendas, nostris nec futuris temporibus ingredi audeat, nec ea quae supra memorata sunt penitus exigere praesumat: et quidquid de rebus memoratae ecclesiae fiscus sperare poterat, totum nos pro aeterna remuneratione praedicto sancto loco concessisse perpateat, ut perhennibus temporibus in alimonia pauperum, et stipendia Canonicorum ibidem Domino famulantium, in augmentum proficiat: quatenus ipsis servis Dei eorumque successoribus pro nobis Domini misercordiam uberius exorare delectet. Et quia praefatas res omnes ex fiscis nostris fuisse constat, volumus, pariterque jubemus, ut sub ea lege qua res fisci nostri jugiter maneant, atque sub eo mundeburde et defensione tueantur ac defendantur; et sub ea tuitione imperiali consistant, qua coenobia, Prumia scilicet, quod atavus noster PIPPINUS construxit, et monasterium Sanctimonialium Laudono in honore sanctae Mariae constitutum consistere noscuntur. Enim vero quae in auro, argento et gemmis, vestibus, rebus, vel in quibuslibet speciebaus eidem loco concessimus, quia ob amorem divini cultus pariterque animae nostrae, genitorum ac progenitorum nostrorum remedium Domino conseranda obtulimus; rogamus atque testificatione divini nominis interdicimus, ut nullus Regum aut Imperatorum successorum nostrorum, nec quisquam cujuslibet ordinis qualibet dignitate praeditus, ex iis quae supra memorata sunt quidquam in suos usus accipiat, aut in capellae suae cultus admoveat, nec (sicut aliquando factum esse constat) ad alicam ecclesiam quasi sub obtentu eleemosynae conferat, sed sicut ea Domino ac praefato loco sancto dedimus, integerrime ac perpetualiter habenda conservit.

Iis vero omnibus supradictis rebus, quas saepe memorato loco in oportunitate basilicae et fratrum praefatorum numero centum suffragia constituimus, nihil minuere quisquam praesumat: sed haec nostrae pietatis concessio et imperialis altitudinis sanctio ita perpetuo conservetur, sicut in privilegio Domni et sanctissimi Patris nostri JOHANNIS Apostolici et universalis Papae, ac aliorum Episcoporum privilegiis continetur astipulatum: augere vero si quispiam voluerit, augmentatis et multiplicatis eorum usibus rebus accumulentur divini cultores servitii. Memoratum denique Domni et sanctissimi Papae Johannis privilegium per hoc nostra imperialis excellentia dictum confirmamus, atque sicuti sua decrevit sanctio, ita perpetuo mansurum nostra decernit roboratio: Et ut haec nostrae donationis auctoritas, ac edicti constitutio, atque immunitatis roboratio per omnia tempora inviolabiliter in Dei nomine conservetur, veriusque credatur, manu propria subter firmavimus, et bullarum nostrarum imperssionibus insigniri jussimus.

Signum KAROLI gloriossimi Imperatoris Augusuti.

Signum HLUDOVVICI gloriosi Regis

AUDACHER Notarius ad vicem GAUZLINI recognovit et subscripsit.

Datum tertio Nonas Maii, Indictione decima, anno XXXVII. regni Domni Karoli Imperatoris in Francia, et in successione Lotharii Regis VIII. et imperii secundo. Actum Compendio palatio imperiali in Dei nomine feliciter. Amen.⟩

シャル禿頭王が諸教会及び諸修道院のために作成した殆ど数えきれない量の文書（我々はそれらの多くを本書6巻で言及している）から判断して，教皇アドリアン2世が書簡29において，「更に，非常に多くの誠実な人々によって，あなたがこの世における特別にして最高の神の教会の愛護者，振興者，称揚者であること，従って，あなたが自分の財産で富ませ，財産の非常に多くを返還しなかった司教座教会や修道院はあなたの王国内には見当らない……との報告がもたらされている」と同王に宛てて書いていることは明らかに真実を語っている。

［解読が付されていない頭書の最初，サイン，日付事項は《［クリスモン］In nomine sanctae et individuae Trinitatis》，《Signum Karoli［花押］gloriosissimi Imperatoris Augusti. Signum Hludovvici［花押］gloriosi regis. Audacher Notarius ad vicem Gauzlini recognovit et subscripsit.》，《Datu[m] III Noas Mai[i], Indictione X, anno XXXVII regni domni Karoli Imp[erato]ris in Francia, et in successione Lotharii regis VII, et Imperii se[cun]do. Actu[m] Co[m]pendio palatio Imperiali in D[e]i nomine feliciter. Amen》と読む］

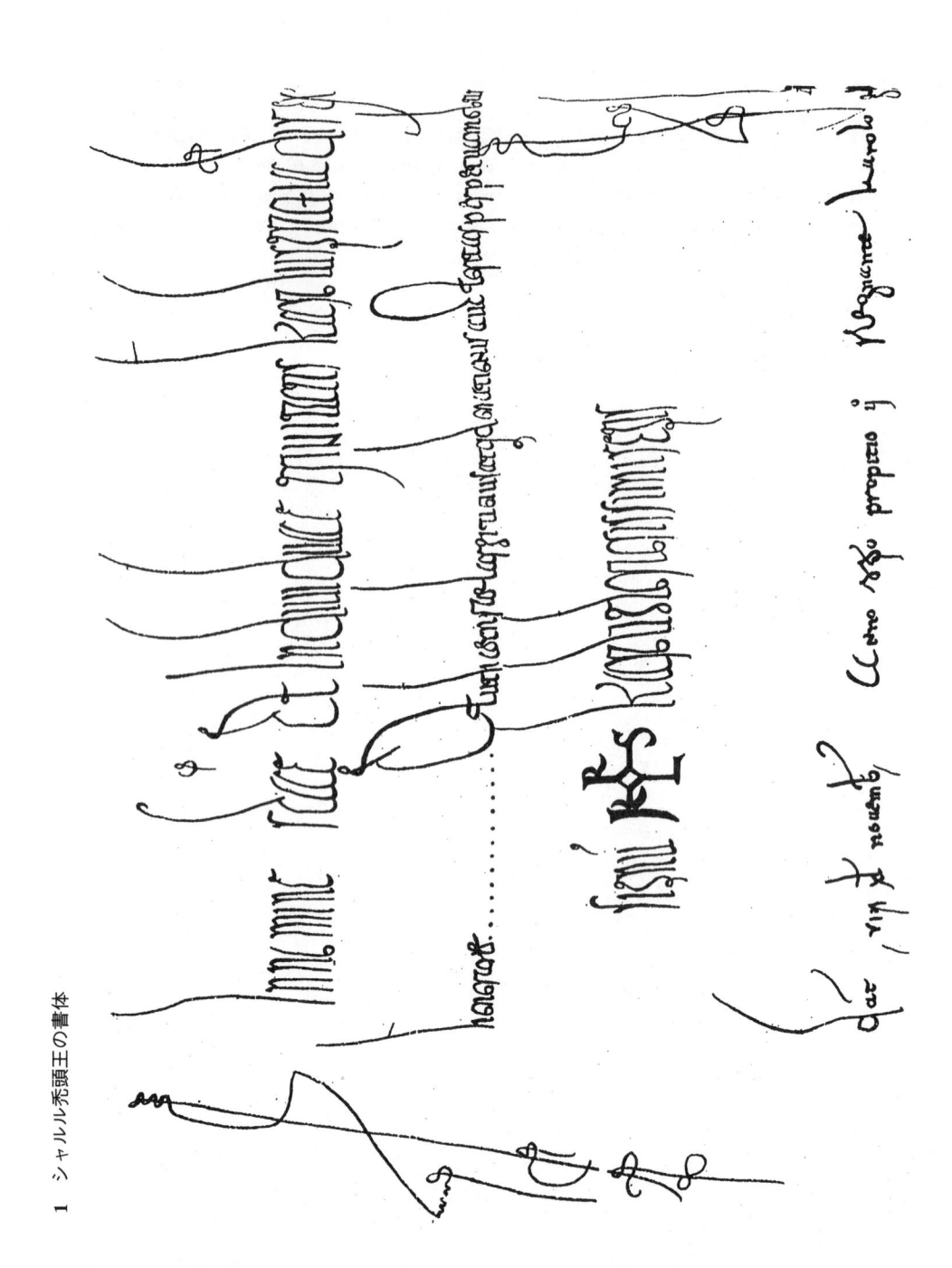

1 シャルル禿頭王の書体

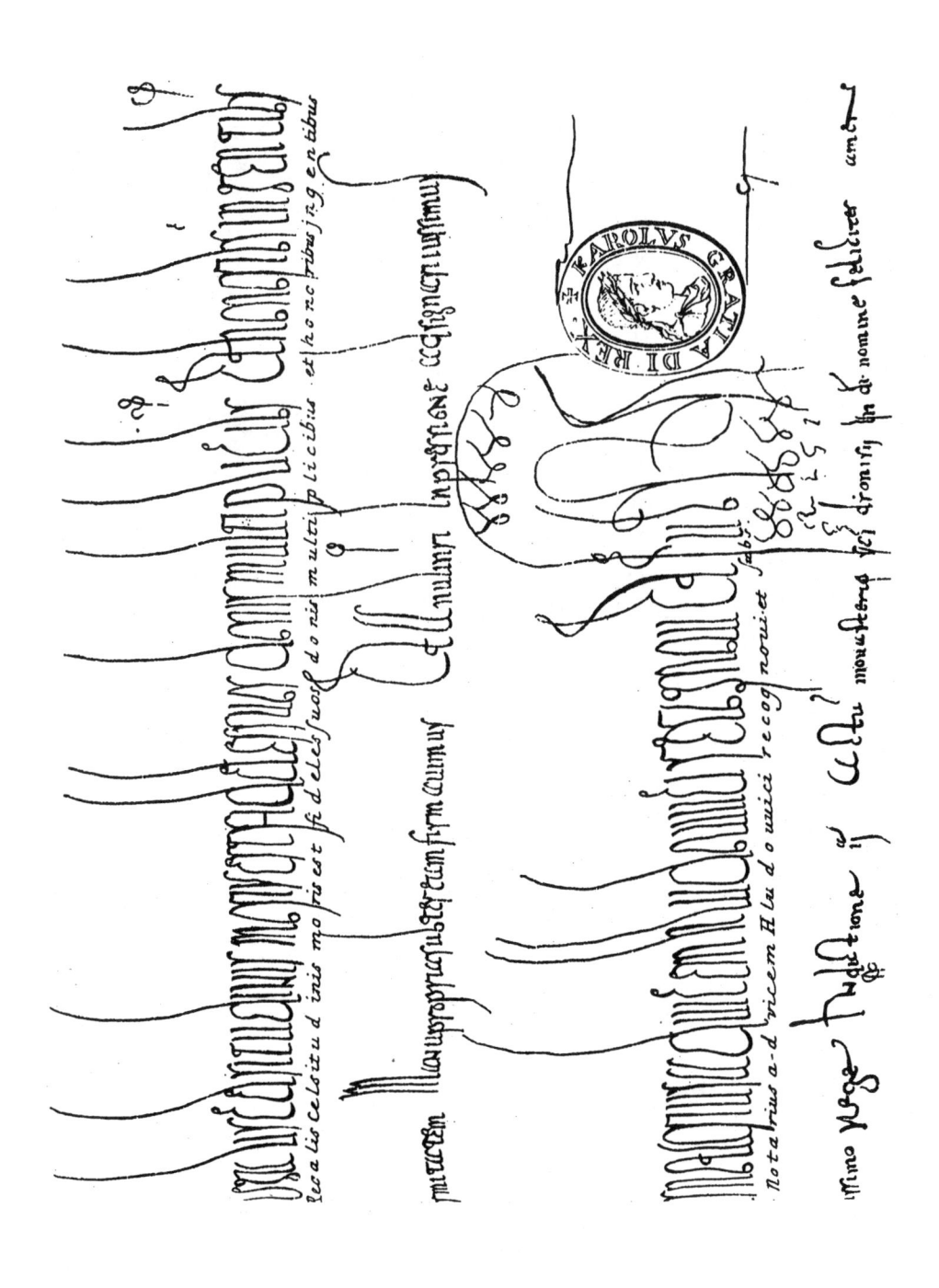

第5巻 古書体の見本が掲載され，解説が付される 591

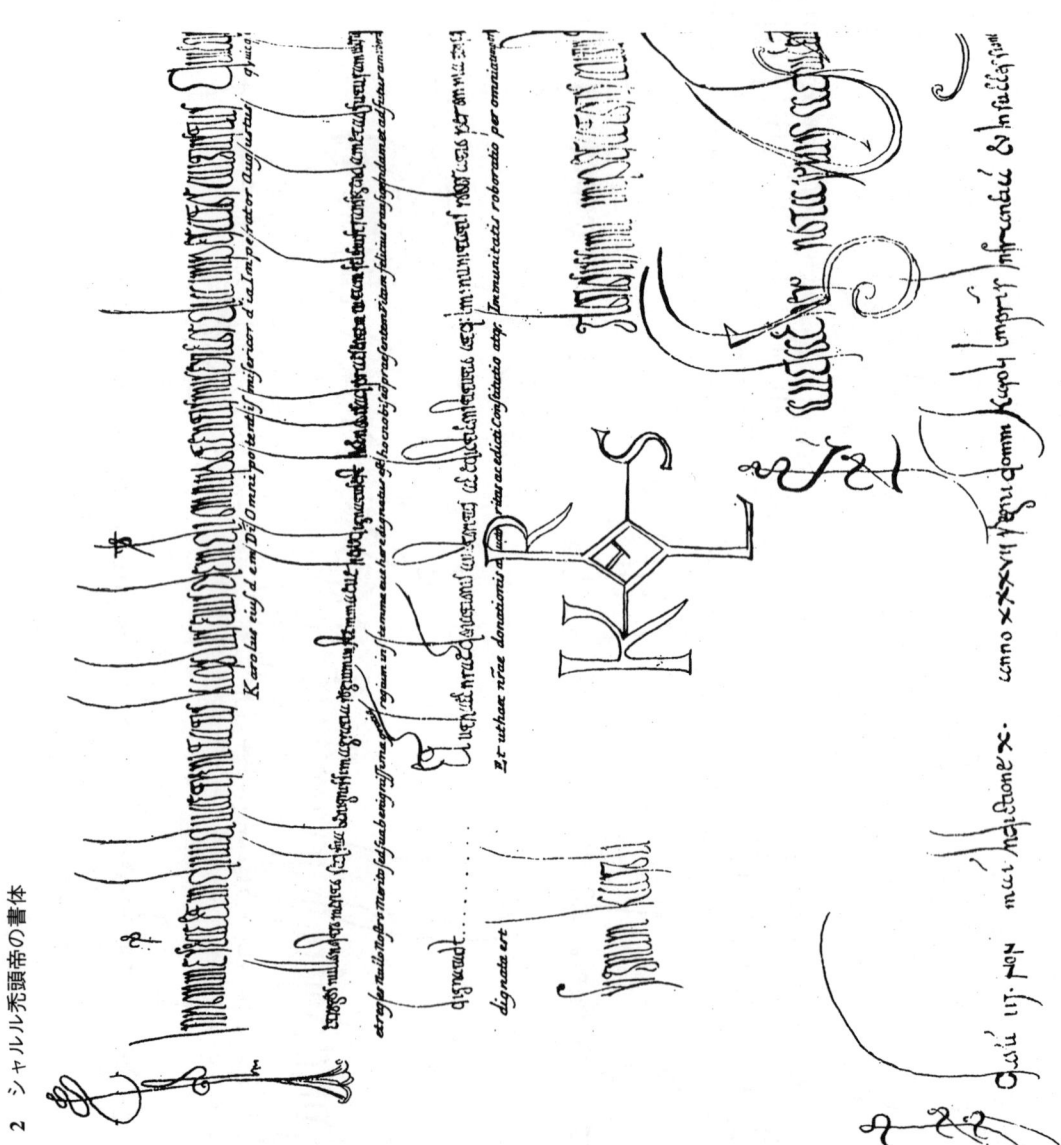

2 シャルル禿頭帝の書体

第5巻　古書体の見本が掲載され，解説が付される

図版 XXXII

1 シャルル禿頭帝の書体

これはシャルル禿頭王に関する3番目の見本，皇帝としては2番目の見本であるが，サン゠ドニ修道院所蔵の手稿文書から抜き出されている。次のことを除いて，ここで指摘することはない。それは文書官の下署において《Franco Prepositus ambasciavit》とあることである。我々はこれに関して，本書2巻26章で説明を加えている。印章におけるシャルルの肖像は皇帝シャルルのものとしては唯一のものであるが，王としての肖像と大いに異なっている。しかし，もし誤りがあるとすれば，この謄本を忠実に転写しなかった彫刻師にまず帰せられるべきであろう。更に，各ローマ皇帝のいろいろな貨幣は経験を積んだ職人によって彫られてはいるが，碩学デュ・カンジュの『辞典』[114]に収められたビザンツ諸皇帝の貨幣に関して確認できる如く，一つとして合致するものはない。我々が文書115で証明している如く，シャルル禿頭王はある時は「偉大なシャルル」《Karolus Magnus》[これはシャルルマーニュのラテン語表記でもあった]と呼ばれている。同じ名称は，更に，修道士フォルカンの著書に収められた未刊行のシティユ修道院文書において，シャルル肥満王にも与えられている。そこでロディヌス某が修道院長ラウールに「偉大な皇帝シャルル《Karoli Magni Imperatoris》の統治の初年，アミアンのサンテール，ロジェールと呼ばれる所にある」領地を譲渡したことが述べられている。この場合，シャルル肥満王が問題になっていると理解される。従って，王が皇帝として統治していたとき，あだ名としてではなくて，美称辞として「偉大な」と呼ばれることが習慣になっていたと考えられる。

[この見本は次のように翻刻される。

《In nomine s[anc]tae et individuae Trinitatis, Karolus ejusdem Dei omnipotentis misericordia Imperator Augustus. Si sacris locis et divinis cultibus emolumentum mancipatis Imperialis celsitudinis exhibemus, profuturum nobis hoc ad aeternama beati……Ut autem hujus nostrae auctoritatis praeceptum pleniorem in Dei nomine firmitatis obtineat vigorem, manu nostra illud firmavimus, et anulo nostro jussimus sigillari.

Signum Karoli [花押] gloriosissimi Imperatoris Augusti.

Audacher Notarius ad vicem Gauzlini recognovit.

Data XII K[a]l[endas] Augusti, Indictione X, anno XXXVIII regni Karoli gloriosi Imperatoris Augusti in Francia, et Imperii ejus II. Actum Lingonis civitate feliciter in D[e]i nomine. Amen.》]

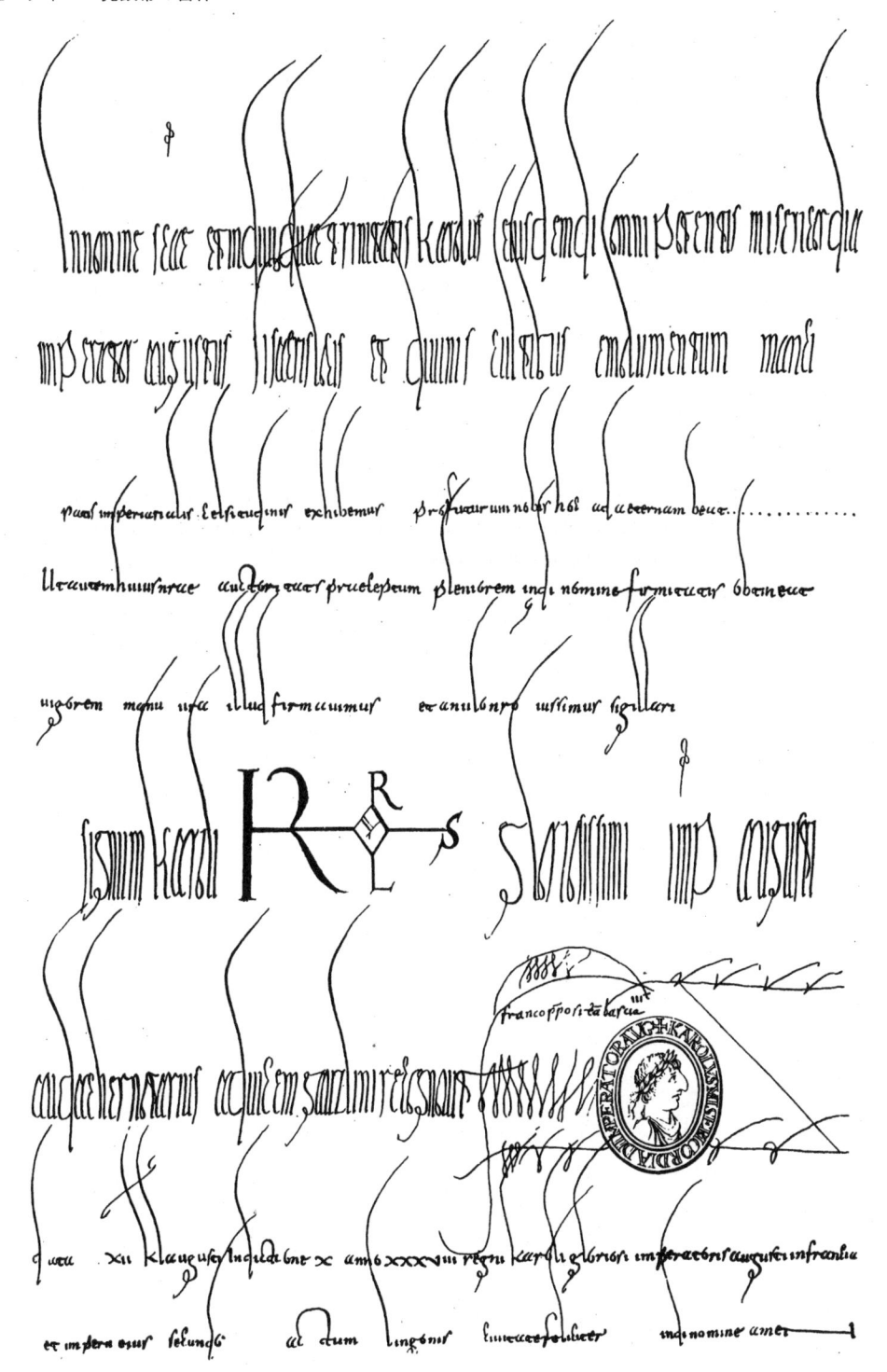

図版 XXXII

1 シャルル禿頭帝の書体

図版 XXXIII

1 ルイ吃王の書体

これはサン゠ドニ修道院文書庫から抜き書きされたものである。印章の銘は殆ど摩滅してしまっている。我々が本書6巻でその写しを参照しているサン゠ベニーニュ修道院所蔵の手稿文書での印章のほうがはっきりしている。従って，サン゠ドニ修道院の文書において，印章の銘は「神の恩寵による王ルイ」《HLUDOWICUS GRATIA DI REX》となっていた。この文書が下付された「王領地ヴリアウス」《Vriaus fiscus》はブールジュ地方[中部フランス]の一般にヴリエルと呼ばれている土地である。ルイ吃王には3人の息子がいたが，そのうち上の2人，ルイとカルロマンは父の死後，短期間ではあるが同時に統治した。「単純な」《Simplex》とあだ名される三男，シャルルはシャルル[カール]肥満王とウードの後に国王になる。カルロマンは兄ルイよりも長生きしたが，後者の文書は1通も発見されていない。カルロマンの文書は非常に多く残っており，我々はその中の2通を本書6巻に掲載している。我々は1通の真正文書をオータンのサン゠ナゼール司教座教会の文書庫で発見した。それによってカルロマンは伯リシャールの要請に応えて，かつて同教会から奪い取られ，伯権に帰属させられていたテニ荘園を司教アダルガールとサン゠ナゼール司教座教会に返還している。この命令文書で書記ノルベールが王の後に下署している。「11月30日，いと栄光に満ちたカルロマン王の統治の2年，会計年度の13年(つまり，西暦880年)に下付された。伯ティエリがネロンヴィル荘園でこの行為を仲介した」。この荘園はサンス司教管区内[パリの南方]に所在する。

［この見本は以下のように翻刻される。

《[クリスモン] In nomine Dei aeterni et Salvatoris nostri Jesu-Christi, Hludovicus misericordia Dei Rex. Regalis celsitudinis mos est fideles regni sui donis multiplicibus atque honoribus ingentibus honorare,......manu propria subter eam firmavimus, et annuli nostri impressione assignari jussimus.

Signum Hludovvici gloriosissimi regis.

Wigbaldus notarius ad vicem Gozleni recognovit et subscripsit.

Datum K[a]l[endis] Jan[ua]rii, Indictione XII, anno II regni domni Hludovvici gloriosissimi regis. Actu[m] Uriau fisco in D[e]i nom[ine] felicit[er]. Am[en].》

2 シャルル単純王の書体

これも同じく,サン=ドニ修道院の文書庫から取られている。ここで特記すべきは,文書官ヘリヴェイウスに代わってこの文書を承認している書記ゴズリヌスがそれ以前文書官の名称が付されていなかったにも拘らず,「大司教兼文書長」の職名を帯びていることである。他方,シャルル単純王が統治していたとき,皇帝の書記がこの職名を用いているし,フランク諸王の書記がこの習慣を導入している。シャルル単純王の三つの時代に関しては,我々が本書 2 巻 26 章 20 節で述べていることを参照せよ。

[この見本は以下のように翻刻される。

《[クリスモン] In nomine s[anc]tae et individuae Trinitatis,......bus ad nostram celsitudinem subsidium praebemus, procul dubio divinitatis clementiam nobis fore misericordiorem non dubitamus.

Signum Karoli regis gloriosissimi

Goslinus notarius ad vicem Herivei Archiepiscopi summique cancellarii recognovit.

Datum V K[a]l[endas] Jun. Indictione V, anno XXV regnante Karolo rege gloriosissimo, redintegrante XX, largiore vero hereditate indepta VI. Actum Attiniaco palatio in D[e]i nomine felicit[er]. Amen.》]

図版 XXXIII

1 ルイ吃王の書体

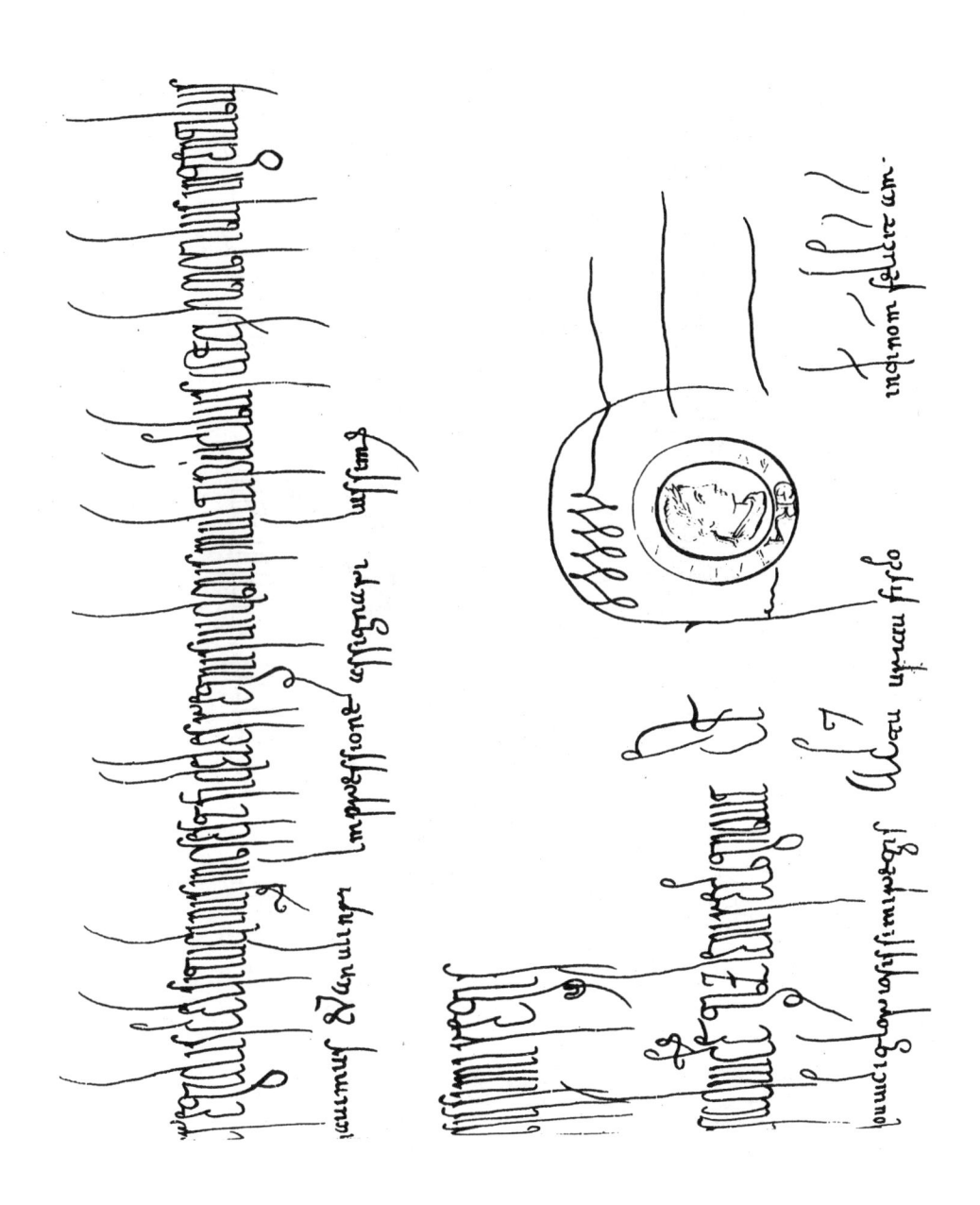

第 5 巻　古書体の見本が掲載され，解説が付される

2 シャルル単純王の書体

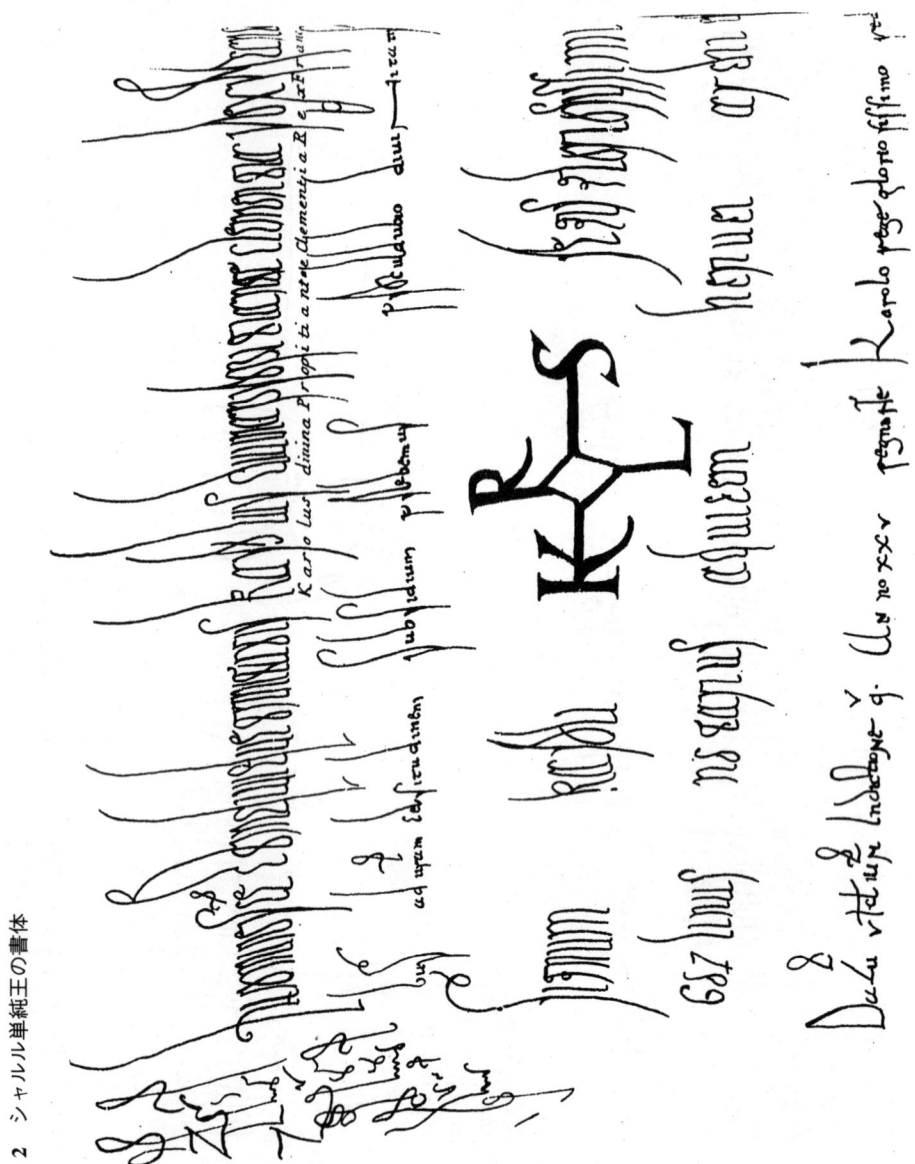

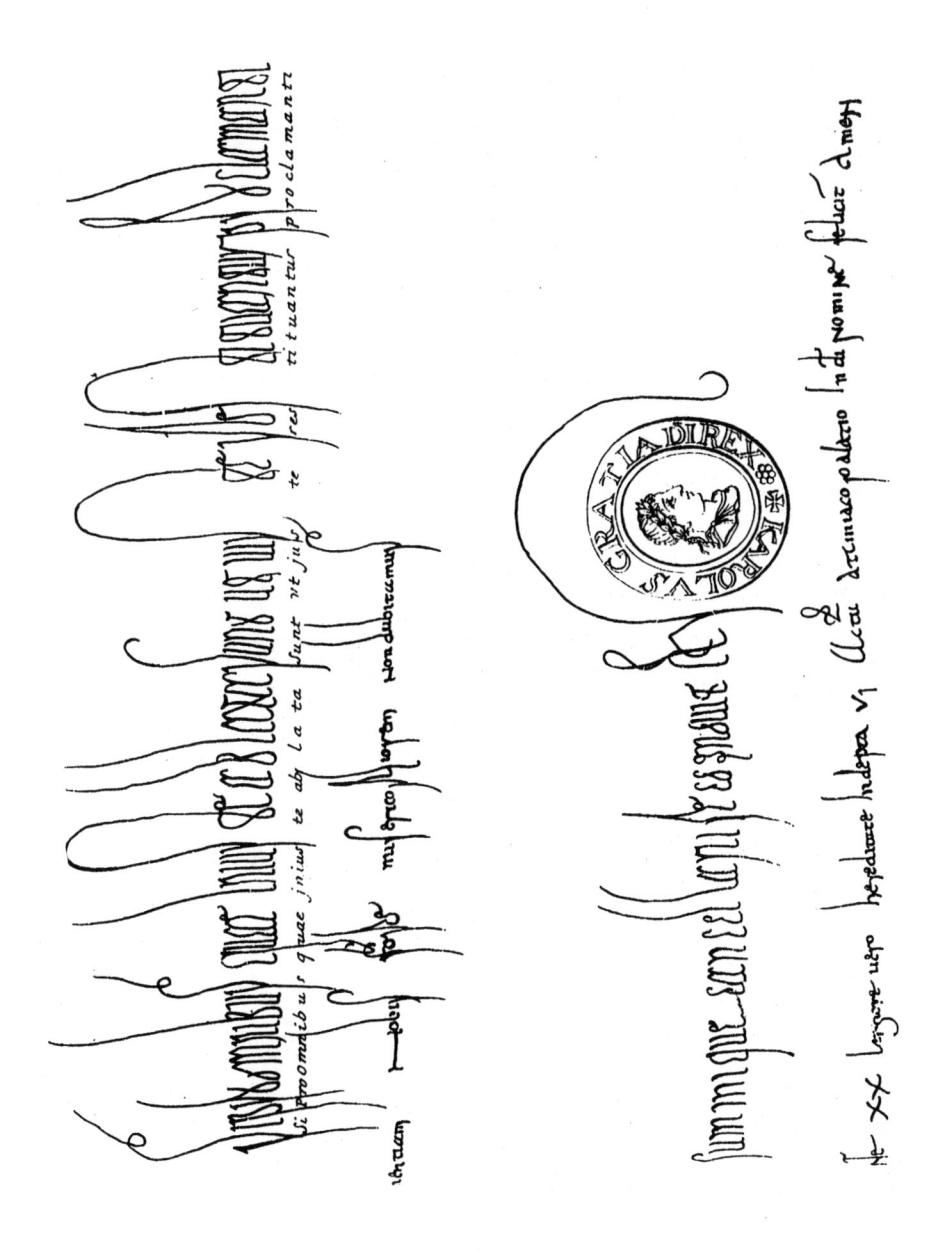

第5巻 古書体の見本が掲載され，解説が付される

601

図版 XXXIV

1 王ウードの書体

この見本はシャルトル司教座教会所蔵の手稿文書から取られている。それには印章が付されているが，シャルトルの原本にはいかなる銘も現われていないので，それに関して，ウード自身の肖像が描かれているのかかつて私には疑問に思われた。しかし，オータン司教座教会の文書庫に保管されていた同ウードの無疵で完全な別の真正文書がこの疑いを完全に取り去った。そこには「神の恩寵による王ウード」《ODO GRATIA DĪ REX》の銘が円状に刻まれていた。この印章から，彼が大柄な男であったことは明らかである。花押の真ん中にギリシア文字の《Y》が付記されている。これは，オータン司教オジエ及びサン＝ナゼール司教座教会にヌヴェール，シャロン＝シュル＝ソーヌ，マコンの3地方[中部フランス]にあったコンジ，セルヴィニ，サヴィニの3荘園を返還している王ウードの命令文書である。「6月22日，会計年度の8年，主の受肉の890年，ウード陛下の統治の3年に交付された。そしてムアン修道院(このムアンはオルレアンの町のすぐ南，ロワール河畔に位置する)で行なわれた。ドルアンがエーブルに代わって承認した」とある。このドルアンはミシの修道士レタルドが我々の聖者伝集成 [4] の第1世紀で刊行されている修道院長聖メスマンの奇蹟譚の中で言及している，そしてライモが司教であった888年(それは司教ライモの要請を受けて，ある非自由人を解放した同年発給の王ウードの文書から明らかである)以前に死んだ，オルレアン司教ドルアンとは別人である。上記の文書が交付されているのはオルレアン近郊，サン＝メスマン修道院が所在するミシである。読者諸賢はウードの印章の入念な印影を本書『補遺』[238] 11章で見るであろう。

1 王ウードの書体

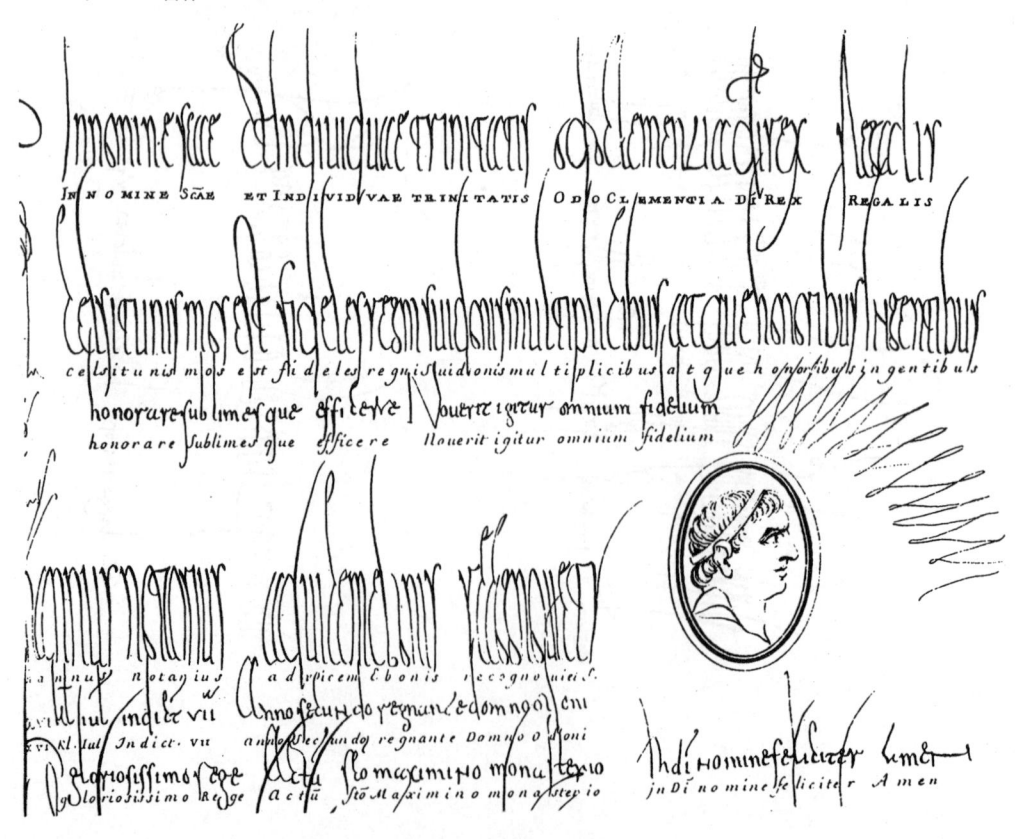

2　同上

　この見本が抜き出されているサン=ドニ修道院所蔵の謄本にある印章は破砕されてない。しかし，シャルトル所蔵にはないウードの花押は存在している。しかしその花押に関して，《Y》の文字が四角形の中央に見いだされる。我々はこの文字に関して本書2巻10章で論じているが，同時に注意してもらいたいのは，この文字はウードの名前を補完するためにではなくて，下署に権威を持たせるために付されたことである。新しいこととして，日付事項がそれを異なる書体で書くのが習わしであったそれまでの諸王に反して，大文字で表示されていることである。同6巻文書121において，書出し書式が「フランク人の王」《Rex Francorum》となっている(但し，この文言は他の文書では至るところで欠けているので，文書集の編者が誤りを犯していないとするならばのことであるが)。この「フランク人の」《Francorum》の名称は既にシャルルマーニュによって採用されているが，シャルル単純王は文書125において，同じくその後でルイ海外王，そしてルイ[5世]も使っている。カペ諸王も至るところでこれを使用している。

　[この文書の日付事項は《Datum sub die VI Non[as] Mai[as], Indictione XII, anno VII regnante Odone gloriosissimo rege. Actu[m] monasterio s[an]c[t]i Dionysii in D[e]i nomine feliciter. Amen.》と読む]

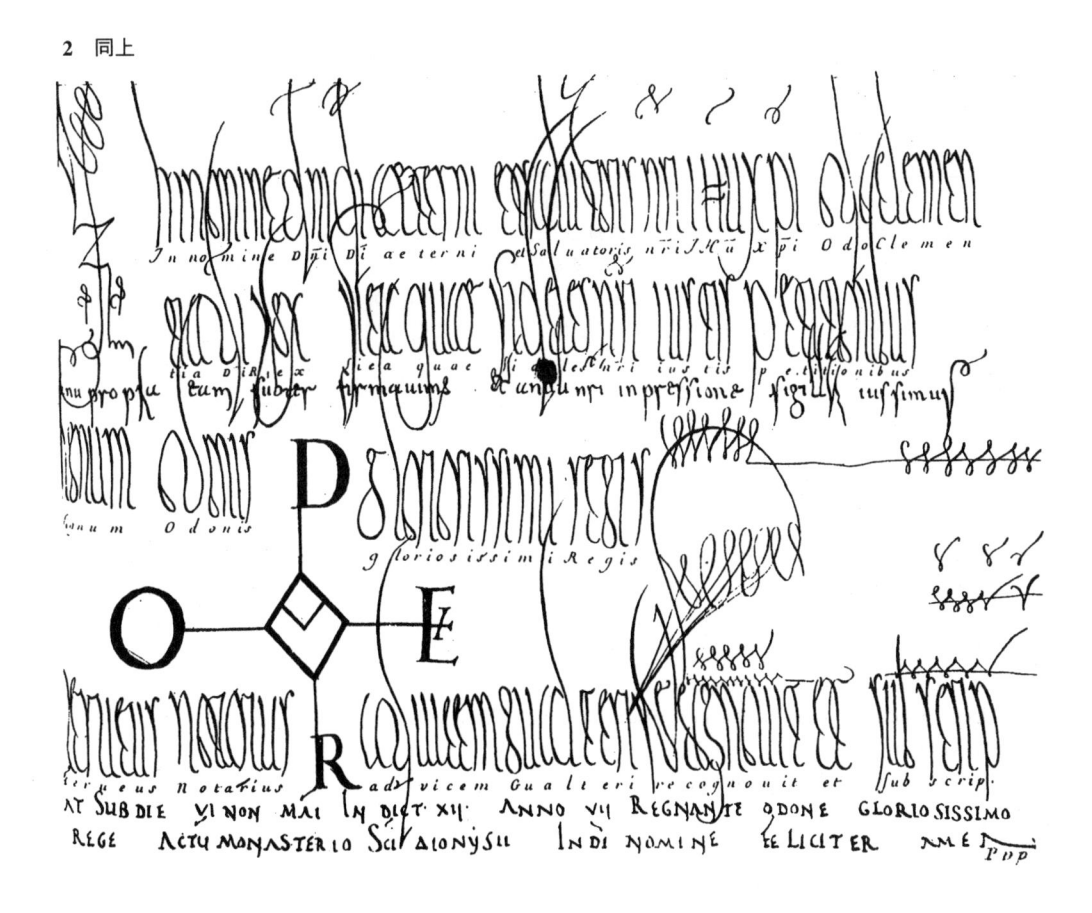

2　同上

図版 XXXV

1 王ズウェンティボルの書体

　彼は皇帝で国王でもあった父アルヌールのあとオストラジ王になるが，この父の庶子であった。彼のこの手稿文書はサン=ドニ修道院の文書庫に保管されていて，ドゥブレの書[111] 808頁で刊行されている。書出しにはズエンテブルクス《Zuentebulchus》とあるが，下署，日付事項，印章にはズエンテバルドス《Zuentebaldus》とある。

　サン=ミシェル=シュル=ラ=ムーズ修道院の文書庫に保管されている同王の別の手稿文書のサインと日付事項には，ズエンティボルドス《Zuentiboldus》と書かれている。但し，ここに掲載されている文書と同じ書記が文書を作成し承認しているのであるが。更に，ここでヴァルデガルドス《VValdgerus》とある同一の書記が別の文書ではヴィデルゲルス《VVidelgerus》と下署している。つまり，このように固有名詞の綴りはかなりの頻度で異なっていたのである。このサン=ミシェル修道院所蔵の手稿文書から印章の見本が転写され，我々に届けられたのは最も尊敬すべき，そして文学に最も造詣の深いサン=ヴァンヌ会に所属する同修道院の院長アンリ・エネゾの好意によるものである。ズウェンティボルの花押は両方の手稿文書で同一の方法で描かれている。同文書で父の後13年に彼の弟ルードヴィヒ[3世，幼童王]が下署し，彼の花押を付している。そして日付事項は今初めて文書が下付された如く，「8月17日，主の受肉の908年，会計年度の11年，ルイ陛下の王国統治の9年に交付された。フランクフルトで行なわれた」と記されている。従って，彼の下署と日付事項は(確かに，それは文書の余白を必要としていたのであるが)，「8月14日，主の御年の895年，会計年度の13年，王ズウェンティボル陛下の統治の初年に下付された。ノワイヨン市の近郊，トロリ=ロワールにおいて行なわれた」とある，彼の兄の下署と日付事項の前に置かれている。この文書によって，ズウェンティボルはサン=ミシェル修道院に院長エティエンヌの要請に応じて，幾つかの財産を返還している。この文書にある彼の花押はサン=ドニ修道院所蔵のそれと同形であるが，それより少し大きい。印章は慣例に従って，文書に押しつけられている。同様の慣習は(下げられる習わしであった金や鉛の印章を除いて)ゲルマン諸皇帝の間では，12世紀まで存続する。確かに，「主の受肉の1044年，会計年度の12年，ハインリヒ3世陛下の叙任の17年，国王在位の5年に」下付された皇帝ハインリヒ3世のサン=レミ修道院に宛てた，クゼールとメールスゼンに関する文書にも印章が押捺されている。当該文書庫にある多くの例を参照せよ。ここに読者諸賢がその印影を見ているこの文書の最後にある文言は《Actum in Sovetchusa》「シュヴァイヒハウゼンで行なわれた」と解読されねばならない。

　[この見本は以下のように翻刻される。
　《In nomine sanctae et individuae Trinitatis……pre ceteris secularibus rebus amare atque constuere, quia, ut credimus, ex hoc et Deus nobis magis placatus existit,ob cuius
　　amorem hoc facimus,……Quod ut credibilior sit cunctis in D[e]i nomine videntibus, manu propria firmavimus anuliq[ue] n[ost]ri impressione iussimus insignire.
　Signum [花押] domni Zuentebulchi gloriosissimi regis.
　Uualdgerus notarius advicem Ratpoti archiepiscopi summiq[ue] cancellarii recognovit.
　Data XI k[a]l[endas] Febr[uarii], anno Incarnationis d[omi]ni DCCCXCVI, Indict[ione]
　　XIIII, anno vero regni domni Zuentebulchi primo. Actum in Suueichusa in D[e]i nomine feliciter. Amen.》]

図版 XXXV

1 王ズウェンティボルの書体

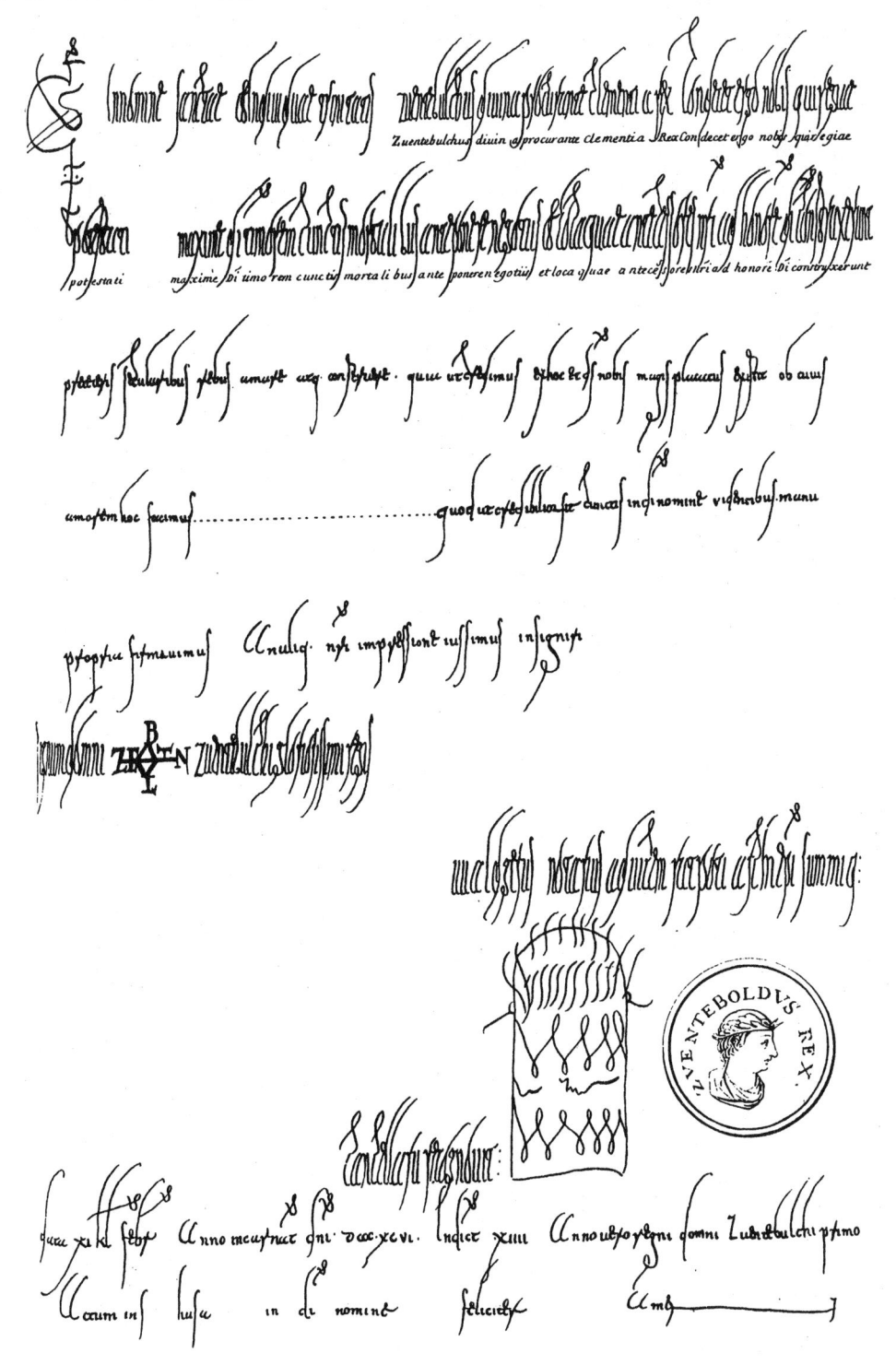

図版 XXXVI

1 王ラウールの書体

　彼はむしろ王位簒奪者と言った方がよいであろう。彼のこの真正文書はラン在，サン=ヴァンサン修道院の文書庫に保管されている。ここには「そして，私は下署した」《et subscripsi》の文句はあるが，文書官の名前が記されていない。更に，ここに記された半円が示すと同じ大きさの印章が押しつけられた痕跡が確認される。

　［この見本の解読が付されていない部分は以下のように翻刻される。
《Si specialibus……Ut autem haec n[ost]rae serenitatis auctoritas semp[er] in D[e]i nomine inviolabilem obtineat vigore[m], manu n[ost]ra ea[m] subter fimavim[us], et de anulo n[ost]ro sigillari jussimus. Signum Rodulfi［花押］gloriosissimi regis……et sub[scripsi]》］

第5巻　古書体の見本が掲載され，解説が付される

図版 XXXVI

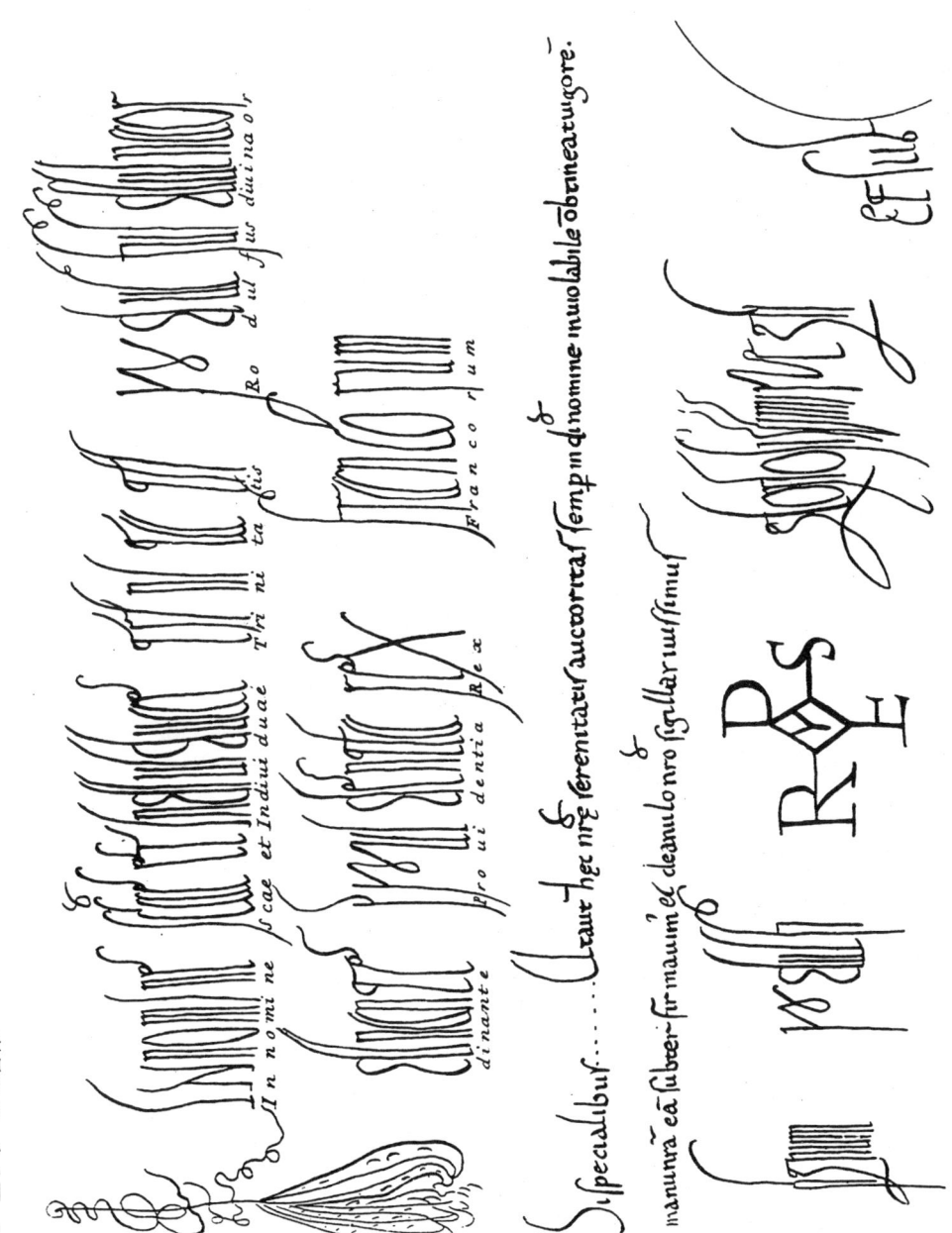

1　王ラウールの書体

In nomine scae et Indiui duae Trinitatis d uil fur diuina or
dinante pro ui dentia Rex Ro d ul fur diuina or
Franco rjum

S. specialibus...... Clauit hec nre serenitatis aucoritas semp in q͂ nomine inuiolabile obtineat uigore.
manunra eā subter firmauim et de anulo nro sigillari uiussimus

et sub

2　ルイ海外王の書体

　ルイ海外王の書出し書式は多様であった。つまり，我々が本書2巻3章18節で公開しておいたもの以外にも，別の箇所でその他の書式が確認される。いつものように，すべての書式の前に「聖にして不可分の三位一体」の呼び掛けが置かれている。但し，この見本ではマルロが刊行したのと異なって，「聖なる」《sanctae》ではなくて「最高の」《summae》となっている。この文書では，その後「神の慈悲の配慮によりフランク人の王ルイ」と続いている。マルロが著した『ランス大司教座教会史』1巻556頁[250]には「神の慈悲が同意したフランク人の王ルイ」，578頁にはヘメラエウスから取られた（私はそれを十分に確認していないが），「フランク人の王ルイ」，582頁には「神の慈悲の配慮によるフランク人の王ルイ」とある。この文書はサン=レミ修道院のもので，その見本をここに掲載している。この文書は，マルロの書にある如く，「11月12日」ではなくて「10月30日」で，確かに「会計年度の11年，王ルイ陛下の国王在位の18年（西暦953年）」に下付されている。ある者が無謀にも後半の一対になった二つの数字を削り取ってしまっている。注意して見る場合は別であるが，数字Iを付け加えて，一対の二つの数字と簡単に理解されるために，数字表記の《U》は角型ではなくて丸型で描かれている。古い文書集では，マルロ版におけると同じように，「18年」《anno XVIII》とある。カペ諸王の文書における如く，端っこに非常に大きな印章が押捺されている。しかし国王の肖像はカロリング諸王のそれと殆ど同じで，そして，見開きページの印影から明かな如く，顔は逆方向，左を向いている。王冠は光を放っている。印章の銘は前任者の諸王の印章と同じである。ペリグ伯ベルナールのサルラ修道院[南フランス]に宛てたある文書は「1月，神が王として君臨し，王ルイ陛下が皇帝として統治している時」に交付されている。

　オータンのサン=ナゼール教会の文書庫で，我々は同王の真正の命令文書を発見した。それによって，同王はフランク人の公ユグとボーヴェ伯ベルナールの願いに応えて，焼けて破損した文書を合法的文書と見做し，同教会に特にトルテルウス，シュリ，レゼ[またはレジ]（この荘園は司教シアグリウスが同教会に譲渡していたものである。）の所有を確認した。「書記オディロが司教アンセイススに代わって」この命令文書を「承認した」とある。これは「オーセルで，7月28日，936年，会計年度の9年，栄光に輝く王ルイの統治の初年に交付された」と，ここではっきりと間違いなくルイ海外王の統治の初年が示されている。

　[この見本の解読が付されていない部分は以下のように翻刻される。
　《quae offeruntur ad loca sanctorum, regalis auctoritatis munimine roborantes confirmamus,……
　Signum domini Ludovici［花押］serenissimi regis. Odilo regiae dignitatis notarius ad vicem Artoldi archiepiscopi recognovit et subscripsit.Actum Remensi palatio, pridie Idus Novembres, Indictione XI, anno autem XVIII regnante domino Ludovico rege.》]

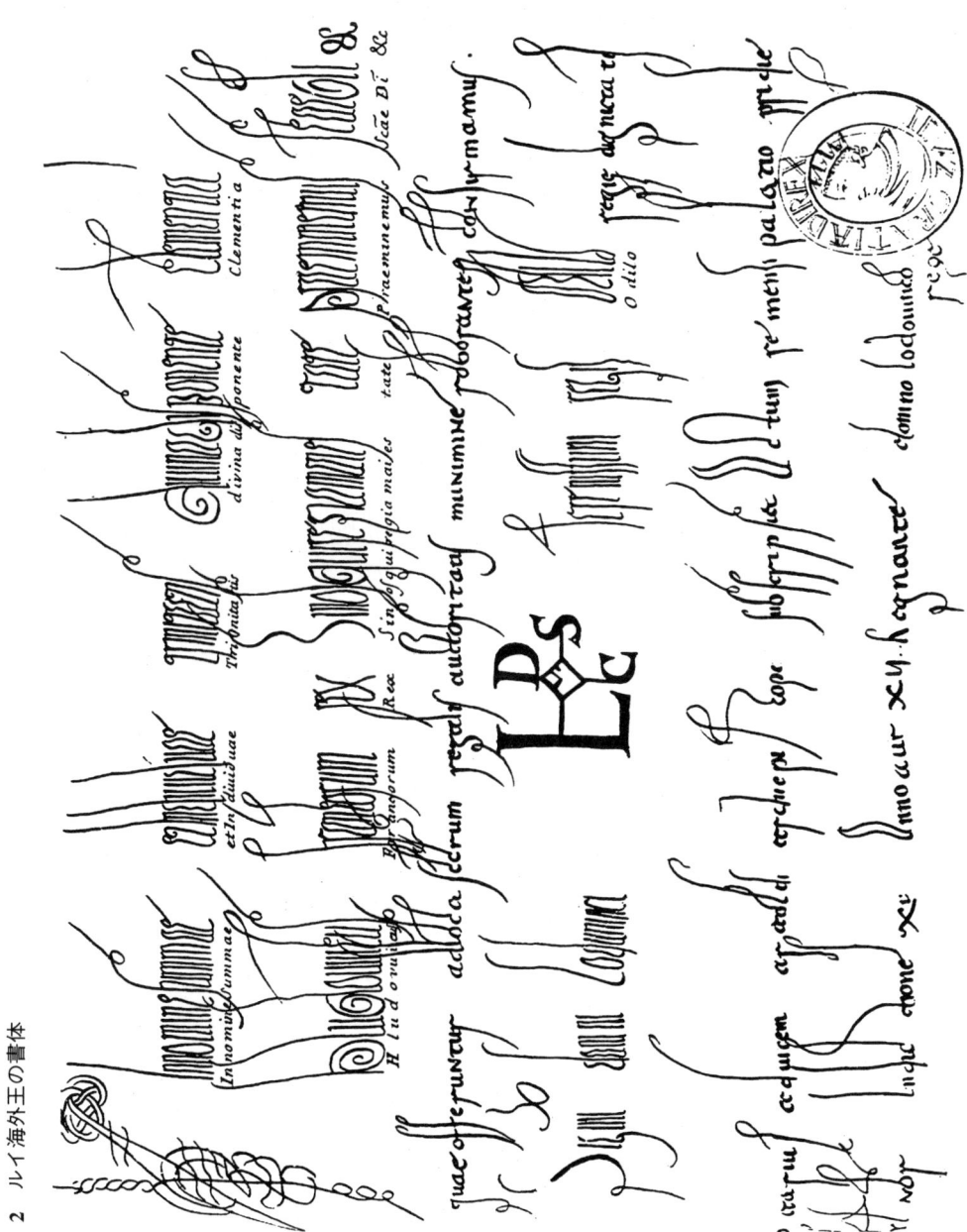

第5巻 古書体の見本が掲載され，解説が付される

2 ルイ海外王の書体

図版 XXXVII

1 フランク人の王，ロテールの書体

　この見本はランのサン=ヴァンサン修道院文書庫から抜き出されて，我々の許に送られてきた。私の手許にあるものとして，手稿文書の書体が正しく模写されているならば，我々がこれまでに掲載したカロリング諸王の綺麗な書体から大分くずれている。確かにここでの文字の形は，我々がランスのサン=レミ修道院文書庫の真正文書から転写されたものとして受け取った次の見本にある如く，カロリングの書体と一致していない部分が大きい。このランの文書において注意すべきは，会計年度と国王在位における1組の数字の最後のものが，我々が本書2巻の最終章で指摘した如く，上の方に長く延ばされていることである。

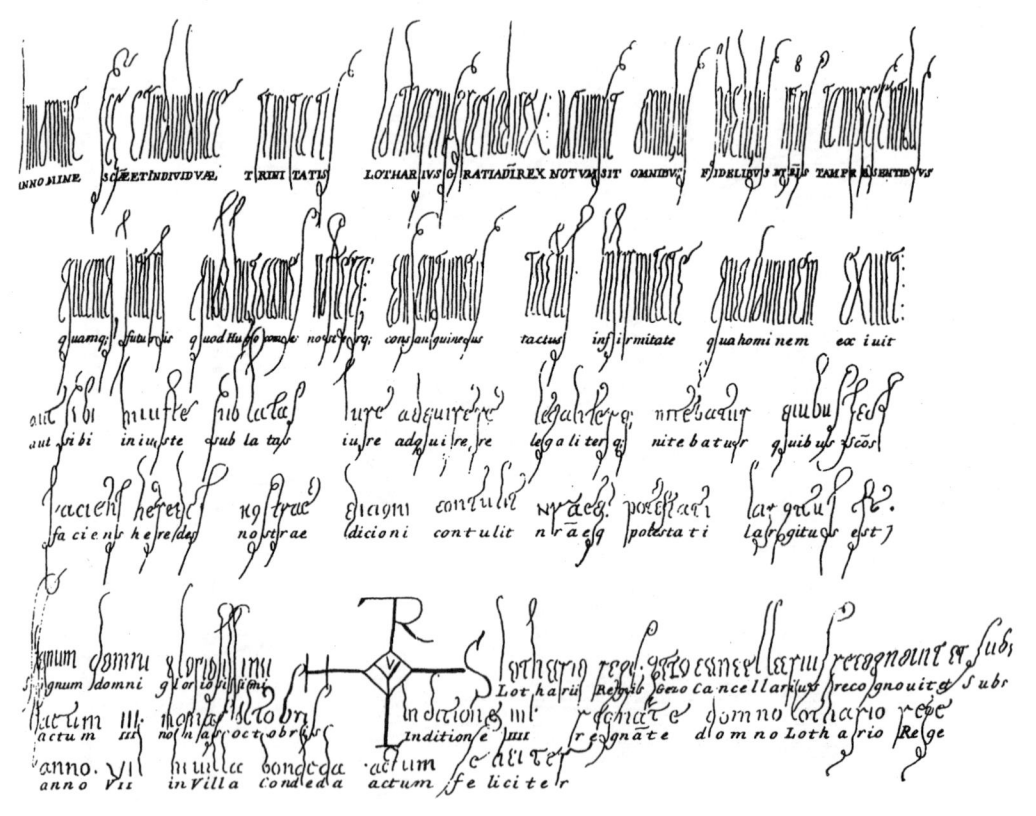

1 フランク人の王，ロテールの書体

2 同上

　ロテールは父に倣って，自分の名前に「フランク人の王」《Francorum Rex》の文言を付している。彼に続く諸王が至るところでこの慣習を維持している。但し，ユグはすぐ次の見本で単純に「神の恩寵による王」と自らを呼んでいる。この見本では，これまで受容されていた慣習と異なって，日付事項は国王の下署の前に置かれている。受肉の年が国王在位年と共に記されている。更に，印章の銘において変化が生じている。つまり，それまでの諸王は自分の名前の後に十字の印を前置して，「神の恩寵による王」《GRATIA DI REX》とあったが，ここでは十字の印を間に入れて，「フランク人の王✝ロテール」《LOTHARIUS✝REX FRANCO》とある。次に，父と同様に王冠からは光が放射し，上部には宝石が飾られている。しかし，印章における初例として右手に楕円の楯を持ち，左手にヘラクレスの鍵のような笏を持っている。本書2巻17章3節を参照せよ。

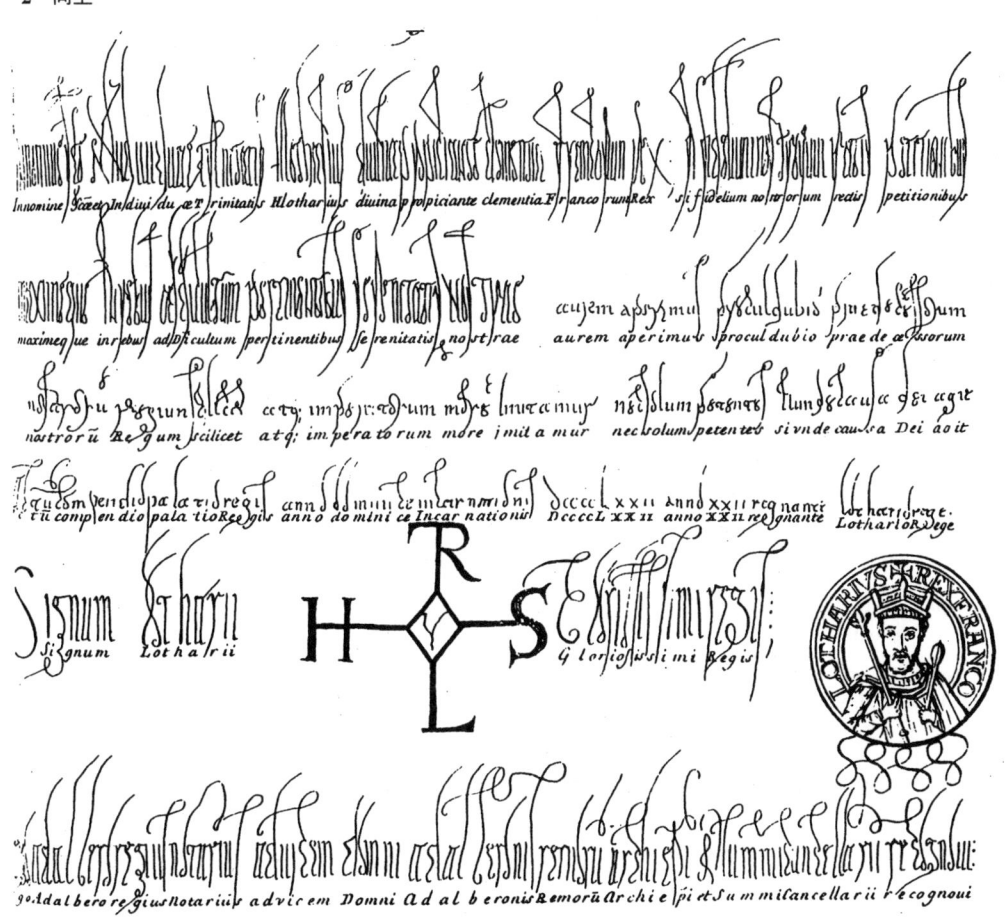

2 同上

図版 XXXVIII

1 王ユグの書体

　この見本はランのサン゠ヴァンサン修道院所蔵の手稿文書から取られている。そこには印章の場所があるが，印章は剥ぎ取られてない。我々は，碩学シフレが彼の歴史書 [81] の中で我々に指示していたトゥールニュ所蔵の真正文書から，それを補完することにした。この印章で注意すべきことは，我々が本書 2 巻 17 章 3 節で述べた如く，ユグが最初の人として地球儀と一緒に持ったと思われる正義の手である。更に，印章の銘も他のものと異なる。アンリ・ジュステル[フランス・プロテスタント学者，1693]が自発的に我々に知らせてくれたものと形はまったく同じである。十字架の形に作られた花押において使い慣れた《Y》に代わって，中央に点が記されている。日付事項では，我々が次の巻に掲載しているユグの文書の如く，受肉の年が欠落している。

　[この見本の解読が付されていない部分は以下のように翻刻される。
　《In nomine sanctae et individuae Trinitatis, Hugo gratia Dei Rex. Si postulationes a quibuscumque in locis Domino militantium audientes, placido assensu recipimus; earumq[ue] utilitatibus necessaria providendo, morem praedecessorum nostroru[m], Francoru[m] scilicet Imperatorum ac Regum, sequentes, ea quae illis divino fervore......
　Signum Hugonis [花押] gloriosissimi regis.
　Actum Compendio palatio in Dei nomine feliciter, amen, anno primo regnante serenissimo rege Hugone, VI K[a]l[endas] Oc[tob]res, Indictione XV.》]

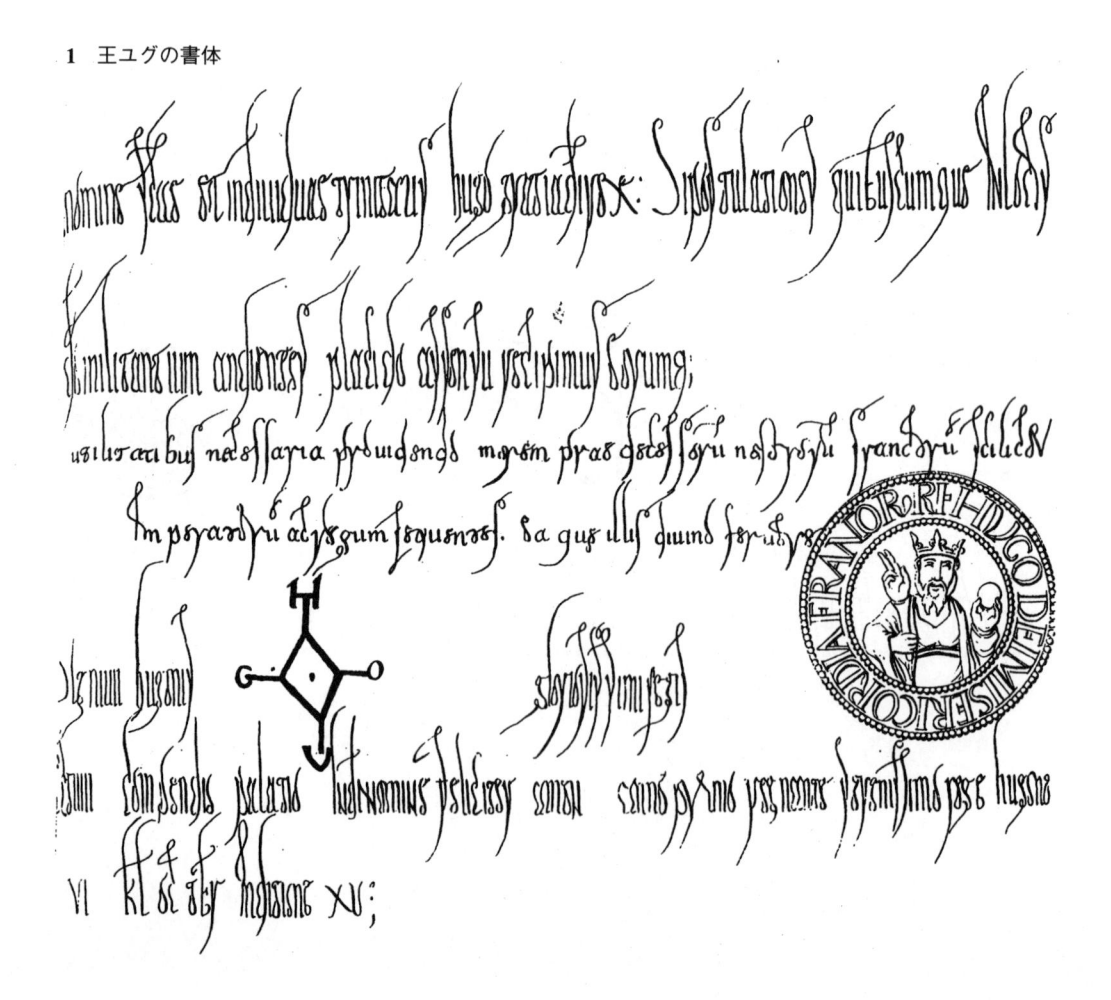

1 王ユグの書体

第 5 巻　古書体の見本が掲載され，解説が付される

2　王ロベール[2世]の書体

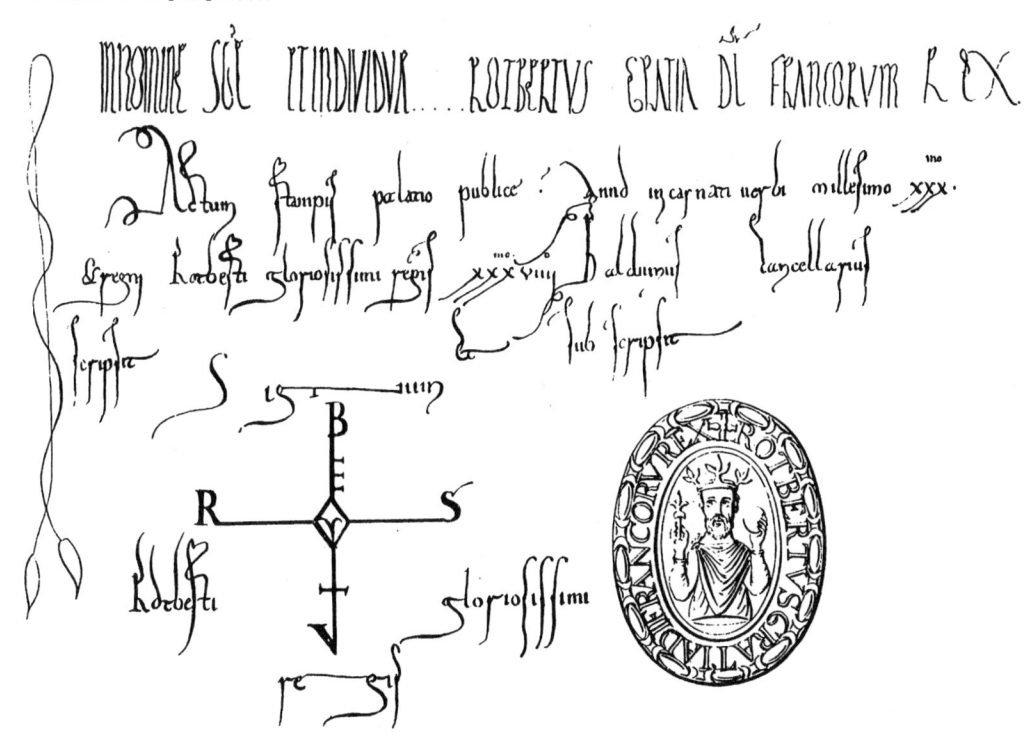

　これはパリのサン゠ジェルマン゠デ゠プレ修道院の文書庫から取られている。日付事項は前掲図版の王ロテール[2世]の文書1にある如く，国王のサインの前に置かれている。この時から受肉の年が，それ以前はより稀であったのであるが，国王文書で使用されている。ロベール[2世]は花押において，至るところで単独のギリシア文字《Y》を優先させている。左手に地球儀をもち，右手には，彼の父ユグとは異なって，正義の手を持っていない。印章の形はペラールの書 [282] 171，179頁のロベール[2世]の文書にあるものと同じである。しかし，銘は両方ともないうえ，「神の」《Dei》の文字もなく，ロベール《Rotberto》の《t》もない。ペラール版にある最初の文書の花押は変わっているように見える。それはロベール[2世]の他の多くに見られるような十字の形でなくて，四角形に配置されている。しかし，それが編者自身の誤りであるかについては定かでない。

　[この見本の解読が付されていない部分は以下のように翻刻される。
　《In nomine s[an]c[ta]e et
individuae……Robertus gratia D[e]i Francorum Rex……
　Actum Stampis palatio publice, anno incarnati Verbi millesimo XXXmo, et regni Roberti gloriosissimi regis XXXmo VIIIIo.
　Balduinus cancellarius scripsitet subscripsit.
　Signum Roberti [花押] gloriosissimi regis.》]

2　王ロベール[2世]の書体

図版 XXXIX

1　王ロベール[2世]の書体

これはサン゠ドニ修道院文書庫から取られている。ドゥブレの書 [111] 825 頁に掲載されている。神への呼び掛けが変わっている。日付事項，文書官の名前がないが，花押にはいつものギリシア文字《Y》が記されている。カペ諸王の文書で日付事項がないものが時々ある。コンピエーニュ修道院所蔵のフィリップ 1 世の文書の如く，本文の後，日付事項を欠いて直ぐに花押が続き，文書の幅の狭い下部に印章が押しつけられている。

［この見本の解読が付されていない部分は以下のように翻刻される。
　《［クリスモン］ In nomine Jhesu benigni, omni ex
corde supplici suo miserantis, Rotbertus divina misericordia……Igit[ur] hoc
p[rae]ceptu[m] regio uti favore noscat[ur] esse actum, regalis anulo subter est majestatis
firmatum.
　Signum Rotberti regis Francorum ［花押］ gloriosissimi.》］

図版 XXXIX

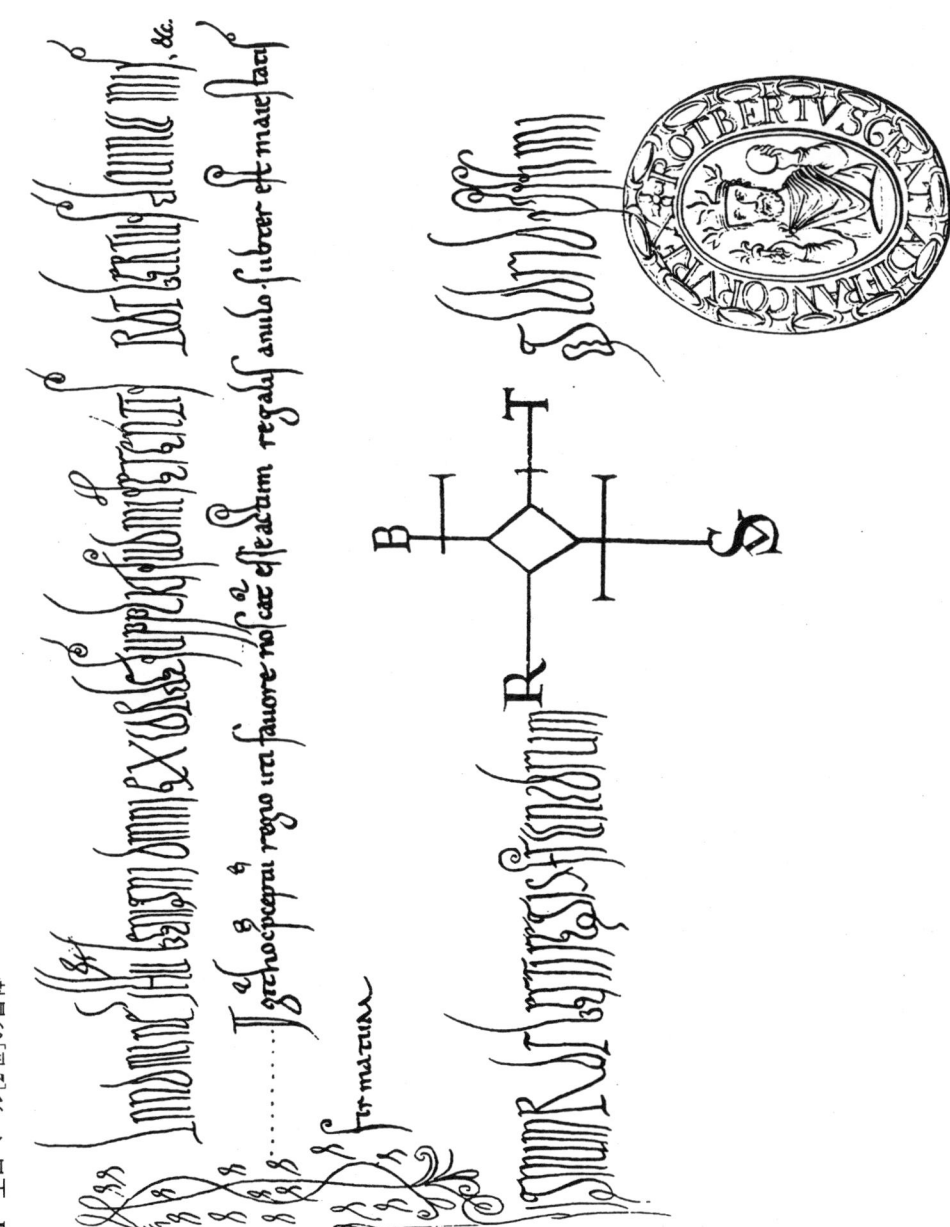

1 　王ロベール[2世]の書体

2 王アンリ[1世]の書体

　ここでの神への呼び掛けが変わっている。勿論，我々が適所で立証した如く，カペ諸王の文書において呼び掛けの書式に大きな多様性が認められるが。この文書においてまず注意を喚起しなければならないのは，代名詞《hiis》のための二重母音《ii》に付された二重のアクセント記号である。手稿文書におけるアンリの名前はときどき《Heinricus》の如く，第1音節に《i》を伴ったり伴わなかったりして表記されている。印章にもこの文字が刻まれていたのか否かは殆ど判断できない。カペ諸王，更にはフランク諸王の中で王冠に百合の花をあしらった最初の王はユグ，それに続くのがアンリ[1世]であったと思われる。カロリング諸王は確かに彼らの印章において王冠に百合の花をあしらっていなかったが，印章以外の肖像では時々，バリューズの『新版勅令集付録』[37]にあるシャルル禿頭王の肖像における如く，百合の花が彫られている。更に，王シルペリック[1世]の妻フレデゴンドは，わがサン＝ジェルマン＝デ＝プレ修道院の教会で見ることが出来る人目を引く彼女の墓で，モザイクが施されて描かれている。そこで王冠の百合の花がはっきりと描かれ，笏の先端から1本の百合が伸びている。アンリの王国統治の開始年に関しては，本書2巻26章27節で述べられている。同6巻，「主の受肉の1035年，ヒスパニア暦の1073年，会計年度の3年，6月23日，王アンリ[1世]の統治の5年」に交付された文書203を参照せよ。ベーズ修道院の年代記に収められたある文書で，「ベーズにおいて公開で，主の受肉の1034年，会計年度の2年，歳末月齢の28，王アンリ[1世]の王国統治の8年に行なわれた」と『拾遺集』1巻561頁[2]にある如く，アンリ[1世]の統治年は別の方法，つまり父の存命中に行なわれた彼の戴冠式の年から計算されている。更に，ここでは次の文書にある，「わが主イエス・キリストが聖霊と共に，威厳に満ちた父の右において統べ，その受肉の1036年，会計年度の4年，歳末月齢の20，6月30日，水曜日，太陰月の3日，上記聖人の修道院の同聖人の祭壇の上で，公開で行なわれた」との日付事項も見落とすことが出来ないであろう。

　［この図版は以下のように翻刻される。
　《[クリスモン] In nomine Domini D[e]i summi, ego Henric[us] divina dignatio[n]e Francorum rex.
　……Attestantib[us] hiis, quorum subju[n]cta s[un]t no[m]i[n]a et signa. S[ignum] Imb[er]ti Par[isiensis] epi[scopi]. S[ignum] Guido[n]is Silvanes —
ten[sis] epi[scopi]. S[ignum] Radulfi comitis. S[ignum] Rotroldi comi[tis]. Galeranni comit[is]. S[ignum] Ingenulfi pincerne.
　Balduinus cancell[arius]（花押）scripsit et subscripsit.
　Actum Parisi[us], anno incarnati V[er]bi Mo Lmo VIIIvo, regni vero Henric[i] glo[rio]sissimi regis XXmo VIIIvo.》]

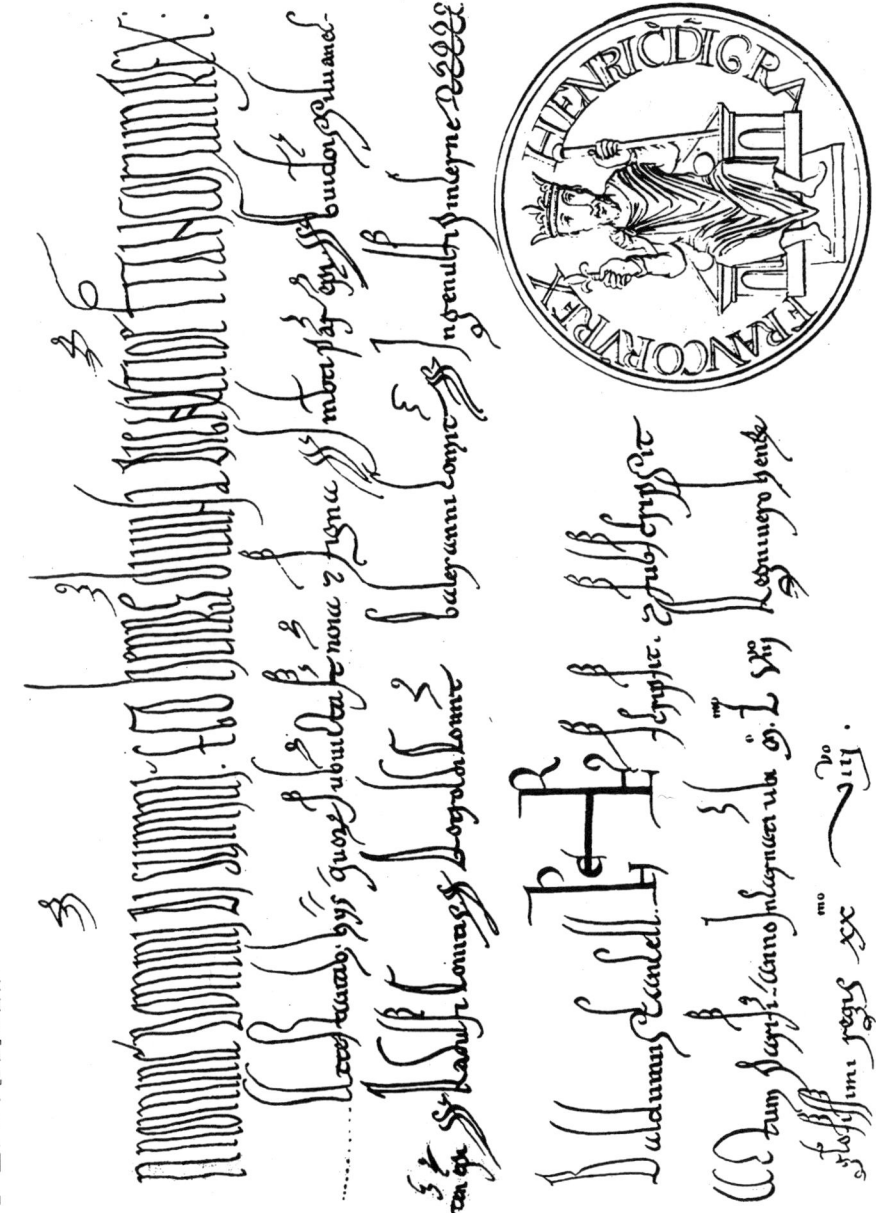

第5巻 古書体の見本が掲載され，解説が付される

2 王アンリ[1世]の書体

図版 XL

1 フィリップ1世の書体

この見本では，最初と最後の行が縦長い文字で記されている。花押は四角形の中にいつものギリシア語の《Y》を配している。しかし，この文字は，誰にでも明らかな如く，フィリップの名前を補完する役目を果たしていない。同じことは，ロベール[2世]の花押についても言える。フィリップ[1世]は十字の印を自分の手で付け，この文書では「有名で非常に清澄なフランク人の王」の称号が彼に付されている。彼の父及び両者に続く諸王と同様に，王冠と笏の先端に百合の花が配されている。文書官がフィリップの名前を日付事項の中でギリシア語の《Y》で記しているのに対して，最初と下署においては簡単に《i》でもって書いている。このように，我々が頻繁に指摘してきた如く，同一文書においても固有名詞の綴りが異なっていることがよくある。ここには国王宮廷の四大役職者への言及はどこにもない。但し，フィリップ[1世]の文書の一部において彼らが下署しているのが見いだされるが，本書2巻12章を参照せよ。この見本はサン=ドニ修道院の文書庫から取られたものである。

フィリップのこの見本，そして彼に続く諸王の見本において誰もが気付くことであるが，二重母音《æ》が単母音《e》によって表記されることが少なくない。更に，これは彼と同時代の教皇文書においてもよく見られることでもある。

コンピエーニュ修道院の「自由」に関する同フィリップ[1世]の命令文書において，本文のすぐ後に「コンピエーニュの宮廷で，言葉の受肉の1085年，会計年度の9年，朕の王国統治の24年，パリ司教ジョフロワが朕の文書長である時に行なわれた」のような日付事項が来ている。次に，花押は右側に置かれている。国王の下署は「フランク人の王，✝フィリップのサイン」《SIGNUM PHILIPPI ✝ FRANCORUM REGIS》となっている。そして，それから印章の場所が続いている。

[この見本の解読が付されていない部分は以下のように翻刻される。

《propositum constat in commune justitiam colere, recta judicare populisque subditis……Ut igitur hoc decretum a nobis promulgatum pleniorem obtineat vigorem nostra manu subter apposito signo reboravimus atque fedelibus nostris presentibus roborandum tradidimus nostraeque imaginis sigillo insuper assignari jussimus.》]

第 5 巻　古書体の見本が掲載され，解説が付される

図版 XL

1　フィリップ 1 世の書体

nomine Sce ec Individuae Trinitatis Philippus Dei gratia Francorum Rex Praesentibus et futuris inperpetuum

Quoniam vniversis inOrbe Regibus quibus Ompns Creator humanamrempublicam regendā distribuit

propositum constat incommune Iustitiam colere recta iudicare populisq; subditis

Et igitur hoc decretum a nobis promulgatumpleniorem obtineat uigorem.

nostra manu subter apposito signo roborauimus atq; fidelibus nostris presentibus

roborandum tradidimus nostreq. imagini sigillo insuper assignari iussimus

qnum　Philippi　Jncliti et Serenissimi　　　Francorum　Regis

Petrus regiae dignitatis Cancellarius relegit

Data Kl Augusti anno Octauo regnante Philippo Glorioso Rege ab Jncarnatione autē Dni millesimo LXVIII

Indictione VI　actū Silnectis Palatio Regio　in Dei nomine feliciter

図版 XLI

1 ルイ6世の書体

ここでは，ルグドヴィクス《Lugdovicus》と綴られているルイ[6世]肥満王のオリジナル文書に関して四つのことが指摘されねばならない。第1は，日付表記において，この見本に見られる如く，王妃アデライドの在位年が国王の在位年に並記されることがいつもでないにしても少なくないこと。第2は，この王の治世に，下に書いている人というよりも下署者の数が国王宮廷の四大役職者に限定され始めたこと。但し，同王のかなりの数の文書で二人の前任王の文書における如く，他の有力者たちがときどき下署してはいるが。第3は，このルイ肥満王以前において，印章が吊り下げられることは全くないか非常に稀であること。同王の印章の一部は吊下式であるが，大半はこのオリジナル文書にある如く，押しつけられている。第4は，彼の文書において花押は非常に珍しかったこと。

これらに関して我々は本書2巻で十分に論じている。コンピエーニュのサン=コルネイユ修道院文書庫に保管されているオリジナル文書に注目する必要がある。そこで，国王の印章が右辺に押捺されている。花押は本文の終わりの下に配されている。そしてキリストの組合せ文字は文書の左端に極端に寄っている。そのため，ルイ肥満王の花押は確かに稀であったと言わねばならない。しかし，聖王ルイに至るまでのその後の諸王の文書にあるような花押も残っている。

以上のほかに，この図版にルイ肥満王の二つの印章を転載することにした。一つは「指名された王」のそれで，本書6巻文書170で刊行されている1106年に発給された彼の文書から取られたもの，他の一つは同王のものである。しかし，わが諸王のいろいろな印章において，今日でもそうである如く，国王の異なる年齢において異なる印章が製造されているとき，同一国王の印章であっても一部に関して区別がつけにくいことである。同じことは別の人物の印章でも起きている。従って，ソワソン司教ジョスランの印章の一つは盛装して宝石で飾られた立像を表わしているのに対して，他の一つは我々の手許にある印影が教えている如く，座像を表わしている。

次のことも見落としてはならない。カペ諸王，そして特にこのルイ肥満王以後の王文書が文書官の「手を介して」《per manus》，《per manum》下付されたと表現されることが少なくないことである。これは，この後の司教文書に関しても指摘され得ることでもある。同じ文句はウイリアム・プリネウス版の2頁にある如く，アングリア諸王の文書においてもよく見かけることである。

コンピエーニュ修道院の参事会員に宛てたルイ6世の文書も全く変わっている。それは同王が王族の従者の中で5年間同修道院の参事会員であったならば，その者は自由人となることを決定したものである。同文書は「全能の神，父と子と聖霊の御名において，アーメン。神の慈悲の助けによるフランク人の皇帝にして尊厳者であるルイ」のように始まっている。この文書は国王が自分の権利に帰属していると主張したかったコンピエーニュ修道院の参事会員モラルドの息子イーヴ某をめぐる係争を含んでいて，ソワソン司教リシャールによってこの件に関して下された5年間の参事会員の「自由」についての判決が引用されている。そして国王はこの判決を「コンピエーニュで，言葉の受肉の1118年，朕の統治の10年，王妃アデライドの統治の4年，朕の宮廷にその名前が下に記されている者たちの立合のもとで行なわれた。主膳長ギヨームのサイン。酒瓶長ジスルベールのサイン。主馬長ユグのサイン。官房長ギィのサイン。文書長エティエンヌの手を介して下付された」と確認している。これらすべては，呼び掛けと下署を除いて，慣例の書式と一致している。

[この見本は以下のように翻刻される。

《In nomine s[ancte] et individue Trinitatis.

Am[en]. Q[uonia]m, dum in hoc fragili salo vie procellosis vitiorum tempestatib[us] circumferim[ur], exigit ratio, immo necessitas nob[is] incumbit, ut operemur bonum ad om[ne]s, maxime autem ad domesticos fid[e]i. Ego igitur Lugdovicus, D[e]i gra[tia] Francorum rex, notu[m] facio p[res] entib[us] et futuris quia, ut vita[m] etema[m] merear adipisci et item ut animab[us] n[os]trorum p[re] decessorum conferre remedium apud fonte[m] mis[eri]c[or]d[i]e possim[us], p[re]cib[us] quoq[ue] dompni Ade abb[at]is s[an]c[t]i Dyonisii necnon int[er]ventu dompni Gerardi monachi p[re]occupat[us], quanda[m] consuetudine[m] qua[m],inqua[m], habebamus regio more a p[re]decessib[us] n[ost]ris apud Ruelliu[m], s[an]c[t]i Syonisiy villa[m], in clauso vinearum p[re]fati s[an]c[t]i, scilicet p[er] singulos annos modiu[m] vini et duodeci[m] denarios, n[ost]ris clientibus,eccle[sie] Beati Dyonisii, que aliis eccl[es]iis de regno n[ost]ro preminet et p[re]cipue debet a regib[us] Francorum honorari, in p[e]rpetuu[m] condonam[us] (*etc.*)

Actu[m] publice Parisi[us], anno MoCoXoIII ab Incarnatione D[omi]ni, anno v[ero] regni n[ost]ri VIo.

S[ignum] Lugdovici regis. † S[ignum] Anselli dapiferi.S[ignum] Gisleberti buticularii.S [ignum] Hugonis constabularii.S[ignum] Guidonis camerarii.

Data p[er] man[us] Stephani cancellarii.》]

1 ルイ6世の書体

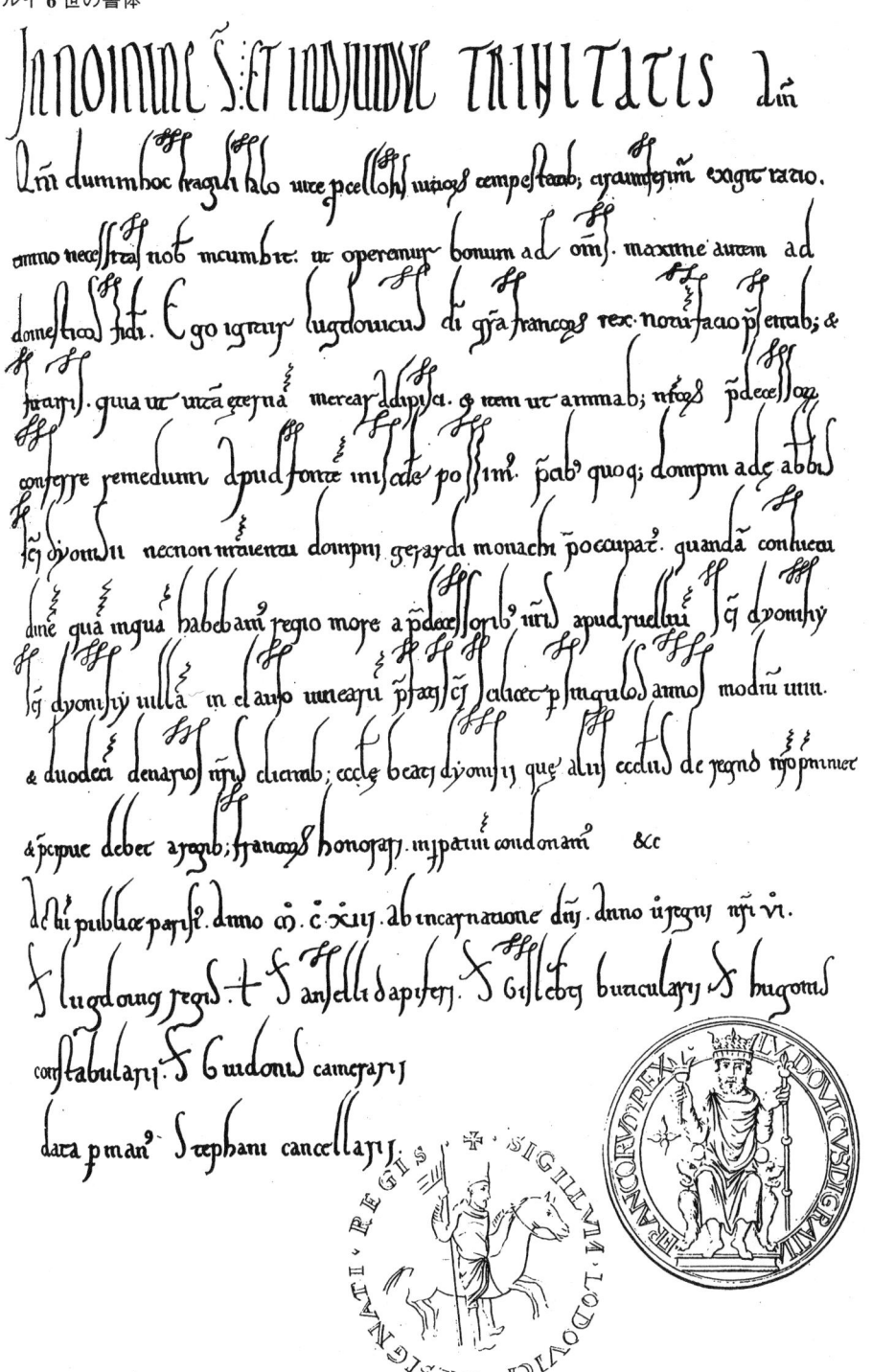

図版 XLII

1 ルイ7世［若王］の書体

我々は彼のいろいろな文書からこの文書を選んだ。それは割印文書(彼らはそれを「シログラフ」と言っていた)の形式，つまり2枚続きに作成して，ぎざぎざ状に切り離す文書の様式で作成されているためである。私はこの文書の一方が国王文書の中に見いだされたことを覚えている。この種の文書に関しては，我々は双葉文書，つまり同一の方法，文体，内容(彼らがそう言っていた)のもとに作成された文書が問題になっている本書1巻2章で論じている。我々はガリア人の間で，1106年に発給されたボーヴェ司教ジョフロワのそれよりも古いこの種のものを発見していなかった。しかしその後で，我々はぎざぎざ状に切り離された，伯アルヌールがメッスのサン゠タルヌール修道院に宛てた文書を発見している。それによって，同伯は1097年聖女ワルブュルジュにシニにある彼の城の中にあった教会を寄進しているのであるが，《SCS ARNULFUS. SCA WALBURGIS》「聖アルヌール・聖女ワルビュルジュ」の文言が上と下に切り離されている。しかし，我々はこれらの文書を二つの種類に分類した。一つは単純な双葉文書と呼ばれるもので，共通の本文以外には何も含まれていないもの。他の一つは真ん中辺で切り離されている文書，このルイ7世のそれの如く，アルファベットかその他の記号が書かれた部分が上下二つに切り離されたもの。最後に，我々はそれが作成されたのは両当事者がそれぞれの文書を継ぎ合わせるためと指摘しておいた。従って，もしこの種の文書に印章が押されているならば，本書2巻18章12節で述べられている如く，一つは両方の一方，つまり相手側の印章，他方も相手側のそれを持つということになる。この慣習の有名な例は(私の調べでは)ヘンリ3世に関するマシュー・パリスの書428葉1欄にある。そこで，ヘンリ［3世］自身とグリフィンの妻，セネナの間で作成された文書の最後には，「本件のより大きな保証のために，この文書が国王陛下自身とセネナの間で彼女の夫で上記のグリフィンに代わって作成された。同国王陛下の手許に残る部分に上記のグリフィンの印章が彼の妻，セネナの手によって彼女の印章と共に押捺され，彼女の夫，グリフィンに代わってセネナの手許に残された部分に国王陛下の印章が押された」のように書かれている。これは1244年に起きている。これに対して，文書の文言及び国王が城を委ねていたリヨン゠フォレ伯ギィ側からいかなる保証も提供されていないことから，ルイの二つに切り離された上記の二つの文書は国王の一つの印章が押捺されていたと私は推論する。司教ランベールによる，ヴェルマンにおける10分の1税のアム修道院長ウィベール及びそこの修道士たちへの寄進を更新しているノワイヨン司教ヴェルモンの歯型割印文書において通常の様式が定着しているが，修道院長からの保証は必要でなかった。何故ならば，司教ヴェルモンの文書の最後には「しかし，余の司教の権威によって更新された上掲の文書が今後も堅固な力をもつために，この文書に余の印章を押させた。そして上記の修道院長と修道士たちは余の手許に残される上掲文書の写しに彼らの印章を押した。そして余は割印文書の形式に従って，この写しを二つに切らせた。これは1258年に行なわれた」とある。私は有名なアントワーヌ・デルヴァルが所蔵する別の種類の割印文書を見たことがある。それは言葉が付されずに二つに切り離されたもので，ある接合物を使って文書の残りの部分と合わされていた。

フランク諸王の中でルイ7世が，彼の父は稀にしか使用していなかった，吊下印章を常用した最初の王である。また彼以前において，いかなる王も次ページに掲載されている如き，「アキテーヌ公」の称号を伴って鎧で武装した姿が描かれたような裏印章を使用した者はいなかった。ここに転写されたサン゠ドニ修道院所蔵の真正文書において印章は引き離されているが，その時ルイはもはやアキテーヌ公ではなかったことから，裏印章に肖像が刻まれていなかったことは明らかである。しかし，二重の肖像を別の真正文書からここに補完することにした。無論，ルイがそれによってアキテーヌ公位を獲得した最初の妻，アリエノールと離婚した1152年以前に使用していたものである。つまり，この年以後，そしてこの文書が発給された1167年に至るまでいかなる裏印章も使用されていない。使用しているのは唯一，右手に百合の花を配した地球儀と左手に百合の飾りを先端に付けた王笏をもった国王の肖像をもつ表印章だけである。

その上，この見本に関して指摘しておかねばならないことは，ルイ6世の前掲の図版とは異なって，《adiit》，《negotiis》，《Buticularii》，《Camerarii》，《Cancellarii》の諸語に見られる如く，二重母音《ii》の上，更には《inita》の語における如き，単一の《i》の上にもアクセント記号が付されていることである。但し，同文書のその他の同様の言葉に関しては同じことは守られていない。更に，二重のアクセント記号は11世紀では，見本の図版 XIV の4で明らかな如く，よく付けられている。

最後に，ルイ7世の花押は彼のいろいろな文書で見られるように変わっている。我々はここに，最初のも

のとは答えられなくても，疑わしいとは見做されない花押を配置するように心がけた。最後に，我々は《CIROGRAPHUM》の語を我々の図版の幅に合うように縮めておいた。

[この見本は以下のように翻刻される。

《C I R O G R A P H U M. In nomine s[an]c[t]e et individue Trinitatis.Amen. Ego Ludovicus D[e]i gra[tia] Francorum rex. Volumus notum esse omnibus futuris sicut et presentibus quod amicus noster Gingo comes Lugdunensis et Forensis nos et curiam n[ost]ram adiit pro negociis suis et tunc accepit de nobis castella que unquam prius de d[omi]no habuerat scilicet Montem Brisonis et montem Seu et de eis homagium nobis et

fidelitatem fecit. Gaudens etiam de hac conjunctione nobiscum inita impensius ad nos se volens trahere in domini[um] n[ost]r[u]m misit et alia castella. (etc.)

Actum publice Bituricis, anno incarnati Verbi MoCoLXoVoII.

Astantibus in palatio pro gru apposita subter nomina et signa. S[ignum] comitis Theobaldi dapiferi n[ost]ri. S[ignum] Guidonis buticularii. S[ignum] Mathei camerarii. S[ignum] Radulfi constabularii.

Data per manum Hugo [花押] nis cancellarii.》]

図版 XLII

1 ルイ7世[若王]の書体

LVDOVICVS REX FRANCORVM :·

In nomine sce et indiuidue Trinitatis Amen. Ego Ludouicus di gra Francorum
Rex. Volumus notum esse omnibus futuris siue et presentibus, quod amicus noster Gingo comes
Iuiduneysis et Iurensis nos in curiam nram adiit pro nagocii sui. et tunc accepit de nobis castella que
unquam prius de dno habuerat scilicet Montem brisoni, et montem Sei. y. de eis
omagium nobis y fidelitatem fecit. Gaudens etiam de hac coniunc tione nobiscum intra
inpensus ad nos se uolens trahere in dominium nrm misit in alia castella. &c.
Actum publice breuriacii. Anno Incarnat uerbi . M . C . LX . v j . Astantibus in palatio
nro qru appositaß nomina et signa. S Comitis Theobaldi dapiferi nri . S. Guidonis
Buticlarii . S Matheei camarii . S Radulfi constabularii j.

Data Per manvm hvgo nis Cancellarii.

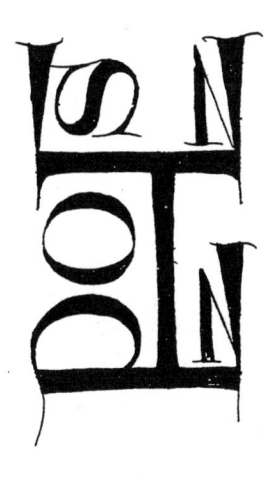

第5巻 古書体の見本が掲載され，解説が付される

図版 XLIII

1 フィリップ[2世]尊厳王の書体

サン=ドニ修道院所蔵のオリジナル文書から取られたこれらの見本において，次のことを除いて指摘すべきことは何もない。つまり，二重母音《ii》の上に付された二重のアクセント記号に関して既に述べたこと。但し，フィリップ尊厳王はフランク諸王の中で最初に王権の象徴である1本の百合の花をあしらった副印章を使用した王である。つまり，彼の父ルイの裏印章は表印章の大きさと同じである。これは副印章にはありえないことである。彼にそれが出来たのは，（私が既述した如く）アキテーヌ公位以外に理由は見いだせない。その他多くの文書における如く，ここにも月と日の言及がない。

[この見本は以下のように翻刻される。
《In nomine sancte et individue Trinitatis.
　Am[en]. Ph[ilippus] D[e]i gra[tia] Francorum rex. Noverint universi presentes pariter et futuri quod Hugo, abbas B[e]ati Dionysii, et conventus villam q[ue] dicitur Leuremouster cum p[er] tinentiis suis nob[is] donaverunt,……
　Actum ap[u]d Compendium, anno ab incarnatione D[omi]ni MoCo nonagesimo sexto, regni nostri anno decimo octavo, astentib[us] in palatio nostro quorum nomina supposita sunt et signa. Dapifero nullo. Signum Guidonis buticularii. Si[gnum] Mathei camerarii. Si[gnum]. Droconis constabularii.
　Data vacante [花押] cancellaria.》]

2 同王の別の書体

この見本は，次の見本と同様に，神への呼び掛けを欠いている。このことは後続の諸王の文書においても少なくない。これは聖王ルイ[9世]の子孫の時代に入って定着する形式である。ここでは，次の見本にある如く，日を欠いて月のみが記されている。

[この見本は以下のように翻刻される。
《Ph[ilippus] Dei gra[tia] Francorum rex. Noverint universi presentes parit[er] et futuri nos k[arissi]mi et fidelis n[ost]ri Garini Silvanectensis epi[scopi] inspexisse litt[er]as sub hac forma. Garinus Dei grat[ia] Silvan[ectensis] epi[scopus] universis……
　Actum ap[ud] S[an]c[tu]m Germanu[m] in Laya, anno D[omi]ni millesimo ducentesimo vicesimo p[ri]mo, mense septembri.》]

図版 XLIII

1　フィリップ[2世]尊厳王の書体

[古文書の手書きテキスト画像、および印章の図（玉座のフィリップ王像、周囲に "PHILIPPVS DI[GRA]... FRANCORVM REX" の銘）、およびフルール・ド・リスの副印章]

2　同王の別の書体

[古文書の手書きテキスト画像]

3　ルイ8世の書体

この見本において副印章が接合されていることに注意せよ。しかし，それは（彼の父フィリップと息子ルイが選んだ）1本の百合ではなくて，沢山の百合の花が描かれている。この慣習をフィリップ3世とシャルル5世に至るまでの諸王が踏襲する。後者の王の非常に多くの副印章には無数の百合の花が配され，シャルル6世の時代に法律で決められる三つの百合の花をあしらった副印章はまだ非常に少なかった。本書2巻16章10節を参照せよ。

［この見本は以下のように翻刻される。
《Lud[ovicus] D[e]i g[ra]tia Francorum rex. Noverint univ[er]si presentes parit[er] et futuri q[uo]d Guill[elmu]s de Torota et Gaucherus frat[er] eius assensu et

voluntate Beatricie et Margarite uxorum suarum fide interposita vendiderunt add[at]i et conventui s[an]c[t]i Dionisii quicq[ui]d habebant ap[u]d Nulliacum villam……Q[uo]d ut

p[er]petuum robur obtineat presentem paginam sigilli n[ost]ri auctoritate fecim[us] communiri. Actum P[ar]isius, anno dominice Incamationis MCC vicesimo tercio, mense februario.》］

第5巻　古書体の見本が掲載され，解説が付される

3　ルイ8世の書体

図版 XLIV

1　ルイ9世，つまり聖王ルイの書体

　同王に関するこの見本は，次の見本と同様に，サン゠ドニ修道院所蔵から取られている。両方の見本において単独文字《i》の上のアクセント記号(これに関しては，既にその他の見本において，つまり図版 XIII, XIV, XLII で少し指摘している)に注意せよ。この文書は古い計算法によって 1226 年(新しい計算法に従えば，1227 年に照応する) 2 月に下付されている。そして聖王ルイの統治初年は彼の父，ルイ 8 世が没した上記の年の 11 月 8 日から始まっている。この文書の花押は他の同名の諸王のそれのみならず，後続の諸王のそれとも余り異なってはいない。我々は印章の印影を余白の幅が狭いので，それに合わせて縮小した。

［この見本は以下のように翻刻される。
《In nomine sancte et individue Trinitatis, amen. Ludovicus, Dei gra[tia] Francorum rex. Noverint universi presentes pariter et futuri quod……Actum Parisius, anno dominice Incarnationis M CC vicesimo secto, mense februario, videlicet regni nostri anno primo. Astantibus in palatio nostro quorum nomina supposita sunt et signa. Dapifero nullo. Signum Roberti buticularii. Signum Bartholomei camerarii. Signum Mathei constabularii. Data p[er] manum Guarini ［花押］ Silvanectensis epi[scopi] cancellarii.》］

第5巻 古書体の見本が掲載され，解説が付される 631

図版 XLIV

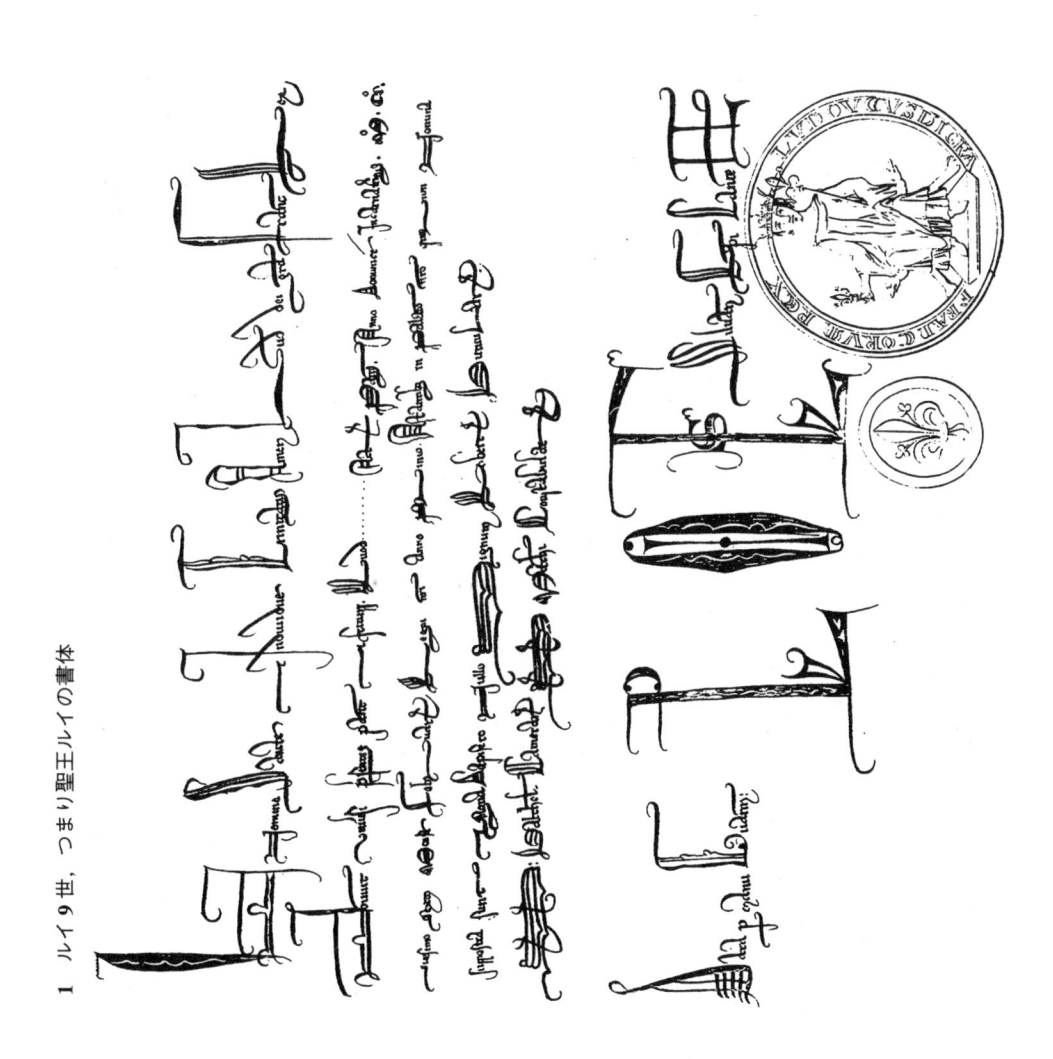

1 ルイ9世，つまり聖王ルイの書体

2 同上

　この見本で最初の数行においてアクセント記号の数が多いのに対して，その他においては非常に少なく，二重の文字《ii》が現われている。最後に，我々はロワイヨン=モンスに埋葬されている彼の息子ジャンの墓碑銘に「ここに非常に傑出したフランク人の王ルイ若王の息子，ジャンが眠る。彼は1247年3月10日幼少にしてキリストの許に旅立った」と刻まれている如く，聖王ルイがときどき「若王」《Junior》と呼ばれていることを指摘しておくことにする。つまり，彼は存命中であったから，「若王」と呼ばれており，このように呼ばれる同名の王としては最後である。

　我々はそれぞれの真正文書を容易に入手することが出来る，この後に続く諸王の文書に関する参照すべき見本の掲載を差し控えることによって，このあたりで歩みを止めるべきだと判断する。更に，これら諸王の印章に関しては，ティエとオタン[20]がそれらをその時代に製造された国王貨幣に見いだされるような王の肖像と共に転写してくれている。

　[この見本は以下のように翻刻される。

　《In nomine sancte et individue Trinitatis. Amen. Ludovicus Dei gra[tia] Francorum rex. Notum facimus universis presentes litteras inspecturis q[uod] nos……

　Actum apud Argentorium anno D[omi]ni MoCCo quinquagesimo quinto mense martio regni vero n[ost]ri anno cesimo, astantibus in palatio nostro quorum nomina supposita sunt et signa. Dapifero nullo. Signu[m] Johannis buticularii. Si[gnum] Alfonsi camerarii. Si[gnum] Agidii constabularii.

　Data vacante [花押] cancellaria》]

第5巻　古書体の見本が掲載され，解説が付される

2　同上

In nomine sancte et individue trinitatis Amen. Lud dei gra Franco
Rex Noverint facimus uniuersis presentes litteras inspecturis q̃nos
...
Datum apud de Sugtolii Anno Sñi. q̃. c̃c̃. q̃ng̃sesimo qnto. mense marcio Regni
uero nri Anno tcesimo. Astantib; i palacio nro qx noia supposita sunt et signa sapifero nullo. Signu
Johis buticularij. S. Alfonsi camarij. S. egydij constabularij. ....
Dapifer : vacant :: Post :: Cancellaria ::

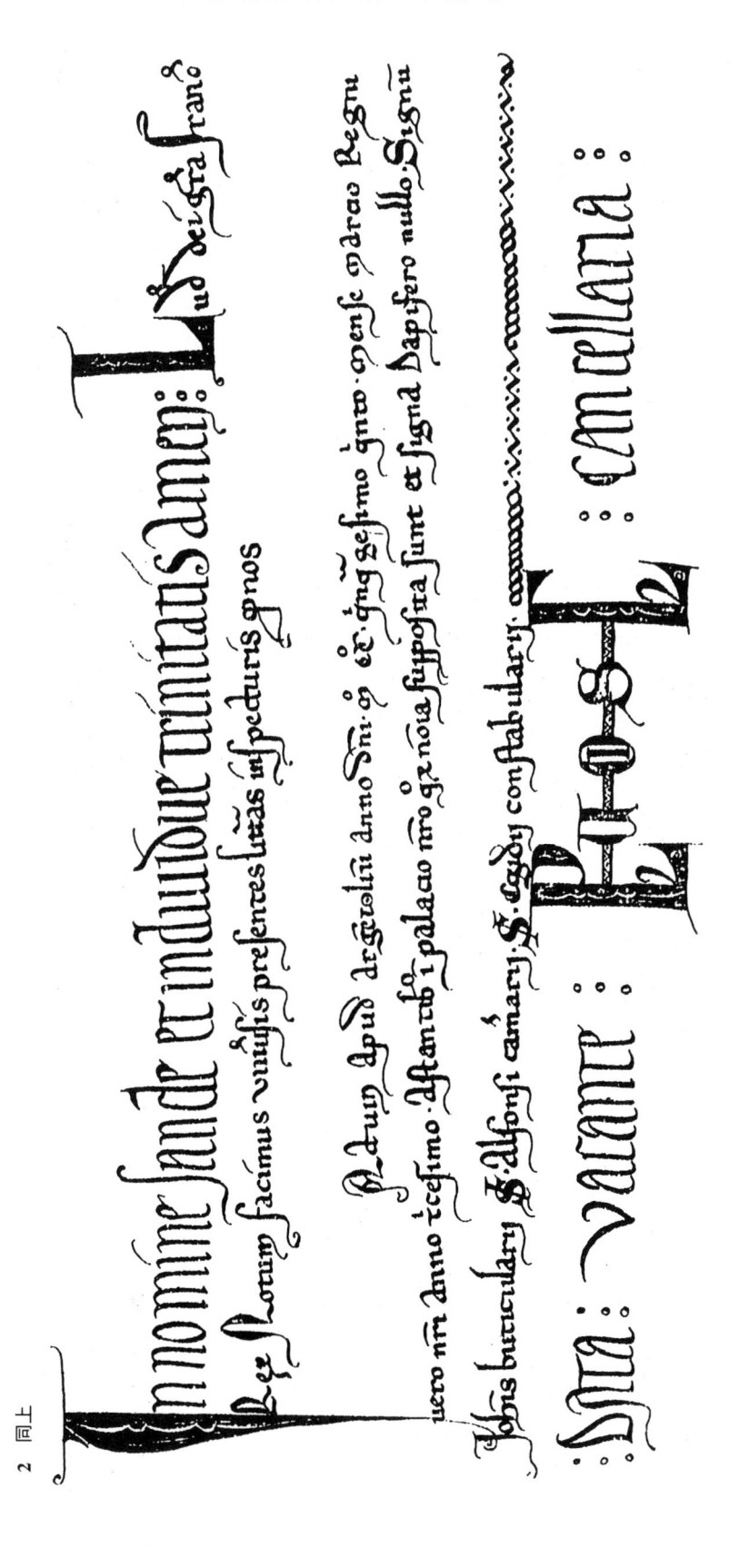

図版 XLV

1　ヒスパニア王アルフォンソ9［7が正しい］世の書体

　サン=ドニ修道院の文書庫が我々に提供してくれたこの見本に関して，第1に指摘すべきは，ヒスパニア諸王が常に文書の始めに置いている文字《A》と《Ω》からなるキリストの花押である。これに関するいろいろな例はヘロニモロ・ブランカの『アラゴン史』の註解［54］606頁に掲載されている。この文書に下署している有名な人物の名前を参照せよ。それらはすべて，その時代のフランク人の間で定着していた如く，同一人の手によるものである。国王の下署が最も大きいが，文書官によって我々の諸王の花押と同様によく整えられて配置されている。

　ヒスパニア年に関しては本書2巻27章9節で論じられているが，そこではときどきアラビア年またはヘジラ［回教紀元＝622年］がキリスト教の年代［西暦］と並記されているのが見いだされることが指摘されている。皇帝ルドルフ［2世］と和平を締結したトルコ皇帝の文書に有名な例が存在する。そこには「最も近い1月1日，主イエスの年の1584年，偉大な預言者の昇天の年の991年，トゥルヒッジャ［「巡礼」の意］の聖なる月［第12月］の27日」の文言が書かれている。これに関して，カルヴィシウス［ドイツの天文学者，1615］とミュラー［ドイツの天文学者，1476］はレーヴェンクラウの書に依拠して，彼らに続いてドニ・プト［フランスの神学者，1652］は時の原則に関する書7巻の終わりで，それぞれ考察している。以上が，国王文書に関してである。ヒスパニア諸王が7世紀から皇帝《Imperator》の称号を帯びるようになったことは周知の事実である。これに関して別の例がある。つまり，ラバンはヴェローナ司教に選ばれたノティンゴ・デ・ゴテスカルコに宛てた書簡において，書簡の文章が始まってすぐの所で「少し前に，ロンガナ地方における敵軍の移動の最中，いと清澄な皇帝ルードヴィヒの許に赴いたとき，彼は私と一緒に異端，諸聖人の救霊予定説のそれについて話した。……」の如く，ルードヴィヒ・ドイツ王を「皇帝」と呼んでいる。しかし，ヒスパニア諸王以外の王がこの称号を自身に付けることは非常に稀であった。皇帝ハインリヒ［4世］はカスティーリャ=レオン王の大フェルナンド［1世］に激しく怒り，教皇ヴィクトール2世の主宰で開かれたトゥール公会議においてこのことを質した。ホアン・マリアナが記している如く，同教皇の忠告によって，フェルナンドは以後この称号を使用しなくなったとのことである。これに関しては，本書2巻4章を参照せよ。

　この文書の文字は（比較する者には明白である如く）ガリアのそれと余り隔たっていない。確かに，この頃のヨーロッパの殆どすべては自分自身のを放棄して，ガリアの書体を採用した。つまり，アングル人はウイリアム征服王を介してサクソン書体に代わるものとして，イタリアとゲルマニアはカロリング王朝の諸皇帝を介してロンバルディーアとチュートンの書体に代わるものとして，ヒスパニアはクリュニ修道院のフランス人修道士であったトレド司教ベルナルドを介してゴート書体に代わるものとして［ガリアの書体を採用した］［308a］。レオンで開催されたローマの聖なる教会の枢機卿で教皇特使，レネリウス主宰の公会議において，「トレド司教ベルナルド」を含む大勢の人々と一緒に，「その上，すべての作家はゴート人の司教ウルフィラスが考案したトレド文字を排除し，ガリア文字を使用するよう」決議された。我々は大文字でウルフィラスの最初のアルファベットを図版IIで掲載している。碩学ベルナルド・デ・アルドレト［イエズス会士，1657］が9世紀のヒスパニア人の間で使用されていた小文字の二つの見本をコルドバ教会所蔵の羊皮紙の手稿本から転写している［15a］。そこには「光輝く目次」の表題をもつ本がコルドバのアルヴァレスの書簡数通と共に収められている。そしてこの写本はアルドレト自身，そして彼の後モラーレスが証言している如く，854年に作成されている。この文字は，特に小文字に関しては，ロンバルディーア文字に近い。一方において一部の者が，恥ずかしいことに，誤った月日と間違った年代によって文学界を満たそうとしていた時に，なぜヒスパニア人はこんなに長い間このような宝物を自分たちの文書庫に眠らせておくことを放置しておいたのであろうか。アルドレトはマラガの墓地で発見され，モラーレス版に刊行されている1020年に死んだ修道院長アマンスイントのゴート大文字を混ぜて刻まれた墓碑銘を公開している。我々は非常に有名なエティエンヌ・バリューズの忠告に従って，次ページの狭い余白に両方の書体の見本二つを掲載することにした。

　［この見本は以下のように翻刻される。
　（上段）
《（クリスモン）In nomine D[omi]ni, am[en]. Sicut [......] contractu condicionalis atque inperialis testatur auctoritas [......] iusticie exigit ut ea que a regibus sive inperatoribus fiunt scripto firment ne te[m]porum diut[ir]nitate ea que

gesta sunt oblivioni tradant. Qua pr[opter] ego Adefonsus Dei gra[cia] tocius Hyspanie i[m]p[er]ator una cum uxore mea i[m]perat[ri]ce d[omi]na mea cum filiis meis Sancio et Fernando regib[us], Deo et ecclesie Sancti Dionisii et vobis d[omi]no abbati Odoni eiusdem eccl[es]ie (*etc.*)

Ego Adefonsus Dei gra[cia] tocius Hyspanie i[m]p[er]ator hanc cartam q[uam] fieri iussi propria manu mea confirmo atq[ue] roboro et signum p[ro]prium pono.

Facta in Palencia IIII° n[ona]s ianuarii hec carta, era M C LXXXXIIII.

(中段)

(第 1 欄) Rex Sancius, filius i[m]p[er]atoris, conf[irmat]; Comes Almanaric tenens Baetiam, conf[irmat]; Comes Ponevis [= Poncius] maiordomus i[m]p[er]atoris, conf[irmat]; Comes Ranamirus, conf[irmat]; Comes Petrus Adefonsus, conf[irmat]; Nurus [= Nunuz] Petriz, tenens Mortem [= Montor] conf[irmat]; Guter F[ernand]iz, conf[irmat]; Gunsalvus Rudericez, conf[irmat]; Gunsalvus de Maranon, alferiz i[m]p[er]atoris, conf[irmat].

(第 2 欄) Iohanes Toletanus archiep[iscopu]s, conf[irmat]; Vincencius secobiensis, conf[irmat]; Victorius burgensis, conf[irmat]; Remundus palentinus, conf[irmant]; Iohanes legionensis, conf[irmat]; Rudericus naiarensis, conf[irmat].

[花押]

(第 3 欄) Martinus Ovvetensis ep[iscopu]s, conf[irmat]; Petrus Astoricensis ep[iscopu]s, conf[irmat]; Iohanes Lucensis ep[iscopu]s conf[irmat]; Martinus Auriensis ep[iscopu]s conf[irmat]; Ennicus Avilensis ep[iscopu]s, conf[irmat]; Navarro Salamantinis ep[iscopu]s, conf[irmat]; Petrus Mindoniensis ep[iscopu]s, conf[irmat].

(第 4 欄) Rex Fernandus filius i[m]p[er]atoris, conf[irmat]; Comes Tudericus [= Rudericus] Petricez Gallecie conf[irmat]; Comes Gunsalvus Fernandiz, conf[irmat]; Veremudus Petriz, conf[irmat]; Alvarus Rudericez, conf[irmat]; Poncius de Mirneva, conf[irmat]; Pelagius Curvus, conf[irmat]; Vela Gutericez, maiordomus regis Fernandi, conf[irmat]; Menendus Bregancie, alferiz regis Fernandi, conf[irmat].

Adrianus, notarius i[m]p[er]atoris p[er] manum Iohanis Fernandi i[m]p[er]atoris cancellarii et eccl[esi]e b[ea]ti Iacobi archiepiscopi, hanc cartam so[ri]psi[t].

(下段)

IT[EM] EPISTOLA ALBARI SPERAINDEO ALBARI directa. DOMINO DILECTISSIMO ET IN CHRISTO PATRI SPERAINDEO ABBATI ALBARUS CLIENS. Prescius et om[ni]p[ot]e[n]s D[eu]s hec in quae devetimus [= deveamus] tempora et esuriem verbi D[e]i quam patimur validam vos nobis opposuit destinare qui et n[ost]ram civaret inediam et dtpib[u]s [= dapibus] tlimoniae [= alimoniae] reficeret corda set quia vos nunc scio tribulationib[u]s deditum vel amaritu[di]nib[u]s oppressum queso ut ap[o]st[o]licum dictum pro consolatio-......

IN HOC LOCO RECONDITUS AMANSUINDU MONACUS ONESTUS ET MAGNIFICUS ET KARITATE FERVIDUS QUI FUIT MENTE SOBRIUS KRISTI DEI EGREGIUS PASTOR SUIRQUE OBIBUS SICUT BELLATOR FORTIBUS REPELLIT MUNDI DELICIA ANNOS VIBENS IN TEMPORE QUATTUOR DENIS ET DUO HABENSQUE IN CENOBIO......》]

図版 XLV

1　ヒスパニア王アルフォンソ 9 [7 が正しい] 世の書体

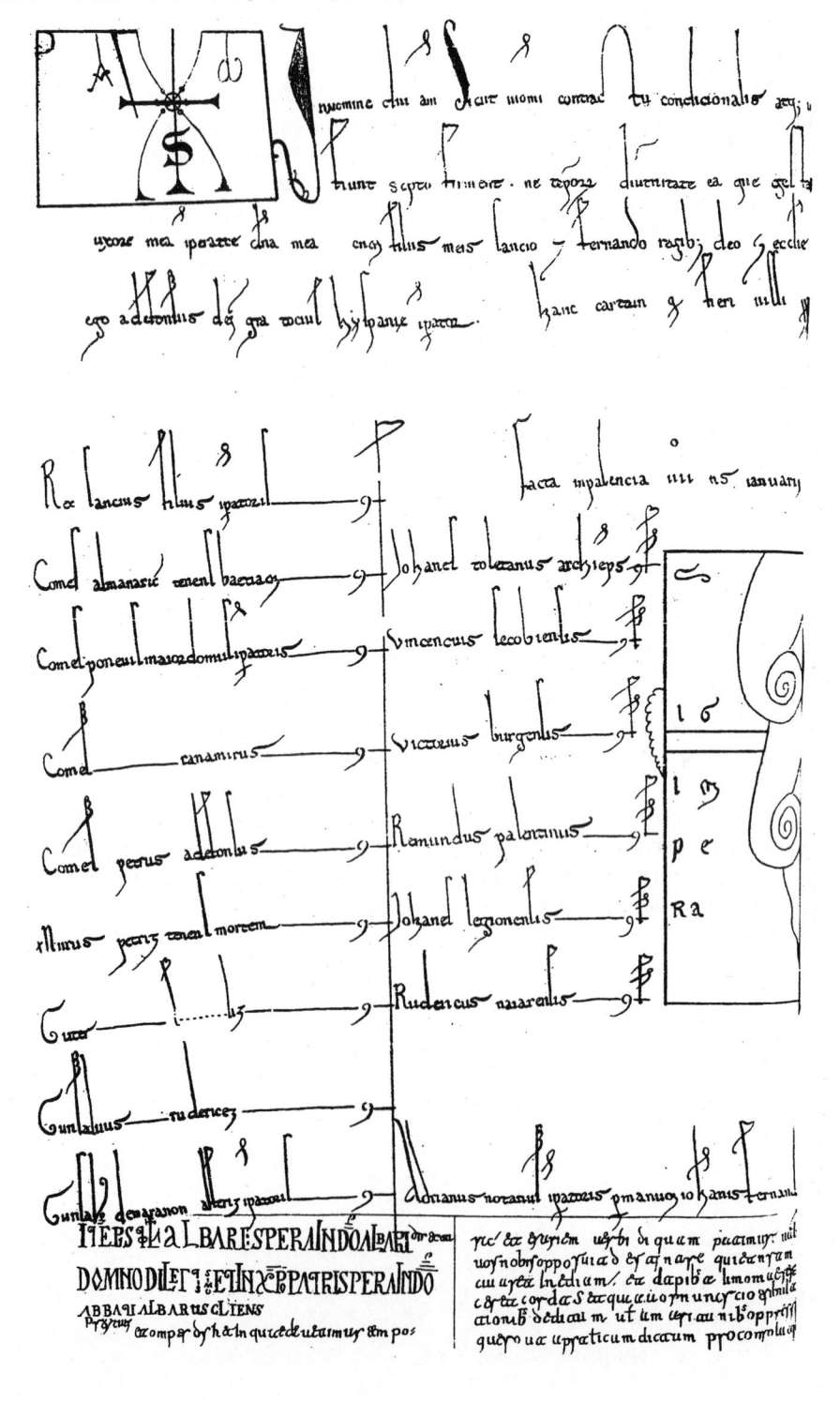

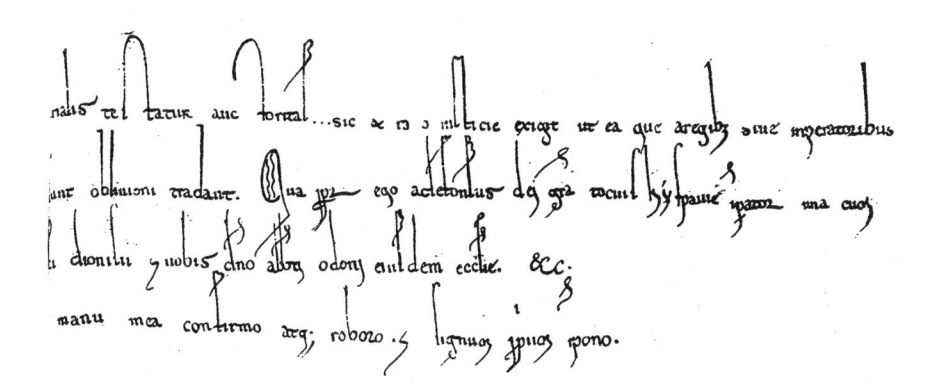

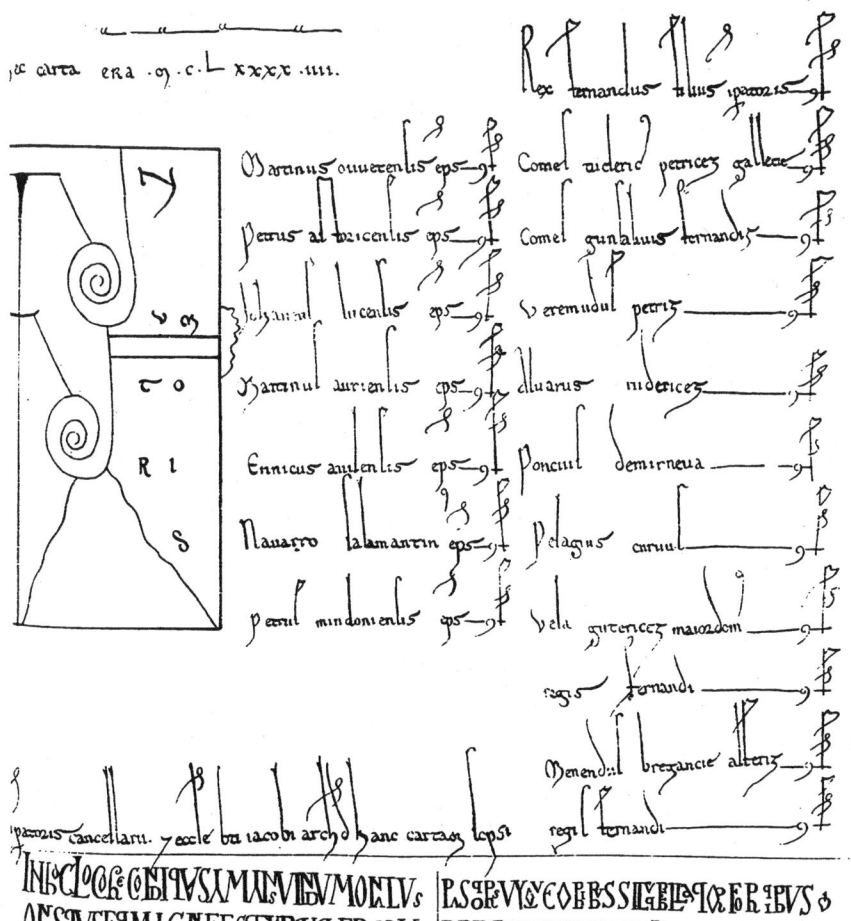

第 5 巻　古書体の見本が掲載され，解説が付される

nalis tel tatur auc fortal...sic & ro militie geiget ut ea que aregibz siue mperatoribus
sunt obliuioni tradant. Qua pr ego acletonlus dei gra tocius Hyspanie ipator una cuoi
dionisi quobis dno abb odorij euidem ecclie. &cc.
manu mea confirmo atq; roboro. S lignuos ipuios pono.

ic carta era .m.c.L.xxx.iiii.

Rex fernandus filius ipatoris

Martinus ouuetensis eps — Comel uiderio petricez gallece
Petrus albricensis eps — Comel gunsaluus fernandiz
Johanes lucensis eps — Veremudul petriz
Martinul aurienlis eps — Aluarus rodericez
Ennicus auilensis eps — Ponciul demirneua
Nauarro lalamantin eps — Pelagius curuu
Petrul mindoniensis eps — Vela gutericez maiordom
                              regis fernandi
                         Menendul bregancie alferiz
                         regis fernandi

ipatoris cancellarii y ecclie bti iacobi archid hanc cartam ipsi

第3部　教会文書の見本

図版 XLVI

1　教皇ジャン5世の書体

　国王文書から教皇文書に移るが，それは我々がオリジナルの教会文書よりも古い国王文書を発見していたからである。この文書と次の文書に関して，600年前にディジョンのサン゠ベニーニュ修道院の年代記作家が言及し，彼のお蔭でこの見本が我々に伝えられているのであるが，それはエジプト・パピルスに転写された2通の写しから取られている。1663年にディジョンの上院議会が，本書1巻8章12節で述べられている如く，両方の文書を新しく作り直している。しかし，教皇ジャン5世[686]のこの写しにおいて，グレゴワール7世[1085]によって最初に発案されたと多くの人々に誤って信じられている挨拶の書式「挨拶と使徒の祝福」に注意が向けられねばならない。単にジャン5世やセルジュ1世[701]の文書のみならず，グレゴワール7世よりもずっと以前に交付された教皇文書においても，（我々が本書6巻の末尾に掲載している補説Iで教示している如く）ときどき同様の挨拶が見いだされるのである。この書式はグレゴワール7世よりもずっと前から使用されている。そして同教皇の治世，特にユルバン2世の治世から二つの書式，つまり「永遠に」と「挨拶と使徒の祝福」の二つのみが使用されている。私はここでジャン5世がその座に就いた685年がその13年に照応していた，それ故，この写しが転写された時期は9番目の月，つまり11月となる会計年度を書記が正しく記載していたか否かについては確かでない。

図版 XLVI

1 教皇ジャン5世の書体

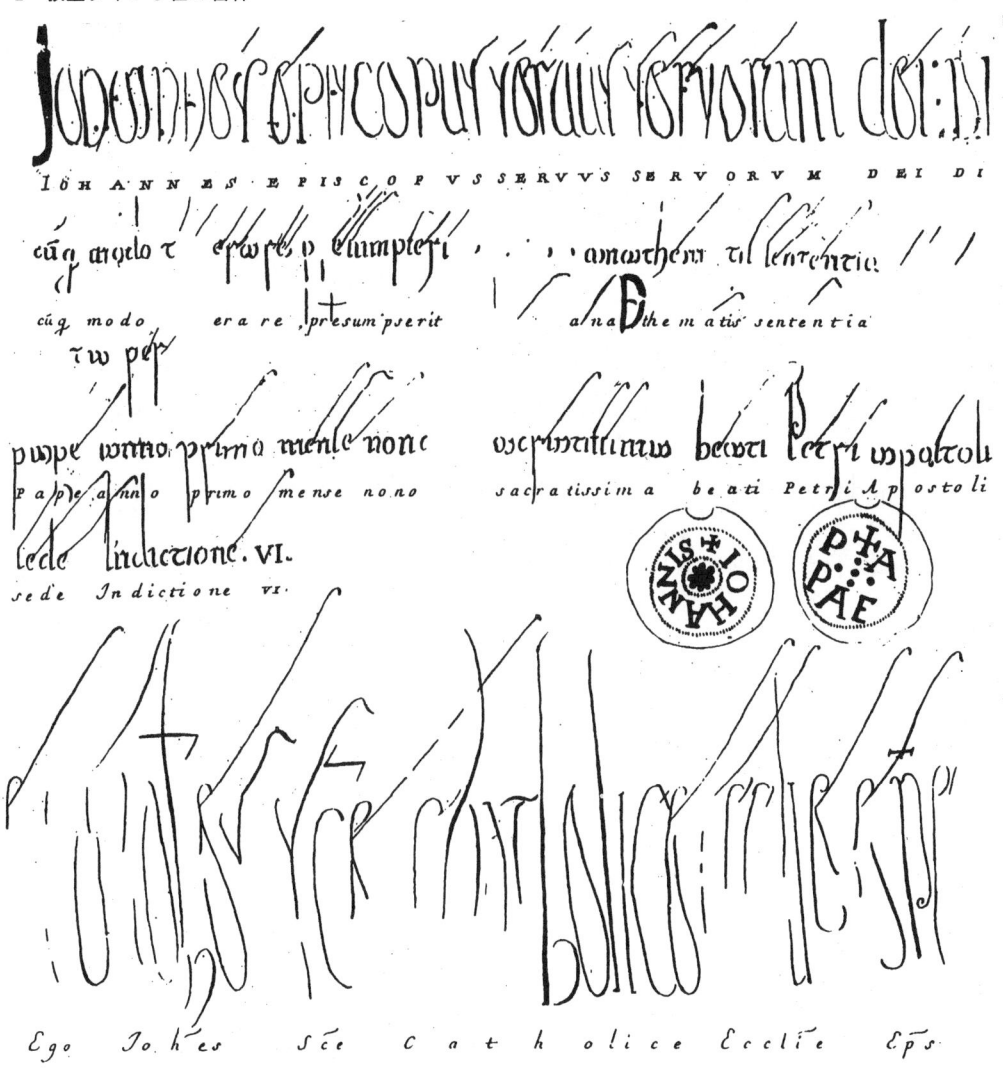

Iohannes episcopus servus servorum Dei di

cuiq. modo erare presumpserit ana[E]thematis sententia

Pape anno primo mense nono sacratissima beati Petri Apostoli

sede Indictione VI.

Ego Iohes sce Catholice Ecclie Eps

2 教皇セルジュ1世の書体

『拾遺集』1巻391頁[2]でサン=ベニーニュ修道院の年代記作家によって完全に引用されているこの答書の中でも使徒の挨拶が使用され，教皇ブノワ2世とジャン5世によって発給された特権文書が言及されていて，ラングル司教ヘロヌスの公共墓地の設置に関するこの書簡はサン=ベニーニュ教会に宛てられている。「当時，使徒の聖なる座の図書館員であったジョヴァンニの手を介して，25日，普遍教皇セルジュ猊下が祝福されたペテロの最も神聖な座に就かれて……年，会計年度の2年に交付された」と。刊行された文書には正確には698年に照応する，「祝福されたペテロの年の10年，会計年度の11年」とある。しかし，我々の見本において書記は教皇在位の年を読むことが出来なかった。そのため，セルジュの在位2年目，西暦689年に照応する会計年度の2年と表記したのである。多分，彼がそれを動かしたのかもしれない。何故ならば，この書簡は「当時，聖なる使徒の座の図書館員であったジョヴァンニの手を介して交付された」と言われているので。更に，馴染みのない言葉と思われる「その当時」《tunc》の語は，本書2巻21章14節で明らかにされている如く，その他の文書においても見いだされる。

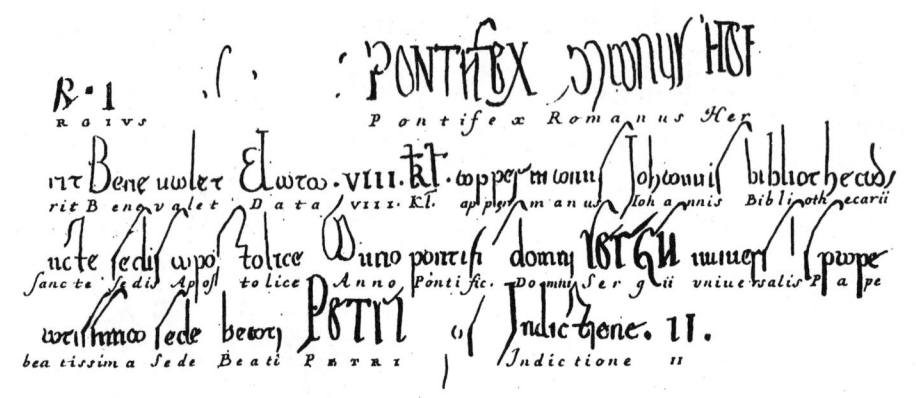

2 教皇セルジュ1世の書体

図版 XLVII

1 教皇ブノワ3世の書体

　我々によってしばしば引用されているこの有名な史料はコルビ修道院文書庫に保存されているが，同じ大きさの獣皮に貼られた幅2フィート，長さ20フィートのエジプト・パピルスに記され，最初の数語は紙材の腐食のため崩れてしまっている。この史料は『拾遺集』6巻 [2] に刊行されているが，幾つかの間違いが認められ，我々はそれらの主要なものをオリジナル文書と比較して，『聖者記録集(べ)』4世紀2巻 [4] の序論の最後で修正しておいた。そして，ここにもこの版が再録されるのが適切であろう。最初に刊行された398頁にある《Amrelmum Abbatem》は《Anselmum》，それに続く文書においても《Amrelmo》ではなくて《Anselmo》と書かれるべきであろう。(但し，彼はコルビ修道院院長ではなくて，皇帝ロテール [1世] の治世に生きた別の修道院の院長であった。何故ならば，ウードが当時コルビの修道院長であったので)。次に，398頁において「ロテール帝，ルイ，シャルルの命令文書」とある代わりに，手稿文書には，ここで読む如く，「ロテール帝とルイの命令文書」，更に続いて「朕の栄光に満ちた息子，ロテールとルイ尊厳者」とあり，(刊行文書にあることと異なって) シャルル禿頭王はどこにも言及されていない。最後に，「テオデリキ」《Theoderici》の代わりに「書記テオドリ」《Theodori》と書き換えられねばならない。刊行文書にない日付《Datum》は見本で我々が見るように，つまり「10月7日，聖なる使徒の座の副書記テオフィラクトスの手を介して，我々のいと敬虔で永遠において尊厳者であるロテールが神によって戴冠された偉大な皇帝として統治する39年，執政官在位の39年，しかし彼の息子で新皇帝ルイの統治の7年，会計年度の4年に交付された」のように補完されねばならない。この日付事項は855年と一致し，その年の8月から教皇ブノワ [3世] の在位初年が始まっている。我々が本書2巻25章3節で述べた如く，ロテールの皇帝在位年と執政官在位年とが慣習通りに一致している。執政官に関する訂正は本書の最後に掲載されている。他方，ロテールは10月初日の3日前，同年の9月29日，プリュムで死去しているが，彼は数日前に修道士の服を受け取っている。しかし，彼の訃報はその当時には考えられない速さでローマに届いている。彼の息子ルイ [2世] の王位の7年は父によって帝国の共同統治者にされた849年から起算されている。『サン＝ベルタン修道院年代記』にある如く，教皇レオン4世によってローマで戴冠された850年からではない。ここには，我々が前記の箇所で明らかにした如く，父の死によって帝位を獲得したとき，その当時どの王も就いていたと思われる，同王の執政官在位への言及はない。この文書から，レオン4世とレオンの後すぐに継承したことがこの文書から明らかなブノワ3世の間に間違って挿入された，偽教皇ジャンヌに関する話の中で新しい論拠がこの文書から取り入れられている。

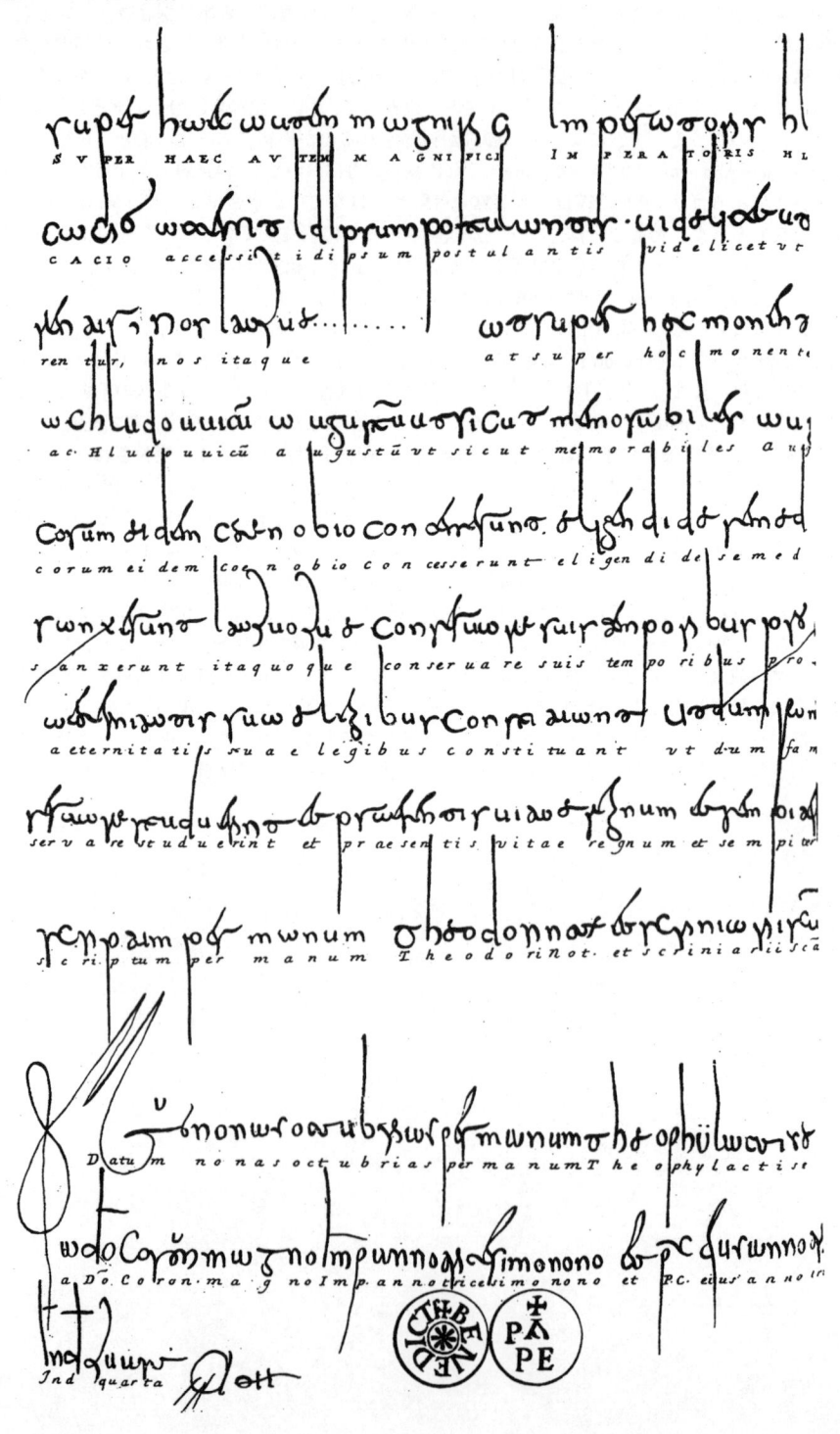

図版 XLVII

1 教皇ブノワ3世の書体

```
SVPER  HAEC  AVTEM  MAGNIFICI  IMPERATORIS  HL
CACIO  accessit  idipsum  postulantis  videlicet  vt
rentur,  nos  itaque           atsuper  hoc  monent
ac  Hludouuicu  augustu  vt  sicut  memorabiles  aug
corum  eidem  coenobio  concesserunt  eligendi  de  semed
sanxerunt  itaque  que  conseruare  suis  temporibus  pro
aeternitatis  suae  legibus  constituant  vt  dum  fam
seruare  uoluerint  et  praesentis  vitae  regnum  et  sempiter
scriptum  per  manum  Theodorinot.  et  scriniariis  sca
Datum  nonas  octubrias  per  manum  Theophylactis
a  Do  Coron  mag  no  Imp  anno  tricesimo  nono  et  P.C.  eius  anno  in
Ind  quarta
```

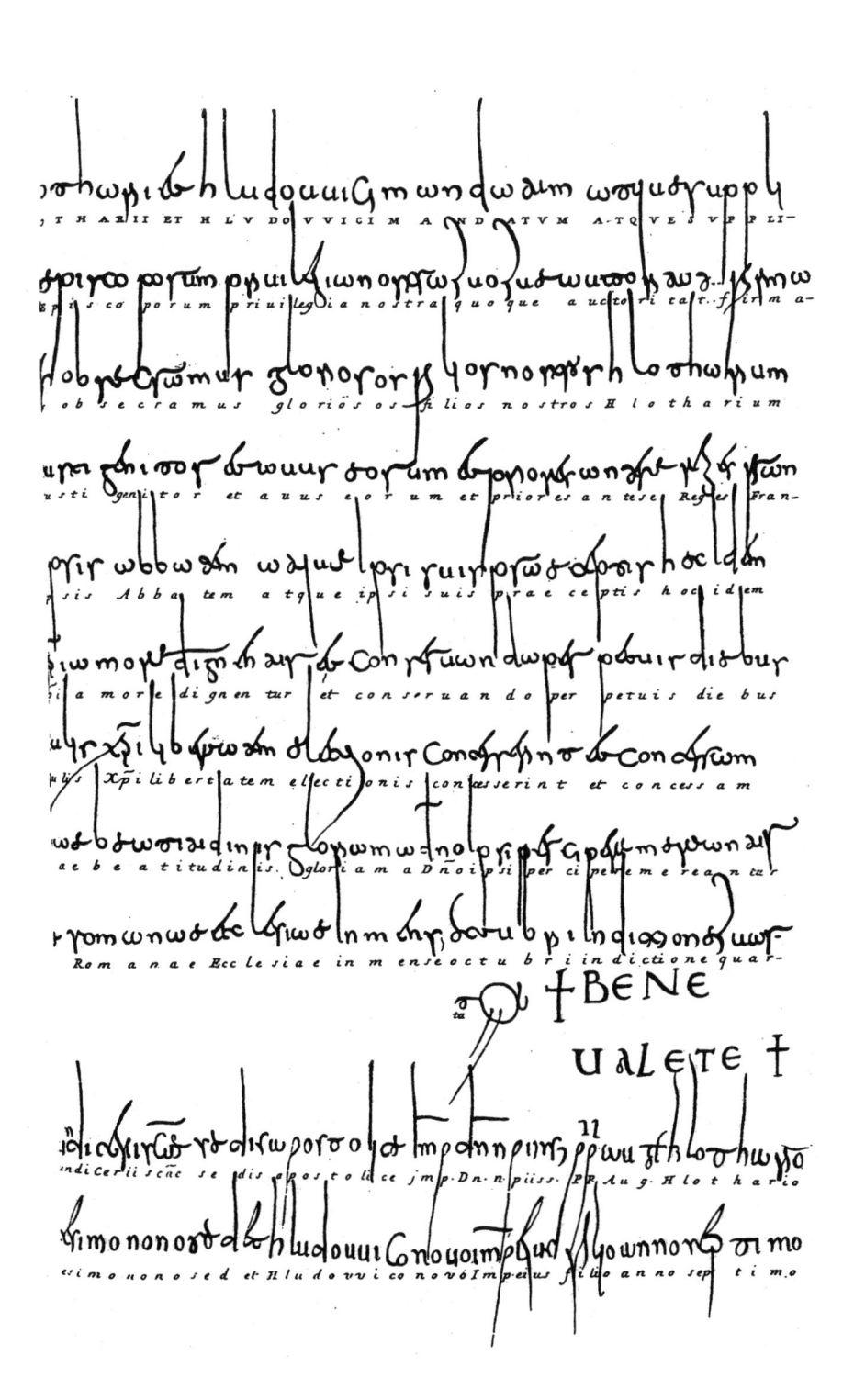

...thariietHLVDOVVICIMANDATVMATQVESVPPLI-
episcoporum priuilegia nostra quoque auctoritat firma-
obsecramus gloriosos filios nostros Hlotharium
usti genitor et auus eorum et priores antese Reges Fran-
sis Abbatem atque ipsi suis praeceptis hoc idem
ri a more dignentur et conseruando perpetuis diebus
pilis Xp̄i libertatem electionis concesserint et concessam
ae beatitudinis gloriam a D̄no ipsi percipere mereantur
Romanae Ecclesiae in mense octubri indictione quar-

✝ BENE
VALETE ✝

indiceriiscae sedis apostolice imp. Dn̄. n. piiss. PP. Aug. Hlothario
timononosed et Hludouuico nouo Imperii filio anno septimo

図版 XLVIII

1 教皇ニコラ１世の書体

　ドゥブレの書[111]の 454 頁で刊行されているこの教皇文書は，エジプト産の樹皮紙またはパピルスに書かれている．日付《Data》は上掲の[教皇]ブノワ 3 世のそれと同じ書式である．日付事項は西暦 863 年に一致している．更に，上掲の図版で述べたことから，ここにおいてルイ 2 世の帝位開始の年が 849 年であることが証明されている．確かに，彼の在位の 14 年はその前年，863 年に当たっている会計年度の 11 年と一致する．

　他方，ここでは，同じく 14 年と計算されている彼の執政官在職に関して別の問題が発生する．我々が本書 2 巻 25 章 3 節で述べた如く，父の死からすべての新しい皇帝が執政官在職年を数えるのが慣習であったのに対して，彼のそれは父ロテールの死から 8 年が経過している．しかし，これに関しては統一された慣習は存在していない．何故ならば，父の存命中に戴冠された新しい皇帝は帝位の年のみを数えるのが習わしで，執政官在職年を数えていない．同様に，父が死ぬと，ある皇帝は執政官の在職年と皇帝在位の年とを合わそうとした．更に，ある皇帝は最初の戴冠から在位年を始めている．ある皇帝は最初の指名から皇帝在位年を数え，執政官在位を父の死から数えることによって，一致していない年を数えている．同じ計算方法は次の図版においても採られている．

　しかし，私はこのような皇帝の日付表記が確認されるローマ教皇の書簡のうち，グレゴワール大教皇よりも古いものがあるか否かは知らない．後者の書簡はビードの書 1 巻 32 章における如く，「6 月 22 日，非常に敬虔で尊厳者であるマウリキウス・ティベリウス陛下の統治の 19 年，彼の執政官在職の 18 年に発給された」との文言を採用している．ビードの上掲書 2 巻 18 章に収められた，教皇ホノリウス 1 世が同名のカンタベリ司教に宛てた別の書簡もそれと余り隔たってはおらず，そこには「6 月 11 日，我々のいと敬虔な尊厳者であるヘラクリウス陛下が皇帝として統治して 24 年，彼が元執政官在職の 23 年，彼の執政官在職の 3 年，しかしいと幸福なカエサル，ヘラクリウス，即ち彼の息子ヘラクリウスが皇帝として統治して 3 年，会計年度の 7 年，つまり主の受肉の 634 年に交付された」のようにある．我々はこの文言をラテン・サクソン版から取ったものを本書 2 巻 25 章 5 節に掲載した．わがサン゠ジェルマン゠デ゠プレ修道院所蔵の写本 20 章（18 章ではない）には少し異なって，「6 月 10 日，我々の尊厳者，ヘラクリウス陛下が皇帝在位の 24 年，同パトリキウス在位の 23 年，そして彼の息子コンスタンティヌスの皇帝在位の 23 年，執政官在位の 3 年，しかしヘラクリウス……」のようにある．読者諸賢はここで「そして，彼の息子コンスタンティヌスの皇帝在位の 23 年」の文言が省略され，「11 日」に代わって「10 日」，《proconsulatus》に代わって《patrc》，つまり《Patriciatus》と書かれているのに気付くであろう．他方，碩学ピエール・フランソワ・シフレはこの歴史書の最新版でこの文言を特に復元し，常用の記号 P. C. つまり「執政官就任後の」《post consulatum》へと戻している．作家たちは常用の記号を理解しなかったので，この文言をそれぞれ変形させてしまったのである．ヘラクリウスの皇帝在位の 24 年は彼の執政官在職の 23 年と照合していたことは確実である．つまり，新しい皇帝は新しい年が始まって執政官に就任したように見做されていた．しかし，我々が別の箇所で述べた如く，皇帝在位年と執政官在職年とは至るところで同じ数となっているのに，何故に「新しいコンスタンティヌス」と呼ばれている彼の息子，ヘラクリウス 2 世が皇帝在位の 23 年と執政官在職の 3 年とが付されているのであろうか．これに関して，シフレは次のように言っている．「コンスタンティヌスの執政官在職の開始を 617 年（テオファナによると，この年彼は確かに生まれていたし，執政官として布告されている）に置くならば，634 年は彼の執政官在職の 17 年が経過中であった．もしそうでなければ，彼に息子のヘラクリウス（これはギリシア人の名前から取られていると私は考える）が生まれたとき，2 度目の執政官在職が始まっていたことになる」．以上が，彼の意見である．

図版 XLVIII

1　教皇ニコラ1世の書体

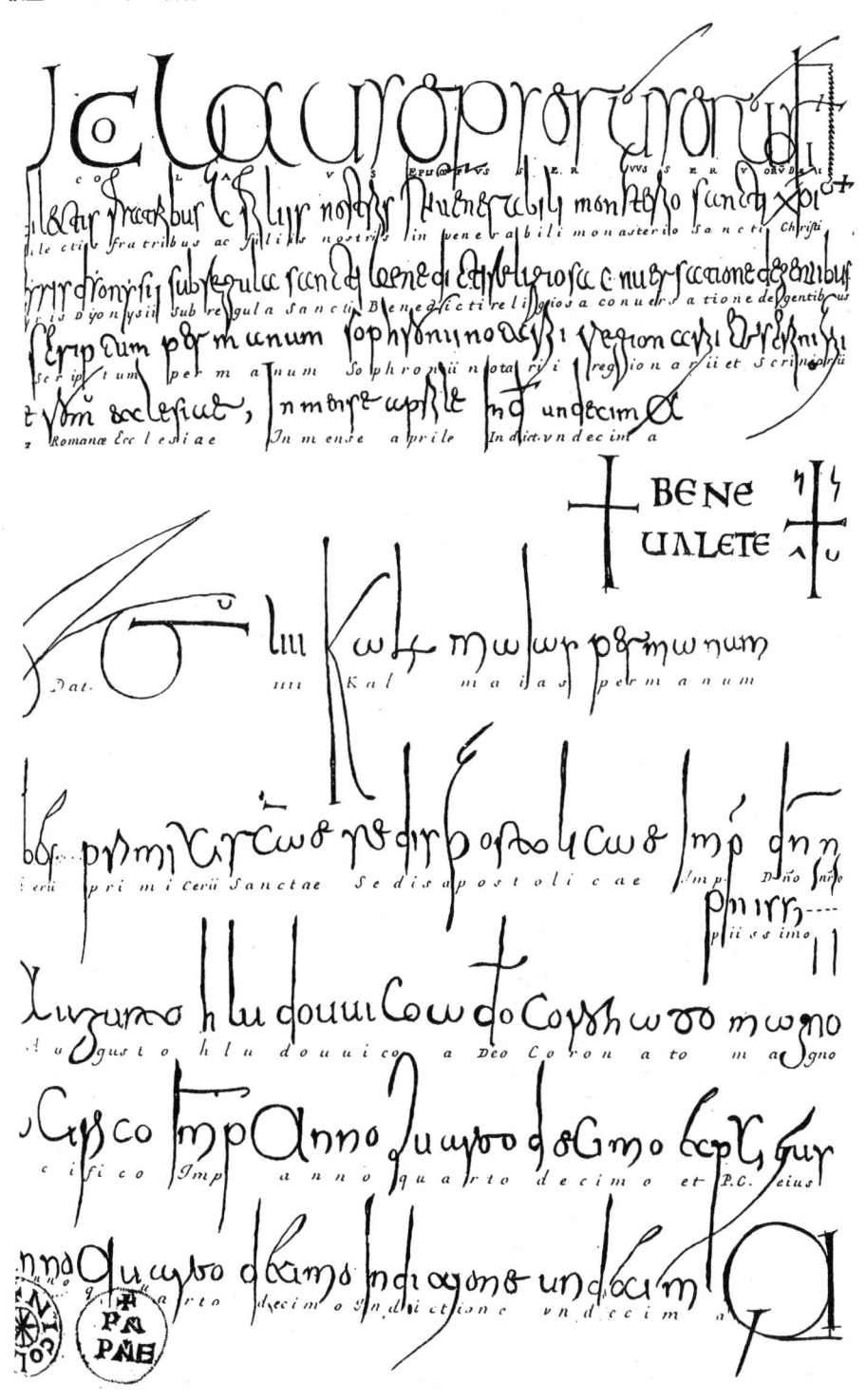

図版 XLIX

1 教皇ニコラ1世の書体

　この見本に関してまず指摘しておかねばならないことは，この[教皇]ニコラ1世のコルビ修道院に宛てた勅書が前掲史料と同様に，エジプト・パピルスに記されていることである。文書の幅は2フィート，長さまたは縦は7フィートで，その上部は糸状の繊維が残っているだけで，従って，書出しの部分は破損されている。この史料と前掲の勅書における日付表記はそれぞれ異なる修道院に発給されてはいるが，年に関してのみならず日に関しても同じである。両方とも書記長は同じティベリウスである。しかし，書記はサン=ドニ修道院所蔵ではソフロニウス，コルビ修道院所蔵ではレオとなっている。この勅書はシルモンの『ガリア公会議記録』3巻 [326] で，《in perpetuam》の書出し書式を伴って刊行されている。ビードの歴史書2巻17章において，教皇ホノリウス1世はアングル人の王エドウィンに宛てた書簡で《salutem》[の語]を選んでいる。本書6巻の最後に置かれた補説 I を参照せよ。

　教皇ニコラ1世におけるエジプト産の樹皮紙またはパピルスの使用がさらに11世紀においても継続されていたならば，それはカロリング諸王の文書においても普及していたのではと，多分質問する人がいるであろう。何故ならば，第1のメロヴィングの王朝においてかなりの国王文書で樹皮紙が使用されていたことが図版 XVI 及び次の二つの図版の註から明らかであるので。我々はカロリング諸王に関して，樹皮紙に書かれた文書を発見していない。しかし，カテル [1633] はガリア史のラングドック[南フランスの地方]に関する348頁でオルビウ川流域の修道院，つまりカルカソンヌ司教管区のノートル=ダム=ド=ラグラス修道院でシャルルマーニュの，修道院長ニムフリディウスに宛てた樹皮紙に書かれた文書1通を見たと証言している。カテルは熱心で誠実な作家であるので，その信憑性を否定することは容易でない。

図版 XLIX

1　教皇ニコラ1世の書体

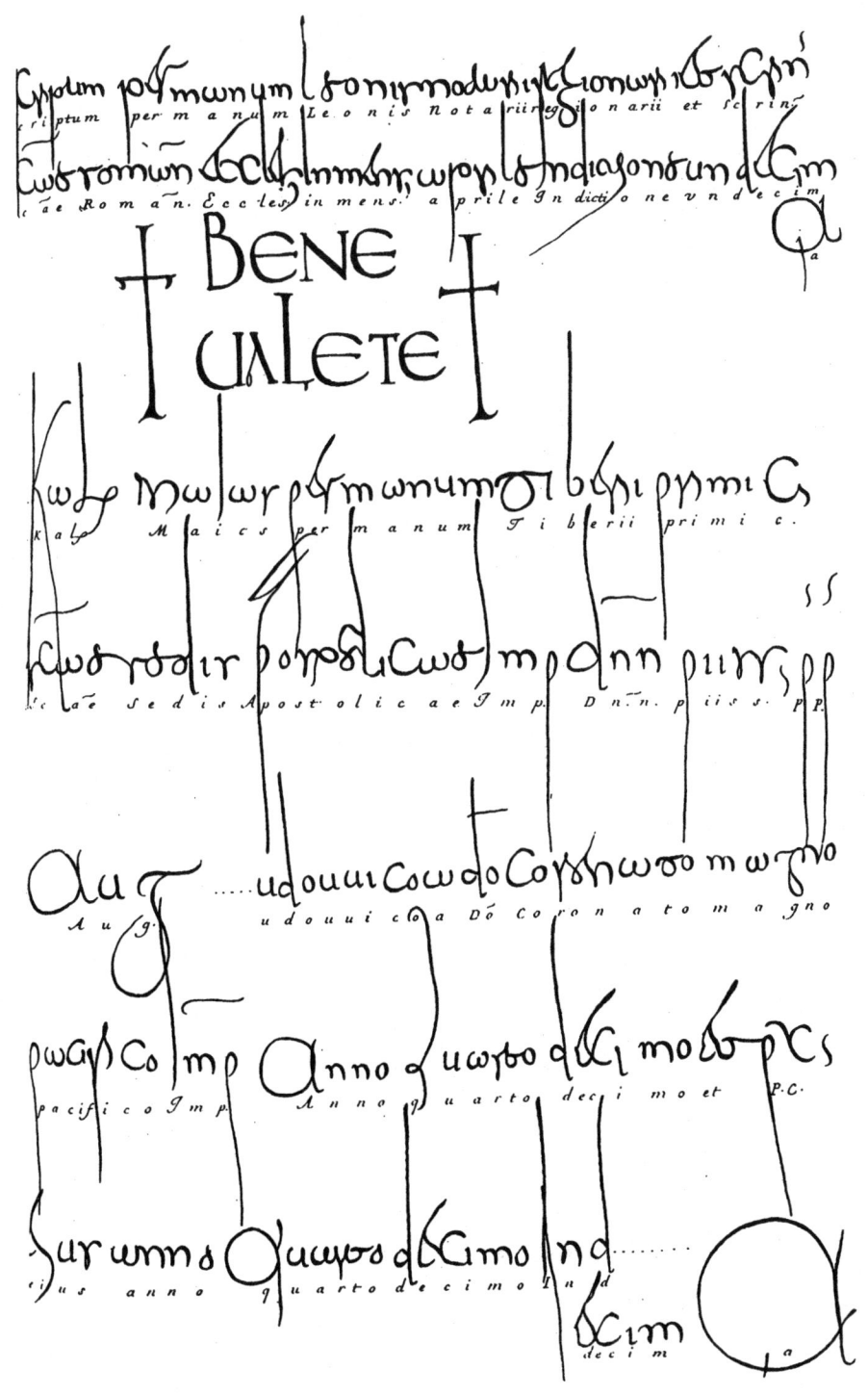

図版 L

1 教皇ジャン 13 世の書体

　この勅書において，教皇文書の古い慣習が少しの相違を伴って守られている。つまり，挨拶の書式「永遠の挨拶」《perpetuam salutem》が先行している。続いて，「手を介して書かれた」《Scripta per manus》（別の文書では《scriptum》となっている）が「ご健勝であれ」《Bene valete》の前に置かれている。この結尾句は花押の形式に配置されることは決してない。それからクリスモンを前に出して，「司教の手を介して交付された」《Data per manus Episcopi》の文言が続いている。既に，司教が書記長を兼任することが始まっている。それまでは助祭，そして至るところで文書庫係がその職に就いていた。教皇ブノワ 3 世とニコラ 1 世の上掲文書とは異なって，日付事項の中に皇帝の在位年が置かれているが，教皇の在位年が先に出されている。ランスのサン゠レミ修道院に宛てたこの勅書は，教皇ジャン 13 世の最後の年であった 972 年に発給されている。

　［この見本は以下のように翻刻される。

　《Johannes ep[i]s[copus], servus servorum D[e]i, dilectissimo in D[omi]no fratri Adalberoni s[an]c[t]ae Remensis Ecclesiae dignissimo archip[rae]suli perpetuam salutem. Convenit apostolatui n[ost]ro pro universis D[e]i ecclesiis,……Scriptum p[er] manus Stephani scriniarii s[an]c[t]ae Romanae eccle[siae], in mense Aprili, Indictione XVma. Bene Vale.

　Data per manus Andreae epi[scopi] VIIIIno K[alendas] Mai[i], Anno pontificatus domini n[ost]ri Johannis s[anc]tissimi et tertii decimi Pap[ae] VIIIvo, Imperii aute[m] domini Ottonis majoris Augusti XImo, junioris vero Vo, in mense sexto et Indictione XVma.》］

図版 L

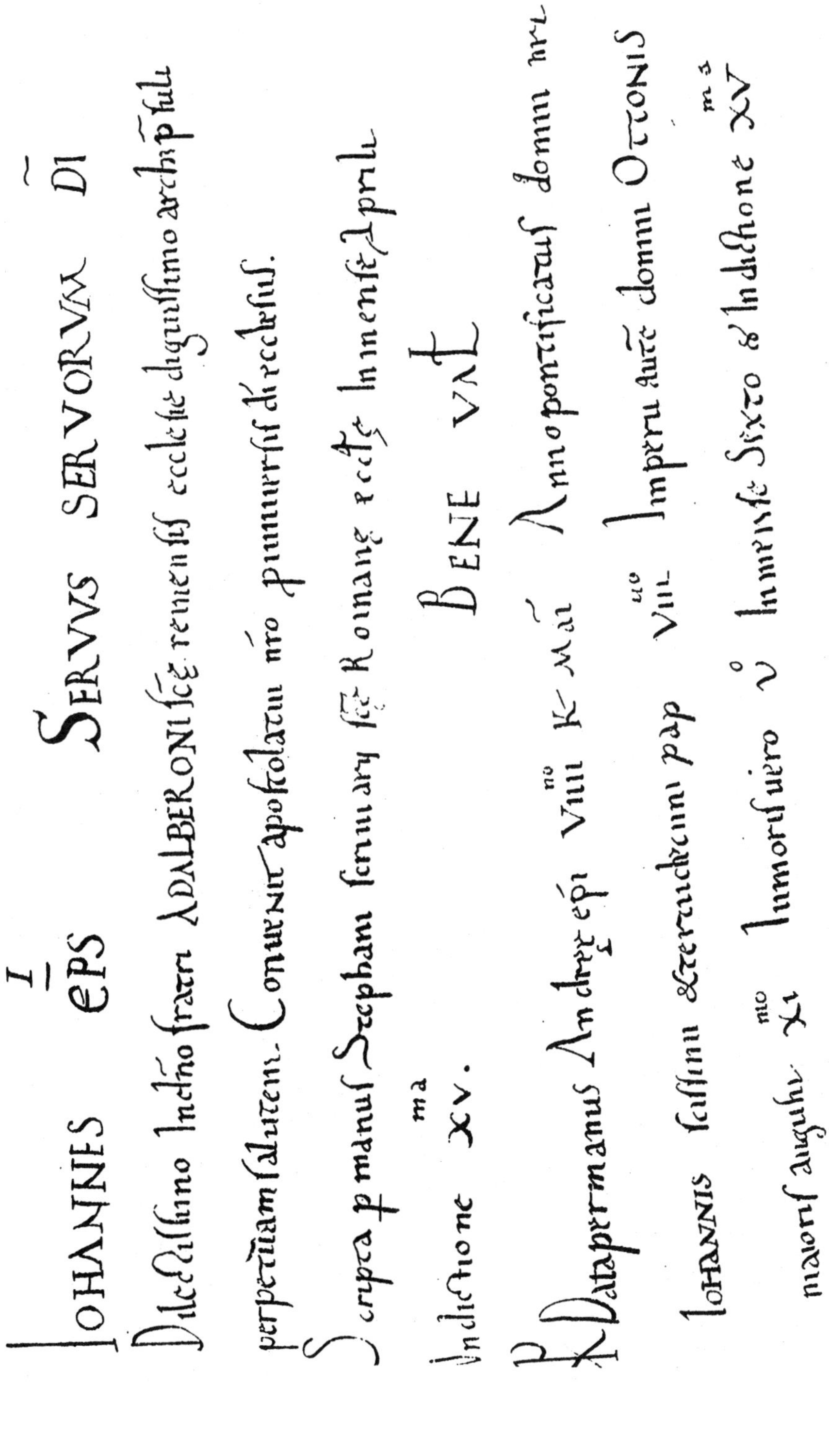

1 教皇ジャン13世の書体

Iohannes eps Servus servorum Di

Dilectissimo Ineno fratri Adalberoni sce reuensis ecclesie dignissimo archiepi fuli

perpetuam salutem. Conuenit apostolatui nro priuniuersis direcclesia.

Scripta p manus Stephani scriniary sce Romane eccle Inmense 2 pril.

Indictione xv.

Bene vat

Data pmanus Andree epi Viiii K Mai Anno pontificatus domni nri

Iohannis sanctissimi xx. uniuersalium pap Viii. Imperii aute domni Ottonis

Iohannis fassim eterni chrim pap V Immense Sixto et Indictione xv

maioris augusti xi humoris uero

2 教皇レオン9世の書体

そして，この見本はサン=レミ修道院所蔵の手稿文書から模写されたもので，マルロの書 [250] においても見本として取り上げられている。教皇は「永遠の挨拶」《perpetuam salutem》を選んでいる。書記の「手を介して書かれた」《scriptum per manus》が省略されている。これはこの後に続く非常に多くの教皇文書でも見られるが，この後で我々が見る如く，すべての教皇文書においてではない。教皇の名前と銘文が記された丸い輪が最初に置かれ，「ご健勝であれ」《Bene valete》はレオン9世によって花押に組み替えられている。日付事項《Dat.》では，多分教皇自身によって十字の印が前置され，教皇在位が来ているが，皇帝在位年は省略されている。これらすべてに関しては，それぞれの箇所で説明されるであろう。[教皇]レオン9世が最初か最初の1人としてかなりの数の答書で使用している受肉の年について，我々が既述したことを追加しておこう。ここにおいて会計年度の3年は1049年9月24日から起算されねばならない。[教皇]レオン9世はこの年の10月に教皇に就任していて，この勅書もこの月に下付されている。我々が既に幾度となく指摘しておいた如く，数字Iの上に引かれた線に注意してもらいたい。これは一部の人々の間で誤りを生じさせており，この表記によって数字のLが表示されているとこれまで考えられてきたのである。

［この見本は以下のように翻刻される。
《Leo ep[i]s[copus], servus servoru[m]

D[e]i, Herimaro abb[at]i, et om[n]i c[on]gregationi monachorum Sancti Remigii perpetuam salutem, Divinae bonitatis n[on] immemor et ingratus, quae sua gratia humilitatem emam in sede ap[osto]lica s[an]c[t]ae Romanae Ecclesiae susblimavit,......［車輪印］　　　　　　　　　　　　　　［結尾句］

Dat[um] III Non[as] Octobr[is] p[er] manu[m] Petri Diaconi, bibliothecarii et cancellarii sanctae ap[osto]licae ec[c]l[esi]ae, anno Domni Leonis noni Papae I, ind[ictione] III.》］

2 教皇レオン9世の書体

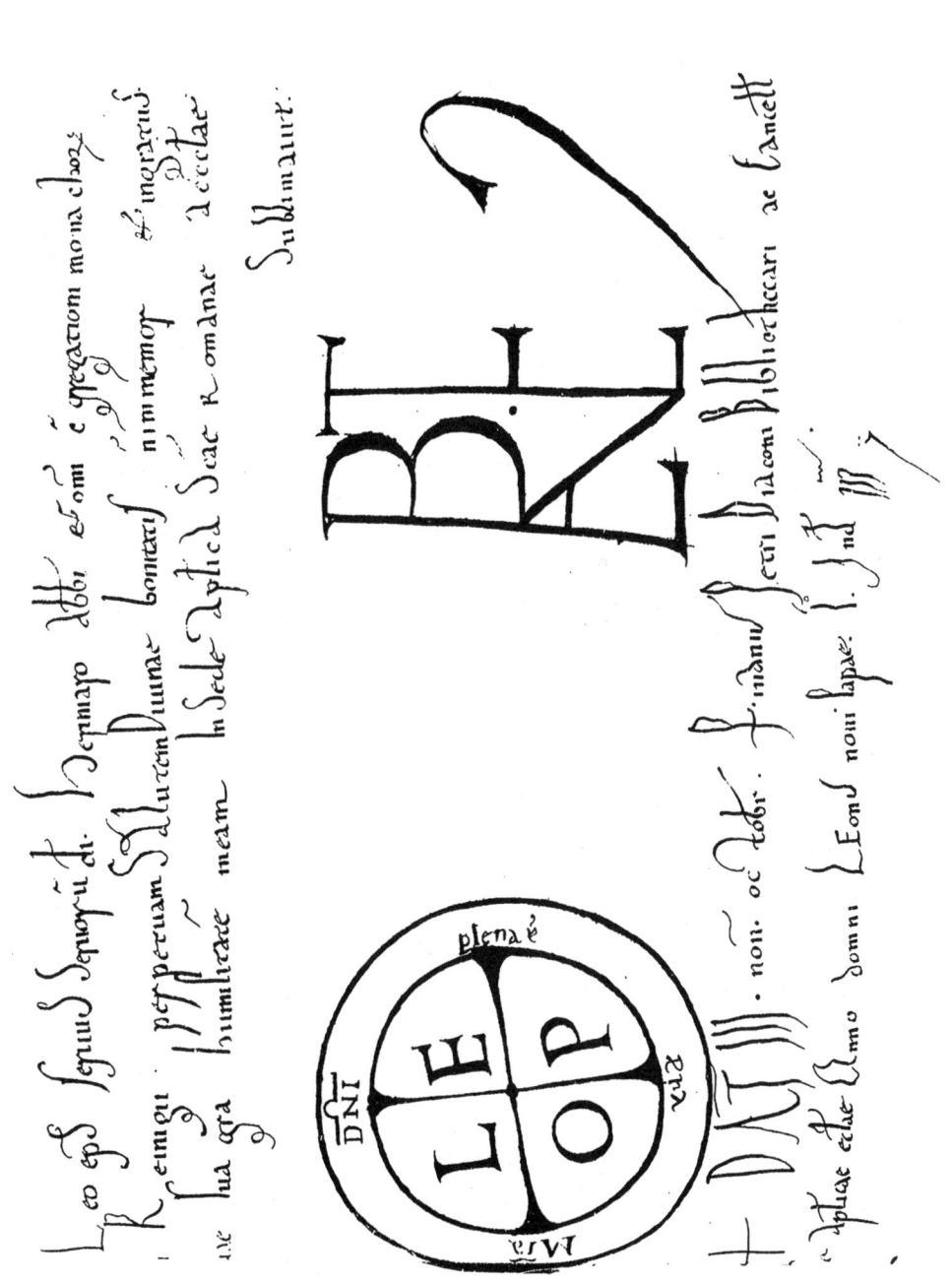

Leo eps seruus seruoru di. Sequutus sti-
Remigii pptetuam salutem Diuinae bonitatis
me sua gra humilitate meam In Sede aplica Scae Romanae aecclae

e omi c gregatiom mona sozz
npetextus nnimemor t mgratus
æcclae

Sublimaur.

BENE

+ DAT III. non oc tobr. Indnu scui Diaconi Bibliothecari ae cancell
aplicae eclae anno domni Leonis noui papae 1. Jnd III 7

plena é

DNI LE OP PAP

図版 LI

1 教皇パスカル2世の書体

　私がユルバン[2世]からレオン9世に至るまでの諸教皇の文書よりもこの勅書を選んだのは，我々が見たユルバン2世とパスカル自身のかなりの数の文書における如く，それがロンバルディーア書体を含んでいるからである。同じ頃，ユルバン2世と同時代人の修道院長オデリシオ1世によってモンテ＝カッスィノ修道院の目録(これは現在，パリの学士院会館に住むオラトリア会修道士の許で保管されている)が，同じくロンバルディーア書体で書かれている。同書体の使用もこの時代を越えることは殆どなかった。ここで読者諸賢は古い様式に代わる(新しい)《scriptum》と《Datum》を見るであろう。パスカル[2世]の下署は自筆のものである。それに，アルバ司教リカルドの下署が続いている。ユルバン[2世]は丸い輪の中にそれらの肖像が鉛の印章に描かれているペテロとパウロの名を加えている。その後に，読者諸賢が見る如く，パスカルの名前が続いている。そしてこの後もローマ教皇がそれを継承している。会計年度の11年ではなくて10年となっている。これに関しては，我々は6巻の最後，補説Iで論じるであろう。それ以外に関しては，それぞれの箇所で解説されている。

　[この見本の解読が付されていない部分は以下のように翻刻される。
《Am[en]. Am[en]. Am[en]……Ego Paschal[is] Catholice Eccl[esi]e Ep[iscopus] s[ub]s[cripsi]. [車輪印] Ego Richard[us] Albanensis Ep[is]c[opus] s[ub]s[cripsi]. [結尾句] Datu[m] Rome, p[er] manu[m] Ioh[an]nis S[an]c[t]e Romane Eccl[esi]e Diac[oni] Cardinal[is], XII Kal[endas] Apr[i]l[is], Indic[tione] X, Incarn[atione] d[omi]nice anno Mo CIIIo, pontificat[us] aut[em] D[om]ni Paschal[is] se[cun]di P[a]p[e] IIIo.》

図版 LI

1　教皇パスカル2世の書体

ASCHALIS EPS SERVVS SERVORDI DILECTOFILIO ADE ABBI VENLIS MONI QVOD IN HONORE SCI DIONISII &c

atq; in extremo examine districtae vltioni subiaceat Cunctis autem eidem loco iusta

ruantibus sit pax Dñi nri Ihu Xpi quatenus et hic fructu bonae actionis pcipiant et apud districtu

udicem praemia eterne pacis inueniant

Scriptu per manu Petri Nostasrii regionarii et scrini sacri palatii

Ego Paschat catholice ecclesie

Ego Richard albanensis epc SS

Datu Rome. P manu totius Scę romanę ecclę diac cardinat. xcu kl aprl Indic. x. Incarn dnice
anno m̄ c iii Pontificat aut dom Paschal sedi pp. iii.

2 ラヴェンナ大司教レオーネの書体

これは非常に著名な枢機卿カサナータが私に送ってくれた手稿文書から模写されたものである。宗教会議録の至るところでと司教文書の非常に多くで見られる如く，日付事項から始まっている。教皇の在位年が皇帝オットー[3世]の在位年の前に置かれている。年代は会計年度の14年が与えられている1001年に当たっている。ラヴェンナ大司教レオーネは自分がこれらの文書に下署したと言っている。しかし彼は自分の名前を書いてはいない。単に二重の十字の印を付けて，「余は読んだ」《Legimus》とあるだけである。この下署の方法は珍しい。ヘルムートとも呼ばれるレオーネに関しては，『神聖イタリア』2巻[347]，352欄を参照せよ。この文書は，かつてトスカーナ地方にあったパラッツオロ修道院のために作成されたものである。我々が『聖者記録集(ベ)』3巻2部[4]で論じている聖ワルフレッドもかつてここの修道院長であった。この文書の完全な写しは以下の通りである。

《In nomine Patris, et Filii, et Spiritus-sancti. Anno Deo propitio pontificatus domni Silvestri summi Pontificis et universalis Papa in apostolica sacratissima beati Petri sede tertio, sicque imperante domno Ottone a Deo coronato, pacifico, magno Imperatore in Italia anno quinto, die secundo mensis Junii, indictione quarta-decima, Revenna. Leo servus servorum Dei, divina gratia Archiepiscopus, Bonizoni venerabili Presbytero et Monacho atque Abbati monasterii sanctae Mariae in Palatiolo, tuisque successoribus in perpetuum. Petitioni vestrae quae habentur in subditis, libenter acquomodamus ad sensum, ob hoc quia nec munificentia deperit, nec percipientibus in perpetuum quod datur adquiritur. Et quoniam sperastis, uti cupas duas vini cum superioribus et inferioribus suis, cum portione curtis de portione potei, vel cum ingresso et egresso, et cum omnibus earum pertinentibus const. in hac civitate Revenn. in pariete domus ecclesiae Gothorum, in extra fines ipsarum, et duabus partibus possidet Johanne et Petro de Raberto de Arimino germanus, seu a tertiola vinea possidet Paulo de Romano et Hermenfredo germanis, a que a quartola curticulla juris monasterii sancti Johannis Evangelistae. quae praedictae res juris sanctae Ravenn. ecclesiae enfiteuticario modo postulastis largiri, si minime cuiquam per enfiteusia antea sunt largita. Vos qui si Bonizoni venerabili Presbytero et monacho atque Abbati monasterii sanctae Mariae in Palatiolo tuisque successoribus Abbatibus in perpetuum, donet vos divinitas in hac luce jussi permanere, sub denariis quatuor pensi singulis quibusque Indictionibus actoribus sanctae nostrae Ravenn. ecclesiae inferre debeatis, ea vero conditione praefixa, ut eas cupas vestris propriis expensis seu laboribus restaurare, defensare et meliorare Deo debeatis adjutore, nihilque de omni expensa quam inibi feceritis. ab Actoribus sanctae nostrae Ravenn. ecclesiae in superius affixa pensi de……modo reputari debeatis, nullamq……dicta neg. . tam ad inferendum ream pensi, quamque ad meliorationem pro dictis cupis facere debeatis: sed ante nominatam pensi omni Martio mense infra Ind. sine aliqua excusatione aut dilatatione actoribus sanctae nostrae Ravenn. ecclesiae persolvere debeatis. Et ne cuiquam praesens praeceptum aut ixtas cupas alicui homini dare, vel vendere, seu transferre, aut oponere, vel commutare, aut in alio venerablili loco relinquere audeatis per nullum ingenium vel argumentum:, sed nec aliquando adversus sanctam nostram benefactricem vestram Ravenn. ecclesiam cuiquam contra justitiam tractare aut agere, nisi propria causa, si contigerit per justitiam tantummodo ventilare, audeatis. Quod si in aliqua tardietate aut neglectu vel controversia inventi fueritis extra agere de his quae superius affixs conditionibus; non solum de hoc praecepto recadeatis, verum etiam daturi eritis parti sanctae nostrae Ravenn. ecclesiae ante omne litis initium aut interpellationem poenae nomine auri obrisi uncias duas; et si non persolveritis multociens dictam pensi infra biennium ut leges censeunt; tunc post pænae solutionem licentia sit actoribus sanctae nostrae Ravenn. ecclesiae vos exinde expellere, et qualiter praeviderint, ordinre. Quam praecptionis nostrae paginam DEUSDEDIT Notario sanctae nostrae Ravenn. ecclesiae scribendam jussimus, in qua nos subscripsimus sub die mensis et Indictione ixta quarta-decima Ravennae. ✝LEGIMUS.》

同じロンバルディーア書体であるが，より綺麗な書体でカプア君主，パンドルフォ4世の文書が書かれている。それは同君主が1034年に親族のアデルムンドのためにマルコーノ山の3分の1とその他の物件に関して作成したものである。この文書はカミッロ・ペレグリノの『ロンバルディーア諸王史』[283] 229頁に掲載されているが，そこにはパンドルフォ[4世]の下署の見本も転写されている。同じく，同書の232，233頁において，ページの余白にペレグリノはパンドルフォ[4世]の花押が手稿文書において，「朱色で描かれていた」《ductum minio》ことを指摘している。それと同じ行において，「かつて命令文書に押しつけられていた印章の痕」が残っていたと注記している。更に，君主が羊皮紙の下の方で「朱色で記された文字で」《litteris minio ductis》（この3文字は注目に値する）下署していたと述べているが，これと同じことは図版XXXIに掲載されたシャルル禿頭帝の見本でも見いだされる。

第 5 巻　古書体の見本が掲載され，解説が付される

1　ラヴェンナ大司教レオーネの書体

図版 LII

1 修道院長フルラドの遺言書

　この原本は，同じころ作成された2通の写しと共に，サン＝ドニ修道院文書庫に所蔵されている。この完全な刊本は『聖者記録集(ベ)』3世紀2部 [4] に収められている同修道院長フルラドの賛美の中でなされている。その当時の特別な宮廷高官と有力者，そして多くの伯たちが下署している。これら下署者の中にハインリクス《Hainricus》が見いだされるが，この人物よりも古い同名者は少ししか見いだすことが出来ない。フルラドとハルマルドスの名前の後に置かれたサインから，「私は下署した」《subscripsi》の語そのものがこのサインの大半において採用されていることは明らかである。文書の下部の余白に遺言書の効力としていつも置かれた藁《stipula》または茎《festuca》が付けられている。ここから《stipulatio》[「契約」の意]が派生している。読者諸賢は書記のサインの下についているその痕跡を見るであろう。

　[この見本は以下のように翻刻される。

　《[クリスモン] Terminum vitae pertimesco, quando de hunc saeculum ero migraturus, ut aliquid de peccatis meis per confessionem et largitatem de proprias pecunias meas, quaead Ecclesiarum et ad loca sanctorum beatorum Martyrum Dionysio, Rustico, et Eleutherio, ubi ipsi Domni corpore requiescunt, in loco qui dicitur Cadolago ubiplurima servorumDei turma laudes Christi die noctuque adesse videntur, ut in alimonia eorum et susceptionem hospidum, vel in elemosina senodicorum pauperum, viduarum, orfanorum, et in lumen Ecclesiarum conferre debeam, ut Dominus per suammisericordiam et intercessionem Sanctorum, et orationes et pauperum……Actum publice Haristalio, anno nono et quarto regnante Carolo gloriosissimo Rege Francorum et Langobarudorum, atque Patricio Romanorum. Ego Floradus Capalanus S. In Dei nomine Maginarius consensi et S. Signum ✝ Teudrico. Hamerado ✝ consensi.

　Signum ✝ Wlfarudo. Signum ✝ Hadratto. Signum ✝ Gislamaro. Signum ✝ Hildrado Comite. Signum ✝ Baldulfo. Signum ✝ Ehrodone. Signum ✝ Hainrico. Signum ✝ Anselmo Comite palatii. Signum ✝ Folrado. Signum ✝ Hartgero. Signum ✝ Harihardo Comite. Signum ✝ Erleberto. Signum ✝ Gundaccro.

　Anno nono et quarto regnante domno Carolo gloriosissimo Rege Francorum et

　Patricio Romanorum. Actum publice Haristalio. Ego Adarulfus rogitus et ordinatusa domno Fulrado scripsi et subscripsi》]

1 修道院長フルラドの遺言書

calenarum ... decem uidet partui misericordie & intercessione sanctorum & oratione pauperum ac
.... catum publice karitatis anno uero & quarto regnante Carolo gloriosissimo
rege Francorum & Langobardorum atque patricius Romanorum

Ego Folradus capelanus

In dei nomine magnarius Laurenti &   [monogram] Rimegi Bonsensi sub...

signum + teudrici   signum + hadarici   signum + hainrici
signum + uulfardi   signum + Ehysdoni   signum + arnhardi com
signum + baldulfi   signum + hasegeri   signum + erletberti
signum + folradi   signum + hildradi   sig̃ + hildradi comitis
signum + teudulfi   signum + ermemari   sig̃ + anselmi comitis palatii

          sig̃ + ricuuis   sig̃ + gundul eri

Anno nono & quarto regnante domno Carolo gloriosissimo rege Francorum & Langobardorum ac patricio
Romanorum actu publice karitatis ego adarulfus rogatus et ordinatus a domno fulrado scripsi &

図版 LIII

1　教会会議文書

　これは本書6巻文書74で，サン=ドニ修道院所蔵の半分に引き裂かれた手稿文書から取られたものとして刊行されている。ここにその残った部分を掲載することは，その当時，この写しやこれに続く図版から明らかな如く，法文書とはまったく異なっていた教会文書に採用された書体の見本を例示するために適していると思われる。この文書で最初に下署しているのがサンス大司教アルドリックで，この《Archiepiscopus》[「大司教」の意]と言う語を彼自身この後に続く図版の見本で同様に使用している。ランス大司教エボンとマインツ大司教オトガリーも同様である。我々はそれについて，本書2巻2章13節で解説している。しかし，彼ら以前において，聖ボニファーティウスがこの称号を使用している。フルダ修道院の領地に関する文書に下署して，「この文書をすべての人々に知ってもらうべく書くことを命じた大司教ボニファーティウスのサイン」と記している。つまり，それは747年のことで，ブロウェルスの『古きフルダの歴史』1巻，4章[63]に掲載されている。ここで注目に値するのがパリ司教インカドスの下署で，「灯油がなくなったため」書くことが出来なくなり，「十字の印」を付けたとある。我々は別の写しを本書2巻22章に掲載している。

　[この見本は以下のように翻刻される。
《……et eorum informatione qui post ad monasticum ordine do in spirante ade locus remota omni simulatione semper in eodem mon……

　　……at et felicib, succeribu. do……n ferente polle.

　　……ut interfuerunt et hoc factum subterfirmaverunt

　　……archiepiscopus subscripsi

　　……subscripsi

　Indignus episcopus subscripsi

　sis indignus episcopus subscripsi

　　†INCHADUS PARISIACENSIS ECC……AE EPSINTERFUIET QUIA OB AMISSIONEM LUMINUM SCRI BERENEQUIUI MANU PROPRIA SIGNU CRUCIS SUBTER FIRMAVI》]

図版 LIII

1 教会会議文書

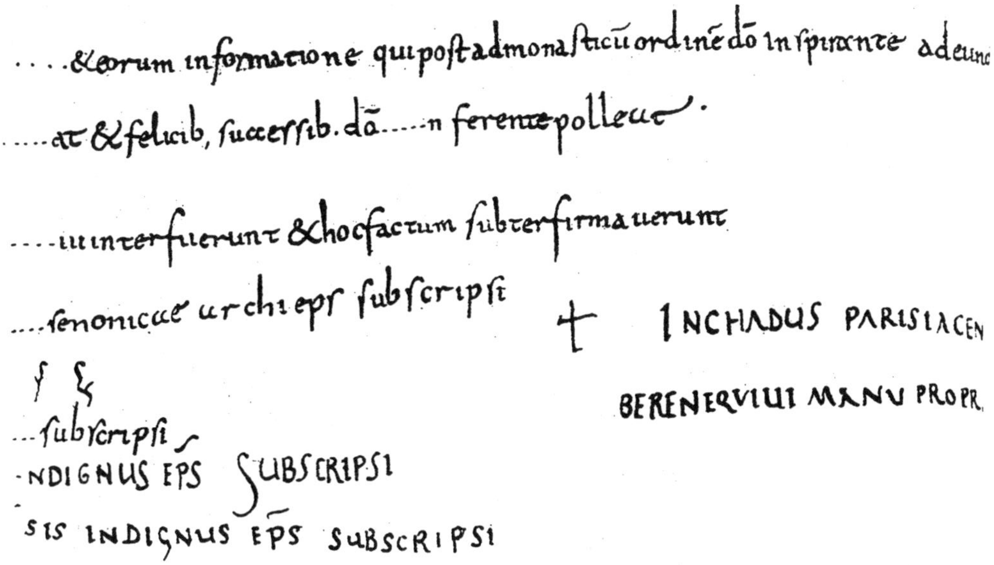

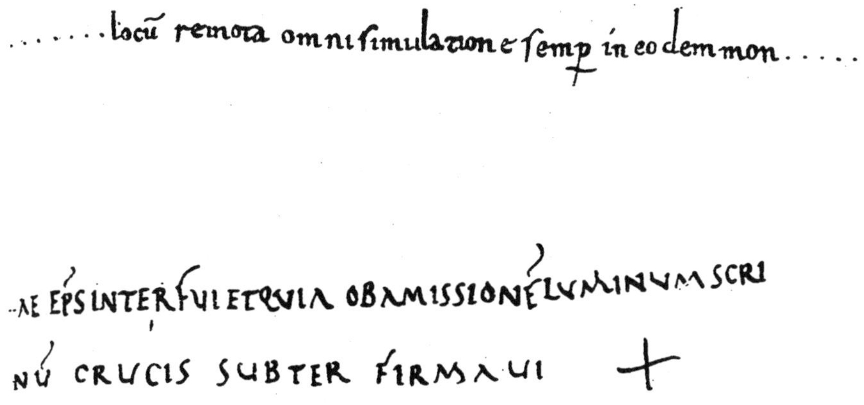

.... &eorum informatione qui post admonasticu̅ ordine d̅o inspirante adeunt

.... at & felicib, successib. d̅a ..... n ferente polleat .

.... iii interfuerunt & hoc factum subter firmauerunt

.... senonicae archiepr subscripsi   ✝ INCHADUS PARISIACEN

..subscripsi   BERENERVIUI MANV PROPR.

-NDIGNUS EPS   SUBSCRIPSI

SIS INDIGNUS EPS SUBSCRIPSI

...... locu̅ remota omni simulatione semp in eodem mon .....

..AE EPS INTERFUI ET QUIA OB AMISSIONE LUMINUM SCRI

NV CRUCIS SUBTER FIRMAUI   ✝

2　別の教会会議文書

　これは本書6巻文書75で刊行されているが，それは「皇帝ルイ[敬虔王]の統治の19年，会計年度の10年」，そして実際に「1月22日」に発給されている。イルドワンを介して行なわれたサン＝ドニ修道院の財産分割について記されているこの文書に，原書392頁[本訳書では割愛]で刊行された「8月26日」，同ルイの「皇帝在位の19年，会計年度の10年」に発給された尊厳者ルイによる確認が続いている。同じ頃，同一の日付事項のもとに，同皇帝による同修道院への修道士の復帰のための別の命令文書が発給されている。この史料はシルモンの『ガリア公会議録』2巻[326]で刊行されている。同じ頃，この復帰をさらに司教集会が宗教会議の決議を受けて確認しているが，その見本はこの図版の最初に掲載されている。この宗教会議の決議に，同じ問題に関する別の宗教会議の文書が先行している。それへの言及がこの後の75番の財産分割に関する文書でなされている。しかし，この後の方の宗教会議文書ではメッス司教ドロゴン，オーセル司教エリバールなどが下署している。彼らに続いて司教トリトガリが下署しているが，彼は刊本史料ではトルトガルス《Trutgarus》と呼ばれ，ナント司教であったと思われる。人々は彼の死を825年に置いているが，このような計算はしばしば精密さを欠いている。

　[この見本は以下のように翻刻される。
　《……Actum in monasterio sancti Apostolorum Principis excllntissimorumque martyrum Dionysii Rustici et Eleutherii. Anno XVIIII Hludovvici serenissimiImperatoris, Indictione. Data XI Kal. Februar. in Dei nomine feliciter.
　✝Aldricus Archiepiscopus✝
　✝Ebo indignus Remensis Archiepiscopus✝
　✝Otgarius Archiepiscopus✝
　✝Drogo Episcopus subscripsi.
　[クリスモン] Witgarius peccator sanctae Taurinensis ecclesiae Episcopus subscripsi.
　Erchanradus indignus Parisiacensis ecclesiae Episcopus subscripsi.
　Jonas indignus Aurelianensis ecclesiae Episcopus subscripsi.
　Heribaldus indignus Episcopus subscripsi.
　Tractarius Episcopus subscripsi.》]

2 別の教会会議文書

Actum monasterio sci aptorum principis excellentissimorumque: mar tyr um dyonisii rustici & eleutherii ...

Si. + aldri ur archi epr +   + EBO INDIGNUS REMENSIS ARCHI

+ otgarius archiepr +

+ DROGO EPS

Uuigericus peccator scae ticurinensis ecclio epr

Ego unradus indignus parisiacensis ecles

Iner indignus autelianensis ecclesiae epr

---

hludouici serenissimi imperatoris indic x data xi kt feb in dei nomine feliciter

+ heribal dur . l . d . n . epr

Tritgurius eps

3 更に，別の宗教会議文書

これはランにあるサン゠ヴァンサン修道院への修道士の復帰に関する，ラン司教ロリコンの文書である。これは翌年，モン゠ノートル゠ダム(ランス地方のフィムとブレンヌの町との間に位置する，聖アウグスティヌス派に属する律修参事会の修道院が今日存在している)で開かれた宗教会議において確認されている。ランス大司教アダルベロンによると，この場所で二つの宗教会議が開催された。一つは，前年の 8 月に書かれたこの文書の交付に最も近い，972 年 5 月のもの。この宗教会議には 4 名の司教，つまりソワソン司教ギィ，ノワイヨン司教アドルフ，ボーヴェ司教イルデゲール，アミアン司教ティボで，彼らの名前はここで下署されている。もう一つの宗教会議は同じ場所で 976 年にムーゾン修道院への修道士の復帰に関して開催されている。司教アダルベロン以外に 8 名の司教が出席し，彼らの名前をマルロが彼の書 [250] 12 頁で明らかにしている。こうして，読者諸賢はこの見本の中に文書発給の数ヵ月後に行なわれた司教たちの下署を見るであろう。これに関しては，我々は本書 2 巻 20 章で論じている。

[この見本は以下のように翻刻される。

《Auxiliante supernae propitiationis clementia, Ego Rorico, etsi indignus sanctae Laudunensis Ecclesiae praesulatum……
……ta[m] p[ro]p[ri]o sigillo q[uam] etia[m] clericorum nostrorum et nobiliu[m] laicorum testimonio subt[er]roborare censuimus. S[ignum] Roriconis, indigni Laudun[en]sis p[rae]sul[is]. Statuim[us] ergo ea[m] mitte[re] venerandae synodo quae habita e[st] a[pu]d monte[m] s[an]c[t]ae Mariae in pago Cardanensi, m[en]se maio, ubi recitatu[m] est hoc, residente domno Adalberone archiep[iscop]o, cu[m] coepi[scopi]s atq[ue] omni assensu ab eis corroboratu[m].

	S[ignum] Rodulfi p[re]positi.
S[ignum] H[er]iberti archidiaconi.	S[ignum] Gisleb[er]ti signiferi.
S[ignum] Fulconii archiclavi.	S[ignum] Odonis vicedomini.
S[ignum] Immonii archidiaconi.	S[ignum] Alhrici. S[ignum] Richardi.
S[ignum] Beroldi decani.	S[ignum] Vudonii. S[ignum] Vuitrici.

S[ignum] Bevonis prestyteri. S[ignum] Beroldi presbyteri. S[ignum] Ingenulfi diaconi. S[ignum] Rogeri diaconi. Ego Odecardus cancellarius sc[ri]psi et subscripsi.

✝Ego Adalb[er]o, s[anctae] Rem[en]sis eccl[es]iae archi[epis]c[opus], subscripsi et corroboravi. ✝Ego Guido Suession[ensi]s eccle[siae] ep[is]c[opus] subscripsi. ✝Ego Hadulfus Noviom[en]sis ep[is]c[opus] subscripsi. ✝Ego Hildegarius Belvace[n]sis ep[is]c[opus] subscripsi. ✝Ego Tetbodlus Ambian[i]s ep[is]c[opus] subscripsi.

Actu[m] Lauduno, anno Incarnationis D[omi]ni n[ost]ri Jhesu Christi DCCCC L XI, Indictione IV K[a]l[endis] octobris, in anno septimo Lotharii regis.》]

3 更に，別の宗教会議文書

図版 LIV

1 ピートル宗教会議文書

この史料はドゥブレの書 [111] 457 頁で，その見本がここに掲載されている手稿文書から取られたものとして刊行されている。この会議は 861 年に開催されている。『サン゠ベルタン修道院年代記』を参照せよ。下署においてエネ[アエネアス]，ジョナース，ゴデルサドスの名前で使用されているギリシア語《y》が注目される。更に，本書 2 巻 10 章 13 節も参照し，ここでの下署を次の宗教会議のそれと比較せよ。そこでも，ここと同様に司教が下署している。ピートルの場所に関しては，本書 4 巻を参照せよ。ルイはサン゠ドニ修道院長，アデラールはシティユ[サン゠ベルタン]修道院長，ワルドは多分トリーアのザンクト゠マクシミーン修道院長，ルゥはフェリエール修道院長，フロドワンはコルビ修道院長であった。彼らの最初と終わりから二人はこの後の文書においてもサインをしている。

［この見本は以下のように翻刻される。

《Universalis synodus ex variis Galliae partibus ad locum evocata, cui nomen est Pistis, venerabilibus coepis[copis] n[ost]ris reliquisque fidelibus. Maximis tribulationu[m] pressi calamitatibus, quias……

Wenilo munere divino Sennensis eccl[esi]ae ep[iscopu]s s[ubscripsi]. Hincmarus s[an]c[t]ae metropolis eccl[esi]ae Remorum ep[iscopu]s s[ubscrpsi]. [左欄] Wanilo humilis Rotomagorum ep[iscopu]s s[ubscripsi]. Herpuinus Silvanectensis ep[iscopu]s s[ubscripsi]. Aeneas Parisii ep[iscopu]s s[ubscripsi]. Ionas humilis Eduoru[m] ep[iscopu]s s[ubscripsi]. Godelsadus Cabilonensis ep[iscopu]s s[ubscripsi]. Herluinus Constanciensis ep[iscopu]s s[ubscripsi]. Gontbertus Ebrocensis ep[iscopu]s s[ubscripsi]. Heirardus Lixuviensis ep[iscopu]s s[ubscripsi]. Raginelmus Tornacensis eccl[esi]ae ep[iscopu]s s[ubscripsi]. Erchenraus indignus s[an]c[t]ae Catalaunensis eccl[esi]ae ep[iscopu]s s[ubscrpsi]. Odo indignus Belloacensium ep[iscopu]s s[ubscripsi]. Hildegarius Meldensis eccl[esi]ae ep[iscopu]s s[ubscripsi]. Folchricus Augustae Tricorum indignus ep[iscopu]s s[ubscripsi]. [右欄] Ottulfus s[an]c[t]ae Augustae Tricorum ecclesiae ep[iscopu]s s[ubscripsi]. Hludowicus abba subscripsi. Adalhardus abba subscripsi. Waldo abba subscrip[si]. In D[e]i nomine ego Lupus s[ubscripsi]. Frodoinus indignus abba subs[cripsi]. Hincmarus Laudonensis eccl[esi]ae ep[iscopu]s s[ubscripsi]. Gauzlenus regiae dignitatis cancellarius subscripsi. Vulfadus Resbacensis monast[erii] abb[as] s[ubscripsi].

Dat[um] VII K[a]l[endas] Iulii, ann[o] ab incarnatione d[omi]ni DCCCLXI, indict[ione] VIIII, regni vero gloriosissimi regis Karoli XXII, in sup[ra]dicto loco Pistis heribergo.》］

図版 LIV

1 ピートル宗教会議文書

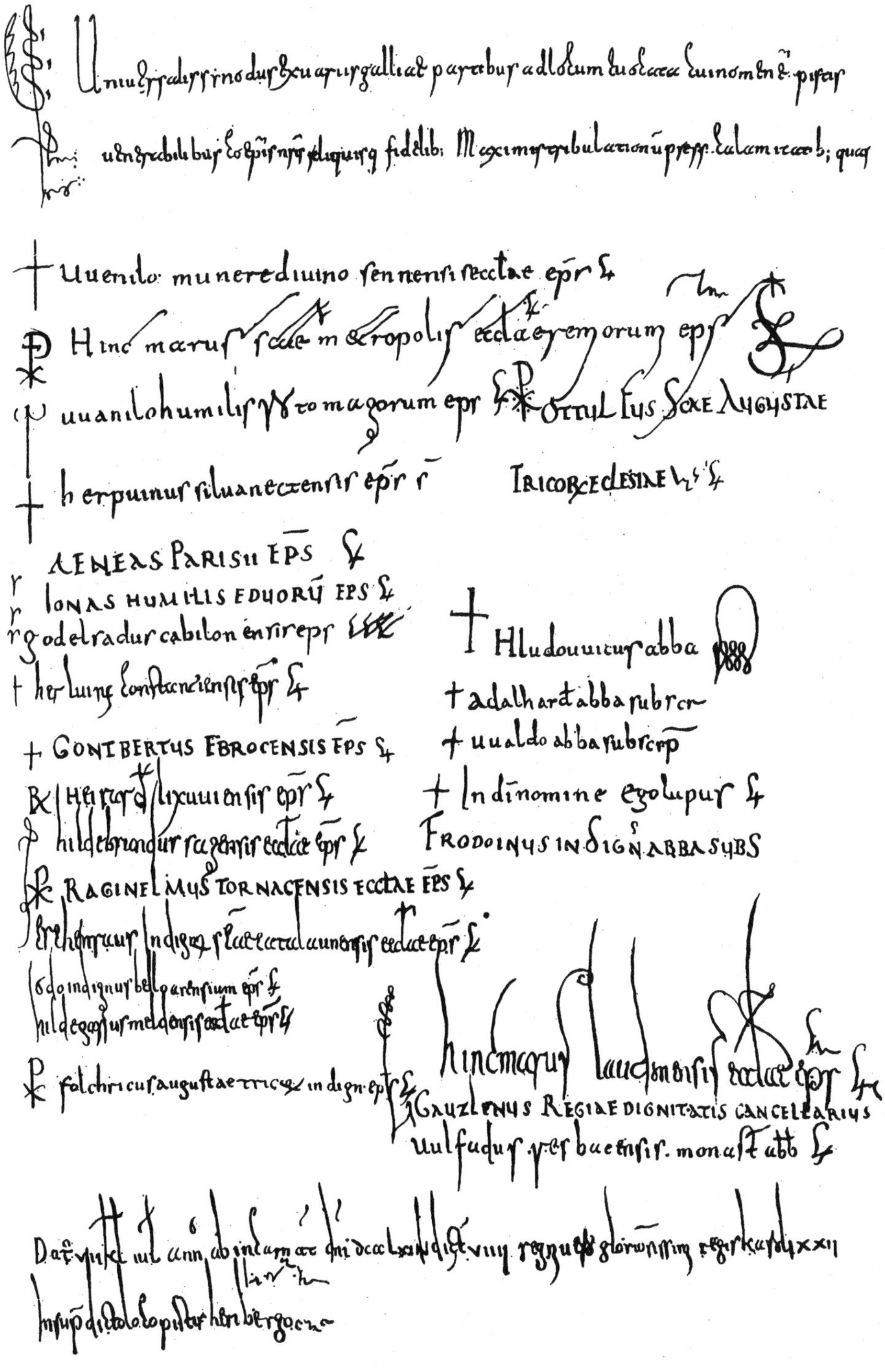

図版 LV

1 ソワソン宗教会議文書

上記の会議は，ここに記されている如く，ピートルからソワソンに移されている。この有名な宗教会議文書はドゥブレの書 [111] 792 頁で刊行されているが，いろいろな誤りが含まれており，特に下署にこの見本から訂正されうる多くが含まれている。司教の中には少なくない目録の中で省かれている，パシャーズ・ラトベールの頌歌を作成した「ソワソン司教アンギルモ」の姿が見られる。修道院長の中にサント＝クロワ修道院長ガウトセルムが下署している。この修道院はモゥ所在のサン＝ファロ修道院と比定されるが，最初はサント＝クロワ（聖十字架）修道院と呼ばれていた。つまり，エヴル地方に所在する別のサント＝クロワ修道院は単にサント＝クロワではなくて，「聖ウアンの十字架修道院」（今日では，サン＝ルフロワ修道院と呼ばれている）と非常に古くは呼ばれていたのである。

シャルゥ修道院長の後に「フルーリ修道院の謙虚な院長ランベール」が続いている。フルーリ（＝シュル＝アンデル）はルーアンから 3 里離れた，ヴェクサン地方 [パリの北] に位置し，同地に修道院がペパン・デルスタルによって建立され，『フォントネル修道院年代記』の 2 章にある如く，フォントネル修道院に従属していた。誰もが知っているオルレアン地方 [パリの南] のロワール川沿岸にあるサン＝ブノワ派のフルーリ修道院とは別である。ここの院長ベルナールもこの文書において自分の名前を記している。ここで院長フォルドワンとある，シャルトル地方に所在するコルビ修道院とアミアン近郊のコルビ修道院を混同しないように注意せよ。前者のコルビ修道院の非常に多くに関しては，『聖者記録集（ベ）』4 世紀 2 部 [4] を参照せよ。この 2 通の図版において，サンス大司教ワニロまたはウェニロとパリ司教エネ [アエネアス] の下署が注目される。両者はそれまで代理人を介して，それ以後は自らが文字を使って下署している。シャロン＝シュル＝ソーヌ司教エルケンラウスは自分の名前をティロ式速記で表現している。相互の序列は司教も修道院長も守っていない。即ち，出席した者のみならず欠席した者も後から下署しているし，更に，シャロン＝シュル＝ソーヌ司教ジルベールとその継承者であるエルケンラウスの如く，彼らの後継者たちも下署している。そしてオルレアン司教アギウスは彼の後継者グアルタリウスと一緒に（下署している）。上記の見本においても，トリーア司教フォルクリクスとオトゥルフスが下署している。これに関しては，本書 2 巻 20 章で論じられている。しかし，何よりも知ってもらいたいことは，その要請でこの文書が作成されているサン＝ドニ修道院長ルイがそこでは彼自らが下署していて，死んだ者にだけ付されることになっている文言を使って，「敬虔な想い出の修道院長ルイ」と記されていることである。更に，同じことは，本書 6 巻文書 96 に掲載されたシャルル禿頭王の文書における生存中の同修道院長，そして同じく文書 180 におけるソワソン司教ゴイフレヌスに関しても見られる。

[この見本は以下のように翻刻される。

《Anno ab incarnatione D[omi]ni DCCC LXII, indictione X, regni vero gloriosissimi domni nostri regis Karoli XXIII. Evocatis nobis ep[iscopi]s, quorum nomina subscriptionibus in fine declarantur, diversarum provinciarum et urbium ad regale[m] synodum etiam diu in tractatu rerum ecclesiasticarum occupatis in loco, qui vocatur Pystis, rursusque a regia potestate Suessonica urbe conductis pro causis quibuslibet eccl[esi]ae audiendis, dilecti filii n[ost]ri monachi ex monasterio p[re]tiosoru[m] martyru[m] Dionysii, Rustici et Eleutherii, assistente reverentissimo et carissimo nobis abbate eiusde[m] coenobii Hluduico et petitiones eoru[m] suo consensu firmante ac pro eoru[m] com[m]odis nos humilit[er] dep[re]cante, supplicaver[unt] unanimitate[m] n[ost]ram, quo adversus cupidoru[m] insidias eos p[rae]muniremus ac auctoritate ecclesiastica fulciremus, ne forte aliquando subsidii corporalis penuria sancti propositi dispendium animae eorum paterent[ur], sed potius divinae gratiae affluentia et regia munificentia largiente, n[ost]rae quo[que] mediocritatis non nichil suffragante diligentia, suppetentibus necessariis absq[ue] ulla excusatione valerent implere, quod bonorum omnium auctori vover[unt]. Deniq[ue] Hilduinus venerabilis abba ipsius monasterii ad eorum stipendiis necessaria quondam testamentu[m] concessionis subnomine privilegii eis benigne largitus fuerat, quod swubscriptionib[us] synodaliu[m] e[pisco]poru[m] plene admodu[m] roborari fecerat, clementer divae recordationis Hluduico serenissimo Augsuto annuente, de quib[us] et ipse piissimus caesar flagitante eode[m] Hilduino abbate ipsis fr[atr]ib[us] regale p[rae]ceptu[m] Imperatorio iure firmaverat, inibi ad liquidu[m] denominatis, unde stipendialis necessitas eis generaliter subministrari debuisset. Quod privilegiu[m] quia ob regni divisione[m] et diversaru[m] incom[m]oditatum ratione[m] ac te[m]poris insperati variata[m] mutabilitate[m] sub constituta lege ex integro servari non poterat, placuit Hludowico venerabili abbati, pro commoditate ipsorum fr[atru]m, cum consensu ep[isco]porum, petentib[us] eisde[m] fratrib[us], quasdam villas c[on]cedere ad necessitates eoru[m] supplendas, quae ex edicto Caesaris Hludowici et privilegio abbatis Hulduini minus plene p[er]solvi poterant. Contulit siquide[m] eis Hludowicus abba villas……Quod si quis tanti regis, immo D[e]i, beneficiu[m] n[ost]ramque benivolentiam fraudolenter ac violenter imminuere vel potius subvertere praesumpserit, et sui periculi competenter admonitus non ilico seralis cupidaitas ausum reiecereit et in statu[m] priorem cuncta redire permiserit, eum velut rapace[m] atq[ue] sacrilegum a populi D[e]i societate iusto atque tremendo anathemate separamus, nisi digna paenitentia et subsequenti emendatione, quae perpere egit,correxerit. Hoc aute[m] n[ost]r[u]m decretum, sicut est, ut verum esse credatur et firmissime ab omnibus catholicae fidei teneatur praesentibus ac futuris, subscriptionibus propriis cuncti roborare studuimus, et, ut idem faciant in celebrandis deinceps synodalibus conciliis, omnes nostri ordinis obsecramus.

Ego Wanilo munere divino Sennensis ep[iscopu]s, prius per advocatu[m], postea p[er] memetipsu[m] s[ubscripsi]. Baltmund[us] archidiac[onus] ad vice[m] domni et patris mei Wanilonis Senonu[m] urbis archiepi[scopi] s[ubscripsi]. Hincmarus s[an]c[t]ae metropolis eccl[esi]ae Remorum ep[iscopu]s s[ubscripsi]. [第1欄] Herardus Turonensis eccl[esi]ae ep[iscopu]s s[ubscripsi]. Wanilo humilis Rotomagoru[m] ep[iscopu]s s[ubscripsi]. Erpuinus ep[iscopu]s eccl[esi]ae Silvaenectensis s[ubscripsi]. Helmeradus Ambianensis eccl[esi]ae ep[iscopu]s s[ubscripsi]. Hildegarius Meldensis eccl[esi]ae ep[iscopu]s s[ubscripsi]. Otmund[us] diacon[us] ad vice[m] domni et patris mei Aneae Parisii ep[iscop]i s[ubscripsi]. Relegens ego ipse Aeneas Parisii ep[iscopu]s s[ubscripsi]. Ego quidem Hairardus Lixoviensis ep[iscopu]s s[ubscripsi]. Freculfus Sanctonicensis ecclesiae ep[isocpu]s s[ubscripsi]. Waltbertus Abrincatensi eccl[esi]ae ep[iscopu]s s[ubscripsi]. Actardus Namenticae eccl[esi]ae ep[iscopu]s s[ubscripsi]. [第2欄] Hildebrand[us] Sagensis ep[iscopu]s s[ubscripsi]. Guntbertus Ebrocensis eccl[esi]ae ep[iscopu]s s[ubscripsi]. Ingenaldus Pictavoru[m] humilis ep[iscopu]s s[ubscripsi]. Dodo Andegavensis ep[iscopu]s s[ubscripsi]. Guiliborus Catalaunor[um] ep[isoocpu]s s[ubscripsi]. Helias gratuita D[e]i dispositione Equalisinor[um] ep[iscopu]s s[ubscripsi]. Rodulfus Biturig[um] ep[iscopu]s s[ubscripsi]. Raginelmus Tornacensis eccl[esi]ae ep[iscopu]s s[ubscripsi]. Folchricus indignus ep[iscopu]s eccl[esi]ae Augustae Tricorum s[ubscripsi]. Hincmarus s[an]c[t]ae Laudunensis eccl[esi]ae ep[iscopu]s s[ubscripsi]. [第3欄] Erchenraus ep[iscopu]s s[ubscripsi]. Odo Bellovagor[um] ep[iscopu]s s[ubscripsi]. Hunfridus Morinensis ep[iscopu]s s[ubscripsi]. Isaac s[an]c[t]ae Lingon[ensi] eccl[esi]ae indignus ep[iscopu]s s[ubscripsi]. Christianus Autisiodorensis ep[iscopu]s. Frotharius Burdegalensis ep[iscopu]s s[ubscripsi]. In D[e]i nomine ego Lupus abb[as] mon[asterii] Ferrariensis s[ubscripsi]. Bernardus abb[as] s[an]c[t]i Benedicti s[ubscripsi]. Frodonus indignus abba[s] Curbionensis monasterii subs[cripsi]. Engelgarius abba[s] monasterii s[an]c[t]i Karilefi s[ubscripsi]. Gauselmus abba[s] monasterii s[an]c[t]e Crucis s[ubscripsi]. Guilhelmus abba[s] Karrofensis monasterii s[ubscripsi]. Rimbertus humilis abba[s] Floriacensis monasterioli subscripsi. Odo abba[s] Fossatensis monasterii subs[cripsi]. [第4欄] Hludowicus abb[as] s[ubscripsi]. Ionas humilis Eduor[um] ep[iscopu]s s[ubscripsi]. Godelsadus Cabilonensium ep[iscopu]s s[ubscripsi]. Braiding[us] Matiscensiu[m]eccl[esi]ae ep[iscopu]s s[ubscripsi]. Agius humilis Aurelianoru[m] ep[iscopu]s s[ubscripsi]. Angilmodus Suessonicae aeccl[esi]ae indignus ep[iscopu]s s[ubscripsi]. Gislebertus Karnutensi aecclesiae ep[iscopu]s s[ubscriptsi]. Erluinus Constantianae eccl[esi]ae ep[iscopu]s s[ubscripsi]. Wulfadus Resbacensis monast[erii] abb[as] s[ubscripsi]. Abbo Nevernensis eccl[esi]ae ep[iscopu]s s[ubscripsi]. Gualtarius ep[isc]o[pus] Arelianor[um] s[ubscripsi]. Arnulfus abba[s] monasterii s[an]c[t] i Sabini sub[scripsi].》]

図版 LV

1　ソワソン宗教会議文書

Anno ab incarnatione dni dccc lxii indictione x Regni vero gloriosissimi
diuersarum prouinciarum &curbum ad regale synodum. etiam diu intricatu rerum ecclesiasticarum occupatus In loco qui
ex monasterio ptiosorum mastyru dionysii rustici et eleutherii assistente reuerentissimo carissimo nobis abbate eiusde coenobii
aduersus cupidorum insidias eos p muniremus & auctoritate ecclesiastica fulciremus neforte aliquando subsidii corporalis peni-
mediocritatis nonnichil suffragante diligentia suppetentibus necessarius. absq; ulla excusatione ualerent implere quod bone
concessionis sub nomine priuilegii eis benigne largitus fuerat. quod subscriptionib; synodalis operis plene admodu roborare
hilduino abbate ipsis fratribus regale pceptum imperatorio iure firmauerat lumbi ad liquidu denominatus. Unde stipendialis neces-
insperati uariata mutabilitate sub constructa lege ex integro seruari non poterat. placuit hludouuico uenerabili abbati pri-
caesaris hludouuici et priuilegio abbatis hilduini minus plene psoluipoterant. Contulit siquide em hludouuicus abba uillas
imminuere uel potius subuertere proce sumpserit. et sui periculi competenter admonitus non ideo seruilis cupiditati suae
iusto atque tremendo anathemate separamus. nisi digna paenitentia et subsequenti emendatione quae perpera
fidei teneatur praesentibus ac futuris. subscriptionibus propriis cuncti roborare studuimus. Et ut idem facta

DECLARANTUR

ri REGIS KAROLI XXIII. Evocatis nobis ṗis quorum nominas ubscriptionibus Infine
bi rursusq̵ aregia potestate suessonica urbe conductis procuris quibus liber ecctae audiendi dilecti filii nri monachi
expectationes eoru suo consensu firmante ac pro eoru comodis nos humilit depcante. supplicaueṛ unanimitate mra quo
oṅa dispendium animae eorum paterent. sed potius diuinae gratiae affluentia & regia munificentia largiente nrae quoq̵
cura uouerṛ. Deniq̵ hilduinus uenerabilis abba ipsius monasterii. ad eorum stipendia necessaria. quondam testamentū
noster diuae recordationis hludouico serenissimo augusto annuente dequib: eripse piissimus caesar flagrante eodē
menaliter subministrari debuisset. Quod priuilegiū quia obregni diuisione et aduersaru incomoditatum ratione accepotis
ipsoṛ frm cu consensu epor petentib: eisdē fratrib: quasdam uillas cedere ad necessitates eoru supplendas quae ex edicti

Quod si quis tanti regis Immo di beneficiū nram que benuio lotentiam fraudolenter acuiolenter
fr. et in statu priorem cuncta redire permiserit. cum uelut nec pace atq̵ sacrilegum apopuli di societate
xerit. Hocaute mm decretum sicut est ut ueru messe credatur. & firmissime ab omnibus catholicae
brandis deinceps synodalibus conciliis. Omnes nostri ordinis obsecramus

図版 LVI

1　ティロ式速記法

　我々はこの速記法に関して，本書1巻の最後で論じている。そしてイシドールが『語源』1巻11章で，彼の後も，それらの速記の印影を掲載しているピエトロ・ディアコノやグルーター以外にも，フベルトス・ゴルティウス，アルド・マヌティオ，ジュストス・リプシウス，ヨハネス・バプティスタ・ポルタ，アルドレトのようなより新しい学者たちもそれについて論じている。その上，我々はこの見本を既に引用されているピエール・アモンの著書から借用している。彼はそれをティロ式速記を含んでいる国王写本から転写したのであるが，この速記で書かれた詩編が収められているわがサン＝ジェルマン＝デ＝プレ修道院の写本もそこに引用されている。約5,000ほど作り出されたこれらの速記号の中から一部が一般的方法で書かれた写本の中でも，言葉を簡略にするために取り入れられている。その中で注意を要するのが，既に掲げた図版Vでの《autem》，《ejus》，《enim》である。これらの速記に関して，マルティアリス[・ガルギリウス，ローマの歴史家，3世紀]は「言葉は流れるが，筆記する手はそれらよりも早い。舌が動きを止めるや否や右手もその仕事を終える」と述べている。そして，ついにこの速記は王文書，特に下署する書記たちの表記の中で，そしてフランク王朝の第1と第2の王朝において地歩を得た。しかし，更に司教の下署において「私は下署した」《subscripsi》と表記するため，また時々《indignus》[[ふさわしくない」の意]や司教座の名を上掲の図版LIV, LVにある如く，使用している。本書において，これらの記号はローマ字のアルファベットの後に置かれることが理想的と考えた。もしこの方法が拒否されたならば，別の記号の配列が求められることになろうが。しかし，それは殆ど興味のないことである。

　この図版の最後に，本書3巻6章で論じられている非常に古いサン＝レミ修道院の貢租帳から取られた数行が掲載されている。この最後にこのようなことをするのは，この貢租帳に頻繁に出てくる数字の5を示すためである。この数字は見開きページの見本でも4回まで現われ，最初の例として，「自由マンススが92と5ある」《sunt mansi ingenuiles XCII 5》とある。ラバンは有名なエティエンヌ・バリューズが最近『古文書雑録』1巻 [40] に刊行した暦算定法に関する書13頁でこの速記文字のもとに，「半分」《semis》または「6オンス」（または，1ポンドの半分）《sex unicias》と記している。そして第1の例においてそれは見事に適合しているが，《Ova II. CVII 5》，つまり「2107個と半分の（卵）」と読む第3の例においては殆ど適合していない。

　しかし，貢租の額が問題になっているとしても，何のために「半分の卵」となっているのであろうか。この解釈は別の人に委ねることにする。

　[この貢租帳の引用箇所は以下のように解読される。

《Su[m]ma praescriptae Augutiore Curte: Excepto dominicato manso, sunt mans[a] ing[enui]l[ia] XCII5, serv[i]l[ia] XXXV, acc[o]l[ae] VI; ancille XX, servi VI; eccl[esi]a I. Hinc exeunt arg[enti] lib[ras] VII. sol[idos] VIII. ordei m[o]d[ios] CCVII, multones IIII, pull[os] CCCLXXII5, past[as] XXXVIIII, ova IICVII5, lig[ni] car[os] XCII5, scindul[as] VIIIICCL, axil[os] IIII DCXXV,......》]

サン＝レミ修道院の貢租帳から

図版 LVI

1 ティロ式速記法

図版 LVII

1 ピートル宗教会議文書

この頃ピートル(その場所に関しては，本書4巻で扱われている)において多くの宗教会議(つまり，862年と864年のそれ)が開かれていた事実を我々はこれらの見本から拾い出した。図版 LV とそれらを比較して，一部の司教の継承関係を容易に把握することが出来る。つまり前の図版でヌヴェール司教アボ，エヴルゥ司教グントベルヌス，シャロン=シュル=ソーヌ司教ゴデルサドス，マコン司教ブライディングスが下署しているのに対して，後の図版ではヌヴェール司教リウド，エヴルゥ司教イルドワン，シャロン=シュル=ソーヌ司教ジルベール，マコン司教ベルナールが下署している。これから明らかなことは，この2年間に前者が後者を継承したことである。但し，後者の司教たちは864年ではなくて，それより後に下署しているのであるが。特に，オーセル司教クレティアンは《egrapsi》[「私は下署した」のギリシア語]と共に見事にギリシア語表記されている。アンクマールはここに掲載された書式，「名前において値しないランス司教にして神の民の下僕」を使用している。ゲルマニアの高位聖職者も，ここにマインツ司教リウトベルト，ヒルデスハイム司教アルトフリドが現われている如く，よくこの宗教会議に出席している。ル=マン司教アルドリックの事績録を参照せよ。そこにはマインツ司教アウトカリウスまたはオトガリウスが下署しているのが見いだされる。この史料は『拾遺集』2巻588頁 [2] に刊行されている。そこから，手稿文書においてはもはや完全な状態で現われていないアルル司教ロトラヌスとボーヴェ司教オドニスの名前が補完されている。

[この見本は以下のように翻刻される。

《[クリスモン] Anno ab incarnatione domini DCCCLXIIII, indictione XII, anno vero regni gloriosi regis Karoli XXIIII. Positis nobis diversarum provintiarum et urbium Galliae praesulibus in loco, qui Pistas vocatur, quo nos generalis necessitas traxerat instituendi munitiones contra Nordmannos,……Wanilo munere divino Sennensis ep[iscopu]s hoc privilegium recognovi et s[ubscripsi]. Hincmarus nomine non merito Remorum ep[iscopu]s ac plebis dei famulus s[ubscripsi]. Frotharius s[an]c[t]ae Burdegalensis eccl[esi]e episcopus s[ubscripsi]. Rodulfus Bitur[censis] ep[iscopu]s s[ubscripsi]. Agius s[an]c[t]ae Aurilianensis ecl[esi]ae s[ubscripsi]. Christian[us] Autisod[o]r[ensis] ep[iscopu]s egrapsi. Liudo vocatus ep[iscopu]s s[an]c[t]ae Navernensis ecclesiae s[ubscripsi]. Folchricus indignus ep[iscopu]s Augustae Tricorum s[ubscripsi]. Isaac s[an]c[t]ae Lingon[ensi]s eccl[esi]ae indignus ep[iscopu]s s[ubscripsi]. Herpuinus s[an]c[t]ae Silvanectensis ecclesiae ep[iscopu]s s[ubscripsi]. Girbald[us] indignus Kavillonensis ep[iscopu]s s[ubscripsi]. Hilduinus divina miseratione vocatus Ebrocensis ep[iscopu]s s[ubscripsi]. Ingenaldus Pictavoru[m] gratia d[e]i ep[iscopu]s s[ubscripsi]. Odo [Bellovacensis episcopus] in nomine s[an]c[t]ae trinitatis s[ubscripsi]. [Rot]lannus ep[iscopu]s eclesiae Arelatensi hoc privilegium firmavi et s[ubscripsi]. Erchenraus s[an]c[t]ae Catalaunens[is] ecclesiae indign[us] ep[iscopus] s[ubscripsi]. Ragenelmus s[an]c[t]ae Tornacensis eccl[esi]ae indign[us] ep[iscopu]s s[ubscripsi]. Liutbertus s[an]c[t]ae Mocontiacensis eccl[esi]ae ep[iscopu]s s[ubscripsi]. Altfredus Hildenisheimensis ep[iscopu]s s[ubscripsi]. Friculfus s[an]c[t]ae Santonicensis ecclesiae indign[us] ep[iscopu]s s[ubscripsi]. Bernaldus s[an]c[ta]e Matisconensis aeclesiae ep[iscopu]s s[ubscripsi].》]

図版 LVII

1 ピートル宗教会議文書

Anno ab incarnatione dñi
gloriosi regis Karoli XXIIII positis nobis diversarum
generalis necessitas traxerat In stituendi munitiones contra nordm an

Yuanilo mynere diuino Sennensis eps hoc priuilegium recognoui
Hincmarus nomine non merito Remorum eps ac pl[u]
Frotharius scae Burdegalensis ecclē eps
Agius scae Aurilianensis eclīe eps

Christianus Autisodr eps egrapsi
Liudo vocatus eps scae Nauernensis ecclesiae
folc[...]us indign[us] eps augustae tricor[um]
Isaac scae Lingonis ecclūe Indign eps
herpuinus scae siluanectensis ecclesiae eps

girbal d indignus kauillonensis eps
Fulcuius diuina miseratione uocatus Engolismensis eps
Ingenaldus Pictauorū gratia di eps

Innomine scae trinitatis

LX IIIJ · INDICTIONE XII · ANNO UERO REGNI

tiarū & urbium galliae praesulibus In loco qui pistas uocatur quonos

Nulus S
.ODGLFGS BITGREPS S

Iannuf epf edefiae arelatenfif hoc priuilegium firmaui
✠ ERCHENRAVS SCAE CATALAVNENS ECCLESIAE INDIGN EP,
✠ RAGENELMVS · SCAE TORNACEHSIS ECCLAE INDIGN EPS
✠ LIVTBERTVS SCAE MOCONTIACENSIS ECCAE ERS
✠ Alfredus hildensthamensis eps sub.
✠ FRICVLTVS SCAE SANTONICENSIS ECCLESIAE INDIGN EPS
✠ Bernald scae matisconensis aecclesiae eps S

図版 LVIII

1 ラヴェンナ文書

　ランベックの手になるウィーンのいと荘厳なる皇帝図書館の目録 8 巻 [221] がこれと関連することを叙述していること，そしてランベックが「これまで知られていなかった」と判断したある書体の非常に古い見本がそこに引用されていることを著名なバリューズから知らされたとき，本書の出版が殆ど完成した状態にあった。やがてこの見本を見てみたいとの欲望が私を襲った。そしてランベックの書 8 巻を入手すると，私は 647 頁の付録 7 を読んだが，そこには著者がこの原本の見本を先に記して，次のように論じていた。「1665 年に上掲のインスブルック図書館の文書庫で予想に反して 12 冊発見し，そしてその後，インスブルックからウィーンの非常に荘厳な皇帝図書館に移したかなりの数の有名で貴重な写本の中で，樹皮紙からなる非常に古くて細長い本が特別な位置を占めていた。それは古い書体を含んでいた。それは確かにラテン語であったが，不明瞭で絡み合った，読むのに骨の折れるもので，私自身これまで本当の読み，本当の意味を推論すると言うよりも予想したりしただけであるが，見いだすことが出来なかったほどである。それ故，他の誰かがこの書体を読み解釈することにおいてその洞察力と器用さを発揮することが出来るようにと，私はここにこの本のすべてをなされ得る最高の注意と正確さをもって転写され印刷されたものとして掲載する。更に，私はフランク王であるダゴベール 1 世とシャルルマーニュとによって，それぞれ 633 年と 779 年にトリーア市壁のそばにある皇帝直属のザンクト＝マクシミーン修道院に下付された，そしてほぼ同じ書体で書かれた二つの特権文書の見本も付け加えることにする。しかし，私はそれらを古文書の見分け方に関する最も権威あるイエズス会のパーペンブレックの論文から取った。……」と。以上が，彼の意見である。

　パーペンブレックのこの 2 通の見本に関して我々が感じたことは，本書 3 巻 1 章において既に明らかにされている。ここではランベックの書に関して我々が明らかにすることの出来ることだけが述べられることになる。この見本は横または長さが 2 フィートで，縦が 1 フィートあり，皇帝版と同じ寸法になっている。ランベックの証言によれば，紙材は樹皮《ex cortice arboris》とあるが，樹皮紙の一種であるエジプト・パピルスであったと私には思われる。しかし，この書の字体がキリスト生誕以後に書かれたことは確かである。更に，我々が本書 1 巻 6 章で明らかにした，この時代からの樹皮紙の使用を立証するために，ここから論拠が引き出されている。また，皇帝版では最初と最後の部分で文字は切り取られており，更に長母音の印が書記の目と入念さをかわしているので，その字の意味を幾つかの箇所において理解するために，それらは我々に大量の汗を流させた。更に，もしこの史料がもっと早く我々の手許に届いていたならば，間違いなく我々はそれを我々の見本の最初に掲載したであろう。しかし我々がそれを遅れて受け取ったので，この重要な史料によって熱心な読者を元気づけるために，最後の場所にしか掲載されていない。これと同じ型の文字が図版 I において，それをガイユス・ジュリウス・カエサルの遺言書として我々に伝えているピエール・アモンの書から取られている。この遺言書についてその後明らかになったことに関しては，私はそれをこの先で述べているが，ともあれ，私はランベックの見本の書体をここに転載した。それは我々の版において本の寸法に合わせて縮められてはいるが，ランベック版に従って文字の数もそのままにして模写されたものである。しかし，それらの前半部は丹念に転写されていなかったので，我々はそれらを解読することが出来なかった。

　《(1)..... but venditionum, cujus......et Flavii......pro Melminio Ruffico principalibus Rusticus V. R. Acolytus siae (sancta) ecclesiae (2) Catholicae Romanae dixit. A praesente Flavio Basilio V. H.（viro honorato）Argentario spatium agri, cui vocabulum est Vecereca, situm territorio Ravennati, Placito ecclesiastico, pretio auri solidos (3) numero decem et octo, secundum fidem instrumentorum me optimo jure centum est comparasse. Verum quia ipsa instrumenta venditionum prae manibus gero, quia est (4)......cio（多分 ab Officio）suscipi jubeatis, legi, et actis inferi, ipsum quoque SS.（suprascriptum）venditiorem interrogari dignemini, si ipse eas mihi fecerit, adque Flavio Vitali V. H.（vico honorato）forensi (5) conscribendas dictaverit, vel si subter subscribserit, et testes ut subscriberent conrogaverit, pretium Placiti omne perciperit, aut si traditionem mihi sollemniter (6) caelebraverit, vel quam habeat voluntatem his actis edicere non gravetur.

　(7)...... ilianus Vrsus Mag.（Magister）ait: Primitus suscipiantur instrumenta venditionum, quae offerantur, et legantur. Cumque tradita fuissent, et recitatum est, Rufio Petromonico Magno Cethegone (8) Consule, sub d.（die）Nonarum Februariarum Ravennae. Flavius Vitalis V. H. Forensis scribsi rogatus et petitus a Flavio Basilio V. H. argentario, ipso praesente, mihique dictante, (9) consentiente, et subter manu sua suscribente: quique fatetur se distraxisse, et distraxit;

adque tradidisse, et tradidit Rustico Acolyto ecclesiae catholicae (10) Romanae jure directo hhbus (heredibus) posterisque ejus, id est spatium agri, cui vocabulum est Vecereca, situm territorio Ravennati, inter adfines fundum Pictalis juris (11) ecclesiae catholicae Ravennatis, heredes Cassianilmum, adque iusum comparare me qq (quoque) tc (tunc) et pp (perpetuo) aementem sibi eundem spatium, qs (quem に代わる quos) venditor profitetur ex (12) comparatione…… dem et Rindmund germanum ejus, qui spatius agri SS. hdi, (suprascripto heredi) distractus, et est optimus, maximusque est finibus, terminis, spelis, saltibus, pascuis, sationibus (13)……ustis, (arbustis) arboribus, fructis diversis gener, limitibusque suis omnibus, omnique jure, proprietate questi, sicuti a SS. (suprascripto) venditore possessus est, adque.》

　以上が，この非常に難しい書体の解読したものであるが，数箇所で間違っているし，また文字が消えてなくなっていたため，最初の段階で十分綿密に転写されていなかったのであろう。大半において意味は明瞭で，一部においても意味を確定することが出来た。このテクストの最初から目を通すと同時に，この文書と文章がときどき一致している十全保証の文書と比較するのが賢明であろう。我々の版の第1行目で，私は《Principalibus》の語を読む。それは十全保証の文書でも同様で，《una mecum principales viri》，つまり「町の有力者たち」とある。

　ブリソ版では《Rusticus V. R. acolytus sanctae Romanae Ecclesiae. Gratiani V. S. Subdiaconi litteras nescientem》とある。多分，ここでの《V. R.》は《venerabilis》[「尊敬すべき」の意]または《vir reverendus》[「尊敬すべき人」の意]を表わしているのであろう。このルスティクスが無頭教団[5世紀末，エジプトのキリスト単性説派]に向けて書かれた『対話』の作者で，聖なるローマ教会の首席司祭のルスティクスと同一人物であるか否かは定かでない。この作品の最後では，彼を首席司祭に叙任した教皇ヴィジルを弾劾する3章が扱われている。同教皇はこのことを，バロニウスの書において，550年の事件として言及されている彼(ルスティクス)及びその陰謀の仲間たちに対して下された判決の中で証言している。この文書の作成年と教皇ヴィジルの在位年との間に経過した約50年は同一人物が504年に領地を購入し，550年に作品を著すのに適していた期間を越えていたように思われるであろう。

　第3行目の《Placito ecclesiastico》とは教会の協定または協約である。この行には《secundum fidem instrumentorum》の文言も見える。ブリソの書には《secundum fidem donationis, et secunm fidem documenti》とある。

　第5行目は《ab Officio suscipi jubeatis, legi et actis inferi》となっている。ツブザック[北アフリカの都市]司教聖フェリックス[303]の殉教記録では《statim eum sibi per Officium praesentari constituit》とある。《Officium》は判事，検事といった司法官吏の意。

　第6行目には《Flaviuo Vitali V. H. Forensi conscribendas dictaverit》とある。《Forensis》は《forus》から派生していて，十全保証の文書における《tabellio》と同じと考えられる。

　同じ行には《dictaverit. vel si subter subscribserit, et testes ut suscriberent conrogaverit》とあるが，ブリソ版では《dictaverit, et ipse in eadem manu propria signum impresserit, testesque ut suscriberent conrogaverit》となっている。しかし，後者においては我々の版と同じように，第1音節の《b》を欠いた《su[b] scribo》がしばしば登場する。

　第8行目には《vel quam habeat voluntatem his actis edicere non gravetur》とある。ブリソ版の文書では《seu quam habuit voluntatem his actis redigere non gravetur》とあり，多分《redigere》は《edicere》の代わりを果たしているのであろう。

　第10行目には《recitatum est, Rusio……》とある。十全保証の文書では《recitatum est, domino Justiniano PP. Augusto anno tricentesimo (tricensimo) octavo Ravennae, P. C. Basilii anno vicensimo tertio Id. Juliarum Indict. duodecima, Ravennae.》となっている。

　同じ行には《Rufio Petromonico Magno Cethegon. Consule》とある。このように《Petromonico》と書かれていて，個人名は一つまたは二つからなっている。《V. C.》が《viro clarissimo》[「いと有名な人」の意]と読まねばならないこと以外に，《Cethego》の後には文字の《n》が書き加えられているが，それは多分《Cethegone》を表わすためであろう。すべての暦とアレクサンドリアの年代記，マリケリヌス・コメス，ヴィクトル・トゥネンシス，アヴァンシュのマリウスなどの書においてこの文書が作成された504年にはただ一人の執政官ケテグスのみが当てられている。しかし，略記されたケテグスという個人名は障害を免れていない。古い記録では単に《Cethegus》または《Patricius Cethegus》とあるだけで，そう呼ばれているこの文書を除いて，《Rufius Petromonicus Magnus Cethegus》と呼ばれることは決してない。更に，この個人名は父の系統から彼に付けられていたと言うことも出来ない。何故ならば，彼の父はエンノディオの『学問のすすめ』の最後の方で，次のようにプロビヌス・パトリキウス《Probinus Patricius》と呼ばれているので。つまり「更に，プロビヌス・パトリキウスは温和な家系の出で，その著名さは証明済みである。一族の碩学たちの生き方が彼をその道の

頂点へと押し上げた。彼は父と義父を通して，世間という泉から多くを汲み出した。彼の息子，パトリキウス・ケテグスは執政官で，小さい時に老人の慎重さを通り越し，年齢的な不利を感じさせることなく，年長者の風格と子供の優しさとを共有している」と。エンノディオはこのように言っているのであるが，更に彼は7巻書簡29で，このケテグスに姉妹としてブレシラを与えている。ペトロモニクスがラテン人の名前でないとしても，原本ではそのように読むべきであると考える。この個人名は，十全保証の文書の最後で《ex casale Petromano》とある如く，ある土地に由来しているのであろうか。他の人であれば，もっとよく推量することが出来るであろうが。

　第14行目には《inter adfines fundus Pictalis（またはPictulis)》とある。グレゴール大教皇は12巻書簡8で《inter affines horti》と言っているが，その時は《fundum Pictalis》となっている。それはラヴェンナ司教ジョヴァンニ5世が[同町の]サン=タポッリナーレ=イン=クラッセ修道院に宛てた文書の中で想起させている《fundus Pittulis》のことである。この文書は「神によって戴冠された，平和にして偉大な皇帝レオとコンスタンティヌスが平和に統治している時，レオの統治の15年，コンスタンティヌスの統治の11年，パトリキウスで総督のエウティキウスがイタリアを統治している時，会計年度の14年(つまり，731年)に」交付されている。つまり，このジョヴァンニが当該修道院に遺贈したその他のものの中には，「コルネル地方に位置しているピトゥリス領」が挙げられているが，それらは古いラヴェンナに関するジロラモ・ファブリのラヴェンナの古事に関する書[138] 1部116頁に叙述されている。

　これ以降の行においては，非常に多くの障害と間違いに出会う。特に最後の3行目から，私はその行の最後にある《SS. hdi distra......》の解読にこだわりたい。それらは《supradicto heredi distractus est》以外には考えられないし，その次の行，つまり最後から2行目の《speli》は多分《spelis》，つまり《spelaeis》，《spebus》を表わし，最後に，最終行の《questi》は前の行にある《fructibus》に代わる《fructis》と同様に，《quaesti》または《quaestus》を表わしていたであろう。加えて，ブリソの書に収められた十全保証の文書にも非常に多くの同様の障害が発生している。その版から読者諸賢は文書の最初の筆写からその書体を模写することがいかに困難であるか，そして至るところで解読者がいとも簡単に転んだりよろめいたりすることを理解することであろう。つまり，もしブリソや彼自身に原本を手渡した，かつての王立図書館員であったジャン・ゴスラン[1604]のような碩学たち，同じく，ウィーンの皇帝図書館員であったランベックがこのラヴェンナ文書の解読で難儀したとしても，文書や文書集の作成者が古い文書を筆写するに際してときどき雑談をしていたことを考えた場合，それは驚くに値しない。彼らは時としてそれらの読みを殆ど理解することが出来なかったことは彼らの一部が告白していることでもあり，本書1巻11章12節で彼らの言葉がそれを証明している。従って，このような間違いから完全に免れている原本が殆ど発見されてない現実を前にして，軽微な誤りを含んでいるからといって，写しが即座に贋作と見做されてはならないのである。

　この文書はいかなる種類の書体で書かれているのかとある人は問うであろう。それを確定することは確かに容易なことではない。しかし，私はそれは古い常用の，または司法用のイタリア・ゴチック書体と呼べるもので，ロンバルディーア人がイタリアに到着する前に使用されていたと考える。但し，その場合，ビザンツからの総督が駐在していたラヴェンナは除かれる。以上が，売却に関する大変に貴重な書式を含んだ，この非常に古い文書に関して知られていることである。これを「ラヴェンナ文書」と呼ぶことが出来るのは，それが504年(これよりも古い手稿文書をこれまで発見することは出来なかった)に書かれた場所からである。

　(私が既に述べた如く)ジュリウス・カエサルの名のもとにピエール・アモンによって転写されたものを我々が受け取り，それを本書1巻に掲載することにした遺言書はこれと同じ種類の書体で，同じ時期に作成されている。この見解から我々を引き戻す証拠はどこにもなかったし，更にすべての事情が我々にそれを促す方向に向いていた。単にそれがジュリウス・カエサルのものであると言っているアモンの証言のみならず，エジプト・パピルスの裏面に同じ種類の書体で記された文書が同じことを確認している。しかし，ブリソの書に収められた書式を繰り返して読んでいたとき，本書6巻の十全保証に関する文書が私の目に飛び込んできたのである。そこに私はアモンの(彼自身がそのように思っている)ジュリウス・カエサリウスの遺言書に関する見本に転写されている言葉と同じものを読んだのである。そこで，私はアモンの見本はこの文書の断片であることを疑わなかった。この文書の樹皮紙に記された原本は王立図書館に保存されていて，それからブリソがこの文書を転写したのであった。しかし，ついにそこでこの原本が発見され，それを我々は印刷して本書『補遺』[238]に掲載したのである。

　こうして，ランベックの文書からと同時に，十全保証の文書からも明らかな如く，この世紀にラヴェンナにおいてこの種の書体が使用されていたことになる。両方ともラヴェンナで作成され，樹皮紙に記された。従って，この頃樹皮紙またはエジプト・パピルスの使用が普及していたことは確かである。そして裁判文書

は当時の写本がそれによって書かれるのが常であった小文字でも大文字でもなくて，我々のメロヴィングの書体から大して隔たっていなかった筆記体で構成されていたのである。多分同じ方法で，そして同じ紙材でユスティヌス皇帝の時代，執政官マクシムスの時に行なわれた寄進に関するあの文書が作成されたのであろう。この文書の断片を，同じくブリソが書式集成の6巻622，623頁に掲載している。更に，この十全保証の文書，そして更に，(私がついでに言うならば)サン=ポール教会に宛てたグレゴワール大教皇の書簡において，罰金の詳細が列記されている。同教皇は後者の書簡を命令文書と呼び，「他方，上掲のすべての物件の引渡しが行なわれたので，我々はこの命令文書を我々の教会の文書庫においてあなたの経験に基づいて清書するよう命じる」と言っている。この文言は書簡集12巻の書簡9で確認される。

　以上が，文書の見本に関して指摘すべきことと我々が考えたすべてである。最後に，色々な方法で試みられたそれらの証明，つまり経験者の判決，証人の召喚，誓約，決闘，その他の証明方法に関して一言付け加えておくことにする。それらの例は簡単に目にすることが出来る。『聖者記録集(ベ)』4世紀2部[4]で刊行された略式文書の起源と使用に関する我々の論文の中で，マルムーティエ修道院の修道士がある女性の自由に関して提出した文書を証明するための決闘やその他の方法が述べられている。「そして，決闘をすることに関して法律も慣習も彼らの間には存在していなかったので，彼らは焼けた鉄で文書が真正であることを証明するために，領民の一人を連れてきた」とある。この文書は765頁に掲載されている。

図版 LVIII

1　ラヴェンナ文書

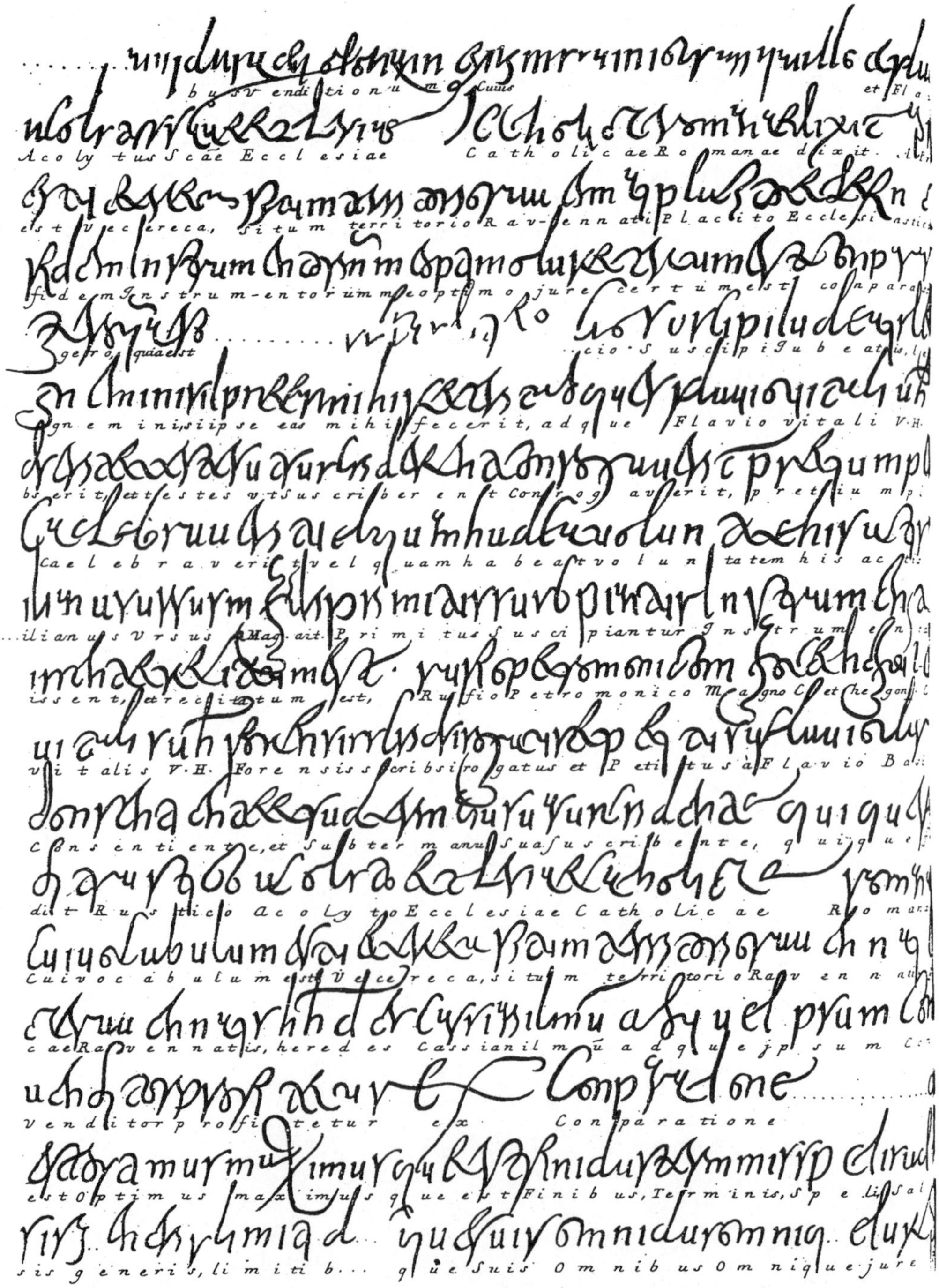

pro Melmin o Rustico principalibus Rusticus V.R.
t, Flavio Bassilio V.H.Argentario spatium agri,Cui vocabulum
cauris-o-li-dos numero decem et octo Secundum
verum quia ipsa Instrumenta venditionum prae manibus
is Inscribi, ipsum quoque SS Venditorem Interrogari di
si Conscribendas dictaveri t vel si subter suscri-
om me perciperit, aut si traditione mihi sollemniter
te non gravetur.
di Onumque offerantur et legantur. Cumque tradita fu-
e sub die Nondrum Februariarum Ravennae. Flavius
argentario,ipso Praesente, mihique dictante,
se distraxisse,et distraxit, ad que tradidisse, et tra du-
directo heredibus, posterisque eius, id est spatium agri
ad fines Fundum Pictalis juris Ecclesiae Catholi-
te mse quoque tunc et PP. aementem sibi eundem spatium quem
Rigi mund. ger manum eius, qui spatius agri SS.h di distractus
Pascuis Sationibus, arbustis Arboribus, Fructus diver-
state questi, Sicuti aSS Venditore possessus est, ad que

四つの補説

補説 I

ローマ教皇の答書と，偽文書についての幾つかの準則に関する若干の考察

　これまでの諸巻の校正が完了し，第6巻を印刷するさい，我々は幾つかのことが見落とされたり，十分に例証されていなかったことに気付いた。我々は最後の若干の考察を補説の形式でまとめるのが有益であると考え，ローマ教皇の文書から始めることにした。そしてそれらに関しては，最初にグレゴワール7世以前の諸教皇と同教皇から今日に至るまでの諸教皇とがどのようにして挨拶の形式を用いていたかが問われねばならない。

　これに関しては，教皇の答書で二つの形式の表現，つまり，「永遠に」《in perpetuum》と「使徒の挨拶と祝福を」《salutem et apostolicam benedictionem》が使用されるようになったことを指摘するのが適切であろう。そして，両方のどちらかがグレゴワール7世［1085］から，特にユルバン2世［1099］からは常に採用されるようになった。前者の方が，勿論，重要な勅書において使用されたのであるが，両方とも長い間使用され続けた。後者の方は，これから考察する勅書以外の比較的短い答書の中で使用された。次に，グレゴワール7世以前の古い諸教皇がどのような書式を優先させていたかを確定することは，刊行されている彼らの文書の至るところでこの文言が殆ど解体されるか省略されるかしているため困難である。その上，我々の手許に完全な状態で伝来する文書においても統一された書式は使用されてはおらず，それぞれの教皇，更にはしばしばそれぞれの答書に応じて異なる書式が使用されている。図版XLVIで見本が掲載されているうちの，サン=ベニーニュ修道院に下付されたジャン5世とセルジュ1世の2通の答書において「使徒の挨拶と祝福を」の文言を読む。ザシャリ［752］はガリアの諸司教に宛てた回状の中で「主において挨拶を」《in Domino salutem》と言っている。同教皇はボニファーティウスに宛てたマインツ首座司教座教会に関する確認のための書簡の中で「永遠の挨拶を」《perpetuam salutem》と言っている。アドリアン1世［795］はエリパンドスに対抗して，ガリアとヒスパニアの諸司教に宛てた書簡の中で「キリストの赤い血において挨拶を」《in roseo Christi sanguine salutem》の書式を使用している。アドリアン2世［872］はルイの王国に住む諸司教に宛てた書簡23において，「挨拶を」《salutem》と言っている。ニコラ1世［867］はガリアの諸司教と諸君主に宛てた書簡32において，「神，父，わが主なるイエス・キリストにおいて永遠の挨拶を」《sempiternam in Deo Patre et Domino nostro Jesu-Christo salutem》と言っている。ジャン8世［882］はトロワ公会議でゴート部族法に付加された瀆聖者に関する法律の取り決めの中で，「挨拶と使徒の祝福」と言っている。ジャン13世［972］はアングリア南部の諸司教に宛てた書簡で，「キリストにおいて挨拶と訪問を」《salutem in Christo et visitationem》と言っている。ジャン 13 世とレオン 9 世 [1054] は本書の見本[図版L]で「永遠の挨拶を」と言っている。この時代，シルモンの書に掲載されているコルビ修道院に宛てたニコラ 1 世の特権文書とソレーム修道院に宛てたマランのそれにある如く，この挨拶に代わって，「永遠に」がときどき用いられている。同じく，わが同僚アシェリの書に収録されている，ヴェズレ修道院に宛てたジャン 8 世の文書においても同様である。これらに，我々がその見本を本書に掲載しているコルビ修道院に宛てたブノワ 3 世 [858]，サン＝ドニ修道院に宛てた同じくニコラ 1 世の文書を加えておこう。それ故，グレゴワール 7 世以前においてはこれらの書式の両方が使用されていたのであるが，同グレゴワール 7 世自身よりあと，特にユルバン 2 世以降の如く，それらのどちらかが必ず使用されたというわけではなかった。

　私はこれを書き終えたあと，1680 年にリヨンで，尊敬すべき教父ピエール・シモン(彼は現在，厳律クリュニ修道会の総代職に就いている)の研鑽と責任のもとに出版された『クリュニ修道院文書集』を閲覧した。彼は我々が強く希望しているのと同じ出典から国王文書を我々に提供してくれている。それ故，この文書集において「永遠に」の文言をもつ，レオン 9 世 [1054] より前の教皇文書を多数目にすることが出来る。ジャン 13 世の勅書は「使徒の祝福の恩寵」《apostolicae gratiam benedictionis》，「永遠の至福の栄光」《gloriam aeternae beatitudinis》を優先させている。ブノワ 8 世 [1024] は「全能の神と使徒の頭，至福のペテロから挨拶と祝福を」《salutem et benedictionem ex parte Dei omnipotentis et B. Petri Apostolorum Principis》，シルヴェストル 2 世はこのあとレオン 9 世とその他の教皇が優先させることになる「使徒の挨拶と祝福を」か「永遠に」を使用している。但し，同レオン 9 世は一度であるが，「主において永遠の挨拶を」を使っている。

　文書の最後に「ご健勝であらんことを」《Bene valete》と明確な文字で記された挨拶は，私が適切な箇所で述べた如く，レオン 9 世(彼はこの文言を花押にしてしまった)より前に下付された勅書において読むことが出来る。しかし，この古くからの慣習が最初にどの時代から始まったのかについては十分に究明されていない。「ご健勝であらんことを」はシルモンの書に収められたサン＝ドニ修道院に宛てた教皇エティエンヌ 3 世 [772] の特権文書と『カロリング諸王宛教皇書簡集』[88] 4 と 5 に収められている，王ペパンとその息子たちに宛てた彼の 2 通の書簡，同じく，同『書簡集』に収められているシャルル[マーニュ]とカルロマンに宛てたポール 1 世 [767] の書簡でも読むことが出来る。「ご健勝であれ」《Bene vale》はランス大司教チュルパンに宛てた教皇アドリアン 1 世 [795] の書簡で読む。多分この慣習は，この書式をときどき文書官のサインの前に持ってきているフランクの第 1 王朝において既に広まっていたと思われる。それは，本書の見本が証明している如く，カロリング王朝下の教皇勅書においても定着していた。

　レオン 9 世以前においては，2 種類の日付表記が使用されるのが習わしであった。従って，「ご健勝であらんことを」の前の，本文の最後で月と会計年度を「ローマの聖なる教会の文書係 N. の手を介して記された」《Scriptum scripta per manus N. Scrinarii sanctae Romanae ecclesiae》の文言の前に読むことが出来る。これに対して，本書 2 巻で詳細に論じられている如く，「ご健勝であらんことを。文書館長または図書館長の N. の手を介して，4 月 27 日に下付された」のあと，皇帝と教皇の在位年と会計年度が来ている。しかし，会計年度と皇帝または教皇の在位年を一致させるに際して，多くの障害が頻繁に起きている。我々は本書 2 巻 24 章 9 節でそれに関する二つの例を教皇パスカル 2 世 [1118] の文書から引いているが，会計年度に関する軽微な誤りによって，どん

なに有効な文書であっても，それに贋作の罪が安易に着せられることがないよう，その論証を強めるために，ここで幾つかの例が追加されるべきであろう。これに関して，私は教皇イノサン3世 [1216] の書簡に関する新しくて完全な版を今準備している，非常に博識のバリューズによって書かれたことに同意するが，彼の言葉をここに引用すると次のようになる。「会計年度の10年はイノサン3世の教皇在位の10年と重なっていることは確かである。しかし，彼の摘要簿において在位の10年に下付された彼の書簡で会計年度が確認されるものはすべて，つまり8通の書簡，即ち 7, 27, 28, 59, 60, 91, 95, 106 において，それは8年となっている。更に，上掲書10巻に収められた，そしてユベールによってオルレアンのサン=テニャン修道院史 [199] の123頁の史料の中で刊行されている，同修道院の文書室に鉛の印章と共に保管されている真正文書から転写された書簡95は摘要簿と真正文書において会計年度の9年を持っている」と。しかし，いと有名なオルレアン司教と同教会の参事会員との訴訟の中で，その真正性を否定する判決が下されている。勿論，裁判官にとって，それ［年代の不一致］が偽答書の証拠であることが確かであったためである。それにも拘らず，この文書はイノサン3世の摘要簿と同教皇のその他の文書によって強固な支援を得ているのである。同様のことは，ヴェズレの参事会員の訴えでも起きている。

　教皇文書が発給された場所に関して，11世紀以前においては表記されることが非常に稀であった。「11月23日，会計年度の11年に下付された」の書式，またはそれに類似のもの以外の書式が殆ど使用されていないニコラ1世 [867] とその後継者たちの書簡のあちこちでその事実を確認することが出来る。教皇ユルバン2世 [1099] 以降，重要な勅書で発給場所が表記されるのが常となる。但し，一部の比較的短い答書においては，それが省略されることがあるが。これに関して，私は本書4巻の冒頭で述べることに決めていた。しかし，そのとき私の記憶から漏れてしまっていたため，この脱落を補うための絶好の機会がここに生まれたというわけである。

　鉛の印章においてパウロが右側，ペテロが左側に配置されている理由については本書2巻14章13節で究明されたが，その中で私は他の人々の見解を援用して，その事実の中にはそれを見る側の意図が考慮されていて，ペテロは彼らの右側に位置していると考えられ，パウロに対して見たならば，その左側に配置されているとの自分の考えを公表した。その後，非常に著名なペドロ・デ・マルカの小さな本が数冊，彼の代理人で非常に博学なエティエンヌ・バリューズによって出版された。私はそれらを熟読して，この問題に関して，このいと博識の司教と意見を同じくしていることに喜びを感じた。奇異に思われるペテロの特殊な上席権に関する考察において，彼は21節で自分の見解を次のように明らかにしている。「ペテロとパウロから引き出された権威におけるこの共通性は今から800年前に彫られた鉛の印章における，パウロがペテロの右側に位置する両使徒の肖像によって証明されている。一部の人々は更に，パウロに付与された特殊な栄誉の論証をそこから引き出してきている。しかし，その考えは理に適っていない。何故ならば，もしパウロの肖像がペテロのそれと比較された場合，前者は後者の右側に見える。そしてそれを見ている人々に合わせた場合，それは左側に位置している。この関係から，しばしば公的集会における栄誉の序列が決められなければならない。司教が内陣の，そこへ入ってくる人々から見て右側，しかし祭壇から見るとその左隅に位置する席に座っているのもこれに由来する。これに関する限り，我々は尊厳なる神性の存在に目を向けて，その左側と右側と呼んでいるのである。……」。この見解を説明するに際して，これ以上に明快な叙述はあり得なかったであろう。

本書2巻14章で見落とされた，偽文書に関する若干の準則に関して論じることが残されている。そこでは，これから述べる論証が欠けていた。諸教皇の文書，そして特にイノサン3世の文書において異なる準則が発生している。同教皇の文書に関しては，我々はその一部を引用しているが，しかし彼の未刊行の書簡から数通の書簡を，既に何度も引用されているバリューズが我々に非常に親切にも報告してくれた。そしてこれから紹介する彼の言葉は書簡として私の許に届けられたものである。イノサン3世の11巻126書簡にはカプア大司教とカプアの都市壁の外にあるサンタ＝マリア女子修道院の院長及び修道女たちとの係争で，前者に有利に下されたアレクザンドル3世［1181］の判決が載せられている。そこではこの女子修道院の従属と自由とが問題になっている。大司教は古くからの所有と「修道院と教会は管区内に創建されたことが知られているそれぞれの司教に従属する」ことが明記されている法令を証拠として提出していた。これに対して同修道院長は諸君主およびザシャリ，レオン，アドリアンの諸教皇の特権文書を法廷に提出していた。それらの特権文書に関して，アレクザンドル3世は次のように述べている。「諸君主の特権文書に関しては，自由の付与と修道院の免属に関する限り，あれやこれやの俗人がこのように教会に自由を付与することは出来ないとの理由から，（当然のこととして）ザシャリの特権文書に関しては文体と文法上の誤りによって，そして同文書に含まれる犯されたる聖職売買によって，つまりそれは教会が売却された事実（かくも聖なる人がそうしたと信じることは不敬なことであるが）を確認していることから，そして更に，（年代記で述べられている如く）同ザシャリが死去して，400年の年月が経過しているのに100年も経っていたとは決して思われない羊皮紙から，信を置くことが出来ない。他方，レオンの特権文書も欠陥と文法上の誤り（かくも教養の高い人がかくも無学な写字生を抱えていたと判断することは理に合わないことである）によって，そして印章に関しても，我々の前に提出されている同レオンの印章は相互にすべてにおいて重なり合うのに対して，それらとは全体的に重なり合うことが殆どないその印章によって，信を置くことが出来ない。従って，我々はそれらの文書は疑わしく信頼に値しないと判決した」と。私はかくも偉大な教皇の教令と彼によって述べられた準則に考察を加えることに殆ど躊躇を感じたであろう。しかし，アレクザンドル3世がこの問題の背景を考えて慎重に行動したであろうことは疑わないとして，彼の準則は個別の諸例から得られる決定的な判定とは見做されないと言うことである。

つまり，彼は世俗の君主を介して譲渡された教会の自由を認めていない。一部の人々は法律上のことが問題にされていると見るであろう。しかし，事実が問題にされているとするならば，カサウリア修道院やその他においてその例がないわけではない。ザシャリとレオンの特権文書は「文体と文法上の誤りから」，疑わしい文書と見做されている。それは古い勅書を新しいそれと比較する人には明白である如く，それぞれの時代の異なる筆記の理論と形式を識別できる大家の慎重な判定に基づくものである。犯された聖職売買に関しては，時代によって考えが違っていたし，原則も異なっていた。諸聖者の聖なる遺物を売買したり，同じく教会を買ったり買い戻したり，教会の自由を期限つきの貢租で購入したり取得したりしても罰せられない時代があった。この古くからの事例はガリアで今でも確認することが出来る。更に，羊皮紙はそれを所有する人々の管理に応じて色を保持したり失ったりする。最後に，同一教皇の印章が常に同じものであったのではなく，ときどき変える必要があった。従って，イノサン4世［1254］は，最初に使用していた印章の鋳型が壊れたとき，その後それとは全く似ていない別のものを使用していた。これに関して，本

書 2 巻 14 章 14 節で述べられていることから明らかな如く，彼はアルル司教が想起されるべきであると判断したのであろう。但し，そこで我々はいと博識のバリューズが我々に公開してくれたその書簡の最初の写しが我々に教えている如く，イノサン 3 世ではなくてこの 4 世の書簡を引用しているのであるが。

　また，彼は次のような言葉からなる考察を私に送ってくれることによって，偽造された印章の若干に関してどのような考えを持っているかを披露することを厭わなかった。どの教皇の印章であれ，何か重大な偽造が起きているとしても，直ちにその文書が偽物であると判定されてはならない。その例として，教皇イノサン 3 世のナルボンヌ，アルル，アンブラン，エクス＝アン＝プロヴァンス，ヴィエンヌの各大司教に宛てた書簡を挙げることが出来る。その同じ写しが，更に必要な変更を加えて，リヨン大司教，フランス王フィリップ[2 世]，そしてフランス王国の各地に配属された諸伯や諸侯にも発給されている。それらは同イノサン 3 世の摘要簿 11 巻書簡 26, 27, 28, 29 に掲載されている。両方に共通して，ピエール・ド・シャトーヌフによれば，「類似のものが福音書の中で読まれる奇蹟に対するこの不信が妨げなかったならば，我々が信じている如く，彼は既に奇蹟によって光り輝いていたであろう。イエスがそこで多くの奇蹟を起こしたのは，彼らの不信仰のためではなかったのであるから。信者にとってではなくて不信心者にとって言葉《linguae》は文字の中に存在するのであるが，しかし救世主は……」との文章が記されている。この文章では言葉《linguae》という語が偽造されていることは明らかである。それを認識したオドリコ・リナルディ[307a]はその言葉を削除し，読者にそのように変えたことを知らせることなく，独自の権限で《miracula》[「奇蹟」の意]の語を置いた。しかし，摘要簿には《linguae》とはっきりと書かれているし，ヴォ＝ド＝セルネの修道士ピエール[13 世紀初期]の『アルビジュワ史』8 章から明らかな如く，その頃ガリアのあちこちに発給された印章が付されたいろいろな謄本においても同様である。同ピエールは，見た限りでは，これらの謄本の一つから転写されたと思われるこの書簡を引用して，《linguae》の語を使用しているのであるが，それは単に刊本のみならず，コルベール図書館の古い写本においてもそのようになっている。そして更に，アルノ・ソルバンも『アルビジュワ史』のフランス語版と照合するために使用していた古い本の中でそのように読んでいた[329]。そこで彼はその箇所を「言語の贈り物は信者にとってでなくて，不信心者にとって奇蹟《signa》であったので」と訳している。従って，《linguae》に代わって，《signa》と読まねばならないことになる。同じことは同 11 巻のザクセンのコルヴァイ修道院の修道士会に宛てられた書簡 73 からも明らかである。そこで同教皇はローマ教皇の承認を得ずに，その頃ゲルマニアにいた使徒の座の特使に相談することなく，コルヴァイ修道院に逃走したヘルマルスハウゼン修道院長を非難する書簡を書き，「彼が歓迎してもらうべくノルトハウゼンの王領地に到着したが，同地の人々の彼への軽蔑が非常にはっきりしていたので，彼らに接近しようとする気は起こらなかった」《Cumque Northusium advenisset regalia recepturus, iidem existentes ibidem, ut contemptus ejus manifestior appareret, ad eos accedere non curavit》と言っている。ここでは，[上記の《iidem existentes》を]《iisdem existentibus》と読まねばならないことは明らかである。それにも拘らず，摘要簿には《iidem existentes》と書かれているし，かつてその写しをパーデルボルンとミュンスターの司教であったいと高処の，そしていと博識のフェルディナント・フォン・フュルステンベルクが私に送ってくれたコルヴァイ修道院の真正文書でも同様である。最後に，バリューズは 12 巻書簡 99 から我々

にイノサン3世の別の書簡を知らせてくれた。そこで同教皇は次のように述べている。「もし朕の印章で強められている文書が我々に提出されたならば，削り取られたり線を引いて消されたりしておらず，一部分が抹消されたりもしておらず，糸，文体，文書，印章に欠陥はなく，不誠実または不正なものを含んでいない，そして我々が一連の文書が含んでいる如く，現実にそのように実行されたことを記憶していなくても，すべてのことを記憶することは人間の行為ではなくて神のみがなせる業なので，これらの文書を，我々は疑いを持たずに承認し，その結果それらの内容を承認することと判断する」と。トゥールーズ版の同イノサン3世の13巻書簡54において，ある「勅書が点を欠いていたことから」，同じく，同書14巻書簡87, 235頁において，「誤った向きをした印章によって偽文書と断定することを望んだ」人がいた。このように，偽文書を間違って作り出す原因があちこちに散らばっているのである。

補説 II

不在の，そして後世の司教たちの下署に関して。パリ司教が問題となる

　我々は本書2巻22章で司教文書に関して論じているが，そこでときどき不在のまたは後世の司教が下署していることを明らかにした。上掲のバリューズが両方の場合の事例を私に提供してくれた。彼は次のように述べている。ナルボンヌ大司教ギフレッドと，彼と共に1043年3月17日に開催されたナルボンヌ公会議に出席した司教たちは欠席した司教に対して，「我々はこの召喚または破門に関する文書を我々の手で確かに強める。そしてこの文書が届けられるその他のわが同僚司教，または我々の地方の諸伯が魂の救済のためにこの文書を強めるよう要請する」とある如く，下署することを求めている。従って，8名の司教だけがこの宗教会議を祝したに過ぎないにも拘らず，20名の司教が下署しているのが確認される。この種の非常に多くの事例が手許にある。以上が，欠席した司教たちの下署に関する彼の意見である。他方，後世の司教たちの下署に関しては，彼は次のように言っている。パドヴァ司教ヒルデベルトは964年，会計年度の3年に彼の教会の財産と所有を，セルトリオ・オルサートが『パドヴァ史』[348]の3巻201頁で刊行している文書で確認している。これらの文書の最後に，まず同ヒルデベルト，次いでパドヴァ司教ウルソが下署している。しかし，ウルソはその頃ではなくて，約40年後にその職に就いていた。従って，彼はその役職に就いていた時に，交代による確認を文書に得させるため，ずっと以前に行なわれたことに彼の下署を付け加えたことは明らかである。以上が，共和国の文学に関して最高の評判を獲得している人の意見である。

　ここで，トゥール司教グレゴワールの書でポワティエのサント゠クロワ修道院で起きた騒動のさい，諸司教がグンデギシルスとその所属司教たちに宛てた答書の写しの中で見られる風変わりな下署の形式が想起されるべきであるとの考えが私の頭に浮かんだ。司教たちはその答書に次のように下署している。「特にあなた方のもので罪人の私，アエテリウスは，敢えてあなたに挨拶いたします。あなた方の被保護者である私，ヘシキウスは，思い切ってうやうやしく挨拶いたします。あなた方を愛する私，シアクルは，つつしんで挨拶いたします。あなた方の崇拝者である罪人の私，ウルビクスは奴隷のように挨拶いたします。あなた方の奴隷である私，フェリクスは，敢えて挨拶いたします。あなた方の崇拝者である私，司教ヴェランは，うやまいつつ挨拶いたします。あなた方の卑しい者であなたを愛する私，フェリクスは，敢えて挨拶いたします。あなた方の卑しい者で従順な私，司教ベルトランは，思い切って挨拶いたします」と。以上は，グレゴワールの『歴史十巻』9巻42章にある。

　しかし，ここで話題が司教たちに戻ったので，これまでの文書の至るところで想起されているパリの歴代司教の名前を一ヵ所に集めることは，オラトリオ会の学識ある司祭が彼らに関する非常に詳細な歴史を準備している時でもあり，本論から逸れることにはならないであろう。この人はジェラール・デュ・ボワで，その歴史の第1巻を出版したが，第2巻[113]を出版する前に死んでしまった。

　ランドリはクローヴィス2世のサン゠ドニ修道院の「自由」のために，その在位の16年に発給

した文書において言及されている。もし，ダゴベール[1世]の死を638年に比定するのであれば，その日付は653年に照応している。

アグリペールまたはアギルベールはある貴族の婦人クロティルドの，ブリュイエール修道院の建立に関する文書に下署している。この文書は，西暦670年に置き換えられる王クロテール[3世]の統治の16年に作成されている。

シゴフリドスは「パリにある」《in Parisius》クリスティヴィリスの乙女たちの修道院と同町の幾つかの教会が問題になっている気高き人，ヴァンドミールの文書から王ティエリ[3世]の統治の17年，西暦690年にその職にあった。同シゴフリドスは692年，文書15と18から，この年の末か翌年の初めに死去したと考えられる。つまり，翌年の「2月28日に」トゥルノアルドスが既に彼の後を継いでいたので。一人の聖者エティエンヌに捧げられていた司教座教会はその当時，文書14によると「守護聖人クリスティヴィルスのもの」《Domni Christivili》と呼ばれていたが，名称上は聖クリストフと解して殆ど問題はなかろう。この文書ではアウグスティヌス会の修道女たちが看護婦として奉仕していた施療院がその境内にあった小教区教会が司教座聖堂に従属するノートル＝ダムの教会と呼ばれている。しかし，上掲の修道院が「パリにある」《in Parisius》と言われているとの理由から，それがパリ市内に位置していたとすることは確定されていない。ともかく，その表現方法から，それがパリ地方であると考えることは町から5里[7.4km]離れた，わが国王の有名な菩提寺であるサン＝ドニ修道院が「パリの」《Parisius》と言われている類似の文言からも明らかである。文書27を参照すれば，その位置をよりはっきりと知るであろう。

トゥルノアルドスは「2月28日に」発給された文書19から693年，文書23から695年，文書24からその翌年にその職にあった。

エルケンラドス2世はノートル＝ダムまたはサン＝テティエンヌとサン＝ジェルマンの大きな教会が言及されている文書51から775年にその職にあった。『キリスト教ガリア』[150]では，非常に詳細な叙述にも拘らず，彼は抜け落ちている。

アンシャは，文書74が証言している如く，832年に死んでいる。彼の死はわがサン＝ジェルマン修道院の過去帳では「司教アンシャの死去は3月10日」との表現によって知られている。

エルケンラドス2世は上掲の832年の修道院長イルドワンによるサン＝ドニ修道院の資産の分割のための文書，本書の文書75に下署している。バリューズの『古文書雑録』3巻[40]に収められているル＝マン司教アルドリックの事績伝を参照せよ。わが修道院の過去帳では「司教エルケンラドスの死去は3月7日」とある。

これらに，その当時はトゥ図書館，今はコルベール図書館に所蔵されている約700年前に作成された写本から，かつて私が転写した古いパリ司教一覧を付け加えるのが適切であろう。精度は完璧とは言えないとしても，それは刊本を訂正するのに役立つであろう。

聖ドニ1世	聖ジェルマヌス	メルフリドス	（この後はより新しい
マロ	ラグネモドス	フェドリウス	人の手になる）
マスス	エウセビウス	ラトベルトス	アルベリクス
マルクス	ファラモドス	ラグネキャプドス	コンスタンティヌス
アドヴェントス	サフォラクス	マダルベルトス	ワリヌス
ヴィクトウリヌス	シンプリキウス	デオデフリドス	リシアルドス

パウルス	ケラウヌス	エルカンラドス	ライノルドス
プルデンティウス	レウトベルトス	インカドス	アルベルトス
聖マルケルス	アウトベルトス	エルカンラドス	フランコ
ヴィヴィアヌス	聖ランドリクス	アエネアス	インベルトス
フェキクス	ロトベルトス	インゲルヴィヌス	ガウフレドス
フラヴィアヌス	シゴブランドス	ゴズリヌス	ウィレルムス
ウルシキヌス	トゥルナルドス	アンケリクス	フルコ
アペドゥニウス	アルドゥルフス	テェオドルフス	ガロ
エラクリウス	ベルネハリウス	フルラドス	ゲルベルトス
プロバトス	ウグ	アダレルムス	ステファヌス
アメリウス		ワルテリウス	テェオバルドス
リバヌス			ペトルス
			マウリキウス
			オド
			ペトルス
			ウィレルムス
			バルトロマエウス
			ウィレルムス
			ガルテルス

補説 III

サン゠ドニ修道院及び同修道院に従属する修道院の院長に関して

　ある考えを持って，私はパリに所在するサン゠ドニ修道院に関連する幾つかの問題についての考察をここまで延ばしてきた。それらの問題とは，非常に博識のル・コワントが反論を企てたものである。しかし，本書の出版が相当に進んでいたとき，死がこの最高の老学者の生命を奪い取ってしまった。従って，私は死んでしまった彼に論争を挑むことよりも，祈りでもって彼の魂を慰めたい気持ちである。本当のことを言えば，彼が生きている間も我々の間に存在した親交と友情（事実，それは論争の時でさえも，決して攪乱されることはなかったほどのものであった）がこれからの作業を私に求めているのである。我々の間で対立していた諸問題に関して彼と書き物で論争することが出来ないが，主張を引っ込めることなど到底できないであろうから，論争を再燃させることよりも，曖昧な点をはっきりさせるために，その主張を丹念に追試することにする。

　私はその開始がいつもダゴベール１世［639］に遡られている，サン゠ドニ修道院の建立から始めることにする。実際，父のクロテール［2世，629］が死んで，同王がヌストリ王国を掌中にする以前からこの修道院は存在しており，院長ドドンがクロテール［2世］の統治の43年（この年は同王の死の2年前に当たっていた）に同修道院を統治していた。例えば，ドゥブレの書［102］653頁において，その年非常に有力な婦人，テオデトルデドまたはテオディラが多くの所領を「修道院長ドドンとサン゠ドニ修道院で奉仕をしている彼の兄弟たちに」寄進している。これらの所領はメレ，ボーヴェ，リモージュの諸地方に分布していた。そしてこの最後の地方において，我々が上で刊行している王ダゴベール［1世］の統治の4年に交付された文書4から明らかな如く，この婦人は最大の財産を所有していたのである。同修道院長ドドンへの言及が『補遺』［238］に我々が掲載するであろう，クロテール2世の真正文書の中でなされている。フレデゲール・スコラスティック［メロヴィング朝の編年記作家］はサン゠ドニ修道院について論じるさい，この修道院の起源をダゴベールに帰することをせず，それに関して79章［145］で4人の名前を挙げている。勿論，そこでダゴベールが埋葬されていること，同修道院は彼によって「金と宝石と多くのとても高価なものによってふさわしく装飾され，その境内もふさわしく作られたこと」，更に非常に多くの人々にとって驚嘆の的になったほど多くの富，そして各地に散在する「荘園と所領」が彼によって同教会に「寄進された」こと，そして最後に，「修道院長アイグルフスの安易さ」によって廃止されはしたが，「サン゠モリス修道院の真似をして，そこに詩編の頌読が導入されたこと」が想起されている。フレデゲールは「同（教会の）境内にふさわしく建物が建てられるよう命じた」との表現によって，ダゴベールが自身によって非常に豪華に装飾された教会に付け加えた，それを取り巻く修道士たちの住宅を指し示していると考えられる。従って，彼は新しい教会，そして新しい修道院の建立者と見做されねばならないのである。そして，フレデゲールが証言している如く，同修道院に寄進した非常に多くの荘園と所領によって，彼が最初の建立者の栄誉を後世の人々から獲得したとしても，それは当然のことである。同修道院に導入された永遠の詩編の頌読に関しては，我々が『サン゠ブノワ修道会編年史』4世紀序論1［237］において詳細に論じている。

サン=ドニ修道院が最初に建立された場所がパリの都市壁から 5 里 [7.4 km] のところにあったことは非常に綿密な人，アドリアン・ド・ヴァロワによって，教会堂に関する論争とパリ大学教授ジャン・ラノワの反論に対する弁護の中で明白に証明されている。更に，シャルル・ル・コワントはド・ヴァロワに続いて，『フランク教会史』3 巻 [223] の 630 年のところでラノワに反論を加えている。シルドベール 3 世 [711] に関する上掲の文書が同じことを明瞭に補強している。同文書において，「サン=ドニの集落」（同殉教者の遺体が安置されていることが既に述べられている）「の週市が動かされ，パリの町のサン=ロラン教会とサン=マルタン教会の間に移設された」ことが証言されている。しかし，古いサン=ドニ修道院が今日サン=ドニ=デストレと呼ばれる分院と共に教会が存在する場所にあったのか否かについてはここで長々と論争するには適していない。その教会への言及が『聖ドニ奇蹟譚』1 巻 24 章でなされていることのみを指摘しておくことにする。最後に，同ル・コワントは同じ年に，聖者ドニの仲間として知られているリュスティックとウルテールが王クローヴィス 2 世 [657] の時代にいたことを立証している。上で，原本に基づいて刊行された同クローヴィス 2 世の文書 7（更に，ティエリ・ド・シェル [747] の命令文書 36 がこの文書を補強している）がその事実を証明している。

　王ダゴベール [1 世] がサン=ドニ修道院のために作成させたとしてドゥブレが引用している 17 通の文書のうち，我々はその一部が偽造または改竄された文書であることを否定しない。しかし，我々はあまり重大ではない理由からそれらの非常に多くを拒否しているこの学者の鑑定を承認することは出来ない。何故ならば，彼が古い文書を削除したり，また拒否したりするとき，適正さを欠いて，推測と自分の才能に頼ることが起きていることを看過することが出来ないからである。ドゥブレの書に収録された王ダゴベール [1 世] の最初の文書を例にとると，それは年市または週市に関する文書で，「ダゴベールの王位の 2 年，7 月 30 日，コンピエーニュで」下付されている。上記の学者はこれを贋作と主張し，その理由として次のように述べている。「ダゴベールは彼の統治の 2 年にはまだヌストリ王国を獲得していなかった。また，一部では西暦の 629 年，また一部では 630 年に結びつけられているヌストリでの王位の 2 年への抜け道も塞がれている。つまり，上掲の文書に記されている王ダゴベールの在位年は，必然的に，彼の父クロテール [2 世] の死からでなくて，オストラジ王位の開始から起算されねばならないのである。ダゴベールがヌストリとブルゴーニュにおいては丸 10 年間も王位になかったのに対して，同ダゴベール王の在位年がサン=ドニ修道院の文書では 10，11，12，13，14，15，16 と記されているのが確認されるのであるから」と。以上が，この学者が 630 年に下付された文書 10 に関して述べていることである。しかし，もし我々がダゴベールのいろいろな文書において彼の王位年が異なる方法によって，ある時はオストラジにおける王位就任年，またある時はヌストリにおける王位就任年から起算されていたことを明らかにするならば，この主張は完全に崩れてしまう。事実，その通りであって，ドゥブレの書に収められた文書の一部はオストラジ王位からその計算を始めている。また一部においては，我々が問題にしている文書における如く，ヌストリ王位からその計算を始めてないと言えるのか。実際，このような異なる計算方法は諸王の文書の一部においても頻繁に発生していて，本書でこれまで指摘されている如く，シャルル禿頭王 [877]，アンリ 1 世 [1060]，フィリップ 1 世 [1108] などの文書において確かにそうである。そしてこの計算方法をル・コワント自身も王シルデリック [2 世，675] がサン=ドニ修道院に宛てた，そこでシルデリック [2 世] の統治の初年が記されている

ある文書に関して,「王シルデリックのこの年はヌストリ王位の初年と解さねばならないであろう」と, 確かに認めている。ル・コワントは著書の3巻, 679年に交付された文書14のところでこのように述べているのである。確かに, ダゴベール[1世]の年市に関する命令文書は非常に重要で, 今日も原本が伝存する後続の諸王の命令文書によってその権威を維持している。就中, 重要なのがシルドベール3世の上掲の文書28である。但し, ダゴベール[1世]のこの写しから, 国王の下署に誤って密かに入りこんだと思われる代名詞の《Ego》[「私は」の意]が削除されねばならないが。同様にして, ドゥブレの書に掲載された王ダゴベールのその他の文書, 特に3, 4, 8, 13に関しても, 写しでよく見かける幾つかの軽微な誤りを訂正しなければならないが, それらの真正性は擁護され得る。しかし, それをする前に, 少し寄り道をしなければならない。それは, 修道院長に関して幾つかこれから考察しなければならないからである。

　サン=ドニ修道院長の一覧表は特にイルドワン以前に関して誤りがひどい。院長の数にしてもまた彼らの順序にしても容易に確定することが出来ない。通常は, エギュルフ1世, クナルドス, ドドン, レオベファリウス, エギュルフ2世, エギュルフ3世, ゴドバール, カイノの順序で並べられている。ドドンはエギュルフより前に置かれねばならないと先学たちによって理解されている。ドゥブレの書に収められた文書でこれに関連するものから判断して, エギュルフが3名もいたようには思われない。ゴドバールはクローヴィス2世の息子, ティエリ[3世]の治世に誤って帰せられているが, 彼はティエリ・ド・シェル[ヌストリ・ブルゴーニュ・オストラジ王, 747]と同時代人であったことはいろいろな書物から確かである。それ故, より確実な論拠が現われるまでは, 修道院長の一覧表は以下のように並べられねばならないと思われる。つまり, クロテール[2世]の治下でのドドン, クロテールの息子ダゴベールの治下でのクナルドスまたはクノアルドス, 同ダゴベール[1世]と彼の息子クローヴィス2世の治下でのエギュルフ, 我々が『補遺』[238]で見ることになる, クロテール2世の治下でのヴァンデベール, カルデリクス, カイノと。

　カルデリクスは678年に, アンブラン司教カラムリヌスの地位剥奪に関する王ティエリ[3世]の命令文書である上掲文書10で引用されている。このアンブラン司教カラムリヌスに関しては, そのテスタメントゥムが62番として報告されている, 貴族アボンのノヴァレーゼ修道院に宛てたテスタメントゥムの中で言及されている。罷免されたカラムリヌスは国王に「カルデリクスが統括していたと思われる」サン=ドニ修道院において,「余生を服従と規則正しい規律のもとに生活すること」が出来るよう要望し, それを実現させた。この修道院長は688年に, 同王ティエリ[3世]の命令文書12で言及されている。その後このカルデリクスは,「かつて司教であったカルデリクスは」シャンブリ地方[パリの北方]にチュソンヴァル修道院を建立したと述べられている文書24から, 司教になったと我々は判断する。本書4巻で言及されているこの地方はボーヴェ司教管区に所属している。このことから私はカルデリクスがこの管区の司教であったと推測する。勿論, それは文書18, 19, 24でその名が何度も言及される司教コンスタンタンよりも前のことであるが。

　本書で刊行された多くの文書がカイノの情報を我々に提供している。彼はカルデリクス(その後, 690年に後を継ぐことになる)の時代に発給された, 王ティエリ[3世]のレ=ソセイに関する命令文書の中で言及されている,「尊敬すべき人, 首席司祭カイノ」である。この690年に王ティエリ[3世]はサン=ドニ修道院のために, 本書の文書13で刊行されているラニ=ル=セック荘園に関する命令文書を作成しているが, そこには「院長カイノがキリストの栄光を賛美するために, 聖なる会

派としてそこに結集した修道士たちの非常に多くの集団を管掌していたように思われるとき」とある。同院長は，同じ年，その次にくるヴァンドミールの文書においても言及されている。次に，692年，クローヴィス3世の法廷文書，つまり文書15とその他の文書16,18でも言及されている。その後，694年，「使徒的な人，リヨン司教ゴディヌス殿」がそれまで保有していたナンセ荘園に関するシルドベール3世の命令文書において言及されている。この文書は20番目の文書で，これに同じく修道院長カイノが言及されている別の文書が続いている。彼への言及は番号22の，シャルトル司教アゲラドスの重要な文書が証明している如く，少なくとも696年まで続いている。この修道院長の時代に首席司祭クロトカリウスがそこで活躍していた。彼に関しては文書17と19の中で言及されているが，その後で，上掲のアゲラドスがブレサスに建立していたノートル=ダム修道院の院長に就任している。このことは，同修道院の院長クロトカリウスが言及されている上掲の文書23から明らかである。

ダルフィヌスがこのカイノを710年に継いだ。その年王シルドベール3世は本書の文書28に当たる，サン=ドニの週市に関する命令文書を作成しているのであるが，その中でとその翌年のシャイイ荘園の水車が問題になっている命令文書で修道院長ダルフィヌスが登場している。

シラルドスまたはヘラルドスはダゴベール3世とシルペリック2世が統治しているとき，両王のいろいろな文書が証明している如く，修道院長であった。つまり，ペパンが宮宰であった時の上掲の文書38において，サン=ドニ修道院の少なくない数の資産が列挙されているのであるが，それらに関して「修道院長シラルドスはかつてダゴベール[3世]の前で仲裁判決を受け取った」とある。加えて，彼は王シルペリックの統治の初年の3月，つまり716年に下付された文書3通においても言及されている。これらの文書は本書で文書30,31,33として刊行されている。これらに，同修道院長シラルドスの，我々がこの先で問題にするランス写本に収められていて，そこではヘラルドスと呼ばれている重要なテスタメントゥムが加わる。そして彼の院長就任の確かな開始は809年に起きた聖ランベールの死から数年後，否2,3年後と確定される。以上のことから，本書でのソレーム[荘園，北フランス]に関する文書26に該当するシルドベール3世の，同王の統治の12年に交付され，この年既に「修道院長シラルドス」が言及されている文書は訂正されねばならない。つまり，多分，彼はカイノまたはそれよりも修道院長シラルドスに先行していたことが史料によって明らかなダルフィヌスに置き換えられることになろう。加えて，宮宰ペパンの裁判文書によって確認されているソレームに関する文書が非常に重要である。我々はその原本ではなく写ししか発見することが出来なかったが，最初にこの文書を刊行したドゥブレの書の中で，本書4巻で述べられている如き，美しい話を生み出す原因になった架空の地名「コルシンティカ」《Corsintica》の中にみっともない過誤が実際に入り込んでいるように，写字生の過失から容易に誤りが入り込み得たのである。

トゥルノアルドスはパリ司教から修道士になったあと，サン=ドニ修道院長になっている。彼はクローヴィス3世治下の文書19，シルドベール3世治下の文書23と24において司教として言及されている。他方，修道院長としては，ドゥブレの書689頁に収められたシルペリック[2世]の，彼の統治の2年，2月28日に，コンピエーニュで下付された文書で言及されている。事実，シルペリック[2世]はサン=ドニ修道院に関して，「そこでは司教トゥルノアルドス殿が監督として統率していると思われる」と言っている。従って，シラルドスは716年に没したと言わなければなら

ない。

　この後に，文書40から，王シルペリック[2世]治下としてユグか，そうでなければ，フォントネル修道院の年代記によると，君主シャルルの好意で，「非常に気品に満ちたフォントネルとジュミエージュの修道院」を自らが獲得したルーアン司教ユグが挿入されねばならないであろう。

　修道院長ベルトアルドスはティエリ・ド・シェルの文書である文書36によると，723年にその職にあった。

　ゴドバールはこのティエリが王位にあった時に院長であったが，ドゥブレの書686, 687頁で刊行されている同王の文書(この文書はクローヴィス2世の息子ティエリ[3世]に誤って帰せられているのであるが)から判断される如く，この文書は同王の統治の6年3月3日，ポンションで発給されている。我々はこの文書がティエリ・ド・シェルのものと理解しているが，それは『聖ドニ奇蹟譚』での叙述によって確かめられている。我々はこの書からゴドバールの家系や雑多な財産のほかに，修道院長職の継続について知ることが出来る。この書はランス司教座教会所蔵の羊皮紙の写本に収められているのであるが，この写本は我々がそれを見せたパリ大学教授であって，同ランス教会の首席司祭である非常に著名なアントワーヌ・フォールの鑑定によると，800年以上も前に書かれたとのことである。『聖者記録集(ベ)』3世紀2巻[4]で刊行されているこの聖者の奇蹟譚3巻をシャルル禿頭王の時代に書いた作者がこの書を利用している。その中で，それ以前にランスで起きた非常に多くの奇蹟が文章もそのままで載せられている。但し，一部は省略されており，その一つがランス写本で248番となっている次に示すものである。

　「フランク人の君主で，(当時の慣習に従って)宮宰と呼ばれていたシャルル[・マルテル]の時代に，エズベイ地方[ブリュッセルの南]，アルブリド村生まれの，名をゴドバールという者がいと至福の人，ランベールの死に際して，ドドンと言う名のある伯の協力者で共謀者と称していたとき，神が罰を課すことを望まれ，盲目になってしまった。そこで彼は天罰による戒めにより自分の罪を悟ると，長い間諸聖人の聖地を巡り，犯した行為の赦免と身体の健康を得られるよう切望した。最後に，ローマのいと至福のペテロの教会に到着すると，神のお告げによって，健康を取り戻すチャンスがガリアの聖なる殉教者ドニ，リュスティック，ウルテールの聖地において彼に与えられることを知った。そこでローマを後にし，天啓によって示された修道院に向かって進み，そしてそこで長い間願い求めた健康を回復した。当時，そこの院長はヘラルドスで，彼は神の奇蹟に喜び，彼に寝所と共同の食事を提供した。こうして彼はこの修道院で生活し，多くのことにおいてすべての人々に誠実であったとき，君主シャルルの命令により，同修道院の院長の職を引き受けた。そして修道院を25年間にわたって非常にしっかりと統治した」。

　シャルル・マルテルが統治していた時代に生きていたこと，そして25年間にわたって，つまりベルトアルドスを継いだ723年からアマルベルトスが取って代わった748年に至るまでサン＝ドニ修道院長の職にあったことが明らかとなった修道院長ゴドバールの年代と想い出を例証するに際して，これ以上明瞭に叙述することは出来なかったであろう。この院長アマルベルトスのとき，サン＝ドニ修道院に隠棲していたシゴベールが『フランク編年記』が記している如く，君主シャルル[・マルテル]によって，コルビ修道院長グリモと一緒に教皇グレゴワール3世の許に派遣されている。広く普及した一覧表はこのシゴベールを修道院長に間違って数えている。

　アマルベルトスに関しては，確かに，上記の西暦と重なる王シルデリック[3世]の在位の5年，

宮宰ペパンの命令文書においてその名を読むことが出来る。読者はその命令文書を本書の文書 37 で目にするであろう。

　フルラドは 750 年には既に院長であった。何故ならば，その事実は本書で刊行された文書のみならず，ドゥブレの書に収録されたその他の文書によっても立証されている。我々は，就中，本書で刊行されている 38, 39, 40, 43 番の 750 年とその 3 年以内に発給された 4 通の文書をここに提出する。それらすべては院長フルラドに宛てられている。その内の 3 通はドゥブレの書，692 頁に掲載されていて，その最初のものは宮宰ペパンによって，2 番目は王ペパンの在位の 2 年，3 番目は在位の 4 年に，それぞれ交付されている。これらすべては院長フルラドのために発給されている。これらの 4 通の文書の原本は伝存していて，院長フルラドの名前をそこにはっきりと読むことが出来る。教皇エティエンヌ 3 世の伝記の中で会計年度の 7 年，つまり西暦 753 年の末のこととして，フルラドを修道院長と呼んでいるアナスタージオの発言がこれに加わる。これらのことと対立して，シャルル・ル・コワントはペパンの統治の 7 年以前の 749 年にフルラドがサン=ドニ修道院長であったことを三つの理由を挙げて反論する。その一つは，書簡 106 をモンテ=カッスィノ「修道院長であった同僚司祭のオプタト」に宛てて書いている聖ボニファーティウスはもう 1 通の書簡 92 番を，754 年に行なわれたフリースランドにおける最後の信仰告白の準備の最中に，「同僚司祭である司祭フルラド」に宛てて出しているが，もしフルラドが実際に修道院長であったならば，（彼が考えるように）「修道院長」フルラドと言ったであろうということ。次の理由は，「ペパンが聖にして主人たる殉教者ドニの彼自身が遺体で横たわっている修道院の尊敬すべき院長コンストランの願いに応えて」，彼の統治の 6 年にある文書を発給したこと。3 番目の理由は，会計年度の 10 年，即ち西暦 757 年に発給された教皇エティエンヌ 3 世の書簡数通が「神に愛された主任司祭にして，その指揮のもとに創建された尊い修道院の院長であるフルラドに」宛てられていることである。以上から，この碩学はその当時コンストランが生きていたこと，そして少ししてフルラドがサン=ドニ修道院の監督を引き受けたと推論する。そして，創建者がフルラドではなくて，王ダゴベール[1 世]であったことを彼は認めているので，サン=ドニ修道院はこれらの尊い修道院の中には含まれ得なかった。そして，結局，「従って，この修道院のために宮宰または国王としてのペパンが西暦 757 年以前に発給した文書から修道院長フルラドの名前を取り去ってしまうべし」と彼は結論する。決定的な証拠ではあるが，重大な理由に基づかない向こう見ずな結論である。これらの理由はフルラドが王シルデリック[3 世]の統治の 9 年から既にはっきりと修道院長として言及されている疑いのない原本や史料を打ち負かすようなものではない。つまり，前半の理由を取り上げるならば，その当時の写字生にとって，彼らが司祭にして修道院長について書く場合，他の箇所で我々が多くの例を挙げて証明している如く，修道院長の名称を省略し，司祭の称号のみに言及することが習慣になっていたのである。ペパンの，彼の統治の 6 年に交付された文書に記された修道院長コンストランに関しても，それが修道院長フルラドを採用している残りの 7 通の文書よりも優位にあるはずはない。特に，彼は修道院長コンストランに宛てられたその文書の会計年度が誤りを含んでいること，更にはそれが 657 年から外されるべきであることを認めている。我々はこの文書の原本を入念に探索してみたが，発見することが出来なかった。ペパンの慣例に反して配置された会計年度のみならず，これまで会計年度の 10 年が付与されていたペパンの統治の 7 年が会計年度の 4 年と照応していたことから，その中でも誤りが犯されていた

ことはそれへの信頼を弱めるのに十分である。他方，もし誰かが会計年度は削除すべきだと考えるならば，更に，私はその他の文書の確かな原本が要求している如く，コンストランの名前を削除し，彼に代わって修道院長フルラドが配されるべきであることを強く求める。最後に，ル・コワントが「神に愛された主任司祭にして，その指揮の下に創建された尊い修道院の院長であるフルラド」に確かに宛てられているが，どこにも肩書きにサン=ドニに関する言及がない，教皇エティエンヌ[3世]の文書に関して述べていることは粗雑である。しかし，ル・コワントがこの文書のその他の言葉を（実際に書かれている通りに）認めた場合でも，違った風に解釈されることになる。何故ならば，その特権文書の本文においてフルラドをはっきりとサン=ドニ修道院長として保証している言葉が続いているので。事実，[教皇]エティエンヌ[3世]は彼の書簡の次の文言の中でそのように言っているのである。つまり「この使徒の権威を介して，あなたとあなたを継承する聖なる殉教者ドニ，リュスティック，ウルテールの修道院の院長たちに修道院を創建する許可と権限を付与する。……」とあり，提案を説明するに際して，これ以上に明瞭なものはありえない。しかし，編年記作家がこれらの文章に疑問標を付したのは，その年ではフルラドよりもコンストランの方がふさわしいからとの理由からでしかない。しかし，我々が『聖者記録集（ベ）』4世紀1部[4]の彼に関する解説の中で述べている如く，フルラドが750年からサン=ドニ修道院長の職についていたこと，そして784年まで同院を統治したことは確かである。

　マゲナリウスがフルラドの後を継いだが，上掲の解説でも言及されている如く，その職には2，3年しか就いていなかった。彼については，上掲聖者記録集に収められた『聖ドニ奇蹟譚』の1巻19章で言及されている。

　ファルドゥルフスが単に首席司祭であったのみならず，修道院長としてマゲナリウスの後を襲ったことは上掲の解説から明らかである。修道院長ファルドゥルフスへの言及は，798年に交付された，本書で刊行されている60番の伯テウドルドスの文書と『聖ドニ奇蹟譚』1巻20章とそれに続く4章において見いだされる。

　ワルトが同奇蹟譚25章において院長として彼の後を継いでいるが，彼は『聖者記録集（ベ）』4世紀1部[4]で私によって翻刻されているウェティニの幻視に関する折句歌が証明している如く，814年に死去している。

　同年イルドワンが当該修道院の統治を引き継いでいるが，彼に関しては，他の随所で我々によって言及されている。ここで，サン=ドニ修道院の初期の院長に関して広まった彼らの一覧表を訂正するために，いま言っておかねばならないことがある。それは，我々がいかなる史料によってもその院長在位が証明されていないことから，ダゴベール3世の時代に帰せられているカイレドルフスと，シルデリックの時代に帰せられているシゲベルトスを削除したことである。フルラドに戻ろう。

　院長フルラドの時代，サン=ドニ修道院において，ここで解説するのが有益と思われる三つのことが起きている。一つは司教エルベールに関してで，彼については『聖ドニ奇蹟譚』の1巻6章である，健康を取り戻した農民についての話の中で次のように言及されているのを読む。「次の日，彼は司教エルベール（ここではかなり以前から司教を置くことが慣習となっていた）の許を訪れ，彼に自分の罪を告白した」と。私はこの文章を『聖者記録集（ベ）』4世紀の序論で引用し説明を加えておいたが，それは恰も私が司教自身の座がサン=ドニ教会の中にあることを主張しようとする

ためではなくて，言葉自身が提示している意味そのものを明らかにしようと考えたためである。かつて同教会には司教としての正式な称号を持つ者としてではなくて，役職のためにその地位に就いていた，常駐のではなくて臨時の司教たちがいたことは確かである。このような司教は，かつてはガリアとヒスパニアの多くの教会に存在していたことは明らかで，加えて，東方にもいた。彼らの中の修道士バルセス，エウロギオ，ラザルスは，ソゾメノ[イタリアの司祭，15世紀前半]が彼の歴史書(ヴァレンシアナ版)[330]の第6巻34章で言及しているところによれば，「ある都市のためではなくて，ある役職のために，恰も彼らの非常に立派な行為が報われるべく，彼らの修道院で司教に叙任された」。モンス＝リバヌス旅程表では確かに2種類の司教が想起されていて，そのうちの一つは，正確に言うならば，修道院の院長である。同書22章に付された註を参照せよ。しかし，私はこの問題を長引かせることをせず，これを最後として，ル・コワントが文書43を768年に比定しようと努めていることとは反対に，私は上記の挿入句が余白から本文の中に入り込むことはないと考えていることを報告しておくことにする。何故ならば，それは単にヴィクトリヌス写本(この碩学はこの写本が非常に古いものとは見做していないが)とほぼ400年前に作成されたサン＝ドニ修道院写本においてのみならず，我々が9世紀に記されたと言っている上掲のランス写本においても読むことが出来るからである。

　ここでもう一つ指摘しておかねばならないことは，この時期にサン＝ドニ修道院に付与されたいろいろな特権文書(これらの中で，我々は41番と42番の文書を提出している)の中で教皇エティエンヌ3世のもう2通の文書が，特にドゥブレの書[111]の447，449頁に掲載されていることである。そしてこれら両方とも，「ご健勝であらんことを。神によって戴冠された，偉大な皇帝である尊厳者コンスタンティヌス陛下が統治されるなか，その帝位の18年，2月26日，しかし彼の息子である皇帝レオ・マジョールの統治の4年，会計年度の10年に交付された」の文句で終わっている。最初の文書はシルモンの書においては次のような表現，つまり「38年，彼の執政官就任後の18年，2月26日，しかし彼の息子である皇帝レオ・マジョールの統治の4年，会計年度の10年に」を採用していて，年数の区切りは同じである。教皇エティエンヌ3世によってサン＝ドニ修道院に発給された特権文書の真正性に関して，イルドワンのアレオパゴス家の人々に関する書における証言はそれに疑念を持つことを許していない。そこには教皇エティエンヌ[3世]に関して，「彼はこのいと聖なる修道院を偉大な権威の特権文書で高め，そして彼が祝別した祭壇の上に，聖ペテロの祝福の代わりに使徒の地位の肩被，そして彼の特権の尊重のために鍵を置いた。……」と書かれている。更に，トゥ＝コルベール写本780番がそれに同意している。800年前に書かれたこの写本には同教皇エティエンヌ[3世]の第2の特権文書が収録されているが，日付表記はなくて，「ご健勝であらんことを」だけで終わっている。この日付表記は文書集のあちこちで確認される如く，文書を転写する人がよく省略するもので，歴史認識に多大な支障をもたらすものである。しかし，ここはそれらについて論じる場所ではない。他方，省略された文章で二つの問題が発生している。一つはレオの統治の4年が統治の6年であった西暦756年に当たっている会計年度の10年と重なっていることである。確かに，コンスタンティヌスは，テオファーネの言によると，会計年度の4年，つまり西暦751年に息子のレオを帝国の共同統治者と公告しているのであるが。もう一つの問題は，幾つかの貨幣で「オ・ネオス」[[2世]または[若王]の意]と呼ばれているレオが「マジョール」《Major》と言われていることである。非常に博識のデュ・カンジュが『辞典』

[114]の出版後，中世後期の貨幣に関する考察の中の，この問題が解説されている43番で指摘している如く，ヴィエンヌのアドンにもこの語が付されている。碩学が上記の文章に関する第3の問題として，コンスタンティヌス・コプロニムスの統治年に関して，父親の死後，西暦757年，会計年度の9年，6月18日に帝位を開始したとき，彼の帝位の18年は会計年度の10年，つまり西暦757とは重なり得なかった。「帝位の38年」と読めるシルモンの書に掲載された特権文書の文言は父が生きている時から，つまり720年から起算される彼の帝位の最初の年と正確に一致している。しかし彼の父の死から起算されねばならない執政官就任後の18年に関して，同じ問題が発生してくる。多分，会計年度に誤りが生じているのであろうが，補説Ⅰで我々が明らかにしている如く，これは原本でもよく起きていることである。他方，レオが「マジョール」と言われていることについては，更に同じことが，ルベウスが書いた『ラヴェンナ史』[313]の5巻の最初において，つまり[教皇]ポール1世の文書の文言の中にも読むことが出来る。そこには「2月5日，神によって戴冠された偉大な皇帝，いと敬虔な尊厳者であるコンスタンティヌス陛下が帝位にあること40年，彼の平和の20年，しかし彼の息子レオ・マジョールの統治の7年，会計年度の12年に下付された」とある。この会計年度は西暦757年と一致していて，「平和の」《pacis》に代わって「執政官就任後」《P. C.》と読まねばならない。彼の帝位の年を720年から始めるか741年からにするかで，コンスタンティヌスの統治年に誤りが発生する。しかし，レオの統治年はサン＝ドニ修道院文書における教皇エティエンヌ3世の計算と一致している。レオは，ガリアータ[イタリア，比定不能]にあるサン＝ヒラリオ修道院をラヴェンナ司教座教会に従属させようとしている教皇ポール1世の文書においても，「マジョール」と呼ばれている。この書式はレオが「マジョール」と呼ばれていたローマ教皇庁のものに従ったのであろうか。その場合，誰が「ミノール」《Minor》となるのか。それともレオはコプロニムスの息子の中の「年長者」《Major》と言われているのか。それはちょうど，テオドシウス[1世，ビザンツ皇帝]の息子，ホノリウスがビードの『教会史』1巻11章[45]で，弟アルカディウスのために，「マジョール」と言われているのと同じである。更に，キリストはたとえ一人っ子であったとしても，聖処女の長子《primogenitus》と呼ばれている如く，第2子の誕生以前においても，最初に生まれた子供はこのように呼ばれ得るのである。しかし，この問題がいかなる決着を見ようと，日付表記を欠いてはいるが，（私が言った如く）今から800年前にそれが書かれているトゥ写本が唯一ではあるとしても，教皇エティエンヌ[3世]のサン＝ドニ修道院に宛てた第2の書簡を十分に擁護している。

　最後に，修道院長フルラドの時にランスの写本に付け加えられたサン＝ドニの第3の奇蹟が起きている。ここでそれに触れないで通り過ぎることは許されない。この写本の中で，上で紹介したゴドバールに関する奇蹟の話の後に，我々が刊行したものの1巻4章において，王ペパンに仕えるある騎士に関して読む話が続いている。更にその後に，ここに引用する別の話が来ている。

　「その上，我々は全能者の賛美のために，自らが殉教者になることを望んだことが怠慢によって省略されるべきではないと決めた。それ故，上記の王ペパンの治世に名をゲラールというある伯がパリにいた。彼の妻はロトルドと呼ばれていた。彼女はパリからそう遠くない王領地リュエルに住んでいたのであるが，聖ドニの生誕日に自分の娘たちが時間を無為に費やしているのに気が付いた。彼女たちが呼ばれると，いかなる理由で怠惰に耽っているのかと，彼女たちを厳しく叱った。その中の一人で，一番大きかった娘が〈今日は聖ドニの祝祭日です。だから私たちはそれを

盛式にお祝いしなければならないと思います〉と言った。これに対して母親は言った。〈行きなさい。すぐに仕事を始めなさい。私たちはこの聖者の領地の外に住んでいるので，その祝日は私たちによって最小限に祝われるだけで十分です〉と。しかし，娘たちが彼女の命令に従う気になったとき，主が支持しキリストのふさわしい殉教者たちが同意することによって，非常に大きな地震と洪水が突如として発生し，すべての家が家財と共に一瞬にして奪い去られ，セーヌ河の中へ沈められた。そして彼女は1日を祝祭日と見做すことを望まなかったため，1年の糧食をすべて失う結果になったのである。しかし，人々は神の摂理によってこの嵐から救助された。このようなことが起きたのはその日が絶えることなく盛式に祝されるためであると我々は信じる」。

以上が，ランスの写本から引き出されたことである。パリ伯ゲラールは上掲の文書，つまり文書44と51で一度ならず引用されている。我々は上掲の奇蹟譚から彼の妻の名前がロトルドであることを知った。私はこの写本から守護聖人の採草地で草を食ましている最中に死んだ伯に関する第10章のいろいろな読み方をここに抜き出す。まず，我々が刊行したものの中で，「ある伯ベルトランドスは……」，ランス写本では「かつて伯であったベルトカウドス……」，その後に「橋の採草地で」とあり，「泉の採草地」ではない。そして「ベルトカウドス」，続いて「それ故，教会の鍵が伯の管理係を介して差し出された。兄弟たち全員の懇請が伝えられると，彼はその採草地から出ていった」。その後少しして，「伯は，〈あなたたちが鍵を私のところへ持ってきたのは，私がそれらを恐がって立ち去るようにするためであろう〉と言う」。最後に，「それ故，彼は彼らの虐待者を連れていき，そして彼らにかくも残酷な災いをもたらしたその男を殺すよう命じた」となっている。多分，これらの鍵は，我々が上述した如く，教皇エティエンヌ3世 [772] がサン＝ドニの祭壇の上に置いたと言われているものであったであろう。

自分自身が殆どすべての障害からやっと解放されたと考えていた矢先に，ドゥブレの書に収録されているサン＝ドニ修道院に交付された2通の特権文書に関する碩学の鑑定が私の許に届けられたのである。その1通はドゥブレの書692頁に掲載された日付表記のない宮宰ペパンのもの，他の一つは同書694頁に掲載された王ペパンの統治の2年に下付されたものである。両方ともサン＝ドニ修道院長フラルドに宛てられている。最初の文書に関しては，我々は既に簡単に論じているが，同文書はシャルル・ル・コワントによって，文書45で650年に比定されていることを指摘しておこう。但し，修道院長フルラドの名前が取り除かれている。これは正しくない。何故ならば，フルラドの名前はサン＝ドニ修道院に保存されている原本そのものに登場しているので。そして，同文書において本文の最後の言葉のすぐ後に印章が押しつけられている。それに「気高い人，宮宰ペパンの✝サイン」が続いているが，日付表記はない。ほぼ同時代に作成されたその写しも原本と同じである。これらすべてはこの文書の真正性を立証するのに余りあるものである。

しかし，王ペパンの2番目の年市に関する文書についての鑑定の方が遥かに重大である。ル・コワントは，最初の文書の如く，それを訂正しただけではなくて，753年発給の文書33において殆ど偽文書としてこの文書を拒否しているのである。彼の発言の（彼が自ら言うところの）「最も強力な論拠」は次の如くである。この文書において6人の王が言及されている。彼らとはいろいろな命令文書によってサン＝ドニ修道院に対する寛大な気持ちを表明していると言われている大ダゴベール，彼の息子クローヴィス2世，孫のクロテール3世，シルデリック2世，ティエリ3世，曾孫のシルドベール3世である。そして彼らに宮宰グリモアールが加えられる。しかし，本書2

巻で西暦630年に関して我々が考査し，そこに「ダゴベール大王の統治の2年，7月30日，コンピエーニュにおいて」下付されたと読めることから拒否したのであるが，ダゴベール大王のものと彼が言う文書を除外するならば，これらの諸王または宮宰グリモアールの同上の年市に言及した文書は1通も伝存していないのである。公正な秤でそのものが計られるならば，この「最も強力な論拠」はむしろこの上なく脆弱なものと見做されねばならない。ドゥブレの書には上掲諸王の年市に関する命令文書は収録されていないか，サン=ドニ修道院の文書庫にそれらのすべてまたは一部も存在していない。更に，仮にこれ以上存在していないとしても，その原本が今日損傷なく完全な状態で伝存している特権文書は偽物と判定されねばならないのか。また，有為転変の中にあって無疵で今日まで伝来しているその後の諸王の命令文書の中で言及されている類似の文書が非常に多くの場所において失われてしまっている如く，鑑定者がそれらの命令文書が失われてしまっていて，そのことを非常に残念に思っていることは公正なことなのか。しかし，サン=ドニ修道院の原因はそれには帰されない。つまり我々がル・コワントの否定を前にして上で弁護したダゴベール大王の文書を除いて，シルドベール3世の裁判文書は完全であるし，確かに文書原本，サン=ドニの年市に関する，そしてその中で彼よりも前の諸王，クローヴィス，ティエリ，クロタカリウスの命令文書が言及されている。更に，宮宰グリモアールのこれらの年市（彼はそれらの所有権を認めさせるのに躍起になっていた）に関する同意も言及されている。この裁判文書はドゥブレが翻刻の難しさからその他多くのものと共に取り上げることをしなかったが，我々によってその原本自体から転写された上掲の文書28として伝来している。それ故，我々はペパンが確認している，上記の年市に関するダゴベール大王とシルドベール3世の文書を有していることになる。そして我々はその他の諸王の文書も有為転変によって失われることがなかったならば，確かに所有したことであろう。しかしその紐は他の何よりも強力ではない脆弱な論拠とそれを考えた本人によって解かれるよりも3倍も強いものである。同じ部類に属するのが，彼によって文書の中で表現されている修道院長フルラドの名に関するもう一つ別の論拠である。この碩学はこのフルラドがサン=ドニ修道院長職に就いていたのはずっと後のことだと言い張る。しかし，彼の主張は，我々が上で明らかにした如く，全く傾聴に値しない。最後に，この碩学にとって，「シャルルが排除された時に」，ソアナシルディスとガイレフレドスによって侵害された当該修道院の特権文書にペパンが異議を唱えていることは承服できないことである。このシャルル（カルルスまたはカロルス）の排除とはいつ，誰によって行なわれたのかと彼は問う。それに対して，彼の時代に起きたことすべてが文章に記されてはいないと我々は答える。つまり，この時代の編年記は無味乾燥なもので，出来事の殆ど半分も伝えられていない。逆に，博識な編年記作家は君主シャルルの歴史を彩るためにこの題材を持っていて，それでもって君主を喜ばさねばならなかったのである。従って，我々は同君主が「ソアナシルダの欲望とパリ伯ガイレフレドスの策謀によって」追い出されたことを知った。但し，この陰謀の背景や時期に関しては何も知ることは出来ない。プレクトルディスが714年に彼を牢獄に閉じこめたことが，シャルル[・マルテル]の苦境に関して我々に明らかにされている唯一の出来事である。ソアナシルダとガイレフレドスによるこの騒動は，多分ティエリ・ド・シェルが死去し，国家の指揮権が諸侯の間で争奪されていた時期，つまりシルデリック[3世，754]の登位に先行するあの国王空位の5年間に起きたのであろう。この私の推論が，わが同僚のアシェリの『拾遺集』3巻[2]で刊行されている『フォントネル修道院編年記』10章の

記述によって補強されているのを知って私は喜んだ。そこで修道院長ギィは同ギィがフォントネル修道院の統治を開始した738年の後，「君主シャルルによって，彼に対する陰謀を他の者たちと計画したとして告発され，そしてそれが理由で断首刑に処せられた」と記されている。それ故，シャルルに対する陰謀がこの時に起きたことは明らかで，その共謀者がソアナシルディスとガイレフレドスであったとサン=ドニ修道院文書から我々は理解する。ところで，編年記作家はソアナシルディスとガイレフレドスが誰だったかは知らなかったのではなかろうか。しかし，もしこの論拠が十分でないとしても，カルロマンのもう一つ別の文書48がそれを補ってくれている。その中で両者及びサン=ドニの年市が言及されている。更に，前の文書において，我々が上で引用したパリ伯ガイレハルドスまたはゲラルドスが言及されている。しかし，残された原本の唯一の権威によって最高の堅固さで護られているこのペパンの文書に関しては，以上で十分である。そして，サン=ドニ修道院の文書及び文書庫に関してもこれで十分である。もしここで我々が何かに成功したとすれば，何よりもそれらに感謝を捧げねばならないから。加えて，私はもう一つのこと，つまりドゥブレの書705と706頁に掲載されたシャルルマーニュの文書において「朕の統治の初年」《anno primo regni nostri》としか読めないが，同書709と710頁の2通の文書にある如く，それは「(統治の)7年と1年」《anno septimo et primo》と読むべきであることを付け加えておく。

補説 IV

呪咀，印章，公証人，添え名，「結び目を作る人」，所有権譲渡の形式に関する種々の考察

　我々は本書2巻8章19節でメロヴィング諸王，同じくカロリング諸王が非常に稀にしか呪咀を使用しなかったこと，とは言うものの，カロリング諸王に関しては，同20章がロテール，ルイ[2世]，シャルル肥満王に関して立証している如く，その使用回数が増えていることを述べた。ここで，更に一つのこと，つまりカロリング諸王によって使用された呪咀がシャルル単純王[923]の治世に至って頻繁に用いられている事実を付け加えておくのが有益であろう。それ以前は諸王の命令や指令を実行に移させるためには国王の権威で十分であったが，王権が弱体化したため，それ以外の恐怖を引き起こさせるものに頼らざるを得なくなったためである。しかし，シャルル単純王の治世において，事態は別の展開を見せていたのである。少なくない敵たちはそれぞれ国王を僭称して，同王への従属を大胆にも断ち切ろうとし，そしてその他の者たちもこの破滅的な先例の同調者の中に引きずり込まれて行ったのである。それ故，この時期に，それ以前よりも一層頻繁に，王令を確かなものにするため，呪咀の助けが必要とされるようになったのである。これに関する事例は上掲のシャルル単純王の文書126，ルイ海外王の文書135，王妃ジェルベルジュの文書139の中に見ることが出来る。これらに，自ら国王と名乗ったラウールの文書133が加えられよう。

　諸王及び王国の役人の印章に関して，本書2巻16章で述べられたことに，『ギヨーム・ド・ナンジ年代記』の続編[103]における1316年の出来事の中で読むことができることを付け加えておくのが賢明であろう。ルイ[10世]強情王が死に，彼の弟フィリップ[5世]が王国の統治を引き受けたとき，大きな印章が作られたのであるが，それには円状に「フランク人の王の息子で，フランスとナヴァラの王国を統治するフィリップ」の銘が彫られていた。クロティルドの文書から取った見本19におけるクロテール[3世，673]の統治の16年に関してと，見本19における第1王朝の諸王の花押と見本41のルイ肥満王の花押に関して，我々が既に述べていることを参照してもらいたい。次に進むことにする。

　枢機卿ニコーラの代理人であったトゥール在，サン=マルタン教会の副助祭ロベール・ド・ヴェルノは文書数通を，『拾遺集』10巻365頁[2]で読む如く，西暦1313年に「我々の印章が証している如く」《teste sigillo nostro》の文言で強めている。同『拾遺集』所収のアンジェ司教ギヨームに宛てた文書の中で，マティユ・ケブラエウスが「アンジェ法廷の印章官」《Sigillator curiae Andegavensis》と呼ばれている。そして同書366頁でレンヌの聖職者で，皇帝の権威によるアンジェ法廷の公証人であるギヨーム・グラヴェラが問題の文書を公式の書式に従って作成させたと言ったあと，少し行を置いて，「求められたので自分の印章でサインした」と述べている。つまり，1313年，従ってこの時までに，人々は，我々が関係する箇所で述べておいた如く，自身の印章を所有するようになっていたのである。これらは非常に小さいものであったが，それぞれの箇所においては不要なものではなかった。更に，付け加えるならば，オートセールの書[19] 72頁に収められた教皇イノサン3世[1216]の書簡の中で，「訴訟の原本が書記の手許に保管される」よう

命じられている。このことは，既にこの時，文書の謄本を自分の所に保管していた公証人が存在していたことを証明している。これに関しては，本書2巻13章を参照せよ。

　修道士の添え名に関して，11世紀とその次の世紀においては稀であったと我々は本書2巻7章で言ったが，これに関しては，ラ=トリニテ=ド=ヴァンドーム修道院長ジョフロワの書簡集4巻書簡34［154］での宛名，「キリストにおいて愛されたる息子たち，ジョフロワ・ド・シュルジェール，ジョルダン・ド・ポディオ・レベリ，ルノ・カルタル，エルヴェ・ドロンヌ（彼らはすべてヴァンドーム修道院の修道士であった）」が注目に値する。それに続く書簡も同じく，ジョルダンとルノ・カルタルに宛てられている。しかし，ここではジョルダンは添え名を欠いて言及されている。もし興味があれば，いろいろな添え名がペラールの書［282］118頁及びそれに続くページで見ることができる。例えば，同書119頁では愉快な添え名，つまり「拳固を食らって泣いた禿頭のナタリ」と出会う。

　本書3巻5章では味方の訴訟における聖職者と修道士の証言が取り上げられている。その事例に関しては，文書187で報告されている。しかし，格好の事例が『拾遺集』3巻510頁［2］にある。ヴェズレの修道士がオータン司教アンリを訴えた係争で，教皇ウジェーヌ［3世，1153］の前で同修道院が所有する特権文書が審議された。ここで同修道院の修道士は自分たちをすべての中で最高の「誓約された」証人であると言っている。

　ここで無視することが出来ないのが，アキテーヌの貴顕者たちがボルドに集まって開いた集会に関する上掲の文書159で，その最後に「以下が，この寄進のノダトーレス《nodatores》とフィルマトーレス《firmatores》である」とある。このノダトーレス［「結び目を作る人」の意］が誰なのかを説明することが有益であろう。我々の同僚ピエール・ビュイソはガスコーニュ［南フランスの一地方］在，サン=スヴェ修道院の非常に多くの文書で寄進や協定に関係した人々がそれらを紐に結び目を作って確認していた如く，かつてこれらの地域においてそれが慣習であったことを指摘している。従って，ピエール・ドブリジオは「ある耕地を寄進した」。その後，副伯夫人と息子，ユルナールが「紐に結び目をこしらえて確認した」とある。同様に，サルトゥ副伯フォルト・アネリウス某によって行なわれた寄進に関する文書において「更に，フォルト・アネリウスは自身でこれらの寄進のサインとして，この紐に結び目を最初に作った。そして別の結び目を彼の兄弟であるブルノ・デ・サルトゥが作った。続いて，別の結び目を適格な有力者たちが作った。このことの証人はエール=シュル=ラドゥール司教ボノームであった。ところで，この文書は1125年に作成された」とある。この司教は1120年から1145年の間その職にあった。これらやその他の文書から，「ノダトーレス」とは文書に吊り下げられた紐に法行為の確認のために作っていた結び目からそう呼ばれるようになったことは明らかである。従って，後に掲げられる文書から我々が理解する如く，彼らと証人とは区別されていたのである。

　ここにおいて所有権譲渡の多様な形式について論じることが，我々に求められている。何故ならば，それらは古い文書と関係しているからである。しかし，碩学たちがそれに関する論述を既に試みており，就中，それに関しては，デュ・カンジュの『辞典』［114］が参照されねばならないであろう。アクタールのナント司教からトゥール大司教への叙任が考察に値する。それに関して，教皇アドリアン2世［872］はシャルル禿頭王に宛てた書簡29の中で次のように述べている。「結局のところ，あなたが表明している通り，宗教会議とトゥールの市民及び聖職者が前述のあなた

の特使を熱望したので，我々は既に彼を司牧杖，羊皮紙の断片，指輪，そして更に我々の権威の書状を介して，トゥール管区の枢要な首座司教で大司教に据えた」と。同シャルル禿頭王は「司牧杖を手渡して」，ヘレフリドスをオータン司教に叙任している。ポワトゥにあるラ＝ブスィ修道院の文書集において，雑多な形式の所有権譲渡が確認される。ここでは，そのうちのほんの一部を引用することにする。ギヨーム・ド・バルジュはライネリウスを「彼（後者）が聖体拝領を受けた聖杯を介して」修道院長に叙任している。パルトネ城主ギヨーム大司教（「大司教」はこの人に付けられたあだ名）は修道院長ギヨームに彼の妻ボサナと息子ギヨームの承認を得て，スゴンディニにある水車の10分の1税を「一つの冠」を添えて譲渡している。ベルナール・ド・ヴィルヌーヴは同上のギヨーム大司教と彼の息子の前で，オドルスの頭巾付き短外套を添えて，ある財産を再譲渡し再確認している。この文書にはオドルスも下署している。本書2巻5章で述べられている如く，寄進の証拠として引き渡された小板がときどき文書庫に保管されていた。また，同じ箇所では，その小板が寄進がなされる相手によってもときどき引き渡されていたことが指摘されている。ルノ某とその妻アレアルドはある土地を彼らの娘の同意を得て，ラ＝ブスィの修道士に寄進しているが，そこには「そして N. は幼子であったので，彼女の母が彼女を両腕に抱いて，その寄進のためにお金を受け取った」とある。別の寄進においても同じものが手渡されており，ジャン某のそれを彼の妻フィリッパと2人の娘，そしてまだ幼少であった別の子供が承諾しているが，(後者に関しては）「この寄進のために，彼の乳母が彼がいる前でお金を受け取った」とある。就中，ヴァンドームの文書集は 1084 年に交付された伯ブシャールの文書数通を収めているが，それらの中で我々は次のような表現を読む。「伯ブシャールは修道士会室で彼の有力者を前にして，院長殿に担保を引渡すために，〈羊皮紙の切れ端〉を渡し，そしてその切れ端をフーシェ・ド・トゥール殿の手を介して，今後永遠に想い出が生き続けるために主祭壇の上に持って行かせた」と。ポワティエ在，サン＝シプリアン修道院の文書集にも封地の一部を寄進したイザンベール某に関する別の事例が登場している。そこで彼は「修道院長ルノの手を介して，サン＝ジュリアン教会で十字架像に接吻して，接吻によって将来そうするであろうことを」強めながらそれを約束している。「祭壇の上に」文書を運び，十字架像と院長に接吻するラヌルフも同様の事例を提供している。この問題に関して，私は所有権放棄に関する二つの形式で終わることにする。最初は我々の同僚アシェリの『拾遺集』1巻558頁[2]で見ることが出来る。そこでは「土が詰まった小さな半長靴と庭の小枝を介して」行なわれた財産放棄が言及されている。もう一つの形式はシルモンの『ガリア公会議』3巻234頁[326]にあり，「それぞれの右手に麦藁を握りしめ，それらを自らの手から放り投げた……」とある。これ以外に，文書とドニエ貨の投擲によって解放された非自由人の例があるが，それはある有力者が元非自由人を隷属状態に戻し，身体的自由の文書を奪い取った時のことである。それ故，ヴァンドーム修道院長ジョフロワはその名をエティエンヌ・ポピネルという，彼のある非自由人を修道士会の承認を得て，自由の身分にしたとき，「〈灰色の外套〉とあだ名された伯ジョフロワはこれを不服として，同エティエンヌから身体的自由の文書を奪い取った」とある。

　しかし，話が非自由人に及んだので，二つの非自由身分を指摘しておくのが適切であろう。一つは窮状からそうなった者と，一つは献身から隷属状態に身を置いた者とである。彼らは唯一の方法によって隷属身分を告白していたのではなかった。アルヌルフは『聖エメラムス伝』12章に

おいて1例を提示してくれている。そこでは「彼らは頭を恭しく聖エメラムスの祭壇の上に両手を添えて置き，自分たちが永遠に殉教者の隷属民になることを告白した」とある。ヴァンドームの修道士たちの隷属民であるルノ某が別の方法を提供してくれている。そこでは「彼が自由人であったとき，彼は小さい時から彼らの隷属民として育てられ養われてきたことを認め，彼らの所有のもとに彼が保有したすべてのもの，つまり彼の財産と彼自身とを神と聖なる三位一体に差し出した。彼はそれを以前修道士会室で行なったが，その後すぐに修道院(つまり，教会)で，慣例に従って，彼の首に紐を巻き付けてそうした。この行為は1079年に行なわれた」と記されている。しかし，この問題は我々を遠くへそれさせてしまいそうである。

　以上が，古文書学に関して我々が言わなければならなかったことであるが，我々が自らに課した成果が首尾よく達成されていることをただ願うのみである。しかし，人間の推量には非常に多くの欠陥があり，諸々の考えの幸運なる結末は最善最大の神の願いに叶っているかどうかにかかっている。加えて，我々はグレゴワール大教皇の言葉，「不安なしに所有していることを喜べるような平穏なる所有は詐欺によって彼らによって獲得されたものでないものすべてに及ぶ。各々において，信仰に満ちた支配の軛のもとにその自由は回復されるであろう」[171, 11, 38]ことを常に希求し，論争を引き起こすことよりも，それらを完全に(可能な限りにおいてであるが)消し去るために，この仕事を引き受けたのである。

参考文献・史料

原著には，既述の如く，こうしたリストはないうえ，完全な著者名や書名を見ることも殆どない。可能な限りそれらの復元に努めたが，一部に関しては原著のままにせざるを得なかった。著者が利用した文献・史料の出版年も確定できないが，原則として，古典書に関しては最新版，それ以外に関しては初版の年を記した。

1) Achery, Luc d', *Lanfrancus, Opera omnia*, Paris, 1648, in-f.
2) Id., *Spicilegium sive collectio veterum aliquot scriptorum qui in Galliae bibliothecis, maxime Benedictorum……*, 13 vol., Paris, 1655–1677, in-4（『拾遺集』と略記）.
3) Id., *Guibert de Nogent, Opera omnia*, Paris, 1651, in-f.
4) *Acta Sanctorum ordinis S. Benedicti in saeculorum classes distributa et notis illustrata……*, 9 vol., Paris, 1668–1701 et seq. in-f（『聖者記録集（ベ）』と略記）.
5) *Acta Sanctorum quotquot toto orbe coluntur, ex latinis et graecis aliarumque gentium monumentis collecta et notis illustrata*, 67 vol. Antwerpen, 1643-, in- f.（『聖者記録集（イ）』と略記）.
6) *Acta primorum Martyrum sincera……*éd. par D. Ruinard, Paris, 1689, in-4.
7)* Aelfric, *Grammatica latino-saxonnica cum glossario*, Oxford, 1659, in-f.
8) Agobard de Lyon, *De dispensatione ecclesiasticarum rerum*. [= 34]
9) Aimoin, *Historia Francorum seu libri quinque de gestis regum Francorum*.
10) Id., *De miraculis S. Benedicti*.
11) Abon de Fleury, *Collectio canonum ad Hugonem et Robertum ejus filium, Francorum reges*.
12) Alamanni, Nicola, *Procope. Ανεχδοτα Arcana historia*. Lyon, 1623, in-f.
13) Albon, can.
14) Alcimus Ecdicius Avitus [= 323]
15) Alcuinus, *Epistolae* (*Opera*, éd. par André Duschesne, Paris, 1617, in-f.).
15a) Aldret, B., *De origine linguae Castellaniac*.
16) Alexand. ab Alex. lib.
17) Allacci, Leone, *Animadversiones in Antiquitatum etruscarum fragmenta ab Inghiramio edita*, Paris, 1640, in-4.
18) Id., *Consens. utriusque ecclesiae*.
19) Altesferr., *Innoc. III lib. epist.* [= 205]
20) Altinus, *Figures des monnoyes de France* [= 182a]
21) Alvarus, *Indiculus luminosus*.
22) Anastasius Bibliothecarius, in Hadriano.
23) Anastasius Sinaita.
24) *Annales Bertiniani* (741–882).
25) *Annales Fuldenses*.
26) *Annales Moisac* (*Chronicon Moissiacense*).
27) *Annales Trevirensis*.
28) Arnoul de Lisieux, *Epistolae*.
29) Augustinus, *Epistolae*.
30) Augustinus Florentin, *Historia Camaldulensi libri tres……*, Firenze, 1575, in-4.
31) Aulus-Gellius, *Noctes atticae*.
32) Ausonius, in *Parentalib*. epist.
33) Baluze, Etienne, *Réginon, Libri duo de ecclesiasticis disciplinis et religione christiana……*, Paris, 1671, in-8.
34) Id., *Agobardi archiepiscopi Lugdunensis opera II*, Lyon, 1666. [= 8]
35) Id., *Capitularia regum Francorum……, additae sunt Marculfi monachi, et aliorum, formula et veteres*, etc., Paris, 1677, 2 vol, in-f（『勅令集』と略記）.
36) Id., *Capitularia regum Francorum. Nova editio auctior et emendiator ad fidem autographi Baluzii……accessere vita Baluzii partim ab ipso scripta, catalogus operum hujus viri clarissim……curante Petro de Chiniac*, 2 vol., Paris, 1780, in-8（『新版勅令集』と略記）.
37) Id., *Appendices Capitularium*（『新版勅令集付録』と略記）.
38) Id., *Concilia Galliae Narbonensis*, Paris, 1668, in-8（『ナルボンヌ公会議録』と略記）.
39) Id., *Concilia Galliae Narbonensis. Appendices*（『ナルボンヌ公会議録付録』と略記）.
40) Id., *Miscellanea, hoc est collectio veterum monumentorum quae hactenus latuerant in variis codd. ac bibliothecis*, Paris, 1675–1715, 7 vol., in-8（『古文書雑録』と略記）.
41) Id., *Lactance. De persecutione, sive de Moribus peccatorum*, Paris, 1679, in-8.
42) Id., *Lupi Ferrariensis opera*, Paris, 1664, in-8.

43) Baronius, Caesar, *Annales ecclesiastici a Christo nato ad ann. 1198*, Roma, 1593–1607, 12 vol., in-f.
44) Baudri de Thérouanne, *Gesta pontificum Cameracensium*.
45) Beda, *Historia ecclesiaticae gentis Anglorum libri qinque*.
46) Id., *De ratione temporum*.
47) Id., *lib*.
48) Bernard, *Epistolae*.
49) Bernard, Maurice, *Diverses observations du droit, divisées en cinq livres*,……, Paris, 1628, in-4.
50) Besly, Jean., *De origine Hugonis Regis Italiae*.
51) Id., *Histoire des comtes de Poitou et des ducs de Guyenne, contenant ce qui s'est passé de plus mémorable en France depuis l'an 811 jusqu'au roi Louis le Jeune*, Paris, 1647, in-f. (『ポワトゥ伯史』と略記).
52) Bignon, Jérôme, *Liber legis salicae*, Paris, 1665, in-4.
53) Id., *Formules de Marculfe*, Paris, 1613, in-8.
54) Blancas y Tomas, Jeronimo de, *Aragonensium rerum comentarii*, Zaragoza, 1588.
54a)* Blondellus, *Pseudo-Isidorus et Turrianus vapulantes*, 4 vol., Genève, 1628.
55)* Bosco, Johannes a, Antiquae, sanctae ac senatoriae Viennae Allolbrogum Gallicorum, sacrae et prophanae plurimae antiquitates, nec non primatum ejus et archiepiscoporum elenchus historicus dans sa *Floriacensis vetus bibliotheca*, Lyon, in-8. 1605.
56) Bosquet, François, *Ecclesiae gallicanae historiarum liber primus. A primo Jesu Christi in Gallis evangelio ad datam a Constantino imperatore. Ecclesiae pacem Christi nati annum 306, deducatus, et in sequentium librorum praejudicium praemissus*, Paris, 1633, in-8.
57) Bouteroue, Claude, *Recherches curieuses des monnoyes de France depuis le commencement de la monarchie*, Paris, 1666.
58)* Bouche, Honoré, *La Chorographie ou description de Provence, et l'histoire chronologique du même pays*, 2 vol., Aix-en-Provence, 1664, in-f. [= 197]
59) Breuil, Guillaume du, *Stilus curie parlamenti domini nostri regis*, Paris, 1512, in-8.
60) *Breviculus collationum*.
61) Brisson, Barnabe, *Lexicon juris, sive de Verborum quae ad jus pertinent significatione libri XIX*, ……, Frankfurt, 1587, in-f.
62) Brolius, Jacques, *Historia Parisiensi et Chronico Cassinensi*.
63) Brouer, Christoph, *Fuldensium antiquitatum libri IV*, Antwerpen, 1612, in-4.
64) *Bullarium*.
65) Caesar. Julius, *Commentarii*.
66) Id., *De bello Gallico*.
67) Caesarius epis. Arelatensis, *Recapitulatio Regulae*.
68) Camillus Peregrinus, *Historia Benevent*.
69)* Canepari, Pietro Maria, *De atramentis cuiuscunque. Opus sane novum hactenus a nemine promulgatum in sex descriptiones digestum*, London, 1660.
70) Canisius, Henricus, *Thesaurus monumentorum ecclesiasticorum et historicorum sive Henrici Canisii Lectiones antiquae, ad saeculorum ordinem digestae, variisque opusculis auctae*, ……, 4 vol., Antwerpen, 1725, in-4.
71) Id., *Antiquae lectiones*, Ingolstadt, 1601–1604, 6 vol.
72) Id., *Opera iuridico omnia*, Louvain, 1649.
73) Caseneuve, Pierre de, *Le Franc-alleu de la province de Languedoc*, Toulouse, 1645, in-f.
74) Cassiodorus, *Libri epistolae*（*Variae epistolae*）.
75) Id., *De divin. lect*.
76) Cedrenus, Georgius, *Annales, sive Historiae ab exordio mundi ad Isacium Comnenum usque compendium, nunc primum liberalitate*, ……Basel, 1560. in-f.
77) *Charta Agirardi Episcopi Carnutensis*.
78) *Charta S. Germani a Prat*.
79) *Chartarium Parisius*.
80) *Chartarium Ferrarium*.
81) Chifflet, Pierre François, *Histoire de l'abbaye royale et de la ville de Tournus, avec les preuves*, Dijon, 1664 (『トゥールニュ史』と略記).
82) *Chronicon Casauriense*, auctore Johanne Berardi, in *RIS*, II-2. in *Spicil*. t. 5.
83) *Chronicon Mauriniacense*（Morigny）apud Chesn. t. 4.
84) *Chronicon. Virdunense*. [= 201]
85) Ciaconius, Alfredo, *Vitae et res gestae pontificum Romanorum a Christo Domino*……, *necnon Sanctae Romanae Ecclesiae cardinalium*, Roma, 1601, in-f.
86) Cicero, *De oratore*.
87) Coccius, Josse, *Dagobertus rex, Argentinensis episcopatus fundator praevius*, Molsheim, 1623, in-4.
88) *Codex Carolinus*, ed. Gundlach, *MGH, Epistolae*, III (『カロリング諸王宛教皇書簡集』と略記).
89) *Codex Justinianus*.

- 90) *Codex Theodosianus cum perpetuo commentario……*, 6 vol. par Jacques Godefroy, Lyon, 1665, in-4. [= 164]
- 91) Coligny, Béatrix
- 92) *Collatio Catholicorum.*
- 93) *Concilium Aquisgranensis.*
- 94) *Concilium Aurelianensis.*
- 95) *Concilium Carthaginiensis,* apud Dionysium. [= 129]
- 96) *Concilium Gall.*
- 97) *Concilium Romano.*
- 98) *Concilium Suess.*
- 99) *Concilium Turonense.*
- 100) *Concord Regul.*
- 101) Conring, Hermann, *Censura diplomatis quod Ludovico imperatori fert acceptum coenobium Lindaviense*, Helmstadt, 1672, in-4.
- 102) Cotelier, Jean-Baptiste, *Ecclesiae Graecae monumenta*, 4 vol. Paris, 1677–1692, in-4.
- 103) Continuateurs du *Chronicon de Guillaume de Nangis.*
- 104) Covarruvias y Leyva, Diego, *Opera omnia quae hactenus extant, ……*2 vol, Frankfurt am Main, 1573–1578, in-f.
- 105) Cujas, Jacques, *Opera omnia*, 10 vol, Paris, 1658, in-f.
- 106) Cyrille d'Alexandrie (Saint), *Divi Cyrilli, archiepiscopi Alexandrini operum omnia, …*, 2 vol., Köln, 1546, in-f.
- 107) *Decreta* [= 165]
- 108) *Dialogum Egberti.*
- 109) Dioscordes, *Libri.*
- 110)* Dormay, Claude, *Histoire de la ville de Soissons et de ses rois, ducs, comtes et gouverneurs, avec une suite des évesques et plusieurs recherches sur les vicomtes et maisons illusres du Soissonnois*, 2 vol., Soissons, 16634–1664, in-4.
- 111) Doublet, Jacques, *Histoire de l'abbaye de Saint-Denys en France*, 2 vol., Paris, 1625, in-4.
- 112) Id., *Historia Martiniana.*
- 113)* Dubois, Gérard, *Historia ecclesiae Parisiensis*, 2 vol., Paris, 1690–171, in-f.
- 114) Du Cange, Charles du Fresne, sieur, *Glosarium ad scriptores mediae et infimae latinitatis*, 3 vol., Paris, 1678, in-f. (『辞典』と略記).
- 115) Id., *Histoire de saint Louis, IX du nom, roi de France, écrite par Jean sire de Joinville*, Paris, 1668, in-f.
- 116) Id., *Nota in Alexiad.*
- 117) Id., *Anna Comn.*
- 118) Id., *Dissertatio de numismatis.*
- 119) Id., *famil Byzant.*
- 120) Duchesne, André, *Historiae Normannorum scriptores antiqui, res ab illis per Galliam, Angliam, Apuliam, Capuae principatum, Sicila et Orientem gestas……*, Paris, 1619, in-f.
- 121) Id., *Histoire de la maison de Chatillon-sur-Marne, avec les généalogies et armes des illustres familles de France et des Pays-Bas*, Paris, 1621, in-f.
- 122) Id., *Histoire de la maison de Coligny.*
- 123) Id., *Histoire généalogique de la maison de Montmorency et de Laval……* Paris, 1624, in-f.
- 124) Id., *Histoire généalogique de la maison de Vergy*, Paris, 1625, in-f.
- 125) Id., *Histoire généalogique de la maison royale de Dreux et de quelques autres familles illustres, ……*, Paris, 1631, in-f.
- 126) Id., *Histoire généalogique des maisons de Guine, Ardrs, de Gand et de Coucy et de quelques autres familles illustres……*, Paris, 1631, in-f.
- 127) Id.et François Duchesne, *Historiae Francorum scriptores coaetanei, ……*, 5 vol., Paris, 1636–1649, in-f.
- 128) Dugdale, William, *Monasticon Anglicanum, sive Pandectae coenobiorum benedictinorum, Cluniacensium, Cisterciensium, Carthusianorum, ……*, 2 vol., London, 1655–1673 (『アングリア修道院史』と略記).
- 129) Dyonisius, *Concilium Carthaginiensis.* [= 95]
- 130) Eginhardus, *Annales.*
- 131) Id., *Epistolae.*
- 132) Id., *Translatio SS. Marcelli et Petri.*
- 133) Ennodius, *Libri epistolae* [= 324]
- 133a) Etienne de Tournai, *Epistolae.*
- 134) Erkemperti, *Historia Langobardorum Beneventana.*
- 135) Estiennot, Claude, *Mss. antiq. dioec. Claromontis.*
- 136) Id., *Fragment. mass. historiae Aquitanicae.*
- 137) Eulogius, *Memorialis sanctorum libri III.* [= 267]
- 138) Fabri, Girolamo, *Ravenna ricercata avero Compendio istorico delle cose piu notabili dell'antica citta di Ravenna*, Bologna, 1678.

139) Favre, *Cod.de probat. desin.*
140) Ferrari, Francesco Bernardino, *De antiquo ecclesiasticarum epistolarum genere libri tres,* Milano, 1613, in-8.
141) Id., *De ritu sacrarum ecclesiae catholicae concionum libri duo*, Milano, 1620, in-4.
142) Florentinus. *Leges.*
142a)* Fontanini, J., *Vindiciae antiquorum diplomatum adversus B. Germonii disceptationem*, Roma, 1705, in-4.
143) Fortunatus, lib.
144) Franciscus de Pisa, *Descripcion de la imperial ciudad de Toledo y historia sus antiquedades y grandezas y cosas memorables......V libros*, Toledo, 1605, in-f.
145) Fredegarius, *Chronica quae dicitur Fredegarii et continuationes.*
146) Frodoardus, *Historia ecclesiae Remensis libri quatuor.*
147) Frotharius, *Epistolae.*
148) Fürstenberg, Ferdinand von, *Monumenta Paderbornensia, ex historia Romana, Francica, Saxonica, ...,* nova edit, Amsterdam, 1671, in-4 (『パーデルボルン史料集』と略記).
149) Fulbert de Chartres, *Epistolae.*
150) *Gallia christiana in provincias ecclesiasticas distributa*, ed. les Bénédictins de Saint-Maur, 16 vol., Paris, 1715–1865 (『キリスト教ガリア』と略記).
151) Garnier, Jean, *Liber diurnus romanorum pontificum*, Paris, 1680, in-4 (『ローマ教皇書式集』と略記).
152) Gassend, Pierre, *Vita viri illustris Nicolai Claudii Fabricii de Peiresc, ...,* Paris, 1641, in-4.
153) *Genesis*（*Vetus Testamentum*）.
154) Geoffroy de Vendôme.
155) Gerbert（Silvestre II, pape）, *Espisolae.* éd. par Pérard.
156) Germain, Michel, *Histoire de l'abbaye de Notre-Dame de Soissons*, Paris, 1675, in-4.
157) Gerson, Jean Charlier, *De laude scriptorum ad Cartusienses et Coelestinos*, Köln, s. d. in-4.
158) Gervasius, *col.*
159)* Gobellini, Giovanni, *Pii II, ...commentarii rerum memorabilium......,* Roma, 1584, in-4.
160) Godewinus, Episcop. Landav.
161) Goldast von Heimensfeld, Merchior, *Rerum alamannicarum scriptores aliquot vetusti*, 3 vol. Frankfurt, 1606, in-f.
162) Gonon, Benoît, *Chronicon SS. Deiparae Virginis Mariae......,* Lyon, 1637, in-4.
163) Id., *Vitae et sententiae patrum Occidentis, libris VII digestae,* par Lauret Durand, Lyon, 1625, in-f.
164) Gothofredus, Jac., *Prolegomena in Codex Theodosianus cum perpetuo commentario. ......,* 6 vol., Lyon, 1665, in-f. [= 90]
165) Gratianus, *Decretorum libri V.* [= 107]
166) Gratianus, *Dist.*
167) Grégoire de Tours, *Historia Francorum.*
168) Id., *Miracla sancti Martini.*
169) Id., *Vitae Patri.*
170) Id., *Gloria Martyrum.*
171) Gregorius Magnus, *Registrum epistolarum.*
172) Gregorius VII, *Registrum epistolarum.*
173) Gretser, Jacob, *Divi Bambergenses*, Ingolstadt, 1611 (『神聖バンベルク』と略記).
174) Gruter, Janus, *Instriptiones antiquae totius orbis romani in corpus absolutissimum redactae*, Heidelberg, 1602–1603, in-f.
175) Guibert de Nogent, *Gesta Dei per Francos.*
176) Id., *De vita sua, sive Monodiae.*
177) Guichenon, Samuel, *Probat. hist. Baugiac.*
178) Id., *Histoire de Bresse et de Bugey, Gex et Valromay, contenant ce qui s'y est passé de mémorable......,* Lyon, 1650, in-f.
179) Id., *Bibliotheca Sebusiana, sive variarum chartarum......nusquam antea editarum miscellae centuriae II. Ex archivis regiis, ...,* Lyon, 1660, in-4 (『セブシアナ図書』と略記).
180) Id., *Histoire généalogique de la maison de Savoye*, 2 vol. Lyon, 1660, in-f.
181)* Guilandini, Merchior, *Papyrus, hoc est commentarius in tria Caii Plinii Majoris de papyro capita*, Venezia, 1572.
182) Hariulfe, *Chronicon Centulense.*
182a) Hautin, Jean Baptiste, *Figures des Monnoyes de France*, s.l., 1619, in-4. [= 20]
183)* Heda, Willem, *Historia veterum episcoporum Ultraectensium sedis et comitum Hollandiae, explicata Chronico Johannis de Beca, ...,* Franeker, 1612, in-4.
184) Helgaud, *Epitome vitae Rotberti regis.*
185) Helvidis, *Histoire de N. D. de Soissons.*
186)* Hemeraeus, Claude, *De scholis publicis eorumque magisteris pro ecclesia Santi Quintini*, Paris, 1633, in-8.
187) Henschenius, Gothofredus ou Godefridus（Henschen, Geofroi）, *Diatriba de tribus Dagobertis Francorum regibus,*

188) Id., *Exegesis*.
189) Herman. *lib. de mirac.*
190) Herodianus, *lib.*
191) Hérouval, A. Vyon d', *Autographum*.
192) Hieronimus, *Epistolae*.
193) Hilarius, *Epistolae*.
194) Hincmarus, *Vita S. Remigii*.
195) Id., *Opusculum 55 capitulorum adversus Hincmarum Laudunensem*.
196) Id., *Epistolae*.
197) *Histoire de Provence*. [= 58]
198) *Historia Arvernensi*.
199)* Hubert, Robert, *Antiquitez historiques de l'église royale Saint-Aignan d'Orléans*, Orléans, 1661.
200) Huet, Pierre Daniel, *Demonstratio evangelica*, Paris, 1679, in-f.
201) Hugues de Flavigny, *Chronicon Virdunense seu Flaviniacense*, ed.par Philippe Labbe, *Bibliotheca nova*, t. 1 [= 84]
202) Hundius A Sulzemos, Wigul., *Metropolis Salisburgensis*, Ingolstadt, 1582, in-f (『ザルツブルク史』と略記).
203) Ingulphe, *Historiarum liber unus*, London, 1596, in-f.
204) *Innnocentius III, libri epist.* apud Bosquetum.
205) *Innocentius IV*, apud Alteserram. [= 19]
206) Iohanes VIII *Epistolae*.
207) Jean de Salisbury.
208) Jerem. cap. 42.
209) Johan.VIII, *Epistolae*.
210) Johanes Moschus, *Prat. spirit.* [= 293]
211) Joseph, *lib.*
212)* Junius, Fr., *Quatuor Evangeliorum versiones perantiquae duae, gothica scilicet et anglo-saxonica; accessit glossarium gothicum cum alphabeto gothico, runico, anglo-saxonico, aliisque*, Amsterdam, 1684, in-4.
213)* Juret, Fr., *Symmachi Epistolae*, Paris, 1580.
214) Justinianus authent.
215) Kircherus, Athanasius, *Arithmologia, sive de Abditis numerorum mysteriis......*, Roma, 1665, in-4.
216) Labbe, Philippe, *Nova bibliotheca manuscriptorum librorum*, 2 vol., Paris, 1657, in-f.
217) Id., *Miscellanea* (『古文書雑録』と略記).
218) Id., *Elogia sacra, theologica, et philosophica, regia, eminentia, illustria, historica, poetica, miscellanea......*, Grenoble, 1664, in-f.
218a)* Severtius, *Chronologia historica successionis hierarchiae archiantistium Lugdunensis archiepiscopatus*, 3 vol., Lyon, 1628, in-f.
219) Id., *De Scriptoribus ecclesiasticis......*, 2 vol., Paris, 1660, in-8.
220) Id., et Gabriel Cossart, *Sacrosancta concilia ad regiam editionem exacta*, Paris, 1671, 18 vol, in-f.
221)* Lambeck, Peter, *Commentariorum de bibliotheca Caesarea Vindobonensi*, 8 vol., Wien, 1665–1679, in-f.
222) Launoy, Jean de, *Assertio inquisitionis in privilegium monasterii S. Medardi Suessionensis*, Paris, 1657, in-f.
223) Le Cointe, Charles, *Annales ecclesiastici Francorum*, 8 vol., Paris, 1665–1683, in-f.
224) Le Courvaisier de Courteilles, Antoine, *Histoire des évêques du Mans et de ce qui s'est passé de plus mémorable dans le diocèse pendant leur pontificat*, Paris, 1648, in-4.
225) *Leges Alamannorum*.
226) Le Mire, Aubert, *Diplomata belgicorum libri duo......*, Bruxelles, 1627, in-4.
227) Id., *Notitia ecclesiarum Belgii*, Antwerpen, 1630, in-4.
228) Id., *Codex donatiorum piarum*, Bruxelles, 1624, in-4.
229) *Libri Carolini seu Capitularia de imaginibus*.
230) Liutoprandus, *Liber de rebus gestis Ottonis magni imperatoris*.
231)* Loaisa, Gars., *Tractatus de primatu ecclesiae Toletannae*.
232) L'Oisel, Antoine, *Mémoires des pays, villes, comté et comtes, évesches et evesques, pairie, commune, et persons de renom de Beauvais et Beauvaisis*, Paris, 1617, in-4.
233) *Longobardorum libri*.
234) Löwenklau, Johann, *Juris graeci-romani, tam canonici quam civilis......*, Frankfurt, 1596, in-f.
235) Mabillon, Jean, *Veterum analectorum* 4 vol., Paris, 1675–1685, in-8 (『古史料選集』と略記).
236) Id., *Iter Italicum*, Paris, 1687–1689, in-4.
237) Id., *Annales Ordinis Sancti Benedicti cum variis instrumentis et antiquis monumentis in Appendicibus relatis*, 4 vol., Paris, 1703–1707, in-f.
238) Id., *Supplementum librorum de Re Diplomatica*, Paris, 1704, in-f.

239) Madaurus, *Historia Episcoporum Mettensium*.
240)* Madox, Thomas, *Formulare Anglicanum*, or a *Collection of Antique Charters and Instruments of divers kinds*, ..., London, 1702, in-f.
241)* Mallincrotus, Bernardus, *De archicancellariis Sancti Romani Imperii ac cancellariis imperialis aulae*, Münster, 1646, in-4.
242) Manasses, Constantin, *Breviarium historicum*, Paris, 1655, in-f.
243)* Manrique, Angel, *Cisterciensium seu verius ecclesiasticorum annalium*......, 3 vol., Lyon, 1642–1649, in-f.
244) Manuel de Dhuoda.
245) Marca, Pierre de, *Histoire de Béarn*, Paris, 1640, in-f.
246) *Marculf. lib.* 1, cap.
247) Ibid., *Append. form.*
248) Mari, Giambattista, in cap. 29.
249) Mariana, Joan, *Historiae de rebus Hispaniae libri XX*. Toledo, 1592, in-f.
250) Marlot, Guillaume, *Metropolis Remensis historia a Frodoardo primum arctius digesta, nunc demum aliunde accersitis plurimum aucta et ad nostrum seculum deducta*, t. 1, Lille, 1666, in-f; t. 2, Reims, 1679, in-f.
251) Marrier, M. et Duchesne, A., *Bibliotheca Cluniacensis*, Paris, 1614, in-f (『クリュニ図書』と略記).
252) Masson, Jean-Papyre, *Libri sex de episcopis qui Romanam Ecclesiam rexerunt rebusque gestis eorum ad Henricum III, regem Francorum*, Paris, 1586.
253) Matthieu Paris, *Vita Offae*.
254) Id., *Chronica majora* (*Historia major Angliae*).
255) Id., *Abbat.*
256) Meibomius, Henricus, *Notis ad Lewoldum*.
257) Ménage, Gilles, *Juris civilis amoenitates*......, Paris, 1664, in-8.
258)* Meursius, J., *Glossarium graeco-barbarum*, Leiden, 1610, in-4.
259) Michael Monachus, *Sancti cap*.
260)* Miraulmont, Pierre de, *Recueil des chanceliers et gardes des sceaux de France*, 1609, in-8.
261)* Id., *Traité de la chancellerie, avec un rec*......1610, in-8.
262)* Molinet, Claude du, *Etienne de Tournay. Epistolae*, Paris, 1679, in-8.
262a)* Montfaucon, B. de, *Palaeographia graeca, sive de ortu et progressu litterarum graecarum*, Paris, 1708, in-f.
263) *Monumenta Graecae* [= 102].
264) Morales, Ambrosius de, *Sancta Eulogii Cordubensis opera*, Complutum (Alcalá de Henares), 1574, in-f.
265) Id., *Vita vel passio sancti Eulogii*.
266) Id., *Coronica general de Espanna*, 2 vol., Alcala, 1574–1577, in-f.
267) *Memoriale sanctorum par Eulogius*. [= 137]
268) Nicetas Acominatos (ou Choniate), *Niceti Acominati Choniatae*......*LXXXVII annorum historia*......, Basel, 1557, in-f.
269) *Notitia imperii Orient.*
270) Nouguier, François.
271) Optatus Milevitanus, *Libri sex*, ..., 1549, in-f.
272) Ordericus Vitalis, *Ecclesiasticae historiae libri tredecim*.
272a) Ovidius, *lib.*
273) Palladius, *De vita*.
274) Panciroli, Guido, *Notitia utraque dignitatum cum Orientis tum Occidentis*......, Venezia, 1602, in-f.
275) Panvinio, Onofrio, *Reipublicae romanae commentariorum libri tres*, ..., Venezia, 1558, in-8.
276) Papenbroeck, Daniel van, *Propyleum antiquarium circa veri ac falsi descrimen in vetustis membranis*, Antwerpen, 1675, in-f (『古文書序説』と略記).
277)* Paradinus, Guillelmus, *Annales de Bourgogne*, Lyon, 1566.
278) Parradius, ca.
279) Paulus, Hebr.
280) Paulus Diaconus, *Historia Langobardorum*.
281) Paulus Emeritensis, *Vita et miracula patrum Emeritensium*, Madrid, 1633, in-4.
282) Pérard, Etienne, *Recueil de plusieurs pièces curieuses servant à l'histoire de Bourgogne, choisisies parmi les titres les plus anciens de la chambre des comptes de Dijon, des abbayes et autres églises considérables et des archives des villes et communautés de la province* (『ブルゴーニュ史料集』と略記), Paris, 1654, in-f.
283) Peregrino, Camillo, *Historia principum Langobardorum, quae continet aliquot opuscula de rebus Langobardorum Beneventanae*......*provincia*, ..., Napoli, 1643, in-4.
283a)* Perez, J., *Dissertationes ecclesiasticae de re diplomatica*, Salamanca, 1688, in-4.
283b) Petrus Abaelardus.
284) Petrus Damiani, *Libri epistolae*.
284a) Id., *Opusculum*.

284b) Petrus Diaconus, *De viribus illustribus Casinensis*.
284c) Id., *Chronicon Casinensi*.
285) Petrus Venerabilis.
286) Phranzes, Georges, *Chronicorum de ultimis orientalis imperii temporibus, de sultanorum osmanidarum origine, successione, rebus……libri III*, ……, Ingolstadt, 1604, in-4.
287) Pinonius, Jacobus, *De anno Romano*, Paris, 1615, in-8.
288) Pirro, Rocco, *Sicilia sacra disquisitionibus et notitiis illustrata*, 2 vol. Palermo, 1644, in-4（『神聖シチリア』と略記）.
289) Pius II, *Epistolae*.
290)* Plato, *Phaedoe*.
291) Plinius, *Naturalis historia*.
292) Polydorus, Virgilius, *de invent. lib.*
293) Prat. spirit. [= 210]
294) Procopius Caesariensis, *De bello Persico*.
295) Id., *De bello Gothico*.
296) Id., *Anecdot*.
297) Promptuarius Tricassino.
298) Puricelli, Joan, Petri, *Ambrosianae Mediolani basilicae monumenta*, Milano, 1641, in-f.
299) Id., *De SS. martyribus Nazario et Celso ac Protasio*…….
300) Quatremaires, Jean-Robert, *Concilii Remensis, quod in causa Godefridi, ambianensi episcopi, celebratum fertur, falsitas demonstrata*, ……, Paris, 1663, in-8.
301) Quintilianus, Marcus Fabius, *De institutione oratoria*.
302)* Ralpf de Diceto, *Ymagines Historiarum*.
303) *Regist.*
304) *Reg. lib.*
305) *Regula Magistri.*
306) *Rerum Germanicarum.*
307) Rigord, *Gesta Philippi Augusti*.
307a)* Rinaldi, Odorico, *Annales ecclesiastici ab 1198* (ad an. 1565), 9 vol., Roma, 1646–1677, in-f.
308) *Ripuaria* (*Lex*).
308a)* Rodericus Toletanus, *De rebus Hispaniae libri IX*.
309) Roger Hoveden, *Chronica*.
310) Roricon, monachus, *De Gestis Francorum libri* V.
311) Rosvey, Herman van, *Fasti sanctorum, quorum vitae manuscriptae in Belgio*, 1607, x in-f.
312) Roverius, Petrus, *Reomaus seu historia monasterii Sancti Ioannis Reomaensis*, Paris, 1637.
313)* Rubeus, Hieron., *Historiarum Ravennatum libri decem*, Venezia, 1572, pet. f.
314) Rupertus, abbas Toitiensis, *lib.*
315) Sacr. caerem. de benedictione rosae aureae Dominicae 4 Quadrag.
316) Sandoval, Prudencio de, *Historia de los reyes de Castilla y de Leon……sacada de los privelegios, libros antiquos……*, Pamplona, 1615, in-f.
317) Saumaise, Charles de, *De modo usuarum liber*, Lyon, 1639, in-8.
318) *Select. capit.*
319) Sidonius Abraham.
320) Sidonius Apollinaris, *Libri epistolae* [= 322]
321) Sirmond, Jacques, *Geoffroy de Vendôme. Epistolae, opuscula, sermones*……, Paris, 1610, in-8.
322) Id., *Sidonius Appollinaris.* [= 320]
323) Id., *Notis ad Avitum.* [= 14]
324) Id., *Notae ad Ennodium.* [= 133]
325) Id., *Capitula Caroli Calvi et successorum*, Paris, 1623.
326) Id., *Concilia antiqua Galliae tres in tomos ordine digesta cum epistolis pontificum, principum constitutionibus et aliis Gallicanae rei Ecclesiae monimentis*, 3 vol., Paris, 1629. in-f.
327) Smaragdus, *Regula S. Benedicti, cum commentariis*……, 1575, in-f.
328) Socratis scholasticus, *Historia ecclesiastica*, Amsterdam, 1695, in-f.
329)* Sorbin, Arnaud, *Histoire des Albigeois*, Paris, 1568, in-8.
330) Sozomenus, Hermias, *Historiae ecclesiasticae libri IX*.
331) Speculator, *de fide*.
332)* Spelman, Henry, *Concilia, decreta, leges, constitutiones, in re ecclesiarum orbis Britanici*, 2 vol., London, 1639–1664, in-f.
333)* Id., *Glossary*, London, 1626.
334) Strada, Octavius de.

335) Stubbs, Thomas, *Scriptores Anglicarun.*
336) Suetonius, *De vita caesarum.*
337) Surius, Laurentius, *Conciliorum omnium tum generalium, tum provincialium atque particularium......*, Köln, 1567.
338) *Synod. Jerosol.*
339) Tacitus, *Annales.*
340)* Tarapha, Franc., *De origine ac rebus gestis regum Hispaniae liber, multarum rerum cognitione refertus*, Antwerpen, 1553, in-8.
341) Theophanes, *Chronographia (284–813).*
342) Thomassin, *De disciplina.*
343) Thorn.V.
344) Tiraqueau, André, *Tract. de poenis temp. aut remitt.*
345) Titus-Livius, *A urbe condita libri 45.*
346) *Traditiones Fuldenses.*
347) Ughelli, Ferdinando, *Italia sacra sive de episcopis Italiae et insularum adiacentium*, 10 vol. Venezia, 1717–1722 (editio secunda), in-f (『神聖イタリア』と略記).
348)* Ursatus, S., *Istoria di Padova della fondazione di qualla cita sino l'anno 1173*, Padova, 1678, in-f.
349) Vadianus, Joachimus, *Monasteri Germanicae.* in Goldast.
350) Valois, Adrien de, *Gesta Francorum,* 3 vol., 1646–1658.
351) Valois, Henri de, *Eusebii Pamphili opera omnia.*
352) Id., *Praef. in Notitia Galliarum.*
353) Id., *Defens.*
354) Id., *Discept.de Basil.*
355) Id., *Notis ad Panegyric. Berengarii.*
356)* Verelius, Olof, *Manuductio compendiosa ad runographiam Scandican antiquam, recte intelligendam*, Upsala, 1675.
357) Victor III, lib.
358) *Viennae, antiq.*
359)* Vignier, Jérôme, *Sancti Augustini operum supplementum*, 2 vol., Paris, 1654, in-f.
360) *Vita Croli Magni.*
361) *Vita Ludovici Pii.*
362) *Vita S. Johan Damasc.*
363) Vlpianus, *leg.*
364) *Voyages de Montconys*, 3 vol., Lyon, 1665, in-4.
365)* Vraeus, Joh., *Chronicon rerum memorabilium Hispaniae......ad 1020 post Christum*, Salamanca, 1552, in-petit f.
366)* Vrée, Olivarius de, *Comes Fland. gallice.*
367)* Id., *de sigill. Comit. Fland.*
368)* Worm, Ole, *Monumenta Danica*, 1626.
369) Id., *Danica litteratura antiquissima vulgo Gothica seu Runica dicta, exposita et illustrata*, Kopenhagen, 1636.
370)* Id., *Facti Danici*, 1643.
371) *Wala, Vita Walae, abbatis Corbeiensis*, auctore Paschasio Radberto.
372) Willelmus Malmesburiensis, *Libri V de rebus gestis regum Anglorum (449–1125).*
373)* Wlcanius (Vulcanius), Bonaventura, *Goth. et Longobard. rerum Scriptores*, Apul.
374) Yepez, Antonius de, *Chronico Ordinis S. Benedicti (Coronica general de la orden de San Benito*, 7 vol. Vallad. 1609, in-f.
375) Yves de Chartres, *Epistolae.*
376)* Zilles, Nikolaus, *Defensio abbatiae imperialis S. Maximini qua respondetur libello anno 1633 Treviris edito*, Trier, 1638, in-f.

訳者あとがき

　本書はヨーロッパ古文書学の父，フランス実証主義史学の確立者として知られるジャン・マビヨン（Jean Mabillon）の主要作品に関する世界で最初の現代語訳である。

　ここに邦訳する彼の代表作，『古文書学』《De re diplomatica》は数次にわたって，いずれもフォリオ版で刊行されている。茶色の背表紙に金文字で著者名と書名が横書きされた初版（450 mm × 290 mm）は，1681 年にパリで彼自身によって出版されている。この本の構成について簡単に説明すると，最初に，本訳書にも転載されている，同時代のフランスの有名な画家ピエール・モニエによって描かれた口絵が配されている。そこには寓話の世界の図書館が描かれ，右隅に聖ヨハネの姿で著者が座し，「学問，真理と公正の保護者」なる標語が刻まれている。次に表題のページが来たあと，コルベールに宛てた書簡が献呈辞の代わりを果たしている。これに著者の序文が続いたあと，全巻の目次が来て，第 1 巻の本文が始まる。

　各巻の初めには挿絵が配され，章の表示のあと，再度目次がまとめて列記され，最初の文字は絵文字で飾られ，それぞれの巻末にも挿絵が描かれている。本文には綴じた部分の両側に 10 行目ごとに大文字のアルファベットが付され，ページごとの註は本文に小文字のアルファベットで表示し，同じページの綴じた部分の反対側にできた余白部分に出典などが簡略に記されている。最終の第 6 巻は未刊行文書の刊行に当てられているが，補説《Corollarium》と称する四つの考察が最後に置かれ，追記，訂正が来たあと，全項索引によって，664 頁からなるこの作品は完結している。そして著者は，初版から 23 年経った 1704 年，初版の不備や批判に応えるために，パリの別の出版社から同じ版の，116 頁からなる『補遺』《Supplementum》を出版している。内部の構成は，上述した本編のそれと同じである。

　弟子の一人が証言していることからも，ある時期から著者は本編の改訂を真剣に考えていたようで，その成果が 1709 年に刊行された，678 頁からなる第 2 版で，それには『補遺』も合冊されている。しかし，著者はその 2 年前に 75 歳で急死しており，この刊行は，第 2 版の序文を書いている彼の高弟，ティエリ・リュイナールによって実現されている。とはいえ，表題の下には第 2 版は「作者自身によって見直され，修正され，加筆された」とあることから，編者の手は全く加えられていないと考えられる。この改訂版は初版よりも頁数が増えているが，それは編者によって巻末に追加された文書史料のためで，本文に関する限り，両版の間にページ数の増減は殆ど確認されない。両者の主たる相違は節の追加にある。更に詳細に両版を比べてみると，文言の訂正を含め，著者は初版に殆ど手を加えていないことが判明する。初版の完璧さに対する著者の揺るぎない自信の現われ以外の何ものでもない。

　本著書の第 3 版がフランス革命が勃発した 1789 年に，ブンバ侯爵ジョヴァンニ・アデマリによってナポリで刊行されている。内容は第 2 版の再版であるが，ピエール・モニエの挿絵と著者のコルベールへの献呈辞が省略され，編者の序文が新たに加わっている。前 2 版との大きな違い

は『補遺』の後に置かれた130頁近くの追加部分で，そこにはマビヨンの小伝や，ムラトリ，アンダースンなどによる，新しい古文書学に関する論考などが収録されている。そして最後に，1876年ごろ第4版の出版がM.パルメによって計画されるが，実現には至らなかった。

　従って，マビヨン自身の手になるものは第2版までとなる。訳者は第1版と第2版のどちらを底本にすべきか迷ったが，著者の最後の手が加えられていると考えられる第2版を選ぶことにした。更に，第2版には上掲のリュイナールによる序文が収録されている。これは1703年から出版されたイギリス人，ジョージ・ヒックスの古文書学に関する著書への批判が中心になっている。師弟の間で文体が異なっていることは勿論であり，どこまでが著者自身の考えであったかは確かめられないが，マビヨン師の見解を忠実に再現していると判断して，ここに邦訳することにした。従って，第2版では，献呈辞のすぐ後に編者の序文が来ているが，読む順序としては，『補遺』を含めてマビヨンの作品の後に持ってくるのが適切であろう。当初，全訳を計画していたが，紙幅の都合から，第4章と第6章の邦訳を断念しなければならなくなった。しかし，第4章は既に忘れ去られていた163の宮廷所在地の綿密な比定，第6章はそれまでに明らかにされた準則に依拠した，211通の文書の初刊行にそれぞれ当てられており，この割愛によりこの作品の価値が傷つけられたとしても，それは最小限にとどまるものと確信する。

　ジャン・マビヨンは1632年11月3日，パリの東130km，ランス司教管区の東の端，ベルギーとの国境に近い小村，サン＝ピエールモン＝ダルデンヌ——昨春訳者もこの地を訪れ，小さな教会のそばで400年の風雪に耐えてきた彼の生家を見てきたところであるが——で生まれる。余り豊かでなかった両親は彼の教育を近くに住む司祭の伯父に委ねた。この伯父はマビヨンの才能を見抜くと，ランスで中等教育を受けさせるべく，副司教ブーシェに彼を託した。ここでも教師を含む周囲の人々を驚かせたほど，彼の学力は群を抜いていた。大学に進学するが，19歳で剃髪を受け，同時に神学校へも通った。この時に聖堂教会で行なわれる儀式に関する知識を習得する。21歳の時に修道誓願を行なうが，完徳の生活と勤行は彼を追い詰め，病に倒れてしまう。父，祖父は共に100歳を越す長命の家系であったが，彼は病弱で，神経，肺，心臓の病気と闘い続けねばならなかった。病気回復のために修道院を幾つか変わったが，期待した結果はすぐには得られなかった。26歳の時コルビ修道院へ移るが，彼が配属されたのは門衛と食料管理係であった。ここにいる間，彼は11世紀のコルビ修道院の再建を成功させた二人の聖者に自分を重ね合わせ，聖ジェラールの『聖アデラール伝』を愛読したとのことである。健康も徐々に回復し，衣食住係の責任者に選ばれて半年のとき，彼は辞職願を提出して受理される。そしてこういった役職の最後となるのがサン＝ドニ修道院で，ここで彼は31歳から1年間経理を担当させられる。

　このように約10年間彼は修道院の俗事を担当し続けたことになるが，彼を学究の道に招き入れたのが，当時史料編纂事業の中心的存在であった，パリにあるサン＝ジェルマン＝デ＝プレ修道院の図書館長アシェリであった。マビヨンはここへ移り，生涯この修道院から離れることはなかった。『拾遺集』13巻[2]の編纂で師を手伝うかたわら，35歳の時に『聖ベルナール全集』2巻を出版する。その前に彼の作った賛美歌が出版されているが，彼の才能がヨーロッパ中に知れ渡ったのがこの全集で，同じ年に小型の普及版が出されるほどの売れ行きであった。この成功に勇気づけられたサン＝モール会はサン＝ブノワ派の『聖者記録集』9巻[4]の編纂を彼に委ね，その第1巻が1668年に世に出た。そしてかれがこの次に取り組んだのが，この編纂で彼が貫いた史料に対する

基本姿勢をまとめ上げたこの『古文書学』の出版である。

　ここでサン゠ジェルマン゠デ゠プレ修道院がその核となったサン゠モール会について簡単に触れておこう。この会は1618年に創設，3年後にローマ教皇グレゴワール15世によって認可され，1790年の廃止に至るまでに193の修道院をその傘下に集めていた。16世紀後半の修道院は長く続いた宗教戦争と委託聖職禄制によって退廃の極みに達していた。しかし，強力なブールボン王朝の登場と共に，修道院勢力も再建の道を進み始める。その中心になったのがサン゠ヴァンヌ会とサン゠モール会である。最初の動きは外国の主権下にあったロレーヌ地方で起こり，1604年ディディエ・ド・ラ・クールによってヴェルダンでサン゠ヴァンヌ会が創設された。やがてこの修道院改革はフランスにも浸透したのみならず，ここでの会員数が急増したため，フランスでの新たな上部組織の設立が不可避となった。こうして作られたのがサン゠モール会で，宰相リシュリュー，王妃アンヌなどもその普及を積極的に支援した。この会が残した偉大な遺産として，歴史資料の蒐集，整理，刊行の事業がある。その対象は聖者記録に限定された後述のボラント会の活動と異なり，教父著作，年代記，古文書と非常に多岐にわたっていた。従って，フランスのみならず，ヨーロッパの中世史研究の基礎がここにあると言っても過言ではなかろう。因みに，サン゠モール会の精神はフランス学士院によって継承され，その指導のもと，1821年にパリに国立古文書学校が開設されている。

　話を『古文書学』に戻すと，その発売は大成功を収めた。そのため彼は国王ルイ14世への謁見を許され，宰相リシュリューからは褒賞金の授与が提案された。著者は歴史は正しく保存されないと死滅してしまうとの危機感を抱いていたのであるが，出版の動機を古文書学の学問としての確立と弁護の二つに求めている。しかし，後者は前者，つまり新しい合理主義的方法論に基づく古文書学の体系化の当然の帰結に過ぎない。1675年，パーペンブレックによって『古羊皮紙における真偽判別に関する序説』[276]が出版されていた。彼は当時サン゠モール会と並ぶ歴史編纂の中心であった，ベルギーのアントワーペンで組織されたイエズス会士の集まりであるボラント会の指導者の一人であった。しかし，マビヨンも指摘している如く，非常に限られた史料から引き出された彼の真偽判別の準則は公正堅固なものからはほど遠く，彼の鑑定眼は「文書は古ければ古いほど疑わしさを増す」との考えに貫かれていたため，サン゠ブノワ派修道院の文書庫に保管されていた文書すべてを疑問視し，サン゠ドニ修道院のメロヴィング時代の文書に関しては，それをすべて偽文書と鑑定した。一体，パーペンブレックをこのようなサン゠ブノワ派修道院攻撃に駆り立てたのは何だったのであろうか。ともあれ，それから7年後，マビヨンの『古文書学』を読んだパーペンブレックは著者に次のような内容の手紙を送っている。「私がこのテーマに関して書いたことから得られるもので，このように完成された書物を著す機会をあなたに提供できたこと以上の満足はありません。全く反論できないまでに自分が打ち負かされているあなたの書物を読んだとき，私が不快な気持ちになったことは確かです。しかし非常に価値のある書物の有用さと見事さの前に，私の脆弱さは打ち砕かれてしまいました。そこに真実が白日のもとに明らかにされているのを見て喜び，私は自分が浸っている驚嘆に加わるように学友たちに勧めました。こういうわけですので，私があなたの考えに完全に同意していることを，いついかなる時でも，公然と遠慮なく仰って下さって構いません。どうか，私を愛して下さい。私は学者ではありません。私はもっと勉強しなければと思っています」と。

彼の周りには，当時最高の協力者，助言者が集まっていた。師としてのアシェリとデュ・カンジュ，学友としてのデルヴァル，コトリエ，フォール，デルベル，ビゴ，ルノド，バリューズ，イタリア人のマリアベッキ，優秀な弟子としてのジェルマン，ジェスネ，リュイナールなどと錚々たる顔触れである。加えて，同郷の宰相リシュリューも積極的に彼を支援したのみならず，ローマ教皇も支持を表明していた。こうしてサン＝モール会の歴史編纂は国家的事業の観を呈するに至る。彼はこの仕事に朝の2時から夕食まで従事し，自分の研究には夕食後の時間を当てたと弟子は言っている。まだ文書が法的効力を有し秘蔵されていた時代，彼の史料蒐集は徹底しており，1672年のフランドルを皮切りに，26年間に大小の旅行を連続して敢行している。主なものを挙げると，80年のロレーヌ，82年のブルゴーニュ，その翌年には国費の支援を得て5ヵ月間のドイツ旅行が続く。84年のノルマンディ旅行の後，その翌年から1年半をかけてイタリアを縦断している。96年のアルザス，98年のロワール中流域の旅行が最後となる。巻末に掲げられた彼の作品一覧は堅固な鑑識眼と幅広い知識の他に，地味ではあるが，最も基本的な足による探査に裏打ちされていたことを見逃すことは出来ない。

彼の主要な作品を挙げると，1675年に出版された『古史料選集』4巻 [235] は未刊行史料の中から特に重要と判断したフロルスの作品や文書，書簡，書式集，詩，論文などを，ドイツでの史料探査の詳細な報告書と共に収録している。85年の『ガリアの典礼』4巻では，ここで刊行されているルクスイユ修道院所蔵のメロヴィング時代の聖務日課書やミサ典書を手がかりに，シャルルマーニュによるローマ式典礼導入以前のガリアで広く行なわれていた典礼が，教会の建築様式や衣装をも含めて，初めて明らかにされている。87年の『イタリアの資料館』2巻ではイタリアでの史料調査に関する報告書と史料，そしてローマ式典礼に関する明解な考察が公刊されている。91年の『修道士と研究』2巻はイタリア，ドイツ，スイスでも出版・翻訳されているが，この本をめぐって著者と，サン＝モール会が展開する編纂事業を修道戒律からの逸脱と糾弾する厳律シト会に属するラ＝ラップ修道院長，ド・ランセとの間に論争が展開されることになる。1703年から刊行され始めた6巻からなる『サン＝ブノワ会編年史』は，副題にもある如く，狭義の1修道院史ではなくて，史料を縦横無尽に駆使して書かれた，5世紀から12世紀に至るまでの西欧キリスト教世界に関する聖俗史と言っても過言ではなかろう。最後に著者は，同時代の文人と同様に，詩作にも豊かな才能を見せていたこと付記しておこう。このようなサン＝ブノワ会の歴史編纂事業が後のフランスのみならず，ヨーロッパ各国における史料編纂に大きな影響を与えたことは周知の事実である。

マビヨンの『古文書学』の現代語訳はこれまで試みられていない。その出版から1世紀後，サン＝モール会は古文書学の百科事典とも言うべき，『新版古文書学』6巻を世に問うた。これはすぐにドイツ語訳されるが，全体の半分近くが古書体学に当てられているといった構成上の問題もさることながら，専門家の評価はいずれも厳しく，19世紀後半の時点でも，パリ国立図書館長ドリールはマビヨンの書を「不滅の名作」と位置付け，国立古文書学校教授ゴティエも古文書学を確立したマビヨンの書に勝る書は未だ書かれていない，フランス人がラテン語を理解しなくなったいま，この書の最大の欠点はフランス語で書かれていないことであると嘆かせている。今日では1894年に出版された同校教授，ジリの『古文書学概論』が古文書学の教本となっているが，その中で著者は上掲の『新版古文書学』を寄せ集めと規定し，それによって方法論と批判精神にお

いて並ぶもののないマビヨンの作品が利用されなくなったのは悲しむべきことであると述べている。マビヨンのこの書は古文書学を学問として確立する目的で書かれたもので，一切の無駄が省かれている。従って，懇切丁寧なジリの教本に比べて初心者には少し難しいかもしれないが，反面，付帯されている，中世をカヴァーした豊富な図版は古書体学を学ぶ者には格好の教材を提供してくれている。また，今日，古文書学の世界にも，新史料論，類型論，東西比較論など新しい流れが登場してきている。しかし，1986年に『ゲルマニア歴史記念物』委員会の主宰で開かれた『中世における偽造』に関する国際会議（*Fälschungen im Mittelalter*. Internationaler Kongreß der Monumenta Germaniae Historica München, 16.–19. September 1986, 6 vol., Hannover, 1988–1990）の大部の報告書が示す如く，そのことは伝統的な古文書学が時代遅れとなったことを決して意味するものではない。更に，本書は古文書学を扱ってはいるが，西欧中世史そのものと言ったほうが適切であるうえ，古典の知識，構成，実証性，明晰性，総合性においてこれを凌駕する作品がその後現れたであろうか。聖ヒエロニムス，聖パウリヌスの如く，学と徳とが見事に調和した人と高弟が称賛する，そして真実を何よりも優先させたマビヨンは1707年12月27日に死去するが，その遺体はサン=ジェルマン=デ=プレ修道院の，入口から入って右側2番目の祭室に，デカルトと並んで安置されている。それが何を意味しているかはこの書を読んだ人であればすぐに納得することである。

　最後に，この翻訳を手伝ってもらった人々にお礼を申し上げねばならない。しかし余りにも多くて，全員の方々のお名前を記して感謝の意を表することが出来ないのであるが，次の3名の先生には特にお世話になった。お一人はディジョン大学名誉教授でフランス学士院会員のジャン・リシャール（Prof. Jean Richard）氏，他のお二人はマビヨンの教えを継承する，国立パリ古文書学校の旧校長で同じく学士院会員のエマニュエル・プル（Prof. E. Poulle）氏とオリヴィエ・ギオジャナン教授（Prof. Olivier Guyotjeannin）である。訳者が古文書の解読に行き詰まっていたとき，最初に援助の手を差し伸べて下さったのがギオジャナン教授で，後から解読をより完全なものにするため，他の二人の先生に加わって頂いた。これら三人の先生方の助けがなかったならば，最後に付された古書体の解読が完成しなかったのみならず，この本の出版も恐らく実現を見なかったであろう。ここに重ねてお礼を申し上げる次第である。

　最初の試訳を記録しているフロッピーには1995年11月30日の日付が入っており，完成までに4年を要したことになる。著者の古典ラテン語は，中世ラテン語とは違って，非常に明快である。しかし，大学院生の時にラテン語と初めて接した訳者にとって，現代語訳のない古典的書物の訳業は困難を極めるものであった。ギリシア語も含まれており，これに関しては直接ギリシアの図書館に手紙を書いた。地名と人名も一般領主に至っては参考書はなく，これも在日外国大使館やフランス，その他の国の文書館，図書館に手紙を出して確認した。最後になったが，いつも親切に指導して下さる，レンヌ大学の名誉教授アンドレ・シェドヴィル（Prof. A. Chédeville）氏，古書体の解読を手伝って下さったアラゴン王立文書館の副館長アルベルト・トッラ（Sr. A. Torra）氏，そしてドイツ語の読みで大変お世話になった，久留米大学の島村賢一教授に心からお礼を申し上げたい。

　前著と同様に，今回も九州大学出版会から出版して頂ける幸運に恵まれた。前回とは違って，本訳書は大部なうえ，ギリシア語，ラテン語の引用文や記号を多く含んでおり，校正を担当して頂

いた編集員の吉原幸恵さんには予想外に過重な負担をおかけしてしまった。また，大量の図版の配列を含め，編集全般においては今回も，編集長の藤木雅幸氏から適切な助言を得ることが出来た。ここに末筆ながら，このお二方と出版会の皆様に心からお礼を申し上げる次第である。

2000年1月10日 千代，銀杏屋敷の側で

◎本書の刊行に当たっては，平成11年度科学研究費補助金「研究成果公開促進費」の交付を受けた（申請番号: 201074）。

ジャン・マビヨンの主要著書

1. *Sancti Bernardi opera omnia*, 2 vol., Paris, 1667, in-f.
2. *Acta Sanctorum Ordinis Sancti Benedicti per saeculorum classe distributa*, 9 vol., Paris, 1668–1701.
3. *De Azymo et fermentato ad Eminent. Card. Bona*, Paris, 1674, in-8.
4. *Vetera Analecta*, 4 vol., Paris, 1675–1685, in-8.
5. *Animadversiones in Vindicias Kempenses*, Paris, 1677, in-8.
6. *De Re Diplomatica libri VI*, Paris, 1681, in-f.
7. *Lettre sur l'Institut de Remiremont*, Paris, 1684, in-4.
8. *Liturgia Gallicana, ……cum Disquisitione de Cursu Gallicano, ……*, Paris, 1685, in-4.
9. *Traité où l'on refute la nouvelle explication, que quelques Auteurs donnent aux mots de Messe et de Communion dans la Règle de S. Benoist, ……*, Paris, 1686, in-12.
10. *Museum Italicum seu Collectio veterum scriptorum ex Bibliothecis Italicis. In primo tomo praemittitur iter Italicum litterarium. In secundo Commentarius in Ordinem Romanum*, 2 vol., Paris, 1687 et 1689. in-4.
11. *Deux Memoires touchant la preséance des Benedictins sur les Chanoines Reguliers aux Etats de Bourgogne*, Paris, 1687, in-4.
12. *Traité des Etudes Monastiques*, Paris, 1691, in-4.
13. *Reflexions sur la Réponse au traité des Etudes Monastiques*, Paris, 1692, in-4.
14. *Lettre circulaire sur la mort de la Mère de Blemur, Religieuse Bénédictine*, in-4.
15. *La Règle de S. Benoist, et les Statuts d'Estienne Poncher mis en François pour les Religiuses de Chelles, ……Paris*, 1697, in-18.
16. *Eusebii Romani epistola de cultu SS. Ignotorum*, Paris, 1698, in-4.
17. *Lettre à M. l'Evêque de Blois sur la sainte Larme de Vendôme*, 1700, in-8.
18. *Sancti Bernardi de Consideratione jussu Clementis XI. Pontificis Maximi*, Paris, 1701, in-8.
19. *La mort Chrétienne, dédiée à la Reine d'Angleterre*, Paris, 1702, in-12.
20. *Annales Ordinis Sancti Benedicti cum variis instrumentis et antiquis monumentis in Appendicibus relatis*, 4 vol., Paris, 1703–1707, in-f.
21. *Supplementum librorum de Re Diplomatica*, Paris, 1704, in-f.

索　引

［原著には非常に仔細な総合索引が付されているが，本書では読者の便宜を考慮して，それを人名，地名，事項の3つに分けた。人名に関しては俗人貴族と司教・修道院長以上の教会人，地名に関しては都市以上に限定し，事項も独自に選別した。］

人名索引

ア　行

アーサ（シャーボーン司教）　78
アーダム（ブレーメンの）　153, 167
アイグリベルトス（ル＝マン司教）　547
アイグルフス（サン＝ドニ修道院長）　692
アヴィト（ヴィエンヌ司教）　106, 201, 275, 281
アヴェンティヌス　362
アウグスティヌス　57, 61, 66, 67, 85, 106, 114, 115, 132, 151, 157, 275, 286, 338, 351, 407, 464, 480, 481, 488-90, 496, 504, 512, 516, 536
アウグストス帝　95, 267
アウトカリウス（マインツ司教）　673
アウドメルス（テルアンヌ司教）　530
アウルス・ゲッリウス　141, 404, 451
アエリウス・スパルティアヌス　56
アガティアス　282
アガト（教皇）　73, 268, 309
アガペ1世（教皇）　109, 332
──2世（教皇）　108, 109
アギウス（オルレアン司教）　313, 666
アギラド（シャルトル司教）　398, 547, 550
アキリス・スタティウス・ルシタヌス　476
アギルルフォ（イタリア王）　79
アグスティン，アントニオ　486
アクタール（ナント，トゥール司教）　706
アグネッロ（ラヴェンナ司教）　108
アクフレッド（アキテーヌ公）　383, 406
アグリペール（パリ司教）　690
アグリコラ（ガリア総督）　216
アゲラトス（シャルトル司教）　695
アゴバール（リヨン司教）　81, 164, 173, 249, 253, 290, 337, 431
アシェリ，リュック・ド　153, 158, 198, 295, 347, 382, 393, 442, 518, 587, 684, 703, 704
アジラール（シャルトル司教）　69, 310, 312
アジル（ルベ修道院長）　156
アスケリクス（パリ司教）　255
アストルフォ（ロンバルディーア王）　192, 395
アスラン（サン＝モール＝デ＝フォッセ修道院長）　319

アゼルスタン（アングリア王）　241
アダルガール（オータン司教）　314
アダルベロン（ランス大司教）　206, 255, 256, 314, 355, 662
──（メッス司教）　331
アダロルフ（サン＝ベルタン修道院長）　441
アダン（サン＝ドニ修道院長）　277, 305, 306
アッラチ，レオーネ　52, 90, 100, 108-12, 117, 132, 164, 272, 273, 309, 434
アデール（ルイ7世の妃）　182, 183, 296
アディヴァルド（イタリア王）　79
アディルバート（アングリア人の王）　151
アディルワルド（ロンバルディーア王）　395
アデオダ（教皇）　67, 72, 73, 309
──（シャルトル司教）　312
アデマール　153
アデラ（プファルツ女子修道院長）　64
アデラール（クレルモン＝フェラン司教）　201
──（サン＝ヴァースト修道院長）　418
──（サン＝ベルタン修道院長）　664
──（コルビ修道院長）　418
アデライド（ルイ6世の妃）　389, 390, 620
アデリディス（サン＝ジャン女子修道院長）　278
アドヴァン（メッス司教）　156
アドリアン1世（教皇）　108, 109, 133, 149, 153, 168, 169, 204, 241, 245, 248, 268, 331, 432, 554, 684, 706
──2世（教皇）　186, 589, 683
アドルフ（ノワイヨン司教）　662
アドワン（ル＝マン司教）　158, 159, 364
アドン（ヴィエンヌ司教）　432, 701
──（サン＝レミ修道院長）　552
アナクレト（教皇）　484, 490
アナスタシウス帝　163
アナスタージオ　61, 87, 111, 119, 201, 202, 245, 252, 264, 265, 268, 270, 281, 318, 331, 432, 554, 697
アナスターズ（聖者）　85
アナスタシウス・シナイタ　85
アナスタシス・シルデリック　526
アニェス（ノートル＝ダム女子修道院長）　278
アボ（ヌヴェール司教）　673

アポリネール・スルピキウス　404
アポリネール，シドワーヌ　56, 110, 117, 133, 139, 155, 207, 282, 283, 338
——（ヴァランス司教）　275
アボン（フルーリ修道院長）　71
——（オーセル司教）　313
——（ソワソン司教）　255
アマルベルトス（サン＝ドニ修道院長）　696
アムラン（ル＝マン司教）　115
アモエヌス　474
アモン，ピエール　29, 122, 454, 456, 670, 676, 678
アラリック（西ゴート王）　281, 282, 526
アラン（ブルターニュ伯）　208
アリエノール・ダキテーヌ　181, 320, 622
アリオワルト（ロンバルディーア王）　70
アリギソ（ベネヴェント公）　86
アリゴベール（ランス大司教）　552
アリペルト（ロンバルディーア王）　79, 121
アリペルト（ミラノ司教）　310, 327
アリユルフ　56, 62, 113, 254, 352, 380, 387
アルキュアン　132, 157, 170, 204, 207, 245, 253, 263
アルグラン（ラングル司教）　314, 402
アルタール（ランス大司教）　255
アルデベルト（イタリア王）　69
アルデラド（ヴォルトゥララ＝イルピナ司教）　328
アルド1世・マヌティオ　129, 670
——2世　474, 476
アルトフリド（ヒルデスハイム司教）　673
アルドリック（ル＝マン司教）　76, 158, 174, 197, 214, 250, 398, 416, 552, 673, 690
——（サンス大司教）　155, 658
アルドレト　634, 670
アルヌール（皇帝）　188, 285, 392, 393, 604
——（フランドル伯）　222, 263, 298, 342, 385, 387, 622
——（ランス大司教）　206, 221, 222, 256
——（リジウ司教）　203, 428
アルヌルフ（バイエルン公）　236, 365
アルノ（クレルモン＝フェラン司教）　152
アルバレス（コルドバの）　138, 634
アルバン（聖者）　120
アルフォンソ（ヒスパニア王）　194, 226
——2世（アラゴン・パンプローナ王）　316
——5世（レオン王）　439
——6世（ヒスパニア王）　292
——7世善良王　322, 634, 636
——8世高貴王　322
——9世　288, 634, 636
——10世天文王（ヒスパニア王）　292
アルフレド（王，聖者）　127
アルベール・ド・ストラスブール　271

アルボアゼムス（モール人の王）　397
アルボイノ（王）　79
アルメリック（ブールジュ司教）　257
アルレ　120
——（パリ司教）　427
アルレ，アシル　29, 301, 504, 505, 568
アレード（アターヌ修道院長）　195, 214, 219, 419
——（オータンの修道院長）　231
アレキ（ベネヴェント公）　395
アレキマンドリティス（コンスタンティノープル総大主教）　149
アレクザンドル2世（教皇）　215, 331, 359, 361, 362
——3世（教皇）　89, 94, 203, 269, 427, 428, 555, 686
——6世（教皇）　164, 555
——（ヴィエンヌ司教）　191
——（皇帝）　217
アレクサンドロス大王　110, 267
アレタス（エティオビア王）　281
アレマンニ，ニコーラ　121, 241, 409, 451, 587
アレリアン（リヨン司教）　314
アンキソ（ベネヴェント公）　328
アンギルベール（コルビ修道院長）　504
アンギルモ（ソワソン司教）　666
アンクマール（ランス司教）　81, 92, 155, 156, 229, 231, 244, 245, 250, 276, 311, 365, 398, 506, 552, 673
——（ラン司教）　314
——（サン＝レミ修道院長）　247
アンゲルラン（アミアン司教）　328
アンゲブルジュ（フィリップ2世の妃）　389
アンジェラール（サン＝リキエ修道院長）　145, 387
アンジェルボ（トゥール司教）　319
アンシャ（パリ司教）　327, 670
アンジュルベール（サン＝モール＝デ＝フォッセ修道院長）　224, 536
アンジルラン（メッス司教）　156
アンスス（トロワ司教）　255
アンスベール（ルーアン司教）　242, 244, 251
アンセイスス（ランス大司教）　608
アンセギーズ（フォントネル修道院長）　63, 64
アンセベール（オータン司教）　547
アンセリ（モンレアル城主）　147
アンセルム（聖者）　19
アンセルムス（ハヴェルベルク司教）　155
アンセルモ（ミラノ司教）　197, 311
アンソアルドス（ポワティエ司教）　547
アンドロン（サント＝クロワ修道院長）　301
アンヌ（またはアニエス）（王アンリ1世の妃）　145, 182, 256, 287, 289, 296, 307, 329, 330, 402
アンブラール（リヨン大司教）　406
アンブロワーズ（聖者）　85, 492, 493

アンリ1世　94, 145, 178, 179, 182, 199, 200, 209–11, 225, 235, 238, 241, 247, 256, 257, 264, 282, 287, 295, 307, 316, 318, 319, 333, 353, 366, 369, 370, 387, 388, 398, 402, 404, 510, 616, 617, 693
——3世　90
——（ヴェルダン司教）　305
——（オータン司教）　706
——（サン＝ジャン＝ダンジェリ修道院長）　265
——（キプロス王）　292
——・ド・クールティズ（トロワ伯）　145
——（ランス大司教）　94, 95, 308, 451
イーヴ（シャルトル司教）　55, 115, 174, 203, 204, 276, 514
——（トゥール司教）　73
——（ネール領主）　299, 308
イエイエ（アターヌ修道院長）　63, 64
イエペス，アントニオ　194, 322, 409
イオアンネス（アンティオキア総大主教）　217
——（コンスタンティノープル総大主教）　150
——・クリソステムス　66
——・デ・ジャヌア　353
——・モスクス　99
イグナティオス（コンスタンティノープル総大主教）　336
イザアク（ラングル司教）　315
イサアクス・アンゲルス帝　118
イザンベール（ポワティエ司教）　404
イシドール　428
——（セビリャ司教）　431, 466, 496, 670
——・メルカトール　430, 431
イスミオ（アンブロネ修道院長）　297
イティエール（ルテル伯）　205
イノサン2世（教皇）　363
——3世（教皇）　73, 83, 88, 89, 98, 108, 109, 143, 151, 155, 261, 265, 273, 275, 305, 308, 331, 358, 359, 429, 685–8, 705
——4世（教皇）　273, 296, 686, 687
——（ル＝マン司教）　114
イリエ（サン＝ティリエ修道院長，聖者）　81, 200
イルデガルド（シャルルマーニュの妃）　369
イルデゲール（ボーヴェ司教）　662
イルデブランド（スポレート公）　197
イルドブラン（セエ司教）　313
イルドボール（シャロン＝シュル＝ソーヌ司教）　314
イルドワン（エルヴェ司教）　673
——（サン＝ドニ修道院長）　431, 568, 660, 690, 694, 698, 699
——（サン＝リキエ修道院長）　379, 380
イルミノン（サン＝ジェルマン＝デ＝プレ修道院長）　62, 440

イルメラド（アミアン司教）　353
イレール（教皇）　203
インカドス（パリ司教）　658
インガルフ　16, 17, 19, 59, 60, 83, 97, 98, 133, 193, 211, 288, 324, 335, 396
インギラミ　309
インコフェル，メルキオル　111
インモ（ノワイヨン司教）　313
ウーゴ（イタリア王）　70, 101, 121, 220, 244
ウード（カロリング王）　131, 176, 224, 255, 285, 369, 381, 382, 402, 408, 416, 596, 602, 603
——2世（ボーヴェ司教）　146, 151
——（グランフィユ修道院長）　342
——（コルビ修道院長）　641
——（コルベイユ伯）　353
——（サン＝ドニ修道院長）　319
——（サン＝ミシェル＝シュル＝ラムーズ修道院長）　404
——（サン＝モール＝デ＝フォッセ修道院長）　224
——（トゥル司教）　276
——（パリ司教）　308
ヴァサエウス，ホアン　347
ヴァディアン　84, 139, 292
ウァルドベール（リュクスイユ修道院長）　488
ヴァレンス帝　127
ヴァレンティニアヌス帝　127, 445, 476
ヴァロ　100, 110, 128
ヴァロワ，アドリアン・ド　111, 129, 152, 206, 212, 370, 462
——，アンリ・ド　121, 693
ウアン（ルーアン司教）　526, 536
ヴァンデベール（サン＝ドニ修道院長）　694
ヴァンドミール　59, 163, 372, 544, 545, 690, 695
ヴァンドリーユ（聖者）　370, 371
ウィーロック，エイブラハム　127
ヴィヴィアン（サン＝マルタン修道院長）　294, 296, 502
ヴィクトール2世（教皇）　108, 109, 270, 359, 361, 634
——3世（教皇）　72, 109, 359, 361
——（トゥエンシス司教）　346, 677
ヴィクトリウス・ダキテーヌ　346, 527
ウィグフロワ（ヴェルダン司教）　263
ウィクフレド（ブールジュ司教）　393
ウィクマン（フランドル伯）　222
ヴィジル（教皇）　70, 74, 351, 407, 484, 677
ウィドゥキント　188
ウィトラシウス（マーシア王）　193
ウィドラド（フラヴィニ修道院長）　63
ウィトレッド（アングリア王）　78, 226, 396
ウィヌマール（ヘント城主）　299

ウィフトレッド（ケント主）　326
ウィベール（アン修道院長）　622
ウィリアム・オヴ・マームスベリ　204
ウィリアム征服王　133, 208, 288, 321, 335, 634
——（カンタベリ司教）　268
ヴィルギリウス　474–7
ヴィルジーリオ，ポリドーロ　268, 269
ウィルトハイム，アレクサンダー　52, 446
ウィルフリド2世（ヨーク司教，聖者）　105, 121, 154, 202, 231, 269, 309
ウィレフィンド（パンプローナ司教）　348
ウェティニ　698
ウェニロ（サンス司教）　155, 212, 313
ヴェラン（リヨン司教）　496
ヴェルトロゴッタ（王妃）　76
ウェルモン・ド・ボワシェール（ノワイヨン司教）　277, 307
ヴェルモン（ノワイヨン司教）　622
ウェレムンド（王）　58, 226
ヴェレリウス，オロフ　460
ヴォッシウス，ゲルハルト　127, 346
ヴォピスクス　102, 112, 328
ヴォルカヌス　474
ウォルム，オーレ　122, 124, 126, 127, 460
ウゲッリ，レオーネ　25, 79, 111, 128, 158, 190, 270, 276, 292, 310, 328, 358, 359, 398, 444, 472
ウジェーヌ2世（教皇）　170
——3世（教皇）　153, 155, 303, 359, 706
——4世（教皇）　358, 360, 362, 420
ウジップ（サン＝メスマン＝ド＝ミシ修道院長）　75
ウスタシオ（ボッビオ修道院長）　156
ウゼーブ（オルレアン司教）　317
ヴュルフェール（ランス大司教）　498
ウルカニウス，ボナヴェントゥラ　137
ウルシオ（サンリス司教）　257
ウルシニウス（カオール司教）　283
ウルスタン（ウスター司教）　194
ウルソ（パドヴァ司教）　689
ウルフィラス（ゴート人の司教）　123, 127, 458, 634
ウルピアヌス　100, 103
ウルビキウス（メッス司教）　156
——（オータン司教）　156
ヴレ，オリヴィエ・ド　146, 298, 300, 301, 343
ウンベルト（グルノーブル司教）　353, 354
エアドマルス　120, 288
エウアンデル　137
エヴァリクス（トゥール司教）　547
エウセビウス（エメサ司教）　150
エウセビオス（テッサロ＝カ司教）　87
エヴラール（シャルトル伯）　436

エウロギオ（聖者）　262, 348, 396, 409, 451
エギカ（西ゴート王）　226
エギュルフ1世（サン＝ドニ修道院長）　694
——2世　694
——3世　694
エグバート（ヨーク司教）　184, 320
——（ケント王）　78
エジナール　125, 168, 169, 184, 185, 253, 283, 317, 328, 332, 341, 373, 374
エセルバート（アングル人の王）　150, 193
——（カンタベリ司教）　157
エゼルウォルド（マーシア王）　78
エセルレッド（アングリア王）　193, 226
エティエノ，クロード　27, 274, 322
エティエンヌ2世（教皇）　373, 374
——3世（教皇）　167, 268–70, 554, 684, 697, 699, 701, 702
——7世（教皇）　270
——9世（教皇）　359, 361
——（グランモン会）　87
——（クレルモン＝フェラン司教）　201, 324, 334, 342, 385, 406
——（サン＝ミシェル＝シュル＝ラ＝ムーズ修道院長）　604
——（シャンパーニュ伯）　436
——（トゥールネ司教）　57, 89, 90, 94, 146, 203, 204, 292, 310, 332, 338
——（パリ司教）　258
——（ボーヴェ司教）　258
——（マンド司教）　332
エディ・スティーヴン　202, 221, 269
エデヌルフ（ラン司教）　398
エドウィン（アングリア王）　646
エドゥニュルフ（ラン司教）　314
エドガ（アングリア王）　19, 121, 184, 226
エドレッド（マーシア王）　193
エドワード証聖王　61, 193, 335, 424
——3世　320
エネ（パリ司教）　313, 666
エネゴ（サンタ＝マリア修道院長）　416
エネゾ，アンリ　604
エバルキウス（ヌヴェール司教）　547
エピクテトス（コリント司教）　85
エフィビウス（サン＝ティエリ修道院長）　200, 261
エフラエム（聖者）　119, 346
エベルハルト（バンベルク司教）　153
エボン（サンス大司教）　221
——（ランス大司教）　498, 658
エマ（王ロテールの妃）　315, 383–5
——（ギーヌ伯夫人）　300

エモワン（サン＝モリス修道院長） 156
——・ド・フルーリ 95, 127, 169, 212, 242, 282, 317, 371, 373, 384, 386
エモン（テルアンヌ司教） 310
——（ジュヌヴォワ伯） 265
エラスムス 349
エリ（オルレアン司教） 257
エリアス（アドリアノポリス司教） 327
エリザカル（サン＝リキエ修道院長） 253
エリナン（ランス大司教） 314
エリバール（オーセル司教） 660
エルヴィディス（ノートル＝ダム女子修道院長） 147
エルヴェ（ランス大司教） 255
エルケンベルト 240
エルケンラウス（シャロン＝シュル＝ソーヌ司教） 666
エルケンラドス2世（パリ司教） 690
エルゴ 98, 371, 387
エルフリック（文法家） 138
エルペリック（グランフェル修道士・暦算定家） 510
エルマントリュード（シャルル禿頭王の妃） 502
エルメンガルド（ルイ敬虔王の妃） 293
エルリュアン（ベック修道院長） 87
エルルベール（シャロン＝シュル＝マルヌ司教） 240, 354
エレンブルジュ（ノートル＝ダム女子修道院長） 178
エロワ（聖者） 335, 341
——（ノワイヨン司教） 159
エンディ 121
エンノディオ（パヴィーアの） 57, 152, 201, 205, 207, 345, 352, 409, 677, 678
オーヴァーハム，アードルフ 171, 252, 564
オーガスティン 268, 269, 350
オートセール，アントワーヌ・ダダン・ド 229, 705
オヴィディウス 117
オクタヴィアヌス帝 132
オクタヴィウス帝（アウグストス） 134, 140
——・ストラダ 239
オジエ（オータン司教） 602
オタリウス（ヴォン伯） 552
オタン 296, 632
オットー1世（大帝） 86, 188, 197, 235, 247, 310, 332, 355, 392, 404, 417
——2世 188, 247, 356, 392
——3世 188, 292, 654
オットン（王ロテールの息子） 385
オディロ（クリュニ修道院長） 87
——（作家） 415
オデリシオ1世（モンテ＝カッスィノ修道院長） 652
オトゥルフス（トリーア司教） 666
オトカー（マインツ司教） 100

オトガリー（マインツ大司教） 658
オドニス（ボーヴェ司教） 673
オトフリド 124, 144
オトロ 318
オトロン 365
オドワン（サン＝ジャン＝ダンジェリ修道院長） 433
オヌフリウス 357
オファ（マーシア王） 91, 167, 193, 335
オプタトス（ミレーヴ司教） 92
オメール（テルアンヌ司教） 310, 312, 327
オリゲネス 496
オルサート，セルトリオ 689
オルシエシウス 153
オルデリック・ヴィタリス 335
オレリアン（聖者，アルル司教） 82, 151
——（リヨン司教） 365
オロシウス 478, 479

カ 行

カール4世 239
カイノ（サン＝ドニ修道院長） 694, 695
ガイフェリウス（モンテ＝カッシノ修道士） 128
ガイフレドス（パリ伯） 703, 704
ガヴィニア（サン＝ガヴィーノ・サン＝ルッソリオ女子修道院長） 65
ガウトセルム（サント＝クロウ修道院長） 666
カエサル 30, 115, 456, 457, 676, 678
ガエターノ，コンスタンティーノ 426, 428, 431
カサナータ（枢機卿） 29, 128, 331, 364, 472, 474, 654
ガサン 280
カシオドーロ 103, 104, 132, 139, 142, 152, 199, 201, 243-5, 464
カジュマス（ファネンシス司教） 327
カズヌーヴ 349, 375, 379
カゾボン 56
カッシウス・ヘミナ 110
ガッラ・プラキディア 292
ガッルス 129
カテル 646
カトー 141
カトルメール 89, 390, 426, 427
カニシウス 359
カヌート（マーシア王） 193, 204
カネパリア，ピエトロ・マリア 117
カバディス（ペルシア王） 80
カピトリヌス 212
カミュザ 387, 406
カラファ，アントニオ 71
カラムリヌス（アンブラン司教） 694
ガラン（サンリス司教） 259

――（アミアン司教）　212, 332
カリグラ帝　126
カリスト1世（教皇）　271
――2世（教皇）　148, 268, 298, 331, 359, 362, 363, 399
カリストス（ロードス大司教）　159
カリヌス帝　328
カルヴィシウス　634
カルカヴィ，ピエール　29
ガルシア（アラゴン王）　397
カルデリクス（サン=ドニ修道院長）　694
ガルニエ，ジャン　55, 159, 160, 202, 355
カルバ帝　267
カルロマン（ペパン短躯王の弟）　556, 557, 704
――（イタリア王）　187, 245, 247
――（シャルルマーニュの弟）　158, 166, 168, 200, 204, 234, 236, 246, 281, 295, 306, 329, 373, 374, 380, 423, 554, 684
――（バイエルン王，ルードヴィヒ・ドイツ王の息子）　190, 451
――（ルイ吃王の弟）　175, 176
――（ルイ吃王の息子）　254, 380, 383, 504, 596
カレ（ル=マン司教，聖者）　114
ガロンニ　428
カンディドス（サン=タンドレ修道院長）　230
キアコニウス　270, 360
ギィ（皇帝）　290, 355, 357, 392
――（アミアン司教）　152
――（サント=マグダレーヌ修道院長）　278
――（サン=バール=ド=ヴェルズィ修道院長）　344
――（サン=レミ修道院長）　306
――（ソワソン司教）　662
――（フォントネル修道院長）　704
――（ランス大司教）　153, 305, 332, 388
――（リヨン=フォレ伯）　622
――（リヨン司教）　314
ギグ（カルトジオ修道院長）　520
キケロ　126, 451
ギシュノン　178, 191, 261, 265, 364, 452
ギフレッド（ナルボンヌ大司教）　689
キュジャース　337
キュロス（アレクサンドリアの聖者）　85
ギヨーム（ランス大司教）　90, 94, 182, 299, 306, 307, 451
――（アンジェ司教）　705
――（アキテーヌ公・ポワトウ伯）　205, 222, 315, 316, 334, 335, 404, 405
――（ヴィエルゾン城主）　301
――（オージュ伯）　332
――（サン=ティエリ修道院長）　278
――（サント司教）　257

――（サン=ドニ修道院長）　278
――（セプティマニア伯）　185
――・ド・シャペル（シャロン=シュル=ソーヌ司教）　406
――・ド・ナンジ　99, 342, 520, 705
――・ド・パリ　349
――・ド・バルジュ（ラ=ブスィ修道院長）　707
――（パルトネ城主）　707
――・プティ　169
――（フランドル伯）　401
――（フルットゥアリア修道院長）　316, 319
――（モントルイユ城主）　164
――（リヨン司教）　300
ギラン　111
ギランディーニ，メルキオール　99, 100, 102
キリエヌス（詩人）　416
キルヒャー，アタナージウス　407
ギレンクス（ラングル司教）　204
キンダスイント　226
グアルタリウス（オルレアン司教）　666
クィンティアヌス（カスリ司教）　478
クィンティリアヌス　141, 144, 157, 326
グサンヴィル，ピエール・ド　71, 229
グシア（ロタランジ公）　291
クナルドス（サン=ドニ修道院長）　694
グランヴェンゲルス（ラヴェンゲルス）（テルアンヌ司教）　312
クラウディウス帝　86, 125, 317
グラティアン　168, 174, 432
グリフス（ルーアン司教）　547
グリモ（コルビ修道院長）　696
グルーター，ヤヌス　126, 127, 134, 143, 215, 216, 370, 670
クルキウス・ルフィウス・アプロニアヌス　476
クルシウス，マルティーン　159
グルフィヌス（サン=ドニ修道院長）　695
グレゴリオス（ナズィアンゾスの）　66, 217
――（ニッサの）　81
グレゴワール1世（大教皇）　57, 61, 64, 65, 67, 68, 70-2, 74, 78, 83, 87, 100, 149-51, 160, 204, 228-32, 268, 269, 309, 350, 351, 355, 365, 396, 494-6, 500, 504, 526, 554, 644, 678, 679, 708
――2世（教皇）　70, 72, 116, 149, 151, 221, 355, 357
――3世（教皇）　111, 149, 355, 554, 696
――4世（教皇）　154, 160, 432
――5世（教皇）　133, 356
――7世（教皇）　88, 121, 128, 140, 152, 160, 229, 231, 232, 265, 351, 355, 359, 361, 404, 638, 683, 684
――10世（教皇）　307
――（トゥール司教）　56, 61, 67, 72, 75, 77, 81, 86, 87,

104, 105, 127, 130, 139, 152, 157, 202, 203, 207, 210, 214, 219, 223, 242–4, 251, 282, 283, 297, 298, 340, 346, 370, 373, 419, 420, 462, 463, 554, 689
グレッツァー　153, 161, 174, 188
クレティアン（オーセル司教）　311, 313, 673
クレマン3世（教皇）　320
——4世（教皇）　271, 277
——5世（教皇）　361
——6世（教皇）　271
——7世（教皇）　272, 344
——11世（教皇）　13
——（聖者）　508
クローヴィス1世（大王）　68, 75, 76, 79, 83, 84, 86, 130, 161-3, 199–201, 239, 275, 280, 282, 317, 371, 419, 421
——2世　72, 96, 106, 114, 130, 159, 199, 200, 213, 236, 239, 251, 281, 312, 317, 329, 371, 372, 399, 420, 423, 530, 532, 534–6, 538, 540, 542, 543, 689, 693, 694, 702
——3世　142, 239, 242, 243, 250, 281, 317, 329, 420, 530, 544, 545, 695
クロテール1世　76, 77, 83, 251, 419, 447
——2世　76, 77, 158, 210, 218, 220, 236, 251, 275, 417, 488, 526, 692-4
——3世（クロトカリウス）　96, 221, 251, 370, 372, 397, 420, 488, 534, 536–8, 690, 702, 705
クロディエルド（サント=クロワ修道院長）　202
クロティルド（王ティエリ3世の妃）　163, 333, 538, 539, 705
——（王シルドベール3世の妃）　202
クロトカリウス（ノートル=ダム=ド=ブレサス修道院長）　695
クロドガン（メッス司教）　156
グントベルヌス（エヴルゥ司教）　673
グントラン　251
ケドレヌス　99, 101, 284, 290
ケネ　149
ゲベハルト（ザルツブルク司教）　359
ゲラール（パリ伯）　702
ゲラン（サン=ヴィクトール修道院長）　518
ケルシウス, オロフ　460
ゲルハルト（ロルシュ司教）　332
——（ザルツブルク司教）　359
ゲルベルト（ラヴェンナ司教）　356
ケントル（ビゴール伯）　348
ゲンナディウス　128, 130, 464, 465
ゴイフレヌス（ソワソン司教）　666
コヴァルヴィア　340, 363
ゴエリクス（サンス司教）　547
コキーユ　547

コクティアス　452
ゴジオレーヌ（ル=マン司教）　416
ゴスラン（トゥル司教）　201
——, ジャン　678
——（フォンテーヌブロ図書館長）　456
——（ボルド大司教）　315
ゴズレヌス（パリ司教）　254
コットン　288
ゴティエ（ラン司教）　308
——（オルレアン司教）　313
——（モゥ司教）　514
——（オリアンテン修道院長）　60
コディヌス　290
ゴディヌス（リヨン司教）　695
ゴデルサドス（シャロン=シュル=ソーヌ司教）　673
ゴドバール（サン=ドニ修道院長）　694, 696, 701
ゴドフロワ（パリ司教）　248
——, ジャック（法学者）　243, 445
コトリエ, ジャン・バティスト　80, 217, 336, 421
コノ（パレストリーナ司教）　205
コノン（教皇）　107
ゴノン　82
ゴベッリニ, ジョヴァンニ　321
コモドス帝　103
ゴルダスト　55, 57, 139, 185, 196, 201, 263, 292, 323, 374–6, 393, 401, 403, 410
ゴルティウス, フベルトス　670
コルベール, ジャン・バティスト　5, 29, 126, 157, 294, 295, 423, 440, 502, 503, 699
コロンバン（聖者）　70, 72, 220, 488
コンスタンス（サン=ディウス修道院長）　336
——（王ロベールの妃）　387, 388
コンスタンタン（ボーヴェ司教）　547
コンスタンティヌス帝　18, 86, 99, 169, 239, 268, 285, 294, 350, 357, 364, 445, 644, 678, 699, 701
——・マナッセ　118
——・パレオロゴス　118
コンストラン（サン=ドニ修道院長）　421, 697, 698
ゴントラン（メロヴィング王）　210, 223, 351, 370
ゴンバール（ルーアン司教）　155
コンラート4世　189
——（マインツ大司教）　322
コンリンク, ヘルマン　52, 144, 249, 250, 294, 417, 425, 426, 434, 446

サ　行

サーシテル（クロウランド修道院長）　19
サースタン（ヨーク司教）　268
サイモン（ダラムの）　263
サヴァロン, ジャン　338

サクソボ(セエ司教) 313
ザシャリ(教皇) 70, 73, 149–51, 158, 222, 309, 355, 365, 374, 420, 554, 683, 686
サバティウス(ヒパタ修道院長) 327
サポド(アルル司教) 350
サマルタン 25
サラベルジュ(聖女) 144, 488, 489
サンソン(ランス大司教) 145, 307
サンチョ(マリョルカ王) 94
——(アラゴン王) 316, 397, 410
——(王) 262
——(カスティリャ王) 322
サントーロ, パオロ・エミーリオ 191, 395
サンドヴァル, フルデンシオ 336, 349, 397, 409
シアグリウス(オータン司教) 608
シアクル(オータン司教) 156
ジェネブラール 124
ジェラーズ1世(教皇) 85
——2世(教皇) 148, 359, 364
ジェラール(トゥル司教) 262, 276
——(トゥールニュ修道院長) 270
——(モンセ=ラベイ修道院長) 60
——(ラ=ソヴ=マジュール修道院長, 聖者) 138, 315
ジェルヴェ(ランス大司教) 257, 305
ジェルヴェーズ(カンタベリの) 269, 339, 348
ジェルソン, ジャン 426, 524
ジェルベール(ランス大司教) 256
——(後の教皇シルヴェストル2世) 385
ジェルベルジュ(ルイ海外王の妃) 182, 237, 373, 705
ジェルボ(シャロン=シュル=ソーヌ司教) 314
ジェルマン(パリ司教, 聖者) 69, 120, 262, 482, 483
ジェルマン, ミシェル 27, 52, 182, 315, 418, 450
ジェンナイオ(カリアリ司教) 65
シギハルド(ジギハルド)(フルダ修道院長) 322
シクスト3世(教皇) 241
シゴフリドス(パリ司教) 690
シジュベール1世 151, 199, 242, 251
——2世 214
——3世(オストラジ王, ダゴベール[1世]王の息子) 161, 162, 199, 317, 530
——(ジャンブルの) 186, 347, 371, 373, 428, 431–3
ジゼール 204, 287, 298, 318, 330, 335, 562, 563
シドワーヌ・アブラハム 156
シフレ 102, 107, 114, 145, 158, 175, 185, 234, 276, 287, 290, 294, 307, 309, 315, 316, 331, 352, 353, 358, 362, 363, 369, 382, 384, 388, 393, 401, 402, 526, 612, 644
シメオン 434
シモン(サン=ベルタン修道院長) 441
——(サン=ベルタン修道士) 62
——・ド・ネール 287

——, ピエール 684
シャルル単純王 131, 144, 176, 234, 241, 246, 255, 280, 284, 285, 381–4, 391, 408, 415, 416, 428, 597, 600, 603, 705
シャルル禿頭王 11, 18, 56, 76, 86, 94, 96, 97, 119, 120, 123, 131, 132, 172, 174, 175, 186–8, 190, 191, 203, 206, 224, 229, 234, 237, 239–41, 243, 246, 250, 254, 280, 284, 285, 290, 291, 294, 295, 308, 314, 337, 352, 357, 358, 365, 376, 379, 380, 382, 391, 392, 398, 416, 418, 492, 502, 504, 508, 514, 562, 572, 573, 576, 586, 587, 589, 590, 592, 594, 595, 616, 641, 654, 693, 696, 706, 707
シャルル(カール)肥満王 176, 187, 188, 206, 225, 235–7, 247, 254, 285, 291, 292, 318, 334, 369, 380, 381, 383, 392, 395, 581, 594, 596, 705
——5世 286, 306
——6世 286, 296, 628
——7世 164, 554, 555
——8世 343
——9世 7, 29, 122, 343, 360, 454
——(シチリア王) 290, 343, 396
——(シャルルマーニュの長子) 318, 350
——(プロヴァンス王) 190
——・マルテル 190, 317, 341, 367, 554, 555, 696, 703, 704
シャルルマーニュ 6, 7, 59, 72, 77, 92, 93, 95, 97, 111, 123, 124, 129, 131, 132, 138, 141, 161–3, 166–75, 184, 185, 191, 197, 200, 204, 207, 208, 211, 218, 223, 231, 233–7, 239–41, 245, 246, 252, 253, 261, 262, 276, 280, 281, 283–5, 287, 290, 291, 294, 295, 298, 308, 311, 317, 318, 328–33, 341, 342, 350, 356, 357, 368, 369, 372–6, 380, 392, 393, 396, 398, 399, 413, 414, 416, 420, 421, 423, 432–4, 440, 442, 492, 494, 498, 500, 514, 526, 534, 554, 558–65, 572, 576, 603, 646, 676, 684, 704
ジャン4世(教皇) 72, 309
——5世(教皇) 107, 270, 309, 453, 638–40, 683
——6世(教皇) 154, 490
——8世(教皇) 74, 85, 98, 108, 109, 154, 160, 203, 204, 269, 270, 295, 310, 351, 355, 357, 358, 416, 683, 684
——10世(教皇) 401
——12世(教皇) 331, 355
——13世(教皇) 100, 113, 212, 270, 307, 310, 332, 355, 356, 359, 648, 649, 683, 684
——22世(教皇) 270
——2世(フランス王) 319
——(聖ルイ王の長子) 632
——(オージュ伯) 299
——(コルビ修道院長) 516

――（ナント司教） 154
――（ラングル司教） 153
――（レオーム修道院長） 61, 76, 346
――・ド・ガランシエール（国王官房長） 303
ジャンヌ（偽教皇） 641
シュジェ 256, 257, 264, 290
ジュステル，アンリ 134, 383, 612
ジュニウス，フランツ 120, 124, 127, 458, 460
ジュリアヌス帝（背教者） 82
ジュリウス1世（教皇） 265
ジュリアヌス・パラバタ 284
ジュレ，フランソワ 338
ジョヴァンニ（アレッツォ司教） 504
――5世（ラヴェンナ司教） 87, 111, 222, 364, 678
――・ガルベルト（ヴァッロンブローサ会） 87
――・ディアコノ 150
――・ベラルディ（カサウリア修道院長） 432, 441, 518
――（ペンネ司教） 69, 158
ジョスラン（ラングル司教） 298
――（ソワソン司教） 620
ショップ 128, 143
ジョナ（ボッビオ修道院長） 56, 61, 75, 76, 156
ジョナース（オルレアン司教） 75
――（オータン司教） 158
ジョフロワ（パリ司教） 257, 618
――（アキテーヌ公） 333, 404
――（アミアン司教，聖者） 89, 152, 427
――（アンジェ司教） 276
――（アンジュ伯） 209, 300, 707
――（ヴァンドームの） 154, 265, 399, 706, 707
――（シャルトル司教） 256, 257, 399
――（ボーヴェ司教） 61, 622
――（ボルド司教） 257
ジョリ，クロード 129, 130, 462
ジョワンヴィル 111, 163, 295
ジョン欠地王 146, 320
――・オヴ・ソールズベリ 555
ジラール（ボルド司教） 301
――（アングレーム司教） 405
――（ジョザファ修道院長） 256
シラルドス（サン＝ドニ修道院長） 695
シリキウス（教皇） 57
シリカ（サン＝ガヴィーノ・サン＝ルッソリオ修道院長） 65
シリス（教皇） 61, 149
ジル（ティル司教） 260
――（ランス大司教） 76, 86, 243, 364
シルヴェストル1世（教皇） 268, 269
――2世（教皇） 216, 684

シルデリック1世 267, 280, 281
――2世 317, 693, 694, 702
――3世 281, 284, 367, 368, 372-4, 420, 554, 555, 696, 697, 703
シルドベール1世 70, 74, 76, 114, 152, 158, 161, 199, 200, 214, 217, 283, 527
――2世 162, 223, 230, 231, 251, 370, 554
――3世 131, 145, 200, 202, 239, 241, 261, 281, 282, 312, 329, 372, 398, 420, 546, 548, 552, 553, 693-5, 702, 703
ジルベール（シャロン＝シュル＝ソーヌ司教） 666, 673
シルペリック1世 17, 18, 76, 77, 81, 210, 283, 351, 451, 616
――2世 239, 329, 420, 552, 553, 695, 696
――（ブルグント王） 75, 77
――・ダニエル 281, 282
シルモン，ジャック 25, 55, 56, 72, 142, 151, 152, 170, 187, 207, 240, 280, 313, 338, 352, 355, 382, 435, 646, 684, 699, 701, 707
シワード（クロウランド修道院長） 193
シンマクス（教皇） 67, 267, 338
シンマコス（作家） 143, 239
スィアドー（カンタベリ大司教） 496
スィジェ（ヘント城主） 300, 301
スィシェルム（ブルゴーニュ公） 96
ズウェンティボル 188, 212, 249, 285, 316, 392, 393, 604, 605
スエトニウス 86, 95, 111, 115, 126, 132, 140, 141, 282, 317, 456
スカエヴォラ 212
スコオクキウス，マルティヌス 405
スコラテス・スコラスティクス 127
スタッブス，トーマス 268
スペクラトル 261
スペルマン 60, 268, 269, 272, 291, 320, 324, 335, 396, 486
スマラグド 198
スラ，リキウス・コルネリウス 86, 267
ズリタ 555
ゼヴェルス（アンティオキア総大主教） 85
セヴェルティウス 165
セゼール（アルル司教） 72, 74, 262, 540, 554
セネカ 126
セルジュ1世（教皇） 70, 107, 269, 270, 309, 638, 640, 683
――2世（教皇） 432
セルデン，ジョン 288
ソアベリクス（オルレアン司教） 547
ゾジム（教皇） 484
ソゾメヌス 127, 699

ソメーズ　58, 100, 102, 112, 128, 212, 248, 334
ソルバン, アルノ　687
ソレル　474

タ　行

ターキタル(クロウランド修道院長)　60
ダヴィド(ベネヴェント司教)　276
タキトゥス　122, 124, 125, 303, 339
ダグデイル　300
ダゴベール1世　15, 16, 67, 77, 95, 106, 131, 151, 159, 161, 162, 165, 199, 213, 214, 239, 251, 282, 283, 317, 329, 371, 411–3, 419–22, 453, 526, 528, 534, 676, 690, 692–4, 697, 702, 703
──2世　526, 552
──3世　552, 695, 698
タシロ(バイエルン公)　326
タット(ライヘナウ修道士)　100
タド(ミラノ司教)　276
ダルフィヌス(サン゠ドニ修道院長)　695
ダマーズ(教皇)　160
タラファ, フランシスコ　347
ダルマス(サン゠テロワ修道院長)　332
ダンスタン　19, 138
ダンベール(サンス司教)　276
チャコン, ペドロ　142
チュルパン(ランス大司教)　684
ツィレス　240, 413–5
ティエ, ジャン・ド(モゥ司教)　289, 296, 300, 632
ティエリ1世(オストラジ王)　17, 18, 76, 84, 86, 199, 451
──2世　416, 420
──3世　130, 131, 200, 236, 281, 329, 333, 372, 399, 420, 540–3, 674, 702
──4世　162, 206, 317, 367, 368
──(アミアン司教)　516
──(ヴェルダン司教)　325
──・ド・シェル　693, 694, 696, 703
──(フランドル伯)　298, 301
──(メッス司教)　154
ディオクレティアヌス帝　184
ディオスコリデス　103
ディオニシウス・アレオパギタ　496
ディオゲネス(サン゠タラシオ修道院長)　336
ディド(リヨン司教)　276
──(ラン司教)　365
ティベリウス帝　95, 644
ティボ(ボーヴェ司教)　277
──(アミアン司教)　662
──(サンリス司教)　319
──(シャンパーニュ伯)　348, 436

──(シャンパーニュ・ブロワ・シャルトル伯)　435
──(フランキア伯)　249, 387
──(ブロワ伯)　259
ティラコ　437, 438
テイロ(ラングル司教, 聖者)　78, 79
テウデリンダ(ロンバルディーア王の妃)　219
デヴノ　520, 521
テオデトルデス(サン゠ドニ修道院長)　220
テオデリクス(東ゴート王)　326
テオドール1世(教皇)　70, 337
──・ド・シセ(聖者)　74
テオドシウス1世　476, 701
──2世　79, 118, 149, 150, 452
テオドベール1世(オストラジ王)　163, 280, 297
テオトマル(ザルツブルク司教)　154
テオドリクス(ガダラ司教)　327
テオドルス・スキタオ　204
テオファネース　115, 281, 337, 699
テオフィロス(ビザンツ皇帝)　290
デジレ(カオール司教)　67, 151
デュ・カンジュ　30, 60, 118, 119, 138, 146, 151–3, 163, 168, 204, 209, 239, 243, 245, 248, 264, 285, 289, 290, 291, 294, 295, 300, 302, 332, 335, 344, 345, 352, 381, 391, 403, 409, 421, 520, 587, 594, 699, 706
デュシェーヌ　25, 146, 151, 152, 162, 163, 181, 196, 204, 209, 248, 256, 257, 263, 265, 290, 298, 300, 319, 376, 388, 392, 406, 442
デュ・ボワ, ジェラール　689
デルヴァル, アントワーヌ・ヴィオン　27, 65, 94, 109, 111, 116, 262, 304, 366, 421, 422, 438, 518, 520, 622
デレカンピウス　99
テレンティウス　474, 475
トゥ　72, 73, 126, 422–4, 508, 509, 699
ドゥオダ　211
ドゥブレ　15, 96, 97, 102, 158, 165, 167, 173–6, 178–80, 182, 186, 189, 194, 234, 235, 238, 247, 248, 259, 260, 263, 264, 276, 285, 286, 288, 290, 318, 330, 353, 358, 359, 367, 370, 375, 382, 389–96, 398, 399, 401, 421–4, 534, 566, 568, 570, 582, 644, 664, 692–5, 697, 699, 702–4
トゥルノカルドス(パリ司教)　547, 690, 695
ド・カン(修道院長)　113, 386
ドドン(サン゠ドニ修道院長)　692, 694
──(サン゠マンシュイ修道院)　361
ドニ(聖者)　121, 206, 277, 374, 431, 508
──(チビの)　344, 346, 347, 354, 361, 363, 492, 473
トマス・ア・ケンピス　134, 520, 524
ドミティアン(聖者)　82

ドラコルフ（フライジンク司教） 365
トラサムンド（王） 126, 478
トラソ（コンスタンティノープル総大主教） 150
トリトガリ（ナント司教） 660
トリフォヌス（コンスタンティノープル総大主教） 327
ドルアン（オルレアン司教） 602
ドルメ，クロード 278
ドロゴン（テルアンヌ司教） 153
――（メッス司教） 156, 399, 432, 660
ドンノル（ル＝マン司教） 158, 197, 219

ナ 行

ナタリ（ルベ修道院長） 259
ナンティルド（王クローヴィス2世の母） 534, 536
ニヴロン（ソワソン司教） 299
ニケタス・コニアテス 118, 337
ニケティウス（トリーアの） 155
ニコラ1世（教皇） 85, 87, 106, 107, 114, 133, 149, 151, 154, 241, 270, 276, 307, 309, 331, 355, 357, 644–8, 683–5
――2世（教皇） 270, 359, 361
――5世（教皇） 360
――（コルビ修道院長） 331
ニムフリディウス（ノートル＝ダム＝ド＝ラグラス修道院長） 646
ニルス 490
ヌギエール，フランソワ 191
ヌマ王 110, 339
ヌメリアヌス（トリーア司教） 156
ネロ 111, 266, 282, 303, 339
ノデ，ガブリエル 425–7, 431, 433, 434, 456
ノトカー（ザンクト＝ガレン修道士） 339
ノティンゴ・デゴテスカルゴ（ヴェロナ司教） 634

ハ 行

バード・アスケンシウス，ジョス 219
バーペンブレック，ダニエル・ファン 26, 52, 53, 67, 68, 70, 72, 77, 78, 85, 86, 101, 103, 131, 161, 188, 199, 213, 358–60, 364, 365, 367, 369, 371, 373, 378, 395, 399, 407, 411, 415, 419, 421, 554, 676
ハイメ（アラゴン王） 94
ハインリヒ1世 188, 192, 382, 392, 415
――2世 188, 292, 356
――3世 58, 237, 288, 604
――4世 52, 249, 396, 438, 634
――（トリーア伯） 95
バウグルフス（フルダ修道院長） 167
パウリヌス（ズレンシス司教） 327
――（ノラ司教） 85
パオロ・ディアコノ（ヴァルネフリディ） 79, 121, 132, 156, 208, 219, 494, 495
ベギヌス（バイヌス）（テルアンヌ司教） 312
パシャーズ，ラドベール 207, 240, 377, 492, 666
ベシリコス帝 101
バシレオス（マケドニア皇帝） 74
パスカル1世（教皇） 108, 173, 223, 241, 358, 362, 376, 377
――2世（教皇） 55, 128, 148, 204, 264, 331, 359, 362–4, 453, 652, 653, 684
ハドリアヌス帝 284
バボレン（サン＝モール＝デ＝フォッセ修道院長，聖者） 536
ハメンシス（サン＝ドニ修道院長） 305, 306
パラード（オーセル司教） 159, 364
パラティーノ，ジョヴァンニ・バッティスタ 29, 128
バリューズ，エティエンヌ 25, 29, 55–7, 60, 96, 139, 152, 157, 158, 167, 174, 175, 179, 183, 195, 214, 224, 244, 250, 284, 294, 316, 337, 338, 348, 358, 359, 368, 375, 378, 381, 383, 391, 392, 394, 408, 413–6, 421, 440, 502, 520, 552, 568, 616, 634, 670, 685–7, 689, 690
バルテルミ（マルムーティエ修道院長） 133, 249
――（リヨン司教） 276
――（ラン司教） 305
バルドイノ，ジュゼッペ 478
バルナール（ヴィエンヌ司教） 170, 358
ハロアンデル，ゲオルグ 486
バロニウス 72, 79, 85, 86, 88, 152, 157, 174, 351, 356, 357, 364, 365, 373, 374, 387, 430–2, 677
パンヴィニウス 356
パンキローリ 99, 397
パンドルフォ4世（カプア君主） 654
ハンニバル 303
ビード（ベーダ） 14, 20, 67, 68, 72, 78, 127, 149, 150, 320, 339, 344–7, 351, 354, 358, 359, 365, 396, 419, 451, 510, 516, 644, 646, 701
ピィ2世（教皇） 125, 163, 321, 554
ピエール（モゥ司教） 146
――（ヴォ＝ド＝セルネの） 687
――（サン＝レミ修道院長） 203
――（タランテーズ司教） 307
――・ド・シャトヌフ 687
――・ド・ブロワ（ロンドン副司教） 68, 89, 269, 429
――（ポワティエ司教） 405
――・モリス（クリュニ修道院長，通称尊者ピエール） 105, 106, 111
――（ランス大司教） 95, 307
ピエトロ（ミラノ司教） 311, 375, 448

――(グァルディアルフィエラ司教) 328
――・ダミアーニ 184, 215, 271, 272, 289, 388
――・ディアコノ 133, 670
ヒエレミアス(サンス大司教) 252
ヒエロニムス(聖者) 61, 103, 105, 117, 119, 124, 128, 130, 132, 142, 157, 408, 464, 468, 496, 502
ピオ，ロドルフォ 476
ビゴ，エメリック 153
ビスコップ(ウィアマス修道院長) 72, 73
ピストリウス 227
ヒックス，ジョージ 11, 13–26, 127
ピトゥ 350
ビニョン，ジェローム 56, 58, 59, 139, 243, 250
――，ジャン・ポール 10
ピノン，ジャック 343
ピボン(トゥル司教) 305
ビュイソ，ピエール 106, 706
ビュデ 486
ヒラリウス 126
――(ポワティエ司教, 聖者) 478, 479
ヒルデベルト(パドヴァ司教) 689
ヒルデボルト(ケルン大司教) 249
ピロス(コンスタンティノープル総大主教) 337
ブーシュ，オノレ 190, 191, 292, 299, 452
ファウストス 133
――リエズの 347
ファブリ，ジロラモ 111, 678
ファル(ファルムーティエ修道院長) 64, 214
ファルドルフス(サン=ドニ修道院長) 698
フィリップ1世 96, 115, 143, 179–81, 200, 203, 205, 210, 211, 225, 234, 235, 238, 240, 241, 248, 249, 256, 257, 265, 276, 282, 283, 288, 296, 301, 307, 315, 318, 319, 329–31, 348, 349, 353, 367, 369, 370, 388–90, 396, 398, 399, 404–6, 408, 451, 514, 614, 618, 619, 693
――2世(尊厳王) 17, 90, 181, 182, 259, 280, 286, 289, 296, 299, 306, 343, 389, 390, 462, 626–8, 687
――3世 146, 239, 286, 287, 318, 319, 628
――4世(美男王) 94, 239
――5世(長身王) 296, 705
――6世 146, 287, 290
――(ヴェルマンドワ伯) 299
――・ダルザス(フランドル伯) 298
――(トロワ司教) 277
――(フランドル伯) 269, 277
――(ルイ6世の息子) 390
――・ド・コミーヌ 555
フェイランド(ヒスパニア王) 322
フェリーチェ(トレヴィーゾ司教) 79
フェッラリ，フランチェスコ・ベルナルド 154, 159, 337
フェリチアーノ(スカラ司教) 120
フェリックス(ナント司教) 104, 157
――(ツブザック司教, 聖者) 677
フェルナンド1世(カスティリャ・レオン王) 634
――・ゴンザレス 409
フェロリウス，ブラシウス 520
フォール，アントワーヌ 421, 520, 696
フォティオス(コンスタンティノープル総大主教) 74
フォルカン(サン=ベルタン修道士) 62, 98, 371, 372, 380, 441, 534, 554, 594
フォルクリクス(トリーア司教) 666
フォルチュナ，ヴナン 105, 127, 251, 470
フォルモーズ(教皇) 355, 357
フォルラド(サン=ドニ修道院長) 374
フォワ，アントワーヌ 522, 523
フォンタニーニ，ジュスト 13
ブキャナン， 12
ブシャール 265
――(コルベイユ伯) 319
――(ヴァンドーム伯) 707
――(サン=バール=ド=ヴェルズィ修道院長) 331
ブテル 123, 239, 240, 281, 282, 294, 458, 526
プト 106, 387, 480, 481, 634
プトレマイオス 100, 103
ブノワ2世(教皇) 640
――3世(教皇) 107, 114, 133, 156, 264, 270, 307, 331, 355, 357, 387, 641, 644, 648, 684
――8世(教皇) 356, 684
――(アニアーヌ修道院長) 253, 341
――(聖者) 82, 157, 371
フュルクラン(ロデーヴ司教, 聖者) 342, 386
フュルステンベルク，フェルディナント・フォン 172, 173, 381, 687
ブライディングス(マコン司教) 673
ブラヴィウス・エルヴィギウス(西ゴート王) 226
プラウトウス 126
プラキデス・ヴァレンティニアヌス 239
プラトン 53
ブランカ，ヘロニモ 336, 396, 409, 410, 634
フランコ(パリ司教) 256
ブランシュ・ド・カスティーユ 183, 518, 552
フランゼス 118
フランソワ1世(仏王) 147, 290, 291
フランチェスコ・デ・ピサ 292
フリードリヒ1世(赤髭王) 94, 322
――2世 189, 290
フリスゴット 105, 270
ブリソ 84, 139, 456, 677–9

ブリソン，バルナベ　96, 99, 102, 108, 158, 327
ブリチェッリ　99, 101, 121, 167, 175, 188, 197, 224, 276, 310, 340, 352, 356, 363, 375, 381
プリニウス　99, 100, 102, 103, 107, 110, 117, 118, 126, 129, 377
プリヌウス，ウィリアム　620
ブリュヌオ（王シジュベール1世の妃）　71, 74, 162, 223, 229, 230
フルク（ランス大司教）　255, 382
——（ボーヴェ司教）　307
——（アンジュ伯）　209, 296, 300, 405
フルゲンティウス（聖者，ルスパエ司教）　150
プルタルコス　239
プルデンティウス　474, 475
ブルノ（ラングル司教）　203
——（シャルトルーズ修道会）　87
フルベール（シャルトル司教）　204, 205, 256, 263, 333, 365, 387, 388
フルラド（サン＝ドニ修道院長）　63, 95, 298, 333, 656, 697, 698, 701-3
ブレウェルス　167
フレクルフ（リジュ司教）　157
フレデゲール・スコラスティック　251, 340, 371, 530, 692
プレテクスタ（ルーアン司教）　88
フレデゴット（王シルペリック1世の妃）　616
フロヘール，マルカルト　187
ブロワー　167, 336, 345
ブロウェルス　658
プロクロニウス・ラヴィニョニウス（サン＝ナボッレ修道院長）　430
プロコピウス（プロコピオ）　80, 242, 243, 280, 326, 409, 451, 587
プロスペル　350
フロタール（トゥル司教）　63, 95, 204, 206
フロダン（ノヴァレーゼ修道院長）　92
フロティエ（ニーム司教）　153
フロドアール　71, 76, 81, 229, 276, 383, 384, 552
フロドワン（コルビ修道院長）　664
——（サン＝ロメ＝ムーティエ修道院長）　96
プロモ（シャトダン司教）　364
フロラン　59, 95
フロリアヌス　155
ブロリウス，ジャック　102, 169, 482
フロルス　516, 517
ブロンデル，ダヴィド　389, 430
フロントン・デュック　357
ベアトリス（ギーヌ伯夫人）　301, 307
ベイアスウルフ（マーシア王）　193
ベイアンレッド（マーシア王）　193

ベッラルミーノ　431
ベッロッティ　428
ペトラルカ　100, 409, 512
ペパン3世（短躯王）　149, 151, 161, 162, 164-6, 173, 174, 190, 222, 236, 246, 252, 281, 284, 287, 295, 306, 307, 317, 318, 328, 329, 368, 373, 374, 416, 420, 421, 423, 554-7, 684, 695, 697, 701
——1世（アキテーヌ王）　189, 280, 379, 393, 580
——2世（アキテーヌ王）　240
——（シャルルマーニュの息子，イタリア王）　171, 197, 290, 318, 350, 375, 562
——・デルスタル　666
ペピダン　410
ヘプバーン，ジェイムズ・ボナヴェンチャー　122
ヘメレウス　247
ベラム（ハンガリー王）　204, 291
ペラール，　57, 76, 77, 149, 158, 174, 175, 178, 181, 184, 189, 197, 203, 222, 237, 238, 240, 253, 254, 262-5, 277, 299, 301, 302, 323, 331, 358, 359, 363, 369, 370, 375, 376, 380, 382, 385, 390, 393, 401, 402, 444, 613, 706
ヘラクレイオス帝　108, 115, 216, 359, 644
ベランジェ（皇帝）　247
——（ヴェルダン司教）　353, 365
ベリ，ジャン　90, 176, 196, 201, 224, 316, 333-5, 342, 385, 389, 404, 405
ペリグリノ，カミッロ　119, 654
ヘリマン（ケルン大司教）　361
ベルタン（サン＝ベルタン修道院長）　371
ベルティエ（ヴィエンヌ司教）　169
ベルト（フィリップ1世の妃）　389
ベルトール（トゥル司教）　262
ベルトアルドス（サン＝ドニ修道院長）　696
ベルトラド（ペパンの妃）　374
——（王フィリップ1世の再婚妻）　389
ベルトラン（ル＝マン司教）　145, 158, 219, 275, 297, 364
ベルトロワ（アミアン司教）　310
ベルナール（ソレーム修道院長）　96, 157
——（アンブラン大司教）　270
——・ギィ（ロデーヴ司教）　342
——（クレルヴォ修道院長）　155, 204, 258, 277, 278, 303, 310, 311, 406
——（セプティマニア公）　211
——（トールーズ伯）　337
——（ブラ＝ラベイ修道院長）　94
——（ペリグ伯）　608
——（ボーヴェ伯）　608
——（マルムーティエ修道院長）　115, 402, 436
——（マコン司教）　673

ベルナルド(イタリア王) 379
——(トレド司教) 634
ペルペチュ(トゥール司教) 59, 81, 95, 158, 419
ヘルマン・コントラクトス 382
ペレス, ホセ 13
ペレスク, ニコラ 280, 294
ヘレフリドス(オータン司教) 707
ベレンガリオ帝 111
——・デ・ムロス(タラゴナ大司教) 347
——(ロンバルディーア王) 192
ヘロディアノス 103
ヘロドトス 100
ヘンシェン 340, 371, 373, 374, 554
ヘンリ 1 世 320, 335
——2 世 335
——3 世 60, 262, 320, 321, 622
——4 世 296
——6 世 321
——7 世 60
——8 世 272, 290
ボードワン敬虔伯 298
——7 世(フランドル) 298
——強力伯 301
——・ド・モンス(フランドル伯) 301
——(ノワイヨン司教) 308
——(フランドル伯) 342, 389, 417
ポール 1 世(教皇) 57, 149, 204, 269, 309, 310, 355, 357, 554, 684, 701
——2 世(教皇) 151, 164, 271, 555
——3 世(教皇) 29, 476
ホアン 1 世(カスティリャ・レオン王) 347
ボイース, ヘクター 12
ボエモン(アンティオキア公) 272, 292
ボスケ 73, 358
ボスコ, ヨハネス・ア 191
ホスロ(ペルシア王) 115, 116
ボゾン(プロヴァンス王) 191, 240, 392, 398
——(シャロン=シュル=ソーヌ司教) 406
ボッカチオ, ジョヴァンニ 512
ボドニヴィ 370
ボドリ(作家) 247
——(カンブレの) 442
ボニファーティウス(マインツ司教, 聖者) 68, 73, 78, 100, 120, 124, 149, 151, 166, 221, 222, 230, 232, 318, 336, 346, 364, 365, 373, 401, 555, 658, 683, 697
ボノーム(エール=シュル=ラドゥール司教) 706
ホノリウス 1 世(教皇) 70, 73, 268, 359, 451, 644, 648
——2 世(教皇) 358, 405
——3 世(教皇) 143, 311
——(カンタベリ司教) 359, 644

——帝 216, 701
ホメロス 101, 121
ボラント, ヨハン 78
ポリツィアーノ 486
ホルスト, ルーカス(ヴァティカーノ図書館長) 108, 476, 478
ポルタ, ヨハネス・バプティスタ 670
ポルフィリウス(ガザ司教) 79
ポンスィオ(マリョルカ司教) 94
ポンス 2 世(ヴィフ伯) 386
ボンネ(クレルモン司教) 242, 251

マ 行

マーシャム, ジョン 14, 67, 78, 419
マクシミリアン(オーストリア公) 319
マゲナリウス(サン=ドニ修道院長) 698
マシュー・パリス 91, 120, 262, 264, 273, 297, 335, 622
マソン, パピール 271, 296, 357
マダウルス 241, 310, 360, 369
マッテーオ(アルバ司教) 151, 306
マティユ(サン=ドニ修道院長) 287
——(ブルテイユ修道院長) 438
マドックス 14
マナセ 1 世(ランス大司教) 305
——2 世(ランス大司教) 58, 89, 307
——(ギーヌ伯) 299
——(ルテル伯) 205
マヌエリス・コムネヌス 98, 217
——・パラエオログス 121
マビニウス(ランス大司教) 76
マビヨン, ジャン 3, 7, 9-11, 13-26
マラン(教皇) 94, 108, 109, 355, 358, 684
マリ, ジャンバチスタ 128
マリアナ, ホアン 292, 555, 634
マリアン・スコット 347, 373, 434
マリアベッキ, アントニオ 29, 460, 472, 476, 478, 486
マリウス・メルカトール 212
——(アヴァンシュの) 350, 677
マリケリヌス・コメス 677
マリニアーノ(ラヴェンナ大司教) 57, 67
マリンクロート 249
マルカ, ペドロ・デ・ 347, 685
マルキアヌス帝 160, 239
マルキュルフ 55, 56, 58, 75, 81, 96, 139, 161, 163, 195, 202, 203, 213, 214, 216, 220, 233, 419, 423, 435
マルシコ, レオーネ 174
マルセラン(アンブラン司教) 341
マルタン 1 世(教皇) 70, 105

マルティアヌス帝　216
マルティアリス・ガルギリウス　670
マルナヴィティウス　430
マルロ　89, 177, 237, 238, 288, 314, 318, 319, 373, 388, 427, 608, 650, 662
マロ　690
マンリク　437
ミカエル2世(ビザンツ帝)　290
ミドルズブラ、ポール・オヴ・　358–60
ミュラー　634
ミロ(ソワソン司教)　315
——(テルアンヌ司教)　332
ミロモン　289
ムモラン(ノワイヨン司教)　371
メイバウム　188, 392
メウルシウス　337
メナ(コンスタンティノープル総大主教)　327, 336
メナージェ、ジル　202, 343
メナール　295, 500, 506
メロル(ル=マン司教)　398, 416
モール(サン=モール=デ=フォッセ修道院長, 聖者)　224, 342
モラーレス、アンブロシオ・デ　58, 145, 226, 262, 322, 348, 409, 451, 634
モリス(アンジェ司教, 聖者)　276
モリネ、シャルル　146
——, クロード　174, 278, 290, 292
モンコニ　338
モンタノ(トレド司教)　204
モンフォーコン、ベルナール・ド・　13
モンブル(聖者)　81

ヤ 行

ユエ　407
ユグ(クリュニ修道院長)　87
——・カペ(カペ王)　177, 178, 222, 235, 237, 255, 256, 282, 286, 295, 296, 303, 318, 369, 386, 399, 611, 612, 616
——(サ=ヴィクトール修道院長)　299
——(サン=ドニ修道院長)　696
——(シャンパーニュ伯)　203, 406
——(ソワソン司教)　203, 258
——(トゥール司教)　257
——・ド・ペロンヌ(コルビ修道院長)　278
——(ヌヴェール司教)　366
——(ブザンソン司教)　159, 276
——(ブルゴーニュ公)　402
——(ルーアン司教)　202, 298, 299, 306, 696
——・ル・グラン　196, 608
ユスティニアヌス帝　84, 108, 117, 163, 216, 242, 284, 297, 327, 336, 356, 434, 456, 486, 526
ユスティヌス1世(皇帝)　84, 326, 679
——2世(皇帝)　281
ユダ(イスカリオテの)　219, 220, 222–6, 231, 232
ユダルリック　156, 344
——(サン=ミシェル=シュル=ラ=ムーズ修道院長)　347, 438
ユディット(ルイ敬虔王の妃)　185, 552
ユベール　685
——(トングル司教)　342
ユルバン2世(教皇)　241, 271, 272, 296, 305, 307, 310, 316, 331, 347, 359, 361, 362, 396, 405, 638, 652, 683–5
——3世(教皇)　90, 155
——8世(教皇)　164

ラ 行

ラーキ(ロンバルディーア王)　192, 395
ライナルディ、ドミニコ　268–70, 272
ライプニッツ、ゴットフリート・ヴィルヘルム　11, 13
ライモ(オルレアン司教)　602
ラウール(メッス司教)　154
——(ヴェルマンド伯)　256
——(カロリング王)　176, 177, 234, 255, 276, 382, 383, 402, 606, 607, 705
——・グラベル　295, 387
——(サン=ベルタン修道院長)　594
——(ソワソン伯)　200, 299, 308
——(ブールジュ司教)　155
——(ブルグンド王)　255
ラカリ、ジル　387
ラジャンバール(アルル司教)　84
ラクタンティウス　66, 157, 184, 239
ラジネルム(ノワイヨン司教)　313
ラップ　25, 158, 173–8, 181, 187, 214, 234, 237, 255, 257–9, 287, 292, 310, 328, 353, 370, 382, 383, 393, 401, 406, 431, 452
ラディスラス(ハンガリー王)　266
ラテリオ(ヴェローナ司教)　496
ラドゴンド(聖女)　61, 63, 64, 72, 77, 83, 219, 370, 419, 447, 448
ラトボ(ノワイヨン司教)　305, 332, 408
ラトラヌ　151
ラトルド(コルビ修道院長)　506, 507
ラヌール(サント司教)　405
ラノワ、ジャン　212, 425, 427, 431, 693
ラバヌス(フルダ修道院長)　323
ラバン、モール　127, 144, 164, 207, 208, 239, 339, 407, 408, 500, 501, 506, 634, 670

ラミーロ（アラゴン王）　232, 396, 397
ラルフ・オヴ・ダイシード　226
ランドリック（マコン司教）　316
ランドリ（パリ司教）　310, 689
ランドルフォ（ベネヴェント公）　265
――（ベネヴェント司教）　359
ランフランク　198, 512
ランベール（アングレーム司教）　257
――（皇帝）　290
――（サン＝ベルタン修道院長）　62, 441
――（ノワイヨン・トゥールネ司教）　277
――（フルーリ修道院長）　402, 666
ランベック，ペーター　30, 526, 676, 678
リヴィウス　111, 303, 339
リウタルド（ミラノ司教）　308
リウド（ヌヴェール司教）　311, 673
リウトプランド（ロンバルディーア王）　111, 191, 395
リウトベルト（マインツ司教）　254, 673
リウトワルド（ヴェルチェッリ司教）　254
リオリン（ウェールズ王）　290
リカルド（アルバ司教）　652
――・デ・サン・タンジェロ　522
リキニウス帝　66
リキュイヌス（トゥル司教）　204
リシェ（ヴェルダン司教）　305
リシャール（ブールジュ司教）　276
――（コンピエーニュ修道院長）　306
――（ソワソン司教）　620
――（ノルマンディ公）　405
――（プレオ修道院長）　514
リチャード（カンタベリ司教）　68, 89, 223, 268, 269
――（イギリス王）　226
――1世（イギリス王）　296, 320, 321
リナルディ，オドリコ　555, 687
リプシウス，ジュストス　670
リュイナール，テオドール　9
リュペール　344
リュリック（ルーアン大司教）　311
ルードヴィヒ2世・ドイツ王　69, 143, 186, 189, 190, 236, 318, 379–82, 393, 394, 581
――2世　394
――3世（幼童王）　156, 285, 392, 604
ルーブス・プロトスパタ　364
ルイ敬虔王　7, 23, 59, 60, 76, 78, 83, 120, 123, 129, 130, 155, 167, 170, 173, 174, 184, 185, 187, 191, 201, 204, 206, 211, 224, 233, 235, 237, 239, 240, 246, 250, 253, 254, 280, 283, 287, 290, 291, 294, 308, 318, 330, 333, 352, 358, 368, 374, 376–9, 392, 393, 398, 415, 416, 430, 448, 451, 452, 470, 492, 498, 514, 552, 562, 566, 568, 572–9, 660

――2世　186, 187, 216, 225, 234, 235, 247, 250, 293, 295, 326, 392, 394, 417, 641, 644, 705
――3世　191, 254, 380, 398
――4世（海外王）　177, 182, 237, 255, 333, 342, 369, 383, 384, 603, 608, 609, 705
――吃王　175, 254, 285, 380, 392, 504, 596–8
――5世　315, 603
――6世（肥満王）　61, 145, 146, 151, 180, 181, 200, 205, 225, 238–40, 248, 256–8, 286–8, 305–7, 315, 316, 318, 319, 325, 330, 349, 354, 370, 389, 390, 398, 399, 405, 620, 621, 622, 705
――7世（若王）　61, 93, 181, 182, 200, 240, 256, 258, 259, 280, 286–90, 299, 305, 306, 319, 330, 370, 390, 516, 622, 624, 626
――8世　182, 259, 260, 286, 306, 390, 628–30
――9世（聖王）　29, 93, 116, 146, 182, 183, 239, 256, 260, 286, 287, 289, 300, 307, 318, 321, 390, 453, 518, 526, 620, 626, 628, 630–3
――10世（強情王）　111, 287, 296, 705
――11世　151, 164, 319, 554, 555
――12世　147
――盲目王　240
――3世（フランドル伯）　300
――（サン＝ドニ修道院長）　664, 666
ルゥ（フェリエール修道院長）　125, 152, 164, 179, 496, 664
――（トロワ司教，聖者）　155
ルオトベルト（メッス司教）　331
ルキウス3世（教皇）　203
ルキウス・スキピオ・バルバトス　142
ル・コルヴェジエ　145, 158, 275, 416
ル・コワント　25, 165, 167, 171, 172, 174, 191, 275, 317, 377, 432, 538, 547, 568, 692–4, 697–9, 702, 703
ルッジェーロ（シチリア王）　94, 111, 192, 217, 291
――（シチリア・カラーブリア伯）　192, 321, 395, 396, 406
――・ギスカルド　121
ル・テリエ，モリス（ランス大司教）　62, 440
ルドルフ2世（皇帝）　634
ルネ・ダンジュ（シチリア王）　289
ルノ（ランス大司教）　58, 205, 314
――（ブルゴーニュ公）　402
――（ラングル司教）　262
ルプレヒト（皇帝）　307
ルベウス　108, 701
ルミノーソ（サン＝トマーゾ修道院長）　71
ル・ミル　25, 237, 253, 317, 391, 432, 434
レーヴェンクラウ　216, 634
レイドラド（リヨン司教）　77
レウテリクス（サンス司教）　204

レウトカリウス(コルビ修道院長) 492
レオ(皇帝) 116, 118, 217, 364, 678, 699, 701
レオーネ(ラヴェンナ大司教) 128, 325, 331, 364, 654, 655
レオデゲール(ブールジュ司教) 328
レオナト(カサウリア修道院長) 518
レオビヒルド(西ゴート王) 79
レオベファリウス(サン=ドニ修道院長) 694
レオ1世(大教皇) 84, 149, 150, 152, 154, 160, 269, 346
——2世(教皇) 452
——3世(教皇) 111, 167, 168, 204, 241, 332
——4世(教皇) 641
——9世(教皇) 69, 88, 241, 264, 270, 310, 331, 356, 360-2, 650-2, 684
——(アルル司教) 203
レカレド(西ゴート王) 81
レジェ(オータン司教・聖者) 98
レジノン(プリュム修道院長) 55
——(メッスの作家) 186, 373
レセンディウス, アンドレアス 347
レタルド(ミシの修道士) 602
レミ(ランス大司教, 聖者) 81, 157, 384
——(リヨン司教) 155, 314
レモン(アジャン司教) 257
——(ブルゴーニュ公) 402
ロージャ・オヴ・ホウデン 296, 320, 348
ロアイサ, ガルシア 324
ロヴェリウス, ピエール 75-76
ロウセア(ケント王) 346
ロクラン(ヌヴェール司教) 263
ロゲリウス(トリーア司教) 255
ロジェ(シャロン=シュル=マルヌ司教) 331
——(シャロン=シュル=ソーヌ司教) 388
ロスウェイ 339
ロタリオ(ロンバルディーア王) 101, 121, 191, 395
ロッコ・ピッロ 90, 111, 192, 321, 336
ロテール(カロリング王) 145, 224, 235, 399, 486
——1世 86, 125, 131, 167, 173, 174, 185-7, 190, 235, 237, 240, 280, 284, 285, 295, 376-9, 392-4, 413, 422, 432, 514, 578, 579, 582, 610, 641, 644, 705
——2世 186, 187, 285, 381, 382, 394, 395, 404, 413, 415, 584
——(シャルル単純王の甥) 234
——(ルイ海外王の息子) 177, 237, 255, 285, 286, 306, 315, 342, 369, 384, 385, 404, 405, 610, 611, 613

ロティルド(ファルムーティエ修道院長) 514
ロトボド(トリーア司教) 276
ロトマン(オータン司教) 314
ロトラード 341, 352-4
ロトラヌス(アルル司教) 673
ロドリーゴ(トレド司教) 347
ロドリック(サン=ベルタン修道院長) 441
ロドルフ(サン=リキエ修道院長) 113
ロノワ, ジャン・ド・ 228, 390
ロバート(セント=アルバン修道院長) 335
——2世・ステュアート(スコットランド王) 12
ロバルド(ミラノ司教) 310
ロベール1世(カロリング王) 383
——2世(カペ王) 178, 179, 205, 209, 210, 216, 222, 225, 235, 237, 238, 241, 248, 255-7, 263, 282, 286, 295, 296, 316, 318, 319, 342, 353, 367, 370, 376-8, 417, 613-5, 618
——1世(フランドル伯) 298
——(ヴェズレ修道院長) 146
——(ソキシランジュ修道院長) 406
——・ド・クレルモン 287, 300
——(ブルゴーニュ公) 299
ロベルト(ウィーン大司教) 322
ロマン(ルーアン司教) 251
ロミュアル(カマルドリ修道会) 87
ロメ(聖者) 18
ロリク(ラン司教) 305
ロリコン(ラン司教) 365, 662
——(修道士) 282
ロレンツォ, デ・メディチ 472, 473, 478, 479
ロワゼル 146, 259

ワ 行

ワニロ(ウェニロ)(サンス司教) 311, 666
ワラ(コルビ修道院長) 164, 223, 240, 431
ワルベール(ノワイヨン司教) 276
ワルダレン(ベーズ修道院長) 96
ワルテル(シャロン=シュル=ソーヌ司教) 331
ワルト(サン=ドニ修道院長) 698
ワルド(ザンクト=マクシミーン修道院長) 664
ワルドベール(ノワイヨン司教) 307
ワルフレッド(パラッツォロ修道院長, 聖者) 654
ワロ(メッス司教) 156
——(オータン司教) 382, 416
ワンダルベルト(プリュム修道院長) 339

地名索引

ア 行

アアヘン　156, 172, 365, 368, 376, 379, 398–400
アヴァンシュ　350, 677
アヴィニョン　191, 270
アウサ(ビーク)　416
アイルランド　153, 416
アキテーヌ　93, 173, 181, 205, 211, 240, 256, 280, 286, 299, 306, 315, 316, 333–5, 343, 376, 383, 393, 404, 405, 580, 622, 626, 706
アグド　67, 526
アゴーヌ　452
　　サン=モリス修道院　452
アジア　150, 339, 346
アジャン　257
アスティ　150
　　聖堂教会　150
アズラック　452
アターヌ(サン=ティエリ)修道院　63, 200, 219, 278, 419
アッティニ　376
アティナ　151
アテネ　346
アドリアノポリス　327
アニアーヌ修道院　185, 253, 254, 341, 416
アプリア　192, 364, 396
アフリカ　68, 160, 358, 447, 454, 478
アマルフィー　486
アミアン　89, 146, 152, 212, 328, 332, 352, 427, 458, 516, 594, 662, 666
アラゴン　94, 232, 316, 347, 397, 409, 410, 634
アルザス　307
アルジャントゥイユ修道院　205, 386
アルタイハ修道院　171
アルトキルシュ　438
アルバ　363
アルバノ　152, 306
アルビ　113, 153, 386
アルビジョワ　687
アルプス　209
アルメニア　150
アルル　68, 70, 72, 74, 82, 84, 151, 203, 262, 273, 348, 350, 351, 396, 452, 540, 554, 673, 687
アレクサンドリア　80, 85, 152, 336, 697
アレッツォ　269, 504
　　サン=ドナート修道院　504
アレマニア　381

アンキラ　66, 484
アングリア　60, 61, 78, 121, 138, 184, 193, 223, 226, 261, 262, 264, 272, 288, 296, 300, 320, 321, 324, 335, 336, 346, 383, 391, 396, 419, 424, 683
アングレーム　252, 257, 301, 405
　　サント=クロワ修道院　301
アンジェ　212, 276, 290, 343, 396, 705
　　トゥ=サン修道院　290, 343, 396
　　サン=トバン修道院　435
アンジュ　209, 296, 300, 321, 380, 405
アン修道院　277
アンティオキア　217, 272, 292, 405
アントウェルペン　522
アンブラン　270, 341, 687, 694
アンブロネ修道院　277
イエルサレム　152, 189, 298
イタリア　13, 69, 70, 100, 108, 123, 125, 129, 158, 170, 186, 187, 190–2, 197, 204, 206, 210, 216, 217, 235, 243–5, 247, 253, 261, 310, 336, 340, 350, 352, 357, 364, 368, 374–7, 379, 381, 391, 392, 395, 398, 403, 524, 562, 634, 678
イベリア　118
イングランド　12, 13
インスブルック　674
ヴーヴァン　404
ヴァイイ　302
ヴァッロンブローサ修道院　134, 359
ヴァブル　383
ヴァランス　275
ヴァレンシアナ(写本)　697
ヴァンドーム　154, 266, 316, 397, 706, 707, 708
　　ラ=トリニテ修道院　706
ヴァンヌ修道院　331
ウィーン　30, 120, 125, 322, 676, 678
ウィアマス修道院　72
ヴィエルゾン　301
ヴィエンヌ　83, 169, 170, 191, 202, 203, 275, 357, 358, 398, 419, 452, 687, 701
　　サン=タンドレ修道院　83, 419
　　サン=トゥデール修道院　357
ヴィエンヌ=ル=シャト　119, 307
ヴィフ　386
ヴィム　380
ウェールズ　79, 290
ヴェクサン　666
ウェストミンスター　60
ヴェズレ修道院　146, 305, 408, 684, 685, 706

地名索引

ヴェネツィア　29, 90, 129, 512
ヴェルジ　319, 382, 392, 398
ヴェルダン　60, 87, 129, 151, 156, 200, 233, 249, 263, 270, 305, 325, 353, 361, 365
　　サン=ミイエル修道院　60, 129, 156, 200, 233
　　サン=ヴァンヌ修道院　270, 361
ヴェルチェッリ　254
ヴェルデン修道院　124
ヴェルノイユ　536
ヴェルベリ　155, 391
ヴェルマンド修道院　277
ヴェルマンドワ　256, 299
ヴェローナ　108, 190, 496, 634
　　サン=ゼノ=マッジョーレ修道院　190
ヴォージュ　156
ヴォ=ド=セルネ修道院　687
ヴォルトゥララ=イルピナ　328
ヴォルムス　218
ウスター　194
ヴルトゥルノ　253
ウルヘル　383
エール=シュル=ラ=リス　265
エール=シュル=ラドゥール　706
エーレン　52
エヴルゥ　606, 673
エクス=アン=プロヴァンス　687
エジプト　102–10, 114, 117, 266, 480, 530, 638, 641, 644, 646, 676, 678
エズベイ　696
エタンプ　399
エティオピア　281
エトルリア　52, 90, 100
エノ　522
エフェソス　204, 212, 327
エルヌ　383
オーヴェルニュ　177, 342
オージュ　299, 301, 332
オーストリア　319
オーセル　56, 159, 178, 296, 311, 313, 315, 364, 384, 385, 408, 608, 660, 673
　　サン=ジェルマン修道院　56, 178, 311, 315, 408, 438
　　サン=テティエンヌ司教座聖堂　385
オータン　71, 98, 156, 158, 228–31, 314, 378, 382, 416, 547, 596, 602, 706
　　サン=ジェルマン修道院　158
　　サン=ジャン=ル=グラン修道院　71
　　サン=タンドーシュ修道院　71
　　サン=ナゼール司教座聖堂　596, 602
　　サン=マルタン修道院　71

オストラジ　163, 186, 530, 604, 693
オスナブリュック　171, 252, 253, 398, 564
オリアンテン修道院　60
オリニ=サント=ブノワット修道院　229
オルレアン　74, 75, 96, 156, 212, 217, 230, 231, 257, 313, 317, 341, 346, 350, 351, 527, 547, 602, 666, 685
　　サン=テニャン修道院　685
オロン　244
オロンヌ　417
オンヌクール　372

カ 行

カーヴァ=デ=ティッレニ　291, 524, 525
カオール　67, 283
ガザ　79
カサウリア（ペスカーラ）　69, 70, 197, 216, 225, 293, 295, 296, 326, 392, 417, 432, 441–3, 514, 518, 519
　　サン=クレメンテ修道院　63, 401, 403, 442
カサレ=モンフェッラト　101
ガスコーニュ　706
カスティーリャ　322, 409, 634
カスリス　478
カターニア　395, 406
ガダラ　327
ガティネ地方　514
カプア　119, 654, 686
　　サンタ=マリア女子修道院　686
カラーブリア　121, 191, 192, 321, 364, 395, 396, 406
ガリア　5, 27, 61, 64, 69, 73, 77, 81, 82, 87, 104, 105, 107, 108, 126, 129, 131, 144, 146, 149, 151, 154, 170, 187, 216, 224, 261, 275, 278, 314, 317, 324, 330, 341, 343, 345, 346, 348–51, 364, 365, 374, 381, 390, 401, 403, 415, 420, 435, 439, 445, 447, 448, 492, 526, 527, 634, 646, 683, 686, 696
ガリアータ　357, 701
　　サン=ヒラリオ修道院　357, 701
カリアリ　65
カルカソンヌ　646
カルケドン　154, 160, 204, 216, 327, 526, 527
カルタゴ　61, 68, 69, 153
カルトジオ修道院　520
カルピ　474, 476
カルボーネ修道院　191, 395
カンタベリ　68, 78, 89, 223, 268, 269, 339, 348, 359, 496, 512, 555, 644
　　セント=オーガスティン教会　89, 268, 269
　　セント=セイヴィア教会　78
ガンデルスハイム　109
カンブレ　276, 442
ギーヌ　181, 222, 263, 265, 299, 300, 303, 307, 319,

379, 387, 398, 401
キエルジ 7, 244, 250, 368, 372, 380, 391
ギシアヌス(写本) 472, 473
キプロス 292
ギリシア 100, 122, 396, 486
キルタ 351
グァルディアルフィエラ 328
クエンカ 322
グニエズノ 275
クラッセ修道院 67
グランフイユ修道院 342
グランモン修道院 522, 523
クリシ 317
クリュニ 105, 177, 179, 180, 182, 238, 239, 359, 363, 383, 398, 552
——修道院 87, 222, 247, 322, 438, 634, 684
グルノーブル 202, 353, 359
クレシ=アン=ポンティユ 372
クレルヴォ修道院 155, 157, 277, 278, 303, 310, 406
クレルモン=フェラン 152, 201, 242, 251, 303, 324, 334, 342, 385, 406, 538
クロウランド修道院 60, 83, 98, 133, 193, 335
クロフェスホック 193, 396
ゲルマニア 84, 100, 170, 227, 330, 336, 364, 382, 395, 415, 425, 634, 687
ケルン 249, 339, 361, 372
ゲンゲンバッハ修道院 307
ケント 326, 346
ゴート 122
コーヌ修道院 189, 212, 572, 573
コリント 85
コルヴァイ修道院 171, 237, 295, 377, 564, 687
コルドバ 396, 634
コルビ 129, 278, 464–71, 484, 485, 490–4, 496, 497, 500, 501, 504, 505, 507–9, 516, 517, 534, 641, 646, 666
——修道院 61, 77, 107, 113, 114, 128, 144, 264, 278, 307, 310, 331, 357, 418, 664
　サン=ジャン教会 516
コルビ修道院(シャルトル地方) 666
コルベイユ 319, 353
コンシュ 383
コンスタンティノープル 61, 74, 84, 101, 140, 149, 150, 159, 160, 204, 327, 336, 337, 352, 447
コンピエーニュ 145, 146, 246, 247, 254, 255, 285, 290, 370, 372, 379, 380, 406, 423, 587, 614, 616, 620, 693, 695
　サン=コルネイユ修道院 61, 119, 144, 181, 206, 211, 277, 290, 299, 306, 308, 311, 398, 620
コンプルテンシ修道院 226

サ 行

サヴィニ修道院 378
サヴォニエール 155
ザクセン 149, 171, 564, 687
サビナ 98
ザルツブルク 57, 98, 118, 134, 154, 171, 173, 188–90, 247, 253, 326, 359, 362, 392, 394
サン=ヴァースト修道院 97, 252, 357, 418
サン=ヴァレリ=シュル=ソンム修道院 89, 427
サン=ヴァンヌ修道院 27, 604
サン=ガヴィーノ・サン=ルッソリオ修道院 65
サン=カレ修道院 76, 87, 214, 552
サン=カンタン 247
ザンクト=ガレン修道院 100, 139, 185, 263, 277, 292
サン=シャフル(カルメリ)修道院 240
サン=ジャン=ダンジェリ修道院 201, 266, 433
サン=ジャン=デ=ヴィーニュ修道院 330
サン=ジル修道院 277
サンス 155, 204, 212, 221, 252, 253, 257, 276, 295, 311, 313, 547, 568, 596, 666
　サン=コロンバン修道院 253, 257
　サン=ピエール修道院 221, 298, 310
サン=スヴェ修道院 706
サンタ=クリスティアーナ修道院 352
サンタ=ソフィア 192, 261
サン=タダラール修道院 278
サン=タプレ修道院 331
サン=タマン修道院 105, 317, 377
サン=タラシオ修道院 336
サン=タンジェロ 269
サン=タンドレ修道院 230
サン=チュベール=ダルデンヌ修道院 129
サン=ディウス修道院 336
サン=ティリユ 452
サント 88, 257, 316, 405
サン=ドニ修道院 15, 27, 29, 59, 60, 63, 67, 95–7, 102, 106, 107, 109, 114, 121, 128, 131, 142, 143, 145, 146, 155, 158, 159, 166, 172, 173, 200, 212, 220, 224, 240, 241, 246, 252, 253, 256, 257, 277, 278, 280–4, 286, 287, 290, 295, 298, 300, 302, 305, 306–8, 310, 311, 313, 317–9, 327, 329, 331, 333, 363, 373, 375, 379, 380, 386, 390, 391, 398, 399, 408, 419–23, 431, 452, 453, 496, 502, 508, 520, 530, 536, 554, 558, 566, 568, 578, 581, 582, 584, 594, 596, 597, 603, 604, 614, 616, 622, 626, 630, 634, 646, 656, 658, 660, 664, 666, 684, 689, 690, 692, 693, 694–9, 703, 704
サント=リュス修道院 332
サン=バール=ド=ヴェルズィ修道院 331, 344
サン=ピエール=オ=モン=ブラダン修道院 342, 387

サン=ピエール=ド=リオン分院 152
サン=ブノワ=ド=セシュ修道院 365
サン=ベルタン(シティユ)修道院 62, 98, 119, 186, 253, 254, 310, 312, 317, 371, 380, 432, 441, 443, 534, 554, 594, 641, 664
サン=ボナッレ修道院 430
サン=ミシェル=シュル=ラ=ムーズ修道院 249, 305, 316, 325, 347, 355, 361, 393, 404, 438, 604
サン=メクサン修道院 387
サン=モール=デ=フォッセ修道院 62, 182, 224, 256, 280, 287, 289, 296, 307, 319, 330, 369, 390, 402, 440, 536
サン=モリス修道院 156, 692
サン=リキエ(サンチュール)修道院 56, 62, 113, 145, 175, 225, 253, 254, 279, 379, 380, 387, 442
サンリス 257, 259, 319, 330
　　サン=ヴァンサン修道院 330
サン=リュシアン修道院 287, 299
サン=リュピサン修道院 75
サン=ルフロワ修道院 666
サン=ロメ=ムーティエ修道院 17, 18, 56, 96, 234, 313, 451
シエーナ 125
　　サン=サルヴァトーレ修道院 125
シェズィ修道院 234
シェル修道院 113, 442
ジェルミニ=デ=プレ 313, 364
ジェローヌ修道院 169, 173, 376
システロン 313
シチリア 65, 94, 111, 159, 189, 192, 202, 217, 289–91, 343, 395, 396, 406
シナイ 338
シャティヨン 298
シャトーダン 208–11, 249, 278, 351, 364, 405, 435
　　サント=マグダレーヌ修道院 278
シャト=シュル=セーヌ 398
シャミイ 372
シャルゥ修道院 666
シャルトル 55, 69, 109, 115, 154, 204, 205, 256, 257, 263, 285, 289, 298, 310, 312, 333, 365, 387, 388, 398, 399, 435, 436, 547, 550, 602, 603, 666
　　サン=ペール修道院 333
　　ノートル=ダム修道院 310, 312
シャロン=シュル=ソーヌ 158, 261, 275, 314, 315, 331, 381, 388, 406, 602, 666, 673
　　サン=ピエール修道院 388
シャロン=シュル=マルヌ 238, 240, 331
　　サン=ピエール修道院 238, 331
シャンパーニュ 27, 301, 348, 406, 435, 436, 440
シャンブリ地方 534, 694

ジャンブル 431
シュヴァイヒハウゼン 604
ジュヌヴォワ 265
ジュミエージュ修道院 316, 319, 696
ジョザファ修道院 256
スコットランド 12
ストラスブール 307
スペイン 13
スポレート 59, 197
ズレンシス 327
セーヌ河 702
セエ 313
セザンヌ教会 406
セビーリャ 217, 431
セプティマニア 185, 211
セリシット 396
セリニャック 261
セルヴェ 7, 244
セルシス 335
セント=アルバンズ 120
――修道院 335
ソールズベリ 89, 429
ソキシランジュ修道院 196, 349, 383, 405, 406
ソレーム修道院 96, 159, 310, 335, 355, 684
ソワソン 56, 76, 86, 96, 97, 120, 132, 147, 155, 156, 158, 178, 180–2, 203, 235, 241, 255, 258, 278, 288, 299, 302, 308, 313, 315, 334, 346, 353, 359, 364, 365, 369, 389, 391, 418, 427, 620, 662, 666
　　クレパン=ル=グラン修道院 278, 299, 308, 391
　　サン=メダール修道院 120, 228, 239, 254, 279, 357, 415, 427
　　ノートル=ダム修道院 56, 97, 147, 156, 158, 178, 181, 182, 235, 278, 315, 359, 369, 418

タ 行

タラゴナ 347
ダラム 263, 320
タランテーズ 307
チアロモンテ 191
チューリンゲン 149
チュソンヴァル修道院 694
ツブザック 677
ティオンヴィル 369
ディジョン 77, 87, 107, 156, 263, 277, 314, 343, 442, 448, 638
　　サン=テティエンヌ修道院 77, 314, 343, 448
　　サン=ベニーニュ修道院 107, 156, 263, 277, 315, 442, 448, 530, 594, 638, 640, 683
ティメール 398
ティル 260

ティロン修道院　115, 258
テゲルンゼー　120
テッサロニカ　87
テュセイ　155, 156, 313
テルアンヌ　153, 310, 312, 327, 332
テレプテ(テレンシシ)　56
ドイツ　13, 171, 291, 396, 446, 581
トゥール　56, 59, 61, 67, 68, 72, 73, 75, 77, 81, 86–8, 95, 97, 104, 105, 119, 127, 129, 133, 138, 139, 152, 157, 158, 202, 203, 210, 214, 219, 223, 242–4, 251, 253, 255, 256, 282, 294, 296–8, 318, 340, 341, 346, 362, 370, 373, 415, 419, 420, 462, 463, 502, 516, 527, 547, 554, 634, 689, 705–7
　　サン＝ジュリアン修道院　340
　　サン＝マルタン修道院　56, 67, 72, 73, 97, 119, 133, 158, 171, 210, 253, 255, 294, 296, 333, 348, 415, 702, 705
　　マルムーティエ修道院　115, 133, 209, 249, 253, 380, 402, 435, 436, 514, 515, 679
トゥールーズ　337, 343, 349, 379, 383, 688
　　サン＝セルナン修道院　379
トゥールニュ　107, 114, 159, 173, 174, 176–9, 185, 234, 235, 246, 254, 378, 379, 381, 382, 393, 408, 612
――修道院　270, 307, 309, 314, 370, 416
トゥールネ　57, 89, 94, 146, 154, 204, 276, 277, 310, 332, 338
トゥイ修道院　344
ドゥエ　580
トゥヌネンシス　346
トゥル　60, 63, 95, 145, 156, 201, 204, 212, 272, 276, 284, 285, 290, 305, 306, 360, 361, 379, 582
　　サン＝タベール修道院　145, 201, 212, 285
　　サン＝テーヴル修道院　60, 290, 335
　　サン＝マンシュイ修道院　276, 284, 305, 306, 361, 379, 582
トスカーナ　29, 134, 654
トリーア　52, 95, 155, 156, 165–7, 199, 255, 276, 664, 666, 676
　　ザンクト＝マクシミーン修道院　131, 165, 199, 411, 412, 420, 664, 676
　　ザンクト＝ゼルファーティウス教会　52
トリノ　167
ドル　88
ドルゥ　258, 319
ドルドーニュ　140
トルトナ　70, 73, 88
トレヴィーゾ　79
トレド　204, 217, 218, 226, 292, 324, 347, 634
トレブール　330
トロイア　110
トロリ＝ロワール　316, 393, 604
トロワ　145, 155, 156, 255, 276, 277, 301, 309, 369, 683
トロワ＝フォンテーヌ修道院　406
トングル　342

ナ　行

ナイル川　102, 103
ナヴァラ　410, 705
ナポリ　67, 169
ナルボンヌ　60, 96, 106, 176, 183, 255, 261, 263, 348, 391, 396, 572, 687, 689
ナンチュア修道院　378
ナント　104, 152, 154, 157, 660, 706
ニース　104
ニーム　153
ニカイア　116, 160, 211, 344
西ゴート　79, 281
ニス　231
ヌヴェール　94, 225, 263, 311, 366, 547, 602, 673
ヌストリ　207, 380, 530, 692–4
ヌミディア　57, 61, 478
ネール　283
――修道院　283
ネロンヴィル　596
ノートル＝ダム＝ド＝ラグラス修道院　646
ノヴァレーゼ修道院　72, 92–4, 694
ノジャン　203
ノナントラ　109, 504
　　サン＝シルヴェストロ修道院　504
ノルマンディ　288, 402, 405
ノワイヨン　146, 159, 276, 277, 305, 307, 313, 316, 332, 334, 371, 376, 379, 386, 393, 394, 408, 438, 604, 622, 662
　　サン＝テロワ修道院　146, 276, 277, 307, 308, 332, 334, 408, 438
ノワルムーティエ　357, 470

ハ　行

バーゼル　512
パーデルボルン　172, 173, 188, 235, 236, 249, 252, 292, 381, 393, 398, 415, 564, 687
バール＝シェル＝オーブ　364
バール＝ド＝ヴェルズィ修道院　307
バイエルン　171, 189, 190, 236, 326, 365, 376, 377, 393, 394, 451
パヴィーア　57, 58, 87, 152, 269, 270, 345, 358, 395, 448
ハヴェルベルク　155
パッティ修道院　321

パドヴァ　689
ハメルン　405
パラッツオロ修道院　654
パリ　69, 81, 87, 90, 95, 113, 120, 128, 129, 155, 169, 177, 180, 210, 212, 248, 252, 254–60, 262, 265, 277, 278, 282, 283, 290, 291, 295, 299, 304, 308, 310, 313, 327, 343, 349, 351, 364, 373, 390, 398, 399, 423, 427, 428, 438, 440, 462, 479, 482, 504, 518, 547, 554, 568, 613, 652, 658, 666, 689, 690, 701, 703, 704
　　サン=ヴィクトール修道院　259, 299, 518, 519
　　サン=ジェルマン=デ=プレ修道院　29, 62, 120, 134, 169, 176, 252, 257, 280, 283, 287, 289, 351, 381, 385, 390, 392, 428, 440, 460, 464, 492, 493, 510–5, 518–25, 558, 613, 616, 644, 666, 690
　　サント=ジュヌヴィエーヴ教会　291, 292
　　サン=マルタン教会　693
　　サン=マルタン=デ=シャン修道院　151, 178–83, 208, 211, 216, 225, 257, 296, 299, 307, 333, 390, 398
　　サン=ロラン教会　693
　　ソルボンヌ大学　521, 693, 696
パリシ　377
バルセローナ　337, 343, 383
パルトネ　405, 707
パレストリーナ　205
ハンガリー　204, 266, 291
ハンブルク　270
パンプローナ　348
バンベルク　153, 188
ピートル　158, 159, 239, 311, 664, 666, 673, 674
ピアツェンツァ　70, 316
ビカンセルド　78, 226
ビゴール　348
ピサ　344, 363, 486
ピザケナ（属州）　68, 678
ビザンツ　239, 284, 294, 409, 594
ヒスパニア　79, 81, 123, 138, 159, 164, 194, 226, 261, 288, 292, 321, 322, 324, 347, 396, 430, 431, 439, 445, 555, 634
ピチェーノ　128
　　サン=ミケーレ修道院　128
ヒパタ修道院　327
ヒルデスハイム　673
プーイイ　383
ブールジュ　155, 257, 276, 290, 328, 393, 596
ファエンツァ　155
ファッソンボローネ　358
ファエノ　327
ファルファ修道院　70, 98, 290
ファルムーティエ修道院　63, 214, 514
フィレンツェ　29, 122, 143, 476, 486, 487, 512

フェリエール修道院　124, 125, 152, 179, 258, 259, 664
フォレ　201, 622
フォンテーヌブロ　454, 456
フォントネル修道院　63, 374, 666, 696, 703, 704
フォントブロ　29
ブザンソン　159, 276
ブタ　301
プファルツェル修道院　64
フライジンク　236, 365
フラヴィニ修道院　63, 309
ブラ=ラベイ修道院　94
フランキア　233, 249, 357, 367, 375, 379, 381, 383, 387, 432
フランクフルト　316, 365, 393, 433
フランス　6, 7, 27, 60, 90, 119, 122, 171, 181, 199, 239, 249, 253, 261, 264, 289, 300, 301, 305, 315, 321, 324, 331, 377, 396, 397, 404–6, 419, 520, 554, 587, 705
フランドル　122, 146, 222, 263, 265, 269, 277, 298, 300, 301, 342, 385, 387, 389, 401, 417
フリースランド　697
ブリウード　63, 93, 201, 324, 334, 340, 342, 383, 385, 444
　　サン=ジュリアン教会　93
ブリタニア　193
ブリ地方　514
ブリュージュ　146
ブリュイエール　221, 333, 370, 552, 690
　　ノートル=ダム修道院　221, 370
ブリュッセル　427, 428
プリュム　55, 641
フルーリ　212, 398, 402
――修道院　71, 98, 344, 355, 371, 666
フルーリ=シュル=アンデル修道院　666
ブルグイユ修道院　205
ブルゴーニュ　57, 75, 90, 96, 146, 147, 174, 197, 222, 277, 299–301, 323, 402, 448, 488, 693
ブルゴス　322
　　サン=ペドロ教会　322
フルダ　373, 394, 658
――修道院　73, 167, 185, 196, 197, 222, 263, 317, 322, 323, 375, 401, 403, 444
ブルターニュ　155, 208, 470
フルトゥアリア修道院　178, 316, 319
ブルテイユ　115
ブルトゥイユ修道院　301, 438
ブルンスヴィック　405
ブレーメン　153, 167, 270
プレオ修道院　514
ブレサス　695
　　ノートル=ダム修道院　695

プロヴァンス　104, 190, 191, 292, 299, 392, 395
ブロワ　200, 259, 405, 435
ベーズ　96, 442, 616
　　サン＝ピエール修道院　158, 442, 616
ベジエ　261
ベシュ　7
ベック修道院　87, 512, 513
ベティカ（属州）　217, 218
ベネヴェント　86, 148, 197, 243, 261, 265, 276, 292, 328, 332, 359, 395, 443, 444, 472
　　サンタ＝ソフィア修道院　148, 197, 395, 443, 444, 472
ベネツィア　267
ベリグ　389, 608
ペリゴール　261
ペルージャ　216, 274
ペルガモン　100
ベルギー　87, 237, 342, 391
ベルグ　417
ベルゲ　84
ペルシア　80, 115, 267
ペルスィ分院　380, 444
ヘルスタル　169
ヘルマルスハウゼン修道院　687
ヘント　298–301
　　サン＝ピエール修道院　298
ペンネ　69, 158, 198
ボーヴェ　61, 146, 151, 182, 231, 258, 259, 277, 298, 307, 351, 488, 489, 522, 547, 608, 622, 662, 673, 692, 694
　　サン＝リュシアン修道院　298
ボーヌ　302
ポズナン　275
ボッビオ修道院　56, 61, 70, 73, 143, 156, 220
ポティエール修道院　269
ボルド　181, 203, 257, 301, 315, 361
ポワティエ　83, 224, 265, 383, 398, 404, 452, 478, 547, 689, 707
　　サン＝シプリアン修道院　707
　　サン＝ティレール修道院　224, 452
　　サン＝ピエール司教座聖堂　404
　　サント＝クロワ女子修道院　83, 202, 689
ポワトゥ　176, 196, 201, 202, 222, 385, 405, 470, 707
ポンション　119, 156, 696
ポントワーズ　520
ボンヌヴァル修道院　318

マ　行

マーシア　78, 167, 193, 204
マームスベリ　89, 429

マインツ　78, 100, 151, 221, 249, 254, 322, 365, 413, 673
マグローヌ　345, 349
マコン　155, 165, 316, 350, 390, 527, 602, 673
マラガ　634
マルセイユ　104, 230, 530
マンタイユ　398
マント　321
マンド　332
ミシ　161, 199, 317, 602
　　サン＝メスマン修道院　75, 602
ミュールバッハ修道院　162
ミュンスター　252, 381, 564, 687
ミュンスター＝グランフェルデン修道院　378
ミラノ　101, 121, 197, 261, 273, 276, 308, 310, 311, 318, 327, 429, 448
　　サン＝ダマソ＝デ＝スコズラ修道院　261
　　サン＝タンブロージョ修道院　101, 121, 224, 318, 327, 340, 356, 375, 448
　　サン＝ドナート＝デ＝スコズラ修道院　308, 429
ミレーヴ　92
ミレト　121
ムーゾン　305, 662
ムーラン　301, 302, 343
　　サン＝ニケーズ修道院　301
ムアン修道院　602
ムラン　143, 205, 256, 389, 408
　　サン＝ペール修道院　143, 256, 389, 408
メズィ　301
メッシーナ　90
メッス　52, 61, 95, 134, 154, 156, 186, 212, 241, 249, 285, 291, 292, 310, 331, 360, 369, 381, 393, 394, 399, 415, 432, 562, 584, 622, 660
　　サン＝タルヌール修道院　61, 134, 241, 285, 291, 310, 331, 360, 369, 393, 394, 399, 415
　　サン＝フェリックス（サン＝クレマン修道院）　292
　　サン＝テティエンヌ教会　502
メリダ　79, 340
メルク　134, 349
メレ　692
モーゼル地方　393
モーデナ　370
モゥ　146, 211, 435, 514, 666
　　サン＝ファロ修道院　666
モマク　7
モリニ修道院　325
モルレ　372
モワサック修道院　157
モン＝サン＝カンタン修道院　152
モンセ＝ラベイ修道院　60

モンツァ 219
　　サン=ジョヴァンニ=バティスタ教会 219
モンテ=オリヴェート=マジョーレ修道院 522
モンテ=カッスィノ修道院 79, 128, 133, 174, 208, 289, 290, 359, 428, 494, 522, 652, 697
モントリュ修道院 352, 580
モントルイユ 164
モン=ノートル=ダム 662
モンモランシ 298, 302, 319

ヤ 行

ユゼルジュ修道院 208, 210
ユトレヒト 166
　　ザンクト=マルティーン修道院 166
ヨーク 121, 154, 184, 202, 221, 268, 269, 309, 320

ラ 行

ラーデンブルク 213
ライヘナウ 100
ライン河 166
ラヴェンナ 57, 67, 87, 108, 111, 125, 128, 222, 309, 325, 327, 356, 364, 456, 526, 654, 676, 678, 697
　　サン=タポッリナーレ=イン=クラッセ修道院 678
ラ=クロワ=サン=ルフロワ修道院 428
ラ=シェーズ=ディユ修道院 94, 179, 322
ラ=ソヴ=マジュール修道院 205, 248, 315, 389, 397
ラニ=シュル=マルヌ 442
ラ=ブスィ修道院 323, 707
ラ=モルラス 397
ラン 178, 234, 235, 278, 303, 305, 308, 314, 365, 384, 385, 388, 398, 399, 488, 489, 606, 610, 612, 662
　　サン=ヴァンサン修道院 234, 235, 303, 365, 399, 606, 610, 612, 662
　　サン=ジャン女子修道院 278, 488
ラングドック 277, 349, 646
ラングル 153, 203, 204, 262, 298, 314, 315, 402, 640
ランス 58, 60-2, 71, 76, 81, 86, 89, 90, 92, 94, 95, 100, 113, 119, 120, 145, 153, 157, 182, 203, 205, 206, 208, 212, 229, 231, 234, 243, 244, 247, 255-7, 262, 276, 288, 299, 305-8, 311, 314, 319, 330, 332, 343, 344, 354, 355, 364, 365, 369, 382, 384, 388, 389, 390, 398, 408, 413, 427, 440, 451, 498, 499, 506, 507, 552, 608, 610, 648, 658, 662, 673, 684, 695, 696
　　サン=ティエリ修道院 58, 94, 234, 299, 307, 308, 318, 408
　　サン=ニケーズ修道院 257, 262, 343
　　サン=レミ修道院 58, 60-2, 71, 94, 95, 100, 113, 119, 195, 198, 203, 205, 208, 229, 238, 240, 247, 286, 288, 295, 306, 307, 311, 319, 330, 332, 354, 369, 380, 384, 385, 440, 506, 552, 608, 610, 648, 650, 670
ランダフ 78, 79
リエズ 301, 347
リオン分院 328, 438, 552
リジウ 157, 203, 428
リボル修道院 416
リポン修道院 73
リミニ 70, 71
リモージュ 58, 208, 209, 216, 225, 343, 346, 692
リュール修道院 73
リュクスイユ修道院 351, 488
リヨン 74, 77, 81, 82, 95, 155, 217, 230, 276, 300, 314, 341, 350, 365, 378, 406, 496, 527, 622, 687, 695
リンカーン 336
リンダウ修道院 425, 426
リンディスファーン 263
ルーアン 88, 155, 202, 242, 251, 298, 299, 306, 311, 547, 666, 696
ルージュ・クロワトル 428
ルシタニア 348
ルスパエ修道院 68
ルテル 205
ルベ修道院 259
ル=マン 57, 76, 87, 114, 115, 145, 158, 174, 197, 214, 219, 250, 253, 254, 275, 297, 307, 364, 398, 416, 547, 552, 673, 690
　　サン=ヴァンサン修道院 219
ルンデン 57
レーゲンスブルク 120
レオーム修道院 61, 75, 346
レオン 439, 634
レスティーヌ 158, 346, 364, 365
レッジョ 348
レフカス島 327
レラーンス修道院 68
レンヌ 705
ローディ 358
ロードス 159
ローマ 13, 29, 59, 61, 66, 67, 71, 72, 74, 79, 86, 87, 102, 105, 109, 122, 125, 138, 150, 151, 152, 154, 158-60, 168, 185, 206, 216, 221, 229, 231, 264, 269, 271, 272, 285, 290, 296, 309, 310, 339, 344, 352, 355, 360, 362, 363, 377, 387, 426, 432, 476, 478, 486, 516, 526, 641, 684, 696
　　ヴァティカーノ 108, 110, 121, 126, 269, 360, 472-6, 478, 479
　　サン=ジョヴァンニ聖堂 271
　　サン=ステファーノ・サン=シルヴェストロ修道院 309, 355, 357
　　サン=ピエトロ教会 360, 362, 478

ラテラーノ宮殿　216, 241, 271, 351, 361–3, 432
ロール修道院　323
ロタランジ　167, 291
ロデーヴ　386
ロルヴァン　397
ロルシュ　332
ロレーヌ　27
ロワール河　27, 58, 81, 207, 312, 343, 383, 602, 666
ロワイヨン=モンス　632
ロワズィ　390
ロンドン　117
ロンバルディーア　70, 79, 111, 121, 122, 128, 129, 166, 168, 191, 192, 219, 356, 368, 374–7, 395, 634, 654

事項索引

ア 行

アイルランド人　153, 263
アウグストス紙　103
アウググティヌス会　278, 290
アキテーヌ人　189, 385
── 王　173, 376, 393
アペニス（経緯の文書）　96
アポクリシアリウス　244, 248
亜麻紙　111
アラビア数字　359, 407, 524
── 年（暦）　634
アラブ人　138, 348, 407
アレオパゴス家　431
アレマン人　55, 97, 133, 196, 322, 401, 403, 410
── 部族法典　84, 97, 218
アングル人　60, 78, 241, 288, 297, 298, 320, 335, 345, 350, 351
アングロ・サクソン人　14, 19, 67, 68, 73, 78, 83, 133
按察使　56, 244, 260, 432
アンバギナリス（アンバギバリス）文書　57
アンバスキアトル　391
アンフィテアトル紙　103
イエズス会　52, 55, 159, 287, 387, 446
イスラーム教徒　338
イタリア人　79, 84, 86, 123, 401, 403
田舎言葉　138
インク　17, 57, 60, 81, 90, 91, 94, 103, 117-9, 315, 326, 335, 337, 338
印章　105, 115, 116, 119, 131, 137, 148, 181, 203, 233-6, 238, 240, 242, 248, 250, 261, 263, 264, 266, 268-81, 284-309, 315, 321, 324, 326, 328-30, 333-5, 343, 355, 361, 362, 393, 399, 412, 414, 415, 420, 429, 433, 438, 448, 514, 526, 542, 554, 556, 558, 560, 562, 564, 568, 581, 582, 584, 587, 594, 596, 602-4, 606, 608, 611, 612, 614, 616, 618, 620, 622, 630, 632, 652, 685-8, 702, 705
　　裏印章　281, 286, 288, 291, 299, 306, 622, 626
　　表印章　622
　　実印　267, 268, 302
　　　車輪印（ロータ）　324
　　　副印章　268, 277, 279, 286-8, 298-302, 306, 626, 628
　　　認印　268, 300, 302
インストルメントゥム　58, 76
ヴァッロンブローサ修道会　87
ヴィクス　206

ヴィクトリウス周期　346
ウィディムス文書　92, 93
ヴィラ（荘園）　206, 212, 213
裏印章　「印章」を見よ。
ウンキアレス文字　119, 124, 125
謁見（アウディエンタリウス）文書　56
閲覧者　263, 264
エピストラ　58
往還（トラクトリア・トラクタリア）文書　56, 57, 234, 236
オプスクルム文書　201
表印章　「印章」を見よ。
オリンピック年　405

カ 行

カーサ　207
会計年度　17, 24, 95, 98, 118, 158, 159, 165, 166, 188, 190, 196-8, 254, 271, 314, 316, 339-44, 350-3, 355-64, 366-70, 373, 375-81, 383, 385, 387, 388, 390-7, 400-2, 404, 405, 451, 456, 488, 526, 527, 581, 586, 596, 602, 608, 610, 616, 618, 638, 640, 641, 644, 650, 652, 654, 660, 684, 685, 697-9, 701
開封（パテンス）文書　57
カエノビウム　207
花押　119, 172, 211, 236, 238-40, 260, 270, 275, 299, 315, 316, 319, 328-31, 335, 360, 399, 412, 420, 530, 534, 558, 587, 602-4, 612-4, 618, 622, 623, 630, 634, 648, 650, 654, 705
書出し　「頭書」を見よ。
学徒　263
過去帳　380, 381, 392, 690
下署　25, 81, 119, 137, 148, 150, 152, 167, 172, 176, 190, 191, 200, 203, 225, 233, 236-8, 241, 242, 249, 260, 297, 309-13, 315-7, 319, 322-8, 330-4, 336, 338, 351, 377, 399, 412, 418, 438, 442, 530, 538, 540, 542, 544, 552, 560, 562, 574, 576, 594, 604, 611, 620, 652, 654, 656, 658, 660, 664, 666, 690, 693, 694
カストルム　206
貨幣製造権　415, 416
カペ諸王　225, 238, 286, 287, 295, 306, 370, 401, 616
── 王朝　「第3王朝」を見よ。
カマルドリ会　87, 128
神への呼びかけ　148, 158, 161, 162, 165-7, 171, 173, 177-82, 187, 189, 192, 195-7, 395, 412, 413, 415, 614, 616, 620, 626
ガリア語　146, 147, 154
── 人　59, 60, 68, 77, 98, 123, 138, 298, 339, 350, 352

――文字　458
カルディア人　138
カルトグラフス　248
カロリング王朝　「第2王朝」を見よ。
――小文字　131, 458
――時代　125, 130, 133, 206, 234, 265, 294, 352
――諸王　57, 123, 130, 205, 223, 238, 281, 285, 287, 294, 295, 368, 372, 373, 397, 413, 555, 616, 646, 705
――書体　129, 458, 459
巻子本(巻物)　61, 100, 113
官房長　248, 256, 257, 259, 260, 318, 328, 390, 620
宮宰　163, 165, 284, 307, 368, 373, 554, 697, 702, 703
教会法　16, 87, 336, 450, 484, 485, 492, 497
――文書　55, 355, 402, 639, 658
教皇文書　79, 241, 272, 273, 331, 355, 356, 358–60, 363, 364, 420, 618, 638, 644, 648, 650, 684, 685
――勅書(ブラ)　55, 160, 271, 275, 310, 316, 331, 355–62, 364, 453, 646, 652, 683, 684, 686, 688
――書簡(ブレヴィス)　150, 271
――回勅　241
兄弟団　113
ギリシア語(文字)　99, 121, 125, 126, 171, 192, 240, 241, 249, 291, 407, 460, 461, 484, 508, 602, 613, 614, 618, 664, 673
――人　73, 79, 90, 336, 345, 395, 407, 410
キリストの組み合わせ文字　「クリスモン」を見よ。
キリストの年号(西暦)　10, 18, 94, 98, 347, 352, 360–2, 367, 371, 373–7, 383, 393, 394, 418, 456, 488, 500, 596, 608, 634, 640, 670, 693, 696, 697, 699, 701, 703
キルクムキシオ　348
キログラフム　58, 59–61, 132, 335
金文字　79, 101, 120, 121, 385, 482
クァエストル　244, 247
句読点　128, 132, 134, 476
クラウディウス紙　103
グランモン修道会　87
クリスモン(キリストの組み合わせ文字)　159, 194, 239, 322, 556, 558, 564, 574, 620, 648
敬称　202, 203
結尾用語(句)　246, 264, 270, 271, 397, 648
ゲルマン人　84, 124, 133, 196, 227, 241, 249, 322, 401, 403
原本　17, 19, 20–2, 24, 62, 67, 84, 95, 121, 423, 440, 444, 694, 697, 698, 702, 705
ゴート人　123, 125, 127, 138, 409
――文字　123, 127, 409
公証人　62, 94, 95, 131, 261, 262, 264, 297, 347, 443, 705, 706
貢租帳(ポリプティクス)　62, 440, 670
コエピスコプス　206

国王在位年　366, 370–2, 374–6, 386, 610, 611, 620
――文書　11, 17, 24, 56, 62, 66, 75, 77, 79, 84, 85, 89, 90, 92, 98, 99, 131, 145, 166, 172, 195, 200, 215, 233, 242, 244, 245, 248, 250, 253, 257, 260, 267, 284, 292, 303, 309, 315, 317, 320–2, 324, 326, 328–31, 333, 334, 353, 355, 368, 369, 373, 374, 376, 382, 389, 390, 391, 396, 398, 399, 402, 412, 413, 417, 442, 451, 456, 464, 526–8, 534, 538, 544, 558, 568, 613, 620, 634, 638, 646, 670, 684
ゴッビオ青銅版　127
ゴティック文字(書体)　123, 124, 127, 678
コミューヌ　302
コメンタリエンシス　244
暦資料室　181, 256
懇願(プレカリア)文書　55, 76, 114, 197, 198, 250
コンスル(伯)　206, 207

サ　行

サイス紙　103, 107
裁判文書　145, 234, 236, 242, 250, 284, 326, 552, 554, 562, 678, 695
歳末月齢　98, 341, 342, 344, 352, 353, 361, 389, 390, 405, 500, 616
サイン　202, 205, 235–7, 248, 249, 275, 297, 300, 309, 315, 317–20, 322, 324–8, 331, 333, 334, 385, 412, 442, 604, 613, 656, 658, 664, 684, 705
ザクセン人　172, 398
サクソン文字(書体)　123, 133, 415, 466, 467, 634
――風　414
サラセン人　397
サリカ法　161, 198
サン=ヴァンヌ修道会　430
サン=ブノワ修道会　3, 7, 13, 27, 157, 343, 397, 425, 427, 430, 431, 433, 472, 524, 666
サン=モール会　3, 430
字位転換　145
シギラ　94
シグナトール　244, 248
資財明細文書(デスクリプティオ)　56, 57, 59
死者名簿　343, 384–6, 389
実印　「印章」を見よ。
執政官(コンスル)　84, 86, 115, 126, 141, 163, 347, 348, 350–2, 355–7, 359, 403, 445, 447, 526, 527, 641, 644, 679
執政官就任後の年(P. C)　170, 351, 356–8, 456, 641, 644, 701
シト修道会　437, 438
私文書　11, 81, 131, 195, 206, 213, 316, 322, 323, 327, 330, 331, 355, 398, 401, 402, 437
車輪印(ロタ)　「印章」を見よ。

事項索引

シャルトルーズ修道会　87, 261, 277
首位者　149, 153, 156, 157, 160, 203
十字の印　95, 240, 271, 288, 319, 322, 325-33, 335-7, 399, 447, 540, 542, 546, 556, 562, 574, 617, 618, 650, 658
十全保証文書　29, 84, 108, 125, 139, 327, 456, 677-9
獣皮紙　99, 100
主膳(厩舎)長　242, 248, 256, 258-60, 318, 325, 328, 390, 620
呪詛　71, 148, 215, 216-26, 228, 230, 231, 705
受肉の年　10, 17, 24, 98, 158, 159, 192, 342-5, 347, 348, 355, 358-65, 367, 368, 371, 381-3, 386, 388, 390, 392, 393, 395, 396, 399, 401, 402, 412, 415, 451, 584, 611, 612, 650
主馬長　248, 256, 258-60, 318, 319, 321, 328, 390, 620
樹皮紙　101-3, 105, 107, 108, 110, 112, 113, 139, 421, 480, 530, 534, 646, 676, 678
酒瓶長(司酒長)　248, 256, 258-60, 318, 328, 390, 620
授与文書(プラエスタリア)　55, 198
上署　159, 166, 168, 195, 196, 568
象徴物　323, 324, 436
証人　78, 82, 83, 92, 94, 95, 97, 148, 309, 317, 318, 320-4, 328, 329, 332, 333, 337, 421, 436-8, 679
書記　24, 29, 76, 133, 141, 143, 145, 170, 191, 233, 236, 243-7, 252-6, 259, 260, 262, 264-6, 316, 319, 322, 324, 325, 328, 330, 331, 334, 345, 352, 355, 356, 358, 372, 379, 385, 388, 391, 397, 437, 445, 562, 564, 574, 587, 597, 608, 646, 650
——長　245-7, 648
書士　261-3, 265
書体　11, 16, 22, 23, 29, 30, 122, 123, 417, 440, 453, 458, 466, 482, 483, 488, 489, 492, 498, 499, 502, 503, 506, 507, 510, 511, 516, 517, 526, 532, 534, 535, 538, 539, 541, 543, 547, 548, 550, 552-66, 572, 576, 578, 580-2, 584, 586, 587, 595-8, 600, 602-10, 612-22, 624, 626-31, 634, 636, 638, 640-2, 644-55, 658, 676, 678, 679
所領安堵文書(パンカルタ)　56
資料庫(アルキヴス)　61, 82
指令文書(インディクルム)　56
シングラファ　58, 59
枢機卿　271, 310, 331, 332, 362, 363, 430, 474, 476, 555
スエヴィ人　380
スコタティオ　83, 84
聖オレリアン戒律　64, 82
正綴法　140-4
聖ブノワ戒律　19, 64, 82, 198, 315, 333, 426
聖務停止　215, 217, 221, 224, 225, 231
先行者　156

全資産安堵文書　96
先頭者　156, 157
先導者　156, 157
双葉文書　59, 60, 447, 448, 622
添え名　208, 209, 706

タ　行

太陰暦　341-3, 352, 354, 365, 616
第1王朝(メロヴィング)　10, 17, 29, 98, 123, 131, 133, 144, 161, 162, 206, 223, 233, 236, 242, 244, 245, 250, 251, 280, 281, 283-5, 289, 306, 307, 317, 319, 324, 328, 329, 340, 367, 370, 372, 412, 421, 464, 554, 558, 646, 684
第2王朝(カロリング)　29, 77, 98, 130, 131, 133, 144, 165, 177, 202, 206, 223, 234, 238, 242, 244-7, 251-3, 280, 282, 284-6, 289, 290, 295, 306, 317, 319, 324, 328, 329, 341, 368-70, 372, 391, 412, 419, 556, 634, 684
第3王朝(カペ)　29, 131, 177, 206, 216, 235, 248, 280, 281, 285, 287, 289, 306, 307, 318, 319, 325, 330, 333, 342, 366, 368, 369, 386
太陽暦　339, 341, 342, 354
頼まれ文書　335
タンプル修道騎士団　277
チュートン語　138
——書体(文字)　122, 124, 634
——人　144
勅書　80, 89, 160, 336
デーン人　83, 123, 124, 126, 460
ティファ書体　486
ティロ式速記文字　126, 133, 246, 281, 329, 391, 407, 670, 671
『テオドシウス法典』　64, 81, 243, 445
摘要簿　94, 149, 265, 685, 687
テスタメントゥム　58, 59, 63-5, 76
伝旨官　131, 242-6, 250-2, 262, 265, 526, 552
頭書(書出し)　130, 148, 149, 157, 159, 165-8, 170, 172, 174, 178, 182, 184, 187, 190, 191, 193-7, 199, 247, 335, 368, 412, 608, 646
答書　148, 160, 358, 359, 361, 362, 640, 650, 683, 685, 689
謄本　19, 24, 63, 95-8, 187, 448, 451, 554, 594, 603, 687, 705
特権文書　16, 18, 52, 67-74, 78, 79, 84, 88, 89, 93, 94, 96, 101, 107, 109, 110, 143, 150, 165, 166, 190, 204, 219, 220, 222, 225, 228-30, 242, 246, 261, 268-70, 309, 310-8, 321, 324, 332, 338, 347, 355, 365, 377-80, 387, 395, 396, 398, 399, 410, 412, 416, 420, 422, 427, 442, 447, 451, 530, 587, 640, 684, 686, 698, 699, 701-3, 706

ドニエ文書　56
ドニ周期　346, 347, 363
トラベアティオ　348
トランスムタ(トランスクリプタ)文書　94

ナ　行

ニーサーン　341, 344
年初日曜表示記号　342, 344, 354, 374, 375, 384
年代記　62, 83, 96, 346, 347, 373, 374, 380, 383, 384, 386, 387, 392, 432, 434, 441, 444, 472, 518, 530, 616, 677, 696
ノリクス人　380
ノルマン人　127, 288, 335

ハ　行

歯型割印文書(インデンタ)　59, 60, 302, 622
パグス　93, 206
伯制度　416
パトリキウス　168–71, 185, 414
パピルス紙　29, 99, 102–10, 114, 117, 269, 317, 456, 480, 526, 530, 638, 641, 644, 646, 676, 678
パラファ　324
パリウム　88, 89
バンベルク人　188
ヒエラティクス紙　103
控え(ブレヴェス)　57
東ゴート　199
ヒスパニア人　59, 79, 138, 171, 226, 322, 347, 400, 409
――暦(年)　347, 348, 376, 409, 439, 616, 634
日付事項　17, 25, 63, 131, 137, 143, 148, 158, 185, 188, 190, 195–7, 213, 233, 236, 314, 316, 320, 339, 349–52, 355, 356, 361, 364, 367–70, 372–9, 386, 387, 390–2, 395, 397, 401–4, 409, 414, 417, 418, 420, 422, 445–7, 496, 500, 512, 522, 544, 578, 581, 584, 603, 604, 611–4, 616, 618, 620, 641, 644, 648, 650, 654, 660, 699, 702
鄙文書　55
ファクタ　429
ファニウス紙　103
フェニキア人　122
フォルマタ文書　276
副印章　「印章」を見よ。
復活祭周期　405, 510
フランク王国　67, 170, 251, 419
――諸王　3, 10, 27, 75, 77, 151, 161, 164, 216, 239, 267, 288, 306, 330, 367, 396, 405, 453, 526, 555, 616, 626
――人　59, 67, 75, 77, 84, 123, 129, 132, 144, 161–4, 166–8, 170–2, 176, 177, 179, 181, 182, 196, 249, 253, 341, 346, 367, 374, 380, 383, 392, 397, 634

フランコ・ガリア文字(メロヴィング書体)　128, 129, 131, 132, 351, 409, 458, 462–4
ブルグンド人　186
ブルトン人　123, 241
フンダーレ　207
文体　137, 138, 144, 148, 688
分離文書　60
法廷文書(プラキタ)　56, 130, 162, 172, 368, 572–5, 695
補正日　341, 342, 344, 352–4, 361, 389, 390. 405, 438, 500
ボラント会　341
ポワトゥ伯　176

マ　行

マンシオ　206
マンスス(マッサ)　206
認印　「印章」を見よ。
ミヌタ　262, 271
ミレス　206
明細書(ブレヴェス)　82
命令文書(プラエケプトゥム)　56, 59, 75, 76, 81, 86, 94, 96, 165, 171, 172, 203, 225, 237, 240, 242–4, 290, 317, 378, 379, 399, 400, 429, 444, 448, 596, 602, 608, 618, 641, 654, 660, 679, 693–5, 697, 703
メディチ家　29, 478, 479
メロヴィング王朝　「第1王朝」を見よ。
――時代　130, 131, 206, 233, 250–2, 294, 417, 458, 534
――諸王　67, 73, 162, 163, 165, 223, 239, 283, 284, 341, 368, 370, 372, 373, 397, 412, 417, 527
モール人　194
モガラベ人　145
モナステリウム　207
木綿紙　111, 112
文書官　95, 131, 133, 175, 233, 236, 239, 241–9, 251–6, 260, 262–5, 271, 281, 309, 319, 322, 324, 325, 328, 361, 364, 372, 376, 399, 437, 540, 542, 560, 566, 587, 594, 597, 606, 620, 634, 684
――(局)長　243, 256–60, 318, 356, 361, 390, 420, 597, 620
　　大文書官　245, 247, 249, 254–6, 263
文書局　89, 131, 170, 174, 242, 265, 289, 343, 360, 362
文書庫　6, 27, 52, 59–62, 95, 96, 201, 244, 267, 269, 280, 285, 291, 292, 296, 299, 306, 307, 316, 361–3, 369, 388, 391, 397, 398, 419–21, 424, 435, 447–9, 452, 478, 526, 540, 578, 584, 587, 596, 597, 602, 604, 606, 608, 610, 613, 614, 618, 620, 641, 656, 676, 679, 703, 704, 707
文書集(カルタリア, カルトラリア, パンカルタ, パントカルタ)　63, 83, 98, 146, 171, 178, 180–3, 185,

197, 198, 200, 201, 208–11, 226, 227, 250, 253, 258, 263, 302, 305, 322–4, 328, 331, 333, 367, 369, 371, 372, 375, 380, 383, 390, 401, 403, 405, 406, 411, 422, 423, 425, 435, 438, 440–5, 448, 450, 472, 514, 518, 552, 603, 608, 678, 684, 707

ヤ　行

『ユスティニアヌス法典』　29, 143, 247, 337, 486, 487
ユダヤ人　105, 110, 111, 249, 290, 341
指輪　76, 115, 233–5, 241–3, 251, 266, 267, 271, 275, 276, 280, 281, 284, 295, 297, 303, 328, 329, 362, 412, 555, 707
羊皮紙　57, 60, 82, 92, 99–102, 106, 109, 110, 113, 117, 119, 121, 129–31, 142, 285, 302, 305, 307, 312, 315, 328, 441, 442, 502, 506, 544, 654, 707

ラ・ワ　行

ラテン語　138–40, 146, 171, 192, 292, 326, 334, 460, 461, 676
——人　408, 410
ラバルム　「クリスモン」を見よ。
リヴィア紙　103

リッテラ　58
『リブアリア法典』　63, 81, 84, 86, 261
略式文書（ノテティア）　57, 195, 334, 411, 435–7, 439, 679
ルーン文字　105, 124, 126, 127, 460, 461
礼拝堂付き主任司祭　242, 245, 247–9, 252, 265, 269, 412, 420
レガリア権　256
ローマ教皇（庁）　6, 13, 67, 69, 79, 84, 88, 89, 94, 140, 215, 257, 268, 345, 405, 429, 701
ローマ皇帝　215, 280, 294
——小文字　124, 129, 131
——書体　106, 123, 130, 132, 474
——数字　359, 362, 407, 408, 524
——人　123, 126, 129, 138, 145, 169, 339, 350, 380, 408
——法典　58, 81, 138, 403, 450, 454, 455
ロンバルディーア書体（文字）　122, 123, 127, 132, 470, 471, 634, 652
——人　128, 167, 169–72, 186, 191, 414
——部族法典　97
割印文書　59–61, 87, 96, 262, 303, 308, 622

訳者略歴
宮 松 浩 憲（みやまつ・ひろのり）
- 1945 年　中国大連市に生れる
- 1969 年　北九州大学外国語学部卒業
- 1979 年　大阪大学，九州大学で大学院修士課程を修了後，九州大学大学院博士課程修了
  九州共立大学講師，助教授，レンヌ大学（フランス）留学（第3期博士号取得）を経て
- 1987 年　久留米大学商学部助教授
- 1989 年　同教授
- 1994 年　経済学部教授・大学院教授，現在に至る

主要著書
Les premiers bourgeois d'Angers aux XIe et XIIe siècles, *Annales de Bretagne*, 1990.

『西欧ブルジュワジーの源流』九州大学出版会，1993 年

A-t-il existé une commune à Angers au XIIe siècle, *Journal of Medieval History*, 1995.

Mondes de l'Ouest et villes du monde (共著), P.U. Rennes, 1998.

「金持ちの誕生──歴史・宗教・言語──」『産業経済研究』1993–2002 年

現住所　〒807-1112　福岡県北九州市八幡西区千代2丁目1–1

ヨーロッパ中世古文書学（ちゅうせいこもんじょがく）

2000 年 2 月 29 日　初版発行
2002 年 4 月 5 日　2 刷発行

　著　者　ジャン・マビヨン
　訳　者　宮　松　浩　憲
　発行者　福　留　久　大
　発行所　(財)九州大学出版会
　　　　　〒812-0053　福岡市東区箱崎 7-1-146
　　　　　電話　092-641-0515（直　通）
　　　　　振替　01710-6-3677
　　　　　印刷・製本　研究社印刷株式会社

© 2000 Printed in Japan　　　　ISBN 4-87378-613-4

西欧ブルジュワジーの源流
――ブルグスとブルゲンシス――

宮松浩憲　　　　　　　A5判　536頁　8,000円

中世初期に新生した西欧ブルジュワジーが都市・農村の両性的存在から市民へ収斂していくと同時に，多核構造の中世都市を巨大な共同体へ発展させる過程を，都市と農村を一体とする地域史の視点に立って解明した総合的実証研究。

西欧中世慣習法文書の研究
――「自由と自治」をめぐる都市と農村――

斎藤絅子　　　　　　　A5判　320頁　7,000円

本書は，中世都市の重要な特徴の1つとされてきた「自由と自治」に焦点を当てて，フランス王国北辺から神聖ローマ帝国西辺の一帯を対象として，中世人の視野の広がりにおける，都市と農村との関係を模索しようとするものである。

中世後期ライン地方の
ツンフト「地域類型」の可能性
――経済システム・社会集団・制度――

田北廣道　　　　　　　A5判　340頁　6,500円

H.レンツェの提唱した「ツンフト地域類型」を叩き台に一つの動的モデルの提示を狙いとし，「地域類型」の形成過程と，その経済史研究にもちうる可能性とを明らかにする。

中世後期南ネーデルラント
毛織物工業史の研究
――工業構造の転換をめぐる理論と実証――

藤井美男　　　　　　　A5判　320頁　7,000円

本書は，同工業の歴史に関する諸学説を批判的に検討するとともに，2つの有力都市イープルとメヘレンを実証分析の素材に据え，'産業的中産層'出現の手工業史における意義を解明する。

中・近世西欧における
社会統合の諸相

田北廣道　編著　　　　A5判　496頁　8,200円

中・近世西欧における社会諸階層が様々な生活領域と多様な空間的次元で取り結ぶ関係を，反発・緊張のなかの「社会統合」と捉えつつ，対象時代・地域を絞り込んだ実証研究を行う。それを通じて「社会統合」の具体相と，そこで生み出されるダイナミズムを照射する。

（表示価格は税別）　　　　　　　　　　　九州大学出版会刊